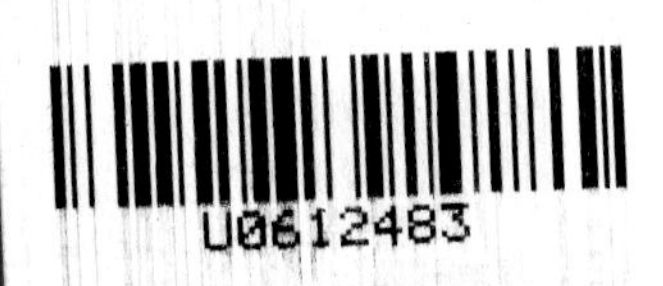
U0612483

岭南名著丛书

林雄 顾作义 主编

日本国志

导读本

上册

（清）黄遵宪 著

李吉奎 整理导读

SPM 南方传媒 | 广东人民出版社

·广州·

图书在版编目（CIP）数据

日本国志：导读本 /（清）黄遵宪著；李吉奎整理导读．—广州：广东人民出版社，2025.3

（岭南名著丛书 / 林雄，顾作义主编）

ISBN 978-7-218-16345-1

Ⅰ．①日… Ⅱ．①黄… ②李… Ⅲ．①日本—历史 Ⅳ．①K313.0

中国版本图书馆CIP数据核字（2022）第248103号

RIBEN GUOZHI（DAODUBEN）

日本国志（导读本）

（清）黄遵宪 著 李吉奎 整理导读

出 版 人：肖风华

策划编辑：王俊辉
责任编辑：李永新
责任技编：吴彦斌 赖远军

出版发行：广东人民出版社
地 址：广州市越秀区大沙头四马路10号（邮政编码：510199）
电 话：（020）85716809（总编室）
传 真：（020）83289585
网 址：http://www.gdpph.com
印 刷：广州市豪威彩色印务有限公司
开 本：889毫米×1194毫米 1/32
印 张：39.625 字 数：922千
版 次：2025年3月第1版
印 次：2025年3月第1次印刷
定 价：168.00元（上下册）

如发现印装质量问题，影响阅读，请与出版社（020-85716849）联系调换。
售书热线：（020）87716172

导读

《日本国志》是中国人撰写的第一部日本史，也是国际间（含日本）第一部比较系统、完善的日本史，所记始于日本传说的神武元年（前660年），迄于明治十四年（1881年），都五十余万言。

黄遵宪为何要去编写日本历史呢？其中原因，部分可以从该书著者自叙和凡例中找到答案。光绪二年（1876年），刚考取举人的黄遵宪，入赀为知县，以五品衔拣选知县用，充首任驻日使馆参赞官，随公使何如璋、副使张斯桂，于次年（1877年）11月抵东京。根据黄遵宪的理解，他在使馆中的职务，相当于《周礼》中的“小行人”，也即是《春官》中的“外史氏”。《周礼》中讲到，小行人的职责，是受国君派遣出使各国，以其万民之利害为一书，其礼俗、政事、教治、刑禁之顺逆为一书，以返命于王。易言之，是担任次级出使者，有责任将了解到的出使驻在国的上述两种情况反馈给本国政府；至于《春官》所记的外史氏，则掌出使各国的史志（官方编制的历史文书）。黄遵宪认为，他现在担任的使馆参赞官，兼具小行人、外史氏之责，而公使公事鞅掌，无暇顾及一般的文字工作，他作为僚属，若不从事采风问俗，则无以副朝廷咨诹询谋，借以制定交涉方略的要求。有鉴于此，他居日本既二年，稍习其文，读其书，与其士大夫交游，便开始发凡起例，编写《日本国志》。

黄遵宪在着手收集资料、动手编写《日本国志》之前，做了一件事，即从光绪三年（1877年）开始写作七言绝句《日本杂事诗》大型组诗。他网罗旧闻，参考新政，取其杂事，衍为小注，弗之以诗，就当时而言，此诗集实别开生面。他将诗集抄正寄呈北京总理各国通商事务衙门（或称总理衙门、译署、译垣、总署），总署交附设的译学馆审核。其时主该事项者为侯官严复。严以是书具重大意义，乃急用同文馆聚珍版刊印。是版分上下两卷，称“原本”或“官本”，精致可观。这一百五十四首（以后在伦敦时，增删改定为两百首）《日本杂事诗》，每首均有小注。全编包括叙述风土、记载方言、错综事迹、感慨古今，举凡国势、天文、地理、政治、文学、风俗、服饰、技艺、物产各类均有涉及，对日本作系统而形象的描述。

值得注意的是，《日本杂事诗》的内容，包含了介绍明治维新政治、经济、军事、法律、文化、教育、外交等方面的改革和日本社会生活的变化。所作诗或一事一首，或数事一首，因文字所限，含义未能详赡者，则以小注作适当展开，直叙日本维新后的新局，对于虽然已开始洋务运动，但是仅变器而不变政的中国而言，读之不啻如醍醐灌顶。《日本杂事诗》特别重视明治维新以后“入欧”所带来的新事物，如新闻纸、博物馆、博览会、西式医院、统计表、诸式电气、写真（照相）以及西服、舞会等，这些新变化，有的在中国通商口岸或租界已陆续出现，但新式学制、军制、官制等，则知之者殊稀。晚清末世，人心思变，故《日本杂事诗》一经面世，便广受社会人士欢迎，至1898年黄遵宪在长沙刊刻时，翻刻已达十版之多。《日本杂事诗》出版后所产生的受欢迎的社会影响，黄遵宪知其原因所在，增加了信心，反映在《日本国志》的写作上，便是着力强调日本在明治维新开始后之种种变革及其效应。可以看出，黄遵宪《日本国志》之创作，是旨在为国人了解世界大势，为国家前途必由之路提供一个榜样。所以，我们读《日本国志》时，最好是与《日本杂事诗》并读，印象会更为深刻。

一般说来，较具规模的著作，均有编例。发凡起例，对著述者而言，是编撰的规范；对阅读者而言，则是被告知该书的著述旨要。《日本国志》的编写，亦不外此。中国正史，自《史记》、《汉书》编撰以来，纪、表、志、传几大门类的格局已经形成。日本历史上缺乏修史传统，档案史料阙如，更加上中国人修外国史，亦不宜以中国修正史的体例去编撰，更何况，黄遵宪之所以编撰此书，是为了让国人了解日本的过去与现状，并不着意于如中国正史体例之完善。不过，将日本的历史编为志书，非如日后用章节目体例编撰，实际是渊源于中国正史中“志”的范围与扩大。

黄遵宪将这部日本通史称作“国志”，是有根据的。《周礼·春官》称：外史掌四方之志，“史遍天下之大，志则录一邑之小”，可见志书之作，是写地方历史，如中国的《华阳国志》之类。宋代郑樵作《通志》，在其总序中提到，“会通之义大矣哉”，是将中央与地方史志各类资料，融会贯通，别具通史之义。日本既非天朝治域内的地方邦国（诸侯），又不是朝贡之班的藩属，在编写其历史时，体现在编例，便不能不具有日本特征了。因此，在该书《凡例》中标示了十端。即一，以往国书往来，已待以邻交之礼，故日本所称或皇或帝，概从日人所称。二，图与表，为中国史籍常用体裁，盖图以明物，表以明事，现在地理志附图，职官以表入志，“体创自今，义因于古”，是为了阅读方便，一目了然。三，中国的志书往往有夹注（小注），今仍旧体，附以分注；或在记载之外议论得失，也是仿照裴松之所注的《三国志》、刘昭所注的《续汉志》等书。四，《穀梁传》说“名从主人”，故《日本国志》直接使用日本的官名、地名、事名、物名，一律不改。五，该书编年纪月，概使用日本年号。为记其历史统系，仿中国史例，在内文开端刊《中东年表》，即编列中国、日本朝代谱系，便于对照。六，该书纪里程、计钱币、权衡之法与中国或同或异，概用日本通行之法。七，为各志表中纪数之法。八，明治以来，政令改革，全书记事下限，以明治十三四年为断。九，日本古无志书，近世所作志书，或有目无书，或残阙不完；维新以来各官省之职制、章程、条教、号令，多为日文（假名），译不胜译，且采辑困难，又因语言问题，询访、翻译编纂俱难。有此三难，以致资料未能齐备。自日本变法以来，革故鼎新，旧日政令百不存一，故该书撰录，皆详今而略古，凡牵涉西法，尤加详备，以期适用。其《凡例》要义，大略如此。

据黄遵宪自称，《日本国志》征引书目达二百余种，日汉文书籍兼而有之，包括正史、稗史、笔记、杂录，以及明治政府的布告、年报之类。据学者统计，日文方面，如源光国《大日本史》，赖山阳《日本政记》、《日本外史》，源松苗《国史略》，蒲生秀实《山陵志》、《职官志》，以及诸如《日本书纪》、《续日本纪》、《日本后纪》、《文德天皇实录》、《日本三代实录》、《怀风藻》、《扶桑集》、《扶桑略记》、《凌云集》、《延喜式》、《类聚三代格》、《吾妻镜》、《徂徕集》、《江户繁昌记》、《日本地志提要》、《艺苑日涉》、《日本记事本末》、《日本外交始末》等书。中国典籍方面，有《史记》、《汉书》及杜佑《通典》、马端临《文献通考》、郑樵《通志》、顾炎武《日知录》、《天下郡国利病书》等。由于日本古代向无类似于中国的档案收存管理及史官制度，也不存在新朝替旧朝编史的传统，故《日本国志》的编撰，明治以前的历史，可资者无多，黄遵宪多依赖日本学者的著作及寻求日本学者的支持，成书实在不易。

1882年，黄遵宪刚写完《日本国志》初稿，即被调任美国旧金山总领事。至1885年，黄氏解任归国。回到家乡的黄遵宪，谢绝了新任驻美西秘公使张荫桓、两广总督张之洞的邀请任事，在此后的两年时间里，潜心修订《日本国志》初稿。1888年，修订蒇事，抄成四份，先后呈总理衙门、直隶总督兼北洋大臣李鸿章、湖广总督张之洞，而自留一份。1888年11月，黄遵宪赴津、京呈递。李鸿章将书稿并禀批咨总理衙门，予以推荐，但总署却无任何反应。居京半载，冷落郁闷，乃南返，求助于张之洞，张咨总署，为之积极推荐，黄复赴京活动，然仍无下文。1890年初，黄遵宪随驻英法义比四国公使薛福成赴伦敦任所，充参赞官。是年，他将该书稿交广州富文斋开刻。

1891年，总理衙门奏准将驻新加坡领事馆升格为总领事馆，调黄遵宪充任总领事。1894年薛福成任满将归，黄遵宪将《日本国志》邮往巴黎，请薛为之作序，薛应允下来。此书洋洋数十万言，薛福成谅也只是略作浏览而已，但至少从理论上说，薛可谓是阅读《日本国志》的最早一位知名人物。他在序中极言此书之价值，谓："此奇作也，数百年来鲜有为之者。自古史才难而作志尤难，盖贯穿始末，鉴别去取，非可率尔为也。而况中东睽隔已久，纂辑于通使方始之际乎？公度可谓闳览劬学之士矣！"他希望这部书尽快刊印出来，"他日者家置一编，验日本之兴衰，以卜公度之言之当否可也"。作序之际，中日间因朝鲜东学党事件关系已处于兵凶战危的状态，不半载而甲午战争爆发，中国惨败，薛福成之言不验而验了。战事结束后，该书才刊印出来。嗣后，读到该书的知识界名流好评如潮。如维新派人士狄葆贤《平等阁诗话》称："(黄遵宪)汤成《日本国志》

一书，海内奉为瑰宝。由是诵说之士，抵掌而道域外之观，不致如堕五里雾中，厥功洵伟矣哉！”1900年新加坡林文庆博士（民国时曾任厦门大学校长）认为是书乃“关于日本的维新运动历史的经典性文献”。康有为、梁启超师徒二人均对此书作过高度评价。尤其值得注意的是，黄遵宪的知友、庚子拳变时被害的三大臣之一、总署大臣袁昶，曾于1895年到南京公干，对黄遵宪（当时黄应署理两江总督张之洞之邀来宁处理江南五省教案）表示，要是《日本国志》早为刊布，当轴诸公能读此书，了解日本实情，当不敢贸然对日作战，致有此败，故此书实可抵值二万万两。按照梁启超的观点，当时的中国是“下愚上诈”，民智未开。日本国小民贫，对外扩张是其本性，维新后“入欧”，与欧美列强沆瀣一气，参与瓜分中国，势在必行。故此北京当局主事者之顽蒙卑劣、处处充斥末朝气氛，冷漠对待《日本国志》，即使如《日本杂事诗》一样刊印出来，局面也不会大变，该来的还是会来，袁昶本人便是在拳变中蒙冤丧命的。尽管如此，《日本国志》在变法运动高涨的时候出版，除了向国人介绍中日两千年来的交流史，以及日本蕞尔小邦如何能在列强环伺的情势下走出困局外，还着力叙述明治维新的起因、经过、成就与影响，以日本维新为实例，以证明君主立宪制度是可以师法的。《日本国志》还含蓄地推介西方民权意识，故梁启超认为此书“于中国变法足资借鉴”，它对戊戌变法有着直接影响。黄遵宪参与创办《时务报》、在湖南参与推行新政，身体力行，成为变法中的干将，因而在变法失败后遭到清廷的惩处。从中可以看出，清王朝统治者毫无自救意识，这样，他们的末日也很快就要到来了。

《日本国志》全书四十卷，除卷首年表外，分十二志，即国统、邻交、天文、地理、职官、食货、兵志、刑法、学术、礼俗、物产和工艺。各志中包含内容较广者，或分设若干子目。如前所述，该书著者在各志中有以“外史氏”名义而作的评论，表达自己的观点，它们或置于志前、或置于志末，或首末皆有，有的子目亦有议论，并无一定规律，似视著者认为有无必要而定。

黄遵宪以个人之力刊刻一部五十万字的著作，所费不赀，实在难得。到戊戌变法前夕，因各方需求甚殷（光绪帝即向翁同龢索要两部。湖南皮锡瑞亦亲自向黄索要，得偿所愿），黄遂请同乡梁诗五在广州富文斋新刻。显然是考虑到全书定稿已近十年，日本明治维新经甲午一役已成效大著，有必要对该书作补充，所以 1897 年 4—5 月间在广州富文斋出版的改刻本中，黄遵宪增补了不少内容。据《黄遵宪年谱长编》编者考定，该书抽出原版所刊李鸿章的《禀批》与张之洞的《咨文》，增加梁启超新撰的《后序》。对前版的润色包括史论的阐发与史实的增补，修改了几十处，增加约六千字。增补的内容包括：幕府末期开国以及日本与美英等西方列强签订不平等条约的过程；日本自由民权运动的发展，尤其是民选议院的争论；有关废除宗教禁令、派遣官员出访考察、派遣留学生、引进西学、派遣驻外使节、改革兵制、练海军、修铁路等改革措施，即通常人们说的脱亚入欧内容。通过多方面的增补，使读者可以认识到虽然日本起步较晚，事实上也曾是西方列强侵略对象之一，然而，日本能在国家面临严重危机的局势下，“以敌为师”，选择了向对手学习的改革政策，在不太长的时间里，不但摆脱了困局，而且比肩欧美，成为亚洲的强权，有鉴于此，凡是有点良知的人，都会见危思变，奋发踔厉，救亡图存。这是黄遵宪在《日本国志》改刻本增补新内容之本意。

1898 年 6 月，浙江官书局商得黄遵宪的许可，刻成十册本的《日本国志》，收入薛序、自序及凡例。不久，上海图书集成印书局用铅字翻印，亦为十册线装，书末收入梁启超的《后序》。随后又有汇文书局本、上海书局的石印本等。2005年，天津人民出版社出版吴振清、徐勇、王家祥的点校整理本（二册）。同年，陈铮主编的《黄遵宪全集》（二册精装本，清史编纂委员会项目）收入《日本国志》；2019年，陈铮对前书作增订后在北京中华书局作为《中国近代人物文集丛书》之一种以《黄遵宪集》出版（五册），其四、五两册为《日本国志》。以上刻本、石印本或排印本，各本内文，均系据广州富文斋1898年改刻本刊印，本书亦据此版本录入并进行标点。为便于普及，此次整理采用简体横排，遇到底本有明显的错字则径改之，讳改字如元、允、宏改正为玄、胤、弘，不另出校记。

中东年表

年表是我国纪史的一种体裁，始见于《史记》十表，如《十二诸侯年表》，按年编排记述史事与人物事迹。《中东年表》即《中日年表》，是著者为阅读、查找方便用干支系年，编排对应中日最高统治者及其年号，并无具体史事。日本最高统治者称谓，著者考虑到“名从主人”的史例，且因日本并非中国藩属，故采用日本固有用语，曰皇曰帝。

日本在645年（唐贞观十九年）以前，其帝并无年号；各帝纪元，只有“元年”、“二年”等简单数字。645年，孝德帝即位，师法中国使用年号，称“大化元年”，此例延续至今。中国历史上对处于分裂的时期，后人写史时有所谓的“正闰之辨”，即政权的正统与非正统问题。日本自1332年（元至顺三年）后醍醐帝元弘（元弘）二年，分为南北朝，历后村上帝、长庆帝，至后龟山帝元中九年（1392 年，明洪武二十五年）南北媾和，仍并为一。其间日本史家已将正统归之于南朝，《中东年表》中，北朝从略。

国统志

《日本国志》的《国统志》，相当于中国正史中的“本纪”。所载自神武帝至明治天皇，凡一百二十二代（内含女主十一代）。按日本学者所言，神武肇基（元年为前 660 年，中国周惠王十七年），自此至开化，凡九世，560 年。由此开始，《国统志》将迄明治天皇的二千余年历史分为十段。作为第一阶段的神武至开化，黄遵宪认为它是洪荒甫辟之初，等诸缙绅难言的“神代史”，类似唐人小说家言。不过，他也采纳日本史家的说词，日本历代所重、执为正统标志的传国三器（剑、镜、玺），实托始于此时。本阶段值得注意的是，据载孝灵帝时有徐福东渡日本之事，《国统志（一）》及后续的《邻交志》中，均对此事进行了讨论，或认或否，说法不一。

开化帝之子崇神，号为御肇国天皇，其元年为汉武帝天汉四年（前 97 年），他崇重神道，奉神器于大和笠缝邑，始有校户口、课男调役、造舟船、开沟洫之举，且遣使将兵征伐。由崇神至武烈凡十七世，共 606 年。武烈元年为中国南北朝齐东昏侯永元元年（499 年），其间汉文化、生产技术逐渐传入日本。此为《国统志》之第二阶段。

由继体天皇（元年为 507 年，梁天监六年）至孝德天皇元年（645 年，唐贞观十九年），凡十二世，155 年。其间佛教盛行，用历日，定冠位，制《宪法十七条》，敕撰史书，遣使于隋、唐，始定斗、升、斤、两，置将军，讨虾夷（今北海道）。随后曾十九次派出遣唐使，不断引进中国典章制度，加以改造，设官分职。日本作为一个有中央政权的国家，对各“国”（类似中国的诸侯国）定疆界，厘订中央与地方权力所在，社会经济得到迅速发展。此为《国统志》之第三阶段。

自天智天皇（元年为668年，唐总章元年）至孝谦天皇复辟(765年，唐永泰元年)，凡十一世，历102年。圣武天皇(724年即位，唐开元十二年）之母为藤原氏，此后外戚始盛，久掌朝政。此为《国统志》之第四阶段。

自光仁天皇即位（770年，唐大历五年）至后三条天皇止（1069年，北宋熙宁二年），凡二十三世，历304年。其间桓武天皇（782年即位）由平城迁都平安城（即今京都），设征夷大将军，遂为霸朝幕府。宇多天皇时期（888年即位），设关白。“关白”出于《汉书·霍光传》：“诸事皆先关白光，然后奏御天子。”此为《国统志》之第五阶段。

自白河天皇（1073年即位，北宋熙宁六年）至九条废帝（1221年，南宋嘉定十四年），凡十四世，150年。其间源、平两家相仇，安德天皇（1181年即位）时，源氏开府镰仓，任将军，灭平氏。时权在将军，藤源氏虽任关白，而其进退不关天下事，天皇徒拥虚位。此为《国统志》之第六阶段。

后崛天皇（1222年即位，南宋嘉定十五年）至花园天皇（1308年即位，元至大元年），凡十四世，97年。后嵯峨天皇（禅位）死后，二皇子龟山、后深草二统迭承，限十年禅受，厥后南北纷争，实基于此。此为《国统志》之第七阶段。

自后醍醐天皇（1319年即位，元延祐六年）至后龟山天皇元中九年（1392年，明洪武二十五年），南朝与北朝合一，凡74年。南北分治时，北朝虽人口、土地占优势，且天皇据平安城，但南朝天皇拥有神器，且得到源氏、新田氏强势家族支持，故日本史书以南朝（龟山统）为正统。此为《国统志》之第八阶段。

后小松天皇［为北系，即后深草系，即位于南北合一后次年（1393 年，明洪武二十六年）］至后阳成天皇（1587 年即位，明万历十五年），凡八世，219 年。其间源氏、北条氏、足利氏、织田氏、丰臣氏（赐姓前为木下氏）及德川氏皆以豪强大族先后控制中央政权，不时对外用兵。至德川家康设幕府于江户（今东京），大封诸侯，行赏立制，课诸侯，建江户城，以诸侯妻子为质，间一岁乃就国，禁西诸侯造军舰，开长崎港与外国通商。至是，日本举国始知有尊王之义。此为《国统志》之第九阶段。

自后水尾天皇（1612 年即位，明万历四十年）至仁孝天皇（1817 年即位，清嘉庆二十二年），凡十三世，234 年。其间，德川氏势力日盛，曾自称日本国王，列侯慑服。然而，知识界开始异动，为张扬尊王攘夷，国学（即朱子学）渐成主流学说；此时，产生了一批历史著作，如《山陵志》、《日本政记》、《日本外史》等。同时葡萄牙人、荷兰人东来，始有倡“兰学”者。

从孝明天皇（1847 年即位，道光二十七年）至明治天皇初年（1868 年即位，清同治七年），西班牙、英、美、俄、法各国络绎而至，请互市。在国势不振的状态下，日本相继与之订约。在国内政治斗争中兴起的尊王攘夷运动，实际形成倒幕行动，在日本豪横二百六十余年的德川幕府走到了尽头。随之而来的是涉及社会全方位的改革——“脱亚”，在保存天皇位置的前提下，学习西方——“入欧”。在约 30 年时间里，日本成为一个极具扩张性的帝国主义国家，先后击败中国和俄罗斯，足以与欧美列强相抗衡。黄遵宪虽充分肯定了日本维新、学习西方所带来的变化，但就进一步西化，即召集国会引发改革与守旧两派的争论，其表态则极为谨慎，有所保留，且谓“朝廷之下诏，已以渐建立宪政体许之民，论其究竟，不敢知矣”。

邻交志

《邻交志》分“华夏”与“泰西”两部分。朝鲜、琉球虽邻近日本，关系频密，但两国长期属于中国藩属，它们与日本的关系，也归纳在“华夏”体系中叙述。

黄遵宪认为，“中国”、“华夏”等用词，古来有之，是指中央王朝，也是地域概念，对四裔蛮夷而言者，原无总名，但该书以“华夏”名篇，是为叙事明白，而仍以秦、汉、魏、晋等一代之国号，分记其事。

黄遵宪称，从历史上看，一统贵守成，列国务进取；守成贵自保，进取务自强。日本孤处东海中，原可闭关自守，“然而入其国，问其俗，无一事不资之外人者。即中古以还，瞻仰中华，出聘之车，冠盖络绎。上自天时地理、官制兵备，暨乎典章制度、语言文字，至于饮食居处之细、玩好游戏之微，无一不取法于大唐”，迄唐之末，前后派出十九次遣唐使，有关官员、僧侣、留学生在华活动的记述，充斥史册。但历史发展到一定阶段，便必然会有所变更。“近世以来，结交欧美，公使之馆，衡宇相望”，举凡官制兵备、典章制度、语言文字等，无一不取法于泰西。黄遵宪认为，师法他国，有弊有利，师法而图进取，这便是邻交有益处。

《华夏》篇对日本崇神天皇以前的中日交流史持怀疑的态度，但却认为徐福渡日之事可信。崇神天皇当中国汉武帝之时，立国始有规模，且汉武既灭朝鲜，声教远暨，故正史以此为断。

此后倭人遣使来华朝贡，历历可考，《华夏》篇详叙后汉光武帝颁赐“汉委奴国王”印之发现及曹魏时明帝制诏报日本“亲魏倭王卑弥呼”等事。是为中日间早期交往史，以政治层面为多，且遣使来时尚无代表日本的中央王朝。

中日交流鼎盛时期，是在隋、唐两朝，既如前述。两宋时期，中国东南沿海成为中日交流主要地区。元朝中日关系中最为重要者，其为元世祖至元十七年（1280 年）及次年元兵及高丽兵征日而遭到惨败之事，但《华夏》篇将此举记为后龟山天皇文永十一年（1274 年）及后宇多天皇建治元年（1275 年）。今案，此篇所记“后龟山”似系“龟山”之误，盖“后龟山”在位为 1375 年（明洪武八年），其所用年号为天授、弘和、元中，文永乃龟山的年号。《华夏》篇的撰写不知所据何书，然而时间上既有疑问，战争过程是否准确，是亦读该篇时所宜注意者。

有明一代，中日关系其可注意之点颇多。明太祖、成祖两朝，日本皆奉表称臣纳贡。两国间官民往来密切，洪武、永乐、宣德铜钱在日本通行。但倭寇之患，与明代相始终，为害极大。《华夏》篇介绍了倭寇的成份及抗倭大略，黄遵宪认为，“准之今日公法，实为海寇，无与邻交”。日本所接受的汉文化及佛教，最初是通过朝鲜半岛传来，而日人图谋半岛，亦蓄志已久。及万历间，丰臣秀吉执政，乃有大举侵朝行动，日兵甚至占领王京（汉城）及平壤，形势岌岌可危。自万历二十年（1592 年）始，明廷以朝鲜为我藩属，即出兵抗击，“自壬辰迄此（案：1592—1598 年），前后凡七年，明丧师数十万，糜饷数百万，日本亦困累甚，至秀吉死而祸始息”。与此同时，日本也图谋南边的琉球，开始时，丰臣秀吉胁迫琉球供粮，并阻止琉球驶往中国的贡船。日本吞并琉球之心日炽，至清末终有覆灭琉球之事。

在清朝开国后的两百多年间，总体上中日关系比较平稳。

但在鸦片战争后，西方国家迫使中国与之订立多项不平等条约。日本亦蠢蠢欲动，托英领事向清廷转达希望与中国订立通商条约之意。1871年，日本派伊达宗城、柳原前光来华，要求订立通商条约，清廷乃派直隶总督、北洋大臣李鸿章为代表，与之谈判。是年，订立《中日修好条规》、《中日通商章程》，另附双方《海关税则》。是为近代中日外交关系的开端。随后，日本企图援引西方国家对华“利益均沾”的不成文法，在“内地通商”方面达成条约中所无的利益，又妄图争取在华日人带刀合法化，一时均未能得逞。1873年，日本外务卿副岛种臣来华换约，留副使柳原前光为驻中国公使。

柳原来华，面临的一大问题是中日就琉球归属的交涉。明洪武年间，琉球正式成为中国藩属。但日人吞并琉球之野心，早已现其端倪。1609年（明万历三十七年），日本萨摩藩岛津氏出兵琉球，俘其王，逼迫琉球向其“进贡”，还强行割占琉球北部五岛，但即便如此，也尚未改变中琉关系。清朝入主中原后，中山王向清称臣，日本势力撤出琉球。至明治废藩置县后，始将琉球归鹿儿岛县管辖，成为其殖民地。1872年（明治五年，清同治十一年），日设琉球藩，1879年明治政府正式将之吞并，设冲绳县。琉球群岛的主权未定，中国从未承认日本对其拥有主权，而“二战”后也一直存在“琉球复国运动”。

在日本对朝鲜虎视眈眈的同时，俄罗斯也向朝鲜伸出触手，朝鲜对此应当如何应对呢？1880年，黄遵宪撰写了《朝鲜策略》，将其赠给当时访问日本的朝鲜王朝修信使金弘集。《朝鲜策略》认为，朝鲜当务之急首在防俄，而防俄应亲中国、结日本、联美国，以图自强。对于这个策略，历来颇有争论，平实地说，黄遵宪未必不清楚日本对朝扩张咄咄逼人，但在国势衰弱且毫无保密可言的当时，使馆也只有这种策略可以出手。

黄遵宪在《华夏》篇“外史氏”议论中，提到“附以‘朝鲜’、‘琉球’为外篇”，但检查《邻交》全志，并无此专篇。

“泰西”一词，中日两国都在使用，泛指欧美国家或西方世界。由于中日两国对西方国家名称译法不同，为避免读者不必要的困惑，黄遵宪在《泰西》篇中记述了有关国家的日语各种音译。

最早到日本的西洋人是葡萄牙人。据载，1542 年，葡萄牙船长牟罗叔舍与几利支丹二人率船抵达大隅地方，此后日本人将天主教称作几利支丹教。接着意大利人也来到日本，荷兰人、英国人抵达日本则是在 1600 年。俄罗斯、美国、法国、西班牙等国也相继而来。这样，日本与泰西各国间的“邻交”便出现与中国大同小异的处境，存在着在炮舰监临下的传教、互市（通商）、订约、贩卖鸦片、寻找驻泊点、侨民管理、遣返漂民等一系列问题。日俄间还存在领土争夺与分割问题。迄明治十四年（1881 年），泰西各国与日本仍是不平等关系，主要体现在治外法权与不平等的海关税则方面，日本强烈要求改约。

佛教自 554 年从百济传入日本后，虽然经过一些阻挠，但最终在统治集团允许下迅速本土化，并与中国密切交往，至唐尤盛。到 1860 年，日本全境共有 471840 间寺院，佛教渗透到社会生活的方方面面。天主教在日本，经历了开放、禁制的多次反复。到 1637 年，天主教徒作乱于肥前的岛原。（另说是岛原为通商地，多耶稣教徒，幕府征税颇苛，复压迫教徒，引发群起反抗，乃遣兵攻之。）德川家光派员联络西诸侯讨伐，历时七个月，诛“教匪”四万人，更申严禁天主教于全境。禁教之举，迄于幕末“攘夷”。由于佛教在日本广泛发展，在一定程度上配合政府，抑制了天主教的势力，故在岛原平教之后，不至如中国晚清的教案频发。

1581年，俄罗斯哥萨克骑兵越过乌拉尔山，向东扩张，在1643年到达太平洋沿岸。1649年，哈巴罗夫匪帮在黑龙江的雅克萨城被清兵击败，但俄国人凶焰未熄。1785年，俄国人染指我国吉林省辖地库页岛（俄称萨哈林，日称桦太）。渡海而来的俄国人，被日本称为“北寇”。在侵扰虾夷（今北海道）之后，与日本发生冲突。《邻交志》中最早提到俄国人是在1771年，俄国人来“测验东海”(今日本海)。次年，俄国人至乌儿图普岛，求互市。日本面临俄国的压力，加紧经营北海道，并与俄国人在库页岛展开争夺，还想通过谈判达到自己的目的。

1853年，美国海军将领佩里率领舰队抵达日本，来者不善，逼迫日本订约“开国”。同年，俄国也向日本提出修邻好、正桦太疆界（俄已深入库页岛北纬50度以南）以及开市与俄船往来、有急需请给缺乏的要求。日本婉拒之。因为日本已实际控制了北海道，故其所争在库页岛。1875年，日俄背着中国，私下订立了割库页岛予俄、交换千岛群岛归日本的条约。对中国而言，这是一段令人心酸的历史：库页岛本是中国固有领土，但因清中叶以后不事经营，任由日俄肆意殖民，而卒为沙俄所盘踞，至1860年以后，已是不弃而弃了。

1844年，荷兰军舰抵达长崎，告以西洋诸国将率兵来劫盟。时中英鸦片战争方告结束。1846年，美国将领必氏（必氏是否为佩里之异译，不详）率二舰入浦贺，称：“我国已结好华人，冀贵国亦互市，愿守国法。”此事为日本所拒。1853年，美将领佩里又率四兵舰入浦贺，要求开国，状颇桀骜。次年，佩里率七舰复来，闯入江户湾，迫使幕府签订《日美和亲条约》，开港通商，从而打破日本长期闭关锁国的状态。惟当时日本攘夷声势高涨，强烈反对德川幕府与美订约。1856年，美使者巴尔理士（或译作哈里斯）来江户。荷兰人劝幕府当争实利，勿争虚名。经过反复交涉，幕府将军接见了美国驻日总领事巴尔理士，1858 年 7 月，日美双方签订了开港通商条约——《日美修好通商条约》十四条及贸易章程。其中规定美国人在日本触犯法律应由美国领事按美国法律处置，以及实行协定税率，这是不平等条款，为日后日本争取取消这些条款，留下争议。该条约还规定侨居日本的美国人有信教自由，可在日本建设教堂；它的实施，结束了日本三百年来禁教与开放的争论。

然而，《日美修好通商条约》的订立，以及在此前后日本与俄、英、法订立的各种条约，均是幕府的行为，遭到了尊王攘夷派的强烈反对，形成以长州藩为中心的尊王攘夷讨幕的联盟，发生了一系列的动乱。与此同时，萨摩藩、会津藩（西部诸侯）策动“公武合体”运动，经过一系列日本内部、日本与四国联合舰队的较量，攘夷势力受挫，被迫转向开国，由尊攘转为讨幕。随着明治初年政局变动，幕府终于交出政权，各国诸侯奉还版籍，促使日本快速“脱亚”，成为西方资本主义阵营的附庸和成员，成为亚洲一个穷凶极恶的军国主义国家。

天文志

《天文志》中所说的“推步”，是研究天文历法的意思。中国之志天文，已有两千余年。中国人从前讲天人合一。黄遵宪认为，古代中国之志天文，一是观天象变化而寓自省，二是即物异而说灾祥。他认为，步天之术，后胜于前，近者西法推算愈密，而占星之谬，则不待辩而明了。

黄遵宪指出，日本之习天文者甚少，古无史官，中古曾有精于占卜者，后而失传，占验均无可言。故此《天文志》专纪其授时之法。由于旧时日本用中历，现时用西历，均袭用他人法，其推步又无可称述，故仅述其因革。

日本亦用夏正，推古天皇以前统称之为《太古历》。至推古四年，始用《元嘉历》，后《元嘉历》与《仪凤历》并用，至隋朝仁寿二年（602年），始全用《仪凤历》。随后还使用过《大衍历》、《宝应五纪历》、《长庆宣明历》。1663年，采用元朝《授时历》以造新历，即《贞享历》。随后江户始设天文台。1754年颁行《宝历》，时已兼行西法。1797年，行《宽政历》。1842年，颁《天保壬寅历》，节气一仍《宝历》之旧。明治五年（1872年），正式宣布废旧历，行太阳历，仿七曜日，每周用日、月、金、木、水、火、土排之。原从中国引进之夏历各节庆、节气亦废，日本也成为了东亚汉文化圈里唯一不过中国农历春节的国家。

在《天文志》中，黄遵宪曾与日本友人讨论废旧用新之无必要，并引北宋沈括"用十二气为一年"之说以告之，谓中国特不欲更改，并非无人及此。

地理志

日本列岛孤处海中，外无强敌，西有善邻。自有史记载的二千年中，除偶有侵略朝鲜半岛、琉球及经营虾夷之外，可谓对外无大用兵，元兵渡海，未尝成事，可见当时足以自保。明代倭寇乱华，虽非癣疥之疾可比，要非政府之行为，无关国交之利害。

日本师法中国，历有年所，但就其政治体制而言，终不得中华之要领，似乏中央专制政权，既非全行分封之封建制，其行郡县，时间短促，地方诸侯以国命地，亦变化莫定。

自崇神天皇以降，记事较为可信，然其中央政府有无舆图表境，以示领土主权，洵属可疑。黄遵宪《地理志》全篇，未言其事，或系未见。据其所记，成务朝（元年为131年）“隔山河而分国县”，凡为国百四十四。孝德朝（元年为645年）渐省国为郡。至文武朝（元年为697年），又因山海形势，分六十六国。后鸟羽文治元年（1185年）以降，治体渐变，封建之势渐成。后土御门朝应仁元年（1467年）以后，“天下大乱，群雄割据，诸道互相吞灭”。经织田、丰臣荡平海内，德川氏分封功臣子弟，其后加削增减，颇易旧封。迄庆应中（1865—1867年），全日本凡二百七十一藩。明治四年（1871年），废藩置县，复为郡县之治，计五畿、七道、七十三国、二京、三府、六镇、三十六县，移都于东京，设开拓使以经营北海道，并设琉球藩，封琉球国王为藩王。此系日本地方沿革。黄氏谓：“自设府县，离合分并，朝令夕改。”在大变革时代，有种种不确定性，也是可以理解的。

《地理志》因历史上沿革多用旧名，故仍以国分叙，夹以小注。惟今日对外国人而言，古今地名均极陌生，了解殊为不易。

黄遵宪已讲到日本与俄国以千岛换取库页岛的问题，在《地理志》的“外史氏”评论中讲到日本夺取北海道与琉球的问题，但未详述其事，亦未提及日本以往征韩及当下的《征韩论》。事实上，他已观察到日本的扩张野心，谓：“日本论者方且以英之三岛为比，其亟亟力图自强，虽曰自守，亦理有以小生巨，遂霸天下之志。试展五部洲舆图而观之，吾诚恐其鼎举而膑绝，地小而不足回旋也。”此后的历史证明，事实果然如此，旨哉斯言！日本地小而胆肥，穷兵黩武，毫无信义可言，悍然发动全面侵华战争、太平洋战争，日本至今仍是世界上唯一品尝过原子弹滋味的国家，终至举国无条件投降，沦为他国驻兵之地，仰人鼻息，八十年来无国家完整主权。

职官志

职官是国家政权运作与地方治理的必备工具，古今中外，别无二致。中国先秦之职官，可从《周礼》见之。秦行郡县，天下一统。秦汉以来，历代虽不无变通，临时建置，其间或有少数民族入主中原，各具特色，要皆中枢承前启后，百代不易。

黄遵宪在《职官志》中概述了日本自传说时期（神武帝）开始，至天智、文武二帝间（668—700 年）日本的官制，并认为至天智、文武时期，“官制大定”。这个时期，是中国唐高宗至武则天时期。黄氏进一步申言：“盖自推古、舒明始通隋唐，至是摹仿《六典》，日趋于文。……至称德帝（764—770 年）一变官名，光仁（770—781 年）乃复其旧。”该篇未悉记其沿革损益，仅记其历世相仍者。总之，“日本设官，初仿《唐六典》；维新之后，多仿泰西”。

《职官志》二卷，分别介绍明治维新开始前后，至明治十四年（1881 年）为止。日本自定都平安京（今京都）后，迄明治元年（1868 年），仅有一年天皇不在首都。按理说，天皇所在，即为日本政治中心。虽然如此，但是自文德天皇（851—858 年）以后，外戚擅权，世袭其位，驯至有关白、摄政、准三公之号，一国大权所归，侔于天皇。到了将门主政，百官尽属虚器，太政官也归虚名。庆应太政复古，方尽废旧称，设总裁、议定、参与之职。明治元年（1868 年），以三职统八课。这是维新之前的过渡性设施，旋即师法泰西，设内阁，有总理、各部大臣等机关长官之设。

在仿大唐、仿泰西的设官分职方面，日本有其特色，举其要者，一为奈良时期为征虾夷设征东大将军。此称原非常设，但 1184 年（元历元年）之后，从源义仲开始，成为武家幕府首脑的职务，即从镰仓幕府开始，历室町到江户，由源氏、足利氏、德川氏世袭继承，在倒幕成功后，始告结束，在近 800 年时间里，日本实际是由将军代天皇行使权力。这种史事，与中国皇权独享的制度化，完全不同。当然，中国也常出现主弱臣强的局面，但那是逆行，不为史家所肯定。其二，是 1872 年（明治五年）更定官制，有外务、陆军、海军等省（部）之设，外交、军事等开始全方位向现代化转变。尤其值得注意的是，1878 年 12 月，日本取法德国，军令、军政并立，参谋本部从陆军省独立出来，与陆军省、海军省并立，其本部长直属于天皇，不参加内阁会议，其后陆、海军军令机关与参谋本部几度分合，迄 1937 年全面侵华设大本营为止，参谋本部与海军军令部一直是日本侵华的策划者。反观中国，1861 年就设立了总理各国通商事务衙门，但它是洋务衙门，并不专管外交。1901 年《辛丑条约》规定，中国设外务部，居六部之首，这才正式有了主持外交的部门。1906 年改设兵部为陆军部，兼管海军。1910 年设海军部。一直未设参谋本部（或总参谋部），而设立军咨府，是在 1909 年（它仅是相当于总参谋部）。实际上，中国开始洋务运动早于明治维新 8 年，但它变器而不变政，其结果便是落后，落后就要挨打。黄遵宪煞费苦心地指出，日本维新成功后必怀“以小生巨，遂霸天下之志”，但对麻木不仁的主事者而言，说了也是白说。

食货志

《食货志》是一篇经济史。黄遵宪认为，历代的《食货志》，大体上包含五个方面的内容，即编审户口、丈量田亩、征收赋税、府库出纳和钱法铸造。但到了近代，则一国之利害，与外国相关系，如通商出入、金银滥出之事，为历代所无。所谓“金银滥出”，即当时日本与欧美通商，日本用金，欧美用银，而定以洋银一枚三分之一换金一两之制，比价差距甚大，造成外贸赤字的严重问题。

维新之初，要构建全新的、西方的资本主义经济体系，日本面临着一系列的经济转型问题。该国原本经济体量小，工农业生产落后，外贸规模本来就有限，又大量进口新式生产机器和消费品，所以“国内”岁收支不相抵，外贸亦出入不相抵。日本当局想方设法通过新设立的政府机关，如大藏省（主管财政、金融、税收）等经营补救，转亏为赢。

《食货志》从六个方面介绍了维新后日本政府的要政，即：一，审户口；二，核租税；三，筹国计；四，考国债；五，权货币；六，稽商务。

具体说来，首先是创编户籍，加强人口管理。国民分成八族：皇族、华族、士族、卒族（此二类后改编为平民）、神官、僧、尼及平民。户有户主，区置户长。凡人民生死均注于籍，其旅游暂住者各携文凭（证件），以时查核，各有统计。人口数目、就业状况，政府完全能够掌握。

所谓核租税，是指厘清国税与地方税的问题。国税包括地租、关税等二十项，归大藏省收入。由各府县征收而供其开支者为地方税。二者各区分清楚。但是，中国官府对此二者是无明确区分的。清制“永不加赋（地税）”已行二百余年，法久生弊，加上为镇压洪杨解决军费而征收的厘金（百分之一的过卡商品税），严重扰民。黄氏在“外史氏”论说中认为：“永不加征之谕，皇祖有训，载在方策，事固万万不可行。然独不能稽田赋之额、耗羡之数，清查而实征之乎？东南之沙坦，西北之荒地，未及升科者，随在而有，亦当一一清厘。”朝廷若能如此施行，未尝不是生财之路。

明治二年（1869 年）至六年（1873 年），日本政府每年均公布前一年的收支数目。从六年（1873 年）开始，每年公布预算与决算。是年，大藏省官员井上馨、涩泽荣一上书政府，论述求效太速、民力凋弊之害，谓“岁计不足，殆一千万，而国债至一亿四千万之多”。二人上书后辞职，改由大隈重信任大藏省事务总裁。大隈重行核计，于岁入岁出统分为通常、例外两款，认为岁入之款不足，在于例外之费过多，通融划计，政府负债不过二千余万，不可谓巨。《国计》篇中分析了核算数目为何会有此巨大的出入，并进而讲到政府部门由此而更加讲求会计之法，明确岁入科目与岁出科目，设立会计检查院，专司其事，以取信内外。

日本维新以前，未发行国债。明治政府在开始推行改革后，前后发行七次国债。一是政府公债，从 1844—1867 年旧藩所借之债因无力偿还，政府作旧债处理；1871—1872 废藩置县，诸藩所借用者，作新债处理，各发证书，分年偿还。二是政府在维新之际因用兵发行纸币“太政官金札”，由于面额过大，不易流通，且铸银币，故发行“金札交换公债”，定期收回。三是废藩之后，士失常职，无以为生，对奉还世禄者，给六年应得之禄，半为通货，半为公债，是为秩禄公债。四是金禄公债，明治九年（1876 年），废“奉还令”，所有华族、士族、平民之家禄和赏典禄，旧日禄制，概改为公债，定其给利之法及年限。其五为旧神官配当禄公债。其六为振兴农业之“起业公债”。其七为征讨费公债。至外国债，有明治三年（1870 年）因修铁路而发行的旧国债，与明治六年（1873 年）为收买秩禄而发行的新国债。

至 1879 年，日本政府仍负债二亿五千二百余万元，预计到 1895 年才能还清。可见甲午战争开始时，日本仍是负债发动战争；此战后，日本获得中国二亿三千万两白银的赔款，不但还清了债务，由此更加速其现代化进程。在《国债》篇中，黄氏议论借内债之必要之利与借外债之害。

货币是通货，是商品流通（交易）的手段，对官方而言，发行货币又是操纵经济的工具。《货币》篇记述，日本自显宗天皇（传说即位于485年）时始铸银钱。历二百余年，文武天皇乃造铜钱。该篇介绍了日本历代铸造钱币的情况。自村上天皇（947年即位）后，停止铸钱。足利氏专权时，屡次上书于明廷，请求赐钱，于是永乐、宣德钱通行于日本。以后日本流行京钱（汉古杂钱）。后阳成天皇（1586年即位）时曾经铸银钱、铜钱，然流通量少。后来又铸“大判金”（或称“大板金”）金币，然非流通货币，仅作赏赐之用。其后续有铸造。后阳成天皇庆长（元年为1596年）以后，德川幕府曾先后铸造金银判及铜钱“庆长通宝”、“元和通宝”、“宽永通宝”。德川氏秉政，岁入常不足，国库匮乏，解决办法是改铸金银判，减其真金银的分量，杂以伪质，以资周转。以后屡次改造，甚至铸铁钱，质益粗劣。维新后在大阪设造币局，于明治四年（1871年）同时开铸金、银、铜三货币，至十三年（1880年）黄氏撰此篇时该货币仍在流通。

元治、庆应间（1864—1867年），幕府拟造纸币，小栗上总介力阻其事，卒不果行。明治元年（1868年）发行“太政官金札”时，禁止各藩私印纸币。金札行久而弊生，都邑豪富结商会以买卖货币，且请官府准予私印金券。至明治六年（1873年），政府计划发行全国一式纸币，以期逐渐换券为币。因日本自制纸币质劣，乃改由德国雕板印刷，于明治七年（1874年）发行。上述井上、涩泽二人曾力主消减纸币、发公债、设银行，以弭乱象。纸币未能消灭，倒是办起了银行。六年（1873年），据新颁《银行条例》，全国设四所国立银行。至十五年（1882 年）正式成立日本银行，此时黄遵宪已离开日本赴美国旧金山任所，故未道及日本银行成立之事。黄氏曾议论纸币的功过。实际上，以纸币替代金属货币，是历史发展的必然趋势。日本使用纸币之所以出现问题，是因日本“例外”开支过巨，“金银外溢”，入口多而出口少（贸易逆差），以及滥发纸币所造成的，并非是纸币之过。

殖产兴业、文明开化、富国强兵，是明治初期的三个口号，日本人正是在践行这些口号过程中实现国家现代化的。1870 年，日本正式设立工部省，经营铁路、矿山与工厂。1873 年，设立内务省，将军工、矿山、铁路、通信等行业，实行官营。又设立缫丝、纺织等官营模范工厂；进口机械，以廉价转售民间，并向民间企业提供辅助金。至 1881 年以后，整顿纸币，并将除军事、铁路、通信以外的官营事业转交由民营企业经营。

《通商》篇实际是一篇外经外贸史。它概述 1844 年美国“劫盟”开港前后，尤其是明治初期开埠为通商市场，为因应外国经济势力而进行商战，由商人联合组织会社，其豪商之有识者还极力集合众商，开商法会议所，设商法学校，以振兴商务。政府既以殖物产、兴商务为人民倡，各种工厂得以勃兴，且以举国之力支持三菱会社扩张国际航运。派遣官吏前往中西各国考求种殖之法、孳养之方、制造之业。成立共进会，发展丝、茶、棉、糖等产业，举办国内博览会，参与国际博览会，举凡有可拓商业、揽权利之法，皆依仿采择，一一举行。就城市建设而言，仅经过数年经营，官府、学校、工厂，皆效西式，层楼杰阁，穹窿壮丽，令人耳目一新。黄氏介绍日本维新后的巨变，无非是希望国人有所借鉴，闻风兴起，不让日人专美于亚洲。黄氏也指出他看到的日本“金银溢出”的严重问题，即“通商之始，未谙外情，所订条约，以货币互换为言，政府乃定以洋银一枚三分之一换金一两之制”，外商因此不劳而获厚利。此种不平等条款，当废金银币而发行纸币之后，自然会有所改变。

兵志

《兵志》是《日本国志》的重要部分，它在“外史氏”议论及《兵制》中详述军队在国家政权中的重要地位，自古已然，于今为烈，中外概莫能外。该篇介绍了日本古代兵农合一的体制，以及学习中国唐朝兵制的过程。迨“王政废弛”，迄幕末王政奉还，形成藤原氏（外戚）世相于内，源氏、平氏武人世将于外的传统。在天智天皇时期（668年即位）置征夷大将军后，逐渐形成幕府制度，至德川氏专权，分割六十余州，封群雄及子弟功臣，统称为藩，藩各有士；王政复古，乃尽收列藩兵权，废武士世禄，而后百政维新，外患日亟，颇汲汲于武事，而兵制多取法于德，陆军则取法于法，海军则取法于英。《兵志》详述日本兵制、陆军与海军变革及现状，从中也可略窥西方诸国兵备之大概，其旨趣，在编制当代日本兵制与落实于陆军、海军的蓝图，供国人参考，供政府师法，以图振兴。

《兵志》含《兵制》、《陆军》、《海军》三部分。《兵制》概述日本的军事历史。《陆军》、《海军》概述二军各自的发展历史与交集。日本军阀，陆军多来自原长州藩，海军则多来自萨摩藩。

陆、海军部分，分别记述职能、长官产生、机关部门、各兵种（如步兵、宪兵、近卫部队、炮、骑、工、医、辎重等）、军律惩罚，皆依西法编制。新的兵制还规定了征兵制度，颁布

《征兵令》，使兵源与士兵质量得到保证。陆军现役与预备役分为四类：常备兵、预备兵、后备兵及国民军。为培养军事干部，设立军事学校，如士官学校、户山军校、海军学校等。全国设七镇台，镇台司令官兼旅团长。

日本陆军编制，五人为伍，四伍为一分队（20人），二分队为半小队（40人），二半小队为小队（80人）；二小队为一中队（共160人）；四中队为一大队（共640人）；三大队为一联队（共1920人）。在联队以上，有旅团、师团、军团。战时编制之法，因时地之宜编排，附以各兵种。伍、分队、小队、中队、大队、联队，相当于中国民国时期的战斗组、班、排、连、营、团建置。

1889年颁布的《大日本宪法》，规定军队直属于天皇，不受内阁控制。1872年，陆军参谋本部从陆军省移出；1886年，与海军省军令部组成统一的参谋本部，本部长由亲王出任，次长主持工作。海军军令部在1889年重划归海军省。参谋本部是对华扩张的主要策划者。民国初年的对华“二十一条”，即是由参谋次长田中义一、海军军令部长秋山真之与外务省政务局长小池张造共同策划的。

近代以来，海权的强弱关系着国家的兴衰。在19世纪80年代，中国政府内部为边疆危机处理问题曾有过分别以李鸿章、左宗棠为代表的陆防与海防孰重的激烈争论。海权关系一国对世界的影响，海权的实际控制力，厥为海军。面对日本海军的迅速成军，不知道黄遵宪有意还是无意，他在《兵志》结篇处讲到，1707年英国上议院呈英王书称：“欲英吉利安富尊荣，愿吾王于万机中，以海军一事为莫急之务，至要之图。”黄氏复喟叹道：“嗟夫！有国家者其念兹哉！其念兹哉！”

刑法志

《刑法志》含《治罪法》、《刑法》两部分。黄遵宪对《刑法志》的编写比较特殊，他简要介绍明治维新以前日本的法律制订与执行情况，但对明治维新开始后制订的多项法律，例如《三新法》（关于地方行政制度的最早立法，包括《郡区町村编制法》、《府县会规则》、《地方税规则》），以及维新之前为因应互市制订的《三泊互市新例》，均未予介绍。《刑法志》仅收《治罪法》与《刑法》，可见黄氏对此二法的重视。《治罪法》即是刑事诉讼法的前身，它是由法国学者巴桑纳以法国刑事诉讼法为蓝本草拟的，于1880年公布，1882年施行。此法在1890年由《刑事诉讼法》所取代。

《治罪法》与《刑法》，反映了明治初年日本在法制方面学习西方的一些特点，黄遵宪将此二法译成中文并适当加注，意在使国人了解西方法律与中国传统法律的差异，至少在形式上（观瞻上）体现其"在法律面前人人平等"与"以法治国"的理念。他比较了中日、中西法律传统与观念的不同，深知中国法律与道德的关系（中国传统上"礼法"一体，以礼辅法，西方则不然），称："泰西论者，专重刑法，谓民智日开，各思所以保其权利，则讼狱不得不滋，法令不得不密。其崇尚刑法，以为治国保家之具，尊之乃若圣经贤传。然同一法律，而中西立论相背驰。至于如此者，一穷其本，一究其用故也。"西方顶层政治的三权分立，有一个权力制衡的机制，远比东方王权专制为胜，就国民个人的政治地位，也存在一个权限问题，所以黄遵宪表示："余闻泰西人好论'权限'二字，今读西人法律诸书，见其反复推阐，亦不外所谓'权限'者。人无论尊卑，事无论大小，悉予之权以使之无抑，复立之限以使之无纵，胥全国上下同受治于法律之中，举所谓正名定分、息争弭患，一以法行之。余观欧美大小诸国，无论君主、君民共主，一言以蔽之，曰以法治国而已矣。”凡此，是绝大多数国人闻所未闻的，或者，这正是1888年总理衙门接到这部书稿后不敢表态的一个重要原因。

明治初年是日本社会的转型期，此前与外国订立的条约及本国新颁的法律，均未完善，十年以后，相继修改、颁布。黄遵宪离开日本时，似未看到《民事诉讼法》的本子，《日本国志》虽仅刊《治罪法》，但它对国人认识西方法律，仍可起一定的启迪作用。

学术志

《学术志》包括《汉学》(含《经说书目》)、《西学》、《文字》、《学制》四部分。一国学术的兴衰，关乎一国之国运隆替。黄遵宪为日本学术编志，意在通过介绍明治维新开始后的“文明开化”给日本带来的重大变化来昭示国人，欲振兴国运，不妨师法西方，此已为东人行之而有效者也。

黄遵宪承续了黄宗羲“西学中源”的观念，提出“西学墨源”论。他认为，从器物到人伦道德（尚同、博爱），西方都是从“墨翟之法”，总之，“余考泰西之学，其源盖出于墨子”。西人用墨翟之法以达自由、平等、富强，但缺乏中国圣人“已乱”之法，“吾观欧罗巴诸国，不百年必大乱”。泰西是否从墨翟以致富强，另当别论，但其结果，真给他猜对了。黄氏还认为，日本的学术，是先儒而后墨（含学习西方），有利有弊。

《学术志》的《汉学》，并非如清代汉宋之争中以考据学为中心的“汉学”，而是包含汉学与宋学的“中国学”。日本古无文字，仅有结绳记事与口传歌谣。黄遵宪认为，日本之习汉字，盖自应神（270年即位，西晋武帝泰始六年）时始，当时百济阿直岐来日本，天皇使之教太子等以汉籍经典。后续有来者。及至隋唐，僧侣、留学生、官员来华者益众，因航海业发展，日本通过与中国沿海区域的文化经济往来，各诸侯国习汉籍者已较普遍。所谓“典章日备，教化益隆”，即指此。然而，自“王纲解纽，学校渐废”，汉学不振者三百余年。

1603年，德川家康任征夷大将军，始建江户幕府，欲以诗书之泽销兵革之戾气，于是崇儒重道，起朝仪，定律令，建先圣祠于江户，德川常宪颜“大成殿”于祠额，儒教日尊。幕府初开，拔藤原肃之徒林忠，俾世司学事，为国祭酒。藤原肃为日本最早讲宋学者，师其说者一百五十余人。据黄氏所述，有中江原者，原治程朱之学，后转治王阳明之学，治王学者凡六人。又有伊藤维桢，不甚喜宋儒，而讲学自树一帜，其徒七十人。其子伊藤长允，指斥宋儒空虚尤过乃父，门徒六十四人。举凡中国之学，日本知识界均有人涉猎：有专治汉唐注疏的古学家，有为史学者，有为古文之学者，有为诗词之学者。彼等“著述之富，汗牛充栋，不可胜数”。

黄遵宪强调：“自德川氏好文尚学，亲藩德川光国著《大日本史》，隐然寓斥武门、崇王室之意。”其后继起有人，浸淫渐积，民益知义。迨西人叩关事起，始主攘夷，继主尊王攘夷，皆假《春秋》论旨，以成维新之业，此乃“汉学”之效。应该指出，《汉学》篇虽然介绍了朱子学与阳明学，但未能推演朱子学中重名分论，重名分论派后来成为尊王论者。结果是，不少朱子派论者转为阳明心学派。因此派笃信阳明“致良知”及“知行合一”说，比较接地气，受此理论影响，产生了一批明治维新的领导人物。维新开始后，西学日盛，汉学被斥为无用。但不过十二三年，朝野转觉汉学诚有益于世道风俗，乃设“斯文会”以提倡之。

江户幕府因天草之乱，对耶稣教历为严禁，1587年，驱逐传教士，涂抹西书，采行锁国政策，法律上仅准许荷兰、中国、朝鲜在长崎通商。1707—1710年间，有罗马传教士若望至，德川家宣令新井君美（字白石）与之了解外事。新井写了《采览异言》，以后每年有荷兰商船至，新井依例与谈，相应出版著作，“世始知有和兰学”。随后，幕府派人随荷兰人习其语言、医术、算学，各研究其术，由是西学渐行于日本。新井君美、青木文藏、前野兰化及杉田鹤斋四人被称作是近世日本兰学的发端。其后外舶迭来，海疆多事，当局为了解对方国情，师彼长技为当前急务，除学习西方历法、修建天文台外，还开设译书局，募员讲授兰书。1856年开国后，英、法、俄、德等国书籍亦相继开译，并派学生到荷、俄、英等国留学。1862年，特聘荷兰人特马为理学、化学教师，是为延聘外人为教师之始。

幕末时期，日本主要的学习对象是荷兰。攘夷失败后，诸藩逐渐选派藩士之优秀者赴欧洲留学，这批人中有的成为维新时期的骨干人物。在与西方大国建立外交关系后，学习西方成为常态，日本国内相应设立外语学校及小、中、大各层次学校及专科教育。师范学校，则以美国为样本。不论官立、公立、私立学校，都由文部省管理。黄氏在叙述中尤其重视其师范教育以及培养教员方面，以期对国人有所广益。此外，还广设博物馆、报馆。黄氏在详细介绍明治十二三年以来文化教育事业蒸蒸日上之势后，又以中西方教育来作比较，认为“以中土之才智，迟之数年，即当远驾其上”。这当然也是说给国人听的。

日本古代是否有自创的文字，在该国也存在争论。黄遵宪在《文字》篇中当然不能回避这个问题，但他只作了客观介绍，并没有参加讨论。黄遵宪认为：“近世倡神学说者，谓神代自有文字。所据镰仓八幡寺、河内国平冈寺、和州三轮寺额，有字不可读者，有体不可辨者，有如科斗书者，有如鸟篆书者，仅亦粗具字形。盖上古国造，或各以其意制作，以代古来结绳之用。然书皆同文，文能记事，则汉籍东来后，而后乃知其用也。”统而言之，汉籍入日前，并未产生能在国内通行的文字。

可是，汉字往往有音义脱节的问题，中国人使用起来有时候也要训诂，何况对于日本人而言，汉字纯为舶来品，它用在奏表诏令中还可以，但难以普及，因此到了唐代，便有遣唐学生吉备、朝臣真备，始作假名（片假名，五十字母）。什么是假名呢？假即是借，名即是字。《周礼》“外史掌达书名于四方”，注：“古曰名，今曰字。”假名，是取汉字的偏傍，以借其音，故称片假名。“片”是“偏”的意思。片假名中规中矩，写起来不方便，故随后僧空海又造平假名（“平”是“全”的意思），其字完全根据汉字草书，以假其音。自是日本上自官府下至百姓，行文多汉字假名相杂以成篇。假名创造者，当然也是在中国老师的指导下进行的。西方人说中国文字最古，也最难学，而且音字脱节。黄氏在研究日本假名后悟出一个道理：中国古来文字屡变其体，安知他日又不变其字体，为愈趋于简，愈趋于便者乎？这是在预测，将来会出现通用的简体汉字。如此说来，他真是有先见之明了！

有关日本学习西方教育的状况，如学校类别、层次、课程等内容，在前面提到的《西学》篇中已经谈及。《学制》篇，着重介绍设立七大学区，各令建立学校，分司其事于府知事、县令，而受辖于文部卿，全国学校直辖于文部省。凡学校皆有规则，教科书须文部省审查。又规定学期、年限、奖惩、毕业文凭等项，至于学位还明示：取士官人之法，不系于此。同时，还对偏僻小邑小学办学作相应规定，以示公平。

礼俗志

《礼俗志》凡十四篇，即《朝会》、《祭祀》、《婚娶》、《丧葬》、《服饰》、《饮食》、《居处》、《岁时》、《乐舞》、《游宴》、《神道》、《佛教》、《氏族》及《社会》。中国俗话说“百里不同风，千里不同俗”，实际上，风俗之异同，虽百里内亦多见，何况千里？日本为岛国，各地语言风俗，亦不尽相同。黄遵宪在《礼俗志》中指出，所撰十四篇，乃基于东京而言；然则，在1603年江户幕府建立前平安京（今京都，包括奈良时代）自隋唐以来的礼俗，似未全包含在内。该篇所述，大部分为幕末以前状况，其中不无因革；迨维新开始后，西风东渐，社会生活相应起了变化，但所述亦仅至明治十二三年为止。古人说“礼失求诸野”，日本礼俗，隋唐间多师法于中国，故其礼俗与社会生活，多处可看到华夏的影子。每一个民族都有自己的传统，但要生存发展，便不能故步自封，等待别的国家、民族来改造。日本人引进华夏先进的文化与生产技术，融会贯通成本国的社会主流成分，但到幕末时期，这种情形已不能维持下去，这便是攘夷失败而采取大政奉还开始维新的原因，在这个意义上，可以说日本民族是能与时俱进的。

《朝会》篇是记述日本维新后皇室举行庆宴的仪式，其所行制度，当是师法中国经改革后的遗风。相关会、宴，尤可注意者为庆祝在位天皇诞辰的“天长节”，这种节庆，也是学习中国得来。唐开元十七年，以玄宗诞辰为“千秋节”，举行庆祝大典，天宝七年改为“天长节”。“天长节”是维护日本天皇“万世一系”的措施之一，一直到1945年日本战败投降才废止。

中国古语："国之大事，惟祀与戎。"日本人完全接受了这种观念。《祭祀》篇记述，日本祭祀活动极多，有大祀、中祀、小祀，有四时祭，每年定日进行，常祀之外应祭者，随时祭之。中古专设祭神之官。到了王政衰微，祭典随之疏怠。迨维新以后，诸教盛行，其时神道设教、禘尝治国之义，因世风日下，趋于茫然，这也是社会发展的结果，非独日本一国为然。

《婚娶》篇记述，日本婚娶有制，中古多本唐礼，后来因战乱而湮废。至足利氏掌权，始议制诸礼，行以小笠原氏、伊势氏所习之仪，迄幕末、维新初期仍存旧典。王室行族内婚。足利氏时许诸侯无子者入赘，此风至20世纪民间仍存。《婚娶》篇记述日本男子弱冠娶妻的程序，篇末称："初生逢五月，制旗如鲤，高插门楣，以祝多子。"其遗风至今仍然可见。

日本自垂仁天皇时始用石棺，行厚葬，中叶以后，多所改变。至德川幕府，严禁人殉。中古以后因佛教盛行，天子废谥，用佛家法，死为释徒。平民死，全用火葬，有棺无椁。无大小殓，不齐不衰，不哭不踊，惟招僧诵经，供蔬饭而已。《丧葬》篇详记日本安葬（奠墓）过程。"近学西法，有大丧或大臣丧，则半悬国旗，以示哀。他国亦如之，以示吊。"葬日鸣礼炮如仪，"会葬者皆大礼服如吉礼，惟佩剑蒙以黑纱"。

《服饰》篇云："日本旧服皆隋唐以上遗制。"大量的遣唐使、僧侣、留学生来华，将上至朝仪、下至民俗带回日本，加以仿制，成为流行式。但在将军掌权后，稍趋简易，然不过损益旧制，大同小异。中国在宋明以后不断改易服色，日本不复追随。《服饰》篇介绍了日本衣服冠裳乃至装饰被服的状况，其与中国有关者，详为注述，如月题、屐、被等是。维新后，日本官员趋新，在公开场合穿洋服、革履，戴眼镜，然平日仍是席地跪坐，洋裤狭窄，殊为不便，故居家时宽袍大袖，不改旧时装束。

《饮食篇》记载，日本因为佛教流传，颇戒杀生，以米饭为主食，兼以鱼及蔬菜，喜吃生冷，饮食较为清淡。日本四周临海，调料制作多用海产品。制酒之法来自华夏。茶、蔗糖亦引自中国。饼饵制作，前期传自大陆。番薯、烟草在明朝时期自吕宋传入，大体与中国同。

《居处》篇记述，日本人上古穴居，后有号“冰木”的居室。至485—498年间，“屋上始覆以芦苇，结以藤葛”，再进而有号“足一腾宫”之居所，乃树一柱于地，以诸柱连结架造之，房屋用瓦者甚少，多以芦苇覆之。村居贫民多茅屋，或于屋上涂泥，厚及一尺。中人之家，亦大率湫隘。巨室则板屋围墙，有竹楼及园林之胜，近年始有用砖垒墙者。居室样式，其制最初是从朝鲜半岛引入。

日本原无几案，亦无交椅（胡床）。交椅从中国引入，当在宋代时期。日本仿唐制，唐人席地而坐，两膝据地，伸腰危坐，而以足承尻后。此日本室内坐法，亦中国之古制也。

《岁时》篇记述，日本民间习俗之节庆，有移植自中国者，有移植自中国而改造成日本习俗者，亦有其本国所固有者。今举例言之，如正月初一（即元日），早起拜天地、神祇、祖先，长幼以次拜贺，与华夏习俗完全相同。四月初八浴佛会，五月初五端午节，七月七日乞巧节，七月十五中元节（盂兰会、鬼节），八月十五中秋节，九月初九重阳节，十一月冬至节。十二月除夕，日人谓之“大岁”，亲友相聚饮宴，而后天地、祖先、灶井、牖户，以至溷厕，燃灯辉煌，达于旦，与华夏守岁别无二致。要之，所有日本之节庆，皆系依中国农历（阴历、夏历）运时序，迨日本弃阴历而行阳历（西历），则将传统节庆俱弃。至今日本成为东亚汉文化圈中不过春节、端午、中秋、重阳等节庆者，纯然是“脱亚入欧”矣，而此类节庆，韩国、越南等国则多沿习不替。

《乐舞》篇记述，日本和歌乃民间歌谣，因上古无文字，赖口耳相传而得以流传，迨唐时日僧创为平假名，借汉字音填之，句长短无定。日本学者物徂徕认为，本邦之乐，原周汉遗音，律亦周汉之律，而第八黄钟调声，乃周汉黄钟声也。黄遵宪认为，日本之传华乐，实始于唐时，自隋文帝平陈，得华夏正声，置清商署，以为古音尚存。清商调，唐武则天时仍存六十三曲。自唐变古制，及五代乱离，而古音尽亡。谓日本所传为隋以前曲调，则以周汉古音尚存，不为无理。

日本除了引入隋唐乐外，还从朝鲜、西域、天竺、扶南等处吸收了多种乐曲，而其所传者多为俗部、胡部及散乐杂戏，而岁时朝会宴享及郊天祭先，则用国乐。日本所传多种唐乐曲，亦仅传其谱，而不传其词。其乐器如尺八等，亦传自中国。《乐舞》篇所记表演项颇多，若“猿乐”，俗谓之“能”者，则纯为日本所独有。

黄遵宪介绍相扑，说：“垂仁帝七年，野见宿祢、当麻蹶速奉诏试力，即相扑之祖。”今案，此说欠准确，盖相扑乃从华夏输入者。据《礼记·月令》：“（周）天子乃命将帅讲武、习射御、角力。”角力，又称角觝，即相扑，故相扑乃源于中国。垂仁之世乃属传说时代，此天皇在位时间为前 29 年至 70 年，居然长达 99 年！而且，此说纵然可信，亦在华夏创制数百年之后了。近世以来日本之相扑竞技，究非中国周朝时之“角力”，固然也；若言宿祢、当麻蹶速为相扑之祖，则亦定然不可，此无待乎辩矣。

黄遵宪在《游宴》篇讲到，《后汉书》曾言倭人嗜饮食，喜歌舞，至今犹然。他从日本友人口中听说，该国人用于弦酒之资，超过家庭伙食之费。这种风气，是从桓武天皇至嵯峨天皇间（782—824年，约为唐德宗至穆宗间）好赏樱花、钓鱼、调鹰、戏马开始的，上行下效，至德川幕府时仍未改前辙。黄氏对日人赏花——五部洲各国独有的花卉——详为介绍，并在其《人境庐诗草》中亦存有篇章。至于日人的茗会，西洋人进来后盛大供张的茶会，其描写亦不吝纸笔。该篇记述，“自僧千光游宋赍茶归，初栽之背振，后遂蔓衍。北条泰时嗜茶，世始崇尚。……盖初则品茶，继乃斗器，近年此礼稍废，盖仅有存者”。至于从中国引进的烟火（烟花），其燃放时间从五月二十八夜到七月下旬，连续不辍。烟火燃放，千变万化，令人目眩，也相应带动各种娱乐消遣，民众至晓始散。从中国传来的围棋，成为日本人优雅时尚的娱乐活动。社会奢靡化也使娼妓大行其道，吉原一地成为买春者的销金窟。此外戏马、犬射、酒楼、游舫等娱乐场所，样样俱全。黄遵宪认为，此种风气，维新后日本当道已经感到不可取，故朝廷屡次下诏，劝导国民宜以勤俭为务，佚荡为戒，而族长以勉其子弟，官长以教其人民，虽风气渐积，难于骤挽，但不可不谓知所先务。

根据日本神代史，以天照大神为日本国的开国天祖，天皇即是神。黄遵宪在《神道》篇中认为，其言类幻妄离奇，不可胜录。但该国历史既称天照大神为降居神国之祖，兹篇所述，不能不托始于此。而且，明治三年（1870年）一月三日的诏令重申了“天神天祖，立极垂统”之事，谓“宜亟明治教，以宣扬神道”，并设神祇省，遣宣教使布教天下，写其历史；此篇便不能不相应尊重其“历史”，叙述自天照大神以来历代日本天皇与神、祭神、崇神的关系。

黄遵宪指出神国说之虚妄，说得已经够重了，他还有三个说辞，加重其说。一是指出，日本作为皇统权柄的剑、镜、玺，皆周秦制，君曰尊，臣曰命、曰大夫、曰将军，亦周秦语也。二是指出，日本专家有否定徐福东来之说，否定徐福东渡带来华夏文明，仍是在申说其主体思想（神国说）。三是指出，日本诸教流行，可唯独没有道教，“盖所谓神道者即为道教，日本固早重之。彼张鲁之米教、寇谦之符箓、杜光庭之科仪，反有所不必行矣”。以上三点，如果属实，足以破神道之说。惟第二次世界大战日本无条件投降后天皇去神为人，亦足证神国之虚妄，惟黄氏已不及见矣。

《佛教》篇的篇幅不长，但内容丰富。从中可以发现，自钦明十三年（552年）佛教从百济传入后，设立寺院，旋因大疫而被废，复兴后又受打击，但终于僧尼广布，从中国、朝鲜传来华严、三论、法相、律宗、俱舍、成实等宗。因日本为神国，佛教与神道结合，谓日本某神即某佛菩萨化身，推佛于神，复援神于佛，于是日本之神无不佛，故佛教能广泛传布。

日本佛教有一特点，即亲鸾和尚所谓“不必离俗，不必出家，但使蓄妻子，茹荤酒，而此心清净，即为佛徒”。在维新前，全日本合计寺院凡四十六万四千九百四十二座，可谓是佛国。佛教势力严重膨胀，寺院广有田产、僧兵、田佚、杂役，藏污纳垢。僧侣横行，必然会与政府发生冲突，举国僧尼占总人口数过半，使政府收入减半，甚至发生暴乱。官府虽予以打压，亦无可奈何。维新以后，佛教势力渐衰，僧徒田产多没入官。又有称为“山伏”的在家奉佛者。

姓氏是用以明源委、分贵贱，使人知氏族之所主的统治工具。《氏族》篇讲到，史传日本神武天皇东征，在橿原定都，班功胙土，设国造、县主，作中央、地方权力运作主持者，其后置大连、大臣，各以官为姓。日本姓氏之别，略同于中国三代（夏、商、周）。姓为朝廷所赐，分配一定职掌，以统氏族，并准世袭，有臣、连、宿祢、君等数十种，所形成的强势豪族有控制中枢的地位。此种姓氏制度，约成型于3世纪以后。

氏是以血缘关系为基础的同族集团，由最有势力者（“氏上”）管理本氏族的财产、祭祀和统率人民。氏之所命名者，来源多种，有以国者，有以邑者，有以官者，有以事者，有以功者，有以居者。其后世子孙、旁支别属，俗谓之“苗字”，“苗字”即是族。其后繁衍，不外以地、以官、以事、以物，林林总总，因动乱等因，各有兴衰，据弘仁《姓氏录》旧姓有一千一百八十二氏。由于中国典章文物制度的传入，至7世纪中叶，日本皇室直属的品部、屯仓的扩大，豪族势力稍杀，氏族制度亦随之衰落，至大化革新时期被废除，而日本姓氏，则保存了下来。日本亦有冒姓者，有一氏分为数支者（另起姓氏）。又各有家徽：“凡故家世族，各有徽帜，以自表异。……如藤原氏为藤花、菅原氏为梅花、德川氏为葵叶之类，使人望而知为某族也。”

《社会》篇所谓的“社会”，黄遵宪说是“合众人之才力、众人之名望、众人之技艺、众人之声气，以期遂其志者也”。换成现在的话语，就是一批志同道合的人在法律允许范围内的结社。黄氏对这些社团作了全面介绍，涉及政治、学术、法律、宗教、医学、农业、商业、艺术、游戏等各种领域；此外还有人事的，如亲睦会、布施会、辅助会、博览会、共进会，等等。黄氏认为，凡日本人，无事不有会，无人不入会。他还认为，就西方世界而言，既有这些行业的结社，“自国家行政，逮于商贾营业，举凡排山倒海之险、轮舶电线之奇，无不藉众人之力以成事”。其所联合，赖礼以区别，依法以整齐，运情以联络，“故能维持众人之力而不涣散，其横行世界莫之能抗者，恃此术也”。他对政党竞争，各私其私，一旦执政之后，举旧日政体改而更张之的做法，是颇为怀疑的。

物产志

《物产志》所记述的，包括种植业中的产品和制成品，如丝、茶、棉、糖蔗、谷物、矿产及海产品等。种植业中除谷物以外的蚕丝、茶叶、棉花、糖蔗，都是从中国等处进口的，已远远超出日本国内之所需，日本人又将其大量出口转售，如丝之售于英、法，茶之售于美，砖茶售于俄，以及海产品之售于中国，千方百计改良生产条件，精益求精，加强商品的竞争力，扩宽销路。黄遵宪还谈到进口产品征收"保护税"的问题。他还讲到国际市场调查和产品模仿制造："犹虑己国之产不售于人国，吾之利薄不能盛也，则分设领事，遍遣委员，使察其风尚之所趋、人情之所习，而依仿其式，以投其好，于是乎有模造之法。"更有甚者，"商务不竞，继以兵战，一遇开衅，辄以偏师毁其商船，使彼国疲敝，不能复振，而吾乃得垄断，以图其利"，这些话实际是说给国内当权者听的："有国家者，能勿念诸！"

工艺志

《工艺志》是一篇未完成的日本科技史，包含《医》、《农事》、《织工》、《刀剑》、《铜器》、《陶器》、《漆器》、《扇》、《纸》、《笔墨彩色工》、《画》、《杂工》等篇。除制作刀剑、铜器、陶器（含瓷器）、漆器、扇、纸、笔墨彩色工、画及杂工（玉工）属于当今观念的工艺品外，其余医、农事（含种植、耕耨、培溉、收获之法，属农业技术，传统及新法）、织工（主要是制锦），均是关系民生的事业。为何说它是“未完成的日本科技史”呢？因为著者在“外史氏”议论中向读者开示：“余尝考求其术，如望气察色，结筋搦髓，破腹取病，极精至能，则其艺资于民生”，这是指医术；“穷察物性，考究土宜，滋荣敷华，收货十倍，则其艺资于物产”，这是指农事；“千钧之炮，连环之枪，以守则固，以战则克，则其艺资于兵事”，这是指军工；又称“火轮之舟，飞电之线，虽千万里，顷刻即达，则其艺资于国用”，这自然是指电气、电机设施；至于“伸缩长短，大小方圆，制器以机，穷极便利，则其艺资于日用”，这应是指机器和生产机械的机器，即工作母机（又称“机床”）。黄氏由此断言：“举一切光学、气学、化学、力学，咸以资工艺之用，富国也以此，强兵也以此，其重之也，夫实有其可重者在也。”这些话，无疑是说给那些“喜言空理，视一切工艺为卑卑无足道”的中国士大夫们听的。黄氏在《工艺志》中未能对“资工艺之用”的各门学科作进一步介绍，原因不详，不便虚评。要之，全书如此收结，或有其深意，请读者自己去探索吧。

1905年，黄遵宪病故。同年，高扬“振兴中华”旗帜的孙中山，在东京集结同志，创立中国同盟会，决志倾覆清廷，建立民国。越六年，武昌起义成功，民国建立，结束二千余年帝制。多难兴邦。后此百十余年，中国人民几经流血牺牲，努力拼搏，终于雄立世界民族之林，且与当今世界唯一强权相颉颃。《日本国志》虽然早已成为一部历史资料，但在读校之余，仍不禁对著者追梦强国的作为与精神，产生深深的感佩。在此，谨以一瓣心香，奉献给乡前辈公度先生在天之灵。

目录

日本国志序

东方诸国，足以自立、足以有为者，惟中国与日本而已。日本创国周秦之间，通使于汉，修贡于魏，而宾服于唐最久亦最亲。当唐盛时，日本虽自帝其国，然事大之礼益虔，喁喁向风，常选子弟入学，观摩取法，用能沾濡中国前圣人之化；人才文物，盖彬彬焉，与高丽、新罗、百济诸国殊矣。唐季衰乱，日本聘使始绝，内变继作。驯至判为南北，裂为群侯，豪俊麋沸云扰，其迭起而执魁柄者，则有平氏、源氏、北条氏、足利氏、织田氏、丰臣氏、德川氏。七八百年之间，国主高拱于上，强臣擅命于下，凡所谓国政民风、邦制朝章，往往与时变迁，纷纭糅杂，莫可究诘。中国自元祖误用降将，黩武丧师。有明中叶，内政不修，奸民冒倭人旗帜，群起为寇，遂使日本益藐视中国，颛颛独居东海中，芒不知华夏广远。一二枭桀者流，辄欲冯陵我藩服，龁龁我疆圉，僩然自大，甚骜无道。中国拒之，亦务如坊制水，如垣御风，勿使稍有侵漏。由是两国虽同在一洲，情谊乖违，音问隔绝。近世作者如松龛徐氏、默深魏氏，于西洋绝远之国，尚能志其崖略，独于日本，考证阙如，或稍述之，而惝恍疏阔，竟不能稽其世系疆域，犹似古之所谓三神山者之可望不可至也。

咸丰、同治以来，日本迫于外患，廓然更张，废群侯，尊一主，斥霸府，联邦交，百务并修，气象一新，慕效西法，罔遗余力。虽其改正朔，易服色，不免为天下讥笑；然富强之机，转移颇捷，循是不辍，当有可与西国争衡之势。其创制立法，亦颇炳焉可观。且与中国缔交遣使，睦谊渐敦，旧嫌尽释矣。自今以后，或因同壤而世为仇雠，有吴越相倾之势；或因同盟而互为唇齿，有吴蜀相援之形。时变递嬗，迁流靡定，惟势所适，未敢悬揣。然使稽其制而阙焉弗详，觇其政而瞢然罔省，此究心时务闳览劬学之士所深耻也。

嘉应黄遵宪公度，以著作才，屡佐东西洋使职。光绪初年，为出使日本参赞，始创《日本国志》一书，未卒业，适他调；旋谢事，闭门赓续成之。采书至二百余种，费日力至八九年，为类十二，为卷四十，都五十余万言。

岁甲午，余蒇英法使事，将东归，公度邮致其稿巴黎，属为之序。且曰："方今研史例而又谙外国情势者，无逾先生，愿得一言以自壮。"余浏览一周，喟曰：此奇作也，数百年来鲜有为之者。自古史才难而作志尤难，盖贯穿始末，鉴别去取，非可率尔为也。而况中东睽隔已久，纂辑于通使方始之际乎？公度可谓闳览劬学之士矣！速竣剞劂，以饷同志，不亦盛乎？他日者家置一编，验日本之兴衰，以卜公度之言之当否可也。

光绪二十年春三月，钦差大臣出使英法义比四国、二品顶戴、都察院左副都御史薛福成序于巴黎使馆。

日本国志叙

《周礼》小行人之职，使适四方，以其万民之利害为一书，礼俗、政事、教治、刑禁之顺逆为一书，以反命于王。其《春官》之外史氏，则掌四方之志。郑氏曰："谓若晋之《乘》，楚之《梼杌》是也。"古昔盛时，已遣𬨎轩使者于四方，采其歌谣，询其风俗。又命小行人编之为书，俾外史氏掌之，所以重邦交、考国俗者，若此其周详郑重也。自封建废而为郡县，中国归于一统，不复修遣使列邦之礼，若汉之匈奴、唐之回纥，国有大事，间一遣使；若南北朝，若辽、宋、金、元，虽岁时通好，亦不过一聘问、一宴飨而已。

道咸以来，海禁大开，举从古绝域不通之国，皆鳞集麇聚，重译而至。泰西通例，各遣国使，互驻都会，以固邻好，而觇国政。内外大臣迭援是以为请，朝廷因遣使巡视诸国，至今上光绪元、二年间，遂有遣使驻扎之举。丙子之秋，翰林侍讲何公实膺出使日本大臣之任，奏以遵宪充参赞官。窃伏自念今之参赞官即古之小行人、外史氏之职也。使者捧龙节，乘驷马，驰驱鞅掌，王事靡盬，盖有所不暇于文字之末。若为之僚属者，又不从事于采风问俗，何以副朝廷咨诹询谋之意？既居东二年，稍稍习其文，读其书，与其士大夫交游，遂发凡起例，创为《日本国志》一书。朝夕编辑，甫创稿本，复奉命充美国总领事官，政务靡密，无暇卒业，盖几几乎中辍矣。乙酉之秋，由美回华，星使郑公既解任，继之者张公，仍促余往，而两广制府张公，又命遵宪为巡察南洋诸岛之行。遵宪念是书弃置可惜，均谢不往。家居有暇，乃闭门发箧，重事编纂，又几阅两载，而后书成。凡为类十二，为卷四十。

昔契丹主有言："我于宋国之事，纤悉皆知；而宋人视我国事，如隔十重云雾。"以余观日本士夫，类能读中国之书，考中国之事；而中国士夫，好谈古义，足己自封，于外事不屑措意。无论泰西，即日本与我，仅隔一衣带水，击柝相闻，朝发可以夕至，亦视之若海外三神山，可望而不可即，若邹衍之谈九州，一似六合之外荒诞不足论议也者，可不谓狭隘欤？虽然，士大夫足迹不至其地，历世纪载又不详其事，安所凭藉，以为考证之资，其狭隘也亦无足怪也。窃不自揆，勒为一书，以其体近于史志，辄自称为外史氏，亦以外史氏职在收掌，不敢居述作之名也。抑考外史氏掌五帝三王之书，掌四方之志，今之士夫亦思古人学问，考古即所以通今，两不偏废如此乎？书既成，谨志其缘起，并以质之当世士夫之留心时务者。

光绪十三年夏五月，黄遵宪公度自叙。

凡 例

一、自儒者以笔削说《春秋》，谓降杞为子，贬荆为人，所以示书法，是谬悠之谭也。自史臣以内辞尊本国，谓北称索虏，南号岛夷，所以崇国体，是狭陋之见也。夫史家纪述，务从实录，无端取前古之人、他国之君而易其名号，求之人情，奚当于理？矧《会典》所载，本非朝贡之班，国书往来，待以邻交之礼者乎？此编所书，采摭诸史，曰皇曰帝，概从旧称。

一、《周礼·职方》："掌天下之图，以知其要。"而太史公曰："吾见周谱，旁行斜上，故因而作表。"盖物非图则不明，事非表则不详。然三国以后，六代以前，表竟缺如。若图绘之学，有为《六经图》者，有为《三才图会》者，书皆单行，不入于史。今所撰《地理志》，以图附志后；《职官》诸志，以表入志中。体创自今，义因于古，以便阅者解带、触目了然耳。

一、班固《艺文》之志，陈寿《辅臣》之赞，皆有小注。其后萧大圜《淮海乱离志》、羊衒之《洛阳伽蓝志》、宋孝王《关东风俗传》，扩充其体，子注愈繁。盖除烦则意有所吝，毕载则言有所妨，为斯变体不得不然者也。今仿其体，附以分注。其有事同时异，而连类并及；或繁辞碎义，而考证必需者，悉为小注，附于行间。至纪载之外，间论得失，则仿裴松之之《三国志》、刘昭之《续汉志》云尔。

一、此书官名、地名、事名、物名，皆以日本为主，不假别称，如官有老中、目付之名，吏有与力、足轻之类，即文不雅驯者，亦仍其称，别以小注释之。《穀梁传》所谓“名从主人”也。然至于叙述称谓，则以作志者为主，不为内辞，如称君长不曰上，对别国不曰我之类。其与中国交涉者，事以彼为主，称以我为主。苏洵所谓“谱，吾作也”。不敢如叶隆礼之《契丹国志》，忽内辽而外宋，忽外辽而内宋；亦不敢如史迁之晋、楚诸世家，一一称我也。

一、此书编年纪月，不得不用日本年号。惟日本史，中国颇少传本。近世如李申耆之《纪元篇》、林乐知之《四裔年表》，虽较详赡，尚多谬误。今别作《中东年表》，著之卷首，以便观者。

一、日本纪里之法，以六尺为一间，六十间为一町，三十六町为一里，每一里有一万二千九百六十尺，当中国八里有奇。计亩之法，以六尺为一步，三十步为一亩，十亩为一段，十段为一町，每一亩为一百八十尺，当中国三十六弓。日本计钱之法，如墨西哥银一元为一元，以一元析十分之一为十钱，析百分之一为一钱；以一钱析十分之一为一厘，每一钱五六当中国银一分，每十钱五六当中国银一钱。日本丈尺之法，积十寸为一尺，积十尺为一丈，每一尺一寸七分三当中国一尺，每一丈一尺七寸三当中国一丈。日本权衡之法，积十钱为一两，积十六两为一斤，积一百两为一贯，每百六十二钱四三强当中国一斤，每十六贯二四三强当中国一百斤。日本概量之法，以十撮为一勺，十勺为一合，十合为一升，十升为一斗，十斗为一石，大概同于中国。篇中所书，皆日本通行之法，特识于此，以发其凡。

一、志中所载纪数诸表，例以三字为一位，例以末位为单数，谓一至九。即以最卑之位为起算之始。如末位为单数，其上为十，其上为百，其上为千，其上为万，累积至九位则为亿。十千万为亿。例如计户口，其最卑之位注明口字，表中作三三三，即为三百三十三人；又如计银钱，其最卑之位注明元字，表中作三三三三三三，即为三十三万三千三百三十三元也；又如表中作三〇三〇三〇，即为三十万零三千零三十；表中作三三三〇〇〇，即为三十三万三千。所有圆围，盖以定位，其他依此可以类推。间有变例，或以末位为十百千万之数，或以末位为毫厘丝忽之数，均于行间注明，以便计算。或又变二字为一位，四字为一位，亦旁缀小点，以示区别。

一、日本自维新以来，举凡政令之沿革，制度之损益，朝令夕改，月异而岁不同。至明治十一二年，百度修明，规模较定，而以时更张者，仍复不少。今此编悉以明治十三四年为断。其十五年以后，改易新政，当付之补编，俟诸异日。

一、日本古无志书，近世源光国作《大日本史》，仅成兵、刑二志；蒲生秀实欲作氏族、食货诸志，有志而未就；仅有《职官》一志，已刊行。新井君美集中有田制、货币考诸叙，亦有目而无书，此皆汉文之史而残阙不完，则考古难。维新以来，礼仪典章颇彬彬矣，然各官省之职制、章程、条教、号令，虽颇足征引，而概用和文，即日本文，以汉字及日本字联缀而成者也。日本每自称为和国。不可胜译，则征今亦难，此采辑之难也。以他国之人，寓居日浅，语言不达，应对为烦，则询访难；以外国之地，襄助乏人，浏览所及，缮录为劳，则抄撮亦难，此编纂之难也。既非耳目经见之书，又多名称僻异之处，而其中事物之名，有以和文译汉文者；有以英文译和文、再译汉文者；或同字而异文，或有音而无义，则校雠亦颇为难。兼是三难，又乏才学，力小任重，每自兢兢，搁笔仰屋，时欲中辍。徒以积历年岁，黾勉朝夕，经营拮据，幸以成书。其中芜杂之讥，疏漏之诮，诚知不免。瞻仰前修，引盼来哲，庶有达者理而董之。所为每一展卷，辄愧悚交集，旁皇竟日者矣。

一、检昨日之历以用之今日则妄，执古方以药今病则谬，故杰俊贵识时。不出户庭而论天下事则浮，坐云雾而观人之国则闇，故兵家贵知彼。日本变法以来，革故鼎新，旧日政令，百不存一。今所撰录，皆详今略古，详近略远。凡牵涉西法，尤加详备，期适用也。若夫大八洲之事，三千年之统，欲博其事、详其人，则有日本诸史在。

黄遵宪公度自识

卷首　中东年表

考日本诸史，均托始神武。近仿西人以耶稣降生纪元之例，又以神武即位之元年辛酉为纪元之始，至今皇明治五年壬申称为二千五百三十二年，尔后凡外交条约、内国政典，每冠以是称。惟考神武在位七十六年，递传八世而至崇神：曰绥靖，在位三十三年；曰安宁，在位三十八年；曰懿德，在位三十四年；曰孝昭，在位八十三年；曰孝安，在位一百二年；曰孝灵，在位七十六年；曰孝元，在位五十七年；曰开化，在位六十年；凡四百八十余年，均无事足述。今故以崇神纪元为始，而仍以神武之元年纪诸篇首云。

辛酉　周 惠王 十七年 神武帝 元年	自神武元年 至崇神元年 共五百六十四 年	甲申　汉 孝武皇帝 天汉四年 崇神帝 元年	乙酉　汉 太始元年 二年	丙戌　汉 太始二年 三年
丁亥　汉 太始三年 四年	戊子　汉 太始四年 五年	己丑　汉 征和元年 六年	庚寅　汉 征和二年 七年	辛卯　汉 征和三年 八年

壬辰　汉 征和四年 九年	癸巳　汉 后元元年 十年	甲午　汉 后元二年 十一年	乙未　汉 孝昭皇帝 始元元年 十二年	丙申　汉 始元二年 十三年
丁酉　汉 始元三年 十四年	戊戌　汉 始元四年 十五年	己亥　汉 始元五年 十六年	庚子　汉 始元六年 十七年	辛丑　汉 元凤元年 十八年
壬寅　汉 元凤二年 十九年	癸卯　汉 元凤三年 二十年	甲辰　汉 元凤四年 二十一年	乙巳　汉 元凤五年 二十二年	丙午　汉 元凤六年 二十三年
丁未　汉 元平元年 二十四年	戊申　汉 孝宣皇帝 本始元年 二十五年	己酉　汉 本始二年 二十六年	庚戌　汉 本始三年 二十七年	辛亥　汉 本始四年 二十八年
壬子　汉 地节元年 二十九年	癸丑　汉 地节二年 三十年	甲寅　汉 地节三年 三十一年	乙卯　汉 地节四年 三十二年	丙辰　汉 元康元年 三十三年
丁巳　汉 元康二年 三十四年	戊午　汉 元康三年 三十五年	己未　汉 元康四年 三十六年	庚申　汉 神爵元年 三十七年	辛酉　汉 神爵二年 三十八年
壬戌　汉 神爵三年 三十九年	癸亥　汉 神爵四年 四十年	甲子　汉 五凤元年 四十一年	乙丑　汉 五凤二年 四十二年	丙寅　汉 五凤三年 四十三年
丁卯　汉 五凤四年 四十四年	戊辰　汉 甘露元年 四十五年	己巳　汉 甘露二年 四十六年	庚午　汉 甘露三年 四十七年	辛未　汉 甘露四年 四十八年

壬申　汉 黄龙元年 四十九年	癸酉　汉 孝元皇帝 初元元年 五十年	甲戌　汉 初元二年 五十一年	乙亥　汉 初元三年 五十二年	丙子　汉 初元四年 五十三年
丁丑　汉 初元五年 五十四年	戊寅　汉 永光元年 五十五年	己卯　汉 永光二年 五十六年	庚辰　汉 永光三年 五十七年	辛巳　汉 永光四年 五十八年
壬午　汉 永光五年 五十九年	癸未　汉 建昭元年 六十年	甲申　汉 建昭二年 六十一年	乙酉　汉 建昭三年 六十二年	丙戌　汉 建昭四年 六十三年
丁亥　汉 建昭五年 六十四年	戊子　汉 竟宁元年 六十五年	己丑　汉 孝成皇帝 建始元年 六十六年	庚寅　汉 建始二年 六十七年	辛卯　汉 建始三年 六十八年
壬辰　汉 建始四年 垂仁帝 元年	癸巳　汉 河平元年 二年	甲午　汉 河平二年 三年	乙未　汉 河平三年 四年	丙申　汉 河平四年 五年
丁酉　汉 阳朔元年 六年	戊戌　汉 阳朔二年 七年	己亥　汉 阳朔三年 八年	庚子　汉 阳朔四年 九年	辛丑　汉 鸿嘉元年 十年

壬寅　汉 鸿嘉二年 十一年	癸卯　汉 鸿嘉三年 十二年	甲辰　汉 鸿嘉四年 十三年	乙巳　汉 永始元年 十四年	丙午　汉 永始二年 十五年
丁未　汉 永始三年 十六年	戊申　汉 永始四年 十七年	己酉　汉 元延元年 十八年	庚戌　汉 元延二年 十九年	辛亥　汉 元延三年 二十年
壬子　汉 元延四年 二十一年	癸丑　汉 绥和元年 二十二年	甲寅　汉 绥和二年 二十三年	乙卯　汉 孝哀皇帝 建平元年 二十四年	丙辰　汉 建平二年 二十五年
丁巳　汉 建平三年 二十六年	戊午　汉 建平四年 二十七年	己未　汉 元寿元年 二十八年	庚申　汉 元寿二年 二十九年	辛酉　汉 孝平皇帝 元始元年 三十年
壬戌　汉 元始二年 三十一年	癸亥　汉 元始三年 三十二年	甲子　汉 元始四年 三十三年	乙丑　汉 元始五年 三十四年	丙寅　汉 孺子婴 居摄元年 三十五年
丁卯　汉 居摄二年 三十六年	戊辰　汉 初始元年 三十七年	己巳　汉 新莽 始建国元年 三十八年	庚午　汉 始建国二年 三十九年	辛未　汉 始建国三年 四十年

壬申　汉 始建国四年 四十一年	癸酉　汉 始建国五年 四十二年	甲戌　汉 天凤元年 四十三年	乙亥　汉 天凤二年 四十四年	丙子　汉 天凤三年 四十五年
丁丑　汉 天凤四年 四十六年	戊寅　汉 天凤五年 四十七年	己卯　汉 天凤六年 四十八年	庚辰　汉 地皇元年 四十九年	辛巳　汉 地皇二年 五十年
壬午　汉 地皇三年 五十一年	癸未　汉 更始帝 元年 五十二年	甲申　汉 二年 五十三年	乙酉　汉 光武皇帝 建武元年 五十四年	丙戌　汉 建武二年 五十五年
丁亥　汉 建武三年 五十六年	戊子　汉 建武四年 五十七年	己丑　汉 建武五年 五十八年	庚寅　汉 建武六年 五十九年	辛卯　汉 建武七年 六十年
壬辰　汉 建武八年 六十一年	癸巳　汉 建武九年 六十二年	甲午　汉 建武十年 六十三年	乙未　汉 建武十一年 六十四年	丙申　汉 建武十二年 六十五年
丁酉　汉 建武十三年 六十六年	戊戌　汉 建武十四年 六十七年	己亥　汉 建武十五年 六十八年	庚子　汉 建武十六年 六十九年	辛丑　汉 建武十七年 七十年
壬寅　汉 建武十八年 七十一年	癸卯　汉 建武十九年 七十二年	甲辰　汉 建武二十年 七十三年	乙巳　汉 建武二十一年 七十四年	丙午　汉 建武二十二年 七十五年

丁未　汉 建武二十三年 七十六年	戊申　汉 建武二十四年 七十七年	己酉　汉 建武二十五年 七十八年	庚戌　汉 建武二十六年 七十九年	辛亥　汉 建武二十七年 八十年
壬子　汉 建武二十八 年八十一年	癸丑　汉 建武二十九年 八十二年	甲寅　汉 建武三十年 八十三年	乙卯　汉 建武三十一年 八十四年	丙辰　汉 中元元年 八十五年
丁巳　汉 中元二年 八十六年	戊午　汉 孝明皇帝 永平元年 八十七年	己未　汉 永平二年 八十八年	庚申　汉 永平三年 八十九年	辛酉　汉 永平四年 九十年
壬戌　汉 永平五年 九十一年	癸亥　汉 永平六年 九十二年	甲子　汉 永平七年 九十三年	乙丑　汉 永平八年 九十四年	丙寅　汉 永平九年 九十五年
丁卯　汉 永平十年 九十六年	戊辰　汉 永平十一年 九十七年	己巳　汉 永平十二年 九十八年	庚午　汉 永平十三年 九十九年	辛未　汉 永平十四年 景行帝 元年
壬申　汉 永平十五年 二年	癸酉　汉 永平十六年 三年	甲戌　汉 永平十七年 四年	乙亥　汉 永平十八年 五年	丙子　汉 孝章皇帝 建初元年 六年

丁丑　汉 建初二年 七年	戊寅　汉 建初三年 八年	己卯　汉 建初四年 九年	庚辰　汉 建初五年 十年	辛巳　汉 建初六年 十一年
壬午　汉 建初七年 十二年	癸未　汉 建初八年 十三年	甲申　汉 元和元年 十四年	乙酉　汉 元和二年 十五年	丙戌　汉 元和三年 十六年
丁亥　汉 章和元年 十七年	戊子　汉 章和二年 十八年	己丑　汉 孝和皇帝 永元元年 十九年	庚寅　汉 永元二年 二十年	辛卯　汉 永元三年 二十一年
壬辰　汉 永元四年 二十二年	癸巳　汉 永元五年 二十三年	甲午　汉 永元六年 二十四年	乙未　汉 永元七年 二十五年	丙申　汉 永元八年 二十六年
丁酉　汉 永元九年 二十七年	戊戌　汉 永元十年 二十八年	己亥　汉 永元十一年 二十九年	庚子　汉 永元十二年 三十年	辛丑　汉 永元十三年 三十一年
壬寅　汉 永元十四年 三十二年	癸卯　汉 永元十五年 三十三年	甲辰　汉 永元十六年 三十四年	乙巳　汉 元兴元年 三十五年	丙午　汉 孝殇皇帝 延平元年 三十六年
丁未　汉 孝安皇帝 永初元年 三十七年	戊申　汉 永初二年 三十八年	己酉　汉 永初三年 三十九年	庚戌　汉 永初四年 四十年	辛亥　汉 永初五年 四十一年

壬子　汉 永初六年 四十二年	癸丑　汉 永初七年 四十三年	甲寅　汉 元初元年 四十四年	乙卯　汉 元初二年 四十五年	丙辰　汉 元初三年 四十六年
丁巳　汉 元初四年 四十七年	戊午　汉 元初五年 四十八年	己未　汉 元初六年 四十九年	庚申　汉 永宁元年 五十年	辛酉　汉 建光元年 五十一年
壬戌　汉 延光元年 五十二年	癸亥　汉 延光二年 五十三年	甲子　汉 延光三年 五十四年	乙丑　汉 延光四年 五十五年	丙寅　汉 孝顺皇帝 永建元年 五十六年
丁卯　汉 永建二年 五十七年	戊辰　汉 永建三年 五十八年	己巳　汉 永建四年 五十九年	庚午　汉 永建五年 六十年	辛未　汉 永建六年 成务帝 元年
壬申　汉 阳嘉元年 二年	癸酉　汉 阳嘉二年 三年	甲戌　汉 阳嘉三年 四年	乙亥　汉 阳嘉四年 五年	丙子　汉 永和元年 六年
丁丑　汉 永和二年 七年	戊寅　汉 永和三年 八年	己卯　汉 永和四年 九年	庚辰　汉 永和五年 十年	辛巳　汉 永和六年 十一年
壬午　汉 汉安元年 十二年	癸未　汉 汉安二年 十三年	甲申　汉 建康元年 十四年	乙酉　汉 孝冲皇帝 永嘉元年 十五年	丙戌　汉 孝质皇帝 本初元年 十六年

丁亥　汉 孝桓皇帝 建和元年 十七年	戊子　汉 建和二年 十八年	己丑　汉 建和三年 十九年	庚寅　汉 和平元年 二十年	辛卯　汉 元嘉元年 二十一年
壬辰　汉 元嘉二年 二十二年	癸巳　汉 永兴元年 二十三年	甲午　汉 永兴二年 二十四年	乙未　汉 永寿元年 二十五年	丙申　汉 永寿二年 二十六年
丁酉　汉 永寿三年 二十七年	戊戌　汉 延熹元年 二十八年	己亥　汉 延熹二年 二十九年	庚子　汉 延熹三年 三十年	辛丑 延熹四年 三十一年
壬寅　汉 延熹五年 三十二年	癸卯　汉 延熹六年 三十三年	甲辰　汉 延熹七年 三十四年	乙巳　汉 延熹八年 三十五年	丙午　汉 延熹九年 三十六年
丁未　汉 永康元年 三十七年	戊申　汉 孝灵皇帝 建宁元年 三十八年	己酉　汉 建宁二年 三十九年	庚戌　汉 建宁三年 四十年	辛亥　汉 建宁四年 四十一年
壬子　汉 熹平元年 四十二年	癸丑　汉 熹平二年 四十三年	甲寅　汉 熹平三年 四十四年	乙卯　汉 熹平四年 四十五年	丙辰　汉 熹平五年 四十六年
丁巳　汉 熹平六年 四十七年	戊午　汉 光和元年 四十八年	己未　汉 光和二年 四十九年	庚申　汉 光和三年 五十年	辛酉　汉 光和四年 五十一年

壬戌　汉 光和五年 五十二年	癸亥　汉 光和六年 五十三年	甲子　汉 中平元年 五十四年	乙丑　汉 中平二年 五十五年	丙寅　汉 中平三年 五十六年
丁卯　汉 中平四年 五十七年	戊辰　汉 中平五年 五十八年	己巳　汉 中平六年 五十九年	庚午　汉 孝献皇帝 初平元年 六十年	辛未　汉 初平二年 六十一年
壬申　汉 初平三年 仲哀帝 元年	癸酉　汉 初平四年 二年	甲戌　汉 兴平元年 三年	乙亥　汉 兴平二年 四年	丙子　汉 建安元年 五年
丁丑　汉 建安二年 六年	戊寅　汉 建安三年 七年	己卯　汉 建安四年 八年	庚辰　汉 建安五年 九年	辛巳　汉 建安六年 神功皇后摄政 十年
壬午　汉 建安七年 十一年	癸未　汉 建安八年 十二年	甲申　汉 建安九年 十三年	乙酉　汉 建安十年 十四年	丙戌　汉 建安十一年 十五年
丁亥　汉 建安十二年 十六年	戊子　汉 建安十三年 十七年	己丑　汉 建安十四年 十八年	庚寅　汉 建安十五年 十九年	辛卯　汉 建安十六年 二十年
壬辰　汉 建安十七年 二十一年	癸巳　汉 建安十八年 二十二年	甲午　汉 建安十九年 二十三年	乙未　汉 建安二十年 二十四年	丙申　汉 建安二十一年 二十五年

丁酉　汉 建安二十二年 二十六年	戊戌　汉 建安二十三年 二十七年	己亥　三国 建安二十四年 二十八年	庚子　三国 建安二十五年 二十九年	辛丑　三国 魏文皇帝 黄初二年 三十年
壬寅　三国 黄初三年 三十一年	癸卯　三国 黄初四年 三十二年	甲辰　三国 黄初五年 三十三年	乙巳　三国 黄初六年 三十四年	丙午　三国 黄初七年 三十五年
壬寅　三国 黄初三年 三十一年	癸卯　三国 黄初四年 三十二年	甲辰　三国 黄初五年 三十三年	乙巳　三国 黄初六年 三十四年	丙午　三国 黄初七年 三十五年
丁未　三国 魏明皇帝 太和元年 三十六年	戊申　三国 太和二年 三十七年	己酉　三国 太和三年 三十八年	庚戌　三国 太和四年 三十九年	辛亥　三国 太和五年 四十年
壬子　三国 太和六年 四十一年	癸丑　三国 青龙元年 四十二年	甲寅　三国 青龙二年 四十三年	乙卯　三国 青龙三年 四十四年	丙辰　三国 青龙四年 四十五年
丁巳　三国 景初元年 四十六年	戊午　三国 景初二年 四十七年	己未　三国 景初三年 四十八年	庚申　三国 魏齐王芳 正始元年 四十九年	辛酉　三国 正始二年 五十年

壬戌　三国 正始三年 五十一年	癸亥　三国 正始四年 五十二年	甲子　三国 正始五年 五十三年	乙丑　三国 正始六年 五十四年	丙寅　三国 正始七年 五十五年
丁卯　三国 正始八年 五十六年	戊辰　三国 正始九年 五十七年	己巳　三国 嘉平元年 五十八年	庚午　三国 嘉平二年 五十九年	辛未　三国 嘉平三年 六十年
壬申　三国 嘉平四年 六十一年	癸酉　三国 嘉平五年 六十二年	甲戌　三国 魏高贵乡公髦 正元元年 六十三年	乙亥　三国 正元二年 六十四年	丙子　三国 甘露元年 六十五年
丁丑　三国 甘露二年 六十六年	戊寅　三国 甘露三年 六十七年	己卯　三国 甘露四年 六十八年	庚辰　三国 魏元皇帝 景元元年 六十九年	辛巳　三国 景元二年 七十年
壬午　三国 景元三年 七十一年	癸未　三国 景元四年 七十二年	甲申　三国 咸熙元年 七十三年	乙酉　三国 咸熙二年 七十四年	丙戌　晋 武皇帝 太始二年 七十五年
丁亥　晋 太始三年 七十六年	戊子　晋 太始四年 七十七年	己丑　晋 太始五年 七十八年	庚寅　晋 太始六年 应神帝 元年	辛卯　晋 太始七年 二年
壬辰　晋 太始八年 三年	癸巳　晋 太始九年 四年	甲午　晋 太始十年 五年	乙未　晋 咸宁元年 六年	丙申　晋 咸宁二年 七年

丁酉　晋 咸宁三年 八年	戊戌　晋 咸宁四年 九年	己亥　晋 咸宁五年 十年	庚子　晋 太康元年 十一年	辛丑　晋 太康二年 十二年
壬寅　晋 太康三年 十三年	癸卯　晋 太康四年 十四年	甲辰　晋 太康五年 十五年	乙巳　晋 太康六年 十六年	丙午　晋 太康七年 十七年
丁未　晋 太康八年 十八年	戊申　晋 太康九年 十九年	己酉　晋 太康十年 二十年	庚戌　晋 惠皇帝 永熙元年 二十一年	辛亥　晋 元康元年 二十二年
壬子　晋 元康二年 二十三年	癸丑　晋 元康三年 二十四年	甲寅　晋 元康四年 二十五年	乙卯　晋 元康五年 二十六年	丙辰　晋 元康六年 二十七年
丁巳　晋 元康七年 二十八年	戊午　晋 元康八年 二十九年	己未　晋 元康九年 三十年	庚申　晋 永康元年 三十一年	辛酉　晋 永宁元年 三十二年
壬戌　晋 泰安元年 三十三年	癸亥　晋 泰安二年 三十四年	甲子　晋 永兴元年 三十五年	乙丑　晋 永兴二年 三十六年	丙寅　晋 光熙元年 三十七年

丁卯　晋 怀皇帝 永嘉元年 三十八年	戊辰　晋 永嘉二年 三十九年	己巳　晋 永嘉三年 四十年	庚午　晋 永嘉四年 四十一年	辛未　晋 永嘉五年 四十二年
壬申　晋 永嘉六年 四十三年	癸酉　晋 愍皇帝 建兴元年 仁德帝 元年	甲戌　晋 建兴二年 二年	乙亥　晋 建兴三年 三年	丙子　晋 建兴四年 四年
丁丑　东晋 元皇帝 建武元年 五年	戊寅　东晋 太兴元年 六年	己卯　东晋 太兴二年 七年	庚辰　东晋 太兴三年 八年	辛巳　东晋 太兴四年 九年
壬午　东晋 永昌元年 十年	癸未　东晋 明皇帝 太宁元年 十一年	甲申　东晋 太宁二年 十二年	乙酉　东晋 太宁三年 十三年	丙戌　东晋 成皇帝 咸和元年 十四年
丁亥　东晋 咸和二年 十五年	戊子　东晋 咸和三年 十六年	己丑　东晋 咸和四年 十七年	庚寅　东晋 咸和五年 十八年	辛卯　东晋 咸和六年 十九年
壬辰　东晋 咸和七年 二十年	癸巳　东晋 咸和八年 二十一年	甲午　东晋 咸和九年 二十二年	乙未　东晋 咸康元年 二十三年	丙申　东晋 咸康二年 二十四年

丁酉　东晋 咸康三年 二十五年	戊戌　东晋 咸康四年 二十六年	己亥　东晋 咸康五年 二十七年	庚子　东晋 咸康六年 二十八年	辛丑　东晋 咸康七年 二十九年
壬寅　东晋 咸康八年 三十年	癸卯　东晋 康皇帝 建元元年 三十一年	甲辰　东晋 建元二年 三十二年	乙巳　东晋 穆皇帝 永和元年 三十三年	丙午　东晋 永和二年 三十四年
丁未　东晋 永和三年 三十五年	戊申　东晋 永和四年 三十六年	己酉　东晋 永和五年 三十七年	庚戌　东晋 永和六年 三十八年	辛亥　东晋 永和七年 三十九年
壬子　东晋 永和八年 四十年	癸丑　东晋 永和九年 四十一年	甲寅　东晋 永和十年 四十二年	乙卯　东晋 永和十一年 四十三年	丙辰　东晋 永和十二年 四十四年
丁巳　东晋 升平元年 四十五年	戊午　东晋 升平二年 四十六年	己未　东晋 升平三年 四十七年	庚申　东晋 升平四年 四十八年	辛酉　东晋 升平五年 四十九年
壬戌　东晋 哀皇帝 隆和元年 五十年	癸亥　东晋 兴宁元年 五十一年	甲子　东晋 兴宁二年 五十二年	乙丑　东晋 兴宁三年 五十三年	丙寅　东晋 帝奕 太和元年 五十四年
丁卯　东晋 太和二年 五十五年	戊辰　东晋 太和三年 五十六年	己巳　东晋 太和四年 五十七年	庚午　东晋 太和五年 五十八年	辛未　东晋 简文皇帝 咸安元年 五十九年

壬申　东晋 咸安二年 六十年	癸酉　东晋 孝武皇帝 宁康元年 六十一年	甲戌　东晋 宁康二年 六十二年	乙亥　东晋 宁康三年 六十三年	丙子　东晋 太元元年 六十四年
丁丑　东晋 太元二年 六十五年	戊寅　东晋 太元三年 六十六年	己卯　东晋 太元四年 六十七年	庚辰　东晋 太元五年 六十八年	辛巳　东晋 太元六年 六十九年
壬午　东晋 太元七年 七十年	癸未　东晋 太元八年 七十一年	甲申　东晋 太元九年 七十二年	乙酉　东晋 太元十年 七十三年	丙戌　东晋 太元十一年 七十四年
丁亥　东晋 太元十二年 七十五年	戊子　东晋 太元十三年 七十六年	己丑　东晋 太元十四年 七十七年	庚寅　东晋 太元十五年 七十八年	辛卯　东晋 太元十六年 七十九年
壬辰　东晋 太元十七年 八十年	癸巳　东晋 太元十八年 八十一年	甲午　东晋 太元十九年 八十二年	乙未　东晋 太元二十年 八十三年	丙申　东晋 太元二十一年 八十四年
丁酉　东晋 安皇帝 隆安元年 八十五年	戊戌　东晋 隆安二年 八十六年	己亥　东晋 隆安三年 八十七年	庚子　东晋 隆安四年 履中帝 元年	辛丑　东晋 隆安五年 二年
壬寅　东晋 元兴元年 三年	癸卯　东晋 元兴二年 四年	甲辰　东晋 元兴三年 五年	乙巳　东晋 义熙元年 六年	丙午　东晋 义熙二年 反正帝 元年

丁未　东晋 义熙三年 二年	戊申　东晋 义熙四年 三年	己酉　东晋 义熙五年 四年	庚戌　东晋 义熙六年 五年	辛亥　东晋 义熙七年 六年
壬子　东晋 义熙八年 允恭帝 元年	癸丑　东晋 义熙九年 二年	甲寅　东晋 义熙十年 三年	乙卯　东晋 义熙十一年 四年	丙辰　东晋 义熙十二年 五年
丁巳　东晋 义熙十三年 六年	戊午　东晋 义熙十四年 七年	己未　东晋 恭皇帝 元熙元年 八年	庚申　东晋 元熙二年 九年	辛酉　南北朝 宋武皇帝 永初二年 十年
壬戌　南北朝 永初三年 十一年	癸亥　南北朝 宋废帝 景平元年 十二年	甲子　南北朝 宋文皇帝 元嘉元年 十三年	乙丑　南北朝 元嘉二年 十四年	丙寅　南北朝 元嘉三年 十五年
丁卯　南北朝 元嘉四年 十六年	戊辰　南北朝 元嘉五年 十七年	己巳　南北朝 元嘉六年 十八年	庚午　南北朝 元嘉七年 十九年	辛未　南北朝 元嘉八年 二十年
壬申　南北朝 元嘉九年 二十一年	癸酉　南北朝 元嘉十年 二十二年	甲戌　南北朝 元嘉十一年 二十三年	乙亥　南北朝 元嘉十二年 二十四年	丙子　南北朝 元嘉十三年 二十五年
丁丑　南北朝 元嘉十四年 二十六年	戊寅　南北朝 元嘉十五年 二十七年	己卯　南北朝 元嘉十六年 二十八年	庚辰　南北朝 元嘉十七年 二十九年	辛巳　南北朝 元嘉十八年 三十年

壬午　南北朝 元嘉十九年 三十一年	癸未　南北朝 元嘉二十年 三十二年	甲申　南北朝 元嘉二十一年 三十三年	乙酉　南北朝 元嘉二十二年 三十四年	丙戌　南北朝 元嘉二十三年 三十五年
丁亥　南北朝 元嘉二十四年 三十六年	戊子　南北朝 元嘉二十五年 三十七年	己丑　南北朝 元嘉二十六年 三十八年	庚寅　南北朝 元嘉二十七年 三十九年	辛卯　南北朝 元嘉二十八年 四十年
壬辰　南北朝 元嘉二十九年 四十一年	癸巳　南北朝 元嘉三十年 四十二年	甲午　南北朝 宋孝武皇帝 孝建元年 安康帝 元年	乙未　南北朝 孝建二年 二年	丙申　南北朝 孝建三年 三年
丁酉　南北朝 大明元年 雄略帝 元年	戊戌　南北朝 大明二年 二年	己亥　南北朝 大明三年 三年	庚子　南北朝 大明四年 四年	辛丑　南北朝 大明五年 五年
壬寅　南北朝 大明六年 六年	癸卯　南北朝 大明七年 七年	甲辰　南北朝 大明八年 八年	乙巳　南北朝 宋帝子业 景和元年 九年	丙午　南北朝 宋明皇帝 泰始二年 十年
丁未　南北朝 泰始三年 十一年	戊申　南北朝 泰始四年 十二年	己酉　南北朝 泰始五年 十三年	庚戌　南北朝 泰始六年 十四年	辛亥　南北朝 泰始七年 十五年

<table>
<tr><td>壬子　南北朝
泰豫元年
十六年</td><td>癸丑　南北朝
宋废帝
元徽元年
十七年</td><td>甲庚　南北朝
元徽二年
十八年</td><td>乙卯　南北朝
元徽三年
十九年</td><td>丙辰　南北朝
元徽四年
二十年</td></tr>
<tr><td>丁巳　南北朝
宋顺皇帝
昇明元年
二十一年</td><td>戊午　南北朝
昇明二年
二十二年</td><td>己未　南北朝
昇明三年
二十三年</td><td>庚申　南北朝
齐高皇帝
建元二年
清宁帝
元年</td><td>辛酉　南北朝
建元三年
二年</td></tr>
<tr><td>壬戌　南北朝
建元四年
三年</td><td>癸亥　南北朝
齐武皇帝
永明元年
四年</td><td>甲子　南北朝
永明二年
五年</td><td>乙丑　南北朝
永明三年
显宗帝
元年</td><td>丙寅　南北朝
永明四年
二年</td></tr>
<tr><td>丁卯　南北朝
永明五年
三年</td><td>戊辰　南北朝
永明六年
仁贤帝
元年</td><td>己巳　南北朝
永明七年
二年</td><td>庚午　南北朝
永明八年
三年</td><td>辛未　南北朝
永明九年
四年</td></tr>
<tr><td>壬申　南北朝
永明十年
五年</td><td>癸酉　南北朝
永明十一年
六年</td><td>甲戌　南北朝
齐明皇帝
建武元年
七年</td><td>乙亥　南北朝
建武二年
八年</td><td>丙子　南北朝
建武三年
九年</td></tr>
<tr><td>丁丑　南北朝
建武四年
十年</td><td>戊寅　南北朝
永泰元年
十一年</td><td>己卯　南北朝
齐东昏侯
永元元年
武烈帝
元年</td><td>庚辰　南北朝
永元二年
二年</td><td>辛巳　南北朝
齐和皇帝
中兴元年
三年</td></tr>
</table>

壬午　南北朝 中兴二年 四年	癸未　南北朝 梁武皇帝 天监二年 五年	甲申　南北朝 天监三年 六年	乙酉　南北朝 天监四年 七年	丙戌　南北朝 天监五年 八年
丁亥　南北朝 天监六年 继体帝 元年	戊子　南北朝 天监七年 二年	己丑　南北朝 天监八年 三年	庚寅　南北朝 天监九年 四年	辛卯　南北朝 天监十年 五年
壬辰　南北朝 天监十一年 六年	癸巳　南北朝 天监十二年 七年	甲午　南北朝 天监十三年 八年	乙未　南北朝 天监十四年 九年	丙申　南北朝 天监十五年 十年
丁酉　南北朝 天监十六年 十一年	戊戌　南北朝 天监十七年 十二年	己亥　南北朝 天监十八年 十三年	庚子　南北朝 普通元年 十四年	辛丑　南北朝 普通二年 十五年
壬寅　南北朝 普通三年 十六年	癸卯　南北朝 普通四年 十七年	甲辰　南北朝 普通五年 十八年	乙巳　南北朝 普通六年 十九年	丙午　南北朝 普通七年 二十年
丁未　南北朝 大通元年 二十一年	戊申　南北朝 大通二年 二十二年	己酉　南北朝 中大通元年 二十三年	庚戌　南北朝 中大通二年 二十四年	辛亥　南北朝 中大通三年 二十五年
壬子　南北朝 中大通四年 二十六年	癸丑　南北朝 中大通五年 二十七年	甲寅　南北朝 中大通六年 安闲帝 元年	乙卯　南北朝 大同元年 二年	丙辰　南北朝 大同二年 宣化帝 元年

丁巳　南北朝 大同三年 二年	戊午　南北朝 大同四年 三年	己未　南北朝 大同五年 四年	庚申　南北朝 大同六年 钦明帝 元年	辛酉　南北朝 大同七年 二年
壬戌　南北朝 大同八年 三年	癸亥　南北朝 大同九年 四年	甲子　南北朝 大同十年 五年	乙丑　南北朝 大同十一年 六年	丙寅　南北朝 中大同元年 七年
丁卯　南北朝 太清元年 八年	戊辰　南北朝 太清二年 九年	己巳　南北朝 太清三年 十年	庚午　南北朝 梁简文皇帝 大宝元年 十一年	辛未　南北朝 大宝二年 十二年
壬申　南北朝 梁孝元皇帝 承圣元年 十三年	癸酉　南北朝 承圣二年 十四年	甲戌　南北朝 承圣三年 十五年	乙亥　南北朝 梁敬皇帝 绍泰元年 十六年	丙子　南北朝 太平元年 十七年
丁丑　南北朝 太平二年 十八年	戊寅　南北朝 陈武皇帝 永定二年 十九年	己卯　南北朝 永定三年 二十年	庚辰　南北朝 陈文皇帝 天嘉元年 二十一年	辛巳　南北朝 天嘉二年 二十二年
壬午　南北朝 天嘉三年 二十三年	癸未　南北朝 天嘉四年 二十四年	甲申　南北朝 天嘉五年 二十五年	乙酉　南北朝 天嘉六年 二十六年	丙戌　南北朝 天康元年 二十七年

丁亥　南北朝 陈临海王 光大元年 二十八年	戊子　南北朝 光大二年 二十九年	己丑　南北朝 陈孝宣皇帝 太建元年 三十年	庚寅　南北朝 太建二年 三十一年	辛卯　南北朝 太建三年 三十二年
壬辰　南北朝 太建四年 敏达帝 元年	癸巳　南北朝 太建五年 二年	甲午　南北朝 太建六年 三年	乙未　南北朝 太建七年 四年	丙申　南北朝 太建八年 五年
丁酉　南北朝 太建九年 六年	戊戌　南北朝 太建十年 七年	己亥　南北朝 太建十一年 八年	庚子　南北朝 太建十二年 九年	辛丑　南北朝 太建十三年 十年
壬寅　南北朝 太建十四年 十一年	癸卯　南北朝 陈后主 至德元年 十二年	甲辰　南北朝 至德二年 十三年	乙巳　南北朝 至德三年 十四年	丙午　南北朝 至德四年 用明帝 元年
丁未　南北朝 祯明元年 二年	戊申　南北朝 祯明二年 崇峻帝 元年	己酉　隋 文皇帝 开皇九年 二年	庚戌　隋 开皇十年 三年	辛亥　隋 开皇十一年 四年
壬子　隋 开皇十二年 五年	癸丑　隋 开皇十三年 推古帝 元年	甲寅　隋 开皇十四年 二年	乙卯　隋 开皇十五年 三年	丙辰　隋 开皇十六年 四年

丁巳　隋 开皇十七年 五年	戊午　隋 开皇十八年 六年	己未　隋 开皇十九年 七年	庚申　隋 开皇二十年 八年	辛酉　隋 仁寿元年 九年
壬戌　隋 仁寿二年 十年	癸亥　隋 仁寿三年 十一年	甲子　隋 仁寿四年 十二年	乙丑　隋 炀皇帝 大业元年 十三年	丙寅　隋 大业二年 十四年
丁卯　隋 大业三年 十五年	戊辰　隋 大业四年 十六年	己巳　隋 大业五年 十七年	庚午　隋 大业六年 十八年	辛未　隋 大业七年 十九年
壬申　隋 大业八年 二十年	癸酉　隋 大业九年 二十一年	甲戌　隋 大业十年 二十二年	乙亥　隋 大业十一年 二十三年	丙子　隋 大业十二年 二十四年
丁丑　隋 大业十三年 二十五年	戊寅　隋 大业十四年 二十六年	己卯　隋 恭皇帝 皇泰元年 二十七年	庚辰　唐 高祖皇帝 武德三年 二十八年	辛巳　唐 武德四年 二十九年
壬午　唐 武德五年 三十年	癸未　唐 武德六年 三十一年	甲申　唐 武德七年 三十二年	乙酉　唐 武德八年 三十三年	丙戌　唐 武德九年 三十四年
丁亥　唐 太宗皇帝 贞观元年 三十五年	戊子　唐 贞观二年 三十六年	己丑　唐 贞观三年 舒明帝 元年	庚寅　唐 贞观四年 二年	辛卯　唐 贞观五年 三年

壬辰　唐 贞观六年 四年	癸巳　唐 贞观七年 五年	甲午　唐 贞观八年 六年	乙未　唐 贞观九年 七年	丙申　唐 贞观十年 八年
丁酉　唐 贞观十一年 九年	戊戌　唐 贞观十二年 十年	己亥　唐 贞观十三年 十一年	庚子　唐 贞观十四年 十二年	辛丑　唐 贞观十五年 十三年
壬寅　唐 贞观十六年 皇极齐明帝 元年	癸卯　唐 贞观十七年 二年	甲辰　唐 贞观十八年 三年	乙巳　唐 贞观十九年 孝德帝 大化元年	丙午　唐 贞观二十年 大化二年
丁未　唐 贞观二十一年 大化三年	戊申　唐 贞观二十二年 大化四年	己酉　唐 贞观二十三年 大化五年	庚戌　唐 高宗皇帝 永徽元年 白雉元年	辛亥　唐 永徽二年 白雉二年
壬子　唐 永徽三年 白雉三年	癸丑　唐 永徽四年 白雉四年	甲寅　唐 永徽五年 白雉五年	乙卯　唐 永徽六年 齐明帝复辟 元年	丙辰　唐 显庆元年 二年
丁巳　唐 显庆二年 三年	戊午　唐 显庆三年 四年	己未　唐 显庆四年 五年	庚申　唐 显庆五年 六年	辛酉　唐 龙朔元年 七年
壬戌　唐 龙朔二年 天智摄位 八年	癸亥　唐 龙朔三年 九年	甲子　唐 麟德元年 十年	乙丑　唐 麟德二年 十一年	丙寅　唐 乾封元年 十二年

丁卯　唐 乾封二年 十三年	戊辰　唐 总章元年 天智帝 元年	己巳　唐 总章二年 二年	庚午　唐 咸亨元年 三年	辛未　唐 咸亨二年 四年
壬申　唐 咸亨三年 大友帝 元年	癸酉　唐 咸亨四年 天武帝 白凤元年	甲戌　唐 上元元年 白凤二年	乙亥　唐 上元二年 白凤三年	丙子　唐 仪凤元年 白凤四年
丁丑　唐 仪凤二年 白凤五年	戊寅　唐 仪凤三年 白凤六年	己卯　唐 调露元年 白凤七年	庚辰　唐 永隆元年 白凤八年	辛巳　唐 开耀元年 白凤九年
壬午　唐 永淳元年 白凤十年	癸未　唐 弘道元年 白凤十一年	甲申　唐 中宗皇帝 嗣圣元年 白凤十二年	乙酉　唐 武太后 垂拱元年 白凤十三年	丙戌　唐 垂拱二年 朱鸟元年
丁亥　唐 垂拱三年 朱鸟二年	戊子　唐 垂拱四年 朱鸟三年	己丑　唐 永昌元年 朱鸟四年	庚寅　唐 天授元年 持统帝 元年	辛卯　唐 天授二年 二年
壬辰　唐 如意元年 三年	癸巳　唐 如意二年 四年	甲午　唐 延载元年 五年	乙未　唐 天册万岁元年 六年	丙申　唐 万岁通天元年 七年

丁酉　唐 神功元年 文武帝 元年	戊戌　唐 圣历元年 二年	己亥　唐 圣历二年 三年	庚子　唐 久视元年 四年	辛丑　唐 大足元年 大宝元年
壬寅　唐 长安二年 大宝二年	癸卯　唐 长安三年 大宝三年	甲辰　唐 长安四年 庆云元年	乙巳　唐 中宗皇帝 神龙元年 庆云二年	丙午　唐 神龙二年 庆云三年
丁未　唐 景龙元年 庆云四年	戊申　唐 景龙二年 元明帝 和铜元年	己酉　唐 景龙三年 和铜二年	庚戌　唐 睿宗皇帝 景云元年 和铜三年	辛亥　唐 景云二年 和铜四年
壬子　唐 大极元年 和铜五年	癸丑　唐 玄宗皇帝 开元元年 和铜六年	甲寅　唐 开元二年 和铜七年	乙卯　唐 开元三年 元正帝 灵龟元年	丙辰　唐 开元四年 灵龟二年
丁巳　唐 开元五年 养老元年	戊午　唐 开元六年 养老二年	己未　唐 开元七年 养老三年	庚申　唐 开元八年 养老四年	辛酉　唐 开元九年 养老五年

壬戌　唐 开元十年 养老六年	癸亥　唐 开元十一年 养老七年	甲子　唐 开元十二年 圣武帝 神龟元年	乙丑　唐 开元十三年 神龟二年	丙寅　唐 开元十四年 神龟三年
丁卯　唐 开元十五年 神龟四年	戊辰　唐 开元十六年 神龟五年	己巳　唐 开元十七年 天平元年	庚午　唐 开元十八年 天平二年	辛未　唐 开元十九年 天平三年
壬申　唐 开元二十年 天平四年	癸酉　唐 开元二十一年 天平五年	甲戌　唐 开元二十二年 天平六年	乙亥　唐 开元二十三年 天平七年	丙子　唐 开元二十四年 天平八年
丁丑　唐 开元二十五年 天平九年	戊寅　唐 开元二十六年 天平十年	己卯　唐 开元二十七年 天平十一年	庚辰　唐 开元二十八年 天平十二年	辛巳　唐 开元二十九年 天平十三年
壬午　唐 天宝元年 天平十四年	癸未　唐 天宝二年 天平十五年	甲申　唐 天宝三载 天平十六年	乙酉　唐 天宝四载 天平十七年	丙戌　唐 天宝五载 天平十八年
丁亥　唐 天宝六载 天平十九年	戊子　唐 天宝七载 天平二十年	己丑　唐 天宝八载 孝谦帝 天平胜宝元年	庚寅　唐 天宝九载 天平胜宝二年	辛卯　唐 天宝十载 天平胜宝三年
壬辰　唐 天宝十一载 天平胜宝四年	癸巳　唐 天宝十二载 天平胜宝五年	甲午　唐 天宝十三载 天平胜宝六年	乙未　唐 天宝十四载 天平胜宝七年	丙申　唐 肃宗皇帝 至德元载 天平胜宝八年

丁酉　唐 至德二载 天平宝字元年	戊戌　唐 乾元元年 天平宝字二年	己亥　唐 乾元二年 大炊帝 元年	庚子　唐 上元元年 二年	辛丑　唐 上元二年 三年
壬寅　唐 宝应元年 四年	癸卯　唐 代宗皇帝 广德元年 五年	甲辰　唐 广德二年 六年	乙巳　唐 永泰元年 孝谦帝 天平神护元年	丙午　唐 大历元年 天平神护二年
丁未　唐 大历二年 神护景云元年	戊申　唐 大历三年 神护景云二年	己酉　唐 大历四年 神护景云三年	庚戌　唐 大历五年 光仁帝 宝龟元年	辛亥　唐 大历六年 宝龟二年
壬子　唐 大历七年 宝龟三年	癸丑　唐 大历八年 宝龟四年	甲寅　唐 大历九年 宝龟五年	乙卯　唐 大历十年 宝龟六年	丙辰　唐 大历十一年 宝龟七年
丁巳　唐 大历十二年 宝龟八年	戊午　唐 大历十三年 宝龟九年	己未　唐 大历十四年 宝龟十年	庚申　唐 德宗皇帝 建中元年 宝龟十一年	辛酉　唐 建中二年 天应元年
壬戌　唐 建中三年 桓武帝 延历元年	癸亥　唐 建中四年 延历二年	甲子　唐 兴元元年 延历三年	乙丑　唐 贞元元年 延历四年	丙寅　唐 贞元二年 延历五年

丁卯　唐 贞元三年 延历六年	戊辰　唐 贞元四年 延历七年	己巳　唐 贞元五年 延历八年	庚午　唐 贞元六年 延历九年	辛未　唐 贞元七年 延历十年
壬申　唐 贞元八年 延历十一年	癸酉　唐 贞元九年 延历十二年	甲戌　唐 贞元十年 延历十三年	乙亥　唐 贞元十一年 延历十四年	丙子　唐 贞元十二年 延历十五年
丁丑　唐 贞元十三年 延历十六年	戊寅　唐 贞元十四年 延历十七年	己卯　唐 贞元十五年 延历十八年	庚辰　唐 贞元十六年 延历十九年	辛巳　唐 贞元十七年 延历二十年
壬午　唐 贞元十八年 延历二十一年	癸未　唐 贞元十九年 延历二十二年	甲申　唐 贞元二十年 延历二十三年	乙酉　唐 顺宗皇帝 永贞元年 延历二十四年	丙戌　唐 宪宗皇帝 元和元年 平城帝 大同元年
丁亥　唐 元和二年 大同二年	戊子　唐 元和三年 大同三年	己丑　唐 元和四年 大同四年	庚寅　唐 元和五年 嵯峨帝 弘仁元年	辛卯　唐 元和六年 弘仁二年
壬辰　唐 元和七年 弘仁三年	癸巳　唐 元和八年 弘仁四年	甲午　唐 元和九年 弘仁五年	乙未　唐 元和十年 弘仁六年	丙申　唐 元和十一年 弘仁七年

丁酉　唐 元和十二年 弘仁八年	戊戌　唐 元和十三年 弘仁九年	己亥　唐 元和十四年 弘仁十年	庚子　唐 元和十五年 弘仁十一年	辛丑　唐 穆宗皇帝 长庆元年 弘仁十二年
壬寅　唐 长庆二年 弘仁十三年	癸卯　唐 长庆三年 弘仁十四年	甲辰　唐 长庆四年 淳和帝 天长元年	乙巳　唐 敬宗皇帝 宝历元年 天长二年	丙午　唐 宝历二年 天长三年
丁未　唐 文宗皇帝 太和元年 天长四年	戊申　唐 太和二年 天长五年	己酉　唐 太和三年 天长六年	庚戌　唐 太和四年 天长七年	辛亥　唐 太和五年 天长八年
壬子　唐 太和六年 天长九年	癸丑　唐 太和七年 天长十年	甲寅　唐 太和八年 仁明帝 承和元年	乙卯　唐 太和九年 承和二年	丙辰　唐 开成元年 承和三年
丁巳　唐 开成二年 承和四年	戊午　唐 开成三年 承和五年	己未　唐 开成四年 承和六年	庚申　唐 开成五年 承和七年	辛酉　唐 武宗皇帝 会昌元年 承和八年
壬戌　唐 会昌二年 承和九年	癸亥　唐 会昌三年 承和十年	甲子　唐 会昌四年 承和十一年	乙丑　唐 会昌五年 承和十二年	丙寅　唐 会昌六年 承和十三年

丁卯　唐 宣宗皇帝 大中元年 承和十四年	戊辰　唐 大中二年 嘉祥元年	己巳　唐 大中三年 嘉祥二年	庚午　唐 大中四年 嘉祥三年	辛未　唐 大中五年 文德帝 仁寿元年
壬申　唐 大中六年 仁寿二年	癸酉　唐 大中七年 仁寿三年	甲戌　唐 大中八年 齐衡元年	乙亥　唐 大中九年 齐衡二年	丙子　唐 大中十年 齐衡三年
丁丑　唐 大中十一年 天安元年	戊寅　唐 大中十二年 天安二年	己卯　唐 大中十三年 清和帝 贞观元年	庚辰　唐 懿宗皇帝 咸通元年 贞观二年	辛巳　唐 咸通二年 贞观三年
壬午　唐 咸通三年 贞观四年	癸未　唐 咸通四年 贞观五年	甲申　唐 咸通五年 贞观六年	乙酉　唐 咸通六年 贞观七年	丙戌　唐 咸通七年 贞观八年
丁亥　唐 咸通八年 贞观九年	戊子　唐 咸通九年 贞观十年	己丑　唐 咸通十年 贞观十一年	庚寅　唐 咸通十一年 贞观十二年	辛卯　唐 咸通十二年 贞观十三年
壬辰　唐 咸通十三年 贞观十四年	癸巳　唐 咸通十四年 贞观十五年	甲午　唐 僖宗皇帝 乾符元年 贞观十六年	乙未　唐 乾符二年 贞观十七年	丙申　唐 乾符三年 贞观十八年

<table>
<tr><td>丁酉　唐
乾符四年
阳成帝
元庆元年</td><td>戊戌　唐
乾符五年
元庆二年</td><td>己亥　唐
乾符六年
元庆三年</td><td>庚子　唐
广明元年
元庆四年</td><td>辛丑　唐
中和元年
元庆五年</td></tr>
<tr><td>壬寅　唐
中和二年
元庆六年</td><td>癸卯　唐
中和三年
元庆七年</td><td>甲辰　唐
中和四年
元庆八年</td><td>乙巳　唐
光启元年
光孝帝
仁和元年</td><td>丙午　唐
光启二年
仁和二年</td></tr>
<tr><td>丁未　唐
光启三年
仁和三年</td><td>戊申　唐
文德元年
宇多帝
元年</td><td>己酉　唐
昭宗皇帝
龙纪元年
宽平元年</td><td>庚戌　唐
大顺元年
宽平二年</td><td>辛亥　唐
大顺二年
宽平三年</td></tr>
<tr><td>壬子　唐
景福元年
宽平四年</td><td>癸丑　唐
景福二年
宽平五年</td><td>甲寅　唐
乾宁元年
宽平六年</td><td>乙卯　唐
乾宁二年
宽平七年</td><td>丙辰　唐
乾宁三年
宽平八年</td></tr>
<tr><td>丁巳　唐
乾宁四年
宽平九年</td><td>戊午　唐
光化元年
醍醐帝
昌泰元年</td><td>己未　唐
光化二年
昌泰二年</td><td>庚申　唐
光化三年
昌泰三年</td><td>辛酉　唐
天复元年
延喜元年</td></tr>
<tr><td>壬戌　唐
天复二年
延喜二年</td><td>癸亥　唐
天复三年
延喜三年</td><td>甲子　唐
天祐元年
延喜四年</td><td>乙丑　唐
昭皇帝
天祐二年
延喜五年</td><td>丙寅　唐
天祐三年
延喜六年</td></tr>
</table>

<table>
<tr><td>丁卯　唐
天祐四年
延喜七年</td><td>戊辰　五代
梁太祖皇帝
开平二年
延喜八年</td><td>己巳　五代
开平三年
延喜九年</td><td>庚午　五代
开平四年
延喜十年</td><td>辛未　五代
乾化元年
延喜十一年</td></tr>
<tr><td>壬申　五代
乾化二年
延喜十二年</td><td>癸酉　五代
梁末帝
乾化三年
延喜十三年</td><td>甲戌　五代
乾化四年
延喜十四年</td><td>乙亥　五代
贞明元年
延喜十五年</td><td>丙子　五代
贞明二年
延喜十六年</td></tr>
<tr><td>丁丑　五代
贞明三年
延喜十七年</td><td>戊寅　五代
贞明四年
延喜十八年</td><td>己卯　五代
贞明五年
延喜十九年</td><td>庚辰　五代
贞明六年
延喜二十年</td><td>辛巳　五代
龙德元年
延喜二十一年</td></tr>
<tr><td>壬午　五代
龙德二年
延喜二十二年</td><td>癸未　五代
龙德三年
延长元年</td><td>甲申　五代
后唐庄宗皇帝
同光元年
延长二年</td><td>乙酉　五代
同光二年
延长三年</td><td>丙戌　五代
后唐明宗皇帝
天成元年
延长四年</td></tr>
<tr><td>丁亥　五代
天成二年
延长五年</td><td>戊子　五代
天成三年
延长六年</td><td>己丑　五代
天成四年
延长七年</td><td>庚寅　五代
长兴元年
延长八年</td><td>辛卯　五代
长兴二年
朱雀帝
承平元年</td></tr>
<tr><td>壬辰　五代
长兴三年
承平二年</td><td>癸巳　五代
长兴四年
承平三年</td><td>甲午　五代
后唐闵皇帝
应顺元年
承平四年</td><td>乙未　五代
后唐潞王
清泰二年
承平五年</td><td>丙申　五代
清泰三年
承平六年</td></tr>
</table>

丁酉　五代 晋高祖皇帝 天福二年 承平七年	戊戌　五代 天福三年 天庆元年	己亥　五代 天福四年 天庆二年	庚子　五代 天福五年 天庆三年	辛丑　五代 天福六年 天庆四年
壬寅　五代 天福七年 天庆五年	癸卯　五代 晋出帝 天福八年 天庆六年	甲辰　五代 开运元年 天庆七年	乙巳　五代 开运二年 天庆八年	丙午　五代 开运三年 天庆九年
丁未　五代 汉高祖皇帝 天福十二年 村上帝 天历元年	戊申　五代 乾祐元年 天历二年	己酉　五代 汉隐皇帝 乾祐二年 天历三年	庚戌　五代 乾祐三年 天历四年	辛亥　五代 周太祖皇帝 广顺元年 天历五年
壬子　五代 广顺二年 天历六年	癸丑　五代 广顺三年 天历七年	甲寅　五代 周世宗皇帝 显德元年 天历八年	乙卯　五代 显德二年 天历九年	丙辰　五代 显德三年 天历十年
丁巳　五代 显德四年 天德元年	戊午　五代 显德五年 天德二年	己未　五代 周恭皇帝 显德六年 天德三年	庚申　宋 太祖皇帝 建隆元年 天德四年	辛酉　宋 建隆二年 应和元年
壬戌　宋 建隆三年 应和二年	癸亥　宋 乾德元年 应和三年	甲子　宋 乾德二年 康保元年	乙丑　宋 乾德三年 康保二年	丙寅　宋 乾德四年 康保三年

丁卯　宋 乾德五年 康保四年	戊辰　宋 开宝元年 冷泉帝 安和元年	己巳　宋 开宝二年 安和二年	庚午　宋 开宝三年 圆融帝 天禄元年	辛未　宋 开宝四年 天禄二年
壬申　宋 开宝五年 天禄三年	癸酉　宋 开宝六年 大延元年	甲戌　宋 开宝七年 大延二年	乙亥　宋 开宝八年 大延三年	丙子　宋 开宝九年 贞元元年
丁丑　宋 太宗皇帝 太平兴国二年 贞元二年	戊寅　宋 太平兴国三年 天元元年	己卯　宋 太平兴国四年 天元二年	庚辰　宋 太平兴国五年 天元三年	辛巳　宋 太平兴国六年 天元四年
壬午　宋 太平兴国七年 天元五年	癸未　宋 太平兴国八年 永观元年	甲申　宋 雍熙元年 永观二年	乙酉　宋 雍熙二年 华山帝 宽和元年	丙戌　宋 雍熙三年 宽和二年
丁亥　宋 雍熙四年 一条帝 永延元年	戊子　宋 端拱元年 永延二年	己丑　宋 端拱二年 永祚元年	庚寅　宋 淳化元年 正历元年	辛卯　宋 淳化二年 正历二年
壬辰　宋 淳化三年 正历三年	癸巳　宋 淳化四年 正历四年	甲午　宋 淳化五年 正历五年	乙未　宋 至道元年 长德元年	丙申　宋 至道二年 长德二年

丁酉　宋 至道三年 长德三年	戊戌　宋 真宗皇帝 咸平元年 长德四年	己亥　宋 咸平二年 长保元年	庚子　宋 咸平三年 长保二年	辛丑　宋 咸平四年 长保三年
壬寅　宋 咸平五年 长保四年	癸卯　宋 咸平六年 长保五年	甲辰　宋 景德元年 宽弘元年	乙巳　宋 景德二年 宽弘二年	丙午　宋 景德三年 宽弘三年
丁未　宋 景德四年 宽弘四年	戊申　宋 大中祥符元年 宽弘五年	己酉　宋 大中祥符二年 宽弘六年	庚戌　宋 大中祥符三年 宽弘七年	辛亥　宋 大中祥符四年 宽弘八年
壬子　宋 大中祥符五年 三条帝 长和元年	癸丑　宋 大中祥符六年 长和二年	甲寅　宋 大中祥符七年 长和三年	乙卯　宋 大中祥符八年 长和四年	丙辰　宋 大中祥符九年 长和五年
丁巳　宋 天禧元年 后一条帝 宽仁元年	戊午　宋 天禧二年 宽仁二年	己未　宋 天禧三年 宽仁三年	庚申　宋 天禧四年 宽仁四年	辛酉　宋 天禧五年 治安元年
壬戌　宋 乾兴元年 治安二年	癸亥　宋 仁宗皇帝 天圣元年 治安三年	甲子　宋 天圣二年 万寿元年	乙丑　宋 天圣三年 万寿二年	丙寅　宋 天圣四年 万寿三年
丁卯　宋 天圣五年 万寿四年	戊辰　宋 天圣六年 长元元年	己巳　宋 天圣七年 长元二年	庚午　宋 天圣八年 长元三年	辛未　宋 天圣九年 长元四年

壬申　宋 明道元年 长元五年	癸酉　宋 明道二年 长元六年	甲戌　宋 景祐元年 长元七年	乙亥　宋 景祐二年 长元八年	丙子　宋 景祐三年 长元九年
丁丑　宋 景祐四年 后朱雀帝 长历元年	戊寅　宋 宝元元年 长历二年	己卯　宋 宝元二年 长历三年	庚辰　宋 康定元年 长久元年	辛巳　宋 庆历元年 长久二年
壬午　宋 庆历二年 长久三年	癸未　宋 庆历三年 长久四年	甲申　宋 庆历四年 宽德元年	乙酉　宋 庆历五年 宽德二年	丙戌　宋 庆历六年 后冷泉帝 永承元年
丁亥　宋 庆历七年 永承二年	戊子　宋 庆历八年 永承三年	己丑　宋 皇祐元年 永承四年	庚寅　宋 皇祐二年 永承五年	辛卯　宋 皇祐三年 永承六年
壬辰　宋 皇祐四年 永承七年	癸巳　宋 皇祐五年 天喜元年	甲午　宋 至和元年 天喜二年	乙未　宋 至和二年 天喜三年	丙申　宋 嘉祐元年 天喜四年
丁酉　宋 嘉祐二年 天喜五年	戊戌　宋 嘉祐三年 康平元年	己亥　宋 嘉祐四年 康平二年	庚子　宋 嘉祐五年 康平三年	辛丑　宋 嘉祐六年 康平四年
壬寅　宋 嘉祐七年 康平五年	癸卯　宋 嘉祐八年 康平六年	甲辰　宋 英宗皇帝 治平元年 康平七年	乙巳　宋 治平二年 治历元年	丙午　宋 治平三年 治历二年

丁未　宋 治平四年 治历三年	戊申　宋 神宗皇帝 熙宁元年 治历四年	己酉　宋 熙宁二年 后三条帝 延久元年	庚戌　宋 熙宁三年 延久二年	辛亥　宋 熙宁四年 延久三年
壬子　宋 熙宁五年 延久四年	癸丑　宋 熙宁六年 白河帝 元年	甲寅　宋 熙宁七年 承保元年	乙卯　宋 熙宁八年 承保二年	丙辰　宋 熙宁九年 承保三年
丁巳　宋 熙宁十年 承历元年	戊午　宋 元丰元年 承历二年	己未　宋 元丰二年 承历三年	庚申　宋 元丰三年 承历四年	辛酉　宋 元丰四年 永保元年
壬戌　宋 元丰五年 永保二年	癸亥　宋 元丰六年 永保三年	甲子　宋 元丰七年 应德元年	乙丑　宋 元丰八年 应德二年	丙寅　宋 哲宗皇帝 元祐元年 应德三年
丁卯　宋 元祐二年 堀河帝 宽治元年	戊辰　宋 元祐三年 宽治二年	己巳　宋 元祐四年 宽治三年	庚午　宋 元祐五年 宽治四年	辛未　宋 元祐六年 宽治五年
壬申　宋 元祐七年 宽治六年	癸酉　宋 元祐八年 宽治七年	甲戌　宋 绍圣元年 嘉保元年	乙亥　宋 绍圣二年 嘉保二年	丙子　宋 绍圣三年 永长元年

丁丑　宋 绍圣四年 承德元年	戊寅　宋 元符元年 承德二年	己卯　宋 元符二年 康和元年	庚辰　宋 元符三年 康和二年	辛巳　宋 徽宗皇帝 建中靖国元年 康和三年
壬午　宋 崇宁元年 康和四年	癸未　宋 崇宁二年 康和五年	甲申　宋 崇宁三年 长治元年	乙酉　宋 崇宁四年 长治二年	丙戌　宋 崇宁五年 嘉承元年
丁亥　宋 大观元年 嘉承二年	戊子　宋 大观二年 鸟羽帝 天仁元年	己丑　宋 大观三年 天仁二年	庚寅　宋 大观四年 天永元年	辛卯　宋 政和元年 天永二年
壬辰　宋 政和二年 天永三年	癸巳　宋 政和三年 永久元年	甲午　宋 政和四年 永久二年	乙未　宋 政和五年 永久三年	丙申　宋 政和六年 永久四年
丁酉　宋 政和七年 永久五年	戊戌　宋 重和元年 元永元年	己亥　宋 宣和元年 元永二年	庚子　宋 宣和二年 保安元年	辛丑　宋 宣和三年 保安二年
壬寅　宋 宣和四年 保安三年	癸卯　宋 宣和五年 保安四年	甲辰　宋 宣和六年 崇德帝 天治元年	乙巳　宋 宣和七年 天治二年	丙午　宋 钦宗皇帝 靖康元年 大治元年

丁未　南宋 高宗皇帝 建炎元年 大治二年	戊申　南宋 建炎二年 大治三年	己酉　南宋 建炎三年 大治四年	庚戌　南宋 建炎四年 大治五年	辛亥　南宋 绍兴元年 天承元年
壬子　南宋 绍兴二年 长承元年	癸丑　南宋 绍兴三年 长承二年	甲寅　南宋 绍兴四年 长承三年	乙卯　南宋 绍兴五年 保延元年	丙辰　南宋 绍兴六年 保延二年
丁巳　南宋 绍兴七年 保延三年	戊午　南宋 绍兴八年 保延四年	己未　南宋 绍兴九年 保延五年	庚申　南宋 绍兴十年 保延六年	辛酉　南宋 绍兴十一年 永治元年
壬戌　南宋 绍兴十二年 近卫帝 康治元年	癸亥　南宋 绍兴十三年 康治二年	甲子　南宋 绍兴十四年 天养元年	乙丑　南宋 绍兴十五年 久安元年	丙寅　南宋 绍兴十六年 久安二年
丁卯　南宋 绍兴十七年 久安三年	戊辰　南宋 绍兴十八年 久安四年	己巳　南宋 绍兴十九年 久安五年	庚午　南宋 绍兴二十年 久安六年	辛未　南宋 绍兴二十一年 仁平元年
壬申　南宋 绍兴二十二年 仁平二年	癸酉　南宋 绍兴二十三年 仁平三年	甲戌　南宋 绍兴二十四年 久寿元年	乙亥　南宋 绍兴二十五年 久寿二年	丙子　南宋 绍兴二十六年 后白河帝 保元元年
丁丑　南宋 绍兴二十七年 保元二年	戊寅　南宋 绍兴二十八年 保元三年	己卯　南宋 绍兴二十九年 二条帝 平治元年	庚辰　南宋 绍兴三十年 永历元年	辛巳　南宋 绍兴三十一年 应保元年

壬午　南宋 绍兴三十二年 应保二年	癸未　南宋 孝宗皇帝 隆兴元年 长宽元年	甲申　南宋 隆兴二年 长宽二年	乙酉　南宋 乾道元年 永万元年	丙戌　南宋 乾道二年 六条帝 仁安六年
丁亥　南宋 乾道三年 仁安二年	戊子　南宋 乾道四年 仁安三年	己丑　南宋 乾道五年 高仓帝 嘉应元年	庚寅　南宋 乾道六年 嘉应二年	辛卯　南宋 乾道七年 承安元年
壬辰　南宋 乾道八年 承安二年	癸巳　南宋 乾道九年 承安三年	甲午　南宋 淳熙元年 承安四年	乙未　南宋 淳熙二年 安元元年	丙申　南宋 淳熙三年 安元二年
丁酉　南宋 淳熙四年 治承元年	戊戌　南宋 淳熙五年 治承二年	己亥　南宋 淳熙六年 治承三年	庚子　南宋 淳熙七年 治承四年	辛丑　南宋 淳熙八年 安德帝 养和元年
壬寅　南宋 淳熙九年 寿永元年	癸卯　南宋 淳熙十年 寿永二年	甲辰　南宋 淳熙十一年 后鸟羽帝 元历元年	乙巳　南宋 淳熙十二年 文治元年	丙午　南宋 淳熙十三年 文治二年
丁未　南宋 淳熙十四年 文治三年	戊申　南宋 淳熙十五年 文治四年	己酉　南宋 淳熙十六年 文治五年	庚戌　南宋 光宗皇帝 淳熙十七年 建久元年	辛亥　南宋 绍熙二年 建久二年

壬子　南宋 绍熙三年 建久三年	癸丑　南宋 绍熙四年 建久四年	甲寅　南宋 绍熙五年 建久五年	乙卯　南宋 宁宗皇帝 庆元元年 建久六年	丙辰　南宋 庆元二年 建久七年
丁巳　南宋 庆元三年 建久八年	戊午　南宋 庆元四年 建久九年	己未　南宋 庆元五年 土御门帝 正治元年	庚申　南宋 庆元六年 正治二年	辛酉　南宋 嘉泰元年 建仁元年
壬戌　南宋 嘉泰二年 建仁二年	癸亥　南宋 嘉泰三年 建仁三年	甲子　南宋 嘉泰四年 元久元年	乙丑　南宋 开禧元年 元久二年	丙寅　南宋 开禧二年 建永元年
丁卯　南宋 开禧三年 承元元年	戊辰　南宋 嘉定元年 承元二年	己巳　南宋 嘉定二年 承元三年	庚午　南宋 嘉定三年 承元四年	辛未　南宋 嘉定四年 顺德帝 建历元年
壬申　南宋 嘉定五年 建历二年	癸酉　南宋 嘉定六年 建保元年	甲戌　南宋 嘉定七年 建保二年	乙亥　南宋 嘉定八年 建保三年	丙子　南宋 嘉定九年 建保四年
丁丑　南宋 嘉定十年 建保五年	戊寅　南宋 嘉定十一年 建保六年	己卯　南宋 嘉定十二年 承久元年	庚辰　南宋 嘉定十三年 承久二年	辛巳　南宋 嘉定十四年 九条废帝 承久三年

壬午　南宋 嘉定十五年 后堀河帝 贞应元年	癸未　南宋 嘉定十六年 贞应二年	甲申　南宋 嘉定十七年 元仁元年	乙酉　南宋 理宗皇帝 宝庆元年 嘉禄元年	丙戌　南宋 宝庆二年 嘉禄二年
丁亥　南宋 宝庆三年 安贞元年	戊子　南宋 绍定元年 安贞二年	己丑　南宋 绍定二年 宽喜元年	庚寅　南宋 绍定三年 宽喜二年	辛卯　南宋 绍定四年 宽喜三年
壬辰　南宋 绍定五年 贞永元年	癸巳　南宋 绍定六年 四条帝 天福元年	甲午　南宋 端平元年 文历元年	乙未　南宋 端平二年 嘉祯元年	丙申　南宋 端平三年 嘉祯二年
丁酉　南宋 嘉熙元年 嘉祯三年	戊戌　南宋 嘉熙二年 历仁元年	己亥　南宋 嘉熙三年 延应元年	庚子　南宋 嘉熙四年 仁治元年	辛丑　南宋 淳祐元年 仁治二年
壬寅　南宋 淳祐二年 仁治三年	癸卯　南宋 淳祐三年 后嵯峨帝 宽元元年	甲辰　南宋 淳祐四年 宽元二年	乙巳　南宋 淳祐五年 宽元三年	丙午　南宋 淳祐六年 宽元四年
丁未　南宋 淳祐七年 后深草帝 宝治元年	戊申　南宋 淳祐八年 宝治二年	己酉　南宋 淳祐九年 建长元年	庚戌　南宋 淳祐十年 建长二年	辛亥　南宋 淳祐十一年 建长三年

壬子　南宋 淳祐十二年 建长四年	癸丑　南宋 宝祐元年 建长五年	甲寅　南宋 宝祐二年 建长六年	乙卯　南宋 宝祐三年 建长七年	丙辰　南宋 宝祐四年 康元元年
丁巳　南宋 宝祐五年 正嘉元年	戊午　南宋 宝祐六年 正嘉二年	己未　南宋 开庆元年 正元元年	庚申　南宋 景定元年 龟山帝 文应元年	辛酉　南宋 景定二年 弘长元年
壬戌　南宋 景定三年 弘长二年	癸亥　南宋 景定四年 弘长三年	甲子　南宋 景定五年 文永元年	乙丑　南宋 度宗皇帝 咸淳元年 文永二年	丙寅　南宋 咸淳二年 文永三年
丁卯　南宋 咸淳三年 文永四年	戊辰　南宋 咸淳四年 文永五年	己巳　南宋 咸淳五年 文永六年	庚午　南宋 咸淳六年 文永七年	辛未　南宋 咸淳七年 文永八年
壬申　南宋 咸淳八年 文永九年	癸酉　南宋 咸淳九年 文永十年	甲戌　南宋 咸淳十年 文永十一年	乙亥　南宋 少帝㬎 德祐元年 后宇多帝 建治元年	丙子　元 世祖皇帝 至元十三年 建治二年

丁丑　元 至元十四年 建治三年	戊寅　元 至元十五年 弘安元年	己卯　元 至元十六年 弘安二年	庚辰　元 至元十七年 弘安三年	辛巳　元 至元十八年 弘安四年
壬午　元 至元十九年 弘安五年	癸未　元 至元二十年 弘安六年	甲申　元 至元二十一年 弘安七年	乙酉　元 至元二十二年 弘安八年	丙戌　元 至元二十三年 弘安九年
丁亥　元 至元二十四年 弘安十年	戊子　元 至元二十五年 伏见帝 正应元年	己丑　元 至元二十六年 正应二年	庚寅　元 至元二十七年 正应三年	辛卯　元 至元二十八年 正应四年
壬辰　元 至元二十九年 正应五年	癸巳　元 至元三十年 永仁元年	甲午　元 至元三十一年 永仁二年	乙未　元 成宗皇帝 元贞元年 永仁三年	丙申　元 元贞二年 永仁四年
丁酉　元 大德元年 永仁五年	戊戌　元 大德二年 永仁六年	己亥　元 大德三年 后伏见帝 正安元年	庚子　元 大德四年 正安二年	辛丑　元 大德五年 正安三年

壬寅　元 大德六年 后三条帝 乾元元年	癸卯　元 大德七年 嘉元元年	甲辰　元 大德八年 嘉元二年	乙巳　元 大德九年 嘉元三年	丙午　元 大德十年 德治元年
丁未　元 大德十一年 德治二年	戊申　元 武宗皇帝 至大元年 花园帝 延庆元年	己酉　元 至大二年 延庆二年	庚戌　元 至大三年 延庆三年	辛亥　元 至大四年 应长元年
壬子　元 仁宗皇帝 皇庆元年 正和元年	癸丑　元 皇庆二年 正和二年	甲寅　元 延祐元年 正和三年	乙卯　元 延祐二年 正和四年	丙辰　元 延祐三年 正和五年
丁巳　元 延祐四年 文保元年	戊午　元 延祐五年 文保二年	己未　元 延祐六年 后醍醐帝 元应元年	庚申　元 延祐七年 元应二年	辛酉　元 英宗皇帝 至治元年 元亨元年
壬戌　元 至治二年 元亨二年	癸亥　元 至治三年 元亨三年	甲子　元 泰定帝 泰定元年 正中元年	乙丑　元 泰定二年 正中二年	丙寅　元 泰定三年 嘉历元年
丁卯　元 泰定四年 嘉历二年	戊辰　元 致和元年 嘉历三年	己巳　元 明宗皇帝 天历二年 元德元年	庚午　元 文宗皇帝 至顺元年 元德二年	辛未　元 至顺二年 元弘元年

<table>
<tr><td>壬申　元
至顺三年
是年分南北朝
元弘二年</td><td>癸酉　元
顺皇帝
元统元年
元弘三年</td><td>甲戌　元
元统二年
建武元年</td><td>乙亥　元
至元元年
建武二年</td><td>丙子　元
至元二年
延元元年</td></tr>
<tr><td>丁丑　元
至元三年
延元二年</td><td>戊寅　元
至元四年
延元三年</td><td>己卯　元
至元五年
后村上帝
元年</td><td>庚辰　元
至元六年
兴国元年</td><td>辛巳　元
至正元年
兴国二年</td></tr>
<tr><td>壬午　元
至正二年
兴国三年</td><td>癸未　元
至正三年
兴国四年</td><td>甲申　元
至正四年
兴国五年</td><td>乙酉　元
至正五年
兴国六年</td><td>丙戌　元
至正六年
正平元年</td></tr>
<tr><td>丁亥　元
至正七年
正平二年</td><td>戊子　元
至正八年
正平三年</td><td>己丑　元
至正九年
正平四年</td><td>庚寅　元
至正十年
正平五年</td><td>辛卯　元
至正十一年
正平六年</td></tr>
<tr><td>壬辰　元
至正十二年
正平七年</td><td>癸巳　元
至正十三年
正平八年</td><td>甲午　元
至正十四年
正平九年</td><td>乙未　元
至正十五年
正平十年</td><td>丙申　元
至正十六年
正平十一年</td></tr>
<tr><td>丁酉　元
至正十七年
正平十二年</td><td>戊戌　元
至正十八年
正平十三年</td><td>己亥　元
至正十九年
正平十四年</td><td>庚子　元
至正二十年
正平十五年</td><td>辛丑　元
至正二十一年
正平十六年</td></tr>
<tr><td>壬寅　元
至正二十二年
正平十七年</td><td>癸卯　元
至正二十三年
正平十八年</td><td>甲辰　元
至正二十四年
正平十九年</td><td>乙巳　元
至正二十五年
正平二十年</td><td>丙午　元
至正二十六年
正平二十一年</td></tr>
</table>

<table>
<tr><td>丁未　元

至正二十七年

正平二十二年</td><td>戊申　明
太祖皇帝
洪武元年
长庆帝
正平二十三年</td><td>己酉　明

洪武二年

正平二十四年</td><td>庚戌　明

洪武三年

建德元年</td><td>辛亥　明

洪武四年

建德二年</td></tr>
<tr><td>壬子　明
洪武五年

文中元年</td><td>癸丑　明
洪武六年

文中二年</td><td>甲寅　明
洪武七年

文中三年</td><td>乙卯　明
洪武八年
后龟山帝
天授元年</td><td>丙辰　明
洪武九年

天授二年</td></tr>
<tr><td>丁巳　明
洪武十年
天授三年</td><td>戊午　明
洪武十一年
天授四年</td><td>己未　明
洪武十二年
天授五年</td><td>庚申　明
洪武十三年
天授六年</td><td>辛酉　明
洪武十四年
弘和元年</td></tr>
<tr><td>壬戌　明
洪武十五年
弘和二年</td><td>癸亥　明
洪武十六年
弘和三年</td><td>甲子　明
洪武十七年
元中元年</td><td>乙丑　明
洪武十八年
元中二年</td><td>丙寅　明
洪武十九年
元中三年</td></tr>
<tr><td>丁卯　明
洪武二十年
元中四年</td><td>戊辰　明
洪武二十一年
元中五年</td><td>己巳　明
洪武二十二年
元中六年</td><td>庚午　明
洪武二十三年
元中七年</td><td>辛未　明
洪武二十四年
元中八年</td></tr>
<tr><td>壬申　明
洪武二十五年
是年北朝合一
元中九年</td><td>癸酉　明
洪武二十六年
后小松帝
元年</td><td>甲戌　明
洪武二十七年

应永元年</td><td>乙亥　明
洪武二十八年

应永二年</td><td>丙子　明
洪武二十九年

应永三年</td></tr>
</table>

<table>
<tr><td>丁丑　明
洪武三十年
应永四年</td><td>戊寅　明
洪武三十一年
应永五年</td><td>己卯　明
惠皇帝
建文元年
应永六年</td><td>庚辰　明
建文二年
应永七年</td><td>辛巳　明
建文三年
应永八年</td></tr>
<tr><td>壬午　明
建文四年
应永九年</td><td>癸未　明
成祖皇帝
永乐元年
应永十年</td><td>甲申　明
永乐二年
应永十一年</td><td>乙酉　明
永乐三年
应永十二年</td><td>丙戌　明
永乐四年
应永十三年</td></tr>
<tr><td>丁亥　明
永乐五年
应永十四年</td><td>戊子　明
永乐六年
应永十五年</td><td>己丑　明
永乐七年
应永十六年</td><td>庚寅　明
永乐八年
应永十七年</td><td>辛卯　明
永乐九年
应永十八年</td></tr>
<tr><td>壬辰　明
永乐十年
应永十九年</td><td>癸巳　明
永乐十一年
称光帝
应永二十年</td><td>甲午　明
永乐十二年
应永二十一年</td><td>乙未　明
永乐十三年
应永二十二年</td><td>丙申　明
永乐十四年
应永二十三年</td></tr>
<tr><td>丁酉　明
永乐十五年
应永二十四年</td><td>戊戌　明
永乐十六年
应永二十五年</td><td>己亥　明
永乐十七年
应永二十六年</td><td>庚子　明
永乐十八年
应永二十七年</td><td>辛丑　明
永乐十九年
应永二十八年</td></tr>
<tr><td>壬寅　明
永乐二十年
应永二十九年</td><td>癸卯　明
永乐二十一年
应永三十年</td><td>甲辰　明
永乐二十二年
应永三十一年</td><td>乙巳　明
仁宗皇帝
洪熙元年
应永三十二年</td><td>丙午　明
宪宗皇帝
宣德元年
应永三十三年</td></tr>
</table>

丁未　明 宣德二年 应永三十四年	戊申　明 宣德三年 正长元年	己酉　明 宣德四年 后花园帝 永享元年	庚戌　明 宣德五年 永享二年	辛亥　明 宣德六年 永享三年
壬子　明 宣德七年 永享四年	癸丑　明 宣德八年 永享五年	甲寅　明 宣德九年 永享六年	乙卯　明 宣德十年 永享七年	丙辰　明 英宗皇帝 正统元年 永享八年
丁巳　明 正统二年 永享九年	戊午　明 正统三年 永享十年	己未　明 正统四年 永享十一年	庚申　明 正统五年 永享十二年	辛酉　明 正统六年 嘉吉元年
壬戌　明 正统七年 嘉吉二年	癸亥　明 正统八年 嘉吉三年	甲子　明 正统九年 文安元年	乙丑　明 正统十年 文安二年	丙寅　明 正统十一年 文安三年
丁卯　明 正统十二年 文安四年	戊辰　明 正统十三年 文安五年	己巳　明 正统十四年 宝德元年	庚午　明 景皇帝 景泰元年 宝德二年	辛未　明 景泰二年 宝德三年
壬申　明 景泰三年 享德元年	癸酉　明 景泰四年 享德二年	甲戌　明 景泰五年 享德三年	乙亥　明 景泰六年 康正元年	丙子　明 景泰七年 康正二年

丁丑　明 景泰八年 长禄元年	戊寅　明 英宗皇帝 天顺二年 长禄二年	己卯　明 天顺三年 长禄三年	庚辰　明 天顺四年 宽正元年	辛巳　明 天顺五年 宽正二年
壬午　明 天顺六年 宽正三年	癸未　明 天顺七年 宽正四年	甲申　明 天顺八年 宽正五年	乙酉　明 宪宗皇帝 成化元年 后土御门帝 元年	丙戌　明 成化二年 文正元年
丁亥　明 成化三年 应仁元年	戊子　明 成化四年 应仁二年	己丑　明 成化五年 文明元年	庚寅　明 成化六年 文明二年	辛卯　明 成化七年 文明三年
壬辰　明 成化八年 文明四年	癸巳　明 成化九年 文明五年	甲午　明 成化十年 文明六年	乙未　明 成化十一年 文明七年	丙申　明 成化十二年 文明八年
丁酉　明 成化十三年 文明九年	戊戌　明 成化十四年 文明十年	己亥　明 成化十五年 文明十一年	庚子　明 成化十六年 文明十二年	辛丑　明 成化十七年 文明十三年
壬寅　明 成化十八年 文明十四年	癸卯　明 成化十九年 文明十五年	甲辰　明 成化二十年 文明十六年	乙巳　明 成化二十一年 文明十七年	丙午　明 成化二十二年 文明十八年

丁未　明 成化二十三年 长享元年	戊申　明 孝宗皇帝 弘治元年 长享二年	己酉　明 弘治二年 延德元年	庚戌　明 弘治三年 延德二年	辛亥　明 弘治四年 延德三年
壬子　明 弘治五年 明应元年	癸丑　明 弘治六年 明应二年	甲寅　明 弘治七年 明应三年	乙卯　明 弘治八年 明应四年	丙辰　明 弘治九年 明应五年
丁巳　明 弘治十年 明应六年	戊午　明 弘治十一年 明应七年	己未　明 弘治十二年 明应八年	庚申　明 弘治十三年 明应九年	辛酉　明 弘治十四年 后柏原帝 文龟元年
壬戌　明 弘治十五年 文龟二年	癸亥　明 弘治十六年 文龟三年	甲子　明 弘治十七年 永正元年	乙丑　明 弘治十八年 永正二年	丙寅　明 武宗皇帝 正德元年 永正三年
丁卯　明 正德二年 永正四年	戊辰　明 正德三年 永正五年	己巳　明 正德四年 永正六年	庚午　明 正德五年 永正七年	辛未　明 正德六年 永正八年
壬申　明 正德七年 永正九年	癸酉　明 正德八年 永正十年	甲戌　明 正德九年 永正十一年	乙亥　明 正德十年 永正十二年	丙子　明 正德十一年 永正十三年

丁丑　明 正德十二年 永正十四年	戊寅　明 正德十三年 永正十五年	己卯　明 正德十四年 永正十六年	庚辰　明 正德十五年 永正十七年	辛巳　明 正德十六年 大永元年
壬午　明 世宗皇帝 嘉靖元年 大永二年	癸未　明 嘉靖二年 大永三年	甲申　明 嘉靖三年 大永四年	乙酉　明 嘉靖四年 大永五年	丙戌　明 嘉靖五年 大永六年
丁亥　明 嘉靖六年 后奈良帝 大永七年	戊子　明 嘉靖七年 享禄元年	己丑　明 嘉靖八年 享禄二年	庚寅　明 嘉靖九年 享禄三年	辛卯　明 嘉靖十年 享禄四年
壬辰　明 嘉靖十一年 天文元年	癸巳　明 嘉靖十二年 天文二年	甲午　明 嘉靖十三年 天文三年	乙未　明 嘉靖十四年 天文四年	丙申　明 嘉靖十五年 天文五年
丁酉　明 嘉靖十六年 天文六年	戊戌　明 嘉靖十七年 天文七年	己亥　明 嘉靖十八年 天文八年	庚子　明 嘉靖十九年 天文九年	辛丑　明 嘉靖二十年 天文十年
壬寅　明 嘉靖二十一年 天文十一年	癸卯　明 嘉靖二十二年 天文十二年	甲辰　明 嘉靖二十三年 天文十三年	乙巳　明 嘉靖二十四年 天文十四年	丙午　明 嘉靖二十五年 天文十五年
丁未　明 嘉靖二十六年 天文十六年	戊申　明 嘉靖二十七年 天文十七年	己酉　明 嘉靖二十八年 天文十八年	庚戌　明 嘉靖二十九年 天文十九年	辛亥　明 嘉靖三十年 天文二十年

壬子　明 嘉靖三十一年 天文二十一年	癸丑　明 嘉靖三十二年 天文二十二年	甲寅　明 嘉靖三十三年 天文二十三年	乙卯　明 嘉靖三十四年 弘治元年	丙辰　明 嘉靖三十五年 弘治二年
丁巳　明 嘉靖三十六年 弘治三年	戊午　明 嘉靖三十七年 正亲町帝 永禄元年	己未　明 嘉靖三十八年 永禄二年	庚申　明 嘉靖三十九年 永禄三年	辛酉　明 嘉靖四十年 永禄四年
壬戌　明 嘉靖四十一年 永禄五年	癸亥　明 嘉靖四十二年 永禄六年	甲子　明 嘉靖四十三年 永禄七年	乙丑　明 嘉靖四十四年 永禄八年	丙寅　明 嘉靖四十五年 永禄九年
丁卯　明 穆宗皇帝 隆庆元年 永禄十年	戊辰　明 隆庆二年 永禄十一年	己巳　明 隆庆三年 永禄十二年	庚午　明 隆庆四年 元龟元年	辛未　明 隆庆五年 元龟二年
壬申　明 隆庆六年 元龟三年	癸酉　明 神宗皇帝 万历元年 天正元年	甲戌　明 万历二年 天正二年	乙亥　明 万历三年 天正三年	丙子　明 万历四年 天正四年
丁丑　明 万历五年 天正五年	戊寅　明 万历六年 天正六年	己卯　明 万历七年 天正七年	庚辰　明 万历八年 天正八年	辛巳　明 万历九年 天正九年
壬午　明 万历十年 天正十年	癸未　明 万历十一年 天正十一年	甲申　明 万历十二年 天正十二年	乙酉　明 万历十三年 天正十三年	丙戌　明 万历十四年 天正十四年

丁亥　明 万历十五年 后阳成帝 天正十五年	戊子　明 万历十六年 天正十六年	己丑　明 万历十七年 天正十七年	庚寅　明 万历十八年 天正十八年	辛卯　明 万历十九年 天正十九年
壬辰　明 万历二十年 文禄元年	癸巳　明 万历二十一年 文禄二年	甲午　明 万历二十二年 文禄三年	乙未　明 万历二十三年 文禄四年	丙申　明 万历二十四年 庆长元年
丁酉　明 万历二十五年 庆长二年	戊戌　明 万历二十六年 庆长三年	己亥　明 万历二十七年 庆长四年	庚子　明 万历二十八年 庆长五年	辛丑　明 万历二十九年 庆长六年
壬寅　明 万历三十年 庆长七年	癸卯　明 万历三十一年 庆长八年	甲辰　明 万历三十二年 庆长九年	乙巳　明 万历三十三年 庆长十年	丙午　明 万历三十四年 庆长十一年
丁未　明 万历三十五年 庆长十二年	戊申　明 万历三十六年 庆长十三年	己酉　明 万历三十七年 庆长十四年	庚戌　明 万历三十八年 庆长十五年	辛亥　明 万历三十九年 庆长十六年
壬子　明 万历四十年 后水尾帝 庆长十七年	癸丑　明 万历四十一年 庆长十八年	甲寅　明 万历四十二年 庆长十九年	乙卯　明 万历四十三年 元和元年	丙辰　明 万历四十四年 元和二年
丁巳　明 万历四十五年 元和三年	戊午　明 万历四十六年 元和四年	己未　明 万历四十七年 元和五年	庚申　明 光宗皇帝 泰昌元年 元和六年	辛酉　明 熹宗皇帝 天启元年 元和七年

壬戌　明 天启二年 元和八年	癸亥　明 天启三年 元和九年	甲子　明 天启四年 宽永元年	乙丑　明 天启五年 宽永二年	丙寅　明 天启六年 宽永三年
丁卯　明 天启七年 宽永四年	戊辰　明 庄烈帝 崇祯元年 宽永五年	己巳　明 崇祯二年 宽永六年	庚午　明 崇祯三年 明正帝 宽永七年	辛未　明 崇祯四年 宽永八年
壬申　明 崇祯五年 宽永九年	癸酉　明 崇祯六年 宽永十年	甲戌　明 崇祯七年 宽永十一年	乙亥　明 崇祯八年 宽永十二年	丙子　明 崇祯九年 宽永十三年
丁丑　明 崇祯十年 宽永十四年	戊寅　明 崇祯十一年 宽永十五年	己卯　明 崇祯十二年 宽永十六年	庚辰　明 崇祯十三年 宽永十七年	辛巳　明 崇祯十四年 宽永十八年
壬午　明 崇祯十五年 宽永十九年	癸未　明 崇祯十六年 宽永二十年	甲申　明 崇祯十七年 后光明帝 正保元年	乙酉　大清 世祖章皇帝 顺治二年 正保二年	丙戌　大清 顺治三年 正保三年
丁亥　大清 顺治四年 正保四年	戊子　大清 顺治五年 庆安元年	己丑　大清 顺治六年 庆安二年	庚寅　大清 顺治七年 庆安三年	辛卯　大清 顺治八年 庆安四年

壬辰　大清 顺治九年 承应元年	癸巳　大清 顺治十年 承应二年	甲午　大清 顺治十一年 承应三年	乙未　大清 顺治十二年 后西帝 明历元年	丙申　大清 顺治十三年 明历二年
丁酉　大清 顺治十四年 明历三年	戊戌　大清 顺治十五年 万治元年	己亥　大清 顺治十六年 万治二年	庚子　大清 顺治十七年 万治三年	辛丑　大清 顺治十八年 宽文元年
壬寅　大清 圣祖仁皇帝 康熙元年 宽文二年	癸卯　大清 康熙二年 灵元帝 宽文三年	甲辰　大清 康熙三年 宽文四年	乙巳　大清 康熙四年 宽文五年	丙午　大清 康熙五年 宽文六年
丁未　大清 康熙六年 宽文七年	戊申　大清 康熙七年 宽文八年	己酉　大清 康熙八年 宽文九年	庚戌　大清 康熙九年 宽文十年	辛亥　大清 康熙十年 宽文十一年
壬子　大清 康熙十一年 宽文十二年	癸丑　大清 康熙十二年 延宝元年	甲寅　大清 康熙十三年 延宝二年	乙卯　大清 康熙十四年 延宝三年	丙辰　大清 康熙十五年 延宝四年
丁巳　大清 康熙十六年 延宝五年	戊午　大清 康熙十七年 延宝六年	己未　大清 康熙十八年 延宝七年	庚申　大清 康熙十九年 延宝八年	辛酉　大清 康熙二十年 天和元年
壬戌　大清 康熙二十一年 天和二年	癸亥　大清 康熙二十二年 天和三年	甲子　大清 康熙二十三年 贞享元年	乙丑　大清 康熙二十四年 贞享二年	丙寅　大清 康熙二十五年 贞享三年

丁卯　大清 康熙二十六年 东山帝 元年	戊辰　大清 康熙二十七年 元禄元年	己巳　大清 康熙二十八年 元禄二年	庚午　大清 康熙二十九年 元禄三年	辛未　大清 康熙三十年 元禄四年
壬申　大清 康熙三十一年 元禄五年	癸酉　大清 康熙三十二年 元禄六年	甲戌　大清 康熙三十三年 元禄七年	乙亥　大清 康熙三十四年 元禄八年	丙子　大清 康熙三十五年 元禄九年
丁丑　大清 康熙三十六年 元禄十年	戊寅　大清 康熙三十七年 元禄十一年	己卯　大清 康熙三十八年 元禄十二年	庚辰　大清 康熙三十九年 元禄十三年	辛巳　大清 康熙四十年 元禄十四年
壬午　大清 康熙四十一年 元禄十五年	癸未　大清 康熙四十二年 元禄十六年	甲申　大清 康熙四十三年 宝永元年	乙酉　大清 康熙四十四年 宝永二年	丙戌　大清 康熙四十五年 宝永三年
丁亥　大清 康熙四十六年 宝永四年	戊子　大清 康熙四十七年 宝永五年	己丑　大清 康熙四十八年 宝永六年	庚寅　大清 康熙四十九年 中御门帝 元年	辛卯　大清 康熙五十年 正德元年
壬辰　大清 康熙五十一年 正德二年	癸巳　大清 康熙五十二年 正德三年	甲午　大清 康熙五十三年 正德四年	乙未　大清 康熙五十四年 正德五年	丙申　大清 康熙五十五年 享保元年
丁酉　大清 康熙五十六年 享保二年	戊戌　大清 康熙五十七年 享保三年	己亥　大清 康熙五十八年 享保四年	庚子　大清 康熙五十九年 享保五年	辛丑　大清 康熙六十年 享保六年

壬寅　大清 康熙六十一年 享保七年	癸卯　大清 世宗宪皇帝 雍正元年 享保八年	甲辰　大清 雍正二年 享保九年	乙巳　大清 雍正三年 享保十年	丙午　大清 雍正四年 享保十一年
丁未　大清 雍正五年 享保十二年	戊申　大清 雍正六年 享保十三年	己酉　大清 雍正七年 享保十四年	庚戌　大清 雍正八年 享保十五年	辛亥　大清 雍正九年 享保十六年
壬子　大清 雍正十年 享保十七年	癸丑　大清 雍正十一年 享保十八年	甲寅　大清 雍正十二年 享保十九年	乙卯　大清 雍正十三年 享保二十年	丙辰　大清 高宗纯皇帝 乾隆元年 樱町帝 元文元年
丁巳　大清 乾隆二年 元文二年	戊午　大清 乾隆三年 元文三年	己未　大清 乾隆四年 元文四年	庚申　大清 乾隆五年 元文五年	辛酉　大清 乾隆六年 宽保元年
壬戌　大清 乾隆七年 宽保二年	癸亥　大清 乾隆八年 宽保三年	甲子　大清 乾隆九年 延享元年	乙丑　大清 乾隆十年 延享二年	丙寅　大清 乾隆十一年 延享三年
丁卯　大清 乾隆十二年 桃园帝 元年	戊辰　大清 乾隆十三年 宽延元年	己巳　大清 乾隆十四年 宽延二年	庚午　大清 乾隆十五年 宽延三年	辛未　大清 乾隆十六年 宝历元年
壬申　大清 乾隆十七年 宝历二年	癸酉　大清 乾隆十八年 宝历三年	甲戌　大清 乾隆十九年 宝历四年	乙亥　大清 乾隆二十年 宝历五年	丙子　大清 乾隆二十一年 宝历六年

丁丑　大清 乾隆二十二年 宝历七年	戊寅　大清 乾隆二十三年 宝历八年	己卯　大清 乾隆二十四年 宝历九年	庚辰　大清 乾隆二十五年 宝历十年	辛巳　大清 乾隆二十六年 宝历十一年
壬午　大清 乾隆二十七年 宝历十二年	癸未　大清 乾隆二十八年 后樱町帝 元年	甲申　大清 乾隆二十九年 明和元年	乙酉　大清 乾隆三十年 明和二年	丙戌　大清 乾隆三十一年 明和三年
丁亥　大清 乾隆三十二年 明和四年	戊子　大清 乾隆三十三年 明和五年	己丑　大清 乾隆三十四年 明和六年	庚寅　大清 乾隆三十五年 明和七年	辛卯　大清 乾隆三十六年 后桃园帝 元年
壬辰　大清 乾隆三十七年 安永元年	癸巳　大清 乾隆三十八年 安永二年	甲午　大清 乾隆三十九年 安永三年	乙未　大清 乾隆四十年 安永四年	丙申　大清 乾隆四十一年 安永五年
丁酉　大清 乾隆四十二年 安永六年	戊戌　大清 乾隆四十三年 安永七年	己亥　大清 乾隆四十四年 安永八年	庚子　大清 乾隆四十五年 光格帝 元年	辛丑　大清 乾隆四十六年 天明元年
壬寅　大清 乾隆四十七年 天明二年	癸卯　大清 乾隆四十八年 天明三年	甲辰　大清 乾隆四十九年 天明四年	乙巳　大清 乾隆五十年 天明五年	丙午　大清 乾隆五十一年 天明六年
丁未　大清 乾隆五十二年 天明七年	戊申　大清 乾隆五十三年 天明八年	己酉　大清 乾隆五十四年 宽政元年	庚戌　大清 乾隆五十五年 宽政二年	辛亥　大清 乾隆五十六年 宽政三年

壬子　大清 乾隆五十七年 宽政四年	癸丑　大清 乾隆五十八年 宽政五年	甲寅　大清 乾隆五十九年 宽政六年	乙卯　大清 乾隆六十年 宽政七年	丙辰　大清 仁宗睿皇帝 嘉庆元年 宽政八年
丁巳　大清 嘉庆二年 宽政九年	戊午　大清 嘉庆三年 宽政十年	己未　大清 嘉庆四年 宽政十一年	庚申　大清 嘉庆五年 宽政十二年	辛酉　大清 嘉庆六年 享和元年
壬戌　大清 嘉庆七年 享和二年	癸亥　大清 嘉庆八年 享和三年	甲子　大清 嘉庆九年 文化元年	乙丑　大清 嘉庆十年 文化二年	丙寅　大清 嘉庆十一年 文化三年
丁卯　大清 嘉庆十二年 文化四年	戊辰　大清 嘉庆十三年 文化五年	己巳　大清 嘉庆十四年 文化六年	庚午　大清 嘉庆十五年 文化七年	辛未　大清 嘉庆十六年 文化八年
壬申　大清 嘉庆十七年 文化九年	癸酉　大清 嘉庆十八年 文化十年	甲戌　大清 嘉庆十九年 文化十一年	乙亥　大清 嘉庆二十年 文化十二年	丙子　大清 嘉庆二十一年 文化十三年
丁丑　大清 嘉庆二十二年 仁孝帝 元年	戊寅　大清 嘉庆二十三年 文政元年	己卯　大清 嘉庆二十四年 文政二年	庚辰　大清 嘉庆二十五年 文政三年	辛巳　大清 宣宗成皇帝 道光元年 文政四年
壬午　大清 道光二年 文政五年	癸未　大清 道光三年 文政六年	甲申　大清 道光四年 文政七年	乙酉　大清 道光五年 文政八年	丙戌　大清 道光六年 文政九年

丁亥　大清 道光七年 文政十年	戊子　大清 道光八年 文政十一年	己丑　大清 道光九年 文政十二年	庚寅　大清 道光十年 天保元年	辛卯　大清 道光十一年 天保二年
壬辰　大清 道光十二年 天保三年	癸巳　大清 道光十三年 天保四年	甲午　大清 道光十四年 天保五年	乙未　大清 道光十五年 天保六年	丙申　大清 道光十六年 天保七年
丁酉　大清 道光十七年 天保八年	戊戌　大清 道光十八年 天保九年	己亥　大清 道光十九年 天保十年	庚子　大清 道光二十年 天保十一年	辛丑　大清 道光二十一年 天保十二年
壬寅　大清 道光二十二年 天保十三年	癸卯　大清 道光二十三年 天保十四年	甲辰　大清 道光二十四年 弘化元年	乙巳　大清 道光二十五年 弘化二年	丙午　大清 道光二十六年 弘化三年
丁未　大清 道光二十七年 孝明帝 元年	戊申　大清 道光二十八年 嘉永元年	己酉　大清 道光二十九年 嘉永二年	庚戌　大清 道光三十年 嘉永三年	辛亥　大清 文宗显皇帝 咸丰元年 嘉永四年
壬子　大清 咸丰二年 嘉永五年	癸丑　大清 咸丰三年 嘉永六年	甲寅　大清 咸丰四年 安政元年	乙卯　大清 咸丰五年 安政二年	丙辰　大清 咸丰六年 安政三年
丁巳　大清 咸丰七年 安政四年	戊午　大清 咸丰八年 安政五年	己未　大清 咸丰九年 安政六年	庚申　大清 咸丰十年 万延元年	辛酉　大清 咸丰十一年 文久元年

壬戌　大清 穆宗毅皇帝 同治元年 文久二年	癸亥　大清 同治二年 文久三年	甲子　大清 同治三年 元治元年	乙丑　大清 同治四年 庆应元年	丙寅　大清 同治五年 庆应二年
丁卯　大清 同治六年 庆应三年	戊辰　大清 同治七年 今明治帝 明治元年	己巳　大清 同治八年 明治二年	庚午　大清 同治九年 明治三年	辛未　大清 同治十年 明治四年
壬申　大清 同治十一年 明治五年	癸酉　大清 同治十二年 明治六年	甲戌　大清 同治十三年 明治七年	乙亥　大清 今上皇帝 光绪元年 明治八年	丙子　大清 光绪二年 明治九年
丁丑　大清 光绪三年 明治十年	戊寅　大清 光绪四年 明治十一年	己卯　大清 光绪五年 明治十二年	庚辰　大清 光绪六年 明治十三年	辛巳　大清 光绪七年 明治十四年

谨案：正闰之辨，为史家聚讼之端。至朱子法《春秋》作《纲目》，大书以纪年，论史者尤于此断断焉。然余考统系绝续之交，疆域分析之世，古今事变至多，欲强举正统以归之谁某，终不能执一义以自圆其说。善乎司马温公之言曰："若以自上相授受者为正耶，则陈氏何所受？拓拔氏何所受？若以居中夏者为正耶，则刘、石、慕容、苻、姚、赫连所得之土，皆五帝三王之旧都也。若以有道德者为正耶，则蕞尔之国，必有令主，三代之季，岂无僻王！"其谓正闰之辨无确然不可移易之义，信为通论矣。余尝以为通史纪年，自大一统以外，当依列国之

制，各君其国，即各自纪年，即篡贼干统，巨盗窃号，亦当著其事，以明正其罪。今作此表，意以著明日本世传之统系、相当之年代，其于中国之统，不必一一依据史例，如南北朝止纪宋、齐，五代止纪梁、唐，但以限于篇幅，不及备书，非必以此分正闰，有所弃取于其间也。又如神功遣使封亲魏之王，真人来朝询大周之国，则曹魏、武周又因其有所交涉而详著其年，尤不便执蜀承汉献、帝在房州之说以相诘难。若夫一岁之中前后易主，则一年两系，体例俱在，今亦以幅隘，止纪其一。特识于此，自明其例。

又案：日本当元至顺之末至明洪武之中，亦分为南北朝，其后南北媾和，仍并为一。然日本史家均以正统归之南，故北朝今亦从略。日本自孝德帝始立年号，故大化以前，止称元二，而不立名号。后世之君，多有易代而不改年者，或有即位之初仅称元年，至次年乃立号者，其例为中土所仅有。并识于后，以便观者。

卷一　国统志一

外史氏曰：环地球而居者，国以百数十计。有国即有民，有民即有君。而此百数十国，有一人专制，称为君主者；有庶人议政，称为民主者；有上与下分任事权，称为君民共主者。民主之位，与贤不与子，或数年一易，或十数年一易，无所谓统也；君民共主，或传贤，或传子，君不得私有其国，亦无所谓统也。一王崛兴，奕叶绳武，得其道则兴，失其道则废，故夫君主之国，有传之数世者焉，有传之数十世者焉。如商之历祀六百，周之卜年八百，其最久者也。若夫传世百二十，历岁二千余，一姓相承，绵绵延延而弗坠统绪者，其唯日本乎？自神武肇基，洎今皇嗣位，贤主令辟，史不绝书。虽其间女帝乘权，历世十一，觊觎僭窃，不谓无人，然卒未有挈神器而移之外家，传之异姓，授之嬖宠者，匕鬯不惊，宗社如故，可不谓奇欤？将军擅权，此起彼仆，至有进陪臣而执国命，起奴仆而称人主者，当时之君，如周之东，仅拥虚位，乃至设监置戍，供亿匮乏，求为编户细民而不可得，然历年七百，卒无人焉犯不韪而干大命者，太阿下移，玉步未改，斯又奇矣。霸政久窃，民心积厌，外侮纷乘，内讧交作，于是二三豪杰乘时而起，覆幕府而尊王室，举诸侯封建之权拱手而归之上，卒以成王政复古之功，国家维新之治，蒙泉剥果，勃然复兴，又一奇也。且夫物极必反，事穷必变，以一线相延之统，屡蹶而复振，宜乎剑玺之传，与天壤无穷矣。然而近日民心渐染西法，竟有倡民权自由之说者。中兴之初，曾有万机决于公论之诏，而百姓执此说以要君，遂联名上书，环阙陈诉，请开国会而伸民权，而国家仅以迟迟有待约之，终不能深闭固绝而不许。前此已开府县会矣，窃计十年之间，必又开国会也。嗟夫！以二千五百余岁君主之国，自今以往，或变而为共主，或竟变为民主，时会所迫，莫知其然。虽有智者，非敢议矣。作《国统志》。

天地未辟，有神立于高天原，曰天御中主尊，曰高皇产灵尊，曰神皇产灵尊，是为造化之祖；曰可美苇牙彦舅尊，曰天常立尊；斯时有物如浮脂生空中，遂化生国常立尊，丰斟渟尊，是为独化之神七。由是而有泥土煮尊，沙土煮尊，次曰角樴尊，曰活樴尊，次曰大户之道尊，曰大苫边尊，次曰面足尊，曰惶根尊，次曰伊奘诺尊，曰伊奘册尊，是为耦生之神八。自国常立尊，至诺、册二尊，谓之天神七代。诺、册二尊以天琼矛下探沧溟，锋镝凝结成磤驭卢岛，余岛皆潮沫所凝者。先以淡路洲为胞，旋生八大洲。因奉天祖命降居，见脊令相交，遂悟婚媾，生大日灵尊、素戋乌尊及国土诸神。大日灵尊号天照太神，以素戋乌尊子为嗣，是为天穗耳尊，生天津彦彦火琼琼杵尊。太神使琼琼杵尊统治中州，敕诸神为辅，赐之八咫镜，曰："此丰苇原千五百秋之瑞穗国，吾子孙永王斯地。视此镜，犹我宝祚，与天壤无穷。"又副丛云剑与八坂琼曲玉，三者遂为传国之重器，于是营宫日向国。生彦火火出见尊。五百岁，生彦波潋武鸬鹚草葺不合尊。自太神至此五世，谓之地神五代。尊生日本盘余彦尊，是为神武天皇。源光国作《大日本史》、赖襄作《日本政纪》，均断自神武，学者多宗之。盖以洪荒甫辟之初，等诸缙绅难言之例，于史体应尔。惟日本所重传国三器，实托始于此。余读神代史，盖类唐人小说，以地为胎生，以祖为物化，其奇诞不可思议。然盘古开天，女娲抟土，万国同然，有不足怪者。余故撮其大概，过而存之。

神武践位，起日向国，率师东征，讨平长髓彦及八十枭贼，开山林，营宫室。遂迁都，即位于大和之橿原，先是，神武在日向会皇族，议曰："我祖宗僻居西陲，运属草昧，四方未沾王化，遂使邑有君，村有长，各相陵轹，莫能统一。吾闻东方有美地，山岳四周，足以恢扩大业。有饶速日命者，率我祖支属，为长髓彦所推，吾将扫荡之。"于是经营四方，卒降饶速日命，七年而成帝业。国号秋津洲。命大臣主祭祀，掌朝政；论功行赏，遣诸臣任国造、县主；立灵畤，祀皇祖天神。在位七十六年崩。传绥靖、讳神渟名川耳，在位三十三年。安宁、讳矶城津彦玉手见，在位三十八年。懿德、讳大日本彦耜友，在位三十五年。孝昭、讳观松彦香植稻，在位八十三年。孝安、讳日本足彦国押人，在位一百二年。孝灵、讳大日本根子彦太琼，在位七十六年。孝元、讳大日本根子彦国牵，在位五十七年。开化，讳稚日本根子彦太日日，在位六十年。凡八世，皆垂拱深默，无为而化。相传孝灵时，徐福率童男女三千人来，居熊野浦。自神武至开化，凡九世，五百六十年。

崇神天皇，讳御间城入彦五十琼殖。开化第二子，即位之元年，当汉武皇帝天汉四年也。崇重神道，奉神器于大和笠缝邑；遣使将兵巡察北陆、东海、西国、丹波；始校户口，课男女调役，造舟船，开沟洫。在位六十八年，号曰御肇国天皇。《梁书》言日本自称为吴泰伯后，相传亦称为徐福后。彼国纪载本以此为荣，其后学者渐染宋学，喜言国体，宽文中作《日本通鉴》，源光国驳议曰："谓泰伯后，是以我为附庸国也。"遂削之。赖襄作《政纪》，并秦人徐福来，亦屏而不书。余谓泰伯之后，本无所据，殆以日本断发文身，俗类句吴，故有此讹传欤？至徐福之事，见于《三国志》、《后汉书·倭国传》，意必建武通使时，其使臣自言。《史记》称燕、齐遣使求仙，所谓白银宫阙，员峤、方壶，盖即为今日本地。君房方士习闻其说，故有男女渡海之请，其志固不在小。今纪伊国有徐福祠，熊野山有徐福墓，其明征也。日本传国重器三：曰剑，曰镜，曰玺，皆秦制也。君曰尊；臣曰命，曰大夫，曰将军，又周秦语也。自称神国，立教首重敬神，国之大事，莫先于祭。有罪则诵禊词，以自洗濯，又方士之术也。崇神立国，始有规模。计徐福东渡，已及百年矣，当时主政者，非其子孙，殆其徒党欤？至日本称神武开基，盖当周末。然考神武至崇神，中更九代，无事足纪，或者神武亦追王之词乎？未可知也。子垂仁天皇嗣，讳活目八彦五十狭茅。迁天照太神庙于伊势度会，使皇女为斋主。始以兵器为祭币，禁殉葬，代以土偶。在位九十九年。子景行天皇嗣。讳大足彦忍代别。帝亲征叛臣熊袭于筑紫，命皇子日本武尊征虾夷，遣使巡察东北诸国，疆土日拓，始分封皇子于美浓。在位六十一年。子成务天皇嗣，讳稚足彦。始界山河，分国、县，国郡置造长，县邑置稻置；始置大臣。在位六十年。仲哀天皇嗣，讳足仲彦。景行孙，日本武尊第二子也。始置大连，亲征熊袭，卒于军，在位九年。

皇后气长足姬摄位，是为神功皇后。后为男妆，率师渡海，征新罗，降之。高丽、百济皆归款。后遂遣使于魏。初，仲哀讨熊袭，有神告后曰："海西有宝玉国，曰新罗。帝先征之，熊袭不讨自服。"后以谏帝，帝不从，战失利，暴崩。后遂发师航海，祝曰："吾奉天神言越海远征，苟捷有功，则波臣当手梳吾发分为二。"浴于海，如其言，遂结两髻如男子，亲执巨弩，至新罗。新罗主面缚降，后取质子，申盟约，征金帛八十艘而旋。后为岁贡额。自征新罗还，至筑紫，生子名誉田别，世称为"胎中天皇”。初，后有娠十月矣，取石挟腰，祝曰：“凯还，生于兹。”后如所言。庶子麛坂忍熊举兵要后，后击灭之。群臣奉后践祚，在位六十九年。子应神嗣位，年七十矣。

应神在位四十三年，百济秀士王仁献《论语》、《千文》，始传儒教。遣使于吴，始得织缝工女。爱少子稚郎子，立为太子。及帝崩，固让于兄大鷦鷯。兄避位三年，稚郎子遂自杀，兄乃即位，是为仁德天皇。征百济、新罗贡，讨虾夷，国富刑简，在位八十七年崩。仲皇子谋弑太子，太子命弟瑞齿别诛之。太子即位，为履中天皇。讳去来穗别。始置史官。在位六年，以弟瑞齿别有讨仲皇子功，立为太子，即反正天皇。反正在位六年崩，无子，群臣议迎允恭立之。讳雄朝津间稚子宿祢，反正弟。允恭天皇在位四十二年，始定姓氏，会内外百官诅盟，毋许诈冒。皇太子木梨轻淫乱，通同母弟妹，谋毒帝，不果。人心属皇三子穴穗，太子又谋去之，不克，乃自杀。穴穗立，是为安康天皇。在位三年，眉轮王刺杀之。初，帝杀大草香皇子，取其妃，立为后。后为妃时，已生子眉轮王。至七岁，帝语后曰：“朕虽爱尔，独眉轮介于心耳。”眉轮遂伺帝醉卧，刺杀之。皇弟大泊濑幼武勒兵诛眉轮，并杀市边皇子而自立，是为雄略天皇。令诸国种桑，敕后妃躬桑，从吴人得汉织、吴织。世称其雄武，然性淫好杀，夺任那守臣吉备田狭妻，致田狭背叛。在位二十三年。子清宁天皇嗣，讳白发广武国押稚日本根子。遣臣巡察风俗，亲录囚徒。在位五年，无子，以履中孙市边皇子亿计为皇太子、弘计为皇子。初，雄略衔安康之爱市边，故射杀之。市边二子，曰亿计、曰弘计，其家臣奉之，变姓名，遁逃于播磨国司，宿其家，察知之，驰奏帝。帝喜，遂迎立之。帝崩，亿计让位于弘计。弘计不从，于是太子姑饭丰皇女垂帘听政。饭丰薨，弘计始即位，是为显宗天皇。在位三年，以同母兄亿计为储君，即仁贤天皇。二帝久在民间，知百姓疾苦，躬节俭，省赋役，比岁丰稔，粟斛值银钱一文，户口滋殖，吏民安业。仁贤在位十一年，子武烈天皇嗣。讳小泊濑稚鷦鷯。帝听决狱讼，摘伏如神。而性嗜杀，尝使人缘木，亲射坠为笑乐；施刑至刳孕妇，解指爪使掘物。横征暴敛，国人苦之。在位八年，无嗣。自崇神至武烈，凡十七世，六百有六年。

继体天皇，讳男大迹，应神帝五世孙。群下自近江迎立。征五经博士段扬尔于百济，平任那、百济之争。在位二十七年。子安闲天皇嗣，讳勾大兄。在位二年。弟宣化天皇嗣，讳武小广国押盾。在位四年。兄钦明天皇立，讳天国押开广庭，继体嫡子。在位三十二年。新罗灭任那，帝命伐新罗，援百济，始传佛教及医卜历算诸学于百济。子敏达天皇嗣，讳渟中仓太珠敷。在位十四年。弟用明天皇嗣，讳橘丰日。在位二年。弟崇峻天皇嗣。讳泊濑部。皆钦明子，兄弟相及。自佛法来，苏我氏父子倡议崇之。马子信佛益深，专政亦益横，帝欲除之，马子遂弑帝。帝在位五年。皇子厩户以信佛故，置不问。初，继体时佛教始来，大臣苏我稻目信之。大连物部尾舆中臣镰子曰："不可拜蕃神而背国神。"帝命稻目试礼之。至敏达帝，会疫，人以佛为祟，毁佛像。稻目子马子泣请于帝。帝手诏曰："汝独行之，勿使他人慕效。"用明即位，苏我氏出也。帝不豫，皇子厩户素奉佛，昼夜祈请，口诵三宝不绝声。帝曰："朕亦欲皈依三宝。"佛教渐盛行。及崇峻立，马子专政，益骄横，帝恶之。或献猪，帝指曰："何时杀朕所恶者如此猪。"马子闻之，大惧，遂使东汉驹弑帝。厩户亦知其谋，闻而哭曰："此过去报也。"卒隐忍不讨贼。

推古天皇，讳丰食炊屋。钦明第九女、用明同母妹也。嗣位，即立厩户为太子，立二十九年卒。使摄政，始建佛寺，用历日，定冠位十二阶，曰德、仁、礼、信、义、智，各分大小。定《宪法十七条》，敕撰《天皇纪》、《国记》及臣、连、伴造、国造等百八十部。始置僧官，遣使通于隋，命诸王诸臣着褶习乐。在位三十六年。舒明天皇立，讳田村，敏达孙。遣使于唐，始定斗、升、斤、两，置将军，讨虾夷。在位十三年。皇后皇极齐明天皇即位。讳天丰财重日足媛，称宝皇女。先是，推古时苏我虾夷以外家故，继父马子为大臣，专大权。及是，虾夷子入鹿代父行大臣事，遂谋废帝，伏诛，虾夷亦自杀。帝立子古人大兄为皇嗣，其母苏我氏也。时虾夷日僭横，起宫室拟宫城，害皇族二十余人，欲废帝立古人大兄，皇弟轻称病不出。中臣镰足潜谋匡济，察中大兄皇子可以有为，密结之，托受经于南渊氏，同议车中；又使与苏我氏族仓山田麻吕结婚。会韩使来聘，帝御殿，入鹿侍，中大兄戒守门者锁绝出入，自执长枪隐户侧，镰足持弓矢从焉。又使人藏二剑贡柜中。仓山田读表将尽，流汗声颤，皇子直入，刺入鹿肩。入鹿攀御座乞哀，皇子奏曰："入鹿剪灭宗室，阴谋不轨，臣等谨为宗庙诛逆臣。"帝起避之。既伏诛，以席覆尸授虾夷。皇子旋将兵讨虾夷，虾夷悉焚图书珍宝，自杀。自马子弑崇峻，至是族灭。帝在位四年，欲传位于中大兄。中大兄让皇弟轻，轻让于古人大兄。古人固辞，薙发遁吉野，后卒谋叛伏诛。轻即位，为孝德天皇。讳天万丰日，称轻。始立年号，尊皇极齐明曰皇祖尊，立侄中大兄为皇太子，使辅政。罢大连，始置左右大臣及内臣；造户籍，定国界，置国司；制班田收授法，禁兼并，行租庸调法，蠲市司津济税；观射仪，定礼法，制冠服，改增官位十九阶，置八省百官。好儒崇佛，不重神道。在位十年。改元二：曰大化、曰白雉。太子奉母践祚，皇极齐明天皇复即位。伐虾夷，置郡领，遣兵救百济，亲至筑紫，崩于行宫。在位七年。自继体至皇极齐明复辟，凡十二世，一百五十五年。

天智天皇，讳中大兄。服丧六年始即位，迁都于近江滋贺。设学校，定典礼，制刑书，改增冠位为二十六阶；始置漏刻钟鼓，定十陵，随世次递除。后世以帝为中兴之祖，因奉为百世不除之陵。时唐灭百济，举兵援之，不克。分置百济来归民于诸国，赐内大臣镰足姓藤原。镰足薨，帝亲临吊问。在位四年，大友皇子嗣。初，天智疾甚，欲传位于同母弟大海人。大友时为太政大臣，期自立，令以疾辞。大海人即于省中佛殿薙发为僧，入葛野。及即位，大海人举兵叛，帝屡战不克，遂败死，在位仅九月。明治三年，追赠为弘文天皇。大海人自立，是为天武天皇。讳天渟中原瀛真人，小名大海人。好佛敬神，建占星台，置兵政司，行大射礼。诏诸国习阵法。定律令式；撰《帝纪》及上古遗事；铸银钱；定服色；定《禁式九十二章》；定臣民氏族为八等，更爵位号，增加阶级；定诸臣子弟及蕃人任进格；数免百姓课役。礼仪法制，彬彬大备。在位十七年。改元二：曰白凤、曰朱鸟。皇后持统天皇立，讳高天原广野，天智女，母苏我达智娘。奉皇太子草壁称制，三年，太子薨，乃即位。崇尚儒术，颁《新令》二十二卷，点全国正丁四分之一习武。始置女官，赐皇女内亲王号，授内命妇等位阶。诏诸国劝植桑、苎、梨、栗、芜菁。在位八年，传位皇太孙，始称太上天皇。文武天皇嗣，讳珂瑠，草壁太子子，母元明。始释奠于大学寮；定笞法；停赐位冠，易以位记；颁新律、度量；禁游手博戏，民奖孝顺，举贤良方正士；诏诸国兵士分十番，每番教习十日。始以亲王知太政官事，列在左右大臣上。持统太上天皇崩，始用火葬。文武在位十一年崩，改元二：曰大宝、曰庆云。遗诏举哀三日，凶服一日。太后元明天皇即位。讳阿闭，天智第四女，母苏我姬娘，配草壁皇子，生文武、元正二帝。置镇东将军、征夷将军，分讨陆奥、虾夷。割十二郡为出羽国，迁都于平城。废银钱，制铜钱。文曰“和铜开珍”。诏诸国作风土记，诏百姓背本贯规避课役逾三月者即土断，输调庸。又诏诸国郡司治殿最为三等，致流亡十人以上者解任。在位八年。改元一，曰和铜。禅位于皇女冰高内亲王，是为元正天皇。尊元明为太上天皇。诏郡司恤民隐，教民耕陆地，课诸国，辟田畴，屡免田租；始置按察司巡诸道。诏求直言，敕右大臣藤原不比等修律令。在位十年，改元二：曰灵龟、曰养老。立文武子美麻斯为皇太子，遂禅位，是为圣武天皇。母夫人藤原氏，右大臣不比等女，镰足孙女。初，元正时以不比等为太政大臣，固辞不拜，及圣武又立其女为皇后，生女阿倍内亲王，立为皇太子，于是藤原氏始盛。帝始置畿内总管、诸道镇抚使，设施药院，令民有力者用瓦葺屋。醉心佛法，建七层堂，置国分寺，任僧玄昉蛊惑太后及皇后，丑行无忌。又令玄昉图奸太宰少贰藤原广嗣妻，广嗣愤甚，因谋反。在位二十五年。改元二：曰神龟、曰天平。禅位皇女，落发受戒，自称三宝奴，天皇为僧始此。阿倍内亲王立，是为称德孝谦天皇。好佛无度，竭民力以建寺养僧，尝集僧一万设斋会百官。藤原仲满以美姿容见宠，遂由大纳言为紫薇内相，又听其谮，废皇太子，天武孙，圣武遗诏所立。而立大炊王。忌宗室大臣，多遭杀戮。在位十年，改元二：曰天平胜宝、曰天平宝字。禅位于大炊王，舍人亲王子，母夫人当麻氏，明治三年追赠为淳仁天皇。自为上皇。上皇犹专政，赐仲满姓名惠美押胜。寻以宠僧道镜为大臣禅师，押胜妒嫉，遂幽上皇，谋反伏诛。上皇因废帝，幽之淡路。帝在位六年，逾岁见迫薨。帝以上皇宠道镜，屡以为言。上皇遂遣兵围中宫院，废帝为淡路公。帝不及衣履，出至图书寮北，受宣诏，遂幽之。逾岁，逾垣逃，为追兵所获，明日遂薨。上皇祝发再临朝，以道镜为法王，位在正一位上，令百官朝贺。将让位，臣下托神语而止。道镜出入乘鸾舆，服食拟王者，政无巨细，皆取决弟官大纳言，一门叙五位者，男女十人。有庙祝阿曾麻吕媚道镜，矫八幡神语曰："宜传位于道镜。"上皇遂命和气清麻吕于宇佐庙，诏之曰："朕昨有梦，汝宜往受神诲。"临发，道镜召见，怵以祸福。清麻吕出，遇其友路丰永曰："子此行所系极大，道镜得天位，当与子从伯夷游耳。"清麻吕曰："吾死生以之。"使还，奏神语曰："我国家唯神承绪，敢萌非望者，速加诛戮。"道镜大怒，夺其官位姓名，流之于大隅。在位六年，改元二：曰天平神护、曰神护景云。道镜进异味，遂得疾不起。右大办藤原百川等定策，迎立天智孙白壁王为帝。孝谦在位时，尝行释奠礼，令天下藏《孝经》一本。自天智至孝谦复辟，凡十一世，百有三年。

光仁天皇，讳白壁，父施基皇子，母纪氏。即位，首贬道镜，定常平仓；省官员，裁冗兵；患京官禄薄，割诸国公廨四分一以益其俸；屡免田租。令藤原小黑麻吕讨虾夷。承凋敝之余，治称中兴。在位十二年，改元二：曰宝龟、曰天应。禅位皇长子山部，是为桓武天皇。母夫人高野氏。裁内外冗官，省官司，废三关，罢造宫职；禁私建寺、私舍田，禁王臣及寺家专山林薮泽利，专务养民。又诏学士学汉音，置劝学田，颁令格四十五条。命坂上田村麻吕数讨虾夷，疆宇日廓。虾夷为日本别种，即土人，日本呼为毛人，其音同委奴，古所谓长须国者也。日本开国，自西而东，崇神、日本武皆力征经营，逐之以威。其来朝者，或赐宴授官以要之，然卒叛服不常。陆奥以北尽虾夷地，和铜初特置出羽国，神龟间又置陆奥镇守府，皆以备边，犹屡戕边民及吏。至光仁帝，发诸道兵征讨，迁延无功，复令藤原小黑麻吕荡平之。及帝之初，乃城多贺，营胆泽，以扼地之要。又从坂上田村之言，招东国浮浪士四千人戍之，虾夷遂来降。由是，帝设征夷大将军以为镇抚，尔后遂为霸朝幕府。近三百年，仅聚于奥北一岛，有口虾夷、奥虾夷之称。维新后，置北海道，设官开拓。今闻其种类仅存数千云。迁都于平安城，即今西京也。在位二十五年，改元一，曰延历。子平城天皇嗣。讳安殿，母皇后藤原氏，内大臣良继女。敕诸王及五位以上子弟逾十岁者，皆入大学，分业教习。在位四年，改元一，曰大同。禅位于同母弟神野，是为嵯峨天皇。尊平城为上皇。右兵卫督藤原仲成谋反，奉上皇走东国。帝诛仲成，上皇还宫薙发。初，仲成有妹药子，早寡，有二女。上皇在东宫纳其长女，并近药子，为桓武所逐。及即位，又召为尚侍。其兄仲成又有宠，凌辱公卿，惧帝知其奸，遂劝上皇迁都平城，因复位。帝知之，亟擢用坂上田村，暴药子等罪恶，收仲成。上皇怒，聚畿内纪伊兵，与药子同辇赴东国，宿卫皆从。田村将兵要之，上皇众遽溃，还宫，药子仰药死。诏诛仲成，余从东走者不问。帝敕皇女有智子内亲王为加茂斋主，祷与上皇辑睦，斋院始此。帝在位十五年，改元一，曰弘仁。颁有《弘仁格》、《姓氏录》。禅位皇太弟大伴，帝亲谕太弟曰："朕受太上恩，群臣以肃清君侧，使朕与太上有隙，然不敢负太上，此心如皦日。太弟即位，当使朕遂宿心。朕待太弟犹子，太弟遇朕亦犹父耳。"太弟固辞，不许。是为淳和天皇。母藤原氏，参议百川女。帝即位，尊嵯峨为后太上天皇，斯时始有二上皇。立嵯峨子正良为太子。日集大学诸生讨论经史，用人不拘门第资格，于是得人颇盛。史称其能复天智遗范，与嵯峨同称英主云。在位十一年，改元一，曰天长。禅位皇太子。斯时嵯峨尚在，仍尊淳和为后太上天皇。仁明天皇立。嵯峨第二子，母后橘氏，赠太政大臣清友女。帝性好学，释奠先圣，自讲《尚书》。以旱疫，停作役非要者，赈穷民，检冤狱，遗诏薄葬。时嵯峨崩，遵遗诏，以故衣殓；淳和崩，亦遵遗诏用佛法荼毗。初，立淳和子恒贞为太子，后废，立皇子道康为太子。初，帝立恒贞，后上皇固辞。恒贞长，好学，自以地处危疑，上表请为刘疆，不许。东宫官谋曰："二上皇升遐，太子不得安，宜奉走东国。"人告之嵯峨太后，帝遂遣兵收东宫官，又围太子直曹。太子曰："吾知有此事久矣。"降为亲王，及后阳成当废，藤原基经率大臣劝进，恒贞固拒不受。道康母，左大臣藤原冬嗣女也。在位十八年。改元二：曰承和、曰嘉祥。子文德天皇嗣。诏国郡司修缮池堰，劝课耕种。立第四子惟仁为太子，生甫九月，母藤原良房女也。良房，冬嗣子。以良房为太政大臣，赐剑佩上殿，源信为左大臣，信兄弟为仁明左大臣，皆嵯峨帝子。良相为右大臣兼左大将。良相，良房弟也。于是三公始备。旧制，三公每缺员，至是以擢用信，故备官。初，帝欲立长子惟乔为储贰，以待太子长，惮良房而咨于源信，信阻之。良房深德信，故用之。在位九年。改元三：曰仁寿、曰齐衡、曰天安。帝性明察，而委任外戚，频废视朝，吏民凋敝，盗贼渐滋。子清和天皇嗣，年九岁，外祖太政大臣良房摄政，相门自此专权。登极大赦，减宗室禄，修定冠礼，撰《贞观格式》。良房薨，子基经为右大臣兼左大将，立皇子贞明为太子，生甫三月。母赠太政大臣藤原长良女。帝好儒，尤信佛教。在位十九年，改元一，曰贞观。年仅二十七，遽禅位皇太子。薙发，名素真，数日一进斋饭，毁瘠骨立，后五年崩。子阳成天皇嗣，年十岁。基经摄政，寻以为太政大臣。遣藤原保则讨平虾夷，渡岛、津轻皆降，而保则无赏，基经扼之也。帝稍长，嬉戏无度，至令宫人缘木而掊杀之。在位八年，改元一，曰元庆。基经废之，迎时康亲王立之。基经有废立意，密访诸皇子，皇子争自修饰。后诣亲王第，衣服雅素，徐曰："何故见过？"基经服其雅量。初，时康尝大飨于藤原氏，膳人误遗尊者雉足，亲王为掩烛灭迹，基经固心异之。至是会公卿，议不决。参议藤原诸葛厉声曰："今日敢不遵太政大臣处分者死。"议乃定。诱帝还阳成院，帝始惊泣，年十七。臣子废帝，自此始。光孝天皇立，讳时康，仁明第三子，母女御藤原氏，赠太政大臣总继女。基经仍摄政，诏百官先咨禀而后奏闻。在位三年，改元一，曰仁和。从基经言，立第七子定省。帝多子，惮基经未敢立太子。及帝不豫，基经入卧内，请"有不讳传位于谁？"帝曰："唯公择之。"基经曰："皇七子可。"帝即召入，右执其手，左执基经手，泣曰："朕与汝得位，皆大臣力，慎勿忘。"既出，率百官上表立之。是为宇多天皇。母班子女王，亲王仲野女。敕万几关白基经，关白始此。又诏以基经准三宫，听基经乘腰舆入朝。基经寻薨，以其子时平为大纳言兼左大将，任菅原道真为权大纳言兼右大将。帝崇儒好佛，增太宰府帑，讨新罗海贼，图殷周以来名臣像于紫宸殿，时称治理。在位十年，改元一，曰宽平。禅位太子，削发称法皇；废后太上天皇号，称院，院号始此。

子醍醐天皇嗣。讳敦仁，宇多长子，母内大臣藤原高藤女。奉先帝命，以时平为左大臣，道真为右大臣，参决机务，颁《延喜式》，世称盛治。惜听谮贬菅原道真，初，宇多禅位，诫帝曰："菅原道真，当今鸿儒，深通治理。朕立储让位，皆独与议定，汝宜重之。"帝欲倚之，以分相门之权也。及拜右大臣，道真自以家本儒林而居台司，恐不厌众，上表固辞。不听。帝觐法皇于朱雀院，密召道真，谕使关白庶政，如基经故事，道真又固辞。时道真以格君致治为己任，知无不言，综理庶政，裁决如流，众想望其丰采，惟时平负气不相下；及闻关白密旨，益不怿，因与源光等共谮道真欲废帝，立其婿亲王。帝震怒，下敕贬谪。道真作和歌哀诉法皇。法皇惊，欲见帝申救，门者不许通。道真男女廿三人，流徙各异处，举国冤之。及道真殁，岁多旱灾，太子又卒，世以为祟。下诏复其爵，至今庙食遍于全国。又不用三善清行之言。帝方励精求治，以连年水旱不登，诏求直言。式部大辅兼大学头三善清行上封事，略曰："国朝天险，土沃民庶，臣服三韩。所以能然者，国俗敦厖，民风忠孝，轻赋敛，简征调，上以仁牧下，下以诚戴上，一国之政，犹一身之治故也。尔后教化渐薄，法令滋彰，赋役日增，田畴日荒。逮佛法东渡，上下倾产造寺，舍田施僧，极于天平、国分二寺，各用其国正税，而天下费十之五矣。桓武营宫城，尽赋庸调，又费五之三矣。仁明好奢，后房之饰，竭帑倍赋，又费二之一矣。及贞观中，宫殿频灾，屡诏修复，又费一之半矣。古以十一取民，今岂足供用乎？臣尝为备中介，试阅其一乡，皇极晚年有二万兵士，神护中有二千丁者，至贞观初七十余人，及臣任时仅得九人，今闻乃无一人。二百五十年来，衰弊如此，以此推之，天下之虚耗可知也。臣以为当今要务，在张纪纲，饬风俗，以复物力。陛下察万古兴衰，宵衣旰食，降惠民庶，苟用臣言，太平复见，臣谓不难。谨陈便宜十二事，惟陛下裁之。其一，请肃祭祀。凡祈丰穰，攘灾患，当竭诚敬，勿徒备故事。其二，请禁奢侈。贞元间，亲王公卿以筑紫绢为夏衫，今史生以白缣为之，妇女婢妾非纨绫不服，富者以夸人，贫者耻不及，一衣费中人之产，一馔破八口之家，田亩因是而荒，盗贼因是而滋。望随阶定制，诸凡丧葬，皆有定则，纠其僭忒，毋许奢靡，则自上率下，源澄而流清矣。其三，请修口分田。今之豪富收兼并之利，牧宰抱无用之籍。富者连阡陌，而不纳租；贫者无立锥，无以取调。须令计口分田，阅实班给，所有遗田，收为公田，任国司沽值，或纳地子以充无身之调租，犹有遗稻，存之勿动，略计其数，必三倍调庸，于国有利，于民无损。其四，请复大学学田。治国在贤，得贤在学。今至以大学为坎壈之府、冻馁之乡，望复学田，以养贫生。又请严敕博士公贡举法，专论材艺，毋受请托。其五，请减五节选妓员，无袭前朝好内之例。其六，请增置判事。旧制判事六员，今独大判事用明法者。以万民死生系一人唇吻，括五刑轻重，决独见谳书，殊非国家仁育黎庶、慎重刑章之意也。望依旧补六员，皆择明法律者，使俱议科比，详定条章，庶无滥狱，无冤民。其七，请均给百官四季禄。比年官库乏物，惟公卿及出纳诸司充给，其余皆五六年止给一季料，虽事有繁简、官有尊卑，然同一从公，至于颁赐，宜无差别。其八，请停诸国吏民越诉。以牧宰之重，与小吏贱民比肩受鞫，事虽得白，威权已废，知耻之士，谁甘为吏？望拘以文法，除反逆外，概令牧令审鞫，不发朝使。其九，请定勘籍人数。自三官以下，诸王、大夫、命妇、诸司、卫府、式部兵部二省，每岁籍人至三千人之多。国朝课丁，课奥羽、太宰九国外，不满三十万，而大半无身，则见丁十余万人而已。其中岁除三千人，未盈四十年，天下皆为不课之民。望年立定额，大国十人，以次差减，载之蠲符，以为永式。其十，请选任检非违使、弩使。检非违使，本以纠境内奸滥，乃令民纳赀者为之，何以称任使？望监试明法学生以充任。今奥宇、镇西及沿海诸国弩师，皆全给年俸，许令斥卖，唯论价直，不问才伎，望令六卫练习，随功劳任之。其十一，请禁僧徒滥恶及宿卫强暴。向以官符禁权贵规取山泽，侵夺田地，吏易施治，民得安居，然害犹有甚于此者。今诸寺度僧，每年二三百人，大半邪滥及逃课逋租者，天下之民，秃首者居三之一，皆畜妻啖腥，甚至群聚为盗，窃铸钱货，望痛禁惩之，夺其度牒，使返本役。六卫舍人，本以扈宫阙、备仪从，自宜结队警备，而散居诸国，名存实亡，此皆部内强豪遭国司纠勘，潜入京师纳货充补者。自今既补，不得归住，有宁归者，限以暇日，取府牒送国衙，过限者解职，送状本府。其十二，请修鱼住泊。西南三道舟程，自柽生至河尻，凡五泊，各行一日。今此泊废，自韩泊直指轮田，每岁荡覆舟过百艘，望差官司修造，以播磨、备中税给其费。其余向既献言，不更重陈。”帝虽嘉纳，然不能用，惟于是岁禁奢靡而已。**及左大臣时平薨，又以其弟忠平代之，令辅太子，益成藤原氏专政之势。在位三十四年，**改元三：曰昌泰、曰延喜、曰延长。**禅位于太子。子朱雀天皇嗣。**讳宽明，母中宫藤原氏，基经第四女。**忠平摄政，寻改为关白兼太政大臣，兄仲平为左大臣，子实赖为右大臣。于时平将门反，据下总，开府僭号。敕平贞盛、藤原秀乡等讨平之。**自醍醐帝以来，东国多盗，及是平将门反。初，上总介高望，葛原亲王孙也，赐姓平。子良将，为镇守将军，有子曰将门，勇悍善射，少仕摄政忠平家，求为检非违使，不省，遂走下总，聚徒为盗。攻伯父常陆椽国香，杀之，与叔父下总介良兼数攻战。朝廷将讨之，将门先驰使诣阙，疏辨得释。良兼卒，遂据下总，图割据关东，僭号曰平新皇，开府猿岛，置百官，诸国亡赖争杀官吏应之。初，将门与藤原纯友善，谓之曰：“吾王族，当为帝，藤氏当为关白。”是时纯友为伊豫椽，据海岛应之，潜遣人火京师，京师戒严。守备三关平贞盛者，国香子，欲报父仇，自攻将门不克，诉于朝廷，授官常陆椽，遂与下野押领使藤原秀乡收兵四千，袭杀将门。朝廷方遣藤原忠文为征东大将军，未至，闻事平，乃还。纯友亦为追捕使小野好古等击灭。是为“天庆之乱”。赖襄曰：“天庆之乱，酿于延喜之朝。观延喜一朝，礼文制度岂不备且美哉？时称太平，数举宴乐，召集文士，歌颂郁起。而水旱疾疫，民不聊生，盗贼充斥，闾里愁叹。世以其有‘寒夜脱衣’一事，称之为仁。然所谓‘虽有仁心仁闻，而泽不及民’者也。且自贬菅原相公，而藤原氏势益盛，屡立太子不以贤、不以长，必立相家所自出，岂非深惮藤原氏之故哉！亦所谓‘仁而不武’，无能达也。余尝论此事，由相家骄傲，壅隔上下之所致。盖君相所务，不过目前之私，纪纲废坠，人才壅滞，奸雄窥伺，皆漫不省恤。及其溃决，虽有善者，无如之何，何况朱雀之公卿乎！”赐爵土，传子孙。在位十七年，改元二：曰承平、曰天庆。禅位同母弟成明，是为村上天皇。忠平关白如故，子实赖、师辅分为左右大臣。后忠平薨，师辅继卒，又以藤原显忠为右大臣。亦时平子也。禁中大火，惟索得神镜于烬中。帝留心政治，后世以为德亚醍醐，言政者必曰延喜、天历云。惟通帝后妹之为帝兄妃者，还纳为尚侍，左大臣实赖惜其累德而不能匡正之。在位二十二年，改元四：曰天历、曰天德、曰应和、曰康保。子冷泉天皇嗣。讳宪平，母藤原师辅女。实赖为太政大臣，关白庶政。初，村上以冷泉有疾，欲立其弟为平为冷泉储贰。诸藤原氏以为平婚于源氏，阻之。及村上崩，实赖称遗诏，立守平为冷泉太子，亦同母弟也。

冷泉立二年，改元一，曰安和。有告源高明、橘繁延等谋废立者，诸藤原氏矫诏讨之，悉处罪，京师大扰，是为“安和之变”。为平妃，右大臣源高明女。藤原师尹欲夺其位，会帝病甚，中外谓当有禅位，人告高明反，帝不之信，师尹等遽遣兵围其第。寻冷泉让位于守平，是为圆融天皇。实赖仍摄政，寻薨，伊尹、兼通兄弟相继为关白。皆师辅子。兼通最专制，与弟兼家复争政。兼通，伊尹弟，兼家兄也。以兼家超己显达，常觖望。村上中宫，其妹也。其在时，兼通窃请其手书曰：“摄关有阙，当兄弟相及，不宜躐等。”常置之怀袖。及伊尹病笃，兼通乘间进请，牵帝裾，强进书。帝见母后手迹，不禁怆然，乃超任内大臣，旋为太政大臣，又偪请为关白。时人语曰："宁投虎口，勿触摄政口。"与兼家益嫌隙。兼通疾，兼家喜曰："吾将为关白。"兼通大怒，力疾入朝，请曰："臣今日行最后除目，左大臣赖忠当代为关白。兼家谋反，当解见任。"帝不得已从之。在位十五年，改元五：曰天禄、曰天延、曰贞元、曰天元、曰永观。传位于皇侄，是为华山天皇。讳师贞，冷泉长子，母藤原伊尹女。赖忠关白庶政，实赖子也。

华山初任藤原义怀、藤原惟成，励精图治，后以女御祇子死，哀毁迷乱。兼家令其子道兼绐之逊位，落发为僧。帝念祇子不已，兼家欲遂立圆融子。道兼桀黠多智，使之绐帝曰："上不如舍身断一切累，臣亦奉从。"帝许诺，夜潜与道兼匹马出宫。月色照衣，帝犹豫，道兼促曰："剑玺已奉东宫，事不可复止。"乃至华山寺落发。道兼将剃，曰："臣犹未与父母诀。"遂去，不复来。明日，义怀、惟成闻，驰至寺，相视失声，愧辅翌无状，并薙发为僧。在位三年，改元一，曰宽和。圆融子怀仁立，年七岁，是为一条天皇。母藤原兼家女。兼家遂罢赖忠，而代摄政、准三宫，位在三公上，寻为太政大臣。薨，子道隆、道兼、道长相继摄政。初，兼家有疾，削发，称法兴院关白；皇太后亦削发，称东三条院。相臣院、女院始此。一条在位二十五年，改元六：曰永延、曰永祚、曰正历、曰长德、曰长保、曰宽弘。尝曰："朕得人之盛，不愧延喜、天历。"史称其心疾道长，而力不能制云。让位于冷泉子居贞，立己子敦成为居贞储贰。居贞立，是为三条天皇。母藤原兼家女。道长专政，纲纪日坏。帝有目疾，道长讽使逊位，不从，阴令医以寒水进金液丹，遂丧明。在位五年，改元一，曰长和。让位于太子敦成，是为后一条天皇。母藤原道长女。立道长第三女为后，长帝九岁。帝尚幼，时以奁具为戏玩。道长益专恣，废太子敦明，初，三条将禅位，立其子敦明为新帝储贰，母藤原济时女也。时道长请立敦良，帝不听。敦明长帝十四岁，内不自安。朝臣惮道长，拟东宫属者皆固辞，至厮役皆不肯供职。太子不能堪，欲逃位，道长遂废之。立同母弟敦良。道长薨，道长独典枢机三十余年，进女于帝，妆奁穷极工巧。家出三后，身为两朝外祖，尝咏和歌，以月圆无缺自喻。又作歌曰："此世吾之世也。"及病，帝问所欲，言曰："臣复何望，惟营法成寺，董役者未被赏耳。"帝即敕行，并赐寺封五百户。此时禁诸国营宅过制，及六位以下版筑作垣、桧皮葺屋，而道长营寺僭拟宫禁，取材木徒役于官。寻以其子赖通代。帝在位二十一年。改元四：曰宽仁、曰治安、曰万寿、曰长元。敦良立，是为后朱雀天皇。赖通关白如故，帝垂拱仰成。时僧徒渐横肆。在位九年，改元三：曰长历，曰长久，曰宽德。禅位太子亲仁，是为后冷泉天皇。母道长第四女。赖通为关白，寻以其弟教通代。盗屡火皇宫。陆奥酋长安倍赖时父子叛，镇守府将军源赖义讨之，九年始平，而将士无赏。在位二十三年，改元四：曰永承，曰天喜，曰康平，曰治历。后三条天皇立。讳尊仁，后朱雀第二子，母阳明门院祯子，三条帝女也。初，后朱雀疾大渐，将让位，欲立尊仁为新帝储贰，召关白赖通，赖通以非藤原氏出，不欲立，曰："事未晚也。"赖通退，藤原能信进御床曰："陛下欲以第二宫付何僧？"帝曰："将置之东宫。何谓付之僧？"曰："若然，事不可过今日。"帝悟，即日立之。尚方有壶切剑，例传东宫，赖通不肯，曰："若母何人，不可得也。"帝闻之，曰："吾何用一剑为！"帝刚健严明，痛抑藤原氏，赖通兄弟皆敛迹。是时藤原氏竞以骄侈相高。赖通造高阳院，教通又兴二条第，益壮丽。师实曰："我家所为，谁敢议者！"自帝即位，皆畏惮自戢。赖通屏居，教通虽为关白，备位而已。教通又尝请太和守留任，帝固不许，奋髯曰："摄关之可惮，以其为国戚，若朕则何有？"教通亦拂衣起曰："藤原氏为卿相者皆罢。春日神威，今日坠地。诸藤原皆退，朝廷将为一空！"帝不得已，许之。然诸藤卒不敢肆。置记录所，亲听讼，定绢布制、沽价法、升斗法，皇纲再振。在位仅五年，改元一，曰延久。让位太子，赖通叹为邦家之不幸云。自光仁至此，凡二十三世，三百有四年。

卷二　国统志二

白河天皇立，讳贞明，后三条长子，母藤原能信养女。教通关白，寻薨，代以赖通子师实。帝政自己出，相门敛手；而爱憎任意，好色信佛，竭民力以事浮屠佛像。在位十五年，改元四：曰承保、曰承历、曰永保、曰应德。禅位后犹专政四十余年，国势大败，不可收拾。

堀河天皇嗣，讳善仁，白河第二子，母藤原师实养女，实源氏。师实摄政，寻薨，其弟师通代之。旋以师通子忠实为关白。帝屡于夜分复视章奏，而制于白河上皇，不能有为。上皇制院别当设兵曹，置北院士，奉宣旨施行，曰院宣。因所爱皇女准中宫死，哀痛，遂削发，称法皇。令皇子薙发为法亲王。时出羽酋复乱，源赖义子义家用兵三年，讨平之，请赏将士功。朝议以为私斗，不许。在位二十一年，改元七：曰宽治、曰嘉保、曰永长、曰承德、曰康和、曰长治、曰嘉承。鸟羽天皇嗣，讳宗仁，堀河长子，五岁即位，母藤原实季女。忠实摄政，寻罢，以其子忠通为关白，法皇听政如故。僧徒作乱，敕源、平二家拒却之。在位十七年，改元五：曰天仁、曰天永、曰永久、曰元永、曰保安。法皇令禅位于长子显仁，年五岁，是为崇德天皇。母藤原公实女，幼养于白河法皇，长私之。及鸟羽立为中宫，犹不改，鸟羽深衔之。崇德嗣位，忠通摄政，法皇仍听政，寻崩。而鸟羽上皇听政亦二十余年，久之亦削发称法皇。崇德在位十五年。改元六：曰天治、曰大治、曰天承、曰长承、曰保延、曰永治。为法皇所迫，禅位皇太弟，鸟羽法皇多内宠，后纳长实女，宠专房，称美福门院。生子体仁，法皇欲其速得位，谕帝禅让，即日促书诏，诏称皇太弟。帝欲俟明日审议，遣中使往复数次，终不听。及暮，传剑玺，帝由是与鸟羽有隙。尊为上皇。世称法皇曰本院，上皇曰新院。近卫天皇讳体仁，鸟羽第八子，母藤原长实女。生四月立为储贰，三岁即位，忠通摄政，法皇仍听政院中。在位十五年，改元五：曰康治、曰天养、曰久安、曰仁平、曰久寿。受制于法皇，郁疾崩。法皇立崇德弟，是为后白河天皇。即位之元年，鸟羽法皇崩，崇德上皇冀复位。时忠通摄政，其弟赖长欲取而代之。上皇与赖长谋召源为义等，遂举兵。后白河使源义朝、平清盛等拒之。上皇兵败，流之于赞岐。初，近卫崩，无子。崇德上皇冀复位，不则立其子重仁。而美福门院意上皇咒诅，帝不肯，又因雅仁有子为其所鞠养，冀立雅仁而传之其子。雅仁称四宫，性轻躁。制下，朝野愕然。及法皇崩，左大臣赖长因失宠法皇，谀事上皇。上皇夜召密语之曰："法皇舍宜立之重仁，而立不文不武之四宫。今法皇已宴驾，何惮之有？吾欲举大事，废竖子而再践位，如何？"赖长与兄忠通不睦，欲夺其权，力赞成之。初，内大臣实能知其谋，密启法皇曰："帝有不讳，大乱必兴。"法皇乃预署源义朝、赖政等十余人名属美福，缓急召之。时上皇谋颇泄，帝召将士自卫，捕兵士入京者。上皇遂据白河殿，召赖长，间道召源为义。为义辞，强之，乃率诸子至，请奉上皇南狩，苟不利，即奔关东；其子为朝请即夜直袭大内火攻，取帝奉上皇代居，事可立定，赖长皆不听。保元元年七月十一日，帝御东三条殿，关白忠通以下皆从，遣源义朝、平清盛等攻白河殿，义朝请火攻之。上皇大败，徒步走，伤足。及夜，从者肩负出京师，无敢舍者，投僧房。翌日薙发，入仁和寺。帝遣兵守之，并守赖长以下十二第。赖长齰舌死，遂流上皇于赞岐。清盛因弑叔父忠政，义朝弑父为义，并流弟为朝，皆以从上皇故也。后崇德在迁所刺血书《大乘经》，请藏京师，后白河不许。崇德大恚，曰："兄弟争国，自古有之。吾欲悔罪，何故不许？"乃齰舌出血，每轴书曰："愿为大魔王恼乱天下。"以五部《大乘经》回向恶道。自是成疾，崩。是为"保元之乱"。在位四年，改元一，曰保元。禅位皇太子，尚听政三十余年，拥立五帝，祸乱相踵。二条天皇嗣。讳守仁，母藤原实经女。忠通子基实摄政，后白河上皇听政。藤原信赖、源义朝举兵反，幽上皇及帝于宫。帝逃避平清盛第，以其兵讨之，信赖、义朝皆诛死。清盛尽诛义朝子，惟赖朝免死，流于伊豆。平治之乱，残杀极惨。清盛等皆进官爵，源、平相仇始此。信赖恃豪族骄横，人呼曰"恶又卫门督"，有宠于上皇，请为大将，藤原通宪图安禄山事迹谏阻之，遂衔通宪。通宪常拒源信朝求婚，而为子娶清盛女。帝舅藤原经宗、帝乳母子藤原惟方皆嫉忌通宪，信赖因共谋除之，引义朝为党，窥清盛赴熊野举事。会上皇内宴，揣通宪必侍宴，围而挟之。而通宪先出奔，不得，遂幽上皇、迁帝，使经宗、惟方监视之。追杀通宪，自称大臣大将，专决诸政，公卿皆俯伏陪位。独藤原光赖，召惟方及经宗，责以大义，且曰："平氏还，力必能匡复。"惟方等悔悟。清盛还途，闻变欲避，子重盛决议归六波罗第，潜使人诇事。经宗、惟方教帝逃出，平氏以兵迎入其第，上皇亦潜入仁和寺。信赖方醉卧，醒而恨曰："惟方负我！"帝敕平氏讨贼，诱贼出大内；别遣重盛攻大内。贼进退失据，乃败走。信源求哀于上皇，上皇为请于帝，不报，平氏兵以敕旨捕诛之，遂囚其党五十余人。义朝东奔，为人诱杀，献其首，其诸子皆为平氏所捕杀。独第三子赖朝，清盛之母为尼者悯之，请流伊豆。婢子三人皆幼，以母殊色，清盛纳之，因亦得免。清盛父子皆进官。在位八年，改元五：曰平治、曰永历、曰应保、曰长宽、曰永万。禅位而崩。太子顺仁嗣，甫二岁，是为六条天皇。母伊岐氏。基实摄政，后白河听政如故。立皇叔宪仁为太子，甫六岁。初，后白河纳平清盛妹，生宪仁，故立之。寻升清盛从一位太政大臣。平氏始以外戚摄政。在位三年，改元一，曰仁安。未加冠禅位，称太上皇。宪仁立，是为高仓天皇。时上皇五岁，帝八岁，后白河薙发称法皇。高仓立清盛女为中宫，生子言仁。清盛专恣，贬斥诸藤原氏官爵，而代以己子，又幽法皇，初，法皇愤平氏刑赏自专，乃削发。后有藤原成亲者，以怨望图灭平氏，法皇与共议，事未发，其党自首于清盛。清盛聚兵六波罗第，遣兵收成亲，遂欲取法皇幽之，以其子重盛固谏而止。及重盛卒，未数日，法皇游宴自如，清盛积怒，即遣宗盛率兵幽法皇于鸟羽；后迎于八条乌丸，监察稍疏。寻以以仁王事，又幽之福原，板屋三间，膳日二次，人呼曰牢御所。讽帝让位于太子。帝以法皇故忧郁崩，在位十三年。改元四：曰嘉应、曰承安、曰安元、曰治承。

安德天皇，讳言仁。年三岁嗣位，关白基通摄政，基实子。清盛决事。后白河子以仁王下令东国，讨平氏，以仁王败死。源赖朝、源义仲各奉令起兵，赖朝开府镰仓，东海东山道多属赖朝，北陆道悉属义仲。清盛寻薨。初，以仁王下令东国，发源氏，源氏所在响应，清盛大惊，遣追讨使东击之，不胜。及是薨，遗戒子弟力讨赖朝。清盛专权，同姓为公卿者十六人，得升殿者三十余人，为卫府国司者六十余人，其采地半海内，威福过于藤原氏。当时举国之兵，半属源氏，半属平氏，卒为源氏所灭。义仲进兵京师，清盛子宗盛挟帝及法皇奔，法皇逃依义仲，宗盛遂挟帝西泛海，奔筑前。法皇遂敕义仲讨平氏，削平氏二百余人官爵，因下敕遥废帝。帝在位三年，改元二：曰养和、曰寿永。皇弟尊盛立，是为后鸟羽天皇。高仓第五子，母藤原氏。年五岁，基通摄政如故。时尾形惟义攻平氏，尾形惟义，起兵筑紫以应赖朝者。宗盛败走赞岐。法皇敕义仲西伐，义仲迁延，法皇欲召赖朝入卫，藉以除之。义仲愤，举兵劫帝及法皇，罢基通摄政，夺公卿四十余人官爵。法皇不得已，以义仲为征夷大将军。寻赖朝兵至，义仲败死。初，赖朝、义仲各起兵，赖朝尝以兵十万击义仲，义仲避之。及义仲兵先入京，法皇敕讨平氏，强而后行。至水岛，与平氏战，失利。法皇召赖朝，赖朝令二弟范赖、义经护贡赋入京。义仲闻之，遽引还，遂举兵围殿，迁帝于闲院，迁法皇于摄政第，而赖朝所遣二弟，已将兵入京。义仲拒战，败死，传首京师，帛书其髻曰"贼义仲"。赖朝遣兵追平氏，一败于屋岛，再败于坛浦。平氏挟安德帝投海，崩，遂灭平氏。赖朝分遣范赖、义经击平氏，至坛浦，宗盛母抱安德帝投海，虏宗盛等及皇太后平氏归京师，斩宗盛，遂灭平氏。义经索传国剑玺，不获，仅获镜玺。帝初立，以无重器，称践祚，不即位。后法皇使人作书喻宗盛索之，宗盛不许，及是奉还镜玺于温明殿。赖朝居镰仓，遣部将北条时政守京师。乃奏请诸国置守护，庄园置地头，所在逮捕，加赋税充兵粮。别置公文所，后改政所，赏功臣，颁封邑，皆以政所文下行。兵马之权，忽归赖朝，遂为征夷大将军。赖朝已灭平氏，朝廷又敕源义经、源行家讨赖朝。赖朝发兵西上，义经、行家逃走。敕诸国逮捕，斩行家于和泉。义经匿于陆奥押领使藤原泰衡家，泰衡袭杀义经。赖朝又以泰衡庇乱人，起兵击陆奥、出羽，悉平之，诸国皆慑服。法皇召赖朝入朝，优礼之，仍还镰仓。是年法皇崩。自是朝廷拥虚器如弁髦，藤原氏虽更为关白摄政，而其进退不关天下事，大权独在将军。帝阴图恢复而不就，盖自白河以下，大势积重难返矣。帝在位十六年，改元三：曰元历、曰文治、曰建久。禅位皇太子，后崩于隐岐。

土御门天皇，讳为仁，母承明门院源氏，内大臣通亲养女。四岁嗣位。赖朝薨，赖襄曰："我邦先王常自俭以养民，民食足，故兵强。其后国俗奢靡，刻剥其民，而委兵于将吏。将吏自以其计策蓄粮饷，养士卒，朝廷不之省。及赖朝兴，请置守护、地头于诸国以掌兵，每段课五升，以调养食。而总守护、地头之权，操之于镰仓，天下之势一变，而大权归之矣。然吾观源赖朝奏蠲所领九国逋租，请诸国仿行。又奏兵兴以来民不暇农，请量力收赋税。以平贺义信为武藏地头有惠政，请旌之以风司牧。以藤原秀衡治陆奥有善规，及平陆奥，令凡政皆遵守前规勿变。呜呼！当是时，天下方贵骁武，务进取，而赖朝独孳孳以养民为务，故能岁岁出师，一举殪义仲，再举殪宗盛，三举夷泰衡，四海之内，一草一木，莫不从风，以建此大业也。赖朝又尝见侍臣衣服丽都，命取刀截其胄。惟其俭以自奉，故能于多事之日，蠲逋租，养民力，而不患不足也。呜呼，可谓知为政之本者矣！子赖家为将军，为其外祖镰仓执政北条时政所幽杀。立其弟实朝为将军，又谋废之。事觉，流时政于伊豆，其子义时仍代执政权。源氏衰，而北条氏握国柄矣。帝在位十三年，改元五：曰正治、曰建仁、曰元久、曰建永、曰承元。为上皇所迫，禅位皇太弟，后崩于阿波。顺德天皇立，讳守成，后鸟羽第三子，母修明门院藤原氏。源赖家子千寿起兵讨北条氏，不克，死。幼子公晓复谋杀实朝，义时乃立藤原赖经为镰仓主，而自执政权。赖经，赖朝妹夫之外孙也。顺德在位十一年，改元三：曰建历、曰建保、曰承久。禅位皇太子，后崩于佐渡。

九条废帝，讳怀成，母东一条院藤原氏。明治三年，追赠曰仲恭天皇。四岁即位。时有三上皇：后鸟羽曰本院，专决政事；土御门曰中院；顺德曰新院。本院素愤王权下移，有图镰仓之志，至是密诏讨关东。义时乃遣子弟率东兵入京师，废帝，立高仓帝孙茂仁，流本院于隐岐，中院于土佐，寻徙阿波，新院于佐渡。是为“承久之变”。本院素愤源氏挠朝权，阴图恢复，置院西面士，亲武事，至手造刀剑。及实朝遭害，谓威柄可复，而关东权势自如，意益不平。尝擢一西面士，义时称将令夺其在东食邑，朝旨令还之，不奉敕。会三浦胤义宿卫京师，以事憾义时。本院令亲信就与谋，胤义曰：“臣兄义村力足办此。”本院大喜。承久五年五月，托城南流镝马集近畿兵密发，使赍诏谕义村及关东诸豪。义村以告义时。义时大会诸将，请政子隔帘问曰：“汝等听院宣赴京师佐灭关东乎？抑一心戮力，以全故右大将军之业，以保食邑乎？即时决对。”佥同声答曰：“死生唯命，谁肯东向关弓者！”诸将请据险保八州大江。广元曰：“事久众心变，不如直西向犯阙。”义时遂遣子泰时、朝时，弟时房，分道西犯。官军败绩。泰时入京，有敕曰：“此举皆谋臣所误。”遂收权少纳言藤原光亲等六人，送镰仓斩之。初发师，令父行子留，子行父留。义时表曰：“闻陛下好戏，臣谨遣长男泰时等率十九万人，以供天览。如上意未厌，臣且率二十万人继至”云。九条在位仅七十余日。自白河帝即位，至此凡十四世，百五十年。始藉源、平以除乱，卒至太阿倒持，互相剪灭。然源氏有戡乱之功，其因时变法，民亦赖以苏息。北条氏起，乃以陪臣执国命矣。举兵犯阙，放废四帝，视君位如弈棋，虽有一二有为之主，终不得伸其志。盖自外戚专政，将帅因之，其所由来渐矣。

后堀河天皇，讳茂仁，守贞亲王之第三子，母藤原氏。年

十岁即位。北条泰时与叔父时房分镇六波罗南北府，京师始有两六波罗，以制全国。泰时颁《式目》五十条，颇惬民情。时赖经仍为将军。义时死，子泰时执权。帝在位十二年，改元六：曰贞应、曰元仁、曰嘉禄、曰安贞、曰宽喜、曰贞永。禅位皇太子。四条天皇，讳秀仁，母藻壁门院藤原氏。二岁嗣位，嬉戏无度，在位十一年崩。改元六：曰天福、曰文历、曰嘉祯、曰历仁、曰延应、曰仁治。

后嵯峨天皇，讳邦仁，土御门第二子，母源氏。泰时所议立。泰时死，孙经时执权，废将军赖经，以其子赖嗣袭职，年甫六岁。帝在位五年，改元一，曰宽元。禅位皇太子，仍听政二十余年，二皇子相继践祚。及崩，因爱龟山，帝遗令其子孙永承大统，而付后深草之裔以封邑。北条贞时则议后深草、龟山二统迭承，限十年禅受。厥后南北分争，实基于此，至足利氏犹沿其例。初，赖朝以藤原氏近卫、九条二家更为摄政，后九条分为一条、二条，近卫亦分为鹰司。至是，北条氏奏请五家更替摄政，名为尊上，实分朝权也。后深草天皇，讳久仁，母大宫院藤原氏。四岁嗣位。北条经时死，弟时赖执权，又废大将军赖嗣，立后嵯峨皇子宗尊主镰仓，为大将军。帝在位十四年，改元五：曰宝治、曰建长、曰康元、曰正嘉、曰正元。上皇迫令禅位于同母弟恒仁，是为龟山天皇。时赖死，子时宗执权，又废大将军，而以其子惟康袭职，年甫三岁。时元世祖三遣使来，皆却之。帝在位十五年，改元三：曰文应、曰弘长、曰文永。禅位皇太子世仁，是为后宇多天皇，母京极院藤原氏。八岁即位。元兵攻对马、壹岐诸岛而还，复两次遣使，时宗皆斩之，寻败元兵。时宗死，子贞时执权，攻杀外祖父安达泰盛，北条氏始衰。帝在位十四年，改元二：曰建治、曰弘安。禅位后深草第二子熙仁，是为伏见天皇。母元辉门院藤原氏。

贞时废将军惟康，贞时闻惟康有灭北条氏之志，遽废之，倒载网代舆送还，世目之曰："将军流于京师。"立后深草第三子久明亲王主镰仓，为将军。帝在位十一年，改元二：曰正应、曰永仁。禅位皇太子胤仁，是为后伏见天皇。母准三宫藤原氏。初，龟山禅位后，置后院别当听政，每事不许后深草与闻。后深草愤懑，诉哀于时宗，时宗乃奏立伏见。会有盗入禁内，挟箭剑求帝所在，世以为龟山所使。龟山惧，赐誓书于贞时，事始寝。伏见又密使人言于贞时曰："龟山每切齿承久之事，立其后，非卿家利。"贞时乃立后伏见、后宇多，示以后嵯峨之约，贞时乃定两统更立之议。年十一即位，在位四年。改元一，曰正安。禅位后宇多长子邦治，年长于上皇三岁。时后深草称本院，龟山称中院，后宇多称新院，并伏见、后伏见，同时有五上皇。后三条天皇立，讳邦治，母西华门院源氏。新院听政。贞时又废大将军，以其子守邦袭职。帝在位七年崩。改元三：曰乾元、曰嘉元、曰德治。伏见子富仁立，是为花园天皇。母显亲门院藤原氏。贞时死，子高时执权，年幼，其舅秋田时显与内管领长崎圆喜受遗令辅之，权遂移于外戚与家宰，北条氏益衰；及后醍醐时，举族遂伏诛。帝在位十二年，改元四：曰延庆、曰应长、曰正和、曰文保。禅位于后醍醐天皇。自后堀河至此，凡十世九十七年，兵马之权皆在镰仓。自北条时政至高时，凡九世一百五十四年，君之废立，宰辅将军之进退，皆唯命是听。而迟之久而后灭亡者，立主以嗣源氏，迁官犹称原衔，子孙相承，终身不过相模武藏守，又务为勤俭以养民，盖显以虚名让之人，隐以实利归之己。故虽废立进退之由我，天下不起而议之，其取祸不速，操之盖有术也。至高时荒纵，则一败涂地矣。

后醍醐天皇立，讳尊治，后宇多子，母谈天门院藤原氏。

尊花园为上皇，称新院，后宇多称法皇。帝亲政，复置记录所，亲听讼狱。视北条氏失人心，谋诛灭之。帝与藤原资朝、藤原俊基谋，阴援武人可用者。每会议，脱衣冠纵酒，结其欢心，名曰“无礼讲”。事觉，比衙镇将收资朝、俊基。高时遂举兵入京，帝避走于笠置。高时立光严帝，名量仁，即帝所立太子，后伏见子也。遣兵陷笠置，迫传神器，不许。帝曰：“神器非臣下所能与夺，且镜玺已失，独有剑，必欲相迫，朕将自裁。”贼欲迁之六波罗第，帝使备行幸仪而后往。帝复走隐岐，楠正成起兵勤王，皇子护良亲王起兵于吉野，新田义贞起兵于上野，争应帝。帝还伯耆，名和长年、儿岛高德复举兵从之。寻高时将足利高氏归顺，诸军收复京师，迎帝还阙。镇将北条仲时奉新主及两上皇东奔，官军邀击之。新主、上皇还，论诸公卿受新主官爵之罪，贬削有差。新田义贞遂攻破镰仓，灭北条氏。论功行赏，赐高氏以御名尊字，遂为足利尊氏。护良亲王知尊氏恶，表请诛之，不许。帝置决断所，赏军功迁延不决，而帝左右僧尼伎乐多以内敕得赏，又造楮币、事兴作，举国嚣然，复思武人之治，旋听尊氏谗，杀护良亲王。初拜护良为将军，后囚之于镰仓，令足利直义监守，直义遂杀之。尊氏益凶行无忌，自移兵开府镰仓，诬奏新田义贞。义贞奏辨，且暴尊氏八大罪。有诏夺官爵，尊氏遂举兵反。北条高时子时行招余党攻镰仓，尊氏击时行，走之。诏促班师，不听。自称征夷大将军、关东管领，移书西道诸国发兵，以讨新田氏为名。楠正成等战死，尊氏入京，帝逃睿山。尊氏立丰仁亲王为帝，建号改元，是为北朝光明帝。足利氏拥立光明帝，初阳尊之，及南军屡败，大得其志，不复禀敬，肆割膏腴以赏功臣，或至夺公卿食邑，虽供御阙乏，不问。有将吏途遇光严上皇，不下马。前驱呵之，曰：“院也。”曰：“院耶？犬耶？犬则我射之。"令环射乘舆，折轭截辐而去。足利氏论其罪，武人相谓曰："院且下之，苟遇将军，不将膝行乎？"帝之立也，民间又相语曰："王并无一战功，将军何赐之天子也。"尊氏佯请降，诱还后醍醐帝，幽之。幽帝于花山院。尊氏迫请传器于新主，以伪器授之。寻潜逃于吉野，诸军勤王者皆败。义贞战死，两皇子亦见弑。后醍醐仅保吉野，对北朝而称南朝。后人以神器在南，尊为正统。后醍醐在位二十一年，改元八：曰元应、曰元亨、曰正中、曰嘉历、曰元德、曰元弘、曰建武、曰延元。崩于吉野。第八子义良立，是为后村上天皇。母新待贤门院藤原氏。即位之兴国元年庚辰，北朝光明帝历应三年也。越九年，光明帝禅位于从子兴仁，为崇光帝。又三年，尊氏因内乱，令子义诠佯降于南朝，将纾南兵而专事东海。南朝许之，义诠遂废崇光帝，奉南朝年号。后村上帝密令诸路兵讨尊氏，收复京师，收废帝、废太子及光严、光明二上皇，送吉野幽之。义诠复败南兵，取京师，立弥仁亲王，是为后光严帝。众议无神器，不可践祚。关白藤原良基曰："尊氏，剑也；良基，玺也。何不可！"遂立之。南朝还所幽诸帝。南北两军厥后互有胜败，所争皆在京师，臣子亦各叛服不常。尊氏死，义诠为将军。义诠死，子义满为将军。后村上帝迭与北军战，有宗良亲王、源亲房、楠正行、新田义兴等辅之，屡擐甲御马，控御勍敌。在位三十年。改元二：曰兴国、曰正平。崩，子宽成立，是为长庆天皇。母氏不详。即位之年戊申，北朝后光严帝应安元年也。越四年，后光严禅位于太子绪仁，为后圆融帝，斯时北军益强。长庆在位五年，改元二：曰建德、曰文中。禅位于弟熙成，是为后龟山天皇。母嘉吉门院某氏。越十年，北朝帝禅位于太子干仁，为后小松帝。于时，南朝地尽失，独吉野属行宫，新田氏子孙先败灭，寻楠氏、菊池氏亦亡全族，遂议和。从义满请，授神器于后小松帝。义满来请和曰："驾还授器，则两统更立如故事。"许之。元中元年十月，车驾发行宫，群臣以戎服从。至京，义满欲用来降礼，帝曰："朕欲用父子礼相授，否则以神器毙，安肯屈臣下以辱祖宗乎？"或谓义满曰："神器在彼，彼即真主，不可违也。"称后龟山为太上皇。后龟山在位二十年。改元三：曰天授、曰弘和、曰元中。南朝为龟山统，凡四世；北朝为后深草统，凡六世。至是成和，义满仍请两统更立。自后醍醐即位之元年至壬申一统，凡七十四年。自北朝光严帝即位之元年至壬申一统，凡六十一年。两统之议，定于北条贞时，遂授后世奸人取富贵之柄。然南朝土地甲兵不及北朝什之一，卒能相持数十年者，赖楠氏、新田氏数家孙子相继以忠义号召人心，故能屡扑屡起，定于一尊，非独神器有在为然也。

后小松天皇，讳干仁，后伏见玄孙，母通阳门院藤原氏。帝于北朝者凡十年，受神器于后龟山。帝嗣位，征夷大将军足利义满自为太政大臣。朝议以平相国以还，武家无升此官者。义满怒曰："天子，我家所立，而不我听，则废而自立，以细川、畠山二臣为摄家，谁能禁我者！"遂许之。寻辞任，请以其子义持袭职，削发称道义，宫室舆服皆奢僭。义满营别业于北山，起金阁，徙居之，称北山殿。又造一殿于禁内，称小御所。每进朝，公卿皆下阶拜跪。尝游睿山，拟上皇行幸仪。遣使称臣于明，受太宗皇帝封为日本王。及薨，诏赠太上皇号。帝在位十九年，在北朝时，改元四。南北合一后，改元一，曰应永。禅位于太子实仁，是为称光天皇。母光范门院藤原氏。始背更立之约。南朝遣臣请如约立后龟山帝之子，不听。于是南朝余孽所在起兵，寻皆平。镰仓管领足利持氏，为其执事上杉氏宪所逐，义持援持氏攻上杉。义持辞职，诏以其子义量袭，自削发称道诠。既义量卒，义持再视事。寻薨，义教袭职。帝在位十六年崩。初袭用应永年号，改元一，曰正长。后花园天皇，讳彦仁，后伏见五世孙，北朝崇光曾孙，父贞成亲王，母敷政门院源氏。年十岁即位。义教遣使贡于明，明宣宗皇帝赐之永乐钱三十万缗，自后称臣，奉正朔，世以为常。足利持氏、结城氏朝，皆以攻镰仓执事上杉氏作乱伏诛。赤松满祐弑将军义教，亦伏诛。子义胜袭职，薨，弟义政为将军。南朝旧臣常拥龟山裔为乱，至入禁内夺神器。帝之立也，后龟山皇子以不得立，怒奔伊势。或奉之起兵，足利氏击平之，置之嵯峨。将军义教之弟义照与之善，时关东兵乱，劝其乘时举事。事觉，杀义照。至是藤原有光等奉为主，称中兴宫。夜入禁内夺神器，追者获镜、剑，遂拥玺据睿山，寻讨平之，皇子自杀。南人又立其子居吉野山中，有赤松氏臣某佯往事之，乘间刺杀，夺玺还献。帝在位三十六年，改元八：曰永享、曰嘉吉、曰大安、曰宝德、曰享德、曰康正、曰长禄、曰宽正。禅位皇太子，后土御门天皇嗣。讳成仁，母嘉乐门院藤原氏。足利氏之臣细川胜元与山名宗全，举兵战于京师，是为“应仁之乱”。足利氏开府京师，于家臣设管领，迭任细川氏、斯波氏、畠山氏，名三管领，而细川最强。又设四职，迭任山名氏、一色氏、佐佐木氏、赤松氏，而山名氏独盛。至是以畠山氏兄弟争位，各护其党。将军义政已立其弟义视为后，既而生子义熙，其母欲立之，托于山名宗全。而细川氏辅义视，因是举兵。细川征诸国兵十六万，山名征诸国兵十一万，络绎入京。京人皆负担奔窜。及战，迭有胜负，焚荡公私屋舍三万余区。及山名、细川相继死，乃罢争。义视遂逃，而细川氏所庇之畠山政长，再为管领。义政罢，子义熙继为将军。义政穷极奢侈，征敛无度，上下困弊。义政喜奢靡，一花亭甍费六十万缗，一暖阁帐子费三万钱，故赋敛日增。故事，借富商金以供用，义满时岁四次，义教岁十二次，至义政乃月八九次。又下借贷不偿之令，名曰德政。故事，有大仪，课诸侯助役，概五六年一举，义政乃五年九举，是以公私交困。义政犹日恣淫乐，政事委之传宣之臣及妾媵僧尼之辈，请谒公行，号令抵牾。其管领细川、山名树党相攻，义政为其所劫持。及让职之明年，仍上书朝鲜，乞勘合印信，以求书画珍宝。寻筑银阁于东山，日设茗宴乐至于死。是时乱党交攻，辇毂兵燹，荡为广野，七道之内，俱为战场，为日本古今极乱之世。诸史谓义政之所致也。于时文运衰丧，惟义熙尚好学。父子相继薨，义植、义熙无子，义政召还义视，养其子义植为嗣。义澄相踵为将军。畠山政长奉义植，攻畠山长丰，不克，出奔，细川政元立义澄。帝在位三十六年崩，改元六：曰文正、曰应仁、曰文明、曰长享、曰延德、曰明应。后柏原天皇立。讳胜仁，后土御门子，母准后源氏。时全国大乱，大内义兴助义植大举入京，细川高国高国，政元养子，时政元为其家宰所弑，臣三好长辉讨诛之，而立养子澄元为管领，故高国怒。既而高国得管领，三好氏又拥澄元等相争，祸乱相寻，以迄于亡。举兵应之，义澄奔。高国寻又举兵逐义植，亦出奔，先后死，乃迎义澄子义晴为将军。帝在位二十六年崩。改元三：曰文龟、曰永正、曰大永。

后奈良天皇嗣。讳知仁，母丰乐门院藤原氏。义晴见迫于细川之臣三好氏，奔走不常，让职于子义辉，亦屡出奔。斯时北条氏纲、氏康等兴，是为后北条氏。武田信玄、上杉谦信、毛利元就三氏，亦雄据一方。而以家臣弑其主，割据其地者，如斋藤秀龙之于土岐定朝，陶晴贤之于大内义隆，津久见美作之于大友义鉴，三好之康之于细川持隆，各争疆土，遍地干戈。而是时葡萄牙人亦传天主教入于国矣。帝在位三十一年崩，改元三：曰享禄、曰天文、曰弘治。子方仁嗣，是为正亲町天皇。母吉德门院藤原氏。时三好氏与其家臣松永氏专京畿大权，三好义继因弑义辉，其弟义昭赴美浓，走依织田信长。信长挟义昭西上，以义昭为将军。义昭又与信长失睦，于是信长幽义昭，遂代足利氏而兴矣。足利氏遂亡。自尊氏至义昭，凡十三世，二百三十五年。初，源赖朝以武人充守护、地头，渐成割据之势，北条氏因之。至尊氏兴，当时武人厌王政而习武政，惧失权势，皆欲得一人推戴之，以专其利。尊氏亦知之，是以割土地，颁金帛，既授以兵权，又崇以官衔，务充其欲，以求遂己私。尊氏之得国也以此，而已成尾大不掉之势矣。足利氏以将军驻京师，而分遣子弟镇镰仓。镰仓设管领，上杉氏世为执事，屡逐其主，又与兄弟争权。最后，北条氏起，与上杉氏抗。上杉氏之家臣长尾氏又复出而专政京师。幕府亦设管领，细川氏为最强，已与山名氏争战，又屡逐其君，与兄弟相争；而其家臣三好氏，三好氏之家臣松永氏，复迭出而执权。所辖诸国，树党相争，其余群雄割据土地，各凭强大，互相吞噬，举六十州之地，曾无一块干净土。祸乱之极，蔓延浸淫，竟数十年而未已。当足利氏盛时，权势足以相制。及其既衰，骄奢淫逸，既以大权授之家臣，又欲借家臣之力以遂其夺嫡立爱之私，各徒隶乘势窃权，无复忌惮，乃至五代将军废置放逐，疲于奔命，如弈棋然，如傀儡然，比之王室，犹有甚者。盖足利氏以土地兵马饵豪杰，而无术以相钤制，并其饵而失之，亦可哀矣。若夫同室阋斗，日寻干戈，陪臣舆台，反据人上。至于伦理灭绝，臣弑其君者有之，子弑其父者有之，举国滔滔，不以为怪。斯又尊氏于君臣父子兄弟间惟利是视，故上行下效，祸变至此也。呜呼！可谓乱极矣。信长任用丰臣秀吉等，平定近畿，位右大臣，代将军出令，蠲地子钱，弛徭役，置所司代，徙治安土，定关东法制十五条，颇有规模。惜宠任明智光秀，猝为所杀。足利氏管领斯波氏封于尾张，织田氏世为斯波氏重臣。及信长兴，屡攻邻国，败斋藤氏于美浓，击今川氏于骏河，威名大著。帝闻之，密遣使赍诏，赐以御用香，令西上平内乱。后又诏赐一战袍，曰：“朕顾四方，莫如卿武。闻卿已平美浓，其益奋庸宣武，以副朕望。”信长奉诏，泣曰：“臣督师诣阙之日，当服此拜赐也。”及是，义昭又走依之。信长以兵三万人，挟之西上，三好氏弃京师去。信长留木下秀吉护卫京师，修治皇宫而东归。义昭多失行，信长上书切谏，义昭遂谋伐信长。信长迭攻之，义昭走安艺，诏削其官爵。信长又破朝仓氏、浅井氏，降六角氏，旋灭三好氏，近畿悉平。分遣秀吉击毛利氏，毛利亦求和。又亲将兵十二万伐武田氏，获武田胜赖及其子，割甲斐、信浓、骏河、上野与有功诸将。史称其以不世出之略，定二百余年分据之国，事败垂成，深为可惜云。秀吉诛光秀，筑大坂城。自奏请为关白，置五奉行以议国事。帝在位二十九年，改元三：曰永禄、曰元龟、曰天正。禅位皇太孙，后阳成天皇嗣。讳周仁，父诚仁亲王，母新上东门院藤原氏。

秀吉为太政大臣，奏请以其养子秀次为关白，称大阁。既平海内，约列侯奉戴王室。惟变更田制，重税殃民，又用兵朝鲜，师出无名，内外疲困，卒薨于军。秀吉家微，为人奴，盗其主黄金六两，买刀剑衣服，伪姓名曰木下藤吉，谒信长于道，乞为奴。信长熟视之曰：“汝面类猴，汝心亦必如猴矣。”常命之拿鞋，呼曰“猴奴”。试以事，多机智，遂宠任之，使将兵。信长已平京畿，奏为筑前守，改氏羽柴。奉命西攻毛利氏，与之和，归而讨光秀，枭其首。奉信长子秀信为嗣，使居安土，给以近江三十万石，而命诸将分领织田氏地。信长之弟信孝，与旧臣柴田胜家、泷川一盛谋诛秀吉，秀吉次第削平之。

旋以舟师六万伐长宗我部元亲于土佐，元亲降，南海平。时萨摩岛津义久势甚张，秀吉令毛利辉元、长宗我部元亲集兵招谕之，不从，遂以兵十五万大举西伐，入其国，降义久，西海亦平。又将兵十万北伐，降佐佐成政于富士。入越后，与上杉氏连盟而还，复遣使相模谕北条氏政入觐，使陆奥招伊达政宗来降，皆不答。即以兵二十五万大举东伐，分遣诸将徇关东六十余城，伊达氏来降，氏政父子亦出降。杀氏政，收陆奥、出羽地，关东又平。秀吉用兵如神，所向披靡，于时群雄咸俯首听命。独德川氏尝与战，大败于长湫，隐忍与和。既拜关白，赐姓丰臣氏，城大坂，徙居之，而筑第吉野，名曰"聚乐"。帝与上皇幸其第，留饮五日。又赏花于醍醐，张茗宴于北野，大会诸将。游宴之盛，今古所无。亲督兵征朝鲜，薨于伏见城。令**德川家康等五大老辅嗣子秀赖。家康任征夷大将军，开府江户，大封诸侯，行赏立制，课诸侯，城江户，城骏府，命诸侯妻子尽住江户，间一岁乃交代就国。禁西诸侯造战舰，开长崎港通商。寻辞职，诏以其子秀忠为将军。帝在位二十六年，改**元二：曰文禄、曰庆长。**禅位皇太子。**自后小松至此，凡八世，二百一十九年。足利氏上不知有王室，下不能驭群雄，蹂躏二百余年；及织田氏稍定大乱，丰臣氏起于人奴，以兵力定海内；德川氏继兴，用力少而坐享其成。至是，举国始知有尊王之义，息战争者二百余年。

后水尾天皇嗣，讳政仁，母中和门院近卫氏。**家康定《文臣法》五章，《廷式》十七章，《武员式》十二章，大修朝廷旧典，始置老中，定幕府及列国郡邑制度，灭丰臣氏，寻薨。**家康起于参河，既败，秀吉与之和，曰："吾将与之定天下，以救亿万生灵。"谬为恭敬，媚事秀吉。尝于朝会时亲为秀吉整履。秀吉之卒也，握其手，托以遗孤，遗命以家康及前田利家、毛利辉元、浮田秀家、上杉景胜为五大老，使决大事；设五奉行如故，使决小事；又设三中老左右之。家康居伏见城，代秀吉视事。利家先卒，既而奉行石田三成等以家康将不利孺子，密与上杉景胜通谋。家康促景胜入觐，不听，曰："我受大阁遗旨镇东奥，何受家康令为？"且数家康背盟十大罪。家康怒，自将伐景胜。三成至大坂，又移檄诸国，曰："诸君苟不忘大阁恩，当合力讨家康。"毛利辉元以下侯伯来会者四十余人，兵凡九万余。家康方攻景胜，闻变，引军还，遂与三成战于关原，大破之，捕斩三成，削毛利辉元八国，仅食长门、周防二国，流浮田秀家于八丈岛。景胜闻西诸侯兵败，亦乞降。家康以关东八国自封，居江户城，举所收地分封诸将，惟秀赖仅食七十六万石而已。既而，家康嫁女孙于秀赖。家康居骏府，秀赖居大坂。秀赖既长，群臣欲挟以复故业，窃散金帛募死士，然有国将士无一至者。秀赖时营方广寺落成，公卿大会，家康遽以钟铭语涉咒诅，怒停行庆。秀赖遣使哀恳，又请毁大坂城乞盟。家康佯许之，寻举兵攻大坂，使人告秀赖母子曰："仍宥汝，管取一吃饭处。"城破，秀赖母子将出见，使人请二竹舆，不与。时城中火，秀赖母子避火粮仓。东军围之，放铳以示绝意。仓中火又起，秀赖母子遂不知所终。有庶子生七岁，后捕斩之六条碛，丰臣氏遂亡。久之，秀忠辞职，子家光为将军。先是，南洋各岛国咸来通商，至是以禁耶稣教故，遂禁吕宋、交阯、占城互市。英吉利、西班牙请互市，皆辞却，终德川氏之世，惟许中国及和兰通商而已。帝在位十八年，改元二：曰元和、曰宽永。禅位于皇女兴子内亲王，秀忠女也，是为明正天皇。家光始置大老、小老职，大目附、社寺、奉行等官，营日光庙，颁《武家制度》十九章。平耶稣教徒乱于天草。帝在位十四年，仍用宽永年号。禅位皇太弟绍仁，是为后光明天皇。

后水尾第四子，母壬生院藤原氏。年十一即位，敕赐宫号于日光庙。每岁纳币，以宗澄亲王为东睿山座主，后皆为例。帝性好学，令儒臣讲程朱新注。及崩，诏废火葬。家光薨，子家纲袭职。帝在位十一年崩。改元三：曰正保、曰庆安、曰承应。弟良仁立，是为后西院天皇。后水尾第六子，母逢春门院藤原氏。在位八年，改元三：曰明历、曰万治、曰宽文。以灾异频仍为失德所致，遂避位于凝花洞。弟识仁立，是为灵元天皇，后水尾第十六子，母新广仪门院藤原氏。年十岁即位。时宋学大兴，有著论攻驳者，禁锢之。立朝仁亲王为皇太子。自后龟山传小松之后，不立东宫者十三世矣。始用元《授时历》，名《贞享历》。自用《宣明历》以来，及今亦殆千年。家纲薨，子纲吉袭职。帝在位二十四年，改元三：曰延宝、曰天和、曰贞享。禅位皇太子朝仁，是为东山天皇。母敬法门院藤原氏。年十三岁即位。纲吉营孔子庙，用儒臣源光国，编《大日本史》，立将军传、家臣传，隐示尊王统、斥武门之意。纲吉薨，子家宣袭职。帝在位二十三年，改元二：曰元禄、曰宝永。以灾变，自恨菲德，遂禅位皇太子，寻崩。中御门天皇嗣，讳庆仁，母新崇贤门院藤原氏。年十岁。朝鲜聘使至，家宣从儒臣议，答书称德川氏曰日本国王。家宣薨，子家继袭职，年四岁。寻薨，子吉宗袭职。帝在位二十六年，改元二：曰正德、曰享保。禅位皇太子昭仁，是为樱町天皇。母新中和门院藤原氏。时文学甚盛，荻生茂卿、伊藤维桢各习古学，新井君美、青木敦书首唱荷兰学。吉宗辞职，子家重为将军。帝在位十一年，改元三：曰元文、曰宽保、曰延享。禅位皇太子遐仁，是为桃园天皇，母开明门院藤原氏。年七岁即位。前将军吉宗薨。吉宗作律九十章颁行，性好学，务勤俭，慎庶狱，举贤良，称中兴良主。丹波人竹内式部以武技出入公卿家，不喜幕政，渐露复古之志，家重逐之，公卿坐是夺官爵者十七人。家重薨，子家治为将军。帝在位十六年崩，改元二：曰宽延、曰宝历。后樱町天皇嗣。讳智子，樱町第二女。母皇太后青绮门院藤原氏。处士山县昌贞、藤井右门著论斥幕府，处枭刑。立皇侄英仁亲王为皇太子，遂让位。帝在位八年，改元一，曰明和。后桃园天皇立，讳英仁，桃园第一子，母恭礼门院藤原氏。在位八年崩，改元一，曰安永。无子。光格天皇讳兼仁，东山帝曾孙，典仁亲王第六子，母盛化门院藤原氏。年九岁即位。家治薨，子家齐继职。俄罗斯乞互市，不许，寻侵掠桦太诸岛，凡八年始息。松前、箱馆皆置奉行以备之。英吉利亦扰长崎，长崎奉行愧恨自杀。帝在位三十七年，改元四：曰天明、曰宽政、曰享和、曰文化。禅位皇太子，仁孝天皇嗣。讳惠仁，母赠准后东京极院藤原氏。以家齐为太政大臣，寻辞职，子家庆继职。西洋船扰宝岛，家齐令沿海民曰："蕃船至则发炮，有贸易者，严绝之。"寻锢处士渡边华山等，亦以译述西书被罪也。上皇崩，始复谥法。自宇多帝至此，停谥六十世，帝令复之。颁《天保历》。在位二十九年崩。改元三：曰文政、曰天保、曰弘化。先是，处士高山正之、蒲生秀实、本居宣长等，或著书游说，或倡言国学，皆潜有尊王意。及是，蒲生作《山陵志》，赖襄作《日本政记》、《日本外史》，举国益知尊王之义。自后水尾至此，凡十三世，二百三十四年。德川氏威力日盛，列侯慑服，人文蔚起，而帝室垂拱仰成而已。

卷三　国统志三

孝明天皇嗣位。讳统仁，仁孝第四子。母新侍门院藤原氏。家庆薨，家定任将军。时美、英、俄皆迭以兵船来劫盟，弘化三年丙午，美将必氏以兵舰来浦贺。嘉永二年己酉，英船来浦贺，剽掠下田。六年癸丑，美将披理以兵舰四艘至浦贺；俄将布锆廷以兵舰四艘入长崎。安政元年甲寅，披理又帅七船至浦贺，入神奈川；俄舰又入南海，至大阪湾。幕府虽命各港筑炮台，许诸侯作大舰、赍火器，入江户，征诸藩兵设备，而审力不敌，仍许之泊船三港，下田、箱馆、长崎。设蕃书调所司其事。及美使巴尔理士来，请见将军，将军亦许之。又请于江户设公使馆，开十港通商，幕府乃遣人奏之帝。帝初闻外变忧甚，祷于七庙、七大寺，以幕府奏下公卿议，不许。家茂命老中堀田正笃西上，奏请敕许，未得报。美使又促曰："旷日不得命，将直入京师请命。"幕府驰书正笃促之。帝召关白大臣等会议，所拟旨有"处置外事，一依幕府"之语。权大纳言忠能曰："若如此，则国体不立，是举朝无人也。"权大纳言正房曰："果下此敕，当取白麻裂之，虽得严谴，亦所甘心。"众同声应之。于是廷臣八十余人诣关白尚忠第，草敕曰："美夷之请，神州安危之所系。今将军变祖宗法，失兆民心，何以保万世？前许开下田，事已误，今又与彼约。果如所奏，则国威坠地。幕府其使三亲藩更议而奏之。"而美使复要逼之，遂与定互市则十四条，旋与和兰，与英、佛、俄，皆定草约。正笃复命，见美使告以京师事。美使不悦，进船至小柴，告下田奉行井上清直等曰："今英、佛将以兵来逞其欲，苟听我请，则我谕二国寝其事。"幕府危惧，遂命清直等与定约十四则，钤印授之。时安政五年戊午六月也。七月，家茂又命外国奉行永井尚志与兰使订互市则，与英、佛、俄诸使皆订定草约。**德川亲藩庆笃、庆恕、庆喜、庆永等请废条约、奉敕旨，不听。家定薨，家茂任将军。初，水户藩德川齐昭素主攘夷论，尝建美国十不可和之议，不用。**初，齐昭大修国政，尤注意海防，收封内梵钟铸巨炮，造船、筑堡，壁垒一变。天保癸卯，幕府废外船炮击之令，齐昭切谏，后以其家老结城寅寿诬告，幕府幽锢之。及美船来，起用，又不得志去。及齐昭既卒，其遗臣二百余人据长冈驿，奉齐昭木主，宣言攘外夷、诛幕吏，责豪农富商出军需。幕府严捕之。齐昭擢用藩臣藤田彪，负重望，其徒曰彪党，结城之党曰寅党，彼此相倾，至于拥众夺地，幕府屡讨未平。及王师东下，寅党尚抗拒官军，久而后平。明治初年，赠齐昭从一位，诏褒其功。**及是，帝降旨于齐昭，令主攘夷事，且数幕府违旨之罪。幕府老中井伊直弼乃罪齐昭，捕斩党人，幽锢公卿，**齐昭既见黜，愤甚。其臣安岛带刀等欲假敕旨以遂其志，密谋之朝臣鹰司家臣、近卫家婢，奉敕东下。直弼家臣谍闻之，遂大索齐昭党于诸国，逮捕中井等二十七人，遣人诣京，与关白尚忠谋，谴责关白鹰司政通、内大臣三条实万等，又捕鹰司家臣等五十七人，江户亦捕安岛等数十人，皆下狱。直弼面责齐昭曰："君愤言之不用，乃私奏京师，私请敕书。夫君职在辅幕府，而悖谬至此，何也？"遂锢齐昭于水户，并幽其子庆笃、庆喜，余党分别斩锢流窜。是狱也，株连蔓延，逮捕甚众，内多慷慨忧国之士，众论冤之，谓之"戊午之狱"。齐昭旋于明年卒。**又讽诸侯之持异议者退隐。**土佐侯山内丰信、宇和侯伊达宗城、肥前侯锅岛齐正，皆退隐。**而诸国处士之主攘夷者，益愤激不服，遂倡尊王以攘夷之说，纷纭竞起，至于刺大老，**万延元年庚申三月，井伊直弼趋朝至外樱田，水户臣佐野光明等十七人，与鹿儿岛人某要之于道，雨衣奴装，直斫直弼，提首而去。旋出自首曰："井伊直弼有大罪五，神人共愤，臣等一死，为天下诛之，敢请斧钺！"文久二年壬戌，又有人刺老中安藤信正于阪下门，信正伤肩仅免，贼斗死，检尸得书曰："信正继井伊氏后，侮蔑朝廷，亲昵洋夷，既贷殿山地于美使，又与美使论废帝事，使国学者检旧典，大逆无道。臣等敢戮元凶，以慰天下望"云。**攻使馆，**己未六月，有人杀俄人三名于横滨。庚申七月，有人杀美国使馆书记官于三田。辛酉六月，水户人袭东禅寺英馆，杀伤英卒。英使责老中信正曰："日本政府无权纵人横逆至此。"约佛使、兰使，将以兵逼。信正百方慰谕，给死者银三千元，事始平。自是，英人遂置兵横滨，以备不虞。壬戌冬，又有人焚殿山美使馆。**杀朝臣，**壬戌七月，有人杀关白尚忠家臣数人，榜其首曰"行天诛"。癸亥二月，又杀池内大学于大阪，投其耳于大纳言忠能、大纳言实爱家，曰："公等不罢职，如大学耳矣。"大学，盖主议和者。**遮说要藩，声讨幕府，**岛津久光将赴江户，处士要之于道，陈幕府不奉朝旨，愿依大藩问罪关左之意。久光慰谕留之伏水，既而相率入京，阻之不听，遂抗拒互斗。自是京尹威令挫而不行。**纵横于辇毂下，幕府不能制，朝议亦患之。**于时，倡尊王攘夷者，处士也；横行擅杀者，亦处士也。公卿危惧，志向渐变。守护职松平容保等议处分处士，或欲逮捕之，或欲赏其志、戒其行。容保曰："不如谕处士各归其主，无主者幕府食之。"乃命町奉行搜索，又置文武场为处士容身之地。既而，又有人入等持院斩足利氏三世木偶，枭之三条碛，揭示曰："当时王纲解纽，不能正名诛贼。今大政将复古，故先诛三贼，以惩奸恶之过尊氏者。”容保等议曰：“托名正义，轻蔑朝爵，不可宥。”乃逮下狱，将处重刑。毛利定广上书，请释其罪，容保等坚持不可，而朝旨亦欲宽之，因得不死。处士益猖狂不可制。**时长门藩毛利庆亲上书幕府，请翼戴王室，协和众心。其子长广留于京。萨摩藩岛津久光、土佐藩山内丰信，亦先后入京。帝遂诏萨、长、土三藩留镇阙下。自是列藩承风争朝京师者八十余国。**庆亲在江户，既上书，又见老中曰：“时事至此，幕府当以庆永为大老，庆喜为辅，速革旧政。不则仆欲与萨、肥诸藩议奉诏而令四方也。”又曰：“近者游士不经幕府，直奏朝廷，若有挟天子令诸侯者，当成群雄割据之势。请将军入朝，撰士于列藩，参国政献替可否，每事奏而后行，则人心服，而国威张矣。”帝知庆亲忠，敕召之，未往。其子定广将就国，途过京师，敕留之，与岛津久光宿卫辇下。久光先密奏出兵京师，至京，奏曰：“幕府戮志士，而志士益激。臣恐其酿乱，欲东建言于幕府，途遇处士要臣举事，臣敢请处分。”朝廷谕久光督率之。**帝屡遣敕使东下征家茂入朝。**壬戌六月，命大原重德副以岛津久光谕幕府三事：一曰将军宜率诸侯入朝议攘夷；二曰宜选沿海大藩为五大老整武备；三曰当起庆喜辅将军、庆永任大老以改革幕政。寻又遣三条实美等促之。**家茂既尚帝妹，乃奉敕解释庆喜等罪。**释庆喜、庆胜、庆永、山内丰信、伊达宗城等罪，并释鹰司、近卫家幽禁。旋又释戊午以来以国事被罪者。盖岛津、毛利二氏在京，颇调停之云。**以松平容保为在京守护职，帝亦令守京，于是朝廷、幕府之间稍和。家茂既入朝，帝优礼之，仍敕令攘夷。家茂留大阪未归。**家茂亟欲归，庆恕、容保等请留家茂。帝宴见家茂，曰：“业既委万事于卿，当在辇下指挥诸侯。”帝谒石见清水祠庙，将就祠前赐攘夷节刀。家茂称疾不出，乃遣庆笃为将军自代，委以攘夷，首途东下；又敕庆喜与会议。家茂寻宣言览摄海形胜，出大阪。后闻英国偿金事定，乃航海东归。**诏定攘夷期，令家茂颁告列藩**。是年癸亥，以五月十日为攘夷期。**而是时英国以生麦被杀事，刻期责偿金，幕吏给之**。先是，岛津久光由江户归，途过生麦村，有英人驰马冲久光前驱，卫士杀之。英使怒，责幕府偿金五十万元。在朝公卿多主张不偿之说，幕吏以将军未归，迁延不决，老中多称病。既而要求益逼，遂议使德川茂德西上奏请，茂德又称疾。庆笃致书关白曰：“议决不偿。”关白告之中外，而老中松平信笃、井上政直以刻期，不得已，已授券英人。时帝遣小笠原长行东下，令与幕吏会议外事。长行欲先锁港而后偿金，老中不听。长行至横滨见各国公使，述前议，皆不听。庆喜东下，闻偿金议决，驰驿止之。事不可回，乃报京师，即诏公卿诸侯会议，众秉烛而退，上下骚然。**有美国兵舰泊赤间关者，长门人遽以炮击。诏赏长人武断，又责幕府以迁延**，又诏让幕府私盟七国曰：“锁港限三十日，七国不退则攘之。”老中等皆谓难行。**又颁开战诏于诸藩**。诏曰：“兵端既开，沿海有急，则诸国当应援。”又诏曰：“蕃船如来，击之勿失。”而幕府则下教曰：“既奏请见许，勿浪战。”**帝遂诏行幸大和，议亲征。会幕府与长人有隙，长、萨、土三藩恃势相轧，又互有隙。朝旨忽中变，长人遂挟三条实美等公卿七人走长门，廷议逐长人归国**。时以攘夷议决，毛利氏奏请车驾幸大和，示亲征之意。廷议从之。会美人以赤关事诉之幕府，幕府遣使以擅伐责长藩。长藩抑留幕使暗杀之，遂与幕府有隙。廷臣之助幕府者乘隙间之，朝廷始疏毛利氏。既行幸议决，忽有流言，谓长人谋乘行幸时火大内，阻还驾，将驻跸函岭，以征幕府者。时处士屡说朝臣尊融、齐敬促亲征，又投书公纯、忠房，责以议阻亲征之罪，皆恶之。文久三年癸亥八月十七日夜半，尊融以下尽朝，议乃变。急召守护职容保征兵备变，传命锁九门，使萨摩、会津诸藩分守之；停三条实美等公卿十三人参朝，密召正亲町实德、柳原光爱等入。尊融传诏曰："亲征非帝旨也，乃传奏等信长人危激之言，矫诏图不良耳，卿等其审之。"十八日昧爽，长人闻变，不知故，率众驰至，则诸国守门兵枪炮成列，不许入。众大惊，驰集关白第，而关白辅熙亦受朝禁，未之知。俄而有诏停行幸，免长藩守卫，代以淀藩。长人诉辩不肯去，与萨人、会人相持久之，京人皆荷担而立。先是，三条实美掌亲兵，实美遂率亲兵千余驰骑入朝，门者拒之，亦走诣关白第，一第喧扰。时光爱奉敕召辅熙入，而实美因关白有所请，朝旨不纳，且遣使责以违旨私出之罪。长人之屯堺门者，光爱衔诏，慰以引兵归国，以待后命。长人不肯退，萨人请讨之。长之队将遂拥三条实美、三条西季知、东久世通禧、壬生基修、四条隆謌、锦小路赖德、泽宣嘉公卿七人航海而去。诘朝诏召实美等不在，得实大怒，尽削官爵。寻禁长藩入京，仅留邸监一二人，余悉逐去。容保等仍日警备，遂下诏曰："近日敕旨真伪错出，以致纷扰，凡系十八日以后令者，乃实朕意，列藩其审之。"朝旨于是一变矣，时谓之翻覆纶旨。幕府旋奏请增尊融、容保等封。是月有故廷臣中山忠光等举兵大和，号天忠党，将攻京师。幕府讨平之，忠光等航走长门。旋又有平野次郎等举兵但马，奉泽宣嘉为首，幕府亦平之，宣嘉仍西奔。**长人举兵犯阙，容保等纠合诸藩兵讨却之。**长人之还国也，毛利庆亲父子自叙癸丑以来力主攘夷、周旋朝廷幕府间之事，号曰《奉敕始末书》，遣家臣上之，不省。又奏论诏旨前后之异。又奏曰："臣奉'攘夷之事，一委之汝'之诏，欲竭力致死以报国，而廷旨忽中变，保无引外敌以镇内变如石敬瑭其人者，愿朝廷审之。"又不省。于是其宰臣福原元僩等，以三道兵犯京，王公等皆大惊，会议彻晓。时萨、土、久留米三藩重臣，连署请讨长人，守护职容保遂纠合诸侯兵讨平之。元僩等遁走。所获军令状，乃有庆亲父子印信，朝议遂声毛利氏罪，目为朝敌，夺其父子官爵，敕幕府追讨。会美亦纠英、佛、和四国师攻马关，长人溃败，幕府遂传檄诸藩督师西征，长人惧，伏罪。幕府使传命庆亲曰："父子当屏居待罪。"庆亲上书曰："前命福原元僩等出镇亡命，不图其举兵犯阙，致蹈大逆。"旋退入萩城，诛首谋元僩等十余人，献首谢罪。幕府以长人内讧，仍再议征西。家茂率师过阙，因入朝请敕旨许外交条约，帝亦许之。初，幕府假开三港，渐及他港，当时各有期限。时兵库开港期迫，外使遂以兵舰驶入兵库，请敕允条约。家茂方西征，内外切迫，乃上书辞职。别疏请敕许开港，庆喜、容保等亦上书申家茂不得已之意，帝乃许开横滨、箱馆、长崎三港，仍不许兵库之请。家茂遂奉敕颁告中外。自戊午草约至于乙丑，纷纭争执者八年，终许之焉。家茂方遣使责长藩，而萨人忽与长人合。诏征萨兵会讨，不从，师卒无功，家茂旋薨于军。自是强藩不复受节制，而幕府势益孤矣。长人先有二党，一曰恭顺党，一曰激烈党。征讨师至，庆亲父子入萩城，已伏罪。激烈党高杉晋作传檄幕兵，戮恭顺党首数人。庆亲父子居山口城。山口，盖仿西式为堡垒者也，于是阖藩兵决死战。幕府于广岛设总督府，令诸藩会兵，惟萨摩独辞。初，京师之变，萨人击长人多虏获，长人亦炮击萨舰，二藩如水火。既而萨人相议曰："今日之要务，在一敌忾以护皇国，而动兵邦内，使外人得渔人利，非策之得。"萨士西乡隆盛密遣使于长修好讲和。会土佐人坂本龙马在长，力赞成之。于是萨、长之交合，而朝廷幕府均未之知也。至是萨人辞会师，萨士大久保利通又至大阪谏西征之师，幕府不听。丙寅六月，幕军进压长防四境，海陆兵三道并进，俱不利。家茂方卧病大阪，诏命庆喜代为指挥。庆喜将往广岛，败闻屡至，诸藩引兵，朝野失色。家茂旋卒，遂诏罢西征，幕府别遣胜安房命长人罢兵。自西师之起，幕府帑藏不支，兵又驽弱，故师卒无功。家茂既薨，以庆喜任将军。明年，遂奉还政权。帝旋以患痘崩，在位二十年。改元六：曰嘉永，曰安政，曰万延，曰文久，曰元治，曰庆应。帝自即位，深以国家安危为忧，盖与外交相终始云。当光格即位，为德川氏极盛之时，而外患既萌芽矣。孝明在位，外人迭请通商，要挟日甚，举国嚣然倡攘夷说，苟或异议，则目为奸党。幕府初亦拒之，继审其势力不敌，意遂转移。孝明始亦决计攘夷，末年寻悟其非，敕旨亦反复。而二三强藩巨室，乘浪士愤激之势，王霸离间之交，始欲假朝议而顺人心，继乃用士气而亡幕府。故当时攘夷之论，要其所归，不在攘夷而在尊王，尊王所以亡幕府也。迨王室尊，幕府亡，而知夷终不可攘，遂决然变计，大开外交，仍与德川氏末年无异，然而德川氏亡矣。自光格至此，凡三世，八十六年；德川氏自家康至庆喜，凡十四世，二百六十六年。

明治天皇嗣。名睦仁，帜仁亲王之子。今皇即位，庆应三年五月，开兵库港。十月，德川庆喜上表奉还政权。十二月，复七卿及毛利氏官爵，废摄关、议奏、传奏、守护职、所司代，新置总裁、议定、参与三职，颁告全国，亲裁万机。庆喜潜入大阪城，容保、定敬等从之。诏禁容保、定敬入京，召庆喜，不至。庆喜请斥萨藩士参朝政，亦不报。

明治元年正月，庆喜大举侵阙。拜嘉彰亲王为征讨总督，赐锦旗讨之。庆喜败，遁入江户。诏削庆喜以下官爵。先是，土佐侯山内丰信上书庆喜，曰：“比年以外交酿内乱，纷扰十数年，无他，政出二门也。我中世以还，武门执政久矣。然方今天下大势一变，不可复墨守旧规，宜奉还大政于朝廷，以定万国并立之基业”云云。庆应丁卯冬十月十四日，庆喜大会列藩群臣于二条城，示以请还政权之意，诸将咸失色而退。有萨、土二藩士在坐，力怂恿之，庆喜即决议具奏。优诏报曰：“诸侯赏罚黜陟之权自天子出，其他仍如旧。待加贺以下三十三藩入觐时决之。”时廷议纷纭，德川亲藩多谏朝廷以为不可，而萨、土诸藩促之曰：“天下将定于一，今廷议游移，坐失事机，若王室何！”十五日，遂降旨依奏收还政权。十二月八日，中山忠能、正亲町三条实爱、岩仓具视、德大寺实则，与德川庆胜、庆永、岛津茂久、山内丰信，暨尾、越、萨、土重臣，会议小御所。茂久曰：“朝廷已收还政权，然土地人民不属，有名无实，宜令德川氏割八百万石以充经费。”具视赞成之，出书于袖中，则筹画变革事宜也。丰信曰：“诸侯亦宜割土地人民入贡。”议至彻旦。九日，容保奏辞守护职，与定敬俱入二条城。有诏罢会津、桑名人九门宿卫，即容保、定敬所领国，而代以萨、土、艺诸藩。又废摄政、关白及幕府所设之守护职、所司代诸官，权置总裁、议定、参与三职，以炽仁亲王为总裁，具视、忠能、实爱为议定，萨人小松带刀、土人后藤象次郎为参与。诏曰：“自今以往，大小政令自朝廷出，四方其体之。”于是复三条实美、毛利庆亲等官爵，令来京。毛利氏以兵入京师，实美等踵至。又以实美任议定，长人木户孝允为参与。时德川、毛利事已平而嫌隙未忘，会、桑人亦自疑忌，庆喜亦觖望，意中变，与容保、定敬等议曰：“近日朝旨，非前日比，既许将军依旧任事，而九日小御所之会，我辈乃不得与，必有骗幼主以谋私者。”乃奏请勒兵备不虞，诸藩守阙者亦戒严，屹然相持，人情恟恟。将士或说庆喜曰：“事已至此，坐受箝制，孰与据大阪城扼咽喉以制人？”庆喜颔之，遂留书于朝，于十二日夜南走至大阪，抗疏请清君侧，不省。时朝议欲召庆喜，纳其封五百万石，赐以三百万石为巨藩，以庆喜列议定，令庆胜传旨，促入觐。庆喜奉命而心危之，不敢往。会江户有处士数百潜伏萨摩邸，出劫富商，掠金谷。庆喜因奏陈萨人在东寇掠之状，请黜其藩士之参朝政者，又不省。庆喜下令江户搜捕处士，而东兵遽火萨摩邸。报至大阪，将士聚议曰："事至此，衅端既开，骑虎不得下矣。"明治元年戊辰正月三日，庆喜以兵三万抵伏见、鸟羽，命会、桑人为前驱。诏命萨、长二藩南扼伏水、鸟羽二关，许以便宜从事。是日幕军遣行人请过二关，曰："寡君奉诏入朝，而公等阻之，不得已，则有战耳。"既而东军大至，王师力拒之。战三日，东军败。庆喜、容保、定敬等仓猝航海东去。九日，总督纯仁亲王入大阪。十二日，诏削庆喜以下官爵，大告四方，谕以不可不征之旨。寻拜有栖川炽仁亲王为征东大总督，授锦旗、节刀。令各国使臣毋得援战军、鬻兵器。三月，帝延见英、法、美、兰各国公使。以二条城为太政官，代裁决庶政。帝亲临会公卿诸侯，设五誓：曰万机决于公论；曰上下一心；曰朝幕一途；曰洗旧习从公道；曰求智识于寰宇。誓毕，策问开虾夷议。寻刊行《太政官日志》，幸大坂，观海军。大总督自东海道航海达骏府，陆军自中山道取甲府。海军至品川，庆喜请降，入宽永寺待命。四月，敕使桥本实梁、柳原前光入江户，收其城，宥庆喜死一等，屏居水户。庆喜、容保等之东也，臣属惊骇，有建议者曰："为今之计，当藉外国力以靖内变；不则拥轮王寺法亲王以令天下，是或东照公贻我子孙者。"盖谓德川家光请以亲王为东睿山座主，后沿为例者也。议不决，幕臣日夜谋拒守，或欲扼函关，或欲由海路袭大坂。而庆喜一意主恭顺，手书禁诸臣曰："慎勿抗官军。抗官军犹剚刃于吾腹也。"遂出城居宽永寺僧舍，命家臣胜安房、大久保一翁留镇抚。既而官军海陆大至，胜安房出见参谋西乡隆盛，具陈庆喜恭顺状，请弭征师。隆盛征谢罪表上之督府，督府下令止战，移兵入江户戍之。及敕使至，庆喜遂移居水户，麾下诸队欲从者数千人，庆喜尽挥去，仅以十队行。**德川遗党横行房总之间，官军讨平之；大总督入江户。闰四月，官军击总野贼。五月，讨据东台贼，关东悉平。**自庆喜归顺，德川氏遗臣旧部往往脱走，结队联党，纠合亡命，所在骚扰。其扼甲斐者，以古屋作左为首，后败遁信浓，走会津。其在总野间者，以大鸟圭介为首，与官军战于小山；于宇都宫，圭介等亦败走会津。其在江户者，聚于宽永寺，拥轮王寺亲王公现据东台，称守祖庙，擎东照公旗帜。官军大攻，破之，公现亦投会津。而其据函根者，亦败走奥羽。于是关东八州略定，下诏收录德川氏臣属，由是归顺者多。**关东监察使三条实美抵江户，宣敕召德成绍将军后，赐骏远、奥羽七十万石。讨会总督九条道孝、泽为量等帅萨、长、筑兵赴奥羽，时仙台、米泽及其他十余藩，连盟于白石，以拒官军。诏削伊达庆邦等官爵。六月，官军入越后。七月，改称江户曰东京；官军围若松城。九月，容保出降，仙台、米泽、南部、庄内皆降。**初，容保遁归，寻就国会津，虑不免，又遣使仙台、米泽乞申救。二藩不答。朝廷亦敕仙台藩伊达庆邦、米泽藩上杉齐宪会讨。既而容保乞哀，因二藩为请。二藩连盟乞赦其罪，并传檄召奥羽诸藩会于岩沼，总督道孝欲许之，参谋世良修藏不许，议令纳城池，缴兵器，然后树降旗，且责二藩通会之罪。二藩怒曰："督将纳言，而参谋阻之，是挟朝威以攻私仇也。"遂斩世良，传檄诸藩。于是奥羽连衡援救会津，同谋者十有七藩，物情恟恟。报至，遂削庆邦、齐宪等官爵。官军诸道进攻，自五月至七月始围若松城。若松城四面险阻，不能运巨炮，萃全国兵，环攻孤城，匝月仅乃克之。城中老稚妇女，往往负竹竿、挥薙刀出战。城破，骈耦偕死，不少挠屈，盖误以为与萨、长争战也。既而知总督为亲王，始有降意。寻米泽先归顺，容保父子出降，而仙台、南部、庄内等藩皆降，奥羽悉平。十月，车驾幸东京。先是，榎本武扬挟八军舰脱走，至是入虾夷，夺函馆，明年五月讨平之。初，德川氏遣榎本武扬学操船术于和兰，业成而归。及朝廷收江户城，并收军舰，榎本等哀诉，乃赐之八艘。兵队脱走者，榎本等潜与通谋，后闻奥羽连衡，相议日率此坚舰横行海上以援陆军，天下事尚可为也。明治元年八月，遂藉口镇抚，由品川脱走，朝廷拟以海盗，令各港禁与粮食，告各国公使勿与接。会大鸟圭介等由仙台败遁，率兵队往投，势益张。十月，遂夺据函馆，告诸国贸易如旧。用美国公推例，以武扬为总裁，设官置戍。寻托英、佛船将上书，曰："德川遗臣过三十万人，非七十万石所能养，是皆二百余年所涵育，虽填沟壑，不能与工商伍。臣哀其间关流离，辄率之移住虾夷，从事开拓。臣等固三千一心，然不可无主，敢请举虾夷地赐之旧主，以德川氏一人为之总领。臣等必效死致力，变榛芜为富庶，并以固朝廷北门锁钥。"朝议以其上书无状，布告全国，征诸道兵海陆并进。至明年五月，榎本等军舰或遭飓，或触石，或为官船击碎，尽沉没，困守五稜郭。官军遣人招之降，曰："惜哉！铁石丈夫，今徒瓦裂耳。"榎本等卒不愿，相约屠腹死。惟介使者赠其所译《万国海律全书》于参谋黑田清隆。参谋赠以酒，又遣人说谕榎本等，乃议就刑以宥众死，遂降。初，朝廷闻函馆变，庆喜请自往讨，及是东北悉平。德川臣属无复抗王师者，众论亦颇谅庆喜之心云。其后武扬、圭介皆赦罪进官。十二月，分陆奥为五国，出羽为二国。车驾还幸京师。是岁始造纸币。

二年正月，罢警跸喝道仪。二月，置集议院，征诸藩士为

议员，撤诸道关，废磔、焙二刑，许发印新闻纸。三月，置待诏院。车驾再幸东京，遂迁都。先是，明治元年，大久保利通疏称，西京本一山城，形势不便，请迁都大坂。既而改江户称京，至是遂定都焉。利通又上疏曰："我中世以还，天子深居九重，民之视君尊如帝天，君之视臣贱如奴隶。至将军窃政，犹作威作福，妄自尊大，卒之君臣乖隔，离德离心，效已可睹矣。夫普天率土，莫非王臣，此而以帝号自娱，以示天无二日之尊，犹之可也。今天下万国正不知几人称帝，几人称王，乃盛仪卫饰边幅，与井底蛙何异？又何以联情谊而使指臂耶？诚欲合全国君臣上下为一心，必自天子降尊始。自今以往，请尽去拜跪俯仰之仪，一以简易质实为主。国有大事，与众同议，我天皇必亲临，太政官而取决焉。政府诸臣，每日必见面，每月必会食，俾人人亲君而爱上，庶国势可兴。"云云。维新以后，废旧仪，改新法，一切政教大旨皆基于此。**五月，东北悉平。建招魂社祭战死者，赏丁卯以来战功；设电信机；置弹正台；废征士称；立府藩县一致之制，以旧藩主充知藩事，赐岁入十一；废公卿诸侯之称，概为华族，其臣隶为士族。**幕府虽废，而二三强藩争握政权，虽非众建诸侯之旧，转成群雄割据之势，汹汹扰扰，势且大乱。当道者谓必收一切政权归于中朝，乃足以纾国用而张国势。以奥羽未定，虽有密议，未敢宣泄也。及东北悉平，木户孝允始倡言幕府前给藩地称为朱印文凭者，应作废纸，概以土地民人之权还之朝廷。商于长藩，藩主喜，以告大久保，遂拟试行于萨、长二藩。而土佐、肥前亦赞成其议。二年正月，四藩遂连名上表，闻者群起而效之。而廷议以关系大，广询于众，犹未敢决，及是乃听其请，改藩主二百七十六名为藩知事，名府藩县合一之制，就各藩租入之数，以十分一给之，为世禄。**七月，改置官省，设官位二十阶，分敕、奏、**

判任三等。东京、京都、大坂三府外，尽改为县，改虾夷为北海道，分十二国。九月，诏赏复古功臣三十四人，赐禄有差。十二月，废中下大夫、上士等称，悉为士族；废禄制，给廪米。时高知藩知事山内丰信建言："废士族制禄，更给禄券，请先试行于藩内。"诏听所请。后十二月，遂定皇族华族禄制，收其采地，别给廪米。

三年正月，定诸旗章。九月，许齐民称姓氏。十二月，收诸国寺社领地，定亲王赐姓制，颁新律纲领。

四年二月，征萨、长、土三国兵为亲兵。幕府既覆，萨、长、土三藩之士渐次登用，肥前侯锅岛直正亦率藩士尽力王室，当时有萨、长、肥、土之称。而朝臣欲专揽大权，复古制，及府藩县之制下，内乱虽渐定，而诸藩以世禄官人，渐萌不平。参议仅大久保一人为萨人，萨人以功多，亦觖望，萨士横山疏论时政，至屠腹以死谏。既而撤屯戍，萨兵悉罢归，物情益愤惧。于是萨、长、土三藩再议，联合岩仓大纳言，大久保、木户二参议，特赴萨、长密商，并至肥计画。既而萨士西乡隆盛、土人板垣退助皆入京，复征三藩兵十七队卫京师，更以西乡、木户、板垣、大隈为参议，大久保为大藏卿。故家世族，束之高阁，居要路者，多新进平民，益奋袂攘臂，以图事功，而维新之规模益拓矣。使华族悉隶东京，以汽器制金银币。三月，定武官礼式，用军服。四月，许庶人乘马，遣外务卿伊达宗城于我大清定条规。五月，遣参议副岛种臣于俄罗斯议桦太疆界。七月，废藩为县，帝亲谕藩知事，罢其职。敕萨、长、肥、土四藩知事，赏奉还版籍之建议者。先是，尾、肥、阿、因四藩知事上郡县议，帝嘉纳之，故有是命。废诸官省，改太政官官制。八月，定官制等级，分官等为十五，置太政大臣、左右大臣、参议三职，列诸省长官上。许华族平民相婚嫁，废秽多非人称，令国民任便散发脱刀。十月，敕右大臣岩仓具视为大使，参议木户孝允、大藏卿大久保利通等为副使，聘问欧米各国。定府县官制，改知县事名县令，府曰知府事。十一月，颁县治条例及事务章程。

五年三月，废亲兵，置近卫兵，颁敕奏官犯罪条例。四月，禁典卖土地于外国人，置教导职，颁教宪三条，许僧侣食肉娶妻。五月，车驾西巡。六月，设邮便局。七月，定学制，分学区。八月，置裁判所，创银行。九月，作铁道，自东京至横滨。十月，禁卖买人口，解放娼妓。十一月，诏废太阴历，颁行太阳历。寻颁征兵令。六年一月，改置镇台营所，广置公园。废五节，以纪元节、以神武即位之日为纪元节，二月十一日也。天长节帝生日，十一月三日也。为祝日。二月，改正父祖被殴律，禁复仇。三月，诏许与外人婚。帝断发，皇太后、皇后亦革薙眉涅齿旧习。遣外务卿副岛种臣于我大清。六月，颁撮影御容于府县。七月，定耕地税，征地价，颁布坑法。九月，大使岩仓具视等还。十月，参议西乡隆盛、副岛种臣等罢。先是，遣使朝鲜，朝鲜守旧制，摈国书，其答书亦不逊，于是征韩议大兴。既而岩仓、木户等自欧洲还，抗执不可，隆盛遽谢病归，种臣及参议后藤象次郎、板垣退助、江藤新平相踵辞职去，一国哗然。后有贼刺伤岩仓于途，堕马几死。讯因征韩议不行，谓出右大臣主持，故除之以动庙议云。十二月，税华士族禄，许士族以下奉还禄赏。课家禄税、官禄税以充海陆军费。又设家禄赏典还纳之法，其自请还纳者，给以六年全额。

七年一月，前参议副岛种臣等连署上表，请起民撰议院。谓仿泰西制，立议院，撰地方民人之贤者俾议政事，以分官权也。其时大学头加藤弘之投书驳论，以为民智未开，计时未可。后两议聚讼哓哓，争哄日盛一日。二月，肥前贼起，讨平之。初，新平以征韩议不合，归，怏怏不乐。佐贺士族之失志无聊者，推为党魁。有岛义勇者，解职居东京，托镇抚为名归国。归则煽动党人，劫豪户，掠军赀。二月二日，遂举兵逼县厅。县吏皆本县士族，多党贼者。电机报警，东京戒严，遣大久保利通等镇之。未至，贼陷佐贺城，乃诏以嘉彰亲王为征西都督，发东京、大坂、广岛镇台兵讨之；岛津久光亦西下备变。既而，官军四面蹙攻，新平等遁去，旋捕新平于土佐、义勇于萨摩，枭斩之。三月，设女子师范学校。陆军中将西乡从道将兵征台湾生番。六月，设北海道屯田兵制。七月，赐百官避暑暇，颁印税规则。八月，诏参议大久保利通使我大清论台湾事，遂议和撤兵。十一月，许士族还纳百石以上家禄，赏典禄。

八年一月，大久保利通、伊藤博文、木户孝允、板垣退助、井上馨等会议于大阪。木户参议等从欧米归，益尚西法，专欲养国力以图进步，以攻击征韩讨蕃之故，朝端如水火。既而木户归山口，板垣归高知，政党纷纭，益形乖午。井上馨忧之，竭力调和，于八年一月，约木户、板垣、大久保、伊藤会商于大坂，密定将来施政方法。于是木户、板垣复任参议，世谓之大坂会议。盖立宪政体之诏，实胚胎于此云。二月，课烟草税、车马税、酒曲税。四月，废左右院，置元老院、大审院，敕建立宪政体。敕曰："朕即位之初，首会群臣，以五事誓神明，定国是。幸赖祖宗之灵，群臣之力，致今日小康。顾中兴日浅，未臻上理，朕乃扩充誓文之意，更设元老院，以定立法之源；置大审院，以巩司法之权；又召集地方官，以通民情，图公益，渐建立宪政体，欲与汝众庶俱赖其庆。汝等其体朕意。"九年九月，敕有栖川亲王曰："朕今欲本我国体，斟酌海外各国成法，汝其条列以闻，朕亲裁之。"立宪政体，盖谓仿泰西制设立国法，使官民上下，分权立限，同受治于法律中也。六月，始开地方官议会。以参议木户孝允为议长。帝率文武百官亲临，许华士族官吏及平民傍听。凡会议之法，议长先条举议问及议草，令书记官诵之，而后各员发论问答，陈其所见。议长从其可否，多寡决之。颁谗谤律、新闻条例。七月，议定全国民会公选法。十月，左大臣岛津久光罢职。初，朝廷有立法、行政分为二权之论。既设元老院，置法制局，专主立法，势既渐分，而板垣以极论参议兼任各卿之弊。太政大臣三条等欲俟朝鲜炮击军舰事定再议。左大臣岛津久光，守旧党也，转力赞板垣之说，亟欲施行。于是内阁互相弹劾，复怀疏入宫，取决于国皇。国皇从三条言，岛津、板垣即退职。人情汹汹，大臣参议出入各增警卫。都下流言，或曰当讨萨，或曰当征长。自大坂会议不过数月，忽生龃龉，木户参议慨然太息，谓国是不定，国步益艰，明年遂辞职，更任为内阁顾问。板垣既归，遂倡民权自由之说，居林下十数年，众推为党魁云。十一月，割桦太全岛与俄罗斯以换千岛。

九年一月，诏参议黑田清隆、议官井上馨使于朝鲜，定修好条规。四月，定官吏惩戒例。五月，朝鲜修信使来。六月，车驾行幸奥羽，定道路等级，颁地方官任期例。九月，改府县裁判所，置地方裁判所。十月，熊本山口贼起，讨平之。初，熊本县士族大野铁平等倡尊攘说，称神风党。及废刀薙发令下，悲愤，谋作乱，遂袭镇台及县令宅。山口县前原一诚等又据萩作乱。一诚为戊辰功臣，官至参议，以议不合辞职，至是弄兵。诏褫其位，寻捕斩之；熊本乱亦平。自变法以来，明治三年，有长州奇兵队以藩厅处置不公作乱。四年，华族外山爱岩结久留米、柳川等藩士，仍倡攘夷论，意欲清君侧之恶，以保祖宗旧制。其他因改历，因改地租，因征兵令中有收血税字，因防疫法命亲族不得依病人，苦朝政苛酷，竹枪席旗，蜂起骚扰，所在而有，均次第讨平之。

十年一月，诏减地租六分之一。诏曰："朕惟维新日浅，中外多事，国用实不赀，犹悯兆民疾苦。曩改正旧税法，以地价百分之三为公租，使无偏重。今又察稼穑艰难，深念休养之道，更减税额为百分之二分五厘。有司宜省啬而用，以体朕意。"于是减诸官，省费用。**减诸省定额金，改正诸省府县官等。车驾幸京都。二月，幸大和。三月，西乡隆盛、桐野利秋等作乱鹿儿岛，发军征讨，至八月乃平**。隆盛既辞职，与陆军少将篠原国干、桐野利秋偕归其乡，设私学校，驱阖国壮士皆就学。与县令大山纲良谋，派校士为各区长，一县翕然应之。先是，陆军遣船移鹿儿岛仓库弹药，校徒群起掠之。会警部中原尚雄巡察县属，私学徒闻之，缚尚雄等，附之县吏，拷掠百端，诬以受政府长官旨刺杀隆盛。爰书已具，乃宣告曰："陆军大将西乡隆盛有讯问政府之事，首途东上，孰愿从者？"众皆荷铳麇至。二月十五日，士族会者一万五千人，分为六军，遂发鹿儿岛。十八日，移檄熊本县及镇台，令其速降。少将谷干城焚街市，布地雷火力，守熊本城。后贼徒卒不能过熊本一步。警闻达京，诏暴其罪，并褫西乡等官爵。以有栖川亲王为征讨大总督，陆军卿山县有朋、海军大辅川村纯义为参谋，以近卫兵及各镇兵讨之。遣军舰十巡备西海，别遣敕使柳原前光由海道至鹿儿岛，恳谕岛津氏父子，令镇抚旧属。官军诸道进攻，贼抵死力拒，然卒不支，至九月遁归鹿儿岛。二十四日，西乡以下皆战没。是役也，全国骚然，士民桀黠失志者云集，多响应，贼又多百战健卒，故能以一隅之力抗全国之军。然官军以电报飞递军舰征调，巨炮弹丸储积丰富，贼皆乌有，故能制贼死命。当破鬼岳时，得贼簿记，有高知县士族通谋状，乃饬县逮捕，派兵扼险，一县大噪，然不及动兵。至明年案结。隆盛为维新元勋，与木户孝允、大久保利通称为三杰，负重望，得民心。及其没也，西南有彗星，国人尚名之为“西乡星”云。

十一年正月，我大清钦差出使大臣何如璋等来驻东京。五月，盗刺参议大久保利通。以其变法专制故也。凶徒石川县士岛田一郎，既就缚，犹自鸣得意曰：“吾为国除害矣。”先是，明治二年，参与横井平四郎为十津川乡士所要杀，横井盖尝主张革命论者。兵部大辅大村益次郎亦遭刺杀，凶徒怀书自首，乃责其练习西洋兵法云。**八月，车驾巡狩北陆诸国。十一月，还幸。嗣后巡幸诸国，间岁辄举行，以为常典。是年，复开地方官会议。**以参议伊藤博文为议长。先是，府县改置后，井上大藏大辅召集地方官以议民政，为地方官会议之始。自副岛种臣等请建议院，政府欲以地方官会议为议院始基，稍变官吏专制之治，藉以塞民权自由之口。而民权家乃谓官吏为朝廷所授，非人民公选不足以代议。所召集各官，又自谓代民公议，不愿受官省抑制，上书于太政官，乞裁抑议长之权。议长滋不悦，既定期开议矣，忽饬令散会。至八年始开议。议中有拟设民会一事，议员不听民选，姑以区户长为代，民权家益鸣不平。是岁再开议，议定郡区町村编制之法、府县会规则、地方税规则。此三法仍由政府核定。租税分为二款：归国用者，名国税；在地方用者，名地方税。府县会议员则由民人公选云。**而地方绅民结党立会以论时政者，所在蜂起。**中如高知县有三大党：曰立志、曰静俭、曰中立。立志主张民权，推板垣为首；静俭仍主封建之政；中立则两不偏倚。西乡事起，板垣难调和诸党，戒党人毋躁。而立志社遣片冈健吉上疏极论朝政，既而健吉等竟谋反。事觉，皆禁锢。其后立志社长又与诸县士结立爱国社，在大坂聚会，听者甚众。其他政党不可胜数。**官民争权，屡兴讼狱。**先是，酒田县民苦县令虐政，控诉于朝。政府遣松平亲怀检其事，松平辄系县民百余人于狱。县人又遣森藤右卫门叩阍上告，朝廷再命司法省判事儿岛惟谦鞫究其实。至十一年，判决令官偿民款六万三千余元，处松平以罪，惩役一年。又横滨有高岛嘉右卫门所设玻璃街灯，区户长以人民公款购买之。众诉其专断。裁判所既断决，众不服，又上诉于东京上等裁判，高岛乃请以公款还众，以求解讼。十二年案始结。旧幕府时，并无律令，刑罚轻重，一任藩主上下其手。至是，始有民人控官之案，权利所关，众属耳目。事定后，民权之说益盛。**至十一、十二年间，各府县联名上书请开国会者，多至数万人**。德川氏季年，举国纷纷倡尊王以攘夷之论。逮王室既尊，幕府既覆，诸藩瓦解不足自立，事权扰攘，未知所归。谓归之国皇，自非命世英主、崛起中兴者不能；谓归之朝臣，则西京旧族，第因人成事，威德又不足服众；谓归之二三强藩，则尊王之论本于攘夷。既马关败绩，鹿岛受创，确知夷不可攘，所以号召群策者，既失其挟持之具，苟但图富贵、据权势如旧将军之所为，则德川氏二百余年之恩泽，二百余藩之羽翼，断不甘俯首听命。故下之奉版籍以还朝权，势也；上之废阀阅而擢功能，亦势也。维新之始，收拾人心，既有万机决于公论之诏，士民之杰出者执此以为口实，争欲分朝权以伸民气，促开国会，势也；而政权所属，上不能专制于朝廷，次不能委寄于臣隶，又不得不采泰西上下议院之法，以渐变君民共主之局，又势也。封建之世，权不可合，合则乱生，建诸侯而少其力，贾生之所以策汉也，德川家康收其效矣；列国之世，权不可分，分则削弱，五单于争立，匈奴之所以服汉也，木户孝允、大久保利通等知其意矣。假如德川氏之季，政出多门，此和彼战，议论未定，敌已渡河，仍复相忍为国，因循泄沓，惮于改革，恐日本已非己有矣。故夫日本今日之兴，始仆幕府，终立国会，固天时人事，相生相激，相摩相荡，而后成此局也。然而二三豪杰遭时之变，因势利导，奋勉图功，卒能定国是而固国本，其贤智有足多矣。

外史氏曰：余既编《国统志》，于皇统绝续之交，霸府兴废之故，国家治乱之由，复择其要详之小注。综其变故之大者，有四事焉，今汇叙于篇末：

一在外戚擅权，移太政于关白。天智时，内大臣镰足有功王室，赐姓藤原氏。其子不比等，文武、圣武两帝皆纳其女。孝谦，其外孙女也，不比等始为太政大臣。其后，自光仁以至崇德二十七世，非藤原氏出者，独光仁、桓武、仁明、宇多、后三条五帝耳。不比等四世孙良房纳女于文德，生清和。文德欲立长子惟乔，而惮良房不敢立。清和即位，良房始摄政。其子基经废阳成，立光孝，始立关白之号，谓万机先关白之也。基经二子时平、忠平。忠平摄政于朱雀时，与其子实赖、师辅并列三公，于是有天庆之乱。冷泉二弟为平、守平，村上欲立为平为冷泉储贰，而实赖等以非藤原氏出，阻之，而立守平，于是有安和之变。师辅三子，曰伊尹、兼通、兼家。兼家三子，曰道隆、道兼、道长，皆兄弟争政。伊尹女生华山，兼家女生一条，兼家乃使道兼赚华山逊位于一条。其后三帝，皆道长女所出。道长二子赖通、教通，相继执政。赖通生师实，师实生忠实，忠实疏其长子忠通而爱其少子赖长，于是有保元之乱。其后忠通子孙更执朝政，于源平之际，至于一姓分为五派，更为摄、关，然其势衰微，不足道矣。当其盛时，皇后、太子非藤原氏出，即藤原氏出，非摄、关女，均不得辄立。即勉强树立，而宣立后之诏，拜东宫之官，盈廷诸臣至无一人敢执其事者。阳成废而退院，华山赚而为僧，举朝悚息，莫敢异议，而其由旁支入继大统者，辄涕泣感恩，谓非大臣力不得立，事无大小，先告关白。偶因一语不合，则以退要君，必优诏慰谕，强起视事而后已。盖历代之君，专昵其闺帏燕好之私，内有所制，外有所惮，而诸藤妃嫔操奁镜，执巾栉，遂夺大政，而移之外家矣。虽有一二刚明之主，冀收大权而申独断，然积重之势不可挽回，盖非一朝一夕之故，所由来渐矣。极藤原氏之横，贿赂遍于朝廷，田园遍于通国，而诸国吏治废弛，盗贼蜂起，所在武人横行肆扰。当是时，源、平二氏数镇东边，每用武人以奏功效，因袭之久，既如君臣，诸国武士，半其隶属。宝龟中议汰冗兵，百姓堪弓马者，专习武艺，以应征调。至贞观、延喜之后，百度弛废，上下隔绝。奥羽、关东之豪民，辄坐制乡曲，藏甲畜马，自称武士。而自藤原氏执政，官多世职，将帅之任，每委之源、平二家，于是所在武士，分属源、平；源、平用之若其臣隶。而诸藤原氏犹未之悟也，方且以门阀相高，以格例为政，鄙视武士，不列齿数，虽立战功，吝而不赏。然一遇有事，仍委之源、平二氏，二氏各发隶属赴之，如探物于囊，莫不立办。诸藤利其便也，又且延为爪牙，倾排异己，乃至父子兄弟争执朝权，于劫一朱器台盘，亦令调兵相助。忠实长子忠通，次子赖长。忠通方为摄政，忠实欲令让于赖长，请之法皇，不可。忠实怒曰："摄政，朝廷所授，氏长者，吾所与。"乃令左卫门尉源为义遣兵入忠通第，夺传家重器朱器台盘，以授赖长。逮乎保元之乱，则上皇倚源氏，朝廷倚平氏，互相争斗。平氏仆而源氏起，大权复移于将门矣。嗟夫！上至圣武，下迄源、平，藤氏之执朝权者，凡二十余人，历四百余载，虽未有新莽、曹操其人敢于僭窃者，而骄纵奢逸，召祸酿乱，终举其千岁不拔之基授之于向所奴隶之武人，而藤原氏亦与王室俱衰共颓，仅存空名，不亦哀哉！

一在将门擅权，变郡县为封建。上古国郡置造长，奉方职者，百四十有四，犹封建也。孝德时，废国造，置国司，任国守者六十有六，犹变封建为郡县也。于是郡县七道治以守介，而在朝之官有田、有食封、多者不过三千户。有功田。有大功者始许世袭。自相门执权，封户日多，各国庄园居其十八，守介所治一二而已。故国司常不赴任，举其地方豪族武人以自代。源赖朝兴，国司置守护，田园置地头，督赋税、备寇贼，武人任职遍六十州，总其权于帅府，封建之势始矣。北条氏因其旧制，守护之任，犹得考课，易置如古之国司，然往往因袭，传之子孙，渐成封建之势。建武中兴，以新田、足利诸族有灭北条氏功，思以土地收人心，概以一姓连跨数州，名虽守护，实则封建。足利氏叛，乃夺诸氏所有予子弟功臣，令其世袭。士马出于斯，刍粮出于斯，争战出于斯，封建之势成矣。足利氏之初，务以大封啖将士，迨所志已遂，而雄藩尾大，势不可制。及其衰也，内臣构难，外国党援，狼吞虎噬，反以自毙。织田氏起于陪臣，一时部将多属英杰，攻略所得，辄以分赏。其志盖欲尽锄故国取而代之也。丰臣氏继兴，见织田氏所志甚难而功不克成，于是又变一法焉。兵威所加，但求降服，苟能归附，即还故封。虽蟠踞八九州者，亦因而抚之，不少杀削。以故一时群雄咸俯首听命，然而身没未几，海内分崩。盖日本封建之事，足利氏未享其利，而先承其弊；织田氏欲去积世之弊，而未及图其利。丰臣氏苟贪一日之利，而未能祛其弊。至德川氏，而封建之局乃一成而不变焉。德川氏之盛时，诸侯凡二百六十余国。既分封土地，得众建力少之意，复广植子弟，为强干弱枝之谋，而又据其险要，操扼吭拊背之势，令诸侯筑邸第，质妻孥于江户，间岁则会同于东，使诸侯恋于室家，疲于道路，有所牵制而不敢逞。以故父老子弟不见兵革，世臣宿将习为歌舞，弦酒之欢溢于街巷，欢虞酣嬉，二百余载，可谓盛矣。夫源氏种之，织田氏耕之，丰臣氏耘之，至德川氏而收其利。柳子厚曰："封建之势，天也，非人也。"岂其然乎？抑非德川氏之智勇，不克收此效乎？然如岛津之萨摩，毛利之长门，锅岛之肥前，始于足利、织、丰之间，袭于德川之世，族大宠多、兵强地广，他日之亡关东而覆幕府，又基于此。斯又人事之所不及料者矣。

一在处士横议，变封建为郡县。自将军主政六七百载，王室之危甚于赘旒，北条、足利二世最为悖逆，然卒未有躬僭贼而干大统者。盖既已居其实，不必争其名，且存之则我得挟以驱人，废之则人将挟以谋我。此或奸雄窃贼操术之工者，而王室一线之延，正赖以不坠，得以成今日中兴之业。当将军主政时，尊之曰幕府，曰霸朝，甚则称国主，称大君，称国王。足利义满称臣于明，受封曰日本王，义满后又赠太上皇号。德川家宣与朝鲜国书，自称曰日本国王。而自将军以下，大夫臣士，士臣皂隶，皂隶臣舆台，各分其采邑，以养家族。举国之食租衣税者，臣将军之臣，民将军之民久矣，夫不复知有王室矣。德川氏兴，投戈讲艺，文治蒸蒸，亲藩源光国始编《大日本史》，立将军传、家臣传，以隐寓斥武门、尊王室之意。又以为伯夷者，非周武而忠殷室者也。因躬行让国，慨然慕其为人，为之立祠于家。光国又尝表章楠正成之墓曰："呜呼！忠臣楠子之墓。"其后，山县昌贞、高山正之、蒲生君平，或佯狂涕泣，或微言刺讥，皆以尊王之意鼓煽人心。昌贞，号柳庄，甲斐人。尝著《柳子》十三篇，以拟《孙子》。首篇曰《正名》，谓"名不正则言不顺。今以神圣大统之所属，亿兆瞻仰之所归，屈于一武人，名之不正孰甚焉！"后与竹内武部聚徒讲武，有上变者告其考究江户、甲斐两城要害，举动非常，卒坐是伏诛。

正之，字仲绳，上野人，慷慨多奇节，有泣癖，语王室式微则泣，闻边防有警则泣，访南朝蒙尘诸将殉难之迹则泣，谭孝子节妇忠臣义仆之事则泣。每入京师，必先至二条桥，遥望阙稽首曰：“草莽臣正之昧死再拜。”后西游，自刃于久留米旅寓。君平，名秀实，下野人。尝作《今书》，论赋役之弊；作《山陵志》，以寓尊王；作《不恤纬》，以寓攘夷。路过东寺，见足利尊氏像，大声数其罪，鞭之数百乃去。上书幕府。有司以非布衣所宜言，议处之重法，有解之者乃免。君平自此号默默斋，不复言事。既而源松苗作《国史略》，赖襄作《日本政记》、《日本外史》，崇王黜霸，名分益张。而此数君子者，肖子贤孙，门生属吏，张皇其说，继续而起。盖当幕府盛时，而尊王之义浸淫渐渍于人心，固已久矣。外舶纷扰，幕议主和，诸国处士乘间而发，幕府方且厉其威棱，大索严锢，而人心益愤，士气益张，伏萧斧、触密网者，不可胜数。前者骈戮，后者耦起，慨然欲伸攘夷尊王之说于天下，至于一往不顾，视死如归，何其烈也！迨幕府愈治愈棼，威力日绌，萨、长、肥、土诸藩群起而承其敝，而诸国处士又潜结公卿，密连大藩，以倾幕府。逮乎锦旗东指，幕臣乞降，而中兴功臣之受赏，由下士而跻穹官者，相望于册，又可谓巧矣。故论幕府之亡，实亡于处士。德川氏修文偃霸，列侯门族，生长深宫，类骨缓肉，柔弱如妇女，即其为藩士者，亦皆顾身家、重禄俸，惴惴然惟失职之是惧。独浮浪处士，涉书史，有志气，而退顾身家，浮寄孤悬，无足顾惜。于是奋然一决，与幕府为敌，徇节烈者于此，求富贵者于此，而幕府遂亡矣。前此之攘夷，意不在攘夷，在倾幕府也；后此之尊王，意不在尊王，在覆幕府也。嗟夫！德川氏以诗书之泽，销兵戈之气，而其末流祸患，乃以《春秋》尊王攘夷之说而亡，是何异逢蒙学射，反关弓而射羿乎？然而北条、足利、织田、丰臣诸氏，皆国亡而族灭，独德川氏奉还政权以后，犹分田授禄，赏延于世，而东照之宫、日光之庙，朝廷犹岁时遣币以祀其先，斯又诸士之所以报德川氏者也。若夫高山蒲生诸子，明治初年下诏褒赠，赏其首功，烈士之灵，九京含笑，亦可以少慰也夫！

一在庶人议政，倡国主为共和。尊王之说自下倡之，国会之端自上启之，势实相因而至相逼而成也。何也？欲亡幕府，务顺人心，既亡幕府，恐诸藩有为德川氏之续者，又务结民心，故国皇五誓，首曰万机决于公论。论者曰：此一时权宜之策，适授民以议政之柄而不可夺。数年以来，叩阍求请促开国会者，纷然竞起，又有甚于前日尊王之说。余尝求其故焉。盖自封建以后，尊卑之分，上下悬绝。其列于平民者，不得与藩士通婚嫁，不得骑马，不得衣丝，不得佩刀剑，而苛赋重敛，公七民三，富商豪农，别有借派；间或罹罪，并无颁行一定之律，畸轻畸重，惟刑吏之意。小民任其鱼肉，含冤茹苦，无可控诉。或越分而上请，疏奏未上，刀锯旋加，瞻仰君门，如天如神，穷高极远，盖积威所劫，上之于下，压制极矣。此郁极而必伸者，势也。维新以来，悉从西法，更定租税，用西法以取民膏矣；下令征兵，用西法以收血税矣；编制刑律，用西法以禁民非矣；设立学校，用西法以启民智矣。独于泰西最重之国会，则迟迟未行，曰国体不同也，曰民智未开也，论非不是，而民已有所不愿矣。今日令甲，明日令乙，苟有不便于民，则间执民口曰西法西法；小民亦取其最便于己者，促开国会亦曰西法西法。此牵连而并及者，亦势也。重以外商剥削、士民穷困、显官失职之怨望，新闻演说之动摇，是以万口同声，叩阍上请，而不能少缓也。为守旧之说者曰：以国家二千余载，一姓相承之统绪，苟创为共和，不知将置主上于何地，此一说也。

为调停之说者曰：天生民而立之君，使司牧之，非为一人，苟专为一人，有兴必有废，有得必有失，正唯分其权于举国之臣民，君上垂拱仰成，乃可为万世不坠之业，此又一说也。十年以来，朝野上下之二说者，纷纭各执，即主开国会之说，为迟为速，彼此互争；或英或德，又彼此互争，喧哗嚣竞，哓哓未已。而朝廷之下诏，已以渐建立宪政体许之民，论其究竟，不敢知矣。

卷四　邻交志一

华　夏

考地球各国，若英吉利，若法兰西，皆有全国总名，独中国无之。西北各藩称曰汉，东南诸岛称曰唐，日本亦曰唐，或曰南京，南京谓明。此沿袭一代之称，不足以概历代也。印度人称曰震旦，或曰支那，日本亦称曰支那，英吉利人称曰差那，法兰西人称曰差能。此又他国重译之音，并非我国本有之名也。近世对外人称，每曰中华。东西人颇讥弹之，谓环球万国，各自居中，且华我夷人，不无自尊卑人之意。余则谓天下万国，声名文物，莫中国先。欧人名为亚细亚，译义为朝，谓如朝日之始升也。其时环中国而居者，多蛮夷戎狄，未足以称邻国。中国之云，本以对中国之荒服边徼言之，因袭日久，施之于今日，外国亦无足怪。观孟子舜东夷、文王西夷之言，知夷非贬辞，亦可知华非必尊辞矣。余考我国古来一统，故无国名。国名者，对邻国之言也。然征之经籍，凡对他族，则曰华夏。《传》曰："夷不乱华。"又曰："诸夏亲昵。"我之禹域九州，实以华夏之称为最古。印度、日本、英、法所称，虽为华为夏不可知，要其音近此二字，故今以华夏名篇，而仍以秦、汉、魏、晋一代之国号，分记其事云。

外史氏曰：余闻之西人，欧洲之兴也，正以诸国鼎峙，各不相让。艺术以相摩而善，武备以相竞而强，物产以有无相通，得以尽地利而夺人巧。自法国十字军起，合纵连横，邻交日盛，而国势日强，比之罗马一统时，其进步不可以道里计云。其意盖谓交邻之有大益也。余因思中国，瓜分豆剖，干戈云扰，莫甚于战国七雄。而其时德行若孟、荀，刑名若申、韩，纵横若苏、张，道德若庄、列，异端若杨、墨，农若李悝，工若公输，医若扁鹊，商若计研、范蠡，治水若郑白、韩国，兵法若司马、孙、吴，辩说若衍、龙，文词若屈、宋，人材之盛，均为后来专家之祖。一统贵守成，列国务进取。守成贵自保，进取务自强，此列国之所由盛乎！特其时玉帛少而兵戎多，故未见交邻之益耳。日本之为国，独立大海中，于地球万国，均不相邻，宜其闭门自守，民至老死不相往来矣。然而入其国，问其俗，无一事不资之外人者。中古以还，瞻仰中华，出聘之车，冠盖络绎。上自天时地理、官制兵备，暨乎典章制度、语言文字，至于饮食居处之细，玩好游戏之微，无一不取法于大唐。近世以来，结交欧美，公使之馆，衡宇相望，亦上自天时地理、官制兵备，暨乎典章制度、语言文字，至于饮食居处之细，玩好游戏之微，无一不取法于泰西。当其趋而东也，举国之人趋而东；及其趋而西也，举国之人又趋而西。乃至目营心醉，口讲指画，争出其所储金帛以购远物，而于己国之所有，弃之如遗，不复齿数，可谓骛外也已。由前之弊，论者每病其过于繁缛，失则文弱；由后之弊，论者又病其过于华靡，失则奢荡。交邻果有大益乎？抑天下之事，利百者弊十，势必有相因而至者乎？然以余所闻，日本一岛国耳，自通使隋唐，礼仪文物居然大备，因有礼义君子之名。近世贤豪，志高意广，竞事外交，骎骎乎进开明之域，与诸大争衡。向使闭关谢绝，至今仍一洪荒草昧未开之国耳，则信乎交邻之果有大益也。抑日本自将军主政七百余年，一旦太阿倒持之柄拱手而归之于上，要其尊王之说，即本于攘夷之论。攘夷之论所由兴，即始于美舰俄舶迭来劫盟时也。则其内国之盛衰，亦与外交相维系云。作《邻交志》，上篇曰“华夏”，附以“朝鲜”、“琉球”为外篇，下篇曰“泰西”。

日本之遣使于我，盖以崇神时为始云。其时使驿通于汉者三十余国，《山海经》称南倭北倭属于燕境，《史记·封禅书》云齐威、宣王、燕昭王皆尝使人入海，至三神山，见所谓仙人不死之药。渤海东渡，后遂不绝，似即今日本地。然彼国尚未通往来也。至《论衡》云周初天下太平，越裳献白雉，倭人贡鬯草。未知何据。又《云笈七签》谓“日本有腾黄神兽，寿二千岁，黄帝得而乘之，以周旋六合”，日本《神皇政纪》谓“孝灵时，就秦求三皇五帝之书，始皇送之”，尤为神仙家诞言。惟徐福东渡之后已及百年，崇神立国始有规模。而其时武帝灭朝鲜，声教远暨，使驿遂通，事理可信，故今以正史为断。后委奴国王遣使奉贡朝贺于汉，使人自称大夫。光武帝赐以印绶。日本天明四年，筑前那珂郡人掘地得一石室，上覆巨石，下以小石为柱，中有金印一，蛇纽方寸，文曰“汉委奴国王”，余尝于博览会中亲见之。日本学者皆曰那珂郡古为怡土县。日本《仲哀纪》所谓伊都县主，即《魏志》所谓伊都国是也。上古国造百三十余国，其在九州者分十九国，在四海者分为十国。《汉书·地理志》：“倭人分为百余国。”《三国志》：“倭人旧邑百余国。汉时有朝见者，今使驿所通三十国。”二书所谓百余国，与《国造本纪》相符。所谓三十国，盖指九州四海之地，地在日本西南海滨，距朝鲜最近。此委奴国，意必古伊都县主，或国造

之所为，并非王室之所遣。其曰“委奴”，译音无定字云。余因考《魏志》云：“到伊都国，世有王，皆统属女王国，郡使往来常所驻。”《后汉书》云：“委奴国，倭国之极南界也。”又云：“其大倭王居邪马台国。”邪马台，即大和之译音。崇神时盖已都于大和矣，谓委奴国非其王室，此语不诬，特识于此。又于安帝时，遣使献生口百六十人，愿请见。神功皇后四十七年，遣大夫难升米等诣带方郡，求诣天子朝献，太守刘夏遣吏将送诣京都。魏明帝诏书报倭女王曰：“制诏亲魏倭王卑弥呼：带方太守刘夏遣使送汝大夫难升米、次使都市牛利，奉汝所献男生口四人、女生口六人、班布二匹二丈以到。汝所在逾远，乃遣使贡献，是汝之忠孝，我甚哀汝。今以汝为亲魏倭王，假金银紫绶，装封付带方太守假授汝。其抚绥种人，勉为孝顺。汝来使难升米、牛利涉远，道路勤劳，今以难升米为率善中郎将，牛利为率善校尉，假银印青绶，引见劳赐遣还。今以绛地交龙锦五匹、绛地绉粟罽十张、蒨绛五十匹、绀青五十匹，答汝所献贡直。又特赐汝绀地句文锦三匹、细班华罽五张、白绢五十匹、金八两、五尺刀二口、铜镜百枚、真珠、铅丹各五十斤，皆装封付难升米、牛利，还到录受。悉可以示汝国中人，使知国家哀汝，故郑重赐汝好物也。”魏齐王芳又命太守弓遵，遣建中校尉梯隽等奉诏书印绶诣倭国，拜假倭王，并赍诏赐金、帛、锦、罽、刀、镜、采物。倭王因使上表，答谢诏书恩。倭王旋复遣使大夫伊声耆、掖邪狗等八人，上献生口、倭锦、绛青缣、绵衣、帛布、丹木、䄄、短刀矢。掖邪狗等壹拜率善中郎将印绶。诏赐难升米黄幢，付郡假授。带方太守王颀到官。倭女王卑弥呼与狗奴国男王卑弥弓呼素不和，遣倭载斯、乌越等诣郡，说相攻击状。乃遣塞曹椽史张政等，因赍黄幢、诏书，拜假难升米为檄告谕之。其后遣掖邪狗等二十人送政等还，因诣台，献上男女生口三十人、贡白珠五千、孔青大句珠二枚、异文杂锦二十四。旋又遣使入贡于晋。应神帝之初，得《论语》、《千文》于百济王仁。四十一年庚午，复遣阿知使主、都贺使主于吴二人汉孝灵皇帝之后也，魏受禅后避乱至倭。考庚午即西晋永嘉四年，其曰吴者，意当时就吴地求之也。此事载日本《应神本纪》。求织缝女，抵高丽，高丽乃副久礼波、久礼志二人为向导，及得工女还，帝已崩，乃献之大鷦鷯皇子，即仁德帝。仁德五十八年，高丽人导吴人至。反正时，遣使朝贡于晋。允恭时，倭王遣使朝贡。宋武皇帝诏曰："倭赞万里修贡，远诚宜甄，可赐除授。"赞又遣司马曹达奉表献方物。倭王珍又遣使贡献于宋，自称使持节、都督倭、百济、新罗、任那、秦韩、慕韩六国诸军事、安东大将军、倭国王。表求除正。宋文皇帝诏除安东将军、倭国王。珍又求除正倭洧等十三人平西征虏冠军、辅国将军号，诏并听。倭国王济又遣使奉献，复以为安东将军、倭国王，旋加使持节、都督倭、新罗、任那、加罗、秦韩、慕韩六国诸军事，安东将军如故；并除以上二十三人军郡。雄略帝六年，倭王兴遣使贡献于宋。孝武帝诏曰："倭王世子兴，奕世载忠，作藩外海，禀化宁境，恭修贡职。新嗣边业，宜授爵号，可安东将军、倭国王。"八年，遣使身狭青、桧隈博德于吴。十四年，身狭青、桧隈博德再奉命往吴，因得吴织、汉织并缝女姊妹四工女而还。雄略十五年，秦公酒奏言："臣族流亡散逐，十无二三，请赐检括鸠集。"帝为命小子部雷以隼人检括，获一万八千六百七十人，命酒统领。养蚕，蚕大蕃息，帝赐姓禹豆麻佐，谓有补益也。初，秦人弓月以应神帝十四年自百济来，自言是始皇帝后，弓月祖即公子扶苏。扶苏得罪，其子阴率徒属渡辽，君其地。至弓月，为旁邻侵掠，属于百济，后遂率阖部来。《日本书纪》、《姓名录》皆书为王，迨孙普洞，赐姓波陀，美其制茧之功也。至是分为二秦：一曰秦，一曰太秦。帝诏书秦建宝库于宫旁，名曰朝仓宫，始置库司，以酒为长。十六年，诏检汉部，置伴造，赐姓直。应神时，阿知都贺率其族党来，即汉直之先也。至钦明帝元年，颁诸秦诸汉于郡国编贯，秦户溢至七千，以大藏椽某为伴造。又据《姓氏录》，有文氏、桑原氏、丰冈氏，并出于汉高祖。桧前村主、下日佐，并出于汉齐王肥，吉水连出于汉盖宽饶，下村主出于汉光武，松野连出于吴王夫差。可知汉人来日本者甚众，尔后蕃膴不知其几何矣。二十二年，倭王武自称使持节、都督倭、百济、新罗、任那、加罗、秦韩、慕韩六国诸军事、安东大将军、倭国王。遣使上表于宋顺皇帝曰："封国偏远，作藩于外。自昔祖祢，躬擐甲胄，跋涉山川，不遑宁处。东征毛人五十五国，西服众夷六十六国，渡平海北九十五国，王道融泰，拓土遐畿，累叶朝宗，不愆于岁。臣虽下愚，忝胤先绪，驱率所统，归崇天极，道径百济，装治船舫。而句骊无道，图欲见吞，掠抄边隶，虔刘不已，每致稽滞，以失良风。虽曰进路，或通或否。臣亡考济，实忿寇仇，壅塞天路，控弦百万，义声感激，方欲大举，奄丧父兄，使垂成之功，不获一篑。居在谅闇，不动甲兵，是以偃息，未捷至今。欲练甲治兵，申父兄之志，义士虎贲，文武效功，白刃交前，亦所不顾。若以帝德覆载，摧此强敌，克靖方难，无替前功。窃自假开府仪同三司，其余咸假授，以劝忠节。"顺皇帝诏除武使持节、都督倭、新罗、任那、加罗、秦韩、慕韩六国诸军事、安东大将军、倭王。及齐高皇帝，进新除使持节、都督倭、新罗、任那、加罗、秦韩、慕韩六国诸军事、安东大将军、倭王武，号镇东大将军。梁武皇帝进武号征东将军。源光国作《大日本史》，青山延光作《纪事本末》，皆谓通使实始于隋，而于《魏志》、《汉书》所叙朝贡封拜，概置而弗道。余揣其意，盖因推古以降，稍习文学，略识国体，观于世子草书，自称天皇，表仁争礼，不宣帝诏，其不肯屈膝称臣，始于是时。断自隋唐，所以著其不臣也。彼谓推古以前，国家并未遣使，汉史所述，殆出于九州国造、任那守帅之所为。余考委奴国印出于国造，是则然矣。《魏志》、《汉书》所谓女王卑弥呼以神道惑众，非神功皇后而谁？武帝灭朝鲜，而此通倭使，神功攻新罗，而彼受魏诏，其因高丽为向导，情事确凿，无可疑者。神功既已上表贡物，岂容遽停使节？且自应神以还，求缝织于吴，求《论语》、《千文》、佛像、经典于百济，岂有上国朝廷，反吝一介往来之理？宋顺帝时，倭王上表，称东征毛人五十五国，西服众夷六十六国，渡平海北九十五国，谓有国造守帅，能为此语者乎？惟《宋》、《齐》、《梁》诸书，所云倭王赞、珍、济、兴、武，考之倭史，名字年代皆不相符。然日本于推古时始用甲子，始有纪载，东西辽远，年代舛异，译音展转，名字乖午，此之不同，亦无足怪。要之，列史纪述，溢于简册，苟非伪造，不容妄删。今节录其事，仍称倭王，不系之帝，以志疑也。至彼国一偏之辞，未敢辄信焉。日本人每讳言臣我，而中土好自夸大，辄视如属国。余谓中古之时，人文草昧，礼制简质。其时瞻仰中华，如在天上，慕汉大受封，固事之常，此不必讳也。隋唐通使，往多来少，中国虽未尝待以邻礼，而新、旧《唐书》不载一表，其不愿称臣称藩以小朝廷自处，已可想见。盖已窃号自娱，几几乎有两帝并立之势矣。五代以后，通使遂稀。而自元兵遇飓，倭寇扰边以来，虽足利义满称臣于明，树碑镇国，赐服封王，而不知乃其将军，实为窃号。神宗之封秀吉，至于裂冠毁冕，掷书于地，此又奚足夸也。史家旧习，尊己侮人，索虏岛夷，互相嘲骂。中国列日本于《东夷传》，日本史亦列隋唐为《元蕃传》；中国称为倭王，彼亦书隋主、唐主，譬之乡邻交骂，于事何益？今此篇谨遵条约睦邻、国书称帝之意，参采中国、日本诸书，纪事务实，不为偏袒；曰皇曰帝，亦不贬损，所以破儒者拘墟之见，祛文人浮夸之习也。

推古十五年，遣使于隋，先是，遣使诣隋，令所司访其风俗。使者言倭王以天为兄，以日为弟；天未明时出听政，跏趺坐，日出便停理务，云委我弟。高祖曰："此大无义理。"于是训令改之。以大礼小野妹子为大使，鞍作福利为通事，上书曰"日出处天子致书日没处天子，无恙"云云。炀帝览之不悦，谓鸿胪卿曰："蛮夷书有无礼者，勿复以闻。"先是，世子厩户奉佛尤谨。自谓衡山僧惠思是其前身。此行也，命妹子登衡山施僧，求《法华经》。使者至，曰："闻海西菩萨天子重兴佛教，故遣朝拜，兼沙门数十人来学佛法。"时称妹子曰苏因高。即妹子二字译音。炀帝旋遣鸿胪寺掌客斐世清报使，苏因高从而还。及至难波，帝遣难波雄成《隋书》作小德阿辈台，译音也。造新馆于高丽馆上，以船三十艘、数百人，设仪仗，鸣鼓角迎之。以中臣麻吕、一作宫地乌麿。太河内糠手等为掌客。后十日，又遣额田部比罗夫《隋书》作大礼哥多毗，译音也。帅骑七十余迎之海石榴市，双骑引导至阙。是日帝临轩，世清进国书信物，亲王、诸王、文武百官皆绅冕立仗。国书曰："皇帝问倭皇，使人大礼苏因高等至，具怀。朕钦承宝命，临御区宇，思弘德化，覃被含灵，爱育之情，无隔遐迩。知皇介居海表，抚宁民庶，境内安乐，风俗融和，深气至诚，远修朝贡，丹款之美，朕有嘉焉。稍暄比如常也。故遣鸿胪寺掌客斐世清，指宣往意，并送物如别。"帝语清曰："我闻海西有大隋礼义之国，故遣朝贡。我僻在海隅，不闻礼义，是以稽留境内，不即相见。今故清道饰馆，以待大使，冀闻大国维新之化。”清答曰：“皇帝德并二仪，泽流四海，以王慕化，故遣行人来此宣谕。”乃飨清于朝。既而引就馆。帝问世子曰：“书辞如何？”曰：“天子赐诸侯书式也。然曰皇曰帝，其义一矣，宜答书报之。”其后清遣人告曰：“朝命既达，请即戒途。”于是设飨以遣清，复以妹子为大使，雄成为小使，鞍作福利为通事，送之还。学生倭汉福因、奈罗译语惠明、高向玄理、新汉大国，学生新汉日文、南渊清安、志贺惠隐等从之。世子亲草答书曰：“东天皇敬白西皇帝：使人鸿胪寺掌客斐世清等至，久忆方解。季秋薄冷，尊候何如？想清愈，此即如常。今遣大礼苏因高、乎那利乎那利，即雄成译音。等往。不具。”十七年，小野妹子还自隋，唯福利留而不还。二十二年，遣犬上御田锹、矢田部造使于隋。二十三年，御田锹等还。三十一年，学生惠济、惠光，医惠日、福因等，从新罗使还自唐，奏曰：“唐，礼仪之国也，宜常相聘问。学生在唐者，皆已成器，愿召还之。”舒明帝二年，遣大仁犬上御田锹、大仁药师惠日使于唐。唐太宗皇帝矜其远，诏有司毋拘岁贡。四年，御田锹等还，唐使新州刺史高表仁《新唐书》作仁表，《旧书》作表仁。《日本书纪》亦作表仁，今从之。偕至，学僧灵云、僧日文等从而还。表仁抵难波，遣大伴马养以船三十艘、旌旗鼓角，迎诸川嘴。难波小槻、大河内矢伏莅难波，赍神酒。是后外国使至，必赐神酒，见《延喜式》。表仁至都，与争礼不平，不肯宣天子命。五年，表仁还，遣吉士雄麻吕等送至对马。十二年，学生惠隐、清安，学生高向玄理，从新罗使还自唐。孝德白雉四年，发两遣唐使，分乘两船：一船以小山上吉士长丹为大使，小乙上吉士驹副之，学生巨势药、冰老人，学僧道严、道昭等从之，以宝原御田为送使；一船以大山下高田根麻吕为大使，小乙上埽守小麻吕副之，学僧道福等从，以土师八手为送使，船各百二十人。根麻吕船至萨摩竹岛，一作多枺岛。遭风飘没，仅门部金等五人抱木得不死。长丹船至唐，献虎魄大如斗、玛瑙若五升器，高宗皇帝抚慰之。五年，再遣小锦下河边麻吕为大使，大山下药师惠日为副使，大乙上书麻吕为判官，大锦上高向玄理为押使，分乘两船，取道新罗，经莱州，达长安，献方物。高宗赐玺书，令出兵援新罗。玄理寻卒，吉士长丹等还。帝嘉其多得图书珍宝，授少华下位，封二百户，赐姓吴氏。齐明帝元年，河边麻吕还自唐。四年，敕僧知通、智达等往唐，学法于唐僧玄奘。五年，遣小锦下坂合部石布、大山下津守吉祥使于唐，并携虾夷男女二口，石布船漂至南海夷岛，众为所杀，唯坂合部稻积等五人，夺夷船，逃至括州。吉祥船至越州，入朝高宗皇帝于东京。高宗问虾夷种类、地名甚悉。虾夷，须长四尺许，珥箭于首，善射，令人载瓠立数十步外，射悉中。因献弓箭、白鹿皮等物。天智帝甲子岁，时齐明已崩，天智素服摄事，未即位。唐百济镇将刘仁轨遣朝散大夫郭务悰等抵对马。令内臣中臣镰足遣沙门智祥劳赐，复飨之而送归焉。丙寅岁，仁轨又遣朝散大夫、沂州司马、上柱国刘德高等来，帝命飨赐德高等。使大友皇子见之，令小锦守大石、小山坂合部石积等送还。丁卯岁，仁轨遣熊津都督府司马法聪等，送石积等于筑紫都督府。法聪归，又遣小山下伊吉博德、大乙下笠诸石护送之。天智帝二年，遣河内鲸于百济府，贺唐平高丽。四年，刘仁轨使李守真来，复遣郭务悰帅二千人，驾四十七船，巡视各国，达比智岛，遣僧道久往告对马国司。国司牒报大军府，府驰驿入告。会天智崩，大友遣内小七位阿昙稻敷于筑紫，以丧告悰。悰吊恤尽礼，厚赐甲胄、弓矢、绢、布、绵等，送悰还。天武帝七年，僧定惠、道光还自唐。传宗律，自道光始。十二年，学生土师甥、白猪宝然从新罗还。持统帝元年，始用唐人《元嘉历》，已而更用《仪凤历》。文武帝大宝元年，以粟田朝臣真人为遣唐执节大使，考日本各籍，称守民部尚书粟田真人。盖粟田是其氏，朝臣乃姓，嵯峨帝赐其子姓为源朝臣是也；真人则其名。《唐书》称朝臣真人粟田，误矣。左大辨高桥笠间为大使，右兵卫率阪合部大分为副使，二年至唐，朝见武太后。真人冠进德冠，顶有华花四披，紫袍帛带，进止有容。太后宴之麟德殿，授司膳卿。后二年，还自唐，赐谷一千斛、田二十町，赏其奉使绝域也。余进位赐物有差。元正帝灵龟二年，遣使于唐，以从四位下多治比县守为押使，从五位下阿部安麻吕为大使，正六位下藤原马养副之。大判官一人，少判官二人，录事、少录事各二人。从八位上阿部仲麻吕、从八位下吉备真备，选为留学生。既而，以大伴山守代安麻吕使之。未发也，先令祀神祇于盖山之南，赐县守节刀。后二年，县守等还自唐。入觐，着唐帝所赐朝服。大和国造大和长冈素好刑名之学，从县守往，质问疑义，多所发明。及归，而言法律者，皆就质焉。六年，有唐人王元仲造飞船进之帝。帝嘉纳之，授从五位职。天平四年，以多治比广成为遣唐大使，从五位中臣名代副之，判官、录事各四人，未发，遣近江、丹波、播磨、备中监造四船。是后遣使以四船为率。先是，简择使臣，皆难其人。石上乙麻吕才学颖秀，为众所推，遂拜大使。寻复易广成。广成授节刀，明年乃至唐。又明年归，发苏州，会风作，四船漂散，广成船至越州候风，逾年乃至。广成在唐，易姓曰丹墀，子孙遂称丹墀氏。其还也，学生真备、僧玄昉等从之。真备在唐请从诸儒授经，诏四门助教赵玄默即鸿胪寺为师，献大幅布为贽，悉赏物贸书以归。《新唐书》叙此事，谓开元初粟田复朝云云。考“真备”二字，日本音同真人，故误以为武后时来朝之粟田真人也。今从日本改正。真备献《唐礼》一百三十卷、《大衍历经》一卷、《乐书要录》十卷、测影铁尺一枝、铜律管一部。及纮缠漆角弓、马上饮水漆角弓、露面漆四节角弓、射甲箭、平射箭等物。玄昉亦献佛像及经论章疏五十余卷。时有唐人袁晋卿，年十九，善声学，习《尔雅》、《文选》，从广成来。圣武令与来使等奏唐、新罗乐，擢为音博士，遂由元蕃头升大学头。八年，中臣名代还自唐。初，名代船漂至南海，艰难辛苦，仅得复至。唐明皇帝悯之，敕书遣还，曰："敕日本国王主明乐美衔德：《新唐书》作王明乐，当从《文苑英华》作主。《文苑英华》作美御德，当从《新唐书》作衔。主明乐、美衔德，即日本"天皇"二字译音。盖当时咨询其名，而使者诡以此对也。彼礼义之国，神灵所扶，沧溟往来，未尝为患，不知去岁何负幽明？丹墀真人广成等入朝东归，初出江口，云雾斗暗，所向迷方，俄遭恶风，诸船飘荡。其后一船在越州界，即真人广成，寻已发归，计当至国。一船飘入南海，即朝臣名代，艰虞备至，性命仅存。名代未发之间，又得广州表奏，朝臣广成等，案：此广成乃判官也。飘至林邑国。既在异国，言语不通，并被劫掠，或杀或卖，言念灾患，所不忍闻。然则林邑诸国，比常朝贡，朕已敕安南都护，令宣敕告示，见在者令其送来，待至之日，当存抚发遣。又一船不知所在，永用疚怀，或已达彼蕃，有来人可具奏。此等灾变，良不可测。卿等忠信，则尔何负神明，而使彼行人罹其凶害。想卿闻此，当用惊嗟。然天壤悠悠，各有命也。中冬甚寒，卿及百姓并平安好，令朝臣名代还，一一口具遣书，指不多及。"十一年，判官平群广成还。初，广成船与诸船相失，漂至昆仑国，船中人多死，惟存广成等四人，得见其酋，给粮安置。后遇钦州熟昆仑至，潜从而还。时阿部仲麻吕留学于唐，为言于朝，给粮遣回。由登州达渤海，途复遇风覆溺，独广成得还。孝谦帝天平胜宝二年，以从四位下藤原清河为大使，从五位下大伴古麻吕副之，判官、主典各四人。先发遣参议左大辨石川年足于伊势大神宫及畿内七道诸社奠币，祷风也。从四位上吉备真备亦拜副使，清河、古麻吕皆给节刀。既至唐，明皇命仲麻吕接伴。及朝，明皇赏其仪容，呼日本曰礼义君子国。令仲麻吕导观府库及三教殿。又命图清河、真备等状貌。春正月朔，唐皇帝受诸蕃使朝贺于含元殿，叙新罗使东班，在大食上；清河等西班，在吐蕃下。仲麻吕以为不宜班之后于新罗也，为之请将军吴怀宝，乃引清河与新罗使易位。及还，明皇赋诗赐之，遣鸿胪卿送至维扬，仲麻吕请与还，明皇因命为使。仲麻吕赋诗，有“衔命将辞国，非才忝侍臣。天中恋明主，海外忆慈亲”等句。其将还也，从明州上舟，夜深月出，仲麻吕作歌，世传为绝唱，《三笠山辞》是也。初，仲麻吕慕华不肯去，易姓名曰朝衡。历左补阙，仪王友，多所该识。在唐五十四年，与王维、李白、包佶、储光羲往来赠答。后擢左散骑常侍、安南都护。大历五年卒，赠潞州大都督。《新唐书》又作仲满。满即麻吕翻音也。与清河同船，帆指奄美岛，不知所之。真备、古麻吕漂益久岛。明年三月乃至，献所赐币，以告先陵。历代使还，皆授位阶。此行更优多至二百二十三人，舵师、厨人皆得与焉。斯时广陵僧鉴真率僧尼优婆塞四十余人，从古麻吕行至萨摩，由难波入都。孝谦方崇信浮屠，遣大纳言藤原仲满迎之河内。安宿王出罗城门迎拜，公卿竞来问法。孝谦卒至舍身。七年，改年为载，从唐制也。废帝天平宝字三年，以从五位下高元度为使，时叙航唐舶从五位下，赐锦冠，一曰播磨，一曰速鸟。迎前使清河归。初，清河与仲麻吕同船，漂至安南，后偕清河还至驩州，复至长安。明皇帝以清河为特进秘书监，更名河清，仲麻吕亦授职。五年，高元度还自唐。元度初至，以乱故，未朝见。肃宗皇帝遣中使敕元度曰："特进秘书监藤原河清当从请遣还，而贼徒未平，道路多阻，元度宜取南路先归复命。"即令中谒者谢时和送至苏州，刺史李岵为造船供给使，越州浦阳府折冲沈惟岳率九人送还。六年，遣参议藤原真光飨惟岳于太宰府。寻以右虎贲卫督、从四位下仲石伴为大使，上总守、从五位上石上宅嗣副之，贡牛角。初，元度之还也，肃宗敕曰："祸乱以来，兵甲凋弊，欲造弓弧，切要牛角，异日还国，卿幸输之。"元度还奏，乃令东海等六道备牛角七千八百，遣上毛广濑等于安艺造船四舶。寻罢石上宅嗣，以左虎贲卫督、从五位上藤原田麻吕代之。发船，从安艺至难波江口，船胶沙而沉。乃减使人，限两船，更令判官、从五位下中臣鹰取为使，给节刀，正六位上高丽广山副之，并送惟岳等还，阻风不能发。寻闻唐安史乱未平，乃令太宰府曰："大唐之乱未已，恐道途多阻，使命难通。惟岳等宜安置供给，如怀土愿归者，宜给船送之。"时除唐人李元环为织部正。唐人来教乐者，后皆授位。李元环叙从五位上，皇甫东朝等并从五位下。既而东朝为雅乐员外助兼花苑司。东朝等，从前使中臣名代来者也。是年，停《仪凤历》，更用《大衍历》。三年，尊先圣孔子为文宣王。初，天宝中，有膳大丘者，随使游国子监，见门题文宣王庙。问之学生程贤，告以今上追尊先圣用王号之故。至是，大丘请用谥号，从之。光仁帝宝龟二年，遣使安艺造遣唐舶四只。六年，以正四位下佐伯今毛人为大使，正五位下大伴益立，从五位下藤原鹰取副之，判官、录事各四人。授录事羽粟翼外从五位下，为准判官。帝御殿，授节刀，命之曰："卿等奉使，言语必和，礼意必笃，毋生嫌隙，毋为诡激。判官以下违者，便宜从事。"乃各赉御服。初，藤原清河留唐，时已卒，赴尚未达，帝赐书曰：“汝奉绝域，久经年序，忠诚远著，消息时闻。故今因使迎之，赐绢一百匹、细布一百端、砂金一百两。汝其努力，随使归朝，相见非远，指不多及。”及使归，清河女从而还。船发至肥前松浦郡，阻风不能前，还博多，请待来岁。寻罢益立，以中左辨小野石根、备中守大神末足代之。八年春，令使者拜神祇于春日山下。行至摄津，今毛人以病引还，令副使持节服紫，假行大使事。抵扬州，海陵观察使陈少游言：“寇乱以后，馆驿凋弊，得中书门下牒，限二十员进京。”石根请加二十三人，许之。九年，朝见代宗皇帝于宣政殿，时上元日也。逾月，复见于迩英殿，燕赏有差。四月，皇帝遣中使赵宝英为押送使。石根辞曰：“海路茫渺，风汛无常，万一颠踬，惧损盛意。”诏仍护行。六月，监使杨光耀送至维扬。秋九月，舣船各出扬子江，候风两月。石根先与第二舶入海，遭飓船坏，舳舻断为二，石根、宝英等六十三人皆溺，主神神官名。时令大宰府职主神一人掌诸祭祀事，盖护行人也。津守国麻吕与押送之判官等五十余人，攀断舻，漂甑岛。判官大伴友继人等四十人，坐舳浮荡六昼夜，漂天草岛。判官韩国源驾第四舶，亦抵甑岛。源盖与判官海上三狩等漂耽罗，三狩为所拘，源独与十余人脱归。此行也，判官小野滋野第三舶人船俱完。十月至肥前橘浦，归报情事，且请接待送使之仪，乃遣左少辨藤原鹰取等迎劳之，命安艺预造送客船二舶。十年，末足等还自唐。夏四月，唐使孙兴进、秦衍期入都。时领客使奏言：“唐使行道，左右建旗，又有带仗，未合旧典。”诏听带仗，不令建旗。又奏称：“昔粟田真人如唐五品舍人衔命迎劳，无拜谢礼。新罗王子则于马上答谢，渤海使乃下马再拜。今唐使将至，遵何典？”朝议听之。遣将军发六位以下子弟八百充骑队，虾夷二十人充仪卫，迎之城门外。入见帝，致国书信物。帝先问天子安，及途次供奉如礼否，慰劳甚至。设飨于朝堂，赠绵三千纯。右大臣大中臣清麻吕又延诸私第。临行，赙赠宝英绢八十匹、绵二百纯，令从五位下布势清直为送客使。十一年，唐使高鹤林至，再飨宴之。案：赵宝英既溺于水，所谓唐使孙兴进、秦衍期皆其僚属，高鹤林亦其僚属，乃别船后至者也。考此事新、旧《书》皆不载，当时仅以中使为押送使耳。日本称有国书，疑事不实。而其随行官属，日本遂以大使之礼待之。盖自高表仁至后，相去百五十年，忽来使节，诧为至荣，故迎劳宴飨，皆有加礼。观于折冲送客，参议设飨，商人至馆，鸿胪供给，况此之在帝左右，口传诏旨者乎！其优待无足怪也。

天应九年，布势清直等还自唐。桓武帝十四年，授诸唐人官阶。护送藤原清河之沈惟岳卒留不归，先改姓清河宿祢，授从五位下。其随行九人，皆进官赐姓。十七年，诏读书一用汉音，毋混吴音。时官有音博士，专正音。吴音之传最久，译人习之。自百济王仁以汉音授经，始有汉音。齐明帝时，百济尼法明来对马，诵《维摩经》以吴音，人争效之。自此吴、汉踳驳，无复分辨。帝善解汉音，能辨清浊，至是定儒书读法专用汉音。二十年，以从四位上藤原葛野麻吕为大使，从五位上石川道益副之，判官、录事各四人，未发。二十一年，又以学少允菅原清公、高阶真人达成等为判官，随使。二十二年春，赐使臣等彩帛，召对赐宴，一依汉仪，亲酌酒，并作歌送之。赐葛野麻吕被三领、衣一袭、黄金二百两，授节刀；道益衣一袭、金百五十两。四月，出难波，遭风破船，有溺死者，葛野麻吕等引还，遣典药头藤原贞嗣等修船。二十三年三月，再饯葛野麻吕等，赐玉杯宝琴。伴少胜雄以善棋充使员，学僧空海亦从。秋七月，发肥前田浦，途遇风，两船漂回。八月，至福州长溪县，观察使阎济美使葛野麻吕等二十三人赴长安。初至长溪，州吏讶其无国书，入船检察。葛野麻吕命空海作书赠观察使，曰："上国之于敝邑，待以上宾，固非与琐琐诸藩比矣。竹符铜契，本防奸伪。诚实无诈，何事文契？敝邑使人已无诈托信物，亦不用玺印，建中以前旧典如此。今以无国书见责，事与昔乖，愿顾邻谊。"云云。据此，则当时使臣皆不赍表文，盖不臣则我所不受，称臣则彼所不甘。而彼国有所需求，不能停使，故为此权宜之策耳。其在中国，列之于新罗、大食之下，未尝待以邻交。而其在日本，遣使则不赍表文，迎客则不居臣礼，以小事大则有之，以臣事君则未也。有唐一代典礼如此。其别船菅原清公等已先至。冬十二月至京，有内使赵忠以飞龙厩细马来迎。葛野因监使刘昂进信物，昂传命慰劳，寻朝德宗皇帝于宣化殿，赐宴赏有差。葛野译名为兴能，《善邻国宝》所谓藤贺能，是兴能、贺能皆葛野二字译音。兴能善书，其纸似茧而泽，人莫能识。考《新唐书》，系此事于德宗建中元年。惟是时日本并无遣使，《新书》误也。二十四年春正月，预朝会班。是月德宗皇帝崩，葛野麻吕等素服举哀。三月二日，顺宗皇帝令内使王国文监送至明州，道益病死。六月，至对马，僧最澄、永忠随还。初，澄在天台国清寺就道邃受台教。又遇龙兴寺顺晓受灌顶密教，期年而还。台教之传，自此始。忠留学二十余年，兼学音律。上其所得《律吕旋宫》、《日月图》各二卷，律管、埙等乐器。秋七月，葛野麻吕上信币，乃分所赐于参议以上及内侍，使臣等皆进秩有差，奠所赐币于先茔。平城帝大同元年，判官高阶真人远成，以学生橘逸势、学僧空海等还。远成在唐二年，除中大夫、试太子中允职。敕曰："日本国使判官正五品上兼行镇西府大监高阶真人远成等，奉其君长之命，趋我会同之礼，越沧溟而万里，献方物于三检所，宜褒奖，并赐班荣，可依前件。”学生橘逸势善隶书，人呼为橘秀才。僧空海，在长安晤青龙寺慧果，深见器重，得密教衣钵。自是密教流行全国。考《唐书》云，橘逸势、空海“愿留肄业，历二十余年，使者高阶真人来，请逸势等俱还。诏可”。今考空海等自到长安及归，仅历二十五月。又所谓高阶真人者，即上文所遣判官高阶真人远成也。《日本纪》又称，空海归于大同元年十月二十日，《上新请来经等目录表》曰：“谨附判官正六位上行太宰大监高阶真人远成奉表以闻。”据此，则与《唐书》请与俱还之语相合，《唐书》盖误月为年也。是岁，奉摄津住吉大神从一位阶，报使船无风难也。二年春，遣使奠所赐彩币于香椎宫、于诸陵、于伊势神宫，分所赐绫锦、香药等于参议已上。嵯峨帝弘仁九年，诏曰：“朝会之礼，常服之制、拜跪之等，不分男女，一准唐仪。但五位以上礼服服色及仪仗之服，并依旧章。”六年，敕植唐茶于畿内、近江、丹波、播磨诸国，每岁贡献。淳和帝天长六年，始令诸国模仿唐制，造龙骨水车，以便灌溉。太政官下符曰：“耕稼之利，水田为最。闻大唐堰渠，皆构龙骨，多收其利，宜仿造以资农作。贫无力者，国司资给之。”仁明帝承和元年，以参议藤原常嗣为大使，弹正少弼小野篁副之，判官四人，录事三人。常嗣，葛野麻吕子也。父子相继为使，时人荣之。篁，妹子五世孙也。一时多选材艺之士，琴棋医卜，各择其能者偕往。以正五位下丹墀贞成为造舶使长官，主税助朝原岛主为次官，左中辨笠仲守、右少辨伴成益为唐使装束司。秋八月，任遣唐录事、准录事、知乘船事各一人以外，从五位下三岛岛继为造舶都匠。二年三月，令太宰府以绵甲一百领、胄一百口、袴四百腰，充使舶不虞之备。十二月，授常嗣正二位，篁正四位。三年春正月，令奉陆奥八沟黄金神封户二烟，以国司祷神，多得砂金，助遣使费故也。二月，为使者祷于北野，令使者奉币贺茂大神社，赐使臣等彩帛赀布有差。夏四月，廷饯使臣，召五位以上各赋诗。帝亲授节刀于常嗣，又亲举酒，赋诗赐之，并赉御衣御被。良技清上作新乐奏之，名曰《清上乐》。复奉币五畿内七道名神为使者祈祷，并赠前使臣学生藤原清河、阿部仲麻吕等八人往而不还者之秩位。遣右近卫中将藤原助于摄津难波慰劳使者，并奠币于诸先陵。秋七月，使臣第一、第二、第四船，皆遭风折还。第三船漂海舵折，众乃坏船作筏，散乘漂岸。八月，召还使臣，留判官、录事各一人修船。四年二月，使臣祀神于爱宕。秋七月启行，仅用三船，第一、第四船漂著壹岐，第二船著值嘉岛，令丰前守、筑前权守等为修舶使。五年，常嗣以第一船穿漏，奏易副使船。篁因常嗣争舟，称病不行，作《西道谣》刺之。事闻，流之隐岐。六月，常嗣等航海，由扬州入长安，考遣唐典礼，此次为最重。因先是航唐者动罹风难，故遍祀海内诸神，遣使下陆常总，升斋主武瓮锤四神位阶。太政官复遣人告新罗，倘有漂船，随宜护送。及漂船折还，第三舶未回，帝大惊愕，敕太宰府遣人值嘉岛，然燎火，备济援。及再往，又命常嗣祭神，于是日停诸廨公务。又诏太宰、筑紫，每国度一人配国分、神宫两寺。又诏诸寺讲读《龙王般若经》，至回帆日止，皆以祷风也。未几，遂停遣唐使。朝见文宗皇帝。摄副使者，判官长岑高名也。六年，常嗣等还。常嗣忧己船不完，借楚州新罗船九艘，道经新罗，中途与诸船相失。九月至，上敕书令奉所赠物于伊势大神宫及诸陵，设三幄于建礼门陈唐物，令内藏寮官人及内侍等交易，名曰“宫市”。十一年，赐学僧圆仁、圆载金。十四年，圆仁自唐还。初圆仁从藤原常嗣入唐，驻维扬开元寺，节度使李德裕善遇之。后归又遭风漂回登州，转入长安，遇青龙寺义真，究台、真两教，又受悉昙学于南竺三藏。悉昙字之传始于仁。大内有灌顶最胜，内供奉法会，亦其所建也。嘉祥二年，始有唐商舶来太宰府。文德帝天安二年，僧圆珍随唐李延孝归。先是，珍偕商人来船漂琉球。时以琉球为鬼国，一船皆怖。会便风抵福建，历温、台，入长安。久之召还，献经论千余卷，藤原良房迎之入都。清和帝贞观二年冬十月，令用唐明皇帝御注《孝经》。先是，孔、郑传注为大学正业，久著令甲。十二月，新修释奠式成，颁之诸道。先是，播磨博士和迩部宅继上言："谨检唐《开元礼》，国子、州县皆有释奠式。我邦有大学式，无国学式，而国忌、祈年诸祭，更用中丁等式，未经颁行。诸国或准大学，或从州学，有用乐者，有不用乐者，礼制不一，都鄙无章。尊道严师，法宜整饰，如在之祭，岂合参差？伏望蒙贶定式，永为盛典。"三年，诏行《长庆宣明历》。初，遣唐录事羽粟翼还，上《宝应五纪历》，曰："唐已改《大衍历》，请用此经。"然当时无习推步者，仍格不行。及是，阴阳头真野麻吕建言："开元以还，已三改历元，今专依旧法，实有差午，请停旧用新。"诏从之。六年秋八月，太宰奏通事张友信如唐未还，而唐商来无定期，请暂留唐僧法惠充译司。许之。七年秋七月，唐商李延孝等六十余人至国都，馆鸿胪，供给如式。八年秋九月，商人张言四十人至。十六年六月，遣伊豫权椽大神已井、丰后介多治比安江等，于唐市香药。唐商崔岌等三十六人来松浦。十八年，唐商杨清等三十人至太宰府。阳成帝元庆元年，商人崔铎等六十三人送多安江等还，令安置出云供给之。学僧智聪与唐人骆汉中俱还。聪请曰："汉中，唐国处士，博综众艺，愿加优恤。"从之。光孝帝仁和元年，敕太宰府禁私市唐货。宇多帝宽平六年，有唐使来聘，考此事，新、旧《唐书》皆不载，日本书惟见于《扶桑略记》，亦无使者姓名。青山延光曰："是时唐乱，使节不通，而商舶来者日多。"此当是商人假冒也。留学僧中瓘托致书于其

太政官，寻归。八月，以参议菅原道真为大使，右少辨纪长谷雄副之。道真请曰："臣谨案僧中瓘去年附商客书，具载唐国凋弊。中瓘虽区区学僧，为圣朝尽诚。代马越鸟，岂非习性？臣伏检旧记，聘使渡海，或不胜任，或没于贼，能达者无几，此中瓘所忧也。臣伏愿以中瓘状遍下公卿，详议可否。此国之大事，不独为一身。"明年遂罢遣唐使。

卷五　邻交志二

华　夏

自遣唐使罢，至朱雀帝承平五年，吴越王钱元瓘遣使蒋承勋来，馈羊数头。其明年，承勋又至，左大臣藤原忠平附之赠书。村上帝天历元年，吴越王钱俶又遣蒋承勋致书于左大臣藤原实赖。实赖答书。有“南翔北向，难附寒温于秋鸿；东出西流，只寄瞻望于晓月”之语。七年，吴越又遣蒋承勋致书右大臣藤原师辅。师辅报书有云：“人臣之道，交不出境，锦绮珍货，奈国宪何？”杨亿《谈苑》云：“吴越钱氏多因海舶通信，《天台智者教》五百卷，有录而多阙。贾人言日本有之。钱俶寓书于其国王，送黄金五百两求写其本，尽得之”云云。据此则当时实附海舶通信，此蒋承勋频年屡至，亦系贾人，非专使也。然商务大通，唐物麇聚，特设唐物使一官驻于筑紫，以检查真赝。初，唐舶货至，皆特遣中使检点录上。《延喜新式》，太宰府上奏客至，乃遣藏人先检查货物，而后更遣出纳司辨给价值，府官仍以上奏。醍醐帝时，又禁贾估之不由官司私相交易者。有商人以孔雀至，醍醐献之法皇，亲点货物。而彼此高僧云游往来者日众。华山帝永观二年，学僧奝然至宋，朝见太宗皇帝，上《职员令》、《年代纪》及郑氏注《孝经》一卷，赐紫衣。居四载，召还。一条帝长保四年，僧寂照上表请航宋。至宋，朝见真宗皇帝。诏询风土民物甚悉，赐号圆通大师，并紫方袍，后卒不归。杨亿《谈苑》称："寂昭愿游天台，诏令县道续食。三司使丁谓为言姑苏山水之奇，寂昭因留止吴门寺，以黑金水瓶寄谓，谓分月俸给之。有国王弟与寂昭书，称'野人若愚'。"又左大臣藤原道长书略云："胡马犹向北风，上人莫忘东日。"又治部卿源从英求唐经史及内、外经，书末云："生为两乡之身，死会一佛之土。"三书皆二王之迹云。后三条帝延久元年，僧成寻随宋商孙忠如宋，朝见神宗皇帝，上银香炉、白琉璃等物。给紫衣方袍，馆兴国寺。至白河法皇时，成寻自宋上表，并有金字《法华经》及锦段杂货，称宋朝所赐。帝诏公卿议酬品。或曰和琴可，或曰宜金银，或曰宜蚌珠。议不决，乃召宋商孙忠问之。承历元年，因宋商孙忠馈绢二百匹、汞五千两于宋，明州以其贡礼异诸国，请自移牒报而答其物。二年，孙忠赍牒至，牒书"赐日本国太宰府令藤原经平"。时廷臣会议遗宋物品，以锦唐黄为定式。四年，孙忠又赍明州牒至，牒曰"宋国明州牒日本国"，廷议亦报之牒。时通好久绝，而比年忽有书信，廷臣初疑其诈冒，议不报。后卒令大江匡房草报牒还之。鸟羽帝元永元年，宋商孙俊明、郑清等赍牒至，略曰："矧尔东夷之长，实维日本之邦，人崇谦逊之风，地富珍奇之产。曩修方贡，归顺明时。隔阔弥年，久缺来王之义；遭逢熙旦，宜敦事大之诚。"云云。帝下百官议，卒不报。式部大辅菅原在良议曰："推古天皇十六年，隋炀帝书曰'皇帝问倭皇'。天智天皇十年，大唐郭务悰来聘，书曰'大唐帝敬问日本天皇'。天武天皇元年，郭务悰来书，函题曰'大唐皇帝敬问倭王'。又大唐皇帝敕日本国卫尉寺少卿大分，书曰'皇帝敬致书于日本国王'。古式如此。"云云。考郭务悰乃刘仁轨所遣使，当时以系私使，不令入京，而此云有国书，疑事失实。高仓帝承安三年，宋明州刺史又致牒书，朝议欲却之，时法皇执不可，卒赠报书，附以彩革砂金。宋淳熙间，日本商民遭风至明州，诏给口食。又有行乞于临安者，诏守臣给送明州，候舶送还。其后凡遇难民，靡不赀遣。而中国商之飘至日本者，亦多资救护。后鸟羽帝建久二年，僧荣西还宋，又赍茶种及菩提还。荣西两至天台，多赍释书而归。其后二十年，又有僧俊芿还，获律经章疏暨儒书凡二千余卷而归国。顺德帝建保二年，宋陈和卿至镰仓。时源实朝为将军，和卿善造佛像，引之见，实朝大喜，遂定航宋之意；后以船不适用而止。四条帝仁治二年，荣西弟子圆尔还自宋。后数年，宋僧道隆复自蜀至，将军北条时赖延礼之，屡往参禅，为之建寺。时又有僧得陶法而归。自荣西倡禅宗，京师有圆尔、镰仓有道隆，其宗日炽，遂蔓延全国。又有僧道元者，亦尝至天童，又受曹洞宗，及归，亦为时赖所重，大行其教。其徒道莲得瓷陶法而还，日本瓷器遂行天下。后嵯峨帝建长六年，时赖令筑紫诸司地头曰："顷岁，宋舶猥进港口，货物阑出。自今之后，限以五艘，过则毁之。"有宋一代，聘使虽罕，而缁流估客来往日密，频年上书献物，非由僧侣，即出商人之手。维时将军秉政，朝野悉崇佛教，而商人亦常滋事端。后冷泉时，宋商尝扰太宰府，放火毁廨。后世货舶之限，盖自此始。

后[①]龟山帝文永五年，元世祖皇帝以黑迪、殷弘为国信使，持书命高丽王王植向导。迪等望海未渡，植先遣其臣潘阜赍书致太宰府。时北条时宗奉惟康亲王为将军执政权，得书上之。书曰："朕惟小国之君，境土相接，尚务讲信修睦。况我祖宗，

① 李按：此"后"字为衍文。后龟山在位为1375—1392年，明洪武时期。龟山文永五年为1268年。文永十一年南宋未亡，元兵亦无攻日之事。

受天明命，奄有区夏，遐方异域，畏威怀德者，不可悉数。高丽，朕东藩也。日本密迩高丽，开国以来，时修职贡，独至朕躬，从无一介之使以通和好，尚恐王国知之未审，故特遣使布告朕心。圣人以四海为家，不相通问，岂一家之理哉！或至用兵，夫孰所好，王其图之。”高丽王亦致书劝通好，朝野大骇。龟山帝诏参议藤原长成草答书。时宗议不可，令却还，修边防，祷神社，以备有变。潘阜留五月，还白状。元复遣黑迪等至高丽，谕以必得日本，要领为期。植乃遣臣申思佺、潘阜等再来，不达。六年三月，黑迪等至对马岛，请前岁报牒，不答，执岛民二人而还。世祖见之，谓曰：“汝国朝贡久矣。今吾欲汝国来聘，非逼汝也，但欲耀名耳。”秋八月，高丽金有成、高柔等，又奉中书省牒至太宰府，并还俘口，亦不报。七年，元命赵良弼为秘书监，充国信使，发兵送之高丽，屯驻金川，以待良弼还，令高丽给粮食。又遣忻都、史枢等谕高丽曰：“朕通谕日本，不谓其执迷固滞。今将经略，敕有司发卒屯田为进取计，庶免汝国转运之劳，仍先示招怀，卿其知悉。”八年冬，高丽复遣徐称等导良弼至筑前金津岛。津吏望见使舟，举刃相向。良弼登岸宣旨，太宰府环以兵，问来状。良弼以前书不报为不恭，求国书，盛以金柜，外施锁。良弼指之曰：“此书必见汝主始授，不得与他人。”固请之，得副本。书曰：“盖闻王者无外，高丽既为一家，王国实为邻境，故尝驰使修好。疆埸之吏抑而不通。所获二人，已敕有司抚慰，俾赍牒以还，复无所问。继欲通问，属高丽权臣林衍构乱，坐是弗果。岂王亦因是辍不使遣，或已遣而中路梗塞耶？不然，日本素号知礼之国，王之君臣，宁肯漫为弗思之事乎？近已灭林衍，复旧王，安集其民。特令秘书监赵良弼充国信使，持书以往。如即发使，与之偕来。亲仁善邻，国之善事；其或犹豫，以至用兵，夫谁所乐为也？王其审图之！”太宰府致之镰仓，时传闻蒙古强盛，颇怀疑惧。十一月，朝廷修炽光法，祈弭祸，又命藤原公守告难于伊势神宫。十二月，太宰府送良弼于对马。良弼遣书状官张铎先归。九年，张铎率弥四郎等二十余人如元，寻遣还。植复致书，令必通好，亦不报。十年，良弼还元，具陈日本不恭状，并及爵号、州郡、风俗土宜。世祖怒，用兵之意遂决。十一年，元遣凤州经略使忻都、总管洪茶丘等，发舟师万五千人攻日本，高丽以兵五千六百助战役。后更以忽敦为都元帅、洪茶丘为右副元帅，与高丽金方庆等，以蒙古、汉、高丽兵二万三千，战舰九百发合浦。十月五日，拔对马。十四日，转攻壹岐，翌日城陷，遂及肥前沿海郡邑。十九日，入博多。明日，舍舟登岸，骑而进至今津、佐原、百道原、赤阪诸地。还，上舟，会矢将尽。二十日夜，大风雨，多触礁，遂还。是役也，炮弹如球，声如霹雳，土人不知为何物。杀掠所过，得女子，或以绳贯掌，系之于船云。后宇多帝建治元年，元复遣侍郎杜世忠、郎中何文著、计议官撒都鲁丁等致书高丽，使人导之达长门室津，至太宰府。府送之镰仓，北条时宗竟杀之。令修长门、周防、安艺、备后四国海防，省公私冗费，调关左兵戍镇西，以北条实政为筑紫探题节制军务。二年，敕诸僧修炽盛光法，禳兵祸也。北条时宗令山阳南海严戍长门。三年，元建淮东宣慰司于扬州，命沿海官司通日本商舶。既闻世忠等被杀，复决计声讨，立日本行中书省，招集避罪附宋、蒙古、回鹘等军，兼立镇边万户府于金州控制之。弘安二年，元命湖南、扬、赣、泉四省造战舰六百，又命塔纳等如高丽益修战舰。世祖从范文虎议，先遣周福、栾忠致书日本，暂缓师期。周福、栾忠至，又斩之博多。四年，元命日本行省右丞相阿剌罕、右丞范文虎及忻都、茶丘等率兵压境。阿剌罕病，改阿塔海代总军事，高丽亦出师助战。

忻都、茶丘等发合浦，高丽兵偕发；文虎、李庭等发江南。将发，世祖谕文虎等曰：“闻汉人言，取人家国，若尽杀人民，得土何用？汝等其恪体此意。”两军约会于壹岐、平户等岛。五月二十一日，忻都兵先至对马，遂进壹岐。太宰府报急于镰仓，北条时宗议迁二上皇于镰仓，而以兵严卫京师。二皇大骇。元兵攻壹岐，至太宰府。所至人民窜匿，闻小儿啼辄搜捕，至有先杀儿而遁者。六月五日，战于志贺岛，遂进至宗像洋。文虎兵适会泊于能古、志贺二岛。时元兵预期必胜，多携耕器。九国震骇，关东及九国二岛兵皆会太宰府。先是，筑前缘海甃石为垒，高丈余，亘十三里，外面峻削，不可跻攀，内可俯射，上设瞭望，守备甚严。然人人惩文永之役，颇有难色。有草野经长者，夜乘轻舸入舰阵，纵火而还。初，元兵以铁锁联舟为营，外向列弩。日本船小不能敌，袭击者率败死，相约勿离队独进。时河野通有独背堤而阵，率二舟冲入，有所杀伤。斯时日本诸道兵皆会，而元兵之在筑、肥间者，楼船蔽海，炮声震天，诸国汹汹，市无粜米，民有饥色。讹言四兴，忽而曰蒙古由长门径趋京师矣；忽而曰蒙古捣东海矣；忽而曰九国为蒙古所据，闯入北陆矣。朝议迁二上皇于关东，召兵守京。后宇多帝临神祇官亲祷七昼夜；龟山上皇亲诣石清水社默祷达旦，又遣人往伊势神宫亲为祷词，愿以身代国难。而元将多苦航海，议攻议退不辄决，高丽将金方庆力持进攻之说，不听，遂移泊鹰岛。见山影蘸波，疑有暗礁，不敢近岸。会青虬见海中，硫磺气腥臊，怪云走空，盖飓征也。文虎气微馁，择坚舰先走。六月晦日夜，西北风大作，明日益甚。风涛簸掀，系舰自相撞碎，溺死无算，其在鹰岛者犹数千人，推张百户为主帅，方伐木造舟，多为日本所袭捕还杀之。那珂川、文虎、李庭船亦坏，漂著鹰岛，收回残卒十无二三，由高丽还。初，都元帅张禧与文虎、庭同抵肥前，禧即舍舟垒平户，约各舰相距五十步，预避撞击，诸军不之信。逮飓作，禧船独完。及文虎等议还，禧曰："士卒溺死者半，其脱死者皆壮士。曷若因其无回顾心，因粮于敌以进战。"文虎等不从。禧乃分船与之，因得脱去。时平户岛屯兵四千，乏舟。禧曰："我安忍弃之。"遂悉弃舟中所有马匹，以济其还。八月，文虎自高丽归，尚饰败形。无何，败卒于间归，言其情。久之，莫青、吴万五亦逃归，皆江南残卒也。是役也，全军十五万人，归者不能五之一。文虎军十万，归者三人耳。考《元史》称得还者才三人，此盖指文虎所率江南军而言耳。《癸辛杂志》云："全军十五万，归者不能五之一。"此令史李顺所目击者，可以为据。北条时宗仍令严修海防，命九国将士更番戍守。五年，元兵官沈聪等六人由高丽脱归。高丽王睶遣使请以兵舰百五十助元，再入日本。遂命高丽、躭罗及平乐、杨、隆、兴、泉诸州，造大小舰三千艘；除反逆重囚外，悉赦以充军。日本亦以远江守北条时定为镇西奉行，居侄滨，统辖军事；三河守吉见赖行镇石见。六年，世祖复以阿塔海为日本行省右丞相，与撒里帖木儿、刘国杰募兵、峙粮、修舰谋再举。御史中丞崔彧、吏部尚书刘宣、淮西宣慰使昂吉儿，力谏民劳，乞罢兵，世祖不听。适补陀僧如智说曰："彼俗尚佛，臣请以佛理喻之。"乃俾王君治赍书随如智行。八月，过黑水洋，遭风而还。明年，复遣尚书王积翁以如智往。将入境，舟中有怒积翁者，俱谋杀之，卒不得至。是岁，北条时宗死，子左马权头贞时代为执权。八年，元复立征东行省，以阿塔海、刘国杰、陈岩、洪茶丘督其事，调江淮漕粮，募习泛海水工，期明春次第发，会高丽合浦。世祖问良弼，良弼曰："臣居彼岁余，睹其俗狠勇嗜杀，地多山水，少耕桑之利，得其人不可役，得其地不加富。况海风无期，祸害莫测，弗击为便。"日本惟康亲王令北条时定谕镇西将士曰："坚壁严垒，以备不虞，虽有缓急，毋得私赴镰仓。"是岁，元因交阯逆命，廷议先事交阯，遂暂罢日本兵。伏见帝正应四年，民间流言元兵将至，人情汹惧。京师、镰仓诸祠众寺咸行祈禳，十余年来，祈禳盖无虚岁，所费不赀。五年，世祖遣洪君祥如高丽，询用兵日本事宜。王睶乃先遣其臣金有成及郭麟赍书以往，送漂民，劝和好，太宰府留而不遣。永仁元年，帝延僧大内禳厌外患，亲为文以祷，有曰："昔年蒙古奉书还复，以兵要好，兴自文永，及于今日。将士戒严，久累邦家，延及黎庶。加之天灾地旱，宗社不禄，贤哲不登，咸余一人薄德之所致。自今以后，斋宿凝神，敢祈皇神，冀宝祚亡摇，寰宇扩清。"是岁，镇西奉行北条时定死，北条兼时为镇西探题，自是北条氏族更番为探题。正安元年，元成宗皇帝加补陀僧一山号妙慈弘济大师，赍诏来日本。诏略曰："先帝向再遣使，皆不果达。自朕临御，绥怀属国，薄海内外，靡有遐遗，日本之好，宜复通问。补陀僧一山，道行素高，今附商舶，期以必达，朕亦欲成先皇遗意也。至于敦好恤民之事，王其审图之。"太宰府送之镰仓。北条贞时令致之伊豆修禅寺，后延之镰仓，迁住诸寺。后二条帝乾元元年，命太宰府筑石砦于博多海滨，造兵船以严海防。德治元年，商人至元，有献金铠甲者。寻在庆元路放火，府城，在天童有日本僧数十人，亦拘縶之。然于时禁不通商，海舶往来皆奸利小民，元亦悬禁，久之遂流为海寇。其后日本内乱，分南北朝，盗贼竞起，频扰沿海郡县，至明而患益甚。

后村上帝正平二十三年，明太祖皇帝遣行人杨载赍诏书至太宰府。书曰："上帝好生而恶不仁。我中国自辛卯以来，中原扰扰，尔时来寇山东，乘元衰耳。朕本中国旧家，耻前王之辱，师旅扫荡，垂二十年，遂膺正统。间者山东来奏，倭兵数寇海滨，生离人妻子，损害物命，故修书特报，兼谕越海之由。诏书到日，臣则奉表来庭；不则修兵自固。如必为寇，朕当命舟师扬帆，捕绝岛徒，直抵王都，生缚而还，用代天道，以伐不仁。惟王图之。”时日本怀良亲王在太宰府，肥后守菊池武政奉为征西将军，以抗足利氏。书至太宰府，不报。后龟山帝建德元年，明又遣莱州府同知赵秩赍诏招谕。怀良亲王延见之，秩谕以中国威德，而诏书有责其不臣语。怀良曰：“吾国虽鄙远，未尝不慕中国。惟蒙古以小邦视我，欲臣妾之，而使其臣赵姓者訹诳我。既而，水军十万，环列海岸，赖天地之灵，震雷疾风，尽覆其军，自是不通中国。今新天子帝中夏，天使亦赵姓，岂昔蒙古之裔耶？亦将訹以好语而袭我也？”目左右，将刃之。秩不为动，徐曰：“我天子神圣文武，非蒙古比，我亦非蒙古使者后。如不吾信而先杀我，恐尔祸亦不旋踵。且天命所在，人孰能违？我朝以礼怀尔，岂可以蒙古之诳言袭尔者比耶？”于是怀良改容，礼之而归。二年，怀良亲王遣僧祖来等九人，奉表笺称臣贡马及方物，且送还明、台二郡被掠人七十余口。十月抵京，太祖嘉之，宴赉使者。念其俗信佛，亦遣僧祖阐、克勤等八人送使僧还，赍《大统历》及文绮纱罗赐怀良。怀良拘而不遣，遂居筑紫。祖阐在筑紫二年，作书寄延历寺座主某，略曰：“我皇帝凡数命使于日本，关西亲王皆自纳之，然意在见其天皇。今密遣吾二僧来，上宣谕曰：‘王国之民，寇我边疆，商贾不通，宜剿贼修好，以循唐宋故事。’吾持佛戒而为帝者使，即为佛使，幸遵我佛不妄不盗之戒，为通此意。”时日本南北两帝，明使之来，皆止太宰府，不得达命，书中故云。或曰当时盖以怀良为日本王，祖阐居年余，始知其非。临时制词，本非太祖所命。文中二年，将军足利义满召祖阐入都，聚徒演法，人颇敬信。久之，日本僧海寿等随往明。三年，有僧宣闻溪等赍书上明中书省，贡马及方物，称其大臣所遣，太祖以无表，命却之，仍赐其使者遣还。天授元年，征夷将军源义满遣僧中津妙佐于明，大内氏久亦遣僧上表。太祖以无国王命，且不奉正朔，亦却之，而赐其使者，命礼官移牒，责以越分私贡之非；又以频入寇掠，命中书移牒责之。二年，怀良遣僧圭庭用于明，太祖恶其不诚，降诏戒谕，宴赉使者如制。六年，义满遣使于明，赠丞相胡惟庸书，书辞倨慢。太祖却其贡，遣使赍诏谯让。弘和元年，义满又遣使，太祖不受。礼官移书来责王，并责征夷将军，有欲征之意。有“吾奉至尊之命，移文于王。王若纵民为盗，不审其微，井观蠡测，自以为大，无乃构隙之源乎”等语。书不达京师，于是怀良亲王遣僧如瑶上书称臣，而词终不逊。略曰：“臣居远弱之倭，褊小之国，尚且知足。陛下城池数千余，封疆百万里，乃常欲吞灭人国。臣闻天朝有攻战之策，小邦亦有御敌之方。倘陛下选股肱起精锐来侵臣境，臣将扫境内以迎将军，岂肯望马尘而拜乎？顺之未必生，逆之未必死，相逢于贺兰山下，聊以博戏，臣何惧哉！倘君胜臣负，君亦不武；设臣胜君负，不免贻小邦之羞。自古和为上策，幸上国图之。”云云。太祖得书愠甚。先是，胡惟庸谋反，潜遣招倭与期会，未发而败，日本未知也。复遣如瑶来，且献巨烛，中藏火药、刀剑。久而事发，太祖命锢之云南。由是恶日本特甚，著《祖训》，列不庭之国十五，日本与焉。寻命汤和巡视闽、浙沿海诸城，又命和筑濒海城防倭；命江夏侯周德兴于福建滨海四郡筑城练兵以备寇。后小松帝应永八年，准三后源道义时义满让职其子，削发称道义。遣使肥富及僧祖阿于明，上书并献甲、铠、剑、马、纸、髹器、黄金千两，还所掠人口，书称“日本准三后道义上书大明皇帝陛下，诚惶诚恐，顿首顿首。谨言。”九年，明建文皇帝遣僧道彝、一如赍诏书，并班《大统历》、锦绮。九月至，道义处之北山馆。是月，复遣肥富及僧中正上书，略曰："日本国王臣源道义表：臣闻太阳升天，无幽不烛；时雨沾地，无物不滋。矧大圣人明并耀英，恩均天泽；万方向化，四海归仁。钦惟大明皇帝陛下，以尧舜神圣，汤武智勇，启中兴之洪业，当太平之昌期。虽垂旒深居北阙之尊，而皇威远畅东滨之国。是以谨遣使某伏献方物，为此谨具表闻。"明年十月至南京，时成祖既即位，遣使以登极诏谕，又遣左通政赵居任、行人张洪偕僧道成往。将行，肥富等已达宁波，遂称贺即位。成祖厚礼之，遣官偕其使还，赉道义冠服、龟纽金章及锦绮纱罗。诏书略曰："咨汝日本国王源道义，知天之道，达理之几，朕登大宝，即来朝贡，归向之速，有足褒嘉。用锡印章，世守尔服。"十一年，中正等还，赵居任等随至，始传《四书集注》、《诗集传》等书，号为新注，朱子之学遂兴。又以盐粮易永乐钱数百万贯而还。道义延之北山馆。旋遣使贺册立皇太子。时对马、壹岐诸岛贼掠滨海居民，成祖谕捕之。明年十一月，将军义持捕奸凶二十余人献于明，且修贡。成祖遣鸿胪少卿潘赐偕中官王进赐义满九章冕服，及钱钞绵绮加等，而还其所献之人，令其国自治。使者还至宁波，尽置之甑烝杀之。十三年，明又遣侍郎俞吉士赍国书褒嘉，赐赉优渥；颁勘合印百道，限十年一贡，使臣限二百员，船止二艘，禁挟带刀枪；封肥后阿苏山为寿安镇国之山，御制碑文曰："朕惟丽天而长久者，日月之光华；丽地而长安者，山川之流峙；丽于两间而长久者，贤人君子之令名也。朕皇考太祖圣神文武钦明启运俊德成功统天大孝高皇帝，知周八极，而纳天地于范围；道贯三皇，而亘古今之统纪；恩施一视，而溥民物之亨嘉。日月星辰，无逆其行；江河山岳，无易其位。贤人善俗，万国同风，表表兹世，固千万年之嘉会也。朕承洪业，享有福庆，极所覆载，咸造在近。周爰咨询，深用嘉叹。迩者，对马、壹岐诸小岛，有盗潜伏，时出寇掠。尔源道义，能服朕命，咸殄灭之。屹为保障，誓心朝廷，海东之国，未有贤于日本者也。朕尝稽古，唐虞之世，五长迪功，渠搜即叙；成周之隆，庸、蜀、羌、髳、微、卢、彭、濮，率遏乱略。光华简册，传诵至今。以尔道义方之，是大有光于前哲者也。日本王之有源道义，又自古以来，未之有也。朕维继唐虞之治，举封山之典，特命日本之镇山，号寿安镇国之山，赐以铭诗，勒之贞石，荣示于千万世。”义满又遣使谢赐冕服，连年往贡，并献所获海寇。使还，请赐仁孝皇后所制《劝善》、《内训》二书，诏给之。十五年，道义死，十二月，世子源义持遣使告丧，成祖命中官周全往祭，赐谥恭献，且致赙。又遣官赍敕，封义持为日本国王。时山东有倭寇，又谕义持捕盗。义持遣使谢恩，寻献所获盗。十八年，明复遣内官王进赍敕褒赉，至兵库而还。先是，道义死，义持以臣贡为非，至是阻明使不得达。二十五年，明遣刑部员外郎吕渊等赉敕诘海寇，并责令送还所掠中国人。义持遣僧等持告绝好，明使至太宰府而归。二十六年，明使余某复来。先是，有载马匹、硫黄称入贡者，实日向土豪私船也，成祖以无表不受。至是使其徒十六人还，义持令人持汉文阻之，略曰：“修好通商，靖边利民，非不甚愿。然我朝凡百听神，神所不许，虽细故不敢举行。先君自承历服，雨旸不和，寻罹疾疢。易箦之际，遗命誓神，宜绝通信。向既再申此意，使今犹至，殆未之通耶？若夫流贼暴掠海岛，实逋逃凶徒所为，国家不与知，听上国力剿锄之而已。”终义持之世，绝不相通。后花园帝永享四年，明宣宗皇帝念日本久不贡，命中官柴山往琉球，令其王转谕日本，赐之谷。将军源义教遣僧道渊上表，乃有“贡茅不入，固缘敝邑多虞；行李往来，愿复治朝旧典”语。

明年，宣宗复遣内官雷春、裴宽、鸿胪少卿潘锡等送还，赉银绮缎匹等物。考日本书，详载当时赐物，今备录以下，以征一时典章。皇帝颁赐日本国王：白金二百两、妆花绒锦四匹、四季宝相花蓝一匹、细花绿一匹、细花红二匹、纻丝二十匹、织金胸背麒麟红一匹、织金胸背狮子红一匹、织金胸背白猝绿一匹、晴花骨朵云青一匹、晴细花绿〔红〕四匹、晴细花绿一匹、晴细花青一匹、素青三匹、素红二匹、素绿三匹、罗二十匹、织金胸背麒麟红一匹、织金胸背狮子青一匹、织金胸背虎豹绿一匹、织金胸背海马蓝一匹、织金胸背海马绿一匹、素红五匹、素蓝三匹、素青三匹、素柳绿二匹、素柳青一匹、素砂绿一匹、素茶褐一匹、纱二十匹、织金胸背麒麟红一匹、织金胸背狮子红一匹、织金胸背白猝青一匹、织金胸背海马绿一匹、织金胸背虎狗绿一匹、晴花骨朵云红一匹、晴花骨朵云青二匹、晴花骨朵云蓝二匹、晴花八宝骨朵云绿一匹、素绿一匹、素红一匹、素青一匹、彩绢二十匹、绿七匹、红七匹、蓝六匹。王妃：白金一百两、妆花绒锦二匹、细花红一匹、四季宝相花蓝一匹、纻丝十匹、织金胸背犀牛红一匹、织金胸背海马青一匹、晴花八宝骨朵云青一匹、晴细花红一匹、晴细花青一匹、晴细花绿一匹、素青一匹、素红二匹、素绿一匹、罗八匹、织金胸背狮子青一匹、织金胸背虎豹红一匹、素蓝二匹、素红二匹、素青二匹、素柳一匹、纱八匹、织金胸背狮子绿一匹、织金胸背犀牛红一匹、暗花骨朵云蓝一匹、暗花骨朵云青一匹、素红二匹、彩绢十匹、红三匹、绿四匹、蓝三匹。皇帝特赐日本国王并王妃：朱红漆彩妆戗金轿一乘、大红心青边织金花纻丝坐褥一个、脚踏褥一个、朱红漆戗金交椅一对、大红织金纻丝褥二个、脚踏褥二个、大红心青边金纻丝坐褥二个、朱红漆戗金交床二把、大红罗销金梧桐叶伞二把、浑织金纻丝十匹、浑织金罗十匹、浑织金纱十匹、彩绢三百匹、银盂等器二十件，各色丝彩绣圈金各样花镜袋十个、朱红漆戗金宝相花折叠面盆架二座、镀金事件全古铜点金斑花瓶二对、古铜点金斑香炉二个、象牙雕荔支乌木杆痒合子二个、香儿一百个、朱红漆戗金碗二十个橐、全黑漆戗金碗二十个橐、全鈂灯笼四对、云头桃竿全龙香墨二十笏、青广信纸五百张、兔毫笔三百枝、各样笺纸一百枚、蛇皮五十张、猿皮一百张、虎皮五十张、熊皮三十张、豹皮三十张、苓香十箱每箱五十斤、鹦哥二十个。宣德八年六月十一日。六年，道渊引锡等至，驺骑至千二百余匹。八月，雷春等还。义教又遣僧中誓随行上表，表有“争睹使星光彩，则知官仪中兴。秋水长天，极目虽迷上下；春风和气，同仁岂阻东西”等语。八年，中誓赉敕及赐物还。是岁又遣使。嘉吉二年，将军义胜遣使于中朝。宝德三年，将军义政遣僧允澎、芳贞于中朝，上表称臣，用正朔。尔后为常。享德三年使还。先，义政表曰：“书籍铜钱，久仰上国。永乐中例赐铜钱，近无恩赉，公府索然，何由利民？钦请周急。”景皇帝命给之，使臣捆载而归。先是，贡船不如永乐时定数。宣德初又定约，人毋过三百，舟毋过三艘。而日本贪利，所携私物增十倍，例当给值。礼官言：“所贡硫黄、苏木、刀扇、漆器，向给钱钞，或折支布帛，为数无多，已获大利。今若依旧制，当给钱二十一万七千，银价如之，宜大减其值，给银三万四千七百有奇。”从之。使臣请益，诏增钱万。复请赐物，诏增布帛千五百。义政闻贡使至临清有掠居民货事，遂囚之狱。寻移书朝鲜王，转请谢罪。旋又遣使贡马于中朝。

后土御门帝宽政五年，义政复遣清启等于中朝，贡表有云：“渺茫海角，虽不隶版图之中；咫尺天颜，犹如在辇毂之下。”至京，随人伤人于市，宪宗皇帝命付清启，寻释归。文明七年，义政复遣僧妙茂等于中朝，表乞铜钱、书籍；诏赐钱五万贯，暨《百川学海》、《法苑珠林》等书。其表曰："日本国王臣源义政上表大明皇帝陛下：日照天临，大明式朝万国；海涵春育，元化爰及四方。华夏蛮貊归仁，草木虫鱼遂性。洪惟大明皇帝陛下，神文圣武，睿智慈仁，皇家一统，车书攸同。敝邑多虞，鼓角未息。《禹贡》山川之外，身在东陬；洛邑天地之中，心驰北阙。兹遣正使妙茂长老、副使庆瑜首座，谨拜方物，亲承宠光，冀推丹衷，曲赐素察，谨表以闻。臣源义政诚惶诚恐，顿首谨言。成化十一年乙未秋八月念八日，日本国王臣源义政谨表。"义政名下，钤日本国王印。又别幅具开贡品，咨礼部曰："马四匹、散金鞘柄大刀二十、硫黄一万斤、马脑大小二十块、贴金屏风三副、黑漆鞘柄大刀一百把、枪一百把、长刀一百柄、铠一领、砚一面、并匣扇一百把。"又奏讨曰："成化五年，伏奉制书，特颁勘合并底簿等物。圣恩至重，手足失措，感戴感戴。然而敝邑抢攘，所谓给赐等，件件皆为盗贼所剽夺，只得使者生还而已。爰有景泰年间所颁未填旧勘合，请以此为照验。今后滥行今填勘合者，必贼徒也，罪当诛死。抑铜钱经乱散失，公库索然，土瘠民贫，何以赈施。永乐年间多有此赐。又书籍焚于兵火，又一秦也。敝邑所须二物为急，谨录奏上，伏望俞容。书目开列于左方：《佛祖统记》全部、《三宝感应录》全部、《教乘法数》全部、《法苑珠林》全部、《宾退录》全部、《兔园策》全部、《遯斋闲览》全部、《类说》全部、《百川学海》全部、《北堂书钞》全部、《石湖集》全部、《老学庵笔记》全部。"末书"右咨礼部。成化十一年八月念八日"。钤用日本国王印。十五年，复乞铜钱，表略曰："敝邑久承焚荡之余，铜钱扫尽，公私俱虚，何以利民？今差使入朝，所需在斯。圣恩鸿大，愿赐钱一十万贯，则国用足矣。"时日本所在用兵，自是不能复通，而往来通商者，皆周防大内氏、丰后大友氏为多。明应元年，将军义植遣僧天泽使于中朝，不达。考《明史》，称弘治五年，源义高使来，还至济宁，其下杀人，所司请罪之。诏自今止许五十人入都，余留舟次，严防禁。十八年冬来贡时，武宗已即位，命如故事，铸金牌勘合给之。正德四年冬来贡，舟止一，又无表，帝命所司移文答之。是时日本大乱，将军遣使不达，当系筑紫豪族私通，不则奸民混冒也。

后柏原帝永正五年，将军义植令禁恶钱，听用洪武、永乐、宣德等铜钱破毁者，而定其价值。六年，足利义澄遣宋素卿于中朝，素卿，鄞县朱氏子，名缟，为其叔所卖，更姓名，仕细川政元，至是充使。事发当死，刘瑾纳其金，庇之。赐飞鱼服而还。八年，义植遣僧永寿于中朝，求释奠仪注，不获。大永三年，管领畠山高国遣僧瑞佐、宋素卿于中国通商，抵宁波，会大内义兴亦遣宗设市易，争宴席坐，遂互斗，宗设杀瑞佐而逃，中国因执素卿斩之。故事，凡市舶至，则陈货验发，以船先后至为次，宴席亦如之。宗设先至，瑞佐争席，理屈，遂行贿于市舶中官赖恩，乃先瑞佐。宗设怒，遂相斗，杀瑞佐，率其徒五百人放火府廨，夺货杀掠，进掩素卿馆，追至绍兴，素卿匿免，还过宁波，大掠而归，因执素卿囚之。会朝鲜捕送其余党，狱成，斩素卿。久之，有琉球使臣郑绳归国，中朝命传谕日本，以擒献宗设及被掠之人，否则闭关绝贡。时琉球使臣蔡瀚道经日本，将军义晴附表求赐新勘合、金印，修贡如常。礼官验其文，无印篆，谓“谲诈难信，宜敕琉球王传谕，仍遵前命”。后奈良帝天文八年，将军义晴上书于中朝。义晴求勘合，不许。大内义隆亦遣僧周良于中朝。时华商多在周防贸易，公卿、僧徒、文士，以四方鼎沸，多避乱山口。义隆又好读书，爱玩文物，屡延华商，尽收古书画、名瓷诸玩好，一时称盛。

十六年，义隆复遣周良往中国，舟四、人六百，泊海外以待。事闻，朝旨敕守臣勒回。明年六月，周良复求贡，朱纨以闻。从纨请，不限五十人进都例，相贡舟大小以施禁令。初，大内氏独有勘合，迨义隆死，亡于兵燹，通商遂绝。然伊豫、能岛、来岛、因岛诸奸民，久狃互市之利，私航不绝，汉奸多为之导，虏劫放火，千百成群，攻陷州县，江南北、浙东西，所在骚扰，尝同时告警。别有侵山东犯日照各县者。海寇巨魁汪直、毛海峰、陈东等皆与潜结，势益张。寇皆习倭服饰旗号，船帜题“八幡大菩萨”五字。八幡者，应神帝号也，人呼曰“八幡船”。弘治元年，明总督杨宜遣郑舜功至日本肥前平户，见大友义镇，诘之曰：“通好久矣，何扰吾边疆，虔刘吾民？果是贼民，亟见禁戢。”义镇以闻，将军义辉命诸将会议，大和守三渊藤贤曰：“方今我国所在用兵，而结怨大国，甚为不便，请从应安例，严为制戢。”乃命能岛、久留岛、因岛诸兵，检点海舟，剿捕凶奸。而内乱日剧，卒不能制。既而，胡宗宪代宜为总督，奏请遣使日本，谕国王禁戢海寇，招还奸商，许立功免罪。中朝许之，乃遣宁波诸生蒋洲、陈可愿至日本。可愿还，言抵五岛，遇汪直、毛海峰，谓日本大乱，诸岛不相统摄，须遍谕乃禁遏。及蒋洲还，山口守源义长、丰后守源义镇皆遣使谢罪，送还被掠人口，请颁勘合、修贡。宗宪奏请礼遣其使，并谕擒献乱人及中国奸商，方许通贡；诏允之。宗宪已计擒陈东，又招诱汪直。义镇等以中国许互市，遂装巨舟，遣其属善妙等四十余人随汪直来，直至被擒。而逾年新倭大至，又寇浙东三郡，寻犯福、泉、兴、漳，蔓延于潮、广。其后又有广东巨寇引倭为患，迭经将吏击讨，久而后平。倭寇之患，与明相终始。而自嘉靖二十六年至万历十六年，四十年间，沿海州县被祸尤酷，闾巷小民至指倭相骂詈，甚以噤其小儿女云。今考日本是时瓜分豆剖，各君其国，诸国又互相攻击，日寻干戈。无赖奸民，以尚武好斗之风流为盗贼，杀掠为生。上虽严禁，令有不行。准之今日公法，实为海寇，无与邻交。故节录其大概如右，不复详载。

后阳成帝天正十八年，关白丰臣秀吉已平定全国，因朝鲜使者赠书于朝鲜王李昖曰："吾邦久属分离，秀吉起于微细，讨逆除暴，曾不数载，定六十余国。夫人世年不满百，予亦安能郁郁久居此乎？吾欲假道贵国，超越山海，直入于明，使四百州尽化我俗，以施王政于亿万斯年。凡海外诸蕃，后至者皆在所不释。贵国先修使币，帝甚嘉焉。秀吉入明之日，王其率士卒会军营为我前导。"昖得书大愕。十九年，秀吉丧子，闷甚。一日，登清水寺阁，浩然叹曰："大丈夫当用武海外，何悒郁为！"遂大会诸将曰："吾藉诸君之力，平定海内，亦可以息矣。特海外有阻王化者，吾深羞之。今将举内治委秀次，而自将入朝鲜，驱其兵以躏明地，分割土壤以封诸君。诸君能为我效力耶？"诸将相视瞪眙，无敢对者。浮田秀家曰："殿下举此无前之事，谁敢异议者！"遂命造大舰数十艘，筑营于名古屋。冬十二月，颁朝鲜地图，分西南四道兵为八军，以向八道。以加藤清正、小西行长为第一、二军，迭为先锋。置水军，以九鬼嘉隆等督之。水陆凡十五万人，别有游军六万备应援，而秀吉自以德川家康等畿甸、东北三道将士十万自卫。文禄元年夏，秀吉率兵抵名古屋，命浮田秀家代将。秀吉初欲亲往，以其母忧甚，乃命秀家。或劝秀吉盍以善汉文者从。秀吉哂曰："此行也，吾欲使彼用我文耳。"诸军齐会，先锋既入海。是月抵釜山，诸将迭攻，朝鲜望风溃。五月初，陷都城，督将秀家入据王京，分命诸将图进取。王昖弃城奔平壤，又奔义州。清正至咸镜道之会宁府，执二王子珒、珲，而纵王妃使逃。行长追王至平壤，分兵四掠，朝鲜八道几尽没，旦暮且渡鸭绿江。初，秀吉闻前军陷都城，贻书秀次曰："韩都已破矣，予将不日入明，奉銮车而西，以汝为关白。若韩与本国，当别择其人为主，汝其知之。"日本称朝鲜为韩，沿三韩称也。时自韩都抵釜山，烽火相望，然庆尚、全罗二道尚固守。又恐明援军至，乃遣石田三成等三将，名曰三监，率游军六万赴援。三成等至，亦驻都城。初，秀吉胁琉球使供粮，并遏贡舟。琉球惧，报之中朝。兵部咨问朝鲜，朝鲜惟辨向导之诬，尚不知其谋已。至是，请援告急之使，络绎于道。明朝得报，大惊，廷议以朝鲜为国藩篱，在所必争，命副总兵祖承训渡鸭绿江赴援，大战于平壤城外，承训仅以身免。日本人马皆鬼头狮面，明兵骇乱。行长麾兵蹂之，承训兵大溃。行长乃投书李昖曰："王尚不导我兵耶？明于我，犹羊群见虎耳。今舟师十万，将由西海至，王将安之？"八月，明朝乃以兵部侍郎宋应昌为经略，旋又以李如松为东征提督。时兵部尚书石星计无所出，募说客侦之，得嘉兴无赖沈惟敬，假游击衔，命赴军前。明年正月，如松师大捷于平壤，行长遁渡大同江，朝鲜所失黄海、平安、京畿、江源四道并复，清正亦遁还王京。如松乘胜趋碧蹄馆，败而退师，于是封贡之议起。惟敬往来弥缝，日本退守釜山，议送回朝鲜王子、大臣，中朝诏留一军防守。时朝臣多言封贡非计，而石星一意主款，卒从经略顾养谦封秀吉为日本王之议。先是，壬辰七月，惟敬见行长于平壤城。行长曰："当以大同江为界，平壤以西属朝鲜。"惟敬诺之，曰：待五十日还报。行长驰使告秀家。当是时，诸道未平，韩兵所在蜂起，谋恢复，日本拒之，互有胜败。时已十月，明兵已出关，惟敬遮应昌于途曰："和将成矣。"应昌虑其阻士气，欲斩之，未果。中朝亦以倭诈，未可信，促应昌进兵。既而，行长败渡大同江，据凤山，旋回都城，韩兵争起应明军。清正悬军在咸镜，又为宋应昌所败，秀家乃令北道诸将咸撤守，来会都城。如松径趋至碧蹄馆，恃胜而骄，不赍铳炮。日本拒以短兵，纵横挥击，明军大破，如松遁还临津，旋退平壤。秀吉闻明军捷，议亲渡海，诸将连署止之。是年癸巳三月，议使七将攻晋州。晋州城险兵精，七将皆大败，退兵又多疫，于是三监欲退守釜山。或曰："粮尽宁食沙，都城不可弃也。"乃议乞援兵。秀吉先令二万赴援，既无兵可征，秀吉乃叹曰："吾不幸生于小国，兵力不足，使我不克遂耀武八表之志，奈何，奈何！"怅然久之。会如松使沈惟敬再谋和，至韩都，谓行长曰："归王子，则割庆尚、全罗、忠清三道，封为王。"行长许之。时三监及行长皆怀归，报秀吉曰："明欲尊殿下为皇帝。"秀吉乃许和。惟敬请解都城兵，诸将乃火而东，仍屯于蔚山、东莱间，以俟秀吉令。惟敬遂谒秀吉于行营，秀吉飨之，而遣小西如安与偕，许还二王子、大臣，惟令诸将屠晋州城，以偿前败。惟敬既至北京，明朝以倭方议和，仍攻晋州，疑倭谲诈，令舍如安于辽东。明年甲午正月，秀吉令独留在韩戍兵，余尽召还。时明朝议久不决，至十月，乃召小西如安入朝。既至，石星优遇如王公。如安殊扬扬，过阙不下。既集多官，面译要以三事：一勒倭归巢；一既封不与贡；一誓无犯朝鲜。如安皆听从。神宗皇帝复见之，谕于左阙。十二月，封议定案。此所云小西如安，乃小西行长侍史，素为行长所亲昵，冒小西氏，为飞驒守。《明史》作小西飞，盖因其自书小西飞驒守而误也。**乃以临淮侯李宗城充正使，都指挥杨方亨副之，同沈惟敬往。**初，明使于乙未夏发燕，中朝命令驻朝鲜都城，俟日本撤戍而进。秋九月，宗城等至朝鲜，日本诸将不得已撤诸戍，聚釜山；然将士卒不肯济海。至丙申六月，诸将乃尽撤还，仅留岛津义弘等在釜山。**庆长元年春，小西行长还，告和成。沈惟**

敬随来，私赍蟒玉翼善冠、地图、武经及燕代良马三百匹，献于秀吉。惟敬憾己不得与册使，思倾宗城而代之，乃令人以危词怵宗城，宗城果遁还。夏，中朝更以方亨为正使，惟敬副之，朝鲜使黄慎等亦偕行。秋，抵伏水。秀吉乃责朝鲜不献三道，不使王子来谢为欺辱，拒朝鲜使，不许见，独恭迓方亨等。九月，册使见秀吉。翌日，宴飨，秀吉戴冕披蟒服，使德川家康等七将皆着其所赐章服。既罢，使者出，召人读册文，至“封尔为日本国王”，秀吉色变，立脱冕服抛之地，取册书裂之，骂曰：“吾掌握日本，欲王则王，何待髯虏之封！且吾而为王，若王室何？”即夜命驱明使，并告朝鲜使曰：“若归告而君，我将再遣兵屠而国也。”遂下令西南四道发兵十四万人，以明年二月再会于名古屋。二年春，秀吉以其侄秀秋为元帅，居釜山总军务，浮田秀家副之。命清正、行长间日互为先锋，仍分八军。正月，清正、行长皆抵釜山。警报达明，神宗大怒，命逮石星、沈惟敬按问。初，方亨等还，佯言秀吉恭顺受封，谢表且至，别购猩毡鹅绒，伪称日本方物。至是，石星诘责之，曰：“倭非有他，不过责朝鲜无礼耳。”方亨惧，始直吐本末，委罪惟敬，并出石星前后手书。帝遂怒，逮石星等。以兵部尚书邢玠为总督，麻贵、杨镐为经理。时日本兵既络绎入朝鲜，然朝鲜乱后无粮可因，海运又艰，诸将不敢进，声言献三道如约则止。王昖奔海州，日夕告急。明廷臣议以割地乃沈惟敬私言，万不可许；然特缓惟敬，使说日本以弭兵。惟敬仍往来遗书，玠檄杨元执之。自惟敬执而议和遂绝。后诛之。明援军入全罗。七月，日本已得间山，乘胜西进，遂破南原，据全州，犯全、庆，逼王京。明因二城既失，邢玠至王京，专扼汉江险为守，遣将分守稷山，交战互有胜败。日本以冬寒稍收兵，退釜山，仍沿海连营，互为声援，泗川、南海、竹岛、梁山、蔚山、顺天皆分将据守。邢玠议专攻清正，别以兵牵制行长。遂以十二月萃兵蔚山，遣水军绝援。既合围，断汲道，清正苦守不挠。日本诸将，闻蔚山急，谋以兵来救。三年春，杨镐闻援师大至，遽策马遁，诸将失统御，大溃。清正纵兵逐北，明兵死者万余。镐至王京，犹欲上捷。赞画丁应泰劾杨镐等罪，中朝震怒，罢镐，以万世德代之。夏四月，秀吉遣使谕诸将，留秀秋、行长、清正及岛津义弘等十余将，余尽召还。留者分四军：秀秋居釜山；清正守蔚山，居右；行长守顺天，居左；义弘守泗川，居前。四城兵凡十万，明兵亦可十万。世德既至，与邢玠议，令董一元当义弘，刘綎当行长，麻贵当清正，陈璘以水军出其后，彼此相持。刘綎欲攻顺天，遣使约行长，曰："先锋前既与我盟，吾欲亲与先锋会。"行长出会，遇伏，跃上马，夺路而去。明兵又逼蔚山，清正坚壁固守，立花宗茂以五百人自釜山往援，途遇明兵，破之。又与清正夹击麻贵，大败。当是时，岛津父子在新寨，与董一元夹晋江而军。岛津筑八寨，尤险者为望津，前带晋江，新寨峙其后。一元用茅国器谋，先陷望津，望津兵退守泗川。一元遂悉军渡江，分取数寨，向新寨。冬十月朔，一元合兵攻之，城兵殊死战。会炮裂，明军乱，岛津父子率骁骑千余开门直冲，明军披靡，岛津纵兵追击，遂大败，溺江者无数。《明史》作石曼子，即岛津二字译音也。蔚山、顺天之明兵闻败，亦解围去。而秀吉既先于是年八月卒矣，两军未之知也。秀吉病革，召家康曰："外事未竣而吾罹此病，吾死则难作，今以海内托卿。"又密谕秀赖曰："今与明构兵，吾深悔之。彼闻吾死，或大举来报。国家自古未曾受外辱，及我而辱国，吾所深耻。吾是以托国于家康，至我家存亡，未暇恤也。"又命浅野长政、石田三成曰："汝赴朝鲜收我兵，不能则遣家康。家康不可往，则遣利家。二人遣一，虽有百万敌，不能尾我也。"

临绝，张目曰：“勿使我十万兵为海外鬼。”言讫而瞑。先是，壬辰之役，秀吉闻明师捷，大会诸将，欲亲往。浅野少弼曰：“臣视殿下近状，为野狐所凭耳。天下才定，疮痍未起，乃兴无名之师，使我父子兄弟暴骨海外，民怨嗷嗷。殿下一举趾，恐未达釜山，六十州之盗贼雷动风起，根本之地反为人所据。以殿下平日，岂有不察于此？不察于此，故谓之狐凭。谚曰：‘鳖欲啖人，反啖于人。’殿下之谓也。”秀吉大怒曰：“狐乎？鳖乎？吾且舍诸。以臣骂君，不可舍也。”拔刃欲斩之，或拥之而退。既而，肥后贼起，急召少弼曰：“吾甚惭于汝也。”秀吉之攻朝鲜也，日本论者或夸其耀武于外邦，或责其贻祸于内国。余考其事，当时群雄割据，类皆百战之余。秀吉手定海内，知不可以威力屈，故兴无名之师，驱之海外。胜则割彼膏腴，广予封土，以图自安；不胜则死于锋镝，不许生还，亦所以自便。乃先后七年，既不获大胜，又未受巨创，而悉索敝赋，民困已极。至于临绝悔恨，洒泪满襟，英雄末路，亦可悲矣。既秀吉赴闻，明人举酒相贺；诸将各理归装，釜山之军先引回对马。十一月，清正、义弘各收兵入海。刘綎追围行长，清正与义弘返击，拔行长，俱上舟。陈璘以舟师邀击之，互战，各有胜败，卒脱归。是月，尽达对马。无何，诸将皆至名古屋，长政、三成迎劳之，令解兵，各就国。德川家康与诸大老、奉行论功行赏，曰：“微新寨一捷，吾军几不振旅矣。”赐岛津义弘以公田在萨摩者三万石，清正、行长以下，得赏各有差。明仍留万世德戍朝鲜，后三年尽撤。自壬辰迄此，前后凡七年，明丧师数十万，縻饷数百万，日本亦困累甚，至秀吉死而祸始息。后水尾帝庆长六年，岛津义弘奉将军命，遣岛原忠安送被掠人二十余口于明。明厚遇之，为许岁通二商舶于坊津。界商伊丹某闻之，遂结奸细，要之硫黄海上，毁船掠货。义弘捕磔之麑岛。

然明船后不果至。庆长十一年，德川秀忠为将军，禁用永乐钱，犹用京钱。京钱，汉古杂钱也。足利氏时，屡乞钱于中朝。永乐钱铜质纯良，流通全国，以一当古杂钱四，一贯当黄金一两。而民间往往争取斗讼。沿用盖二百余年，至是停之。十五年，前将军德川家康颁给印票于明商，约互市。商给印票始此。冬十二月，商人周性谒见家康，乞禁海寇。家康知开港通商之利，而中国独不通公商，遂命本多正纯作书，附性致福建总督陈子贞，略曰："敝国与中华通问久矣，内外史籍历历可征，台下所知也。前日兵马倥偬之际，尝一辱专价，情绪不通，来往顿绝，遗憾不已。今也，吾主源君戡定祸乱，厘革前辙，西南诸番国咸来朝贡，独遗中华而不相通，洵乖旧好。适周某来，得通向好机，请自今结符信，通福船，两国之利孰大焉。且吾海商岁航蕃方者，遭风破船，或匮薪粮，亦愿见惠。敝邑僻处海隅，所谓蕞尔国也，中华以大字小之意，幸有熟图。"长崎奉行长谷川广智亦致书，皆不答。十八年，将军秀忠命岛津家久因琉球王尚宁致书于福建巡抚丁继嗣求互市，亦不答。元和七年，明浙直总兵遣人赍书请禁海寇，将军却之。宽永二年，将军复令末次正直贻书于福建总督求通商，亦不得报。

卷六　邻交志三

华　夏

日本明正帝正保三年丙戌，时我世祖章皇帝定鼎燕京既三年矣。我大清龙兴东土，声威所播，先及旸谷，莫不震詟。又当德川氏执政权，方欲以文治致太平，故二百余载，彼此安和，海波无警。是年八月，郑芝龙奉明唐王聿键意，赠书暨方物，乞援兵。芝龙，福建南安人。先为商，寓长户，娶妇田川氏，生二子，长曰森，即郑成功也。既而芝龙去为海盗，拥众数万。崇祯时，就明招抚，有战功，封平虏侯。尝图其军容赠日本，求还儿，与之，故素与日本通往来。书闻，将军德川家光召宰执酒井忠胜等议之，又下议德川三亲藩。赖宣建议曰："援而有功，无益于国，倘若无功，匪翅辱国，结怨强邻，实贻后患，勿援为便。"议遂寝。命日根野吉明如长崎告之。会闻大清兵下福建，芝龙就抚，遂罢使，却信物，令西北诸大藩阴戒不虞。冬十二月，崔芝复遣使致书乞兵。按：芝，福清人。初为海盗，既而受抚。乙酉秋，唐王加水师都督驻舟山。黄宗羲《行朝录》作崔芝，是也；各书多误作周崔芝。书略曰："芝忝任水师都督，有志无力，有力无兵。贵国人皆义勇，兵皆精悍，惯于刀枪，熟于舟楫。芝思竭君辱臣死之忱，难忘泣血枕戈之举，敢效七日之哭，借三千之兵，壮我同泽同袍之气，永缔如带如砺之盟。”又致一书，乞给日本甲二百副，皆不纳。后二年戊子，郑彩致书乞兵器；成功亦贻书长崎有司，书略曰：“大明龙兴三百余年，治平日久，人皆忘乱，以至今日。成功誓心报国，徘徊浙闽，颇有感愤乐从者。然孤军悬绝，四面无援。成功生于贵国，值此艰难，倘惠假数万甲兵，感岂有极！”亦不报。戊戌，成功又遣使赠书暨方物，致惓恋之意，亦不答。成功后据台湾时，与长崎通商，至郑氏降乃绝。己丑，冯京第、黄宗羲以明鲁王以海命来长崎乞师，不达。朱之瑜亦来乞师，不达。之瑜，字舜水，明余姚贡生，亦鲁王遗臣，尝至安南，又三至长崎，图藉外援，终不遂其志。至岁己亥，遂留长崎不归，筑后人安东守约分廪禄之半师事之。德川光国钦其德义，请之幕府，延为宾师。水户文教之兴，与有力焉。是时，有僧陈元赟，明进士，避难削发，来居西京。有福建僧隐元，德川家纲遣人迎之，命于宇治创万福寺，名曰黄檗，传衣钵者多汉人。其后有画工沈诠，号南苹，幕府聘之来长崎，亦留不归。均为日本所重。附识于此。暨明唐、鲁二王亡，遂绝音问。日本籍称我康熙十二年七月，平南王尚可喜及刘进忠致书于长崎奉行，赠销金马鞍以通商舶，书有“山丽水秀，人物清华”之语。考尚可喜于十二年三月告老，以兵事属其子之信。进忠时官潮州镇总兵，十三年叛，旋结郑锦掠潮、惠。盖郑氏素与日本往来，进忠知之，将萌叛志，预图外援，故有此举。可喜时为之信所制，不得出一令，未必知也。而华商之来日本者日众，有船一百八十四艘，杂居长崎街市，和同贸易，不经官司。至德川纲吉始设官董理，限七十艘，旋增十艘。德川家宣又限五十艘，德川吉宗又限四十艘，尔后递减至二十艘。德川家重又限十五艘，旋许例额外加二十艘，德川家治又限十三艘，至德川家齐定十艘，终德川氏之世，无复增减。初，限输出货物岁值银八千贯，继减至二千七百四十贯。国朝以来，商船日增，初无定额。纲吉始限七十艘，行之十一年，改八十艘，限输出物岁银值八千贯，行之十七年。家宣限五十艘，输出值三千贯，又铜一百五十万斤，行之三年。吉宗改限四十艘，输出值八千贯，行之二年。更限四千贯，行之十四年。限二十九艘，行之三年。限二十五艘，行之四年。限二十艘，行之九年。家重又限十五艘，输出值四千贯，行之十年。许例额外加二十艘，行之六年。家治又限十三艘，输出值三千五百一十贯，行之二十六年。家齐定限十艘，输出值二千七百四十贯。始设长崎奉行三员，二员驻长崎，一员驻江户。后又增一员，驻江户。建哨台于长崎小濑户浦及横濑浦，以讥察来船，巡禁私商。又筑华商馆于长崎，来去出入均有法制。家宣时，特遣使长崎，更正贸易法，始给信牌。船有信牌者，乃得至岸。世以大村氏监护长崎。至家齐时，大村纯昌筑逻所于商馆门外，严检出入。华商愤，遂与哨兵斗，毁逻所，旋复筑之。后又因捕兵株连，毁馆滋事。长崎奉行久世广正捕华商漏税者七十六人，交大村纯昌监禁，遣监察议治其罪。华商群起毁馆门，筑前戍卒缚二百余人，戮党首沈扬等，余皆释之。日本之天保六年事也。华商输入之货，绵糖、将军家重时，长崎人某始学蔗糖之法于华商。幕府命长崎平户人造之，不成，既而尾张、长门造糖成，遣吏验之，颇精良。然未得精白品之方。绸缎、德川纲吉时，禁呢绒布帛、玩好珍异入口，除药物外，一切动植物悉禁入口。行九年，开呢绒布帛、动植物之禁。又六年，开玩好珍异之禁。书籍、诗文集及类书为多。乾嘉之间，考据之学盛行，日本争购其书，于是又有考据之学。惟日本以禁耶稣教故，凡舶来书籍，有译西文者，概涂抹之，至德川吉宗时解禁，日本因是得窥西人星算测量之学。文具为多。惟禁广东人参进口，曾焚四百五十斤参于商馆门外。**输出之货，铜最为大宗。**考日本各籍，称自庆安戊子至宝永戊子六十一年间，华商与和兰商共输出金三百三十九万七千六百两，银三十七万四千二百九贯。铜则宽文癸卯至宝永戊子，输出一亿一万一千四百四十九万八千七百斤，中间五十七年不详。自明和丙戌迄天保壬寅七十七年中，共输出铜一亿四千二百八十万八千一百四十斤，反输入银一万零九百四十七贯。我与和兰分购铜数不详，大约华商每岁购铜约一百五十万斤。而金银出入前后迥异者，盖因日本素无蔗糖，后于乾隆中学得其法，竞相栽种，不复如前之仰给于外，故省费至多。货物出入相抵外，仍有输入之银也。**余则昆布、**即海带。**鳆鱼及铜漆杂器。而日本商人绝无至中国者，**考乾隆四十六年，户部颁发江海关则例，刊载东洋商船进出口货税，并有洋商入市之条，似日本亦有商人至上海者。惟日本是时严禁国人出海通商。先是，有长崎代官末次平藏父子，窃造商舶，载军器贸易台湾诸处，事觉处流。或当时有一二商人潜附我商舶而来，抑或和兰运铜之船转贩于中国，故称洋船，均未可知。**只有漂风难船，资给送还而已。**康熙三十二年癸酉九月，兵部议覆广东广西总督石琳奏称：风漂日本国船至阳江县地，计十二人，请发回伊国。应如所请。上谕曰："外国之人船只被风漂至广东，情殊可悯，著该督抚量给衣食，护送浙省，令其归国。"又嘉庆元年十月，上谕军机大臣等："日本国贸易夷民在洋猝遇暴风，漂至赫哲地方，殊为可悯。向来该国遭风难民，俱送至浙江乍浦，遇有赴东洋便船附带回国。今安治录等三名，令带回浙省，传谕该抚委员送至乍浦，转附便船归国，以示体恤柔远至意。"**盖德川氏执政权，专以锁港为国是，长崎通商，唯许华商及和兰，他皆禁绝。逮三十年前，美舰俄舶迭以兵劫盟，内国纷扰，遂至废幕府、尊王室，与泰西诸国互结条约。**

至我同治九年，为今皇即位之明治三年，王政维新，广事外交，念与我为千余年旧好，又两大同在亚细亚，不可不缔和好，以示亲睦。七月，乃遣外务权大丞柳原前光，赍外务卿书呈我总理各国事务衙门，预商通好事宜。书曰："大日本从三位外务卿清原宣嘉、从四位外务大辅藤原宗则，谨呈书大清国总理外国事务大宪台下：方今文化大开，交际日盛。我邦近岁与泰西诸国订盟，邻近如贵国，宜最先通情好，结和亲，而惟有商舶往来，未修邻交之礼，不亦一大阙典乎？我邦维新之始，即欲遣公使修盟约，内国多故，迁延至今，深以为憾。兹谨奏准，特遣从四位外务权大丞柳原前光、正七位外务权少丞花房义质、从七位文书权正郑永宁等，于贵国预商通信事宜，以为他日遣使修约之地。伏冀贵宪台下款接各员，取裁其所陈述。谨白。"先是，我同治元年，长崎奉行遣僚属附和兰船携货至上海，因和兰领事谒上海道吴煦，请曰："日本向只与荷兰通商。自英法诸国挟以兵威，逼令立约，利权尽为西商占尽，无如力不能制，未能拒绝。我官民等会商，佥谓若自行贩货，分赴各国贸易，或可稍分西商之势。今既到上海，愿仿照西洋无约各小国之例，不敢请立和约，惟求专来上海一处贸易，并设领事官，照料完税诸事。"通商大臣薛焕允其暂由荷兰商人报关验货，尚未许其购货。商人归时，又请倘允通商，乞谕知和兰领事转达，将来或遣公使吁求。至同治三年，又有日本商舶至上海，请英国领事巴夏礼为介绍，通商大臣又允其以日本商名自行报关。同治七年，长崎奉行河津某，又由英国领事致书于江海关道应宝时，书称："与欧罗巴诸洲往来，时有公使奉命绅士游历，附洋船而西者过境，请为照料。又有日本商民请赴内地传习学术，经营商业，就便侨寓者，均有本国护行印照，请验明符信，顾念邻谊。"云云。此皆德川将军时所遣，至是朝廷始派委员。至天津，谒见三口通商大臣成林、直隶总督李鸿章。成林代为上书，命留津候命。总理衙门议允所请，复函许通商，仍有“大信不约”之语。前光恳请再三，前光谒鸿章曰：“英、法、美诸国强逼我国通商，我心怀不甘，而力难独抗，于可允者允之，不可允者拒之。惟念我国与中国最为邻近，宜先通好，以冀同心合力。”鸿章为达之总理衙门。前光又上成林书曰：“我与泰西十四国皆已换约，各国与我相距十万里，尚有公使领事来驻我国，保护商民。独中国虽有商贾来往，曾无官长约束。西人谓附西舶至者应以西人视之，竟令华民归其管辖，久有如束湿薪之势。我外务卿轸念及此，于戊辰春曾函致上海道应宝时，请将华民暂归地方官约束，得复允行。我即以此告各领事，令华民还我管辖，始脱樊笼。现已居以别区，编立户籍，优加保护。然终不免西人横议者，以未曾换约故也。前有我商至上海者，以无约故，竟依和兰领事为介绍，中国亦若以西人视之。中东两国利权不能自操，乃均为西人占据。我国廷臣会商此事，谓宜预先遣员通款，为将来派使换约之地，是以特派前光等前来。当启程时，或谓不以西人绍介，事恐不谐。我外务卿乃与诤论，谓两国唇齿相依，何必自弃夙好，转倚外人。苟以至诚恳请，彼国当道必愈加亲厚，今若回报不必换约，殊非我外务卿一片苦心，前光等亦无以报命。”云云。又谒成林曰：“我等来时，西人谓泰西小国皆邀我大国同往，中国始允立约，今日本派员自往，恐未必成。外务卿置之不答。是以仅持英、美二国致驻津领事函、托其照拂。今总署覆以不必立约，若奉以回国，如西人耻笑何！”又以手作势，云“彼似太高，我似太卑”。又自指云：“太觉无颜。如不邀允，虽死亦不敢东归。”成林均为转达。总理衙门鉴其意诚，遂允订约，俟派有大臣来时商议，前光等感谢而归。明年四月，特以大藏卿伊达宗城为钦差大臣，使于我大清缔盟约，外务大丞柳原前光副之。外务权大丞津田真道、文书权正郑永宁等从焉。我朝特简钦差大臣、协办大学士、直隶总督李鸿章为全权大臣，办理日本通商事务，江苏按察使应宝时、署直隶津海关道陈钦，随同帮办。六月，宗城等至天津，往复商论，至七月遂定《修好条规》十八条、《通商章程》三十三款，附以《中国日本海关税则》。先是，前光等归，我疆臣有以前明倭寇为辞，奏请拒绝日本通商者。钦差大臣直隶总督李鸿章奏驳之，略谓："我朝朝鲜内附，声威震耆，日本固不敢越属藩而窥犯北边，亦从未勾内奸而侵掠东南，实属畏怀已久。顺治迄嘉、道年间，常与通市江浙，设官商额船，每岁购铜百万斤。咸丰以后，苏、浙、闽商往长崎贸迁寄居者，络绎不绝，其安心向化可知矣。论者拒绝之请，于今昔时势、彼国事实，盖未深究。今彼见泰西各国与中土立约，彼亦经与泰西各国立约，援例而来，似系情理所有之事。倘拒之太甚，必因泰西介绍固请，自不如就其纳款之时，推诚相待。委员柳原前光等来谒，每称欲与中国结好，同心协力，立言亦颇得体。既允议约在前，断难拒绝于后。"云云。钦差大臣、大学士、两江总督曾国藩亦奏称："臣窃思道光二十一二年间，与西人立约议抚，皆因战守无功，隐忍息事；厥后屡次换约，亦多在兵戎扰攘之际，左执干戈，右陈槃敦，一语不合，动虑决裂，故所谛条约，间有未能熟思审处者。日本二百年来，与我中土并无纤芥之嫌，今见泰西各国皆与中国立约通商，援例而来请，叩关而陈辞，其理甚顺，其意无他。若我拒之太甚，无论彼或转求西国介绍固请，势难中却；即使外国前后参观，疑我中国交际之道，逆而胁之则易于行成，顺而求之则难于修好，亦殊非圣朝怀柔远方之本意。自同治元年，始有日本官员以商船抵沪，凭和兰国报关进口，中国随宜拒却，亦已久矣。今既令其特派大员到时再商，岂可复加拒绝。论者杜绝之请，盖未能合众国而统筹，计前后而酌核也。日本素称邻邦，非朝鲜、琉球、越南臣属之比，其自居邻敌比肩之体，欲仿泰西英法诸国之例，自在意中。其海关税则之轻重，亦必与泰西从同。日本自诩为强大之邦，同文之国，若不以泰西诸国之例待之，彼将谓厚滕薄薛，积疑生隙。臣愚以为悉仿泰西之例，亦无不可。但约中不可载明比照泰西各国通例办理，尤不可载恩施利益一体均沾等语，逐条而备载，每国而详书，有何不可。何必为此简括含混之词，坚彼之党，而紊我之章。总之，圣朝驭远，一秉大公，万国皆将谅其诚，何独日本永远相安哉？”朝旨韪之。宗城订约之后，旋进京谒总理衙门王大臣，赍呈国皇所献大皇帝仪物，朝廷亦加酬报，命宗城赍归。初，前光之来，先呈约草，以两国利益为辞。及随宗城再至，则专欲仿照泰西诸约，议约大臣以中东两国，有来有往，每事须作彼此两国之词，方昭公允。断断持议，久而后定。前光致应宝时、陈钦书曰：“伊达大臣之发东都也，各国公使送行，谓此去当与大清连盟结衡。我大臣应之曰：‘但看他日约成，当知其实。’今观来稿，大约与西人同，不同者亦不少。交际之道，万国只可划一，不可轻重。欲重之也，西人妒而分之；欲轻之也，西人侮而诋之。今两国均有西客，旁观出入，颇生枝节；倘有参差，非特不能通行，且谓使者不力，何面目归国复命乎？当今之计，我两国惟有内求自强，外御其侮，诚能心照意援，条规章程，不若姑从西人痕迹，无事更张，不露声色之为愈也。”应宝时、陈钦亦覆以书曰：“贵国特派大臣前来，原为通两国之好。若以迹类连横，虑招西人之忌，则伊达大臣不来，更无痕迹。自主之国，应有自主之权，何必瞻徇他人鳃鳃过虑。况条规中亦并无可令西人生疑之处也。两国有来有往，迥异泰西辽远有来无往者，

断不能尽同泰西。且西人所得之利，未尝独靳于日本。今送去条规，不知较西约何者重、何者轻，希即一一指明，藉开茅塞。去岁送来约草，均以两国立论。此次章程，全改作一面之词，荟萃西约，取益各款而择其尤，竟尔自相矛盾，翻欲将前稿作为废纸，则是未订交先失信，将何以善其后乎？我中堂又何以覆命乎？”**中有不能尽同西约者**。惟内地通商一事。先是，泰西诸约，既经指定口岸通商，而约中混入许其游历内地通商一语，本系牵连附及，出于疏误。而西人据此，遂谓许入内地买卖货物。各国援一体均沾之词，纷纷效尤。于是华商亦多假借西商，希免税厘，抗法度，流弊孔多。及是，章程中声明不准运货入内地，不准入内地置买土货。前光等坚以有异泰西为辞。鸿章面折以华人前往西国，随处通行，并无限制。今日本系以八口岸与中国通商，华人既不能到日本内地贸易，日本人亦岂应入中国内地贸易？此系两国从同，确乎公允，何得引西约为例。前光始语塞而退。**宗城既归，日本意尚觖望。宗城旋以事免官。五年二月，以外务大丞柳原前光兼少办务使**即四等公使。**使于我，议改约，不得要领而还**。前光赍有外务卿副岛种臣、大辅寺岛宗则致我北洋大臣李鸿章文书，大略谓：“承订《条规》，经奏闻允行。惟去岁我国特派大臣使于欧西，欲仿万国通例议商改约，将来改定后，条规中所载‘以己国法讯断己民’等事，必须更正，故先商明。又条规第二条‘遇事彼此相助，从中调处’之语。两国既结和谊，虽无此语，亦有权可行，应请裁撤。第十一条带刀之禁。佩刀乃我国礼制，若以入国问禁，第交我国理事官检束可耳，不便明禁，亦宜削去。今特派前光等面陈，冀与贵大臣时备文书往来拟议，以为他日批准互换之地。”云云。前光又陈《通商章程》所载，进出口税各条，须议由日本海关按照成规抽收，不必指明税则。前光谒鸿章，鸿章曰：“日本与泰西改约，成否未可知。事果有成，可以换约后再商海关收税，亦可俟届时商办。带刀之禁，原虑细民滋事，预为防范，由理事官布告禁令，亦无不可，俟约满时删除。至‘从中调处’一语，信如外务卿所谓各国均有此权，但议约时不载则可，既载复裁，转贻耻笑。两国交际，于定约之后，未换之先，遽尔遣员议改，旋允旋悔，不几于全权立约之命相柄凿乎？《条规》所载‘信守弗渝’之谓何？万国公法，最忌失信，尔国何可蹈此不韪，贻笑外人？”前光慑嚅缩伏，第言惶愧，惟求赐覆。鸿章亦覆以书。案：万国公例，各国流寓之民均归地方官管辖；海关收税轻重多寡悉由自主，他人不得干预。日本于是时既悉外交利弊，特遣岩仓具视等使欧美各国，欲仿泰西通例，将旧约中“领事官，以己国法审断己民”之条，及“海关收税彼此会商”之语，一概删改，权归自主，故种臣等有此商请。惟西人既得之利，难以遽夺。自岩仓归后，今已越十年，尚无归宿。带刀一事，凡世族悉佩双刀，庶民亦或带单刀，实为日本礼制。然其后从森有礼之议，卒自行革禁。至“彼此调处”之言，闻宗城等赍约归，颇受西人揶揄，故欲删去云。**十月，有秘鲁国商船玛利亚留士，在澳门骗诱华民三百余名为佣，载赴其国。既而遇飓风，泊横滨。佣人苦舟师虐使，投水遇救，**英国兵舰长挨仁雕救之，引告神奈川县。**走诉神奈川县厅。时副岛种臣为外务卿，命阻留商船，解放诸佣，告于我国。我国遂遣同知陈福勋来日本携之还，深谢其邻谊。**时日本与秘鲁未立约。秘鲁旋遣使责日本越俎多事，要以偿款。彼此驳论，久未决，乃会请俄皇公判。至明治八年六月，俄皇断以日本所办合于公法，秘鲁不得要偿，议乃结。**十一月，以外务卿副岛种臣为特命全权大使，使于我，换条规。**先以书致北洋大臣李鸿章曰：“前派使员请暂缓换约，并商改章。今我改约大使东徂西转，已越一年，若俟其归，似太迟缓，今已疏请先行换约，奉命以种臣为大臣，即日来华。”种臣谒鸿章，又自陈前光之来非其意所乐为云。六年四月，至天津。我朝命北洋大臣李鸿章为换约大臣，遂互换条规。种臣旋入京。时穆宗毅皇帝亲政，礼成，泰西公使咸吁请觐见伸庆贺。六月，穆宗毅皇帝召见于紫光阁，种臣以头等全权大臣在俄、美、英、法诸使之先，捧国皇书入觐。书曰：“大日本国大皇帝敬问大清国大皇帝。曩者两国俱与泰西各国交通往来，而独两国未修亲睦，故于去岁简派亲臣大藏卿伊达宗城，经与贵国议定条规，已予批准，允宜派使互换。适闻大皇帝已成婚，且亲政，朕深欢喜。乃特遣外务大臣副岛种臣于贵国交换条约，并伸庆贺。朕固知种臣堪为喉舌，专司外务，无不代朕肩承，言归于好。冀大皇帝思交谊，笃邻好，待该使臣优加仁厚。彼此两国蒙庆，永久弗渝。特兹敬白。并祈大皇帝多福眉寿。”种臣觐礼成，鞠躬肃退。皇帝命覆以国书，书曰：“大清国大皇帝复问大日本国大皇帝好。兹接使臣副岛种臣赍到来书，披阅之余，实深忻悦。朕祗承天命，寅绍丕基，中外一家，罔有歧视，矧关邻谊，尤重推诚。上年所立条规，现已宣谕刊布。嘉仪孔多，足征厚意，用答微物，藉使寄将。愿我两国，永敦和好，同荷天庥，朕有厚望焉。”仍命种臣赍归。自中国与外国缔交三十余载，今以特恩召见种臣，居首班，世夸为至荣。种臣换约之后，以井田让为总理事，管十五口商务；品川忠道为理事，驻上海，兼管宁波、镇江、九江、汉口四处；林道三郎为副理事，管广东、琼州、潮州三处，而驻于香港，各令赴任视事。种臣既归，留前光为公使。

明年，乃有台湾生蕃之事。先是，辛未十一月，有琉球船遇飓风飘至台湾，为生蕃劫杀五十四人。癸酉三月，小田县民四名亦漂到遭害。喜事者因谓生蕃豺狼，不可不膺惩。特以生蕃、熟蕃有异，欲先质经界于我。会种臣在北京，乃寄谕种臣，命询台地事。种臣难于启口，因遣副使柳原前光问我总理衙门大臣毛昶熙、董恂。昶熙等答曰："蕃民之杀琉民，既闻其事，害贵国人，则我未之闻。夫二岛俱我属土，属土之人相杀，裁决固在于我。我恤琉人，自有措置，何预贵国事而烦为过问？"前光因大争琉球为日本版图，又具证小田县民遇害状，且曰："贵国已知恤琉人，而不惩台蕃者何？"曰："杀人者皆属生蕃，故且置之化外，未便穷治。日本之虾夷、美国之红蕃，皆不服王化，此亦万国之所时有。"前光曰："生蕃害人，贵国舍而不治。然一民莫非赤子，赤子遇害而不问，安在为之父母？是以我邦将问罪岛人。为盟好故，使某先告之。"反复论诘者累日，卒不能毕议。及前光归，白状，于是征台之议遂决。甲戌三月，以陆军少将西乡从道为都督，陆军少将谷干城、海军少将赤松则良为参军，率兵赴台湾；陆军少佐福岛九成为厦门领事，兼管蕃事，别延美国人李仙得参谋议。李仙得者，曾充驻扎厦门之美国领事，以美船事，曾至台湾生蕃诸社，后为外务省所聘，副岛种臣使中国，亦尝随行。佣英、美船为运输，而特命参议兼大藏卿大隈重信为综理。四月，从道等率海陆军发品川，旋抵长崎，以萨邸为蕃地事务局，重信等随至。时美国公使某，执局外中立之例，建言曰："大邦无端率军舰兵卒而入华境，彼必以为寇边，我船舶人民苟为大邦所佣役，彼又必以我为应援，我与华人亦为同盟，岂敢独有私于大邦而结怨邻好。凡属美国所有，愿一切收还。"遂布告其流寓商民守中立例，并令厦门美领事捕李仙得等。英国公使亦言中国必生异议，按之公法，实无此举。于是内阁大生纷议，急遣权少内史金井之恭传内旨于长崎，令重信止军行，且归京。重信走告从道，从道不奉命，曰："近日朝政，朝令夕改，令人危疑。况招集精锐，驾驭一误，溃败四出，祸且不测，岂止佐贺之比？佐贺，谓是年前参议江藤新平叛乱之事，见《国统志》中。必欲强留某，则奉还敕书，躬自捣丑虏巢窟，毙而后已。万一清国生异议，朝廷目臣等为亡命流贼，则于答之乎何有。”先是，日本欲于蕃地为屯田计，因命从道募兵鹿儿岛县。其兄隆盛为募骁健子弟八百余。会停师令下，忽有流言，谓熊本、大坂兵将东上叩阙，请出师之命，故从道以是要挟。从道又曰：“即使内阁大臣西下亲谕，亦不能从。”辞色俱愤。重信乃曰：“内旨非必停师，特以外国公使有违言，将俟后图。”恳谕百端，从道卒不肯，即夜下令发师。翌日，领事九成等遂率兵二百人乘有功舰先发。重信电报状，朝议大忧，又命内务卿大久保利通于长崎。从道卒不听，乃戒以姑行，勿妄交兵，以待后命。利通等遂携李仙得还东京。五月二日，诸舰相率发。日进、孟春、三国，共三舰。寻达社寮港。既上岸，移阵龟山，社寮平旷，无可扼守。时日进舰放小舟测海，生蕃出没岸上，发小铳狙击，乃移营龟山，扼内山冲路。旋遣轻兵入山，牡丹社蕃伏匿茂草中，猝起邀击，殪伍长某。越二日，以熟蕃为导，生蕃亦出斗，日本兵发铳于丛莽，毙其一，余皆奔遁。熟蕃告以佯走有伏，日本兵不敢追蹑。进攻竹社、风口、石门诸蕃，石门，拒龟山二十余里，巉岩天险。生蕃叠石为壁，据险力拒。日兵不能进，有别道军绕出其背，乃骇奔。日本兵追杀三十余人。从道亦乘高砂舰继至。初以美、英公使有违言，所赁船舶悉解约还之，于是运粮调兵皆失便。众皆愤郁，乃谋购买，而外舶骤倍其价，以银六万元购一美舰，可容五百名，曰社寮。又以十万元购一英舰，可容兵千、载物千吨，高砂舰是也。社寮亦继至。至则分道进攻，不利，乃退守龟山，修桥梁，辟荒芜，为屯田持久计。六月一日，仍分竹社、风口、石门三道攻牡丹社，向四重溪。是地距龟山仅八九里，途有一河，众水奔注，势如激箭。诸军提挈，乱流而渡，兵或漂溺。既而深入山谷，涧水横流，泥淖没踝。土蕃伐木塞路，日本兵扪葛藤攀岩壁，蜗旋鱼贯而行，屡为土蕃所阻。力进奋击，焚庐舍数所。蕃人徒跣陟险而走，其捷如飞。日本兵追之不及。从道等乃谓土蕃出没不常，我兵追击则鸟遁兽逸，倏失所在，功不偿劳，计不如杜巢穴，绝饷道，以术制之，以待其窘。乃置守于双溪、石门、风港诸道，收军还龟山，造都督府，设病院，修桥缮道，为开垦久守之计。初师发长崎，复遣柳原前光于北京，领事九成至厦门，亦书告闽浙总督李鹤年，书曰："去年副岛大使以下，既报贵国政府，今将起师问罪于贵国化外之地。若贵国声教所暨，则秋毫不敢侵犯，疆场密迩，愿毋致骚扰。"鹤年覆书曰："台湾全岛，我所管领，土蕃犯禁，我自有处置，何借日本兵力为？至贵国人民四名之遇祸者，我台湾府吏实救庇之，何可以怨报德？请速收兵，退我地，勿启二国衅。"鹤年以闻。时总理衙门、北洋大臣既先驰奏，我朝乃命船政大臣沈葆桢巡视台湾，调兵警备。前光至京，谒总理衙门，词旨抵牾，于是二国势将构兵。日本即征兵诸国，商购铁甲舰于英；我则筑炮台于澎湖诸岛，设海底电线于台湾厦门间，购新法洋枪三万枝于德国，调淮兵来台，议购铁甲舰于丹国。欧美海客在两国者，论彼我曲直强弱，日付之新闻纸，乘机鼓煽，船舰兵仗之价，顿增三倍。日本兵久屯龟山，以酷暑多病疫，棺椁相望，进退维谷。国皇特遣侍医及外国医员往疗之，命御库制冰运往，别募新兵，罢归病者。而是时赤松则良在上海侦探驰报，巡抚王凯泰将兵二万向台地。日本大恐，八月，遂以参议大久保利通为办理全权大臣，委以和战之权。陆军大佐福原和胜，三等议官高崎正风、租税助吉原重俊、权少内史金井之恭等从之，别以佛人披萨拿参机密。六日发东京，十九达上海，李仙得亦随行。初，李仙得已罢役，更任特例办务使赴厦门。美国领事以犯局外中立令捕之。李仙得不服，曰："日本得聘用美人，载于条约。日本聘我，在台事未起之前。今擅禁其用我，是使美国失信于日本也。"领事卒释之。李仙得遂往会利通于天津，偕至京。九月十四日，利通谒我总理衙门王大臣，先辩论蕃地所隶之经界，互相龃龉，经二旬未决，利通乃宣言归国再举。利通贻总理衙门书曰："诸公所言，辄引条约，以背盟罪我，是阳唱和我，而阴疏斥我也。我已束装，归国在近，或和或否，期以十日答我。"而阴托英国公使威妥玛居间调停。初，利通要偿军需金三百万元；总理衙门以日本为无理横肆，坚执不许。时我军机大臣文祥执议不给一钱。巡视台湾大臣沈葆桢亦奏称："倭备虽增，倭情渐怯。彼非不知难思退。而谣言四布，冀我受其恫喝，迁就求和。倘入彼彀中，必得一步又进一步。但使我厚集兵力，无隙可乘，自必帖耳而去。姑宽其称兵既往之咎，已足见朝廷逾格之恩；倘妄肆要求，愿坚持定见，力为拒却。"葆桢又贻书北洋大臣李鸿章曰："大久保之来，其中情窘急可想，然必故示整暇，不肯遽就我范围，是欲速之意在彼不在我。我既以逸待劳，以主待客，自不必急于行成。"鸿章以告总理衙门，廷议大韪之。既而念日本近在肘腋，无以餍其欲，恐有妨亚细亚洲后来和局，乃终许抚恤，筹补银，限期撤兵，两国遂和好如初。条款曰："照得各国自行设法保全，如在何国有事，应由何国查办。兹以台湾生蕃曾将日本国政府属民妄为加害，日本国本意为该蕃是问，遂遣兵往彼，向该生蕃诘责。今与清国议退兵并善后办法，开列三条于后：一、日本国此次所办，原为保民义举，清国不指以为不是；二、前次所有遇害难民之家，清国许给以抚恤银十万两。日本所有在该处修道、建房等件，清国愿留自用，先行议定筹补银四十万两；三、所有此事两国一切往来公文，彼此撤回注销，作为罢论。至该处生蕃，清国自行设法，妥为约束。”是日，我总理各国事务和硕恭亲王、军机大臣管理工部事务文祥、军机大臣协办大学士吏部尚书宝鋆、吏部尚书毛昶熙、户部尚书董恂、工部尚书崇纶、军机大臣兵部尚书沈桂芬、兵部右侍郎成林、兵部左侍郎崇厚、通政司副使夏家镐，日本特命办理全权大使大久保利通、驻扎公使柳原前光，咸会于总理衙门议定，各签押钤印。**利通于定约之夕，即走谢威妥玛。明日遂发北京**。至天津，谒李鸿章，倾怀款晤，尽欢而别。初，前光因台事谒鸿章，前光气馁，恐其议论抵牾，顾而言他，不复及时事。利通之来，亦未修谒，及是乃过访焉。**归抵横滨，商民各张灯彩迎之，以庆和成**。**国皇亦御正殿赐谒，诏赏其勋劳**。李仙得先归，国皇亦引见慰劳之。寻召见英国公使巴夏礼，温谕奖谢，盖以威妥玛等调停尽力也。**旋特遣敕使于台湾，诏班师**。**十二月，从道等振旅归**。国皇亦召见慰其劳。是役也，日本糜费六百余万元，兵士疫死者甚众。

八年十月，以外务少辅森有礼为特命全权公使，遣如北京。明年丙子，以朝鲜炮击云扬舰事，命森有礼请总理衙门以书告朝鲜劝修好。有礼又往保定谒北洋大臣李鸿章，鸿章饮之酒，而纵谈曰：“平秀吉想是千古伟人，然朝鲜之役，前后七年。明以朝鲜为我国藩篱，在所必争，致丧师糜饷，两受其害。”有礼曰：“朝鲜果为中国藩属否？”鸿章曰：“此天下万国所共知，且条规中既载之。”有礼曰：“条规中何尝及此？”鸿章曰：“两国所属邦土，非指朝鲜诸国而何？俟他日修约，补为注明可也。”有礼因曰：“朝鲜屡拒我国书，今又无端击我兵舰，我国是以有征韩之议。”鸿章曰：“朝鲜误于不知耳。且亚细亚洲宜合纵连衡，外御其侮，何可以兄弟之国日寻干戈！苟或兴师，中国亦岂能袖手旁观，以大字小？愿贵国熟图之。”鸿章又取笔，书“徒伤和气，毫无利益”八字示之。有礼唯唯，临别，起告曰：“今夕所论战争，乃森有礼一人之言，非日本使者之言也。”初，条规已换，华民流寓日本者，日本以未设领事官，遂颁告居留华民规则，令之遵守，并课金作经费。先是，华商仅居长崎一口，其后新开各港，皆陆续麇集，横滨有二千余人，神户有数百人，长崎有千余人，筑地、箱馆各有百数十人，大约闽、粤、浙籍为多。日本令各举董事经理，每人每岁课银二元，以充经费。至岁丙子，光绪二年，为明治九年，我朝乃特简翰林院侍讲何如璋为钦差大臣，候选知府张斯桂为副使，并分设理事。先是，议约之始，曾国藩奏称：“日本物产丰饶，百货价贱，去中国不过数日程。立约之后，彼国市舶将络绎东来，中国贾帆亦必联翩东渡，不如泰西诸国洋商来而华商不往。华人往者已多，中国似须派员驻扎日本，约束内地商民，讯办华洋争讼案件。”李鸿章亦奏称：“中外已定和约，均宜各派官员往驻其国，庶消息易通，势力均敌。近年奉诏，迭次派员往泰西各邦通好，业与从前隔阂情形小异。日本近在肘腋，自变更西法，造兵船，开铁路，又派人往西学习技艺，其志固欲自强以御侮，究之距中国近而西国远，联络之则为兄弟，拒绝之或反为仇雠，诚宜简员往驻，随时侦其动静，与之推诚，相与设法牢笼，亦可管束我国商民。”云云。其后福建巡抚王凯泰、丁日昌，湖南巡抚王文韶，均以为言。九年十二月抵东京，谒今皇，递国书。书曰：“大清国大皇帝问大日本国大皇帝好。朕诞膺天命，寅绍丕基，眷念友邦，言归于好。兹特简二品顶戴升用翰林院侍讲何如璋为钦差出使大臣，三品顶戴即选知府张斯桂为副使，往驻贵国都城，并令亲赍国书，以表真心和好之据。朕知何如璋等和平通达，办理交涉事件必能悉臻妥协。惟冀推诚相信，得以永臻友睦，共享升平，朕有厚望焉。”如璋率同副使张斯桂、参赞黄遵宪入谒，行三鞠躬进退礼。国皇喜受书。日本汉学者皆谓自隋唐通好以来，千有余载，及是使者始奉皇帝国书，待以邻交之礼，书之史册，实为至荣。旋购使馆于东京之霞关；又于横滨设理事官一员，兼管筑地；神户设理事官一员，兼管大阪；长崎设理事官一员。中国商民，咸归管辖。

卷七　邻交志四

泰　西

环地球而居，南北极有定，东西方无定。然居中国而视欧罗巴，则名曰泰西。日本又居中国之东，故亦沿泰西之称。阿美利加一洲，自太平洋海路已通，由东而至其国，亦可谓之太东。然其初来也，越大西洋而抵欧罗巴，乃能至亚细亚，且其种类国俗，实为欧洲枝分之国，今亦以泰西统之。至欧美各国国名，译华语，无定字，读以日本音，更无定字。如英吉利，或作汉乂利亚，或作谙厄利亚，或作英机黎，或作英圭黎，又作伯理敦，则三岛总名也，又作不列颠，又作浦利丹尼亚，又作貌利太泥亚。俄罗斯，多作鲁西亚，或作鄂罗斯，又作露西亚。阿美利加，多作阿墨利加，或作米利坚，或作亚美利驾，又译其义，称曰合众国，或曰联邦。法兰西，或作佛兰西，或作佛郎机，或作佛郎察西。荷兰，多作和兰，或作阿兰陀，或作喎兰。日斯巴尼亚，多作西班牙，或作是班牙，或作班由，或作毗斯番。又谓新西班牙为农毗斯番，即美洲之西班牙属国也。日耳曼或作簭文，或作查曼布路斯，或作孛露，或作孛漏生，或作普鲁斯，或作布留士，或作普鲁士。今之德意志，多作独逸。葡萄牙，或作波尔杜瓦尔。义大利亚，或作意大利，或作以大理。比利时，或作比利震，或作白利真。奥大利亚，或作澳大利亚。秘鲁，或作白露。丹马，或作丁抹。又或节称曰英国、鲁国、墨国。此编杂采诸书，不必一一尽改，特识于此。

后奈良帝天文十一年，西历之一千五百四十二年也。葡萄牙教士始来多祢岛，岛属大隅。舶长二人，一曰牟罗叔舍，一曰几利支丹。日本后遂名天主教为几利支丹教。日本学者皆谓欧洲人之来日本以是为始。萩原裕曰："先是，三百五十四年，为后鸟羽帝文治四年，有船至陆奥，阖船一百五十人，中有三伟人：一精兵学星纬术数，一善蕃乐，一妙医药。此乃欧人来东之始。世或以西历一千四百年间，葡人始经阿非利加之喜望峰而来印度，然其由亚历山大港通红海而至印度，固已久矣。此陆奥来船，必为欧人。"云云。余考景教之传，在唐贞观年间，当时为建大秦寺，则罗马教士来东已久。此中三人，有精星纬地理之学。当时诸国，无有此辈，断为欧人，理或然也。又是时始传鸟铳。寻有意大利亚教僧至。大友义镇首奉天主教，其法浸盛。及织田氏时，松永久秀、高山友祥等亦奉之。正亲町帝天正二年，南蛮船至，有教士称宇留嘉侔伴的连，教中师长曰伴的连。信长召至安土，问所由来，曰欲传祆教。信长馆之立正寺，召群臣议之，卒令建南蛮寺于京师，授以土田。刑部正则曰："戎狄异类，不知人伦，异日必为害，不如逐之。"信长曰："昔百济贡佛像，尊崇至今，彼徒所奉，容有可取。"先是，筑紫濒海，葡船无所不至，经营市易，广布教法。及是又至京师。教士多通国语，解内情，言辞温雅，善与人交，金宝珠玑视如瓦石，或教民造食物，以利民用，百方诳诱，以故民归之如流水。而西人托商贾来传教者，陆续不绝。信长悟，欲逐之，未果。大友义镇时雄据筑紫，特建天主观于丹生岛，日听讲说，两丰二筑，每焚佛刹，目为天火，甚至毁佛像为薪。

时京畿僧徒横肆，信长欲引祆教以挫之。既而，伴的连日以赈穷疗疾为事，散珍货，施奇药。每曰："汝曹不信圣教，故罹斯惨苦。我今为汝等超度。"乞儿病民，日蚁聚其门，而长崎阖境皆从教。教匪山田甚吉等遂结五百余人，日放火劫掠。信长始悔，将逐之，遇弑不果。至文禄四年，丰臣氏怒其惑众，乃收伴的连及其徒二十余人，械送长崎磔之，始禁祆教。然既所在蔓延，不能骤改，就刑者甚众。初，天正十五年，秀吉议毁南蛮寺，或请斩其人。秀吉曰："不若放还。"命密捕教徒。高山友长、小西行长泄其情，皆遁匿，仅获四人，遂逐伴的连。定法五章：曰禁祀天主；曰禁毁神社佛寺；曰限教士二旬出港；曰禁说教，不禁通商；曰所绝在教士，商民姑宥其罪。然教士潜匿不去，及是乃遂伏诛。

后阳成帝庆长五年，荷兰船至和泉界浦，英吉利人从至，先是，天文十五年，英吉利人始附兰舶来。天正八年，英船始至。皆乞互市，德川秀忠延见之。其至也，遭风船坏，秀忠命赉廪谷五十口，设馆居之，时时引见，询外域风俗。越十年后船至，乃载还。六年，吕宋船亦至，德川家康给以印票，允通商。又颁信牌于国民，令航外海。八年，始设长崎奉行。官名，专司外舶事。岛津氏所隶之坊津，海商蕃客日益辐辏。十三年，吕宋船抵浦贺。吕宋求直至关左，又请通商舶于其国，皆允之。十四年，将军秀忠又给印票于澳门葡商，于荷兰，于英吉利，均许互市。长崎奉行入谒德川家康，曰："现今市易繁昌，汉洋麇集，外船系泊至八十余艘。"家康大悦。当是时，安南、暹罗、柬埔寨以外，南洋诸岛及西欧各国通商者，凡十许国，皆给印票。旋定以长崎为互市场，禁进他港。十六年，又禁天主教。初，秀吉禁教，继以兵事，禁网稍宽，教士来者日众。及是，荷兰人杨与士上变，又有僧讦教士曰："葡王之遣教士，倾力济度，名为通商，实以蛊民，渐图夺国。其取吕宋、农毗斯番，皆用此术。及今不图，必贻大患。”家康大惊，遣使搜索教士，逐之海外，申严教禁，命僧崇传以梵法劝谕教徒，不悛者处流斩。**十七年，又申禁天主教，尽毁京畿诸道教堂。**初，有告天主为邪教者。德川秀忠特命揖斐某于南洋传习其教，七年而归。秀忠召问，穷数日夜不倦，终悟其邪。**新西班牙人始来通商。**始得自鸣钟，旋遣京商田中某，附其船往，逾年而还，献绯红鹅绒、葡萄酒各物。**十八年，陆奥守伊达政宗遣其臣支仓六左卫门于罗马，累年乃归。**日本人之至欧洲，以是为始。时以日本舟雇洋人驶往，阖船百八十人，独支仓得归，携有罗马牒及十字架等物。时教禁正严，遂秘其事。**英吉利人始来骏河上书，前将军家康亦报以书。**献有镶嵌铳、望远镜等物。家康报书，约许以七事：曰商舶蠲役；曰需用必给；曰随宜进港；曰市民杂居；曰财产自主；曰禁强买卖；曰罪犯各用国法。由是商舶岁至，行之十一年，以无利，又辞通商。案：此报书，即近世和约之权舆也。**十九年，以禁教故，囚高山友祥等二百余人于狱，旋放之瓜哇及澳门。**是岁又毁教堂十一宇，谕教徒归浮图，无悛者。乃令以草稿束缚，父子相伍，绝饮食，再令吏诱之曰：“改教则生。”皆曰：“宁死往天堂。”口唱达维斯不止。达维斯，谓上帝也。**元和二年，始置下田奉行。**江户港口。**三年，吕宋船至，有教徒，遂搜斩阖船人。**荷兰人至平户，告界商常陈携吕宋教徒至，长崎奉行驰如平户，入船检货，搜获教徒密书，阖船无少长皆斩之。幕府由是益亲荷兰。初，罗马教士利玛窦入中国，用汉字著书，诪张西教，海舶或赍至，传播民间。至元和八年，令长崎奉行严检汉书，语涉泰西者一概涂抹，名曰禁书。其后长崎奉行捕禁益严，教民多露宿乞食，然卒不能绝。**宽永元年，始置三崎、走水奉行。**三崎属伊

豆，走水属相模。新西班牙船至，上书将军家光，以奉教国却之。家光下诸宰执议，皆曰："此不过借通好以广教耳，不如逐之。"二年，告海外诸国，专以长崎通商，禁进别港。既而又停吕宋澳门互市。十二年，禁国民远航，律以极刑，并禁造巨舶。初，足利氏之末，海贾奸匪，泛海私出，船帜题八幡字，往往为盗。文禄初，丰臣氏始给信牌，许远航。逮德川氏，定为二十家船，时人谓之朱印船。及教禁严，凡入海者必奉牒书，又谓之奉书船。然安南、暹罗皆尝遣使请禁国商横暴。自文禄以来四十三年，至是停之。适有久往广南，归者五人，皆处斩。旋又定船舶之制，禁帆用三桅，漕船外，不得过五百石，著为定制，防远航也。十三年，命于长崎筑港建馆，以居洋商，不许杂居。募富民填港，内筑别岛。既成，乃驱洋人尽住别岛。又放洋种男女二百八十七人于海外。令大村纯信以兵扼诸口，以备窜逸。

十四年，天主教徒作乱于肥前之岛原，家光命松平信纲等合西诸侯兵讨之，越七月乃平，诛教匪凡四万人；更申天主教禁于海内。初，有马城为教徒窟，屡捕不绝。幕府乃命松仓重政治之，谕以力锄凶种。重政大索封内，每岁例戮数十人，后遂毁原城，徙治岛原。其子重次嗣封，政尚苛酷，谤声载道。是年八月，耶稣教徒遂作乱，故小西氏、大友氏遗臣之奉教者，匿于天草，纠党宣言曰："岛原益田时贞，神人也。昔西教师有遗言：'廿六年后，天降善男子，枯树生华，绛云四塞，乃上帝再来之证。'今少年时贞即其人。"群贼等遂自天草入岛原，所在响应，犯高久城，掠仓谷三万二千包及火药甲兵等，筑原城而据之。事闻，幕府命镇西诸将讨之，以板仓重昌督师。重昌合诸侯兵十二万五千攻之，不克。重昌谋久困之。幕府又命松平信纲、户田氏铁提督军务。重昌闻二将至，愧师无功，奋勇力战，中箭炮而毙。信纲等至，命诸将合围，然后进攻。至明年二月二十八日城破，纵火焚毁，烟焰涨天，贼将时贞等十余人皆自杀，斩首四万，无一降者。诸军亦死者千余，伤者七千余。是役也，重围凡百有旬日，官军前后死伤至一万三四千。余考天草之乱，以不教之民执耜耰之兵，聚数十万劲旅于小城之下，而每战必胜，倔强不屈。此何以故？万众一心也。万众一心者，教使之然也。吾闻耶稣基督之教，推人物本原一归之上帝主宰；又以耶稣舍生救人，为上帝子、圣教主，一心崇奉。推其弊，至于宁负国法不负教法，宁负君父不负教祖。苟或詈教，则戟手而争，刀锯之所加，矢石之所攒，踊跃奔赴，视死如皈，以是为答教祖之恩，阶升天之福。夫既以徇教为报恩，以赴死为升天，遂不难执戈于君父之前，悍然而不少悔。是役也，城破之日，儿童幼女咸引颈受刃，无一涕涟者。呜呼！何其敬信之至此也。欧洲十字军之起，十战九败，卒能奋兴；新旧教之争，至于父子仇隙，伏尸百万。呜呼！耶稣忧人道灭裂，教以相生相养之道，而其徒竟为危激，蹈汤赴火，以张其教，吾不知其救人行善之谓何也？日本萩原裕曰："自三韩内附，而浮屠至焉；西南洋麇聚，而袄教入焉。袄教毒之尤酷者也。一误吾民，愚民蹈而罹辜者大约二十八万，而官军鏖战死于锋镝下者不与焉。宽永以后，遗匪余孽，或杀或流，或自裁，丧国破家者亦不少。大抵前后堕生于袄教之祸，盖几几三十万人。吁，此三十万人者，皆我赤子也。教徒一饶舌，而我三十万赤子含笑瞑目，可不惧哉！"**十六年，遣使长崎，召镇西诸藩重臣，申教禁。**天草乱后，于十五年悬赏曰："告教士者，赏银二百锭；告教徒者，赏百锭。"及是，再遣大田资宗于长崎召各国，谕绝来航。令诸藩曰："国家严禁天主教，外国非不知，而潜遣教士，屡来犯禁。自今来舶，辄火其船，诛其人。"**十七**

年，毁澳门来船，焚其货，斩其人。澳门葡商复来强请互市。幕府遣民部少辅加加爪忠澄告之曰：“汝屡犯大禁，是蔑我国也。”捕斩六十余人，余附华船还。**十八年，荷兰船长来谒，将军家光谕曰：“耶稣教有潜至者，必告毋匿，否则并绝尔国。”**尔后荷兰船至，船主每献方物至江户，谒将军，沿为常例。时命北条正房问兰人以西洋攻战大炮火箭之法，后录为一书上之。**后光明帝正保四年，葡萄牙兵舰至长崎，命严防戍。**旧制，外船进口例收炮柁。及是，葡人曰：“兵舰非商船，不受令。”事闻，幕府命九国诸藩出戍兵，以小舟围绕，絙筏扼海，梗塞去路，众至八万。又特遣大总督如长崎诘问，察其无他，然犹停泊五旬余而后去。**庆安二年，鲁西牙人始至桦太。**即库页岛。**承应二年，将军家纲命筑七炮台于长崎防外患。后西帝宽文元年，令诸藩严索教徒，立五户互讦法。灵元帝宽文八年，于长崎府厅设耶稣像，令民践蹂。**宽永以来，禁教益严，每岁诸藩捕斩者数百人。又严核各道户口，不奉佛教者无所容身。松浦隆信铸十字架耶稣像于铁板，俾士民践之，以验宗教。是岁纳之长崎府厅，幕府遂著为令。后又设于海岸，外舶来者，必践踏乃许登岸。**延宝元年，英吉利船入长崎，复奉书求互市，不允。自后长崎商船，唯华商及荷兰船而已，他国无复至者，行之二百余年。**德川氏一代，以开港始，以开港终，独中间锁港二百余载。当此之时，欧洲诸国，狼吞虎噬，弱肉强食，每阅一战，国步日进。日本独立海中，于海外事情茫如云雾，文愉武熙，晏安无事。至于末流，墨守旧法，闭门固拒。然美舰俄舶一来劫盟，睹其坚船巨炮，气已中馁，及一战于马关，再战于鹿儿岛，又动辄败绩。而开港入口，结约十四条，左干戈而右槃敦，城下之盟，失利不必问矣。方家康三世之初，遣使通商，造舶出海，骎骎乎有驰骛八极之意。不幸以天主教故，变而锁港。假令是时由南洋至西极，与诸大国相往来；又假令欧洲诸国早有轮船、电线、铁路，东西两洋以玉帛相见，不以兵戈，则互取彼长，以治己国，日本虽小国，或不难捧载书而从万国后，断不至前倨后卑，如今日受侮之甚。惜哉！惜哉！

贞享三年，澳门港使送漂民十二还长崎，上书曰："我国以尊日本，故特送漂人，非乞互市。"幕府使吏答之曰："国禁通信，自今而后，纵有漂人，愿勿送还。"乃给粮食薪水遣归。以后葡船遂绝迹。东山帝元禄十二年，始限兰舶进口，每岁四艘或五艘。中御门帝正德五年，将军家宣命限二艘，输出物值银三千贯，铜一百五十万斤，遣使长崎，正贸易法，更给船牌。享保六年，将军吉宗始开泰西禁书之禁，废伊豆下田奉行，始置相模浦贺奉行。十二年，处士小笠原贞任请检小笠原岛，听之。贞任曾祖贞赖，尝奉教，检南海，得一岛，命以其氏，每岁航收其利。宽永中停之。故贞任有此请。其后小笠原岛，英国欲争为己有，日本卒不听。十六年，减兰舶输出为一千五百贯，铜一百万斤。樱町帝宽保二年，命青木敦书索遗书。敦书始习兰学。敦书称，文藏官书物奉行新井君美始阐和兰学，而世未知之。敦书乃如长崎，从象胥习洋字，质兰藉。至挽近兰学浸开，始有种痘法，亦赖其首倡，著有《和兰话译》等。三年，又减和兰输出为五百五十贯，铜五十万斤。

后桃园帝明和八年，有鲁人由甘查甲测验东海，致书长崎。安永元年，鲁人六十余名至乌儿图普岛，筑室营渔利，土人不能制，遂与互斗。七年，鲁人命岛夷向导至纳加麻，乞市易。明年，松前氏以将军家治命还书，辞市易，给米、烟、酒遣之；鲁人鞅鞅去。光格帝天明五年，鲁人来松前熊石，家治特遣使巡视虾夷诸岛；又命巡桦太。宽政三年，将军家齐减外舶岁额，限和兰一艘，命和兰船主五岁一至江户。有仙台处士林子平，以倡议海防，将军命锢之。子平，少倜傥，有大志。尝敝衣菲食，蹑高屐，冒寒暑，凌危险，跋涉千里，诸国山川要害，莫不谙知，最留意海防。再游长崎，接海外人，详其情状，其意谓“自江户日本桥抵于欧罗巴列国，一水相通，彼驾驶巨舰航大洋如平地，视异域如比邻，而我不知备，可谓危矣。濒海要冲之地，必严筑炮台，设戍兵。以日本全国为一大城，一旦缓急，以逸待劳，庶免外侮。”又谓：“我南北诸岛，委之不顾，外国有窃据者，为患不细。”归著《海国兵谈》及《三国通览》二书，幕府以为动人心，命毁其梓，锢诸其藩。为德川氏承平之际，欧洲诸国无事之时，而有林子平其人，悉外情，议防海，可谓眼大如箕矣。五年，鲁西亚女帝苏非遣使阿陀牟等至虾夷根室，乞通信互市，送还漂民二人；家齐临吹上厅见之。二人伊势白子、舟子，漂至鲁，居十二岁乃还。遣目付官名。石川忠房、村上义礼等至松前，谕阿陀牟曰：“此地不关外事，宜西至长崎。苟求互市，有国禁在。”鲁使乃归。时英船亦数出没虾夷海。九年，命松前氏修备，更命南部某、津轻某交戍虾夷。十年，复遣使按验。淳和二年，始置虾夷奉行，收东虾夷为官地。越五年，褫松前氏封，又收松前及西虾夷为官地。文化元年，鲁西亚帝亚历山大遣使礼萨纳等至长崎，再送归漂民四人，四人，仙台水手，与十六人共漂至一岛，曰蕴提戾都蛤，又乘岛船，西南至屋和都蛤港，皆鲁人所管，复往伊留歌都蛤，居八岁。鲁帝征之，乘驷昼夜西北驰，五十日至都馆大臣宅。帝召见十人，问欲还否？四人求还，余乞留。四人在都四旬，纵观礼拜堂、博览会及异花奇禽等。盖鲁人欲再请互市，故厚待之。于是发船送归，由南亚墨利加之巴西，抵极南海，折而西北，过东洋，泊加摸赭都蛤，而达长崎，水路距鲁都七万余里。献书及方物，乞通信互市，将军弗纳。明年二月，遣目付远山

景晋于长崎，与奉行肥田赖常传命，仍赐米盐绵各若干，给薪水遣归。初，阿陀牟之至根室也，及还，与一牌曰：“若再来，以是为信。”鲁人误谓许互市，故礼萨纳固请，终不许。礼萨纳在船中得疾，请上陆疗养且修船；众吏守法不听。赖常曰：“有疾不许疗，船坏不许修，是失信义也。”遂从其请。礼萨纳感谢而去。赖常上状请犯禁罪，执政反赏之。文化三年秋，鲁西亚兵舰寇虾夷桦太，焚楠溪廨舍，掠粟，执戍卒四人而去。四年四月，鲁西亚兵舰二艘寇越土吕府，火名蔺穗栅，执戍卒三人，进犯舍那寨。戍兵仅数十人，力拒之。夜，鲁兵潜登寨后菜世卤山，发大熕，戍兵不敌，退保蔓米罗山，鲁人焚寨掠器而去。箱馆奉行乞援于仙台南部津轻，幕府亦飞檄奥羽诸藩严为之备，命仙台、秋田守松前。五月，鲁人侵理井尻岛，焚抄船数只。又至桦太，送还俘口，上书曰：“敢乞互市。不许，当再以战舰蹂躏。”目付远山景晋等巡视其地，漕军粮一万五千石于箱馆，改置松前奉行，以河尻某、村垣某为之。十二月，命松平容众、伊达周宗发兵屯虾夷诸要害，遣幕吏督之，以备北寇。初，礼萨纳之还也，至加摸赭都蛤，诱无赖曰：“汝等往扰虾夷地，日本疲于奔命，必许互市。”以故数来焚掠。时升平日久，一旦变作，举国骚然。五年四月，起炮台于相模、伊豆、安房、上总各要害，命浦贺奉行岩本正伦等掌其事。八月，英吉利船一艘至长崎，夜潜乘轻舸入港，掠民家畜物，上厅乞牲牢薪水。奉行松平康英飞檄肥筑，将烧夷之。英船夜去，康英恨失机，上表自劾，屠腹以谢罪。旧制，使福冈、佐贺二藩间岁戍长崎，至是松平齐直坐戍卒失误英船，命之屏居。时将吏调戍虾夷者各至戍，分守松前箱馆、桦太、越土吕府，然卒不见一寇而归，会津、仙台兵旋亦撤守。寻命南部利敬总督西虾，津轻宁亲总督东虾，各进爵增封。九年五月，鲁西亚将伊利古留船至理井尻，遣八人上陆，诣泊崎，言语不通，戍卒虏之，发铳指船。八月，伊利古留再至，复遣国民三名请归俘，不予。见栅中兵执火器，回舳入洋，掠商舶而去。十年五月，伊利古留复来，使所掠舶商诣泊崎，言曰："往年犯桦太、越土吕府，皆我属国加摸赭都蛤之无赖所为，国家实不知，已罪其魁，禁勿扰边鄙。某等特来谢，不图待之如盗。请察此诚，赐以八俘。"六月，松前奉行遣属吏于理井尻报之曰："归所掠物，上谢罪书，则还若俘。"伊利古留诺而归。九月，复诣箱馆，献谢书，归器械，遂还以八虏，并给粮及薪水。自鲁人扰北边，至是八岁始平。

仁孝帝文政四年，复松前氏封于松前，仍镇东、西虾夷。八年，蕃船一艘入寇萨摩宝岛，岛津齐兴发兵讨之，杀一人。将军令曰："蕃船至沿海地，则发炮急击。敢私给蕃船用物者，严戮无赦。"天保二年，有蕃船寇东虾，松前兵炮杀数人，船乃遁。十一年，处士高野长英、渡边华山等，以译西书及议开无人岛有罪，禁锢。初，长英、华山与小关三英共译西书，论兵制，究地志。时英舰护送漂民直至浦贺，欲请贸易，兰人告之长崎。事闻，阁老水野忠邦曰："宜准文化中逐鲁使例。"评定所亦议曰："英人猖獗，阳以贸易为名，阴欲广其祆教，宜远之如淫声美色。今托言送漂民至都城咫尺之地，其意难测，欲济小虫则杀大虫，毋以一二漂民弛禁，当一举扫除之，以辉国威耳。"长英等就幕吏窃其稿，私谓国初英、兰皆入江户，后英以无利辞。今彼冒万里风涛送我漂民，实出厚意。若以怨报德，恐结怒外国。华山乃作《鴂舌小记》、《蕃论私记》、《慎机论》，长英亦著《梦物语》，皆驳攘夷非计。既而，蕃学之徒又议开无人岛以供国用，将请之幕府。或告以通信外国，踪迹诡秘，遂下令搜捕严锢之。十三年，将军家庆废外船炮击之令。德川齐昭建议曰："民俗愚戆，不知大义，渔父艖丁为尤甚。曩布攘夷令，犹恐或昵夷人于洋中。今废其令，何以防偷漏之奸？"不报。弘化元年，和兰兵舰来长崎，告曰："西洋诸国将率兵来劫盟。"三年丙午闰五月，北亚墨利加将必氏帅军舰二、兵一千，航入浦贺，贻书奉行，曰："我国已结好华人，冀贵国亦互市，愿守国法。"幕府令大久保忠丰传命曰："我祖宗以来，锁港久矣，外事当问长崎，不关此港。"命松平齐典、松平忠固严修海防。六月，墨舰还去。是月，有墨人七名漂泊越土吕府，明年幕府命和兰人送还之。孝明帝嘉永元年戊申，蕃船往来北海者日众。二年己酉，北亚墨利加人十五名漂至虾夷，幕府命和兰送还，辞。三月，墨船入长崎，受漂人去。闰四月，英吉利船入浦贺，奉行户田氏荣奉命斥之。归途，阑入下田，测海而去。于时蕃舶来往北之南部津轻、松前，西之对马，或上陆游步，或乞供阙乏，日益频数。幕府乃令内外列藩益修海防，撰人材，减诸侯驺从，许其赍火器入江户，练兵于郭外，又命西诸侯造巨舶。是年，始传种痘方。五年壬子八月，兰人上言："明年墨欲来请贸易，苟不协，将有战事。"先是，三年，和兰亦上言："印度人欲贸易日本，请于英国政府，见许。"命筑炮台于大森。六年癸丑六月三日，北亚墨利加将陂理帅四舰突入浦贺，曰："奉国命求通好，赍有国书，当呈之大君。"奉行户田氏荣令往长崎，陂理不听，状颇桀骜。奉行飞报江户，幕府大惊，命松平、细川、黑田、毛利、蜂须贺、立花、酒井、大久保等诸藩，戍近海及上下总、安房、伊豆、相模沿海，假馆于栗滨为接使所。九日，氏荣等率诸吏接使受书，陂理以兵三百余人旗鼓而进，道路侧目。献书函及方物，且云直达大君。其略曰："北亚墨利加合众国大统领水师提督陂理呈书日本国大君，请修好互市二事。我合众国产黄金、白银、铅汞、珠玑，及天然珍异之产，人工奇巧之物。日本亦富物产，相贸易，必有大利，试行之或五年或十年，即不利则罢市。加理科尼亚，我一大都会，驰火轮船，则十八昼夜而到日本。或帆或轮，航太平洋而至中华者，及捕鲸船之近日本北部者，时遭飓坏船，愿救恤之。我火轮船颇费石炭薪水，然不得多载，愿给其匮乏，我当报以金银。”前中纳言德川齐昭、细川齐护、立花鉴宽请以部兵攘之，幕议谓承平日久，宜先为之备而后绝。乃使氏荣等报之曰：“当奏之朝廷，明岁令长崎和兰人传报。”陂理曰：“明年若允许，将假一岛建商馆。”乃入神奈川湾测量。吏诮之。陂理曰：“如不许互市，更发兵舰，吾为之先锋，故预量浅深耳。”幕府使胁坂安宅入奏，帝大忧恐，敕七庙七大寺祈四海静谧。七月，鲁西亚使布恬廷帅兵舰四艘入长崎，福冈、佐贺诸藩发兵备之。鲁使就奉行水野忠笃呈书，请三事：一修邻好；二正桦太疆界；三则开市及鲁船往来有急需，请给缺乏。十月，将军家定遣大目付筒井政宪、勘定奉行川路圣谟等于长崎答书于鲁使，曰：“我与贵国，各国其国，民其民，无事相交。苟欲正疆埸，须敕疆吏，按图籍检核凭据，勿使有毫厘差乃可；若贸易往来，我世遵旧法，前已固辞。但方今贸易殆遍宇内，诚不能取古例律今事。顷者合众国亦来乞市，容彼拒此，势既不可；并受万国，则鳞集麇聚，国力之给不给未可知，将何以为继？矧我主新立，百度草创，如此重事，须奏之京师，告之列侯，势不得不费岁月。我于贵国壤界相接，应加郑重，幸谅此意。”布恬廷受书而去。初，墨舰之去，下其书于列藩议之，主战主和，群议纷起。士之上海防策者，日踵于门，里谈巷说，亦论其利害。幕府乃报曰：“议论百端，要之归战和二字。顾边防未完，兵器未整，乌可自我开衅？明年之答，宜迁延以待后举。”旋命会津、熊本、荻、鸟取、冈山、川越、忍、柳川诸藩戍武相、房总沿海，又征土佐漂人万次郎为小普请。万次，宇佐渔人，于天保末漂流抵无人岛，为捕鲸船所救，携往北亚墨利加，居十三年乃还，献其纪行日记、世界计览、万国舆地图、西洋奇货。至是擢之，以其解墨事也。安政元年甲寅，正月十三日，墨将陂理再帅七兵舰入浦贺，幕府遣大目付伊泽政义、町奉行井户觉弘、儒员林炜等按问之。墨舰进泊本牧，发空熕，量海底。幕府命金泽藩等守京师；水户藩守江户，仙台、久留米、米泽等亦与焉；余皆扼守近海。浦贺奉行户田氏荣及政义、觉弘等，使退浦贺港。对曰：“远方航海苦旷，日请入江户上书。”不许。二十七日，副将阿单须进入神奈川，迫品海。政义等举国禁止之，阿单须抗辨无退色。时德川齐昭建白十议，论墨不可和，细川请进讨，以张国威，并不许。二月十日，令炜、觉弘等假馆横滨，接墨使飨之。陂理上书曰：“谨承两国相亲之命，使臣与有荣矣。然条约不定，则邦交不固，请以后泊船，许取直给物，许士卒上陆，许上岸立标测量内海。”幕府赐之米百斛，许其泊下田、箱馆二港，居下田沙子岛方七里，居箱馆方五里。及抚漂民，给薪粮等，墨舰乃赴下田港。寻许泊长崎。时圣谟、政宪等至自长崎，以为许墨人二港，与前议答鲁相抵捂，上书争之，不省。幕府遂令诸藩撤武相总阵营。自去年六月征兵三十余万人，至是罢归。日本本以武立国，然自德川氏秉政以来，雍虞为治，于外国强弱，茫乎未知。一葡船来，调兵至八万人；一鲁舰来，复征四诸侯之兵，漕十万石之米。此次墨国劫盟，乃至聚兵三十万众。然彼国驾巨舶，履大洋，东西南北，何所不至？我迹敌船之所至而置之戍，戍兵未至，敌舰早飏。此与刻舟以求剑、守株以待兔何异？及乎两军对垒，彼此相持，主客众寡，非不据形势而得便利。然驱不教之民，执无用之器，骤对强敌，譬犹羊群见虎，早已神索气尽，调兵虽多，终不能战。嗟夫！设险以守国，教兵以备战，有国家者之急务。平时漫不设防，一旦有警，则羽檄飞驰，张皇失措，事定而复遣散之，非特劳民伤财，而鼠技已穷，形见势绌，适足贻旁观之笑，招外人之侮，无怪乎劫盟之师接踵而至也。前车之鉴，可不戒哉！**墨舰临去，送致长门人吉田矩方等二人。幕府锢之。**初，长州士吉田矩方，受兵学于松代儒臣佐久间象山。象山博学洽闻，兼通象译，善火技，每曰："方今要务，宜周航万国，审其情实，庶不致观人国于云雾中。"会幕府托和兰购兵舰，象山曰："不如遣人往殊域学之。邦人来往，自能操舟，不复仰给于外，省购费而习伎巧，益莫大焉。"幕府不纳。矩方闻之感愤。时鲁舰入长崎，欲从之航西，至则已去，乃歉然返江户。象山在浦贺警卫中，矩方与其门人涩木松太郎谋之象山。象山授以方略，托小吏，令二人夜窃入墨船，请附载。陂理不听，护送遣归。幕府以其犯国禁也，锢之其藩，并幽象山。尝观陂理《纪行》，书谓矩方聪明，识天下大势。日本罪斯人，真为可惜，然矩方后竟被刑。维新以来，长门藩士之以尊王树勋者，多其门人。世谓其以名节鼓舞士气，至今称道。矩方又尝草《七生灭贼说》，引楠子语以自况，其英烈可想也。**七月，爪哇都督赠书长崎奉行，曰："前奉命索战舰，会西洋乱，未由得之。闻日本待鲁、墨愈于和兰，然鲁最叵测，鲁将蚕食差我廉以及日本，泰西诸大合纵拒之。今英王以仆为东方水军将，尾追鲁军。仆即帅兵舰先发，请许其入长崎诸港，并请给军用。"延至八月，答之曰："如以讨鲁故，则敝邑密迩于鲁，近始行成，或以应援见责；如以穷乏请，敢不如命？长崎、箱馆随宜系泊，幸勿至他港。"既而，以其固请，许泊下田。英女主域多**

利亚使船亦至长崎上书，略曰："近来鄂国猖獗无状，有吞并全欧之志。吾王哀全欧人民罹祸，问罪于鄂国，命将出师，海陆并进。闻昨年鄂国遣使于大国，约永通和好，贸易有无，诸执事待以客礼，许其请而遣之。吾王闻之，擗踊曰：'大国洵君子国，而鄂国所谓虎狼之秦也。'顷者，鄂国挟其祆教凌暴土国。土国孱馁不能支，告急于英。吾王传檄于同盟，发精甲数万，碎其艨艟十，杀其组练数千，零贼奔窜。吾将草薙而兽狝，歼其丑类。闻鄂将经大国海洋而归其边徼。今某等舣军舰于对马岛，将迹鄂国败兵而鏖之，以作京观，于东洋毫无关系。大国若以其有约，不忍旁观，或英武不胜技痒，有加一弹一箭，以为其后继，则某等部下将泄怒于大国，改旗东指，大国其何以应之？言至此，虽类不逊，实出至诚。鄂流涎于差我廉者有年，并吞虾夷千岛，自皮及于肉于骨，终将吸精髓而后已。吾曹窃为大国寒心，大国其熟虑深计焉。今通款大国，竭区区之意，欲使大国争此要著于世局也。英敬天爱人，力可取而义不取，岂效鄂并食弱肉以夸强大，此英之所以横行寰宇而驾驭诸国也。自今以往，英船取道于大国管辖者，不论何地何港，揭徽而入，下锚而泊，缮哨船，取薪水，不必一一请谒，请下令沿海诸道知无他。今两国将立盟结义，东西声援，则鄂形露势阻，不得逞其凶虐。吾王东望，欲明衷曲于大国久矣。军旅之间，不能尽拜趋之礼，镇台其知悉而报诸殿下，速赐报。"英使名约蔑私仑儿。八月，奉行忠笃、目付永井岩丞等奉命延见英使，许泊长崎、箱馆二港，给欠乏。使船寻去。九月，鲁舰用日本字树帜曰"於吕之也"。即鲁西亚译音。自南海入大坂洋，幕府檄和歌山以下诸藩备之。彦根藩井伊直弼发兵四千屯京师本能寺，郡山、淀、膳所诸藩扼洛外各所，鹿儿岛、熊本兵相率东上。家定寻使直弼守卫宫阙，酒井忠义、抑泽保得副焉。使青山忠良等，分戍京师七口。又命和歌山筑熕台于加田，德岛筑于由良岩屋，明石筑于明石，命宫津、田边、峰山各严海防，互相应援。十月，鲁舰退泊纪伊之加田浦，无几来泊下田，幕府使政宪、圣谟、政义及目付松平重、古贺谨等接之。十二月，政宪等会鲁使布铦廷，许泊下田、长崎、箱馆三港，购买欠乏物。鲁船之在下田，遇海溢几覆，幕吏善遇之，修其破漏，鲁人喜而去。二年乙卯三月，家定奉诏，令五畿七道销梵钟以铸大小炮。惟余古名钟、宗寺钟、报时钟不毁。既而，僧徒诉之知恩轮王、二法王，事格不行。又禁以铜铁锡铅铸佛像、佛具及诸器玩。墨船至下田，请测量海底，曰："使往来华米诸船谙海路，以避覆溺患。"幕府报以俟后命。墨量东北海而去。六月，和兰人至长崎，献蒸汽船及小铳。幕府寻遣矢田崛景藏、胜麟太郎等于长崎，就和兰人学操汽船术。八月，岛津齐彬献昌平船于幕府，模西洋制所造也。家定赐名刀赏之。是岁春，幕府命松前崇广上东、西虾夷为官地。东自木古内村以北，西至乙部村以北，直隶幕府。夏，命伊达庆邦戍东虾白追以北愈不津、根室、越土吕府、俱奈尻等；佐竹义睦戍西虾御神居以北真霖添矢及北岸知床等；津轻承顺守箱馆，垒戍江刺、乙部及御神居以南；松前崇广戍箱馆岬、江刺岬、七重滨、木古内及东虾惚边津。冬奏，益开虾夷，命箱馆奉行管之。又遣清水氏遗臣及士庶千余人于虾夷，使垦荒经野，牧畜种树，捕鲸采药，及掘石炭，凿矿山，以教化夷民。

三年丙辰，二月，幕府始置蕃书调所。七月，幕府筑熕台二于界浦，命高松、松江二藩筑之于大坂两川口。锅岛齐正亦筑炮台于神乃、伊王二岛。家定赐刀赏之。墨使巴尔理士来下田，告曰："奉国命为总领事，主通商，请亲谒将军呈书。"老中阿部正弘等密议，谓既与和亲，许贷地泊船给物，又继以通商。此禁一弛，各国踵至，亲甲疏乙，殆生乱阶。许之，虑力不给；不许，则根本犹弱，实国家安危之所系。乃令大小监察评定，长崎、浦贺、箱馆、下田诸奉行各上议，诸吏上封事。或曰：既破国律接外使，事机已误，今噬脐何及。十月，家定以堀田正笃为外国事务总裁。四年丁巳二月，和兰船长上书曰："交际外国，当争实利，勿争虚名。今日时势，诚不能闭关绝人。苟开衅于琐事，则城下之盟，俯首求和，所伤实多。"老中以为和兰所言，非于彼我分左右袒，使诸藩积怨，恐蹈亚细亚诸国覆辙。业已许和变宽永以后之法，则待之不得不遵宽永以前之规，遂决议许墨使入府，而欲于下田受书。既而，下田奉行井上清直等言，巴尔理士必欲见将军呈书，议久不决。至五月，乃许定期谒见，而奏之京师。于是齐昭等上疏切谏，溜直诸藩德川氏设大老、老中二职。大老时有废置，老中常执政权。又撰诸亲藩轮直议政，曰溜直。又连署谏曰："许墨使谒见，待遇重于和兰一等，是非幕下失其职掌耶？今许见墨夷，诸蕃继踵，亦将一一见之，操纵由人，诚大辱国。虽遂事不谏，敢别疏利害，请再商。"金泽、鹿儿岛、仙台、熊本等二十一藩亦上书，曰："宽永以前，诸藩来朝者，卑逊恭谨。今承教依宽永以前例，然墨使尊己国、蔑本朝，执政阻之不可，乃俯首下心，听其要挟。某等诚痛愤，羞与为伍，请于是日概免衙参。"德川氏之初，与外国通商，往往延见外客，即商人、教士，亦引与款接，咨询一切。然自祆教酿祸以来，遽以铁铸耶稣，纵民践踏，外舶之至，概绝弗通。中叶之后，国势愈弱，拒人愈严，其视西人曾禽兽蛇蝎之不若。此次墨使之见，诸侯连奏请免衙参，其鄙夷弗屑之意，盖可想见。然一战再战，即含濡隐忍，俯首求和。既而震惊其强，又幡然改图，举一切政体、风俗，惟西人是尚，其视西人又有如仙佛贤圣之高不可攀者。噫嘻！何前倨后恭之一至于此也。乾隆四十一年，刑部上广东巡抚李质颖谳英吉利商人嗡等狱辞。高宗皇帝谕曰："汉、唐、宋、明之季，多昧于柔远之经。当其弱而不振，则藐忽而虐侮之；及其强而有事，则又畏惧而调停之。因循姑息，卒至酿成大衅而不可救。"圣人之言，明见万里，大哉言乎！比年物价腾贵，诸藩疲于会同，请自今限十年就国，以劝农讲武，富国强兵，而备万一。有水户人二名，夜潜入蕃书调所，欲刺巴尔理士，事觉处刑。巴尔理士既来江户，诣堀田正笃邸告曰："我合众国以搂人土地为大禁，但轮舶所至，万里交通，孰敢以一丸泥封关者？日本当从通例，许合众国驻全权公使于京，纵商舶入港互市。二者不翅本国请，东西各国所望也。日本之所患在英，英与鲁交恶，恐日本为鲁所并，亦欲得差我廉及虾夷，以横绝鲁军，开市结约，得互相维持。东印度为英所并，坐不与泰西结约故也。约成，则国不亡，且战舰火器均可应贵国需。通商亦有利，关税所余足赡国用。惟鸦片产于东印度，英挟其强力，强人购买，他国有受其毒者，为之岁縻四千万元。与英往来，须禁此物。合众国于人民习教，听从所好，此亦世界之通义。日本开市，以我国公使督之，诸国遣使约事，则答曰既与合众国约如此，必莫有争者。向者，仆会英将于香港，告奉使日本，率汽船五十艘往江户要约，若不许，将自我动兵。英与佛联盟，佛必与偕，迟未至者，有事于他国故也。方今国是，不如许互市。吾飞告英、佛以约成，则蒸汽舰之来亦一二而已。信吾言，则仆为安全媒，贵国之幸也。"十一月，正笃令土岐赖旨、川路圣谟等质问其言。二十一日，将军家定延见巴尔理士于牙城受书，赐以时服，并飨之昌平黉。十二月，正笃见巴尔理士，谢其忠告。巴尔理士再上书申前请。家定使林炜及目付津田半三郎西上奏事。林炜等见传奏菅原聪长、藤原光成曰："近世万国尽事互市，今墨使请置公使，开十港。幕议欲许之，使臣等上奏。"传奏曰："俟他日再议。"锅岛齐正上书曰："我邦自神武肇基，二千余年，未受外辱。今乃为墨夷所劫，亏损国威，曲徇其所求，得寸进尺，若王室何？非我族类，其心必异，外托通好，内则窥隙。一旦变作，诸臣之肉足食乎？今一意主战，暂劳永逸，与先安后危，孰得孰失？纵令入寇，列藩当敌王所忾，奋力却之，不必以烦麾下。臣世辱镇西重任，闻墨夷入见，意如敌破后门，请在国以十有八年为期，足食足兵，缓急从事。"时诸藩亦多诣营言事。是年夏，幕府命讲武所都肄海军，令高松、松江二藩守摄海，松山守神奈川。冬，齐昭造军舰成，名曰旭丸。家定赐黄金百枚、时衣三十领赏之。五年戊午正月，家定命老中堀田正笃西上奏事请敕许，川路圣谟、岩赖愿等副焉。二月，正笃入朝。献黄金五十枚及金香凤凰，准后及关白、大阁、传奏亦有献遗。帝召大臣以下、参议以上三十余名会议。蜂须贺茂韶私上疏，劾正笃因循误事状，且曰："臣见外夷近状，觊至神京，天步艰难，危急日逼。"又呈书前关白政通曰："神州安危在今日，幕府不容众议，殿下宁听之耶？"于是聪长、光成传旨曰："前敕以不许泊畿内近海，今能不开武库港耶？曰开数港、建商馆，溪壑无厌，必渐次乞求，保毋反复？"正笃对曰："古者外舶入界浦而市，南蛮寺，亦在京师，故彼以固乞。然今许开武库，仍禁其入京畿十里内，犹胜于前。夫条约以约无事，我不背理，彼安敢乱？今如不和，则变起眉睫，何以因应？故自今生聚教训，图内强以祛外患，策无上于此者。"三月，巴尔理士至江户促条约押印，曰："闻日本政权在江户，不图游移旷日至此。若不得命，吾直入京师，得其要领。”幕府飞书于正笃促之。帝初令拟旨，有“外事处置一依幕府”之语。既而廷议哗然，乃改草。召正笃传敕曰：“墨夷之请，神州安危之所系，将军变祖宗法，失兆民心，何以保万世？许开下田，前事已误，今若如所奏，则国威坠地。幕府其使三家诸侯更议而奏之。”正笃等乃奉敕还。四月，幕府移敕书于列藩。正笃召巴尔理士，告以京师众议，曰：“固欲保两国欢，然背违群议，事终不济。”巴尔理士曰：“两国相约，而以人心不合延期，天下万国之所无，前史所不见也。政府不能钤印，直诣京师决之，请刻日以报。”是月，幕府以井伊直弼为大老。五月，家定答墨书，略曰：“承二国相亲之意，感荷无已。然宜草章程见示，待我阖国会同之期，而后定议。”巴尔理士奉以还下田。六月，鲁舰入加奈川，墨舰复突入小柴。巴尔理士来告曰：“英、佛二国，乘得胜之威，马首欲东行有日矣。我忧日本不耐诛求，待其至而议，已缓不及事。苟听我请，署印于约，我当告二国，以同盟之国居间图无事。”幕府危惧，大老直弼等谓事已危迫，徒俟敕允，必开战端，乃使清直愿等与巴尔理士计，参酌旧约，定互市则十四条，钤印授之。将钤印，巴尔理士复曰：“此约中所载‘寓居日本商民归我领事官管辖，以我国法处断’，实不同泰西通例，本非我合众国所乐为。然东方刑律重于泰西，桁杨刀锯非西人所堪，均不愿受治于贵国之法。英、法诸国所不愿，独合众国为之，亦恐贻旁观之笑，滋吾民之怨，请自今发奋自强，改从西律。俟日本法度修明，再改此条，合众国必为诸国倡。今日势不得已，幸谅恕之。”七月，外国长崎、箱馆诸奉行亦会鲁、英、兰、佛四使，定约署印，皆准墨例，五国从同。其条曰永相和亲；曰自明年六月始互市，至七月开神奈川，以代下田；曰自今后四十月而置市场于江户，五十月而开武库，置场于大坂。苟新潟不便则别开西州港。居武库、神奈川、箱馆地各十里，但武库之十里内不许入京畿，长崎限公有地；曰禁粜米麦，缺乏乃给；曰货币互行国内；曰铜钱不许出口；曰严禁鸦片烟。第一款，英国君主、日本国太君议定，两国及两国属民，永敦友谊，世世勿替。第二款，英国君主可派钦差大员或秉权大员，驻扎日本国京城，并派领事官并署领事官驻扎日本国；现今所定通商各口所有英国钦差领事等员，可任意到日本国内地各处；日本国太君亦可照派钦差大员驻扎英国京城，并派领事官或署领事官驻扎英国各口，所有日本国钦差、领事亦可任意到英国内地各处。第三款，日本国箱馆、神奈川、长崎三口、议于一千八百五十九年七月初一日起，准英属通商。新潟一口，议于一千八百六十年正月初一日起，准英属通商；倘此口船澳不便，即改换西洲海滨一口。武库一口，议于一千八百六十三年正月初一日起，准英属通商。以上各口，英属人民皆可永远居住，亦可租地买屋，并起造栈房，但不准设立炮台以及一切武备。凡英人起造房屋，日本国官尽可常往查看。所有各口英人住居之处，以及船澳章程，应由各处地方官会同领事商议。若有不合，禀请英国钦差与日本国王家核办。凡有英人住居之处，日本人不准在周围筑墙砌壁，以阻英人出入。英属人民可任意在以下所定界内来往：如在神奈川至六乡川止，周围以十里为界；在箱馆周围以十里为界；武库亦以十里为界，惟西京不在界内，此城相去十里之处不准来往。凡有英国水手船只，不准过猪名川，此河在武库、大坂之间出口。以上里数，皆自各口官地量起，每里以四千二百七十五英码为准。在长崎英属人民，可任意在邻近各处官地来往。在新潟或改换之处，其界当由英国钦差会同日本国王家酌定。江户、京城议于一千八百六十二年正月初一日起任英人居住，大坂城议于一千八百六十三年正月初一日起任英人居住，但为通商而已。二城之内，英人租屋之处以及往来界限，当由英国钦差会同日本国王家酌定。第四款，凡有英属人民在日本通商各口居住，其身家悉归英国王家管辖。第五款，凡日本国人民得罪英属人民，当由日本国王家拿获，照日本国律例严办；凡英属人民得罪日本国人民或他国人民，悉由英国领事官，或其他秉权大臣照英国律例究办。两国务须秉公了结，毋得稍涉偏私。第六款，凡英属人民欲控日本国人，应先禀明英国领事，领事应得从中劝息。若日本人欲控英人，英领事亦当听其诉明，从中劝息。若必不能息讼，须会同日本官秉公判断。第七款，凡日本国人拖欠英人银钱无力归还，以致逃避，日本官务须尽力查拿，追还欠项；如英人欠日本人银钱逃避者，英官亦当尽力查拿，追还欠项。但两造所欠之项，官可代追，却与官不涉。第八款，凡英人雇日本人为一切不犯法之事，日本国王家不得阻止。第九款，凡英属人民住于日本者，应听行教，并准于无碍之处起造教堂。第十款，外国各色银钱，皆可在日本通用，以日本国分两为准。凡英国属民经商，两国银钱皆可交易。但外国银钱用于日本国，须俟多年方知贵贱，故日本国每从新开通商一口，日本国官先将银钱照轻重与英人兑换。外国银钱不照银色高低，亦不得扣折，以开口后一年为限。所有日本国金银银钱皆准出口，惟铜钱不准。第十一款，凡英国兵船所用杂物，准进神奈川、箱馆、长崎等口起岸，收入栈房，归英官掌管，并准免税。若在日本国发卖，买主应照税则纳税。第十二款，凡英国船只在日本沿海地方碰坏搁浅，船上人等逃至日本，无论是否通商地方，地方官查知，立即设法妥为照料护送，交就近领事官查收。第十三款，凡英国商船欲进日本国通商各口，可任意雇引水船带入。若船在口内已经完清税饷，亦可雇引水船带其出口。第十四款，所有日本国通商各口，皆任凭英人由本国装运各色无例禁之货进口销售，并可在日本各口买日本无例禁之货，完清税饷，装运出口。惟军械等货，只准卖与日本王家及西洋人。凡洋人与日本人交易各货，日本官不得与闻。日本人与英人买卖货物收栈，皆听自便。第十五款，凡英人在日本海关报货，倘以所报价值不合，该货可由海关照值定价。货主若不肯照海关所定之价售卖，即当照海关所定之价纳税。若肯卖，关上应即买入，立即付价，不得扣折。第十六款，凡英人运货进日本国通商各口，已照则完清税饷，任凭日本国人转送日本内地各处销售，不得再加捐税及内地等捐。第十七款，凡英船载货进日本通商各口，已经完清税饷，日本海关应给凭单，注明某货已经完税字样。若原货载往他口，无须再行纳税。第十八款，日本官应在通商各口，设法查究漏税走私之弊。第十九款，凡条约中所定一切罚款，以及入官之货，应归日本国王家任意办理。第二十款，《条约》后所定《通商章程》，两国官民当与《条约》一律遵守。倘《章程》未臻全备，当由英国钦差会同日本国王家随时酌议，以便永行勿替。第二十一款，现在所定《条约》，皆以英文、日本文、荷兰文书写，彼此一意，但以荷兰文为准。嗣后，凡有英国钦差领事官与日本官文件，俱用英字书写，暂以荷兰文或日本文配送；五年后，即免配送。第二十二款，两国大员议明，将来若要修改《条约》，须至一千八百七十二年七月初一日，方可举行，并须于一年前知照。第二十三款，今后若日本大君与他国一切利益之事，英国官民无不同获其美。第二十四款，此条俟英国君主、日本大君批准之后，以一年为期，在江户京城对换。现下两国大员先行画押，并盖用关防，以昭信守。英国降生后一千八百五十八年八月二十六日，日本国安政五年七月十八日，订于江户京城。水野筑后守永井玄、藩头井上，信浓守堀、织部正岩濑，肥后守津田丰三郎；英国公使叶留燕。押。所附《通商章程》内载，英船输入鸦片，如逾三斤之数，即取以充公；若有设法密谋输入者，每一斤罚十五元。输入各货，如造船修船各器具，渔鲸各物，盐渍各料，鸟兽食物，又铅锡石炭及造屋之材料，蒸汽之机器，暨棉布毛织，均值百取五；一切酒类，值百取三十五；其他，均值百取二十。嗣以朝议纷纭，诸藩龃龉，各国游士方且倡尊王以攘夷之说，内外交讧，幕府不得已，遣下野守竹内、石见守松平、能登守京极使英，复议锁港。英不纳，惟许新潟、兵库、江户、大阪开港之期迟延五年，而严禁日本人阻扰外交者，仍减轻洋酒、玻璃各器之输入税。于文久二年五月，即一千八百六十二年六月。定约于伦敦。约曰：日本大君因国内阻扰外交，各党一时未能镇定，甚难如期开港，屡商之驻扎日本英使，兹复遣使详陈于英国政府。英国念日本大君内治之难，曲意承诺，允将前订约章第三款，新潟、兵库开港互市及江户、大阪许其居住，所定期限，均自西历一千八百六十三年一月一日起算延期五年。而长崎、箱馆、神奈川三处，业已开港，应遵约妥办。严禁各节：一、税关干预商民买卖者；二、禁止外商雇用工匠、教习、仆役者；三、官吏拒止各藩搬运货物于通商口岸者；四、司税官役干涉商务从中渔利者；五、止遏一切齐民贸易者；六、杜绝与外商往来亲密者。以上各弊，如日本大君不为革除，无论何时，英国得仍照前约，促令开港。日本使臣回国，应请将对马岛通商，并许减轻酒税；又玻璃各器，照值百取五税则；又于长崎、横滨设立存货栈房，派关吏专管，以便外商存货，其已卖者缴进口税，复出口者仅纳栈租，以表明日本拓充商务之意云云。日本使臣竹内、松平、京极，英国外部大臣伊尔路塞。押。又遣筑后守池田、伊豆守河津、相模守河田使法。法亦拒其说，仍责偿长门轰击法船偿款，复减轻各种机器及钟表珍异之品、妆饰家用之物之输入税。于元始元年五月，即一千八百六十四年六月。定约于巴黎。第一款，西历一千八百六十二年七月间，日本长州藩轰击法船，日本许赔洋银十四万元。十万元由日本政府、四万元由长州藩支给。第二款，日本政府应设法镇压，俾法船经过下关海峡，不再滋事。如不得已须用兵力，法国水师愿为襄助。第三款，两国在江户所订约章，凡悬挂法旗之一切运进物，应遵最后所订减定税则而行。凡包装茶叶所用各品．许其免税。又片铅、铅蜡、地毡、石炭、藤及画绘所用油蓝，照值百取五税。又酒精、白糖、铁、铁片、各种机器、机器所用各件、麻布、钟表、袖珍表、表锁、玻璃器件、药材，及玻璃镜、陶器、玉饰各具、香料、肥皂、兵器、小刀、书籍、纸张、雕刻物件、画绘，均按值百取六收税。第四款，此款应附一千八百五十六年十月九日两国所订约章而行，无庸俟本国批准，即时施行。日本使臣池田、河津、河田，法国外部大臣杜尔湾路易。押。逮因长藩毛利氏力主攘夷，屡炮击外船，英、法、荷、美遂纠合四国之师以图报复，长人大败。既于下关订约，偿金三百万元，四国复联衡要挟幕府同订减税约，于庆应二年五月，即一千八百六十六年六月。定约于江户。约曰：据日本国安政五年，即西历一千八百五十八年，日本政府与英、法、美、荷四国订立约章内附《通商章程》第七款所载，四国公使各奉本国谕旨，求更定日本国输入输出税项。又因日本庆应元年十月，西历一千八百六十五年十一月，四国公使至大坂。时日本政府准按价每百抽五，改定税则。今政府特简水野和泉守与英、法、美、荷四国公使订定十二款：第一款，此次新订税则，应附约照行，将旧则更易。神奈川港应从日本庆应二年五月十九日、西历一千八百六十六年七月一日起，长崎、箱馆二港从是年六月二十一日、即西历八月一日起办。第二款，新定税则，应俟六年后方许更议。惟丝、茶二项，可准三年间平均货价每百抽五课税，于二年后更议。又木料税，可于钤约六个月后随时商改。第三款，原约附载《通商章程》第六款所云准单费应行免征。第四款，日本政府应盖造栈房于通商各口，以便外商存货，如输入之货，照则征税，若将货运往他处，勿庸缴输入税，但收栈租。第五款，日本货物从内地运至通商口岸，应缴陆路或水路卡税外，不得苛求。第六款，前订约章载明，凡外国货币，应照日本同种货币，同量通用，墨银一百元即抵日本一分银币三百十一个。现值日本国自铸货币，以省交换之弊，拟收取各项未铸银块改铸。此项应征杂费，彼此俟后商定。第七款，现因各口税署办理税务及起卸货物佣使工役，时时涉讼，各口地方官，应与外国领事官妥酌章程，以便遵守。第八款，凡日本人民，均得在通商各口及外国购买各项载客运货各式风帆船、火轮船。但兵船非日本政府允准，不许代购。第九款，日本商民得在通商口岸与外商贸易，或遵该约。第十款，出洋贸易，各任其便，毋庸官吏检察。且日本商民遵章缴税外，无庸缴纳别项税目。又各藩所属人等，除定章缴税外，无庸政府官吏检验，任便在各口与外国贸易。第十款，日本民人得禀明政府，请领准单，前赴外国通商，或学习工艺，又得在订约各国船只内帮执各种职艺。外国人佣雇日本人前往外国，应呈禀通商口岸地方官，乞政府准单。第十一款，日本政府应设灯台、浮标、木标等，以便行船。第十二款，该约既经全权大臣订定，无庸两国政府批准，应从日本庆应二年五月十九日，西历一千八百六十六年七月一日起办。日本使臣水野和泉守、英国特派全权公使巴克斯、法国全权公使路塞斯、合众国代署公使蔔路度满、荷兰公使兼署总领事蔔路士布路克。押。此皆幕府末年所订之约。当美约定议时，但以城下之盟，隐忍曲从，期暂纾目前之祸，以待后举。而治丝愈纷，燎原愈烈，每改约一次，则外人愈得利，日本愈受损，而当时君臣上下，挟全力以争约者，固未之知也。

外史氏曰：泰西诸国，互相往来，凡此国商民寓彼国者，悉归彼国地方官管辖，其领事官不过约束之、照料之而已。唯在亚细亚，理事得以己国法审断己民，西人谓之治外法权，谓所治之地之外而有行法之权也。治外法权始于土耳其，当回都全盛时，西灭罗马，划其边境与欧人通商，徒以厌外政纷纭，遂令各国理事自理己民，固非由威逼势劫与之立约者也，故其弊犹小。而今日治外法权之毒，乃遍及于亚细亚。余考南京旧约，犹不过曰设领事官管理商贾事宜与地方官公文往来而已，未尝曰有犯事者归彼惩办也。盖欧西之人皆知治外法权为天下不均不平之政，故立约之始，犹不敢遽施之我。迨戊午岁，与日本定约，遂因而及我，载在盟府，至于今，而横恣之状，有不忍言者。当日本立约时，幕府官吏未谙外情，任其鼓弄。而美国公使为定约稿，犹谆谆告之曰："此治外法权，两国皆有所不便，而今日不能不尔，愿贵国数年后急改之。"其后岩仓、大久保出使，深知其弊，亟亟议改。而他国皆谓日本法律不可治外人，迁延以至于今。夫天下万国，无论强弱，无论大小，苟为自主，则践我之土，即应守我之令。今乃举十数国之法律并行于开港市场一隅之地，明明为我管辖之土，有化外之民干犯禁令，掉臂游行，是岂徒卧榻之侧容人鼾睡乎？条约之言曰"领事与地方官会同公平讯断"，无论其徇情偏纵也，即曰执法如山，假如以外国人斗殴杀吾民，各交付其国领事，则英律禁狱三年，佛律禁锢百日、罚佛狼百；美律徒刑八十日；俄律徒刑一年，兰律徒刑三十日。而我国杀外国人，则论抵命，且责偿金矣。同罪异罚，何谓公平！假又华商英商同设一银场，负债甚巨，闭店歇业。彼英商者以一纸书告其领事，曰家产尽绝，彼即置身事外。而华商，则监狱追逋，或且逮其妻孥，及其兄弟矣。同事异处，又何谓公平！既已许之不由地方官管辖，刑罚固有彼轻此重之分，禁令又有彼无此有之异，利益又有彼得此失之殊，彼外人者，盖便利极矣。而我之不肖奸民，冒禁贪利，图脱刑网，辄往往依附影射，假借外人，以遂其欲。彼南洋诸岛寄寓之华人，不曰英籍，则曰兰籍；更何异于为丛驱爵乎？此诚我之大不便者也。不公不平之事，积日愈多，则吾民之怨愤日深。通商以来三十余年，耦俱相依，猜嫌不泯，而士大夫、细民论外事，辄张目裂眦，若争欲剸刃于外人之腹而后快心者，虽由教士之横，烟毒之深，亦未始非治外法权有以招之也。此亦似非外国之利也。虽然明知其不便，今欲改而更张之。彼外人者，习于便利，狃于故常，必有所不愿。且以各国人情、风俗、宗教、政治之不同，一旦强使就我，其势又甚难，而现行条约隐忍不改，流毒之深，安有穷期？窃以为今日之势，不能强彼以就我，先当移我以就彼。举各国通行之律，译采其书，别设一词讼交涉之条。凡彼以是施，我以是报，我采彼法以治吾民，彼虽横恣，何容置喙？而行之一二年，彼必嚣然以为不便，然后与之共商，略仿理藩院蒙古各盟案件，以圈禁罚赎代徒流笞杖，定一公例，彼此照办，或庶几其有成乎！若待吾国势既强，则仿泰西通行之例，援南京初立之约，悉使商民归地方官管辖，又不待言矣。至于近日租界之案，有华人与华人交讼，彼领事亦觍然面目并坐堂皇参议听断者；有烟馆赌博，我方厉禁，而租界为逋逃主萃渊薮肆无忌惮者，斯又法外用法，权外纵权，为条约之所未闻，章程之所不及。我总理衙门与英法公使议，有洋泾滨设官章程十条。是皆由于地方官吏巽懦瞻徇，一若举租界之地方人民亦与别国领事共治之。吾恐各国外部且不料领事之纵恣如此也。莫急之务，尤亟当告之公使，达之外部，扫除而更张之。

卷八　邻交志五

泰　西

自美约钤印，于是庆恕、庆笃、庆喜、庆永等初，德川家康封其诸子于尾张、于纪伊、于水户，为三亲藩，使辅翼宗家，班列三百诸侯上，仍称德川氏。秀忠又封其兄子及其子于越前、于会津，别为松平氏。世以德川氏为宗族，松平氏为支族。庆恕后更名庆胜，为尾张后。庆笃、庆喜皆齐昭子，水户后。庆永为越前后。建言，请废条约、奉敕旨，而诸藩烈士、草莽激徒倡尊王攘夷之说者，纷然起矣。七月，幕府乃黜齐昭、庆笃、庆喜，命庆恕、庆永退居。时帝屡诏征三亲藩及大老，将军奏令老中间部诠胜西上。奏曰："庆恕、齐昭、庆笃并蒙谴，余则幼弱耳。诸蕃踵至，外事冗剧，大老亦未得西，今遣诠胜西上。"及其入朝，请垂咨问。八月，家定薨，家茂任将军，大老井伊宜弼益专擅。帝乃特降内旨于齐昭，曰："将军与外国私缔条约，虽事不得已，然未尝奏取进止。如此大事，不以上闻，非弁髦王章而何？往日征三亲藩于辇下，且敕使奏列侯意见，将军依违不奉敕，乃使老中诠胜西来。如此，则患不在外国，而在萧墙。闻水、尾、越皆有罪，外患逼切，而剪羽翼，奈人心向背何？朕欲合群策群力以谋国是，汝宜竭股肱力，纠合众议，以御外夷侮。"初，齐昭素主攘夷，议改革藩政，练兵筑炮，以备海防，家庆赏以黄金宝刀。既而，有谮之者，幕府遽令退居。及美国劫盟，幕府起用齐昭。齐昭献大炮七十二门。然卒以主战，不与阁议合，终废黜。齐昭既黜，愤郁不得志，于是其京邸监鹈饲吉左及安岛带刀、鲇泽伊太夫等，与鹰司家臣小林良典、近卫家婢村冈，谋周旋诸公卿间。左大臣忠熙，内大臣忠香，前内大臣实万，权大纳言齐敬、忠房，乃同奉敕草诏，遂赍归江户。时直弼谍悉其状，又侦知诸藩臣游士赞成朝论，诽议幕政，乃大索，执安岛带刀等二十七人。十月，诠胜入京，与关白尚忠、所司代酒井忠义谋，责令关白政通、前内大臣实万削发，执王人纪正恒等三十五人。寻入朝奏曰："主上欲绝夷狄，幕府敢不奉诏？然王室霸府，苟怀贰心，事必无济，愿姑缓之。"十二月，幕府槛致京，囚于江户，命寺社奉行大目付鞫之。初，幕府修大阪城，夷天保山以置熕台，是春戍，令彦根起寨于鞍马口。正笃之告东归，更敕曰："须命大藩严太庙京师守。"及鲁、墨入港，幕府又命高松、松山、桑名三藩起寨沓挂、八幡、鹰峰，命安浓津备京师非常，冈山、鸟取、高知戍大阪，荻戍武库，柳川戍界浦，福井戍神奈川，二本松戍富津。六年己未二月，幽粟田宫尊融亲王，命伊达宗城退居，山内丰信亦告老。三月，忠熙并辞官削发，一条、久我、万里小路皆黜，皆以降攘夷诏于齐昭故也。明年八月，幕府断水户狱，大老等数齐昭以密奏京师、私请敕书等罪，遂禁锢之水户，并幽其子庆笃、庆喜，屏居太田资始，黜作事奉行岩濑愿、军舰奉行永井尚志、西城留守川路圣谟等。寻斩鹈饲吉左等八人，余禁锢流窜。初直弼议刑，老中太田资始谏之曰："此辈所为，亦出忧国至诚，宜从宽典。"板仓胜静、佐佐木显发亦谏曰："若处极刑，为众怨府，必生乱阶。"直弼不从，遂独断行之，株连甚众。时人谤其滥刑，比之汉党锢、明东林祸。而人心益愤，处士谋杀外人、阴刺朝臣之祸迭作矣。五月，帝赐黄金于尚忠、政通、忠熙、辅熙、实万及两奏职事诸公卿，以慰外事之劳。因敕曰："向侍从诠胜入奏，朕传旨幕府再三。今且欲观幕府措置，天下物情，卿等其注意。"幕府寻奏献金五千两充御用，颁遗金二万两于公卿、亲王、朝臣。加关白尚忠职俸五百苞、采邑一千石。三月，水户臣及鹿儿岛臣刺杀大老井伊直弼于樱田，数以擅许条约诸罪。水户佐野光明、斋藤监物等暨麑岛有村兼治等，伺直弼入朝，邀杀于道，提首而去，或斗死，或自裁。有自首者八人，连署上书曰："直弼挟幼主，恣威福，摈斥亲枝，废锢忠臣，杀戮义士，幽囚亲王，而反昵夷狄，不待敕许，擅订条约。臣等不能与此贼共戴天，为天下诛之，敢待斧钺！"是春，下令徙诸商于神奈川。至夏，开横滨、长崎、箱馆三港，许人民贸易。颁五国条约于全国，禁以律书、兵书、公鉴、武鉴、城郭地图及铜属卖于外舶。又令诸海舶帆用白布，舻上树画日白旗，以别外舶，遂为全国徽志。初画日船幖，惟幕府输漕用之，及令列藩模造洋舰，许用此幖。

万延元年庚申正月初，英、墨遣使促日本使节赴二国，家茂遂延见佛使。至是，遣外国奉行村垣范正、新见正兴，军舰奉行木村某，目付小栗某等二百余人于墨，乘岛津氏所献太元船及墨人蒸汽舶而发，至十月复命。幕府遣使节于海外，是为嚆矢。明年，遂遣使英、佛、墨、兰、鲁、普六国。七月，英人入江户，议设馆于殿山品川。家茂延见墨、英二使，寻见佛使。英人二十余名上富岳，幕吏百余人从之，遂浴热海温泉，自下田港去。普鲁斯使至江户请条约，不听。八月，前中纳言齐昭卒，年六十余。齐昭尝请开虾夷，语其臣曰："往时太猷公戒长崎奉行，曰内地争战，楚得齐失，要不出区寰。苟寸壤尺土没入于外夷，则我日本之国辱莫大焉。夫虾夷千岛，本我神州地，而鄂人傲然据之，岂啻尺寸，实千古悲愤！故当讲镇抚之术，画开拓之策，移内地民从事于开垦，以固北门锁钥。”维新之后，卒用其议。又尝上疏曰：“造三樯舶数千百艘，铸大熕数百万门，往来外国互市。今海内共有四十七万一千八百四十寺，毁诸寺钟以铸军炮，则兵足用足。”其论攘外，谓当以组练之师分屯冲要，使彼就陆地决战，乃可以逞吾志，亦深合时势。齐昭绍光国遗志，常欲尊王，请修山陵，复谥法。攘夷之论，实其首倡。其《己未发江户诗》曰：“白发苍颜万死余，平生豪气未全除；宝刀难染洋夷血，却想南阳旧草庐。”有识争诵之。及卒，浪士三十余名夜诣萨州邸呈书曰：“水户既死，海内除贵藩，无可依赖者，愿属贵藩为攘夷先锋。”问其姓名，皆不答。萨藩启之幕府，幕府命置之其邸。其后倡尊攘论者多其遗臣，甚至奉齐昭木主以称兵焉。八月，有人要杀墨使书记比由斯坚于三田。幕府大索之，不获。明年，幕府与洋银一万元于其母。十一月，箱馆奉行堀利熙屡谏老中安藤信正，不听，遂上书以死谏。略曰：“墨使日诣贵邸专论我政务，阁下共被同餐，尊之如师，又结为兄弟欢，与之刑典数部；彼赠衣帛球玉，阁下酬以庆长金保金一万镒；彼以烂醉挑侍婢，阁下佯为聋瞽而不问；殿山筑馆，卧榻鼾眠，阁下亦剖其无他；甚则渠论废帝事，阁下使国学者索旧典，仆窃闻之，血泪洒雨，铁肠若裂，天下士皆欲食阁下肉。彦根元老，岂非前鉴？是仆所以为阁下肝脑涂地而不辞也。临绝之言，幸鉴哀鸣，死且不朽！”

文久元年辛酉二月，水户藩士子弟脱籍，屯长冈驿，啸聚无赖至千八百人，移檄曰：“绍故黄门遗志，以举义旗。”一将率水军，略横滨，烧馆鏖夷。一将率陆军，入江户，诛吏之许互市者。江户戒严，命庆笃追捕，又遣小普请讲武所士三百余人于横滨守蕃馆，命诸侯备东禅、济海、善福诸寺，皆洋馆也。

五月，水户亡命有贺重信、榊钺三郎等十四人袭东禅寺英馆，挥枪伤英卒三人。幕吏及郡山、西尾卫士惊起互斗，杀伤卫士十余人。幕府赏卫士，命水户捕余党。既而，召诸藩议水户狱，重信斗死外，斩大关某等五人。英使责老中安藤信正曰："政府萎苶，不能制彼亡赖，我自问其罪。"先是戊午七月，亦有人杀鲁人三名于横滨。与佛、兰两使将以兵逼。信正等力恳，事裁平。自是英置兵横滨，戎装赤目，曰赤队。明年，与英死者亲族洋银三千元。六月，幕府命新庄、桑名、松山守神奈川蕃馆。寻命姬路松代守横滨。七月，英人来请曰："自神奈川至长崎、箱馆，洋多暗礁，愿测量海底。"幕府许之，令外国奉行属吏入英船与俱，告沿海诸藩，纵英人上陆。及图成，颁于诸藩。

二年壬戌正月，有人要击老中安藤信正于阪下门，伤之，亦斥其亲昵夷狄等罪。信正多携家臣自卫，伤肩仅免，刺客七人格斗皆死。检尸，各怀书，略曰："安藤承井伊氏后，奸谋诡计，过之十百。蔑侮朝廷，亲昵洋夷，与京尹酒井谋幽公卿正言者，废君臣父子之大伦，溺夷狄禽兽之污俗。又命国学者索废帝古例，将使大将军蹈北条、足利辙，大逆无道，臣等为国家诛之。"当是时，朝廷决计攘夷，幕府逼于强敌，不敢奉诏，乃大张威焰，削亲支，锢公卿，戮志士，又讽令诸侯之持异议者退隐，辛酉十一月，令锅岛齐正退隐。于是朝野皆失和。三月，长门藩毛利庆亲上书幕府谓："王霸相和，本也；诸港开锁，末也。国本立，则开锁之权在我。请翼戴天子，协和众心，以固国本。"又见老中久世广周曰："自黜锅岛氏，大藩失望，各自为计。万一有挟天子以号令四方者，何以应之？"广周等愕然。庆亲睨视少顷，曰："为今之计，有春岳即庆永。为大老，刑部卿即庆喜。为辅佐，以洗弊政耳。"庆亲因荐其臣永井雅乐熟于京人，幕府召雅乐，厚遇之，授密旨，入京师。四月，雅乐上书于议奏大纳言忠能，陈时势不可已，请敕许条约，不听。雅乐颇有学术，所条陈洞悉时势。然当时脱藩士辐辏京畿，出入缙绅门，交咎雅乐，遂不得要领而东归。长人在京者，恶雅乐，欲刺之。雅乐谍知，取道中山道来。原良藏为雅乐副。及归，屠腹，遗书曰："调停王霸，卒以扞格，自许忠义，今反为不忠不义，故以死谢。"明年，雅乐亦以事自裁。时萨摩藩岛津久光亦密奏，入京上疏曰："戊午以来，幕吏恣许互市，亲如三家，尊如上公，持攘夷议者，辄加屏黜。志士亡命结党，或刺大老，或戮丑虏，遂欲起义兵。幕吏肆其威棱，苛猛如虎，而士气益激，势日益甚。臣恐其酿乱，陷夷术中，与诸臣议，将东建言于幕府。途遇处士，欲迎臣举事。臣谕令俟命，敢请处分。"朝廷因留久光镇京师，初，浮浪魁平野国臣、轰武兵、安积五郎、有马新七等三十余人，倡尊王攘夷之说于摄播，同盟至数百人，相谋曰："乌合举事，孰与依赖大藩！"久光将赴关东，过姬路，国臣等投之曰："近日幕府蔑朝命，亲外夷，臣等愤激，将戴我公以解诸公卿幽屏，据大阪、彦根、二条三城，下令七道奉皇驾于函岭东，问罪幕府，并歼灭丑夷。请公察微衷，奏之朝廷。"久光谕留伏见，自以士卒千余人入京师。既而萨之亡命在大阪者，愤久光过镇，重与诸浪士相率将逼京师。久光乃遣藩士要之伏见，遂激论斗争，有马新七以下死者八人，藩士亦蒙创。初，所司代酒井忠义呈书传奏曰："仄闻西国亡命，啸聚于大阪、兵库，唱暴戾之说，苟公卿密通其谋，必有不测变，万一有逼辇下规威劫者，下官当竭力诛夷之。"及伏见变起，上下骚扰，忠义等仓皇遁。由是所司代威令坠地，处士横行，杀伐之风大起。诏曰："关东奏请，限十年绝外夷，汝其奉旨运谋，以张国威。"既庆亲复上书幕府曰："近日列藩游士，不经幕府，而直奏天朝，苟有奉诏要关东者，当酿群雄割据之势。将军宜朝京师，会列藩，议国是，大事奉诏以行，使天下皆知公议所在。将军尊朝廷，则天下皆尊幕府矣。”五月，蜂须贺茂韶亦上书幕府，略曰：“昨日之历，今日不可用。许外人互市，亦非失算，而恨其不当窾。何也？先拒而后许，彼既以要挟遂志，则所求皆挟势而来，何怪彼之傲很不驯乎？茂韶恐我清净土陷为腥膻域。今游士啸聚阙下，人心向背，亦已可见。侧闻敕使东下，王室之亲疏、皇国之安危系矣。转祸为福在今日，生衅酿乱亦在今日，事机一去，间不容发，请选非常之人以处非常之事。若松平春岳、锅岛闲叟、藤堂高猷、伊达春山，皆宜使之参朝议。麾下之故源齐昭、故岛津齐彬，前所建白，多可参酌。宜引三家三卿，以陈意见；优待大藩，以备咨询。”又曰：“海防大事，请命海外各国造十数舰，使麾下士人就学操船，或巡视北边鲁西亚境，或航朝鲜、广东、香港、吕宋、爪哇诸岛，以熟海路。置造船铸炮场于五畿七道，每道三所，使工人学习技巧，如此庶可兴内治而御外侮。”又曰将军宜入觐谢厘降之恩；曰皇宫供御宜倍旧额；曰宜修历朝山陵；曰四方游士愤受外侮，遂犯幕法，其情可恕，其迹可憎，请宽假之，使各归其藩。其余尚数条。藤堂高猷亦请入朝以慰天下望，权宜以宽游士罪，攘夷以尽将军职。幕府皆纳之。时有诏召庆亲西上，与岛津氏同镇处士。岛津、毛利氏既居京，东西相周旋。家茂乃先后释庆恕、庆喜、庆永及山内丰信、伊达宗城罪。寻奉诏解粟田宫、鹰司、近卫、一条、久我、万里小路等幽屏。朝廷又遣左卫门督大原重德奉诏东下，岛津久光及毛利家宰等从之。五月十日诏至，略曰：“今外夷益猖獗，幕吏误措置，天下骚然，万民将坠涂炭。朕仰耻祖宗，俯愧苍生。幕府奏曰：‘近以人心不协，故不能举膺惩之师，苟降嫁皇妹，则齐心协力以攘夷。’朕特许所请。幕吏乃连署奏曰：‘限十年必奏攘夷功。’朕甚嘉之，亲祷诸神，以待其成。客腊和宫东下，朕告国政仍旧委幕府，惟外事实关国体，故使奏闻而后定，且命二三大藩参预其谋。幕吏依违未奉行。既而萨、长列藩及西海、南海各处士蜂起建议。凡所密奏，虽毕出于忠诚忧国，而事甚激烈。朕召老中久世广周西上，又迟迟未行。幕吏因循偷安，失抚驭术，恐国家倾覆立至矣。朕日夕忧惧。朕欲使德川氏恢祖先功业，张天下纲纪，因命三事：其一、使将军率诸大名谓诸侯，日本通称。入朝，议治国家、攘戎夷，上慰祖灵，下顺民心。其二，依丰臣秀吉故事，令沿海大藩五国为五大老，以整武备。其三，使一桥刑部卿谓庆喜。辅佐将军，越前前中将谓庆永。任大老职，行内外之政，则必不受左衽之辱。将军宜撰其三事，以行其一。”家茂因理装西上。是月，英人上书幕府，言小笠原岛非日本有。幕府先已遣水野某巡察，乃引证据答之。六月，松本臣伊藤军兵杀英人二名于东禅寺而自杀。幕府罢松平光则警卫，出军兵尸以谢英。寻以洋银三千元，与死者族。军兵居常慨光则警卫洋夷，欲以事致仕。会更戍之日，英人无礼，军兵愤恚，遂及难。八月，敕使重德西归，岛津久光护之先发。途过生麦，英人驰马冲久光前驱，卫士诃何不听，怒马直过，卫士遂杀之。长人桑原良藏入横滨，欲斩外夷，见捕自杀。十一月，又敕三条实美东下，诏曰：“朕于攘夷议万变弗渝，然人心不一则事不集。朕欲布攘夷诏于天下，若策略则将军职掌，其集思竭虑。”家茂对曰：“攘夷，臣职也。然须令列藩养锐待贼。臣明春入朝，再奏方略。”

三年癸亥正月，鲁人来江户，告曰：“英、佛将举兵来。”而诸浪士在京摄间者，方以攘夷促庆喜。庆喜曰：“待将军入朝。”浪士扼腕而退，遂杀千种家臣，投首于庆喜馆，曰为攘夷血祭；又杀池内大学，枭首于大坂难波桥，榜曰“是通夷贼”；

又投一首于山内丰信馆，书曰："是亦助恶者。今攘夷诏下，公之举措安危系焉。微者之首，敢供辕门。"肥后人轰武兵、长门人久坂玄瑞、寺岛忠三郎、土佐人武市半平大等诣关白邸，逼之曰："庆喜、庆永已入京，而屡延攘夷期，朝廷亦置之不问。臣等愤激之余，或不能顾尊贵，欲血刃以祭军神。"关白大惊，报之各藩。大纳言实德、中纳言季知、少将实丽、大藏卿随资等，亦促关白以攘夷。关白报之庆喜，庆喜与容保、庆永、丰信答之曰："待将军入朝而后决。"寻诏公卿及在京诸藩早奏攘夷功。又用武兵等言，诏洞开言路，遴选参政，特置关国事一官，撰当时公卿有名望者为之。二月，英、佛军舰相踵入横滨。十九日，以书逼曰："愿获岛津三郎，否则取偿金六十万元于政府，别取三万元于鹿儿岛。区区者不余畀，则当以炮火鸣冤。请自今限二十日赐答。"江户戒严。命间部诠实守殿山，津轻朝澄、岩城某守越中岛，松平信庸、久世某守滨苑，安藤某守羽田，山内丰福、浅野某守大森。事报京师，诏在京大名曰："英人至横滨问生麦事，有藩屏任者，其各就国整兵。"乃令前田齐泰备京师军粮，毛利庆亲备对马援兵军粮，因罢其武库戍；松平庆伦、龟井兹监、中川久昭代之；德川茂德戍二见浦与安浓津，同护大庙；池田庆德督摄海诸戍，兼守隐岐。是月十三日，家茂发江户，三月四日至京。帝幸上、下加茂庙，亲祈攘夷，家茂率诸侯扈从。初，家茂未西，预诏在京限十日，以攘夷期逼也。既英事日急，有烧品川高轮之说，东人日劝家茂东归。德川庆恕上疏曰："君臣和而夷可攘。谚曰去者日远。臣恐衅开，不如缓将军东归。"庆喜、容保亦说辅熙、实美，请留家茂。帝燕见家茂，待之优渥，曰："业既委万事，当在此指挥大名。"家茂感喜。岛津茂久臣本多某，献十策于阙下：曰筑大阪外城，引淀河为湼渠，其规模倍丰臣氏，四面起熕台，诸门设大铳数十；曰尼崎、岸和田两城为大阪羽翼，仿阪城制，开周池，筑熕台，集摄之兵于尼崎，泉之兵于岸和田；曰和田岬筑八稜城，亦征不沿海诸国之兵守焉；曰自安治川、木津川至山崎八幡峡，连筑熕台；曰令武库、界浦市人徙京师；曰纪伊、阿波、淡路，遣公卿各一人巡视其海防，作图奏之；曰沿海各国建土著战守之策，勿劳奔命；曰武库、界浦等处，及其他要港，置军舰。其十，请大将军留京指挥列藩。至是岛津久光奏曰："臣献鄙见，以论时事，而谗口间之，媒孽者多。臣言不行，久居阙下，虑有不虞。且攘夷期近，愿赐数月暇。"因留书，明日就国。以诸藩在京，或有议岛津氏执事者也。四月，诏家茂，令十万石以上、三藩，同戍京师，代以百日。家茂诣阙，朝廷决以五月十日为攘夷期。家茂勉奉诏，布告诸藩，而心知不可。既而，帝行幸男山，欲亲授攘夷节刀于家茂，关白辅熙、左大臣忠香等皆扈从焉。家茂临期称病，因召庆喜，欲授之。庆喜穷蹙，俄称病。下祠浪士等闻之，怒曰："咄！惰夫不足与有为。"遂请帝亲征，愿为先锋，朝廷暂慰藉之。既而庆永为浪士所逼，知攘夷难行，上书辞总裁职，遽归就国。山内丰信、伊达宗城等皆就国。时英国偿金议久不决，萨人上书幕府曰："闻英人逼政府欲得吾族三郎而甘心，苟授首而解难，固所愿也。然英人失礼于我，我故斩之，曲在彼而反求偿，何舛也？三郎欲授首于兵间，敢请命。"公卿亦主张不偿之说，既有传闻英、佛寇摄海者。时德川茂德留守江户，驿骑络绎，促家茂东归。既而，庆喜、长行等小笠原长行，亦幕府老中。奉攘夷诏东下。英、佛益逼幕府，老中欲俟家茂归。五月，老中多称病，无一人视事。茂德乃亲自西上，庆恕又使人要之途。茂德入名古屋城，亦称病。幕吏已再四延答期，欲再延则无辞。老中松平信笃、井上清直等遂授偿金券于英人。会长行至，欲先锁港而后偿金，老中不听。长行独至横滨，告各国公使曰："我邦独立久矣，邦人皆不喜外交，故京师命幕府锁港，止贸易。"公使等答曰："吾辈奉国命通商，此非吾辈事，当遣使本国议之。然结约复破，各国将问背盟罪，日本何不达宇内形势之甚！"幕府虑英、佛生变，宣布市民。市民争逃避，舟车搬运，府下大骚。庆喜在途，闻偿金议决，飞骑止之。既知势不可挽，乃入江户，出偿银四十万元于英，事始平。京师闻报，公卿哗然，秉烛会议，彻旦不决。先是，毛利庆亲奉朝命大修下关堡。是月十日戍兵发"庚申舰"，炮击墨舶于田浦洋中，墨舶亦发熕。入夜大雨，海面昏黑，弹多不达。戍兵又放一舰，交战数刻，墨人有死伤者，遂遁。家茂时巡坂摄海防，及归京，攘夷过期，东报未至，两奏让幕府。庆恕等对曰："遣使促之，尚迁延，则命将军东下。"庆喜亦自东上书，曰："臣未见攘夷胜算，幕吏疏臣为包藏祸心。臣内外煎逼，恐负圣恩。"请辞职，朝廷不允。六月三日，家茂入朝。诏乃许东归。初，下关兵与兰船战，互有死伤。是月，墨舰来袭，破"庚申舰"，炮台亦毁。寻佛舰突入，毁赤马关，坛浦、杉谷诸炮台，上陆放火。前田村长人短兵横冲其队伍，苦战，仅却之。幕府令中根一之丞等乘"朝阳舰"至长诘问，长人不服，并杀幕使。当长人炮击墨舰，小仓对岸不援，墨亦不侵。长人责小仓曰："邻国之义，缓急相援。今闭户不救，是背攘夷诏也。此后我炮击夷舰，对岸咫尺，不保弹丸不及，愿勿责我。"小仓人曰："将军在职，幕命乃敕命，不敢为轻躁之举。弹丸之及，不得从命。"自是仓、长有隙。一之丞等过淡路岩屋洋，德岛藩长坂贞治误认为外舶，发熕，后贞治屠腹谢罪。一之丞等将赴小仓，过田浦，长人炮击之。下小艇诘问，长人答曰："幕舰模洋式，故击之。不则误认洋船以为我舰，可乎？"一之丞与铃木八十五郎入诘长事，长重臣答曰："奉朝命幕旨焉，尔何敢擅乎？"拘留二使，遂暗杀之。幕府遂大恶长藩。当是时，朝廷已下攘夷诏，幕府密主和议，而长人已开兵端，乃诏赏长人果断，特赐红白御旗于毛利庆亲赏之。又命以少将正亲町公董为监军，传攘夷应援之诏于诸藩，曰："兵端已开，苟袖手旁观，非皇国臣民。诸藩其一心敌忾，互相声援，以雪国耻。"遣公董于长防及镇西、水户、会津，伊达、细川、池田、山内、有马等亲兵从之。寻筑前、肥前诸藩驰使至萩城，曰："贵国复有寇，必致援军。"浅野茂勋亦欲援之，请就国。又遣禁里付小栗某下江户，责幕府速举兵。又诏让幕府私盟，曰："锁港限三十日，苟七国不退，则攘之。"老中信笃正直等谓："事难施行；且并绝和兰，何也？"七国谓英、法、墨、鲁、兰及葡萄牙、普鲁士。

六月二十七日，英人帅七军舰抵鹿儿岛，曰："生麦之事，已与政府平，然主谋无罪，事不平，请赎金三万元，养死者妻孥；不则得主使者。"萨人对曰："杀人者死，万国所同。俟捕获亡命，敢不伏辜。然冲大名卤簿，我亦有法禁，与足下辨曲直，而后议养妻孥。"七月朔，英人夺蒸汽舶三及琉球船二焚之，萨兵大怒，乘大风雨邀战，英舰一不动，其六折旋自如，指岸炮击，丸无虚发，碎炮台及炮数十，火及鹿儿岛市，延烧数百户。萨兵亦炮伤其舰，殪二将，死伤者数十人。萨士乃乘飞舸入英船乞和，英人即止战。萨士附英舰至横滨，请金二万两于幕府，与之，事乃平。初，萨摩撰壮士五十名，伪卖果船，谋分入英舰，刺其船将，陆兵应机一击鏖之，以风浪大不得近，计终不成。及战，英一舰不遑拔锚，绝绳而去，萨人夺锚，至和成乃返之。英舰过摄海时，鸟取人袭击之，英不战而去。后鸟取将亦屠腹谢罪云。八月，诏大坂城代曰："蕃舰如来，急击勿失。"幕府下教曰："既奏请见许，必勿浪战。"时诏教龃龉率如此。

毛利庆亲已开战，欲颁攘夷亲征诏于天下，奏请行幸大和。帝遂诏曰："拜神武天皇陵，驻跸春日山，议亲征。"自帝命萨、长、土三藩留镇京师，诸侯望风朝者八十余国。幕府奏请以松平容保为守护职，帝亦命留镇，而萨、长、土势最强，相倾轧，朝臣各分左右袒，又恐浪士主战者纵横辇毂。会行幸议决，忽有流言，谓长人当乘行幸火大内，奉驾函岭东征幕府。朝议忽中变。是月十七日夜半，亲王尊融、左大臣忠熙以下尽朝决议，召守护职、所司代征兵备非常，议奏传命锁九门，令萨摩、会津、因幡、备前、阿波、米泽、淀分守之，停公卿十三人参朝，召大纳言实德、大纳言实爱、中纳言光爱等。尊融传诏曰："议奏关国事等，信长人诡激，矫诏旨，图不良。天皇震怒，亲征非睿旨也。"十八日，遂诏停行幸，免长人戍兵。长人乃挟中纳言三条实美等西去，容保等仍备非常。诏曰："近者诏令真伪错出。十八日以来诏，乃实出朕意，四方其体之。"九月，命亲王炽仁为攘夷别敕使，既以关东奏锁港停之。十一月，朝廷诏诸藩曰："锁港待幕府指挥，勿轻举妄动。"主攘夷者闻之不怿，曰："朝议复陷姑息矣。"相率奔长。是月，家茂遣外国奉行池田某、河津某，目付河田某等，于英、佛诸国图锁港事。先至佛说锁港，佛不容。某等目击海外交际日盛，有所悟，遂不历说各国。明年八月归，具陈其由。幕府责其辱命，削官禄。十二月二十七日，家茂复乘军舰入朝。

元治元年甲子正月十五日，家茂入京，总裁松平直侯等从之。二十日，家茂率诸大名朝献。诏家茂曰："朕爱汝如子，汝亲朕当如父。丑夷不可不惩，然不可轻举暴动，宜以实心行实事。汝上策略，朕详察可否，以定不拔之国是。"又曰："暴虎冯河，非朕所好。而三条实美等不察大势，矫诏亲征，欲讨幕府，长人遂炮击夷舶，暗杀幕吏，勾引公卿，其罪大矣。然皆朕不德所致。自今海内一敌忾，绝外交，以副朕意。”其他赐诏者四十余藩，时谓之翻覆纶旨。自三条实美等西去，诏褫实美爵，禁长人入京。庆亲父子上书曰：“臣尊攘之志，始终不渝。闻亲征诏下，距跃三百，欲为先锋，何图诏停行幸，罢臣宿卫。臣为谗言所中伤，九天为证，无以自明。臣今不敢诣阙自陈，惟坚奉前诏，一意攘夷，以死报国。”岛津久光入朝，亦奏曰：“八月之事，臣不胜悲痛。朝令夕改，衰世积习，请察时势人情，建不拔之基。临事纷纭，良法奇策，徒属无用。幸诏列藩决大计。”池田庆德奏曰：“向臣闻之大臣两卿，信攘夷之诏始终不渝。睿虑一惑，天下得窥九重浅深而不信朝命。夫七卿、毛利氏之触朝谴，虽非无故，然要之遵奉睿旨，为攘夷嚆矢，足以偿越境之罪。苟奉诏攘夷者蒙严谴，则人人解体，将曰不如因循姑息之为愈，是自开瑕衅，陷于夷术中也。敢请许七卿及毛利氏入京，以明示积年攘夷之旨，一海内人心。”长冈护久与其弟护美奏曰：“要港已开，而夷欲无厌。朝廷主决裂，幕府主游移。至于锢公卿，戮志士，而国内之隙开矣。庆亲初念在协和幕府以戴王室，顾朝旨幕命未尽善，是以激烈之徒，说七卿等，辗转相激尔。如闻长人固执十八日前诏为真敕，十八日后诏为伪敕，然则其不奉幕命必矣。请召庆亲父子或重臣至大坂，下敕谕之使奉幕命，然后责其罪，彼必低首屈服。否则酿成内讧，恐外人乘衅。”其余上疏论事者三十余人。四月，诏家茂曰：“汝入觐，列藩亦会同。今后宜政出一途，以示人归向，攘夷锁港，必奏尔功。若实美、庆亲等处置，一委之汝。”先是，朝廷置参预，以忠熙、齐敬、尊融，及容保、庆永、久光、丰信、宗城、护久等为之。既而更诏有事乃参朝议，以委将军，一政权也。六月，大纳言实良奏曰：“朝廷下攘夷诏，而将军以锁港奏，公卿、诸侯东西奔走，皆志在攘夷。将军与庆喜既奉诏，然入则奉书，出则忘战。臣不解其故。”大原重德亦奏曰：“今天下汹汹，惧睿旨中变。臣决知其不然，特请变锁港为攘夷，布告中外，以示必战，定民志。”不报。八月，幕府下教征长门，初，长藩士屡上书乞宥庆亲父子罪，弗省。诸士决议曰：“除君侧恶，余无别策。”于是其老福元僴等率兵犯阙。容保纠诸侯兵讨平之。七月十七日，下征讨诏；寻削庆亲父子爵。部署肥、筑、萨、艺等二十一藩，以德川庆胜为总督。时各国欲寇长报怨，公使会议于横滨。及闻幕师征长，遂命将先攻。是月五日，有英、佛、墨、兰舰十八艘入丰前洋，寇马关，炮击前田、坛浦熕台。长人应之，弹丸交注，炮烟蔽海，日暮交绥。六日，再战，长人不利，彻守走。四国兵上陆，进至板谷，长人袭败之，杀十数人。七日，四国兵据山狙击，长人力拒，迭有胜败。而长人铅硝既尽，不得已约和。各国船长责前事。长人对曰：“奉朝旨幕命耳！”出证左谢之，乃定约撤戍，罢筑炮台，曰：“嗣后纵外舶来往下关，许购石炭、薪水、食粮，遇飓风，许上陆。偿金则俟与四国公议，处以公法。”媾乃成。既而各国公使逼幕府曰：“长事须偿金三百万元，取之长人乎？抑问政府？”答曰：“政府取彼与之。”各国公使日夕督促。既幕师攻长，长人伏罪。明年正月，遂撤西征之师。庆应元年乙丑五月，幕府以长人内讧，再征长，家茂亲督师，于七月入京。九月，各国公使自横滨航入摄海，老中阻之，不可，径入武库。佛公使上书幕府曰：“订约久矣，以王朝诸侯持异议，内乱骚扰，驯致迁延。今萨、长已通好于英，均许开港，而政府反议锁港，何也？英使欲面议将军，将军不遽诺，故不得不以师从，佛深为贵国寒心。今不许条约，则造炮铸舰之术不传，其何以强兵！一败再败，势不可问。不如请敕许即开武库，以解诸国惑。”家茂大恐，因奏请让军职于庆喜，别疏曰：“今宇内互相往来，万里之大，弹丸之小，无一国能闭关拒人者。独我国迁延退避，畏之如虎，何以持国体？自墨使入下田，迭奉圣旨拒绝外交，然臣家茂亦面奉明诏戒轻战，于今八年矣。西征事起，臣入阪城，不图夷舰突进武库，要条约敕许。今内忧外患，逼于臣身；非啻臣身，皇国臣民同此祸厄，海防何者足恃？与各国战，幸而小胜，环海皆寇，生灵何辜？臣身存亡，即置之不问，臣诚不敢知宝祚安危如何？臣不胜痛哭，愿赐敕允，以舒目前之祸。”疏已具，令德川元同入京，家茂遽发大阪，至伏见治归装，诸将士视，急争从，道路绎骚。庆喜在京，闻之大愕，即夜与容保、定敬单骑驰赴伏见，面议而还。十月，庆喜、容保、定敬、长行等亦连署奏请敕许。诏问诸藩，多许之者。五日，家茂乃入朝，令传奏飞鸟井雅典、野宫定功，赐敕于家茂，允许条约，然犹不许开武库。幕府宣告中外，外舰乃去。幕吏以敕示各使。英使见书中兵库仍不许开港语，遽起，取书怒裂之，掷于地，曰：“使臣之职，遵约而已，他非所知。”幕府乞援于佛使，请为调停。于是老中连名作书曰：“兵库开港，其责在大君。已委水野和泉守请至江户再商。”各使乃归横滨。

自戊午结约，朝野谤议。至是乃得敕裁。家茂遂驻大坂，命将西征。有佛舰过马关，曰：“佛已与政府盟，不得不援政府讨叛者。今将赴长崎，请归路报我。”及长攻小仓，佛人诘长人。长人曰：“幕府屠我大岛，燔我聚落，杀戮无辜。小仓负邻交，启东军，我何得唾面不报？”会英船来，居间和解，佛人乃去。或曰幕府私嘱佛以劫长也。寻英人率军舰及测量船各一泊宇和岛，伊达宗城遣吏按之。对曰：“政府无悔约意，英岂有异志？”二年丙寅，七月十一日，将军家茂薨于军，布告列藩，旋征西师，诏以庆喜为将军。十二月，帝患痘，崩。

今帝庆应三年丁卯五月，诏开武库港。先是，各国公使自武库至大坂，贺将军袭职，且促开港。庆喜奏请曰："曩先帝明察，俯允条约，然犹禁开武库，先臣家茂岂敢违旨？而不以布告者，以开港之期，载在盟府，不可渝也。苟或失信，各国将以兵戎问背盟之罪。我中世以还，群雄割据，互相盟誓，每洒血为书。然当城下穷蹙，肉袒求和，辄以为姑许纾祸，以待后图。当歃血之初，已萌背约之意，故已盟复寒，视为无足轻重之事，然不可施于今之外国也。今万国交际，首重缔约。一语已下，山可移，海可覆，而约不可废。故约中一字之墨，万民之膏血系焉。利害所关，不可不慎。今之条约，诚有失便宜者，而非开武库港之谓也。臣闻英、美、鲁、佛各相往来，环球而居，虽异宜异俗，而横目圆颅，均是人耳，既无彼此，即谓之同胞可也。万国和会，我日本乃欲独立海中，闭门拒绝，能乎不能？一缔条约，互相维系，强不得凌弱，大不得并小，故西人谓条约尊于法律。法律所以治一国，条约所以绾万国，郑重如此。臣敢披赤心，保其无他。伏冀陛下详古今之变，察宇内之势，从已许条约，特开武库，以昭国信，扬国威。"朝议以先朝所禁，诏询列藩。浅野茂长、池田茂政、池田庆德稍持异议，其他均谓可许，遂许之。幕府乃定本年十二月为开港期，后又改期明年三月。方是时，幕府大政皆仰朝旨，而庆永、齐正、丰信、宗城、久光等各参大政。寻丰信上书幕府曰："比年以外交酿内乱，东西分扰。无他，政出二门也。方今大势一变，不可墨守旧规，宜奉还大政于朝廷，与万国并立基业。"十月，将军庆喜遂奉还政权。十二月九日，朝廷下诏曰："今日以往，大小政令，自朝廷出。"

明治元年正月十二日，令四方曰："曩德川庆喜怏怏失望，敢以兵逼京师。今以亲王炽仁任征东大总督，授锦旗东征。"初，庆喜之叛，诸国公使在兵库下局外中立令，禁其人民勿援东西师，勿鬻兵器。及庆喜东走，又告公使曰："日本天皇亲执政权，自今以京师为政府。"二月，会各国公使于大阪本愿寺，文武诸官尽列，外国事务官少将东久世通禧、少将伊达宗城传命曰："政府新置外国事务局，责在吾辈。自今日始，请遇事协议，以慎邦交。我天皇欲见诸卿，公等其待后命。"公使等答曰："固所愿也。然闻征东师起，吾曹将避乱横滨。倘天皇赐谒，愿勿延。"宗城曰："余为外国人居留者保无虞，莫以为念。"公使曰："然不欲旷日。"或曰："延夷于阙下，如物议何？"参谋等笑不对。三月朔，英、佛、米、兰诸公使入朝拜谒天皇，贺大政复古盛典。是日仪毕，帝临，太政官以五条会诸侯盟誓，其末曰"求知识于寰宇，以振起皇基"，遂布告全国。于是外交事略定，京人相贺。而是时攘夷之说未息。当各使集兵库时，备前藩王过神户，或犯其前驱，遂发炮攻击互市场。各国咸怒，尽夺诸藩轮船之舶于神户者。土佐藩兵守界浦，又炮击佛国，十六人或死或伤。佛国联各使，以五事要朝廷；概徇其请。曰急戮暴徒；曰偿金十五万元；曰外务长官亟致书谢罪；曰土佐藩主亦谢罪；曰不许土佐藩士佩刀入市场。三日不允，则径行吾意。廷议虑开衅，遂执土藩士二十人，赐死于妙国寺。佛人亦来监刑，各以次就死，屠腹如划水。佛人不忍视，至十一人合掌退去。及英使入朝，又有刺客要击于途，伤护卫兵，即擒暴徒，处以枭示。先是，以攘夷得罪者，敕令自裁，依旧例引刀剖腹。暴徒视死如归，转以为荣，犯者踵起。及是，从英使言，皆削士籍，处枭刑，以示辱也。维新以后，此风仍未已。有张示于日本桥者曰："外人近益跋扈，纵马横驰，往往伤人不顾，见之而不拔刀，即非日本男子。"甚至大学南校所延英人教师，驻扎箱馆之独逸领事亦遭害，政府严禁始息。各开港场，仍屯兵守护。幕府时所设名曰别手组，维新后仍不撤，至明治五年始废。而英、佛二国，各留兵千五百人于横滨，以保护己民，至八年始撤去。

维新之始，管外事者内外交谪。而东久世通禧、伊藤博文、后藤象次郎等竭力弥缝，渐觉相安。于是朝廷益锐意外交，先下令有约各国，凡有往来国书及宣告公文，君主之国概称皇帝，民主之国称统领。当锁港时，沿旧习，见外人辄目为夷狄，或斥为异类。将军自称为日本大君，称他国曰某国主。及是，尽废君主之称，概尊为大皇帝，或大统领，著为令。所有前禁耶稣、天主二教之在地踏像、当道竖牌，概撤废。先是，幕府于长崎设耶稣像，令登岸者践踏之；又通衢大道皆有竖木牌示曰"禁止切支丹宗门"，王政复古，更书曰"禁止切支丹邪教"，各使请删去"邪"字，又改曰"切支丹宗门"，仍依例其邪教应严禁。逮改约论起，各国复互相议曰："日本法律仍禁耶稣教，背宗教自由之义，实为文化半开之国，岂得比于泰西得平等权利。"乃将所竖禁牌撤去，仍无弛禁明文，其依照天主教法行葬礼者仍不许。当旧幕时，禁教极严，教徒皆潜匿不出。及外船劫盟，死灰复然，遂邀集教徒数千人于长崎之浦上村，公然聚会，幕府捕系之。佛人力请释放，乃分配三千余人于各藩，责令约束。虽教师复请之公使，求为赦免，而政府谓天草之乱，教门实为国政之蠹，不能曲从。其后渐次宽禁，亦以外使诤论故也。既广开各国语言、文字、学校，复遣子弟之秀异者、官吏之谙练者留学于外国。已通商矣，有吉田寅次郎欲私附外船往各洋，幕府犹处以禁锢。后渐弛此令，幕府先遣榎本武扬、德川昭式往外国，名曰留学生。而萨、长大藩，亦选俊才窃往，中如伊藤博文、井上馨、鲛岛尚信、森有礼、吉田清成辈，皆在其中。学成归朝，值变革之际，咸破格擢用。维新之初，各朝贵侯封争遣子弟往学。明治元年，海外留学者五十人，二年至百五十人，至五年大抵千余人。初，改兵制，练海军，变刑法，研医学，架电线，敷铁道，创办之始，争聘外人为先导，外人应募而来，踵趾相接，几遍于国中。自政府属官逮于私学校、各社会、各制造所，苟采用西法者，咸雇西人。此辈来者，咸称御雇教师。明治初年，意谓取长以补短。逮三四年，则皆欲舍旧而谋新。风气所趋，聘书络绎。明治六七年间，所聘外人大约六百人以上，至十一二年渐少，犹在二百人以下。俸脯之费，约计殆过千万元云。外务日繁，政府乃分驻公使、领事于各大国。明治三年，以森有礼使美，鲛岛尚信使欧洲，是为遣使之始。尔后，遣派公使凡九国，为英、佛、米、兰、独、鲁，及澳大利亚、意大利二国。又分驻领事于英之伦敦、新嘉坡，鲁之哥尔萨、浦盐斯德，米之桑港、纽约，佛之马塞，独之伯林等处。已渐察外情，思恢复已失之权利，而外人尚干预内政，或故犯日本条规，或强迫日本遵行，如游猎规则、外人多游猎内地者。日本制令：民人繁集之区、林木掩蔽之处，不得妄发铳，犯者得拘禁之。而巡查拘而致之领事者，多以无罪免。防疫法，明治十二年，长崎疫证流行，即霍乱吐泻，西语名为虎烈剌者也。此病最易传染，日本仿西法以定规则，凡有船由长崎来横滨者，先泊相州之长浦，遣医检视，用各种消毒法，验明无病者，乃放行。商之各使，无异议。惟独逸有船来，不服检查，破例驶入，谓所定规则未善也。外部不得已，复与各使协议，将规则改定。各使乃布告其民，使遵行。此案出而日本论者嚣嚣，皆谓外人侮我，不啻奴隶我，边鄙我云。日本均不得行其志；然整理内政，颇有规模。外客来游者，如英国皇子、二年。鲁国皇子、五年。伊大利皇族、六年。德国皇孙、十一年。美国前总领格兰脱，优加敬礼，颇获声誉。格兰脱临别告国皇曰："愿日本日益富强，卓然独立，毋使外人干预内政。”并愿与英、米诸绅设立东洋友会，力御外侮云。**外政亦有进步，如割桦太全界与鲁西亚，尚易取千岛**。初壬戌秋，竹内某、松平某使鲁，以桦太一地委奴、以色列两种人分处，欲限北纬五十度，定两国界。鲁人争曰：“乌得以此地为贵国有？以舆论言之，谓之满洲属岛可也。且四十八度以北未见委奴人种，乃欲分五十度乎？此土无界可定，然疆场之邑，或彼或此，亦非我所好。我在下田尝与贵国约，人民杂居，贵国置不问，曰他日目击实地，以议无已，今以阿丹和港界之。”二人察其言，有夺全岛意，然茫乎不辨地势，乃立券约，就地势定界。幕府请命熟地理者检之。居五年，使节未遣，鲁遂大起土功，拓桦太岛。事闻，幕府大惊，乃遣小出石川等至其京都，执旧券议就地势定界，鲁若为不知者，欲以千岛代桦太，盖谬以千岛为鲁有也。小出等让其食言，鲁人曰：“口舌何益。今与贵国随开随居，不亦善乎？”小出等议曰：“虽唇枯舌燥，辩之无济。今鲁人拓地已及五十度南，需者事之贼，我国之咎也。”终复约彼我人民杂居而归。至明治三年，托米国政府周旋，仍画五十度为界，鲁不允。四年副岛参议，六年岩仓大使等迭议不就。及榎木武扬使鲁，又争论连年。八年冬乃定议割桦太与鲁，而交换千岛归日本云。**释秘鲁佣役船，经俄皇公断，亦直日本而非秘鲁**。事详《邻交志》上篇。其后东京有数百工役应募赴秘鲁，政府虑蹈卖奴之弊，禁止之。布哇，即华人所谓檀香山也，有米人佣雇贱民送致其岛，幕府不能禁，后亦遣吏往布哇检察，不愿留者载以归。自秘鲁事起，日人谓业娼妓、掠卖儿女，均损人权，并禁之。**其全国君臣上下所最注意者，在改正条约。维新之初，虽照行幕府旧约，已渐知领事管辖外人、税则不能自主之非。明治四年，特命右大臣岩仓具视为全权大使，参议木户孝允及大久保利通、伊藤博文为副使，专议改约，兼察各**

国政事、法律、商法，教养、兵制等事。先至米国，议不合。原约以十年为期。明治五年五月，即为改约期已至。米外务卿曰："此大事，非空言可辨，必须有实权，乃可议。"遂遣大久保、伊藤归国请全权委任。既闻欧洲各国均不愿，乃中止。两副使仍往米偕行。及大使归朝，益锐意改革。值西南变乱，待事定，乃与各国公使协议，意欲增加输入。凡内港贸易，谓专在一国中来往，由此港至彼港也。不许他国船侵占。旋与米国议改。明治十一年，吉田清成议于华盛顿。约称所有海关收税章程，由日本政府自定；日本内港贸易，专属日本人；复言此约俟各国改约后，即日施行。然此各国未就范，故不能实施云。至十二年，又将关税改正稿出示各使。英使询于横滨、兵库、大坂之英商商会，议覆曰："旧约非不可改，但当订正细条目已耳，其大纲不得废也。谓增加输入税，既输入矣，已入日本人之手而重课之。楚人得而楚人失，何利之有？因加税而输入骤减，吾辈之害也。已加税，而输入如故，于彼又何利焉？利不百不变，法何改作为！谓废弃输出税，以此劝工，以此务财，以此训农，使物产日盛，彼之利也。若以此抵偿输入所加之税，示惠于外人，殆不其然。日本丝、茶，价之高低悉操于欧洲市场，于东洋成本之重轻无与也。吾辈但从中逐什一之利耳，所减之税，不能认为吾辈溢出之利也。海关税则之权由日本自定，诚虑日本政府谋己而不顾人。如美国之保护税，竟值一而取二。年来贸易已渐觉减色，如施行此政，行且闭关矣。若两国协议，准物之精粗，价之高下，以定一平均税，则犹之可耳。前定关税，以日本旧行之一分银抵算，殊滋不便。今日本已自造金银货，望以各国同等同量之货，一体收用。日本政府欲自专本国内港贸易之权，商舶来往多，则货物之转通易，官民均受其福。今三菱会社自专其利，而以外舶之搬运为禁，一商会之利耳，于全国何利焉？多开新港以通商，此两国公共之利。而现行规则，不许外人在内地居住贸易，望并弛其禁，均许其自由，庶与欧美无异。日本内地尚多可开之矿，应兴之工业，愿移外人资本以代兴大利。至于外国已经注册之货，有名之牌号，独卖之权利，愿极力保护，毋使日本人伪托妄争。年来日本纸币制造甚滥，愿设法限制，勿使摇动市场，有碍贸易。此皆吾辈所望各公使忠告于日本者也。”日本大藏卿亦询于东京、大坂、长崎之日本商会，亦议覆曰：“现行条约，内外胥受其害，举国所共知也。增加输入税以减轻地租，保内港贸易之权，毋许外人船舶侵占，庶可舒民困而励商业。初结约时，海关收税，以幕府之一分银计算，外人货币不论其成色之轻，但以分量相准。彼以搀铜之货易我足银，受损多矣。嗣后定制，以一分银之三百十一个当洋银百元，准此计算，我政府仍复失利。今日本货币，如上海、香港、新嘉坡皆邀信用。泰西通例，本国只用本国之货，请嗣后收税概用日本贸易银，其他一概屏弃之可也。维新之始，国人见舶来之物，无不垂涎，尽取其累叶之所积蓄，倾泻一空，争相购取。故明治三四年以后，商务日盛一日，至十年而衰颓矣。其盛也，非实状也，民浮故也；其衰也，亦非实状也，钱荒故也。苟条约得宜，贸易日盛，安得如外人所谓有害商务耶？纸币价低，非政府滥发之故，乃金银溢出之故。银价不定，商业实岌岌可危，然日本无法以补救，则皮之不存，毛将焉傅？使日本全国有楮币而无真银，外人又何所藉以为利耶？故日本今日之政，当开通道路，兴造船舶，以利转输；广开通商之港，增加输入之税，竭智尽力，以保我国本有之利，增吾人输出之品。其要全在于改税则，改条约。”云云。

十三年，再将条约改正稿分致各使，请转呈各政府委权于东京各使，以便协议。今犹未定。

卷九　天文志

外史氏曰：自地而上，皆天也。日月之照，星辰之明，天之覆万国者，莫不同也。苍苍者，其正色耶？舟车之所至，人力之所通，海之所际，地之所载，万国之观天，亦莫不同也。所未同者，各国推步之法耳。余观中国之志天文者有二：一在因天变而寓修省。自三代时，已有太史，所职在察天文、记时政，盖合占候纪载之事而司以一人，故每借天变，以儆人事。《春秋》本旧史而纪日食。后世史志因之，因有日食修德，月食修刑之说。前代好谀之主，有当食不食，及食不及分，讽宰相上表，率百寮而拜贺者，其谬妄固不必言。而圣君贤主，明知日月薄蚀，缠度有定数，千百年可推算而得，然亦不废救护之仪、省惕之说者，诚以敬天勤民，实君人者之职，而遇灾修省之意，究属于事有裨，故亦姑仍旧贯，而不废举行，此中自有深意也。彼外人者，不足语此，遂执天变不足畏之说，概付之不论不议矣。一在即物异而说灾祥。自伏胜作《五行传》，班孟坚以下踵其说，恒雨、恒旸、恒燠、恒寒、恒风，皆附会往事，曲举证应。其他若荧惑退舍，宋公延龄，三台告坼，晋相速祸；以及德星之聚颍川，使星之向益州，客星之犯帝座，皆一一征验，若屈伸指而数庭树，毫厘之不爽者，何其妄也！夫星辰之丽天，为上下四方，前后古今之所共仰，而人之一身，不啻太仓之一稊米，乃执一人一时之事以为上应列宿，有是理乎？余观步天之术，后胜于前。今试与近世天文家登台望气，抵掌谈论，谓分野属于九州，灾异职之三公，必有鄙夷不屑道者，盖实验多则虚论自少也。若近者西法推算愈密，至谓彗孛之见，亦有缠道，亦有定时，则占星之谬，更不待辩而明矣。日本之习天文者甚少，日月薄蚀，以古无史官，阙焉不详。而星气风术之家，中古惟一安倍晴明精于占卜，后亦失传，故占验均无可言；即有之，要不足道也，今特专纪其授时之法。考日本旧用中历，今用西历，皆袭用他人法，其推步又无可称述，第略志其因革耳。若乃体分蒙澒，色著青苍，则刘知幾有言："今之天即古之天也，必欲刊之国史，施于何代不可也。"余亦以为外国之天，犹中国之天也，苟欲限以方隅，志之何地，亦不可也。作《天文志》。

日本亦用夏正。自推古以前，统称之为《太古历》。新井君美曰：本朝用历，盖取太初、四分、三统、乾象、景初等法。其用何法，史无可考。先是，应神之世，百济始贡博士王仁。继体七年六月，又贡五经博士段扬尔。十年九月，贡汉高安茂，请代段扬尔。至钦明十四年六月，敕令百济所贡博士等，宜依番上下；又以卜书、历本及药物为付送。明年二月，百济所贡五经博士王柳贵、历博士王保孙等，皆依请交代。是岁甲戌，当梁元帝承圣三年也。当时历博士征之百济，依番上下，第袭用汉历而已，未尝习学其术也。后四十八年，推古十年十月，百济僧观勒来，献历本及天文、地理等书，亦兼通其术，敕命诸生就学，阳湖史玉陈传其历法。十二年岁次甲子正月朔，始用新历。是岁当隋仁寿四年。观勒所献，乃宋何承天之《元嘉历》也。后八十六年，持统四年十一月，始行《元嘉历》兼《仪凤历》，盖兼用二历之法。是岁庚寅，为唐嗣圣七年。《仪凤历》，唐所谓《麟德历》也。行之数年，至文武元年，遂废《元嘉历》，专用《仪凤历》。后六十七年，孝谦天平宝字元年十一月，敕令历算生讲习汉晋《律历志》、《大衍历议》、《九章》、《六曹》、《周髀》、《定天论》等书。七年八月，又废《仪凤历》，用《大衍历》。是岁癸卯，当唐广德元年。《大衍历》，僧一行开元中所作也。后十七年，光仁宝龟十一年，遣唐录事从五位下行内药正羽粟臣翼献《宝应五纪历》，曰："今《大衍历》唐既不用，用此新法。明年正月，天应纪元，已敕颁行。本朝司历犹用《大衍》，未习《五纪》，谨上此经，请为检察。"然因当时无习推步者，卒格不行。《五纪历》，凡四十卷，唐宝应元年所作也。后五十五年，为仁明承和三年，颁历以七月为小月，博士等议互有差午，廷议遂据七曜历法改为大月，余亦改其大小。初，后汉光和中，刘洪作七曜术。尔后，陈、隋及唐所述，凡二十九家，廷议盖兼采其法。后二十一年，文德齐衡三年，阴阳头从五位下兼行历博士大春日朝臣真野麻吕，又奏请用《宝应五纪历》。廷议以为国家据《大衍》法造历尚矣，去圣已远，义贵两存，宜暂相兼，不得偏用。后三年，清和贞观元年，会渤海国大使马孝慎献《长庆宣明历》，奏称大唐新法。三年六月，真野麻吕复奏曰："以彼新历比较《大衍》、《五纪》二经，且察天文，且参时候，二经之术实似粗疏，令朔节气均有差误。臣有唐开成四年、大中十二年等历，详加参校，实用新法，知渤海大使所言不谬。《历仪》曰：'阴阳之运，随动而差，差而不已，遂与历错。'夫大唐开元以来，三改历术，本朝天平以降犹用一经，静思事理，似不宜然。请停旧用新，钦若天步。"诏从之，始用《长庆宣明历》法。后七十五年，朱雀承平六年十月，权历博士葛木宿祢茂经奏议，以博士大春日朝臣弘范所呈明年丁酉历本殊多差谬，七年十月，乃命弘范、茂经共议明年戊戌历。二人所议不合，因命大宰府写呈唐历，依照而行。是岁丁酉，为后晋天福二年，时后唐已亡，天下扰乱，大宰府亦无所得。自是以往，司历所业不精，仅有贺氏传其家学而已。考后醍醐帝时，所颁《延喜式》，有阴阳寮一官。内称凡每岁进历，《具注御历》二卷，纳漆函安漆案，《颁历》一百六十六卷，纳漆柜著台，俱于十一月一日供进。又《七曜御历》一卷，正月一日进御。凡天文博士，常守观候，每有变异，日记进寮。寮头即共勘知，密封奏闻。寮中学生共三十人，阴阳生十人。历生十人，天文生十人；得业生阴阳二人，历二人，天文二人，均选性识聪慧者，令专精学业，具名申官，给衣食。其成业年限，则依令云云。据此，则日本亦有授时之典，占验之术。习学之生，殆以所业不精，遂失其传欤？皇室渐衰，遂失厥职，民间所行，唯用《宣明历》法耳。逮夫后西帝宽文末，始有建议请改历法者。至灵元贞享元年甲子十月，取用元《授时历》以造新历，名曰《贞享历》。自《长庆宣明历》法流行，至是，凡八百二十三年而废矣。《贞享历》行之七十年。将军德川吉宗颇习天文，特于江户神田建天文台，制简天仪，知《授时》法又有差违，奏请考验。后桃园宝历三年长至日，遂敕阴阳头安倍泰邦立表测景，幕府天文方涩川某、西川某等，皆与其事。《授时》法果有误，遂诏改历，明年颁行，名曰《宝历》，时已兼用西法。后四十四年，光格宽政九年十月，又诏天文博士安倍泰荣改历，十二月成，名曰《宽政历》。是岁八月筑天文台于朱雀三条。后四十五年，仁孝天保十三年九月，又诏阴阳头安倍晴亲改历，名《天保壬寅历》，其节气一遵《宝历》之旧。百年之间改历者三，盖以推步渐精，易知差谬故也。德川氏之初，以禁天主教，凡舶来之书言及西学，概加涂抹，方许流布。至德川吉宗解禁，人始得窥泰西天文之学。是时有麻田刚立、间长涯改星历之学。及西书流布，密微入神，星工传为大宝，乃与刚立所发挥若合符节，而间长涯所阐天行方数、诸曜归一之理，亦合于西术。及是遂同究西法。当时著论，已欲废太阴历而用太阳历云。

王室维新，明治五年十一月九日诏曰："朕惟我邦通行历书，以太阴朔望立月合太阳缠度，故二三年间不得不置一闰。置闰之前后，季候有早晚，推步亦从而差。而太阳历从太阳缠度立月，有日子多少之差，无季候早晚之变，每四岁置一闰日，七十年后仅生一日之差，比太阴历最精最密，其便否固不待论。自今废旧历，用太阳历，要使天下永世遵行之。百官有司，其体斯旨。"是日遂行改历礼祭太庙及历代皇灵。太政官又布告曰："今奉旨改历，以是年十二月三日，为明治六年一月一日。自今以后，每一年凡三百六十五日，分十二个月，每四年置一闰日。凡记时用昼夜平分之法，即以今日子刻至明日子刻为一昼夜，其中分为二十四时，每一时分六十分，每一分分六十秒。由子至午，称为午前十二时；由午至子，称为午后十二时。所有从前祭日，当以旧历月日比照新历月日，校定颁行。"考西洋用太阳历，始于罗马教主该撒儒略，名为《儒略历》。先是，罗马王罗慕路所创历法以三百零四日为一年，分为十月，而寒燠四时不能相应。至努马本比流，改令一年之内增加二月。及儒略，又改以三百六十五日六时为一年。如行于耶稣纪年前之四十五年，至耶稣纪元一千五百八十四年，已积差十日，是年春分，应在三月二十一日，而误置于三月十一日。教皇格力哥里第十三觉其差谬，遂作新历，以三百六十五日五时四十九分为一年，即删弃十日，以是年十月五日为十月十五日。又预防后来之差，定以每四年置一闰日，每一百年又停一闰日，每四百年仍置一闰日，是为《格力哥里历》，又称新历。泰西奉教诸国，次第遵行。今惟俄罗斯仍用旧历，故比他国差十二日。考太阳绕地球一周，为三百六十五日五时四十八分五十秒弱，以三百六十五日为一年，是为平年。其余数五时四十八分五十秒，每积四年则置一闰日，是为闰年。然每一日积共有一千四百四十分。此每年余数，四年合计，仅有一千三百九十五分二十秒，犹不足一日。是四年一闰，每年多十一分零十秒，积一百年为一千一百二十六分四十秒，故每一百年宜停一闰日。然百年停一闰日，又有不足三百一十三分二十秒，合四百年，又积一千二百五十三分二十秒，故四百年仍置一闰日。以此法推算，积四百年，仅差一百八十六分四十秒耳。可谓精密至极。昔魏默深作《中西历法异同表叙》谓西法再积三千余年，当以春分为元旦。万年以后，元旦将在炎夏。盖仅据太阳行分六十七年差一日之说而推，而未考其置闰、停闰、补闰之法也。遂颁新历，每年以一月、三月、五月、七月、八月、十月、十二月为大月，各三十一日。以四月、六月、九月、十一月为小月，各三十日。唯二月独二十八日，每四年置一闰，则二十九日。其岁首必当中历长至后十日。盖取太阳过宫最卑、行最疾之日，与中国冬至太阳在赤道最南之日殊科。其闰年，必当中国子、辰、申岁也。又仿古七曜之法，以七政纪日，曰日曜日、月曜日、火曜日、水曜日、木曜日、金曜日、土曜日，亦仿西法，以日曜日为安息日，官司均给假。旧例以一、六日为假日。则当中历之房、虚、昴、星四宿也。寻又以神武纪元之年为纪年之始，称是年为二千五百三十二年，以神武即位之日，称为纪元节。史称神武即位，当东周惠王十七年辛酉正月庚辰朔，今推算西历应在新历二月十一日，遂诏于是日称纪元节。所有旧历之正月人日、三月三日、五月五日、七月七日、九月九日，均令停废。惟所颁新历，附注旧历于下，以便农时。而农家以沿用夏正已久，颇为不便。既又编太阳历授时表，布之民间，而于内务省之地理局特设测量一课，于西京、长崎、广岛、和歌山各设测候所，每日志其寒暖晴雨及气之压力，以玻璃管盛水银，记分数于管外。于管之弯曲之处开一小孔，以吸天气，气自外入，其力能压水银，视管中水银之高低以验天气之厚薄。如天欲风雨，则气之压力重，而水银必低。此风雨表，盖创于意大利人他里塞利，今所通用。其制如时表，以尖针指定度数者，则英吉利孚佸所造也。**空气之温度**、用表以测空中之气温度几何。日本所用寒暑表，均普鲁斯人华连海所定之度。**地中之温度**、是在地掘一窟，以寒暑表验之。**日中之温度**、是在太阳地用寒暑表验之。**无气中之日温度**、用玻璃筒将气吸尽，在太阳地验之。**空中之湿气**、是验空气含水一百分之中有水多少。**水之蒸汽**、水受热，其气上腾为蒸汽，亦以验寒温。**水气之涨力**、空中之气内含水气。考水气与空气相合，其力几何。**露之点**、用罐盛水置空气中，内之水冷，外之气热，水受气蒸，则濡湿于外，用表考之有多少度而成露。**雨之量**、用器量雨，以观多少。**云之形质**、验十分云，晴云几分，雨云几分，并其形状若何。**风之方向与速力**。验其东西南北来去之处，每一时行多少英里。**每月则编志布告，以便于民。而附纪于历中者，则有日、月食，及日出入之时刻，日赤纬之度数**，谓太阳与赤道距离之度数也。**月之盈虚出入，潮之满干。其每岁二十四节气，概有定日**，虽有差违，不过一日。**并附志焉**。余在日本与一友论改历事。余意改历似可不必。其人以为此乃维新第一美政。太阳历岁有定日，于制国用，颁官禄，定刑律，均精核画一，绝无参差，比之旧历，便益实多。余谓中、东两国沿用夏正已二千余年，未见其不便；且二国均为农国，而夏时实便于农，夺其所习而易之，无怪民间之嚣然异论也。彼又谓此第一时不习耳，日久则习而相安矣；且三代之时，三正迭用，改易正朔，乃有国者之常，子不议古人，而龂龂于是，不亦拘乎？余无以难之也。既而，其人又谓置闰之法本出于不得已。若不必置闰而岁岁齐尽，其法实精，中国特无人创论及此耳，苟有之，未必不变法也。余乃举沈存中用十二气为一年之说以告之，谓中国特不欲更改，并非无人及此。其人愕眙良久，亦无以应我也。今附录于此，以塞专尚西法者之口。其说曰："历法见于经者，惟《尧典》言以闰月定四时成岁。置闰之法，至尧时始有，太古以前，又未知如何。置闰之法，先圣王所遗，固不当议。然事固有古人所未至而俟后世者，如岁差之类，方出于近世，此固无古今之嫌也。凡日一出没，谓之一日；月一盈亏，谓之一月。以日月纪天，虽令名，然月行二十九日有奇，复与日会；岁十二会，而尚有余日；积三十二月，复余一会，气与朔渐相远，中气不在本月，名实相乖，加一月谓之'闰'。闰生于不得已，犹构舍之用磹楔也。自此气朔交争，岁年错乱，四时失位，算数繁猥。凡积月以为时，四时以成岁，阴阳消长，万物生杀变化之节，皆生于气而已。但记月之盈亏，都不系岁时之舒惨。今乃专以朔定十二月，而气反不得主本月之政，时已谓之春矣，而犹行肃杀之政，则朔在气前者是也，徒谓之乙岁之春，而实甲岁之冬也；时尚谓之冬也，而已行发生之令，则朔在气后者是也，徒谓之甲岁之冬，乃实乙岁之春也。是空名之正、二、三、四反为实，而生杀之实反为寓，而又生闰月之赘疣。此殆古人未之思也。今为术，莫若用十二气为一年，更不用十二月，直以立春之日为孟春之一日，惊蛰为仲春之一日，大尽三十日，岁岁齐尽，永无闰余。十二月常一大一小相间，纵有两小相并，一岁不过一次。如此则四时之气常正，岁政不相陵夺，日月五星，亦自从之，不须改旧法。唯月之盈亏，事虽有系之者，如海胎育之类，不预岁时、寒暑之节，寓之历间可也。借以元祐元年为法，当孟春小，一日壬寅，三日望，十九日朔；仲春大，一日壬申，三日望，十八日朔。"如此历术，岂不简易端平？上符天运，无补缀之劳。予先验天百刻有余有不足，人已疑其说。又谓十二次斗建，当随岁差迁徙，人愈骇之。今此历论，尤当取怪怒攻骂，然异时必有用予之说者。

太阳历授时略表 每年节气无甚差异

小寒　一月六日　桑始肥。寒暑表自五十六度至四十二度以上。

伏日　一月八日　款冬华。

大寒　一月二十一日　浸蚕种，但寒暑表在四十度以上则不宜。

立春　二月四日　黄鸟鸣。

节分　二月三日　踏麦苗，惟有雨不可踏。宜接梅、樱、桃、杏诸树，宜插柳枝。

雨水　二月十九日　烟霭叆叇，多阴少晴。

启蛰　三月五日　宜伐薪，无虫蛀。

三月十八日　宜种牛房、胡瓜、蕃椒、茄子、甘薯、早稻、扁豆、瓢瓜之类，宜植蘘荷，种西洋野蔬，宜移植梅、杏、枇杷、南天竹等，宜植马铃薯，种杨花、萝卜、春菘。

春分　三月二十日　彼岸，樱始开华。

三月二十八日　宜种冬瓜、西瓜、玉蜀黍、紫苏、蓼蓝、烟草、莺菘等类，又宜插林禽、梨、葡萄、柏，宜移植柿、栗、桑及浇桑种芋。

清明　四月四日　是节蛇出穴，雷始发声。

四月八日　所接诸木始见木芽，宜以时加减。

伏日　四月十七日　樱花盛开，宜种麻。

谷雨　四月二十日　桑始抽芽，宜种扁豆、大角豆、甜瓜之类，宜植柑、柚、橙之类。

四月二十九日　牡丹华，宜种春蒿、麦，植蒟蒻。寒暑表自五十八、九度至七十四、五度。

八十八夜　五月一日　宜种大豆、麻、木棉，植芋魁，是时竹始抽芽。

立夏　五月五日　宜植松树。

五月十二日　宜植葱，种木棉、胡麻、夏萝卜、早稻、小豆。浸稻种。

小满　五月二十一日　蚕起食桑。

五月二十四日　植杉，宜阴雨，忌晴干；始植常青之树。

五月二十八日　浸种方阑，早蚕事讫。茄子华。种牛房。

芒种　六月六日　蚕事正忙。宜植甘薯，惟忌北风。宜植榊、楮、桧、柑、山茶花、枇杷、竹之类。

六月九日　蚕事讫。刈早麦。宜扦种扈子、枇杷之类，种胡萝卜。

六月十九日　初夏蚕方化蛾。春蚕始为蛾。

夏至　六月二十一日　初夏蚕尽化蛾，春蚕方作蛾。宜播种大豆于田畔。

六月二十四日　始插秧。春蚕尽化蛾。宜种粟。

半夏　插秧。寒暑表自七十六度至九十度以上。

小暑　七月七日　插秧。宜种胡萝卜。

七月十八日　宜种稗子，浇芋。

伏日　七月二十日　种萝卜，自是月至立冬勿移植树木。

大暑　七月二十六日　百合华。宜种粟。寒暑表自八十度至九十度。

七月二十五日　刈麻。

七月三十日　宜摘胡麻。木棉之抽嫩枝者，种二回马铃薯。

立秋　八月七日　种萝卜。　赤蜻蛉始出。

处暑　八月廿三日　宜种蒿麦、油菜。

八月二十八日　早稻华，柿始红，种油菜事讫。

二百十日　八月三十一日　种蒿麦事讫。早大豆、小豆并熟。

九月六日　粟子始熟，晚稻华。

白露　九月七日　宜种芜菁、秋菜、洋葱。

九月十日　宜种菠菱菜，自是节宜束桑树。

九月十二日　种晚萝卜、水菜、菘菜、葱、罂粟等类。晚大豆亦熟。

九月十八日　造乌、柿、菌蕈生，宜种葱、韭、大蒜、冬菘、芥子。

秋分　九月二十三日　栗子熟，宜移植常青树木。

寒露　十月八日　宜种三年牛房、小豆、蚕豆之类。

伏日　十月二十日　菌蕈、栗子尽熟；稗皆熟。

霜降　十月二十三日　种大麦、小麦、萝卜。

十月三十一日　种小麦事讫，宜种蚕豆、豌豆、冬菘，植百合根。

十一月三十一日　柚子、黄栗皆落实，槭叶始红，宜掘芋，掘甘薯，刈早稻。

立冬　十一月七日　刈晚稻。自是日宜移种冬凋之树。若根不繁荣之大木等类，其移植尤宜三月。

十一月十九日　植油菜，造腌菜。

小雪　十一月二十二日　宜覆密柑、香橙，但忌寒暑表四十度以上。

大雪　十二月七日　宜拔萝卜，浇大麦。

十二月八日　宜拾落叶伐薪，且不可久留。

冬至　十二月二十一日　自是日至立春忌耕耨陆田、水田，但不妨浇肥。

卷十　地理志一

外史氏曰：于茫茫大地之中，画疆分土，而名之为国。其壤地莫不相接，其疆埸莫不相夺，其强弱大小无定形，则有日辟国而日蹙国者，上下千古，横览九州，莫不然矣。而日本之为国，乃独立大海中，旷然邈然，不与邻接。由东而往，凡历一万五千余里，乃至美利坚；由西南而往，凡历二三千里，乃至上海、台湾；即最之与邻近之朝鲜，亦历数百里而后能至。自神武纪元以来，二千五百有余岁，未尝举尺寸之土与人，亦变未尝得尺寸之土于人。虽近日开拓虾夷，交换桦太，吞灭琉球，似有异于前之版图者，然虾夷本羁縻而州，桦太非固有之地，琉球乃瓯脱之土，得非果得，失亦非失。盖自有日本以后，即守此终古，一成而不封，不亦奇乎？余闻欧西有瑞士，山水清华，士女明媚，以介居诸大间，各谋保护，不相侵扰，世人比之桃源。而东方之日本，乃以远隔强国，自成乐土，天殆故设此二国，使之东西并跱欤！自德川氏以禁教故，丸泥封关，谢绝外客，子孙世守其法，胶柱拘泥，二百余载，无所见于外者无所羡于内，无所闻于内者亦无所惧于外。当是时也，上以武断为政，下以卑屈为俗，熙熙穰穰，娱乐无事。而欧洲诸国，鹰瞵鹗视，强弱相并，阅一争战则国步日进。北则有彼得加他邻，明毅果断，气吞南溟；西则有若拿破仑，雄才伟略，诸侯稽首。又西则有若华盛顿，艰苦卓绝，独立一洲。或英人吞并五印度，抚有而国；或俄人建万里铁道，以通浩罕。轮船电线，争骛纷起，机巧夺天工，人智欺鬼神。凡西人兵威、宗教，几几乎弥纶地球而无所不至。而日本绝门自守，无见无闻，矇然未之知也。直至坚船巨炮环伺于门，乃始如梦之方觉、醉之甫醒。虽曰锁港逐客，国体如此，亦未始非地势使之然也。嗟夫！事变之极，开辟未闻。以日本四面濒海，古称天险，二千余载，户无外患。而自轮船铁道纵横于世，极五大洲之地，若不过弹丸黑子之大，各国恃其船炮又可以无所不达。昔林子平有言："日本桥头之水，直与英之伦敦、法之巴里相接。古所恃以为藩篱者，今则出入若庭径矣。言念及此，地险足恃乎？"余观亚细亚诸国，印度覆矣，土耳其仆矣，安南、缅甸又倾踣矣。日本自通商以来，虽颇受外侮，而家国如故，金瓯无缺，犹得以日本帝国之名，捧载书而从万国后，壤地虽曰褊小，其经营筹画，卒能自立，亦有足多矣。然而日本论者方且以英之三岛为比，其亟亟力图自强，虽曰自守，亦理有以小生巨，遂霸天下之志。试展五部洲舆图而观之，吾诚恐其鼎举而膑绝，地小而不足回旋也。作《地理志》。

全国四面濒海，统四大岛而为国，所属小岛，凡一千八百余。西北隔日本海，遥与朝鲜相对；北有桦太岛，隔尼哥劳斯海峡，遥与鲁西亚相接；东北千岛诸岛，或断或续，直与鲁西亚之堪察加相连；东南面太平洋，西南为琉球诸岛，与中国之台湾等处相对。长凡五百余里，广凡三十余里，或至六十余里，地形修长。山脉自北而起，至陆羽之间，旷奥高峻，旋分数脉，皆蜿蜒西走，而趋于东海、东山、北陆三道。其至于信浓者，为浅间山；至于甲骏之间者，为富士山，此山挺立于东海中，又分脉南出，为伊豆半岛，与海南群岛相连。北陆道之一脉，至加越之间者，为白山、立山。其至近江者，又分为两支：一经伊势、太和，聚集于吉野山，而趋纪伊；一西走，分山阴、山阳二道，而至西海道。经筑、丰诸国，而南折有阿苏、雾岛等数峰，盘踞肥后、日向之间。继复参差出没，则琉球群岛也。山阳及纪伊之余脉，由淡路岛而至于四国，为云边山、石锤山诸山。淡路岛以西，山阳、四国之间，岛屿棋布，是为濑户内海。其东口为明石峡，其东南口为鸣门峡，其西北口为下关峡云。东海北陆之大川，皆发源于东山。其东流者为利根川，其北注者为信浓川，其南注者为天龙川，西注者为木曾川。由近江湖而发，则为淀川云。山阴道有江川，四国有吉野川，西海道有筑后川，皆海内之巨川也。全国多山，惟武、总之际，平坦膏美，所谓沃野千里之地，故今为帝都。气候寒暑，大率中正。北方早寒多雪，极南恒燠，物产丰饶，尤富五谷，上古名大八洲。神武天皇起于日向，定都于大倭之橿原，赐功臣椎根津彦等以地，名曰国造，疆域日辟。至成务朝，隔山河而分国县，随阡陌以定邑里，以东西为日纵，南北为日横，凡为国百四十四。推古以降，兼置国司。及孝德朝，各州遍设国司、郡司，诸吏多以国造任之，于时渐省国为郡。文武帝之大宝中，又因山海形势，分六十六国。内称畿内，外分七道。国司限年迁任，治所称为国府。至嵯峨朝，大国十三，上国三十五，中国十一，下国九，凡四等，共六十八国，于是古制一变，而为郡县。升平日久，藤原氏世专国权，国司多在京，以吏代治。公卿之庄园，皆以家人为地头，遍于七道，治体渐变。及源赖朝开府镰仓，执兵马之权，裂地以授家臣。文治元年，奏请置守护、地头，往往世袭，国司复不赴任，于是封建之势渐成。建武中兴，命以功臣为守护使，就国司治所。至足利氏，分国郡而封家臣，称为守护，三管领四职以下，皆以地传之子孙。正平四年，置关东管领以镇镰仓，统八洲及奥羽，于是形势一变，而为封建。应仁以降，天下大乱，群雄割据，诸道互相吞灭。织田氏兴，略定东海、东山、畿内、山阴诸地。丰臣氏继之，海内荡平，群雄服从。其大者六姓，德川、岛津、毛利、上杉、前田、佐竹。其次三十余家。庆长五年关原役毕，德川氏统率诸氏，分封其子弟功臣。其后加削增减，颇易旧封。庆应中，凡二百七十一藩。王政革新，更建藩十四。既而分奥羽为七国，改虾夷称北海道，分十一国。明治四年，废藩置县，复为郡县之治，凡五畿、七道、七十三国、二京、三府、六镇、三十六县，移都于东京，设开拓使以经理北海道，封琉球为藩王。此古今沿革大略也。自设府县，离合分并，朝令夕改。而古来所分国郡，虽迭经群雄割据，各以威力跨三四州，或八九州，而国郡举沿用旧名，未有变革，数百年来，莫不皆然。今仍以国分叙，别以府县沿革，编之为表，而附以地理诸表焉。

畿　内

日本少名山巨川，而平冈细流乃不可胜数。今第录取山之较高者，水之较长者，其关于名胜、居于冲要者，附及焉。

山城　东至近江，西至丹波、摄津，南至伊贺、太和、河内，北至丹波，东西凡六里，南北凡一十五里。东、北、西三面群山环围，别有山脉，自近江、太和而来者，又拥抱其南。西南稍坦，美加茂、宇治等诸水会淀水而南注。景致秀丽，名祀大刹，胜境颇多。风俗俭啬，作业尤勤，都人皆约饮馔而喜服饰。自桓武帝延历十三年奠鼎以来，历朝之皇都也。郡数凡八：村数四百三十四。曰葛野、村数八十。爱宕、村数六十一。乙训、村数五十。纪伊、村数二十四，町数一。宇治、村数三十九。久世、村数三十七，町数四。缀喜、村数五十五，町数一。相乐。村数八十八。田圃凡一万九千一百七十二町五段一亩二十四步六厘三毫。其山岳有岚山、葛野郡大野川之西，虽不甚高，而以樱花得名。爱宕山、北睿山、如意岳。其河渠有贺茂川、木津川、一名山城川。发源于伊贺名张川。自相乐而来，容上野川，西流而受布目、布当等诸水，至木津而北流，及缀喜郡八幡而会淀川。又有轮韩川、泉川之名。自伊贺界至于八幡，长凡十三里，阔五町四十间。淀川。宇治、桂川二水至淀而合流，称为淀川。西南流至缀喜、乙训两郡之间，而会木津川。经河内、摄津二州之界，过大坂入海。详于摄津淀。至州界二里二十八町，阔三町。

太和　东至伊贺、伊势，西至河内，南至纪伊，北至山城，东西凡一十余里，南北凡二十五里。全州山岳居其半。南方一带，迭嶂连亘，其平坦处，有北山、十津二水萦纡其间，而达纪伊。北方颇平旷肥腴，吉野、太和二水横贯之。神武初都橿原。即葛上郡柏原村。登山而望曰："美哉国乎！其如蜻蜓之点水乎！"故国又名蜻蜓洲。其后子孙累迁都，多在邻邑，然此为肇基王迹之地。《魏志》、《汉书》称为耶马台国，即太和译音也。至桓武帝，乃迁于山城，以历世王都所在，胜区古迹殆遍州内。风俗简素，足观昔日勤俭之化。郡数凡一十五：村数一千四百八十九，町数五。曰添上、村数一百四十，町数一。添下、村数七十四，町数一。平群、村数八十三。山边、村数一百四十八。宇陀、村数一百三十九，町数一。城上、村数五十六。城下、村数五十三。十市、村数八十五。广濑、村数三十四。高市、村数一百二十一。葛下、村数八十六。忍海、村数二十。葛上、村数六十二，町数一。宇智、村数六十三。吉野。至大之郡，盖居全州之半，村数三百二十五，町数一。田圃凡三万四千九百八十四町零段七亩一十七步九厘。其山岳有月濑山、在添上郡，以梅花著名，梅林凡三十町。三国山、并跨伊贺、伊势。三亩山、凡二里，东南亘伊势。金平山、鹰鞭山、多武峰、葛城山、二上山、并跨河内。吉野山、一名金峰山，最多樱花树。山上岳、稻村岳、弥山、七面山、释迦山、大台原山、东南兼跨伊势、纪伊。高见山。其河渠有太和川、有二源：一发于山边郡并松村；一发于城上郡金平山，各自西流，至同郡和田村，二水相会。至山边郡之小岛村而合布流川，经城下、广濑、葛下三郡之北略，又并奈良川、富之小川、飞鸟、重坂、葛城、生驹等诸川，西入于河内。长八里十四町余。王子渡，阔十三间，上流为初濑川云。吉野川、源发于吉野郡大台之原山，西北流而经入之波和田、大泷、菜摘、立野，至于上市，又西流入宇智郡。过阿陁乡、五条、上野，至相谷村而入纪伊。长十六里三十一町，阔三町，深一仞。下流详于纪伊。丹生川、发源吉野郡之吉野山及赤泷山。西流至丹生村，有瀑布，其高凡三十丈。经加名生村，而西北流至泷村，又有瀑布，是为王瀑云。终入宇智郡灵安寺村，而合吉野川。长九里十七町，阔五十间。十津川、发源吉野郡山上岳。西流至坂本村，渐南流经十津川乡诸村，至七色邑村，而入纪伊之熊野川。长二十二里九町八间，阔一町。上流名天之川，下流详于纪伊。北山川。发源大台原山之巴渊。西南流经北山乡，至河口村而入纪伊，再从竹筒村来，终注于熊野川。长十一里，阔一町三十间。

河内　东至太和，西至摄津、和泉，南至纪伊，北至山

城。东西凡四里，南北凡一十三里。峰峦拥于东南，淀河绕于西北，太和川贯其中央，土壤膏沃。民俗纯朴，力于稼穑，女子概为纺织及制茶之业。郡数凡一十六：村数五百三十四，町数八。曰交野、村数三十九。赞良、村数三十四，町数一。茨田、村数六十九，町数二。若江、村数六十四，町数一。河内、村数二十八。高安、村数一十四。大县、村数一十一。安宿、村数四，町数一。志纪、村数二十二。涩川、村数三十三，町数一。丹北、村数四十五。丹南、村数五十二。八上、村数一十一。古市、村数一十三，町数一。石川、村数四十六，町数一。锦部。村数四十九。田圃凡二万四千八百七十二町四段四亩一十九步三厘。其山岳有金刚山、石川郡之东南，自山下森屋村至千早村，凡三里三十二町，又二十八町乃达山顶，半腹有千早城故址。葛城山。其河渠有淀川、自山城来，西南流经交野、茨田二郡之北，而入摄津西成郡。源委长阔，均详于山城、摄津。太和川。自太和来，西流经大县、安宿二郡界，而贯志纪郡，合船桥村之石川，而至丹北郡枯木村，入摄津住吉郡。长三里五町十八间，阔二间。源委详于太和、摄津。

和泉　东至河内、纪伊，南至纪伊，北至摄津，西至于海。东西凡四里一十四町，南北凡六里。东南凭山，西北负海。土地虽狭小，而甚为膏腴，宜于五谷，有鱼盐之利。风俗柔和，流于华奢，但山居之民犹存敦厚之风云。郡数凡四：村数三百三十三，町数七。曰大鸟、村数一百零三，町数二。和泉、村数八十二，町数一。泉南、村数七十三，町数二。日根。村数七十五，町数二。田圃凡一万三千九百五十町零五段一亩二十七步一厘五毫。其山岳有槙尾山、自和泉郡平井村始，凡一里十四町，山中有四十八瀑布、三十六洞。七越岭。凡一里

十五町，山径缭绕，七盘而上。其河渠有石津川。有二源：一发大鸟郡之钵峰，名上神谷川；一发同郡陶器山，名美井川，至草部村而相合，又名草部川。西流经毛穴、上石津诸村，至下石津村而入海。长七里十一町四十五间，阔三十间。

摄津 东至河内，西至播磨，南至和泉及海，北至山城、丹波。东西凡一十二里余，南北凡九里。平野开于东南，群峰连于西北，淀水横贯其中，海湾抱拥其外。当坂府海陆之冲，百货贯输，人民富庶，中州之枢纽也。风俗优柔，颇流于奢靡。古名浪速国。自仁德帝都高津宫，今东成郡高津小桥。孝德帝又都长柄丰崎宫，西成郡长柄村。治承中，平清盛奉安德帝徙都福原，今兵库。未半岁，复还旧都。元历元年，平氏再奉帝居此。无几，奔于赞岐。盖古来一大都会。及丰臣氏兴筑大坂城而居之，高垒深濠，雄视诸国。及其亡也，德川氏复修故城，设城代置及骑步卒以防戍。今亦设军营，驻镇台焉。郡数凡一十二：村数九百四十五，町数十七。曰东成、村数五十八，町数一。西成、村数一百四十二，町数二。住吉、村数五十六，町数二。岛下、村数一百零三，町数二。岛上、村数六十，町数二。丰岛、村数八十七，町数一。能势、村数四十。河边、村数一百七十八，町数二。武库、村数五十六，町数一。菟原、村数五十一。八部、村数三十八，町数二。有马。村数九十四，町数二。田圃凡三万五千二百五十七町七段三亩一十步零六厘三毫。其山岳有箕面山、自丰岛郡平尾村始，凡一里余。最多红叶，素称胜地。武库山。一名六甲山，自武库郡上原新田始，凡五里。其河渠有淀川、自山城来，西南流过本州及河内界，至岛上郡唐崎，而容芥川，分注神崎、中津诸川。经东成、西成二郡之中，绕府城之北。自难波桥下，而分南北：南称为土佐堀；北为里川，又称唐岛川云。共西流，及中岛而相会。至

江子岛，再分而为安治川、木津川，遂入于海。由山城界至是，凡八里三十三町五十三间。自近江琵琶湖口势多桥下始，并宇治川，通计共十九里二十五町十六间，阔十町或七町四十间。府下有三大桥：天满桥长百十五间，幅三间余；天神桥长百二十二间余，幅三间；难波桥长百十五间余，幅三间。**太和川**、自太和出，经河内西流入本州住吉郡，过同郡及和泉界，而入于海。自河内界始，凡一里三十町三间，海口阔二町十间。上流详大和、河内。由此越和泉界，架一太和桥，长八十间余。**猪名川**、一名池田川，发源能势郡丹波界宿野山，称大路次川。至柏原村，容栗栖、山田二水。南流至河边郡国崎村，容仓垣川，称为库川。复至亩野村，合多田川。东南流至丰岛郡木部村，受久安寺川，称为池田川。及河边郡田能村，而分为二派：东为猪名川，西为藻川。各南流至户内村，共入神崎川。源流共一十里余，阔一町四十五间。**武库川**。发源丹波界有马郡日出坂。至井泽村，会众水，名盐田川。南流至三田，称三田川。至生野村，容南盐田川、舟坂川及波豆川，称为生野川，或生濑川云。过武库郡，容众水。至鸣尾村而入海。源流十三里余，阔五町余。

东海道

伊贺　东至伊势，南至太和，西至太和、山城，北至近江，东西凡七里，南北凡九里。四山攒合，沿河之地稍为平坦。居民以薪炭为业者多，风俗轻薄。郡数凡四：村数一百八十八，町数二。曰阿拜、村数六十八，町数一。山田、村数二十六。

伊贺、村数五十一。名张。村数四十三，町数一。田圃凡七千一百四十五町四段六亩一步零七厘六毫。其山岳有高旗山、大山岳、一名首岳，自伊贺郡始，凡一里十四町。东西南三方，兼跨伊势。布引山。其河渠有伊贺川、有二源：出伊势铃鹿郡加太者，名之拓植川；出近江甲贺郡信乐谷者，名之河合川。至阿拜郡河合村，二水相合。西南流至服部村，容服部川，至波野田村，并长田川，而称伊贺川。入山城，遂会木津川。长凡十五里，阔凡一町。服部川出山田郡布引山；长谷川出伊贺郡大山岳云。名张川。一名梁濑川。有二源，分东西二川：东川发源伊势一志郡太郎生村，西流至夏见村而并河内川；西川又名宇陀川，出大和宇陀、吉野郡界山谷，入本州名张郡安倍田村，北流并数小河，至梁濑锻冶町，与东川相会，为名张川。西流及山城相乐郡大河源村，而合伊贺川。长凡十二里十八町，阔凡一町余。

伊势 东南皆海，西至近江、伊贺、太和，东南至志摩，西南至纪伊，北至美浓、尾张。东西一十二里，狭处四里，南北凡二十七里余。西南山岳连亘，东南则面大洋，土壤肥沃，鳞介殊富。习俗喜骋，便巧其服，贾者最称慧黠。郡数凡一十三：村数一千三百零七，町数一十。曰桑名、村数一百六十六，町数一。员辨、村数一百一十二。朝明、村数六十九。三重、村数九十，町数一。河曲、村数三十八，町数一。铃鹿、村数八十四，町数二。奄艺、村数五十六，町数一。安浓、村数八十二，町数一。一志、村数一百三十，町数一。饭高、村数一百零八，町数一。饭野、村数四十四。多气、村数一百三十。度会。村数一百九十八，町数一。田圃凡五万七千九百四十三町零段九亩二十二步八厘四毫。其山岳有镰岳、二里十八町，与近江为界。御在所岳、二里十八町，与

近江为界。堀坂山、局岳、白猪山。以上三山为本郡高岳，舟人之望标也。其河渠有木曾川、自尾浓界而来，及桑名郡油岛村而合楫斐川，成为二派，绕长岛，而至桑名入海。川口阔十二町五十间。其东派与尾张佐屋川相会，称锅田川、泉川，绕诸新田，而入于海。上流详于信浓、美浓、尾张。云出川、发源一志郡八知谷及川上村、丹生俣村等。东北流，并大村川、八手俣川诸水。至久居之南，东流经岛贯、须川二驿之间，自矢野村而入海。长十二里十二町，阔三町二十八间。宫川。发源伊势、大和、纪伊之州界大台源巴渊，合多气郡浊川、度会郡大内山川、藤川，东流而至圆座村，受横轮川，注小林村而入海。源长三十二里八町，阔二町。

志摩　西北至伊势，东、南及北，三面临海，东西凡三里，南北凡七里。地脉自西北而来，海表则盘互曲折，港湾环抱，船舶必由之所也。土壤褊少薄瘠，但颇饶鳞介之产。风俗良朴，居民勉于农渔。郡数凡二：村数五十八，町数一。曰答志、村数三十九，町数一。英虞。村数一十九。田圃凡一千七百五十八町八段三亩一步五厘。其山岳有日和山、自答志郡鸟羽町始，一里三十间余，直立一百九十二尺。舟人每登山巅量风雨、卜阴晴，以定开帆云。浅间山。在英虞郡迫子村之东北，直立六百八十尺。

尾张　东至三河，西北至美浓，西南至伊势，南至于海。东西凡八里，南北凡一十九里。地势平衍，并无高山。木曾川绕其西北，虽颇有灌溉之利，而不能无泛滥之患。东方一带，受三浓诸峰之余脉，冈阜起伏，突出南海。土质膏沃，米谷丰美，知多一郡最称丰饶。风俗温和，作业尤力。郡数凡八：村数一千零九十五，町数一十。曰爱智、村数一百五十六，町数三。知多、村数一百四十八，町数二。春日

井、村数二百零六，町数一。丹羽、村数一百三十一，町数一。叶栗、村数三十七。中岛、村数一百六十二，町数一。海东、村数一百四十六，町数二。海西。村数一百零九。田圃凡七万三千三百二十八町八段一亩一步九厘。其河渠有木曾川、发源信浓筑摩郡，至本州丹羽郡，分为五条川，自美浓州界而南，流经伊势州界；自中岛郡野田村而东，分为佐屋川。末流又分数派，而入于海。自美浓界始，凡十二里，阔凡十町。源流详于美浓。玉野川。美浓之多治见川、土岐川、三河之猿投川等相会，而名为玉野川。西南流至春日井郡福德村，并矢田川，为庄内川。南流经爱智郡，至永德新田而入海。源长凡二十二里，阔凡三町二十间。

三河 东至远江，西至尾张，北至美浓、信浓，南至于海。东西凡一十六里，南北凡一十七里。山脉连于东北渥美郡之地，势如伸臂然，与尾张之知多郡相对，又如拱抱者。州内有矢作、太平、丰川三大河，故以名州云。土壤肥硗相半。风俗纯厚，居民力农。德川家康创业之地也。郡数凡八：村数一千四百五十四，町数一十。曰碧海、村数一百七十九，町数三。额田、村数一百八十六，町数一。贺茂、村数三百五十三，町数二。幡豆、村数八十四，町数一。宝饭、村数一百一十八。设乐、村数二百三十，町数一。八名、村数七十四。渥美。村数一百三十，町数二。田圃凡四万六千四百二十三町五段八亩五步。其山岳有猿投山、本宫山。其河渠有矢作川、一作矢矧。发源美浓惠那郡阿贺泷山。西南流而入本州贺茂郡。又南流至渡合村，合足助川。经额田郡冈崎之西，过碧野郡河野川岛等之东，至前滨新田入海。长凡二十八里余，阔凡三町二十八间。丰川。发源设乐郡神山之麓。西南流，为设乐郡及八名郡之界。至有海村，合寒狭川。南流经渥美郡丰桥而入海。长凡十七里十八町，阔二町四十五间。

远江　东至骏河，西至三河，北至信浓，南至于海。东西一十八里，南北二十里。北方一带山脉，自信浓而来，颇为深阻，迤南渐平坦。大井川限其东，天龙川贯其中。濒海衍沃，多川泽，时忧涨溢。风俗朴陋，其民专以茶楮为业。气候温燠，但平时多风，七十里洋，航行最称危险云。郡数凡一十二：村数一千一百五十七，町数一十三。曰滨名、村数二。敷智、村数一百四十六，町数二。引佐、村数五十，町数一。粗玉、村数六。长上、村数一百二十六。丰田、村数二百七十一，町数三。盘田、村数一，町数一。山名、村数一百零九。周智、村数九十五，町数一。佐野、村数九十五，町数一。城东、村数一百一十六，町数一。榛原。村数一百四十，町数三。田圃凡四万零八百二十零町八段七亩二十五步三厘九毫。其山岳有粟岳、一名无间山。山势秀拔，海路之望标也。黑法师岳、凡六里。朝日岳。凡七里。其河渠有大井川、有二源，发于信浓、甲斐界之白峰为东俣川、西俣川，合流并诸涧水，西贯本州榛原郡，东贯骏河志大郡之界。直南流至榛原郡川尻、饭渊两村之间而入海。源凡四十六里余，海口阔十八町。此河为远江、骏河之界。洪水每至，川濑每变，是以榛原郡之十数村，今在河东也。天龙川、发源信浓诹访郡诹访湖。自丰田郡川合村而来，南流从州之西北隅而贯中央。至同郡小川村，合气田川。至渡岛村，又合阿多古川，分流抱濑崎等数村。及松木岛，复合。至挂冢村而入海。自州界始，长凡三十里余，阔七町半。源流详于信浓。气田川者，发源周智郡山住村，长凡十六里。大田川。发源丰田郡三仓村。南流至周智郡大鸟居村，而并吉川。经森町，水始稍大。至丰田郡向笠村，而合敷智川，乃名大田川。至山名郡中村，并原野谷川，由大岛村而入海。长凡十五里。原野谷川，又名二濑川、诸井川，发源同郡居尻村，长凡十里。

骏河 东至相模、伊豆，西至远江，北至甲斐、信浓，南至于海。东西一十八里，南北一十二里。富岳北方挺立，山脉与相豆相连，西北诸峰，自甲、信而来，富士川贯其中央。土性黑硗，颇宜茶麦。甲、信接壤之处，立夏每陨霜，菽麦不育。濒海之地稍平旷，有鱼盐之利。其俗和易，流于惰慵。郡数凡七：村数七百九十九，町数一十。曰志太、村数一百二十八。益津、村数三十六，町数二。有渡、村数一百零九，町数一。安倍、村数一百二十五，町数一。庵原、村数八十三，町数二。富士、村数一百五十三，町数二。骏东。村数一百六十五，町数二。田圃凡三万零一百五十町零七段六亩一十七步五厘四毫。其山岳有富士山，跨居富士郡及北甲斐都留、八代二郡，国中第一高山也，直立凡一万四千一百七十尺。其状如芙蓉，四面皆同。四时戴雪，浩浩积白，盖终古不化，十三州皆望之。本喷火山，山巅犹有巨洞。在骏东郡须走村凡五里，在富士郡村山村凡八里，在甲斐都留郡吉田村凡十里。七峰。其河渠有安倍川。有三源：一出安倍郡梅岛，名大河内川云；一出井川乡大日岭之北，名中河内川云；一出横泽，名西河内川。至下落合，而合中河内川。至中泽，又合大河内川，称为安倍川。南流及向敷地村，容稿科川。至有渡郡中岛村而入海。长二十里余，阔五町三十八间。

甲斐 东至相模、武藏，南至骏河，西至信浓，北至于信浓、武藏。东西凡二十五里，南北凡二十五里余。位居富岳之阴，四山环峙，地势险厄。中央平坦，多美田，富材木蚕桑。诸水皆会富士川而南流。风俗慓悍。郡数凡四：村数

六百六十，町数六。曰都留、村数一百零七，町数三。山梨、村数一百四十，町数一。八代、村数一百五十，町数一。巨摩。村数二百六十二，町数一。田圃凡三万七千九百三十九町一段零二十三步六厘九毫。其山岳有奥仙丈山、在山梨郡，凡七里余。本郡极北诸山，概冒奥仙丈之名云。金峰山、凡六里。驹岳、凡八里。白峰。在巨摩郡芦仓村，凡十里，本州第一高山，有三峰，北方之最高者，称为白峰。其河渠有笛吹川、一名子酉川，发源山梨郡德轮山。南流至八幡南村，势颇湍急。及大野村，而受重川。至一町田中村，而合日川。西南流至落合村，又会金川。西流及巨摩郡二川村，而合荒川。至八代郡市川大门村，名富士川。长二十里余，阔四町十间，釜无川、发源巨摩郡驹岳。北流及大武川，绕教来石。东南流至宇津谷，而受盐川。及上高砂村，又容御敕使川。至八代郡市川大门村，而名富士川，长十七里，阔六町。富士川、笛吹川、釜无川、芦川之三水至八代郡市川大门村、巨摩郡今福之间而相合，名富士川。南流并早川。至八代郡荣村而入骏河。由大门村至州界，长十三里，阔六町四十间。下流详于骏河。桂川。发源都留郡山中村山中湖。本北流至境村，而东流及花笑驿，而合筱子川。又东北流至猿桥驿，两岸相缩，湍流尤急。过鹤岛村，入相模，遂为相模川云。自源至州界，长三十里，阔一町四十间。下流详于相模。

伊豆　北至骏河、相模，东西南皆至于海。东西七里一十二町，南北一十四里余。山脉自相模来，南走至半岛而止，余脉入于海，或起或伏，而成百余岛屿焉。土地硗确。民俗质朴，概以薪炭猎渔为业。郡数凡四：村数二百八十二，町数二。曰君泽、村数七十，町数一。田方、村数七十。那贺、村数一十七。贺茂。村数一百二十六，町数一。田圃凡八千三百零四町四段零三步三厘二毫。其山岳有箱根山、在君泽郡，由山顶至相模界，凡三里余。天城山、古名狩野，跨州内四郡，直立凡四千七百余尺，多产良材。乌帽子山。一名御岳，又名浅间山，在贺茂郡云见村，直立一千八百尺，高峻之极，不可攀跻。以地濒海，故航海以为望标。其河渠有狩野川。发源天城山下水生池，至田方郡汤岛村，名为汤岛川，又合猫儿川，而北流至加殿村，复合大见川、修善寺川，经大仁、三福、南条、原木、肥田诸村，及君泽郡御园、长福二村，而至骏河骏东郡，由泪津驿而入于海。长凡十里，阔一町。其岛屿有大岛，有八丈岛。周四十余里，海岸巉岩，深三四仞至六七仞，殊不便碇泊。西有甑峰，峰巅常喷火，直至二千八百四十六尺，居全岛三分之一。物产丰殖，气候温燠，若别一天地。言语风俗，亦殊于内地云。八丈岛之南为小笠原群岛，大小八十九岛，最大者为父、母二岛，余兄、弟、姊、妹诸岛，比肩齐列，若环立者。全岛山谷深阻，地质硗确，然气候恒燠，能蕃殖茂木众草。古无人居。文禄中，小笠原贞赖航海始寻得，故名以其氏。后屡谋开拓，终不果。文久中，德川氏派使巡测，议垦辟，以事中止。其后英人上书，言此岛非日本所有。幸以遣使故，援证答辩，英人乃不复争。今改隶于东京府。其山岳有旭山。岛中最高山。其河渠有八濑川。在北袋泽，本岛第一之川流也，阔凡十五间。八所溪涧相合，西流入海。水深不测，舟楫可通。夏秋之交，时虞涨溢。

相模　东至武藏，西至甲斐、骏河，南至伊豆及海，北至武藏。东西凡一十四里，南北凡一十一里。西北多山，与三州连汇。东方则坂阜起伏，斗入于海，与房、总诸州相对，江户湾之门钥也。南方稍平衍，诸水顺下，酒匂尤宜于灌田，马入每有洪涨之患。西南地味肥沃，颇饶米谷鱼介。西北之民，专以采薪养蚕为业。风俗稳和，稍不免于轻薄。自源赖朝开府镰仓以管领关东诸国，即镰仓郡是也。其陪臣北条氏执权，废立将军者六世，然历世自称相模守，即此州守也。郡数凡九：村数六百五十九，町数十一。曰足柄下、村数八十六，町数一。足柄上、村数九十四。淘绫、村数一十九，町数一。大住、村数一百一十九，町数二。爱甲、村数四十二，町数一，津久井、村数三十。高座、村数一百一十一，町数一。镰仓、村数八十五，町数二。三浦。村数七十七，町数三。田圃凡五万零五百九十九町七段三亩七步九厘一毫。其山岳有箱根山。西南跨伊豆，由小田原至山顶伊豆州界，凡四里余。然路狭不容人，一夫当关，万夫莫敌，为东海道第一险要。德川氏设关于此，以讥察往来行旅。明治以后乃废之云。其河渠有相模川。发源甲斐都留郡山中湖，名桂川。入本州津久井郡小渊、名仓二村之间，乃东南流。至厚木町，而合中津川、小鲇川。又南流，经高座、大住郡界。至大住郡马入村，为马入川。至须贺村高座郡柳岛村之间，而入海。在州界长十八里余，马入村渡口阔三町十六间。上流详于甲斐。其湖沼有芦湖。在箱根山顶，周回四里余，深四十六仞。下流为早川，东流凡五里，至小田原，而入于海。其港湾有横须贺。在三浦郡港口，凡十町，水深二仞至二十仞。今设造船厂于此。

武藏　东至下总，西至信浓、甲斐，南至相模，北至上野，东北至下野，东南至于海。东西凡二十六里，南北凡二十五里。利根川绕其北境，江户川限其东北。山脉自西而来，地势随而东，有秩父、多摩诸山。南北辟，旷野数十里，大逵四达，人烟相属。其东南隅即东京，皆古所谓武藏野之地也，全国最称坦沃。初，江户属于扇谷氏，后为北条氏所灭，北条氏亡，德川氏遂迁居焉。先是，德川家康起三河，丰臣秀吉语之曰："江户霸气之所钟，子宜筑城为根本地。"家康即徙居，筑石为城，高垒深濠，一如大坂，任将军统列藩者，凡十五世。及德川氏还政，参与大久保利通，以山城地狭，请择地迁都。明治元年，乘舆东临，遂因幕府为宫殿焉。物产五谷丰饶，兼有鱼盐蚕桑之利。风俗则都邑以轻佻豪侠自喜，流于侈靡，惟僻邑犹存朴实之风。郡数凡二十二：村数二千九百四十二，町数三十五。曰丰岛、村数一百零二，町数三。葛饰、村数二百八十八，町数一。足立、村数四百零五，町数一十。埼玉、村数四百二十四，町数八。新座、村数三十三。茌原、村数九十二，町数一。入间、村数二百五十，町数一。高丽、村数一百一十七。比企、村数一百六十二。横见、村数四十七。大里、村数三十九，町数一。男衾、村数二十六。幡罗、村数五十九。榛泽、村数七十四。儿玉、村数六十，町数一。贺美、村数二十七。那珂、村数一十一。秩父、村数八十四，町数一。多摩、村数三百九十四，町数三。橘树、村数一百二十三，町数三。都筑、村数七十二。久良岐。村数五十三，町数二。田圃凡二十四万三千五百一十町八段一亩二十九步二厘八毫。其山岳有三峰山、在秩父郡，合云采、白云、妙法岳，而称三峰山。方三里许，由山麓始，凡一里十六町。慈光山。在比企郡，与地峰远一山、见性山合，而称慈光三山。东南望房、总诸山，甚宜凭眺。其河渠有荒川、发源秩父郡古大泷村木贼谷、真泽等处。东流过贽川、大宫。北流至小柱村，而容赤平川。北折又东北向，经男衾、榛泽二郡之界，入大里郡明户村，过熊谷驿之南，又东南流入横见、足立郡界。至比企郡松永村，而容市川。及上老袋村，又合入间川。至东京之北南流，乃名为隅田川，过府下入海。长凡七十里余；阔，熊谷驿边凡十二町二十间，东京箱崎町边二町四十间。府下架五大桥：永代桥，长百四间，幅六间；新大桥，长百八间，幅三间三尺；两国桥，长九十间，幅六间；厩桥，长八十六间，幅三间二尺；大川桥，长八十四间，幅三间三尺。千住驿亦架大桥，长六十六间，幅三间。**中川**、古在埼玉郡佐波、外野之间，从利根川之南而分流。天保中筑堤以后，利根川分支之细流数条相合而为一河。至川口村，合会川，注琵琶溜井。又南流过葛饰郡户崎之西，经埼玉郡珩村、足立郡六木新田之间，与荒川之分流合，为绫濑川。至葛饰郡新宿抵砂村新田，而入于海。户崎村之上，古名利根川，下名中川。长二十一里十七町三十七间，阔凡一町半。**入间川**，发源秩父郡名栗村。东流一里许，入高丽郡赤泽村，至野村，经高丽、入间二郡之界。又东北流，至平冢新田，入入间郡绀屋村。又东流而合越边川。及上老袋村，又合荒川，上名栗川，下称入间川。长凡十八里，阔凡一町余。**多摩川**。一作玉川，发源信浓，入甲斐都留郡黑川村。东流而至丹波山村，有黑川、一濑川、丹波川之称。复东流入多摩郡留浦村，而名多摩川。至青梅村，下曲折六十八盘入秋川，至稻荷、新田之间而入海。长凡三十八里，最阔处八町二十间。下流名六乡川，近顷架一桥，长六十间，幅三间。上流凡四町余，因蒸汽车通行之故，又架铁桥，长六十六间四尺，幅四间二尺四寸。

安房　北至上总，东西南皆至于海。东西十里，南北七里。北方一带山脉横亘，以为州界，支脉南走，而贯州中，盖趋于半岛之地也。地势险阻，西边稍平旷，土壤肥硗相半。风俗朴陋。民业农渔相杂，鱼介之产殊饶。海澨万石起伏，峭壁万仞，纯骨无肉，盖饱经风涛，日刓月剥，故成此状。石匠麇集，伐石为材，以输运东京，锤凿之声，远近相应，故土人又多以锲工为生计。郡数凡四：村数二百九十二，町数三。曰平群、村数七十五，町数一。安房、村数九十，町数二。长狭、村数六十三。朝夷。村数六十四。田圃凡一万零二百一十三町二段五亩二十二步一厘。

上总 南至安房，北至下总，东、西至于海。东西凡一十四里，南北亦同。南方负山，迤北而渐平衍，与下总旷野相接。东方一带，海碛亘于三郡，有九十九里，滨与下总连，渔业最盛之处也。地质埴坚，又有斥卤。风俗顽悍。郡数凡九：村数一千一百七十三，町数八。曰天羽、村数七十六。周准、村数一百零八，町数一。望陀、村数一百九十三，町数一。市原、村数一百八十七，町数二。夷隅、村数一百七十，町数二。埴生、村数四十八。长柄、村数一百二十九，町数一。山边、村数一百三十一。町数一。武射。村数一百三十一。田圃凡六万二千四百九十八町九段七亩一十八步零六毫。其河渠有夷隅川、一名大多喜川。发源安房州界夷隅郡台宿村。北流十余里，过大多喜，又东折，从大福原而经长柄郡界入于海。长凡二十里，阔一町。一宫川、发源长柄郡笠森村。东流埴生郡界，遂并长柄郡小林、味庄、千代丸及埴生郡茗荷泽、芝原五村之水，至一宫本乡而入海。长凡二十里，阔一町。养老川、发源安房清澄山背。经夷隅葛藤村，入市原郡西北，流至五井而入于海。长凡二十里，阔二町三十间。小柜川。一名久留里川。有二源：一出安房清澄山；一发望陀郡香木原村，共与川俣合。经久留里而西北流，至久津间而入海。长凡二十里，阔一町余。其港湾有九十九里滨。自长柄郡至下总上郡，总称为九十九里，长凡十五里。海澨平浅，湾如一弓，鱼鰛之利尤多，一网所获，积如山阜，居民赖之，殊为富饶云。

下总 东至海，西至武藏、上野，南至上总及海，北至常陆、下野。东西凡二十二里，南北凡一十七里余。州内无山，原野居四分之一。利根川分派在西北二方界，巨浸灌之，漕输颇便，然沿河之地时被水患。其土赤坟少石，五谷皆宜。风俗浇薄。郡数凡一十二：村数一千六百二十一，町数一十一。曰千叶、村数一百二十六，町数一。葛饰、村数三百三十一，町数三。猿岛、村数八十，町数一。结城、村数五十一，町数一。丰田、村数七十九，町数一。冈田、村数五十三。相马、村数一百三十四。印幡、村数二百四十，町数一。埴生、村数六十二。香取、村数三百零八，町数二。匝瑳、村数八十二。海上。村数七十五，町数一。田圃凡一十二万零二百四十九町四段一亩二十一步一厘三毫。其河渠有利根川、发源上野利根郡藤原村之文殊山。东下至本州葛饰郡中田驿及武藏葛饰郡栗桥驿之间，名为上利根川。分流为南北二道：南派由栗桥驿至本州葛饰郡川妻村之间，经武、总之界，出关宿之西，向河岸村江川新田之间，名为权现堂川。长二里二十二町四十五间，阔二町三十五间。又东北流，名逆川，受赤堀川而东流，即利根本流也。赤堀川即由中田而分有北派，至关宿之北山王村及猿岛郡境町之间，而合逆川。长二里二十一町十九间，阔二町五十五间。合本流二水，其阔倍增。东流容葛饰沼、猿岛郡长井户沼、市谷沼、鹄户沼之水，并相马郡鬼怒、蚕养之两川，至南相马郡江藏地新田北布川驿之间，栗桥以下，名为中利根川，长十里二十二町四十一间，阔二十一町。从此以下，为下利根川，并印幡郡手贺沼、印幡沼、埴生郡长沼之水，过安西新田。计由布川至此，长八里十二町二十五间，阔七町二十一间。遂入香取郡，容大浦沼，又并田浦及常陆浪逆浦、北浦等诸水。至铫子港而入海。从安西新田至此，长凡十五里十一町，阔二十五町二十间。源委通长七十余里，为日本第一大河，故以坂东大郎称。上流详于上野。权现堂川，由关宿之南江户町南折，而为江户川。又从香取郡中岛村岛原、新野之间，分而横出常陆霞浦、牛堀，别名横利根川云。江户川、利根川之支流也。自葛饰郡向河岸村及关宿之南江户町之间，分派南流，经武藏州界，至堀江村而入海。长十七里三十三町五十间，阔一町五十七间云。鬼怒川、一作绢川。自下野来，南流经结城、冈田、丰田三郡，至相马郡大木新田，会中利根川。从州界始，长十一里二町三十一间，阔九町三十八间。上流详于下野。蚕养川。一作小贝。发源下野盐谷郡高谷村。经常陆真壁、筑波二郡，而南流至相马郡平沼村，而东流及高须村，复南流至小文间村，会中利根川。从州界始，长十四里三十三町七间，阔十五町五十间。上流详于常陆。

常陆　西至下野、下总，南至下总，北至磐城，东至于海。东西凡十一里一十八町，南北三十里一十町。磐城之诸山，分歧而南走，那珂、久慈二水，划而东流。筑波峰突起其东南，山势迤北，与下野诸山连。南方多平原，众水西来，汇于霞浦，而注于海。地宜桑楮，海滨旷漠，鱼盐颇富。民俗勇悍褊固，乏敦厚之风。郡数凡一十一：村数一千七百二十七，町数一十二。曰筑波、村数一百七十三，町数一。河内、村数一百四十四，町数一。信大、村数九十四。新治、村数一百八十九，町数二。行方、村数八十二，町数二。鹿岛、村数一百三十，町数二。真壁、村数二百六十二，町数一。茨城、村数三百零二，町数二。那珂、村数一百二十七，町数一。久慈、村数一百四十一，町数一。多贺。村数八十三。田圃凡一十三万八千七百五十七町四段六亩二十七步六厘五毫。其山岳有筑波山。跨筑波、新治、真壁三郡，双峰对峙。西为男体，东为女体，直立凡二千二百二十六尺。其河渠有蚕养川、一作

小贝川。发源下野盐谷郡高谷村。南流经本州真壁郡，绕筑波郡西南界，入下总相马郡，而注中利根川。长凡二十三里十八町，阔二十间，或至五十间。**那珂川**、自下野来，东南流至那珂港而入海。入本州，长十二里，阔一町三十八间，或至二町四间。舟楫能通凡十里。久慈川亦同。上流详于下野。**久慈川**。发源八沟山。经磐城白河郡、本州久慈郡，东南流至久慈村入于海。源长二十四里，阔四十间，其涨溢至二町余云。**其湖沼有霞浦**。横亘河内、信太、新治、行方四郡，及下总香取郡。周回三十六里，东西七里十町十间，南北六里三十三町。下流为逆浪浦，并北浦，合利根川而入海。湖中多产鱼虾，尤饶景物。

东山道

近江　东至伊势、美浓，西至山城、丹波，南至伊贺，北至若狭、越前。东西凡一十二里，南北凡一十九里。山势自浓越来，分东西二脉，各南走，为四邻之界。大湖居于州之中央，波光岚影，上下映带，眺观佳绝。其地控带畿内，当三道之要冲，土肥民富。风俗伶俐，颇长于商贾。郡数凡一十二：村数一千四百五十一，町数一十。曰滋贺、村数七十八，町数三。高岛、村数一百二十九，町数二。栗太、村数一百一十。甲贺、村数一百三十四，町数一。野洲、村数七十八。蒲生、村数二百一十四，町数二。神崎、村数八十六。爱知、村数一百二十六。犬上、村数一百一十，町数一。坂田、村数一百八十五，町数一。浅田、村数一百四十四。伊香。村数七十七。田圃凡六万六千四百八十二町二段八亩四步零八毫。其山岳有比睿山、属滋贺郡，跨居山城，直立二千一百六十尺。比良峰、在比睿山之北，直立二千八百八十尺。石山、自滋贺郡山麓始，凡六町。奇山怪岩，青白相间，其下萦带势多川，殊有美景。御池岳。山上平坦，有三十余池，在爱知郡，并跨伊势。其河渠有横田川。发源甲贺郡诸山及伊势铃鹿山。西流合田村川、松尾川、杣川，入野洲郡，称野洲川。至川田村而南北分流：南经水保村之南，而至木滨；北为吉川，至吉川村而入湖。长十五里，阔二町至于五町。其湖沼有琵琶湖。以形似得名，又有淡海、鸠海之称。亘十一郡，国中第一大湖也。容八百八水，末流入势多川，而注山城。周回七十三里，东西五里，南北十五里。近年湖中设小汽船以通往来。

美浓　东至信浓、飞驒，西至近江、伊势，南至尾张、三河，北至越前、飞驒。东西凡二十六里，南北凡一十九里。东北山岳连续，更南走而入三河。西北山脉自越前而来，为江势之界。中央及西南多平原，木曾川贯流其中，殊有灌溉之利。地味膏腴，五谷皆宜。风俗质直好勇，西南之民颇喜豪华。郡数凡二十一：村数一千四百五十二，町数一十六。曰石津、村数七十三，町数一。多艺、村数六十一，町数一。不破、村数四十六。池田、村数六十九。大野、村数一百一十八，町数一。安八、村数一百五十二，町数二。海西、村数二十六，中岛、村数三十一。羽栗、村数六十二，町数二。厚见、村数五十七，町数二。本巢、村数六十七，町数一。席田、村数九。方县、村数五十三。山县、村数四十七。各务、村数三十八，武仪、村数八十，町数二。郡上、村数一百六十四，町数一。加茂、村数一百零一。可儿、村数七十四。土岐、村数四十九。惠那。

村数七十五，町数三。**田圃凡六万三千八百四十五町零二十一步四厘。其山岳有惠那岳。**一名覆舟山。自惠那郡中津川村始，凡四里。与信浓筑摩郡接，在信浓名熊野山云。**其河渠有木曾川、**自信浓来。西流入惠那郡，至加茂郡川合村，而会飞驒川。过各务郡，从羽栗郡而南流，为尾张界。至中岛郡，又分流，而入美张名佐屋村。其一至小薮村，合长良川，入尾张、伊势，由桑名而归于海。由信浓州界至桑名，长凡三十五里。中岛郡大浦村渡场，阔八町三十间。大田川、鹈沼川、起川、秋江川等，各因其地而有数称。源详于信浓。下流详于伊势、美张。**长良川、**发源郡上郡大日岳。南流合郡上、武仪郡等诸流。渐西南流，经山县、厚见、方县、本巢郡。又南流，至安八郡堀津而有二派：东过海西郡，至中岛郡小薮村，而入木曾川，有郡上川、河渡川、墨股川之数称，长三十二里，阔六町余；西为大杙川，过安八郡，至土仓村而会揖斐川。**揖斐川。**发源大野郡德山谷。南流为大野、池田二郡界，合安八郡诸流，历石津郡，入伊势，自桑名而归于海。有株濑川、吕久川、泽渡川等数称。长三十里，阔凡五町。

飞驒　东至信浓，西至加贺、美浓，南至美浓，北至越中。东西凡一十七里，南北凡二十里。地势最高，万山四周，西北兼峻岭险流，栈道编筏，仅通往来。虽乏米谷，而产良材工匠，以养蚕为业。风俗朴陋。郡数凡三：村数五百一十三，町数三。**曰益田、**村数一百二十五。**大野、**村数一百五十九，町数一。**吉城。**村数二百二十九，町数二。**田圃凡九千一百九十一町八段七亩一十六步。其山岳有乘鞍岳、**横亘三郡，而并跨信浓。自益田郡青屋村始，凡九里余。**枪岳。**在吉城郡，凡六里十八町。**其河渠有益田川、**发源益田郡乘鞍岳大池。西流，从大西村之边而南流，过大野郡，复贯益田郡，入美浓武仪郡，而名飞驒川。至美浓州界，长三十里，阔四十间。下流详于美浓。宫川、发源大野郡宫村，及川上岳，合川上川、小八贺川诸流。北流经吉城郡。至谷村，会高原川。入越中妇负郡，为神通川。至越中州界，长二十二里十八町，阔一町十间。下流详于越中。白川。有二源：一发大野郡寺河户村山中，为上白川，北流；一发白山白水瀑，为大白川，东流，至平濑村而相合。北流入越中砺波郡，为射水川。至越中州界，长十八里，阔一町。下流详于越中。

信浓 东至甲斐、武藏、上野，西至美浓、飞驒，南至骏河、远江、三河，北至越中、越后。东西凡二十三里，南北凡四十里余。山脉自东北始，南与武甲相连。起中央者，南分二脉。西南至木曾诸山，最峻奥，多产良材，北陆、南海二道之三大河，皆发源其间，而南北分流，可见其地势之最高也。河中岛一带，稍为平旷。土性硗瘠，民多以养蚕为业。物产之富，本州推为第一。风俗顽朴。郡数凡十：村数一千五百零一，町数一十六。曰筑摩、村数一百零三，町数二。伊那、村数一百一十，町数三。安昙、村数一百零一，町数一。诹访、村数七十九，町数三。更级、村数一百一十三。水内、村数三百一十一，町数三。高井、村数一百七十，町数一。埴科、村数四十九，町数一。小县、村数一百九十二，町数一。佐久。村数二百七十三，町数二。田圃凡七万九千九百二十町八段四亩二十一步五厘四毫。其山岳有茶磨岳、在木泽村，凡八里余。穗高岳、在安昙郡，凡七里余。四阿山、在高井郡，凡六里。入上野者，称为吾妻山。浅间山。喷火山也，在佐久郡追分驿，居地之最高处，本州第一高山也。其河渠有木曾川、发源筑摩郡荻曾村之西。西南流经福岛，合王泷川。南流经三十余村，而容众水。自山口村入美浓，过尾张、伊势而入海。至美浓州界，长十一里余，阔凡四十六间。下流详于美浓、尾张、伊势。**天龙川**、发源诹访湖西南。流过伊那郡，合三峰川、大田切川、大横川等诸水，贯远江而入海。至远江州界，长凡三十里余，阔凡二町四十间。下流详于远江。**千曲川**、发源佐久郡南甲斐金峰山。西北流经佐久、小县二郡，沿北国驿路，遂北流至更级郡川合村而会犀川。两川之间，名川中岛。又北流为水内、高井二郡界。入越后，为信浓川。至新潟而归于海。至越后州界，长凡六十里，最阔处凡七町四十间余，狭处一町二十间。下流详于越后。**犀川**。发源筑摩伊那郡界驹岳。上流为奈良井川，北流合田川、女鸟羽川。经安昙郡界，而会梓川，遂过川中岛，而入于千曲川。长凡三十里，阔凡一町二十间。**其湖沼有诹访湖**。在诹访郡高岛之边，横亘数村。周回四里余，深凡七仞。世人称为鹅湖，有八胜之名。下游即天龙川也。

上野　东至下野，西至信浓，南至武藏，北至越后、岩代。东西凡二十三里，南北凡二十五里。山势自岩代、越后来，连于信浓。西北最重叠，利根川发源于其极北，众水会同，号为洪流。东下为武藏界。东南夷沃，饶于蚕桑，长于缫织，勤于商贾，繁富之区也。风俗健黠。郡数凡一十四：村数一千一百八十六，町数一十二。曰吾妻、村数八十五。碓冰、村数七十四，町数一。群马、村数一百九十三，町数二。甘乐、村数一百三十三，町数一。片冈、村数三。多湖、村数二十八。绿野、村数四十六，町数一。利根、村数一百一十三，町数二。势多、村数一百七十一。山田、村数六十，町数一。那波、村数五十四，町数一。佐位、村数三十八，町数一。新田、村数一百，町数一。邑乐。村数八十八，町数一。田圃凡九万七千七百零八町六段八亩二十七步三厘四毫。其山岳有妙义山、一名白云山，在甘乐郡；中岳一名金洞山，在妙义、金鸡二山之中，众峰竞立，以奇秀闻。**御荷锋山**。东西有二峰，跨甘乐、多湖、绿野三郡。**其河渠有利根川**、发源利根郡藤原村之奥文殊山下。南流及月夜野町，而合赤谷川。及砚山中而合发知川、薄根川。过沼田，会片品川。及群马郡白井，又容吾妻川。至新町，又合广濑川。分派犹有数派。过前桥，稍东下。及那波郡沼上村，而会乌川。至中岛，再合横濑川。东流至邑乐郡大久保村，而入武藏。至埼玉郡本乡，会渡良濑川。经下总而入海。下流详于下总。自历利根、势多、群马、那波、佐位、新田、邑乐七郡会合诸水，渐成巨流，至武藏州界，长凡二十八里余，阔四町四十间，名之为上利根川云。**片品川**、发源利根郡户仓村山中尾濑原。南流及东小仓村，而受大尻沼之下流，并合涂川、平川、利根川。自穴原村而西折，自沼田新町，而入利根川。长三十里，阔三十间。**神流川**。发源甘乐郡滨平村山中。东北流合野栗泽川、思川。至绿野郡笛木新町，而会乌川。长二十里，阔二十五间。

下野　东至常陆，西至上野，南至上野、武藏、下总，北至岩代、磐城。东西一十九里，南北二十五里。大山脉界于西北，西方最险峻，至日光，极其秀拔。州之中央，地势平衍，官道如砥，绢川贯流之。但地半硗瘠，民多植苎麻，制纸漆布帛之产，与上野相伯仲。风俗顽陋。郡数凡九：村数一千三百七十三，町数一十四。曰安苏、村数四十六，町数一。足利、村数四十三，町数一。梁田、村数二十七。都贺、村数三百八十二，町数七。寒川、村数一十三。河内、村数二百零三，町数一。芳贺、村数二百四十一，町数一。盐谷、村数一百五十二。那须。村数二百六十六，町数三。田圃凡一十一万八千四百七十四町三段一亩六步九厘九毫。其山

岳有日光山、在都贺郡，又名二荒山。最高者黑发山，直立六千四百八十尺。德川氏竭国力营庙于此，金碧楼台，穷极壮丽，西客来游，足迹必至之地也。茶臼岳。喷火山也。其北有月山等，总称为那须岳。其西有大仓山，皆山脉相连。其河渠有鬼怒川、一作绢川，古名为毛野川。发源盐谷郡川又村衣沼山之衣沼。东流及川沼村，合五十里川。至河内郡大渡村，合大谷川。南流而入下总，终会利根川。长凡三十里，阔一町四十间。那珂川、发源那须郡男鹿岳顶之男鹿沼。东南流及寒井村，而合黑川。南流经黑羽及佐良土村，而合帚川。渐东南流，过乌山及野上村，而合荒川。又东流，至芳贺郡小深村，而入常陆。由源至此，长凡三十里，阔一町四十间。下流详于常陆。渡濑川。发源都贺郡日光山、安苏郡庚申山之间。南流过足尾，入上野。又东南折而再入本州。及足利村、小俣村，而容桐生川。东流及都贺郡下宫村，又合安苏川，而入下总。至古河，与思川共入利根川。长凡三十里，阔凡二十间。

磐城　东至海，西至岩代、羽前，南至下野、常陆，北至陆前、羽前。东西凡二十二里，狭所五里余，南北凡三十三里余。山脉南走，而连下野。又向东支出界常陆。地形与岩代犬牙相错。阿武隈川贯流之，西隅接陆羽之大山。山谷幽邃，地势窿洼不一，硗确居半。濒海一带稍平远，有鱼盐之利，而港湾浅小，不便漕运。风俗朴陋孱弱。郡数凡一十四：村数一千零八，町数八。曰白河、村数一百零六，町数一。白川、村数九十二，町数一。石川、村数七十五。菊多、村数六十一。磐前、村数一百一十二，町数二。磐城、村数五十一。田村、村数一百四十一，町数一。楢叶、村数四十。标叶、村数六十四。行方、村数一百二十一。宇多、村数五十，町数一。亘理、村数二十六，伊具、村数三十六，町数一。刈田。村数三十三，町数一。田圃凡七万五千五百零八町八段零一十步九厘。其山岳有旭岳。自白河郡鹤生村温泉始，凡五里余，并跨岩代，直立凡二千五百九十尺。其河渠有阿武隈川。发源白河郡旭村及甲子山中雄瀑。东流凡九里，过白河町，入石川郡。北流而入岩代，容诸水，渐成巨流。至田村郡，复贯岩代之安达、信夫、伊达三郡之间。迤东而入伊具郡，又北流至陆前州界，东折至亘理郡荒滨，而入海。长凡五十里，阔十町。详于岩代。

岩代　东至磐城，西至越后，南至上野、下野，北至羽前。东西凡二十里余，南北凡二十一里余。陆羽之山脉蜿蜒来自北。一西折转南界羽越，又郁积接二野。一南走贯州中，入磐城。其东为阿武偎川，北流通漕运。但时有秋涨之患。猪苗代之巨浸，同众水注于西疆，亦便漕运。河干之地，大概广坦，宜于蚕桑。风俗朴挚。福岛近傍，亦有浮薄之风。郡数凡九：村数一千四百一十九，町数一十四。曰会津、村数三百零八，町数二。大沼、村数六十一。河沼、村数二百四十五，町数一。耶麻、村数三百一十一，町数二。岩濑、村数八十三，町数一。安积、村数四十八，町数一。安达、村数六十七，町数一。信夫、村数八十七，町数二。伊达。村数一百零九，町数四。田圃凡八万二千六百三十二町七段四亩二十八步二厘。其山岳有燧岳，直立二千三百余尺。驹岳、直立二千一百尺。朝日岳、直立二千八十尺。朝草岭、峰尖奇险，又名鬼面山，直立二千五百一十尺。猩猩森山、直立二千九百五十尺。荒贝岳、直立二千八十尺。七森岳、直立二千一百六十尺。背炙岳、直立二千五十尺。御神乐岳、直立二千五百九十尺。盘梯山、直立二千零六十尺。饭丰山、直立三千九百九十尺。赤崩山、直立一千八百三十尺。高阳山、直立二千二百一十尺。高

曾根山、直立二千六百八十尺。**东吾妻山**、直立三千二百尺。**安达大郎山**、直立三千尺。**鬼面山**、直立二千尺。**朽人山**。直立二千尺。**其河渠有日桥川**、旧作新桥川。发源耶麻郡猪苗代湖。西流又经耶麻郡盐川之南，至河沼郡沼上村，而容黑川。及立川村，而会鹤沼川。自耶麻郡真木村而北，流至松野村之边，复西流至菅原村，会只见川，为阿贺川，而入越后至州界。长凡二十里余，阔一町五十间。旧名会津川云。下流详于越后。**鹤沼川**、一名大川。有二源：一发会津郡鹤沼，西流；一出同郡山王岭，北流，至田代村、小野村之间，而相合北流。自芦牧村，为会津、大沼二郡界。及上米冢村，而分二派：本流经饭寺蟹川村，入河沼郡。至立川村，而合日桥川。长凡二十一里余，阔四十间。西派仍过大沼郡界，至和泉村者，入河沼郡，至东青津村者，入日桥川云。**只见川**、发源会津郡尾濑沼。北流，为越后界。及只见村，而合伊南川。入大沼郡，至水沼村之边，稍东折。及早户村，而容沼泽川。东北流经河沼郡，耶麻郡馆原村，而会日桥川。长凡三十七里十八町余，阔五十间余。**阿武隈川**、自磐城来。入岩濑郡而北流，及安积郡，为磐城，复贯安达、信夫、伊达三郡之间。迤东再入磐城，达于海。过本州，长凡二十七里余，阔凡一町四十间余。自福岛至海，凡二十三里。漕舟可通。源委详于磐城。**松川**。发源羽前置赐郡五色温泉之奥十三瀑。东流入信夫郡，经李平村之南，至本内村、五十边村之界，而入阿武隈川。长三十里余，阔平水二十间。碛洲一町四十间。**其湖沼有猪苗代湖**。亘居会津、耶麻、安积三郡，以湖之中央为郡界，周回凡十六里二十一町。

陆前　东至海，西至羽前、羽后，南至磐城，北至陆中。东西凡二十五里，狭处二里，南北凡四十里，狭处一十九里。山脉连亘，西北划陆中、羽前，南连岩代、北方二郡。地势狭长，委折随海，牡鹿一郡，曲出东方，而抱港湾。松岛群屿则棋布其西南，而中央土壤平衍，阿武隈川限其南。北上川来自北，有运输之便。田塍万顷，米谷之产颇饶。风俗顽朴。郡数凡一十四：村数七百零一，町数一十二。曰柴田、村数三十五。名取、村数五十九，町数一。宫城、村数七十八，町数二。黑川、村数四十九。加美、村数三十八。玉造、村数二十二，町数一。栗原、村数九十六，町数一。志田、村数六十四，町数一。远田、村数五十八。桃生、村数六十六。牡鹿、村数五十九，町数一。登米、村数二十一，町数一。本吉、村数三十二，町数二。气仙。村数二十四，町数二。田圃凡九万二千三百七十一町二段二亩二步二厘。其山岳有太白山、俗名乌兔峰。虽不甚高，舟人以为望标。日和山。东南临海，舟人亦以之卜阴晴。其河渠有鸣濑川、一名三本木川。有二源：一发加美郡小野田本乡不动瀑，东流至志田郡石森村，折而东南；一发黑川郡吉田村山中，过品井沼，及桃生郡福田村而相会。至野蒜村，入于海。长二十五里余，阔一町四十间余。江合川、一名玉造川。发源羽前界玉造郡中山村。东流经锻冶屋泽下宫之南，至桃生郡和泉村，而入北上川。长凡三十里余，阔一町五十间余。迫川、发源栗原郡沼仓村栗驹山下。东西流，名三迫川，合一迫川、二迫川等水，过登米郡界，至远田郡猪冈短台村，入北上川，舟楫可通。长凡三十七里余，阔一町二十间余。北上川。自陆中来。经登米郡而南流，至桃生郡小船越。由源至是，长凡七十三里，最阔处六町二十间。分为二流：一南流入海，名追波川；一东北流入海，共有舟楫之便。上流详于陆中。其岛屿有松岛。属宫城郡。南至千贺浦，北至矶崎，小岛数百，海上散布，悉生青松，奇丽美秀，与丹后丹

桥、立安艺严岛，名为日本三胜云。

陆中　东至海，西至羽后，南至陆前，北至陆奥。东西凡三十七里，南北凡三十三里，广处凡五十里。陆奥之大山脉分二歧南走：其西者划羽后，其东者郁结中央，北上川贯其中间。全地原隰旷远，多硗确，盛江以南，稍为沃壤。闭伊、九户二郡，濒于东海，有鱼盐之利。风俗陋弱。郡数凡一十：村数七百二十六，町数一十四。曰磐井、村数八十六，町数一。胆泽、村数三十七，町数一。江刺、村数四十一，町数一。和贺、村数六十九，町数二。稗贯、村数六十七，町数一。紫波、村数七十四。闭伊、村数一百三十八，町数五。岩手、村数八十五，町数一。九户、村数五十九，町数一。鹿角。村数七十，町数二。田圃凡五万七千三百二十八町七段七亩二十六步。其山岳有酢川岳、八幡平、自鹿角郡谷内村始，凡六里，山顶方六里。大国平。亦在鹿角郡，凡七里。其河渠有北上川，发源岩手郡御堂村。南流合松川、雫石川、猿石川、和贺川及诸支流。至黑川尻，水势渐大，贯流岩手、紫波、稗贯、和贺四郡，凡四十里余。至胆泽郡相去村，合宿内川、胆泽川等，又南流入陆前登米郡，漕运殊便。源长七十六里余，阔二町余。下流详于陆前。能代川、一名米代川。自陆奥来。入鹿角郡，北折合大汤川、毛马内川等。由大欠村而西流，入羽后。下流详于羽后。马渊川。发源九户郡远别岳，西北流而入陆奥。下流详于陆奥。

陆奥　南至陆中及羽后，东、西、北皆至海。东西凡三十九里，南北凡四十余里。东西二隅曲折，相拱容海，隔津轻峡，对北海道。山脉起中央，南走支脉，西折划羽后。东方旷野相接，多不毛之地。西疆土壤稍肥，民勤耕种，兼习猎渔。风俗鄙野。郡数凡四：村数二千三百一十五，町数凡七。曰津轻、村数一千零七，町数四。北、村数四百五十四，町数二。三户、村数五百九十五，町数一。二户。村数三百一十九。田圃凡五万五千三百三十一町二段二亩四步。其山岳有八甲田岳、跨津轻、北二郡，各七里。赤仓岳、户来岳。其河渠有岩木川、一名弘前川，发源津轻郡泊岳。北流，并岩木山溪涧诸流，容平川、浅濑石川等，注十三泻而入海。长二十二里，阔五十间，舟楫可通者十余里。马渊川亦同。马渊川、发源陆中九户郡远别岳。西北流，入二户郡。北流，合净法寺川。至三户郡大向村，容原野川、相内川等。又东流，至八户凑村而入海。长二十五里，阔一町四十间。能代川。一名米代川。发源二户郡田山村山中，西流入陆中鹿角郡。下流详于陆中、羽后。

羽前 东至磐城、陆前，南至岩代、越后，北至羽后，西至海。东西二十二里，南北三十五里。山脉绵亘，东南界岩代，连越后。最上川之左右颇平旷，肥硗相半。田川郡独有鱼盐之利。风俗朴强，以蚕桑为业。郡数凡四：村数一千二百三十九，町数二十二。曰置赐、村数二百九十五，町数五。村山、村数四百三十九，町数十一。最上、村数八十五，町数一。田川。村数四百二十，町数五。田圃凡七万九千三百四十五町一段二亩七步八厘四毫。其山岳有吾妻山、一名大日岳。跨置赐郡及岩代之耶麻郡。由置赐郡至东大岭，凡四里。由关村至西大岭，凡四里。五所山、十里余。月山。自置赐郡羽黑山麓之手向村始，凡九里，直立五千三百四十尺。其河渠有最上川。上流名松川，发源置赐郡大平村大日岳。北流至中田村，容羽黑川。及洲岛村，受鬼面川。经津久茂村等数村，又合诸流。凡十八里余。入村山郡杉山村，始名最上川。经佐泽，东流至小盐村，分为二派，北名新川。及长崎村，再相合，容酢川。北流至仁田村，合寒河、江川等；大石田村迤南，容丹生川。入最上郡。西流容小国川。经新庄之南，会鲑川。至酒田港而入海。长凡六十二里，阔三十町二十间。

羽后　东至陆前、陆中，南至羽前，北至陆奥，西至海。东西凡二十五里，狭处一十九里，南北凡四十九里。山势来自陆奥，划东北二方，郁结中央。产材极多。能代川注北疆，御物川贯南方。男鹿岛突出西方，而拥八郎泻。地味硗薄，不宜果谷。沿海颇有繁盛之区。风俗顽陋。郡数凡八：村数一千三百二十，町数二十。曰饱海、村数二百八十四，町数二。由利、村数二百四十，町数四。雄胜、村数八十六，町数三。平鹿、村数一百一十四，町数二。仙北、村数一百七十九，町数二。河边、村数五十九，町数一。秋田、村数二百八十二，町数四。山本。村数七十六，町数二。田圃凡七万一千六百一十二町六段四亩二十九步八厘。其山岳有鸟海山、属饱海郡，亘由利郡。直立六千四百六十八尺，在饱海郡九里，在蕨冈村九里，在由利郡六里，在矢岛六里。御驹山、阿弥陀岳、朝日岳。其河渠有御物川、发源雄胜郡院内银山町东安岳。东北流至横堀村，合役内川。自逆卷村而北流，及角间村，又合岩崎川。仍北流至角间村，容横手川。入仙北郡，至花馆驿，合玉川。又西流、北流，至秋田郡土崎港而入海。长三十里余，阔二町四十间。玉川、古作副川。发源陆中岩手郡界仙北郡田泽村大深岳。南流合小和濑川、大仙立川、生保内川。西南流至小馆村，容鳅濑川。至神宫寺驿，会御物川。长凡二十七里十八町，阔凡一町余。子吉川、发源由利郡鸟海山下。东北流，合诸小流。绕西北而经矢岛，合薯蓣川。西流至古雪港而入海。长凡十八里余，阔一町四十间。能代川、一名米代川。发源陆奥二户郡。过陆中，入秋田郡。西北流至川口村，合大馆川。西流合阿仁川，而入山本郡。及荷上场村，容藤琴川。至能代港而入海。长二十五里，阔一町四十间余。源流详于陆中、陆奥。**大阿仁川**。发源仙北郡界秋田郡荒濑村，立又容小又川，北流至李台村，合小阿仁川。及麻生村，而入米代川。长三十里余，阔一町余。上流为大又川，下流为大阿仁川云。又有小阿仁川，出于同郡南泽村、河边郡界龙峰，北流入大阿仁川。长二十里余，阔五十间。称为小锭大锭，岩石巉峭，水流险恶，舟人视为畏途。

卷十一　地理志二

北陆道

若狭　东至越前、近江，南至近江、丹波，西至丹后，北至海。东西凡一十二里，南北凡四里。山势自东走西，连于丹后，濒海岬嶼错出，疆壤狭隘，甚少平地，土质硗瘠。风俗朴陋，而能勉耕渔。郡数凡三：村数二百七十八，町数三。曰三方、村数六十二。远敷、村数一百四十四，町数二。大饭。村数七十二，町数一。田圃凡七千四百二十九町七段三亩一十二步八厘六毫。

越前　东北至加贺，东南至美浓，南至近江，西至若狭，西北至海。东西凡一十九里，南北凡一十七里。白山之脉，耸于东南，西北渐低，三河贯其中，会同一港。西南一隅，以木芽岭为屏障，海表湾曲。土壤膏腴，五谷皆宜。其民勉于耕织，业工商者亦多。风俗慧黠。郡数凡八：村数一千四百九十二，町数一十二。曰敦贺、村数七十九，町数一。南条、村数八十一，町数二。今立、村数二百零二，町数二。丹生、村数二百三十六。足羽、村数二百五十七，町数一。吉田、村数一百二十七，町数一。坂井、村数三百五十六，町数三。大野。村数二百五十四，町数二。田圃凡三万八千四百九十二町零二亩二十二步五厘七毫。其山岳有越智山。在丹生郡之西。自山麓至巅一里十四町，直立一千八百八十七尺。其河渠有日野川、发源南条郡岩屋村近傍诸山谷，西北流，沿武生之东，北流至丹生郡在田村，合天王川。至清水尻村之东，容志津川。及足羽郡角折村，而会足羽川，名为安居川云。又北流，及吉田郡高屋村，合九头龙川，于是三川会同，至坂井港而入海。上流自白川村渡口至坂井港，长十一里，舟楫可通。源长凡二十四里十八町，阔凡三町二十间。足羽川、凡四源，皆在今立郡：一出田代山，一出渔见坂，其二出部子岳。相合而北流，及足羽郡境寺村，合羽丹生川。及獭口村，容芦见川。稍西流，贯福井街衢，至角折村，会日野川。福井市中，有九十九桥，长八十八间，幅三间，半为石造，半为木造，尤称奇工。自足羽郡前波村至福井，长二里十八町，自福井至坂井港，长六里十二町十三间，舟楫可通。源长凡二十五里，阔凡四十五间。九头龙川。有三源，皆发于美浓州界大野郡：一出油坂岭，为油坂川，西流；一出白山之别山，名石彻白川，西南流，共至朝日村而相会，西北流；一出下秋生村，蝇帽子岳外三所而北流，名秋生川，又称真名川。及土布子村而合流。过胜山之西，并西流数小河。过舟桥、稻多之间，至高屋村，会安吉川。自坂井郡鸣鹿村至坂井港，长十里余，舟楫可通。源长凡三十二里，阔三町二十间。舟桥、稻多二村之间有舟桥，长百二十间，四十八只横亘，以铁锁系之。天正中，柴田胜家之所创造也。

加贺 西南至越前，东至飞驒、越中，北至能登，西北至海。东西凡一十里，南北凡一十八里。白山耸其南隅，山脉左右分走，与二越、飞驒三州相连。河水概发源于此，北流而入于海。时令不调，物产殊乏。风俗优柔，而不免偏执。郡数凡四：村数一千零九，町数一十。曰江沼、村数一百四十，町数二。能美、村数二百六十四，町数一。石川、村数三百三十六，町数五。河北。村数二百六十九，町数二。田圃段数未详。其山岳有白山、北陆道第一高山也，为日本三山之一。跨越前、美浓、飞驒诸国，有三峰：南称别山；北称大汝；中央称御前，最高峻，登其绝顶，俯瞰六州，直立凡八千四百尺。御前峰后又有剑峰，其状如植五剑，积雪四时不化，故总称白山。自能登郡，凡九里。自牛首村市濑，凡四里。自金泽，凡二十里三十三町。自越前大野郡胜山，凡十五里八町。释迦岳、在牛首村，凡七里。妙法山。属石川郡，凡十里。其河渠有手取川、有南北二源，皆发白山。自大汝岳出者，名中又川，又称尾添川。北流，渐折而西北，为能美、石川二郡之界。自别山出者，名白山川。西北流，共容数小河，从牛首村而北流，至河原山村相会，名为手取川，仍北流至河合村。从大日山发者，与北流之大日川合，过石川郡鹤来之南，渐西流，至凑美川之间而入海。长凡二十里余，阔五町。大圣寺川。发源江沼郡大日山之西麓。西北流，经九谷西流，自我谷村而北流，至河崎村渐西流，经大圣寺，至盐屋浦而入海。长凡十八里，阔五十间。

能登　东接越中、加贺，余皆至海。东西凡一十一里，南北凡一十八里。加越诸山之余脉，斗出于北海而为半岛。东面抱一大湾，北海第一巨港也。土壤薄瘠，风俗庞朴。郡数凡四：村数八百六十五，町数四。曰羽咋、村数二百三十九，町数一。鹿岛、村数一百九十六，町数一。凤至、村数三百一十八，町数二。珠洲。村数一百一十二。田圃段数未详。其岛屿有能登岛。俗名岛之地，属鹿岛郡。周回十四里十九町余。居民概以煮盐为业。近旁有小屿数十。

越中　东至越后及信浓，南至飞驒，北至加贺，西北至能登，北至海。东西凡二十一里余，南北凡一十九里余。立山之山脉，东西累叠，连于飞信。北方沿海之地，稍为平坦。以四大河贯流，故颇有灌溉之利。地质丰确相半，多物产，尤饶水族。民俗朴陋。郡数凡四：村数二千四百四十四，町数一十一。曰新川、村数一千零四十一，町数四。妇负、村数三百六十五，町数二。砺波、村数七百零一，町数二。射水。村数三百三十七，町数三。田圃凡八万七千五百七十二町六段四亩一十九步。其山岳有立山、自新川郡芦峅寺村始，凡十里，直立五千零四十尺。其高峻与加贺白山相伯仲。剑岳、在立山之北，其脉连续不断。自新川郡伊折村始，凡五里。鹫羽岳、夫妇山。其河渠有射水川、一名雄神川，又名庄川。发源飞驒者为白川。北流经砺波郡，及射水郡米岛村，而合小矢部川，注新湊。自州界长凡四十里，阔五町。上流详于飞驒。小矢部川者，源出砺波郡大门山。东北流至射水郡米岛村，而合射水川。长凡二十一里，阔一町二十间。神通川、发源飞驒，名为宫川。北流经富山之西，注东南濑港，入州界。长凡三十里余，阔凡四町十间。富山之西北，架舟桥，总六十四只横亘，以铁锁系之，长凡四十四间四尺余，幅六间二尺。上流详于飞驒。常愿寺川、发源药师岳、上岳寺、地山等处。西北流，绕新川郡之西，仍北流，而注水桥港。长凡十八里，阔凡五町四十间。黑部川。发源鹫岳，合诸溪涧，贯新川郡之东方。北流至北野村，分东西二派：东自高畠、新田；西自荒俣村而入海。长凡二十里，阔凡八町二十间。以上四河，及加贺手取川、越前九头龙川、越后信浓川，世称之北陆道七大河。

越后 西至越中，西南至信浓，南至上野，东至岩代，东北至羽前，西北至海。东西凡六十二里，南北凡一十七里。陆羽之大山脉，来自东北，蜿蜒绕其南方，连于信野。洪水纵横州内，运输极便。其土广衍，其产富饶，巧于机织。民多优裕，俗较柔惰。冬春之间，积雪丈余于檐下，通路河冰以

橇行。郡数凡七：村数四千二百五十二，町数四十。**曰岩船、**村数二百四十九，町数二。**蒲原、**村数一千七百八十四，町数二十三。**三岛、**村数一百八十一，町数四。**古志、**村数三百四十八，町数二。**刈羽、**村数一百八十六，町数二。**鱼沼、**村数四百一十一，町数二。**颈城。**村数一千零九十三，町数五。**田圃凡一十六万零六百四十一町一亩二十七步零四毫。其山岳有鹫巢山、**以形似故，里人称为越之富山。**饭丰山、**在蒲原郡，跨岩代、羽前。有五峰，中央名三国岳，高凡三千九百九十尺。**风仓山、**一作笠仓，亦在蒲原郡，高一千二百尺。**大日岳、**亦在蒲原郡。西有乌帽子岳，高三千尺；又有蒜场岳，高二千二十尺，皆大日岳之连峰也。**御神乐岳、**高二千九百五十尺。**莲华山朝日岳。**一名大莲华，其南鑓岳，又有雪仓岳，统称为莲华三峰。**其河渠有信浓川、**一名千曲川，入本州乃名信浓川。发源信浓，来鱼沼郡宫原、羽仓二村之间，合志久见川、中津川等诸水。东北流及卯木村，而容清津川。至川口村，合鱼沼川。东北流至地藏堂驿，分一派而北流，称为西川。本流及尾崎村，合刈谷田川。至八王子村，分中口川，与须、顷、井、土、卷等七村相抱。至三条町，合五十岚川。渐北流及酒屋村，容小阿贺川。西北流及大野町，再会中口川。至平岛村，更会西川。北流至新潟而入海。其他容大小数十流，故俗有八千八水河之称。源长凡百余里，入州界凡四十里，最阔处八町，新潟港口四町十间。舟路溯西南至鱼沼郡十日町，二十九里。又经鱼沼川至六日町，三十四里。溯东经阿贺川，可至岩代耶麻郡。其他诸流，舟楫多可通者。惟至信浓一路，激湍险阻，不便行舟。上流详于信浓。**鱼沼川、**一作鱼野川，又名上田川、轮奈泽川。有二源：一出鱼沼郡土樽村小富士川，一出谷后。二流相会而北流。从汤泽东北流，容东方诸水。至小出岛驿，合佐梨川。西流及四日町村，容破间川。至川口村，而会信浓川。长二十一里，阔一町二十间。阿贺川、发源岩代，来至蒲原郡新渡村，合实川、日出谷川。至津川町，合室谷川。西南流，及安养寺村，合早出川。西北流，至泽海村，西南分一派，名小阿贺川，与信浓川相通。本流渐北折，至津岛屋村，合新发田川、加治川，至松崎村而入海。入州界，长二十余里，阔凡八町，川口三町二十间。亦有舟楫之利。舟路溯东北，入加治川，至三日市驿，八里余。上流详于岩代。三面川、发源岩船郡三面村以东岳。西流至下中岛村，合高根川。及下渡村，合相古川。至濑波町而入海。长二十余里，阔一町十间，川口阔五十间。荒川。有二源：一出信浓水内郡户隐山，一出颈城郡烧山。东北流及关川驿，并信浓野尻湖之下流。至妙香山，为苗名瀑。从大鹿村渐北流，及稻增村，合别所川。及长者原村，合矢代川。及今池村，合冈川。过高出之东，西北流至直江津，与保仓川相会而入海。长凡二十里，阔一町四十间。上流至于高田，有关川之称。

佐渡　在越后新潟之西少北，越海一十一里余而至其地，一大岛也。周回五十三里一十町五十二间半，东西凡七里余，南北凡一十一里。地势南北横拓，中央渐窄缩，左右皆港湾。土壤平衍，鱼稻之乡也。而土产金银，为一国之最。其民力作，兼以凿矿为业。风俗顽固。郡数凡三：村数二百四十五，町数七。曰杂太、村数八十八，町数三。羽茂、村数六十二，町数一。加茂。村数九十四，町数三。田圃凡一万一千零一十五町六段五亩一十一步。其山岳有金北山。跨杂太、加茂二郡，直立凡四千尺。

山阴道

丹波　东至山城，东北至近江，西至但马，西南至播磨，西北至丹后，南至摄津，北至若狭。东西凡一十四里一十八町，南北凡一十二里。山脉自近江、若狭而来，纵横分布，地形隆高，南北二邻诸水多发源于兹。东北树密谷邃，西南稍平旷，地质肥瘠不一。民俗朴陋，多业耕樵。郡数凡六：村数一千零五十九，町数六。曰桑田、村数二百二十，町数一。船井、村数二百，町数一。何鹿、村数二百三十六，町数一。多纪、村数二百一十三，町数一。冰上、村数一百七十七，町数一。天田。村数一百一十三，町数一。田圃凡二万九千三百二十七町四段七亩二十一步五厘六毫。其河渠有保津川、发源近江州界桑田郡山谷。入山城爱宕郡之北境，复来桑田郡，及周山村，而合弓削川。西南流入船井郡，容大谷、园部二水。渐南折，而过桑田郡龟冈之北，至保津村，名大堰川。东流入山城葛野郡而名桂川。下流详于山城。源至淀川，长凡五十五里，阔三町三间。和知川。发源桑田郡佐里村山谷。西南流至岛村，合棚野川。西流入船井郡，容高屋川。西北流至何鹿郡山家，合上林川。又西流至天田郡福知山，名福知川，又名音无濑川，会土师川。又北流至丹后，名由良川。由源至丹后州界，长凡二十三里，阔一町。下流详于丹后。

丹后　东至若狭，西至但马，南至丹波，北至海。东西凡一十三里余，南北凡一十一里余。东西二隅，两湾相抱。山脉自丹波来州内，散布而走西北，为但马界。地势迤北渐卑，诸水皆北流。港市之地，颇为繁富，景胜亦多。地味硗薄，居民农暇多业蚕织。风俗朴野。郡数凡五：村数四百零五，町数三。

曰加佐、村数一百五十一，町数一。与佐、村数九十五，町数一。中、村数三十四，町数一。竹野、村数七十二。熊野。村数五十三。田圃凡一万二千二百五十八町四段四亩二十七步二厘六毫。其山岳有由良岳。在加佐郡，里俗称为丹后富士。其河渠有由良川。一名大川，又名大云川。丹波福知川之下流，入加佐郡日藤村，东北流经二个村、地头村等。北流至由良、神崎二村之间而入海。上至丹波福智山，舟楫可通。川口名由良港，碇泊之所也。其港湾有天桥立。别名子日岬白丝滨，加佐郡江尻村之沙洲也。东南横出二十七町四十间，幅三十二间。南端与文殊村相对，苍松一带，蓊蔚如画，与松岛、岩岛共称三胜。其湾称为岩泷湾，深十一仞，而港口至浅，仅通小船而已。

但马 东至丹波、丹后，西至因幡，南至播磨，北至海。东西凡一十五里余，南北凡一十二里。山脉自丹波、播磨而连因幡。西方一带山谷险隘，殊少平地。其东边河流萦纡，足资灌溉。民业农商相半。风俗纯朴，犹存古风。郡数凡八：村数六百五十六，町数四。曰城崎、村数七十八，町数一。出石、村数八十五，町数一。美含、村数七十二。二方、村数五十六。气多、村数一百一十。七味、村数六十九，町数一。养父、村数一百零四。朝来。村数八十二，町数一。田圃凡一万三千一百五十七町七段一亩二十五步五厘二毫。其山岳有三开山。在城崎郡筱冈村，跨出石郡，高凡三町，俗称为但马富士名。其河渠有朝来川。发源朝来郡圆山村之边，合诸水北流。至养父郡，及上田村，容丝井川。西北流至舞狂村，合广谷川。西入木川，曲折回旋，终复北流。及城崎郡佐野村，会出石川。沿丰江市防之东，合六方川，抱津居山而入海。长凡十六里，阔二町余。

因幡　东至但马，西至伯耆，南至播磨、美作，北至海。东西凡一十二里余，南北凡一十二里一十八町余。濒海一带，平沙萦回，以港湾少，不便泊船。东南山岳累叠，连亘播磨。中央沿河之地，稍觉平阔，土性硗瘠。风俗固陋。郡数凡八：村数五百六十，町数八。曰岩井、村数五十一。法美、村数六十二，町数一。邑美、村数三十一，町数四。八东、村数八十九。高草、村数八十三，町数一。气多、村数八十三，町数二。八上、村数六十二。智头。村数九十九。田圃凡一万三千五百九十五町零八步三厘五毫。

伯耆　东至因幡，西至出云，南至备后、备中、美作，北至海。东西凡一十七里，南北凡八里。大山中央挺立，支脉左右蜿蜒。州之西北一隅斗出，与出云之东隅相对而拥抱中海。西北平坦，稍为沃饶。风俗野鄙。郡数凡六：村数七百六十八，町数七。曰会见、村数一百八十一，町数四。日野、村数一百七十八。汗入、村数七十五，町数一。八桥、村数一百零八，町数一。久来、村数一百一十九，町数一。河村。村数一百零七。田圃凡二万二千四百七十六町二段二亩七步。其山岳有大山。自会见郡尾高村始，凡五里十八町，横亘日野、汗入、八桥三郡。其河渠有日野川。又作簸川。发源日野郡之西南隅上萩山、新屋、野组、汤谷四村之溪。东流九里余，至州河崎村，北折，更西北流。至古市村，容二部谷川。又北流，经野殿、河内诸村。至观音寺村，合尻烧川。及皆生村、今村之间而入海。长十七里余，阔三町十四间。

出云　东至伯耆，西至石见，南至备后，北至海。东西凡一十七里余，南北凡一十五里。山岭层叠，亘于南方，与山阳有背脊之分，西连石见。北方地势狭长横出，东对伯耆而抱大海，西方带湖。松江在湖海之中央。市廛鳞次，湖山映带，山阴第一之胜地也。风俗柔靡。郡数凡一十：村数五百七十四，町数七。曰岛根、村数五十六，町数二。能义、村数九十六，町数二。意宇、村数四十七。秋鹿、村数二十四。楯缝、村数三十六，町数一。出云、村数三十二。大原、村数六十五。仁多、村数七十一。神门、村数八十五，町数二。饭石。村数六十二。田圃凡二万二千八百一十町三段九亩六步七厘二毫。其山岳有嵩山、古名布自枳尾高山，在岛根郡，高凡二千七百尺。船通山、古名鸟上山，又称簸河上，在仁多郡，并跨伯耆，高三千余尺。弥山、古名出云御崎山，在神门郡，高三千六百尺。佛经山、亦在出云郡，高一千七百五十尺，古神名火四山之一也。朝日山。在秋鹿郡，高二千三百尺，亦古名火四山之一也。其河渠有大川、一名簸川。发源仁多郡船通山。合龟石谷之水，西流为横田川，又合室原川。西北流，容龟嵩川、马木川、阿井川等诸流，为斐伊川。至汤村，又北流，经饭石、大原二郡之界，合饭石郡深野川、三刀屋川，大原郡久野川、阿用川、牛尾川。至神原村西流，及出云郡出西村，又北折，分派为新川。更东向，至出云郡坂田村，合二流，而共入宍道湖。长凡二十里十一町，阔二町三十间。神门川。一名乙立川，又名古志川。有二源：一出饭石郡琴引山，名小田川，西流；一出同郡女龟山，名赤名川，北流，共至上来岛村而相合。又西北流，合顿原川。西流经狮子村，北流入神门郡，合吉野伊佐川、东村川等水。自八幡、原村而东南回绕，复入饭石郡，合烟川。再入神门郡，经乙立村东北流，合小野川、稗原川。及马木村，又西北，至西园村，北折而入海。长凡十九里五町，阔一町二十间。其湖沼有中海。古名意宇海。周回十六里十一町五十二间，深三仞，

或至四仞半。

石见　东至出云，东南至备后，南至安艺、周防，西至长门，西北至海。东西凡一十一里，南北凡一十三里。自东北亘西南，凡三十里。山脉自南方来，州内连亘，嶂峦相望，少平坦处。江川在其东北，萦纡贯流，山阴第一之巨流也。海滨低卤，运输不便。风俗顽朴。民多以纸、麻、制铁为业。郡数凡六：村数五百五十四，町数六。曰安浓、村数三十，町数一。迩摩、村数四十七，町数二。邑智、村数一百零六。那贺、村数一百三十六，町数一。美浓、村数一百一十八，町数一。鹿足。村数一百一十七，町数一。田圃凡二万八千六百一十七町零三亩一十五步零三毫。其河渠有江川。一名石见川，古名可爱川。发源安艺之石见界九濑山。绕备后，为三次川。西北流，入本州邑智郡。至下口羽村，合出羽川。北流至川户村，合熊见川。又西北流，复西折，从明冢村迤南，至原村，乃西南流。及因原村，合矢上川。渐复西流，至小田乡川户村，合市木川。又西北流，而入那贺郡，至渡津而入海。长凡五十里余，舟楫可通者二十里，阔三町十九间。上流详于安艺、备后。

隐岐　知夫岛，在出云岛根郡加贺浦之正北，相去一十一里三十町，周回六里三十一町一十九间。东西一里一十五町，南北二十五町。西岛，隔东北一峡，与知夫岛相对，周回二十里二十六町五十六间半，东西三里二十町，南北二里。中岛，在西岛之东，相去一十二町，周回一十六里二十一町一十一间，东西一里三十町，南北一里二十四町。以上三岛名为岛前。岛后一岛，在中岛之东北，相去三里余，周回三十里一十七町五十四间半，东西四里，南北四里三十町。自岛前海士郡知知井村，至岛后稳地郡都万村，海上直径四里三町，位居出云之正北。合四岛屿以为一州。岛前则三小岛鼎立，岛后为一大岛，中间礁屿相接，地质硗确。风俗陋愚，居民农余多从事于渔蜒。郡数凡四：村数六十一，町数一。曰知夫、村数五。海士、村数八。周吉、村数三十二，町数一。稳地。村数一十六。田圃凡四千零三十八町六段零三步。

山阳道

播磨　东至摄津，西至备前、美作，北至因幡、但马，东北至丹波，南至海。东西凡二十里，南北凡一十四里余。摄丹之山脉连亘，其背以为山阴界。濒海之地大抵平衍，且港泊至便，山阳要津也。土壤膏腴，田畴大辟，又有鱼盐之利。风俗慧敏，或流于柔惰。郡数凡一十六：村数一千九百五十六，町数一十二。曰明石、村数一百五十三，町数一。加古、村数一百一十四，町数二。印南、村数一百三十一，町数二。饬东、村数七十二，町数二。饬西、村数一百六十一。美囊、村数一百四十九，町数一。加东、村数一百五十二。加西、村数一百二十八。多可、村数一百三十。神东、村数七十九。神西、村数六十九。宍粟、村数一百四十七，町数一。揖东、村数一百四十四。揖西、村数一百一十三，町数二。赤穗、村数一百二十七，町数一。佐用。村数八十七。田圃凡五万九千一百九十七町九段一亩四步三厘五毫。其山岳有笠形山。跨神东、加西、多可三郡。本州最高山也。其河渠有揖保川。发源但马、因幡州界宍粟郡四个山。南流为宍粟川。至东安积村，合三方川。至神谷村，合西谷川。经山崎，稍西折，复南流，入揖东郡。至佐野村，合栗栖川。经揖西郡龙野之东，

为龙野川。至正条之东，东南流及上川原村，合片吹川，分为三派，各入海。长凡十五里，阔凡二町三十间。

美作　东至播磨，西至备中、伯耆，南至备前，北至伯耆、因幡。东西凡一十四里，南北凡一十一里。山岳四疆连亘，自为州界。南方地势渐低，河水尽注备前，地味膏腴，米麦能熟。北方反之。民俗朴陋。郡数凡一十二：村数六百一十，町数四。曰吉野、村数六十。英田、村数五十六，町数一。胜南、村数六十九。胜北、村数五十五。东北条、村数三十一。东南条、村数一十三。西北条、村数二十二，町数一。西西条、村数五十一。久米南条、村数六十三。久米北条、村数五十四。大庭、村数四十六，町数一。真岛。村数九十，町数一。田圃凡二万一千六百九十九町五段三亩九步四厘四毫。其山岳有那岐山。自胜北郡高圆村，凡四里六町，北为因幡之界。其河渠有津山川、发源西西条郡上斋原村恩原泽。南流合羽出川、中谷川。经黑木村，东南流，至古川村，合香美川。又东流，过津山之南。复东南流，合久米川、加茂川、新田川、江见川诸水。过胜南郡高下村，入备前赤坂郡，为东大川。在州界，长十九里三十五町四十七间余，阔一町二十四间。高田川。一名西川。有二源：一出大庭郡上德山村龙王池，一出同村鹫溪。东流，及下长田村，渐南流，为大庭、真岛二郡之界。及真岛郡小童谷村，合藤森川。及丰荣村，容本庄川，曲折而绕真岛。至高田村，合神代川。又东流，从大庭郡久世村，而东南流，及平松村，合目本川，又合鹤田川、弓削川等。过久米南条郡福渡村，入备前津高、赤坂二郡之间，为西大川。在州界，长二十四里十八町四十七间余，阔一町四十六间。二水下流，共详于备前。

备前　东至播磨，西至备中，北至美作，南至海。东西凡一十二里，南北凡一十一里。东西两河，自美作来，贯流州内。儿岛一郡，抱海湾而连备中，岛屿棋布，接于赞岐，运输殊便。北方山多而平地少，南方稍衍沃。濒海之民，兼营渔业。风俗浮薄，颇好修饰。郡数凡八：村数七百六十八，町数七。曰和气、村数九十七。邑久、村数八十六，町数二。上道、村数一百一十六，町数一。御野、村数七十九，町数一。磐梨、村数六十五。赤坂、村数一百零二。津高、村数一百二十六，町数一。儿岛。村数九十七，町数二。田圃凡三万零一百六十二町七段一亩三步五厘。其河渠有东大川、美作之津山川东南流，来赤坂郡周匝村。至和气郡，合吉井川。西南流，至上道郡冲新田，而至于海。在州界，长十一里，阔一町四十四间。西大川。一名旭川。美作之高田川东南流，为津高郡之东北界。及丰冈村之小森，合忍木川。南流至金川村，合宇甘川。东南屈曲为上道、御野二郡之界。西南流，经御野郡北方村而南流，过冈山之东，再东南流，至福岛村而入海。在州界，长十三里二町，阔三町十四间。二川上流，详于美作。

备中　东至备前，西至备后，北至伯耆、美作，南对赞岐，而隔以海。东西凡一十一里，南北一十七里余。地形至北渐缩，崇岭连于作、伯，大川贯流其中央。濒海土壤膏沃，人民富赡。北偏寒冱，殊乏米麦，惟采矿之利颇饶。风俗慧黠，喜竞新奇。郡数凡一十一：村数九百六十九，町数七。曰小田、村数一百零三，町数一。浅口、村数七十二。下道、村数四十七。洼屋、村数八十四，町数一。都宇、村数一百二十二。贺阳、村数一百一十，町数二。上房、村数九十九，町数一。阿贺、村数一百零五，町数一。哲多、村数八十七。川上、村数八十七，町数一。后月。村数五十三。田圃凡四万二千四百零五町四段三亩二步六厘四毫。其河渠有大川。上流名高梁川，又称松山川；下流称河边川。发源伯耆州界之阿贺郡茗荷岭。南流及阿贺、哲多二郡之界，合新见川。少顷复东折，过新见之西，而合哲多郡之川濑川。至阿贺郡下唐松村，又合唐松川。东南流至上房郡今津村，合乌井川。又南流，经高梁之西，会成羽川。复南流东折，从贺阳郡浅尾而分支流。东出会坂仓川，从下道郡上秦村专南流。至川边村，合小田川。又洼屋郡古地村，又分东西二道：一南流，自四十濑村，从备前儿岛郡浦田村而入海；一西南流，至浅口郡西之浦村而入海。长二十八里余，阔凡四町余。

备后　东至备中，西至安艺，北至伯耆、出云，西北至石见，南至海。群岛相连，直接伊豫。东西凡一十三里，南北凡一十九里。群岭北方耸峙，东南稍平旷，土壤膏腴。濒海有渔盐之利，漕运之便。西北诸郡，民产薄瘠，多以采矿为业。风俗质直，亦不免顽陋。郡数凡一十四：村数五百五十八，町数九。曰深津、村数三十五，町数一。安那、村数三十。神石、村数四十。沼隈、村数四十四，町数一。品治、村数二十一。芦田、村数二十八，町数一。御调、村数九十，町数二。世罗、村数四十九，町数一。甲奴、村数三十二。三溪、村数三十八。三上、村数一十八。奴可、村数三十九，町数二。惠苏、村数四十一。三次。村数五十三，町数一。田圃凡三万五千六百二十九町九段五亩二十五步九厘六毫。其河渠有三次川、有二源：一出神石郡古川村，名田房川；一出甲奴郡小冢村，名本乡川。共西流，至梶田村而北折，及木屋村而相会，西北流，至三溪郡仁贺村，合木村川。西北流，至向江田村，合南川及西川。经江田川内村，合和知川。渐西北，流入三次郡。至三次町，合西城川。绕南而会安艺之吉田川。及日下村，又容柜田川。西流为安艺州界，绕门田村而北流，入石见之邑智郡，而名为江川。长三十一里八町，阔二町余。下流详于石见。**椢田川**。一名高野山川。发源惠苏郡上汤川村俵原。西流，自和南原村而西北流，过高暮村又南流，入三次郡椢田村，自西入君村，而西南流，至日下村，入三次川。长二十里十町余，阔凡四十五间。

安艺　东至备后，西至周防，北至石见，南至海。东西凡二十里，南北凡一十六里。有巨川分流于南北境。北拥层峦，南则岛屿棋布，与伊豫之群岛相对，舟路必由之所也。港湾之地，百货辐凑，商业颇盛，户口亦极繁庶。风俗优柔。但田土硗瘠，不宜播种。郡数凡八：村数五百三十六，町数六。曰**丰田**、村数九十，町数二。**贺茂**、村数九十二。**安艺**、村数五十。**高宫**、村数三十五，町数一。**高田**、村数五十九，町数一。**山县**、村数七十四。**沼田**、村数四十五，町数一。**佐伯**。村数八十六，町数一。**田圃凡三万一千三百零一町一段七亩一十一步四厘九毫。其山岳有野吕山。**跨居贺茂郡十四村，舟人名锅盖山，以为望标云。**其河渠有大田川**、一名八木川。有二源：一出佐伯郡吉和村山中，北流；一出山县郡八幡原村刈尾山中，南流，渐东折，及户河内村才原而相会。东流至加计村，容泷山川。南流及坪野村，合佐伯郡之水内川。又东流，至穴村，合西宗川。入沼田郡久地村，渐东南流。又绕八木村，而南折。及高宫郡中岛村，容三田川，为安艺郡界。至牛田村及沼田郡新庄村之间，分东西二派：东派及广岛一本木北端，分为燕尾状，一名京桥川，南流，自安艺郡皆实新开千本杭而入海；一名猿猴川，东流，自仁保岛渊崎浦而入海。西派至广岛中岛町慈仙寺之北，亦分派，一名本川，又称猫屋川，自沼田郡江波村而入海，长凡二十三里余、阔三町十五间；一名本安川，自吉岛新开而入海。西派自楠木村之南，又分一派西流，名为横川，又分为小屋川、川田川、已斐川，各南注而入于海。吉田川。一名山县川。发源石见州界山县郡大冢村丸濑山。东南流，自川东村而南流。至壬生村，容志路原川。东流，入高田郡。再东南流，经士师长屋，入江诸村。又东北流，及吉田町，而合多治比川。及小原村，而合本村川。至粟屋村，又会三次川。西绕而为备后界。自川根村，又北流，入石见，名为江川。在州界，长二十六里余，阔凡二町。下流详于石见。其岛屿有严岛。在佐伯郡大野村之东，周回一里三十一町五十九间。有山名弥山，又有七浦，各安神社，山重云沓，怀秀抱丽，为日本三胜之一。

周防　东至安艺及海，西至长门，北至长门、石见，南至海。东西凡二十里余，南北凡一十二里余。山岳耸峙于东北，而连亘西北，西南颇有平衍之地。大岛群屿，东与伊豫诸岛相接，沿海港浦相连。三田尻最饶煮盐之利。山间之民，多以制纸为业。风俗质直褊狭。郡数凡六：村数二千六百四十三，町数一十一。曰吉敷、村数四百六十七，町数一。佐波、村数四百九十七，町数二。都浓、村数四百八十五，町数三。熊毛、村数五百一十八，町数二。玖珂、村数三百四十四，町数二。大岛。村数三百三十二，町数一。田圃凡四万三千七百九十町零二亩一十五步二厘七毫。其河渠有锦川。一名岩国川。发源石见州界都浓郡大潮村山中。东南流，过鹿野、大向诸村。自长穗北折，又东流。自中须村而北流，入玖珂郡广濑村。东流及四马神村，合出市川。东南流，及小川村，合长谷川。又东流，至南桑村，合生见川。南流经下村，东流，至御庄村，合御庄川，渐成巨流。及岩国庄，分为二派：一名今津川，经今津而入海，阔二町七间；一名门前川，经门前村而入海，阔三町二间。共长二十四里。至广濑村，凡九里，舟楫能通岩国庄。

锦见、横山二村之间有桥，名锦带桥，俗称为算盘桥，长凡百二十五间。

长门 东至周防、石见，南至周防及海，西、北至海。东西凡一十九里余，南北凡一十三里。山脉自石见而来，为周防之界。西南隅与丰前相对。海门逼窄，山阳要害，以此称最。赤间关为众船碇泊之所。民户富赡，土壤膏腴，宜于播种。东北硗确冱寒，五谷不熟。风俗殊朴。郡数凡六：村数二千二百三十一，町数七。曰阿武、村数五百九十九，町数三。大津、村数二百九十三，町数一。美祢、村数四百二十五。厚狭、村数二百四十一。丰浦、村数三百一十，町数三。见岛。村数三。田圃凡三万五千九百二十一町八段九亩零六厘。其河渠有阿武川。一名荻川，又名大川。发源石见鹿足郡界阿武郡片俣村山中。东南流，自德佐郡而西南流，过渡川村，稍北流。及藏目喜村，合大山川。西流入川上村，合佐井川。西南流，合明木川。又西北流，自椿乡而抱川岛庄，西北各分派，西即本流，自椿乡西分，经山田村玉江浦，至荻之西而入海，阔凡二町二十六间；北为松本川，自椿乡东分，雁岛绕鹤江台，又左右分而入海，阔凡一町十七间，长共十五里。至高濑村，凡四里，舟楫可通。

南海道

纪伊 北至和泉、河内、大和、伊势，东、西、南皆至海。东西凡二十七里，狭处凡八里，南北凡三十里，狭处凡七里，包拥大和之三方，而突出海表，后阔前锐，状如箕舌。吉

野之山脉，来自东北，成熊野、高野之诸岭。熊野川贯流中央，纪伊川注其北疆。西北衍沃，田野大辟；东北幽僻，民多寒窭。而海滨广斥，鱼介殊富，且柑橙之产最饶。风俗朴直。郡数凡七：村数一千四百一十三，町数七。曰名草、村数一百五十七，町数二。海部、村数六十二。那贺、村数二百五十六，町数一。伊都、村数一百六十，町数一。在田、村数一百四十，町数一。日高、村数一百七十八。牟娄。村数四百六十，町数二。田圃凡三万七千三百七十九町零四亩一步一厘八毫。其山岳有葛城山、横亘伊都、那贺、名草、海部四郡之北，为河内、和泉二州之界。有根来山、土佛山、云山峰、大福山等，连峰凡二十里，高一里余。龙门山、一名胜神山，以形似故，又名纪州富士。高野山、在伊都郡，高峰围绕，有数名，山上旷原，周回三里余，故名曰高野。大塔峰。在日高郡木守村之东。溪行五六里，乃至其麓。山顶分二峰：北为一之森，南为二之森，州中第一峻岭也。其巅莫能穷，至山根蟠互，广袤殆亘十里。其河渠有纪伊川、发源本州，及大和、伊势二州界之大台原山，名吉野川。自大和吉野郡入之波村、伯母谷村，而贯郡中。历宇智郡西流，自相谷村来本州伊都郡，始称为纪伊川。会合诸水，至名草郡，分为数堰，仍西流，至海部郡凑村而入海。长三十里余，阔八町。由河口至州界十三里，舟楫可通。上流详于大和。在田川、发源伊都郡高野山。西流至在田郡日物川村，南流合山保田、石垣诸庄之涧水。自粟生村而西流，至宫崎庄北凑村而入海。长二十七里十八町，阔五十间。至松原村，舟楫可通，凡五里。日高川、发源在田、日高二郡及大和州界之山。西南流，及日高郡东村，合丹生川。自柳濑村而北流，至小家村，合寒川。又西流，至和佐村，容江川。由北盐、屋浦而入海。长五十五里十八町，阔五十间。至泷本村，舟楫可通，

凡四里余。山地寒川诸庄，曲折最多。富田川、发源大和十津川之界牟娄郡兵生村安堵峰。南流及鲇川村，容爱贺川。至中村而入海。长二十五里，阔二町。至真砂村，舟楫可通，凡九里。上流为岩田川。安宅川、又名日置川。牟娄郡广见川、熊野川、前川、将军川等之众流，至合川村而相会，至南日置浦而入海。长凡二十五里，阔二町。古座川、发源牟娄郡大塔峰之东松根村。东南流至大川村，合佐本川。自立合村而东流，及川口村，容小川。至古座浦而入海。长凡二十七里十八町，阔二町。至大川村，舟楫可通，凡六里。大田川，发源牟娄郡大云取峰口色川村。上流为色川，东南流至小色川村，合高野川，至下里而入海。长二十二里，阔二町。舟楫可通，凡四里。熊野川。发源大和名十津川，入牟娄郡。南流，至熊野本宫，容音无川。东流，至请川村，合筌川。及宫井村，会北山川，渐成巨流。又南折，至日足村，容小口川。东南流，及鲋田村，容大野川。至新宫而入海。长三十五里，阔三町。自河口至州界十二里二十六町，舟楫可通。上流详于大和。

淡路　四至皆海，北对播磨，东南对纪伊，西南对阿波。幅员三十六方里，周回三十八里二十五町一十四间，东西五里二十一町，南北一十二里二十八町。横亘濑户内海之东，成三面之海峡，大坂湾及内海枢要之地也。无高岭巨流，土性膏腴，称为鱼稻之乡。风俗质朴。郡数凡二：村数二百六十七，町数四。曰津名、村数一百三十四，町数三。三原。村数一百三十三，町数一。田圃凡四千八百八十六町六段四亩二十四步四厘八毫。

阿波　东至海，西至伊豫，西南至土佐，北至赞岐。东西凡一十八里三十三町，南北凡一十六里六町。云边寺之山脉，划为北方，更东南折，而为土佐界。地势西隆东低。吉野川及

诸水皆东流，而至于海。土沃民富，风俗宽裕。郡数凡一十：村数六百一十八，町数一十。曰板野、村数一百三十五，町数一。名东、村数五十二，町数二。名西、村数三十八。阿波、村数三十一。麻殖、村数三十一，町数一。美马、村数二十六，町数一。三好、村数三十二，町数二。胜浦、村数四十六，町数一。那贺、村数二百四十八，町数一。海部。村数七十七，町数一。田圃凡五万五千三百一十七町。其山岳有剑山、跨麻殖、美马二郡。自山麓至山，险路凡二十五町，至剑神社，又二里三町，乃达绝顶。其西北脉亘美马郡，有黑笠山三峰等名。云边寺山。又名佐野山。跨伊豫、赞岐二国云。其河渠有吉野川、自土佐来，入三好郡。北流至末贞，会伊豫川。至川崎村而容松尾川，白地村而合佐野川，贞光村而容一宇川，及穴吹村又合穴吹川。至名西郡第十村，分流为别宫川。北折东流，称为北川。至高房村，又分南川。绕北而至中喜来浦，再分为抚养川。本流称广户川。东流至丰久新田而入海。由州界至此，长凡二十六里，阔四町。上流详于土佐。那贺川。又名长川。有三源：一出海部郡木头北川村幸濑山，名北川，东南流；一出折宇村势河谷，名南川，东北流，及西宇村而相会东流；一出那贺郡岩仓村枪户山，东流至日真村，而二水相合，至中岛浦而入海。长二十八里十二町，阔三町二十间。

赞岐　东至阿波，西至伊豫，南至阿波，北至海。东西一十八里一十二町，南北一十里，狭处二里二十八町。南方负山，北面濑户内海，群岛绣错，连于三备，景胜之地殊多。岛民率舟居，营业州内。陂池数千，宜于灌溉。濒海平夷肥沃，兼有鱼盐之利。风俗温顺。郡数凡一十一，附岛三：村数三百九十，町数一十六。属岛二十五。曰大内、村数三十四，町数三。寒川、村数二十七，町数二。三木、村数二十。山田、村数三十三。香川、村数四十九，町数三。阿野、村数三十六，町数一。鹈足、村数三十，町数一。那珂、村数四十六，町数二。多度、村数二十四，町数一。三野、村数三十七，町数一。丰田、村数四十五，町数一。小豆岛、村数九，属岛二。直岛、属岛一十一。盐饱岛。属岛一十二。田圃凡四万七千二百八十三町三段八亩九步三厘。其山岳有五剑山、如五剑矗立之状，其一今已倾倒。饭山。一名力山，在鹈足郡坂本村，直立一千四百五十尺。

伊豫 东至赞岐，东南至阿波，南至土佐，西、北至海。东西凡三十五里，南北凡一十五里，狭处五里。石锤之山脉，连亘东南，截土佐界，支脉走西北，横贯州中。北方岛屿错列，直接山阳。西方湾嘴参差，而对西海道。道后四郡，田野大辟，地味腴沃，米麦丰饶。风俗质直，惟未免固陋之弊。郡数凡一十四：村数九百七十七，町数一十五。曰宇摩、村数五十六，町数一。新居、村数五十四，町数一。周敷、村数三十九，町数一。桑村、村数三十一。越智、村数一百零六，町数一。野间、村数二十九，町数一。风早、村数八十四、町数一。和气、村数二十四，町数一。温泉、村数三十四，町数二。久米、村数二十九。伊豫、村数三十八，町数一。浮穴、村数一百零三，町数一。喜多、村数八十五，町数二。宇和。村数二百六十五，町数二。田圃凡六万五千四百三十四町三段八亩二十六步二厘。其山岳有石锤山。俗作石铁，又称为伊豫高根，在周敷郡，跨新居、浮穴二郡。直立四千三百五十尺。自九、十月即戴雪，至四、五月乃消。

土佐 西北至伊豫，东北至阿波，南至海。东西凡三十五里，南北凡一十八里。西北以伊豫为脊，山岳连沓，东西两岬，南海斗出，如湾月之状。地势迤南渐低，大抵山谷林丛居其三分之二。但中间土壤不宜种艺。海滨力于渔业。风俗木强，未免顽固。郡数凡七：村数一千一百九十三，町数十。曰安艺、村数一百二十九，町数一。香美、村数一百一十五，町数二。长冈、村数一百五十四。土佐、村数一百一十七，町数一。吾川、村数一百二十四，町数一。高冈、村数二百二十六，町数三。幡多。村数二百八十八，町数二。田圃凡八万零六百二十六町九段七亩二十七步二厘五毫。其山岳有三榜示山、一名三峰，在长冈郡。跨阿波、伊豫二国山脉，西走为伊豫界。箕峰、亦在长冈郡，凡十里十八町，三榜示山之西脉也。三泷山、在土佐郡，本州第一高山也。手筥山。山势峻拔，遥与伊豫石锤山对峙。其河渠有物部川、发源香美郡槙山乡白发山。西南流，自山崎村稍西流，至大枥村，会久保川。再西南流，有濑村至合川口川。至楠木村，又分为山田川。本流南折至物部、吉原二村之间而入海。长凡二十五里余，阔二十三间。仁淀川、古称贽殿川，又名神河。发源伊豫浮穴郡石锤山之西麓，西南流，称面河川，东南流入本州。东流至吾川郡菜野川村，而容岩屋川、及森川，经高冈郡野老山村，又合分德川。至今成村，合黑岩川。绕北东流，及能津村宫谷，容吾川郡之八川。东南流，又合日下川。南流至新居浦而入海。在州界，长凡十九里余，阔三町余。渡川。一名四万十川。发源高冈郡四万川村津山。南流及梼原村川口，合梼原川。至川井村，合北川。至幡多郡田野村，与上山川相会。西北流，及大野村，而合鸟川。又西南流，至下山村，与从伊豫来之吉野川相会。至津野川村，又合伊豫之大宫川。东南流至不破村，合有冈川。及角崎村，容佐冈川。南流至下田浦，东折而入海。长凡二十里余，阔五十五间，海口十町余。

西海道

筑前 东至丰前，南至丰后、筑后、肥前，西至肥前及海，北至海。东西凡一十八里，南北凡一十七里。丰前山脉南走，更趋西北。沿海之地，岬岥岛屿，参错相望，虽少旷衍之地，而东有远贺川，南有万年川，灌溉运输，两得其利。土宜富赡，纺织颇工。其俗，南鄙质实，濒海之乡有轻薄捷给之风。郡数凡一十五：村数八百七十四，町数十四。曰志摩、村数五十一。怡土、村数六十三，町数一。早良、村数五十三，町数二。那珂、村数七十七，町数一。席田、村数九。御笠、村数五十七，町数一。糟屋、村数八十五，町数一。穗波、村数六十一，町数一。夜须、村数五十二，町数二。下座、村数四十三。上座、村数三十四。嘉麻、村数六十四，町数一。宗像、村数六十二。鞍手、村数六十九，町数一。远贺。村数九十四，町数三。田圃凡五万三千六百五十六町九段八亩一十七步零三毫。其山岳有浮岳。俗称筑紫富士，又名吉井岳。十坊、女岳之二山，左右相连，并跨肥前。其河渠有千年川。古名一夜川。俗名上座川，以筑后州内最长之流，故世称筑后川。有二源：一出肥后阿苏郡小国山，一出丰后直入郡九重山，及日田郡而会同，自上座郡穗坂村来。西流容比良松川、林田川、志波川。至下座郡长田村，又合三奈木川、古江川。遂入筑后竹野郡，又合夜须郡之依井川、秋月川，御笠郡之芦木川等。自入筑后，并为一川。由水源至州界穗坂村，共十七里余。自穗坂村至长田村，四里二十二町五十八间，阔一町四十间。上流详于肥后、丰后，下流详于筑后、肥前。

筑后 东至丰后，西至肥前，南至肥后，北至筑前，西南至海。东西凡一十一里，南北凡八里。山岳亘于东南，洪流绕于西北。沿河迤南，土地平衍，海湾相接。五谷丰饶，兼有运输之便，但洪水泛滥，不免为害。民产颇富。风俗质直温厚。郡数凡一十：村数七百五十五，町数凡一十。曰三潴、村数一百六十二，町数三。御井、村数五十一，町数一。御原、村数三十六，町数一。山本、村数三十。竹野、村数八十七。生叶、村数五十七，町数一。上妻、村数一百一十五，町数一。下妻、村数三十七。山门、村数一百一十，町数二。三池。村数七十，町数一。田圃凡三万七千九百一十七町一段九亩一步五厘。其山岳有御前岳。本州最高山，在丰后，又名权现岳。其河渠有筑后川、千年川自丰后来，西流经筑前，入本州竹野郡床岛村，合三牟田川，少顷，又南流，至山本郡常持村，容巨濑村西流入御井郡，名御井川。至久留米，又西南流，为肥前国界。至三潴郡黑田川，合甘本川。及城岛村，容正原川，绕大野岛之东西而入海。源委通计，凡三十五里余。在本州十八里余，阔五町五十间，西海第一之大川也。世以比关东利根川，故有筑紫次郎之名。又此河及肥后玖摩川、萨摩川、内川，称为筑紫三大河。源流详于筑前、丰后。矢部川。发源上妻郡北矢部村黑冢山。西流至祈祷院村，容星野川。及下妻郡长田村，分为二派：一西南流，至山门郡岛堀切村而入海，阔四十间；一西流，经柳河之北，南流至端地村而入海，阔三十六间。长共十五里余。别有一派，名平松川，自上妻郡津江村而分，至三潴郡下向岛村而入筑后川，亦长十五里，阔八间余。

丰前　东南至丰后，西至筑前，东北至海。东西凡一十六里，南北凡一十五里。山脉自北而起，东西分走，为筑前、丰后之界。州之北角，仅隔海峡，与长门相对，为西海道之要冲。

地味丰腴，五谷皆宜。风俗纯茂。郡数凡八：村数九百一十九，町数一十三。曰企救、村数二百四十九，町数二。田川、村数九十一，町数三。京都、村数七十二。仲津、村数九十二，町数三。筑城、村数八十六。上毛、村数八十一，町数二。下毛、村数九十八，町数一。宇佐。村数一百五十，町数二。田圃凡三万五千九百零二町四段零二十二步六厘。其山岳有户上山。在企救郡，直立一千七百七十八尺。

丰后 东北至海，南至日向，西至肥后、筑后、筑前，北至丰前。东西凡二十三里，南北凡二十七里。丰前之山脉自北来，绵亘屈折，划西南二方。地势险隘。肥瘠不一。而东方岬湾相错，有港泊之便。其佐贺关遥对伊豫御崎，为内洋之一海门。民产颇赡，风俗陋朴，甚为佞佛。郡数凡八：村数七百九十二，町数一十三。曰国东、村数一百一十八，町数一。速见、村数五十九，町数三。大分、村数一百四十二，町数二。玖珠、村数二十六，町数一。日田、村数五十，町数一。直入、村数六十八，町数一。大野、村数一百六十二，町数二。海部。村数一百六十七，町数三。田圃凡六万四千一百九十三町五段九亩二十二步三厘。其山岳有黑岳、在直入郡，直立凡二千一百尺。大船岳、又称九重前岳，直立二千七百六十四尺。九重山、又名三俣岳，直立二千二百二十六尺。祖母岳、又作姬岳，直立三千二百六十四尺。桑原岳。在大野郡，直立二千七百六十尺。其河渠有大野川、有二源：一出直入郡九重山下，南流，名久住川。至下坂田村，合稻叶川。及市用村，合志土知川，东流，称为飞田川；一出肥后阿苏郡之山谷，为山田川、葎原川，各东流，入直入郡岩濑村而相会，名玉来川。及吉田村惠良，又合吉田川，名阿藏川。经冈之东南，与飞田川相会。至狭田村十川，容狭田川，南流入大野郡，又称大野川。又合绪方川、矢田川，会岩户川，东北流，合赤岭川、品川，容柴化川，会野津院川。入大分郡，渐北流，有大饲川、利光川之称。入海部郡，夹大津留村，东西分流，各复出大分郡，东为山川，西为乙津川，共经鹤崎而入海。源长凡三十四里，山川阔二町十四间，乙津川阔一町四十四间。**三隈川**。又名日田川。有二源：一出肥后阿苏郡小国，名杖立川云。北流合津江川，称大山川；一出直入郡大船山女池，合诸水，西北流，入玖珠郡，名玖珠川，合町田川、田代川、龙门川。西北流，合森川。至日高村，与大田川相会。过隈町，分为二流，绕隈山再相合，又合花月川。西流，为筑前、筑后二州之界，名筑后川。自女池至此，长凡十七里，阔一町十二间。下流详于筑前、筑后、肥前。

肥前　东至筑后，北至筑前及海，西南及西皆至海。东西凡二十一里，南北凡二十五里。东北负山，东南带河，地势分二支：西南斗出海，其西北一支，为平户岛，连五岛群屿；其南方一支，更分两脉，左抱鲷浦，右拥佐贺湾。湾之北方平衍，土壤肥沃冠九州，物产丰饶。民俗巧慧，颇流于狡猾。郡数凡一十一：村数二千六百二十二，町数二十九。曰基肄、村数二十二。养父、村数四十四。三根、村数三十四。神崎、村数一百五十八。佐贺、村数三百五十二，町数六。小城、村数一百三十八，町数二。杵岛、村数一百六十九。藤津、村数一百一十六，町数一。高来、村数二百八十一，町数六。彼杵、村数五百一十，町数九。松浦。村数七百九十九，町数七。田圃凡一十万九千一百二十三町六段三亩一十六步九厘二毫。其山岳有多良岳、又作大郎，在藤津郡，兼跨三郡，本州最高山也。八郎岳、又作河原山，在彼杵郡，直立一千九百七十尺。国见岳、在松浦郡，高一千五百七十五尺。安满岳。高一千七百九十二尺。其河渠有千年川、一名千隈川，又名筑后川，俗又名境川。自筑前、筑后之间而来。西南流，为筑后之界。至基肄郡，容秋水川。经养父郡，合安良川。至三根郡，南流，夹佐贺郡大中岛、大托间岛，及筑后大野岛，西为诸户三重津，东为筑后若津小保，分流而入海。长凡九里，阔五町五十间。川上川、有数源，至佐贺郡三段田村相合，水势渐大。南流过川上村，名嘉濑川。至南麦新江而入海。此川往年有疏凿之举，尔来灌溉之利尤多多。布施川、三沟川、芦里川、小寺川等之支流，绕佐贺旧城，至今宿江，分流而入海。武雄川。发源杵岛郡矢筈村。东流经永野村，合潮见川。自佐留志大户二村之间而入海。长二十一里，二十町，阔十五间。

肥后 东至丰后、日向，南至日向、萨摩，北至筑后、丰后，西至海。东西凡一十九里，南北凡二十八里。三面重岭绵亘，东南殊峻险幽邃，多人迹不到之所。西方天草群岛错峙，对肥前岛，原为肥筑里海之门钥。河流遍州内，水利亦多。惟海滨浅斥，不便碇泊。土壤膏沃，民物繁庶，嘉谷之产，邻州之所仰给。风俗朴直勇敢。郡数凡一十五：村数四千九百八十四，町数二十八。曰玉名、村数五百七十九，町数四。饱田、村数三百四十五，町数三。山鹿、村数三百七十九，町数二。菊池、村数二百，町数一。阿苏、村数七百八十三，町数二。合志、村数一百六十七，町数二。山本、村数一百二十三，町数二。托麻、村数八十八，町数一。上益城、村数六百一十六，町数一。下益城、村数三百九十九，町数一。宇土、村数一百九十三，町数一。八代、村数三百零四，町数一。苇北、村数二百六十一，町数二。球摩、村数四百一十五，町数一。天草。村数一百三十二，町数四。田圃凡一十万二千四百八十一町五段零一十六步四厘。其山岳有木

叶山、一名灵雨山。直立一千八百二十尺。**阿苏岳**、最高者名高岳，一名云生山，又名赤肤山。山脉分跱，称为阿苏五岳，即明成祖建镇国碑之所也。**国见岳**、凡六里。**月见岳**、凡六里。**鹤挂岳**。在苇北郡。其南脉名赤松太郎岭，西南脉称佐敷太郎岭，共当九州冲要，山尤险峻。**其河渠有菊池川**、一名山鹿川，又名高濑川。发源菊池郡原村深叶山。北流容迫间川。至山鹿郡，合合志川。渐西北流，经汤町。西流入玉名川。至下津原村，南流，由滑石村而入海。长十九里十八町，阔二町三十间。河口有小港，名曰哂云。**白川**、又名高桥川，发源阿苏郡南乡白川村。西北流，合黑川。又西少南流，复过熊本南，至饱田郡小岛村百贯石而入海。长凡十五里余，阔二町三十间。河口有小岛港，颇有运输之便。**绿川**、发源阿苏郡南乡河口村三方山。西流合横野川、男成川、释迦院川数流。又北少西河，合御船川。仍西流，会加势川。又曲折回绕，至二町村而入海。长凡二十一里余，阔四町。**球摩川**。有二源：一出八口郡五个庄枞木村，名枞木川。西流，容山中诸水，经椎原村南流，名椎积川；一出球摩郡江代村片尾山，西南流，至柳濑村，与椎积川相会。西流，合胸川，绕人吉之北，经数郡，西北流，至麦岛村南弥寺而入海。长二十四里二十町余，阔八町二十间。自人吉至海，凡十六里余，舟楫可通。河口有小港，名八代港。西少北一里十二町，有可贺岛，入港之望标也。

日向　东南临海，西至肥后、大隅、萨摩，北至肥后、丰后。东西凡一十七里，南北凡四十里。地形南北修长，沿海之地，委蛇折转而亘东南，多平田沃壤。山脉绕西北南走，支脉散布州内，西境尤为峻奥。风俗质朴。郡数凡五：村数三百九十四，町数一十。**曰臼杵**、村数七十七，町数二。**儿汤**、村数五十三，町数二。**诸县**、村数一百五十，町数二。宫崎、村数三十四，町数一。**那珂**。村数八十，町数三。**田圃凡五万八千零三町四段一亩二十五步二厘二毫。其山岳有雾岛山**、在诸县郡，喷火山也。东西分二峰，并跨大隅。东岳一名矛峰，直立四千八百一十六尺，即古之高千穗峰也。西岳一名韩国峰。**小松山**。在那珂郡，跨居数村，高凡四千一百六十五尺。**其河渠有五个濑川**、发源臼杵郡鞍冈村山中。北流，合肥后阿苏郡菅尾乡诸水。又东南流，至岩户村，合筱户川。及岩井川村，容日影川。及七折村，合网濑川。至北方村而东流，经数村，至南方村，又南北分流：一称五个濑川，回延冈旧城之北；一名大濑川，绕延冈之南，抵冈富村再相会。至川岛村东海港而入海。长凡三十里，阔一町四十间。漕船有七里，可以溯达。别有北川，发源丰后大野郡宇目乡山中，至川岛村而会五个濑川。长凡十九里，阔一町二十间余，漕船有五里可通。**美美津川**、一名耳川。发源臼杵郡那须椎叶山。东流经山阴村，渐东南流，至美美津川而入海。长凡二十八里，阔三町二十间。漕船五里可达，水涨时有十三里可以通舟云。**大丸川**、一名高锅川，又称蚊口川。发源臼杵郡椎叶山津贺尾中山谷，东南流，经儿汤郡川原村，东流至高锅川蚊口浦而入海。长凡二十五里，阔四十八间。**一濑川**、一名二濑川。发源臼杵郡大川内村高冢山。南流入儿汤郡米良谷，为米川，及村所村，容板谷川。东南流，自横野村而东流，至越野尾村，合小川。至中尾村，合眼镜川。又东南流，至黑生野村，合河原江川。东流，至下田岛村德渊港而入海。长凡三十里余。自海口上流二十町川身最广处，抱中洲屿，北派阔一町十间余，南派阔四十间余，有渡场。**大淀川**、一名赤江川。有二源：一出肥后球摩郡皆越谷中。南流，来诸县郡须木村，名岩濑川。渐东流，又名野尻川。至笛水村。长凡十五里，阔三十间；一出诸县郡南之乡石原山中，名桥野川。西南绕入大隅吉永村，北流再来诸县郡，名竹下川，阔二十五间。过都城，及前川内村，合安永川。及绳濑村，而合雾岛中岳所出之水，名绳濑川，阔四十间。稍东北流，至笛水村，与野尻川相会。东流，及系原村，会绫川。东南流，至那珂郡下别府村、福岛村之间而入海。源长凡二十五里，阔三町二十间。漕船六里可通，本州第一之巨流也。

大隅　东至日向，西至萨摩，北至日向、萨摩，南至海。东西凡一十里，南北凡二十八里。东西北三面山岳回抱。南方尖长，横出海表。西抱里海，遥与二大岛相望。涧壑虽深阻，而气候极暖，草木颇能畅茂。风俗朴鲁。郡数凡八：村数二百五十四，町数七。曰菱刈、村数一十四。桑原、村数三十三。始罗、村数三十九，町数一。噌唹、村数四十五，町数三。肝付、村数四十三，町数一。大隅、村数四十七，町数二，熊毛、村数一十五。驭谟。村数一十八。田圃凡三万四千一百五十九町二段四亩七步。其山岳有国见山、在肝付郡，郡中一览可尽，而险阻颇难登陟。其南脉又名北岳，高凡三千二百四十三尺。樱岛岳、喷火山也，屹立于大隅郡樱岛之中央，高三千六百三十六尺。有二峰，曰南岳、北岳。南之巅有白水池，北之巅有御钵池。中央有两中池。两中池水盈虚，与海潮相应云。八重岳。在驭谟郡屋久岛。全岛皆山，总名为八重岳。宫浦岳，高六千三百四十五尺。永田岳，高四千一百九十二尺。栗生岳，高六千二百五十二尺。三峰鼎立，四时戴雪。海上数里，皆望见之。

萨摩　东至大隅、日向及海，北至肥后，西南至海。东西凡一十里，南北凡二十七里。东北连山环拥，为肥后、日隅界。地势循海南走，又勾屈东拱对大隅，为一大湾。山脉断续散布州内，川内川贯其中央。西方一面，大小洲屿，远近环峙。沃野甚乏，五谷之产，不足养州内人口。民性勇悍，居僻境者，极其朴质。郡数凡一十三：村数三百三十三，町数一十一。曰鹿儿岛、村数二十五，町数一。谷山、村数八，町数一。给黎、村数一十二。揖宿、村数一十七，町数二。颖娃、村数一十四。州边、村数三十八，町数二。阿多、村数二十三。日置、村数五十五。萨摩、村数三十一，町数一。高城、村数一十一，町数一。伊佐、村数四十六，町数一。出水、村数三十九，町数二。甑岛。村数一十四。田圃凡四万一千六百二十七町四段九亩五步。其山岳有开闻岳、亦称为萨摩富士，在颖娃郡，直立凡三千零七十尺。野间岳、又名竹岛，在州边郡，三面临海，直立二千二百一十二尺。长屋山。亦在州边郡，横亘数村。东西凡三里，南北四里。其河渠有川内川。有二源：一出肥后球摩郡白发岳，南流入伊佐郡，名山野川。及金波田村，合市山川，又名羽月川；一出日向诸县郡饭野乡狗留孙山中，南流，自饭野而西流，过真幸，名真幸川。南流入大隅绫刈郡。又西北流，入本州伊佐郡牛乡山下殿村，而会羽月川。由源至此，长凡十三里。西流至鹤田村，合金山川。南折及时吉村，合穴川。西流及虎居村，合丰川。及萨摩郡久住村，合樋胁川。过东乡而南流，至平佐复西流。自萨摩郡高城乡久见崎而入海。长凡四十六里，阔一町四十间。由海口溯大良乡，凡十六里，舟楫可通。

二 岛

壹岐 在肥前之西北，周回三十五里一十五町五十九间，

东西三里一十二町，南北四里六町，自肥前松浦郡呼子浦至石田郡乡野浦，海上直径七里一十二町。岛为肥前北角余脉，四面海湾，皆有港泊之便。土性膏沃，果谷咸宜，鳞介亦富。风俗柔和，农暇兼营渔业。郡数凡二：村数一百二十六，町数二。曰石田、村数五十九，町数一。壹岐。村数六十七，町数一。田圃凡三千二百七十四町二段零二十六步六厘九毫。

对马　在壹岐之西北，分为二岛：南称上岛，周回五十里一十四町二十一间，东西二里二十八町，南北五里二十町；北称下岛，周回一百三十五里三十一町一十九间，东西四里六町，或二里二十八町，南北九里二十六町。自壹岐壹岐郡胜本至下县郡严原，海上直径一十二里二十町，居日本海之西北隅。岛形东西狭，而南北长，中央劈开成一大湾，能容大舰巨舶。岛内峰峦相接，地多薄瘠，不宜播殖。居民食谷，仰于内地，惟多采海利，与朝鲜互市，以为营生本业。风俗固陋。郡数凡二：村数一百一十四，町数一。曰上县、村数五十二。下县。村数六十二，町数一。田圃凡三千三百七十一町六段一亩一十四步。其山岳有三岳、本州最高山，又作御岳山，有三峰，并跨数村。白岳、在下县郡，直立一千六百七十尺。有明山、古名岛根山，直立凡一千八百尺。矢射立山、直立二千一百十八尺。龙良山。亦在下县郡。二峰对峙，名雌山雄山，直立凡一千六百六十尺。

北海道

东至千岛州，对得抚岛，北隔北见州宗谷海峡，而对桦太，南隔渡岛州津轻海峡，而对东山道陆奥。东西凡一百六十六里，南北凡一百二十里，幅员五千零五十六方里七八，周回五百八十三里三三。属岛一十五，其幅员五十方里零九二。渡岛南向陆奥，其状如伸颈张颐，宛折趋东北，为胆振、后志，当石狩夤脊之要；天盐、北见、日高、十胜，排于南北，为左右翼，钏路为其臀；根室之地，岬角左右相望，为其股；千岛曳尾其后，石狩、十胜之二高山对峙。全道之中央，支脉四布，诸大川大率发源于此。众水分流，西为石狩川，西北为天盐川，北为常吕川，南为大津川。土人业渔猎，不知稼穑。石狩、十胜等处，原野旷漠，虽土壤肥沃，而产业未开。风俗鄙朴，言语衣服皆异内地。此道旧为虾夷地，古时陆奥、出羽之北境，夷种杂居。凡渡岛以北之夷，总称为虾夷。景行帝时，日本武尊武内宿祢巡察北方，曾至夷地，其后叛服不常。齐明帝时，命将北伐，设治于后方羊蹄。及一条帝，虾夷作乱，陆奥人安倍国东伐，定之。源赖朝之征陆奥，以安倍氏后裔安藤季信为津轻守护，俾世管虾夷。至享德中，若狭人武田信广航至松前，岛夷咸服。永正中，其孙义广徙居松前，后降丰臣氏。庆长中，以福山城为治所，称松前氏。宽政之末，德川氏遣吏经理东夷，收松前氏所领之东部，犹命管西部。享和之初，置箱馆奉行。文化四年，徙松前氏于陆奥，并收其西部，置松前奉行，总管全岛。王政革新，明治二年八月，称全岛为北海道，分十一州，设开拓使以治之。

渡岛　南隔津轻海峡而对陆奥，北至后志、胆振，东、西共至海。东西凡二十一里二十町，南北凡二十三里一十八町。郡数凡七：村数一百一十一，町数三。曰茅部、村数一十七。亀田、村数二十九，町数一。上矶、村数一十七。福岛、村数六。津轻、村数一十三，町数一。桧山、村数二十一，町数一。尔志。村数八。田圃凡一千四百三十二町九段六亩一十八步。其山岳有惠山、喷火山，在茅部郡，高一千九百二十尺。大川岳、亦喷火山，在茅部郡，高一千九百二十尺。古部岳、高二千零二十尺。熊泊岳、高二千零四十尺。驹岳、高三千二百二十尺。浊川岳、高二千七百尺。以上皆在茅部郡。横津岳、在龟田郡，高三千五百三十尺。三森岳、亦在龟田郡，高凡二千五百二十尺。乌岳、在矶上郡，高二千尺。知内岳、在福岛郡，高二千五百三十尺。千轩岳、在津轻郡，高三千三百五十尺。游乐部岳。在尔志郡，高四千一百尺。

后志　东至胆振、石狩，南至渡岛、胆振，西北至海。东西凡一十六里，南北凡三十二里三十一町。郡数凡一十七：村数一百零七，町数一。曰久远、村数九。太櫓、村数四。濑棚、村数五。岛牧、村数一十五。寿都、村数八。歌弃、村数六。矶谷、村数四。岩内、村数六，町数一。古宇、村数六。积丹、村数八。美国、村数五。古平、村数六，町数一。余市、村数八，町数一。忍路、村数四。高岛、村数四。小樽、村数五，町数一。奥尻。村数四。田圃未详。其山岳有八内山、在岩内郡，高二千八百尺。雷电山、在矶谷郡，并跨岩内郡，高三千二百五十尺。积丹岳。在积丹郡，高五千四百尺。其河渠有后志川、发源胆振虻田郡当沸登。西流绕后方羊蹄山之腰，至矶谷郡矶谷村而入海。长凡十八里，阔一町四十间。利别川。发源胆振山越郡蟹寒岳等处。至濑棚郡濑棚村而入海。长凡三十里，阔凡一町。

胆振　东至日高，西至后志，南至渡岛及海，北至后志、石狩。东西凡四十四里二十五町，南北凡一十四里三町。郡数凡八：村数四十八，町数一。曰山越、村数二。虻田、村数四。有珠、村数五。室兰、村数七，町数一。幌别、村数五。白老、村数三。勇拂、村数一十六。千岁。村数六。田圃凡四百五十八町九段七亩一十五步。其山岳有昆保岳、在虻田郡，高三千三百尺。有珠岳、喷火山，跨有珠、虻田二郡，高三千四百四十尺。白老山、在白老郡，高三千三百尺。纹别岳、在千岁郡，高二千六百尺。渔山。亦在千岁郡，高亦二千六百尺。其河渠有游乐部川、发源渡岛尔志郡游乐部岳。东流至山越郡游乐部而入海。长凡三十四里，阔凡五十间。长流别川、发源有珠郡山中。西南流至长流村而入海。长凡十六里，阔凡五十间。鹉川。发源勇拂郡山中，西南流鹉川村而入海。长凡二十里，阔凡四十五间。

石狩　东至钏路、北见，南至胆振、十胜，西至后志及海，北至天盐。东西凡四十三里二十二町，南北凡二十五里三十町。郡数凡九：村数三十八，町数二。曰札幌、村数一十七，町数一。石狩、村数三，町数一。厚田、村数一十。滨溢、村数八。桦户、以下五郡，村名未定。夕张、空知、上川、雨龙。田圃凡七百三十五町五段三亩一十三步。其山岳有斜芳岳。在原田郡，周回凡七里。其河渠有石狩川。发源上川郡石狩岳大瀑布，屈曲西南流，合诸水，至石狩郡而入海。长凡一百六十七里，阔三町四十二间。

天盐　东及北至北见，南至石狩，西至海。东西凡三十里，南北凡三十九里二十七町。郡数凡六：村数一十五。曰增毛、村数五。留萌、村数五。苫前、村数五。天盐、以下村名未定。中川、上川。其山岳有辨花片山。在天盐郡，高一千六百四十尺。其河渠有天盐川。发源上川郡十胜、石狩二岳之北。西南流，合诸水，经中川郡，至天盐郡天盐而入海。长七十里余，阔三町。

日高　东北至十胜，西至胆振，南至海。东西凡二十九里十四町，南北凡二十一里二十二町。郡数凡七：村数一百零五。

曰沙流、村数一十八。新冠、村数一十一。静内、村数一十六。三石、村数八。浦河、村数二十。样似、村数二十三。幌泉。村数九。田圃未详。以下七州皆同。其河渠有厚别川、发源新冠郡之二高山。西南流，合诸水，至沙流郡厚别而入海。长凡十五里，阔五十间。新冠川、发源十胜州界之诸山。西南流，至新冠郡高江村而入海。长凡二十六里，阔一町。染退川。发源十胜州界。西南流，合东枝川、西枝川及诸水，至静内村、下方村而入海。长凡十五里，阔一町十五间。

十胜　东至钏路，北至石狩，西至日高，南至海。东西凡三十里二十一町，南北凡四十七里一十八町。郡数凡七：村数五十一。曰广尾、村数一。当缘、村数三。十胜、村数六。中川、村数二十二。河西、村数一十二。河东、村数五。上川。村数二。其山岳有神威岳。在河西郡，兼跨日高静内，峻峰峭拔，巉岩磊砢。其河渠有大津川。发源上川郡十胜山脉信满山。东南流，经河西中川诸郡，至十胜郡大津而入海。长四十四里余，阔二町十六间。支流为十胜川，至十胜郡十胜而入海。

钏路　东至根室，北至北见，西至十胜、石狩，南至海。东西凡四十七里二十一町，南北凡二十九里七町。郡数凡七：村数四十七，町数一。曰白糠、村数二。钏路、村数八。厚岸、村数一十七，町数一。阿寒、村数五。上川、村数五。网尻、村数六。足寄。村数四。其河渠有久寿里川。发源钏路郡钏路岳。东南流，合阿寒、濑钓二川，至钏路而入海。长三十七里，阔二町。

根室　西及南至钏路，西北至北见，东至海。南北两角斗出，而对千岛。东西凡一十九里一十八町，南北凡二十九里二十七町。郡数凡五：村数二十三，町数一。曰花笑、村数七。根室、村数六，町数一。野付、村数四。标津、村数二。目梨。

村数四。其河渠有西别川、发源钏路上川郡西别岳。东流过根室野付郡界而入海。长凡三十里，阔一町余。标津川。发源标津郡标津岳。东流标津村而入海。长凡十六里，阔三十间。

北见 西至天盐，南至钏路，东南至根室，西及北至海，隔宗谷海峡，近与桦太相对。东西凡七十八里，南北凡一十七里七町。郡数凡八：村数三十。曰宗谷、本郡及枝幸、利尻、礼文，皆村名未定。枝幸、纹别、村数一十。常吕、村数七。网走、村数八。斜里、村数五。利尻、礼文。其河渠有富别川、发源天盐二高山之间。北流合数水，至枝幸郡富别而入海。长凡十五里，阔一町余。常吕川。发源石狩高山。东北流，至常吕郡常吕村而入海。长三十里，阔四十间。

千岛 根室州之东北群岛，合称为千岛。幅员五百七十二方里八。大者有二岛：东为择捉，西为国后，皆地形狭长。国后幅员一百零四方里，周回凡七十一里，自西南至东北凡三十里，东西广处凡八里，根室野付岬相距凡五里。择捉幅员四百六十八方里七六，周回凡一百五十三里，自西南至东北凡五十里，东北广处凡十里。在国后之东北，凡三里余。此岛之东北，与得抚群岛相连，直接鲁西亚所隶之堪察加焉。郡数凡五：村数一十五。曰国后、村数五。择捉、村数二。振别、村数二。纱那、村数四。蕊取。村数二。

卷十二　地理志三

府县沿革表

维新之后，变封建为郡县。其分合兴废，盖朝令夕改，月异而岁不同，有难于一一分载者。故志中仍分国叙事，而别以府县沿革，著之此表。凡府县所辖之国，或属一府县，或属两府县，均分别揭载；所辖之郡，则隶于一府县者从略，分隶于两府县者详记其名。

府县	国	郡	沿革
东京府	武藏	荏原 丰岛 葛饰之内 多摩之内 足立之内	明治元年闰四月，分各地方为府藩县。五月，置江户府。既而权置大总督府，并设南北市政裁判所，以经理府事。时置府之令未达，江户暂设武藏知县事，但未有县名。七月，改江户称东京，以江户府为东京府。八月，罢市政裁判所，并于东京府。二年正月，置小菅县。二月，置品川县。七月，令京都、东京、大坂三府以外，悉改为县。四年七月，废藩置县。十一月，东京府及小菅、品川二县均废，置本府。
京都府	山城 丹波 丹后	何鹿 船井 桑田 天田	庆应三年十二月，命膳所、筱山、龟山三藩管理旧日町奉行之事，称市中取缔。明治元年二月，置京都裁判所。闰四月，改裁判所为府。寻罢市中取缔。四年七月，废藩置县。十二月，京都府及淀、龟冈、园部、绫部、山家五县均废，而置本府。九年八月，废丰冈县，其所管丹后及丹波、天田郡，改隶于本府。

府县	国	郡	沿革
大坂府	摄津	住吉 东成 西成 岛上 岛下 丰岛 能势	明治元年正月，置大坂镇台以管理民政。未几，旋改为裁判所。五月，再改为府。四年七月，废藩置县。十一月，大坂府及高盬、麻田二县均废，而置本府。
神奈川县	武藏 相模	久良岐橘树都筑多摩之内	明治元年三月，置横滨裁判所。六月，改为神奈川府。九月，再改为县。四年七月，废藩置县。十一月，神奈川、六浦二县均废，而置本县。又废韭山、小田原、荻野山中三县，而置足柄县于相模国。九年四月，废足柄县。其所管相模，改隶本县。
兵库县	摄津 丹波 但马 播磨 淡路	八部 兔原 武库 河边 有马 多纪 冰上	明治元年正月，置兵库镇台，旋改裁判所，移于但马。寻废之。闰四月，置久美滨县于丹后。五月，改裁判所为县。二年正月，割大坂府地而置摄津县。五月，改称丰埼县。八月，并入兵库县。寻置生野县于但马。四年七月，废藩置县。十一月，久美滨、生野、宫津、篠山、舞鹤、福知山、出石、柏原、丰冈、峰山、村冈十一县均废，而置丰冈县。姬路、明石、龙野、赤穗、三日月、三草、山埼、安志、林田、小野十县均废，而置姬路县。寻改饰磨县。旋废兵库、尼埼、三田三县，而置本县。九年八月，丰冈、饰磨二县又名东县，所管之淡路，均改隶本县。
长崎县	肥前 壹岐 对马		明治元年二月，置长崎裁判所。闰四月，置富冈县于肥后天草郡。五月，改裁判所为府。八月，并富冈县于长崎府。二年六月，改长崎府为县。四年七月，废藩置县。九月，移佐贺县厅于伊万里，称伊万里县，以严原县并隶之。十一月，长崎、岛原、平户、大村、福冈五县均废，而置本县。伊万里、小城、唐津、莲池、鹿岛五县均废，而置伊万里县。五年五月，复移伊万里县于佐贺，称佐贺县。九年四月，并佐贺县于三潴县。八月，三潴县废，其所管肥前改隶本县。

府县	国	郡	沿革
新潟县	越后 佐渡	颈城 古志 三岛 荧羽 鱼沼 岩船 蒲原 之内	明治元年四月，置新潟裁判所，寻改为越后府。又置佐渡裁判所，寻亦改为县。七月，置柏崎县。既而改越后府为新潟府，柏崎县并入之。二年二月，又改为县，再置越后府，并入佐渡县。寻又复之，改越后府为水原县，以新潟县并入之。八月，割水原县而复柏崎县。三年三月，废水原县，复新潟县。四年七月，废藩置县。十一月，新潟、新发田、村上、村松、峰冈、三日市、黑川七县均废，而置本县。柏崎、高田、与板、清崎、椎谷五县均废，而置柏崎县。改佐渡县为相川县。六年六月，并柏崎县于本县。九年四月，又并相川县于本县。
埼玉县	武藏 下总	埼玉 横见 入间 秩父 大里 榛泽 加美 幡罗 比企 新座 那贺 儿玉 高丽 男衾 足立 之内 葛饰 之内	明治元年六月，大总督府暂置武藏知县事，但未设县名。二年正月，置大宫县，九月，改称浦和县。四年七月，废藩置县。十一月，浦和、忍、岩盬三县均废，而置本县。
千叶县	下总 上总 安房	千叶 印幡 匣碬 埴生 香取 海上 葛饰 之内 相马 之内	明治元年七月，大总督府暂置上总、安房知县事。八月，置下总知县事，但未设县名。二年正月，置葛饰县于下总，寻置宫谷县于上总。四年七月，废藩置县。十一月，宫谷、鹤舞、松尾、菊间、长尾、花房、久留里、大多喜、饭野、佐贯、鹤牧、一之宫、加知山、馆山、樱井、小久保十六县均废，而置木更津县。葛饰、佐仓、古河、关宿、结城、曾我野、生实七县均废，而置印幡县。六年六月，木更津、印幡二县复废，而置本县。八年五月，废新治县，其所管下总三郡之地改隶于本县。

府县	国	郡	沿革
茨城县	常陆 下总	丰田 冈田 猿岛 结城 相马 之内 葛饰 之内	明治元年六月，大总督暂置常陆知县事，但未设县名。二年二月，置若森县于常陆。四年七月，废藩置县。十一月，若森、土浦、松川、石冈、多古、龙力崎、志筑、牛久、麻生、高冈、小见川十一县均废，而置新治县。水户、笠间、松冈、下馆、下妻、旸户六县均废，而置本县。八年五月，又废新治县，并入本县。
群马县	上野		明治元年六月，大总督府暂置岩鼻县于上野。四年七月，废藩置县。十月，岩鼻、前桥、高埼、沼田、安中、伊势埼小幡、七日市八县均废，而置群马县。十一月，又废川越县，而置入间县。六年六月，群马、入间二县复废，而置熊谷县。九年八月，移熊谷县厅于上野高埼，改称为群马县。
橡木县	下野		明治元年六月，置真冈县于下野。二年二月，置日光县。七月，并真冈县于日光县。四年七月，废藩置县。十一月，日光、馆林、壬生、佐野、足利、吹上六县均废，而置本县。宇都宫、乌山、黑羽、茂木、大田原五县均废，而置宇都宫县。六年六月，又废宇都宫县，并于本县。
堺县	和泉 大和 河内		明治元年正月，置大和镇台，寻废之。五月，置奈良县于大和。六月，置堺县于和泉。七月，改奈良县为府。二年正月，割大坂府所管地而置河内县。七月，改奈良府为县。八月，并河内县于堺县。三年三月，置五条县于大和。四年七月，废藩置县。十一月，奈良、五条、郡山、高取、小泉、田原本、柳本、芝村、栉罗、柳生十县均废，而置奈良县。堺、岸和田、伯大、吉见、丹南五县均废，而置本县。九年四月，废奈良县，并于本县。
三重县	伊势 伊贺 志摩 纪伊	牟娄 之内	明治元年七月，置度会府于伊势。二年七月，改为县。四年七月，废藩置县。十一月，津、龟山、桑名、长岛、神户、菰野六县均废，而置安浓津县。度会、久居、乌羽三县均废，而置度会县。五年三月，改安浓津县为三重县。九年四月，废度会县，并于本县。

府县	国	郡	沿　革
爱知县	尾张 三河		明治元年四月，置三河裁判所。六月，改为县。二年六月，并伊奈县。四年七月，废藩置县。十一月，丰桥、西尾、冈埼、重原、刈谷、半原、举母、西端、田原、西大平十县均废，而置额田县。伊奈县所管三河之地，并隶之。寻废名古屋、犬山二县，而置名古屋县。五年四月，改名古屋县为爱知县。十一月，废额田县，并于本县。
静冈县	骏河 远江 伊豆		明治元年二月，东海道先锋总督府暂置骏府城代。五月，置骏河藩，后改静冈藩。六月，置韭山县于伊豆。四年七月，废藩置县。十一月，静冈、堀江二县均废，而置静冈、滨松二县。九年四月，废足柄县，其所管伊豆并于本县。八月，滨松县复并于本县。
山梨县	甲斐		明治元年二月，大总督府暂置甲府城代。九月，又开甲府镇抚总督府，置府中、市川、石和三县。十月，三县废，置甲斐府。二年七月，改甲斐府为甲府县。四年十一月，废甲府县，置本县。
滋贺县	近江 若狭 越前	 敦贺	明治元年三月，置大津裁判所于近江。闰四月，改为县。三年十二月，置本保县于越前国。四年七月，废藩置县。十一月，小滨、鲭江二县均废，而置敦贺县。本保、福井、丸冈、大野、胜山五县均废，而置福井县。大津、膳所、水口、西大路、山上五县均废，而置大津县。彦根、朝日山、宫川三县均废，而置长滨县。十二月，改福井县为足羽县。五年正月，改大津县为滋贺县。二月，改长滨县为犬上县。九月，并犬上县于本县。六年一月，并足羽县于敦贺县。九年八月，废敦贺县，其所管若狭及越前敦贺郡，改隶于本县。
岐阜县	美浓 飞驒		明治元年四月，置笠松裁判所于美浓。闰四月，改为县。五月，置飞驒县，寻改高山县。四年七月，废藩置县。十一月，笠松、大垣、郡上、加纳、岩村、今尾、野村、苗木、高富九县均废，而置本县。九年八月，废筑摩县，其所管飞驒，改隶本县。

府县	国	郡	沿革
长野县	信浓		明治元年八月，置伊奈县于信浓。三年九月，割伊奈县置中野县。四年六月，改中野县为长野县。七月，废藩置县。十一月，高山、伊奈、松本、高远、高岛、饭田六县均废，而置筑摩县。长野、松代、上田、饭山、岩村田、小诸、须坂七县均废，而置本县。九年八月，废筑摩县，其所管信浓改隶本县。
宫城县	陆前 磐城	柴田 名取 宫城 黑川 加美 远田 志田 玉造 栗原 登米 桃生 牡鹿 本吉 亘理 伊具 刈田	明治二年七月，置桃生县于陆前。八月，置白石县于磐城、登米县于陆前，改桃生县为石卷县。十一月，移白石县厅于角田，称为角田县。三年九月，并石卷县于登米县。四年七月，废藩置县。十一月，登米、角田、仙台三县均废，而置仙台县。五年正月，改仙台县为宫城县。九年四月，废磐井县，其所管陆前改隶本县。八月，废磐前县，其所管磐城三郡改隶本县。
福岛县	岩代 磐城 越后	宇多 白川 行方 标叶 田村 磐城 石川 菊田 白河 磐前 细叶 蒲原 之内	明治二年五月，置若松县于岩代。七月，又置福岛县。八月，置白川县于磐城。四年七月，废藩置县。十一月，福岛、白川、二本松三县均废，而置二本松县。棚仓、中村、三春、磐城、平泉、汤长谷六县均废，而置平县。又废若松县而更置之。寻改二本松县为福岛县，又改平县为磐前县。九年八月，废磐前、若松二县，并于本县。

府县	国	郡	沿　革
岩手县	陆中 陆前 陆奥	磐井 江刺 胆泽 和贺 稗贯 紫波 岩手 闭伊 九户 气仙 二户	明治二年八月，置九户、江刺二县于陆中，又置胆泽县。九月，改九户县为八户县，寻复改三户。十一月，并三户县于江刺县。四年七月，废藩置县。十一月，胆泽、一之关二县均废，而置一之关县。江刺、盛冈二县均废，而置盛冈县。寻改一之关县为水泽县。五年正月，改盛冈县为岩手县。六月，移水泽县厅于登米。八年十一月，复一之关，称磐井县。九年四月，废磐井县，其所管陆中，改隶本县。
青森县	陆奥	津轻 北三 户	明治四年七月，废藩置县。九月，馆、斗南、八户、七户、黑石五县均废，而并于弘前县。寻移县厅于青森，称青森县。十一月，废青森县而更置之。
山形县	羽前 羽后	饱海	明治二年七月，置酒田县于羽后。三年九月，置山形县于羽前，而废酒田县。四年七月，废藩置县。八月，并天童县于山形县。十一月，山形、新庄、上山三县均废，而置本县；废米泽县，而置置赐县；大泉、松岭二县均废，而置酒田县。八年七月，移酒田县厅于鹤冈，称鹤冈县。九年八月，又废置赐、鹤冈二县，并于本县。
秋田县	羽后 陆中	雄胜 平鹿 仙北 由利 河边 秋田 山本 鹿角	明治四年七月，废藩置县。十一月，秋田、本庄、岩埼、龟田、矢岛五县均废，而置本县。
石川县	加贺 能登 越中 越前	南条 丹生 今立 足羽 大野 吉田 坂井	明治四年七月，废藩置县。十一月，金泽、大圣寺二县均废，而置金泽、七尾二县。废富山县，而置新川县。五年二月，改金泽县为石川县。九月，废七尾县，而以能登隶本县，以越中一郡隶新川县。九年四月，并新川县于本县。八月，废敦贺县，其所管越前七郡改隶本县。

府县	国	郡	沿革
岛根县	出云 伯耆 因幡 石见 隐岐		明治二年二月，置隐岐县。八月，置大森县于石见，以隐岐县并入之。三年正月，移大森县厅于滨田，改为滨田县。四年七月，废藩置县。十一月，滨田、鸟取二县均废而更置之。松江、广濑、母里三县均废，而置本县。九年四月，并滨田县于本县。八月，又并鸟取县于本县。
冈山县	备前 备中 美作		明治元年五月，置仓敷县于备中。四年七月，废藩置县。十一月，废冈山县而置之。津山、鹤田、真岛三县均废，而置北条县。仓敷、福山、鸭方、足守、庭濑、高梁、新见、生坂、成羽、冈田、浅尾十一县均废，而置深津县。五年六月，移深津县厅于备中笠冈，改为小田县。八年十二月，小田县并于本县。九年四月，北条县又并于本县。
广岛县	安艺 备后		明治四年七月，废藩置县。十一月，废广岛县而更置之，并管备后八郡。九年四月，割冈山县所管备后之地隶于本县。
山口县	周防 长门		明治四年七月，废藩置县。十一月，山口、岩国、丰浦、清末四县均废，而置本县。
和歌山县	纪伊	高田 日有 都贺 伊那 部 海名 草牟 娄之内	明治四年七月，废藩置县。十一月，和歌山、田边、新宫三县均废，而置本县。
爱媛县	伊豫 赞岐		明治四年七月，废藩置县。十一月，高松、丸亀二县均废，而置香川县。松山、今治、西条、小松四县均废，而置松山县。宇和岛、大洲、吉田、新谷四县均废，而置宇和岛县。五年二月，改松山县为石铁县。六年二月，神山、石铁二县又废，而置本县。并香川县于名东县。八年九月，割名东县，再置香川县。九年八月，香川县复并于本县。

府县	国	郡	沿　革
高知县	土佐 阿波		明治四年七月，废藩置县。十一月，高知、德岛二县均废，而置高知、名东二县。九年八月，废名东县，其所管阿波改隶本县。
福冈县	筑前 筑后 丰前	企救 田川 京都 中津 筑城 上毛	明治四年七月，废藩置县。十一月，福冈、秋月二县均废，而置本县。久留米、柳河、三池三县均废，而置三潴县。丰津、中津、千束三县均废，而置小仓县。九年四月，并小仓县于本县，并佐贺县于三潴县。八月，废三潴县，所管筑后改隶本县。
大分县	丰后 丰前	下毛 宇佐	明治元年闰四月，置日田县于丰后。四年七月，废藩置县。十一月，日田冈、臼杵、杵筑、佐伯、日出、府内、森八县均废，而置本县。九年八月，改福冈县所管丰前之地隶于本县。
熊本县	肥后		明治四年七月，废藩置县。十一月，熊本、人吉二县均废，而置熊本、八代二县。五年六月，改熊本县为白川县。六年一月，并八代县于白川县。九年二月，又改白川县为熊本县。
鹿儿岛县	萨摩 日向 大隅		明治元年闰四月，置富高县于日向。八月废之，而并于日田县。四年七月，废藩置县。十一月，废鹿儿岛县，而更置鹿儿岛县。废饫肥县，而置都城县。废延冈、佐土原、高锅三县，而置美美津县。六年一月，又废都城、美美津二县，而置宫崎县；九年八月，并于本县。
开拓使	渡岛 后志 石狩 天盐 北见 胆振 日高 十胜 钏路 根室 千岛		明治元年四月，置箱馆裁判所。闰四月，改裁判所为府。二年七月，废箱馆府，而置开拓使。八月，改虾夷称为北海道，分设十一国八十六郡。三年二月，置桦太开拓使；四年八月，并于北海道开拓使。

周围里数表

表中末位，例作单数，既见凡例。间有变例，如此表“里”字注于第三位，则所注之旁为单数，其上乃为十、百、千、万，余仿此。

地名＼类别	属岛之数	本地周围里程	属岛周围里程	周围里程总计	本地面积	属岛合面积	面积总计
五畿东海东山北陆山阳及纪伊	八九三	里 一九，六一八〇	里 六，二四四九	里 二五，八六二九	里 一四四，九四四九	里 七六二	里 一四，五七〇六九
四国	二三三	四，五一一二	二，八〇八八	七，三二〇〇	二，五一二四	三〇一八	二八一四二
九州	五六〇	八，六〇一三	八，八五六八	一七，四五八	二，三一一八六	二，〇七八九	二，五一九七五
淡路	二	三八七〇	三三〇	四二〇〇	三六五五	〇一八	三六七三
壹岐	一七	三五四四	八七二	四四一六	八五五	〇二六	八八一
对马	八一	一，八六二七	一九四四	二，〇五七一	四三九五	〇三八	四四三三
萨摩大岛（九岛）		一，六〇八一		一，六〇八一	一，〇一〇二		一〇一〇二

地名＼类别	属岛之数	本地周围里程	属岛周围里程	周围里程总计	本地面积	属岛合面积	面积总计
隐岐	三一	七四七〇	六九六	八一六六	二一八八	〇一七	二二〇五
佐渡	五	五三三〇	一〇〇	五四三〇	五六三三	〇〇一	五六三四
北海道（本地）	一六	五，八三三三	八〇九一	六，六四二四	五〇，五六七八	五〇九二	五，一〇七七〇
国后		七一九七		七一九七	一，〇四〇三		一〇四〇三
择捉		一，五二八二		一，五二八二	四，六八七六		四六八七六
千岛（二十八岛）		三，四四四八		三，四四四八	四，一三四四		四一三四四
小笠原岛（十七岛）		三七三六		三七三六	四六五		四六五
冲绳（五十五岛）		三，一五〇六		三，一五〇六	一，五六九一		一五六九一
总计	一，八三八	五三，二七二九	九，一一三八	七二，三八六七	二四四，三〇四四	三，六六一九	二四，七九六六三

经纬度表

国名	地名	北纬	东西经
山城	京师改历所	三十五度〇三十秒	东西经度之中度
大和	奈良樽井町	三十四度四十一分	东〇五分
河内	守口驿	三十四度四十三分半	西〇十分半
和泉	堺市之町滨	三十四度三十四分半	西〇十六分半
摄津	大坂长堀富田屋町	三十四度四十分	西〇十五分
伊势	山田妙见町	三十四度二十九分	东〇五十七分
志摩	鸟羽藤野乡	三十四度二十八分	东一度五分
尾张	名古屋玉屋町	三十五度十分	东一度十分
三河	冈崎传马町	三十四度五十七分	东一度二十五分
远江	滨松旅笼町	三十四度四十二分	东一度五十八分半
骏河	府中传马町	三十四度五十八分半	东二度三十八分
甲斐	府中柳町二丁目	三十五度三十九分	东二度四十一分
伊豆	下田町	三十四度四十分半	东三度十分
相模	小田原本町	三十五度十五分	东三度二十四分
武藏	江户测量所浅草藏前	三十五度四十一分半	东四度三分
安房	洲崎村	三十四度五十八分半	东三度五十八分
上总	富津村	三十五度十八分半	东四度一分半
下总	铫子湊饭沼村	三十五度四十三分	东五度六分
常陆	成田村	三十六度十六分半	东四度五十分半
近江	彦根传马町	三十五度十六分	东〇三十一分
美浓	加纳三丁目	三十五度二十四分	东一度二分

国名	地名	北纬	东西经
飞驒	高山三之町五丁目	三十六度八分半	东一度三十二分
信浓	长野村善光寺大门町	三十六度四十分	东二度三十分
上野	高崎元町	三十六度二十分	东三度十七分半
下野	宇都宫池上町	三十六度三十三分	东四度十一分
陆奥	仙台国府町	三十八度十六分	东五度十六分
出羽	山形旅笼町	三十八度十三分	东四度四十四分半
若狭	小滨本町	三十五度三十分	东〇一分
丰前	小仓船头町	二十三度五十三分半	西四度五十分
筑前	福冈箦子町	三十三度三十五分半	西五度二十八分
筑后	柳川濑高町	三十三度十分	西五度十八分
丰后	府内樱町	三十三度十四分半	西四度五分半
肥前	佐贺吴服町	三十三度十五分	西五度二十二分
肥后	能本新一丁目	三十二度四十八分	西四度四十七分
日向	高锅十日町	三十二度七分半	西四度七分半
大隅	边津加村枝乡大泊	三十一度一分	西四度五十六分
越前	敦贺西滨町	三十五度三十九分半	东〇二十分
加贺	金泽尾张町	三十六度三十四分半	东〇五十七分半
能登	所口町	三十七度二分半	东一度十六分半
越中	富山一番町	三十六度四十分半	东一度三十一分
越后	新潟古三町	三十七度五分半	东三度二十四分半
佐渡	相川浊川町	三十八度二分	东二度三十五分
丹波	笹山二阶町	三十五度四分半	西〇三十一分

国名	地名	北纬	东西经
丹后	宕津鱼屋町	三十五度三十二分	西〇三十一分半
但马	丰冈中町	三十五度三十三分	西〇五十二分
因幡	鸟取元铸物师町	三十五度三十分	西一度三十分
伯耆	凑村桥津	三十五度二十九分半	西一度五十一分
出云	松江末次本町	三十五度二十七分半	西二度四十分
隐岐	岛前知夫里村	三十六度三十秒	西二度四十一分半
石见	滨田新町	三十四度五十三分半	西三度三十八分半
播磨	姬路二阶町	三十四度五十分半	西一度一分半
美作	津山堺町	三十五度三分半	西一度三十三分半
备前	冈山下之町	三十四度四十分半	西一度四十八分
备中	松山本町	三十四度四十八分半	西二度十分
备后	福山深津町	三十四度三十分半	西二度二十一分半
安艺	广岛堺町	三十四度二十四分半	西三度十七分
周防	山口西川前町	三十四度十分半	西四度十五分半
长门	萩滨崎町	三十四度二十五分	西四度二十分
纪伊	和歌山凑久保町	三十四度十三分半	西〇三十四分半
淡路	洲本五丁目	三十四度二十一分	西〇五十分
阿波	德岛新鱼町	三十四度五分	西一度十分半
赞岐	高松东滨町	三十四度二十一分半	西一度四十分半
伊豫	松山府中町	三十三度五十一分半	西二度五十七分半
土佐	高知种崎町	三十三度三十四分	西二度十分半
萨摩	鹿儿岛上町内车町	三十一度三十六分	西五度四分半

国名	地名	北纬	东西经
壹岐	胜本本浦町	三十三度五十一分	西六度二分
对马	府中中须贺町	三十四度十二分	西六度二十五分
虾夷	松前	四十一度二十八分半	东四度四十四分半
同	箱馆	四十一度四十七分	东五度二十三分
同	江桥	四十一度五十二分半	东四度四十九分半
同		四十五度二十八分半	东七度二分
同		四十三度二分	东九度五十分

广袤及寒暖表

类别 国名	广袤里数		沿海里数	暑极	寒极
	东西	南北			
山城	里六	一五	里分	九五	三一
大和	一〇	二五		九六	三五
河内	四	一三		九三	三八－三九
和泉	四	六	一四七	九三	三八－三九
摄津	一二	九	一五一	九〇	四〇
伊贺	七	九		九〇	二九
伊势	一二	二七	南三五五 北三一一	九〇	三〇
志摩	三	七	三六五	九五	三三
尾张	八	一九	三〇六	九三	三三
三河	一六	一七	五二二	九五	三四

国名 \ 类别	广袤里数		沿海里数	暑极	寒极
	东西	南北			
远江	一八	二〇	五〇七	九二	三二
骏河	一八	一二	二四三	九三	三五
甲斐	二五	二五		九六	三一
伊豆	七	一四	五一九	九三	三三
相模	一四	一一	四三一	九四	三五
武藏	一六	二五	一二六	九三－九四	三四－三五
安房	一〇	七	二九八	九五	四〇
上总	一四	一四	二二二 二一一	九〇	三四－三五
下总	二二	一七	一二五 一〇二	九〇	三〇
常陆	一一	三〇	三四二	九三	三〇
近江	一二	一九		九三	三五
美浓	二六	一九		九三	三三
飞驒	一七	二〇		九〇	二〇
信浓	二三	四〇		九三	二八
上野	二三	二五		九六	二八
下野	一九	二五		九五－九六	二七－二八
磐城	二二	三二		九三	二一
岩代	二〇	二一		九二	二九
陆前	二五	四〇	四，一四三	九三	二九

类别 国名	广袤里数		沿海里数	暑极	寒极
	东西	南北			
陆中	三七	三二		九二	二〇
陆奥	三九	四〇		九〇	一七
羽前	二二	三五	一，〇三〇	九〇	二〇
羽后	二五	四九	一，〇三〇	九二	二五
若狭	一二	四	三七九	九五	三〇
越前	一九	一七	三二九	九三	三〇
加贺	一〇	一八	一八八	九四	三二－三三
能登	一一	一八	八八八	九一	三二
越中	二一	一九	二八四	九三	二五
越后	六二	一七	七三三	九四	二七
佐渡	周回	五三三	五二七	九三	三〇
丹波	一四	一二		八三	二七
丹后	一二	一一	五七二	九三	三〇
但马	一五	一二	一一〇	九三	三〇
因幡	一二	一二	九〇	九三	三〇
伯耆	一七	八	二七九	九〇	三二
出云	一七	一五	四八二	九三	三三
石见	一一	一二	三六九	九一	三三
隐岐			一四七 三一〇	九〇	三〇
播磨	二〇	一四	二七〇	九五－九六	三三

国名＼类别	广袤里数		沿海里数	暑极	寒极
	东西	南北			
美作	一四	一一		九三	三二
备前	一二	一一	九七	九五	三五
备中	一一	一七	四三一	九四	三三
备后	一三	一九	一八九	九四	三五
安艺	二〇	一六	五四八	九四	三四
周防	二〇	一二	六六八	九五	三四
长门	一九	一三	七八七	九四	三三
纪伊	二七	三〇	一，二九〇	九六	三五
淡路	五	一二	三八八	九〇	三五
阿波	一八	一六	七五九	九四	三七－三八
赞岐	一八	一〇	六六五	九四	三五－三六
伊豫	三五	一五	一，九〇〇	九五	四六
土佐	三五	一八	一，〇八八	九六	四〇
筑前	一八	一七	七五九	九五	三五
筑后	一一	八	一九五	九六	四〇
丰前	一六	一五	四二五	九五	三六
丰后	二三	二七	一，二五八	九四	三八
肥前	二一	二五	二，三三七	九六－九七	四〇
肥后	一九	二八	七五五	九六	四一
日向	一七	四〇	九三三	九六	四一

国名＼类别	广袤里数		沿海里数	暑极	寒极
	东西	南北			
大隅	一〇	二八	七六三	九六	四一
萨摩	一〇	二七	一，二〇五	九七	四二
壹岐	周回	三五	三四四	九二	三五
对马	上岛周回 下岛周回	五〇 一三五	上县四七七 下县一，一六〇	九〇	三〇
合计	一，二〇三	周回 一，三二四 二，七三三	三五，八一四		

郡区町村表 据十二年十二月查核之数

府县＼类别	区数	郡数	役所	町数	村数	产米（石）
东京	一五	六	一三	一，四〇三	三六七	一六四，八五七
京都	三	一八	一九	二，〇三九	一，二八一	五七九，一七四
大坂	四	七	一一	五二四	四九六	二四五，八二七
神奈川	一	一五	一五	一〇七	一，一九七	五一七，八二五
兵库	一	三三	二九	三七七	三，〇一一	一，二三六，七〇一
长崎	一	二〇	一七	二一四	九一六	七一七，九七一
新潟	一	一七	一六	五五八	四，三〇七	一，二六八，六五五
埼玉	〇	一八	九	四一	一，八七一	九一一，二〇六
群马	〇	一七	一五	一〇九	一，一一〇	六三六，一一七

类别 府县	区数	郡数	役所	町数	村数	产米（石）
千叶	〇	二一	一〇	五〇	二，三九一	九七二，六六〇
茨城	〇	一八	一四	二四	二，〇五三	一二七，五八一
栃木	〇	一〇	八	五一	一，一四七	七六二，八五七
界	一	三五	一〇	四七八	一，二一〇	九七二，九九六
三重	〇	二一	一五	一三	一，五七三	八八〇，六二七
爱知	一	一九	一七	三六四	一，九四四	一，二三七，一四八
静冈	〇	二三	一三	四八七	一，八二〇	七〇八，二九九
山梨	〇	九	九	三七	二八六	三一二，一八五
滋贺	〇	一七	一六	四〇〇	一，七八二	九七二，四二三
岐阜	〇	二五	一六	一三五	一，一九八	七八六，八五一
长野	〇	一六	一六	二三	六七八	七八六，四一二
宫城	一	一六	一三	一三八	七〇二	七七一，五八六
福岛	〇	二二	一八	八九	一，六七六	一，三三三，四九三
山形	〇	一一	一一	三三六	一，二一九	一，〇二五，三四二
秋田	〇	九	九	二九〇	九一四	五一四，七八三
岩手	〇	一九	一八	〇	六四二	四七八，一一八
青森	〇	八	八	六	八二六	四〇八，七一八
石川	一	二〇	一八	一，〇二八	五，六四八	二，三五九，三四六
岛根	〇	三四	二二	一一〇	二，〇六七	九六二，一一二
冈山	一	三一	三一	一五二	一，六三八	一，〇五二，六五四
广岛	一	二二	一五	一四八	一，〇六〇	六三〇，五四六

类别 / 府县	区数	郡数	役所	町数	村数	产米（石）
山口	一	一二	一二	二九	六〇三	一，〇一〇，三〇四
爱媛	〇	三〇	二一	二二〇	一，二八七	七五三，六七〇
高知	〇	七	七	五三	九八七	八二三，一八三
德岛	〇	一〇	八	三七	六一〇	八二三，一八三
和歌山	一	八	八	四三七	一，二〇二	四〇八，二三〇
福冈	一	三一	一九	二五八	一，八一二	一，三三〇，七六六
大分	〇	一二	一二	八	一，一二九	五八七，九五五
熊本	一	一五	一五	一八五	一，二五九	八五一，二三七
鹿儿岛	〇	二二	一二	一八四	一，二三六	一，〇五六，二二四
合计	三六	七〇九	五七〇	一一，一四〇	五七，一五五	三二，一四六，六四〇

名邑表 据十一年十月查核之数

类别 / 国名	五千人以上	六千人以上	七千人以上	八千人以上	九千人以上	一万人以上
山城	一					一
大和						一
和泉				一		
摄津		一		一		二
伊势	一			一		一
尾张		一	二			一
三河			一	一		

类别 国名	五千人以上	六千人以上	七千人以上	八千人以上	九千人以上	一万人以上
远江	一	一		一		
骏河						一
相模	一	一				
武藏	一		一		一	三
下总	一	二			一	一
常陆	一	一		一		
近江	二	一				
美浓	二					一
信浓	二	二	一			
上野					一	一
下野						一
磐城	一		一			
岩代	一					一
羽后	一	一		一	一	
若狭						一
越前		一			三	
加贺	一					
能登			一	一		
越中	三			一		一
越后	六	一	二	一		五
丹后					一	

类别 国名	五千人以上	六千人以上	七千人以上	八千人以上	九千人以上	一万人以上
但马		一				
伯耆		一				一
出云			一			
石见			一			
播磨		一	二			一
备中		一				
备后	一					一
周防		一				
长门	一					
纪伊		二	一		一	
淡路	一					
赞岐	三	一				一
伊豫	二					一
土佐	一					
筑前	一					一
筑后				一		
丰后	三					一
肥前	三	一	一	一	一	四
肥后	一		一		一	
日向		一	一			
大隅					一	一

类别 国名	五千人以上	六千人以上	七千人以上	八千人以上	九千人以上	一万人以上
萨摩		一		一		七
合计	四六	二六	一七	一二	一三	四二

河川表

类别 国名	五里以上	六里以上	七里以上	八里以上	九里以上	十里以上
山城	一					一
大和		一	二	一	一	三
河内	一		一			
和泉	二		一			三
摄津						三
伊贺						二
伊势	一		一		二	三
尾张			二	一		二
三河			一			三
远江	一	一				三
甲斐	二		二			六
伊豆	一					一
相模	一	一	一			二
武藏						五
安房	二					

类别 国名	五里以上	六里以上	七里以上	八里以上	九里以上	十里以上
上总	一					五
下总						四
常陆						四
近江	一	一	一	一	二	二
美浓					一	三
飞驒						三
信浓	一		一			七
上野						五
下野				一		四
磐城						五
岩代			二	一		八
陆前				一		五
陆中			一			五
陆奥		一	一	一		三
羽前				一		二
羽后		一				五
若狭	一	一		一		
越前						三
加贺					一	四
能登		一				
越中			二			四

类别 国名	五里以上	六里以上	七里以上	八里以上	九里以上	十里以上
越后				一	一	五
佐渡	一	一				
丹波					一	三
丹后	一	一	一			
但马		一		一		二
因幡				一		一
伯耆				一		一
出云						二
石见						二
播磨						四
美作						二
备前						二
备中			一			二
备后		一				四
安艺			一			四
周防			一	一		二
长门			一			四
纪伊					一	八
阿波				一		四
赞岐				一	一	
伊豫			一	一		三

国名＼类别	五里以上	六里以上	七里以上	八里以上	九里以上	十里以上
土佐	一			一		八
筑前	一	一		一		二
筑后	一	一				三
丰前				一		二
丰后	一				一	五
肥前	一	一	二		一	三
肥后	一			二	一	二
日向				一		七
大隅	一	一	一	二		
萨摩	一	二				一
合计	二六	一八	二八	二五	一四	二〇六

湖沼表

国名＼类别	湖			沼		
	三里以上	四里以上	五里以上	三里以上	四里以上	五里以上
山城		一				
尾张	一					
甲斐	二	一				
相模		一				

国名＼类别	湖			沼		
	三里以上	四里以上	五里以上	三里以上	四里以上	五里以上
下总						二
常陆			三	一		一
近江			一			
飞驒	一					
信浓	一	一				
上野				二		
下野			一		一	
岩代			一	一		
陆前				二		一
陆奥			二			二
羽后	一		一			
越前			一			
加贺	一		一			
越后	一					
佐渡		一				
因幡	一					
出云			二			
长门	一					
筑前	一					
萨摩		一				
合计	一一	六	一三	六	一	六

岛屿表

国名＼类别	周五里以上	六里以上	七里以上	八里以上	九里以上	十里以上
志摩		一				
伊豆	二	一	二			二
播磨	一					
备前			一			一
备中	一					
备后		一				一
安艺	一	一	二	一		三
周防			一		二	一
长门		一			一	
阿波	一					
赞岐						一
伊豫	二	一	一			三
肥前		一	二	二		九
肥后	二	二				三
大隅		一				三
萨摩	二		一	一		七
封马						一
合计	一二	一〇	一〇	四	三	三五

港湾表

国名＼类别	十町以上	十五町以上	一里以上	二里以上
摄津	一			
伊势	一	三	一	
志摩		一		
尾张		二		
三河	一	二		
远江	一			
骏河		一		
伊豆	一	一		
武藏				二
安房	一			
上总				一
近江		一		
陆前	二	一		
陆中		三		
陆奥	一	三		
羽后	一			
若狭				一
越前			一	
能登			一	一

国名＼类别	十町以上	十五町以上	一里以上	二里以上
丹后			二	
播磨	一			
备前		一		一
备后	一			
周防	一	三		
长门	一			
纪伊	二	一		
淡路	一			
赞岐	一	三		
伊豫	一			
土佐		三		
筑前		一	一	
丰前	一			
丰后	一			
肥前	一	二		二
日向	一			
大隅		一		
壹岐	一			
对马		一	一	
合计	二四	三四	七	九

开港、市场及居留地坪数租额表 据十二年一月查核之数

类别／府县	开港	市场	居留地坪数（坪）	居留地外坪数（坪）	小计（坪）	地租 米/金（元）
	港	市				
东京		一	一一，三八二	二九，四七一	四〇，八五三	八，一八七
大坂		一	六，九九五	四，五一八	二，五一四	二，一四九
神奈川	一		二九二，三四二	二二，〇九三	三一四，四三五	五四，〇八三
兵库	一		六一，六五七	一一，七五〇	七三，四〇七	一二，八三六 米二，九一四，六〇〇
长崎	一		三〇，二二八	九三二	三一，一六〇	九，二三七
新潟	一			二，〇六七	二，〇六七	一〇三
开拓	一		一，七三〇	一八，二〇六	一九，九三六	二，八一三
合计	五	二	四〇四，三三五	八九，〇三七	四九三，三七三	八一，二二一 米二，九一四，六〇〇

官地表 据十三年十二月查核之数

太政官	六，一二一（坪）	埼玉	四四，四二一（坪）
外务省	三二，四九〇	千叶	二三，四八二
内务省	一八，八五五，六〇九	茨城	七三〇，八八七
大藏省	二三〇，七四七	橡木	五四，〇二二
陆军省	一一，八八二，九六九	群马	一七，九二四
海军省	七六九，四五六	堺	一七，七四七
文部省	三二八，三二九	三重	七八二，〇四七
工部省	九，五七九，六一四	爱知	五七，四一二
司法省	二三四，一二二	静冈	三三，八七九
宫内省	七八八	山梨	一八一，四七九
元老院	三，九九一	滋贺	三〇，三六九
大审院	三，〇六二	岐阜	五八，六二二
开拓使	二三〇，〇九二	长野	三六，九〇七
东京	一六五，〇一〇	宫城	九一，六四九
京都	一〇〇，六六二	福岛	四八，八九〇
大坂	三八，七〇〇	岩手	一〇，一〇六，四六四
神奈川	三，六九四，九二〇	青森	一，〇七五，七六五
兵库	五九，九六二	山形	三，六八五，三二二
长崎	五二，三八四	秋田	九三，五六六
新潟	三二，五三五	石川	三七，〇八四
岛根	七三，一二八	高知	二六，九〇五
冈山	四〇，九九八	福冈	八七，五二八
广岛	三九，三〇九	大分	三五，八一三
山口	一九，六八二	熊本	四二，六六〇
和歌山	三九，六五〇	鹿儿岛	四四，一一三
德岛	一二，九五七	冲绳	四，六一四
爱媛	七九，一一五	合计	六三，〇五五，九七三

官林个数表 据十一年七月查核之数

国名＼类别	一等	二等	三等	禁伐	额外	合计
山城	三六	五八	三〇	一八	五〇	一九二
大和			三六			三六
河内			八			八
和泉			三四			三四
摄津	六八	九二	一九	八三	九二	三五四
伊贺	三一		五			三六
伊势	二五六		六六			三二二
志摩	一〇		一九			二九
尾张	一五	七一	一七八	三六	三三四	六三四
三河	三九	一〇九	二八	一九	一〇〇	三八五
远江	四九	一三〇	一七九	三八	七〇六	一，一〇二

类别 国名	一等	二等	三等	禁伐	额外	合计
骏河	四九	三〇	四七	五一	一一七	二九四
甲斐	八三		七六			一五九
伊豆	二七	二一	四八	四		一〇〇
相模	五三	七四	二五	二三	二三四	四〇九
武藏	九六	一〇五	八二	二七	九九七	一，二九四
安房	三	六	四	一五	一二	四〇
上总	一二	二〇	六三	三八	三七八	五一一
下总	五七	三五	二三	二〇	三二五	四六〇
常陆	三二八	二六二	一七七	一八一		九四八
近江	五九	五二	八六	二六	七八	三〇一
飞驒	益田、大野二郡十六邑三〇一	二七九	一五	九四	二五四	九四三

类别 国名	一等	二等	三等	禁伐	额外	合计
信浓	五四七	二三八	二四九	六五	七八	一，一七七
上野	七一	五三	七二	二一	四七	二六四
下野	六九	六七	七八	一〇	一七五	三九九
磐城	一〇二	二七六	二五一	一八一	三三六	一，一四六
岩代	一四六		四五六			六〇二
陆前	一一〇	一八九	一，〇一一	一一一	二五八	一，六七九
陆中	二六二	一二	三，五八六	一	一六三	四，〇二四
陆奥	北郡、津轻、三户 二三四	一〇四	一五五	九二		五八五
羽前	二六四		七九			三四三
羽后	一九八	五一	一六七	一六	一八五	六一七
若狭	一七	一〇	七	六	三六	七六

类别／国名	一等	二等	三等	禁伐	额外	合计
越前	敦贺一一七	二	六		一六	一四一
加贺	二五〇		一四六			三九六
能登	一〇一		四二四			五二五
越中	不详	同	同	同	同	
越后	五八		七六			一三四
佐渡	一七		二五七			一七四
丹波	三五	九八	一四	五	一六九	三二一
丹后	一五	四三	一六	一	五九	一三四
但马	一四	一三	一三	五	五四	九九
因幡	二	一七	八	五八		八五
伯耆		一四	四	三六		五四
出云	四五	二三	二〇	三九		一二七

国名＼类别	一等	二等	三等	禁伐	额外	合计
石见	九	二九	一〇六	三八		一八二
隐岐		一	一	一		四
播磨	九八	三四四	八	五四	三六三	八六七
美作	三〇	二四	一八	二九	五八	一五九
备前	六六	三四	一五	二八	七九	二二二
备中	三二	六七	七〇	一一六	一八〇	四六五
备后	八	一八八	三一四	二一	二四	五五五
安艺	七〇	二九四	一二一	一〇三	三六	六二四
长门	一六	一一		四五		七二
纪伊	五六	九三	一五	三八	一〇四	三〇六

类别 国名	一等	二等	三等	禁伐	额外	合计
淡路	五	五		一二八	一五	一五三
阿波	一一	三	三	二三		四〇
赞岐	一七三	六〇		一七	二四二	四九二
伊豫	一四〇	一二七	七九	一〇一	三二三	七七〇
土佐	四七六	一,一〇一	二四〇	三〇五		二,一二二
筑前	九	二九九	八八	三八九	二,一八二	二,九六七
筑后	四	一八三	二六	四四	二八八	五四五
丰前	二	七四	四五	五五	七〇七	八八三
丰后	二三一		八,二〇四			八,四三五
肥前	一,一五七	六〇一	一,六五五			三,四一三
肥后	八,八七三		三,二五三			一一,一二六
对马	五八		六一			一一九
合计	一五,九三五	六,一八七	二一,八二六	二,九三九	九,八五四	五六,七四一

官林段别表 据十一年七月查核之数

类别 国名	一等（町）	二等（町）	三等（町）	禁伐（町）	额外（町）	合计（町）
山城	一，六五一	一，〇一五	三一三	二九一	二	三，二〇九
大和			七一三			七一三
河内			一			一
和泉			九			九
摄津	一，七二四	八三〇	三八三	七〇五	一七	三，六五九
伊贺	三，七〇八		一七			三，七二五
伊势	五，五六〇		三四八			五，九〇八
志摩	一二二		七五〇			八七二
尾张	一，六六三	四，〇七九	四四，七三〇	一，一五三	三，三〇四	五四，九二九
三河	四四，八七八	六，〇三七	四，四九五	八四	六〇九	五六，一〇三

类别 国名	一等（町）	二等（町）	三等（町）	禁伐（町）	额外（町）	合计（町）
远江	三三，八三六	五三，五七〇	四，八二四	一一九	二六一	九二，六一〇
骏河	二八，四二〇	四，四六三	一一，一六六	一八二	五三	四四，二八四
甲斐	二，五六一		六，三〇九			八，八七〇
伊豆	一六，三七一	六，〇四四	二二，六六二	一一		四五，〇八八
相模	三一，二五〇	九二六	一六，九六一	二四	三六	二一，二九七
武藏	五三，五八五	一，六一五	二，六一四	七九	二四七	五八，一四〇
安房	二五〇	一二	二二五	一二	三	三〇二
上总	二四三	一二五	三，一一六	三九	六四	三，五八七
下总	五四〇	一八七	九九	六八	六八	九六二
常陆	五，二四六	二，三九四	一，七四一	七三二		一〇，一一三
近江	二，七九六	二，二〇四	三，一九四	二，三三七	一七	一〇，五四八
美浓	四三，九〇〇	一一，三一七	四，〇三四	七，三五六		六六，六〇七

类别／国名	一等（町）	二等（町）	三等（町）	禁伐（町）	额外（町）	合计（町）
飞驒	一〇五，四三八	五五，四一〇	一，八三九	五九	五八	一六二，八〇四
信浓	四七五，七四八	九二，一〇八	四一，四五〇	二二九	二六	六〇九，五六一
上野	二三，七九四	四，一五七	一，四四一	二五三	二三	二九，六六八
下野	二，〇三四	三，〇九五	五六，五八一	五七	二九四	六二，〇六一
磐城	二八八，四五一	八九，三一四	四，八九四	二，四五四	八五	三八五，一九八
岩代	五，四六六		四，五一八			九，九八四
陆前	一一九，六七五	一六，六五七	五〇，七六〇	四，一二三	一〇五	一九一，三二〇
陆中	七〇八，四八八	九二	三一，四一二		五六	七四〇，〇四八
陆奥	四五九，九二五	八一，四一七	三八二，九九九	四，九三三		九二九，二七四
羽前	四，一四〇		九六〇			五，一〇〇
羽后	三七一，〇〇五	三，九六七	二二，七五七	二，八四二	七一	四〇〇，六四二
若狭	三四一	三五三	三二	九	九	七四四

类别／国名	一等（町）	二等（町）	三等（町）	禁伐（町）	额外（町）	合计（町）
越前	二，六一〇	一九	一，二八六		二	三，九一七
加贺	九五四		一六〇			一，一一四
能登	三〇七		三三三			六四〇
越中	不详	同	同	同	同	
越后	一，五〇二		五六八			二，〇七〇
佐渡	一，六八〇		二，一七四			三，八五四
丹波	一，〇二七	五九九	一二〇	二五	四二	一，八一三
丹后	二八五	四一九	一五三	一一	一九	八八七
但马	九一五	一一三	一七〇	一七	一〇	一，二二五
因幡	三四三	二九〇	二六	二二〇		八七九
伯耆		一二八	一五	三九		一八二
出云	五三六	八五	五一七	三六二		一，五〇〇

类别 国名	一等（町）	二等（町）	三等（町）	禁伐（町）	额外（町）	合计（町）
石见	五〇五	五〇，一六二	四三，九一三	二三六		九四，八一六
隐岐		一六	二	一六		三四
播摩	五，八四三	四，二四四	一六九	七四六	一四一	一一，一四三
美作	四，八一一	六七三	四四九	一，〇二四	二七	六，九八四
备前	七，四五二	一，六九一	三七五	六一二	五一	一〇，一八一
备中	九六七	一，二六七	二，一五八	一，〇二六	三一六	五，七三四
备后	三九九	七，九五四	二八，八一三	一四六	四六	三七，三五九
安艺	七，七一九	九，六三〇	一五，〇二四	一，二七二	七四	三三，七一九
周防	二，一八六	四，八二二		二〇九		七，二一七
长门	八一三	六四		一八六		一，〇六三
纪伊	一二，七三〇	一，二六五	二四八	一，四六五	六一	一五，七六九
淡路	一一九	一一		二四三	二	三七五

类别 / 国名	一等（町）	二等（町）	三等（町）	禁伐（町）	额外（町）	合计（町）
阿波	三，二一六	五	一二七	四六		三，三九四
赞岐	一一，二五六	四三九		八六	一二一	一一，九〇二
伊豫	八一，〇〇三	二六，四七八	三二，〇〇八	一，〇三八	九〇八	一四一，四三五
土佐	一三四，六五〇	四一，〇三三	一八，四四六	四三二		一九四，五六一
筑前	八六	三一七七	二，二八七	五，二九八	五，二五一	一六，〇九九
筑后	一，四六二	一，四九三	四四五	三八	二六五	三，七一〇
丰前	三九四	八九七	五，〇〇八	五八一	二，二〇九	九，〇八九
丰后	一一，一八五		一〇，二七八			二一，四八三
肥前	二〇，一六三	一，七九二	五，七九九			二七，七五四
肥后	一一三，五二五		六，一六四			一一九，六八九
对马	八，四七一		八一一			九，二八二
合计	三，二五四，〇二三	六〇〇，一五四	九〇六，二一三	四三，四五三	一四，九六一	四，八一八，八〇四

官林段别及木竹表 据十三年三月查核之数

府县名	段别（町）	木数（本）	竹数（本）
东京	五二	一一七，八四三	九，四九七
京都	四，七二七	二，四八六，八三六	二五二，〇〇二
大坂	一，二五九	二九五，九九六	四五，〇八〇
神奈川	一一，八五六	三，八五七，四〇二	三一八，〇三三
兵库	二三，三五二	六，四七七，三六〇	二一，四六五
长崎	四七，九八六	五〇，九一四，〇二二	四六，一〇四，三二一
新潟	一二一，九四一	一九，五四四，六七八	一九九，八九七
埼玉	八八，八三二	二，八四五，九九三	二六，九七一
千叶	四，八八九	四，〇九一，六四〇	六一，〇二六
茨城	一〇，七二二	五，七七五，一〇〇	二六一，七〇八
橡木	六二，四一八	一九，九五〇，八九三	一三，三八一
群马	二九，七五五	七，二〇〇，四一五	七九五
堺	二二，五五五	二，〇九一，二八二	〇
三重	三二四，七一〇	三六，五五六，五九七	〇
爱知	二七一，二〇八	四，四四〇，一四二	一一，六八八
静冈	一八五，八七二	二四六，四七五，五三九	四八，八七五
山梨	三一〇，八〇五	一二，三〇七，五七六	〇
滋贺	一二，八〇五	一，五六九，〇二七	〇
岐阜	二八三，九四二	三〇，八五一，一四一	四，〇二四
长野	六六三，九二三	四八，七八三，八八九	一，七九九

府县名	段别（町）	木数（本）	竹数（本）
宫城	五四二，六五〇	二一，二一五，七八〇	四一，九三五
福岛	四五，六一二	五，九三七，一九〇	一一〇，七六四
岩手	九二四，〇九六	一一八，二六九，一二七	一八，二五二
青森	九八三，〇五〇	二一四，一〇二，一七九	二四，八一七
山形	六三二，四二五	八九，七四三，八六五	〇
秋田	五四四，一九八	二五三，三〇〇，九六六	四〇，七九五
石川	一二三，九三四	二〇，四二三，三五八	二〇六，七二〇
岛根	五二，七〇二	一四，〇九三，一三九	〇
冈山	三一，六三八	一二，四八七，五九九	〇
广岛	八九，八一四	一三，三五二，〇五五	四六，二五六
山口	八，二九九	七，三九八，七五五	〇
和歌山	一三，六二三	一，二五一，〇〇七	五二，〇九四
爱媛	一五四，二一五	三五，一七八，七一〇	〇
高知	二一一，六二三	二五三，二六〇，七〇四	二，二四〇
福冈	五四，六三〇	三二，四六四，一〇四	四，〇六五，五五〇
大分	八五，九一〇	一〇七，五七四，四二七	四六，一四五，六一〇
熊本	一八二，三五〇	一，〇二九，八四二	一二一，八七七，七四〇
鹿儿岛	九二，九九五	三一，八九七，三一二	四六，五四〇，一五四
合计	七，二六七，三八三	二，〇二六，六五三，四八九	三〇八，五五四，四八九

民有耕地宅地段数表 据十三年查核之数

府县＼类别	水田（町）	陆田（町）	宅地（町）	市街宅地（町）	段别合计（町）
东京	一二，九一〇	一六，九五六	三，〇三一	二，八一四	三五，七一一
京都	四〇，一九四	一三，一一四	三，八四七	二〇七	五七，三六二
大坂	一六，九二五	六，二七六	一，八〇五	八四四	二五，八四九
神奈川	二八，三〇〇	七二，五五〇	八，九八〇	二四一	一一〇，〇七一
兵库	一〇四，四一四	二五，九〇九	九，二七一	六〇二	一四〇，一九六
长崎	八〇，六四五	六九，二六一	八，五一二	四四八	一五八，八六六
新潟	一五九，三九四	六九，三八八	一三，四四四	一，〇二二	二四三，二四八
埼玉	六五，九九八	九七，六〇三	一六，八一七		一八〇，四一八
群马	二八，九三三	六八，九三六	九，八四二	二二二	一〇七，九三三
千叶	一〇〇，一五三	六九，一三六	一五，二〇八		一八四，四九七
茨城	八〇，一一九	九一，一七三	一五，九九三	一三二	一八七，四一七
橡木	四八，九四五	五五，二九三	一一，一一〇		一一五，三四八
堺	六六，〇三四	二〇，五二七	五，八一〇	三三五	九二，七〇六

类别 府县	水田（町）	陆田（町）	宅地（町）	市街宅地（町）	段别合计（町）
三重	七三，六〇四	二四，〇六〇	六，九四九	一，五四八	一〇五，一六一
爱知	八四，二八二	五六，九〇七	一一，六三七	一，〇六五	一五三，八八七
静冈	五九，〇〇一	四四，〇一七	八，九〇一	四四〇	一一二，三五九
山梨	一九，三三九	三四，〇一一	三，九八一	一〇三	五七，四三六
滋贺	七二，一三六	一二，六三六	六，四五二	三八六	九一，六一〇
岐阜	六〇，五六七	三二，二七九	七，八五六	一三一	一〇〇，八三四
长野	六六，一七六	七七，二七二	九，五七九	三八三	一五三，四一〇
宫城	七八，一八五	三六，八三六	九，〇八三	三一五	一二四，四一九
福岛	八八，六四〇	五九，九一四	八，九三七	三〇五	一五七，七九六
山形	八〇，三一三	三四，三三五	七，一三六	九八八	一二二，七七二
秋田	九七，一四八	三三，九三九	七，六八六	五四一	一三九，三一四
岩手	四九，〇三二	八二，六五九	九，六五七		一四一，三四八
青森	五五，四二六	五〇，五九〇	五，五五六	五八九	一一二，一六一
石川	一六四，五五五	三九，五〇一	一三，七六八	一，二八二	二二九，一〇六

类别 / 府县	水田（町）	陆田（町）	宅地（町）	市街宅地（町）	段别合计（町）
岛根	八三，七七六	三七，九八九	七，四九三	五〇四	一二九，七六二
冈山	七六，二三一	三三，五九二	七，三七五	三三六	一一七，五三四
广岛	七二，八七五	三五，五〇八	六，八六九	四二九	一一五，六八一
山口	四九，六一七	一九，七八五	四，〇一七	五四	七三，四七三
爱媛	八三，九一三	五〇，五二七	九，四二九	五五五	一四四，四二四
高知	三五，五一四	三九，四二五	三，四〇九	一八三	七八，五五一
德岛	二三，一二四	二四，九八四	五，〇九五	三二五	五三，五二八
和歌山	三三，四五〇	一二，六一〇	三，二五四	三〇六	四九，六一一
福冈	九七，〇四〇	二九，九九八	八，三五三	六四〇	一三六，〇三一
大分	四五，五二七	四三，一八七	五，九八九	六九	九四，七七二
熊本	五七，八六一	七四，一一〇	八，四八〇	四〇五	一四〇，八五六
鹿儿岛	八四，〇一七	一五一，四七一	一七，〇八八	三四一	二五二，九一七
总计	二，六二四，三一三	一，八四八，二五五	三二七，六九九	一八，〇八八	四，八一九，三五五

地租改正未完民有耕宅地表 据十三年查核之数

类别＼地名	水田（町）	陆田（町）	宅地（町）	市街宅地	合计（町）
新潟	四三九				四三九
鹿儿岛	四，一六六	九，二二二	二，七三一		一六，一一九
千叶	三一三	四六八	四五		八二六
石川	三七，六四〇	九，八二二	二，九三〇		五〇，三九二
总计	四二，五五八	一九，五一二	五，七〇六		六七，七七六

开拓使设置前北海道开垦地 据十二年查核之数

类别＼地名	札幌本厅所辖（町）	函馆支厅所辖（町）	合计（町）
水田		八七四	八七四
陆田	一七	三，五〇九	三，五二六
宅地	二	六八三	六八五
海场		一八一	一八一
总计	一九	五，二四七	五，二六六

开拓使设置后北海道开垦地 据十二年查核之数

类别＼地名	札幌本厅所辖	函馆支厅所辖	根室支厅所辖	合计
水田	一	四五四		四五五
陆田	四，一〇九	三，〇九九	五八	七，二六六
宅地	三六一	四九二	六八	九二一

地名 类别	札幌本厅所辖	函馆支厅所辖	根室支厅所辖	合计
开垦地		三，四六七		三，四六七
牧场	七，二八九	九，七四七		一七，〇三六
海产场	七一二	一五	五四八	一，二七五
总计	一二，四七二	一七，二七四	六七四	三〇，四二〇

卷十三　职官志一

外史氏曰：世儒议《周官》，或真或伪，纷如聚讼。其诋之尤力者，则曰刘歆以媚莽，苏绰以乱周，王安石以误宋，一若苍姬六典，苟袭其说，必贻乱阶者。夫莽之矫揉造作，侮圣蔑经，不足论矣。宇文氏特借《周官》官号以粉饰治具耳，于国之治乱无与也。若夫荆公，当北宋积弱以后，慨然欲济以富强；又恐富强之说为儒者所排击，于是附会经义，以间执儒者之口。其误宋也，乃借《周礼》以坚其说，并非信《周礼》而欲行其道也。然而世之论者纷纷集矢于经矣。宋欧阳公者，号知治体，其论《周礼》，谓六官之属，见于经者五万余人，而里闾县鄙之长、军师卒伍之徒，仍不与焉。王畿千里之地，为田几井，容民几家，王官王族之国邑几数，民之贡赋几何，而又容五万人者于其间，其人不耕而赋，将何以给之？则疑其设官之繁如此。或者伸其说，又谓《周礼》举市廛门关，山林川泽，所有鸟兽鱼鳖、草木玉石，一切货贿之属，莫不设之厉禁而尽征之。入市有税，入门有税，入关有税，避而不入即没入之；地所从产又官守而以时入之，是则天之所生，地之所长，人之所养，俱入朝廷，不留一丝毫之利以与民。虽王莽之虐，恐其力亦不能悉如书中所载，以尽行其厉民之事，则又疑其赋敛之重如彼。然以余观泰西各国，其设官之繁，赋敛之重，莫不如是。而其国号称平治者，盖举一国之财，治一国之事，仍散之一国之民，故上无壅财，国无废政，而民亦无游手。然则一切货贿之税，即以养此五万余人。以是知《周礼》固不容疑也。泰西自罗马一统以来，二千余岁具有本末。其设官立政，未必悉本于《周礼》，而其官无清浊之分，无内外之别，无文武之异；其分职施治，有条不紊，极之至纤至悉，无所不到，竟一一同于《周礼》。乃至卝人之司金锡，林衡之司材木，匡人掸人之达法则、诵王志，为秦汉以下所无之官，而亦与《周礼》符合，何其奇也！朱子谓《周官》如一桶水，点滴不漏。盖综其全体，考其条目，而圣人制作之精意乃出。苟执其图便已私之说，以贻误责《周礼》，《周礼》不任受过也。嗟夫！圣人制作之精，后世袭其一二语以滋贻误，或遂诋为渎乱不经之书，斥为六国阴谋之说。古人有言，“礼失而求诸野”，则曷不举泰西之政体而一证其得失也？日本设官，初仿《唐六典》；维新之后，多仿泰西。今特详志之，以质论者，作《职官志》。

神武时，有将，有相，有国造，有县主。至成务帝始置大臣，国郡置长，县邑置首，又置屯仓首，其他有仓部、物部、土部、贩部等名，世远莫得而详云。仲哀帝加置大连，与大臣列。孝德帝时始废大连，定置左右大臣，亦加置内大臣，终置太政大臣。天智文武之际，官制大定。盖自推古、舒明始通隋唐，至是摹仿《六典》，日趋于文。时以冠服采色定官位级，推古帝创十二阶冠，孝德帝制七色十三阶冠。天武帝改爵位号，定朝服采色。至称德帝一变官名，光仁乃复其旧。其沿革损益，今不悉记，特志其历世相仍者。自一位至三位，各分正从为六阶；自四位至八位，各分正从，而正从又各分上下，为二十阶；从八位下之下，有大少初位各分上下，为四阶，凡三十阶，以叙诸臣。别有自一品至四品四阶，以叙亲王。别有勋十二等，第一等准正三位，第十二等准从六位下。凡位阶，皆以少者为贵。位阶之略如此。

曰神祇伯，曰太政大臣，曰左、右大臣，曰内大臣，曰纳言，曰参议，曰外纪，曰左、右辨、纳言辨，皆有大、中、少三等，是为内文官。曰近卫府，曰兵卫府，曰卫门府，皆分左右近卫将，有大、中、少三等。曰左、右马寮，曰兵库寮，是为内武官。曰太宰府，曰按察使府，曰国守，曰郡领，是为外文官。曰征夷将军，曰镇守府将军、曰国团，曰牧，是为外武官。曰弹正台，曰左、右京职。而伊势斋宫寮，曰加茂斋院司，曰修理职，而勘解由使，曰检非违使，曰铸钱司，曰左右修理宫城、防鸭河、造寺、施药院四使，曰奖学、纯和、学馆三院别当，曰内竖所、内教坊、内膳、御厨子、大歌所、乐所七别当，曰记录所，曰藏人所，斋宫以下，是为令外之官。曰妃，曰夫人，曰嫔，曰宫人；宫人之下有十二司：曰内侍，曰藏，曰书，曰药，曰兵，曰闱，曰殿，曰扫，曰水，曰膳，曰酒，曰缝，是为后宫官。曰东宫傅，曰东宫学士，曰春官；春官之下有四监：曰舍人，曰主膳，曰主藏，曰主奖；有五署：曰主殿，曰主书，曰主工，曰主兵，曰主马，是为东宫官。曰文学，曰扶，曰家令，曰从，曰书吏，是为亲王官。曰大别当，曰执事，曰年预，曰判官代，曰主典代，曰官人，是为院官。百寮之政，统诸八官：曰中务，曰式部，曰治部，曰民部，曰兵部，曰刑部，曰大藏，曰宫内，谓之八省。属中务省者十有三官：曰侍从，曰舍人，曰内记，曰监物，曰主铃，曰典钥，曰中官职，曰大舍人寮，曰图书寮，曰内藏寮，曰缝殿寮，曰阴阳寮。属式部省者一官，曰大学寮。属治部省者三官：曰雅乐寮，曰元蕃寮，曰诸陵寮。属民部省者二官：曰主计寮，曰主税寮。属兵部省者一官，曰隼人司。属刑部省者一官，曰囚狱司。属大藏省者一官，曰织部司。属宫内省者十有一官：曰大膳职，曰木工寮，曰大炊寮，曰主殿寮，曰典药寮，曰扫部寮，曰正亲司，曰内膳司，曰造酒司，曰采女司，曰主水司。八省之政统诸太政官。太政官有三局：少纳言，左、右辨是也。左辨管中务、式部、治部、民部；右辨管兵部、刑部、大藏、宫内。左右辨局，左右大吏掌之。少纳言局，外记掌之。凡百官属皆分四等：诸省曰卿、辅、丞、录，诸职曰大夫、亮、进、属，诸寮曰头、助、允、属，诸使曰长官、次官、判官、主典，诸国曰守、介、椽、目，弹正台曰尹、弼、忠、疏，四府卫曰督、佐、尉、忠，太宰府曰帅、贰、监、典，镇守府曰将军、副将军、军监、督曹。独诸司三等，曰正、佑、令史。诸省之辅、丞、录，诸职之进，台之弼、忠、疏，四卫府之尉、忠，太宰府之贰，皆分大、少。遣唐使、征东大使、征夷将军之类，皆临时所命，在此外焉。官职之略如此。

位曰叙，官曰任。诸官所叙之位，大抵太政大臣为正、从一位；左右大臣、内大臣为正、从二位；近位大将、弹正尹、大纳言、中纳言、太宰帅为从三位；神祇伯、参议、左右大辨、八省卿、四卫府督、藏人、别当及头、东宫傅、诸职大夫、诸使长官，概为正、从四位上、下。少纳言、侍从监物、大上国守、镇守府将军、诸寮头、亲王家令，概为正、从五位上、下；大外记、左右大史、大内记、近卫将监、诸司正，概为正、从六位上、下；其他可以类推焉。其除目，则春秋二次；秋除京官，春除外官。太政官、式部、省司之大纳言、大辨、八卿、四督，弹正尹、太宰帅之类系敕任；其余皆系奏任。大纳言以下皆有权。

官以德行、才艺、劳效三者，及上上至下下九等考课之，以秀才、明经、进士、明法等科选举之。非三位以上，不得升殿，而四位五位，或特赐升殿。秀才、明经上上第者、进士甲第者，皆授八位。明法甲第者，授初位。藤原氏以门地为叙任，有摄家、清华、名家、羽林家等之号。其叙任各有定例。百官之制，至此始坏焉，院政以降再坏焉。

大凡百官之田禄，凡十四等：一品八十町，二品六十町，三品五十町，四品三十町；正一位八十町，从一位七十町，正二位六十町，从二位五十町，正三位四十町，从三位三十四町，正四位二十四町，从四位二十町，正五位八町；妇女系位者，减三分之一焉，谓之位田。又有职田：太政大臣四十町，左右大臣三十町，大纳言二十町。职田止于重职。职之重者莫若太政官。盖上古始有大臣仲哀，加置大连四五员以分其权，因之十余世。孝德初，置太政官，以皇子司之，称曰知太政官事。废帝孝谦始任以大臣，曰太政大臣。而至文德以后，则藤原氏以外舅世袭焉，后乃有摄政、关白及内览宣旨、准三宫等之号。大臣之外职尤重、权尤隆者，为大将。上世大臣兼大将之职，军国一致，而以重臣握兵柄，不无太重之弊，故别置近卫府，立大将以抗大臣，分其左右，多立其属，而皆辖诸帝。然及至藤原氏盛时，有自为太政大臣，而以其二子为左右大臣大将者。藤原氏衰而平氏兴，其所为皆仿藤原氏。平氏灭而源氏兴，爵位不及二氏而威权过之。先是，源、平氏虽有武功，不过四位国守，白河以还，乃至刑部卿、至中纳言、至太政大臣、至世袭征夷大将军，而兼右近卫大将，而后国势一变矣。尔后，八省百官悉属虚器，而诸国司有守护，庄园有地头，举国之民厌朝官而喜守护、地头之武断，其所在不决者，亦皆取决于镰仓府，府开厅受之。赖朝初置公文所，及其为右近卫大将，则改曰政所。政所之官三：曰别当，曰令，曰寄人。又置问注所，问注所之官一，曰执事。又置侍所，侍所之官一，曰别当。政所掌太政，问注所掌四方讼诉，皆主公文。北条氏承之，世以四位相模守辅将军摄政，自称执权。后定政所曰评定所，废问注所，置引附番，每番有头人。既而复问注所，与引附参焉。承久之后，置府京师六波罗，俾子弟掌之以监京师。又置评定所焉。遣宗族一人于筑前，号镇西探题，厘西海一道事务。又遣一人于长门，号中国探题，厘山阴、山阳二道事务。又数遣使诸道，察守护家人之贪廉。镰仓官制，大抵如此。

足利氏较诸镰仓稍为详备。尊氏、义诠之际，东国有管领，以宗族为之；西京有执事，以旧臣之习政治而亲信者为之，后改称，亦曰管领。尔后百度颇具。义满分其宗族旧臣及诸牧、长之门第为十二级：曰一族，曰大名，曰守护，曰外样，曰评定众，曰御供众，曰申次，曰番方，曰国人，曰奉行，曰末士。别置探题、检断二官，以管远地。又立三职七头，撰旧臣充之，皆世袭焉，后终为管领所制。管领日骄僭，又为管领之家臣所制。制度之纷穷，而后，织田、丰臣二氏出而纠之。织田氏分其家臣讨略四出，而一蹶不起，无复官制可言。丰臣氏之世置五奉行，其三人掌法宪，一人司度支，一人管僧祝。嗣简天下牧、长尤强大者五氏，称五大老；次强大者三氏，称三中老。分麾下兵为十二组，组犹部也，乃置十二头。五奉行之所不决，决之五大老；五大老与五奉行不合，则三中老调和之。官制可概见者，如此而已。

德川氏嗣兴，封建之制大定，其于王畿特设所司代以司监察。分藩二百余国，各听其设官自治，而与夺黜陟一操之将军，称曰幕府。有令，称曰幕令。将军之下设大老，职如宰相。有大事，则会尾张、水户、纪伊三亲藩会议而后行。其要职，有曰目付、目代，随事而设专职。麾下士卒，曰某番，曰某组，其长曰头；官有曰扈从、马回，卒有曰与力、足轻，大概多本

武营之职而立名。将军已废，初诏称大政复古，专仿古八省之制，规模略如中叶时。后改称维新，于是多参用西法，今专就现在官职，条举新制，其因革纷繁，仅述其略云尔。

等　级

凡官职分十七等。一、二、三等为敕任，进退黜陟，出自朝旨。四、五、六、七等为奏任，诸省长官举其材能，叙其资格，拟其名以上闻，而太政官依而行之。自八等至十七等为判任，则诸省长官得自辟寮属，升降与夺自操其权，但举其名达之太政官而已。十七等之下，复有等外吏四等。凡官之同等者，曰相当官，如陆军会计监督与少将同等，称曰相当官。又有某等相当之名。兼摄者曰兼官，代理者曰权官。凡官皆实授。其在员额外者，曰某等出仕，曰某官补，曰御用挂、准某任。或准奏任，或准判任。海陆军将佐官，则别有非役之名。详《海陆军志》。其不列于官而给以公费、令襄事务者，则曰佣雇，亦准官等而给俸焉。

官等表上

等级 官省	一等	二等	三等	四等	五等	六等	七等
太政官	太政大臣			大书记官	权大书记官	少书记官	权少书记官
	左 右大臣						

官省＼等级	一等	二等	三等	四等	五等	六等	七等
	参议						
书记局							
参事院	议长						
检查院			长、副长				
赏勋局	总裁 副总裁		议定官	主事	一等秘书官	二等秘书官	三等秘书官
统计院							
修史馆	总裁			一等编修官 监事	二等编修官	三等编修官	四等编修官
元老院	议长 副议长			大书记官	权大书记官	少书记官	权少书记官
	干事 议官						
外务省	卿	大辅	少辅	大书记官	权大书记官	少书记官	权少书记官
		特命全权公使	特命全权公使 辨理公使	代理公使	一等书记官	二等书记官	
				总领事		领事	
内务省	卿	大辅	少辅	大书记官	权大书记官	少书记官	权少书记官
警保局							
地理局							

官省＼等级	一等	二等	三等	四等	五等	六等	七等
户籍局							
社寺局							
土木局							
卫生局							
图书局							
会计局							
庶务局							
取调局							
监狱局							一等狱司
往复局							
大藏省	卿	大辅	少辅	大书记官	权大书记官	少书记官	权少书记官
书记局							
议案局							
租税局							
关税局							
国债局							
出纳局							
造币局					大技师	同中技师	同少技师
印刷局							
常平局							
记录局							

等级 官省	一等	二等	三等	四等	五等	六等	七等
调查局							
银行局							
陆军省	卿	大辅	少辅				
裁判所					裁判长	评事	权评事
将官	大将	中将	少将				
参谋科				大佐	中佐	少佐	大尉一二等
宪兵科				大佐	中佐	少佐	大尉
步兵科				大佐	中佐	少佐	大尉一二等
骑兵科				大佐	中佐	少佐	大尉一二等
炮兵科				大佐	中佐	少佐	大尉一二等
工兵科				大佐	中佐	少佐	大尉一二等
辎重科				大佐	中佐	少佐	大尉一二等
会计科			监督长	监督	一等副监督	二等副监督	监督补一二等 军吏一二等

官省＼等级	一等	二等	三等	四等	五等	六等	七等
军医科			总监	军医监	一等 军医正	二等 军医正	军医一/二等
				药剂监	一等 药剂正	二等 药剂正	剂官一/二等
马医科						马医监	马医一/二等
军乐部							
海军省	卿	大辅	少辅				
裁判所						评事	权评事
将官	大将	中将	少将	大佐	中佐	少佐	大尉
军医科			军医 总监	大医监	中医监	少医监	大军医
秘书科				大秘吏	中秘吏	少秘吏	大秘书
主计科				主计 大监	主计 中监	主计 少监	大主计
机关科				机关 大监	机关 中监	机关 少监	大机关士
文部省	卿	大辅	少辅	大书 记官	权大书 记官	少书 记官	权少书 记官
教员			教授		助教		员外 教授
农商 务省	卿	大辅	少辅	大书 记官	权大书 记官	少书 记官	权少书 记官
书记局							

等级 官省	一等	二等	三等	四等	五等	六等	七等
农务局							
商务局							
工务局							
山林局							
驿递局			驿递总官	一等驿递官	二等驿递官	三等驿递官	四等驿递官
博物局							
会计局							
工部省	卿	大辅	少辅	大书记官	权大书记官	少书记官	权少书记官
矿山局							
铁道局			技监	大技长	权大技长	少技长	权少技长
灯台局							
电信局							
工作局							
营缮局							
会计局							
仓库局							
书计局				大书记官	权大书记官	少书记官	权少书记官

官省＼等级	一等	二等	三等	四等	五等	六等	七等
司法省	卿	大辅	少辅	大书记官	权大书记官	少书记官	权少书记官
大审院	长	判事					
			检事长			检事	
上等裁判所		长					
地方裁判所		长					
宫内省	卿	大辅	少辅	大书记官	权大书记官	少书记官	权少书记官
			一等侍讲医	二等侍讲医	侍从长二等从讲侍医	四等侍医	侍从五等侍医
			皇太后宫夫人皇后	皇太后宫亮皇后			
式部寮			头	权头	助	权助	
				一等掌典	二等掌典	三等掌典	四等掌典
女官		尚侍		典侍	权典侍	掌侍	权掌侍
开拓使	长官	次官		大书记官	权大书记官	少书记官	权少书记官

等级 官省	一等	二等	三等	四等	五等	六等	七等
武官				准陆军大佐	准陆军中佐	准陆军少佐	准陆军大尉
警视厅			警视总监	警视副总监	一等警视	二等警视	三等警视
府			知事东京	知事		大书记官	少书记官
							东京区长
县				令		大书记官	少书记官

官等表下

	八等	九等	十等	十一等	十二等	十三等	十四等	十五等	十六等	十七等
太政官	一等属	二等属	三等属	四等属	五等属	六等属	七等属	八等属	九等属	十等属
书记局										
参事院										
检查院										
赏勋局	一等属	二等属	三等属	四等属	五等属	六等属	七等属	八等属	九等属	十等属
统计院										
修史馆	一等掌记	二等掌记	三等掌记	四等掌记	五等掌记	六等掌记	七等掌记	八等掌记	一等缮写	二等缮写
元老院										
外务省	一等属	二等属	三等属	四等属	五等属	六等属	七等属	八等属	九等属	十等属

	八等	九等	十等	十一等	十二等	十三等	十四等	十五等	十六等	十七等
	副领事一等书记生	二等书记生		书记	一等见习			书记	二等见习	
内务省	一等属	二等属	三等属	四等属	五等属	六等属	七等属	八等属	九等属	十等属
警保局	一等警视补属	一等警视补属	大警部三等警视属	权大警部四等警视属	中警部五等属	权中警部六等属	少警部七等属	权少警部八等属	警部补九等属	警部试补十等警视属
地理局										
户籍局										
社寺局										
土木局										
卫生局										
图书局										
会计局										
庶务局										
取调局										
监狱局	二等狱司	三等狱司	一等书记守长	二等书记守长	三等书记守长	四等书记守长	五等书记守长	六等书记守长	七等书记守长	八等书记守长
往复课										
大藏省	一等属监吏	二等属监吏	三等属监吏	四等属监吏	五等属监吏	六等属监吏	七等属监吏	八等属监吏	九等属监吏	十等属监吏
书记局										
议案局										
租税局										

	八等	九等	十等	十一等	十二等	十三等	十四等	十五等	十六等	十七等
关税局										
国债局										
出纳局										
造币局	同一等技手	同二等技手	同三等技手	同四等技手	同五等技手	同六等技手	同七等技手	同八等技手	同九等技手	同十等技手
印刷局										
常平局										
记录局										
调查局										
银行局										
陆军省										
裁判所	大主理	中主理	少主理	大录事	中录事	少录事			一等捕部	二等捕部
将官										
参谋科	中尉									
宪兵科	中尉	少尉		曹长一二等	军曹一二等	伍长一二等				
步兵科	中尉一二等	少尉		曹长一二等	军曹一二等	伍长一二等				
骑兵科	中尉一二等	少尉		曹长一二等	军曹一二等蹄铁工长	伍长一二等蹄铁工下长				

	八等	九等	十等	十一等	十二等	十三等	十四等	十五等	十六等	十七等
炮兵科	中尉一二等	少尉	上等监护	曹长一等监护二等	军曹一二等	伍长一二等				
				监守一二等	鞍工长铳工长	鞍工下长铳工下长				
				监查一二等	木工长锻工长	木工下长锻工下长				
				火工长	铸工长火工下长	铸工下长				
工兵科	中尉一二等	少尉	上等监护	曹长一等监护二等	军曹一二等	伍长一二等				
辎重科	中尉一二等	少尉		曹长一二等	军曹一二等	伍长一二等				
会计科	军吏副一二等	军吏补		一等书记二等	二等书记二等	三等书记一二等监狱一二等				
军医科	军医副一二等	军医补								
	剂官副一二等	剂官补		一等看病人一二等	二等看病人一二等	三等看病人一二等				

	八等	九等	十等	十一等	十二等	十三等	十四等	十五等	十六等	十七等
马医部	马医副一二等	马医补	一等马医生一二等	二等马医生一二等	三等马医生一二等					
军乐部			乐长	乐次长	乐师一二等	乐手一二等				
海军省	一等属	二等属	三等属	四等属	五等属	六等属	七等属	八等属	九等属	十等属
裁判所	一等主理	二等主理	三等主理	四等主理	五等主理	一等书记	二等书记	三等书记	四等书记	五等书记
将官	中尉	少尉	少尉补							
			舰内教授役	舰内教授役介						
				警吏	警吏补					
				一等笔生	二等笔生	三等笔生				
			掌炮上长	掌炮长	掌炮次长	掌炮长属				
			水夫上长	水夫长	水夫次长	水夫长属				
					指挥官端舟长	舰长端舟长	中端舟长			
						大端舟长	小端舟长			
					甲板长	甲板次长	甲板长属			
						樯楼长	樯楼长属			

	八等	九等	十等	十一等	十二等	十三等	十四等	十五等	十六等	十七等
					按针长	按针次长	按针长属			
					信号长	信号次长	信号长属			
					帆缝长	帆缝次长	帆缝长属			
					造纲长	造纲次长	造纲长属			
						船舱长				
			木工上长	木工长	木工次长	木工长属				
军医部	中军医	少军医	军医副			病室厨宰	看病夫长			
秘书科	中秘书	少秘书	秘书副							
主计科	中主计	少主计	主计副							
机关科	中机关士	少机关士	机关士副	机关士补	火夫长	火夫次长	火夫长属			
文部省	一等属	二等属	三等属	四等属	五等属	六等属	七等属	八等属	九等属	十等属
教员				训		导			助	训
农商务省										
书记局										
农务局										

	八等	九等	十等	十一等	十二等	十三等	十四等	十五等	十六等	十七等
商务局										
工务局										
山林局										
驿递局										
博物局										
会计局										
工部省	一等属	二等属	三等属	四等属	五等属	六等属	七等属	八等属	九等属	十等属
矿山局										
铁道局	一等技手	二等技手	三等技手	四等技手	五等技手	六等技手	七等技手	八等技手	九等技手	十等技手
灯台局										
电信局										
工作局										
营缮局										
会计局										
仓库局										
书记局	一等属	二等属	三等属	四等属	五等属	六等属	七等属	八等属	九等属	十等属
司法省	一等属	二等属	三等属	四等属	五等属	六等属	七等属	八等属	九等属	十等属
大审院	判事									
						检事补				
上等裁判所	判事	判事补								

	八等	九等	十等	十一等	十二等	十三等	十四等	十五等	十六等	十七等
地方裁判所	判事	判事补								
宫内省	一等属	二等属	三等属	四等属	五等属	六等属	七等属	八等属	九等属	十等属
	一等驭者	二等驭者	三等驭者	四等驭者	五等驭者	六等驭者	杂掌			
式部寮	一等属	二等属	三等属	四等属	五等属	六等属	七等属	八等属	九等属	十等属
	一等掌典补	二等掌典补	三等掌典补	四等掌典补	五等掌典补一等伶人	六等掌典补二等伶人	七等掌典补三等伶人	八等掌典补四等伶人	九等掌典补五等伶人	十等掌典补六等伶人
女官	命妇	权命妇					女[illegible]	权女[illegible]		
开拓使	一等属警部	二等属警部	三等属警部	四等属警部	五等属警部	六等属警部	七等属警部	八等属警部	九等属警部	十等属警部
武官	准陆军中尉	准陆军少尉	准陆军少尉试补	准陆军曹长	准陆军伍长	准陆军伍长				
警察厅										
府	一等属警部	二等属警部	三等属警部	四等属警部	五等属警部	六等属警部	七等属警部	八等属警部	九等属警部	十等属警部
	区郡长									
县	一等属警部	二等属警部	三等属警部	四等属警部	五等属警部	六等属警部	七等属警部	八等属警部	九等属警部	十等属警部
	区郡长									

俸禄

制禄之法，有月给：太政大臣八百元，左、右大臣六百元，参议、诸省卿、大将、判事、判事，自一等至九等，均有是官。凡敕任官之判事，自每年金四千五百元至三千五百元，各随其勋劳以为区别。开拓长官，均五百元。以上一等官。

赏勋局副总裁、诸省大辅、中将、判事、次官、尚侍，均四百元。以上二等官。

议定官、诸省少辅、驿递总官、少将、军医总监、监督长、警视总监、判事、检事长、会计监督长、一等侍讲、一等侍医、式部头、东京府知事，均三百五十元。以上三等官。

内阁书记官长、大书记官、监事、一等驿递官、警视副总官、大佐、监督、军医监、药剂监、技监、大医监、大秘吏、会计监督、机关大监、大技长、判事、检事、凡奏任之判事、检事，自每年三千元至六百六十元，各随其勋劳以为区别。二等侍讲、二等侍医、典侍、一等掌典、折给一百元。式部权头、府知事、县令，均二百五十元。以上四等官。

权大书记官、一等秘书官、二等驿递官、大技师、一等警视、巡查总长、中佐、一等副监督、一等司契、一等军医正、一等药剂正、大匠司、中医监、中秘吏、会计一等副监、机关中监、权大技长、三等侍医、二等掌典、折给八十元。侍从长、式部助、权典助，均二百元。以上五等官。

少书记官、二等秘书官、三等驿递官、中技司、二等警视、巡查副总长、评事少佐、会计、二等副监督、军吏正、二等军医正、二等药剂正、马医部长上官、马医监、中匠司、少医监、少秘吏、主计少监、机关少监、少技长、四等侍医、三等掌典、折给六十元。式部权助、掌侍府县、大书记官，均一百五十元。以上六等官。

权少书记官、三等秘书官、四等驿递官、三等警视、巡查副总长、少技司、消防司令长、权评事、太尉、会计监督补、司契副、会计、军吏、军医、剂官、马医、少匠司、大军医、大秘书、大主计、大机关士、权少技长、五等侍医、侍从四等掌典、折给五十元。权掌侍府县少书记官、一等狱司，均一百元。以上七等官。

一等属、一等掌记，五十元。四等警视方面监督、一等警察使、消防司令副长、一等监吏、警视属、中尉、大主理、军医副、会计、军吏副、马医副、剂官副、一等师大师、中军医、一等主理、中秘书、中主计、一等机关士、一等技手、其尤者或七十元，或八十五元，或一百元。一等驭者、命妇、一级掌典补、折给四十元。二等译官警部、二等狱司、均六十元。以上八等官。

二等属、二等掌记，四十五元。五等警视、二等警察使、警视属、二等监吏、中主理、少尉、会计军吏补、军医补、剂官补、马医补、中师、二等师、二等主理、少军医、少秘书、少主计，少机关士，二等技手、其尤者或六十元，或七十五元，或九十元。侍从试补、二等驭者、权命妇、二级掌典补，折给三十五元。二等译官警部、消防大司令，二等狱司，均五十元。以上九等官。

三等属、三等掌记，四十元。三等书记生、警视属、三等监吏、少主理、少尉补、军医试补、军吏试补、军乐部准士官、上等监护、乐长、少师掌炮上长、水兵上长、木工上长、军医副、秘书副、主计副、机关士副、三等师、三等主理、三等技手、其尤者或五十元，或六十五元，或八十元。判事补、检事补、自月给四十五元以下至二十元，各随其勋劳以为区别。三级掌典补、折给三十元。警察副使、消防大司令，三等驭者、三等译官、警部一等书记、一等守长，均四十五元。以上十等官。

四等属、四等掌记，三十五元。四等书记生、巡查长、警视属、警察副使、大录事、四等监吏、四等主理、四等师、四等技手、其尤者或四十五元，或五十元，或七十元。四级掌典补、折给二十六元。四等驭者、四等译官、警部二等书记、二等守长，均四十元。以上十一等官。

五等属、五等书记生、五等掌记，三十元。警察副使、巡查长、警视属、消防中司令、中录事、五等监吏、五等主理、五等师、五等技手、其尤者，或四十元，或四十五元，或六十元。五级掌典补、折给二十三元。五等驭者、五等译官、警部三等书记，均三十五元。以上十二等官。

六等属、六等书记生、六等掌记，二十五元。巡查长、消防中司令、警视属六等监吏、少录事、一等工长、一等书记、六等技手、其尤者或三十五元，或四十元，或五十元。六级掌典补、折给二十元。警部四等书记，均三十元。以上十三等官。

七等属、七等书记生、七等掌记，二十元。巡查副长、消防中司令、警视属、二等工长、七等监吏、二等书记、七等技手、其尤者，或三十元，或三十五元，或四十元。七级掌典补、折给十七元。杂掌女嬬内掌典、二等伶人，七等译官、警部，均二十五元。以上十四等官。

八等属、八等掌记，十八元。八等书记生、省掌巡查副长、警视属、八等监吏、三等工长、三等书记、八等技手、其尤者，或二十五元，或三十元。八级掌典补、折给十四元。权女嬬、三等伶人、权内掌典、警部六等书记，均二十元。以上十五等官。

九等属、大舍人、一等缮写、九等书记、巡查部长、消防少司令、警视属九等监吏、一等捕部、四等工长、四等书记、九等技手、其尤者，或十六元，或十七元，或二十元。九级掌典补、折给十二元。四等伶人、警部七等书记，均十五元。以上十六等官。

十等属、二等缮写、十等书记生、一等警视属、五等工长、二等捕部、巡查部长、五等书记、消防少司令、十等技手、其尤者，或十三元，或十四元，或十五元。十级掌典补、折给十元。五等伶人、警部八等书记，均十二元。以上十七等官。

有年给：一等官之赏勋局总裁、修史馆总裁，年三千元。议长六千元，副议长四千八百元，干事四千五百元、四千元，议官三千五百元、三千元。考元老院议长、干事、议官，职尊而事简，给俸较薄，惟以一等官，下同二、三等官；议官中又分三等，其给俸少者，乃同于四等官，故变为年给。二等官之特命全权公使，一万七千元至一万五千元。驻英、法、俄、美，均一万七千元；驻德一万六千元，驻意、澳及中国，均一万五千元。按全权公使以交际之官，有关国体，给俸特优。惟以二等官比太政大臣、左右大臣，几多逾一倍，故亦变为年给。三等官之特命全权公使、办理公使，一万五千元至一万三千元。驻英、法、俄、美均一万五千元，驻德、意一万四千元，驻中国一万三千元。皇太后宫大夫三千元。四等官之一等编修官二千四百元，代理公使一万一千元至九千元。驻英，法，俄，美一万一千元，驻德、意、澳一万元，驻中国九千元。总领事驻上海者。六千五百元。皇太后宫亮一千八百元。五等官之二等编修官一千八百元。一等书记官四千八百元至三千八百元。驻英、法、俄、美四千八百元，驻德、意、澳四千元，驻中国三千八百元。六等官之三等编修官一千二百元。领事六千元至五千五百元。驻上海六千元，驻伦敦、马耳塞、纽约、桑港、香港、厦门、天津均五千五百元。二等书记官三千八百元至二千八百元。驻英、法、俄、美三千八百元，驻德、意、澳三千元，驻中国二千八百元。七等官之四等编修官一千元。八等官之副领事五千二百元至三千元。驻上海三千元，驻伦敦、马耳塞、纽约、桑港、香港、厦门、天津均五千二百元，驻罗马三千五百元。一等书记生，二千六百元至二千元。驻英、法、俄、美二千六百元，驻德、意、澳二千三百元，驻北京、上海、香港、厦门、天津二千元，驻伦敦、马耳塞，纽约、桑港二千四百元。九等官之二等书记生，二千二百元至一千五百元。驻英、法、俄、美二千二百元，驻德、意、澳二千元，驻北京、上海一千六百元，驻伦敦、马耳塞、纽约、桑港二千元，驻香港、厦门、天津一千六百元。

凡月给，定于每月十七日支领，新任在十五日前者给全额，在十五日后者给半额，升等增给者准之。其降等、免职在十五日前者给半额，在十五日后者给全额。既免职复再任者，前官之俸给半额，后官之俸给全额。一月之内再三转任者，于支俸之日，在职之厅准额支给；在十八日后者，照增额给。一官而兼数任，从其多者支给，若兼任同等官，不给兼官之俸。凡奉职远地者，每三个月给俸一次。其公使、领事、书记等官之奉使外国者，每六个月给俸一次。既领俸而免职者，按月追缴。凡免职而因事留任者，照给旧官月俸三分之一。得请归乡者，给月俸之半。因病不能奉职者，在四个月中给全额，以后则照给三分之一。因公私事解任审问者，在十五日中给全额，在十五日后者，照给月俸五分之一。其无罪者补给，处刑者停给。凡年给，仍准月俸之法，按月份给。月给之外，又有日给。凡

海陆军官，自佐尉以下，各照领次等相当官月俸，而以日计算，有事则加俸焉。若额外吏之佣雇者，亦以日计算。凡依愿免官及在职病故者，计其奉职久暂，给予赐金，曰满年赐金。惟因私罪免职、处惩役一年以上者，不给。自明治六年制定官禄税，敕任官课十分之一，明治十年，命课十分之二。奏任官课二十分之一。惟海陆军官及公使、领事并工部省之技监官，不税。明治十三年，诏普免之。

勋　位

官等之外，有品以别亲王，有位以叙诸臣，有勋章以旌有功，有记章以奖军士。亲王之品，曰一品，曰二品，曰三品，曰四品，惟诸王有列五品者。叙位，曰正一位，曰从一位，曰正二位，曰从二位，曰正三位，曰从三位，曰正四位，曰从四位，曰正五位，曰从五位，曰正六位，曰从六位，曰正七位，曰从七位，曰正八位，凡十五级，位阶与官等不相附丽。太政大臣，左、右大臣，得叙一、二、三位，而正一位仍不得授参议、诸省卿、大将、议长，虽列一等官，仅叙正、从四位。一、二等官以下，仅叙五、六、七位。若八等官以下，则无位焉。凡叙位，以资格之深浅，不以官等之崇卑。免官之后，仍带位阶。惟有罪褫职者，并夺其位记。亦有身后追赠者。

勋章凡八等。古以武功爵为勋，凡十二等。明治八年定制，仿照西人宝星之法，给以赏牌。九年乃改为勋章。勋章之制，以金银为章，上系以纽，纽之上为环，佩之以绶。勋一等者，金日章，又名旭日大绶章。径二寸五分，以赤佛蒜嵌，光线以白佛菻嵌；纽亦金制，为桐叶形，上为桐花三枝，中央七花，左右各五花，花以紫佛菻嵌，叶以绿佛菻嵌；环用金，圆形；绶幅四寸，红白交织。勋二等者，金银日章，又名旭日重光章。径三寸，日及光线，用佛菻，均如一等制。无纽无环，佩以银针，无绶。勋三等，金日章，又名旭日中绶章。径一寸八分，纽如一等，环用金，椭圆形，绶幅一寸，亦红白交织。勋四等，金日章，又名旭日小绶章。径一寸五分，纽如一等，环用金，圆形，绶幅一寸。勋五等，金银日章，径一寸五分，纽亦金制，为桐叶形，上为桐花三枝，中央五花，左右各三花，花紫，叶绿，均用佛菻，如一等制。环用金，圆形，绶幅一寸。勋六等，银日章，径一寸五分，纽如五等，环用银，圆形，绶幅一寸。勋七等，银桐章，径一寸，叶绿，花紫，花中五而左右三，其式如纽而不别系纽，环用银，圆形，绶幅一寸。勋八等，亦银桐章，花叶皆以银，不嵌佛菻，其他均如七等。凡佩带勋章之法，勋一等者，必兼佩二等章。二等以下，只佩一章。凡一等勋，用广绶，自右肩上斜佩左肋下。二等无绶，用针夹佩右肋上。三等缠绶于领，佩于颔下。四等以下，皆佩于左肋边。凡勋章佩于礼服，若常服，代用略绶，褂之左襟扣口，以表等级。

明治十年又改制：一曰大勋位菊花大绶章，章用金日，日之四围有菊四枝；日赤，光线白，花黄，叶绿，均用佛菻；纽亦用菊，仍以黄佛菻嵌；环用金，圆形；绶幅三寸八分，红紫交织。二曰大勋位菊花章，章用金银日，径三寸；日赤，光线白，二重。菊黄，叶绿，均用佛菻；无纽，无环，无绶，佩用银针。叙勋一、二等者，亦许其佩带。惟大勋位不轻授人，今惟叙亲王一人而已。凡叙勋一等者，国皇亲授；叙二等者，太政大臣奉授；叙三等者，赏勋局总裁奉授；四等以下，则总裁送致之诸省卿长以转授之。外国臣民之得勋章者，由外务卿转授焉。其自外国政府得有勋章者，敕、奏任官具状于外务省，判任官及华士族平民，各由其管辖厅具状于外务省，转达于太政官，经赏勋局核准，亦许佩带焉。

若从军记章，不论将卒贵贱，不问军功有无，凯旋之后即普赐之，以为徽志。其式：银章，圆形，径一寸，中刻纹为桐枝，里记年号，纽用银，绶幅一寸，绿白交织。

章　服

明治六年，始仿西制，改定章服，有大礼服。其分别等差：曰帽，帽，敕、奏任均同，惟以饰毛之有无、刺绣之精粗为别。曰上衣，上衣之饰章，敕任官在襟背胸袖侧囊脊端；奏任官在襟袖侧囊脊端；判任官仅在襟袖。曰下衣，曰裤，曰等级标条。等级标条，在两袖饰章之边。其条线阔一分，中间八厘。凡敕任官，帽用黑绒，饰以白毛，左侧章用黑天鹅绒五七桐御纹一个，桐蕾小唐草。按蕾即桐花，中央七，左右五，故名五七桐。其五三桐仿此。周缘电纹，阔三分，钮扣径七分，金制，亦刻五七桐。上衣用黑绒，饰用绣，以金线御纹以五七桐，桐蕾小唐草。缘饰以电纹线，阔三分。大钮扣径七分，金制，亦刻五七桐。下衣用白绒，小钮扣，径五分，亦以金制。数无定制。裤用白绒，两侧施电纹线。阔一寸。等级标条，一等官金线三条，二等官二条，三等官一条。凡奏任官，帽用黑绒，饰以黑毛，左侧章用天鹅绒五三桐御纹一个，桐蕾中唐草。周缘单线，阔三分，钮扣径七分，金制，亦刻五三桐。上衣用黑绒，饰用绣，以金线御纹以五三桐。桐蕾中唐草。缘饰以无地单线，大钮扣径七分，金制，亦刻五三桐。下衣用鼠色绒，小钮扣径五分，亦以金制。数无定制。裤用鼠色绒，两侧章施无地单线。阔一寸。等级标条，四等官金线四条，五等官三条，六等官二条，七等官一条。凡判任官，帽用黑绒，无毛饰，左侧章用黑天鹅绒五三桐御纹一个。桐蕾大唐草。周缘单线，钮扣径七分，银制，亦刻五三桐。上衣用黑绒，饰用绣，以绒线御纹以五三桐，桐蕾大唐草。缘饰以无地单线，大钮扣径七分，银制，亦刻五三桐。下衣以绀色绒，小钮扣径五分，以银制。数无定制。裤以绀色绒，两侧章施无地单线。阔一寸。等级标条，八等官银线七条，九等官六条，十等官五条，十一等官四条，十二等官三条，十三等官二条，十四等官一条，十五等官无。凡等外吏，用通常礼服，惟一等至四等，各以其袖端施等级标条：一等白线四条，二等三条，三等二条，四等一条。凡非役有位者，四位以上准敕任，五位以下准奏任，惟饰章除桐蕾唐草合绣之制，仅以脊端附圆径二寸之御纹一个而已。其皇族大礼服，徽章用菊饰，章用日，他亦如诸官。惟海陆军军官尊卑之等、职务之别，或以色，或以式，各不相同云。凡大礼服必佩剑，剑约长三尺。敕任官之剑柄用金，剑之头环为卵形，表里二个，桐蕾密镂；剑之覆轮缘为云头；剑之鸟头为凤；剑之锷为卵形一个，桐蕾密镂；剑之鞘用黑革；剑之鞘口为云头带；剑之鞘舌为叶形；剑之铛为桐蕾密镂；剑之带以金线装；剑之运转环以金；剑之钩带以金线装，带之扣以金。奏任判任官制多从同，惟所镂桐蕾较疏。奏任官之带，以银线装。判任官之柄用银、带用黑革而已。

黜　陟

官人之法，尽由荐举。考海陆军武官，多出于兵学校。学生既卒业，试而得选，有叙佐、尉官者，盖兼用考试之法。其他学校，虽选择其尤，给以理学、法学士之名，夸为得第，于官人无与也。自封建废，而世禄亦废。维新之始，诏征各藩贡士于京，多邀显擢。今当路诸公，皆维新功臣，非旧京华族，即巨藩要人。今之参议等官多通西语，盖幕府末造，各藩争选英俊，厚给资装，俾受业于泰西。归，值维新，崇尚西法，遂各据要津云。若奏任诸官，则由各省卿长举其所知，上之太政官，太政官擢而用之。明治元年八月，镇将府布告曰："苞苴私谒，宦途积弊，缘是而推举登用，实损国体而惑人心。今政体一新，严禁此弊，物虽薄微，与受同罪。"二年，又布告曰："选举为当今之要务，出处为终身之大节。若怀挟私意，徇亲忘疏，贤何以升，不肖何以退？汝百官有司，宜考贤否之实迹，去爱憎之私意，同心协力，以扶植皇基。"四年三月，又诏曰："滥举人才，实乖政体。自今诸官省并地方官，凡选举判任官，须以其人之行状才识详呈于管辖官，然后登用。"七年，又诏院省使及地方官："凡擢用奏任官，须将其人之性行、履历、事业，详细记于别纸，申之太政官，察核而后用焉。"

自维新之初，务以网罗贤才、收拾人心为务，一切崇尚宽大，并无课吏考官之法，多滥赏而薄罚，骤升而慎降。明治九年，始定官吏惩戒例，其法除私罪外，凡官吏有误事渎职者，本属长官得行惩戒之法。惩戒之法三：一曰谴责，长官指斥其事，给予谴责书。二曰罚俸。少则半月，多则三月。凡罚俸之法，每月限领月俸之半，以其余数送还大藏省。三曰免职。以惩戒免职，长官具状奏请，免夺位记。但必由长官谕令本人，自请免职，方免追夺。凡惩戒之权，诸省长官于所属奏判任官、太政大臣于府县奏任官、府县并警视厅长官于所属判任官，司法卿于四等之下之判事，均得专行。惟府县之兼判事者，于所属判任官，须与其他府县奏任官协议，然后得行。又府县长官、警视长官，于所属判任得专行谴责。其罚俸、免职者，速申之内务卿，兼判事者，速申之司法卿，然后得行。凡官吏有心故造入于私罪者，若仍系公务失误，本属长官得因司法官移会，专行其处分，凡官吏犯罪，除律例载明专条外，别无官吏处分之法。惟官吏不许营商。凡买之于人、卖之于人，或买人物产加以制造以营利者，一概禁止。惟开掘矿山及购买田地，或贷其田地家产于人以收屋租地价，或贷金银于人以收利息，或举其田地所生物产加以制造以营利者，在所不禁。若其家族欲为商贾者，宜分籍别居，然后就业。又明治八年定例：凡官地、官林及公用物品，以投票法斥卖者，其管辖厅所属官员不许投取。又，明治十二年，太政官布告，凡为官吏，不许聚会公众，以政治学术讲谈演说，以煽惑人心；违者均治罪。此数者为官规；其他概同平民。

卷十四　职官志二

维新以来，设官分职，废置纷纭。若各官省所隶之局，因革损益，随时变更，尤不可胜载。今专就明治十四年冬现有之官，分条胪举。其仿照西法为旧制所无者，特加详焉。

太政官

孝德帝时始置左右大臣，寻设八省百官，以规抚唐制。天智登极，始置太政大臣，以皇子为之，百寮有司，咸隶而受职，体制崇重，礼绝群臣。自文德以后，外戚擅权，世袭其位，驯有关白、摄政、准三宫之号，盖一国大权之所归，侔于人主矣。逮乎将门主政，百官尽属虚器，太政官亦存空名。庆应丁卯，太政复古，尽废旧称，并及武门所设传奏、守护职、所司代诸官，乃设总裁、议定、参与之职。明治元年戊辰正月，以三职统八课。八课者：曰总裁，曰神祇事务，曰内国事务，曰外国事务，曰海陆军务，曰会计事务，曰刑法事务，曰制度事务。二月，改八课为八局。闰四月，改局称官，复分总裁局为议政官、行政官。议政官有议定、参与、议长，皆主立政。行政官有辅、有相，皆主行政。己巳七月，又罢行政官，复大臣、参议之名，视事于内阁。别置集议院，使行政长官会计得失，

然行政长官奉命而已。辛未七月，更分太政官为正院、即内阁。左院、议长与参议兼任。右院；诸省长官会集之所。然右院势弱。乙亥四月，废三院，更立元老院，专议政事，而元老院亦无权。国家政事悉出于大臣、参议；各省卿长，类以参议兼任，于是太政官权益重。其时参议板垣退助极陈参议兼卿之弊，谓议政、行政不可归一。左大臣岛津久光韪其说，大臣三条实美执持不可，枢府分党，浸成瑕隙。初，参议木户孝允使欧美归，欲效其政体，所议每与内阁龃龉，遂与板垣退助俱退归，枢府渐成水火。井上馨忧之，于八年一月要说木户、板垣、大久保、伊藤诸君于大坂，以调停异同，世人名之曰“大坂会议”。木户、板垣仍任职，及板垣退助之建议也。会闻朝鲜炮击云扬舰事，三条实美欲待事定再议，退助执不可，左大臣久光力赞其言，于是内阁大臣会请敕裁。国皇诏曰：“分离论不可行，左大臣所奏不可纳。”岛津、板垣遂辞职。物议纷纭，都下哗然。寻久光、退助皆辞职，政体暂定，五年少所变革。庚辰二月，复解参议所兼卿职，专任参议，而各省卿长择员别补。然未几，太政官中旋设外务、内务、军事、会计、法制、司法六局，仍命参议董其事。若于诸省卿长之上，复设统辖官者。即又分设书记局、参事院、检察院、赏勋局、统计院、修史馆，以大臣、参议兼充其长。而诸省卿不以参议兼。然制虽稍殊，而权未尝下逮也。

太政大臣一人，主辅弼。一人襄理万机，创制庶政，进退百寮，有司章奏，裁决可否，由大臣用御印。凡国中律例格式，悉以太政大臣名布告于四方。左、右大臣各一人，参议无定员。为之贰，率属而从事焉。大书记官、权大书记官、少书记官、权少书记官，无定员。官等详表。诸省书记官、属官职制皆同；其不同者，别详之。主撰拟草案，勘校文书，督率员吏。

分任职事属官，一等至十等，无定员。官等详表。掌缮写文书，检查档案，受发文移，奔走事务。凡隶于太政官者，曰书记局，曰参事院，曰检查院，曰赏勋局，曰统计院，曰修史馆。

书记局，凡二局，以大书记官为长，专司内阁文书档案。

参事院，先是，太政官中置制度事务局，后改法制局，国家制度皆议而后行。自明治八年设元老院，凡立法之事悉委于院，而太政官仍有法制局。至十四年，始改为参事院。　议长一人，以参议兼充。副议长一人，以一等官充。议官，无定员。以二三等官充。议官补，无定员。以四等至七等官充。议官补，无定员。其支领某等官月俸者，曰某等官相当官。员外议官补，无定员。以诸省书记官兼充。书记生，无定员。以八等至十七等官充。其支领某等月俸者，曰某等相当官。凡属于官事者，曰职制章程；系于民事者，曰规则条款；关于刑法者，曰法律。因革损益，由内阁具草，交元老院议定，复呈本院参详而行之。其官省疑难之事及政事得失所关，有持论异同、纷纭不决者，皆经本院议定而后行。

会计检查院，明治十四年始设。　院长一人，以二等官充。副长一人，以三等官充。检查官，无定员。以四等至七等官充。检查官补，无定员。以八等至十七等官充。凡岁出岁入之科目、预算决算之报告、国库出纳之法、官物管理之方，皆分别科条，创定规制。诸省官吏司会计之任者，咸遵其法上其数，经本院检查而后颁告焉。

赏勋局，总裁一人，以太政大臣兼充。副总裁一人，以一等官充。议定官，无定员。以二等官充。主事一人，以四等官充。一等秘书官一人，以五等官充。二等秘书官一人，以六等官充。属官，无定员。自六等至十等。凡考绩则叙阶，官等有定，而位阶无定。现任官循其旧阶而升进之，亦有解官华族，以特旨叙位者。旌能则赏物，有操行奇特者，或赐银杯，或赐木杯，或赐米，或赐帛。酬劳则赐金，奖励则锡章，详勋位条。皆由议定官议其事，上之总裁，核而颁给焉。

统计院，明治十四年始设。干事兼检查官一人，以一、二、三等官充。书记官、无定员。属官。无定员。凡国中之土地、户口、农业、工作、商务、船舶、财政、兵力、刑法、文教、督令司职者，详查其事，确稽其数，编次为表，上之本院。本院统而编之。其表多为方罫形，或为圆图，或为旁行斜上之式，使览者了然于国力之盛衰、政治之得失，俾枢府诸臣得握其要而施治焉。考统计之法，盖如史家之表。太史公曰："吾见周谱旁行斜上，故因而作表。"今泰西统计之学，悉详考数目，分编为表，而由表之法变而为圆图，为方图，为纵横上下之线，使览者不烦寻索，而是非得失了然于胸中，则其学愈简愈明、愈精愈细矣。当泰西千七百年间始有此名。硕学鸿儒，讨论掌故，特创此法，以便于记忆耳，人犹未知其于政治有大益也。及佛兰西路易十四世、拿破仑一世之时，变更政体，乃举一切施政之方，条分类别，表而明之。由是欧洲各国，迭相慕效，盖其法借算数以求实事，即举实事以考利弊。如记人民婚姻生死之数，可以知户口之虚旺；记农业、百工、物产之数，可以知物价之高下；记兵力厚薄，可以知国势之强弱；记商业盛衰，可以知国力之盈绌；记犯罪多寡，可以知刑罚之轻重。操之至约，执之至简，而一国情形如视诸掌焉。诚秉国钧者，必不可少之书也。泰西之业是学者，谓上古有夏禹王尝以统计之法创为一书，并刊于鼎，实为统计学者之祖，盖谓《禹贡》与九鼎也。余因考《周礼》一书，大司徒掌人民之数，九州地域广轮之数，而职方氏一官，并及财用、九谷、六畜之数。苟非纲举目张，俾居是职者博稽而详核焉，乌从而知其数哉？贾生有言："帝王之治天下也，极之至纤至悉，而无不到。”信矣哉！

修史馆，总裁一人，今以大臣兼充。编修，无定员，凡四等。监事一员，掌记、无定员，凡八等。缮写。无定员，凡二等。凡官省使院之事见于布告者，系日志之。若国有大事，则记其本末，查访而类编之。若“西乡隆盛叛”之类。

元老院

古无此官。初，明治戊辰四月，于太政官中设议政局。十二月，置公议所于东京。己巳七月，废公议所，置集议院，十二月闭院。庚午三月开集议院，九月闭院。辛未，并集议院于太政官。其时，太政官之权特重。议者欲仿西法，开议院以分其权。是年，参议副岛种臣、板垣退助等连名上书，请起民撰议院；大学头加藤弘之驳论，谓民智未开，于时未可。然世论纷纭未已。壬申二月，诏曰：“朕即位之初，会群臣，以五事誓神明，定国是。赖祖宗之灵、群臣之力，致今日小康。顾中兴日浅，未臻上理。朕乃扩充誓文之意，更设元老院，以定立法之源；置大审院，以巩立法之权；又召集地方官，以通民情，图公益，渐建立宪政体，欲与汝众庶，俱赖其庆。汝众庶其毋泥旧习，毋蹈轻进，以翼赞朕旨。”于是遂设元老院。

议长一人，副议长一人，主监临议场，整顿院规。干事一人，理院中会计庶务。议官，无定员。掌会议议案，定决可否。书记官，无定员，凡四等。主宣读议草，纂修奏稿。书记生，无定员，凡十等。主文书档案。议长、议官皆特旨擢任，第一华族，第二敕任、奏任官应升者，第三于国有勋劳者，第四明于政治、习于法律者。凡制定新法，改正旧章，皆由内阁草具议案，以敕命交付本院。议案有应行议商者、有止应检视者，亦由内阁分别交付。若其事急应施行者，先由内阁随时布告，再交本院检视亦可。议官约三十员。议事之日，会集诸员必逾三分之一，乃得开议。议论既毕，专以人数之多寡、决事之从违。凡诸省所上之事，已经内阁具案，亦得委员至本院陈述其意见，以备参酌。凡大臣、参议、省使长官，均得于议事日至院会议，惟不入于决议员数之列。凡人民于立法创制，有所建白，本院得受其书而理之。每岁会议，开院闭院均奉敕旨以行。开会之日，乘舆或亲临焉。

外务省

中古有鸿胪寺，以待远宾，然所司迎送馈劳之事而已。德川氏时，设长崎奉行官理互市。迨泰西诸国遣兵要约，于下田、箱馆、浦贺各设奉行，为外务所缘起。明治戊辰二月，德川氏还政，始建外国事务局。闰四月，废局，设外国官。七月，复废外国官，建外务省。幕府末年，曾遣筑后守池田使英、法国，是为遣使外国之始。庚午六月，设特例办务使。闰十月，置大、中、少办务使，正、权大少记，分遣于泰西，理通商事及留学生。十一月，又设领事官。官凡四等。壬申十月，废办务使及大少记，置公使、书记官、书记生等，定为今制。

外务卿一人，大辅一人，少辅一人。凡订条约、遣信使、通市舶之事，卿率其属以定议。大事上之，小事则行，以慎邦交。书记官，无定员，凡四等。主译文书、通言语、款宾客、具草案；或分国，或分事，各专其责。属官无定员，凡四等。承办庶务。凡朝会宴飨，外务卿班在邻国公使上。公使入国，先谒外务卿，示以国书稿，而后觐见。有事则折简约公使会商于本省。亦有遣大辅、少辅与使馆书记官议商具草，而后卿与公使定之者。凡邻国领事莅任，公使具其姓名告之卿，卿假以文凭，曰认可状，得状乃视事。领事逾越法度者，卿得以其罪状达其国外务，请撤之归。凡地方官与他国领事交涉，财务，属之府县官；斗争，属之警视局；讼狱，属之裁判所；课税，属之税关长；然皆隶于外务。若两国争执，以其事申之卿，卿告之公使，而会议焉。凡国中律令格式宣告于四方者，亦达之公使。凡邻国大宾来，则设领客使接伴挂以周旋之。凡驻外公使、领事，皆受外务卿指挥。公使、领事旬月必有报，书记官译而编录之，使周知他国之政治、风俗焉。特命全权公使，一驻中国北京，一驻美国华盛顿，一驻英国伦敦，一驻俄国彼得罗堡，一驻意国罗马，一驻澳国维也纳，一驻德国伯林，一驻法国巴黎，一驻日国马得力，一驻和国海牙。主修邻好，觇国势，护商旅。所驻之国，条约内事皆任其全权，而事仍隶于外务。若国家大事，则受外务卿指挥而后行。凡彼国有事，必报达外务办理。公使、官职差小者。代理公使，公使归国，以书记官代理者。任事同，而职稍杀。惟因事派遣授以全权者，受命而出，事得专行。辛未四月，命大藏卿伊达宗城为钦差全权大臣来使于我，以右大臣岩仓具视等为特命全权大使往美利驾、欧罗巴各大国；丙子十月，以开拓使黑田清隆为特命全权办理大臣使朝鲜结约；甲戌八月，以内务卿大久保利通为钦差全权办理大臣来使于我，议台湾生蕃事，皆所谓头等公使。凡特命全权公使，多以二等官充，拜命则解本官，归国若不授别官，仍隶于外务。在任无定期。公使馆属官、书记官、凡二等。书记生、凡四等。书记见习，承办诸务。

总领事、一驻中国上海，一驻朝鲜元山津。领事，在中国者，驻天津、厦门、牛庄、之罘多兼任，驻广州者，每以驻香港领事兼任。在法国者，驻马耳塞。在美国者，一驻纽约，一驻桑佛兰西斯哥。在伊国者，驻未兰。在朝鲜者，驻釜山。主保护商民，管理贸易。所驻之国，凡寄寓商民、留学生员，归其编审。商船之往来者，亦归其稽查。其在亚细亚者，凡争讼，并得以己国法审断。己民大事，皆报之外务省。若与地方官争议，则申其事于公使。领事署属官、书记生、书记见习，承办诸务。

内务省

古为民部省。戊辰正月设八课，有内国事务课。二月改课为局，闰四月废之。己巳四月，建民部官。七月，废官改省。八月合并于大藏省。庚午七月，复改民部、大藏为二。辛未七月，又废民部省。癸酉十一月，再置内务省，如今制。

内务卿一人，大辅一人，少辅一人。凡安家国、审户籍、正疆界之事，卿率其属以定议。大事上之，小事则行，以敷邦治。书记官、无定员，凡四等。属官、无定员，凡十等。分所司而承其事。本省所辖凡十二局。

警保局，以书记官为局长，主监稽警察。初，警视厅为本省分局，后虽别开官厅，而仍隶本省。此局专司其事。

地理局，以大书记官为局长，主测绘地图。

户籍局，以大书记官为局长，主编审户籍。

社寺局，以大书记官为局长，主神社、佛寺之事。

土木局，以大书记官为局长，主家屋、坟山之事。

卫生局，以大书记官为局长，其职在保护人民，使无疾病。凡粪除街衢，疏通潴匽，洁清井灶，皆督饬府县官及警察官，使地方人民扫除污秽，以防疾病。凡医生，必经试验，给予文凭，方许行医。凡通都大邑，必有病院，以收养病民。院长时察其病况，上之本局。凡有以丹膏丸散营业者，必以化学剖验无有毒害，方许发卖。凡人民兽畜有传染时疫者，必速由地方警察所电报于本局，而设法以预防焉。

图书局，以大书记官为局长，其职在奖劝著述，以图公益。凡欲以著作及翻译之图书刻板者，先以草稿缮呈本局。本局察其有益于世，给予执照，名曰版权，许于三十年间自专其利，他人不得翻刻盗卖。以撮影写山水人物之形、名镜写真者，亦如之。其摹测地图、编录政表者，亦如之。凡新闻纸，每日刊印，必以印本呈本局。有犯新闻条例及谗谤律者，本局察而罚之。

会计局，以书记官为局长，主本省会计。

庶务局，以书记官为局长，主本省庶务。

取调局，以书记官为局长，主调查诸务。

监狱局，以大书记官为局长。凡罪犯，已经裁判官宣告其处徒刑、流刑、惩役、禁狱、禁锢、拘留者，悉收于狱。狱成，隶于本省，不与司法官相关。凡狱中之房室、饮食、衣服、工役，皆有定则。分设监狱于府县，命监狱长司其事，而以本局监督之焉。

往复课，以书记官为课长，主收发文书。

大藏省

古亦名大藏省。戊辰正月设八课，有会计事务课。二月，改课为局。闰四月，废之，旋建会计官。己巳七月，废官改省。八月，与民部省合并。庚午七月，民部、大藏复分省，如今制。

大藏卿一人，大辅一人，少辅一人。凡课租税、权出纳、造钱币之事，卿率其属以定议。大事上之，小事则行，以制邦用。书记官、无定员，凡四等。属官，无定员，凡十等。分所司而承其事。本省所辖凡十二局。

书记局，以大书记官为局长，主撰拟文书。

议案局，以书记官为局长，主编纂章程。

租税局，以大书记官为局长，主催收租税。

关税局，以三等官为局长，主稽查关税。凡通商港口，分设税关。关长以大书记官充，副关长以少书记官充。其事务较简者，不设副关长，或以属官充关长。所属有属官、无定员，凡十等。监吏、鉴定役，能识别物之美恶、价之高低者。各执其事，而以本局总司稽查焉。分设诸关，曰横滨，曰神户，曰大坂，曰长崎，曰函馆，曰新潟。

国债局，以大书记官为局长，主清厘国债。国债详《食货志》。

出纳局，以书记官为局长，主出纳钱币。

造币局，以大书记官为局长。自明治四年始于大坂筑造币局。仿西人钱式，金、银、铜三货并铸。凡货币，别其性质，凡金二十元、十元、五元、二元、一元者，皆金九、铜一；银一元者，银九、铜一；银五十钱、二十钱、十钱、五钱者，皆银八铜二。准其分量，金二十元，重八钱八分七厘三毫六丝；十元，重四钱四分三厘六毫八丝；五元，重二钱一分一厘八毫四丝；二元，重八分八厘七毫三丝；一元，重四分四厘三毫六丝八。银一元者，重七钱一分七厘六毫。其他皆有定式。判其名称，一元千分之一为一厘，百分之一为一钱，十分之一为十钱。精其式样，皆圆式，刻为龙凤花草之形。皆由本局督令工匠随时制造，以颁行于世焉。余详《食货志·货币》条。

印刷局，以大书记官为局长，主印刷纸币。纸币详《食货志》。

常平局，以书记官为局长，主平准货物。

记录局，以书记官为局长，主勘录档案。

调查局，以大书记官为局长，主勘查算数。

银行局，以书记官为局长。凡银行名曰国立，核其资本，检其股分，计其利益，查其簿记，皆由国家制定条例，而本局以时遣员巡察焉。

陆军省 沿革详《兵志》

陆军卿一人，大辅一人，少辅一人。凡选将校、给兵饷、饬军律之事，卿率其属以定议。大事上之，小事则行，以整邦武。所属将校分所司而承其事。本省所隶凡六局。

卿官房，以参谋大佐为房长，主参赞军务。

总务局，以大、少辅为局长，主总理庶务。

人员局，以大佐为局长，主步兵骑兵事。

炮兵局，以大佐为局长，主炮兵事。

工兵局，以大佐为局长，主工兵事。

会计局，以会计监督长为局长，主会计事。

陆军武官，曰大将、中将、少将，是为将官。曰大佐、中佐、少佐，为佐官。曰大尉、中尉、少尉，为士官。士官之下，为准士官。准士官以下，曰曹长、军曹、伍长，为下士。凡佐、尉以下官，皆分科隶习，曰参谋科，曰宪兵科，曰步兵科，曰骑兵科，曰炮兵科，曰工兵科，曰辎重兵科，曰会计科，曰军医科，曰马医科，曰军乐部。

陆军省所辖官署：

炮兵会议所，以少将为议长，主讲求炮制。

军医本部，以军医总监为部长，主医治疾病。

病院，以军医监为院长，主调养伤疾。

士官学校、户山学校，以将佐官为校长，主教习士官。

教导团，以大佐为团长，主教练兵卒。

炮兵各方面，以佐官为提理，主修造枪炮。

工兵各方面，以佐官为提理，主调制器械。

军马局，以佐官为局长，主支发马匹。

病马院，以马医监为院长，主保护马匹。

宪兵本部，以佐官为部长，主整饬军政。

参谋本部，以将官为部长，主赞画机务。

监军本部，以将官为部长，主监督战事。

近卫局，以将官为都督，主警卫王畿。

六镇台，以将官为司令，主防固岩邑。

陆军裁判所，主问罪惩凶。有裁判长、评事、大主理、中主理、少主理、大录事、中录事、少录事、均无定员，官等详表。一等捕部、二等捕部。凡陆军军人、军属，皆别设军律，不同凡民。有犯律者，裁判长率属而按律惩办。遇大狱，则选派将校开厅而会议焉。以上陆军诸官，皆别详《兵志》。

海军省 沿革详《兵志》

海军卿一人，大辅一人，少辅一人。凡造船舶、派将校、固港岸之事，卿率其属以定议。大事上之，小事则行，以固邦防。书记官、无定员，凡四等。属官，无定员，凡十等。分所司而承其事。

海军武官，曰大将、中将、少将，是为将官；曰大佐、中佐、少佐，为佐官；曰大尉、中尉、少尉，为尉官。士官以下，为准士官。准士官以下，曰掌炮长，曰木工长，曰水工长，为下士。凡佐、尉以下官，各分科隶习，曰军医科，曰秘书科，曰主计科，掌军舰会计。曰机关科。掌军舰机器。

海军省所隶官署：

兵学校，以将官为校长，主教习将校。

造船局，以将官为局长，主制造船舰。

水路局，以将官为局长，主巡测海路。

海军裁判所，官如陆军。以上海军诸官，皆别详《兵志》。

文部省

古为式部省。明治戊辰三月，开学习院。六月，命开旧幕府所设昌平校。八月，开大学寮。己巳三月，建教导局。六月，改昌平校为大学校。七月，建宣教使，废教导局。十二月，改大学校称大学。辛未七月，废大学，建文部省，为今制。

文部卿一人，大辅一人，少辅一人。凡修文教、建学校、育人才之事，卿率其属以定议。大事上之，小事则行，以敷邦教。书记官、无定员，凡四等。属官，无定员，凡十等。分所司而承其事。考明治十三年所颁文部省职制章程，本省分局有官立学务局、地方学务局、编习局、报告局、会计局。惟十四年冬，职官录不录各局长，故略之。

文部省所隶学校：

东京大学校，校长曰总理，分教有教授、助教授、教谕、助教谕。

东京师范学校。

东京女子师范学校。

东京外国语学校。

大坂英语学校。

农商务省

古无此官。戊辰闰四月，建会计官，管驿递等七司。旋置商法司，即又废之。己巳四月，建民部官，管驿递、物产五司。六月，又置通商司。七月，废官，改民部省。八月，民部与大藏省合并。庚午七月，又分省。辛未七月，废民部省，于大藏省中置劝业、驿递各司。八月，改称劝业寮为劝农寮。癸酉十一月，置内务省，命管劝农局、驿递局。既又增置博物局、山林局，惟商务局仍隶于大藏省。辛巳五月，始割内务、大藏两省所隶之局为农商务省，如今制。

农商务卿一人，大辅一人，少辅一人。凡殖物产、便民生、图公益之事，卿率其属以定议。大事上之，小事则行，以阜邦财。书记官、无定员，凡四等。属官，无定员，凡十等。分所司而承其事。本省所辖凡八局：

书记局，以大书记官为局长，主撰拟文稿。

农务局，以大书记官为局长，职在劝农务。凡诸国郡邑，以时遣员巡行，察岁之丰歉、农之勤惰、田之垦荒，以周知其数。凡风雨水旱，旬日必试验之，以上之于卿，而普告于众。局中有农学校，凡农家种植之法、畜牧之方及蔬果花木之异种、耰耡耒耜之新器，则传其种，摹其形，译其书，募生徒而教授之。凡丝、茶、棉、糖，汇全国所产，比较而试验之，褒其精良，而禁其奸伪。局长咸率其属而从事焉。

商务局，以大书记官为局长，职在兴商务。凡通商之物，辨其陆产、米麦丝茶之类。坑产、铜铁铅炭之类。水产、鱼介蛤贝之类。制产，酒酱陶漆之类。分别天然之品与制造之物，计其数目，权其价格，别之以结约诸国，区之以通商各港，核其每岁输出输入之多寡，而总权其金银货币出入之数，以考其盛衰，求其盈绌。局长咸率其属而从事焉。

工务局，以大书记官为局长，职在兴工务。凡以人工制造，或本国自有之物，或外国新来之品，皆辨其良楛，验其精粗，衡其巧拙，特开劝工场以教人。其有新器异法，则摹其形，译其书，而广其传。若尤异者，特褒赏之，以励众工。局长咸率其属而从事焉。

山林局，以大书记官为局长，职司山林。凡有林木之处，无论官有地与民有地，皆检其地段，稽其丛数，别其材木，禁民间毋得剪伐，以保萌蘖而滋生长。其林木种植之法、培养之方，亦广求善法以教人。材木之良者，则裁为方寸，验其质而考其宜。局长咸率其属而从事焉。

驿递局，驿递总官一人，三等官。驿递官四人，凡四等。属官，无定员，凡十等。职司邮政。凡全国分局三千九百有奇。在东京者为总局，其余各府各县各郡各区皆有分局。凡书一封重二钱以下者，无论远近，皆取资二钱。重二钱以上至四钱，四钱以上至六钱，每加重二钱，则加收二钱。惟在一城市内往复者，减半。其邮寄外国书函，如寄上海、香港、美国，每重十五具，法国权量之名。每一具即日本二分六厘六毫强，十五具即三钱九分九厘也。收税三钱。由南洋至欧罗巴，收税二十钱有奇。由大东洋至南北美利坚者，收十钱有奇。局中别造精纸，方广七分许，镂刻精美，名曰印纸，书其上，曰邮便税，寄书者自购而自粘之。别有方广三四寸之纸，表里两面：一面书寄所姓名，一面书事，收税亦减半。凡街衢冲要之处，人烟辐辏之所，遍设邮筒，高尺许，方广六寸，谨锁其盖，盖留一缝。寄书者，随时随地投纳其内。每半时许，局中人开函取之，录记于簿，旋以墨污印纸，以杜重用之弊。复盖一小印，书府县名，即行分递。凡收受迟误，得查问之。其书留之函加重其税，自行投局，登记于簿，名曰书留。遗失，罚金偿之。若新闻纸，若书籍，皆露封。每新闻一纸，重十六钱以下，税一钱；三十二钱以下，税二钱；四十八钱以下，税三钱。重逾此数，与书籍等。书籍每重八钱，税二钱；重十六钱，税四钱；递加皆准此价。惟国家大政事，民生大利害，人民有上书建白者，经管辖厅交局转递，不课税。其关涉农务，或质问，或应答，无论图册，重十六钱以下者，或谷种或木样重三十二钱者，亦不课税。重逾二十二钱，比照物税。其图册逾十六钱者，与书籍等。凡物品均许递送，每重八钱，课税二钱，递加皆准此价。惟尺寸有定限，重以三十两为限。大小以曲尺一尺二寸、阔八寸、厚五寸为限。不得逾越。凡有由此地寄银彼地者，以纸币入函内，大约每五元税三钱，道较远，则税递增。如在二十五里以内税三钱，五十里以内税四钱，百里以内税六钱，二百里以内税十钱，其他准此。金较多，则税递减。如五元税三钱，十元税四钱，二十元税六钱。每封不得过五十元之数。其由局中给券汇兑者，则毋拘远近，每三元税三钱。五元课五钱，十元课八钱，二十元课十二钱，三十元课十五钱。每券一纸，不得过三十元之数。凡驿递局所在，无论都鄙，无论老幼，有欲以金银钱寄留本局者，本局许为存留。每人自三钱以上，即许存寄，每岁取息六分。如金十元每一岁取息六十钱，每六个月取息三十钱，每一月取息五钱。愿支回者，随时听便。惟每人每月存寄金不得越三十元之数。凡书函，或沉没，或开封，或阻留，惟驿递总官得独行其权。局中官吏、佣役、供奔走投送之役者，或迟误，或疏失，均课罚。其擅行开封及阻留，或盗窃者，并重课其罚。凡改易章程，剔除弊窦，皆由总局上其议于卿，核定而颁行之。局中庶务，驿递总官咸率其属而从事焉。

邮便钱路里程表

类别 年度	线路	各年增减	延长里数	各年增减
明治五年	四，一二〇		一，一六八，六二〇	
明治六年	五，三七六	一，二五六	二，一八七，一四七	一，〇一八，五二七
明治七年	一〇，〇八七	四，七一一	四，五七六，四一四	二，三八九，二六七
明治八年前半年	一〇，六五〇	五，二七四	二，四二三，七三七	一三五，五三〇
明治八年度	一三，六六一	三，〇七四	五，三六二，四四六	七八六，〇三二
明治九年度	一三，七四五	五八四	五，七五八，二五二	三九五，八〇六
明治十年度	一三，八一八	七三	八，六三九，〇三九	二，八八〇，七八七
明治十一年度	一四，四二一	六〇三	九，〇二九，五六〇	三九〇，五二一
明治十二年度	一六，九一八	二，四九七	九，五七四，〇一六	五四四，四五六

邮便局表

局名＼年度	五年	六年	七年	八年	九年	十年	十一年	十二年
一等局			七	一〇	一二	一二	一四	二六
二等局			六〇	九六	六七	六七	六五	六六
三等局			五九	五一	五五	五六	五七	五八
四等局			二〇四	三三七	三八二	三八四	四二五	四九二
五等局				三，二〇四	三，二〇九	三，二四九	三，三〇四	三，七〇八
无等局			二，九一四	二三	二四	二四	二六	二七
通计	二一	一，五〇〇	三，二四四	三，六九一	三，七四四	三，七九二	三，九二七	四，三七七
邮便收受所	一，一三八		八三	三四	一五一	一五四	一六三	二〇七
邮便印纸卖所	二二五	二六五	六一七	八三五	九一六	一，二六三	一，九一六	二，四六〇
邮便函	一二八	一六五	四七六	七〇三	八六六	一，二四六	一，四三三	一，八九七

日本未设邮政以前，凡官中文书，皆驰马飞递；其民间往复书函，有代人邮递者，名飞脚屋。自明治四年始仿欧美各国之制，设驿递局，今十年矣。以余所闻，泰西百年之前，亦犹古时驿站之制，递公文，不递私函，而羽檄交驰，人与马俱縻费殊甚。民间一函，费钱者千；托之亲友，犹有经年累月，沉滞而遗失者。群厌苦之而未有善法也。自议以官民公私合为邮局，而费省事捷，法简政敏，上下便利，所收邮费，复有盈余，足以利国。递年讲求，法益美备。至特设邮政部，以经理其事，其职与户兵工刑相同。近年以来，复联合万国，结邮政约，俾诸国一律，互相维护，则其事益重大矣。余尝读其章程，所以求利便而防弊害者，细微无不备。惟专以邮寄之权属之政府，严禁人民私自营利，甚至远道经商，四方作客，亲友托带者，或一城市内折简询问者，亦令交局。一经搜获，责令补税；否则，畀彼炎火、付之浮沉而不顾。其行法似乎刻薄，然亦势之不得不然者也。寄书之外，复代递金银，其惠行旅而便转输，尤为善法。而驿递分局，并许人存金取息，俾劳苦力作之人，积细微之金以图衣食者，有所倚恃以为生，沐浴恩泽，更非浅鲜。今考明治十一年，日本邮局凡三千九百二十七所，于局中代递金银者四百零四所，存寄金银者五百九十五所。一岁邮便物，合计五千五百七十七万五千二百六个。所发汇兑券二十四万九千四百二十九通，其金额三百七十万四千三百八十三元。是年六月，现存寄留金三十九万三千九百八十三元，支出息金一万五千三百零二元。总计是年经费八十二万六千三百七十八元，收人金额九十四万九千三百五十七元。观此，可以知其便益矣。

博物局，以大书记官为局长，职在博陈物品以启人智识。凡植物、米麦草木之类。动物、鸟兽鱼虫之类。金属、金银铜铁之类。石属、石炭硫磺之类。化学炼造之物、酒酱油盐之类。人工制造之类，丝棉陶漆之类。暨动植相合之质、贝蛤海菜之类。化工搀和之品，盐面之类，谓天生之物略以人工制造者。皆部分区别，举其名，陈其类，肖其形，详其法，胪陈于馆，以纵人观览。若内外国开博览会，并司其事。有送物于本馆，邮物于外国者，应为之经营收发。局长咸率其属而从事焉。

会计局，以大书记官为局长，主本省会计。

工部省

古无此官。戊辰闰四月，建会计官，管营缮司。七月，改铜会所为矿山司。先是四月，设铜会所于大坂。己巳七月，建大藏省，命管矿山司。八月，民部省与大藏省合并。庚午七月，民部、大藏复分省。大藏省仍管营缮司，民部省管矿山、铁道、电信、灯台诸司。闰十月，始建工部省，如今制。

工部卿一人，大辅一人，少辅一人。凡建轮路、制器械、营河防之事，卿率其属以定议。大事上之，小事则行，以饬邦材。书记官、无定员，凡四等。属官，无定员，凡十等。分所司而承其事。本省所辖凡九局：

矿山局，以大书记官为局长，掌全国矿务。凡矿物，别其性质，有天然一类之质，两类搀和之质。区其名称，殊其品类，凡金银铜铁铅锡之类为有矿质，属第一类。凡石油石炭琉黄绿矾玛瑙水晶之类为无矿质，属第二类。统名曰坑物。凡坑物见于本国者，总为国家所有，应由政府便宜采用。凡人民有欲试掘者，上书于本局，苟为地主，许其自掘；如地属他人，许地主索取偿金。彼此争论，则本局协同地方官，以公平之价裁决。有欲借区开坑者，先度地之广狭，业之大小，上书于本局，经本局巡验则植表以志，给予工部全权之证，曰“借区券”。以十五年为定期。既经开坑，有造仓库、通道路及洗矿镕矿诸事，凡开坑必兼制矿，方得允许。必需之地，许偿金地主。如有异论，本局亦协同地方官，以公平之价裁决。开坑之后，如欲通洞，于坑中穿凿小坑、开纵横道之外，有于地底横截开一大坑，以便疏水、运物者，名曰通洞。若非借区中所有地，则绘图具说，上之本局，经本局勘验，亦给予证书。或转移方向，伸缩距离，仍经本局勘验而后行。凡通洞时，有涉于他人借区者，令彼此互商。凡借区人至通洞时，以乏资废业，如有他人接办，亦令彼此商办，不得拒人。凡开坑，必令于坑中支柱，若值房屋、铁路、河流、街衢要害之处，必令设计远避于所请开掘坑物之外。有掘得别种者，必报知本局。每岁一月、七月，应将所掘坑物斤量、价格，及制造之品、分析之品、营业日数、工役人数，详报于本局。凡采取有矿质之物，坑区面积五百坪，每年税金一元，无矿质者减半。铁虽矿物，与无矿质者等。其采掘废矿者，递减如常税，名曰借区税。凡所采金属及诸物，于卖价中少则税百分之三，多则税十分之二，其税额视矿业之盛衰，随时由本局制定。名曰矿务税，均纳于本局。既试掘而废业或转卖，均呈请本局而后行。凡本国坑物，不许外国人干预。有私与外人联合会社从事开掘者，查悉将所有物入官，并禁止营业。其延请外国矿学家襄助者，必先以草约呈本局。经本局验其学术，检其履历，方许雇入。凡开坑人乏资，借金外国，不得指坑物抵押，所订私约，视为废纸。凡本局有创定新规，变更故例，皆由局长撰拟，上于卿而颁行之。局长咸率其属而从事焉。

官有矿山表第一

表中末位，惟金银二类系两数，其余皆系贯数。日本以一百两为一贯。

类别／年	金	银	铜	铣	铅	石炭	
明治九年度	四九，二四〇	一，五二三，五八四	一〇八，〇九七		二五，二一四	一六，三七七，三〇七	八，九九六
十年度	八七，四三二	二，〇二〇，七二九	一一二，七一五		三六，六三七	一八，三四七，三四三	一八，一六八
十一年度	五三，五二二	一，五七九，〇〇三	一〇一，七四五		三九，〇四三	二五，八〇八，九四二	三二，五八二
十二年度	五〇，二三〇	一，二八六，八六二	八五，七〇〇	一六一，〇三六	三五，三一七	三八，九七二，〇一八	八九，八八四
总计	二〇，二四五	六，四一〇，一八〇	四〇八，二五八	一六一，〇三六	一三六，二一三	九九，五〇五，六一二	一四九，六三一

官有矿山表第二

类别／地名	金	银	铜	铣	铅	石炭	
生野矿山	九，〇一四	二九九，七二五					
佐渡矿山	二七，三七三	五一二，七五九					
阿仁矿山	三〇二	一二八，二八五	八五，七〇〇		三五，三一七		
院内矿山	三，五三九	三四六，〇九一					
中小坂矿山				一六一，〇三六			
三池矿山						三八，〇六一，一三四	八九，八八四
油户矿山						九一〇，八八四	
总计	五〇，二三〇	一，三八六，八六二	八五，七〇〇	一六一，〇三六	三五，三一七	三八，九七二，〇一八	八九，八八四

民有矿山表

类别	重量	类别	重量
金	一九，一三二	云母	七，〇二七
银	一，〇五八，六二八	山盐	九八四
铜	一，〇二六，八六〇	石油	七五六，八一一
锡	一，七四六	黑铅	七三，一四一
铅	四一，八一四	石炭	一五六，八九四，五〇四
生铁	七九二，一二一	煽炭	二，五二五，九二〇
铣铁	四七七，一五二	岩木	四，六〇八
乂铁	三七二，八四四	酸化满俺	一一，三八〇
钢铁	一三七，九七三	耐火粘木	七二〇
白目	二九七	珪化炭酸石炭	六〇
约崔露	六八	水晶	四二七
安质母尼	四五，二八四	玛瑙	六〇〇
硫黄	五七三，八一二	蜡石	四七，五六五
明矾	四，七九四	寒水石	五五，八〇八
绿矾	二三四，六二四	珪石	二六，七三〇
丹矾	一〇，一七七	班石	三八，六四九
红柄	四，二七七	燧石	二六，五八三
矾石	一，〇八六	陶土	四，五三九，五五四
矿脂	三七六	硝子石	三，五〇〇
土沥青	一，三四〇	雄黄	三九〇

矿山之利，人尽知之。而以地学测验，以机器开掘，以化学分析，其便利尤前古所未闻，而或者顾以风水之说、国体之说、聚众难散之说沮之。夫青乌之术，固荒渺不足凭，抑杨曾廖赖之书盛行于南，不甚行于北。今山西之铁，山东之金，云南之铜，皆甲于五部洲，而其民溺于风水不甚深，苟倡其利，则趋之如鹜矣，不必以凿残地脉为虑也。龂龂然持国体者，谓开矿即与民争利耳。不知日本借区开坑之法，皆听民为之，官特为设法以保护，派员以经理，岁课其税十一二而已。小民难与图始，诚使官倡其利，召募豪商，纠集资本，明示大信，与民共之，使人人知其利益，将荷臿者云趋，裹粮者鳞集。官经其始而享其成，不必官为开采也。况夫矿王则人众，矿衰则人少，矿绝则人散，有利则赴，无利则逝。此民之恒情，固无庸鳃鳃代为谋也。国家大兵大役，何事不聚众者，岂有虑其难散，而不敢使聚者乎？又况一经开坑，则开掘需人，冶铸需人，转运需人。小民藉手足之力资以谋生者，不知凡几。吾闻饥寒而盗贼者矣，未闻富足而盗贼者也。论者徒泥明末阉官专权、矿使四出之害，是何异因噎而废食、惩羹而吹齑乎？恭读康熙五十二年上谕曰："天地自然之利，当与民共之，不当以无用弃之，要在地方官处置得宜，毋致生事。"乾隆三年八月上谕曰："两广总督鄂尔达议覆提督张天骏之奏。据称铜矿鼓铸所需，且招募附近居民，聚则为工，散则耕作，并无易聚难散之患。地方大吏原以整顿地方，岂可图便偷安，置国事于不问。"四年六月上谕曰："银亦天地间自然之利，可以便民，何必封禁？其详议以闻。"四十二年二月诏曰："金川之雍中剌麻寺有金顶，则产金自属不妄。若所产金沙果王，不如官为勘验试采，为两金川设镇安营之费。"盖我圣祖、高宗，皆以开矿为利矣。然其时国家太平，库帑充溢，行不行无关国计。至今日其亟亟矣。余考《周官》，卝人掌金玉石锡之地，为矿利之始。然历世所用金银，于民间淘采之方，官府征敛之法，史册未之闻。即唐宋金明，偶一开采，亦为数无多，而不久即废。此盖天地菁英之气，古今积累之深，蓄而有待，留贻至今，适以供今日至急之需。虽有镃基，不如乘时，今日之谓矣。国家岁取至微，国用至俭。今司农竭蹶，源无可开，流无可节，惟此造化自然之利，又有泰西开掘之方，使其利可不劳而获，操券而得，转移富强之机，不在此乎？余闻泰西矿务，英之炭，俄之金，皆富冠欧洲。然开掘日久，菁华半泄。法国学士儒莲尝论中国开矿之利，谓："譬如一富家，千箱万仓，蓄积至厚，然而环四邻而居者，皆穷饿乞丐，眈眈然垂涎于此，即欲缄縢固箧，终闭不出，而势恐有所不能。"嗟夫！闻此言者，其勿以规为瑱而慭置之于耳也。

铁道局，以大书记官为局长，掌全国铁道。凡轨道之添筑，桥梁之修造，机器之更换，房屋之增营，车箱之运送，以及乘客之费，运物之价，别其道里，区其物品，凡运物，珍奇贵重之品以斤计，其粗重者，或以立方计，或以物数计，或以车计，若有损失，则政府偿之。而定其数。有毁损车器、欺匿赁金者，严查而惩罚之。其民间联合会社，以铁道营业者，并由局监督。局长咸率其属而从事焉。

铁道表

年度	地名＼类别	里程	线长	乘客	赁金	货物赁金	杂收入金	收入合计	营业费
八年度	东京间横滨	七，三九一		一，六六五，六六八	三七一，七一五	三七，二五七		四〇八，九七二	二五〇，五九二
	大坂间兵库	八，二七八		一，〇〇〇，三八四	二，一五五，三〇八	一七，八七四		二三三，一八二	一四二，三四四
	总计	一五，五九七		二，六六六，〇五二	五八七，〇二三	五五，一三一		六四二，一五四	三九二，九三六
九年度	东京间横滨	七，三一九		一，五八九，〇九六	三四六，四五一	四六，一六八		三九二，六九	二一七，九三七
	京都间兵库	一九，二二〇		一，三四七，二九三	三六七，四八四	三〇，六六一	一八，一二〇	四一六，二六五	二一三，六四二
	总计	二六，五三九		二，九三六，三八九	七一三，九三五	七六，八二九	一八，一二〇	八〇八，八八四	四三一，五七九
十年度	东京间横滨	七，三一九		一，五八三，五三六	三六〇，六九二	四四，八七四	一〇，九三六	四〇七，五二九	二六五，六八七
	京都间兵库	一九，二二〇		一，四七六，四九五	四〇六，六八五	三三，二一八	六一，九七一	五〇一，九三七	二二八，一九七
	总计	二六，五三九		三，〇六〇，〇三一	七六七，三七七	七八，一五五	六三，九三四	九〇九，四六六	四九三，八八四

年度	地名＼类别	里程	线长	乘客	赁金	货物赁金	杂收入金	收入合计	营业费
十一年度	东京间横滨	七，三一九	一七，〇〇五	一，六〇四，七九五	三六七，四〇八	五七，七八〇	五，三五四	四三〇，五四二	二九三，九〇一
	京都间兵库	一九，二二〇	二四，四六三	一，六九五，九七一	四九二，一八八	八六，四四〇	二，五六八	五八一，一九六	二六一，二一五
	总计	二六，五三九	四一，四六九	三，三〇〇，七六六	八五九，五九六	一四四，二二〇	七，九二二	一〇一，七三八	五五五，一一六
十二年度	东京间横滨	七，三一九	一七，〇〇五	一，七八〇，七七一	四一七，七六八	六六，〇六〇	二，三四六	四八六，一七四	二三四，八七八
	京都间兵库	一九，二二〇	二四，四六三	二，一五二，七〇二	六〇二，六五八	九六，七九四	二，〇三七	七〇一，四八九	二五四，〇三七
	京都间大津	四六二							
	总计	三一，一五〇	四一，四六九	三，九三三，四七三	一，〇二〇，四二六	一六二，八五四	四，三八三	一，一八七，六六三	四八八，九一五

自明治八年至十三年六月	地名	创业费总额
	东京横滨间	三，〇三八，六七二
	京都兵库间	七，二四一，四〇六

铁路之利，于漕务、矿务、赈务、税务为益无穷，而于用兵一事，尤为万不可少之举，必不可缓之图。识时务者，莫不谓然矣。论者每疑铁路一兴，必有损于小民生计。不知英国初建铁路，议院亦以为疑，小民纷纭争执，竟至斩木揭竿以挠阻其事。然其后政府一再试行，而小民之藉任輂车牛肩挑负戴以谋生者，其利乃百倍于昔。盖轮路纵横，街衢四达，而货物因之云集，乃至于穷乡僻壤，废材滞穗，亦且襁负。车轮四出以谋利，百物已无弃材，而运输来往，需役日众，民之赖转移执事以为业者乃益多。铁道之便生民、兴国产，盖利之尤大者矣。西法之有利无弊，莫铁路若。西人之觇国势、编政表者，每比较铁路之长短，以衡论国计民生之盛衰。各国政府争设法兴造，其有民间合力以是营业者，政府必假之地利，给予事权；甚有得利较微，而政府为之筹款弥补，俾岁得七八厘之息，以劝其成者。彼工于谋国者，固筹之熟矣。余尝考日本铁道建筑之费用与夫岁入之利息，而知中国铁路并可获大利。日本西京、大坂间之道，其造创之费，数倍于寻常，然综计今日之息，每百元犹可得七元有奇。若准以美国铁路之价，每中国一里需费不过万元，以日本乘客之数、运物之数、每岁支用之数计之，每百元竟可获利三十余元。而中国工役价值之贱、货物转输之多，又胜于日本，则其利更不可胜计。即使召募洋债，岁息八厘，以三百万元建三百里之道计，每岁还利以外，可完本银十分之二五，不及数年，本利俱清。而数百里之铁道，竟能以赢余得之。数年之后，又将赢款以扩充他道。华民见利，争趋经营恐后。如是数十年，铁道交遍于国中，可计日待也。语有之曰："不习为吏，视已成事。"何不一考日本铁道之事而计其得失乎？

灯台局，以大书记官为局长，掌全国灯台。凡沿海港汊浅处及礁石所藏，必筑灯台、泊灯船，或附以浮标、礁标。凡灯台辨其方向，别其颜色，表其距离，时有更易筑造，则布告于众，以便航海。局长咸率其属而从事焉。

灯台灯船浮标礁标表

灯台名称	设置地	点火	形质	灯明等级发光差别	光远距离
观音崎	相模	明治二年正月一日	炼化石造	第三等不动白色	凡十四里
横滨波止场	横滨西波止场	明治二年正月十四日	白色灯竿	不动赤色	
吕川	只川海第四炮台	明治三年三月五日	炼化石造	第五等不动赤色	凡九里
樫野崎	纪伊大岛东岬	明治三年六月十日	白色石造	第二等旋转白色每半分时一发闪光	十八里
城力岛	相模	明治三年八月十三日	炼化石造	第五等不动白色	凡九里
神子元岛	伊豆下田港南	明治三年十一月十一日	白色石造	第一等不动白色	二十一里
野岛崎	安房	明治三年十二月二十一日	白色石造	第一等不动白色	十七里半
剑崎	相模	明治三年正月十一日	白色石造	第二等旋转白色每十秒时一发闪光	十六里半
江崎	淡路岛北岬	明治三年四月二十七日	御影石造	第一等不动白色	十八里半
伊王岛	长崎港口	明治三年七月三十日	白色六角铁造	第一等不动白色	二十一里半
石室崎	伊豆极南之地	明治三年八月二十一日	白色八角木造	第六等不动赤色	凡八里
佐多岬	大隅极南之小岛	明治三年十月十八日	白色八角铁造	第一等不动白色	二十一里

灯台名称	设置地	点火	形质	灯明等级发光差别	光远距离
六连岛	长门下之关海峡之西	明治三年十一月二十一日	御影石造	第四等不动白色	凡十二里
部崎	丰前之北下关海峡之东	明治五年正月二十二日	御影石造	第三等不动白色	凡十六里
辨天岛	根室根室湾	明治五年六月二十日	白色灯竿	不动赤色	凡六里
苫力岛	纪伊和泉海峡之东	明治五年六月二十七日	御影石造	第三等不动白色	凡十九里
纳纱布崎	根室	明治五年六月十二日	白色六角木造灯标	不动白色	凡六里
天保山	大坂安治川口	明治五年八月二十九日	白色四角木造	第四等不动白色	凡十二里
和田岬	神户港西南	明治五年八月二十九日	白色八角木造	第四等不动赤色	凡十二里
锅岛	赞岐	明治五年十一月十五日	御影石造	第四等不动白色	十二里
安乘崎	志摩的矢港口	明治六年四月一日	白色八角木造	第四等旋转白色每半分时一发闪光	凡十五里
御前崎	远江极南之地	明治六年五月一日	白色圆形炼化石造	第一等旋转白色每半分时一发闪光	十九里半
钓岛	伊豫	明治六年六月十五日	御影石造	第三等不动白色	二十里

灯台名称	设置地	点火	形质	灯明等级发光差别	光远距离
菅岛	志摩鸟羽港口	明治六年七月一日	白色炼化石造	第四等不动白色	凡十五里
白洲	丰前蓝岛之西南	明治六年九月一日	白色四角木造	第五等不动赤色	凡十里
汐岬	纪伊极南之地	明治六年九月十五日	白色八角木造	第一等不动白色	二十里
石之卷	陆前	明治七年十二月二日	白色灯竿	不动白色	凡六里
青森	陆奥青森港极南之地	明治七年十一月一日	白色灯竿	不动白色	凡六里
犬吠崎	下种极东之山嘴	明治七年十一月十五日	白色圆形炼化石造	第一等旋转白色每半分时一发闪光	十九里四分之一
羽根田	东京湾	明治八年三月十五日	螺旋铁柱造	第四等不动绿色	八里
乌帽子岛	肥前壹岐二国间之孤岛	明治八年八月一日	白色八角铁造	第二等不动白色	十九里四分之三
角岛	长门油谷港口	明治九年三月一日	御影石造	第一等旋转白色每十秒时一发闪光	十八里
尻矢崎	陆奥津轻海峡之东口	明治九年十月二十日	白色炼化石造	第三等不动白色	十八里半
金华山	陆前	明治九年十一月一日	御影石造	第一等不动白色	十九里半

灯台名称	设置地	点火	形质	灯明等级发光差别	光远距离
新潟	越后信浓川之南岸	明治十年二月十五日	黑色六角木造	不动白色	凡九里未定
神户	神户外国居留地之东	明治十年八月十五日	白色灯竿	不动绿色	凡六里
岛原	肥前岛原港北口之小岛	明治十年九月一日	炼化石造	不动白色	凡六里
堺	和泉堺港波上场之极南	明治十年九月十五日	白色六角木造	第五等不动绿色	十里
伏木	越中伏木港湊川之西北岸	明治十年十月十日	白色六角木造	第五等不动白色	十里
木津川	大坂木津川口之东岸	明治十一年五月一日	圆形炼化石造	第六等不动赤色	八里
观音崎副灯	相模东京湾口	明治十一年八月五日		不动赤色	七里
鹿儿岛	萨摩鹿儿岛港之北	明治十二年四月十五日	白色灯竿	不动赤色	六里
大濑崎	肥前五岛极南之岛	明治十二年十二月十五日	白色圆形铁造	第一等旋转白色每半分时一发闪光	二十一里半
口之津	肥前岛原湾口口之津之西	明治十三年五月十日	白色炼化石造	第六等不动白色	凡八里

灯　船

船号	位置	下碇年月	形质
本牧戒礁丸	横滨港之东南本牧山之外方	明治二年十一月十九日	赤色木造有二樯前樯之上揭赤球标
箱馆戒礁丸	箱馆港阿那崎突出之洲之极北方	明治四年四月二十六日	赤色木造有二樯前樯之上揭赤球标

浮　标

位置	形质
横滨港之北方神奈川炮台突出洲边	铁造赤色顶作球形水面高一丈
横滨港南方洲北边	铁造赤色顶作球形水面高一丈
东京湾羽根田洲之外方极南	铁造赤色顶作球形水面高一丈
东京湾羽根田洲之外方极北	铁造黑色顶作球形水面高一丈
东京湾富津洲之西	铁造赤色顶作球形水面高一丈五尺
下关海峡之东岩之南	铁造画黑白横线高一丈
下关海峡之东中之洲	铁造画黑白横线高一丈
下关海峡之东中之洲之东边	铁造画黑白横线高一丈
长门元山之东南	铁造赤色顶作球形水面高一丈
下关海峡之东口	铁造黑色顶作球形水面高一丈二尺五寸
下关海峡西口尘崎濑之上	铁造黑色顶作球形水面高一丈二尺五寸
下关海峡之北	铁造赤色顶作球形水面高一丈五尺五寸
陆中釜石港之中央	铁造黑色顶作球形水面高八尺五寸

礁　标

位置	形质
下关船路之东方兴治兵卫岩上	石造赤色圆锥形高二丈
下关船路之北方洲上	石造白色圆锥形其头为倒壶状高二丈
下关船路之北方岩上	石造圆锥形画黑白横线顶作球形高二丈
相模横须贺口之东	铁造赤色顶为球笼水面高三尺
备后濑户细岛之北	石造圆形画赤白横线高二丈三尺
肥前平户海峡之南	石造圆形画赤白横线高四丈
肥前长崎港口	石造圆锥形顶如球画赤白横线高四丈
陆中釜石港之南	铁造赤色三角形顶如球其基础为石造

电信局，以大书记官为局长，掌全国电信。凡电信分别官报、官省、院、使、府、县关于公事之信，及同盟各国之大臣、长官、海陆军元帅，暨公使、领事等互相赠答之信。局报、总局、分局关于电信事务之信。私报。官报先发，局报次之。凡电报，通行文字及秘辞暗号，均许传递。国内通信，和文以片假名字母二十字、欧文以字母二十语为一音信。每增十字十语，则递加半价。电局寄信，以远近分别有价表。现在通价，虽相距极远最东之小樽局，每一音信，和文不过四十八钱，欧文不过二元五十钱；最西之鹿儿岛局，每一音信，和文不过四十九钱，欧文不过二元五十钱。凡发信人与受信人住所、姓名，和文毋论字数多寡、距离远近，每一通纳金五钱，欧文则准字计算。凡文字中句读点、有读点，有小读点，有句终点。连读点，谓联缀字母为字，作点别之。不另算。若括弧，括弧谓作起讫，如〔　〕之类。若旁线，谓字旁作勒帛，如丨之类。若字下线，谓止乙其处，如ㄴ之类。若转倒句读，谓字旁作挑剔㇀丿之类。

若清浊音点，如和文中ハ字加点作バ，为浊音，ヒ字加点作ビ，为半浊音。皆作一字或二字算。其用代数者，谓以一二三四代文字，每三字作一字算。或于和文中间入欧文杂用代数，每一字照片假名一字算。或以片假名为代数。照片假名算。又于欧文中间入代数，每数以一语算。或以代数中用分数点，谓一二三四五分析其数，于二字下或三字下作点之类，每点作一字算。用读点或于代数中间入文字，每一字，作一字算。皆别算。凡电信，必将住所、姓名书明。受信之局，照先后次序，无分昼夜，到即分送，或交本人，或交其家族，必取回收票以为证。其住所、姓名不分明者，存信于局，必揭示于榜、于新闻纸。其住所较远，距电信分局二里以内者，每一通别收送信费一钱五厘；在二里外者，或交邮便局，电信交邮便局送，照邮便规则。或遣专使，每一里费十二钱。皆别收费。凡电报，务求急速，期无谬误，无差池。于通行电报外，有至急私报，至急私报于私报中先为传递，比常贵三倍。有先交回信报，发信人欲得受信人回信，先交回信费，比原信价三倍。有照校报，每局送受之际，必反复校对，加收常费半额。有受信报知报，受信人受信之后，即将其收受时刻回报，加收一音信之费。有书留报，照校报与受信报知报二事兼并，名曰书留，比常费二倍。有追尾报，发信人与受信人，虑其或转居他所，或有故旅行，预开甲、乙、丙各住所，交局探送，名曰追尾，应将邮便税先交。若探悉受信人又须由电转寄，其费向受信人征收。如传送之后仍不分明，费向发信人补收。有同文报，同一报，于同一城市人，或一名而送数家，或数名而送一家。惟甲处照收费金，其乙、丙、丁各誊写一通，每和文金七钱，欧文金二十五钱。皆别定价。凡发收电报，或迟延，或差谬，如失在本局，则本局将收费交还。电报当既送、现送及既受之后，有请为改正补缺者，局长得征其费，由局报中传递。或受信人请为寻问，或发信人请为更改，照字收费。惟许于局报中传送，名曰课金。局报若谬误在局，还金本人。凡电信中有妨国安、悖国法者，局长得以其权抑留禁止。遇有事故，或暂停一时通信，或暂停某处通信，皆奉政府命而行。凡电信皆系官局，其民间以私费或商费请架私线者亦听，惟必与官线相接续，必与官线无障碍。凡建筑一切机器，均由本局处置。所有收费章程，必遵电信局定规，所收费与官分算。凡人民有毁损立柱、通线匣盖、管筒及一切器物者，察而严罚之。其与万国来往音信，照同盟诸国所定电信公法而行。日本于明治十二年一月，于俄国圣彼得堡同订万国电信盟约。同盟者凡二十二国，有《万国条约书》颁行，凡二十一条。局长咸率其属而从事焉。

电信表

年并地名＼类别		局数	距离	线条延长
十二年六月	中央区	五七	一二二	三二二
	南线	五七	七六〇	二，〇四三
	北线	二四	四九二	九二〇
	北海道	六	一一九	一四九
	合计	一四四	一，四九三	三，四三四
十三年六月	中央区	六〇	一二八	三六七
	南线	六八	八三〇	二，二二三
	北线	三七	六五四	一，一〇六
	北海道	七	一一九	一四五
	合计	一七二	一，七三一	三，八四一

年并地名 \ 类别		局数	距离	线条延长
十三年十一月	中央区	六〇	一二八	四〇六
	南线	七三	八三一	二，五九四
	北线	四四	六五四	一，二〇一
	北海道	七	一一九	一四五
	合计	一八四	一七三二	四，三四六
	电信之数	收入金	营业费	
十一年度	一，一九七，六一四	五三七，九三九	五〇八，五七二	
十二年度	一，八〇六，一〇四	七八八，五六八	六一八，六四二	
自明治四年至十三年六月兴业费总计			三，二六五，八九五	

工作局，以大书记官为局长，主兴造官物。

营缮局，以大书记官为局长，主缮修宫室。

会计局，以大书记官为局长，主本省会计。

仓库局，以大书记官为局长，主储蓄材料。

书记局，以大书记官为局长，主撰拟文书。

司法省

古为刑部省、弹正台。戊辰三月，建刑法事务局。闰四月，废局称官，管监察、鞫狱、捕亡三司。己巳五月，废监察司，建弹正台。七月，废刑法官，建刑部省。辛未七月，废刑部省，建司法省。旋废弹正台。八月，改捕亡、囚狱事务属于地方官，如今制。

司法卿一人，大辅一人，少辅一人。凡释律意、选刑官、请恩赦之事，卿率其属以定议。大事上之，小事则行，以慎邦刑。书记官、无定员，凡四等。属官，无定员，凡十等。分所司而称其事。考明治十三年十二月，所颁司法省职制章程，于省中分议事、刑事、民事三局。惟十四年冬，职官录不录各局长，故略之。

大审院

壬申八月，诏设大审院。乙亥五月，始定大审院职制章程，如今制。

院长一人，以一等判事充，主平反重案，裁决异议，指挥判官。判事，无定员。皆以敕、奏任官充，掌审阅死罪、鞫问犯官，及裁决不服之案、内外交涉之事。

检事长一人，以敕任官充。检事、无定员。检事补，无定员。主检弹非违、告发、公诉。属官，无定员。掌勘录簿书，分办庶务。凡各裁判所有违法偭规，及拟律差误、越权处分者，民人以不服上诉则受理之，或由本院自行审判，或令他裁判所审判。不合者厘正，其两可者，合本院诸员会议而判决焉。凡自上等裁判所送呈罪案，审阅批可而给还之；其否者，亦令本院诸员会议拟律而还付焉。凡诸员会议分两歧者，决以多数；两议平分者，院长自决之。凡官犯除违警罪。及国事犯，详《刑法志》。皆不经他裁判所，本院直受理之。凡法律有疑义、有阙失，则辩明而补正之，陈其意见，经由司法卿而上奏。凡各地方以时遣派判事分道巡察，受理人民之上告者，曰巡回裁判。

裁判所

上等裁判所长一人，以敕任判事充。承司法卿命，随时开厅，以听理民事、刑事各案。判事，无定员。掌复审、控诉，决判死罪。判事补，无定员。受判事命，承审诸案。检事，无定员。掌检察公诉。属官，无定员。掌分办庶务。全国分设上等裁判凡四所：曰东京，曰大坂，曰长崎，曰宫城。

地方裁判所长一人，以奏任判事充。承司法卿命，掌地方审判。判事，无定员。掌审判民事初审之案、刑事惩役以下之案。判事补，无定员。受判事命，承审诸案。检事，无定员。掌检察公诉。属官，无定员。掌分办庶务。全国裁判凡二十三所：曰东京，曰京都，曰大坂，曰横滨，曰新潟，曰神户，曰函馆，曰长崎，曰水户，曰熊谷，曰弘前，曰仙台，曰福岛，曰静冈，曰松本，曰金泽，曰松江，曰松山，曰高知，曰广岛，曰熊本，曰名古屋，曰鹿儿岛。

宫内省

古为宫内省、式部省。己巳四月，置内办事，管宫内事务。

五月，建内廷职，建留守官。庚午十二月，留守官并入本省。辛未七月，废留守官。七月，废内廷职，建宫内省。丙子九月，以式部寮属本省，如今制。

宫内卿一人，大辅一人，少辅一人，掌皇室之事。凡讲读、侍从、起居、服御，及朝会、宴飨、祭祀、巡狩，暨修理陵墓、警卫宫阙，以逮母后、国后、太子、皇族一切供亿，卿与辅督率式部头以定议。大事上之，小事则行，以佐王理内政。书记官，无定员，凡四等。承办专差。属官，无定员，凡十等。分理庶务。

侍讲，无定员，凡三等。主侍立讲筵，管理图书。

侍从长、侍从、侍从试补，均无定员。掌出入侍从，传宣奔走。

侍医，无定员，凡五等。掌诊候医药。医员，无定员。掌调制药剂。

驭者，凡四等。掌御车调马。

杂掌，掌宫中杂役。

皇太后宫大夫、皇太后宫亮、皇后宫大夫、皇后宫亮，均无定员。掌宫中事。

式部头一人，式部权头一人，式部助一人，式部权助一人，掌一切典礼。属官，无定员，凡十等。分司庶务。掌典，无定员，凡四等。分司祀典。掌典补，无定员，凡十级。各襄事祀典。

伶人，无定员，凡五等。各执事音乐。

女官：典侍、权典侍、掌侍、权掌侍、命妇、权命妇、女嬬、权女嬬、内掌典、权内掌典，皆襄事祭仪，佐理阴教。

开拓使

北海道古为虾夷地，叛服不常，日本视为羁縻之国而已。享德中，武田信广航至松前，结以威信，岛夷咸服。其孙义广徙居松前，称松前氏，以福山为治所，世领其地。德川氏之季，诸国兵船游巡北海，幕府乃遣吏经理，收松前氏所领东部地。享和初，置箱馆奉行。文化四年，徙松前氏于陆奥，并收其西部，置松前奉行。文政初复封。逮安政中，再收其地，置箱馆奉行，以总管全岛。王政革新，明治己巳八月，称全岛为北海道，设开拓使以治之。

开拓使长官一人，次官一人。凡北海道中开垦土地，分画疆界，繁殖人民，振兴物产，劝励工业之事，长官率属以定议。大事上之，小事则行，以佐王理邦属。书记官、无定员，凡四等。属官，无定员，凡十等。分所司而承其事。凡管内分四大部：以札幌为本厅，函馆、根室为支厅，于东京别设理事所，皆由长官命所属督理焉。

警视厅

古为弹正台。明治壬申五月，始于东京府下置逻卒三千人，置逻卒总长、七等官。逻卒权总长八等官。等官。八月，于司法省中置警保寮，定官等，有警保头、四等。权头等官。十月，增置巡查。甲戌一月，于内务省设警保寮。又于东京置警视厅，设警视长、三等官。大警视、中警视等官。乙亥三月，制定行政警察规则。十月，命各府县置警部，悉改逻卒为巡查。丙子，改厅称局，仍隶内务省。辛巳三月，又改称警视厅，仍于内务省中设警保局领其事，而别开官厅，改称为警视总监，设副总监以下官，如今制。

警视总监一人，副总监一人，受内务卿命，统司全国警察之事，以保安民生，维持国法。若事关朝廷，则受太政官指令；关于各省院，并奉各卿长命而行。警视官、凡五等。警视属、凡八等。警察使、凡三等。警部，凡七等。主分司各署督察庶务。巡查总长、巡查副总长、巡查长、巡查副长、巡查部长，凡五等。主督率巡查。巡查，主巡行各区，查察庶务。书记、属官，掌局中会计文书。凡警察职务在保护人民：一去害，二卫生，三检非违，四索罪犯。考西法有行政警察，其职在保民卫国，防患未然。若既经犯罪，搜索逮捕之事，别有司法警察司之。今日本亦名行政警察，其职制曰凡行政警察预防之力所不及，有背律犯法者，则搜索逮捕，悉照检事章程并司法警察规则而行。盖以行政兼司法也。凡地方有杀人放火者、斗殴伤者、强窃盗者，及反狱越槛者、伪造货币者、诓骗掏摸者、博弈者、奸淫者，见则捕之。有人民告发，则诉其事于长官，执票拘捕之。搜索不得，则状其年貌，或悬其人之镜写真以求之。凡行道之人，勿论天灾人事，逢急难者，则趋救之。醉人、疯癫人，则送致其家。老幼妇女及外国人，皆加意维护之。凡所辖区内大小往来之道路，市街村落之位置，必一一详知。所住人民，必熟知其身家品行。若无业人及异色人，常默察之。凡处士横议、聚党结社、诽谤朝政、煽惑人心者，禁之罚之。凡政府有新布政令，则潜察人民之信否以上闻。凡俳优游戏、巫舞歌唱、伤败风俗者禁之。凡市街喧杂之所、聚会扰攘之处，则弹压之。凡车马往来碍行旅者、伤人物者，禁之。凡卖饮食物、赝造腐败者，禁之。凡疫兽狂犬，则杀而弃之。凡道途污秽、沟渠淤塞，则告之户长，使清理之。凡遗失物，则留存以还其人。凡公地官物有破损者，则以上闻。凡失火则敲钟以传警，齐集消防部以救其灾，并多派巡役，以防窃盗、卫灾户。凡巡查所司事，每日有报，上之警察署，警察署汇其事，每月有报，以上之长官。凡巡查，皆服西服，持短棍以自卫，携呼笛以集众，怀手帖以记事，日夜分班，计日请代，毋得聚饮，毋得吸烟，毋得私斗哄争，毋得踞坐，毋得贷借，毋得泄漏，毋得虚捏，毋得凌辱人，毋得受贿。凡属警察官吏，皆毋得贪功，毋得报人家隐微小恶。非持有长官令状，不得径入人家。凡巡查，月给多者十二元，少者四元，饮食出于私，衣服取之公。勤者有赏赐金，死者有吊祭金，病者有疗治金。计明治十二年，警视局费一百三十一万六千八百二十元，府县一百十六万九千六百三十二元，此皆出自国库；其他以地方税支给者一百五十二万三千六百三十二元，合计四百一万八十四元余。凡全国警察，在东京，于警视厅画方面，设分署，又置出张所、犹言值宿所。交番所。各府县皆设警部，亦画区置署。大约户数二万以上、三万以下，设一出张所。在东京警视厅，计警视、警部八百四十八名，巡查五千一百十六名。在各府县，计警部一千一百五十名，巡查一万五千八十五名，合计二万二千一百九十九名，皆受辖于警视总监，以各从其事焉。余读《周官》，有司救，掌万民之邪恶过失而诛让之，以礼防禁而救之。有司市，掌司市之治教刑政，量度禁令。有司虣，掌宪市之禁令，禁其斗嚣，与虣乱出入相凌犯者。有匡人，掌达法则，匡邦国而观其慝，使无敢反侧，以听王命。有撢人，掌道国之政事，使万民和说，而正王面。有禁杀戮，掌司斩杀戮者，攘狱遏讼者。有禁暴氏，掌禁庶民暴乱力正者、挢诬犯禁者、言语不信者。有野庐氏，掌国郊及野之道路宿息井树，而诛相翔者。有修闾氏，掌比国中宿互柝者、禁径逾者、与以兵革趋行者、驰骋于国中者。今之泰西警察官吏，盖兼是数职云。余考欧洲警察之制，大抵每一万户则设一分署，一分署有警察数十人。其在通都大邑，广衢要路，则持棍而立者，远近相望，呼应相接。是故，国家出一政、布一令，则警察吏奉命而行，极之至纤至悉无不到。人民犯一法、触一禁，则警察吏伺其踪、察其迹，使不得或逃网法。地方有阙失，风俗有败坏，则警察吏指摘其失，匡救其恶而整理之。盖宣上德意以下行，察民过失以上闻，皆警察吏之是赖。中国自秦汉以下，设官以肃风纪、捕盗贼，如司隶校尉，如京尹，如游徼，皆世有其官。然如《周官》之达法则、道政事、以礼防禁者，则未之或闻。尝观汉唐中叶，时政令废弛，君民睽隔，非无一二贤圣之君、刚明之吏励精为治，综核名实，而所布令甲，率以空文从事，虽慈祥恺恻之言，骏厉严肃之语，而行赏则屯膏，施罚则漏网，小民皆褎如充耳，如未尝闻。何则？耳目疏阔，上下否塞，无人焉以宣导之也。若民间巨奸大憝，逋逃渊薮，上之人或昧而不察，卒至酿成巨患，而后思所以补救，亦坐无警察吏以防制于未然，消弭于无形故也。中国惟北魏时，设置候官数千人，职司伺察，名曰白鹭。其人皆微服杂居于府寺间，似与今之警吏相类。然行之数十年，又诏称候官千数，重罪受贿不列，轻罪吹毛发举，悉令改置谨直。吏胥弄智玩法，例以民为鱼肉，命之巡街巷，即以扰闾阎，固有必不可行者乎！然今者泰西诸国，无一国无一处不设警察。其于巡查，皆防维甚至，不得受贿，不得报人家隐恶，非持有长官令状，不得径入人家。民间咸习其便安，而不闻其纵扰，盖已予之权，复立之限，故能积久而无弊也。余闻欧美诸国，入其疆，皆田野治，道途修，人民和乐，令行政举。初不知其操何术以致此，既乃知为警察吏之功。然则有国家者，欲治国安人，其必自警察始矣。中国有衙役，有讯兵，苟悉行裁撤，易以警察，优给以禄，而严限其权，为益当不可胜计也。抑余考日本警部，多以陆军武官兼任，一旦有事，授以兵器，编为军队，足以当一方面，盖亦常备兵之一种也欤！

府　县

自德川将军奉还政权，戊辰正月萨、长、肥、土四藩请还版籍奏上，列藩多效之，廷议未决。至己巳五月，乃敕令改藩为府县，以旧藩主充知藩事，名为府藩县一致之制。而政府所辖之地，于丁卯十二月，置市中取缔役所于京都。戊辰正月，置镇台于大坂。二月，于京都设裁判所，置总督。五月，于江户置镇将府，于甲斐置镇抚使。七月，废镇台府，置镇将府，设议政、行政二局。十月废之，改属事务于行政官。己巳七月，又建按察使，既渐变郡县之制矣。庚午春，尾张、肥前、阿波、因幡四藩上郡县议，国皇亲谕各藩知事，命皆罢职。七月，遂废藩为县，如今制。

府知事一人，县令一人，受内务卿命，总理所部内之行政事务。若其关于朝廷者，奉太政官命；关于各省院者，并奉各卿指挥而行。考日本全国分三府、三十七县。论所辖地，与中国之分巡道相等。因其为一州之主，职制类于巡抚，与外人交涉，亦译称巡抚。惟考其行事，不过承流宣化而已，于国家政令毫不能有所损益于其间，盖大权悉操之政府，重内轻外，于势较便也。书记官、凡二等，每府置大书记官一员，每县于大、少之内置一员，惟开港地方之县则与府同。属官，凡十等。分所司而承其事。凡知事、令之职，在守法律，宣命令，惟因地置宜，得随事设立规则，以布告于民，其规则必上呈于各卿。若所颁规则有违法则、背命令及越权限者，则太政大臣及各卿长直命注消。凡征收地方税于所部内支用者，其预算、决算皆报告于内务、大藏卿，而下付于府县会议员。凡府县会开议，或召集，或中止，均得便宜行事。府县会决议之后，或可或否，亦任便宜行事。凡属官，判任以下、地方郡长以下，进退黜陟，得以时指挥监督焉。凡地方兵事，属之镇台；刑事，属之裁判所；税务，属之收税吏，皆与知事、令无涉。惟遇有事故，得以时商请各官，并禀请上官办理。如遇有非常事变，得请于镇台，随时处分。遇有水旱之灾，得请将租税延纳。其余划郡区，权经费，检开垦，兴土功，查官地，管矿山，及外人居留之处、游历之所，暨法律中指明应由地方官办理者，有旧章则随时料理，若章程所不及，禀请各卿长而后行。凡地方官，每年一度召集至京会议宪法，名曰地方官会议。若长官未能亲诣，命书记官代理。开会之日，国皇亲临，议长以特旨拣派。所议之事，以多寡决从违焉。现在府知事三人：曰东京，三等官，余皆四等。曰京都，曰大坂府。县令三十七人：曰神奈川县，曰兵库县，曰长崎县，曰新潟县，曰埼玉县，曰群马县，曰千叶县，曰茨城县，曰橡木县，曰三重县，曰爱知县，曰静冈县，曰山梨县，曰滋贺县，曰岐阜县，曰长野县，曰福岛县，曰宫城县，曰岩手县，曰青森县，曰秋田县，曰山形县，曰石川县，曰福井县，曰岛根县，曰鸟取县，曰冈山县，曰广岛县，曰山口县，曰和歌山县，曰德岛县，曰高知县，曰爱媛县，曰福冈县，曰大分县，曰熊本县，曰鹿儿岛县。

警部，自一等至十等。受知事、令之命，主管内警察。

郡长，每郡一人。主承奉号令，分理郡务。凡郡长以府县本籍之人充，其俸给由地方税支办。郡书记、区长、区书记、户长皆同，郡书记十等至十七等，无定员。主襄助郡长。

区长，每区一人。主承奉号令，分理区务。区书记，主襄助区长。

户长，每村町置一人。主承奉号令，分理各町村事务。

府县会议员，以本籍民人所选举者充。其法，依郡区之大小以定多寡，大概每一郡区多不过五人。议长、副议长，即于议员中公选，经知事、令允许而上其名于内务卿。凡议长、副议长、议员皆不给俸，惟会期中之往来旅费、滞留日用，即于议会中议定支给。凡投票之人及被选之人，均择其有家资、有品行者。除官吏外，满二十五岁以上男子，其籍在本府县住居过三年以上、岁纳十元地租以上者，许充议员。满二十岁以上之男子，其籍在本郡区，岁纳五元地租以上者，许为投票人。其犯惩役禁狱一年以上，及倒产者、癫痴者，均不得与焉。府知事、县令预期布告于某月开选举会，至期投票公选，撰举人及被选人住所、姓名、年龄均书明于纸，定日汇交于郡、区长，以投票数多者为应举人，数同者取年长，年均者定以阄。投票已终，郡、区长查核选举簿而布告其名于众。议员每四年一任，已逾二年，则改易全数之半，以抽签之法，令其人退任。议长、副议长每二年则改撰。凡府、县会，每年以三月开议，有通常会，有临时会，定期开会，曰通常会。非时开会，曰临时会。凡临时会，除特议之事之外，亦得兼议他事。议事草案，总由知事、令交付。凡府县费以地方税支办者，其预算之额数、征收之方法，皆经府县会定议。凡会议议员必须半数以上临场，方得开会。其所议之事，依过半之数以决可否。若两议同数，则决于议长。凡会议，均许人民聚集旁听，惟府知事、县令及议长欲禁旁听，亦听其便。议场别有规则，乱杂者禁。凡议员于所议事，往复讨论，无所不可。惟不许毁贬他人。议员若喧哗纷扰，有背规则，经议长禁止不听，即逐出议场。其涉于强暴者，得交警察官吏处分。凡通常会期中，于府、县内大利大害，议员有所建白，则草案会议。议同者过半，得以议长名上议于内务卿。凡地方税，会议议决之后，经知事、令允可，即付施行。知事、令以为不可，则具状于内务卿，请其指挥。凡会议中论说有妨碍国体及背法律、违规则者，知事、令得命其罢议，具状于内务卿，请其指挥。如内务卿依知事、令之请，得令其散会，待改撰议员而后再议。府、县会议之制，仿于泰西，以公国是而伸民权，意甚美也。日本维新之初，国皇会群臣，设五誓，首曰“万机决于公论”。壬申二月，设大审院、元老院，又诏称：“朕今渐建立宪政体，期与汝众庶，俱赖其庆。”由是国会之论纷纭起矣。当征韩论后，参议副岛种臣、坂垣退助连名上书，请起民撰议院。或者驳论，以为未可。然而众口嚣嚣，叩阍求请，促开国会者，踵趾相接，其势若不可止遏。政府不得已，始有府、县会议员之设。是制之建，人人皆谓政出于民，于地方情弊宜莫不洞悉，坐而言、起而行，必有大可观者。然余读明治十二年府、县议事录，吾未知其果胜于官吏否也。虽然，为议员者，已由民荐。荐而不当，民自任之。苟害于事，民亦自受。且府、县会之所议，专在筹地方之税，以供府、县之用。官为民筹费而民疑，民为民筹费而民信，民自以为分官之权，谋己之利，而官无筹费之名，得因民之利以治民之事。其所议之当否，官又得操纵取舍于其间，终不至偏菀偏枯，使豪农富商罔利以为民害。故议会者，设法之至巧者也。“民可使由，不可使知”，圣人以私济公，而国大治；霸者以公济私，而国亦治。议会者，其霸者之道乎？

外史氏曰：自将军奉还政权，其时主少国疑，未能收太阿之柄归于独断，不得不仍以西京世族、强藩巨室参与政事，故太政官之权特重。日本官职，不叙正一位。当中叶时，国皇每亲临政所，裁决万机，盖太政官中即以国皇居首坐，然其事出于御裁者少矣。副岛、板垣之请起民撰议院也，谓方今政权上不在帝室，下不在人民，而独归于有司。此论一倡，众口嚣嚣，群欲仿西法以开国会，或斥为巨藩政府，或指为封建余威，虽出于嫉妒、怨忿者之口，然萨、长、肥、土皆于国家有大勋劳，一国之大权必有所归，势重者权归之，固有不得不然者在乎？今特谱维新以来大臣、参议更替表，俾觇国势者览观焉。

明治维新以来大臣参议更替表

年月	任免	氏名	族籍
二年七月八日	右大臣	三条实美	京都人　华族
二年七月八日	大纳言	岩仓具视	京都人　华族
二年七月八日	大纳言	德大寺实则	京都人　华族
二年七月八日	参议	副岛种臣	肥前人
二年七月八日	参议	前原一诚	长门人
二年七月二十二日	参议	大久保利通	萨摩人
二年七月二十三日	参议	广泽兵助	长门人
二年八月十六日	大纳言	锅岛直正	肥前人　华族
二年十一月二十日	大纳言	中御门经之	京都人　华族
二年十二月二日	免	前原一诚	
三年二月五日	参议	佐佐木高行	土佐人
三年五月十五日	参议	斋藤利行	土佐人

年月	任免	氏名	族籍
三年六月十日	参议	木户孝允	长门人
三年九月二日	参议	大限重信	肥前人
三年十月十二日	大纳言	嵯峨实爱	京都人　华族
三年十月十二日	免	锅岛直正	
三年十月十二日	免	中御门经之	
四年正月九日	殁	广泽兵助	
四年六月二十五日	免	德大寺实则	
四年六月二十五日	免	木户孝允	
四年六月二十五日	免	大久保利通	
四年六月二十五日	免	大限重信	
四年六月二十五日	免	佐佐木高行	
四年六月二十五日	免	斋藤利行	
四年六月二十五日	参议 初陆军元帅后陆军大将近卫都督	西乡隆盛	萨摩人
四年六月二十五日	参议后文部卿	木户孝允	
四年七月十四日	参议后大藏卿	大限重信	
四年七月十四日	参议	板垣退助	土佐人
四年七月十四日	免	岩仓具视	
四年七月二十四日	免	副岛种臣	
四年七月二十九日	太政大臣	三条实美	
四年十月八日	右大臣	岩仓具视	
六年四月十九日	参议左院事务总裁	后藤象次郎	土佐人

年月	任免	氏名	族籍
六年四月十九日	参议后司法卿	大木乔任	肥前人
六年四月十九日	参议	江藤新平	肥前人
六年十月十二日	参议内务卿	大久保利通	
六年十月十三日	参议外务省事务总裁	副岛种臣	
六年十月二十四日	免	西乡隆盛	
六年十月二十五日	免	副岛种臣	
六年十月二十五日	免	后藤象次郎	
六年十月二十五日	免	板垣退助	
六年十月二十五日	免	江藤新平	
六年十月二十五日	参议 初工部卿 后内务卿	伊藤博文	长门人
六年十月二十五日	参议海军卿	胜安芳	静冈人
六年十月二十八日	参议 初外务卿 后文部卿	寺岛宗则	萨摩人
七年四月二十七日	左大臣	岛津久光	萨摩人　华族
七年五月十三日	免	木户孝允	
七年八月二日	参议左院议长	伊地知正治	萨摩人
七年八月二日	参议 陆军中将，初陆军卿，后参谋本部长	山县有朋	长门人
七年八月二日	参议 陆军中将 开拓长官	黑田清隆	萨摩人
八年三月八日	参议	木户孝允	
八年三月十二日	参议	板垣退助	

年月	任免	氏名	族籍
八年四月二十五日	免	胜安芳	
八年六月十日	免	伊地知正治	
八年十月二十七日	免	岛津久光	
八年十月二十七日	免	板垣退助	
九年三月九日	免	木户孝允	
十一年五月十四日	殁	大久保利通	
十一年五月二十五日	参议 陆军中将，初文部卿，后陆军卿	西乡从道	萨摩人
十一年五月二十五日	参议 海军中将 海卿军	河村纯义	萨摩人
十一年七月二十九日	参议 初工部卿 后外务卿	井上馨	长门人
十二年九月十日	参议 工部卿 议定官	山田显义	长门人

卷十五　食货志一

外史氏曰：余读历代史《食货》诸志，于户口之编审，田亩之丈量，赋税之征收，府库之出纳，钱法之铸造，亦只言其大概。于国家全盛，则曰“家给人足”；于国家末造，则曰“比户虚耗”。苟欲稽其盈虚盛衰之况，则无所依据以确知其数。至于一国之利害，与外国相关系，如通商出入、金银滥出之事，则前古之所未有，尤历史之所不及。余观西人治国，非必师古，而大率出于《周礼》、《管子》。其于理财之道，尤兢兢致意，极之至纤至悉，莫不有册籍，以征其实数。其权衡上下，囊括内外，以酌盈剂虚，莫不有法。综其政要，大别有六：国多游民，则多旷土，农一食百，国胡以富？群工众商，皆利之府，欲问地利，先问业户，是在审户口；惟正之供，天经地义，洒血报国，名曰血税。以天下财治天下事，虽操利权，取之有制，是在核租税；权一岁入，量入为出，权一岁出，量出为入，多取非盈，寡取非绌，上下流通，无壅无积，是在筹国计；泰西诸国尽负国债，累千万亿数无涯际，息有重轻，债别内外，内犹利半，外则弊大，是在考国债；金银铜外，以楮为币，依附而行，金轻于纸，凭虚而造，纸犹敝屣，轻重由民，莫能柅止，是在权货币；输出输入，以关为口，利来利往，以市为薮，漏卮不塞，势且倾踣，虽有善者，何法能救，是在稽商务。六者兼得，则理财之道得，而国富矣；六者交失，则理财之道失，而国贫矣。日本维新以来，尤注意于求富，然闻其国用，则岁出入不相抵，通商则输出入不相抵。而当路者竭蹶经营，力谋补救。其用心良苦，而法亦颇善。观于此者，可以知其得失之所在矣。作《食货志》。

户　籍

中古时有户籍，每岁阅口造计帐，六岁大比而造户籍。每户以家长为户主，五家相保，户或逋逃，则责五保。所计之籍，里上之郡，郡上之国，而告之官，统其事于民部省。凡户籍五比，则递除远年之籍，其年老应免庸调者咸注于册。自将军主政，封建制定，各君其国，各私其民。惟世禄之家，例有编籍，其取之于民无制，户籍之法遂不相统一。逮其末造，游士以浮浪名者，日本名无籍游荡之士，曰浮浪。辐辏于京坂、江户之间，卒奉强藩，以覆幕府，民皆轻去其乡，户籍益荡然无纪。旧俗专尚世族，贵贱悬绝。诸藩士卒隶于麾下者，皆仰食于平民，而不与平民通婚嫁。凡平民，禁乘马，禁着屐，禁衣丝绒。别有秽多、非人之族，又不得与平民齿。然农工商贾，皆平民之业，其他藩主、藩臣，逮于神官、僧侣，皆游手而坐食，不啻农之家一而食粟之家六已也。维新以来，废藩为县，凡旧藩诸侯改称为华族，藩士之食世禄者改称为士族，废秽多非人之名，概称为平民。旧日制限，悉皆解禁。明治五年四月，太政官布告曰："编审户口，当务之急。国有政府，固所以保护人民，然不察民之多寡，何以施治。凡民所以能养生送死安然无憾者，实由政府保护之故。今之民，多有脱籍漏籍，不得蒙保护者，谓之非国民也可。中叶以还，分疆画界，东西距离，国多异政，户有殊俗，而户籍之法亦从而凌杂。于是人民出彼入此，来往无制，沿袭之久，已成习惯。今特制定全国户籍之法，将使全国人民知上下通义。汝众庶其体斯意毋忽。"于是创编户籍。后数有更改，统分为八族：曰皇族，曰华族，曰士族，曰卒族，即旧藩时之充兵卒者，别有所谓地士，乃旧藩平民，因其勋劳，或赏其材能，特超擢之，使与藩臣等列名，曰地士。其后，此二类皆改编为平民。曰神官，曰僧，曰尼，曰平民。分为五事：曰农，曰工，曰商，曰杂业，统官员、学生、医生、神官、僧人各类。曰雇人。其法随各府各县分定某区。每区或四五町，或七八村，因地之宜，听从其便。每区分编号数，每号为一户，有一户兼二三号，亦有二三户合编一号，随其住宅之大小而分。户有户主，区置户长、副户长，而统辖于府县厅官吏。户长依式征收户籍，由户主呈送，将其家亲属姓名、生年月日、职业及氏神宗门，一一开载。存户长处，别缮二通。又作总计表及职业表，并呈管辖所。谓距离府县厅较远之地，别置一所，分派吏员以管理之。管辖所达之府县厅，准户籍式作管内总计表及职业表。将户长所呈，一通存厅事，一通押印，并表每六个月呈之太政官，每年正月晦日，户长据现在人数，自二月一日始，限一百日，详为查检。此百日中有增减，于明年正月中订正之。每六年则重为编审，注之于册。届六年期，每府县复详细检查。自二月一日始至五月十五日止，凡一百日。凡人民生死、生者以时报之户长，死者并其丧地，亦以时报之户长。移徙，其因事举家移徙者，由邻保、户长达其事由于本贯所辖官厅。官厅受其文，达知所住官厅，令编入其籍。有故而还原所者，送籍如其初。或举家移徙不愿改籍者，权认为暂住，注于所居地之暂住册。若同一管内，自甲区而入乙区，则由户长达管辖所。管辖所达移住户长，改注甲籍于乙籍。均注于籍。其旅游暂住者，各携文凭，以时查核。过三月以上，则当注于所居地之籍，凡传舍住宿，必注名簿。每七日由派出驿员查核，自余由户长稽查。凡住宿三日以上，即告知所居地之户长，其暂住者于管辖所临时注册，编入暂住表，以稽出入，核增减。间月检查，达知府县厅。年终汇呈太政官。若三府五港辐辏之处，时时由户长稽察，上告官厅，每间一月即呈之太政官。行之数年，法益精密。今列户籍诸表如左。因其业农者几及半数，并附耕地平均表，以便稽其每人耕地之数。若工若商，并注于表。至物产、工艺，则别详各志中。

户籍表第一

明治十年、十一年，无调查确数，故暂阙。十二年，系据一月一日调查之数。表中所列数目，最末者为单位，其上为十，其上为百，其上为千，其上为万，其上为十万，其上为百万，其上为千万，累至九位，则为亿万。如第一表中之合数三五七六八五八四，即系三千五百七十六万八千五百八十四人也。余仿此。

类别／年	男	女	合计
明治五年	一六，七九六，一五八	一六，三一四，六六七	三三，一一〇，八二五
六年	一六，八九一，七二九	一六，四〇八，九四六	三三，三〇〇，六七五
七年	一七，〇五〇，五二一	一六，五七五，一五七	三三，六二五，六七八
八年	一七，二五〇，四二〇	一六，七四七，〇二九	三三，九九七，四四九
九年	一七，四一九，七八五	一六，九一八，六一九	三四，三三八，四〇四
十二年	一八，一三七，六七〇	一七，六二四，五三九	三五，七六八，五八四

户籍表第二

类别＼年	五年	六年	七年	八年	九年
社数	一三八，一二三	一二三，七〇五	一二一，八〇六	一五三，〇三七	一六二，七八二
寺数	八九，九一四	八八，四二三	七九，一二〇	七四，七八四	七一，九六二
户数	七，一〇七，八四一	七，〇五〇，九二一	七，〇六一，五二四	一四〇，三〇四	七，二〇八，一四六
寄留户数		五〇，四〇九	六九，五五六	八〇，二五四	八四，九六四

户籍表第三

族别＼年		五年	六年	七年	八年	九年
皇族	男	一四	一四	一五	一七	二〇
	女	一五	一七	一七	一七	一七
	合数	二九	三一	三二	三四	三七
华族	男	一，三〇〇	一，三八七	一，四〇五	一，四〇四	一，四三三
	女	一，三六六	一，四四三	一，四八六	一，四九二	一，五三二
	合数	二六六六	二，八二九	二，八九一	二，八九六	二，九六五

族别	年	五年	六年	七年	八年	九年
士族	男	六三四，七〇一	七六七，七七一	九三八，七三四	九四八，一六一	九四九，〇四九
	女	六四七，四六六	七八〇，七九七	九四四，五三一	九四八，二一〇	九四五，七三五
	合数	一，二八二，一六七	一，五四八，五六八	一，八八三，二六五	一，八九六，三七一	一，八九四，七八四
卒族	男	三三四，四〇七	一七三，六五四	三，七六九	二，二〇〇	
	女	三二四，六六六	一七〇，二二七	三，四七七	二，一〇六	
	合数	六五九，〇七三	三四三，八八一	七，二四六	四，三〇六	
地士	男	一，七一五	一，七四二			
	女	一，六〇一	一，六二八			
	合数	三，三一六	三，三八〇			
旧神官	男	五二，一四七	三八，七二〇	四，五六九	一，三九七	四九
	女	五〇，三三六	三七，三九九	四，三四五	一，三六八	六七
	合数	一〇二，四七七	七六，一一九	八，九一四	二，七六五	一一六

族别＼年		五年	六年	七年	八年	九年
僧	男	一五一，六七七	一四八，八〇七	一四一，三九〇	一二七，七三七	四二，七一〇
	女	六〇，一六九	五八，八六二	五七，〇四五	五四，二九二	二三，七二〇
	合数	二一一，八四六	二〇七，六六九	一九八，四三五	一八二，〇二九	六六，四三〇
尼	男			三	一	
	女	九，六二一	九，三二六	七，六七七	六，一八五	一，七一三
	合数	九，六二一	九，三二六	七，六八〇	六，一八六	一，七一三
平民	男	一五，六二〇，二〇三	一五，七五九，六三四	一五，九六〇，六三六	一六，一六九，五〇三	一六，四二六，五二四
	女	一五，二一九，四二六	一五，三四九，二三八	一五，五五六，五七九	一五，七三三，三五九	一五，九四五，八三五
	合数	三〇，八三九，六二九	三一，一〇八，八七二	三一，五一七，二一五	三一，九〇二，八六二	三二，三七二，三五九
总计	男	一六，七九六，一五八	一六，八九一，七二九	一七，〇五〇，五二一	一七，二五〇，四二〇	一七，四一九，七八五
	女	一六，三一四，六六七	一六，四〇八，九四六	一六，五七五，一五七	一六，七四七，〇二九	一六，九一八，六一九
	合数	三，三二〇，八二五	三三，三〇〇，六七五	三三，五七五，六四八	三三，九九七，四四九	三四，三三八，四〇四

户籍表第四

类别＼年		五年	六年	七年	八年	九年
户主	男	六，八五〇，三一五	六，八〇七，六九三	六，八五〇，三三七	六，九四五，五六五	六，九八六，三三九
	女	一七六，八八二	二五九，一八三	二七七，六〇一	二九〇，七一二	二九七，六九七
	合数	七，〇二七，一九七	七，〇六六，八七六	七，一二九，九四七	七，二三六，二七八	七，二八四，〇三六
夫	妇				六，五七二，三一六	六，七一八，二八八
出生	男		二九〇，八六三	四一四，四二九	四二六，八八四	四四六，五一八
	女		二七八，一九八	三九五，〇五八	四〇九，二二九	四二二，六〇八
	合数		五六九，〇三四	八〇九，四八七	八三六，一一三	八六九，一二六
死亡	男		二〇八，〇九二	三四〇，八七二	三五七，七五九	三三八，二七一
	女		一九七，三一二	三一九，八二二	三三八，八九四	三一六，二九一
	合数		四〇五，四〇四	六六〇，六九四	六九六，六五三	六五四，五六二

类别 \ 年		五年	六年	七年	八年	九年
弃儿	男				一,九二四	二,一五一
	女				一,七六八	一,九三八
	合数				三,六九二	四,○九八
脱籍	男			六六,一七四	八九,九八五	一○一,九一二
	女			二○,五六○	二九,一四一	三二,五一七
	合数			八六,七三四	一一九,一二六	一三四,四二九
无籍	男		一二	五	六	
	女		七		一	
	合数		一九	五	七	
八十岁以上除籍	男				四二二	六四七
	女				一九五	三一五
	合数				六一七	九六二

户籍表第五

职别	年	六年	七年	八年	九年
农	男	八，一二一，〇六〇	八，〇六九，五四五	七，九六八，一八〇	八，二三七，六八二
	女	七，一七五，四一〇	七，一八四，二二九	七，一三四，二五七	七，三九八，四三一
	合数	一五，二九六，四七〇	一五，二五三，七七四	二五，一〇二，四三七	一五，六三六，一一三
工	男	五一九，七六五	五三一，五三三	五四八，二九八	五五四，七一八
	女	一五三，七一四	一六〇，八五四	一六一，二六二	一八〇，五九二
	合数	六七三，四七九	六九二，三八七	七〇九，五六〇	七三五，三一〇
商	男	八〇八，九五一	八二三，四三七	八二二，八〇五	八四八，三一二
	女	四五八，四五〇	四五九，二二六	四六二，六九一	四八九，八四八
	合数	一，二六七，四〇一	一，二八二，六六三	一，二八五，四九六	一，三三八，一六〇
杂业	男	一，〇〇九，五七二	一，〇二九，四三八	一，〇四九，三六二	一，〇七八，三五三
	女	七四五，四九一	七五五，〇七二	七八〇，七六八	八〇六，三〇八
	合数	一，七五五，四六三	一，七八四，五一〇	一，八三〇，一三〇	一，八八四，六六一
雇人	男	一八一，一八八	一七三，三七一	一七二，二八五	一九〇，三二五
	女	一一九，四二五	一一一，八六二	一一七，二九七	一三〇，一二六
	合数	三〇〇，六一三	二八五，一三三	二八九，五八二	三二〇，四五一

户籍表第六 十二年一月一日现在之数

类别 府县名	男	女	合计
东京	四七九，二七四	四七四，五一七	九三五，七九一
京都	四〇八，四七〇	四〇五，七八八	八一四，二五八
大坂	二八六，九七〇	二九一，三〇〇	五七八，二七〇
神奈川	三八五，二〇一	三六九，四〇九	七五四，六一〇
兵库	六九九，二六〇	六七一，四六〇	一，三七〇，七二〇
长崎	六〇五，〇九一	五八七，〇四三	一，五三〇，七一二
新潟	七六五，四四九	七六五，二六三	一，五三〇，七一二
埼玉	四五八，四三三	四七一，五〇六	九二九，九三九
千叶	五五八，八八二	五四〇，七九四	一，〇九九，六七六
茨城	四四九，六八二	四三八，二七五	八八七，九五七
群马	二八八，二二五	二八五，七五九	五七三，九八四
枥木	二八五，九五六	二八四，八八七	五七〇，八四三
堺	四八二，六一二	四七三，一三六	九五五，七四八
三重	四一八，〇九七	四一六，七九六	八三四，八九三
爱知	六四四，二一四	六五一，二三八	一，二九五，四五二
静冈	四九七，四五七	四八三，三〇九	九八〇，七六六
山梨	一九五，〇四九	一九六，〇七四	三九一，一二三
滋贺	三六一，七三七	三六八，一五六	七二九，八七三
岐阜	四二三，一四一	四〇八，七四六	八三一，八八七

类别 府县名	男	女	合计
宫城	三一九，二八九	二九七，五九二	六一六，八八一
福岛	四一〇，八七一	三九三，九九五	八〇四，八六六
岩手	三〇五，三三八	二八六，九五六	五七二，二九四
青森	二四二，〇〇九	二二六，五〇八	四六八，五一七
山形	三四三，五三三	三三七，六四七	六八一，一八〇
秋田	三二七，二三七	二九三，八九三	六二一，一三〇
石川	九三六，六七五	九一六，一三六	一，八五二，八一一
岛根	五三〇，九三〇	五〇三，六五一	一，〇三四，五八一
冈山	五二三，〇九八	四七八，一二二	一，〇〇一，二二〇
广岛	六一九，五七五	五八八，三七二	一，二〇七，九四七
山口	四四八，二九二	四二七，三一五	八七五，六〇七
和歌山	三〇四，一三三	二九七，九四二	六〇二，〇七五
爱媛	七三七，七四二	六九四，九一三	一，四三二，六五五
高知	六一四，八七八	五七〇，八八六	一，一八五，七六四
福冈	五五二，八〇三	五三四，八〇一	一，〇八七，六〇四
大分	三六九，三〇五	三五八，八一〇	七二八，一一五
熊本	四九〇，六四三	四九〇，六九八	九八一，三四一
鹿儿岛	六三六，五一八	六一九，〇一六	一，二六一，九〇九
冲绳	一五四，三九四	一五六，一五一	三一〇，五四五
开拓使	八〇，〇八九	七八，五二六	一五八，六一五
小笠原岛	一四五	四九	一九四
总计	一八，一三七，六七〇	一七，六二四，五三九	三五，七六八，五八四

每国人口及农口表

表中所称总人口，据明治九年一月一日调查之数。

国名	总人口	农民	
		男	女
武藏	二,〇七六,九五七	三二四,四四四	二三〇,四六七
越后	一,四〇四,一二三	三三七,五〇二	三三七,五〇三
肥前	一,一〇〇,一二九	二七四,七一〇	二五六,六六五
肥后	九七六,七五三	二五七,九〇六	二五七,〇〇六
信浓	九五五,九一三	二六九,八六三	二五九,八八三
伊豫	七九三,九八七	二一〇,九四八	一八七,五三七
摄津	七五三,四二一	八三,二三七	五八,四三九
尾张	七四九,八九七	一八九,五〇七	二〇〇,六一六
安艺	七〇〇,九九八	一九二,三七〇	一五九,一五三
美浓	六九二,二一八	一九五,〇一六	一八一,九〇七
常陆	六七九,四八三	一九八,三九八	一九〇,〇七八
下总	六六五,〇七三	一八四,六二一	一八四,五四〇
播磨	六五九,六四三	一七八,一八五	一四一,〇二九
羽后	六五七,三八三	一七五,二三一	一五九,九〇八
越中	六四九,四五八	一四四,四三三	一三一,三六一
纪伊	六三九,六九六	一一七,八四六	九四,〇九七
阿波	六二〇,二三五	七七,九九八	二,一三七

国名	总人口	农民	
		男	女
伊势	六〇一,六九五	一四六,三七八	一三七,二五九
萨摩	五九六,六三二	一六〇,五一〇	一五九,九〇一
赞岐	五九一,五八四	八八,二七六	三,六八九
近江	五八九,七四七	一四二,四五四	一四七,一〇一
丰后	五八三,七四〇	一七五,〇八九	一七一,二三六
羽前	五七八,六六六	一四五,五七六	一三七,七八九
陆前	五五七,九八二	一五四,〇七一	一四七,〇九一
上野	五四〇,四七七	一四二,七五五	一三二,五六〇
下野	五三四,三六三	一四七,五六五	一三六,八一九
土佐	五三三,二九七	一二三,六〇四	一〇八,四九六
陆中	五二四,六九四	一二四,一五七	七二,一一八
周防	五〇七,八二六	一二八,〇五七	一二一,九八八
三河	四九四,八一四	一四一,七七九	一五四,四二三
陆奥	四八九,二四五	一一一,二一三	一〇一,〇一五
备后	四七五,七〇七	一五六,〇九六	一四四,一九二
越前	四六六,九三六	八四,一五〇	七九,七二二
筑前	四五七,三三五	九〇,四三八	八三,七三〇
岩代	四四九,二二六	一二六,六三八	一二〇，一九一
山城	四三六,三八六	四六,八七八	三八,九五六
大和	四三三,九三八	九八,二四一	八七,六七二

国名	总人口	农	民
		男	女
上总	四三二，〇四六	一二九，九九〇	一二五，五四七
加贺	四二四，六〇九	六八，五九二	五六，三三三
远江	四二一，三四二	一〇五，三三六	一一一，二三七
备中	四一〇，九二三	一二三，〇四九	一一七，五九五
筑后	四〇〇，五〇四	八六，〇九〇	七二，六七五
日向	三八八，五〇八	一〇二，三四〇	九五，七一二
骏河	三八二，八一四	九八，六一五	九三，五六七
甲斐	三七四，二五〇	一〇三，四九一	一〇七，七六四
相模	三一二，二五〇	一〇七，五一九	一〇一，五二五
磐城	三六九，一九四	一〇七，一七七	八八，七七一
出云	三四二，六二一	七七，六四六	七四，二〇三
备前	三三七，七四四	八二，二九三	四，九三一
长门	三三六，七二四	七六，一九四	七四，四二〇
丰前	三二二，一五六	八七，七五三	八四，四四六
丹波	二九七，三七〇	八六，六二六	八二，九三九
能登	二七一，八二〇	六七，四〇七	六〇，一二五
石见	二七〇，八〇四	七二，二九〇	六七，五〇〇
河内	二四九，六三四	七三，四四三	六五，六一〇
大隅	二二四，〇二二	四九，九三三	四四，八九二
和泉	二二〇，九六二	四六，二八二	四一，四三一

国名	总人口	农民	
		男	女
美作	二一八，六〇五	六四，四九一	五五，八二二
伯耆	一九八，九八〇	五九，八八〇	五六，五八九
但马	一九一，二四〇	四九，三〇五	四二，九二七
因幡	一六七，〇二〇	三八，四三七	三六，五五五
淡路	一六六，九二五	三三，一九四	二一，六六三
丹后	一六二，九八八	三八，三九四	三八，五二五
安房	一五六，二四二	三〇，八五三	三三，二四六
伊豆	一五五，二四八	三八，四一四	四一，五五三
佐渡	一〇四，七六四	二六，一〇八	二六，五三〇
飞驒	一〇一，六〇〇	三〇，二〇六	二七，五九九
伊贺	九八，五二八	二九，七四八	二九，五九二
若狭	八六，四八九	一四，九〇六	一一，八〇五
志摩	四九，六五四	一一，八〇一	一三，三七七
壹岐	三三，三〇四	六，四四八	五，六三三
对马	三〇，一〇五	五，〇七三	四，八二〇
隐岐	二九，六三二	七，五一二	八，〇四三
琉球	一六七，五七二	四五，一二四	四五，九五八
北海道	一四九，五五四	九，五八三	八，六九三
计	三四，三三八，四〇四	八，二三七，六八二	七，三九八，四三一

农民每一人耕地平均表

表中著点者为段位，下为亩，下为步，如表中六一〇〇，即六段一亩；五六二五，即五段六亩二步五厘也。余仿此。

使府县	每一人匀分耕地段别	内分	
		水田	陆田
高知	六一〇〇	一八二二	四二一八
岩手	五六二五	二〇二二	三六〇二
青森	五四二六	二八二一	二六〇五
埼玉	四六〇三	一八二九	二七〇五
东京	四五二九	二〇〇七	二五二二
秋田	四三〇四	三一二八	一一〇五
宫城	四〇二四	二六一六	一四〇八
大坂	三九〇二	二八一五	一〇一七
福岛	三八〇〇	二二〇〇	一五二九
枥木	三七〇〇	一七〇五	一九二四
山形	三五一六	二四二六	一〇二〇
群马	三五一五	一〇一五	二五〇一
茨城	三四一〇	一六〇四	一八〇六
鹿儿岛	三四〇〇	一二二九	二一〇〇
开拓	三二二〇	〇二〇四	三〇一六
新潟	三二〇四	二二一三	〇九二一
石川	二九二七	二四〇五	〇五二二
千叶	二九〇六	一七一九	一二〇七
福冈	二九〇六	二二一九	〇六二六

使府县	每一人匀分耕地段别	内分	
		水田	陆田
长野	二七〇六	一二一六	一四二〇
长崎	二七〇二	一四一七	一二一五
神奈川	二六二一	〇七一四	一九一七
熊本	二六一六	一二〇〇	一四一六
滋贺	二六〇一	二二〇五	〇三二六
爱媛	二五二二	一七〇七	〇八一五
山梨	二五一二	一九〇九	一六〇三
三重	二五〇一	一八二八	〇六〇四
冈山	二四一七	一六二七	〇七二〇
和歌山	二四〇七	一七一七	〇六一九
岛根	二三二三	一六〇九	〇七一五
静冈	二二〇一	一二一八	〇九一三
大分	二一一一	一一〇〇	一〇一一
岐阜	二一〇九	一三二七	〇七一一
兵库	二一〇七	一七〇〇	〇四〇六
堺	二〇二九	一六〇〇	〇四二九
爱知	二〇一二	一二〇六	〇八〇七
京都	一九二六	一五〇〇	〇四二六
广岛	一六二二	一一〇八	〇五一四
山口	一七〇四	一二一六	〇四一九
平均	三〇九七	一六九五	一三六八

外史氏曰：古之时土满，今之时人满。古之时地利未尽辟，物产未尽殖，天下皆有用之民，故民寡者国弱，民众者国强；今之时土地不足以容众，物产不足以给人，天下多无用之民，而民之众寡，乃无与国之盛衰。余尝考古户口之数，偏安小霸者无论矣，汉、唐、元、明之极盛，不过六千万。夏禹时，人口千三百五十五万三千九百二十三。周成王时，千三百七十万四千九百二十三。汉孝平元始二年，五千九百五十九万四千九百七十八。东汉和帝永兴元年，五千三百二十五万六千二百二十九。晋武帝太康元年，千六百一十六万三千八百六十三。隋炀帝大业二年，四千六百一万九千九百五十六。唐明皇天宝十四载，五千二百九十一万九千三百九。宋英宗治平三年，二千九百九万二千一百八十五。元世祖至元二十七年，五千九百八十四万八千九百六十四。明神宗万历六年，六千六十九万二千八百五十六。此皆一代极盛之数也。虽曰计口算赋，唐、宋有司或不能行法，相率隐漏，然加倍其数，亦不过十千万而止矣。我大清受命以来，列祖列宗，天覆地载，涵濡生育。乾隆初年，户部奏各省人口之数即逾亿万。乾隆二十五年正月，奉上谕："今日户口日增，而各省田土不过如此，不能增益，正宜思所以流通，以养无籍贫民。"是年五月，又奉上谕："国家生齿繁庶，即自乾隆元年至今二十五年之间，滋生民数，不下亿万，而提封止有此数，余利颇艰。古北口外一带沿边，内地民人前往种殖，成家室而长子孙，其利甚溥。设从而禁之，是厉民矣。今乌鲁木齐辟展各处，屯政方兴，客民既源源前往，将来阡陌日增，树艺日广，于国家牧民本图，大有裨益。"等因。圣人之言，所见远矣。而东之三省、西北之列藩，尚未计也。嘉庆、据嘉庆十七年，十八省户籍已有三亿六千一百六十九万三千一百七十九丁口。而在京之八旗，及各驻防人丁，不与其数。道光以至今日，统满、蒙、汉、回乃有四亿二千余万之众。於戏，盛矣哉！开辟以来之所未有也。然而列圣宵旰于上，百辟承宣于下，而海内之民犹若困顿无聊、汲汲不能谋生者，谓非由此极盛之民也乎哉？日本之地居我二十五之一，其人民乃居我十二之一，可谓夥矣。土非不饶，物非不丰，而民多憔悴困穷，则亦人满之患耳！承平日久，兵革不闻，疵疠无患，民生其间者，日增而月益，盖十倍于中古，数十倍于上古，而地之所产，华实之毛，薮泽之利，则自若也。譬犹陈一脔之肉于俎上，一人食之而果腹；数人则不足，聚数十人，则纱臂得食，犹不能饱矣。均田画井以授民，三代下既万不可行，逮今为尤甚。民无恒产，则不得不诈伪奸宄，竞争刀锥之末。争之愈甚，求之愈难，益相率为目前苟且剜肉补疮之计，经久之大利反不能兴，物产乃愈穷而愈绌。天下之耕而食、织而衣者，百之一耳。天下之不士不农不工不商者，比比皆是。其黠者，夤缘官吏，鱼肉豪富，或抱其刀笔筐策之技、医卜星相之术，糊口于四方。其愚者潦倒乞食，群聚赌博，或结党为盗，甘触刑网而不顾。为上者兢兢然以法维持之，仅及于无事，稍或懈弛，则大乱作矣。故极盛之后，百数十年必一乱。乱之所由生，亦势之所使。然非必纲纪之败坏、政事之阙失也。彼欧罗巴全州之境不及我国，而其民善于工商，无所不至。又得阿美利驾，又得澳大利亚，皆穷古不毛之地，移民垦辟，卒兴大利。其富也亦土满人稀之故也。嗟夫！古之善治民者，患其寡也，则为之谋生聚，于是有胎养之谷，生子之赏，养老慈幼之政，老女寡妇之禁。虑其满也，则为之设禁防，于是有三十而娶，二十而嫁之限，使分田画井，得计口而给，仁术乃不至于穷。及其既盛，乃不得不凿山通海，废阡毁陌，以兴自古未兴之利所，皆已然之迹也。逮夫今日，又不足以给，故山林薮泽不能封，矿穴宝藏不能秘，奇技淫巧不能禁，即其贸迁流散四出于海外者，亦不能止。非不知其不可，时势之所趋，有不得不然者在也。惟欧罗巴人知之，故悉驱游民，使治旷土；惟日本人今亦知之，故力辟虾夷，广兴农桑。彼不知者，犹拘拘古制，藉口于生聚之谋、休养之德，亦未尝考古而准今，而欲匠人之以栈为楹、以枘容凿也。

卷十六　食货志二

租　税

租税别为二课：全国人民以供一岁国用，输纳之大藏省者为国税。其目曰地租，曰海关税，曰矿山税，曰官禄税，曰北海道物产税，曰酒税，曰烟草税，曰证券印纸税，曰邮便税，曰诉讼罫纸税，曰代言人准照税，曰船税，曰车税，曰诸会社税，曰铳猎税，曰买卖牛马准牌税，曰度量衡税，曰卖药税，曰版权执照税，曰海外护照诸税。此皆现行税则。旧幕府时，有防川国役金，岁以防河为名，课人民征收者。此外杂税有曰冥加金，有曰小役税，凡千五百余种。明治初年，尚沿旧收纳，至七年停止。明治之初，又有蚕种生丝税、绞油税、家禄赏典禄税、仆婢车马驾游船税，现皆停废，故不再录。国税之外有地方税，由各府县征收，输纳之各府县，以供地方之用。其目曰地租，曰营业税，曰杂种税，曰计户税。别有各郡各区所自课收，以为各郡区用者，名曰民费。收税各立期限，逾期不纳，如地租过三十日为逾期，营业税过一日为逾期。则官押勒其财产器具，令之变卖以偿，或由官公卖，若犹不足，国税则官受其损，地方税则同府县受其损，令设法别课。

地租　自崇神时始制贡赋。迨孝德中，仿唐租庸调之法，凡租田一段，古法五尺曰步，长三十步、广十二步曰段，十段曰町。稻二束二把。义解云：段地获稻五十束，束稻舂得米五升。二束二把，即一斗一升。庸者，每丁凡男子十六曰中，二十曰丁，次丁每二人准一正丁。岁役十日。不役者出其力所值为庸，一日布二尺六寸，如加役至满三旬，则租调皆免。调者，随其乡土之产，绢绝，六丁调一匹，长五丈一尺、广二尺二寸为一匹。一正丁各八尺五寸。丝棉布二丁调一绚。十六两。一屯二斤。一端。五丈二尺，广二尺四寸。每一丁调丝八两，绵一斤，布一丈六尺。其余杂物，如盐铁鱼藻麻纸油漆等物各有差。中古行均田法，计口班田，曰口分田。给口分田，男二段，女减三之一，每六年一颁田。惟生五年以下者，无给。所私垦者，曰垦田，垦田世其业。又有位田，一品八十町，二品六十町，余各有差。有赐田，特敕所赐。有功田。大功世世不绝，上功传三世，中功传二世，下功传子。诸田分给外有余，曰公田。国司随乡土估价，或赁或租，送价于官，以充公用。收税曰地子，比常税加八九倍。自藤原氏世相于内官皆世禄，庄园遍于国中，田不足给，而均田之制坏。及源赖朝兴，诸国置守护，庄园置地头。每段别课八升，以充兵饷。每遇军兴则加赋，兵休而赋不除。所有守护、地头，一切以武断行政，甚有身死名存，举乡分任其责者。至于丰臣氏，乃遣令发使分巡邦国，以正经界、平租税为务。然古者每段三百六十步，裁为三百步，仍课税如故，而赋益增矣。其制田之法，随地广狭，分三等：三百步为大步，百五十步为中步，百步为下步。见其不能百步，则舍而不税，谓之见舍。其定疆界于林木丛植处，北起于所不露滴，南至于所不庇荫，赋取十之四，谓之四公六民。逮德川氏定国，分藩施治，贪官污吏，务以坏制，所谓见舍之田，且不肯贷，林阴露滴，咸入田籍。其诛求贪巧，岁益苛急，大率皆五公五民，甚者六公四民、七公三民，民困极矣。

自废藩令下，明治六年古来日本土地，尽国家所有，人民不得卖买。明治五年，始解此禁，听人民买卖，惟不许卖与外国人。是年颁发地券，始行证券印税；无几又下地租改正之令，从租税头陆奥宗光之请也。七月诏曰："租税者，国用出入之大经，人民休戚之所系也。比者，法制不一，宽严轻重，不得其平。朕欲加厘正，乃博采有司群议，地方官众论，更与内阁诸臣辩论制定，使归画一。今颁布地租改正法，庶冀赋无厚薄之弊，民无劳逸之偏。"主者奉行，太政官又布告曰："现今厘正地租，历代田亩纳贡之法，皆废而不用。惟考核各地券，以其地价百分之三以充地租。其条例，具如别录。凡从前官厅、郡区所课民费，此谓由地方官吏郡区长课收，以充地方公用者。自今并宜课地价，其额不得超过正税三分之一。"其条例："曰现行改革地租法，因时因地，各有缓急难易，断难一律施行。此后有已经改正者，即陆续施行。曰凡地随原价以课税，尔后虽丰年不增，虽凶年不减。曰从前地税与物品税、房屋税合而为一，今当划分地税，定为地价百分之一。然物品税额未定，不得已，暂收地价百分之三，待物品税逐年递增，收额及二百万元，则地租仍减为百分之一。曰有不愿改正者，皆依旧法。虽轻重不平，一切不许申诉。其从前所定免地，今再检验丈量，以定税则。曰改正以后，买卖地价或有增减，自改正日始，准于五年间照最初所定地价收税。于是设局经理，率课地价百分之三，田地准每岁收获以定地价。令各地主自行申报，乃派员丈量，详记亩步，给以地券。其宅地准是，处耕地平均价，或准近邑宅地价以定。若市街、池泽、山林、原野、学校、贫院，或私有地，或公有地，皆定相当地价以收税。惟堤防、坟墓等不税。由邑里所定地价，若地主以为过重，再行查勘；如仍不服，则行投票法以定地价，任人买取。其始，人民守旧，颇有嚣然不愿服从者。行之四年，渐归整理。十年一月，又诏曰："朕维维新日浅，中外多事，国用实不资，而兆民犹在疾苦中，未沾厚泽。曩者改制税法，定地价百分之三。今亲察稼穑艰难，吾民无以休养，其更减税额为地价百分之二分五厘。汝有司其省啬国用，以称朕意。"太政官又布告曰："今奉旨减地租额，所课民费，亦宜减省。自明治十年，不可超过正税五分之一，由是农民易以养赡。明治六七年间，福山等处有揭竿倡乱者，即以改地租、易正朔为名。十年三月，西乡隆盛之叛，亦以减租之事鼓动群愚，而归附者甚众。实则改正地租，比旧幕府大为轻减。第以人情守旧执迷，故一时有不愿从者。近岁日本农民颇足赡养云。凡收纳地租之法，陆田、水田各分期立限。陆田于本年七月一日起，十二月十五日止，分三期。水田于本年十二月一日起，至明年四月三十日止，分三期。逾期不纳，则没收田产；实系凶岁灾重，许其延纳。"遇水旱非常凶灾，遣员查勘，如灾至五分，则将所损五分分五年纳租。若灾及十分，则分十年。如延纳限中再罹凶灾，俟旧额分年完纳后乃及新额。初改地租，皆令纳金。至明治十一年，凡属水田，许以米代金，纳半额。其愿纳米者，地方官于是年十月一日至十一月三十日、六十日中米价，确实查核，乃平均以定一价，申报大藏省。所有运输之费，仍照旧日贡纳之法。当明治八九年间，岁课地租五六百万元，减租之后，岁收约四百万元云。

海关税　海关于输出输入货物，均课税值百之五。其章程详条约中。考泰西各国，国用海关税最为大宗。输出多不课税。其输入货物，如平常日用、麻麦米豆之类，值百收税约二三十；如珍异玩好、烟酒绸缎之类，值百收税约五六十；若己国方兴之产，虑他国之物以价低相冲拒者，则重课他国物，名曰保护税，有值百收税至二百、三百，数倍其物价者。收税之权，皆由自主，或轻或重，以时损益，他国不得干预。独泰西与中东两国条约，将海关税则附约而行，订明某物课税多少，实非万国通行之例。盖由当时订约未熟情形，亦以左执干戈，右陈槃敦，威迫势劫，有不得不从之势也。日本于外交利弊考求颇熟，于明治四年，即遣使周历各国，欲免输出税，而加输入税，所有收税之权改归日本自主。惟西人既得之利，难于遽失，卒不得要领而归。其后，商之美国，先改美约，然约中声明，俟诸国一律改约后乃得施行。现今商议此事尚未就绪云。

矿山税　凡采取有矿质之物，每坑面积五百坪，每六尺为一坪。年税金一元，名曰借区税，例于每岁一月纳之矿山局。若采铁及无矿质之物，铁之为物，用广而价贱，故与无矿质之物相等。每坑面积五百坪，年税金五十钱。若采掘废矿面积千坪，照常税例纳。其于官有地掘取土石者，砚石、砥石、版石、筑石、石盘、石灰、石碑之类。照一年卖价，以百分之一纳税。

官禄税　敕、奏任以上官于每月俸额照则征收，次月五日纳之租税局。凡敕任官，课禄税十分之二。奏任官，月俸百元以上者课税二十分之一。惟海陆军武官免税。明治六年始行禄税。九年改例，凡元老院议官，年俸每月分计未满三百五十元者，减为课收二十分之一。出使海外之公使、领事官、书记官、书记生等，皆准免税。十二年三月，又改工部省中技监、大技长、权大技长、少技长、权少技长亦免税。

北海道物产税　凡北海道物产，谷类、酒类、矿属、蚕纸、生丝，不在此内。无分官用私用。海陆军用物免税。按原额百分之四课出港税，于输送所至之地，令船主开报输纳。日本古虾夷地，维新以来，改称北海道。其地旷漠无垠，荒芜不治，故别设开拓使，移内地居民以经营之。海产甚富，地利亦饶，将来开拓可得大利。政府课税，特较常税为轻，所以保商务广殖产也。

酒税　凡以稻米、杂谷、果实酿酒以营业者，申报管辖厅，领受准牌，日本谓之鉴札，刻木为牌，详载某府县、某国、某郡、某村、某区、某町、某号地、某姓名。乃许发卖，名营业税。每酒一种，年纳金十元。其贩之酿酒家、卖于卖酒店，为贩卖，年纳金十元。以贩自一酿酒家为限。若又贩之别家，每一家纳税十元。卖与自饮人者，为零卖，年纳金五元。每年十月一日至翌年九月三十日，名为一期。此一期内，无论何时创业，均纳一期全额。领牌造酒，所造石数，每年派员检查，令纳酿造税，每酒一石，价高者纳金三元。价低者纳金一元。明治四年定例，每石税价值十分之一。十一年九月，改定新例，分酒高低，以定多少，大概不止十之一也。每岁四月三十日纳半额，至九月三十日全纳。每一期造酒石数，例于十月申报管辖厅。当官检查时，令酒人自占于盛酒器，标识多少。有腐败者，禁不许卖。其清酒酿具，官封以印，请之于官，乃许再用。即领造酒准牌，又贩酒于人，及于酿造所外别设卖店者，仍令纳贩卖税。既领贩卖准牌，又分设卖店者，别令纳贩卖税。凡准牌不许假借与人，每岁检查，烙印干支字于牌上；未领牌而私造私卖酒及酒具皆没收于官，并每石别科罚金。其借人准牌者，同罚；以准牌贷与人者，令缴准牌，仍科罚金。若酿造石数占不以实，以多报少，则没收其所造酒卖得金，仍再科罚。造酒之外，又课麴税，领准牌者，每岁纳金五十元。营此业者，于计簿详记其石数，并购求者姓名、居处、年月。至翌年十月，申报于官以待检查。漏税者有罚，凡以漏税告发于官，审实，以所没收物所罚金十分之一赏之。

烟草税　以烟草营业者申报管辖厅，领取准牌。惟种烟草人，以自种之物卖与商人，不在此限。发卖者岁纳金十元，零卖者岁纳金五元。卖与商人为发卖，卖与自用者为零卖。受领准牌者，须别领小牌。每牌金十钱。买卖烟草时必携之在身，以待检查。纳税每岁分二度。前半年以一月三十日为限，后半年以七月三十一日为限。所卖之烟草，别制印纸，分别印纸价准烟草所值，贴而用之。印纸者，以极精之纸，镂刻花草、虫鱼、人物，由官卖给，例须纳印纸税者，必购买贴用。泰西收税，多用此法。凡卖烟草价未满五钱者，用一厘一钱十分之一为一厘，即银一元之千分一也。印纸。五钱以上、未满十钱者，用五厘印纸。十钱以上、未满二十钱者，用一钱印纸。二十钱以上、未满三十钱者，用二钱印纸。三十钱以上、未满四十钱者，用三钱印纸。烟草或盛以箱，或裹以纸，或束之如书卷，必粘用印纸于一经拆开，必致损破之处，又须于印纸上钤用店主名号。欲涂灭之，以杜复用也。其不领准牌与借贷准牌者，罚则大概同酒税。商人不携小牌而买卖者，罚金二十倍。不用印纸，准价罚金二十倍。用印纸而不足税额者，谓如值价三十钱以上，乃用一钱印纸之类。科罚十倍。若剥取印纸而再用者、赝造印纸以充用者，均课重罚。经人告发审实，以科罚金之半额赏之。

证券纸印诸税　凡人民以财产相授受，所有文凭计簿之类，必须用官造印纸、界纸印纸、界纸均由官制造发卖。印纸购而贴于自书文契之上。界纸以纸画为栏，分行如罫，即用之以书文契。以为据。其不用者，若有讼事，诉之于官，官不受理。印纸分以色：淡黑色一钱，薄赭色五钱，青色十钱，黄色二十五钱，橙黄色五十钱，红色一元，深紫色五元，深红色二十元。界纸分三种：大者七厘，中者五厘，小者三厘。凡买卖、贷借、典质、佣雇、寄顿、搬运，搬运谓为人转运货物之类。大概每十元以上至二十元则税一钱。其数屡加，则税递增。

惟支取单较重，此谓酒食之类，由卖店出单，凭单以支取者，其中或以供赌博，或以充馈遗，大约价浮于常时，故收税较重，每值价二十五钱以上则税一钱，其他类推。而替换单较轻。以金易银，以银易钱，以金银钱易纸币之类。自五十元以上未满百元者，课税一钱。其他类推。凡账簿分为三类：典质寄顿之类，百元以上二百元未满，则课一钱。买卖贷借之类，百元以上二百元未满，则课五钱。搬运之类，每一年课税二十钱。印纸已经贴用者，必钤名印以涂灭之。凡计簿每满一年，应将出入多寡之数记于簿，司事者钤印以上以待检查。凡应用印纸、界纸而不用者，罚漏税银二十倍。如界纸定价三种，平均为五厘，科二十倍，则为十钱。受者同罚。其以少为多，不足税额者，罚漏税银五倍。计账之类，已经核算多寡，贴用印纸讫，复以其簿内余白陆续填写，不再用印纸者，罚漏税银十倍，或六倍、四倍。不遵规则，不钤名印于已用印纸者，剥取以再用者、赝造以充用者，均重科罚金。告发之人审实，以所罚金之半额赏之。考泰西诸国，惟于海港入口及邻国毗连之地设关课税。其在本国则随处通行，并无关隘，其税商也，惟课坐贾，不课行商。有计店以课税者，如日本之营业税，即中国之牙行帖也。有计物以课税者，如日本之酿酒税、卖烟税，即中国之落地税也。几于无物不税，无店不税。若珍异玩好之类，非寻常日用所需者，则课之尤重。大率准值价之十。取其一二以为常则，即烟酒之类是也。至于文凭计账之类，以印纸、界纸为税者，则统一切买卖贷借典质之事，莫不有税。比之宋人手实法尤为精密，可谓利析秋毫矣。然大概由十元至十二元则税其一钱，尚不及千分之一，则取之也似微。官但刊刻印纸、界纸，每区每村令商人领受而发卖。需用者可以随处购取，则购之也甚便，听人自行贴用，并无督责催促等事，则输之也又甚易。

然不用印纸，有讼事告于官，官不为理，则人皆不肯吝小资以贻后患。金银交易之事，必有一二人与其间。有受者同罚之例，有告者给赏之条，人又不肯惜微费以受重罚，故人人不敢不遵例而纳。而在官人员除稽查账簿以外，别无吏役奔走之烦，无关津留难之患，无胥徒检核之扰。操之至约，而取之甚溥，可谓善已！

邮便税 邮寄之事，官为设局经理，刊刻印纸，听人购买，自行贴用。凡书函收送，皆官局之人司其事。凡在本国内，书函往复，无论近远，每书函重二钱以下，税二钱；由二钱至于四钱，税四钱；由四钱至于六钱，税六钱；以上，每加重二钱，则增重二钱。其在一城市内往复者，减半。如东京驻居之人，寄函东京驻居之人之类。其邮寄外国书函，远近不等。如寄上海、香港、美国者，每重十五具，法国权量之名，每一具即日本二分六厘六毫强，十五具，即三钱九分九厘三毫。收税五钱。其由南洋至欧罗巴者，收税二十钱有奇。其由大东洋寄南北美利坚等国者，收税十钱有奇。此外，新闻、书籍，各有价。详《职官志·邮便局》内。

诉讼罫纸税 折纸如书式，刻为方罫形，外围以栏，书“诉讼用纸”等字，由官令人发卖。凡关于诉讼之告诉状、答辩书、证凭钞写本，必须购用。不用者，官不受理。事各分类，纸各分色：一、金谷之类，有黄色罫纸、所诉之事，金不满十元、米不及五石者用之，每一页一钱。黄绿色罫纸、金十元至百元、米五石至五十石用之，每一页二钱。橙黄色罫纸、金百元至五百元、米五十石至二百五十石用之，每一页三钱。绿色罫纸、金五百元至千元、米二百五十石至五百石用之，每一页四钱。黑色罫纸，金千元以上、米五百石以上用之。每一页五钱。二、人事之类，谓立嗣养子、雇人诉讼之事。用青色罫纸。

每一页一钱六厘。三、土地家屋之类，谓地所境界、田土房屋诉讼之事。用紫色罫纸。每一页一钱六厘。四、杂事之类，于上三事外一切诉讼之事。用红色罫纸。每一页一钱二厘。文告之类，如裁判所之传唤状及町村役员之知会之类。用赭色罫纸，每一页五厘。以上皆每页十六行，每行十五字。即裁判所所用以传唤原被告人、证人者，名传唤状。案经裁判所判决，所用堂判发付于诉讼人者，亦用罫纸，亦各分类分色。分类分色如上，惟价较重。其原、被告人自用之外，所需传唤状及堂判，依照定价，俟案结后，令理屈者负偿，限三日内与其他裁判费一并缴纳。凡罫纸均官发商卖，不经官许而卖者，科罚金百倍。知情而买受者，科罚金五十倍，并没收其纸。赝造者重科罚金。告发之人审实，以罚金之半额赏之。

代言人执照税　凡考充代言人者，代言人犹中国代书。惟西例最重此辈，无论原、被告，非有代言人不得定案。盖谓法律非人人所晓，而法廷严肃，易生敬畏，必有不能肆辩论尽蕴奥者，故必用代言人申明其说，俾无枉抑。代言人必经司法省试以律法，通晓律意乃给照令充。此辈已博声誉，又例许收受谢金，故特课执照税。纳金十元于司法省，给予执照，许充一年。其欲接办者，每岁纳金为执照税。

船税　日本船容百石以上，岁纳金一元。西洋式船容一百吨以上，岁纳金十五元，例于管辖所领取准牌，入港之处呈牌查验。未领准牌者，罚常税金五倍。其渔船及搬运船，不问容石多少，由舳至舻长三间，每六尺为一间。每岁税金二十钱。加长一间，增税十五钱，烙印于船，以便查验。漏税者罚金五倍。

车税　二马之车年税金三元，一马税二元。搬运马车税一元。人力车乘二人者税二元，乘一人者税一元。牛车税一元。

搬运牛车大七、大八税一元，大六以下税五十钱。所载之物纵横相乘，积十四坪以上为大车，称大六以上。未及十四坪者，为中小车，称大六以下。有车者报知管辖所，编列号数，烙印于车。漏税者罚金五倍。车无论官私，必须纳税，惟御车不税，海陆军省所用车亦许免税。始课车税，皇族及各管厅所用车不征地方税，至明治九年，一律课税。

各商会社税　会社者，即商人纠股集资以为买卖，俗所谓公司者也。　国立银行于所领纸币，岁税千分之七。领纸币千元，税七元。米商会所以诸米商集资为会所，凡米谷时价，由其酌定。于所得利金，岁课十分之四。证票买卖会社，如国家负债所给之证凭、商人集资所得之票据，均可将已所有卖之与人，其价以时起落，此会社即以买卖证票为业者也。于所得利金，岁课十分之一。

铳猎税　凡用小铳猎鸟兽为生业者曰职猎，为游乐者曰游猎，均须领照为凭，申报于官乃许出猎。职猎税一元，游猎税十元。每岁十月十五日起至翌年四月十五日止为一期。执照限用一期。执照内载明姓名、年龄、居所、籍贯。不领照者有罚，再犯倍罚，不得借贷，不得买卖，违者有罚。

牛马买卖准照税　以牛马买卖为业者，例以一鼻纲，牛马共七匹为一鼻纲。领准牌一枚，为行商者，过七匹以外则领牌二枚。每一准牌，年税金一元。未领牌而私卖私买者，没收其牛马，并罚漏税金十倍。

度量衡税　凡度量衡，均不许私造私卖。为此业者，申报于官。官为检查，烙印于器，方许发卖。其课税之法，以制器之价作为百分，再加二十四分，以二十四分之一为税。譬如制秤一柄，材料工作合金一元为百分，加百分之二十四分，为金二十四钱，合为一元二十四钱，即以二十三钱为制卖者之利益，以一钱为税。

卖药税　凡丸药、膏药、炼药、水药、散药、煎药，或其世传之方，或由医生自制，称有功效以发卖者，日本并无药材店，医生必兼卖药，亦无开具药方配合君臣以购药者。每药一剂，必有定价。必将药味、分量、用法、服量、功效，申报于管辖厅，经官检查，给予准牌，称为营业税，方许发卖。当检查时，见其配合药或有毒质，不许给领；已给准牌，续查出药有毒品，亦将准牌收缴，停止发卖。其非由自制，贩之于人而发卖者；贩卖者必与营业者商允，偕同申报官厅，乃许给牌。及令人肩挑背负卖于城市村区者，均须领牌。名曰行商，或由营业者派人，或贩卖者自卖，亦须申报官厅。卖药营业税，每药剂一方，年税金二元。又准牌，每药剂一方，例领一枚，纳金二十钱。贩卖者，不拘药剂多少，每一枚纳金二十钱。负贩者，不拘药剂多少，每一人一枚纳金二十钱。领取准牌者，以五年为限，过期则将旧牌缴换新牌。未领牌或借牌而私卖者、将已牌贷与人者、过期不换牌者，均没收其品。负贩者科罚金五元，贩卖者罚金十元。未领牌而营业者、伪造准牌及赝造他人药者，所制药与卖得金，均没收之。每药剂一方，分别科罚。私以毒品和合者，没收其药及卖得金，勒令缴牌，重科罚金。告发者审实，以罚金之半额给之。

版权执照税　凡以著作及翻译之图书刻版者，许于三十年间他人不得盗卖，名为版权。若其图书于世有益者，限期已满，得请展限。欲得版权者，先以制本三部纳之内务省，许给执照者，即以其书六部之价为税。刻版必以每部定价多少载于书内。未领照而私卖，没收其所刻版及卖得金。若剿袭他人之书，略为点抹涂改，以射利者，重课罚金，没其所刻版及卖得金，给予有版权者。其以撮影写山水人物之象、名镜写真者，即影像。亦给予版权，大概条例同于图书。

海外旅券等税　旅游海外诸国者，由管辖厅给照护行民，曰旅券。唯奉国命出使、以官费留学者，例不纳税。此外每照一纸，纳金五十钱，每人限持一张。惟五岁以下小儿随其父母者，记于其父母照内，不别给照。若执照失去，则于所赴之国之日本公使馆、领事馆补领，每照纳金二元。归国之日，缴照于所领官厅。凡附外国船往来日本诸港者，于船未开行之前，备书姓名、籍贯、附载某国船、往某处，必须本人自请于管辖所，求给公凭。每一人限公凭一纸，每一公凭限用一次，到岸之日交还警察官吏。若中途一时登陆，如由横滨至长崎，必停泊神户，于神户上陆之类。警察官有所查询，必须将照呈验。其不领公凭竟自附载外国船者，照违式罪处分。考泰西各国轮舶来往，无所不至。然由此国属港至彼国属港，则两国船舶互相通行。若于一国所部之内由此达彼，则必以己国之船运载，不许他国之船来往。日本通商以后，本国轮船，如三菱会社之类，日渐扩充，已令富商巨贾醵资集力，复以国家公款筹谋津贴。其维持商利，扩充船务，可谓至矣。然外国船舶往往互争揽载，甚有亏本减资以相竞夺者。日本欲示禁而势有不能，欲斗力而力有不敌，乃为此领凭规则，必须本人到官领凭，不领者查觉有罚，欲使附载外船之人，畏其烦难，退而阻止，则其利仍归于本国船也，意固不在税也。闻此例行之后，卒有效云。凡外国船舶入港，以引水为业者，必须申报内务省，试以港路沙线，入选者给予执照方许营业。其领取执照，须纳金十元，限用一年。次年仍执此业，每岁纳金一元。其未领照而擅为向导，或即领照而不为向导者，事觉均科罚。此条亦兼以保护行旅，稽察奸宄。泰西诸国多有此例。如前数年，英、俄因阿富汗争地事互有违言。其在华地云士铎之俄国官吏，先行示禁，凡外国兵轮商船欲入珲春俄境，必以俄之海军武官为引水，所以防敌船突入者，此亦一扼要之事也。

地方税　收之本府县地方，以供地方费。一警察费；一河港、道路、桥梁、堤防建筑修缮费；一府县会开会诸费；一流行病预防费；一府县所立学校费及小学校补助费；一郡区吏员月给旅费，及厅中诸费；一病院及救育所诸费；一浦役场及遭难船诸费；一本管内布告、揭示诸费；一劝业费；一户长以下月给及户长职务诸费。应收税目，由太政官布告，预立制限。曰地租，限国税五分一以内。曰营业税，凡分三类：一诸会社如国立银行、米商会所，既课国税者，不再征收。及居卖商，俗所谓发行者。税金十五元以内。一贩卖商，税金十元以内。一零卖商及杂商，税金五元以内。以一店兼营数业，则税其额之最多者。曰杂种税，分各种类以定税额：若船，如渔船、搬运船之类。若车，限国税半额以内。若诸市场、演剧场、游览所，税其所得金额百分之五以内。若诸游戏场，如扬弓店、详《礼俗志·游宴类》。射的所，立铁为的，以枪铳习射以为娱乐者。税金二十元以内。若料理屋、以割烹为业者曰料理。茶屋、以供游人住足之所者。游船芝居茶屋，即戏场毗连之茶店。税金十二元以内。质屋、即当店。两换屋，即兑换金银之所。税金十五元以内。故衣、废金、书画、骨董、旅舍、饮食店，惟卖一食品，如鳗屋、鲊屋、荞麦屋之类。税金十元以内。浴堂、薙发店，税金十五元以内。相扑人、卖艺人，税金十二元以内。优伶，每人税六十元以内。艺妓，每人税四十二元以内。操业愈贱，则课税愈重，亦泰西课税通例。乘马，每一头税一元以内。屠牛，每一头税五十钱以内。此皆由政府定制。凡府县征税，不得逾限。如限十五元以内者，自一元起至十五元俱可，惟不得税至十五元零一钱。若制限之内征收多少，由各府县随时立例。曰渔业税，曰采藻税，从各地方旧例征收。曰家屋税，则于本管内所有房屋一概课征，无论为业主与赁人，令现住现用者纳税。其法由府县因地制宜，大概随需用之广狭、制造之美恶、地方之优劣而定税则。譬如东京十五区内，每一户统计其房屋、仓库等需坪多少，然后分别石造、砖造、土造、木造，分为种类。又按其地方是否冲要，抑系偏僻，别为等第，乃相乘而定税额。假如地一百坪作为一百分，其石造者乘为二，则为二百分。又其地方居于一等，乘为五，则为一千分。每百分课金一元，则千分为十元。其他依此类推。凡地方税，由府县会议员照例会议议决，呈之府知事、县令；知事、令视察其业之盛衰，可以取舍增减，令之再议。凡税额以一年为限，征收之期，由知事、令核定。或各因时地之宜，准据年额，分为月税日税，亦无不可。例以本年七月至翌年六月，为一周年度。其年二月，府知事、县令将其地方费用，预算多少，以定税额，交府县会议决之后，呈报之内务卿、大藏卿。一岁用毕，若有余，归于翌年；若不足，亦翌年补纳。知事、令将出纳计查制精算账及统计表，呈报之内务卿、大藏卿。若各町、各村、各区所收之民费，限于一区、一村、一町内支用，听其区内、村内、町内人民协议征收，不在此限。

国税表第一

表中银数，均以元计。末位例作单数，一概从同，不复复注。间有变例，别行注明。

类别＼年期	第一期	第二期	第三期	第四期	第五期	第六期	第七期	第八期
地税	二，〇〇九，〇一四	三，三五五，九六四	八，二一八，九六九	二三四〇，九八四	二〇，〇五一，七一四	六〇，六〇四，二四二	五，九四三，四二九	六七，七一七，九四七
海关税	七二〇，八六七	五〇二，八一七	六四八，四五三	一，〇七一，六三一	一，三三一，五六〇	一，六八五，九七五	一，四九八，二五八	一，〇三八，一〇四
开市港场诸税	一〇一，七三四	九四，〇〇四	一五五，六四七	一四二，六五五	三三，六四四	一三六，九六八	七六，五七〇	四五，五三五
杂税	三二四，七七七	四四六，五三一	一〇三，六八四	二一三，三七六	一八八，五四四	四二二，七二六	一，二〇四，一七五	一，四五〇，二八八
防川国役金	九一九		一〇一，九八八	五三，八六六	九二，一九四	一三四，三〇四	一四五，六一三	三三，四七七
蚕种及生丝诸税			九五，二二三	二九，五二二	一〇三，二七九	三二五，四四〇	二三四，七〇〇	二三六，二二七
酒税					一六，二〇八	九六一，〇三二	一，六八三，五三〇	一，三一〇，三八一
邮便税					一七，九六〇	八八，八八七	一八八，〇七一	五九九，九七一
船税					七，八〇三	八三，一二三	三五，六七七	一二，三三六
绞油税					一，九九四	七三，二四二	六六，一三四	六，二九七
证券印纸税						三一九，三〇二	二九一，八七九	三九五，三一六

类别 \ 年期	第一期	第二期	第三期	第四期	第五期	第六期	第七期	第八期
生丝印纸税						三五，一七六	四〇，七七一	一七，一二九
港湾泊船税						八，九四四	六七，三四四	七四，九二五
仆婢车马驾游船税						一九，四二〇	七〇，一九三	五二，五七五
铳猎税						七，八四一	四五，九九二	三六，四〇九
牛马卖买准牌税						六四，四八八	七〇，三四五	六，二二五
琉球藩贡纳						四三，五八四	二一，九〇八	六一，七四五
官禄税							五九，六八一	六四，一六四
矿山税								四四，四九二
家禄并赏典禄税								二，九四九，八三九
车税								九六，五七八
合计	三，一五七，三一一	四，三九九，三一六	九，三二三，九六四	一二，八五二，〇三四	二一，八四五，一〇三	六五，〇一四，六九三	六五，三〇三，二七〇	七六，五二八，九六〇

国税表第二

类别＼年度	第八年度	第九年度	第十年度现计	第十一年度现计	第十二年度预算	第十三年度预算
地税	五〇，三四五，三二八	四三，〇二三，四二六	三九，四三九，二四六	三九，八八三，四六四	四一，〇〇〇，九五〇	四一，九〇一，四四一
海关税	一，七一八，七三三	一，九八八，六六八	二，三五八，六五四	二，三五一，六三五	二，一八一，三一〇	二，五六九，四六二
蚕种及生丝诸税	一三九，〇五八	一五六，六一四	一七九，六一八			
酒税	二，五五五，五九五	一九二，六三九	三，〇五〇，三一七	五，〇九八，二六一	四，五〇七，二七二	五，九六五，〇二九
邮便税	五八三，二六七	六八九，二二九	八〇九，八三三	九四八，九〇〇	一，〇五〇，〇〇〇	一，四一〇，〇〇〇
船税	一二八，五一五	一三三，一一九	一九西，七三八	一三二，七三一	一三八，三五七	一四六，二七〇
证券印纸税	四九八，二二八	四三四，一五五	五〇五，六二五	五八六，一三八	五三九，一六八	六五〇，〇一〇
铳猎税	四六，九二一	四六，六三一	四二，四〇五	四八，五四一	四五，六五二	四五，九一七
牛马卖买准牌税	九〇，八三三	六〇，八九九	六二，三三九	六八，二三四	六三，五七八	六七，五八九
琉球藩贡纳	四八，一九〇	三六，九四五	四二，八一五	五一，三九四		
官禄税	九二，六二一	七六，八八一	七〇，五九六	七七，二八五	八一，九九二	
矿山税	七，四三一	八，九〇三	九，三三九	一〇，五六八	一一，五三七	一二，五四四

年度 类别	第八年度	第九年度	第十年度现计	第十一年度现计	第十二年度预算	第十三年度预算
家禄并赏典禄税	二，〇七五，一一八	二，一三〇，一八七				
车税	二一三，一九三	二三四，九〇二	二六一，六六四	二八九，〇〇〇	二七〇，三四八	三〇九，二七〇
北海道物产税	三四二，五二六	三八四，五八四	三六一，一二一	五〇九，〇〇六	三六三，九七一	六六〇，九七九
烟草税	二〇六，七四八	二四四，一四九	二二七，〇八〇	二七四，三〇九	三四八，六七四	三四八，六七四
诉讼醋纸诸税	六三，四六四	八〇，一七四	七六，四八二	七八，七九〇	八五，四一五	八五，四一五
代言人准照税	二五〇	四，四二〇	七，四〇〇	五，四四〇	九，五〇〇	一〇，〇〇〇
度量衡税	二，〇二〇	二，七二〇	一〇，九七七	二，六九三	二，九二五	三，〇〇六
版权执照税	五，一九八	二，四五九	三，三七八	三，八三〇	三，四〇九	三，五五六
海外旅券诸税	二，七七四	五，七四一	四，八一八	二，七一八	二，五七〇	三，二六三
诸会社税		四五，七三四	一一三，七二八	四〇〇，七二二	五〇〇，〇〇〇	三〇〇，〇〇〇
卖药税		二八，四五五	八七，〇八九	七四，二四七	七九，一三一	六五，八七九
合计	五九，一六六，〇一一	五一，七三〇，六三四	四七，九一〇，二六二	五〇，八九七，九〇六	五一，二八二，八二九	五四，五五八，三〇四

地方税预算表 十三年度

类别 府县	地租	营业税	杂种税	渔业采藻税	计户税	合计
东京	一〇八，五一三	八七，八〇二	一八二，四二〇		一一〇，三三六	四八九，〇七〇
京都	六四，六二九	一一一，九九三	八二，六八七	二九一	六〇，二七八	三一九，八七八
大坂	五九，五九〇	一五九，八八八	一一八，六七八	三七〇	二一，八七六	三六〇，四〇二
神奈川	一〇五，八〇八	三六，五五六	六三，三三六	四，二五二	七五，〇三七	二八四，九八九
兵库	三二六，八〇一	三九，一八七	四四，一六九	二六四	九七，〇七六	五〇七，五〇六
长崎	一八七，九六六	二三，四一九	二五，二七二	八，三〇〇	一二七，八〇二	三七二，七五九
新潟	二七二，二八五	三九，二五九	一九，七六〇	八，三七三	七〇，三二三	四一〇，〇〇〇
埼玉	一九〇，四二五	五〇，五六七	四一，三四五	七六四	八二，八九六	三六五，九九七
群马	一一九，九〇〇	四六，九六九	三三，八八四		六〇，〇〇〇	二六〇，七五三
千叶	一九二，二〇九	五三，八六四	一九，六五五	五，〇〇〇	五五，九五五	三二六，六八三
茨城	一三七，七〇四	四一，二三二	三〇，三一二	一七，六九一	五五，〇〇四	二八一，九三四
枥木	九一，七二四	六三，三二四	三五，四六四	五，八六〇	二二，八五二	二一九，二二四
堺	一四五，九八九	六〇，九三六	二六，四二〇	三二四	九二，〇七〇	三二五，七三九

府县＼类别	地租	营业税	杂种税	渔业采藻税	计户税	合计
三重	二二〇，二〇八	二〇，九八六	二九，二三九	三，二六五	七九，七八〇	三五三，四七八
爱知	三〇八，八七八	四八，三一八	五〇，五七六	二，二六五	八二，六八四	四九二，七二一
静冈	二三三，二三八	五六，一五六	三四，四三二	九，八四一	七二，六七六	四〇六，三四三
山梨	八二，九〇三	一四，五八二	一三，八九四	一，五三三	五八，二三八	一七一，一五〇
滋贺	二三八，八七九	三四，三四〇	七一，九〇六	一一，九〇一	一五八，一一四	五一五，一四〇
岐阜	一六〇，七五八	三七，二〇六	一七，二七一	一，二七一	四七，八二六	二六四，二七八
长野	一六二，八五五	六〇，五三二	三一，四一三	一，二二四	五七，四三九	三一三，四六三
福岛	七七，〇九二	三七，七六七	二九，九三三	三，七八五	一一五，一〇二	二六三，六七九
宫城	一一八，一一八	四八，六五七	一六，二六二	一五，九八三	九四，一六一	二九三，一八一
岩手	八〇，八三八	一〇一，三二二	一六，四八九	四一，三〇〇	一〇，四五六	二五〇，四〇五
青森	九一，三六一	二三，二二九	二四，二四八	六，九八〇	四〇，〇〇〇	一八五，八一八
秋田	一三四，九六一	二五，一一六	一一，五五九	二，〇七二	七三，三七七	二四七，〇八五
山形	一六七，四二六	四五，六〇六	二一，三六二	一，六九八	五三，八〇七	二八九，八九九
石川	二三八，八七九	三四，三四〇	七一，九〇九	一一，九〇一	一五八，一一四	五一五，一四五

类别/府县	地租	营业税	杂种税	渔业采藻税	计户税	合计
岛根	二四一，二八七	一八，〇一一	一三，七六七	一，八八三	六〇，二六八	三三五，二一六
冈山	二八六，三四六	四四，八三六	二六，三八六	一，八五五	三二，五三五	三九一，九五八
广岛	二五一，八七七	二〇，一三九	二〇，六九八	六，六二二	二六，五一七	三二五，八五三
山口	八〇，一六一	二七，四〇〇	四〇，二〇一	四，四一九	四三，八六七	一九六，〇四八
和歌山	一三，三九四	三五，〇六二	二〇，一五〇	一七，二五六	四五，五〇四	一三一，三六六
高知	一〇三，二九〇	一一，五六五	二五，三〇〇		三四，七六六	一六四，九二一
德岛	九五，八九八	二四，〇六六	三三，七八七	九一〇	三二，〇六七	一八六，七二八
大分	一三五，二五二	三八，六五七	二一，一三五	四，〇五八	三七，四四二	二三六，五四四
福冈	一四〇，九六六	五七，四九〇	三九，五九七	三，九五四	一一九，八七八	三六一，八八五
鹿儿岛	一六三，二六八	一六，七二三	一一，九五四	五〇〇	六六，六六七	二五九，一一二
熊本	一五〇，〇〇〇	二八，一〇〇	二一，三六三	二，七三〇	一〇六，四四八	三〇八，六四一
爱媛	二八七，二二四	二九，二三四	三四，七九七	七，八七七	九三，四二七	四五二，五五九
合计	六，二六八，九〇八	一，七五四，四二七	一，四七三，〇三〇	二一八，五一八	二，七二三，六六五	三，四三七，五四八

租税户口平均表

十三年一月现计。此表中每户每口正租格内二、四等字为元数，如二一四三，即每户二元一十四钱三厘也。下准此。

府县名	正租 杂租	正杂租合额	户数 人口	每户 每口正租		每户 每口杂租		每户 每口正杂租	
东京	五三四,七七七	七〇九,四二八	二四九,五一五	二	一四三		七〇〇	二	八四三
	一七四,六五〇		八七七,〇二七		六一〇		一九九		八〇九
京都	七八四,六五〇	九一七,六三一	一九〇,九五八	四	一〇八		六九六	四	八〇五
	一三三,〇二一		七九二,〇二七		九九〇		一六七	一	一五八
大坂	五七一,九二七	七七二,一四九	一五七,二〇〇	三	六三八	一	二七三	四	九一一
	二〇〇,二二二		五五一,九五〇	一	〇三六		三六二	一	三九九
神奈川	七三三,一一三	八五二,九〇一	一四一,四八〇	五	一八一		八四六	六	〇二八
	一一九,七八七		七〇七,二七二	一	〇三六		一六九	一	二〇五
兵库	二,〇二七,三一二	二,三七八,三五六	三一八,一五一	六	三七二	一	一〇三	七	四七五
	三五一,〇四四		一,三四三,七五八	一	五〇八		二六一	一	七六九

府县名	正租 杂租	正杂租合额	户数 人口	每户口正租		每户口杂租		每户口正杂租	
长崎	一，一七八，五四八	一，二九〇，九一四	二四七，二八七	四	七六五		四五四	五	二二〇
	一一二，三六五		一，一六七，三六七	一	〇〇九		九六	一	一〇四
新潟	一，六六五，三四四	一，七九八，〇九九	二九二，九一一	五	六八五		四五三	六	一三八
	一三二，七五四		一，五〇〇，〇六一	一	一一〇		〇八八	一	一九八
埼玉	一，四二〇，〇三一	一，六〇四，七一四	一六九，五六四	八	三七五	一	〇八九	九	四六四
	一八四，六八二		九〇一，七一四	一	五七五		二〇五	一	七八〇
千叶	一，二六三，三三〇	一，四〇一，八七〇	一九八，四一八	六	三六七		六九八	七	〇六五
	一三八，五四〇		一，〇七一，一四二	一	一七九		一二九	一	三〇九
茨城	一，一〇一，五八九	一，二二七，二七〇	一五九，四四四	六	九〇九		七八八	七	六九七
	一二五，六八〇		八六七，七〇一	一	二七〇		一四五	一	四一四
群马	七五八，四二八	八九〇，〇九一	一二二，九六〇	六	一六八	一	〇七一	七	二三九
	一三一，六六二		五四七，九九一	一	三八四		二四〇	一	六二四

府县名	正租 杂租	正杂租合额	户数 人口	每户/口 正租		每户/口 杂租		每户/口 正杂租	
橡木	七四八，二二一	八六〇，五二六	九六，三四七	七	七六六	一	一六六	八	九三二
	一一二，三〇四		五四三，二四五	一	三七七		二〇七	一	五八四
堺	一，五一一，〇八一	一，六二九，一一三	二〇二，六一五	七	四五八		五八三	八	〇四〇
	一一八，〇三二		九一一，七三八	一	六五七		一二九	一	七八七
三重	一，四三三，〇二一	一，五六六，五一八	一七二，四〇七	八	三一二		七七四	九	〇八六
	一，一三三，四九六		八一八，八七七	一	七五〇		一六三	一	九一三
爱知	一，七六〇，四八二	二，〇〇九，八九一	二九三，〇六五	六	〇〇七		八五一	六	八五八
	二四九，四〇九		一，二五〇，八三九	一	四〇七		一九九	一	六〇七
静冈	一，一九七，二九二	一，三〇三，三六七	一九一，九二一	六	二三八		五五三	六	七九一
	一〇六，〇七五		九六八，八一四	一	二三六		一〇九	一	三四五
山梨	四一二，四三四	四六五，二二四	七九，五六八	五	一八三		六六三	五	八四七
	五二，七九〇		三七七，九四四	一	〇九一		一四〇	一	二三一

府县名	正租／杂租	正杂租合额	户数／人口	每户口正租		每户口杂租		每户口正杂租	
滋贺	一，三四二，四五四	一，四五一，七二二	一六五，四九八	八	一一二		六六〇	八	七七二
	一〇九，二六八		七一一，八〇二	一	八八六		一五四	二	〇四〇
岐阜	一，〇八三，二〇一	一，一九〇，四八〇	一六六，二七六	六	五一四		六四五	七	一六〇
	一〇七，二七八		八〇六，一五八	一	三四四		一三三	一	四七七
长野	九九〇，七〇二	一，一六八，八一二	二〇五，三六七	四	八二四		八六七	五	六九一
	一七八，一〇九		九六五，六七七	一	〇二六		一八四	一	二一〇
宫城	五九一，六五四	六四九，六七九	九五，六三五	六	一八七		六〇七	六	七九三
	五八，〇二四		五九一，五二四	一	〇〇〇		九八	一	〇九八
福岛	一，〇一七，三九四	一，一三四，三九七	一三四，五五七	七	五六一		八六九	八	四三〇
	一一七，〇〇二		七六五，一一五	一	三三〇		一五三	一	四八三
岩手	五〇五，九六九	五四一，九〇二	一〇二，二三七	四	九四九		三五一	五	三〇〇
	三五，九三二		五七八，二九七	一	八七五		六二	九	五三七

府县名	正租／杂租	正杂租合额	户数／人口	每户／每口 正租		每户／每口 杂租		每户／每口 正杂租	
青森	四五七，○四五	四九四，一六七	七七，八○七	五	八七四		四七七	六	三五一
	三七，一二二		四六二，八六五		九八七		八○	一	○六八
山形	八五六，四二一	九二八，三○九	一一三，一五○	七	五六九		六三五	八	二○四
	七一，八八七		六五七，六一三	一	三○二		一○九	一	四一二
秋田	六八一，四八九	七二二，三五三	一○九，九八七	六	一九六		三七二	六	五六八
	四○，八六三		六一三，三八九	一	一一一		六七	一	一七八
石川	二，一五四，三六三	二，三二九，四○二	三七八，二○○	五	六九六		四六三	六	一五九
	一七五，○三八		一，八○六，五○九	一	一九三		九七	一	二八九
岛根	一，二五七，二三二	一，三四五，○一七	二三○，○○○	五	四六六		三八二	五	八四八
	八七，七八四		一，○一七，三六一	一	二三六		八六	一	三二二
冈山	一，四九六，○九○	一，六三二，六三二	二二六，六六○	六	六○一		六○二	七	二○三
	一三六，五四一		九七六，七七六	一	五三二		一四○	一	六七一

府县名	正租 杂租	正杂租合额	户数 人口	每户口正租		每户口杂租		每户口正杂租	
广岛	一，二三八，六九〇	一，三三九，六五九	二五九，四九六	四	七三五		四二八	五	一六三
	一一〇，九六八		一，一九〇，〇六九	一	〇三二		九二	一	一二六
山口	五六〇，八二九	六七九，九二〇	一九一，七七六	二	九二四		六二一	三	五四五
	一一九，〇九一		八五〇，六〇八		六五九		一四〇		七九九
和歌山	七八二，〇六五	八五四，三一五	一二九，九一九	六	〇二〇		五五六	六	五七六
	七二，二四九		五八四，九七六	一	三三七		一二四	一	四六〇
爱媛	一，四二一，二四九	一，六一三，四二二	三〇〇，六五〇	四	七二七		六三九	五	三六六
	一九二，一七三		一，三九四，〇九一	一	〇一九		一三八	一	一五七
高知	一，二二七，〇四八	一，三五二，五六七	二四八，八九七	四	九三〇		五〇四	五	四三四
	一二五，五一八		一，一六〇，二三五	一	〇五八		一〇八	一	一六六
福冈	一，四一六，四八一	一，五五三，一八九	二〇九，〇八九	六	七七四		六五四	七	四二八
	一三六，七〇七		一，〇六四，〇五〇	一	三三一		一二八	一	四六〇

府县名	正租 杂租	正杂租合额	户数 人口	每户口正租		每户口杂租		每户口正杂租	
大分	七二三，九五五	八一〇，九三六	一四七，七〇七	四	九〇一		五八九	五	四九〇
	八六，九八一		七一四，二三四	一	〇一四		一二二	一	一五五
熊本	九九四，五〇三	一，〇八六，〇九二	一九五，七四二	五	〇八〇		四六八	五	五四九
	九一，五八八		九八〇，六四二	一	〇一四		九三	一	一〇八
鹿儿岛	一，二五五，八二二	一，二九四，八〇〇	二五七，八〇〇	四	八七一		一五一	五	〇二二
	三八，九七八		一，二一八，三八三	一	〇三一		三二	一	〇六三
冲绳									
开拓									
合计	四一，一四六，一九五	四五，八五一，八三四	七，二三〇，二六一	五	六九一		六五一	六	三四二
	四，七〇五，六一四		三四，三〇九，八四九	一	一九九		一三七	一	三三六

右表所计，据租税所入，以全国户口平均计算，每户六元有奇，每口一元有奇。然国税之内海关税、邮便税等类，未便以府县分计者，尚不在内。

外史氏曰：尝稽日本榷税之数，益叹吾民之凿井耕田，真不知帝力之何有也。日本一岛国耳，国家岁入之款至五六千万元，府县之费又数百万供之国者，征敛之重，不待言；供之府县者，乃下至一饮一食之细，一技一艺之末，莫不有之，极古人所谓逮及纤悉者，非民脂民膏，何自来乎？设以吾民当此，必疾首蹙额以相告；为士大夫者，又或微言刺讥，咏歌而嗟叹，以为苛政之猛于虎矣。

顾余尝考欧罗巴人之治国，大抵如此。彼执政者，惟皇皇然虑金钱之流出，若国中所用，必预计其岁出之数，悉征之于民。彼以为取吾国之财治吾国之事，仍散之吾国之民，令行政举，非惟无害；而损富以益贫，调盈以剂虚，盖又有利存焉。徐而考其每岁出入之表，宫府所用皆有定数，果无蕴利厚藏之患。及询之欧罗巴人，亦终无一人怨其国之横征暴敛，愀然悲叹者也。日本之人，承旧藩六公四民、七公三民虐政之后，故十取二五，尚如出水火而登衽席。特以变法之过骤，行法之稍苛，亦间有投书纳匦、揭竿斩木以诉穷困者，然卒不为害。士大夫之不喜新法者，每生谤议，独未尝以此责执政也。

嗟夫！普天率土，各子其民，昏荒之国，蛮貊之邦，皆若有急公爱国之心，况我中土，素习礼教，聚四千亿万之赤子，竭力以事上，犹若虞不足者。臣尝求其故而不得，既乃知为取之过轻，征之又不如额之故也。唐虞三代取民之制，皆十一为准。白圭议二十取一，孟子以为不可。三代下治世，称汉唐宋明，然口赋丁钱之外，汉有盐铁利，唐有间架税，宋有月桩钱，明有金花银，杂赋尚不可胜数。独至我朝，仁厚之政，远迈三五，综饶瘠之地，不过四十取一，而东南粟米之征，西北力役之征，尚不相兼。於戏！德可为至也矣。名臣若靳辅、孙嘉淦，皆尝谓取赋过轻，耗羡不可撤。然以圣祖、世宗、高宗，圣圣相承，日以损上益下为心，故免租赐逋，迭下恩诏。又许令州县征及七成者免议。是皆旷古未闻之举。臣考是时，太平百余年，无兵革之患，无旱潦之灾，司农所储乃有七千余万之多，斯固千载一时不可多得之会也。承平日久，生齿日繁，物力日绌，岁之所入，征收又不如额，则益不足以用，故普赐田租，普免逋赋，可行于康熙乾隆之世，不可行于今。设关抽厘之举，始亦出于不得已。而咸丰同治之间，非是则不足殄巨寇、平大乱，诚以国用匮乏，入不敷出故也。今司农竭蹶，天下所共知，而永不加征之谕，皇祖有训，载在方策，事固万万不可行。然独不能稽田赋之额、耗羡之数，清查而实征之乎？东南之沙坦，西北之荒地，未及升科者，随在而有，亦当一一清厘。《会典》所载，如牙行税、落地税，或亦可申明旧章，仿照西法，择要而行之。取旧有之利，祛中饱之弊，还于朝廷，而公于天下，可以举百废、济贫民，安在其不可行也？夫国之为国，非如人之一身一家之有恒产者可比，故欲以一国之财治一国之事，舍租税之外，更无他法。世人徒见英、俄、法、美船炮之多、金帛之富，而不知其岁入租税至七千万磅之多。英国岁入约七千一百万磅，俄国岁入约六千六百万磅，法国岁入约七千二百万磅，德国岁入约七千八百万磅，惟美国近年岁入以次减少，然亦在三千万磅之间。假使中国岁入得有此数，比今日常税骤增五六倍，即铁甲轮路一切富强之具，咄嗟而办，亦复何难？正为岁入不足之故，无论外务，即内国政令，亦不得不苟且敷衍，能静而不能动，谓非取之过轻之故欤？

嘉庆、道光以来，圣主所以励名臣良民，所以颂贤吏者，未尝不曰任劳任怨。陶文毅之理漕粮，胡文忠之兴厘务，宁使怨归于己，必不使饷绌用匮贻朝廷寇乱之忧，其用心可谓独苦。三十年来，封疆大吏之肩荷艰巨、实心任事者，往往综核名实，清理弊窦，以修举庶政，盖其势不得不然。而不便己私者辄腾怨言，以言利之臣、苛酷之吏讥之，抑亦冤矣。若自诩为催科政拙者，偏隅或蒙小惠以博一己忠厚之名，则可相率而效尤，国何以立乎？士夫读书，徒见古君子之议薄赋敛，未尝考其时之狗彘食人，饿莩载道，当时所取几何？举古人之十取三四以议今日，亦兢兢然议减漕、议减厘。搢绅寡识，间又上书言事，相聚乞恩，若惟知朝廷应设官以卫民，不知百姓应竭力以奉公者，岂非不达时务之甚乎？上稽百世以上，旁考四海以外，未有如我大清之轻赋者，于此犹欲欠粮匿税，则可谓天地之大而犹有所憾矣。

卷十七　食货志三

国　计

当旧幕府时，国用出入，一出于计吏之手，多寡不可得知。大概以岁入不足为常，诸藩亦多入不敷出。然当时太平无事，国帑所费，只土木与骄奢耳，省啬而用，或改货币，或增贡纳，犹足弥补。嘉永六年以后，美使劫盟，颇用意海防，自是府藏空虚，年甚一年。迨幕师征长，内讧外侮，纷集迭起，卒以粮匮师老，不利而罢，而幕府亦随而倾覆矣。王室维新，明治二年，始以一岁出入付之布告。于时国家多故，费用繁浩，出入不相偿，每岁不足米一百二十六万余石，乃作会计表，询之诸藩，令各陈意见。其后废藩令下，理财之法，归于一途，乃稍稍就绪。然自元年至八年，例外岁出，为款至巨：一曰征讨费，幕府违命，官军征东，及佐贺之师、台湾之役等款也，共一千二百九十四万有奇。一曰废藩费，即王室维新，废藩为县，所有旧幕旧藩诸费，凡一千四百九十四万有奇。一曰官工费，即铁道、电信、矿山、造币、灯台等款，凡二千八百三十四万有奇。一曰改政费，自乘舆迁都，官吏出洋及其他计画、家国劝业开务等款，凡七百八十五万有奇。一曰借给费，国家借给诸藩米石，并其余繁殖物品、劝助工业等款，凡三千一百三十六万有奇。一曰秩禄费，即华、士族秩禄，奉还赐给以金之款也，凡一千一百四十三万有奇。共费一亿六百八十六万有奇。不得已发纸币、募外债以充之。当明治六年五月，大藏大辅井上馨、三等出仕涩泽荣一上书政府，论求效太速，民力疲弊之害；且言岁计不足，殆一千万，而国债至一亿四千万之多。书既上，井上、涩泽相率辞职。其书略曰："国家隆替，虽曰气运，亦关人事。维新以来未十年，庶职就绪，万方向化，内则振兴数百年之纪纲，外则折衷五大洲之刑政，律则兼万国之公法，议则尽四境之舆论。学别八区，以导无智之民；兵置六镇，以惩不逞之徒。达远则舟车并藉蒸汽之力，报急则海陆同飞电线之机。其他务财、训农、通商、惠工，大而造币、制铁、灯台、铁路；小至街衢、屋舍、器用、衣服，日改月革，骎骎乎进开明之域，有驷马不及之势。如此不止，不出数年，与欧洲诸国相抗，应亦无惭色。凡有心国事者，孰不忭舞相庆？然而臣等不免窃窃有所忧也。夫所谓开明者，在民力，不在国政；在实际，不在文饰。欧米诸国之民，皆崇实学，骛实事，人人以不能力食为耻。而我邦之民则异是，士惟知食祖父余禄而不究文武之科；农惟知依乡土惯习而不考蕃殖之术，工惟知寻常器械而不能习奇巧，商惟知目前锱铢而不能广贸易。是皆非不能力食者乎？其所谓才者，则欺诈百出，诬罔万变，破产亡家者，比比皆是。欲驱令此辈一朝达开明之域，是犹见卵而求时夜，见弹而求鸮炙，不太亟乎！方今在官之士，足未蹈欧土，目未见米政，仅阅画图，读译书，且奋然兴起，欲比各国。若曾游海外亲睹其审，则益尊信崇仰之，不啻凡外国之可以资我文明者，虽纤毫之微，莫不求备。曰英，曰法，曰兰，曰普，相与目营心醉、口讲指画而不已，若惟恐其摹仿之不似者。虽然徒取其形似而不重实际，则政事民情，互相违背，外强者中干，先笑者后咷。臣恐所望未遂而国已陷贫弱中矣。虽有善者，末如之何？国其何以为国，此人人所喜而臣辈所忧也。海内晏安二百余年于兹，为上者不知教化法律为何物，惟按故据例，一以武断取决，民之困于压制者已极，卑屈固陋，因袭之久，反以为常。然一旦外交事起，其害不可收拾，志士仁人争取竞趋，杀身为仁，卒以挽回维新中兴之业。当是时，诚不得不铲革旧习，更张废政，一以勇猛果决，新天下耳目。今又数年矣。譬如良医治病，病方剧，则先投剧药；及其稍平，则宜用温补之剂，而俟其元气之复。为天下之术犹如是，今施设政事，宜步步逐序，事事竭诚。若计不出此，犹效畴昔轻佻，百事躁进，此臣等之所未解也。更始之际，政府以搜罗人才为务，天下人士云集麇至，政府亦姑以爵禄羁縻之。夫官多冗员，必好兴作；好兴作，必求急效。政府不注意民力，而专力政治，百官急于趋事成功，势不能无舍实驰虚之弊。自院、省、使、寮、司至诸国府、县，苟有小利，喋喋言之，有投隙容悦炫新竞奇以要宠遇者，彼辈特欲贪其功、增其官以谋一时之荣耳。是以百端辐辏，万事猬集，互相抵触，政府亦不知所以措手也。且冗员多则费用广，朝廷终不能使天雨粟、地流金以济国用，则不得不征求人民。人民已疲弊矣，虽欲征求之，不复可得矣。臣谓政治之要，以理财为第一义。苟理财失其法，惟增租税、重赋敛，使斯民不得安息，国亦随而凋弊，民疲国弊，安得独立，政府可不寒心哉？今概算全国岁入总额，不过得四千万元。预推本年经费，虽无凶年饥岁，一切变故，尚应出五千万元，然则比较出入，业已一千万元不足。若维新以来，国费多端，每岁所负将及一千万，其他官省旧藩楮币及中外负债，殆及一亿二千万元。是以通算，政府现今负债实有一亿四千万元之多。偿之之法未立，何以使民之信之哉？一朝有不虞之变，诚恐困顿跋疐，噬脐无及。今政府曾不念此，反务百事更张，强求开明。呜呼！保护斯民之道，抑安在哉？议者或谓欧米诸国重敛赋税，盖使民劳而后民富。噫，何其言之谬也！欧米诸国之民，概优于智识，其君民互参政议，犹人之一身；其相保持，犹手足护头目尔，利害得失明于中，政府不过护其外而已。我民异于是，偏僻固陋，进退俯仰，惟尊政府之命耳。所谓权利义务，未知为何物也。政府有所令，举国奉之；政府有所为，举国拟之。风习言语、服饰、器用之微，莫不争先耻后，摹其所尚。上之所好，下有甚焉。故互市之际，输入器玩什具，年多一年，而输出之品不过十之六七。《诗》有之曰："毋教猱升木。"民之陷于贫弱，是即政府教之也。古人有言："视民如伤。"今也政府反以法制束缚之，以赋税督呵之，有加于昔日者，户不得无编籍，里不得无社证，宅不得无地券，人不得无血税，有诉讼之费，有违诖之罚，乃至物货贩鬻之事逮于奴仆六畜，各有严律。是以每一令下，民皆惘然失措，不知所向。凡百租税，取于农，取于商，取于工，取于杂业，民不堪其多，破产失居者，比比相踵，其凋衰有倍于前者。而政府愈进于开明之域，民庶愈陷于蛮夷之俗，上下相距，何啻霄壤？臣闻政府之要，以因国俗、适民情为贵，故施政者不可不审时度宜，量出而制入，量入而制出。臣谓今日有司宜省啬而用，务减经费，使岁出无超岁入。自院、省、使、寮、司至于府、县，考量其施设之顺序而确定其额，不许分毫出于限度。如其负债纸币，宜裁冗费，省冗禄，支消兑换，渐次行之。事不逐其序则不进，不求其实则无效。但使斯民得以苏息，国步亦随之而进，可企足而俟矣。臣等无似，久承乏于理财之政，于施为之事虽无寸效，而亲验躬履，不敢谓一无所知，故敢伸愚衷，尽言极论，冀望政府有所回顾。”云云。政府虽屏弃其言，然其稿已流布于世。内外人民以为大藏官吏所上书言必确实，物议嚣嚣。先是，在伦敦募集外债，当时公布岁出入表，颇有赢余，谓将以此金为债款。然据今所上书，则大有差异，外人疑惧，将有迫政府速偿之意。于是以参议大限重信为大藏省事务总裁，更作会计预算表，是岁岁入总计四千八百七十三万六千八百八十三元，岁出总计四千六百五十九万五千六百十八元。后又作决算表，以明治元年至八年六月汇为一册。于岁出岁入，统分为通常、例外两款，其意以为岁入款之不足，由例外费之过多，然通融划计，政府负债仅二千余万，不可谓巨。决算表于十二年十二月呈太政官。自明治元年至八年六月，总计岁入凡四亿六百三十五万八百五十三元。此内，通常岁入为二亿八千二百八十七万八百七十一元，例外岁入为一亿二千三百四十七万九千九百八十一元，总计岁出为三亿五千九百四十四万六千六百八十二元。此内，通常岁出为二亿四千二百八十万一千六百五元，例外岁出为一亿一千六百六十四万五千七十七元。出入相抵外，仍有岁入赢余四千六百九十万四千一百七十元。然是时发行纸币七千三百三十二万五千四百四十四元，外国债未偿总数一千四百八十九万三千六百七十九元，合共八千八百二十一万九千二百四元。大隈重信之言曰："此八千余万元，即八期间岁入不足之数，政府所以负债之故，由于例外费过多。然而支销例外费巨款，岁入尚有赢余四千六百九十万四千余元，若减少例外费，则岁入不足之八千余万，可变为岁赢余一亿二千余万矣。且如外债未偿之数，则有士族奉还之禄，以之递偿，每年本利而有余，就国库岁出入视之，即谓之不负债亦无不可。盖现行纸币虽有七千三百三十二万五千四百余元，然有决算赢余四千六百九十万四千一百七十元，以之相抵，仅有二千六百二十四万一千二百七十三元之不足。是乃维新以来不足之实数也。抑自明治元年王师征东之后，举凡废藩置县，讨逆征蕃，华士族秩禄之奉还，海陆军兵士之预备，以及铁道、电线、灯台之创建，教育、裁判、警察之普设，其他劝业之金、借给之款，凡于国步有进益者，百事具举。而于岁入中削除旧时苛税，凡二十余种。又停徭役，改地租，使全国人民无复繁杂偏苛之苦，其成绩昭昭如此，仅负债二千六百余万，不得不谓之少矣。"当时以此言比井上上书，大相径庭，又同司大藏事务，而推算不等。上下嚣论，互分左右袒。或曰井上上书论岁入极少之时，大隈上表论岁入最多之日，一则专举其滥用之弊，一则专论其作业之利。井上以支销纸币、国债为先务，以兴起国益为后；大隈以兴起国益，则国债、纸币自可销还。二说各有所见云。

然自明治八年以后，鹿儿岛征讨费骤增四千二百万元，金禄公债增一亿七千四百余万元，起业公债增一千二百五十万元，详《国债》类中。合之金札交换、纸币发行之数，当十三年时，计有三亿五千余万之多。金银渐匮，纸币日贱，物价日昂，上下交困，艰难极矣。当路者乃汲汲谋补救，以偿国债、减纸币为主义，既增加杂税，复广储准备，数年之后，当可收效欤？自六年始颁预算表，其后每岁公布出入在五六千万元之间，偿还国债本利，岁需二千余万。经常岁出仅三四千万，而海陆军费用几及一千万，最为巨款。其他款目，亦不下二百万元云。初，预算表之公布，世人犹未敢信，继以决算表，数益精核，乃不容疑，而政府亦益讲求会计之法。设会计检查院，专司其事。岁出岁入，概分为经常、临时二款，即所谓通常、例外也。别设备荒储蓄一款，以补凶年租税未纳之项。十四年，又改定一切会计之法。其法以本年七月一日至翌年六月三十日为一年度，甲年收支，不得混入乙年。分岁出、岁入为常用、准备二部。常用中又分常用、减债为二部，岁入出诸款，分别科目，著为定例。凡会计起于预算，由是而出纳，而决算、预算之法，各官厅先就科目揭载额数，制预算表。并记前年度预算额，及前二年度现计额于其旁。申牒大藏省，大藏省检核后，送交会计院检查，于内阁决定。各厅欲于预算外临时增费，则申其事由于大藏省，转呈之太政官，经太政官允许，则并告检查院，每岁四月十五日，开检查会议。议毕，送之太政官，经审查决定后，每岁七月，将预算表布告于众。出纳之法，在国库则大藏省管理。凡岁入款，依例定期限，以时征收；岁出之款，在京各官厅每月、使府县每三月、在外国公馆每半年则支给。其他于实应支销之日交付国库。每月出纳，详记其数目、科目、事由。翌日，即报告会计检查院。岁入出决算后，如有赢余，归入准备金。其各厅出纳，由各厅管理。凡岁入款汇集各项收额于本厅，纳之大藏省。岁出则自大藏省受领，而分颁各项不得以岁入之数移用于岁出。经费。决算之后，如有赢余，还之大藏省。至作业金之出纳，区分为兴业、营业二类。兴业编入岁出部，营业则于经始之日领资本金，以其营业所得为常款，有余为益金，收入于大藏省。如资本不足，于岁入中补领。出纳已定，各厅应将每年收支经费制出纳精算簿。在京各官厅每月，使府县每三月、在外国公馆每半年，将簿呈大藏省及会计检查院。大藏省每三月别编租税簿，及国债偿还、纸币支销、准备金收支、起业金收纳、贷与金交还等簿，送之会计检查院。凡一周年间出纳，限于七月开办，翌年八月闭锁。各厅未及决算者，申其事由于会计检查院。至翌年决算，若其牒簿检查未确，或有差违者，其金额许于闭锁后四个月内出纳。决算之法：各官厅于出入诸款清厘后，凡岁入款，如租税，则依期征完，作皆纳薄，将簿先呈大藏省，大藏省又汇集各簿，作皆纳簿。如作业益金及收入杂款，作决算报告书，于岁出款则汇集领单收据，作决算表，统呈之会计检查院。其建筑经费，以年初预算表开载全数。若未能竣工、迟至翌年者，可以请将正项决算延期，然不得混入翌年。大藏省汇编决算表送之会计检查院，经查核后，由太政官公布于众。岁入科目，曰租税，曰作业益金，曰杂收入，是为经常岁入；曰诸还纳款，曰杂收入，是为临时岁入。岁出科目，曰国债偿还，曰帝室及皇族费，曰赐金恩给款，曰官省院使局费，曰营缮土木费，曰府县费、警察费，曰神社费，曰备荒储蓄，曰补助营业资本款，是为经常岁出；曰兴业费，曰杂支出，曰各厅营业资本，曰预备，是为临时岁出。其小科目详于表中。

岁出入总计表

表中作◎者为赢余，无者为不足。

年度＼类别	岁入	岁出	赢余 / 不足	出入相抵外余额数
第一期自庆应三年十二月至明治元年十二月	三三，〇八九，三一三	三〇，五〇五，〇八六	◎ 二，五八四，二二八	二，五八四，二二八
第二期自明治二年一月至九月	三四，四三八，四〇五	二〇，七八五，八四〇	◎ 一三，六五二，五六五	一六，二三六，七九三
第三期自明治二年十月至三年九月	二〇，九五九，四九九	二〇，一〇七，六七三	◎ 八五一，八二六	一七，〇八八，六一九
第四期自明治三年九月至四年十月	二二，一四四，五九八	一九，二三五，一五八	◎ 二，九〇九，四四〇	一九，九九八，〇五九
第五期自明治四年十月至五年十二月	五〇，四四五，一七三	五七，七三〇，〇二五	七，二八四，八五二	一二，七一三，二〇七
第六期自明治六年一月至十二月	八五，五〇七，二四五	六二，六七八，六〇一	◎ 二二，八二八，六四四	三五，五四一，八五一

类别 年度	岁入	岁出	赢余 / 不足	出入相抵外余额数
第七期自明治七年一月至十二月	七三，四四五，五四四	八二，二六九，五二八	八，八二三，九八四	二六，七一七，八六七
第八期自明治八年一月至六月	八六，三二一，〇七七	六六，一三四，七七二	◎　二〇，一八六，三〇五	四六，九〇四，一七二
明治八年度	六九，四八二，六七六	六九，二〇三，二四二	◎　二七九，四三四	四七，一八三，六〇六
明治九年度	五九，四八一，〇三六	五九，三〇八，九五六	◎　一七二，〇八〇	四七，三五五，六八六
明治十年度	五二，四四四，三〇三	四八，五三四，四九五	◎　三，九〇九，八〇九	五一，二六五，四九五
明治十一年度	六一，八六二，一一〇	五九，六一五，二〇九	◎　二二，四六九，〇一〇	七三，七三四，五〇五
明治十二年度	五五，六五一，三七九	五五，六五一，三七九		
明治十三年度	五九，九三三，五〇七	五九，九三三，五〇七		

此表所载，自第一期至九年度为决算之数，十年度、十一年度为现计之数，十二年度、十三年度为预算之数。表中所谓岁入、赢余，盖以纸币发行之数列入岁入款，故生赢余，实则不足也。

岁入表第一

科目	第一期 自庆应三年十二月至明治元年十二月	第二期 自明治二年一月至九月	第三期 自明治二年十月至三年九月	第四期 自明治三年十月至四年九月
地税	二，〇〇九，〇一四	三，三五五，九六四	八，二一八，九六九	一一，三四〇，九八四
海关税	七二〇，八六七	五〇二，八一七	六四八，四五三	一，〇七一，六三一
各种税	四二七，四二九	五四〇，五三四	四五六，五四三	四三九，四二〇
官工收入		三三，五二四	三七，八四九	一一八，九二七
通常贷出金还纳	一二四，五二二	五五，六九七	一二〇，二二九	三六六，九一九
官有物所属收入	五〇，一九四	四九，八三二	四七二，三〇三	二一〇，一一六
通常杂入	三三二，七五五	一二七，六八七	四八九，二八一	一，七九二，九二六
通常岁入合计	三，六六四，七八一	四，六六六，〇五五	一〇，〇四三，六二七	一五，三四〇，九二三
纸币发行	二四，〇三七，三九〇	二，三九六，二六一	五，三五四，五一三	二，一四五，四八八
借入金	四，七三二，四八二	九一一，五〇〇	四，七八二，四〇〇	
临时贷出金还纳	一〇，六三七	四，四九八，八七三	一七四，一四一	四，三一七，二二〇
旧幕及旧藩献纳金	三六二，五四二	一四，七一〇	一六一，九一三	六〇，二三六
临时杂入	二八一，四八二	三八四，六五六	四四二，九〇五	二八〇，七三二
例外岁入合计	二九，四二四，五三三	二九，七七二，三四九	一〇，九一五，八七二	六，八〇三，六七六
岁入总计	三三，〇八九，三一四	三四，四三八，四〇四	二〇，九五九，四九九	二二，一四四，五九九

科目	第五期 自明治四年十月至 五年十二月	第六期 自明治六年一月至十二月	第七期 自明治七年一月至十二月	第八期 自明治八年一月至六月
地税	二〇,〇五一,九一七	六〇,六〇四,二四二	五九,四一二,四二九	六七,七一七,九四七
海关税	一,三三一,五六〇	一,六八五,九七五	一,四九八,二五八	一,〇三八,一〇四
各种税	四六一,六二六	二,七二四,四七六	四,三九二,五八三	七,七七二,九一〇
官工收入	一四三,九六五	二,〇〇二,五一四	一,九八七,八八五	二,四五一,四三九
通常贷出金还纳	六〇二,〇九七	六七九,八三五	二五九,九八七	三四二,六六五
官有物所属收入	二九七,八七九	二,二二三,〇一七	一,一〇七,五〇一	二,三七五,三七八
通常杂入	一,五三三,六九八	六四一,六二八	二,四三一,八三九	一,三八二,一三二
通常岁入合计	二四,四二二,七四二	七〇,五六一,六八七	七一,〇九〇,四八二	八三,〇八〇,五七五
纸币发行	一七,八二五,四四四			
借入金		一〇,八三三,六〇〇		
临时贷出金还纳	五,三五九,二六八	八四八,五八五	八一九,五九四	五〇五,三七二
旧幕及旧藩献纳金	二,五二九,七一三	三,〇六〇,四五〇	一,四一〇,一六五	一,四七一,八三五
临时杂入	三〇八,〇〇五	二〇二,九二二	一二五,三〇四	一,二六三,二九四
例外岁入合计	二六,〇二二,四三〇	一四,九四五,五五七	二,三五五,〇六三	三,二四〇,五〇一
岁入总计	五〇,四四五,一七二	八五,五〇七,二四四	七三,四四五,五四五	八六,三二一,〇七六

岁入表第二

科目 \ 年度	八年度决算	九年度决算	十年度现计	十一年度现计	十二年度预算	十三年度预算
地税	五〇，三四五，三二八	四三，〇二三，四二六	三九，四三九，二四六	三九，八八三，四六四	四一，〇〇〇，九五〇	四一，九〇一，四四一
海关税	一，七一八，七三三	一，九八八，六六八	二，三五八，六五四	二，三五一，六三五	二，一八一，三一〇	二，五六九，四六二
各种税	七，一二九，九七一	六，七一八，五四〇	六，一一二，三六二	八，六七三，八八〇	八，一〇〇，五六九	一〇，〇八七，四〇一
作业益金	三，三二四，二一八	三，七〇二，〇三五	一，七六一，六七三	一，六一六，三〇七	一，一九四，九四〇	一，四〇七，六四七
杂收入	一，二六八，三三七	二五二，三二八	二二八，六〇九	二五二，二六五	二一四，九七三	六五〇，九五六
经常岁入合计	六三，七八六，五八七	五五，六八四，九九七	四九，九〇〇，五四四	五二，七七七，五五一	五二，六九二，七四二	五六，六一六，九〇七
诸还纳金	二，六五七，六三四	一，〇四二，八二八	一，〇九九，六四〇	七〇七，七七五	八一三，三〇四	八一六，二七五
杂收入	三，〇三八，四五五	二，七五三，二一一	一，四四四，一二〇	八，三七六，七八四	二，一四五，三三三	二，五〇〇，三二五
临时岁入合计	五，六九六，〇八九	三，七九六，〇三九	二，五四三，七六〇	九，〇八四，五五九	二，九五八，六三七	三，三一六，六〇〇
岁入总计	六九，四八二，六七六	五九，四八一，〇三六	五二，四四四，三〇四	六一，八六二，一一〇	五五，六五一，三七九	五九，九三三，五〇七

岁出表第一

科目	第一期	第二期	第三期	第四期
各官省经费	一，六七五，三七七	二，四二四，八六三	二，八四七，四四五	二，七八九，六八五
海陆军费	一，〇五九，七九八	一，五四七，九六六	一，五〇〇，一七四	三，二五二，九六七
各地方诸费	九三八，二二四	一，五七〇，八八七	一，二六九，三五四	九七九，四三一
在外公馆费		四〇，三九八	三，八二二	五五，九六〇
国债本利偿还				四三九，三三七
诸禄及扶助金	三三九，六七七	一，七一〇，五一二	二，三四〇，五〇二	三，一四八，六〇八
营缮堤防费	七八六，九五〇	一，四四七，八一九	八八一，九四九	九〇四，四三一
恩赏赈恤救助费	四九二，九六二	四六二，二八四	七一〇，五七一	四四八，四三一
通常杂出	二一三，二六六	一五五，五〇二	一九六，一八七	二〇七，五三三
通常岁出合计	五，五〇六，二五四	九，三六〇，二三一	九，七五〇，〇〇四	一二，二二六，三八三
征讨诸费	四，五一一，九三三	二，三一五，六四三	一，二二七，四一四	九五，五二九
旧幕旧藩诸事费	一，〇二二，一一二	五六九，七四二	一，四五七，九八六	一，二五一，七九五
官工诸费	六九五，二〇七	一〇一七，三三四	三，二九二，三六六	二，五一八，二〇三

科目	第一期	第二期	第三期	第四期
迁都改政劝业诸费	一五一，三七一	一，二一九，五九三	六二四，八六三	七二九，五七〇
临时贷出金	一八，一五七，二八〇	四，五〇七，一八〇	六六一，六七八	八三五，八七四
借人金偿还及还禄赐金	四六〇，九三〇	一，七六八，一五二	二，五四〇，〇三二	一，五五五，二八三
临时杂出		二七，九六五	五五三，三三〇	二二，五二二
例外岁出合计	二四，九九八，八三三	一一，四二五，六〇九	一〇，三五七，六六九	七，〇〇八，七七六
岁出总计	三〇，五〇五，〇八七	二〇，七八五，八四〇	二〇，一〇七，六七三	一九，二三五，一五九

科目	第五期	第六期	第七期	第八期
各官省经费	四，五一八，六〇〇	五，四一七，七二九	五，九一五，六二九	三，〇五〇，五四四
海陆军费	九六八，三九一	九，六八八，〇六七	一〇，四一八，四一三	一〇，七八四，八九八
各地方诸费	七，六九七，五八八	八，九六六，三八九	一〇，五二七，八八四	六，八〇五，三三二
在外公馆费	一四三，九三九	五〇八，二九五	五四五，一四九	七六，四〇〇
国债本利偿还	四三九，三三七	二，九九六，〇三九	三，二五四，一四〇	一，五九三，〇八四
诸禄及扶助金	一六，〇七二，六一七	一八，〇四五，五九九	二六，四九七，六四三	二七，〇九五，六四九

科目	第五期	第六期	第七期	第八期
营缮堤防费	二，二四二，〇二三	二，〇九五，二二二	二，〇九一，一一五	一，六六三，一一七
恩赏赈恤救助费	八六一，七九六	七四二，八三〇	四四六，四〇八	八六五，六一九
通常杂出	九三〇，六二八	二，一七九，三八二	三〇五，五三五	九〇七，七〇五
通常岁出合计	四二，四七四，九一九	五〇，六三九，五五二	六〇，〇〇一，九一六	五二，八四二，三四八
征讨诸费	三，六三八	八二，四〇四	三，二二九，八七九	一，四七四，五〇六
旧幕旧藩诸事费	四，五四四，四四六	三，三四七，五七八	二，二七九，一二四	二七七，一〇四
官工诸费	四，七七七，六四三	六，六五〇，三一三	六，九四九，六三〇	二，四七九，九六七
迁都改政劝业诸费	一，七二三，七八八	八七八，六七〇	八六四，七九五	一，六五九，九四八
临时贷出金	四，一六五，二二四	八六，八九〇	一，二五〇，三六五	一，七〇五，三七一
借入金偿还及还禄赐金			七，六五八，六一二	四，〇四〇，八九九
临时杂出	四〇，三六六	七九三，一九三	三五，二〇七	一，六五四，六二八
例外岁入合计	一五，二五五，一〇五	一二，〇三九，〇四八	二，二二六，七六七，六一二	一三，二九二，四二三
岁出总计	五七，七三〇，〇二四	六二，六七八，六〇〇	八二，二六九，五二八	六六，一三四，七七一

岁出表第二

科目＼年度	八年度决算	九年度决算	十年度现计	十一年度现计	十二年度预算	十三年度预算
国债本利偿还	四，六四五，三〇二	四，九五〇，七九七	一六，七九二，五九八	二六，六四〇，一三六	二一，二〇〇，二八一	二一，四四八，九〇七
帝室及皇族费		一，八二七，五〇〇	九〇九，七九二	九八〇，二〇二	八七七，〇〇〇	九六〇，一〇〇
年金恩给诸禄	一七，七七九，八二二	一七，七三六，九〇七	一二二，九〇九	五五〇，四四一	五四三，七六三	五九六，七四四
官省院使局费	一五，八六三，九八一	五，四四一，八七七	九，一八五，二四六	九，六八一，七六四	九，九一〇，〇四四	二，八八五，四〇四
海陆军省费	九，七八五，五七九	一〇，三二九，八二七	九，二九四，二二九	九，二四一，六〇五	九，八二六，四〇〇	一一，一六六，〇〇〇
营业资本补充费			一四三，四九八	一五四，〇七〇	二四〇，四九一	一〇三，一七二
府县费	五，〇七五，四二三	三，七〇九，三三九	四，三九一，五四三	四，二六六，五七一	三，七八六，七〇〇	四，五三九，二八〇
警察费	一，六八六，〇三六	二，〇八一，二〇四	三，〇四八，三五九	二，九一九，三八六	二，四八六，四五二	二，五七五，五九六
神社费	二一〇，五〇七	一九八，二六一	一六九，一一四	一二四，七六七	一三五，〇〇〇	一三五，〇〇〇
府县营缮土木费	一，五六六，三八六	一，五三九，六一五	一，七四三，九九二	一，九二五，四七八	一，九八七，二〇〇	一，八八四，四一五

科目＼年度	八年度决算	九年度决算	十年度现计	十一年度现计	十二年度预算	十三年度预算
救荒贮蓄补助费					一,二〇〇,〇〇〇	一,二〇〇,〇〇〇
经常岁出合计	五六,六一三,〇三七	五六,八一五,三二七	四五,八〇一,二八二	五六,四八四,三九三	五二,一九三,三三一	五六,四九四,六二三
兴业费	三三,一四〇	一五九,二九三	八〇〇,一八九	六一七,三二二	七六四,五九三	一,三三一,五五九
秩禄奉还赐金	七,六二六,九一〇					
杂支出	一,六八五,二五八	一,一六〇,三九七	一,九三三,〇二四	二,五一三,四九四	一,一九三,四五五	六〇七,三二五
预备					一,五〇〇,〇〇〇	一,五〇〇,〇〇〇
临时贷金	二,九六五,八九七	一,一七三,九四一				
临时岁出合计	一二,五九〇,二〇五	二,四九三,六三一	二,七三三,二一三	三,一三〇,八一六	三,四五八,〇四八	三,四三八,八八四
岁出总计	六九,二〇三,二四二	五九,三〇八,九五八	四八,五三四,四九五	五九,六一五,二〇九	五五,六五一,三七九	五九,九三三,五〇七

岁入预算累年比较表

表中作◎者为减，无者为增。

科目	十三年度预算（元）		十二年比较（元）		十一年比较（元）		十年比较（元）		九年比较（元）	
租税	五四，五五八，三〇四	〇〇〇	三，二七五，四七五	〇〇〇	三，六四九，三二五	四一八	六，六四八，〇四二	二八三	二，八二七，六七〇	三七一
海关税	二，五六九，四六二	〇〇〇	三八八，一五二	〇〇〇	二一七，八二七	三九〇	二一〇，八〇八	四四九	五八〇，七九四	三三五
地税	四一，九〇一，四四一	〇〇〇	九〇〇，四九一	〇〇〇	二，〇一七，九七七	〇〇一	二，四六二，一九四	八八〇	◎ 一，一二一，九八四	七〇四
矿山税	一二，五四四	〇〇〇	一，〇〇七	〇〇〇	一，九七五	六三三	三，二〇四	九〇二	三，六四〇	六五四
北海道物产税	六六〇，九七九	〇〇〇	二九七，〇〇八	〇〇〇	一五一，九七二	五九七	二九九，八五八	一八五	二七六，三九五	〇二五
酒类税	五，九六五，〇二九	〇〇〇	一，四五七，七五七	〇〇〇	八六六，七六八	三〇一	二，九一四，七一二	三二三	四，〇五三，三八九	七三五
烟草税	三四八，六七四	〇〇〇	〇		七四，三六四	八一一	三一，五九三	六一〇	一〇四，五二五	三二三
证券印纸诸税	六五〇，〇一〇	〇〇〇	二〇，八四二	〇〇〇	六三，八七二	三九一	一四四，三八五	二七五	二一五，八五四	七五八
邮便税	一四一，〇〇〇	〇〇〇	三六〇，〇〇〇	〇〇〇	四六一，〇九九	九二七	六〇〇，一六七	四三七	七二〇，七七一	三九七
诉讼罫纸诸税	八五，四一五	〇〇〇	二，九三〇	〇〇〇	六，六二五	〇〇五	八，九三二	五四四	五，二四〇	八五〇

科目	十三年度预算（元）		十二年比较（元）		十一年比较（元）		十年比较（元）		九年比较（元）	
代言人准照税	一〇，〇〇〇	〇〇〇	五〇〇	〇〇〇	四，五六〇	〇〇〇	二，六〇〇	〇〇〇	五，五八〇	〇〇〇
船税	一四六，二七〇	〇〇〇	七，九一三	〇〇〇	三一，五三八	二一八	◎ 四八，四六八	二〇三	一三，一五〇	九八八
车税	三〇九，二七〇	〇〇〇	三八，九二二	〇〇〇	二〇，二六九	三五三	四七，六〇六	四六五	七四，三六八	三五八
诸会社税	三〇〇，〇〇〇	〇〇〇	◎ 二〇〇，〇〇〇	〇〇〇	◎ 一〇〇，七二二	二一八	一八六，二七一	八〇七	二五四，二六六	三六五
铳猎税	四五，九一七	〇〇〇	二六五	〇〇〇	◎ 二，六二四	四四八	三，五一一	七六四	◎ 七一四	一七一
牛马卖买准牌税	六七，五八九	〇〇〇	四，〇一一	〇〇〇	◎ 六四五	〇五五	五，二四九	九七三	六，六九〇	四二九
卖药税	六五，八七九	〇〇〇	一三，二五二	〇〇〇	◎ 八，三六八	〇二五	二一，二一〇	一七三	三七，四二四	二八八
度量衡税	三，〇〇六	〇〇〇	八一	〇〇〇	三一二	九九三	一，〇二九	三九一	二八六	〇一八
版权执照税	三，五五六	〇〇〇	一四七	〇〇〇	◎ 二七四	一八四	一七八	〇八六	一，〇九六	七一五
海外旅券诸税	三，二六三	〇〇〇	六九三	〇〇〇	五四五	四二〇	◎ 一，五五四	九七二	◎ 二，四七八	〇九五
官禄税	〇		八一，九九二	〇〇〇	◎ 七七，二八五	一一一	◎ 七〇，五九六	四三五	◎ 七六，八八一	二九八

科目	十三年度预算（元）		十二年比较（元）		十一年比较（元）		十年比较（元）		九年比较（元）	
琉球藩贡纳	○		○		◎五一，三九四	一五六	◎四二，八一四	五七八	◎三六，九四四	九三六
旧税追纳	○		○		◎二○七一	四二五	○		○	
蚕种纸印纸税	○		○		○		◎一七九，六一八	四四五	◎三一，二二三	九四五
家禄并赏典禄税	○		○		○		○		◎二，一三○，一八七	二五二
生丝、茧、真绵印纸税	○		○		○		○		◎三，一四五六	九六六
生丝卖买准牌税	○		○		○		○		◎三，九三三	五○○
作业益金	一，四○七，六四七	○○○	二三，七○七	二八六	◎二○八，六五九	五三○	◎三二四，○二五	九一二	◎二，二九四，三八七	六八四
内务省制作	二，六五二	○○○	六七	○○○	◎一二六	○三八	◎一，九三二	三四三	◎二三九，九五八	六二八

科目	十三年度预算（元）		十二年比较（元）		十一年比较（元）		十年比较（元）		九年比较（元）	
大藏省造币	四三四，〇〇〇	〇〇〇	◎七二，〇〇〇	〇〇〇	◎四七六，四九五	七四九	◎四〇〇，二八四	八六一	◎七一八，〇三七	二四五
大藏省印刷	三〇，〇〇〇	〇〇〇	〇		◎七一，二八五	八九五	◎二四〇，七二四	三八二	◎五三，八一八	五九七
海军省造船	一五，〇〇〇	〇〇〇	二，八五四	五〇〇	◎三五，九五八	〇五九	一三，四九六	二九五	◎一六〇，〇二五	三九六
海军省石炭	九二三	〇〇〇	三九	六六〇	三六二	三八七	九二三	〇〇〇	◎九二三	〇〇〇
工部省矿山	二四一，二六九	〇〇〇	二二，三〇九	〇〇〇	一八一，四二二	七七九	九一，二八六	一七一	◎三六九，五八三	九四八
工部省铁道	六一六，七六二	〇〇〇	二二五，六六一	七二九	一六〇，一三九	九二七	二三二，六七三	七八二	◎一九二，一二〇	六四七
工部省电信	二五，〇七一	〇〇〇	二五，〇七一	〇〇〇	五，七〇四	五〇五	一五，九四六	一四一	◎二〇六，二八四	五三九
工部省工作	八，八二九	〇〇〇	◎二三，四三六	六〇三	八，一九五	三九一	二，六六九	三三六	◎一七二，二五四	〇八四

科目	十三年度预算（元）		十二年比较（元）		十一年比较（元）		十年比较（元）		九年比较（元）	
开拓使诸作业	三三，一四一	〇〇〇	三三，一四一	〇〇〇	三三，一四一	〇〇〇	三三，一四一	〇〇〇	三三，一四一	〇〇〇
内务省山林	〇		◎ 一〇，〇〇〇	〇〇〇	◎ 九，〇〇〇	〇〇〇	〇		〇	
内务省牧畜	〇		〇		◎ 四，〇四六	〇〇四	〇		〇	
广岛县矿山	〇		〇		〇		◎ 一〇一，二二〇	〇五一	◎ 二一六，三六八	六〇〇
杂收入	六五〇，九五六	〇〇〇	四三五，九八二	七九九	三九八，六九〇	七九二	四二二，三四七	〇六八	三九八，六二七	六〇三
森林收入	四五二，〇四六	〇〇〇	四五二，〇四六	〇〇〇	四五二，〇四六	〇〇〇	三八八，五九六	五九八	三五七，五四三	一九八
官有物租赁金	二六，六四二	〇〇〇	二五，五一四	〇五一	◎ 一三五，六二三	二〇八	◎ 四八，五一七	五三〇	◎ 四一，一八三	五九五
开市港场官地租入金	八二，二六八	〇〇〇	九，四五〇	八五〇	八二，二六八	〇〇〇	八二，二六八	〇〇〇	八二，二六八	〇〇〇
经常岁入合计	五六，六一六，九〇七	〇〇〇	三，九二四，一六五	〇八五	三，八三九，三五六	六八〇	六，七一六，三六三	四三九	九三一，九一〇	二九〇

科目	十三年度预算（元）		十二年比较（元）		十一年比较（元）		十年比较（元）		九年比较（元）	
诸还纳	八一六，二七五	○○○	二，九七○	五六○	一○八，四九九	九一四	◎　二八三，三六四	八三八	◎　二二六，五五三	一六○
诸贷出金还纳	五六三，二○七	○○○	三○，八四六	四二三	一三○，二六七	三二八	◎　二三六，一五四	七○一	◎　一三四，七九○	五四四
皇族及旧藩贷金还纳	一八二，七六六	○○○	◎　一七，五八四	二八五	◎　三，○八五	九四一	◎　一五，四三八	三三一	◎　四九，四六○	九六二
米石贷出还纳	七○，三○二	○○○	◎　一○，二九一	五七八	◎　一八，六八一	四七三	◎　三一，七七一	八○六	◎　四二，三○一	六五四
杂收入	二，五○○，三二五	○○○	三五四，九九二	二二一	◎　五，八七六，四五九	二九三	一，○五六，二○四	九五三	◎　二五二，八八六	三一四
官有物卖出金	五○○，六五三	○○○	三，○六六	○三○	◎　四五三，五四九	二八五	二六○，四○一	三五三	◎　三四八，六○○	七六二
杂入	一九九九，六七二	○○○	三五一，九二六	二九一	◎　五，四二二，九一○	○○八	七九五，八○三	六○○	九五，七一四	四四八
临时岁入合计	三，三一六，六○○	○○○	三五七，九六二	八八一	◎　五，七六七，九五九	三七九	七七二，八四○	一一五	◎　四七九，四三四	四七四
岁入总计	五九，九三三，五○七	○○○	四，二八二，一二七	九六六	◎　一，九二八，六○二	六九九	七，四八九，二○三	五五四	四五二，四七○	八一六

岁出预算累年比较表

科目	十三年度预算（元）		十二年比较（元）		十一年比较（元）		十年比较（元）		九年比较（元）	
国债偿还	五，八一七，五三八	〇〇〇	二三七，〇〇二	六三二	◎ 四，九七一，七〇六	八二五	三，九七八，四九七	〇九四	三，八七五，八九九	八五二
内国债	二，九七八，一七八	〇〇〇	二一四，〇六六	六三二	二七七，五二〇	八三二	一，九六七，六二〇	六二七	一，八一〇，四五一	八六〇
外国债	八三九，三六〇	〇〇〇	二二，九三六	〇〇〇	◎ 八三，〇四一	六五七	一〇，八七六	四六七	六五，四四七	九九二
纸币消却	二，〇〇〇，〇〇〇	〇〇〇	〇		◎ 五，一六六，一八六	〇〇〇	二，〇〇〇，〇〇〇	〇〇〇	二，〇〇〇，〇〇〇	〇〇〇
国债利子	一五，六三一，三六九	〇〇〇	一一，六二三	六八八	◎ 二一九，五二二	五五五	六七七，八一一	八一六	三，六二二，二一〇	〇〇一
内国债利子	一四，三八二，一二七	〇〇〇	七八，〇六八	八〇〇	六二，八八一	一四一	九四三，四二三	六二二	三，九〇六，六四五	五三一
外国债利子	七九〇，四〇九	〇〇〇	◎ 六六，九〇九	四〇〇	◎ 二八〇，二五〇	七四五	◎ 二六四，四九三	六五六	◎ 二八三，三二六	五〇六
外国债杂费	八，八三三	〇〇〇	四六四	二八八	◎ 二，一五三	九五一	◎ 一，一一八	一五〇	◎ 一，一〇九	〇二四
帝室及皇族费	九六〇，一〇〇	〇〇〇	八三，一〇〇	〇〇〇	◎ 二〇，一〇一	九九六	五〇，三〇七	六五二	一三二，六〇〇	〇〇〇

科目	十三年度预算（元）		十二年比较（元）		十一年比较（元）		十年比较（元）		九年比较（元）	
年金恩给诸禄	五九六，七四四	○○○	五二，九八一	○○○	四六，三二九	七七三	四七三，八三四	五八一	◎一七，一四○，一六二	六四四
赏勋年金	一五二，五七二	○○○	二九二	○○○	九，二二三	○○○	一五二，五七二	○○○	一五二，五七二	○○○
军人恩给	一七八，一六二	○○○	◎　八八，○四四	○○○	◎　一○四，一九三	八四○	一七八，一六二	○○○	一七八，一六二	○○○
社寺禄	一○四，四○○	○○○	◎　二○，八八一	○○○	◎　二○，三○九	二八七	◎　一八，五○九	四一九	◎　一五，九三二	○五四
冲绳县士族金禄	一六一，六一○	○○○	一六一，六一○	○○○	一六一，六一○	○○○	一六一，六一○	○○○	一六一，六一○	○○○
赏典并家禄	○	○	○	○					◎一七，六一六，五七四	五九○
官省院使局费	二三，○五一，四○九	○○○	三，二二四，九六四	八二二	四，一二八，○四○	二九三	四，五七一，九三二	四○一	◎　二，七二○，二九四	四九五
太政官司	五○○，○○○	○○○	一九九，一四○	○○○	一五八，六七三	八八七	三三，○一九	五八一	七七，○九七	六一一
外务省	二○一，○○○	○○○	三○，○四○	○○○	◎　一，八五二	八八○	五四，一一三	五六○	四七，一八七	四○七
内务省	一，六四七，一五○	○○○	三七一，六五○	○○○	六○二，二七五	七六四	四九一，八五六	八七四	◎　一，三三○，八四四	一六四

科目	十三年度预算（元）		十二年比较（元）		十一年比较（元）		十年比较（元）		九年比较（元）	
大藏省	一四，八七七，〇〇〇	〇〇〇	◎ 一七，六〇〇	〇〇〇	三一九，七五六	八三一	六一三，二〇七	〇〇二	七二，六九一	三六五
陆军省	八，一五一，〇〇〇	〇〇〇	九六〇，九〇〇	〇〇〇	一，七二六，八五四	一五九	二，〇二四，六四八	五五〇	一，二四六，一七一	〇〇九
海军省	三，〇一五，〇〇〇	〇〇〇	三七八，七〇〇	〇〇〇	一九七，五四〇	六九九	◎ 一五二，八七七	六〇六	◎ 四〇九，九九七	七二一
文部省	一，一八一，一〇〇	〇〇〇	四，一一三	〇〇〇	四二，三一七	六八七	一六，八〇二	一五七	◎ 五一四，二一一	〇〇六
工部省	五四五，八六〇	〇〇〇	◎ 四五，四四〇	〇〇〇	◎ 一六三，七五二	五〇六	◎ 八三，五三二	九七二	◎ 三，七九七，四三五	四八三
司法省	一，七八五，〇〇〇	〇〇〇	四七〇，二〇〇	〇〇〇	五七一，〇三九	九〇〇	四八五，四四一	一一九	三九九，五四〇	六六〇
宫内省	三四八，〇〇〇	〇〇〇	三九，三〇〇	〇〇〇	二五，四五四	八八五	八，五〇六	一八一	五七，三六二	八〇七
元老院	一八四，〇〇〇	〇〇〇	四一，五二〇	〇〇〇	四一，六七四	六七三	四四，〇二九	六八八	九，四七四	六四八
工部省电信	一三九，〇〇〇	〇〇〇	◎ 一，〇〇〇	〇〇〇	九，五九〇	一三三	◎ 五四，七七〇	四〇二	一三九，〇〇〇	〇〇〇
工部省工作	一，七五一，〇〇〇	〇〇〇	九，五九八	〇〇〇	五九，二五七	六七七	九一，五七七	三一一	一七五一，〇〇〇	〇〇〇
工部省采油	一五，〇〇〇	〇〇〇	一五，〇〇〇	〇〇〇	一五，〇〇〇	〇〇〇	一五，〇〇〇	〇〇〇	一五，〇〇〇	〇〇〇

科目	十三年度预算（元）		十二年比较（元）		十一年比较（元）		十年比较（元）		九年比较（元）	
开拓使诸作业	一三，三〇〇	〇〇〇	一三，三〇〇	〇〇〇	一三，三〇〇	〇〇〇	一三，三〇〇	〇〇〇	一三，三〇〇	〇〇〇
内务省牧畜	〇		◎　三二，四五六	〇〇〇	◎　三二，七九七	四三五	◎　四三，六九五	六五〇	〇	
大藏省造币	〇		◎　五〇，〇〇〇	〇〇〇	四九，九八八	九九〇	〇		〇	
大藏省印刷	〇			〇		〇	◎　四〇，四三一	三七〇	〇	
杂支出	六〇七，三二五	〇〇〇	◎　五八六，一二九	九八四	◎　一，九〇六，一六八	五〇四	◎　一，三二五，六九八	六六六	◎　一，八八六，三〇五	七七七
预备	一，五〇〇〇〇〇	〇〇〇	〇		一，五〇〇，〇〇〇	〇〇〇	一，五〇〇，〇〇〇	〇〇〇	一，五〇〇，〇〇〇	〇〇〇
临时岁出合计	三，四三八，八八四	〇〇〇	◎　一九，一六三	九八四	三〇八，〇六八	六九一	七〇五，六七一	六五〇	九四五，二五三	二二三
岁出总计	五九，九三三，五〇七	〇〇〇	四，二八二，一二七	九六六	三一八，二九八	三二二	二，三九九，〇一二	〇四八	六二四，五五〇	五三二
岁入残余	〇		〇		◎　二，二四六，九〇一	〇二一	◎　三，九〇九，八〇八	四九四	一七二，〇七九	七一六

国债准备贷借合编表

国债为借入款，贷借为借出款，准备乃出入款中所赢余，故合编于此。储蓄一款，十四年所创办，因并列其目。

科目	十三年度（元）		十二年度（元）		十一年度（元）		十年度（元）		九年度（元）	
内国有利息债	二二九，一三九，六一五	〇〇〇	二二八，六三一，一三〇	〇〇〇	二三二，〇三九，八一五	〇〇〇	二一八，九〇三，四六五	〇〇〇	三〇，六八二，一五〇	〇〇〇
新公债	二，一五二，六五〇	〇〇〇	二，三二七，六七五	〇〇〇	二，五九四，二五〇	〇〇〇	二，四五〇，九五〇	〇〇〇	二，八〇一，七五〇	〇〇〇
金札交换公债	四，六〇三，三〇〇	〇〇〇	一，九二三，七〇〇	〇〇〇	二，一〇五，九五〇	〇〇〇	二，一〇五，九五〇	〇〇〇	二，二三八，五五〇	〇〇〇
秩禄公债	二，八二一，九五〇	〇〇〇	一四，一六八，九〇〇	〇〇〇	一六，一九六，三七五	〇〇〇	一六，二〇四，七二五	〇〇〇	一六，六四一，八五〇	〇〇〇
金禄公债	一七三，六三八，三九〇	〇〇〇	一七三，二八七，五三〇	〇〇〇	一七四，二一九，九一五	〇〇〇	一七四，一四一，八四〇	〇〇〇	〇	
旧神官配当禄公债	四二三，三二五	〇〇〇	四二三，三二五	〇〇〇	四二三，三二五	〇〇〇	〇		〇	
起业公债	一二，五〇〇，〇〇〇	〇〇〇	一二，五〇〇，〇〇〇	〇〇〇	一二，五〇〇，〇〇〇	〇〇〇	〇		〇	
征讨费借入	一五，〇〇〇，〇〇〇	〇〇〇	一五，〇〇〇，〇〇〇	〇〇〇	一五，〇〇〇，〇〇〇	〇〇〇	一五，〇〇〇，〇〇〇	〇〇〇	〇	

科目	十三年度（元）		十二年度（元）		十一年度（元）		十年度（元）		九年度（元）	
内国无利息债	九，二一一，七七六	〇〇〇	九，四三九，七三二	〇〇〇	九，六五九，二六〇	五〇〇	九，八六八，四六五	〇〇〇	一〇，〇三二，七二〇	〇〇〇
纸币流通数	一〇八，六八三，二〇三	六〇〇	二三，四二七，九九二	〇〇〇	一二〇，九二七，二〇九	〇〇〇	三一，〇五四，七三一	〇〇〇	九四，〇五四，七三二	〇六五
内国债合计	三四七，〇三四，五九四	六〇〇	三五一，四九八，八五四	〇〇〇	三六二，六二六，二八四	五〇〇	三四九，八二六，六六一	〇〇〇	一三四，七六九，六〇一	〇六五
外国旧公债	九七六，〇〇〇	〇〇〇	一，四六四，〇〇〇	〇〇〇	一，九五二〇〇〇	〇〇〇	二，四四〇，〇〇〇	〇〇〇	二，九二八，〇〇〇	〇〇〇
外国新公债	一〇，〇三六，六九六	〇〇〇	一〇，三六五，一二〇	〇〇〇	一〇，六七二，〇七二	〇〇〇	一〇，九五九，〇一六	〇〇〇	一一，二二七，一二三	二〇〇
外国债合计	二，〇一二，六九六	〇〇〇	二，八二九，一二〇	〇〇〇	三，六二四，〇七二	〇〇〇	一三，三九九，〇一六	〇〇〇	一四，一五五，三一二	二〇〇
国债总计	三五八，〇四七，二九〇	六〇〇	三六三，三二七，九七四	〇〇〇	三七五，二五〇，三五六	〇〇〇	三六三，二二五，六七七	〇〇〇	一四八，九二四，七二四	二六五
准备	五一，三二五，五一五	一四四	五〇，八九八，八七一	六〇一	五一，二六六，九八一	一三八	三九，〇三一，五三八	〇五九	二八，三四一，四一六	〇〇〇
贷借	七，三〇六，八一一	〇八三	七，四九五，二二〇	一六二	八，一〇二，五九三	四五一	八，〇六七，二九五	七四九	九，三八二，四八五	〇〇〇
储蓄										

国债准备贷借累年比较表

表中作◎者为减，无者为增。

科目	十三年度（元）		十二年度（元）		十一年度（元）		十年度（元）		九年度（元）	
内国有利息债	二二九，二二九，六一五	○○○	五○八，四八五	○○○	◎ 二，九○○，二○○	○○○	一○，二三六，一五○	○○○	一九八，四五七，四六五	○○○
新公债	二，一五二，六五○	○○○	◎ 一七五，○二五	○○○	◎ 四四一，六○○	○○○	◎ 二九八，三○○	○○○	◎ 六四九，一○○	○○○
金札交换公债	四，六○三，三○○	○○○	二，六七九，六○○	○○○	二，四九七，三五○	○○○	二，四九七，三○五	○○○	二，三六四，七五○	○○○
秩禄公债	二，八二一，九五○	○○○	◎二，三四六，九五○	○○○	◎ 四，三七四，四二五	○○○	◎ 四，三八二，七七五	○○○	◎ 四，八一九，九○○	○○○
金禄公债	一七三，六三八，三九○	○○○	三五○，八六○	○○○	◎ 五八一，五二五	○○○	◎ 五○三，四五○	○○○	一七三，六三八，三九○	○○○
旧神官配当禄公债	四二三，三二五	○○○	○		○		四二三，三一五	○○○	四二三，三二五	○○○
起业公债	三，五○○，○○○	○○○	○		○		三，五○○，○○○	○○○	三，五○○，○○○	○○○
征讨费借人	一五，○○○，○○○	○○○	○		○		○		一五，○○○，○○○	○○○
内国无利息债	九二二，七七六	○○○	◎ 二二七，九五六	○○○	◎ 四四七，四八四	五○○	◎ 六五六，六八九	○○○	◎ 八二○，九四四	○○○

科目	十三年度（元）		十二年度（元）		十一年度（元）		十年度（元）		九年度（元）	
纸币流通数	一〇八，六八三，二〇三	六〇〇	◎四，七四四，七八八	四〇〇	◎ 三，二四四，〇〇五	四〇〇	◎ 二，三七一，五二七	四〇〇	一四，六二八，四七二	五三五
内国债合计	三四七，〇三四，五九四	六〇〇	◎四，四六四，二五九	四〇〇	◎ 一五，五九一，六八九	九〇〇	◎ 二，七九二，〇六六	四〇〇	二三，二六四，九九三	五三五
外国旧公债	九七六，〇〇〇	〇〇〇	◎ 四八八，〇〇〇	〇〇〇	◎ 九七六，〇〇〇	〇〇〇	◎，一，四六四，〇〇〇	〇〇〇	◎ 一，九五二，〇〇〇	〇〇〇
外国新公债	一〇，〇三六，六九六	〇〇〇	◎ 三二八，四二四	〇〇〇	◎ 六三五，三七六	〇〇〇	◎ 九二二，三二〇	〇〇〇	◎ 二九〇，四二七	二〇〇
外国债合计	二〇三，六九六	〇〇〇	八一六，四二四	〇〇〇	◎ 一六二，三七六	〇〇〇	◎ 二，三八六，三二〇	〇〇〇	◎ 三，一四二，四二七	二〇〇
国债总计	三五八，〇四七，二九〇	六〇〇	◎五，二八〇，六八三	四〇〇	◎ 一七，二〇三，〇六五	九〇〇	◎五，一七八，三八六	〇〇〇	二〇，九三二，五六六	三三五
准备	五一，三二五，五一五	一四四	四二六，六四三	五四三	五八，五三四	〇〇六	三，二九三，九七七	〇五八	二二，九八四，〇九九	一四四
贷借	七三〇，六八二	〇八三	◎ 一八八，四〇九	〇七九	◎ 七九五，七八二	三六八	◎ 七六〇，四八四	六六六	◎ 二，〇七五，六七三	九一七
储蓄										

外史氏曰：天生民而立之君，使司牧之，亦惟以天下之财治天下之事，而理财之道得矣。秦汉以降，君尊而民远，少府、水衡、琼林、大盈，天子各谋其私藏，凡以供声色宴游之费者，惟内官宦寺得司其出入，虽宰执未尝过问。为百姓者不知国用之在何所，但以为日竭膏脂以供上用；而仁人智士深知财聚民散之害，又深恶以聚敛病民者，尽出于怀利事君之小人，由是相引为大戒。有国家之责者，君不敢复问有无，臣不敢复言兴利，而先王治国理财之道，反尽失矣。财也者，兆民之所同欲，政事之所必需者也。竭天下以奉一人，固万万其不可，诚能以民之财治民之事，以大公之心行一切之政，则上下交利而用无不足。秉国钧者，其何可讳而不言。

余考泰西理财之法，预计一岁之入，某物课税若干，某事课税若干，一一普告于众，名曰预算。及其支用已毕，又计一岁之出，某项费若干，某款费若干，亦一一普告于众，名曰决算。其征敛有制，其出纳有程，其支销各有实数，于预计之数无所增，于实用之数不能滥。取之于民，布之于民，既公且明，上下孚信。自欧罗巴逮于米利坚，国无小大，所以制国用之法，莫不如此。

臣尝读靳辅筹饷裕民之疏，谓："我朝理财之道，尚未复三代之古，盖入关定鼎之初，薄赋免徭，务在寡取而节用。即明知官吏俸薄，亦尚沿胜国俸钞折领之弊，姑仍旧贯而无所变革。然国用实有不足，为官吏者终不能毁家以纾国，竭私以报公，究不得不仍取诸民，不过于常赋之外变为火耗、秤余一切之陋规。封疆大吏知地方税轻不足用，官吏俸薄不足赡，有明知其非法而不忍裁撤者。陋规极多之地，每省有十数州县，彼处脂膏以自润者，饱囊盈橐，一若分所应得。若硗瘠之地，上官悯其贫，必为之调剂，而贪饕官吏侵吞干没之不已，更百端为例外之求。彼以枵腹从公为名，辄巧取横征屡倍于正供，朝廷一无所利，而小民实受其害。余窃以为不如清查耗羡，核减陋规，明取之之为愈也。"臣伏维圣清家法，至仁极俭，内府之所需，曾不以问诸户部，成宪昭垂，二百余载，大公无私，可谓至德矣；然而小民未之知也。乾隆以后，协饷日益繁，欠粮日益多，杂税日益免，河工、宗禄名粮之数日益巨。当嘉庆中叶，已屡诏廷臣，集议筹饷。咸、同之间，群盗毛起，逮乎克平，费饷盖不可胜数。至于近日，又筹海防，虽增加关税、厘金，而国用犹入不抵出；然而小民亦未之知也。我祖若父，蒙国家深仁厚泽久矣，谁非赤子，具有天良。往岁大乱之后，追念平日箪食壶浆，以迎王师者，不知凡几，足见朝廷恩德维系于民者至深。然蚩蚩者民，胼手胝足，日竭其力，以供租税，而国用所在，曾不得与闻。谬以为吾民膏血，徒以供上官囊橐。一旦有事，设法课税，令未及下，而小民惊相告语，已有惘然失措者。上下阻隔，猜疑横起，欲谋筹饷，势处至难。古人有言曰："藏之人思防之，帷之人思窥之。"余又以为不如举国用之数公布之于民之为愈也。臣考三代以来，损上益下，寡取薄敛，未有如我大清者，然国用不足，亦以今日为尤甚。雍正乾隆间，议以耗羡为养廉，盖实有见乎用之不足，不得不取之如额。而卅年以来，二三名大吏有通提一省杂供储为公用者，亦以通筹统计，势不得不尔。势不得不尔，则不如分别朝廷之上计，州县之留支，核需用之额明取之，即举应用之款实销之，并列所用之数公布之。以修庶政，以普美利，以昭大信，一举而数善备焉，是在谋国者经理之而已。

余昔读《周礼》，见夫天官、地官之司财货者，几于无地不赋，无物不贡，无人不征，无事不税，极至纤至悉，有后世桑弘羊、孔仅、蔡京、王黼之徒不肯为者。始疑周公大圣，不应黩货至此。既而稽六官所属五万余人，无员额者尚不在内，乃知大府颁贿，凡官府都鄙之吏、转移执事之人，在官受禄者如此其多。以某赋治某事，又有定式，则一一仍散之民，朝廷固未留丝毫以自私也。窃意其时以岁终制用之日，必会计一岁之出入，书其贰行，悬之象魏，使庶民咸知。彼小民周知其数，深信吾君吾上无聚敛之患，凡所以取吾财者，举以衣食我，安宅我，干城我，则争先恐后，以纳租税矣。君民相亲，上下和乐，成周之所以极盛也。

日本近仿泰西治国之法，每岁出入书之于表，普示于民，盖犹有古之遗法焉。譬若一乡之中迎神报赛，敛钱为会，司事者事毕而揭之曰某物费几何，某事费几何，乡之人咸拱手奉予钱，且感其贤劳矣。此理财之法之最善者也。嗟夫！古昔封建之世，官物输之民，力役征之民，上之人垂拱其上，彼小民之事宜若可听民自为。而自古圣人必为之经理无端，而料民身家，征民粟帛，多取而民不为怨，亦信其以我之财治我之事故耳。三代圣王平天下、理财之道，不过举流通之财，行均平之政，无他道也。况夫今日，凡百官府之用，力役之征，无不出资而购之，颁禄以募之，国用之繁，盖十倍于古人。诚使以大公之心行一切之法，即令小民怀私，有佛欲而逆情者，尚当强而行之。况又沿习陋规，小民既已收纳，第取官吏之中饱为朝廷之正供，即以分给民之奉公者，吾民若之何不愿乎？夫三代之良法美意，秦汉后之不欲行者，举所用以普示之民，则不便君上之行私故也。以本朝至公之家法，其何惮而不行！祖宗知用之不足，而安于寡取者，开创则民信未孚，承平则国帑未匮，势不极，法不变故也。以今日值多事之秋，履至艰之会，则不变其何待！彼不愿核出入之数明取之、实用之、公布之者，不谓此为纷扰多事，即谓此为聚敛言利，殆为相沿之陋规，阴便其额之无定，得以上下其手，百端侵渔；阳利其用之不敷，得以推诿敷衍，无所事事，坐视政事之弛废，国家之贫乏，小民之困穷而漠然不顾，如秦越人之视肥瘠焉，而天下之患，将日久而日深矣。嗟夫！

卷十八　食货志四

国　债

庆元偃武以降，大平欢虞二百余年，然理财之道，则自幕府逮于诸藩，以岁入不足为常。庆长之初，颇造金货，后遇国库匮乏，辄改铸货币，减轻杂伪，以敷衍一时。各藩不能铸钱，则增赋税，课献金。犹不足者，上借之幕府，下借之富商，或在其管内发行纸币以充国费，国债既萌芽于此矣。德川十三世将军家庆，忧各藩苦于负债，尝下负债不偿之令。于是旧藩得免负累，一时以为德政。然岁入不足如前日，仍赖借款以资弥补。外使劫盟，海防事起，逮元治庆应，司农竭蹶拮据甚矣。旧藩诸侯各负债累。及废藩命下，各藩力不能自偿，政府虑骤废逋债，恐失人心，乃分别款项，其应还者作为政府公债。自弘化甲辰迄于庆应丁卯，凡旧藩所借用者，称为旧公债；自明治戊辰迄于辛未废藩，壬申置县，凡诸藩县所借用者，称为新公债，各给以证书。证书犹曰凭票。旧公债无利息，自明治五年至五十四年，限五十年间，分年偿还，其数共一千九十八万二千七十五元。新公债，自明治五年至二十九年，限二十五年间偿还，每岁给四分利。四分利，即每一百元，一年给利四元。明治八年，始以抽签之法，分偿本金，其数共一千二百三十九万二千五百五十元。凡金额分为五种，曰五百元，曰三百元，曰一百元，曰五十元，曰二十五元。证书亦分为五类。其新公债证书，别用国字伊吕波编为四十七部。证书之内，详记债主姓名、籍贯、金额、种类并号数，于证书之末，附以小札，记一年应还之款，应给之息，俟每期本金利息支给之日，将小札裁截收还以为据。令各债主申缴契约，经大藏省查核之后，记于簿册，照额编列证书，钤勘合印，送致于各债主所居地。又于各地方设公债局，备各簿册，照依大藏省所颁证书，加用官印，给与其人。旧公债每年于十二月一日至十五日，给予是年应偿之款；新公债于每年六月二日至十日、十二月一日至十五日，给予是年应得之息，其本金听大藏省便宜，或每年，或间年，用抽签法以偿。其法先由大藏省悬示本年应还新公债若干，何种何类各若干，乃于证书最多之地，或东京，或大坂，由国债寮遣员会同地方官，招集债主十名以上乃行抽签。其签亦分编伊吕波四十七类，某类又分号数，与证书相同，抽签得相应号数者，即于本年备偿。凡收藏新旧公债证书，可传授子孙，典质买卖亦任其意。其买卖者，甲乙偕报官厅，官厅公债课受其书，亲加印记，给与买者。其以证书典质与人者，当支给本金利息时，官亦照给。如典质过期不赎，则准买卖。例若证书罹水火灾，收藏人详记颠末及号数、金数，申报大藏省，准换新证。或盗窃，或遗失，亦如式申报大藏省，大藏省照录其号数、金数，悬示此项证书不得买卖典质；见者速报于官。如阅七个月不悉所在，别造新证书，交与本主。凡证书有挑剜、割裂、涂抹、穿破、粘连等弊，照其证书金额十倍科罚。

其赝造模写，或变换证书内文字、图画，并藏有类似刻板纸料图书者，事觉均论如律。

维新之际，以王师东征，岁入不足，当日决算表，自庆应三年至明治元年，不足五百余万，例外岁出至二千五百万。乃从由利公正之言，制造纸币，名曰太政官金札。后以太政官金札过大，不便流通，换为民部省小札。明治元年闰四月，布告曰："皇政维新之际，将建立富国基础，乃以一时权宜，制造金札，限于元年戊辰至十三年庚辰通用国内。"二年五月又布告曰："自今制造纸币器械一概焚毁，以三千二百五十万元为限。由本年冬迄于壬申，将造银货，听人交换。有未换者，则每月给以五铢利。"每月五铢，即一年六分也。六年三月又布告曰："现因政府有事，所发官札，未能如约付以利金。今自本年三月十五日，以公债证书交换。有藏官札者，宜遵此例。"于是金札一变而为公债，名曰金札交换公债。限于十五年间通用，过十五年则政府收买。年给六分息，发给证书。四年后，亦以抽签之法分偿本金。其数为二百二十三万八千五百五十元。此项证书分为二种：一曰记名公债证书，于证书内记收藏人姓名。有买卖之事，则请大藏省更书。一称利札公债证书，仅记收藏人姓名于簿，买卖之际不必更名。其他条例，同于新旧公债。初，将军奉还政权，萨、长、肥、土四藩亦上表请奉还藩籍。后改府、藩、县一致之制，令藩主、藩臣以各藩租入之数，给以十分之一为世禄。然不足赡养，颇有改为农工商者。华士族既改禄制，其租入少者，不能自赡。三年，有请改归农商籍者，政府听其请，给予资金。其岁租八石八斗者给金三百元，七石者二百五十元。大概算予五年全额。此项资金当时共费一百二十余万云。废藩令下，士失常职，益无以谋生。当时有请奉还世禄者，政府虑其失恒产，生异心，未敢遽许。然人人以素餐坐食为惧，物议嚣嚣，群冀政府有所处置。至明治六年，先是，有内藤政举、水野忠敬等五十余人，先后请纳家禄及赏典禄，以抵偿旧藩债、外国债，并充官厅费。朝议许之。其后颇有请奉还者。乃决议募外债以收家禄，有自请奉还者，给以六年应得之禄，其半给以通货，其半作为公债，给予证书。是为秩禄公债，年利八分，发给证书。三年后，限七年间以抽签之法分偿本金，其数为一千六百五十九万二千二百二十五元。初，许奉还令，华士族于奉还后有再请土地山林者，减地价之半，仅缴半额，仍令管领。旋停止奉还。至八年八月，又布告秩禄公债条款，略有增改，大概同新旧公债。初，政府之许秩禄奉还也，听人自便，请者乃给，故其数不多。从前制禄，有家禄，世食之禄，自畿内王人及幕府藩臣，以世官得世禄者，皆于维新时改定禄制，多者六万余石，少者数十石，食禄者凡二十九万余人。有赏典禄。因功而得禄者。自江户追讨，迄函馆平定，凡于王室有勋劳者，概给以赏典。多者二万石，少亦百石，得赏者凡二万余人。其中又有永世禄、世世给予。终身禄、二代禄、年限禄限年给与。之别。至九年八月，遂废奉还令，所有华、士族、平民之家禄、赏典禄，旧日禄制，概改为公债。其永世禄在七万元以上者，合家禄、赏典禄计之。给予五年全额；即三十五万元。银数较少，则年数较增，如千元以上、未满二千五百元者，给予七年半全额。由七万至千元，均为五分利；由千元至百元，为六分利；由百元至二十五元，为七分利。其终身禄，照永世禄年限十分之五，给利之法亦同。

年限禄，则十年以上者照永世禄十分之四，年限较短，则给数较少，如二年限，照永世禄十分之一五给之。给利之法亦与永世禄同。是为金禄公债。日本给禄之法，概以米石计，后改为俸金。此项家禄、赏典禄本额，亦系给米，既乃平均米价折算以金，故曰金禄。考日本秩禄支给为岁出第一巨款。自明治元年至明治八年，总计九千五百余万。自改为公债，岁出之常款变而为国债之利息矣。发给证书，六年之后，限三十年间，以抽签之法，分偿本金。其数为一亿七千四百二十一万九千五百一十五元。其他条例，同新旧公债，惟证书不许买卖。当时政府之意，欲华、士族岁仰余息，易于谋生，故创立银行，使便以存寄证书，岁收其利。至十一年九月，解证书买卖之禁，然犹恐其以低价贩卖，骤陷于困，特设法保护。凡证书百元，五分利者，价六十四元；六分利者，价七十三元；七分利者，价八十二元；十分利者，价百元。大藏省许为受买，以故证书价亦不低。及十二年，大藏省停止买受，而公债证书之价日就低下矣。自收还华、士族、平民采地之后，其旧日神官所管社地，皆没收于官，以其社地租入十分之二给之。后平均米石改给以金。及金禄改公债后，神官之禄亦给五年全额，换予公债证书，是为旧神官配当禄公债，本非官禄，第举社寺所入，配合相当之额而定禄制，故名曰配当禄。年利八分，限十一年间清偿，其数为四十二万三千三百二十五元。当明治元年始颁太政官金札，由利公正欲以其赢余贷与各藩，为振兴农业之助，然不果行。至明治十一年四月，太政官布告曰："今欲谋国中公益，繁殖物产，扩充贸易，乃决议募内国债以一千二百五十万元为限。"遂由大藏省发证书，年利六分。自募债三年后，限二十三年间，以抽签之法还之。召募未几，应者纷集，是为起业公债，其数为一千二百五十万元。其实为一千万元。当时以八十元之额给予一百元证书云。初募此债，特遣涩泽荣一等往说大坂豪商。商人以八十元本金岁可得六元息，故应者纷集，殆及二倍。以限于额满，特给还之。明治十年，西南征讨之费，大藏省已发纸币二千七百万，又令第十五国立银行募集，以应军需，各给以五分息，限二十年间清偿。是为征讨费公债。其数为一千五百万元。此皆内国债也。以上国债之数，据明治十一年六月大藏省查定，其中如金禄公债、金札交换公债，有于是年后始行核定者、始行交换者，闻其额尚有所增加云。

至外国债，有旧公债。明治三年，于东京、横滨间建造铁路，借之横滨外商者也，凡九分息，五年后始还本金，限十年清偿，为数四百八十八万元。即英国一百万磅，当时经手人别有杂费，每年二百二十五磅云。有新公债。明治六年，因收买秩禄，借之英国伦敦者也，凡七分息，二年后始还本金，限二十年清偿，为数一千一百七十一万二千元。明治五年，收买家禄之议既决，特遣大藏少辅吉田清成，偕米国人字伊理耶牟，到米国募债。时驻札华盛顿少办务使森有礼以为不可，曰："必不得已，募外债不如募内债；且收买士族家禄，夺人财产，毋乃类贼。"清成曰："募外债不如募内债，此何待言。然今日国势，不能募内债买收家禄，使其人便于营业耳。且家禄固非恒产，收之亦无不可。君驻居外国，妄诽毁政府为贼。且以未经公布之事告之外人，独拒朝议，毋乃不可。"有礼又告耶牟曰："足下受聘日本，以审人情、量国力为要。今为此事而来，事成则贻害莫大，余甚不解。"耶牟曰："此事余未到日本已决议矣。余惟受日本朝议而来，安得容喙可否其事哉！”有礼于是上书政府，详言内债之利，外债之害，并及买收家禄之非。吉田清成以有礼坚持异议，米国必不愿，应募必不成，乃寄书参议西乡隆盛、大藏大辅井上馨，遽去米国，到英国伦敦银行募债而归云。自维新以来，仅十年间，负债之巨，至于如此。考明治十二年六月，除偿还外，仍有二亿五千二百三十五万二千五十九元，可谓夥矣。纸币发行之数，是时共有一亿四千八百六十二万七千六百七十八元，合共为三亿九千余万。明治六年，有清森县士族桥瓜某上书政府，请以头会之法，令全国人民分偿外债。其时，外国债仅一千六百余万，以全国户口计，每一人不及五十钱。按：现在国债总数，以明治十一年一月查明全国户口之数，匀计每人应负债一十元零五钱六厘。然比之欧美各国：英国每人一百一十四元有奇，佛国每人一百零一元有奇，俄国每人三十四元有奇，西班牙每人一百六十三元有奇，伊大利每人七十二元有奇，澳地利每人六十九元有奇，葡萄牙每人一百零八元有奇，和兰每人九十七元有奇，日耳曼每人二十元有奇，瑞典每人一百元有奇，美利坚每人七十二元有奇，秘鲁每人九十六元有奇，日本犹不为多也。政府却之，谓国家负债，无令人民偿还之理。然租税以外，亦别无偿法也。十二年，大藏卿议决，增赋节用，专以岁出入赢余金偿国债，从明治十二年始，限二十八年间悉皆销清。此内统计本利金额共六亿二千六百三十万元有奇，每年平均在二千二百万元间。幸而国家无事，为疾用舒，则绰绰有余裕，偿还之期，犹可减短云。

国债种类数目表

纸币亦国债之一，故并列其目，其详具货币类中。

种类	发行年号	偿还年限	利息	本额
旧公债	明治五年	五十年	无利息	一〇，九八二，〇七五
新公债	明治五年	二十五年	每年四分	一二，三九二，五五〇
金札交换公债	明治六年明治七年	十五年	每年六分	二，二三八，五五〇
秩禄公债	明治七、八、九年	九年	每年八分	一六，五九六，二二五
金禄公债	明治十年	三十年	每年五分、六分 七分、十分	一七四，二一九，五一五
旧神官配当禄公债	明治十一年	九年	每年八分	四二三，三二五
起业公债	明治十二年	二十五年	每年六分	一二，五〇〇，〇〇〇
征讨费借入	明治十年	二十年	每年五分	一五，〇〇〇，〇〇〇
外国旧公债	明治三年	十一年	每年九分	四，八八〇，〇〇〇
外国新公债	明治六年	二十五年	每年七分	一一，七一二，〇〇〇
纸币发行	明治元年至明治十年			

国债每年偿还额数表

科目	九年度决算	十年度现计	十一年度现计	十二年度预算	十二年度预算
国债偿还	一，九四一，六三八．一四八	一，八三九，〇四〇．九〇六	一〇，七八九，二四四．八二五	五，五八〇，五三五．三六八	五，八一七，五三八．〇〇〇
内国债	一，一六七，七二六．一四〇	一，〇一〇，五五七．三七三	一，七〇〇，六五七．一六八	二，七六四，一一一．三六八	二，九七八，一七八．〇〇〇
外国债	七七三，九一二．〇〇八	八二八，四八三．五三三	九二二，四〇一．六五七	八一六，四二四．〇〇〇	八三九，三六〇．〇〇〇
国债利子	三，〇〇九，一五八．九九九	一四，九五三，五五七．一八四	一五，八五〇，八九一．五五五	一五，六一九，七四五．三一二	一五，六三一，三六九．〇〇〇
内国债利子	一，九二五，四八一．四六九	一三，八八八，七〇三．三七八	一四，七六九，二四四．八五九	一四，七五四，〇五八．二〇〇	一四，八三二，一二七．〇〇〇
外国债利子	一，〇七三，七三五．五〇六	一，〇五四，九〇二．六五六	一，〇七〇，六五九．七四五	八五七，三一八．四〇〇	七九〇，四〇九．〇〇〇
外国债杂费	九，九四二．〇二四	九，九五一．一五〇	一〇，九八六．九五一	八，三六八．七一二	八，八三三．〇〇〇
纸币消却			七，一六六，一八六．〇〇〇	二，〇〇〇，〇〇〇．〇〇〇	二，〇〇〇，〇〇〇．〇〇〇

国债历年增减表上

年	月＼种类	旧公债	新公债	全札引换公债	秩禄公债	金禄公债	起业公债	旧神官配当禄公债	征讨费借入	计
七年	上半季	八,七三七,八三一	一〇,三八〇,三〇〇	三九八,五五〇						一九,五一六,六八一
	下半季	九,五九七,四三九	二,三五六,八二五	二,二一三,五五〇	五,八六八,三〇〇					二,〇九三,六二四
八年	上半季	一〇,〇二四,〇七二	二,九三九,九七五	二,二三八,五五〇	八,六八二,四七五					三二,八八五,〇七二
	下半季	九,九三一,七四五	二,六四八,〇二五	二,二三八,五五〇	一四,〇七九,七七五					三七,八八八,〇九五
九年	上半季	一〇,〇三二,七二〇	二,八〇一,七五〇	二,二三八,五五〇	一六,一四一,〇二五					四〇,七一四,〇四五
	下半季	九,八六二,三〇六	二,四三二,六〇〇	二,一〇五,九五〇	一六,一八七,〇二五					三九,五八七,八八一
十年	上半季	九,八六八,四六五	二,四五〇,九五〇	二,一〇五,九五〇	一六,二〇五,四五〇				一五,〇〇〇,〇〇〇	五四,六三〇,八一五
	下半季	九,六五八,三九七	二,五〇七,五五〇	二,一〇五,九五〇	一六,一九七,一二五				一五,〇〇〇,〇〇〇	五四,四六九,〇二二
十一年	上半季	九,六五九,二六〇	二,五九四,二五〇	二,一〇五,九五〇	一六,一九六,六七五		一二,五〇〇,〇〇〇	四二三,三二五	一五,〇〇〇,〇〇〇	六七,四七九,四六〇
十一年	七月	九,六五九,三〇九	一一,五九四,六七五	二,一〇五,九五〇	一六,一九六,六七五	八九,二二六,八五五	一二,五〇〇,〇〇〇	四二三,三二五	一五,〇〇〇,〇〇〇	一五六,七〇六,七八九
	八月	九,六五九,二七六	一一,四九四,九二五	二,一〇五,九五〇	一六,一九六,六七五	一六一,七九九,〇七〇	一二,五〇〇,〇〇〇	四二三,三二五	一五,〇〇〇,〇〇〇	二二九,一七九,二二一
	九月	九,六四八,一九九	一一,四四八,八二五	二,一〇五,九五〇	一六,一九六,二七五	一六一,七九九,〇七〇	一二,五〇〇,〇〇〇	四二三,三二五	一五,〇〇〇,〇〇〇	二二,九三一,六四四
	十月	九,六四八.二〇二	一一,四四八,八二五	一,九二三,七〇〇	一六,一九六,二七五	一六一,八五八,一〇〇	一二,五〇〇,〇〇〇	四二三,三二五	一五,〇〇〇,〇〇〇	二二八,九九八,四二七
	十一月	九,六四八,二〇二	一一,四四八,八二五	一,九二三,七〇〇	一六,一六五,九五〇	一六一,八五八,一〇〇	一二,五〇〇,〇〇〇	四二三,三二五	一五,〇〇〇,〇〇〇	二二八,九六八,一〇二
	十二月	九,六四八,二〇二	一一,四四八,八二五	一,九二三,七〇〇	一六,一六五,九五〇	一七一,二八一,四五〇	一二,五〇〇,〇〇〇	四二三,三二五	一五,〇〇〇,〇〇〇	二三八,三九一,四五二
十二年	一月	九,六四七,六二九	一一,四四八,八二五	一,九二三,七〇〇	一六,一二七,八七五	一七一,一八〇,二二〇	一二,五〇〇,〇〇〇	四二三,三二五	一五,〇〇〇,〇〇〇	二三八,二五一,五六四
	二月	九,六四七,六三一	一一,四五六,八七五	一,九二三,七〇〇	一五,五六八,九七五	一七三,五二五,八三五	一二,五〇〇,〇〇〇	四二三,三二五	一五,〇〇〇,〇〇〇	二四〇,〇四六,三四一
	三月	九,六四七,六三一	一一,四五七,一七五	一,九二三,七〇〇	一五,四五八,八五〇	一七三,五二五,三三五	一二,五〇〇.〇〇〇	四二三,三二五	一五,〇〇〇,〇〇〇	二三九,九三五,九九六
	四月	九,六四七,六三一	一一,四八〇,六七五	一,九二三,七〇〇	一五,四一〇,九七五	一七三,五二五,一一五	一二,五〇〇,〇〇〇	四二三,三二五	一五,〇〇〇,〇〇〇	二三,九九二,六二一
	五月	九,六四二,八四五	一一,四七八,六七五	一,九二三,七〇〇	一五,一八八,〇二五	一七三,五七九,二三五	一二,五〇〇,〇〇〇	四二三.三二五	一五,〇〇〇,〇〇〇	二三九,七三六,七〇五
	六月	九,六三五,三九二	一一,四七八,六七五	一,九二三,七〇〇	一五,一八八,六七五	一七三,五七八,二二〇	一二,五〇〇,〇〇〇	四二三.三二五	一五,〇〇〇,〇〇〇	二三九,七二七,九八七

国债历年增减表下

年　月＼种类		旧公债	新公债	计	内外债合计
三年	下半季	四，八八〇，〇〇〇		四，八八〇，〇〇〇	四，八八〇，〇〇〇
四年	上半季	四，八八〇，〇〇〇		四，八八〇，〇〇〇	四，八八〇，〇〇〇
	下半季	四，八八〇，〇〇〇		四，八八〇，〇〇〇	四，八八〇，〇〇〇
五年	上半季	四，八八〇，〇〇〇		四，八八〇，〇〇〇	四，八八〇，〇〇〇
	下半季	四，八八〇，〇〇〇		四，八八〇，〇〇〇	四，八八〇，〇〇〇
六年	上半季	四，八八〇，〇〇〇		四，八八〇，〇〇〇	四，八八〇，〇〇〇
	下半季	四，三九二，〇〇〇	一一，七一二，〇〇〇	一六，一〇四，〇〇〇	一六，一〇四，〇〇〇
七年	上半季	四，三九二，〇〇〇	一一，七一二，〇〇〇	一六，一〇四，〇〇〇	三五，六二〇，六八一
	下半季	三，九〇四，〇〇〇	一一，七一二，〇〇〇	一五，六一六，〇〇〇	三六，五五二，一一四
八年	上半季	三，九〇四，〇〇〇	一一，七一二，〇〇〇	一五，六一六，〇〇〇	四八，一〇五，〇七二
	下半季	三，四一六，〇〇〇	一一，四七七，七六〇	一四，八九三，七六〇	五二，七八一，八五五
九年	上半季	三，四一六，〇〇〇	一一，四七七，七六〇	一四，八九三，七六〇	五五，六〇七，八〇五
	下半季	二，九二八，〇〇〇	一一，二二七，一二三	一四，一五五，一二三	五三，七四三，〇〇四

年	月（种类）	旧公债	新公债	计	内外债合计
十年	上半季	二,九二八,○○○	一一,二二七,一二三	一四,一五五,一二三	六八,七八五,九三八
	下半季	二,四四○,○○○	一○,九五九,○一六	一三,三九九,○一六	六七,八六七,九七八
十一年	上半季	二,四四○,○○○	一○,九五九,○一六	一三,三九九,○一六	八○,八七八,四七六
十一年	七月	一,九五二,○○○	一○,六七二,○七二	一二,六二四,○七二	一六九,三三○,八六一
	八月	一,九五二,○○○	一○,六七二,○七二	一二,六二四,○七一	二四一,八○三,二九三
	九月	一,九五二,○○○	一○,六七二,○七二	一二,六二四,○七一	二四一,七四五,七一六
	十月	一,九五二,○○○	一○,六七二,○七二	一二,六二四,○七一	二四一,六一二,四九九
	十一月	一,九五二,○○○	一○,六七二,○七二	一二,六二四,○七一	二四一,五九二,一七四
	十二月	一,九五二,○○○	一○,六七二,○七二	一二,六二四,○七一	二五一,○一五,五二四
十二年	一月	一,九五二,○○○	一○,六七二,○七二	一二,六二四,○七一	二五○,八七五,六四六
	二月	一,九五二,○○○	一○,六七二,○七二	一二,六二四,○七一	二五二,六七○,四一三
	三月	一,九五二,○○○	一○,六七二,○七二	一二,六二四,○七一	二五二,五六○,○六八
	四月	一,九五二,○○○	一○,六七二,○七二	一二,六二四,○七一	二五二,五三五,六九三
	五月	一,九五二,○○○	一○,六七二,○七二	一二,六二四,○七一	二五二,三六○,七七七
	六月	一,九五二,○○○	一○,六七二,○七二	一二,六二四,○七一	二五二,三五二,○五九

外史氏曰：中国未闻有国债也。周既东迁，王室衰微，赧王负债至筑台避之，天下后世以为耻笑，而周室亦随而倾覆矣。顾余考泰西诸国，莫不有国债，债之巨者，以本额计，至八亿万磅之多；以利息计，乃至岁出二千七百万磅；以全国岁入计，乃至尽五六年、或七八年；或十余年犹不足以偿；以全国户口计，乃至每人负债一百一十余元，可谓夥矣。欧罗巴古时遇国库匮乏，则预揣其租税所入，借之富豪以应急需。其偿期甚迫，给利甚重，此特出于一时济急之方耳。其后，意大利共和政府始立方法，以借国债。西班牙、佛兰西仿而行之。及荷兰叛西班牙，广借国债以应军需，卒收其效而成独立之国。于是国债盛行。西历一千六百八十八年，英国亦募债。战争迭起，积年增多，至一千八百七十年，英吉利负债八亿万磅，佛兰西五亿五千万磅，俄罗斯三亿万磅，美利坚合众国五亿三千二百四十万磅。其他各国，莫不有债。即以英国而论，岁出利息二千四百二十七万磅，岁入租税七千一百四十五万磅，计十一年全额乃能偿清。当时全国户口三千八十万人，每人分计负债有一百一十余元之多云。

世人皆谓西戎乐战，穷兵黩武，惟意所欲，盖由于府帑之充溢，金谷之富饶，此其说误矣。既而知其国债之巨，又谬疑府藏空虚，国计窘迫，一若负债累累不可计长久者，抑又非也。泰西诸国必预计一岁出入之款，量出为入，无所蓄积。国家一旦有大兵革、大政事，乃大开议院，议加征重赋。重赋加征之不足，于是议借债。余偿考其故，大概有二：一则内忧外患，纷争迭起，因以师旅，重以饥馑。当全国人民安危之所系，则议借债，此则暂纾目前之急，不得已而为之。如荷兰之叛西班牙、米利坚之拒英吉利是也；一则汽车、铁路、治河、垦田，经始大利，必集巨款，为全国人民公益之所关，则议借债。此则预计后来之利，有所为而为之。如日耳曼之开矿山、俄罗斯之造铁路是也。夫有国家者，既不能如人之一身有恒产，有生计，亦不能竭国家所有而抵偿于人。负债既重，终不能不分其负担于人民，取偿于租税。租税过重，民不能堪，国必随弱。故国债一事，非出于治穷无术，则实不应举。荷兰因负债过巨、横征暴敛以还国债，卒以弱国。虽然，因军事而借，则譬如祖父艰难拮据，为子孙图生业，所负之债已不能偿，而责偿于子孙，为子孙者，自不得辞。由公益而借，则譬如工场田野，荒芜不治，召集农工为之垦辟，即以其垦辟所得之利以养农工，农工亦与分其利。故因一时窘迫，势出于不容已，偶一为之，亦不妨也。泰西政体，君臣上下，休戚相关，富家巨室，知国家借债，所以卫我室家，谋我田庐，而同袍同泽，并力合作之气，一倡百和，未尝不辇金输粟，争先而恐后，则其称贷也不难。逮夫事既平定，出资者岁给余息，尚有微利，与自营生计无异，则其征偿也亦不迫。既为诸国习见之事，又非计日促偿之款，第分其岁入之一二以为子金，则其供息也亦不甚累。又况富商巨室，屡输于公，则下之于上，患难与同，忧乐与共，相维相系之义日益深，而国本日益固。西人每谓社稷可灭，而国不可亡，国债亦居其一端。是故内国之债，虽高如山阜，浩如渊海，西人视之若寻常，不为怪也。

若夫外国之债，则泰西之谈经济者，皆比之螫蠚，动色相戒，即时会方殷、后益极大，犹不敢不周详审重，极之计穷策尽而后举事。盖内国债虽有利有害，楚人失之，楚人得之，其利害系于一国；外国债则利在一时而害贻于他日，且利在邻国，而害中于本邦，但使借债过一千万，则每岁供数十万之息，比之古人和戎岁币犹有甚焉。近者如土耳其，如埃及，皆以负债之故，国库匮乏，岌岌可危，其覆辙可鉴也。而或者西

人乃谓弱小之国，利于借债，负债愈重，则所借之大国，虑其损失，必加保护，而国可赖以不亡。嗟夫！有国家者，设想至此，是所谓自暴自弃，不足有为者矣！尚足与言哉！尚足与言哉！

卷十九　食货志五

货　币

显宗时始造银钱，式如铜钱，中有孔，无文，外无轮廓，径一寸，重一钱八分。后历十八世二百余年，至文武帝乃造铜钱。元明嗣位之和铜元年，银铜并铸，文曰“和铜开珍”。银钱径八分，重二钱一分强。铜钱径八分，重一钱。帝大炊时，复造金钱，有文曰“开基胜宝”。天平宝字四年铸，径八分，重三钱一分强。同时造铜钱，曰“万年通宝”。径八分，重一钱二分。其后，屡造铜钱，称德帝曰“神功开宝”，桓武帝曰“隆平永宝”，嵯峨帝曰“富寿神宝”，以上皆径八分，重一钱或八分。仁明帝曰“永和昌宝”、曰“长年大宝”，清和帝曰“饶益神宝”、曰“贞观永宝”，宇多帝曰“宽平大宝”，醍醐帝曰“延喜通宝”，村上帝曰“乾元大宝”。以上皆径六分，重五六分不等。尔后不复铸钱。当足利氏专政时，屡上表于明，称：“臣国铜钱耗失，公私索然，请赐钱。”诏屡赐之。永乐钱遂通行国中，以铜质纯良，至以一文当古杂钱四,一贯当黄金一两。市民择钱，屡兴讼狱。将军义植尝下令禁恶钱，然犹听用永乐、宣德钱之破毁者，而定其价值。迨庆长中，将军德川秀忠令禁用明钱，以民多争用明钱故也。先是，相模守北条氏康令民专用永乐钱，钱多归关东，至是禁之，行永乐钱二百余年矣。犹用京钱。京钱，汉古杂钱也。后阳成帝天正年间，尝铸银钱、铜钱，曰“天正通宝”，银钱径七分五厘，重一分五厘；铜钱径八分，重八分五厘。然流传不多。于时始铸大判金，椭圆，无孔，无轮廓，为日本铸造大判之始。纵四寸九分五厘，横三寸零五厘，重四十四钱七分，为无名大判金。又有天正大判、天正菱大判、太阁大判、古大判、大佛大判。其式不一，大概纵在四五寸间，横在二三寸间，重在四十钱内外，多有花押，或模字，或有十两字。此皆丰臣秀吉所铸。德川氏以后，有纵三寸余、横一寸余、重二十二钱者，世称为骏河五两判。纵二寸余、横一寸余、重二钱余者，世称为半两判。纵二寸余、横一寸余、重四钱余者，世称为天正小判。纵一寸余、横九分余、重二钱，世称为二分判。其纵横轻重同小判而有花押者，世称为武藏墨判。又有骏河墨判，其重仅一钱。纵横在一寸间者，称为雏丸桐一分判。径六分、重一钱，为浑圆形者，称为圆一分判。纵六分、横三分、重一钱余，作长方形者，称为大阪一分判。又有金钱，铸“永乐通宝”字，如永乐钱式，径八分、重一钱一分。同时又造银判。有骏河银判，有骏河银五两判，有丁银，世称古丁银。丁银亦椭圆形，惟首尾略尖，模刻花押及葵花、葵叶。亦有“永乐通宝”、“文禄通宝”，银钱轻重，大概如金判金钱。庆长以后，德川家康为将军时，益铸金银判。有庆长大判、庆长小判，纵横轻重，同天正时所造。其作长方形者曰庆长一分金。又有庆长丁银、庆长豆板银。豆板银者，圆如豆，无纹，纵六分，横五分，重三钱五分。以后所铸，纵横大概在五六分间，其式略同，或加一二文字而已。又铸“庆长通宝”银钱。后复铸铜钱。后水尾帝曰“元和通宝”。明正帝、灵元帝时，均曰“宽永通宝”。有径七分、重九分者，有径八分、重九分者。当德川秉政，岁入常不足，遇国库匮乏，则改铸金银判，减其分量，杂以伪质，以资周转。元禄、宝永年间，德川纲吉为将军。改铸金银，元禄时所造有元禄大判、元禄小判、元禄一分金、元禄丁银、元禄豆板银、元禄二朱金。二朱金，纵四分、横二分余、重五分余，表有文曰“二朱”，里有花押。宝永时所造，有宝字丁银、宝字豆板银。及德川家宣嗣位，又改铸。在宝永时，有永字丁银、永字豆板银、三宝丁银、三宝豆板银、乾字小判金、乾字一分金。在政德后，有四宝丁银、四宝豆板银、武藏小判、武藏一分金。德川吉宗又复改造，享保年间所造，有享保小判、享保一分金、享保丁银、享保豆板银、享保大判。元文间所造，有元文小判、元文一分金、元文丁银，元文豆板银。称名同者，纵横轻重，略如古式。德川家治执政，别造长方形五钱银、有轮廓，表文曰“银五钱”，里文曰“常是”，世称明和五钱银，纵一寸五分、横七分、重五钱。南镣银，表文曰“以南镣八片，换小判一两”，里文曰“银座常是”，纵八分五厘，横五分，重二钱七分。又铸铁钱。文仍曰“宽永通宝”。及德川家齐主政之末年，海防事起，国计益窘，因又改造金银判，文政中所造，有文政小判，真字二分判、文政一分金、文字丁银、文字豆板银、文政南镣银、文政一朱金、草文二分金。逮天保初年，有天保大判、天保五两判、天保二朱金、天保小判、天保一分判、天保一分银、天保丁银、天保豆板银。并造天保当百大钱以充用。椭圆形，有孔，有轮廓，表曰“天保通宝”，里曰“当百”，纵一寸六分、横一寸、重五钱五分。现今通行，值宽永钱八文，犹不值新铜货一钱也。嘉永以后，美使劫盟，征调纷起，益以繁费，于是将军家定又改造货币。有嘉永一朱银、安政二分金、安政大形二朱银、安政小判金、安政一分金、安政一分银、安政丁银、安政豆板银。家茂继之，有万延大判、万延小判、万延一分金、万延二分金、万延二朱金。以上所铸金银货，明治七年，由太政官布告，因其本质以定价格，有表列后。别铸铁钱。仍曰“宽永通宝”。又有文久钱。质益粗劣。元治、庆应间，将造纸币，时小栗上总介力阻其事，卒不果行，而幕府亦亡矣。

王政维新，特于大坂设造币局，于明治四年始金银铜三货并铸。特以英人麻汝留钦茶为首长，监督其事。既成，颁发新货条例，命上下通用。又定与新旧金银外国货币交换之制，凡民人所藏金银块，及摩损烧毁愿铸新货者，许为代铸。一仿外国之式，其称谓从元数起，由一元，而二元、三元，至于千万亿，皆以元计。一元百分之一为一钱，千分之一为一厘。自厘以下，不复铸造。其计算之法，则继之以毫、丝、忽、微、纤云。厘十为一钱，钱十为十钱，十钱者十则为一元。金货有值二十元者，重八钱八分余，其质金九铜一，有轮廓，表为升龙伏龙形，周围有文曰“大日本明治三年二十元”，里纹有菊花桐叶交互，树双旒。有值十元者，式皆同上。文曰“十元”，重四钱四分余。有值五元者，式皆同上，文曰“五元”，重二钱二分余，有值二元者，式皆同上，文曰“二元”，重八分有余。有值一元者，重四分余，里式同上，惟表面不作龙形，中有“一元”字，周围曰“大日本明治四年”。银货有值一元者，初于明治四年发行。一元银，表为双龙升降形，周围有文曰“大日本明治三年一元”，里有菊纹桐叶，中作星彩。明治七年复改图画，表曰“大日本明治七年”，附以洋文，里之中心，改铸字曰“一元”。是二种，皆重七钱一分七厘六毫。然比洋银较轻，不便于用。至明治八年又改铸，增重为七钱二分五厘六毫，里作隶书曰“贸易银”。考泰西各国，本国通用货币，必系本国所自铸造者，其他国钱币不许通行，虽轻重相等，而价格较低，此通例也。惟日本开港以后，多用墨西哥、米利坚银钱，所铸新货反不如洋银价高，乃改增为七钱二分有奇，而通商市场犹不能与洋银相等。其散布于香港等处者，明治十三年，香港知事燕臬士来游，外务卿请其布告香港商民，日本银钱一体通用，燕臬士许之。然至今香港所用日本银，价犹略低云。有值五十钱者，值二十钱者，值十钱者，值五钱者。式皆同上。惟一元银，银九铜一，五十钱以下，则皆银八铜二也。铜货有值二钱者，式略同银钱，里有文曰“五十枚换一元”。有值一钱者，式亦相同，里有文曰“以百枚换一元”。有值半钱者，式亦相同，里有文曰“二百枚换一元”。有值一厘者。表作菊纹，里有文曰“一厘”。以上金银铜三货，径寸、重量、性质，有表具于后。自开局铸造至明治十三年，共铸金货五千二百五十万一千二百零八元，银货二千八百六十五万八千九百七十五元，铜货四百八十四万九千七十八元，共值八千六百一十万零六十一元云。

当幕府末造，欲造纸币而未果。明治元年闰四月始造太政官金札。十两、五两、一两、二分、一分、二朱、一朱七种。当时布告谓“以一时权宜，制造金札，限于十三年间通用”，而未定所造之数。二年五月，命将制造纸币器械概行焚毁，以三千二百五十万元为限。旋以太政官金札纸式过大，不便疏通，于民部省别制小札，以交换大札。于时布告亦称以一换一，不得逾原额。然交换之外，旋又增发，共有五千六百三十二万七百零七元。此明治四年查核之数。维新之际，各藩自造纸币，名曰藩札。明治二年十二月，令各藩纸币经旧幕府许造者，速以其数上申，毋得逾限滥制。维新后，所私造不许通行。三年复申前禁。四年七月布告曰：“货币者，上下流通，宜定一式。从来诸藩所私制藩札，多寡大小，参差不一。今废藩令下，乃制新札，以换私札。”于是令民交换，其数为二千四百二十万八千八百四十六元。是年，大藏省又制真金兑换证券，以五百五十万元为限。命民人持证券者，得交换新铸货币。十月又布告曰："大坂造币寮方铸新货，然数千万元一时难造，暂制三种十元、五元、一元。纸币，以通用国内，宜与货币同价。有请以纸币换货币者，以旧货币给之。无几，开拓使复援大藏省例，制兑换券二百五十万元。于是合大藏省所造，为数九百三十万元。自金札行世以后，都邑豪富，每结商会以买卖货币，又请于官，许令自发金券，犹银行之银单，钱店之钱票也。三都五港新券之行，累年增多。至明治七年，渐换券为币，金券不复行。共发三百万元。盖政府意欲全国发一式纸币，不复许商人自发金券也。初发纸币，为本国所造纸墨雕刻，未能精好，易于作伪，乃令日耳曼雕刻师制于德国。其式长三寸，广二寸，别制精纸，刻为双龙双凤形，白地蓝绒，中有文曰"金十元"，"金五元"，"金一元"。七年始发行。八年一月，命太政官金札、民部省小札与新纸币交换，限于是年五月通用。后屡延期，至十二年犹未尽换。命与官札、省札、藩札各种交换，是为新纸币。换札之外，十年，西南之役，又增发二千七百万元。初设银行，以谋减纸币。然其后银行以每岁五分息借纸币于政府，于是又增发银行纸币三千二百三十五万七千四百三十五元。至十二年六月，合计各种纸币为一亿四千八百六十二万七千六百七十八元云。初，太政官之发金札也，命与金货同价，纳租供税，上下通用。然未及数月，金札一元仅值六十六钱，悬为厉禁，而令不行，乃令以金札百二十元换金货百元，租税亦从而增额。由是，物价骤昂，札价愈减。明治二年春，至以金札一元换金货四十五钱。四月，又示禁金货、金札不许二价。无几，札价忽昂，与金货比。盖是时各藩私铸金货，体粗质恶，凡十五六种，多以铜制，或铜质涂金，价不及十分之一。民间以为与其得赝金，不如用纸币，故纸币骤归本价。当维新丧乱之际，各藩争造赝金，充溢廛肆。政府乃下函馆平定以前所造伪货，概置不问之令。三年六月，定伪造宝货律，犯者斩决。然赝金流布既多，虽设法驱禁，于三都五港设厅检验，而不可胜检。因以纸币三十元买赝金百元，限日收清，而赝金乃绝。然当局者亦知其不可恃，将制金货以减金札。二年，令曰："自今冬将铸造新货币，期以五年更换。五年后有未换者，则一年给以五分利。"是时纸币之数，犹未多也。明治三、四年间，大久保利通为大藏卿，以井上馨、涩泽荣一为辅，颇以消减纸币为主义，乃议裁国用冗费，发公债证书，以所发金札改为公债，换予证书，给以利息，盖使人人可收蓄以谋生计，变流通之物为收藏之物，故消减纸币之一方也。创国立银行，银行者，集资为商会，欧洲各国，莫不有之。凡金银兑换、交汇、借贷、寄顿，皆银行司理。国家每总其利权，而稽其出入。盖货财以流通为贵，设银行以资周转，俾之无壅无匮，亦裕国便民之一事也。先是，明治三年，大藏大辅伊藤博文自赴美国讨纸币消减之法归朝，建议以为宜创立银行，井上馨等赞成之。于是颁发《银行条例》，其条例称，银行资本令商人集资为之，资本分为十分，其十分之六为金札，交换公债证书，纳于政府，为抵押物，政府给以纸币，听之通行。其十分之四为真金，储之银行，名预备金。所发纸币，听人便宜，随时交换。盖政府之意增民间银行纸币，则减少国家纸币云。汲汲谋补救。然明治五年，承废藩之后，岁入不足凡七百余万，又增发纸币八百余万。大藏省发兑换证券六百余万，开拓使继之又发证券二百余万。至是年之冬，合之旧藩札已有八千余万矣。六年，遂发公债，设银行。初诏以金札换金货，至是以国库匮乏，卒寝不行。是时布告："现因政府有事，所发

金札未能如约给利，故今改为公债，颁给证书”云。其他大藏省、开拓使所发证券，亦未能换给真金。而所设银行，以公债证书为资本，上下赖以周转。时国立银行仅有四行，如第一国立银行资本金二百五十万元，所发纸币仅一百五十万元而已。时井上馨等上书论理财艰危，卒辞职去，改以大隈重信为大藏事务总裁。然是时纸币、金货尚无二价，加以造币寮所铸金银铜货有六千余万流行于世，人见市场黄白充溢，窃计从此不患匮乏，而不知金银输出积年增多。至七年五六月间，金货渐贵。八年之末益甚，富商储积日有损失，小民生计渐以艰难，而银行以预备真金交换纸币耗折过甚，连署请之政府，乞以纸币为通用。政府不许。及九年六月，金禄公债证书发行，骤增一亿余万于市，乃又改定《银行条例》，改定《银行条例》，凡资本金分为十分，其十分之八为公债证书，纳于政府以易纸币。其十分之二为真金，储之银行为预备金，照纸币发行之数之四分之一，须以真金留蓄，以便民人交换云。先是，银行之纸币价轻，多有亏折，诉之政府。政府不得已，借给纸币，俾之谋利。及《银行条例》改定以后，有第十五银行，乃华族集资为之者，请于政府借给纸币，以每岁五分之息供政府。政府许之。各银行援以为请，由是设银行以减纸币之意，变为设银行而增纸币矣。即以金禄公债为银行资本，意欲使华、士族就恒产，且使国民易以求资，遂不顾纸币增发之患，专以劝立银行为急。而银行陆续递增至百四十余，纸币又增三千余万矣。重以十年鹿儿岛之役，增发纸币二千五百万。至十二年，合共纸币乃至一亿五千余万之多。此数年中，金银输出泛滥无制。大藏省准备金以外，计全国流通真金银，殆不过二千万。十二年时，银价米价相随昂贵，金货一元值纸币一元四十四钱，银货及外国银一元值纸币一元二十五钱，米价一石值纸币七八元。十三年三月腾上益速。银货一元值一元四十二钱至四十六钱，米价一石值八元八十钱至九元五十钱。至四月，银米益昂，纸币势将堕地，人心恟恟，举国危惧。银货值一元五十四钱，米价值十元五十七钱。于是政府出大藏国库所蓄金输之市场，以浅草米廪所储米卖之商贾，以挫折其势，然徒归画饼，卒无大效。是时，贱商垄断，射利居奇，专以银米价为买卖，类于博徒所为。并非买卖银米，第虚指后期，交给定银，预揣价之昂低以谋利。即上海近年所谓买空卖空者。大藏卿乃又请禁以虚价为买卖者，一切停闭，又复无效。无几，遂解禁，既而复禁，旋又罢之。由是，世人咸知物价之昂贵，实由于金银之流出、纸币之滥造矣。而政府乃议增租税，节费用，以销纸币为主，期其效于数十年之后云。

日本之谈经济者，谓维新之初，无暇计利害，制造纸币，乃出于不得不然。其后谋减纸币，志不果遂，而张脉偾兴，暴动轻举，增发过多，贻今日财政之困，不可谓之无过。若论纸币功过，则维持新政，征讨叛徒，整顿海陆军之兵，经营华、士族之产，创电信、铁道、矿山之业，为训农、通商、惠工之益，皆其功之大者也。然于腾贵本国物价，增加外品输入，使国民溺于骄奢、陷于困苦而不自觉，是则其害之大者也。盖国家蒙其益，而小民实受其害云。自十三年后，世人争咎纸币过多，而论商务者乃谓：纸币为一国流行之物，多亦不足为害。苟使裁损减少，反无以资民谋生。今日非纸币过多之害，乃输入过多、金银滥出之害也。其言非不扼要。然纸币者，实则辅金银而行者也。既不能与金银价离而为二，则今日十仅值三四，明日十仅值五六，纸币无定价，物亦无定价，使全国用纸币者日受耗损，民将何以安其生乎？是不得不谋所以消减之方矣。

古金银货价格比较表

种类	价值	种类	价值
庆长大判	七十四元七十一钱八六	享保大判	七十四元七十一钱八六
天保增铸大判	七十四元七十一钱八六	元禄大判	五十九元二十七钱一〇
新大判	二十八元二十六钱六八	元禄小判	六元八十六钱五七
庆长小判	十元零六钱四二	武藏小判	一元六钱四二
乾小判	五元十五钱六二	享保小判	十元十一钱五八
元文小判	五元七十五钱八九	文政小判	五元零二钱九二
天保小判	四元三十六钱六二	五两判	十八元七十钱四四
安政小判	三元五十钱五一	安政新小判	一元三十钱四三
庆长一分判	二元五十钱六	元禄一分判	一元七十七钱六四
乾一分判	一元二十八钱九一	享保一分判	二元五十二钱八九
元文一分判	一元四十三钱九七	文政二分	二元五十二钱三六
文政一分判	一元二十五钱七三	文政二分判	二元二十七钱二七
天保一分判	一元零九钱一五	安政一分判	八十七钱六三
安政二分判	九十五钱零三	安政新一分判	三十二钱六一
安政新二分判	五十四钱三二	武藏一分判	二元五十一钱一
元禄二朱判	八十五钱八一	文政一朱金	十六钱零一
古二朱金	三十六钱四五一元零九	安政新二朱金	十三钱六一
安政二朱银	四十钱二六	文政二朱银	二十九钱六七
安政一朱银	十钱三五	古一分银	三十七钱七零
壹朱银	七钱四零	壹分银	三十一钱一七
安政二朱银	四十六钱五一	安政大形二朱银	四十六钱五一

新制金银铜三货表

金货	种类	二十元	十元	五元	二元	一元
	径	曲尺一寸一分五厘七毛	曲尺九分七厘一毛	曲尺七分八厘七毛	曲尺五分七厘七毛	曲尺四分四厘六毛
	重量	日本八钱八分七厘三毛六	日本四钱四分三厘六毛八	日本二钱二分一厘八毛四	日本八分八厘七毛三六	日本四分四厘三毛六八
		英国五一四克林四一	英国二五七克林二	英国三八克林六	英国五一克林四四	英国二五克林七二
	配合	金九铜一	金九铜一	金九铜一	金九铜一	金九铜一
银货	种类	一元	五十钱	二十钱	十钱	五钱
	径	曲尺一寸二分四厘	曲尺一寸四厘	曲尺七分七厘	曲尺五分八厘	曲尺五分
	重量	日本七钱一分七厘六毛	日本三钱三分二厘九毛二五	日本一钱三分三厘一毛七	日本六分六厘五毛八五	日本三分三厘二毛九二五
		英国四一六克林	英国一九三克林二	英国七七克林二	英国二八克林六	英国一九克林二
	配合	银九铜一	银八铜二	银八铜二	银八铜二	银八铜二
铜货	种类	二钱	一钱	半钱	一厘	
	径	曲尺一寸五厘	曲尺九分	曲尺七分七厘	曲尺五分二厘	
	重量	日本三钱七分九厘五毛	日本一钱八分九厘五毛	日本九分四厘八毛七五	日本二分四厘一毛五	
		英国二二〇克林	英国二〇克林	英国五五克林	英国一四克林	

金银铜货币发行额数表

年 月＼种类		发行数				既发合额			
		金货（元）	银货（元）	铜货（元）	合计（元）	金货（元）	银货（元）	铜货（元）	合计（元）
明治四年		一，二六六，九〇〇	二，九四六，二四七		四，二一三，一四七	一，二六六，九〇〇	二，九四六，二四七		四，二一三，一四七
五年		一三，九五〇，五七四	四，〇七〇，七七七		二八，〇二一，三五一	二五，二一七，四七四	七，〇一七，〇二四		三二，二三四，四九八
六年		一九，八三五，七二〇	三，八三九，一八五		二三，六七四，九〇五	四五，〇五三，一九四	一〇，八五六，二〇九		五五，九〇九，四〇三
七年	上半季	三二，〇七〇，八二〇	二，三一二，三三一	一九五，五一六	五，七七八，六六八	四八，三二四，〇一五	一三，一六八，五四〇	一九五，五一六	六一，六八八，〇七一
	下半季	一，〇七〇，六六三	一，〇五〇，〇〇二	二二六，三五九	二，三四七，〇二五	四九，三九四，六七八	一四，二一八，五四二	四二一，八七五	六四，〇三五，〇九五
八年	上半季	八五四，一四二	八二八，七〇一	五四五，五三五	二，二二八，三七八	五〇，二四八，八二〇	一五，〇四七，二四三	九六七，四一〇	六六，三六三，四七三
	下半季	五，八一七〇	七六〇，九五七	三四三，二〇一	二六二，三三八	五〇，三〇六，九九〇	一五，八〇八，二〇〇	一三一，〇六二	六七，四二五，八〇一
九年	上半季	三〇七，三八七	一，一三四，五二四	五七四，二〇四	二〇一，六二五	五〇，六一四，三七七	一六，九四二，七二四	一，八八四，八一五	六九，四四一，九一六
	下半季	四四八，一七四	三，四五七，〇六〇	四四六，〇一五	四，三五一，二四九	五一，〇六二，五五一	二〇，三九九，七八四	二，三三〇，八三〇	七三，七九三，一六五
十年	上半季	六〇九，一七九	二，〇五八，五九八	六八一，〇二九	三，三四八，八〇六	五一，六七一，七三〇	二二，四五八，三八二	三〇二，八五九	七七，一四一，九七一
	下半季	九五，一二六	一，八四八，六四八	四一四，六八六	二，三五八，四六〇	五一，七六六，八五六	二四，三〇七，〇三〇	三，四二六，五四五	七九，五〇〇，四三一
十一年	上半季	二六六，三〇八	二，一四〇，三四六	五二二，八七八	二，九二九，五三二	五二，〇三三，一六四	二六，四四七，三七六	三，九四九，四二三	八二，四二九，九六三

种类 年　月		发行数				既发合额			
		金货（元）	银货（元）	铜货（元）	合计（元）	金货（元）	银货（元）	铜货（元）	合计（元）
十一年	七月					五二，〇三三，一六四	二六，四四七，三七六	三，九四九，四二三	八二，四二九，九六三
	八月	一三，五九三	四七，七三二	一九，八四八	八，二七三	五二，〇四六，七五七	二六，四九五，一〇八	三，九六九，二七一	八二，五一一，一三六
	九月	一〇七，二二〇	六六，九五九	七一，五九八	二四五，七七七	五二，一五三，九七七	二六，五六二，〇六七	四，〇四〇，八六九	八二，七五六，九一三
	十月	五六，四〇〇	一九，六八二	一二〇，六三四	一九六，七一六	五二，二一〇，三七七	二六，五八一，七四九	四，一六一，五〇三	八二，九五三，六二九
	十一月	三〇，一二八	三三，五一六	七七，六二〇	一四一，二六四	五二，二四〇，五〇五	二六，六一五，二六五	四，二三九，一二三	八三，〇九四，八九三
	十二月	四〇，三九八	九二三，四二四	九一，五三八	一，〇五五，三六〇	五二，二八〇，九〇三	二七，五三八，六八九	四，三三〇，六六一	八四，一五〇，二五三
十二年	一月	二八，五二四	一七二，三五六	六八，一四五	二六九，〇二五	五二，三〇九，四二七	二，七七二，〇四五	四，三九八，八〇六	八四，四一九，二七八
	二月	五一，八〇四	二二九，八六〇	七五，二七二	三五六，九三六	五二，三六一，二三一	二七，九四〇，九〇五	四，四七四，〇七八	八四，七七六，一二四
	三月	五七，四二五	二一二，四二七	八三，五二六	三五三，三七八	五二，四一八，六五六	二八，一五三，三三二	四，五五七，六〇四	八五，一二九，五九二
	四月	二九，八六七	二〇四，八五八	八八，五〇〇	三二三，二二五	五二，四四八，五二三	二八，三五八，一九〇	四，六四六，一〇四	八五，四五二，八一七
	五月	三二，五〇五	一五三，九三五	八三，四二六	二六九，八六六	五二，四八一，〇二八	二八，五一二，一二五	四，七二九，五〇三	八五，七二二，六八三
	六月	二〇，一八〇	一四六，八五〇	一二〇，三四八	二八七，三七八	五二，五〇一，二〇八	二八，六五八，九七五	四，八四九，八七八	八六，〇一〇，〇六一

纸币流通数目表

年　月 \ 种类		太政官札（元）	民部省札（元）	大藏省兑换券（元）	开拓使兑换券（元）	旧藩札（元）	新纸币（元）	银行纸币（元）	合计（元）
明治元年		二四，〇三七，三八九							二四，〇三七，三八九
二年		四七，六三二，二二五	二，〇九〇，八六七						四九，七二三，〇九二
三年		四七，六三二，二二五	六，七八〇，九四四						五四，四一三，一六九
四年		四四，〇五九，五四〇	七，四八九，一六七	四，七七二，〇〇〇					五六，三二〇，七〇七
五年		四二，八八三，二八三	七，四七四，八三三	六，八〇〇，〇〇〇	二，五〇〇，〇〇〇	二四，二〇八，八四六	九，〇八八，〇五四		九二，九五五，〇一六
六年		三六，八六三，七二二	七，二四七，八二四	六，六一六，一四一	二，一一八，〇〇一	一九，二三三，八四九	二五，五三五，三二五		九七，六一四，八六二
七年	上半季	二八，三〇七，六二一	六，五二六，三一三	三，四六八，四二二	八〇〇，三七八	五，二四二，三七九	五二，八〇七，四三一	一，三七〇，〇三五	九八，五二二，五七九
	下半季	二六，五七三，五〇七	六，三七七，六四六	一，三四〇，五一一	四〇二，四六九	四，六五四，六一六	五七，二〇七，一七四	八二二，七八一	九七，三七八，七〇四
八年	上半季	二，五二五，一二〇	三，五九五，四八六	三九一，六二八	一五四，四七九	二，八三〇，九九七	七六，三〇六，一〇七	四〇七，六一一	九五，二二一，四二八
	下半季	六，二八一，一二六	二，三三七，八八六	二八，一〇一	三八，八九四	一，一〇〇，五六六	八四，八九七，〇七一	一，二二七，二六二	九六，〇〇〇，九〇六
九年	上半季	三，三二〇，六五一	一，六〇〇，八三一	三四，四九一	四，九四二	七三九，四九三	八八，三五五，三一七	一，三七一，九五六	九五，四二七，六八一
	下半季	三，二〇一，六二一	一，五四〇，一四四	一五，二七七	四，七七二	六〇六，八〇四	八八，六八七，〇九〇	一，六八四，九八〇	九五，七四〇，六八八
十年	上半季	三，〇八〇，五五八	一，五二八，六九八			九九，一七三	八九，二一八，八六六	八，八三〇，五五九	一〇二，七五七，八五四
	下半季	三，〇七〇，一四五	一，五一九，六八六			九一，五〇一	八九，二四五，九三二	一三，一六四，五三二	一〇七，〇九一，七九六

种类 年　月		太政官札（元）	民部省札（元）	大藏省兑换券（元）	开拓使兑换券（元）	旧藩札（元）	新纸币（元）	银行纸币（元）	合计（元）
十一年	上半季	一,六六二,七〇五	八四六,五四九			九一,五〇一	二八,三二六,四五二	一六,八一四,五八二	一三七,七四一,七八九
十一年	七月	一,三四五,二〇〇	六五八,〇一一			九一,五〇一	二八,八三二,四六三	二〇,七〇七,六一九	一四一,六三四,七九四
	八月	一,〇七一,八四九	五三五,六九九			九一,二八七	二九,二二八,一一五	二一,一八六,九六九	一四二,一一三,九二九
	九月	六九一,六〇七	三八五,七〇三			九一,二八七	二九,七七五,三五七	二二,四七二,二〇一	一四三,三九九,一五五
	十月	六七八,三五九	三五九,七七五			九一,二八七	二九,七九七,五二七	二三,一七八,九一九	一四四,一〇五,八六七
	十一月	六七六,四〇三	三五八,七九一			九一,二八七	二九,八〇〇,四六三	二四,一八〇,八一一	一四五,一〇七,七五五
	十二月	六七六,三九一	三五八,七八七			九一,二八七	二九,八〇〇,四七五	二五,一三九,四〇二	一四六,〇六六,三四二
十二年	一月	六七六,三八八	三五八,七八三			九一,二八七	二九,七七四,八三四	二六,二一八,八〇七	一四七,一二〇,〇九九
	二月	六七六,一七四	二五八,六二五			九一,二八七	二九,七一九,八三六	二七,四七一,〇〇五	一四八,三一六,九二七
	三月	六七四,二五四	三五七,五九五			九一,二八七	二九,七一九,八三六	三〇,八七九,六二七	一五一,一九二,二四七
	四月	六七二,四九八	三五六,六三九			九一,二八七	二八,九二七,一三二	三〇,二六二,一二四	一五〇,三〇七,四八〇
	五月	六七一,七四一	三五五,六六四			九一,二八七	二八,六九七,六七二	三〇,三五四,九三六	一五〇,一七一,三〇〇
	六月						二六,二七〇,二四三	三二,三五七,四三五	一四八,六二七,六七八

外史氏曰：楮币可以便民，不可以罔利者也。苟使持数寸脆薄之物，使天下之人饥藉以食，寒藉以衣，露处藉以安居，则造之易而赍之轻，天下之至便，无过于此矣；无如其不可。何也？金也，银也，铜也，是亦寒不可以为襦，饥不可以为粟，穴处不可以为屋，而天下之人奔走而求之，且萃五大部洲嗜欲不通、言语不达之辈，不约而同以此为利，则以布帛菽粟之不可交易，乃择一物之贵而有用者为币以适用，而金银铜实为适宜。若以楮为币，则直以无用为有用，虽以帝王之力，设为金银铜交易之禁，严刑峻法，驱迫使行，而势有所不能。且夫在唐有飞券，在宋有钞引，今银行钱店，罗列于市廛，人亦争出其宝货以易空楮。经商四海者，携尺寸之券，虽在数万里海外，悉操之则获，不异于载宝而往。于是禁飞券、禁钞引，必嚣然以为不便。而欧洲各大国，又有国家公立之银行，富商巨室举其家所有之金银，大者牛车，小者襁负，实输于其中，予一张之纸，则珍宝而藏之。日本初用楮币也，值相等者，价或重于真金，蚩蚩细民，给予钱则拒，给予纸则受，亦安在楮币之无用？今曰不可行者何？曰以楮币代金银，则可行；指楮币为金银，则不可行也。有金银铜，使楮币相辅而行，则便于民；无金银铜，凭虚而造，漫无限制，吾立见其败矣。挽近以来，物侈用糜，钱之直日轻，钱之数日多，直轻而数多，则其致远也难。成色有好丑，铸造有美恶，权量有轻重。民有交易，奸诡者得上下其手，以肆其诈伪。而金银铜之便以用者，又憎其繁重矣。代以楮币，则以轻易重，以简易繁，而人争便之。虽以中人之资，设市易银，纸币尚足以行，况以国家之力，有不趋之若鹜者乎？诚使国家造金银铜约亿万，则亦造楮币亿万示之于民，明示大信，永不滥造，防其赝则为精美之式，救其朽则为倒钞之法，设为银行以周转之，上下俱便，此经久之利也。

日本自明治四、五、六年，金银铜三货并铸，计值六千余万，当时纸币八千余万。虽其数既浮，民尚利之。既有萨摩之乱，骤加纸币二千六百万，加以银行之增发，公债之充溢，核楮币之数过于真钱几亿万。即使金钱不流出，而增造无艺，浮数过巨，势不得不贱；况又益以输入过多、金银滥出之害乎？前之以一元易金银货一元者，浸假而十一，浸假而十二，至今则十三四乃能易矣。金、元、明之行钞不过百年，及其弊也，钞百贯值钱一文耳，乃至不足偿楮墨之费。美利驾之行纸币，法兰西之行纸币，皆为时不久，值千值万之纸币，至不能谋一醉。今日值十之三四，将来殆不可问也。寻前明及美、法之弊，终至拉杂摧烧，废弃不用，转而用金银。吾稽日本新铸之货，多流出海外，存于国中者，不可问也。全国上下所流通者，纸币已耳。一旦不用，殆将转而易布帛菽粟矣。纸币日贱，物价日昂，贫民之谋生者日难于一日，既有岌岌不可复支之势。然以本国之币购本国之产，自相流转，尚可强无用为有用；购他国之货，则非以货易货不可矣。若或不幸，饥馑洊臻，敌国乘隙，终不能复举无用之楮币以购菽粟，以储枪炮，诚未知其税驾之何所也。《诗》有之曰："譬彼舟流，不知所届。"其今日日本纸币之谓乎？吾将拭目以观其补救之方也。

岭南名著丛书

林雄　顾作义　主编

日本国志

导读本　下册

（清）黄遵宪　著

李吉奎　整理导读

SPM 南方传媒

广东人民出版社

·广州·

卷二十　食货志六

商　务

古无商贾，第以有易无而已。至显宗时，铸造银钱，商业盖权舆于此。自通使大唐，唐物麇聚，特于太宰府设唐物使一官，舶至则遣藏人检查货物，命出纳司辨给价值。其珍异之品，朝廷或以献上皇，以告山陵，而特禁贾估不由官司私相交易者。盖当时所重远方难得之物，不在通商也。修好中绝，宋明之间，偶通商舶，而贸易不盛。又以海寇肆扰，每禁通商。德川氏之初，规模弘远，尝许荷兰、英吉利、葡萄牙、西班牙、吕宋、安南、暹罗互市。外舶至者，辄给以印票，许持票再来。其时坊津、长崎、平户、和泉、界浦，海帆云集，而日本商人亦造巨舶出海。德川氏定为二十家，船名曰“朱印船”。禁教之后，入海者必奉牒而行，又谓之“奉书船”。然卒以天主教倡乱，悉绝互市，并禁造大舶。禁帆用三桅漕船外，不得过五百石，著为永例。外舶抵港，不许上陆，而国民出海，虽遭风难民，归亦处斩。二百余年兢兢墨守，专以锁港为国是。终德川氏之世，惟长崎开港，许中国与和兰通商而已。当时输入之货，绵、糖、绸缎、书具、文籍为多；输出之货，铜为大宗，余则昆布、鳆鱼及铜、漆、杂器耳。而德川氏中叶，屡减舶数，限出入货物值数，故商务日以衰微。事详《邻交志》上、下篇中。盖亚细亚诸国重农而不重商，但恐货物匮乏或无以养人之欲、给人之求，故立之制限，使货不滥出，则价不腾贵，意在保民不在通商。古来政体如此，与今日泰西诸国广兴商务以争利益迥不侔也。及美舰、俄船迭来劫盟，乃订条约，通邻交，以横滨、箱馆、大阪、神户、新潟、夷港、长崎、筑地为通商市场，而海禁大开，国势一变矣。既开互市，外商鳞集，轮船帆船，联翩络绎，东来西往，日本亦颇有出巨资以营商业者。先是，日本旧习，为商贾者仅以一二人私财，权子母以图微利，未有如西人之醵资集钱，以联合力结为商会者。既与西商争利，知私财绵薄，不如集资商会之力之大，由是商人合力，联结会社。然操术不工，往往锐进轻举，不量力，不虑胜，先笑而后咷。明治七年，小野组既破家，小野为豪商之首。组者谓组合为商，即商会也。岛田组又报倾产，亦豪商。当时二家破产，连累甚广，官库亏损亦及九十六万余元。日本之商势益衰薾，其经营之业，如蚕卵纸，屡取败屈。蚕卵纸，欧洲中原购以为种，输出甚盛。商人贪得，制日苟且，声价渐轻。政府虑其滥造，特设规则，立制限。商民哗然，谓不便；外国公使亦生异议，政府不得已，于七年解禁，诸国蚕种概供输出，一时万余人聚于横滨，减价争卖，莫不亏本。于是豪商六人，协力出八万余元，购五十余万枚，而摧烧之，乃略复原价。此时失资破产者不知几千百人。或曰此收买之策，乃政府出资，阴遣商人为之云。至十年，又复败失，商法会议局收毁三十余万枚，而卒无效。其他，若三年之豕，五年之兔，八年之蔷薇，十年之万年青，皆以无足重轻之物张脉偾兴，骤起高价，乘机者居为奇货，及价落而物归无用，因而破产者，又比比相踵。明治三年，有豕白腹者，或诧为异物，购而去，俄而出资争购，各以肥腯彭亨为贵。商人贪利，甚至寄电报购之香港、广东。蔷薇、万年青，因一二华族购而玩赏，效尤竞起，一花一叶竟费中人之产，犹不能得其殊异者。兔为日本所无，外商乘机谋利，乃至每头值数百金。商民之愚昧者，倾家购取，以侥倖一时之利。既而价落，破产者殊众，且有人自杀云。西商有以银米物价限期为买卖者，其法实类于博簺。日本自结商会，争效此风，颇有朝猗顿而夕黔娄者。譬如米价每石值五元，则悬期订约，购米万石或十万石。既至期，而米价值六元，则每石得利一元，十万石得十万元矣；或每石值四元，则每石损一元，十万石损十万元矣。第指其虚价，预揣低昂，以决胜负，而米仍积于仓廪，未尝买卖也。其他若油，若豆，若金，若银，无不如是。此风盛行，豪富有大力者，间或联集巨赀，尽举市场之米概行收买，而自定其价，以博厚利。与之斗力者，复出他策，以决胜败。市价无定，往往一市哄动云。而各商会树党相争，又每每操同室之戈，使外商得渔人之利，以故利权尽归于外商，日本十不及一，政府颇厌苦之。其后豪商有识者，乃集合众商，开商法会议所，设商法学校，以振兴商务。至十三年，因卖丝事与外商争，始稍稍有效，尔后当能恢复商业欤？蚕卵纸耗损以后，日本学制红茶，又因滥制争卖，而不得利。输出之货，丝最为大宗。商人又虑其败也，乃联合众丝商，结一生丝转运局，凡外商买丝必至此局，拣式样，定价值，乃许发卖；日本丝商不得自与外商私相交易。自设局后，外商嚣然不愿，请于公使。公使商之外务。外务辞以此商人之事，非吾辈所得干预。外商乃停止买卖。相持数月，卒以欧洲丝价甚昂，外商乃不得已而从其章程。盖内商与外商争权，此为第一次云。而政府自通商以来，力以殖物产；兴商务，为人民提倡。既广开官工场，属内务省者有千住制绒所、爱知纺绩所、广岛纺绩所、砂糖制造所；属大藏省者有造币局、印刷局；属海军省者有横须贺造船所、唐津石炭所；属工部省者有佐渡、生野、阿仁、院内、三池之矿山，有赤羽、深川、兵库、长崎之工厂；属开拓使者有水车器械制造所、木工所、炼铁所、面粉制造所、麦酒酿造所、葡萄酒酿造所、鱼油制造所、燧木制造所、昆布精制所、鱼粕制造所、罐鱼制造所，招集群工，日事兴作。复举国家所有轮舶付之三菱会社，岁给资金，使争内外航海之利。生蕃之役，购以载兵役、运军器者共十三艘。事平，属于大藏省，改为商船，以谋海运，命三菱会社代司其事。八年七月，改隶内务省。九月，尽举诸舶付之三菱，且每年由政府给金二十五万元以资助之。考泰西各国，商民创建轮船、铁路，国家有以官船给之者，有以官地付之者，有岁出官金以资助之者，有借给经费免收利息以助之转运者，甚有与商人订约，岁得四分五分利，苟经营不足此数，筹款以弥补之者。盖轮船、铁路为一国公益所关，国家遇有军务、赈务，既便征调，尤便运输，且民间重滞难运之物，若煤，若铁，寻常人力不便营运者，苟轮船能通，铁路能到，不难变废弃之物而为货财，化穷僻之乡而为富庶，非独利商，实则裕国。又况各国皆有，而我国独无，则利权尽为外人占据。但使创立一轮船商会，无论其得利与否，此商会中有十余艘轮船，每岁所得转运之资及一百万，则此一百万金仍归于吾民，不至为外人夺去，国家安得不设法保护之乎？凡创办之事，根本甫立，外人争揽利权者，又往往倾资以争竞，设策以摇撼，故得利甚难。国家出资助之，亦势之不得不然者也。三菱会社既设，即于是年购美国船四艘，以分走上海。旋又与英国彼阿会社争日本沿海之利，英船卒让之独行十年。麑岛之乱，尽举轮帆诸船以供国家调兵运粮，国家亦赖其利，盖办理已有成效矣。以官工所开炭山付之长崎商社，以劝民人开矿之业。复于劝农局、商务局拣派官吏往中西各国考求种殖之法、孳养之方、制造之事，归以教人。于直隶购羊千头，于纽约购马数十匹，于欧洲诸国购葡萄、木棉、烟草及其他奇花异卉，开农场，设学校，日讨国人，教以务财、训农、通商、惠工诸事。又设共进会，若绵，若丝，若茶，若糖，各令商人出品，每物不下千余种，分别其精粗优劣，上者给以龙纹赏牌，次凤纹赏牌，次花纹赏牌，又次给以褒赏之章，以内务卿监临其事，拔其尤者以劝众人。明治十年，又开内国劝业博览会，萃全国物产，工作比较而赏拔之，则国皇与后均亲临会场，以示盛典。而米利坚费里地费亚百年大会、澳地利维也纳之万国博览会、佛兰西巴黎斯之大会，皆特命卿辅总裁其事，俾督率商人赍物以往，得褒赏者，归而夸示以为荣。米国百年大会，初命内务卿大久保利通为总裁。继改命陆军中将西乡从道。澳国大会，特命议官佐野常民，皆令亲赴会场，归，上其事于政府。法国大会，亦命内务卿伊藤博文为总裁。复于中国之上海、天津、厦门，英之伦敦、新驾波，法之马耳塞，俄之华地云士铎，美之纽约、桑佛兰须斯果，分设领事，命以时呈报商务。而政府以本国制造物，如绵织物、丝织物、丝绵交织物、衣服、陶器、磁器、七宝器、漆器、竹器、铜器、镳器、纸扇子、团扇，于十二年布告一概免税，许之输出。凡有可以拓商业、揽利权之法，皆依仿采择，一一举行。

然而通商十余年，惟明治元年及九年输出多于输入，其他则输入过于输出者，为数甚多也。盖自维新以前，各藩学习西洋兵法，以戎衣劲服从事，遂以洋服为便，稍有摹拟者。德川末代将军，曾着洋服，人争诽谤。外交渐开，既势力自审不敌，遂艳羡其事事物物无不尽美。明治三、四年间，各藩士多用洋服、脱刀剑者。其时东西衣服并用，奇装异饰，招摇过市，外人颇为嗤笑。三年，令士民散发脱刀，一任其便。于时地方官谕令人民，或以散发有益于养生为言，或设不遵断发之令，甚有令结发课重税者，于是士民之头发靡然一变云。未几，国皇断发，皇后亦废弃薙眉涅齿旧习。逮明治五年，制定文武官礼服，一用洋式，而服色一变矣。房屋旧皆以木制，幕府之末，惟一延寮馆筑之以石，盖亦以馆宾者。既而，官厅、学校、工场，皆效西式，层楼杰阁，穹窿壮丽，惊人耳目。五年，东京火灾，政府命于京桥、新桥间，创造市街，墙砖屋瓦，一依西俗，特借给经费以助成之，而居处又稍变矣。上行下效，靡然从风，为官吏者限于礼制，无论也。豪富大贾、故家世族、学士文人，亦头戴毡笠，足踹皮靴，手执鞭杖，鼻撑眼镜，若入而居家，不以巴黎斯之葡萄酒、古巴之淡巴菰饷客，辄若有惭色。而巨室大家，更且墙被文绣，地铺氍毹矣。即下至穷乡陋邑，小户下民，偶有余蓄，亦购猩红毡为褥，碧琉璃嵌窗，以之耀乡里。以故外物丛集，大而轮船、机器、巨炮、利枪，小而毡冠、革履、手拭、襟饰，连樯累舶，日新而月异。外商之工于谋利者，又且以英美之物效日本之制，输入之物，每年累加，设关以来，浮于输出者，遂不下亿万矣。输出入货值，既不足相抵，金银日益滥出。自安政五年横滨开港，迄于明治四年，凡十三年间，溢出金银，大约及八千万元。

通商之始，未谙外情，所订条约，以货币互换为言，政府乃定以洋银一枚三分之一换金一两之制。外商不劳而获厚利，百方交换，其时流出者，盖不知凡几。美国条约云："外国货币与日本货币种类同，轻重同，许其通用，听两国人民互相交换。"又云："日本人民未习用外国货币，开港之后，凡一年间，官于各港设经理所，所有日本货币，应听米利坚人求请，照价交换。"英、佛、俄、兰诸约皆同。而政府是时未知外国货币价格也，乃定以洋银一枚三分之一换金一两之制。外商以兑换之间骤得美利，日夕持银责官吏互换，官吏乃限每日每人许换之数，外商又雇人互换，行之一年而后已。按当时价值，每洋银一元仅值日本金一两十分之七五云。以各税关未经查核，故未悉其确数。然自庆长铸金以后，累世积蓄，倾荡殆尽云。明治五年以后，税关始稽金银溢出之数，至十三年，输出过于输入凡六千六百余万，其中有新铸货币五千余万。综计通商至今，为数凡一亿四千余万云。若通商各国输入之货，以英为最多；输出之货，以美为最多。其与中国通商，则近岁输出入之数，各在四五百万元间，不甚悬殊也。

金银输出入比较表

类别 年	金银输出额（千元）	金银输入额（千元）	金银输出超过（千元）	金银输入超过（千元）
明治五年	四，五二四	三，六九一	八三二	
六年	五，一二六	三，〇八〇	二，〇四五	
七年	一三，九九五	一，〇七一	一二，九二三	
八年	一四，七一五	三三五	一四，三八〇	
九年	一〇，六九七	八，二七一	二，四二五	
十年	九，四六八	二，一八〇	七，二八八	
十一年	八，四八五	二，一八九	六，二九六	
十二年	一三，一三五	三，一三五	九，九九九	
十三年	一三，七六〇	三，六三九	一〇，一二〇	
总计	九三，九〇八	二七，五九五	六六，三一三	

新货币输出入超过表

类别 年	金货过出（千元）	金货过入（千元）	银货过出（千元）	银货过入（千元）	金银货过出（千元）	金银货过入（千元）
明治五年	一四二		二一		一六四	
六年	一，九七七		一八		一，九九五	
七年	七，五九六		九三〇		八，五二六	
八年	八，三〇四		八二五		九，一三〇	
九年	三，二四七			九八	三，一四九	
十年	四，七八九		一，四八五		六，二七四	
十一年	三，〇一七		一，二八〇		四，二九八	
十二年	三，八二九		三，七二四		七，五五四	
十三年	五，二九〇		四，七六四		一〇，〇五四	
总计	三八，一九五		一二，九五四		五一，一五〇	

旧货币输出入超过表

类别 年	金货过出（千元）	金货过入（千元）	银货过出（千元）	银货过入（千元）	金银货过出（千元）	金银货过入（千元）
明治五年	一，五四二		一，七五八		四，三〇〇	
六年	六〇〇		一，〇六五		一，六六六	
七年	五二八		一，五三一		二，〇五九	
八年	一，七五八		一，四七七		三，二三六	
九年	八九〇		二八九		一，一八〇	
十年	八八九		四九九		一，三八九	
十一年	一，一三二		五〇七		一，六四〇	
十二年	二五〇		二四四		四九五	
十三年	一八		一八九		二〇八	
总计	八，六一二		七，五六四		一六，一七七	

外国货币及金银块输出入超过表

类别 / 年	金过出（千元）	金过入（千元）	银过出（千元）	银过入（千元）	金银过出（千元）	金银过入（千元）
明治五年				三，六七五		三，六七五
六年		一，九七七	三五八			一，六一九
七年		一	二，三三八		二，三三七	
八年	五一三		一，四八四		一，九九八	
九年	一，〇一二			二，九三三		一，九二〇
十年	三八〇			七七七		三九七
十一年	四五〇			二五〇	二〇〇	
十二年		六二	一，六五六		一，五九二	
十三年	五五八		二一八		七七六	
总计	八七四			一，五八〇		七〇八

海关输出入总计各年比较表

年＼类别	输出（千元）	输入（千元）	输出超过（千元）	输入超过（千元）
明治元年	一五，五五三	一〇，六九三	四，八六〇	
二年	一二，九〇八	二〇，七八三		七，八七四
三年	一四，五四三	三三，七四一		一九，一九八
四年	一七，九六八	二一，九一六		三，九四八
五年	一七，〇二六	二六，一七四		九，一四八
六年	二一，一四二	二七，六一七		六，四七五
七年	一八，七八〇	二二，九二四		四，一四四
八年	一七，九六七	二九，三三二		一一，三六四
九年	二七，二二五	二三，四七八	三，七四六	
十年	二二，九七六	二七，〇六二		四，〇八六
十一年	二五，五二四	三二，五六三		七，〇三九
十二年	二七，三八八	三二，五〇八		五，一一九
十三年	二七，四一三	三六，一七八		八，七七四

五万元以上输出品

单位：千斤、千元

类别／年	米		麦		麦粉		海菜	
	斤量	元价	斤量	元价	斤量	元价	斤量	元价
明治元年							二四七	六一一
二年							二二一	六六
三年							二七二	九八
四年							二八三	一〇八
五年							三三三	七八
六年		五三八	二，三六三	五一	一九	二	三六四	一〇二
七年	一四，〇七九	三二二		九六			五六六	一三四
八年		一八			〇	〇	七七六	二〇一
九年	四六，九五〇	八一〇	五〇	〇	五四三	七	一，一七七	三〇三
十年	一〇四，二二〇	二，二六九	九，二三〇	一四八	八九	三	一，一二〇	二四五
十一年	一九九，〇四二	四，六四四	四六，一三一	八七三	二，六二六	六五	一，一三九	二二七
十二年	一三，五九七	四一六	五，八九四	一二三	四九二	一四	一，一六九	二六九
十三年								

类别／年	茸类		茶		番茶		粉茶	
	斤量	元价	斤量	元价	斤量	元价	斤量	元价
明治元年	三六四	一一六	七，四三九	三，三四四	一，九五一	二一二	七二五	二四
二年	三四五	一四一	六，四二四	一，九五四	二，〇一六	一四四	一五四	四
三年	四四六	一五五	一〇，八一六	四，四三一	一，〇三八	六八	四五九	一一
四年	四九二	一四七	一二，七二八	四，六二一	九九五	三九	三四二	一〇
五年	五一九	一〇六	一二，七三九	四，一二四	一，五〇七	九二	四八七	九
六年	五一九	一五三	一二，〇八六	四，五六一	八五〇	八八	四〇二	八
七年	五二五	二一四	一七，八六二	七，一九三	九〇四	四九	三六二	九
八年	六二五	二五〇	一九，二六九	六，七四五	一，一八八	八八	八二一	二八
九年	八五一	三五五	一七，七三三	五，三五〇	一，〇七五	五九	一，四一六	四四
十年	八七八	三二九	一七，八八二	四，二八八	五九五	一八	二，二四二	六七
十一年	七八六	二五六	一九，五三四	四，二〇九	三一四	一一	一，九〇八	六一
十二年	八四八	二四五	二五，八三八	七，三五一	五五八	二一	二，二〇五	七一
十三年								

类别 年	烟叶		干鲍		鳎		煎海鼠	
	斤量	元价	斤量	元价	斤量	元价	斤量	元价
明治元年	二〇七	一〇	二一〇	六四	六四二	一二五	一五三	五四
二年	四，二一〇	二八	三二三	一〇三	八五二	一七三	二七四	一一二
三年	六四一	四六	三六八	一一〇	一，一一三	一九五	二六九	一二二
四年	一，二六三	九六	四五五	一二五	一，〇三九	二〇四	二四八	九七
五年	三，五〇〇	二四六	三九〇	九三	一，七七二	二八七	三三六	一四四
六年	二，六一六	二七二	五六四	一四四	一，六三五	二八二	四八三	二三二
七年	二，九四六	二七三	七四一	一九〇	二，六五〇	三八三	五二一	一八八
八年	二，四五六	一八四	六二三	一六九	一，七六七	二四二	三六七	一五一
九年	九二七	七九	六八一	一九四	二，四二四	三二三	五三五	一九七
十年	三，一〇六	二八九	五六〇	一七〇	二，四五八	四一四	五二九	一六八
十一年	九九七	一〇六	九〇三	二七九	二，五七五	三七九	四八四	一五八
十二年	一，四一四	一四〇	一〇一七	二八九	三，〇六八	五五三	四五九	一六七
十三年								

类别 年	大板昆布		刻丝昆布		禽兽类		鲞鳍	
	斤量	元价	斤量	元价	斤量	元价	斤量	元价
明治元年	七,九三八	一六三	一,二四四	五〇		〇	四五	一一
二年	二,八四二	四五四	二,一一二	一二一	二	五二	七九	一七
三年	一一,七七八	四一五	二,〇九〇	八九		〇	七六	二四
四年	一五,〇一三	四七二	二,一七三	八八		四	五五	一七
五年	一三,三九五	二九六	三,五四二	一一七		一	六二	二〇
六年	二三,〇八八	三九七	四,七五六	一三九		一	一〇四	三〇
七年	一九,六七七	二五九	一,四八六	三八		二	一〇三	二九
八年	一四,五三一	二八四	一,八六三	五七		二	九七	二七
九年	一九,九一六	三九七	二,二六二	七三		〇	一二七	三九
十年	一六,七六二	三三九	二,四〇三	七六		〇	一一七	三四
十一年	一二,三七九	四七九	三,二五一	一〇五		一	一〇八	三三
十二年	二五,七三七	六三六	三,九五一	一二八		一	一五九	五一

类别 年	鲍贝		干贝		铜并溃铜		丁铜	
	斤量	元价	斤量	元价	斤量	元价	斤量	元价
明治元年	一五		四八	九	一〇九	一九		
二年	六一		五六	五	六〇三	一二〇		
三年	四七八	四		四	五五〇	一〇六		
四年	一二〇	四	四〇〇	三六	四，三八四	六二		
五年	二三七	二	四六	五六	五，七〇〇	九〇二	一，〇九七	二〇一
六年	二八一	三	二九四	六	一八二	二八	一，五八一	三〇七
七年	四五〇	八	一八六	二二	三，〇四六	四八一	七	一
八年	五四〇	一一	一二八	二九	一四三八	三〇四	二三三	五四
九年	三三〇	八	一二六	一八	四六八	一〇三	一八二	三九
十年	四五四	一七	二五一	一五	五〇四	九四	一，六六八	三三八
十一年	七九一	三七	一八一	二八	三五六	五七	三，〇四六	五六三
十二年	一，〇六九	八五		二一	一二七	二三	二，二九四	四三六

类别 / 年	铜线并铜板		铁铜		鏽溃		鏽	
	斤量	元价	斤量	元价	斤量	元价	斤量	元价
明治元年		五二	五二	八				
二年					四	〇		
三年		七三	一八七	二八	七〇	五	一〇	〇
四年		一〇七	二五二	三七			二一一	一七
五年		一一		一九六	八三一	一〇三		一四四
六年	四九	四九	一，四四六	二二二	三三二	三九	一，〇五四	一七五
七年	一二五	二四	九九	一七	一〇〇	一二	四四五	八〇
八年			四〇二	八〇				
九年	二八	六	六六九	一三三				
十年	七九	一六	九二一	一六四				
十一年	九五	一八	一，一六六	二〇六				
十二年	四九四	八二	一，七四四	二七八				

类别 / 年	铅		石炭		蚕卵纸		屑蛹	
	斤量	元价	斤量	元价	枚	元价	斤量	元价
明治元年	六八八	三五	二七，七六九	八四	一，八八六	三，七一二	一〇	二
二年	二	〇	五五，八〇五	一八二	一，三七七	二，五〇〇	一三	四
三年	四	〇	九四，〇九二	二九八	一，三九七	二，五六六	一一	二
四年			一〇七，一七四	三二四	一，四〇〇	一，二八五	一四	一
五年	五六一	二八	四六，〇一三	一八〇	一，二八七	二，二四七		
六年	一，六二二	九二	二一二，二九四	六二八	一，四一〇	三，〇六三	三一	一〇
七年	二二二	一〇	一九七，五六七	五五五	一，三三二	七三一	二二	五
八年	五	〇	二二二，一五一	一〇一〇	七二七	四七四	二九	六
九年				七七六	一，〇一八	一九〇二	一五二	五五
十年			二七一，〇六五	七三五	一，一七六	三四六	七	二
十一年			三四三，一四一	八八三	八八七	六五〇	一二	三
十二年			三二八，九四六	七七七	八一三	五八二	六九	二一

年＼类别	壳蛹		生丝		玉丝		熨斗丝	
	斤量	元价	斤量	元价	斤量	元价	斤量	元价
明治元年	一五六	七八	一，一二三	六，二五三	八四	一七一	六二	六一
二年	一八八	一二四	七二六	五，七二〇	〇	一	九三	九八
三年	一二八	六四	六八三	四，二七八	三	九	七四	八二
四年	三八二	一九二	一，三二三	八，〇〇四	五	一五	一五一	一二七
五年	四四四	二五六	八九五	五，二〇五	一五	三二	二五七	二〇五
六年	三四三	二四五	一，二〇二	七，二〇五			一三五	一一七
七年	三七二	二四八	九七九	五，三〇二	〇	〇	九六	八五
八年	三五一	二四八	一，一八一	五，四二四			一二二	一二八
九年	三八九	四六三	一，八九四	三，一九七	一	二	一五三	二三八
十年	三四八	二五六	一，七二三	九，六二六	一	二	九〇	八七
十一年	二七二	二一三	一，四五一	七，八八九	二	四	二二四	二五四
十二年	四五七	四三七	一，六三七	九，七三四			四六五	五七八

类别 年	屑丝		真绵		樟脑		牡丹皮	
	斤量	元价	斤量	元价	斤量	元价	斤量	元价
明治元年	一三九	一九	三二	六五	四六八	七七	九三	二〇
二年	一二二	四八	七九	一四一	六八九	一一五	一〇一	二四
三年	一〇三	四四	一〇二	一九七	一，五六〇	二三五	二三九	二〇七
四年	二三三	六三	四八	二二七	九一〇	一二九	一九五	四一
五年	三五一	八八	一一二	一六八	六三七	八八	一八二	二〇
六年	二四四	八三	八五	一七九	四四五	六八	二〇八	一七
七年	三六〇	一〇七	七七	一二一	一，一二三	一五五	二九八	一五
八年	三〇〇	一二二	三五	六二	一，一〇七	一三八	一八七	一〇
九年	五九一	二二七	五八	一一一	一，二六三	一七四	一六八	六
十年	五二三	一七四	九〇	一六八	一，五六七	二三八	一五二	五
十一年	八二八	三四四	四二	七四	二，〇〇四	三二三	一三四	五
十二年	一，〇二六	六四七	一一二	一八五	二，五〇四	四五五	一七七	九

类别 / 年	人参		药种		硫酸		漆器	
	斤量	元价	斤量	元价	斤量	元价		元价
明治元年			七三〇	一三一				一七
二年	一一三	八八	四一三	一一				一
三年	一一三	六七	六三〇	三四				四三
四年	八九	七五		二五				六〇
五年	六五	九九		三一				八八
六年	七六	一三八	六〇二	三四				一五九
七年	一四一	二二一	三五九	二二		〇		二二三
八年	一一八	一六七	七六〇	二八	三〇	一		一六七
九年	一六五	一八二	七四七	二四	六五二	三五		一一六
十年	二八二	一九七	二八二	一一	一，一五四	七四		一八五
十一年	五三五	一九六	三二五	一一	一，一九九	八六		一四八
十二年	五〇七	一八八	六四三	一九	一，七〇八	一〇〇		二二七

类别 / 年	陶器		扇子		杂物		木蜡	
	箱	元价	数	元价		元价	斤量	元价
明治元年	一，七〇二	二三					一，三七三	三〇八
二年	七一六	四	一二	〇			五〇二	九三
三年		二六					四四八	一〇二
四年	二，〇〇四	一二三	二				九三二	二〇七
五年		四五		一九		六六	一，七九〇	二七三
六年		一一六	二，五五八	四九		七三	二，五四〇	四二九
七年		一〇八	一，三八一	九〇			一，八九二	二二七
八年		一一三		一一三			二，〇八二	一八八
九年		七三		一三二			二，一三八	一八八
十年		一二〇	九，二九五	一三五			一，四四一	一六二
十一年		一六九	七，四一九	一五四			七〇二	九九
十二年		二五七		二三九			一，九六五	三二九

类别 年	下品纸		材木		板			
	斤量	元价	数	元价	数	元价		
明治元年	二七七	三九		三六				
二年	二〇〇	一五		四三				
三年	二八九	二六		三五				
四年	一七八	二三		二六				
五年	二六八	五〇	二四	六		四七		
六年	二三五	五五		一〇	二六〇	六〇		
七年	二五七	三九		四七	〇	〇		
八年	二二六	四〇		六三				
九年	二三四	四一		九五				
十年	一九八	二七		三〇				
十一年	二三八	三六		一二				
十二年	一二三	二〇		九五				
十三年								

十万元以上输入品

单位：千斤、千元

年＼类别	米		豆		麦粉		洋酒	
	斤量	元价	斤量	元价	斤量	元价	打辰	元价
明治元年	二〇，九七七	四三五	八，六三一	一五二	五〇四	二三		一六七
二年	一六二，〇七一	四，四三一	四四，九八五	九一一	二，九二三	一二七		二〇二
三年	五三七，七一〇	一四，五九八	四七，〇五七	一，一三〇	二，六三三	一二一		二七七
四年	四一，九五七	一，二六〇	九，九〇三	二二二	一，八七五	七九		二七〇
五年				〇				二九二
六年	一，九〇九	二九	三，〇三〇	三八	一，〇八〇	四四		一四六
七年	一，一七五	二四	八一六	一三	九七五	四二		四三
八年	一，〇二八	二二	五，七六五	一二七	一，二八三	四八		三七
九年	二八		四，九六九	一〇一	一，二四五	五〇		二三
十年	一一	〇	五七三	一四	一，〇一五	四八		五八
十一年	二	〇	九二七	一九	一，〇八一	四五	一七	三〇
十二年	一二，四九八	二四八	二五，八八〇	四九五	一，一九二	四四		一九
十三年	按，打辰为英国计物之名，每一打辰为十二件。							

类别／年	火酒		卷烟草		食料		赤黑砂糖	
	打辰	元价	斤量	元价		元价	斤量	元价
明治元年			一四	四五		五二	一七，〇六一	五二九
二年			一八	三五		九〇	二三，五三六	一，〇九〇
三年			二一	三五		八一	五二，七二七	二，三一七
四年			四五	四七		一〇四	五二，一九三	二，一八八
五年				一二一		一三五	三三，三〇一	一，一五六
六年	二二	九一	三二	五七		一七六	三七，二九六	一，五九九
七年	七〇	一三八	三六	六六		一四六	四七，〇一九	一，八八八
八年		九四		五一		一四四	六二，三二六	二，五八二
九年	四五	七	二九	四三		一三五	五八，二六七	二，一八五
十年	四二	六八	二七	四一		一三七	四五，五五二	二，一〇五
十一年	七〇	一一〇	三一	四三		一二五	四一，五八六	二，二二二
十二年		六四	三一	四四		一五四	四九，一七三	二，三七五

类别／年	白砂糖		冰井棒砂糖		熟皮		鳖甲	
	斤量	元价	斤量	元价	斤量	元价	斤量	元价
明治元年	五，四九八	三四三	五一一	四五	一三四	二三	三	一〇
二年	六，九二〇	五一九	八二六	一〇三	九四	二〇	一二	三〇
三年	八，八九二	七〇七	六一一	八二	一一一	二七	七	三七
四年	一〇，七〇七	八二七	六一九	八九	二六五	一〇五	一一	三八
五年	八，二五九	五一四	六四三	九五		六九		四九
六年	八，二四〇	五五八	九一〇	一一四		一六五	九	五一
七年	九，一四三	六九四	九一一	八九		三〇二	一五	七七
八年	一一，四七〇	八二三	一，〇〇七	九七		二九四	一四	八六
九年	八，三六八	五七〇	九三六	九一		二五〇	一六	八〇
十年	八，四九九	六七七	八五五	八八	一，〇二七	三七四	一九	七一
十一年	七，五七八	六三七	一，〇四七	一二〇	九六四	三四四	二一	一〇〇
十二年	一〇，七九八	九四八	一，一四一	一二四	八八八	三一一	二五	八三

类别 年	珊瑚		黄铜		熟铁		铅块	
	斤量	元价	斤量	元价	斤量	元价	斤量	元价
明治元年	〇	五	一四	二	二八〇〇	七五	二,〇〇七	一〇七
二年	〇	一一	六二	一三	五,五三六	三六九	一,九〇九	一三四
三年	〇	一二	五五	一〇	五,八九三	二〇五	七七一	三〇
四年	二	四九	九六	一七	六,二五四	五一六	二〇三	一七
五年		二八	七七	一二	七,九八七	三七六		
六年		二五		一八		五〇九		
七年	二	三七		二一	一五,三八八	六六八	二二	一
八年	二	一二一		七四	一七,四八四	六四三	三四六	二三
九年	二	三四		二八	一四,五〇六	五〇五	八六八	六三
十年	三	八五		一四八	二二,〇一二	六六九	四,一二六	二八七
十一年	三	一一五	六二五	一二五	二八,二九九	八三五	三,三三三	一八七
十二年	四	一〇四	四	〇	二七,九八〇	六九五	二,一一五	一〇四

类别 年	钢		石炭		伞骨		铁器	
	斤量	元价	斤量	元价	打辰	元价		元价
明治元年	六六	三	六六三	三三				一五
二年	一九九	一三	二，八五四	九六				五
三年	九二	四	九，四一〇	二四				三四
四年	五一	三	一，五二六	一四五				五三
五年	一七六	一九						五一
六年		一二		二三六		一七		八七
七年		三五		九九		六		五八〇
八年		五四	二一，二五四	一四七		四七		二一六
九年		二二	三一，九四三	一九三		七五		二一二
十年	六一一	四六	三一，七二三	一五九	七九	八二		一七九
十一年	一，九五九	一三八	六〇，七四〇	二五七	二一七	二二八		一一〇
十二年	三，四二六	一一二	二五	一六四	一九六	一七八		六一

类别 年	马口铁		缲绵		木绵丝		原色白布	
	箱	元价	斤量	元价	斤量	元价	码	元价
明治元年	○	一二	二,六二七	四二一	三一,六五八	一,二三九	二四,二九七	一,五○四
二年	一	一○	三,九三二	一,○八七	五,九一八	三,四一八	一八,一九七	一,六六六
三年	三	三○	二,三四四	六二八	八,八六二	四,五二二	三○,八七八	一,七二七
四年	○	一	八三三	二○六	七,九六八	三,五二○	五五,七四○	四,三六二
五年		一	四九六	八五	一三,○三三	五,三三○		三,一一六
六年		二○	二,一七一	二六五	九,五二八	三,四○○		三,二四一
七年	三	二四	八,四八二	一,○九一	一○,四八八	三,五七三	六三,九四○	三,五九四
八年	二	二一	二,八二○	三七一	一三,四九三	四,○五八		二,四二五
九年	五	二○	三,二三○	四五六	一四,六九九	四,一五一	五四,五二二	二,八一七
十年	七	四○	二,七五二	四一八	一五,○三五	四,○八四	三六,四○六	一,八三五
十一年	一一	六三	二,一○二	二八七	二七,三九四	七,二○五	三六,三二三	一,八八一
十二年	二三	一○○	八○八	一○一	二三,五七一	六,一七九	六六,七六七	三,三五九

类别／年	染布		红布		绫布		印花布	
	码	元价	码	元价	码	元价	码	元价
明治元年	六四一	八四	五六〇	八〇			八六二	七七
二年	九八三	一四四			三〇	三	八二〇	一〇九
三年	二，五〇九	二五六	二八	一二	三六	四	一，七九六	二〇〇
四年	二〇七	二五九			八八	八	二，六二〇	二一六
五年		三三三			一一四			二〇九
六年	一，四三九	一六八	一，三六九	一三三	八〇六	二六	二，八七四	五四六
七年	二，一二五	二〇七	一，五五四	一四四	二九九	二一	一，五二〇	一〇四
八年	三，一四〇	二五一	二，〇七五	一八八		六七	二，七九二	一九五
九年	五七七	一〇二	三，四二四	三〇五	八一三	六八	二，八〇五	二〇七
十年	二，一九一	二〇八	三，五四二	二六七	二，七六八	二一〇	二，六三七	一九六
十一年	二，八三五	二一四	七，五二〇	五三五	三，六四九	二九〇	二，八四七	二八二
十二年	一，四七五	一〇九	九，五八一	六〇七	一，五二五	一一〇	二，六六一	一七九

类别 / 年	白纱		小幅布		缎布		布	
	码	元价	码	元价	码	元价	码	元价
明治元年	一五七	一一	二，九二五	二六五	一	○	一，四五九	二五四
二年	四八	四	一，四二二	一五六	五	一	五三九	一三五
三年	五二三	四一			○	○	九○六	一四五
四年	八○四	九八	五五	五			一，三五○	二九七
五年		一二九						二一七
六年	一，六九○	一四九	五○	三	一，五二三	二九四	一，三三一	三一九
七年	五六四	四三	二，一三七	一四六	四七五	七四	一，七四四	四六
八年	一，九九八	一六二	一，六七九	一一二	一四八四	二一八	一，九八二	三九三
九年	一，八二七	一四八	一，九一八	一一四	一，四五一	二○一	四六○	一○○
十年	一，二三四	八○	二，八三六	一六九	二，一○六	二七一	六八八	一一一
十一年	一，九二七	一○九	二，七五二	一七二	二，七二五	二九四	二八四	六八
十二年	三，二四五	一七四	二，五三一	一五一	三，二九二	三四六	三二八	五四

类别 年	绵天鹅绒		帆布		绵布杂类		麻布	
	码	元价	码	元价	码	元价	码	元价
明治元年	一，〇一〇	二五八	一〇〇	二二			一〇	五
二年	一，二〇六	三七五	七三	二三	二八五	二五	六七	一一
三年	二，三八七	五四八	一〇八	二一	三八三	四六	四	一
四年	六七五	一七五	三一二	六六	二六六	四五	一三	一
五年		三四五		六五		二〇		一二四
六年	二，八八五	八〇三		四六		一一七		一〇
七年	一，七九三	四五九		五四		一一三		二四
八年		七五二		一〇九		一九八	二四八	二八
九年	二，八三三	五九六		五〇	一，八八四	一六七	三二	八
十年	二，七七七	五七八	六三〇	一二五	一，七七五	一四三	八九	一七
十一年	三，九九五	七六三	七四五	一四二	一，七七六	二四六	一六一	四二
十二年	二，六三四	四九〇	四七九	八九	一，二二七	九七	六九	一四

类别 年	呢		佛兰绒		绒缎		绒	
	码	元价	码	元价	码	元价	码	元价
明治元年	一九四	二三五	三九	一〇	二二	七		
二年	四六一	六〇六	一四	五				
三年	四三七	六四六	二八	八				
四年	四三六	八四〇	二〇	八				
五年		三，〇三八		一〇五	七〇	三六六	八四	五一七
六年		一，三二〇		二二四	六六五	一〇九	九二九	一六五
七年		一一二	一〇八	三〇	七二三	七八六		
八年		五三〇		四五				六七一
九年		五九四	一三三	三九	二	五	一，五五三	二四四
十年	四〇九	六八四	四五九	一三〇			一，二九七	一九六
十一年	五〇三	七〇二	六二二	一七〇			二，〇八六	二七七
十二年	一五七	二一二	一二六	三四			二，九七四	三六九

年＼类别	绒		绫吴吕		英国吴吕		绉吴吕	
	码	元价	码	元价	码	元价	码	元价
明治元年	八三一	一四二			一，三四八	四〇三	三四七	七三
二年					一，八四五	五四六		
三年					五二五	一五五		
四年					一六七	五五		
五年				九〇		四九	一一一	七九一
六年			八	二	一三二	四六	五，〇五三	一，〇七六
七年	二，〇二五	三五八	二二	八	一三三	三四	四，七五二	九八一
八年					二〇五	五六	一〇，一九七	二，三九三
九年			三〇三		五二	一三	一〇，八一九	二，二六三
十年			三八四		九〇	二四	一一，九〇一	二，三七三
十一年			六五三		一〇一	二五	一三，六二六	二，六九三
十二年			五二七	一〇三	二三	六	一七，三〇一	三，一二六
十三年	按，吴吕为英语，盖以丝织斜绒有花者，如中国线绉而质较薄。							

年＼类别	素吴呂		羽缎		床毡		羽织	
	码	元价	码	元价	斤量	元价	码	元价
明治元年			一一二	二	三二八	一七二	四一八	一二七
二年					八三七	五五七	六五六	四七八
三年			一〇六	四二	二二五	九一	二,二一八	六二八
四年			二四	一七	二五一	一一七	三,一九〇	九五二
五年					六三六	二七二	三八	一八二
六年			五八五	一五五	六七二	四一四		三二一
七年			二〇五	五〇		九〇		一九〇
八年	五七八	一一二		二一四		三五八		三一九
九年	三三	六	七七四	一八八	二四七	一二七	四九八	九七
十年	二七三	五〇	二,〇九七	四九六	九六〇	四六〇	三一八	八一
十一年	三二七	五二	一,五二〇	三三九	七五八	三三九	一三四	四七
十二年			三,〇八九	六五一	三七九	一七四	二八四	四二

类别 年	羽绵布杂类		绢缎		绢布杂类		绒毡	
	码	元价	码	元价	码	元价	码	元价
明治元年	四，一七二	九二三	○	○	四	一四		
二年	二，一三五	六九六			四	三		
三年	五，三○二	一，一三二	○	二	一	五		
四年	六，五○七	一，九二○	○	一		五		
五年		一，一五五		三三○		三		三五
六年		三，四九○		四○		三八		八四
七年	五，一○一	一，二八五	四	二九		四二		一○
八年		一，二八一		四八		一三八		三八
九年		四七一	三	五六	一	四○		四七
十年	一，六三四	五八一	一	三一	一五	一六九		一一六
十一年	二，七五七	八二○	四	七七	一○	一四八		四八
十二年	二，○三七	五七二	三	六八	一一	一七九		三二

类别／年	帽子		缎布裤		窗硝子		襟卷	
	打辰	元价	打辰	元价	箱	元价	打辰	元价
明治元年		○	一七	六○	三	一○		
二年		三	三三	一一八	四	一九		
三年		○	二三	七二	四	一五		
四年		一	一八	七五	六	三二		
五年			三二	一六三	一三	四五二		
六年	六○	二八八	一九八	七六六		一○三	五二	一五一
七年	四	二八	五八	二○七		五七	一一	一九
八年		三○	八	六三		五八	一○	一九
九年	三	三七	八	三五		一○○	三	九
十年	九	八四	一一	四四	三六	九一	二○	四八
十一年	一一	一○一	一三	五二	三九	一○一	二五	五二
十二年	四	四六	二	八	二九	六八	四	八

类别 年	茶铅		靴并长靴		时辰表		伞	
	斤量	元价	足	元价	数	元价	打辰	元价
明治元年		三〇	三三	四九	一	七	〇	三
二年		九四	一八	二三	一	二四	一	四
三年		七九	五二	四八	五	三七	〇	六
四年		四九	一一一	一一二	二	一二	〇	九
五年				二九六		二六		三八
六年	九七四	八五		一一六		一九	五四	四一一
七年		七〇	一五	二三		一一二		一七七
八年	二〇八	一二六	一六	二五		一三三		五〇
九年	一，八二一	一六八		一七	八七	一一六	一五	九四
十年	一，一一四	一〇〇	一一	一七	四六	一二七	四	二三
十一年	一，五一七	一二二	四	九	三八	九九	三	二二
十二年	一，八八〇	一三六	三	八	七六	一八七	一	一九

类别／年	小时辰表		硝子器并水晶器		洋纸		文具	
	数	元价		元价		元价	箱	元价
明治元年		三		一一		○		七
二年		四		三		○		二
三年		二		一六		九		二一
四年		二九		二二		二四		二四
五年		三八		八○		四		五八
六年	八	九二		二一六		三四	四	一二二
七年	一七	一三九		五八		七○		九二
八年	二○	一四八		六八		九四		一○九
九年	二一	一四四		一○八		五七		一二九
十年	三○	一九七		四五		一七一		七八
十一年	四一	二七三		七○		二一六		六五
十二年	三一	二○八		六三		八七		五○

年＼类别	器械类		小铳		施条铳		大炮	
		元价		元价	数	元价	数	元价
明治元年	三七							
二年	一七							
三年	四五							
四年	七一							
五年		一八〇		八六				一
六年		三七九		一六				二六
七年		四九二		一〇				九七
八年		五二一		四六六			〇	一六三
九年		三一八		五二				〇
十年		四一三		一五六				八
十一年		二三四			九	一〇三		一三四
十二年		四二九			一	一九		二

类别 / 年	弹丸		装药		火药		蒸汽船	
	箱	元价	数	元价	斤量	元价	艘	元价
明治元年								
二年								
三年								
四年								
五年				一七		○		
六年	○	○	八四八	三	○	○		
七年	○	○				九		
八年		九九八		七		一九八		五九九
九年				○		○	二	七一
十年				三三三		三	一一	一,二二六
十一年				一一五		一三	二	一○○
十二年				四		一九	四	三九

年＼类别	军用品		帆船		药种		制药	
		元价	艘	元价	斤量	元价		元价
明治元年		一，二七一			二八八	八一		一五
二年		六〇〇			八二一	五〇		四四
三年		一一一			八七九	八一		三五
四年		五三			一，一九九	一二〇		九六
五年						一七〇		一三二
六年		四				一七五		一六一
七年		一九				一二九		一五七
八年		一八		七		一一五		二六九
九年			一	六	一，四一三	八二		一五九
十年			八	六八	一，二五七	五二		三五二
十一年			七	六五	一，九一四	八一		四二六
十二年			一三	一二二	二，一八一	一〇六		三五四

类别 年	红花		染料		朱		石炭油	
	斤量	元价	斤量	元价	斤量	元价	斤量	元价
明治元年	五一	二二	三一	二〇	一八	一三	一五五	七
二年	九三	六二	六四	三八	二五	一〇三	二八	一
三年	一四	一〇	四〇	五六	三〇	三〇	二五六	二一
四年	一六八	一二四	六五	五〇	三五	四八	七四二	七二
五年	二〇七	一五五		一〇五	三六	四〇		一六〇
六年	一一三	八四	一五五	二〇五	四四	五二	四，八七九	三三〇
七年	二七〇	一八八	一六〇	九二	四八	九〇	六，二九四	三〇六
八年		二一五		一三二	八九	一一四	一三，五二九	五七三
九年	二九七	一九〇	一五九	一二五	八八	七二	一四，〇八二	四四四
十年	二八〇	一八二	一三八	一六六	三一	四〇	一三，〇八一	六〇五
十一年	二六五	一六一	二三七	二五二	七六	五二	五二，一〇二	一，八〇三
十二年	二五九	一六九	三五七	二〇四	九九	六六	八一，八九八	二，一八五

类别 年	豆油		油粕		油类	
	斤量	元价	斤量	元价	斤量	元价
明治元年				○		四八
二年		二八		○		二五五
三年		九○八		五○		一三六
四年				一○二		一二三
五年			一五五	○		四六四
六年	二,一二五	一五一	一○七	一		四三
七年	一二六	六	二,三○六	二四		○
八年	一一	○	一,二八二	一○		九
九年		○		○		二○
十年	二九四	一二	二	○		一九
十一年	八二二	六一	一,六一五	二五		一一
十二年		一	八,三六○	二八		二八

输出入货值国别表一

		英吉利	米合众国	清	佛兰西	东印度及暹罗	日耳曼
输入	六年	一二，一八一，三八六	一，〇三五，八三一	一一，〇六四，八五八	二，五三三，四四七	一二，一一三	二，〇七六，四七二
	七年	一〇，一四九，八八八	一，〇一〇，三五九	八，三六〇，四〇四	一，六八三，七六三	二八，七五三	七〇三，〇七四
	八年上半季	七，一二七，二二六	六九五，七八六	二，七四四，五六八	二，二四九，二九七	三，七九〇	五一一，四七二
	八年度	一二，二一〇，五八〇	一，八〇〇，四三八	四，二一四，六〇五	三，三五四，六五五		四九七，五一五
	九年度	一二，二七三，七六五	一，二三六，二九〇	四，九〇〇，九八二	三，一五〇，七四三		四九四，六五二
	十年度	一九，六二七，六〇二	二，一七五，五二九	四，八〇〇，三〇三	三，〇五七，七三六	七〇八，八四七	一，〇三四，三七七
	十一年度	一六，一二五，〇二一	三，四三五，六〇八	四，五二一，九一七	三，二二五，三七七	九九五，八一六	一，〇一六，七〇〇
输出	六年	五，一六九，一五二	四，二二六，一六二	四，七九三，三一二	三，六二五，八四六	七二九	一六九，七五四
	七年	三，二三二，六六五	七，四六四，八四三	三，六五五，〇一〇	二，七五九，四九六		六二，七一八
	八年上半季	八七八，〇〇一	二，三五四，〇三九	一，三一一，七二三	一，二三六，二八八	一六，〇〇七	一一，〇七九
	八年度	二，五六六，三〇一	六，八八七，三〇七	二，六四一，九四五	三，三〇四，四九八		一六，六五五

		英吉利	米合众国	清	佛兰西	东印度及暹罗	日耳曼
输出	九年度	七，七六二，五四九	五，四四一，二一七	二，九五八，七四二	七，四六一，九一五		二二，一四三
	十年度	六，〇〇七，八一八	五，六七八，〇二一	五，四二七，一三一	五，三四七，五八一	一，五六九，五九三	五二，三五九
	十一年度	三，四三六，五五七	七，四三五，六二七	五，六九一，三三三	六，〇〇〇，二三八	四三三，八七〇	八四，三六四
出入合计	六年	一七，三五〇，五三八	五，二六一，九五三	一五，八五八，一七〇	六，一五九，二九三	一二，八四二	二，二四六，二二六
	七年	一三，三八二，五五三	八，四七五，二〇二	一二，〇一五，四一四	四，四四三，二五九	二八，七五三	七六五，七九二
	八年上半季	八，〇〇五，二二七	三，〇四九，八二五	四，〇五六，二九一	三，四八五，五八五	一九，七九七	五二二，五五一
	八年度	一四，七七六，八八一	八，六八七，七四五	六，八五六，五五〇	六，六九五，一五三		五一四，五七〇
	九年度	二〇，〇三六，三一四	六，六六七，四八七	七，八五九，七二四	一，〇六三，六五八		五一六，七九五
	十年度	二五，六三五，四二〇	七，八五三，五六〇	一〇，二二七，四三四	八，四〇五，三一七	三，二七八，四四〇	一，〇八六，七三六
	十一年度	一九，五六一，五七八	一〇，八七一，二三五	一〇，二一三，二五〇	九，二二五，六一五	一，四二九，六八六	一，一〇一，〇六四

输出入货值国别表二

		伊大利	豪斯多剌利亚	白耳义	瑞士	和兰	鲁西亚
输入	六年	一九，四三八					
	七年			三，三〇二	二四，二三五	七三，一八六	六，九五二
	八年上半季	一一，一三八	二，〇四七	二，八九二	三六，〇五〇	一四，二九八	八二二
	八年度	三三，三九三					
	九年度	四四，一六七					
	十年度	一一九，三六七	五，〇八二	一四六，三五一	六六，九八五	一三二，四五六	七，二八〇
	十一年度	六五，八六〇	九三，六四四	一七九，〇九〇	五六，九三二	五八，一八一	七，八九七
输出	六年	二，二六五，四八〇					
	七年	六四七，六五七			三二，六一五	九七，四八二	二，五九九
	八年上半季	一〇八，一七二	一，七〇八	四〇	三〇	五，二四五	二八，七五三
	八年度	四七二，六八九					

		伊大利	豪斯多剌利亚	白耳义	瑞士	和兰	鲁西亚
输出	九年度	一，六六一，五五〇					
	十年度	八〇八，一二九	一七八，九三八	一四〇	二〇，三五〇	八，〇五九	四四，一四三
	十一年度	七〇三，三一二	一七七，六七〇	三五	六八，二七四	五一，〇六七	五四，三九九
出入合计	六年	二，二六五，四八〇					
	七年	六四七，六五七		三，三〇二	五六，八五〇	一七〇，六六八	九，五五一
	八年上半季	一一九，三一〇	三，七五五	二，九三二	三六，〇八〇	一九，五四三	二九，五七五
	八年度	五〇六，〇八二					
	九年度	一，七〇五，七一七					
	十年度	九二七，一七二	一八四，〇二〇	一四六，四九一	八七三，一二五	一四〇，五一五	四四，一四三
	十一年度	七六九，一七二	二七一，三一四	一七九，一二五	一二五，二〇六	一〇九，二四八	五四，三九九

输出入货值国别表三

		西班牙	秘露	墺地利	瑞典及诺威	土耳格	丁抹
输入	六年						
	七年	七七三		一七，四一七			五九，四三二
	八年上半季						二，二三二
	八年度						
	九年度						
	十年度	一二，一二三	四六五	一八，四四二	五，五三九	一，四五九	一五，七三二
	十一年度	一〇，一八八	八五三	一七，八九五	九，三七三	三，四一〇	二，八八〇
输出	六年						
	七年			一二，四七六		一〇〇	一一，八四二
	八年上半季			七，七四二			二〇
	八年度						

		西班牙	秘露	墺地利	瑞典及诺威	土耳格	丁抹
输出	九年度						
	十年度	六二，二六四	六，七一六	二一，六八六	二七	二一二	一二四
	十一年度	三一，九五一	三七，二四五	一二，二四五		四八	九二
出入合计	六年						
	七年	七七三		二九，八九三		二〇〇	七一，二五六
	八年上半季			七，七四二			二，二五二
	八年度						
	九年度						
	十年度	七四，三八七	七，一八一	四〇，一二八	五，五六六	一，六七一	一五，八五六
	十一年度	四二，一三九	三七，二四五	二〇，一四〇	九，三七三	三，四五八	二，九七二

输出入货值国别表四

		布哇	葡萄牙	英领诸地香港及新嘉坡		其他诸州	计
输入	六年					六五，七三二	二八，九八九，二七七
	七年	三，二二八				一八〇，七四二	二二，三〇五，四〇八
	八年上半季	一，四九七	九七九	一，六〇三，八八四	三，五五六	三四，四六四	一五，〇四二，九九八
	八年度			二，三七四，九三四		六〇八，二一九	二五，〇九四，七三九
	九年度					四四七，一〇二	二五，一二一，八七五
	十年度		四八五			六，三五六	三一，九二七，九五六
	十一年度	一，〇一二	二三八			四，九五一	一九，八一五，三四三
输出	六年					二四二，一六二	二〇，四九二，五九七
	七年	一五〇				一三一，七七四	一，八二一，四〇九
	八年上半季	五五	四〇	五三〇，三三六	一，三二三	二三，八六一	六，五一四，四六二
	八年度			一，三五〇，八九三		一一九，五〇〇	一七，三五九，七八八

		布哇	葡萄牙	英领诸地香港及新嘉坡		其他诸州	计
输出	九年度			一,六二一,二一二		一六九,六七六	二七,〇九九,〇〇四
	十年度		八四			九五,八一八	二六,三二九,二〇三
	十一年度	三八〇				三一,四三二	二四,二四〇, 一三九
出入合计	六年度					三〇七,八九四	四九,四八一,八七四
	七年度	三,二七八				三一二,五一六	四〇,四一六,八一七
	八年上半季	一,五五二	一,〇一九	二,一三四,二二〇	四,八七九	五八,三二五	二一,五五七,四六〇
	八年度			三,七二五,八二七		七二七,七一九	四二,四五四,五二七
	九年度			四,二〇五,四〇六		六一六,七七八	五二,二二〇,八七九
	十年度		五六九			一〇二,一七四	五八,二五七,一五九
	十一年度	一,三九二	二三八			三六,三八三	五四,〇五五,四八二

外史氏曰：古所谓理财之道，所以谆谆然垂戒者，要不外乎财聚民散。盖天地生财，止有此数，上盈则下虚，上益则下损，民膏民脂，日竭于上，饥寒交迫，父不能有其子，君不能有其臣，天下之大乱作矣。自古圣帝明王，未有不以聚敛为戒者也。虽然鹿台之财，武王因之；琼林之库，唐祖因之。失国者以聚敛，得国者即以其聚敛散之于民，而四海犹不至于穷困事变之极。逮夫今日，乃有祸患百倍于聚敛，至于民穷财尽，虽有圣贤，实莫如何者，是则尧、舜、禹、汤、文、武、周、孔之所不及料、所不及言者也。是何也？曰金钱流出海外也。挽近之世，弱肉强食，彼以力服人者，乃不取其土地，不贪其人民，威迫势劫，与之立约，但求取他人之财以供我用，如狐媚蛊人，日吸其精血，如短蜮射影日，中其荼毒，以有尽之财，填无穷之欲。日朘月削，祸深于割地，数倍于输币，百倍于聚敛，又不待言也。既经明效大验者，印度则亡矣，埃及则弱矣，土耳其则危矣。欧洲大国皆知其然，必皇皇然合君臣上下聚族而谋之：欲我国之产广输于人国，则日讨国人以训农，以惠工，于是有生财之道。欲我国所需悉出于我国，不必需者禁之绝之，必需者移种以植之，效法以制之，于是乎有抵御之术。欲他国之产勿入于我国，则重征进口货税，使物价翔贵，人无所利，于是乎有保护之法。凡所以殚精竭虑，析及秋毫者，诚见夫漏卮不塞。十数年后，元气剥削，必将胥一国而为人奴矣。

日本自开港通商以来，其所得者，在力劝农工，广植桑茶，故输出之货骤增；其所失者，在易服色，变国俗，举全国而步趋泰西，凡夫礼乐制度之大，居处饮食之细，无一不需之于人，得者小而失者大，执政者初不料其患之一至于此也。迩年来杼柚日空，生计日蹙，弊端见矣。全国上下，知金钱流出之大害，乃亟亟然议改条约，欲加进口之税，免出口之税，庶以广财源而节财流，而大势败坏不可收拾，悔之晚矣。虽知其既晚，挽回于将来，补救于万一，及今犹可为也。今核明治五年至十二、三年海关出入之数，先详货币，次胪物品，次别国名，皆为提纲择要，比较数年以来，使天下之人晓然知其得失利害之所在。嗟夫！日本与诸大国驰骋，而十年之间，流出金钱乃逾亿万之多，其何以支？痛念兄弟之国窘急，若此不禁，为之太息而流涕也。而或者犹曰：是第据五港关吏报告之书，尚有流出金钱，不具于此者，则益非余之所敢知矣。

卷二十一　兵志一

兵　制

外史氏曰：开创多尚武，而守成则尚文；乱世多尚武，而治平则尚文；列国多尚武，而一统则尚文，自昔然矣。然而弛备者必弱，忘战者必危。自古右文之朝，莫如周成。周之初，三监胥靖，四夷宾服，而周公之戒成王曰：“其克诘尔戎兵，以陟禹之迹，以行于天下。”言备之不可以已也，况于今日之列国，弱肉强食，眈眈虎视者乎？欧洲各国，数十年来，竞强角力，迭争雄霸，虽使车四出，槃敦雍容，而今日玉帛，明日兵戎，包藏祸心，均不可测。各国深识之士，虑长治久安之局不可终恃，皆谓非练兵无以弭兵，非备战无以止战。于是筑坚垒，造巨舰，铸大炮，日讨国人，朝夕训练，务使外人莫敢侮。东戍巴丘则西城白帝，务使犬牙交错之国，度权量力，相视而莫敢发。中国之论兵，谓如疾之医药，药不可以常服，所谓不得已而用兵也。泰西之论兵，谓如人之有手足，无手足不可以为人，所谓兵不可一日不备也。余尝旷观欧洲近日之事，益叹古先哲王以穷兵黩武为戒，其用意至为深远。澳、德、意、法，稽其兵籍，俱过百万。假使驱此数百万之兵，俾就业于农工商，岂不更善？夫竭百农工商之力，仅足以养一兵，必使亿万之农工商，竭蹶于畎亩之中，竞争于锥刀之末，徒以之坐耗于兵，筋力疲于锋镝，金银销于炮火，而尔猜我忌，迭增其数，尚无已时，自非好武佳兵，其弊乌至于此！然而事变之极已至此极，虽使神圣复生，必不能闭关而治。无闭关之日，即终不能有投戈讲艺、解甲归田之日，虽百世可知也。嗟夫！今日之事，苟欲禁暴戢兵，保大定功，安民、和众、丰财，非讲武不可矣。日本维新以来，颇汲汲于武事，而其兵制多取法于德，陆军则取法于佛，海军则取法于英，故详著之，观此亦可知欧洲用兵之大凡。作《兵志》，为目三：曰兵制，曰陆军，曰海军。

日本古兵制，兵与农合，迨孝德朝，依仿唐制，始设兵部省，特置兵团，四分每国之丁而取其一。卫京戍边，在京曰卫士，在防曰防人。一年而更，边疆有事，则下尺一之符，调发沿道，事止则散归卒伍，无列屯而坐食者。及王政弛废，藤原氏世相于内，源、平氏世将于外，兵之隶将家者，号曰武士。源、平二氏各私其武士曰家人，互相吞噬。源氏既得志，命其家人为诸国守护、地头，使各自守，守其土而食其毛。农食六分，兵食四分，兵农之势，隐然既分，然其兵则尚皆土著也。降至足利氏，仍源氏、北条氏守护、地头之旧，而渐成封建之制。时家国多故，军役烦兴，诸国武士稍离其故土，东西转徙以就其将帅，而举国之兵渐不土著。及其衰也，雄豪割据，务竞进取，往往召集亡命之徒以为爪牙，取其奉养于农。农不足给，又使其徒略取外境以自封，隐然成侯国之势。及织田氏、丰臣氏兴，幕下将校之封，朝暮纷更，曾无定所，是以常聚其兵于城府以便分遣，于是兵之不土著者一定，而兵与农全分矣。当时所谓士者，自非职事官，皆分番直宿，略如古之卫士。士之下有徒有卒。士有扈从、马回之目，卒有足轻、与力、同心之目，区分部伍，置长领之。此类概谓之兵士，与徒皆袭世禄。卒之简点罢免，一任其头长便宜为之。及德川氏定国，亦因织、丰二氏之辙，分割六十余州，封群雄及子弟功臣，自百万石至一万石，统称曰藩。藩各有士。举国兵士之隶于德川氏麾下，自不满万石至百石、数十石，或食采邑，或仰廪给，总其众号曰八万。此八万之众，各皆世其禄俸，畜其妻孥臣仆，仰食于平民。自年十五就役至六十免役，以三四十年间为服役之限。而此二百余年中，太平无事，兵备懈弛，所称武士者，耳不闻鼓鼙，目不见旌旗，惟餍膏粱、服罗绮，以奢侈相竞，即所谓骑射击刺，亦惟习华法儿戏。兵既无用，而欺陵良懦，大为民害，积弱之极，不可复挽。及其季世，西舶东航，皆束手不复能战。虽各藩知铳炮之用，颇有简练之师，而其势不能统一。及太政归于朝，乃尽收列藩兵权，废武士世禄。至明治五年十一月，诏曰："朕赖天地祖宗之灵，行吾邦二千余年未有之变，革封建之制复为郡县，海陆兵制亦不可不因时而制宜。往者太阿倒持，兵权归于将门，迨乎季世，将骄卒惰，国亦随弱，朕心痛之。今源本吾邦兵农合一之制，斟酌海外各国之式，设全国募兵法，以保护国家无疆之基。汝百官众庶，其体朕意。"于是太政官复谕于众曰："我朝上古之制，举国无非兵者。有事，则天子为之元帅，率而征不庭；寇平，则解甲归田，复为农工商。固非如后世之佩双刀、糜厚禄，甚至睚眦杀人，官不敢问其罪者也。昔神武天皇，以珍彦为葛城国造，设军团，定卫士、防人之制。至神龟、天平间，六府二镇之制始备。保元、平治以后，朝纲解纽，兵权归武门，始隐然有封建之势，而兵农亦分矣。浸淫日久，弁髦王章，奴隶民人，弊不忍言。今列藩奉还图版，王政维新，旧日武门坐食之士，削其禄，脱其剑，俾四民与之等夷，此固国家所以平均上下，无有差等之意也。夫如是，则食毛践土，莫非王民，可不思所以报国乎！天地之间，一事一物，莫不有税，以供国用。为吾国人，则应竭致其身，以报吾国。西人谓之血税，谓洒其生血以报家国也。且夫家国有难，民人共之，卫国即所以自卫矣。有国即有兵，有兵即不得不以吾民充其役，乃天地古今之通义也。泰西诸国数百年来，所研究实践，编定兵制，法极精密。然而我国政体、地势稍有不同，今不能悉采用，辄取其所长，补古昔军制，立海陆二军。取全国四民，男至二十岁者，皆编入兵籍，以备缓急。尔乡长里正，依此意告谕民庶，务使知保护国家之大本。"遂颁行《征兵令》数十条。大概分三种：一为常备兵，一为后备兵，一为国民兵。行之四年，至明治八年，复有所更正。行之又复四年，至明治十二年十月，太政官又废旧令，定为今制，凡分八章，统七十一条。

凡征兵，以全国丁壮充之。四分陆军为常备、预备、后备、国民军，各从其身材，分属之步、骑、炮、工等部。海军则别设令征集之。常备军选男子年二十岁者，征集于各军管下国郡，抽签选定，乃编队伍，俾服役三年，分置于所管镇台；其有未及三年精熟技艺者，特恩许其毕役。其身材强壮，品行方正，能晓畅技艺者，在管六个月，擢为近卫兵。使服役三年，既毕，编入预备军。已经二年六个月，编入后备军。有愿充士官者，照检查例合格，送之入士官学校及教导团。能熟技艺及有异才者，亦可优擢下士官。辎重输卒，及看病卒并工人等，虽募其愿充者，若或员缺，则身不合格或合格，亦可依其所为业便宜征集之，使服其役。以辎重输卒征集者，六个月间服常备军役。既毕，编入后备军。看病卒并工人等服役，与诸兵同。常备军在屯营中，日给额俸，凡被服饮食，皆由官支给。预备军以常备军毕三年役者编制之，亦定三年期，惟平时在家，遇有事变，乃编列常备军，使从军，每年一回召集于屯营，使演习技艺。后备军以预备军满三年者编制之，更定四年期，遇有事变征集，在预备军之次，每年一回召集，于便宜地方，使之演习。预备、后备军，当演习时，例于十日前由镇台宣告，随里程远近给予路费。凡兵役，虽期限既满，若遇战争，即不得解役。国民军，查全国十七岁以上、四十岁以下男子，尽编入兵籍。当全国大举时，临时编列队伍，以充守卫。按：旧制，男子二十而征为常备军，廿四而编为第一后备军，廿六而编为第二后备军，廿八而编国民军，在营三年，应役者四年，四十而免。新制则男子二十而为常备军，廿四而编预备军，廿七而编后备军，三十而为国民军，在营三年，应役者七年。旧制，第二后备无须演习。新制，后备与预备同，比旧加三年应役，增五年演习，盖兵之为道，非习不精，苟弓硬手生，仓卒呼集，反恐误事，而每岁一回召集，亦不至大妨民时。故虽民情所不喜，亦强增之，所以重军政也。自五年发令以来，物情呶呶。或谓驱一国执耒耜、操牙筹之子弟，使之三载入营，既恐染武夫习气，又恐荒学业而废家政，所以多方隐匿，百计逃避，常有征不及额之忧。此次新制特设未及三年精熟技艺，特恩许其毕业之条，使有志者发奋勉励，得以早日归休，所以顺民情也。

凡男子，有终身免兵役者：一曰废疾不具，不堪兵役；二曰经惩役一年以上之罪犯，经禁狱一年以上之国事犯。详《刑法志》。案：中国古制，寓兵于农，未有甄择流品之文。其后越用罪囚，秦发谪戍，汉有大征伐，往往赦死罪从军。至周世宗，乃尽募盗贼、杀人亡命者，卒以之拓疆土，霸诸侯。盖强梁恶少，骁健奔命，倚以杀贼，偶亦收效。《司马法》所谓“使贪使愚”者，此也。然此辈本皆无赖，习惯为非，故驾驭稍疏，动辄挟众掳掠，因事鼓噪，甚至戕害将帅，劫易人主，无所不为。兵以弭乱，反以生乱，使天下之人视如蛇蝎，动色以养兵为戒，岂非以不肖之徒群聚其中欤？且自五代籍为兵者，皆文面涅手。夫黥刑所以治有罪者也，今集盗为兵，又待兵如盗，叶适所谓“黥卒老兵，贱而可羞”，当世以为骂詈之词。轻之也如此，冀其有用，得乎？泰西征兵之法，几于人尽为兵，独至罪犯不得录用，其所以重兵，即所以强兵也矣。有国民军外免兵役者：一曰户主；凡注于户籍为一户之主，总不征集。惟于应征年纪以前分为两户，或女户主以赘婿分家，或既绝户以继嗣再兴，或未及五十岁遽让产于其养子继嗣为户主者，不在此限。二曰独子、嗣子。独孙；承祖之孙。三曰五十岁以上者，其嗣子或承祖之孙；但应征年纪以后以嗣子或承祖之孙分家者，或五十岁以下之养子非有不得已事故者，或已绝户以立嗣再兴，或女户主以赘婿分家，或于众子孙中以应征年纪以前更定为嗣子，或承祖之孙者，均不在此限。四曰年五十岁无嗣子者，其养子谓赘婿。或继嗣；五曰未及五十岁而废疾不具不能事生产者，其嗣子或承祖之孙及养子继嗣；六曰判任以上之官吏，其准官吏及试用员与佣人，虽不许免役，但现理要务，可具状于太政官，请裁汰兵役。及教导职以上之僧官并户长；七曰府县会议长、副议长及议员；八曰公立学校之教员及文部省所辖与省府使所属之官立学校教员。有平时免兵役者，此类编为第二预备征兵，年在三十岁以下者，当战争有事，召集后备军以充兵时，亦使编入队伍，或以供辎重役：一曰年五十岁以下之嗣子或承祖之孙，但应征年纪以后，以嗣子或承祖之孙分家者，或五十岁以下之养子，非有不得已事故者，或已绝户以立嗣再兴，或女户主以赘婿分家，或于众子孙中，以应征年纪以前更定为嗣子或承祖之孙者，均不在此限。二曰陆海军生徒及海军兵器局造船所所佣工艺人；三曰在海陆军役中死亡、罹病及负伤，其兄或弟一人；四曰通医术，既得开业文凭者；五曰公立师范学校之卒业生徒；系各使府县所设立者，下同。六曰公立中学校及公立专门学校之卒业生徒；七曰文部所辖及省使所属官立学校之卒业生徒；八曰留学外国过二年有卒业文凭者；九曰航海之船长、运转手、机关手，既经试验得文凭者；十曰为海船佣工，执水火之业经三年者。有平时许延一年征集期限者，次年征集之至时犹应延期，则再延一年，至第三年犹应延期，于平时免兵役：一曰愿充海军兵员者；二曰兄弟同时征兵，偶数之半数、奇数之寡数；谓三人取其一人，五人取其二人。三曰海军常备在役中之下士卒，其兄或弟一人；四曰海陆军生徒之兄或弟一人；五曰父兄或不知踪迹，或废疾不具，其人关一家生计者；六曰文部所辖省使所属之官立学校及公立师范学校生徒有一年课程者；七曰公立中学校及专门学校生徒有三年课程者；八曰因学术及商业驻留外国者；九曰身未满定尺及有疾者；十曰为刑事被告人裁判未决者。所有应免役或延役之人，应详记事由，由户主上户长，递呈郡区长，使府县厅于征兵检查时，核其是否，然后施行。凡免役、延役，有年岁期限，如满五十岁之嗣子嗣孙，及三年卒业之生徒之类，须于每岁九月十五日以前呈核。若过期方为满岁，仍应征集。若有伪作年纪，捏造父母兄弟有无，或故伤身体，佯托疾病，冀免征兵者，查出依律处断。户长及郡区长扶同徇隐者同坐。惟例许捐金免役，如本年应征者纳金二百七十元，在平时免役者纳金二百三十五元，准于国民军之外特免兵役，此外咸使征集。

凡全国分七大征兵区。隶各军管征兵区，为军管征兵区。军管所辖分各师管，师管所辖分各旅管，旅管所辖分各联队，联队所辖分各大队，大队所辖分各中队，各从所辖分划征兵区。惟旅管以下征兵区，尚未设置。现从使府县辖地为使府县征兵区。使府县所辖地跨两师管界者，每使管各设一征兵区。案：征兵各区尚未设置，而先布之令甲者，诚以分划各区，则军旅师队，小大相维。如枝干之贯，如指臂之使，既使应征之人无多寡不均之患，而以此区之人充此区之兵，平日共井同乡，及至逐队联镳，自易收出入相友、守望相助之效，又况兵皆土著，则家室田园亲族，各有其系恋之故，亦不敢逃亡背叛，相率为非。盖一举而兼数善，故令中先及之也。其不与府县之疆域同者，则以分土治民与分营治兵，各有所宜故耳。

每岁二月，由陆军省拣派征兵使、以佐官一人充之。征兵副使、以尉官充之。每师管派三人。征兵医官、陆军军医任之。征兵副医官、军医副以上任之。征兵事务官、后备军人员之驻在使府县者任之。征兵书记，陆军下士官十等属以下任之。使巡按诸部。至地方官，亦派出使府县征兵事务长官、以地方长官，或书记官任之。使府县征兵事务官、地方属官任之。郡区征兵事务官、以郡区长任之。地方征兵医员、由地方官拣充，每征兵八十名或百名用一人。笔生。由地方官拣充，每检查所置二人。凡事皆商议而行。自颁征兵令以来，地方官期顺民心，务为姑息。民之希图免役者，官吏辄代为袒护，代为掩覆，以市恩于民，因是征不及额。此次新制，地方征兵官之权较重于昔，盖使之任责，乃能协同军官，尽力从事也。先期一年之九月，凡年十九应征者，使其户主呈报于户长，递呈于使府县，总编为壮丁名簿。每岁限九月一日至十五日，户主依式作上告书呈户长，是月廿五日以内呈郡区长，郡区长限十月十日呈使府县厅，载于征兵名簿，限十二月廿五日以内呈所管镇台。其寄寓他使府县者，或于本籍应征，或于寄寓应征，听者唯于寄籍应征，须觅保人具结，预报官厅，牒查本籍乃准行。除除役、免役、延役各名外，凡应除役、免役、延役人，于征兵使巡行时，其疾病者，或引之到署，或就其医员仍加检查。其关于官职、军籍及学业者，必使呈所受文凭。关于家事者，使亲戚加保结。当征兵使巡部之前，先告各府县，每区刻日期限人数若干名，使应征者由户长带到。先期又由使府县厅交付画罫之纸分授本年应征者，各自朱书姓名、产地、生年月日、族籍、职业及户主名，与其父母、祖父母、兄弟、姊妹、妻子，及氏神、此谓记其何地、何神社之所辖也。宗门，此谓佛教之何寺、何宗派也。日本人有神、佛二教，凡生卒祭葬，皆神官、僧官主之。作为人别表，人各一页，于检查之日持到。至日，征兵使、地方征兵事务官列坐其席，依征集名簿唱名，引到陆军军医及地方医员，各审查其身干尺度如何，炮兵定五尺四寸以上，然三寸以上亦可用；骑兵、工兵、辎重兵，定五尺三寸以上，然五尺二寸以上亦可用。步兵定五尺以上，辎重、输卒、看病卒、役人，尺度无定。骨相如何，详志眼耳口鼻各样。体格体质如何，宜征为何兵，炮兵，取其身干最强、目力尤佳者，其人旧业机关工、雕刻工、时表匠者均宜采用。骑兵，取善于骑马者。工兵，取其素业木工、石工、竹工、船工、车工、锻工、桶工、辅工、泥工、马具工、家具工、造屋匠、涂饰工等，分依其业选之。辎重兵，取其善骑马，稍读书、通算术者。步兵，不拘其职业、有无技艺，但堪于兵役者，悉采用之。辎重输卒，取其少疾病、能耐劳苦者。看病卒，取其少疾而性情温和者。役人，随其所业取之。详志于检查簿。检查役竣，乃据人别表及检查簿，标注合于充役之员，稽核本年应征之数，乃行常备抽签之法。抽签之日作签，签载号数，纳于签箱，调集征丁，区分兵种，使各从所宜，自抽各种之签。据检查簿，如此人宜炮兵令抽炮兵签，宜骑兵令抽骑兵签之类。有典签委员，监视其正否，详记其抽出之号，将签仍授之本人。假如有签丁五百名，则自制一号至五百号之签，逐次抽取。本年当举常备征员二百名，补充征员百名，则自一至二百为常备兵，第二百一至三百为补充兵，余为落签。补充兵者，许其在家治生。一年之内，遇常备兵阙员时，其镇台循抽签号数次序传到，使补兵缺。惟服役年限，仍依常备本兵入营初日起算，作为三年毕役。若一年之内无缺应补，准平时免兵役，落签者平时免兵役。此二种免役者，编为第一预备征兵，年在三十岁内，遇有事召集后备军充兵时，亦使之充兵，或以供辎重役。抽签既毕，复据签簿与人别表制印票。票中载某人充何兵、何兵种、何号数，与签簿比附，钤勘合印，召致本人，使各将签换票。每岁四月二十日至五月一日，由各区户长引之入营。方入营时，或因疾病、或因犯罪不能来者，详记其事由上呈。其罹病者，必以地方医师诊断书为凭，由户长捺印，速诉之镇台。至于十月一日犹不能入营，则俟下次征兵检查时再行检查，比寻常征兵先令入营。凡征兵官员，于四月十日复命，所有关系一切征兵文书，均缴呈于陆军省。

第一军管东京镇台。常备步兵三联队，骑兵一大队，炮兵二大队，工兵一大队，辎重兵一小队，海岸炮兵三队，总员七千二十人，此中一岁征员二千三百四十人。管下府县：东京、神奈川、埼玉、静冈、山梨、群马、千叶、茨城、栃木、长野、新泻。

第二军管仙台镇台。常备步兵二联队，炮兵一大队，工兵一中队，辎重兵一小队，总员四千二百六十人，此中一岁征员千四百二十人。管下诸县：宫城、福岛、青森、岩手、秋田、山形。

第三军管名古屋镇台。步兵二联队，炮兵一大队，工兵一中队，辎重兵一小队，总员四千二百六十人，此中一岁征员千四百二十人。管下诸县：爱知、岐阜、石川、静冈县内远江、滋贺县内越前国一郡，长野县内信浓国四郡。

第四军管大坂镇台。步兵三联队，炮兵二大队，工兵一大队，辎重兵一小队，海岸炮兵二队，总员六千七百人，此中一岁征员二千二百三十三人。管下府县：大坂、兵库、堺、和歌山、京都、滋贺、三重、冈山，岛根县内因幡、伯耆、隐岐。

第五军管广岛镇台。步兵二联队，炮兵一大队，工兵一中队，辎重兵一小队，总员四千三百四十人，此中一岁征员千四百四十六人。管下诸县：广岛、岛根、山口、高知、爱姬、冈山县内备中全郡。

第六军管熊本镇台。步兵二联队，炮兵二大队，工兵一大队，辎重兵一小队，海岸炮兵二队，总员四千七百八十人，此中一岁征员千五百九十三人。管下诸县：熊本、鹿儿岛、大分、福冈、长崎、冲绳。

第七军管海岸。炮兵一队，现今居第二军管，总员八十人。函馆海岸炮兵设备以来，明治十年始行征兵方法，因所辖之地狭隘，仅有函馆、福山、江刺三所，故应征者仅有八十三名，而体格不良，可用者仅十四名，故第七军管现并于第二军管。此中一岁征员二十六人。管下开拓使、管下函馆支厅。管下以上总计三万一千四百四十人，此中一岁征员一万四百八十人，但辎重输卒、看病卒及职工等未定征额，故今不算于此。

自明治六年始行《征兵令》，连年所征常不足额。第一、第四军管常备兵，每不足额，以他管补充兵补之。至九年，常备征兵之额既足，补充兵亦能敷用，独第六军管不足，乃并采用未满五尺之四尺九寸以上者，犹缺二十二名。是年全国二十岁丁壮共二十九万六千零八十六名，应征者仅五万三千二百二十一名，属于免役者乃有二十四万二千八百六十名。内嗣子十五万五千六百五十九名，户主六万六千五百九十二名，未满定尺者一万三千九百八十四名，其他六千六百二十五名。明治十年，全国二十岁丁壮共二十九万四千二百三十一名，附九年应征迟延一年者七千零二十八名，合三十万零一千二百五十九名，应征者仅五万一千四百八十六名，属于免役者二十四万九千七百七十三名。内嗣子十六万一千零二十名，户主七万二千零二十四名，未满定尺者一万零八十名，其他五千六百五十七名。而此应征各员中，有疾病、事故、逃亡，或应归翌年征募者，及检查不合格者，又有三万零七百七十七名，可以采用者仅二万零五百零九名。查是年应征定额止有一万四千五百三十七名。今有总员二万名，似无不足，然各军管下所征，彼此多寡不等，以之分配，犹有不足之患。以三十万丁壮征万五千人而不足，盖日本自德川氏主政，承平日久，习于安逸，其所谓武士皆世禄之家，寻常百姓不知当兵为何物。初下血税之令，展转讹传，谓朝廷习西法，将绞吾民膏血以为用，疑惑恐惧，屡激成斩木揭竿之变。数年以后，虽稍稍安息，然执无知小民，日告以人生报国，分所当为，虽谆谆无益，而父兄不免溺爱，农商不无失时，故人人冀免于役。日本人民多质弱而身短，其不堪役者固多。而年来民益狡诈，其强者则逃避而远之四方，其弱者则饥饿而不出门户，各随其性质，以弄狡狯。甚至毁伤肢体，断削手指；或故罹法网，冀为罪囚；或伪造文书，捏作免证。而嗣子、户主免役二条，或让分家产，各立门户；或指择众子，俾受家财；或诡名为兴绝族之家；或托身为入赘之婿。规避之术，愈出愈奇，政府颇厌苦之。故此次新令，于户主、嗣子二条先为预防。后又颁《行征兵令补遗》，称“令中户主、嗣子免役各条，所谓应征年纪以前以后，即以征兵令颁行之日分前后。此令发行以前，已为户主，或五十岁以上之嗣子、嗣孙，并五十岁以上之养子、继嗣，并未及五十岁之嗣子，准其照例免役。若在新令发行以后，总使应征”云云，则防范更为严密矣。而其他设计规避者，严惩其罪。自十二年十月颁布新令以来，此十三年征兵即为举行新令之首，令行日浅，疑惑尚多，而此年常备、补充均足额，其捐金以免役者骤增至四百余名之多。此辈皆图规避者，以新法网密，术无可施，乃不得不捐家资以免兵役也，则其效已可睹矣。今列表于后，可知其概。初下征兵之令，外议哓哓，谤言载道，然日本自愿充兵者，岁不过数百人。自愿充兵者，乃经检查然后录用，明治六年仅六百十六人，明治十年全国共二百八十四人而已。苟不征调，且患无兵，故政府诸人断行己意。其后草寇窃发，屡次削平，置议者不复容喙。然起数百年之衰废而变更旧制，要非容易。观于八年之间，改令三回，逐渐整顿，则当路诸君黜浮议而勤远略，汲汲图强，有足多矣。

十三年征兵第一表

类别＼军管		第一	第二	第三	第四	第五	第六	第七军管内函馆	计
二十岁丁壮总员		六三，四〇八	二八，四八二	三五，二七七	五二，八〇七	四四，九一二	三五，四三二	二六八	二六〇，五八六
二十岁丁壮总员	征集名簿人员	四，五一二	三，九〇七	二，二七九	三，八〇七	四，一五四	三，一三五	一〇	二一，八〇〇
	翌年再征名簿人员	四四八	二六五	一三一	一三四	二三四	四八	一五	一，二七五
	先入兵名簿人员	八〇七	四七四	三二二	三五二	四〇八	六	六	二，三七五
丁壮总员中	第二预备征兵名簿人员	一九，二〇七	一〇，九九八	八，八三二	一一，一七〇	一一，一九〇	八，八八二	六八	七〇，三四七
	免役名簿人员	三七，二八六	一一，四九二	二三，〇五七	三六，四六七	二七，九三五	二三，〇七六	一四九	一五九，四六二
	除役名簿人员	一，一四八	一，三四六	六五六	八八一	九九一	二八五	二〇	五，三二七
	计	六三，四〇八	二八，四八二	三五，二七七	五二，八〇七	四四，九一二	三五，四三二	二六八	二六〇，五八六

类别＼军管			第一	第二	第三	第四	第五	第六	第七军管内函馆	计
征集名簿人员中	常备	步兵	二,〇〇五	七八一	一,一二〇	一,九四六	一,一二七	一,二七五		八,二五四
		骑兵	一〇〇							一〇〇
		炮兵	一七三	五二	四二	一六九	三七	一七一	一〇	六五四
		工兵	七六			八五		八三		二四四
		辎重兵	三九	一七	一五	一三	八	一八		一一〇
		辎重输卒	一,五八五	二,二五一	八八六	二〇六	一,七八二	一,二三四		八,八四四
	补充	步兵	二七八	七二四	一九二	二二五	一,一四〇	二四二		二,八〇一
		骑兵	五一							五一
		炮兵	一一三	六三	一五	一六五	四〇	五四		四五〇
		工兵	六一			七七		四八		一八六
		辎重兵	三一	一九	九	一七	二〇	一〇		一〇六
		辎重兵卒								
	第一预备征兵									
	计		四,五一二	三,九〇七	二,二七九	三,八〇三	四,一五四	三,一三五	一〇	二一,八〇〇

	类别＼军管	第一	第二	第三	第四	第五	第六	第七军管内函馆	计
翌年再征名簿人员中	常备下士卒兄弟	六一	二七	三〇	三三	四六	四〇	一	二三八
	陆海军生徒兄弟			一	三	一			五
	愿充海军兵					一	七		八
	教导团生徒合格者		三			一			四
	官立及公立学校生徒	二一	六	一〇	四	六			四七
	身干矮小			五		三〇		二	三七
	因父兄有事故者	八一	五〇	三七	四七	五〇			二六五
	有事故未查确	一六三			二	八			一七三
	有病	二六							二六
	藏匿		一						一

类别＼军管		第一	第二	第三	第四	第五	第六	第七军管内函馆	计
翌年再征名簿人员中	他行		六七	二	九				八三
	兄弟同时征兵	二	二	一	二				七
	他管在籍或寄留未查明					三			三
	或应免役或系规避未查明者					一			一
	疾病后不堪劳役者	七五	一〇一	四二	二三	七五		三	三一九
	裁判未决	一八	八	三	一一	一二		四	五六
	外国寄留	一					一		二
	计	四四八	二六五	一三一	一三四	二三四	四八	一五	一,二七五

类别＼军管		第一	第二	第三	第四	第五	第六	第七军管内函馆	计
先入兵名簿人员中	逃亡	八〇五	四七四	三三〇	三四四	二六〇		六	二,二〇九
	他行					一四四			一四四
	诈伪			二		一	六		九
	期限内不申告者				八	一			九
	征集规避	一				一			二
	犯罪拘留中					一			一
	无故不到	一							一
	计	八〇七	四七四	三三二	三五二	四〇八	六	六	二,三七五
第二预备征兵名簿人员中	五十岁未满嗣子	九,五〇五	六,〇九五	四,三〇五	一一,〇三九	六,一三六	五,一二三	四八	四二,二五三
	五十岁未满养子	九,二一一	四,四五二	四,四一三	九五	四,八三五	三,五四四	一四	二六,五六三
	五十岁未满继嗣	三九三	四二二	五一	一二	一五七	一三四	二	一,一七一
	陆海军将校下士卒	二八	一						二九
	陆海军生徒	二三	一六	一六	一五	一二	一六		九八

类别 \ 军管		第一	第二	第三	第四	第五	第六	第七军管内函馆	计
第二预备征兵名簿人员中	海军水兵			三三		二九	三三		九五
	海员雇入已满三年者	一							一
	因公务死伤者之兄弟	一〇	二	五		八	一一		三六
	官立及公立学校卒业者	一六	七	八	四	一二	二一		六八
	外国二年已上学科卒业	一							一
	内务省允准开业医	三			五	一			九
	征兵未施行之地全户寄留		一					四	五
	灯台看守人		一						一
	定雇职工	一六		一					一七
	计	一九,二〇七	一〇,九九八	八,八三二	一一,一七〇	一一,一九〇	八,八八二	六八	七〇,三四七

类别 \ 军管		第一	第二	第三	第四	第五	第六	第七军管内函馆	计
免役名簿人员中	户主	二，一二七	五，二六九	一二，二四九	二一，四八四	一三，五九三	一二，一五〇	八四	八五，九四六
	独子独孙	二，六一八	一，四八九	一，六四三	二，三二〇	二，七〇九	一，五〇七		一二，二八六
	五十岁以上嗣子	八，三六三	二，九六一	五，七九五	七，九九二	八，一九〇	六，四七三	五一	三九，七八九
	五十岁以上承祖孙	三三三	一七〇	七八	八七	三八	七四	三	七七三
	五十岁以上养子	四，五二一	一，三七八	三，〇八〇	四，一八二	三，一四五	二，六六〇	六	一八，九七二
	五十岁以上继嗣	三六	八	一一	六	八	一五	一	八五
	父母疾病等嗣子养子继嗣	一三	七五	一四	八	二一三	七二		二一五
	公立学校教员	五三	五三	二九	三三	二三	二二		二一三
	官吏等外吏及户长	一九	九	一四	七五	八	九	一	一三三
	教导职试补以上	一九二	六二	一六二	一一四	八七	五一		六六八
	捐银免役	一二一	一八	一八	一六八	一一	四三	三	三八二
	计	三七，二八六	一一，四九二	二三，〇五七	三六，四六七	二七，九三五	二三，〇七六	一四九	一五九，四六二

类别	军管	第一	第二	第三	第四	第五	第六	第七军管内函馆	计
除役名簿人员中	废疾	三三五	九四	四九二	一七六	五四二	二一七	一	一,八五七
	不具	八三	一〇九	二四	九六	四〇〇	二〇		八二二
	犯罪	一二三	一八	五〇	八三	四九	四八	三	三七四
	检查不合格	六〇七	一,一二五		五二六			一六	二,二七四
	计	一,一四八	一,三四六	六五六	八八一	九九一	二八五	二〇	五,三二七
除名人员	事故					三			三
	前应免役漏未查明	一							一
	计	一				三			四

十三年征兵第二表

类别＼军管		第一	第二	第三	第四	第五	第六	第七军管内函馆	计
前年送名簿总员		一九二	二，七六八	二，七六九	一六一	三六五	一，一二〇	五二	七，四〇二
前年送名簿人员	二十一岁	一〇〇	六九四	七九〇	四四	一六七	四四三	三〇	二，二六八
	二十二岁	四一	四三〇	七〇四	一六	二〇	二二八	八	一，五三七
	二十三岁	五一	三九九	五一〇	二一	七二	二三九	一四	一，三〇六
	二十四岁		四七二	三八一			九三		九四六
	二十五岁		三七〇	二四四			六五		六七九
	二十六岁		四〇三	一三〇			五二		五八五
	二十七岁			一〇					一〇
	计	一九二	二，七六八	二，七六九	一三六	三六五	一，一二〇	五二	七，四〇二

类别＼军管			第一	第二	第三	第四	第五	第六	第七军管内函馆	计
征集人员	常备	步兵	六九	七五	二三〇	一六	一八	一二〇		五二八
		骑兵	二							二
		炮兵	七	八	九	四		二二	四	五四
		工兵	四			三		二		九
		辎重兵		一	五	一		二		九
		辎重输卒	三四	八七	二〇五	三	一二	五三		三九四
	补充	步兵	四	二〇	三六一	二	二三	三九		四四九
		骑兵	一							一
		炮兵	二	二	一四	六	四	一一		三九
		工兵				一				一
		辎重兵		一	六	一				八
		辎重输卒								
	第一预备征兵									
	计		一二三	一九四	八三〇	三七	五七	二四九	四	一，四九四

类别 \ 军管		第一	第二	第三	第四	第五	第六	第七军管内函馆	计
翌年再征人员	常备下士卒兄弟	一	二	二	三	一			九
	愿充教团生徒检查合格		一	一					二
	因父兄有事故者	六	一六	二一	七	一二			六二
	疾病后不堪劳役者	二	一六	一二	一〇	一八		六	六四
	延期再延准平时免役者		四	六四六					六五〇
	征集时漏开					一			一
	有事不到		二						二
	事故	三三	四	二	三		三〇三	一	三四六
	犯罪拘留中		三	二	四				九
	计	四二	四八	六八六	二七	三二	三〇三	七	一，一四五

类别	军管	第一	第二	第三	第四	第五	第六	第七军管内函馆	计
当征兵期不报名延至次期始查明者	逃亡	二	二，二九一		三	一七六	二八三	一四	二，七六九
	他行		二八			六三		六	九七
	犯罪		一						一
	伪诈		一						一
	计	二	二，三二一		三	二三九	二八三	二〇	二，八六八
第二预备征兵人员	征兵令改正前五十岁未满养子嗣子继嗣		一八						一八
	海军士官室从仆					一			一
	公立师范学校卒业生		一						一
	常备年期过检查时限者	三	八二	一，一二〇	五六	一八	二一八	六	一，五一二
	计	三	一〇一	一，一二〇	五六	一九	二一八	六	一，五三二

	类别＼军管	第一	第二	第三	第四	第五	第六	第七军管内函馆	计
免役人员	户主	二	六	一三		四	七		三二
	独孙			一					一
	五十岁以上嗣子	二		三八		一			四一
	五十岁以上养嗣子	二							二
	官立公立学校教员	一							一
	教导职试补		一						一
	征兵令改正前等外吏					一			一
	海兵服役解队		一						一
	定尺未满		一					三	四
	捐金免役	二	一	四〇			一二		五五
	计	九	一〇	九二		六	一九	三	一三九

类别＼军管		第一	第二	第三	第四	第五	第六	第七军管内函馆	计
除役人员	废疾		二	三七		二			五〇
	不具		一	一				一	三
	犯罪	一	四	三	三	一	一	一	一四
	检查不合格	三	三九		五		三七	七	九一
	计	四	四六	四一	八	三	三八	九	一五八
除名人员	户籍错误				三				三
	事故		一六						一六
	他管转籍		一六					三	一九
	死亡		一六		二		一〇		一八
	计		四八		五		一〇	三	六六

十三年征兵第三表

类别＼军管			第一	第二	第三	第四	第五	第六	第七军管内函馆	计
入营延期前年送名簿总员			九七	七八	六六	五八	一五七	四八		五〇四
入营延期前年送名簿总员	二十一岁		五四	二八	一二	四〇	五七	一四		二〇五
	二十二岁		一二	七	一三	四	二二	一一		六九
	二十三岁		三一	三六	三一	一四	七八	一六		二〇六
	二十四岁			三	五			三		一一
	二十五岁			二	五			二		九
	二十六岁			二				二		四
	计		九七	七八	六六	五八	一五七	四八		五〇四
征集人员	常备	步兵	二一	一六	一	二五	六四	八		一三五
		骑兵	二							二

类别＼军管			第一	第二	第三	第四	第五	第六	第七军管内函馆	计
征集人员	常备	炮兵	四		一	七	四	三		一九
		工兵						三		三
		辎重兵		一		二	三			六
		辎重输卒	六	四	二	一	一三	三		二九
		计	二三	二一	一四	三五	八四	一七		一九四
翌年再征人员	因父兄有事故者		二	二	一	一	二			八
	疾病后不堪劳役者		七	五	三	五	五			二五
	事故			一	一	一		三		六
	他行			一	五					一〇
	犯罪拘留中					一	一			二
	计		九	九	一四	八	八	三		五一

类别	军管	第一	第二	第三	第四	第五	第六	第七军管内函馆	计
前期规避延至次期令先征者	逃亡	五四	四〇		一〇	三三	二四		一六一
	他行					一九			一九
	计	五四	四〇		一〇	五二	二四		一八〇
第二预备征兵人员	五十岁未满继嗣	一							一
	兄弟海军下士奉职						一		一
	延期再延准平时免役者						二		二
	常备年期过检查时限者	四	一	三四	二	七			四八
	计	五	一	三四	二	七	三		五二
免役人员	户主			一		一			二
	五十岁以上嗣子	一							一

类别	军管	第一	第二	第三	第四	第五	第六	第七军管内函馆	计
免役人员	五十岁以上养嗣子	一							一
	教导团入团				一				一
	计	二		一	一	一			五
除役人员	废疾			一		二			三
	不具					二			二
	犯罪			二		一			三
	检查不合格	四	七		一		一		一三
	计	四	七	三	一	五	一		二一
除名人员	事故				一				一
	计				一				一

十三年征兵第四表

类别＼军管			第一	第二	第三	第四	第五	第六	第七军管内函馆	计
前年送先入兵名簿总员			二，四一五	四		一，一八二	一，一六四	二一		四，七八六
前年送先入兵名簿总员	二十一岁		五四五	二		二八九	三一〇	五		一，一五一
	二十二岁		六〇四			二三九	二〇二	四		一，〇四九
	二十三岁		四五八	一		二九九	二四四	六		一，〇〇八
	二十四岁		二八五			一五五	一九一	二		六三三
	二十五岁		二七七	一		一三六	一一五	四		五三三
	二十六岁		二〇四			六四	一〇二			三七〇
	二十七岁		四二							四二
	计		二，四一五	四		一，一八二	一，一六四	二一		四，七八六
征集人员	常备	步兵	六五	三		七二	一五六	八		三〇四
		骑兵	四							四

类别		军管	第一	第二	第三	第四	第五	第六	第七军管内函馆	计
征集人员	常备	炮兵	一四			一九	一三	一		四七
		工兵	一			一〇		二		一三
		辎重兵	四	一		二	九			一六
		辎重输卒	一七			二〇	六八			一〇五
		计	一〇五	四		一二三	二四六	一一		四八九
当征兵期不报名延至次期始查明者	逃亡		二,二九七			一〇三一	七九一	一〇		四,一二九
	他行						九五			九五
	父死没丧中						一			一
	疾病不堪劳役		一				二			三
	他管在籍调查中						一			一

类别＼军管		第一	第二	第三	第四	第五	第六	第七军管内函馆	计
当征兵期不报名延至次期始查明者	犯罪拘留中	一				三			四
	事故	二							二
	计	二，三〇一			一，〇三一	八九三	一〇		三七①
除役人员	废疾	二				二五			二七
	犯罪	二			三				五
	检查不合格	五			八				一三
	计	九			一一	二五			四五
除名人员	他管转籍				九				九
	死亡				八				八
	计				一七				一七

① 据左侧数合计，应为“四二三五”。

征兵捐金免役比较表

军管＼岁次	六年	七年		八年	九年	十年	十一年	十二年	十三年	计
		全额	半额							
第一		五	二四	一	八	七	七	八	一二二	一八三
第二				二	一	二		五	一九	二九
第三		一	一九				一		五八	七九
第四		七	一七	三	一		三	三	一六八	二〇二
第五			一		一	四	二	三	一一	二二
第六		四		五	三		九	九	五五	八五
第七内函馆							一		三	四
计		一七	六一	一一	一四	一三	二三	二八	四三六	六〇四

考捐金免役者，以十二年为最多，然仅二十八名，此次乃多至四百三十六人，盖因新令精密，无可规避，则不得不出于此也。故别作比较表，以觇其概。

外史氏曰：中国三代，寓兵于民，无事则耕，有事则战。其不用也，举天下皆力农桑之民；其用也，举万乘皆决射御之士。兵与食俱无不足，其规模可谓善矣。然自战国以后，齐有技击，秦有锐士，即已兼用召募之法。暨唐府兵制坏，用张说之议，遂专用募兵。自是以后，民出食以养兵，兵出力以卫民，相沿至今，而兵与民遂不可复合。儒者好言古制，徒见唐宋养兵蠹国病民，骄惰无用，遂慨然思复三代之旧。不知募兵之害固大，以言乎征调，军书所至，鸡犬为空，邑里萧条，田园芜废，观于新安折臂之翁、石壕捉人之吏，民困于役，如此其甚，法安得而不变？夫古人用兵之日少，兵食出于一，即兵与民不必分；后世用兵之日多，兵食不得不分，即兵与民亦不能复合。征兵之变为募兵，盖亦世变所趋，不能不尔，非独中国，天下万国亦莫不然也。

然余考欧洲近日兵制，乃又由募兵而复为征兵。其法：男子二十使应征，四十五十而免役，少者壮而老者退职，老者退而少者又入营，故兵无羸弱之忧。其常备之兵有定额，即养兵之费亦有定额，然历三年即一人之饷得二兵之用，历六年即一兵之饷得三兵之用，故粮无虚糜之患。当为常备，民即为兵；训练既精，兵复为民。无事则全国之兵皆农工商，有事则全国之农工商皆兵，故国无虚耗之恐。观其按籍而稽，应时而调，同于古人料民之法。然所调之兵，仅征其力役，而兵之衣粮器械，皆别取其奉给于民，盖斟酌于征兵、募兵二法，各去其流弊而用其长，而又以时而训练，分年而更代，此非数百年穷研实践，未易得此精密之法也。日本仿此法，行之八年，虽未尝争战于邻国，而削平内乱，屡奏其功，数年之后，必更可观，亦可谓善变矣。

中国自唐宋至今，多用募兵，而募兵之法，固有不可骤变者，将旗一树，万夫云集，不患无兵，亦自有不必行此法者。余特以为抽换教练之法，似可采而用之也。国家岁縻千余万兵饷以养绿营，迨洪杨事起，乃至胥天下之兵无一可用。当事者有鉴于此，始创为练勇为兵之法。近年以来，稍稍精强，然国家既竭饷以养有用之勇，仍縻饷以养无用之兵，其何以持久？且今日之勇，固皆百战劲卒，可为干城；然再历十年，则此辈又且衰老，更何以善其后耶？嗟夫！今天下万国，鹰瞵鹗视，率其兵甲，皆可横行，有国家者不于此时讲求兵制，筹一长久之策，其可乎哉！

卷二十二　兵志二

陆　军

日本上古，文官曰臣，武官曰连。有物部连者，世为宿祢，掌环列之尹，兼司刑官。后兵与刑分，有大伴连，统率元戎，警卫宫城。然此皆世官，未有官制。逮孝德朝，仿唐制，设兵部省，始有专官。其在内禁近之兵则有近卫府，以领羽林军。古名为靫负部，谓负盛箭室以卫宫门也。后设左、右近卫府等官。在外屯戍之兵，则于筑紫设太宰府，筑紫边西海，故设镇以备新罗、百济、任那诸国。自古有此官，暨唐时使臣往来，皆由于此。及源氏秉政，有蒙古之患，复于此设九州探题，命北条氏世掌之。于陆奥设镇守府。置镇守将军。日本东北古为虾夷地，叛服不常，时时寇边，辄命将征之。养老、神龟之间，设征夷将军、持节大将军，并临时封拜，未授正官，惟镇守将军则有府治焉。自王纲不振，兵权归于武门，源赖朝起东北，拜征夷大将军。足利尊氏继起，遂以将军世其家。将军威福过于人主，国家失其兵权者七百余载。顷王室维新，德川返政，即于明治元年戊辰二月，建军防事务局。闰四月废之，更建军务官。二年七月，又废军务官，设兵部省，皆兼辖海军。四年二月，别设海军省，始改兵部省为陆军省。又于东京置近

卫局，辛未二月，置亲兵。壬申三月，改为近卫局。于各营设镇台。辛未四月，始置镇台于东山、西海二道。癸酉正月定为六管镇台。比年以来，益增兵设官，规制益广，而所有各官廨、各军营，初皆统辖于陆军省，于是陆军卿之权又偏重。后于明治十一年十二月置参谋本部，十二年一月又设监军本部，分辖六军管，监军本部，平时司检阅，战时充团长。有事乃设，现无官署。定为今制。

官　职

凡分为二途，一曰文官，犹兵部；一曰武官，犹将军、提督等官。

陆军文官官等表

敕任			奏任				判任									
一等	二等	三等	四等	五等	六等	七等	八等	九等	十等	十一等	十二等	十三等	十四等	十五等	十六等	十七等
卿	大辅	少辅	四等出仕	五等出仕	六等出仕	七等出仕	八等出仕	九等出仕	十等出仕	十一等出仕	十二等出仕	十三等出仕	十四等出仕	十五等出仕	十六等出仕	十七等出仕
裁判所																
				裁判长	评事	权评事	大主理	中主理	少主理	大录事	中录事	少录事			一等捕部	二等捕部

陆军武官官等表

敕　任		
一等	二等	三等
将　官		
大将	中将	少将
奏　任		
四等	五等	六等
上长官（又佐官）		
参谋大佐	参谋中佐	参谋少佐
宪兵大佐	宪兵中佐	宪兵少佐
步兵大佐	步兵中佐	步兵少佐
骑兵大佐	骑兵中佐	骑兵少佐
炮兵大佐	炮兵中佐	炮兵少佐
工兵大佐	工兵中佐	工兵少佐
辎重兵大佐	辎重兵中佐	辎重兵少佐
士官（又尉官）		
七等	八等	九等
参谋大尉一等	参谋中尉	
宪兵大尉	宪兵中尉	宪兵少尉
步兵大尉一等	步兵中尉一等	步兵少尉
骑兵大尉一等	骑兵中尉一等	骑兵少尉
炮兵大尉一等	炮兵中尉一等	炮兵少尉
工兵大尉一等	工兵中尉一等	工兵少尉
辎重兵大尉一等	辎重兵中尉一等	辎重兵少尉

<table>
<tr><td colspan="4">判　任</td></tr>
<tr><td>十等</td><td>十一等</td><td>十二等</td><td>十三等</td></tr>
<tr><td>准士官</td><td colspan="3">下士</td></tr>
<tr><td></td><td>宪兵曹长一、二等</td><td>宪兵军曹一、二等</td><td>宪兵伍长一、二等</td></tr>
<tr><td></td><td>步兵曹长一、二等</td><td>步兵军曹一、二等</td><td>步兵伍长一、二等</td></tr>
<tr><td></td><td>骑兵曹长一、二等</td><td>骑兵军曹一、二等</td><td>骑兵伍长一、二等</td></tr>
<tr><td>炮兵上等
监护</td><td>炮兵曹长一、二等
炮兵监护一、二等
炮兵监守一、二等
炮兵监查一、二等
一等火工教头
火工长</td><td>炮兵军曹一、二等
二等火工教头
火工下长
鞍工长
铳工长
木工长
锻工长
铸工长</td><td>炮兵伍长一、二等
鞍工下长
铳工下长
木工下长
锻工下长
铸工下长</td></tr>
<tr><td>工兵上等
监护</td><td>工兵曹长一、二等
工兵监护一、二等</td><td>工兵军曹一、二等</td><td>工兵伍长一、二等</td></tr>
<tr><td></td><td>辎重兵曹
长一、二等</td><td>辎重兵军
曹一、二等</td><td>辎重兵伍
长一、二等</td></tr>
</table>

<table>
<tr><td colspan="3">三　等</td></tr>
<tr><td colspan="3">会计监督长</td></tr>
<tr><td colspan="3">会计部上长官</td></tr>
<tr><td>四等</td><td>五等</td><td>六等</td></tr>
<tr><td>会计监督</td><td>一等副监督</td><td>二等副监督</td></tr>
<tr><td colspan="3">会计部士官</td></tr>
<tr><td>七等</td><td>八等</td><td>九等</td></tr>
<tr><td>监督补一等
军吏一等</td><td>军吏副一等</td><td>军吏补</td></tr>
</table>

会计部下士		
十一等	十二等	十三等
一等书记一等	二等书记一等	三等书记一等 监狱一等
三　等		
军医本部长		
军医部上长官		
四等	五等	六等
军医监	一等军医正	二等军医正
药剂监	一等药剂正	二等药剂正
军医部士官		
七等	八等	九等
军医一等	医军副一等	军医补
剂官一等	剂官副一等	剂官补
军医部下士		
十一等	十二等	十三等
一等看病人、二等	二等看病人一、二等	三等看病人一、二等
六等		
马医部上长官		
马医监		
马医部士官		
七等	八等	九等
马医一、二等	马医副一、二等	马医补

马医部下士		
一等马医生一、二等	二等马医生一、二等	三等马医生一、二等
军乐部准士官		
十等		
乐长		
军乐部下士		
十一等	十二等	十三等
乐次长	乐师一、二等	乐手一、二等

凡列一、二、三等者曰将官，敕任，进退黜陟，太政官主之。列四、五、六等曰上长官，又称佐官；列七、八、九等曰士官，又称尉官，为奏任，进退黜陟，陆军卿奏而行之。十等以下为判任，进退黜陟，陆军卿专行之。

凡武官各分其职事：

参谋科，在考察地图，穷究韬略。凡有征伐，临机计划，皆听其指挥。

要塞科，在屯戍险要，凡内国城堡，濒海炮台，皆饬其固守。

宪兵科，在维持风纪，纠察非违，务使军人各守军律。

步兵科，以统步兵。

骑兵科，以统骑兵。

炮兵科，以统炮兵。

工兵科，以统工兵。

辎重兵科，以统辎重兵。

会计部，又分四课：曰会计课，掌计算出入；曰粮食课，掌支给粮食刍秣及囚狱徒刑场事务；曰被服课，掌支给被服营具；曰病院课，掌病院会计事务。

军医部，分二科：曰医官，曰剂官。医以视病，剂以配药。凡军士疾病伤夷皆命之调治。

马医监，在分配军马，保护兽病。凡六军官身在行间有所统属者，曰队附，其他曰队外。在定额官员中奉职，或别任公务，与临时差使者曰在职，其额外者曰待命。列将校班次，一时无事者，曰待命。在额外无职事者曰非职。驻居各府县以备有事调遣者曰后备军人员。统称之军人。其在陆军省之文官及外吏，统称之曰军属。凡士官出身，必于士官学校中既经卒业得有文凭者，或下士以下，有出群材能，非常劳绩，亦许拔擢。下士以下则以教导团既经卒业者，或于寻常兵士中有材能者，亦可选用。所有迁转，必考其材能，察其勤惰，仍视服役之久暂，循资以升，不得越级。

凡武官月俸，将官分三等，金四百元至二百五十元。佐官亦分三等，一百九十六元至九十六元。尉官亦分三等，五十八元至二十四元，准士官以下分四等，二十五元至二元八十钱。其属近卫官，与属镇台者稍有差异。步、骑、炮、工兵各科亦稍不同，炮兵较多，步兵较少。若战时，则按其额俸增加五分之一。其有事归乡者，仍得本额三分之一，名曰非职俸。既经解职仍在服官之地者，仍得三分之二，名曰待命俸。此外别有赏恤：一为服役满年；指在职二十五年以上者得之。一为罢役后恩赏；自准士官以上，服役十五年以外者许得之，其额视服役之长短。一为罢役俸；自准士官以上，服役十一年以外未满十五年者许得之。至伤痍疾病，亦有恤金，给之终身；所给之额，视受伤轻重及其官职何等、服役几年，以分差等。其没于王事者，其寡妇孤儿各有恤金。给额视其夫与父之官阶与死亡事由，以分差等。

凡武官赏功，有以竹帛书功者，曰褒赏。别制精纸，记其勤劳以赐之。有以章服锡庸者，曰勋章，凡分八等，视其功绩之大小、官位之高下，以为差别。其得金银标章者，终身别给以年俸。多者八百四十元，少者二十四元。有以金帛酬劳者，曰赏金。俸给之外，别赐金额。有曰从军记章，则不问功绩之有无，曾经身在战场，悉给与之。

凡武官有罪，新设军律，其主刑曰死刑、无期徒刑、有期徒刑、无期流刑、有期流刑、重惩役、轻惩役、重禁狱、轻禁狱、重禁锢、轻禁锢；其附加刑，曰剥夺公权、剥官、停止公权、禁治产、监视、没收。皆于陆军裁判所纠问其罪，按律科断，不同于寻常官吏处分之法。详下“军律”条中。考此军律，军人、军属一同科断。轻禁锢者，若系将校，多附加剥官。

军人军属现在总员表 据十三年六月调查之数

<table>
<tr><th colspan="2" rowspan="2">阶级</th><th colspan="2" rowspan="2">种类</th><th rowspan="2">人员</th><th rowspan="2">计</th><th colspan="2">十二年六月三十日比较</th></tr>
<tr><th>增</th><th>减</th></tr>
<tr><td rowspan="7">军人</td><td rowspan="3">将官及同等官</td><td colspan="2">在职</td><td>一七</td><td rowspan="2">二五</td><td></td><td>三</td></tr>
<tr><td colspan="2">非职</td><td>八</td><td>三</td><td></td></tr>
<tr><td colspan="2">队外</td><td>一四二</td><td></td><td>二六</td><td></td></tr>
<tr><td rowspan="4">上长官</td><td rowspan="4">队附</td><td>步兵</td><td>七一</td><td></td><td>一七</td><td></td></tr>
<tr><td>骑兵</td><td>一</td><td>二四四</td><td></td><td></td></tr>
<tr><td>炮兵</td><td>六</td><td></td><td></td><td>二</td></tr>
<tr><td>工兵</td><td>二</td><td></td><td></td><td>一</td></tr>
</table>

阶级		种类		人员	计	十二年六月三十日比较	
						增	减
军人	上长官	非职		二二		一	
		队外		六一二		七四	
	士官	队附	步兵	一，二三五		一九〇	
			骑兵	三二		六	
			炮兵	一六〇		四六	
			工兵	五四	二，四四二	五	
			辎重兵	三九		二二	
		非职		一八二			三八
		海外留学		一〇		三	
		后备军人员		二二		二二	
		电信队附		五		五	
	准士官	队外		二〇	一一		一七
		队附		二	一一	一	
		队外		七六六		五五	
	下士	队附	步兵	三，九三一		五〇五	
			骑兵	七四		二	
			炮兵	四一四		一〇〇	
			工兵	二四八		九一	
			辎重兵	九四		四二	
			军乐	四三		八	
		预备军人员		一		一	
		后备军人员		二〇		二〇	

<table>
<tr><th colspan="2" rowspan="2">阶级</th><th colspan="2" rowspan="2">种类</th><th rowspan="2">人员</th><th rowspan="2">计</th><th colspan="2">十二年六月三十日比较</th></tr>
<tr><th>增</th><th>减</th></tr>
<tr><td rowspan="13">军人</td><td rowspan="2">下士</td><td colspan="2">电信队附</td><td>一九</td><td></td><td>一九</td><td></td></tr>
<tr><td colspan="2">队外</td><td>四四七</td><td></td><td>三五</td><td></td></tr>
<tr><td rowspan="11">诸卒职工</td><td rowspan="7">队附</td><td>步兵</td><td>二六，七三二</td><td rowspan="7">三一，一〇二</td><td></td><td></td></tr>
<tr><td>骑兵</td><td>四〇五</td><td>一二</td><td></td></tr>
<tr><td>炮兵</td><td>一，〇九四</td><td>一七一</td><td></td></tr>
<tr><td>工兵</td><td>八六七</td><td></td><td></td></tr>
<tr><td>辎重兵</td><td>四八二</td><td>二四三</td><td></td></tr>
<tr><td>军乐</td><td>四五</td><td>二四</td><td></td></tr>
<tr><td>电信队建筑</td><td>三〇</td><td>三〇</td><td></td></tr>
<tr><td colspan="2">预备军</td><td>二四，一七三</td><td rowspan="2">三〇，八七五</td><td>九，六六〇</td><td></td></tr>
<tr><td colspan="2">后备军</td><td>六，七〇三</td><td>九二五</td><td></td></tr>
<tr><td colspan="2">队外</td><td>一七</td><td rowspan="2">六四</td><td></td><td></td></tr>
<tr><td colspan="2">队附</td><td>四七</td><td>一七</td><td></td></tr>
<tr><td rowspan="6">军属</td><td colspan="3">海外留学生</td><td>三四</td><td>三四</td><td>三四</td><td></td></tr>
<tr><td colspan="3">士官幼年教导团诸科炮厂诸工军马局蹄铁参谋本部电信生徒</td><td>一，二八一</td><td>一，二八一</td><td></td><td>六二四</td></tr>
<tr><td colspan="3">奏任</td><td>一〇</td><td rowspan="2">一三</td><td></td><td></td></tr>
<tr><td colspan="3">准奏任</td><td>三</td><td>一</td><td></td></tr>
<tr><td colspan="3">判任</td><td>四四六</td><td rowspan="2">五三〇</td><td></td><td>五</td></tr>
<tr><td colspan="3">准判任</td><td>八四</td><td>六〇</td><td></td></tr>
</table>

阶级	种类	人员	计	十二年六月三十日比较	
				增	减
军属	等外	一一〇	一四六		三六
	准等外	三六		二一	
	雇	一七	一七		一三
	役使	九一九	九一九		三九

合计总员七万三千三百二十三名。

陆军省

陆军省，凡进退兵官、支给军需、整饬军律、申警守备、讨论武学，则掌焉。卿一人以将官任之。统理省务。凡所管事务，利害得失，许陈明于太政大臣，许于元老院会议时辩论。凡武官士官以上、文官奏任以上，进退黜陟，皆具状上申，判任以下得专行之。省中事务，凡设立规制，卿以其意见奏请报可而后行。一曰改革征兵令中条款；二曰改革军律中条款；三曰布达诸军士号令；四曰诸局诸官廨或设立或废或合并；五曰制定诸局诸官廨之条规；六曰命将校司某职课；七曰用会计监督长、军医总监及敕任以上文官司某职课；八曰军人军属有赏典及特赦宽省之事；九曰判决士官闭门以上之罪；十曰处决下士以下之犯军律死罪者；十一曰派遣部下官员、生徒往于外国；十二曰佣外国人；十三曰凡创设新制、变更旧规。此皆奏请，然后施行，其他则专决。小事则径决。大辅，亚卿之职掌；少辅，又亚于大辅。皆以将官任之。各局各课咸率其属而从事焉。省内分局，局内又分课。在卿官房，有房长一人、参谋大佐任之。副房长一人、参谋中佐任之。传令使五人、课寮数人。其总务局分八课：曰庶务课，曰征兵课，曰军法课，曰武学课，曰勋章课，曰记室课，曰报告课，曰翻译课。各有课长、课寮。课长多以中少佐任之。局长一人、将官之任大、少辅者任之。副长一人、以参谋大佐任之。次长一人、以参谋中佐任之。传令使一人，以中少尉任之。分司其事。

人员局分二课：曰步兵课，曰骑兵课。各有课长、课寮。课长以步兵骑兵少佐任之。局长一人、步兵或骑兵大佐任之。次长一人，步兵或骑兵中佐任之。分司其事。

炮兵局分二课：曰人员课，曰材料课。各有课长、课寮。课长以炮兵少佐任之。局长一人、炮兵大佐任之。次长一人，炮兵中佐任之。分司其事。

工兵局分二课：曰人员课，曰材料课，各有课长、课寮。课长以工兵少佐任之。局长一人、工兵大佐任之。次长一人，工兵中佐任之。分司其事。

会计局分四课：曰庶务课，曰计算课，曰粮食课，曰被服课。各有课长、课寮。课长以一等或二等副监督任之。局长一人、监督长任之。副长一人、监督任之。次长三人，一等副监督任之。分司其事。

卿官房之房长，参卿之谋议；课寮，任卿之书记；传令使，任卿之传宣。

总务局长，位权亚于卿，卿有事则代理其务，日巡各局，检查各局长之贤否、诸员之勤惰、行事之迟速、文书之当否。人员、炮兵、工兵及会计局长，虽直隶于卿，而于日行常务亦受辖于总务局长。

每日总务局长至于卿官房与卿议要务，而后集人员、炮兵、工兵、会计各局长及房长于官房，共议分派收受文书、布告条令，及支给财物、交纳器用各事，于各局施行之。各局长受其事，分命之课长，课长奉行之，有所可否，则商之局长。课寮所司在搜集案卷，检校文书，誊录稿本。各局各课虽区分其事，然遇诸务丛杂时，卿得令甲局人员兼任乙局，亦可调他局人员互相援助。

诸官员例以午前九时到省，午后四时退省。每夜以课寮一人值宿，诸员退省时必扃文书、严管钥，寻常人不许入省。虽官于陆军，必奉使令，乃得至局，否则严禁局员将文书抄与外人。密事告之友朋者，严禁处罚。

凡文书汇于卿官房，课寮收受文书，以朱墨记其日期、事由，分致之各局。每七日汇收于记室。其待卿处办者呈之房长，房长呈之卿。其秘密事，房长记之于秘密日记；若未能遽决者，记于别册。每年一月、四月、七月、十月，各局长编稽缓录，聚未决文书，注明其故。凡应发书牍，经课长、局长拟稿，呈之总务局长及卿，经钤印乃得施行。已施行，每七日亦汇收其稿于记室。上奏之本，房长记之于密事日记。凡记室分为新旧二库，其十年以前者藏之旧库，十年以内者藏之新库。凡未决文书，各局长写其目，致之记室课记室，每月照目促局长送交。有借览记室文书，必书借券，限三日缴还，不得逾七日。其旧库文书，限八日缴还。

凡创办新政，更改旧章，由太政官交议者，卿集各局长、各课长，使献替可否，并询及其他将校，商议已决，局长作草案呈之卿；卿许可，乃告总务局长。若无异议，即施行；若谓未可，再商之卿。其过误，皆责之总务局长。

所有陆军诸官廨长官，直隶于陆军卿者，曰近卫都督、户山学校长、士官学校长、教导团长、军医本部裁判长、炮兵各方面提理、炮兵工厂提理、工兵各方面提理、军马局长、马医监。

陆军省各局课寮书记定员表

<table>
<tr><th>局名</th><th>等级</th><th>七等</th><th>八等</th><th>九等</th><th>十等</th><th>十一等</th><th>十二等</th><th>十三等</th><th>十四等</th><th>十五等</th><th>十六等</th><th>十七等</th><th>计</th></tr>
<tr><td rowspan="9">总务局</td><td>职名
课名</td><td colspan="5">课寮</td><td colspan="6">书记</td><td></td></tr>
<tr><td>庶务课</td><td>三</td><td colspan="4">四</td><td colspan="3">五</td><td colspan="3">六</td><td>一八</td></tr>
<tr><td>征兵课</td><td>二</td><td colspan="4">三</td><td colspan="3">四</td><td colspan="3">五</td><td>一四</td></tr>
<tr><td>武学课</td><td>一</td><td colspan="4">二</td><td colspan="3">二</td><td colspan="3">二</td><td>七</td></tr>
<tr><td>军法课</td><td>一</td><td colspan="4">二</td><td colspan="3">二</td><td colspan="3">二</td><td>七</td></tr>
<tr><td>勋章课</td><td>一</td><td colspan="4">一</td><td colspan="3">二</td><td colspan="3">三</td><td>七</td></tr>
<tr><td>记室课</td><td>二</td><td colspan="4">三</td><td colspan="3">四</td><td colspan="3">五</td><td>一四</td></tr>
<tr><td>报告课</td><td>一</td><td colspan="4">二</td><td colspan="3">三</td><td colspan="3">三</td><td>九</td></tr>
<tr><td>翻译课</td><td colspan="12">无定员</td></tr>
<tr><td rowspan="2">人员局</td><td>步兵课</td><td>二</td><td colspan="4">三</td><td colspan="3">四</td><td colspan="3">八</td><td>一七</td></tr>
<tr><td>骑兵课</td><td>二</td><td colspan="4">三</td><td colspan="3">二</td><td colspan="3">三</td><td>一〇</td></tr>
<tr><td rowspan="2">炮兵局</td><td>人员课</td><td>一</td><td colspan="4">二</td><td colspan="3">二</td><td colspan="3">一</td><td>六</td></tr>
<tr><td>材料课</td><td>一</td><td colspan="4">二</td><td colspan="3">三</td><td colspan="3">一</td><td>七</td></tr>
<tr><td rowspan="2">工兵局</td><td>人员课</td><td>一</td><td colspan="4">二</td><td colspan="3">二</td><td colspan="3">二</td><td>七</td></tr>
<tr><td>材料课</td><td>二</td><td colspan="4">二</td><td colspan="3">二</td><td colspan="3">二</td><td>八</td></tr>
<tr><td rowspan="5">会计局</td><td>官名
课名</td><td>军吏</td><td>军吏副</td><td>军吏补</td><td colspan="2">军吏试补</td><td>一等书记</td><td>二等书记</td><td>三等书记</td><td colspan="3"></td><td></td></tr>
<tr><td>庶务课</td><td>四</td><td colspan="4">五</td><td colspan="3">二一</td><td colspan="3"></td><td>三〇</td></tr>
<tr><td>计算课</td><td>五</td><td colspan="4">一三</td><td colspan="3">三八</td><td colspan="3"></td><td>五六</td></tr>
<tr><td>粮食课</td><td>二</td><td colspan="4">四</td><td colspan="3">一三</td><td colspan="3"></td><td>四九</td></tr>
<tr><td>被服课</td><td>三</td><td colspan="4">九</td><td colspan="3">二八</td><td colspan="3"></td><td>四〇</td></tr>
</table>

参谋本部

参谋本部，置参谋本部长，以陆军省中参谋长任之。统辖陆军参谋科将校。凡边防征讨之事是其专责，有关于军令，皆由参谋长筹策奏闻。已经御定，乃下陆军卿行之。有军事时，别置监军本部，或特命司令长官。其军令经朝廷裁定，下之于监军中将及司令长官，仍令与参谋长互通谋略。所有陆军省、近卫局六管镇台，皆有参谋将校与焉。参谋本部置总务课，又置管东、管西二局；管东统东部以东，管西统中部、西部以西。所分诸课，在考究地理：一曰测量，均用飞鸟图法，察其经纬线若干度若干分；一曰检察，视其地之险夷高下，如何安营垒，如何便运输，均分派属员司其事。在编辑兵书：一曰编纂，汇聚日本及汉人之古今兵事，考其何以胜、何以败；一曰翻译，将欧美各国现行之兵器、兵制，译而图之，验其若者精、若者良，旁及地方之治体、各国之政要。在制造图版：一图地理，将各国旧行之图及新测之图，举凡都会要区、沿海港汊，均图而刻之；一图器物，将本军应用之器、常备之物，以及堡垒之营筑、炮枪之铸造，均图而刻之，亦有用镜写真法影而像之者。自明治七年二月，设立参谋局以来，十一年十二月改称参谋本部。规模日益拓大，每年刊刻图籍至三四十种，印刷至五六万部。军用电信队，隶于参谋本部，有事之日，分派之师旅团各部。提理一人，以中少佐任之，总理其事。

近卫局

近卫都督，以将官一人任之。统御近卫诸兵队。幕中置参谋部，以赞画兵机、佐理军政。又置副官、传令使、文库武库官，以司兵书、兵器之出纳。又置会计部，分被服、计算、粮食三课，以督其务。凡有征调，都督申之陆军卿、参谋本部长，奏请朝旨，乃下都督行之。其他官位进退、经费支给，皆受陆军卿命。近卫兵，选择各镇台兵之身材强壮、品行方正、能晓畅技艺、服役满六个月者充之。分为步兵二联队、骑兵一大队、炮兵一大队、工兵一中队、辎重兵一小队、军乐兵一队，专以护卫京城，非有特旨，不应征发。守卫队分为二：宫庙府库，曰仪仗守卫；园庭馆厩，曰通常守卫。守卫专以步兵依次更替，以步兵大队一人为司令。如遇行幸，车驾以骑兵从，徒御则以步兵从。凡改革守卫法，陆军卿、参谋本部长下都督议，议上奏请朝裁。京师戒严，所有守卫方略，由参谋本部长规画进奏，请旨行之。若变起不意，由都督临机筹画，事定后具申之陆军卿、参谋本部长。凡元正之朝会、天长节之拜贺，及国有庆典、若国皇登极，皇后、皇太子册立之类。国有大丧，近卫兵均备仪仗。若外国君主、皇族特来朝会，其警备道路、护守客馆，亦命近卫兵司其事。每年定期检阅，必车驾亲临，监军部及都督率诸队兵，以供御览。事毕，分别赏罚。若遇近卫兵屯驻各军营内，可与各镇台兵会行大练兵式及阅兵式，有事亦与镇台兵会合。

近卫兵额表

兵种	队数	每一队人员	总员
步兵	二联队（即四大队）	六百七十二	二千六百八十人
骑兵	一大队	百五十	百五十
炮兵	一大队（即二小队）	百三十	二百六十
工兵	一中队	百五十	百五十
辎重兵	一小队	八十	八十
合计			三千三百二十人

六管镇台

分全国地为七军管，与三府三十六县相峙，以保安管内。北海道为第七军管，现隶于开拓使，尚未设立，故只称六军管。其区分之法：第一军管为东京镇台；第二军管为仙台镇台；第三军管为名古屋镇台；第四军管为大阪镇台；第五军管为广岛镇台；第六军管为熊本镇台。军管之下分十四师管，军管足以兴一军，师管足以兴一师，故名。师管之下分四十一营所，并师管为五十五所。分管之地，详于表内。凡军管镇台所在即为师管之一，故共五十五所。各画区域，分镇其地，尚有要地须分营驻札，俟兵额增加，再行配置。凡屯营转徙，皆受陆军卿节制，若有缓急，牒知地方府知事、县令，选便宜之地，权移于此，即告之陆军卿。其统辖之法，每二军管兵隶一监军部，第一、第二隶东部，第三、第四隶中部，第五、第六隶西部。此三部之参谋部及本镇台之参谋部，与参谋本部之管东、管西二局相通，为全国陆军经纬。每一镇台置司令长官少将一员，以统督管内诸政，隶于监军中将。有事之日，奉敕指挥军队，其监军充师团长，司令官即充为旅团长，以当一面。平时，监军中将检阅兵队，每年定期监军中将交换其部，巡回检阅。司令官悉遵其令，呈尉官以下拔擢名簿于监军，听其黜陟。每年岁末，司令官会陆军卿、参谋本部长、近卫都督及各局长，于省堂撰定将校进级表，以便次年奉行。自镇台司令官以下，师管隶于军管，分营隶于师管，军令下行，公文上呈，必依其序。其官员之职制，司令长官平时于军人黜陟、经费经画之事，皆受陆军卿指挥。除军令外，以申请陆军卿为常。

管下诸兵军伍队列之分合，因时宜有所变更，由监军部上陈于陆军省。凡军中士气之强弱、兵法之生熟、军政之利害、军纪之张弛、兵士之疾病若何、关涉地方民情若何、无队将校之服职若何，营所诸队司令官报之镇台司令长官，司令长官例以三个月经监军部报告其况于陆军省。凡管下屯营、病院、囚狱暨庖厨、廨舍，司令长官时时巡视。凡需用物品，由镇台监督照成规支取；修缮诸工，问工兵方面支给；军器，问炮兵方面，仍牒陆军省，受卿之指挥。其兵士之分业：曰参谋部，曰要塞部，曰宪兵部，各军管宪兵，刻未设立，将来直隶于陆军省。但宪兵屯驻于军管内者，有要事当报之司令官。曰步兵，曰骑兵，曰炮兵，曰工兵，曰辎重兵。

其战守之事，在御外侮，靖内患。有事时受命于监军本部。管内警报关涉外国者，非奉朝旨宣战不得动兵。惟事出危迫，速为战备，一面驰报。管内有盗贼窃发，府县已上报，仍听监军部、陆军省、参谋本部指挥。若事机已发，府知事、县令求援，可应其请。其草贼有祸患不测者，司令长官商之府知事、县令，遣人侦探，急陈其形势，密致监军部及陆军省、参谋本部。管内有劫贼，地方警察部求援，可应其请。

其卫送之事，凡因朝仪、祭典、宴会、宾礼，派兵警卫，或以兵护送要囚，输送弹药，各衙门有所申请，由司令长官遣派。

其纪律之事，管下诸兵，出入有程，饮食有程，起居有程，日就操练，除操练场外，不许侵扰他地。如欲实发弹丸，演习旷野，由镇台选定一地，与所辖府县商议，经监军部告陆军省，受其指挥。凡军队中有逃亡者，使其队伍长或同队兵士踪迹，捕拿不得，则具报镇台，移牒其本管府县，严加搜捕，每月报之陆军省。凡军人、军属犯罪，随时开军法会议。在东京者，无论轻重，致之陆军裁判所严密审理。

六管镇台表

<table>
<tr><th>军管</th><th>镇台</th><th>师管</th><th colspan="2">营所</th><th colspan="3">常备诸兵</th><th>常备合计</th></tr>
<tr><td rowspan="3">第一</td><td rowspan="3">东京</td><td>第一</td><td>东京</td><td>小田原
静冈
甲府</td><td>步第一联队</td><td>骑第一大队
炮第一大队
炮第二大队</td><td>海岸炮品川一队</td><td>步三联队五千七百六十人
骑一大队二百四十人
炮二大队四百八十人</td></tr>
<tr><td>第二</td><td>佐仓</td><td>木更津
水户
宇都宫</td><td>步第二联队</td><td rowspan="2">工第一大队
辎重第一小队</td><td rowspan="2">横滨一队
新潟一队</td><td rowspan="2">工一大队二百四十人
辎重一小队六十人
海岸炮三队二百四十人
平时七千二十人
战时一万二百人</td></tr>
<tr><td>第三</td><td>高崎</td><td>新发田
高田
新潟</td><td>步第三联队</td></tr>
<tr><td rowspan="2">第二</td><td rowspan="2">仙台</td><td>第四</td><td>仙台</td><td>白川
水怿
若松</td><td>步第四联队</td><td rowspan="2">炮第三大队
工第二中队
辎重第二小队</td><td rowspan="2">海岸炮函馆一队</td><td rowspan="2">步二联队三千八百四十人
炮一大队二百四十人
工一中队一百二十人
辎重一小队六十人
海岸炮一队八十人
平时四千三百四十人
战时六千四百一十人</td></tr>
<tr><td>第五</td><td>青森</td><td>盛冈
秋田
山形</td><td>步第五联队</td></tr>
<tr><td rowspan="2">第三</td><td rowspan="2">名古屋</td><td>第六</td><td>名古屋</td><td>丰桥
岐阜
松本</td><td>步第六联队</td><td rowspan="2">炮第四大队
工第三中队
辎重第三小队</td><td rowspan="2"></td><td rowspan="2">步二联队三千八百四十人
炮一大队二百四十人
工一中队一百二十人
辎重一小队六十人
平时四千二百六十人
战时六千三百一十人</td></tr>
<tr><td>第七</td><td>金泽</td><td>七尾
福井
敦贺</td><td>步第七联队</td></tr>
</table>

<table>
<tr><th>军管</th><th>镇台</th><th>师管</th><th colspan="2">营所</th><th colspan="3">常备诸兵</th><th>常备合计</th></tr>
<tr><td rowspan="3">第四</td><td rowspan="3">大坂</td><td>第八</td><td>大坂</td><td>兵库
和歌山
京都</td><td>步第八联队</td><td rowspan="3">第五大队
炮第六大队
工第四大队
辎重第四小队</td><td rowspan="3">海岸炮
川口
一队
兵库
一队</td><td rowspan="3">步三联队五千七百六十人
炮二大队四百八十人
工一大队二百四十人
辎重一小队六十人
海岸炮二队一百六十人
平时六千七百人
战时九千八百人</td></tr>
<tr><td>第九</td><td>大津</td><td>津</td><td>步第九联队</td></tr>
<tr><td>第十</td><td>姬路</td><td>鸟取
冈山
丰冈</td><td>步第十联队</td></tr>
<tr><td rowspan="2">第五</td><td rowspan="2">广岛</td><td>第十一</td><td>广岛</td><td>松江
滨田
山口</td><td>步第十一联队</td><td rowspan="2">炮第七大队
工第五中队
辎重第五小队</td><td rowspan="2">海岸炮
下关
一队</td><td rowspan="2">步二联队二千八百四十人
炮一大队二百四十人
工一中队一百二十人
辎重一小队六十人
海岸炮一队八十人
平时四千三百四十人
战时六千四百一十人</td></tr>
<tr><td>第十二</td><td>丸龟</td><td>德岛
须崎浦
宇和岛</td><td>步第十二联队</td></tr>
<tr><td rowspan="2">第六</td><td rowspan="2">熊本</td><td>第十三</td><td>熊本</td><td>千岁
饫肥
鹿儿岛
琉球</td><td>步第十三联队</td><td rowspan="2">炮第八大队
炮第九大队
工第六大队
辎重第七小队</td><td rowspan="2">海岸炮
鹿儿岛
一队
长崎
一队</td><td rowspan="2">步二联队三千八百四十人
炮二大队四百八十人
工一大队二百四十人
辎重一小队六十人
海岸炮二队一百六十人
平时四千七百八十人
战时六千九百二十人</td></tr>
<tr><td>第十四</td><td>小仓</td><td>福冈
长崎
对马</td><td>步第十四联队</td></tr>
</table>

军管	镇台	师管	营所	常备诸兵		常备合计	
总计				备兵合计		平时	战时
	镇台六				步兵十四联即四十二大队	每队六百四十人	每队九百六十人
	师管十四				骑兵一大队	每队一百二十人	每队一百五十人
	营所四十一				炮兵九大队	每队一百二十人	山炮兵每队一百六十人 野炮兵每队一百三十人
					工兵三大队	每大队二百四十人	每大队三百人
					工兵三小队	每小队一百二十人	每小队一百五十人
					辎重兵六小队	每队六十人	每队八十人
					海岸炮兵九队	每队八十人	每队一百人
						共三万一千四百四十人	共四万六千零五十人

近卫各镇台诸队人员表 据十三年六月调查之数

所管		阶级 队数	上长官	士官	下士	兵卒	生产	职工	计	十二年六月三十日比较	
										增	减
近卫		步兵二联队四大队	八	一〇六	三三二	二,六〇二			三,〇四八		五一
		骑兵一中队		八	一七	一四五		四	一七四	一	
		炮兵一大队	一	一七	四六	二二六		四	二九四	三三	
		工兵一中队		七	三二	一四九			一八八	三	
		计	九	一三八	四二七	三,一二二		八	三,七〇四		五
镇台	东京	步兵三联队九大队	一四	二三四	七五六	三,七四二	一,七〇六		六,四五二		三二九
		骑兵一大队	一	一六	三六	一五一	一八〇	五	三一七	二六	
		野 山 炮兵一大队	一 一	一七 一五	四六 三六	二二三 一四四	一〇四 九四	四 三	三〇五 二九三	三六	

所管		队数＼阶级	上长官	士官	下士	兵卒	生产	职工	计	十二年六月三十日比较	
										增	减
镇台	东京	工兵一中队		一三	六四	一五八	八八		三二三	三〇	
		辎重兵一中队		九	二九	一三七 内输卒六一	四四		二一九	六七	
		计	一七	三〇四	九六七	四，四六五	二，一四四	一二	七，九〇九		一七〇
	仙台	步兵二联队四大队	七	一〇五	三四三	一七二	八七九		三，〇四五		四七
		山炮兵一大队		九	一七	七五	四五	二	一四八	四五	
		函馆炮队		五	一七	四四	二五		九一	九	
		辎重兵一小队		五	一二		六四 内输卒六三	二	一〇三	一〇三	
		计	七	一二四	三八九	一，八九四	九六九	四	三，三八七	一一〇	

所管		队数＼阶级	上长官	士官	下士	兵卒	生产	职工	计	十二年六月三十日比较	
										增	减
镇台	名古屋	步兵二联队六大队	八	一六四	五〇八	二,三九三	一,〇三八		四,一一一		三五〇
		山炮兵一中队		一〇	一八	七二	五二	二	一五四	五六	
		辎重兵一小队		六	一一		二〇	二	三九	三九	一
		计	八	一八一	五三七	二,四六五	一,一一〇	四	四,三〇五		二五五
	大阪	步兵三联队九大队	一五	二四五	七五八	三,五七四	一,六四九		六,二四二		三
		野炮兵一大队 山炮兵一大队	一	一五 一五	四九 三六	一三四 一四一	一〇〇 九七	三 二	三〇二 二九一	三五	
		工兵一大队	一	一三	六一	一三五	九六	一	三〇七	一八	
		辎重兵一小队		六	一五	一〇五 内输卒六二	一七	二	一四五	六三	
		计	一七	二九四	九一九	四,〇八九	一,九五九	八	七,二八六	一一三	

所管		队数＼阶级	上长官	士官	下士	兵卒	生产	职工	计	十二年六月三十日比较 增	十二年六月三十日比较 减
镇台	广岛	步兵二联队六大队	八	一六七	五二	二，三九六	一，三一三		四，三九五		二八〇
		山炮兵一中队		一〇	一八	七三	五〇	一	一五二	六〇	
		辎重兵一小队		六	一一		一五	二	三四	三四	
		计	八	一八三	五四〇	二，四六九	一三七八	三	四，五八一		一八六
	熊本	步兵二联队六大队	九	一六一	五〇六	二，三五四	一，三七二		四，四〇一		二〇二
		野山炮兵一大队	一	一五 一六	四七 三七	一四七 一三九	九五 一〇二	三 二	三〇八 二九六	四〇	
		工兵一大队	一	一三	六二	一五三	八七	一	三一七	二四	
		辎重兵一小队		七	一六	四〇	二〇	二	八五	六	
		计	一一	二一二	六六八	二，八三三	一，六七五	八	五，四〇七		一三二
合计			七七	一，四三六	四，四四七	二一，三三七	九，二三五	四七	三六，五七九		五二五

宪　兵

欧洲兵士往往结党横行，恃力扰害，或于道上使醉滋事，地方警部欲拘引之，则又聚党与之斗殴，莫敢谁何。各国因别设一部，名曰宪兵，取兵士中之品端性良者充其选，意以弹压兵士。其职掌介兵士、警部之间。日本兵士近年亦往往与巡查争斗，竟有聚众数十，意若开战者，论者因谓宪兵之有益。明治十三年三月，始设宪兵一部于东京，其他府县犹未设立。

宪兵，居陆军之一部，专以巡查军人非违，兼任行政警察、司法警察，又分隶司法、内务、海军[①]三省，关系军纪，属陆军省；关系行政，属内务省；关系司法，属司法省。又兼受警视总监、府知事、东京有警视总监，与府知事无与。县令及上等裁判、地方裁判所检事之指挥。分常务为二：平时巡逻视察，曰巡察；有时特遣侦探，曰检察。

宪兵巡视之时，遇军人醉酒酗暴于市，或凭武力凌侮人，得逮捕之。指在军营外犯法者。若在营内，该管官之责。又见有人受军人损害者，可将人证告发。海陆军之队伍，潜匿于市伍者，可请海陆军官廨之命逮捕之。如遭数军人暴动不能悉捕，则捕其造意或倡首一人。遇有警部乞援，即与之协力。遇巡查捕军人非违者，请而受之，见常人犯违式诖违罪者，拘之，交于巡查。见现行犯罪者，不论军人常人，得逮捕之。捕现行犯罪之常人，即送之警察署，或致之巡查。惟非有特命，不得蓦入人家逮捕常人、拘引货物，不得妄用兵器，遇拒捕，非兵力不可者，不在此例。不得入外国公馆。如地方有贼徒窃发，宪兵侦知其事，速报之上官。遇有水溺火灾及变死人，又有老弱

① 海军，据文意当为“陆军”。

妇女急病者、疯癫者、罹危害者，宪兵应扶助之。

宪兵选拔于近卫镇台常备、预备、后备各军，取其年自二十二至三十、身长五尺以上、能读书作字、品行端方者。五人为伍，有伍长一人。选拔他兵科服役六月以上者，后选宪兵服役六月以上者。二伍有军曹一人，选宪兵伍长服役六月以上者。十伍有中尉或少尉一人。四十伍为一分队，一分队有大尉一人。分队六为一队，一队有中佐一人，掌其司令。现在编一队，内有中佐一人任队长；大尉副官一人，大尉六人任分队长，中尉、少尉共二十四人，准士官下副官一人，曹长六人，军曹百二十人，伍长二百四十人，兵卒千二百人，会计军吏一人，军吏补及副一人，军医若干人，军曹、伍长兼任书记二人，会计或二等或三等书记六人。其自曹长以上，皆选之宪兵本部。队长即为本部长，统率部下宪兵，监视其勤惰，遇有非常之事，速报之内务、陆军、司法各卿及警视总监。每月收各队长报告检核之。关系行政、司法，分呈之内务、司法二卿及检事，亦呈之陆军卿。其系于海军者，专呈之海军卿。分东京府下为六管区，每各管区设若干屯，分遣二伍以上兵屯驻。队长以时巡视各管区、各屯所，副官辅助队长、分队长各司其部下之事，亦以时巡视各分屯。分队长据各屯报告，每七日呈之队长。中尉、少尉分任各管区事，司各屯报告。兵卒巡察，每日记之手簿，以供报告。若遇有外患内变时，其服役法别行编制。

卷二十三　兵志三

陆　军

编　队

凡步兵，五人为伍，四伍为一分队，二分队为半小队，二半小队为小队，二小队为中队，共一百六十人。四中队为一大队，共六百四十人。三大队为一联队，共一千九百二十人。其编制之法，由中队起，每一中队内有上等卒九人，分队长八，锹兵长一。一等卒三十六人，铳卒三十二，剑卒二，喇叭卒二。二等卒一百十五人。枪卒一百四、又五、又六，此三等卒共一百六十人。此兵卒数也。伍长九人，分队长八，司炊事一。军曹九人，半队长八，司被服一。曹长一人，小队副长。小队长四人，少尉二，中尉二。队长一人，大尉。此兵官数也。合四队为大队，卒则倍加其数，官则酌加其数，三大队为联队，官又酌加焉。骑兵以百二十人为大队，炮兵以百二十人为大队，工兵以二百四十人为大队，辎重兵以六十人为小队，海岸炮兵以八十人为一队，积伍而成队，均同于步兵。其每队人数多寡不同，则因各种兵所事之繁简而分之。近卫兵额编队之法较多于镇台，亦因地而置宜故也。

在平时，编制之法，因时地之宜，分各种兵而为屯营，或有步无骑，或有步兵、炮兵而无工兵。合各种兵而为军营，各种兵均有，惟队数多寡不同。每屯营、军管、师管，必有军吏以司财用，有军医以司医药，有工人以司工役，谓铳工、靴工、缝工之类。又有参谋部以司指画，要塞部以司屯戍，受辖于司令官，而统于监军本部、参谋本部、陆军省。

在战时，编制之法，亦因时地之宜，以步兵二联队或三联队，骑兵一小队，炮兵一大队，工兵一中队，辎重兵一中队，或专以步兵编制。合为一团，曰旅团。以二旅团或三旅团，合为一师团。以二师团或三师团，合为一军团。军团、师团、旅团，各设本营，各有团长，而统于军团长。其所隶有参谋部，以赞机宜；凡部署兵员、进退师旅、侦探敌情、测绘地图、编录日志、赏罚士卒、量度军需、查明死伤，皆其所司。有炮兵部，以司炮弹；凡炮铳弹药及其他兵器营造之事、收贮之事、支给之事、修理之事，皆司之，以时查察多少，俾无匮乏。有工兵部，以司工作；凡器械材料及一切军用营造之事、收贮之事、支给之事、修理之事，皆司之，以时查察多寡，俾无匮乏。有会计部，以司出纳；部中分计算、粮食、被服、病院、邮递五课，凡货币、粮饷、衣服、刍秣、药材计算之事、支收之事、分派之事，皆司之，以时查察多寡，俾无匮乏。有裁判官，以司军律；军人、军属有犯罪者，审议其罪，送之囚狱。有宪兵部，以司军纪；要在勿使地方民人或受兵扰。凡追索犯人、护送囚徒、管理囹圄，皆司之。有传令骑兵，以司命令；凡传递命令、送致文书，皆司之，有时兼充护卫，并及斥候。有军用电信队，以司电报；凡电线架设之事、撤收之事、修理之事、通信所开闭之事，皆司之，务使各旅团、师团、军团之间互相联络，又使工部电线与军用电线相接续。有辎重部，以运辎重；凡进军、退军、移军，军用物品，皆司其运输。有病院，以司

病伤；分治疗、药剂二课，病院即置之营后，若病者多，又设分院，亦可分致之地方医院。**有病马厩，以司马病**；营中马及所食兽肉有病，皆疗之，并司其屠杀之事、保护之方。**有马厂，以司马匹**；凡需用马匹，皆司之。并司其保育之方、补充之事。**有运输部，以司运输**；凡军营一切器用，自陆军各地送于军营，皆司之。预备输卒、驮马、车辆，分派课寮、书记、役人，以济其事，务使无违无误。军中有病者、死者、伤者，亦由其运之内地。惟由此军达彼军，由军营达战场，则辎重卒之事。**有补充营，以司补队**，凡补充队中补缺之事、编队之事，皆司之。其后备军人员之待缺者、病愈人员之堪役者，亦隶其中。凡军人之列于预备、后备军籍者，遇有事变，即行召集，编为补充兵。其法有二：一则直编预备兵于常备兵，以充实其队。假如常备兵以百六十人为中队，即改以二百人为中队，或二百四十人为中队是也；一则于常备兵之死伤疾病者，补充其阙。假如常备兵病伤十人，即补十人，死亡十人，即补十人是也。又常备兵之新入营者、未卒业者，以预备更易之。使新兵、生兵入补充队，以时训练，其督率预备后军者，即以将校之非役解职者任之。**分辖旅团。旅团以镇台司令官为长，受辖于师团；师团以监军中将为长，受辖于军团；军团以监军大将或中将为长。**

陆军编制表

阶级	官名	中队各官兵	大队各官兵	联队各官兵	一联队统计	骑马	
						大队	联队
佐官	大佐			长一	一	一	一
	中佐						
	少佐		长一		三	一	三

<table>
<tr><th rowspan="2">阶级</th><th rowspan="2" colspan="2">官名</th><th rowspan="2">中队各官兵</th><th rowspan="2">大队各官兵</th><th rowspan="2">联队各官兵</th><th rowspan="2">一联队统计</th><th colspan="2">骑马</th></tr>
<tr><th>大队</th><th>联队</th></tr>
<tr><td rowspan="5">尉官</td><td rowspan="2">大尉</td><td>一等</td><td rowspan="2">长一</td><td></td><td>副长一</td><td>七</td><td></td><td>一</td></tr>
<tr><td>二等</td><td></td><td></td><td>六</td><td></td><td></td></tr>
<tr><td rowspan="2">中尉</td><td>一等</td><td>第二小队长一</td><td>副长一</td><td rowspan="2">锹兵司令一</td><td>十六</td><td>一</td><td>三</td></tr>
<tr><td>二等</td><td>第四小队长</td><td></td><td>一二</td><td></td><td></td></tr>
<tr><td colspan="2">少尉</td><td>第一、第三小队长二</td><td></td><td>旗手一</td><td>二五</td><td></td><td></td></tr>
<tr><td rowspan="6">下士</td><td rowspan="2">曹长</td><td>一等</td><td rowspan="2">队副长一</td><td>下副官一</td><td rowspan="2">计官附属一</td><td>一〇</td><td></td><td></td></tr>
<tr><td>二等</td><td></td><td>六</td><td></td><td></td></tr>
<tr><td rowspan="2">军曹</td><td>一等</td><td rowspan="2">半小队长四
司被服一
半小队长四</td><td rowspan="2">司书翰一
计官附属一
锹兵长一</td><td rowspan="2">司武器一
书记一
喇叭长一</td><td>六一</td><td></td><td></td></tr>
<tr><td>二等</td><td>五九</td><td></td><td></td></tr>
<tr><td rowspan="2">伍长</td><td>一等</td><td rowspan="2">分队长四
司炊事一
分队长四</td><td rowspan="2">司武器一
书记一
知病院事一
喇叭长一</td><td></td><td></td><td>六〇</td><td></td></tr>
<tr><td>二等</td><td></td><td></td><td>六〇</td><td></td></tr>
<tr><td rowspan="3">兵卒</td><td colspan="2">上等卒</td><td>分队长八
锹兵长一</td><td></td><td></td><td>一〇八</td><td></td><td></td></tr>
<tr><td colspan="2">一等卒</td><td>铳卒三二
剑卒二
喇叭卒二</td><td></td><td></td><td>四三二</td><td></td><td></td></tr>
<tr><td colspan="2">二等卒</td><td>枪卒一〇四
枪卒五
枪卒六</td><td></td><td></td><td>一三八〇</td><td></td><td></td></tr>
</table>

<table>
<tr><th rowspan="2">阶级</th><th rowspan="2">官名</th><th rowspan="2">中队各官兵</th><th rowspan="2">大队各官兵</th><th rowspan="2">联队各官兵</th><th rowspan="2">一联队统计</th><th colspan="2">骑马</th></tr>
<tr><th>大队</th><th>联队</th></tr>
<tr><td>上长官</td><td>二等军医正</td><td></td><td></td><td>医官一</td><td>一</td><td></td><td>一</td></tr>
<tr><td rowspan="7">士官</td><td>军吏</td><td></td><td></td><td>计官一</td><td>一</td><td></td><td></td></tr>
<tr><td>军吏副</td><td></td><td rowspan="2">计官一</td><td rowspan="2">副计官一</td><td rowspan="2">四</td><td></td><td></td></tr>
<tr><td>军吏补</td><td></td><td></td><td></td></tr>
<tr><td>军医</td><td></td><td>医官一</td><td></td><td>三</td><td></td><td></td></tr>
<tr><td>军医副</td><td></td><td></td><td rowspan="2">副医官一</td><td rowspan="2">一</td><td></td><td></td></tr>
<tr><td>军医补</td><td></td><td></td><td></td><td></td></tr>
<tr style="display:none"></tr>
<tr><td>下士</td><td>铳工长</td><td></td><td></td><td>一</td><td>一</td><td></td><td></td></tr>
<tr><td rowspan="3">职工</td><td>铳工</td><td></td><td>二</td><td></td><td>六</td><td></td><td></td></tr>
<tr><td>缝工</td><td></td><td>一</td><td></td><td>三</td><td></td><td></td></tr>
<tr><td>靴工</td><td></td><td>一</td><td></td><td>三</td><td></td><td></td></tr>
<tr><td colspan="2">合计</td><td>一八四</td><td>一六</td><td>一三</td><td>二二六九</td><td>二</td><td>九</td></tr>
</table>

步兵兵卒以百六十人为一中队。此表中中队内所列上等、一等、二等卒，共百六十人，即其数也。其余为统兵之官，四中队为一大队，三大队为一联队。兵卒之由小队而中队，由中队而大队，以倍数算。统兵者，由小队而中队，由中队而大队，以递加之数算。大队格内所列一十六人，专记统兵之官，至兵卒之数，第比中队增加一倍，故不复记。联队格内，依例推之。

战时军队各官编制表

	军团			师团			旅团		
部分	职	阶级	员数	职	阶级	员数	职	阶级	员数
参谋部	长	中少将	一	长	大佐	一	长	大中佐	一
	副长	大佐	一	副长	大中佐	一		少佐	一
	属寮	中少佐	二	属寮	少佐	一	属寮	大中尉	一
		大中尉	二		大中尉	一		中少尉	一
	将校			将校					
	副官	少佐	一	副官					
	次副官	大中尉							
	传令使	少佐 大中尉	三	传令使	大中尉	二	传令使	少中尉	一
	书记	下士		书记			书记	下士	
	图画			图画					
	译官			译官					
	军乐队								
炮兵部	长	大佐	一	长	中佐	一	长	少佐	一
	属寮	大中尉	一	属寮	中少尉	一	属寮	少尉	一
		下士	一		下士	二		下士	二

部分	军团			师团			旅团		
	职	阶级	员数	职	阶级	员数	职	阶级	员数
炮兵部	炮厂长	中少佐	一	炮厂长	大中尉	一	炮厂长	大中尉	
	属寮	大 中少尉	一 二						
		上监护	一		上监护	一		监护	一
		下士			下士			火工长	一
					诸工			铳工长	一
								锻工长	
								木工长	
								鞍工长	
工兵部	长	大佐	一	长	中佐	一	长	少佐	一
	属寮	大中尉	一	属寮	中少尉	一	属寮	少尉	一
		下士	二		下士	二		下士	
	工厂长	中少佐	一	工厂长	大中尉	一	工厂长	大中尉	一
	属寮	大尉	一	属寮					
		中少尉	二						
		上监护	一		上监护	一		监护	一

	军团			师团			旅团		
部分	职	阶级	员数	职	阶级	员数	职	阶级	员数
会计部	长	会计监督	一	长	一等 副监督	一	长	二等 副监督	一
		军吏	一						
		军吏补	二		副 军吏 副补	一		军吏副	一
		军吏副	二						
		书记			书记	二		书记	二
	计算 课长	副监督	一	课长	二等 副监督	一	课长	军吏	一
	粮食 课长	副监督	一	课长	二等 副监督	一	课长	军吏	一
	被服 课长	副监督	一	课长	二等 副监督辅	一	课长	军吏	一
	病院 课长	副监督	一	课长	二等 副监督辅	一	课长	军吏	一
	邮便 课长	副监督	一	课长	军吏副	一	课长	军吏	
		课僚			课僚			课僚	
		书记			书记			书记	
裁判官		评 事 权评	一						
		大 理 中	一		大 主理 中	一		中 主理 少	一
		大 录 少	一		少录事	一		少尉 录事	一

	军团			师团			旅团		
部分	职	阶级	员数	职	阶级	员数	职	阶级	员数
宪兵		大尉	一						
		中尉	二		中尉	一		中尉	一
		少尉	二		少尉	一		少尉	一
		军曹	八		军曹	四		军曹	四
		司给养军曹	一		司给养军曹	一		司给养军曹	一
		喇叭卒	四		喇叭卒	二		喇叭卒	二
		监狱卒							
		会计卒							
		伍长	一六		伍长	八		伍长	四
		卒	八〇		卒	四十		卒	二〇
传令骑兵		兵	半小队		兵	半小队		兵	半小队
军用电信队	提理	中佐	一						
	副提理	少佐 大尉	一						
	输送长	少尉	一						
	计官	军吏副补	一						

	军团			师团			旅团		
部分	职	阶级	员数	职	阶级	员数	职	阶级	员数
辎重部	长	大中佐	一	长	中少佐	一	长	少佐	一
	属僚	大尉		属僚	大尉		属僚	中少尉	一
		卒	二小队		下士			下士	二
					卒	一小队		卒	一中队
病院	长	军医监	一	长	一等军医正	一	长	二等军医正	一
		军医正	一						
		军医	二		军医	一		军医	一
		军医副补	二					军医副补	一
		保护人卒			保护人卒			保护人卒	
				治疗课长	军医	一			
				药剂课长	军医副补	一			
					保护人卒				

部分	军团			师团			旅团		
	职	阶级	员数	职	阶级	员数	职	阶级	员数
马厂	长	骑兵少佐	一						
	属寮	骑兵中少尉	二						
		下士							
		工长							
病马厩	长	马医监	一	长	马医	一		马医	
		马医	一		马医副	一			
		马医副补	二		马医补	一		马医补	一
		马医生	三		马医生	二		马医生	
		看马卒			保护卒				
运输部				长	中佐	一			
				属寮	少佐	一			
					大尉	一			
					中少尉	四			
					下士				
补充营	司令	中少佐	一						
	副	大尉							
	附属	中少佐	二						
		下士							
	养所生								

战时军用电信队编制表

<table>
<tr><th rowspan="2">官等</th><th colspan="2">本部</th><th colspan="2">总员计</th></tr>
<tr><th>人员</th><th>马匹</th><th>人员</th><th>马匹</th></tr>
<tr><td>参谋中佐</td><td>提理一</td><td>乘马一</td><td>一</td><td>一</td></tr>
<tr><td>少佐</td><td rowspan="2">提理一</td><td rowspan="2">乘马一</td><td rowspan="2">三</td><td rowspan="2">三</td></tr>
<tr><td>大尉</td></tr>
<tr><td>中尉</td><td></td><td></td><td rowspan="2">一五</td><td rowspan="2">七</td></tr>
<tr><td>少尉</td><td>输送长一</td><td></td></tr>
<tr><td>曹长</td><td>书记一</td><td rowspan="3"></td><td rowspan="3">六〇</td><td rowspan="3"></td></tr>
<tr><td>军曹</td><td>器械挂一</td></tr>
<tr><td>伍长</td><td>书记一</td></tr>
<tr><td>一等技手</td><td></td><td></td><td></td><td></td></tr>
<tr><td>二等技手</td><td></td><td></td><td>八〇</td><td></td></tr>
<tr><td>三等技手</td><td></td><td></td><td></td><td></td></tr>
<tr><td>一等建筑卒</td><td></td><td rowspan="2"></td><td rowspan="2">一一二</td><td rowspan="2"></td></tr>
<tr><td>二等建筑卒</td><td></td></tr>
<tr><td>一等卒</td><td></td><td></td><td rowspan="2">一〇二</td><td rowspan="2">二七</td></tr>
<tr><td>二等卒</td><td></td><td></td></tr>
<tr><td>军吏副</td><td rowspan="2">计官一</td><td rowspan="2">一</td><td rowspan="2"></td><td rowspan="2"></td></tr>
<tr><td>军吏补</td></tr>
<tr><td>合计</td><td>七</td><td>二</td><td>二七四</td><td>三八</td></tr>
</table>

<table>
<tr><th rowspan="3">官等</th><th colspan="6">第一电信队</th></tr>
<tr><th colspan="2">本部</th><th colspan="4">一小队总员计五小队</th></tr>
<tr><th>人员</th><th>马匹</th><th>人员</th><th>马匹</th><th>人员</th><th>马匹</th></tr>
<tr><td>参谋中佐</td><td></td><td></td><td></td><td></td><td></td><td></td></tr>
<tr><td>少佐</td><td></td><td></td><td rowspan="2"></td><td rowspan="2"></td><td rowspan="2">一</td><td rowspan="2">一</td></tr>
<tr><td>大尉</td><td>队长一</td><td>乘马一</td></tr>
<tr><td>中尉</td><td rowspan="2"></td><td rowspan="2"></td><td>小队长</td><td>乘马一</td><td rowspan="2">十</td><td rowspan="2">五</td></tr>
<tr><td>少尉</td><td>技监一</td><td></td></tr>
<tr><td>曹长</td><td></td><td rowspan="4"></td><td>建筑长一</td><td></td><td rowspan="4"></td><td rowspan="4">三十九</td></tr>
<tr><td rowspan="2">军曹</td><td rowspan="2">输送挂一
书记一</td><td>一等建筑师一</td><td></td></tr>
<tr><td>通信所长三</td><td></td></tr>
<tr><td>伍长</td><td>书记二</td><td>二等建筑师二</td><td></td></tr>
<tr><td>一等技手</td><td></td><td rowspan="3"></td><td rowspan="3">通信手十</td><td rowspan="3"></td><td rowspan="3">五十</td><td rowspan="3"></td></tr>
<tr><td>二等技手</td><td></td></tr>
<tr><td>三等技手</td><td></td></tr>
<tr><td>一等建筑卒</td><td></td><td></td><td rowspan="2">建筑手十六</td><td rowspan="4"></td><td rowspan="2">八十</td><td rowspan="2"></td></tr>
<tr><td>二等建筑卒</td><td></td><td></td></tr>
<tr><td>一等卒</td><td></td><td></td><td>传令步兵九</td><td rowspan="2">六十</td><td rowspan="2">十五</td></tr>
<tr><td>二等卒传</td><td></td><td></td><td>传令骑兵三</td></tr>
<tr><td>军吏副</td><td></td><td>一</td><td></td><td></td><td></td><td></td></tr>
<tr><td>军吏补</td><td></td><td></td><td></td><td></td><td></td><td></td></tr>
<tr><td>合计</td><td>五</td><td>一</td><td>四十七</td><td>四</td><td>二百四十</td><td>二十一</td></tr>
</table>

<table>
<tr><td rowspan="3">官等</td><td colspan="6">第二电信队</td></tr>
<tr><td colspan="2">本部</td><td colspan="4">一小队总员计二小队</td></tr>
<tr><td>人员</td><td>马匹</td><td>人员</td><td>马匹</td><td>人员</td><td>马匹</td></tr>
<tr><td>参谋中佐</td><td></td><td></td><td></td><td></td><td></td><td></td></tr>
<tr><td>少佐</td><td></td><td></td><td></td><td></td><td></td><td></td></tr>
<tr><td>大尉</td><td>队长一</td><td>乘马一</td><td></td><td></td><td>一</td><td>一</td></tr>
<tr><td>中尉</td><td rowspan="2"></td><td rowspan="6"></td><td>小队长一</td><td>乘马一</td><td rowspan="2">四</td><td rowspan="2">二</td></tr>
<tr><td>少尉</td><td>技监一</td><td></td></tr>
<tr><td>曹长</td><td></td><td>建筑长一</td><td></td><td rowspan="4">一八</td><td rowspan="4"></td></tr>
<tr><td>军曹</td><td>输送挂一</td><td>一等建筑师一</td><td></td></tr>
<tr><td rowspan="2">伍长</td><td>书记一</td><td>通信所长三</td><td></td></tr>
<tr><td>书记二</td><td>二等建筑师二</td><td></td></tr>
<tr><td>一等技手</td><td></td><td></td><td rowspan="3">通信手一五</td><td rowspan="3"></td><td rowspan="3">三〇</td><td rowspan="3"></td></tr>
<tr><td>二等技手</td><td></td><td></td></tr>
<tr><td>三等技手</td><td></td><td></td></tr>
<tr><td>一等建筑卒</td><td></td><td></td><td rowspan="2">建筑手一六</td><td rowspan="2"></td><td rowspan="2">三二</td><td rowspan="2"></td></tr>
<tr><td>二等建筑卒</td><td></td><td></td></tr>
<tr><td>一等卒</td><td></td><td></td><td>传令步兵十五</td><td></td><td rowspan="2">四二</td><td rowspan="2">一二</td></tr>
<tr><td>二等卒</td><td></td><td></td><td>传令骑兵六</td><td>乘马六</td></tr>
<tr><td>合计</td><td>五</td><td>一</td><td>六一</td><td>七</td><td>一二七</td><td>一五</td></tr>
</table>

教　习

有教士官者，曰士官学校，曰户山学校，明治元年七月始设兵学校，后改兵学寮。六年十月设士官学校。七年一月设户山学校。至八年五月废兵学寮，改士官、户山学校隶于陆军省。别为幼年学校，后并于士官学校，为幼年生徒。皆以少将一人为学校长，又置佐、尉官并大小教官，分司教职。士官生徒兼用华士族、平民，先呈誓愿书、履历书，并有保人。入校之初，问其年，十五岁以上、廿五岁以下。验其身，强弱何如。考其材能，曾读书否，能作文否，通算数否。合格乃选取之入校，分部学习。随入校之年分深浅、学术精粗而分之。其幼年生徒所习学科，曰佛学，分翻译、地理、作文、历史、正字法、文典、书法、读法八目。曰汉学，分讲解、作文二目。曰数学。分数学、代数、几何三目。术科，曰体操。即运动身体。第三部生徒所习学科，曰数学、几何学、理学、化学、地学、画学、图学、佛语。学术科，曰新式生兵学、撤兵学、射的、谓立的以枪铳射之，以验其准否。体操、乘马、步兵内务书、摘讲。新式步兵、摘讲。操典生兵。摘讲。第二部生徒所习，其特科特科谓不分科者。并步、骑兵科之学科，曰理学、化学、图学、画学、佛语学、立体几何学、标高几何学、马学、地学、测量学、临时筑城学、炮兵学、兵学，地理图学、建筑图学。特科并骑兵科之术科，曰骑兵操典、步兵生兵学、小队学、乘马演习骑兵阵中轨典、讲义。骑兵内务书、讲义。骑兵操典、讲义。野营演习。六周时，每周为七日。第一部生徒所习，其步、骑、炮、工兵科之学科，曰化学、理学、佛语学、画学、图学、重学、代数学、军人卫生学、地学、马学、法度给养学、军路学、射的学、兵学、筑永久城学、地理图学。炮、工兵科加课，曰炮兵学、二面几何学。步、骑兵科加课，曰筑城学、数学。其骑、炮、工兵科之术科，曰骑兵操典、乘马小队学、大队学、骑艺、骑兵阵中轨典。讲义。骑兵内务书、野营演习。其步兵科之术科，曰新式步兵生兵学、半队学、中队学、实地演习轨典、野营演习。六周时。各分其等级，第其深浅而受业焉。学、术二科之分类，生徒受业随时不同，此特举其大纲耳。

凡在校中，习业有程，起居有程，饮食有程，游息有程。不守规矩者有罚，自暴自弃者禁锢，情重者则除名焉。所受之业，教师为讲解，凡城垒建筑之法、地势测量之法、铳炮制造之法、队伍分合之法、步伐整齐之法、马骑控御之法、弹丸发送之法、图绘摹写之法、器用修理之法，皆绘以图，贴以说。说所未尽者，复分析其形，模造其体，捏纸、抟泥、刻木、镕蜡、铸铁，肖其形体而作之，昔沈适使辽，以蜡以木作地图，肖其山川高下、林野险夷之势。今西人学校多用此法。务使诸生徒心目了了，以尽其术。又于野营演习时召试之，以练其材，以观其能。有考试之法，每月有小试，教师校其人之勤惰、业之进退而定级。每半年有中试，校长出临每科，各以一教官参列其席。期年则大试，或陆军卿，或参谋部长，亲策问之。已满学期则大试。学期以六年卒业，士官学校现于十二年十月大试，分给卒业文凭。试而入选者，给以入选之文凭。校长以时简拔，以补充陆军各科将校下士官之缺乏。拔其尤者，使留学泰西诸国，亦有别遣士官，附居使馆，以时考究诸国兵制，或遇战事，则特遣使往观焉。户山学校，大概同于士官学校，但其生徒采用常备各队之士官，及下士又不分炮、骑、工兵等科，而分生徒为士官、下士二种，所业术科较多于学科。有教伍长者，曰教导团。明治二年，改兵学校为兵学寮，始设教导团。八月废兵学寮，改隶于陆军省。为陆军下士生徒，即教以下士学术。生徒采用陆军诸卒，华士族、平民愿入学者，亦考验而采用之。凡生徒分为六科：曰步兵，曰骑兵，曰炮兵，曰工兵，曰辎重兵，曰各兵喇叭。别有军乐生徒。已卒业，分任各兵伍长，属常备队。各镇台诸卒在团卒业者，还旧镇台充下士补阙。近卫及队外生徒暨华士族、平民在团卒业者，分配之本籍镇台诸队充下士补阙。其下士任职中愿入士官生徒学校者，许其考试入学。在团修业时愿为士官生徒者，能立品勤学，经团长允许，亦可就试。

有教炮者，隶于东京炮兵工厂。初名炮兵本厂。明治十二年十月，隶于东京炮兵工厂。分火工、木工、铳工、锻工、铸工，各为专门之业，火工学制大小炮之弹药及火具、火箭，铳工学锻铁炉、研制机整筒、嵌床制剑，木工学箧匠、车匠并杂事，锻工学锻铁炉、研镶嵌，铸工学摹形铸造。以数学、图画学、佛语学为学之兼业，以大小炮使用射的为术之兼业。有教医者，曰军医学舍，专习军医，考其治疗之方、药剂之法、解剖之术。有教马政者，曰军马局马医学舍，明治五年十月，始设马医学舍。十三年四月，改隶于病马厩。以蹄铁工生徒为专科，谓马蹄所嵌之铁。兼习饲秣之方、保育之事、治疗之法、解剖之术。有教电信者，明治十三年，始设隶参谋本部。为电信生徒，考其替代之字、句读之法、传递之方，是皆专设学舍以教人者。其在近卫各镇台之兵，各设操练场，每日伍长率其队伍，以时操练，犹有余暇，并及戏跃，以壮其力。若投石、超距、蹴鞠、千秋之类。教习之外，又有演习，由近卫镇台纠合其军管、师管之兵，谓之“小演习”。由监军部纠合二军管之常备、预备军，并合近卫兵为师团、旅团之式，谓之“大演习”。择旷野适宜之地，先期派审查官，定时日、场地、屯所、方略，呈参谋本部长。部长绘其图，请旨裁夺，下师团长施行之。每为两军对敌之状，凡引军、出军、侦探、发哨、布阵、施令、交战、围困、追逐、得胜，逮于撤队、收军。其中粮饷之预备、器物之分给、辎重之运输、医药之治疗、器械之修理、电信之交通，以及临时堡垒之营筑、桥梁之架设，皆一一与战时无异。事毕而还，演习之时所悉利弊，记之于册，详议而酌改之。

士官学校生徒现在人员表 据十三年六月调查之数

<table>
<tr><td rowspan="3">阶级</td><td>上长官</td><td colspan="3">士官</td><td colspan="4">下士</td><td colspan="2">四年生徒</td></tr>
<tr><td rowspan="2">少佐</td><td rowspan="2">大尉</td><td rowspan="2">中尉</td><td rowspan="2">少尉</td><td colspan="2" rowspan="2">曹长</td><td rowspan="2">军曹</td><td rowspan="2">伍长</td><td colspan="2">生徒少尉</td></tr>
<tr><td>炮</td><td>工</td></tr>
<tr><td>现员</td><td>一</td><td>三</td><td>五</td><td>五</td><td colspan="2">四</td><td>一九</td><td>二</td><td>一四</td><td>一</td></tr>
<tr><td rowspan="2">阶级</td><td colspan="5">三年生徒</td><td colspan="4">二年生徒</td><td rowspan="2">计</td></tr>
<tr><td>工</td><td>步</td><td>骑</td><td>炮</td><td>工</td><td>步</td><td>骑</td><td>特科</td><td>无科</td></tr>
<tr><td>现员</td><td></td><td></td><td></td><td></td><td></td><td>四六</td><td>三</td><td>一三</td><td>七二</td><td>二〇五</td></tr>
</table>

教导团诸队人员表 据十三年六月调查之数

<table>
<tr><td rowspan="2">阶级
队数</td><td rowspan="2">上长官</td><td rowspan="2">士官</td><td rowspan="2">准士官</td><td rowspan="2">下士</td><td rowspan="2">生徒</td><td rowspan="2">乐生</td><td rowspan="2">兵卒</td><td rowspan="2">计</td><td colspan="2">十二年六月三十日比较</td></tr>
<tr><td>增</td><td>减</td></tr>
<tr><td>步兵一大队六中队</td><td>一</td><td>四〇</td><td></td><td>一九七</td><td>五八八</td><td></td><td>四</td><td>八三〇</td><td></td><td>三二四</td></tr>
<tr><td>骑兵一中队</td><td></td><td>八</td><td></td><td>二一</td><td>三〇</td><td></td><td>一</td><td>六〇</td><td></td><td>二一</td></tr>
<tr><td>炮兵一大队</td><td>一</td><td>一六</td><td></td><td>四七</td><td>三五</td><td></td><td>二</td><td>一九一</td><td></td><td>五九</td></tr>
<tr><td>工兵一中队</td><td></td><td>八</td><td></td><td>二九</td><td>一〇〇</td><td></td><td>一</td><td>一三八</td><td></td><td>七四</td></tr>
<tr><td>军乐二队</td><td></td><td></td><td>一</td><td>四三</td><td>一六</td><td>四四</td><td>一</td><td>一〇五</td><td>二</td><td></td></tr>
<tr><td>计</td><td>二</td><td>七二</td><td>一</td><td>三三七</td><td>八五九</td><td>四四</td><td>九</td><td>一三二四</td><td></td><td>四七六</td></tr>
</table>

军用电信队现在人员表

官等	士官			下士			电信技手			生徒	生兵	计
	大尉	中尉	军吏补	曹长	军曹	伍长	一等	二等	三等			
现员	二	二	一	三	八	四	二	一	一	四〇	三〇	九四

炮兵工厂诸工生徒现员表 据十三年六月调查之数

生徒种类	人员	十二年六月三十日比较	
		增	减
火工	四二		五
铳工	一四		九
木工	五		一五
锻工	一五		一一
鞍工	一二	一二	
铸工	一二		一一
计	一〇〇		三九

蹄铁生徒现员表 据十三年六月调查之数

生徒＼阶级	人员	十二年六月三十日比较	
		增	减
一等	四		七
二等	十三	四	
计	十七		三

海外留学生现员表 据十三年六月调查之数

国名	官等		参谋	步兵	炮兵	工兵	医学	无科	语学	计	十二年六月三十日比较 增	十二年六月三十日比较 减
独	中尉		一							一	一	
	少尉				一					一		
	出仕						一			一	一	
佛	中尉				二	二				四	四	
	少尉		一	二	一					四		一
	学生							二		二	二	
清	学生								一六	一六	一六	
朝鲜	学生	二级							一	一	一	
		三级							一	一	一	
		无级							八	八	八	
浦潮斯德	学生								五	五	五	
计			一	一	五	三	一	二	三一	四四	三八	

检阅

每岁监军部奉诏命检阅全国诸兵，分为东、西、中三部。东部军管第一、第二，中部第三、第四，西部第五、第六。而陆军省、参谋本部、监军本部、裁判所、军马局、病马厩，亦分属三部。例于十月一日始，十一月三十日毕。惟陆军省各官廨之在东京者，依时宜先后无定期，近卫队必以车驾亲临为定期。特命监军部长一员、监军部参谋佐官二员、传令使一员，以步、骑、炮、工兵，会计、军医、马医诸官为随员。各镇台营管，先条理其所辖之事，作为簿牒，曰号令布告纪录，曰将校以下黜陟赏罚录，曰人员马匹簿及表，曰兵器、马具、书籍、杂器物及表，货币、粮食、薪炭、衣服、营具簿及表，曰药剂器具簿，曰城垒、营廨、仓库地界纪录及图，呈之监军部长。部长检阅之法，各分其事：一曰队伍之检阅，兵之体格、马之骨相、兵之被执之法、马之装束之法、车马器具之配置之法、亲检视之，以观军容。二曰部署之检阅：将校以下赏罚进退、人员之迁转、马匹之增减，亲点视之，以观军政。三曰学术之检阅：凡学科技术摘义以问，令之作文制图，亲考验之，以分优劣。四曰操法之检阅：曰操练，曰射的，曰体操，以观生熟。五曰材料之检阅：凡军中需用一切器品，据牒点其数之多少，验其器之良楛。六曰会计之检阅：凡军中出纳一切财货，据牒勘其数之多少，查其算法之疏密，并所有券契有无伪造。七曰城寨、营廨、仓库之检阅：旧者有无损坏，新者能否坚固。八曰医术之检阅。病人、病马之景况，治疗药剂之方法。部长到其地，见其地方府知事、县令，及东京警视本署，并上等裁判所、地方裁判所官长，详问屯驻之兵与其地方人民有无扰害、能否和合，然后分事检阅。已毕，则集合所在之兵，行观兵式，由部长时宜。惟近卫诸兵，必待车驾亲临乃行。部长有意见，告之于司令官。其将官各呈队下之拔擢名簿于部长，部长奖其勤能，黜其懈惰，记之于簿，以待迁转。部长覆命，必奏各管所阅之情状，以供御览。其敕任以上诸官，则陆军卿会参谋本部长、监军部长及各营长官、各廨长官，议定其拔擢名簿奏闻，以取进止。

预 备

各兵所用兵器，以炮兵、工兵为多。兵器不可以仓卒备，故别设。炮兵方面，又于东京、大坂分设炮兵工厂，初称炮兵本厂、炮兵支厂。至十二年十月，改称炮兵第一、第二方面，并分设工厂。工厂以司制作，方面以司支发。东京工厂所属，有小铳包火药制造所，共三处。有火工所、大炮修理所。大坂工厂所属，有制炮所、未落成。制弹所、制车所，有火工所、小铳修理所，别有小铳制造所，方事建筑，尚未落成。十三年六月时约成十分之八。铳包制造所，亦未落成。计十四年六七月间可以竣工。火药制造所：一在东京府丰岛郡之坂桥，为旧厂；一在群马县下上州岩鼻，营筑方始，将来竣工，每一日可造火药六百基。法国记数之名，每一基当日本一千五百九十五贯余，约当中国一万斤。炮兵所属兵器库凡四处，均在东京。火药库凡十七处，分设东京、大坂府、堺县、和歌山县、滋贺县、鹿儿岛县、石川县等处。又仓库凡六处，均在东京。作硝场一处，在鹿儿岛县。兵初用来福枪，至明治九年十月，近卫镇台始换用士乃得枪，亦有换马梯呢者。明治十二年间在欧洲购买马梯呢枪一万二千九百十二枝。十年二月后，来福枪全废不用。或以供军中演习之用。炮兼用克虏伯及谙士突郎布鲁戛士。现在工厂未能制大炮，而马梯呢、士乃得之枪，均能制造。有炮兵大佐村田某，以新法制铳，经炮兵会议所议，用名为村田铳，炮兵会议自九年七月始，每年召集将佐会议，兵器弹药之式样、炮兵之制规，议定乃行。工厂中遂摹造施用。此村田铳，曾经陆军省分眎各国。其工事亦颇有进步矣。日本弓矢颇为擅长，喜以强弓劲矢夸人，弓长凡七尺五寸，有所谓十人张者，即合十人之力以挽之。矢长凡十五束，每束二寸五分，合三尺七寸有奇，镞长四五寸许，天下万国弓矢无如此之长者。源氏之兴，即以善射鸣。战国以来，士夫无不习射者。至枪炮兴而弓矢无用，遂成废物。亦有甲胄刀剑，今皆废弃不用。附识于此。工兵所司，凡营垒城堡之建筑、桥梁道路之修理，以及军人驻居之室、埋葬之地，皆其所司。工厂所用器械，皆由工兵方面制造支给。分工兵为六方面。计明治十二年七月至十三年六月，工兵营造房屋凡一百一十一所，其既竣工者七十八所。凡工兵所用器具，出于日本旧式者仅十之二，出于欧洲新式者凡十之八。

卷二十四　兵志四

陆　军

经　费

明治二年始设兵部省，定额每月金六万元，米八百十石。三年亦同定额。四年自三年十月起至是年九月止。定额，一年米三十万石。此内米二十八万石。当时米价值金一百八十七万七千八百二十六元，又增额外金一百五万四千九百六十余元，又增亲兵费三十三万二千七百余元，合二年、三年两岁之额，犹有余金二千五百八十余元交还大藏省。五年定额金自四年十月起至是年九月止。八百万元。是年支用七百七十三万零七百四十六元，余金二十六万二千七百余元交还大藏省。六年定额金九百二十三万六百元。本系定额八百万元，因五年改历，将五年十一、十二两月并入，是年故有此数。又额金十一万五千四百余元，御亲兵解队费十四万七千五百余元。是年支用六百九十四万零六百零九元，余金二百零二万八千六百四十元交还大藏省。七年定额金自正月至十二月。八百万元。是年支用金七百九十三万三千一百四十元，余金六万六千八百五十五元交还大藏省。八年，半年内定额金四百万元。是时支用三百八十九万八千三百十五元，余金十万一千六百八十四元交还大藏省。八年度自八年七月至九年六月，称为八年度。是时由太政官颁行会计法，皆从本年七月起至明年六月止为一年。以后称为某年度者准此。定额金六百九十四万六千二百七十五元。是年支用六百七十七万四千一百十五元，余金十七万二千一百五十九元交还大藏省。九年度定额金七百二十三万一千八百六十九元。是年支用六百七十八万八千一百五十八元，未经决算金十七万九千四百十四元，余金二十六万五千二百九十五元交还大藏省。十年度定额金五百八十五万元。是年支用金六百一十二万六千三百五十一元。十一年度定额金五百七十四万三千一百元。是年支用金六百四十二万四千一百四十五元。十二年度定额金七百一十九万零一千元。别有增额金、临时费金，合共八百三十一万四千一百二十二元。是年共用八百一十四万三千四百三十一元，未决算费二万三千四百九十元，余金一十四万七千二百零九元交还大藏省。十三年度，预算金八百一十五万一千元。维新之后，每岁递增，十年之间，合计已用六千余万元。而明治五、六两年福山等九处暴徒镇抚费、明治七年佐贺征讨费，凡用金九十一万六千二百八十四元。及是年台湾之役、凡用金七百七十一万八千三百十四元。八年朝鲜之役、凡用金四十九万五千六百二十三元。十年鹿儿岛征讨费，凡用金四千二百一万元。不在其内。凡经费预算，一年所用，呈之太政官，经太政官核定支给，名为定额金。金额之外，有一时费，有临时费，亦预计其数，请太政官支给，名为额外金。总称为预算。每一年则开列支用款目，呈之太政官，有余缴之大藏省。一时未能清算，名曰现计。一切清款，名曰决算。若有征战非常之事，则别支巨款，不列于经费。今将明治十二年度经费列表于左，可知其经常费用之大概云。

陆军经费出入表

收入款	元		元
定额金	七，一九〇，一〇〇，〇〇〇	增额金	三五六，一二二，〇〇〇
虎列剌病预防费	三五，三二八，九三八	正货交换差额费	三，六四一，〇〇〇
户山学校竞马场费	六，一二一，〇〇〇	负伤病者费	六五，〇〇〇，〇〇〇
海岸防御费	一三〇，〇〇〇，〇〇〇	金泽步兵营建筑费	三六，二五三，九六〇
兵器购入费	二〇一，三九五，二三六	兴业费	二九〇，一六〇，三三六

总计八百三十一万四千一百二十二元四十六钱二毫。

支出款	元		元
本省	一，八四五，〇二七，一四七	炮兵会议	一九，九九二，〇四七
近卫局	四二七，六二一，〇一〇	士官学校	一三七，一二八，〇二六
东京镇台	八九二，三三〇，三八七	仙台镇台	三六七，三四五，九三四
名古屋镇台	四八七，六〇六，二五七	大坂镇台	八五四，七三四，五二三
广岛镇台	四七八，六六三，九九二	熊本镇台	六三五，九六三，八八八
户山学校	四二，五四七，四一八	教导团	二七二，九九二，一四七

支出款	元		元
军医本部	九〇，〇五三，三二三	裁判所	二二，〇三八，二一六
炮兵方面第一	二六，八九二，四五二	炮兵方面第二	八〇，九一二，一五一
东京炮兵工厂	四，五九三，六四〇	大坂炮兵工厂	二，六四〇，二〇〇
工兵方面第一	二三六，五六六，六八〇	工兵方面第二	五四，四〇七，八六八
工兵方面第三	九四，八三四，八五七	工兵方面第四	四三，八八五，一一四
工兵方面第五	四一，〇三六，六〇七	工兵方面第六	五六，三五六，六六〇
军马局	一二〇，一六五，三八九	病马厩	二三，二〇四，六九三
兴业费	二九〇，一六〇，三三六	负伤病者费	五九，七一三，三九六
海岸防御费	五〇，二八六，二五五	参谋本部	二三五，二〇七，〇八九
监军本部	五八，四三三，五五七	经费共计	八，一四三，三四一，二五九
未决算费	二三，四九〇，六二〇	余金交还大藏省	一四七，二九〇，五八三

总计八百三十一万四千一百二十二元四十六钱二毫。

定额各款	元		元
俸给	七一一，二二三，〇五七	给与	二二五，二四九，〇二二
旅费	二一七，〇八〇，四三一	被服费	七四，九九五，八四二
厅中费	二六七，四五七，八〇四	阵具费	三二，九九〇，八八一
野营行军费	一〇四，九五九，二七五	兵器费	五五〇，九六三，九五一
弹药费	二七六，九二四，三六一	厩费	一一八，二六九，五二七
内国生徒费	二六，七八〇，二七五	外国生徒费	二〇，四九八，二五九
征兵费	六六，〇〇〇，〇〇〇	外国人诸费	五八，六一六，四四五
后备军费	一〇七，五三七，五三五	患者费	五五，八八七，一一三
徒刑费	一九，四五二，三二三	囚狱费	一六，三五六，八八四
营缮费	一三七，七七四，五三〇	步兵队费	二，七八四，一五九，六〇四

定额各款	元		元
骑兵队费	一一四，三一九，三二四	炮兵队费	三八三，七五八，三一六
工兵队费	一三一，二三八，五一四	辎重队费	七六，四三二，〇八七
军乐队费	一〇，六八三，六三二	虎列刺病预防费	三五，五七九，七一〇
额外各款	元		元
俸给	一五，九九一，二一三	给与	三七，五〇七，六三七
旅费	四七，四二三，二三六	厅中费	五，四二九，二八八
外国生徒费	四，七七二，〇九四	外国人诸费	一，四九三，〇〇〇
患者费	一，六七九，四六九	营缮费	一五一，五七九，〇四一
靖国神社寄附金	七，五〇〇，〇〇〇	偿欠	一，五二八，六三九
临时营缮费	一七八，〇七六，二一五	兴业诸费	二九〇，一六〇，三三六

定额、额外总计八百一十四万三千六百一十元。

军律

凡军人、军属皆别设军律，不与凡民齐从。前所行律，其处分将校者，曰自裁，曰夺官，曰回籍，曰停官，曰降官，曰闭门，曰谨慎。处分下士兵卒之律，曰死，曰徒，曰戒役，曰黜等，曰降等，曰杖，曰笞，曰禁锢。至明治十四年四月，司法省既改颁法律，因亦改正陆军军律，凡军人、军属皆受治于此律。惟在预备、后备军籍者，除召集时及有特例外，不依此刑法处断。总分为重罪、轻罪二种。重罪之主刑，犹曰本律。一死刑，二无期徒刑，三有期徒刑，四无期流刑，五有期流刑，六重惩役，七轻惩役，八重禁狱，九轻禁狱。轻罪之主刑：一、重禁锢，二、轻禁锢。其附加刑：亦曰闰刑。一剥夺公权，二剥官，三停止公权，四禁治产，五监视，六没收。以上各罪名，皆详《刑法志》中。

凡于陆军法衙处死刑者，皆铳杀之，非奉陆军卿命不得行。惟行军合围之地，有特权者，亦得行之。徒刑不分有期、无期，发遣岛地使服役，满六十岁者免苦役，酌派相当之役。有期徒刑十二年以上十五年以下。流刑不分有期、无期，幽于岛狱，无期流囚已过五年，行政官得因其人品，令出狱，在岛内居住。有期流囚过三年，亦如之。不服役。有期流刑十二年以上十五年以下。惩役入内地惩役场，使服役。满六十岁者免苦役，酌派相当之役。凡服役囚人所得工钱，从监狱规则分之若干以供狱费，若干以给囚人。但服役不满一百日，不许分给。重惩役九年以上十一年以下，轻惩役六年以上八年以下。禁狱入内地狱，不服役。重禁狱九年以上十一年以下，轻禁狱六年以上八年以下。禁锢入禁锢场服役，轻禁锢不服役。禁锢不分轻重，皆十一年以上五年以下，仍各就本条，区别长短，于陆军法衙依通行刑法，应罚金、科料者，详《刑法志》。限内不完纳，则换禁锢拘留。其附加刑之处分，有既科主刑即科附刑者。如处重罪刑，即剥夺终身公权，在刑期内禁治家产。处禁锢者，即剥官，在刑期内即停止公权。处轻罪刑付监视者，在刑期内即停止公权是也。有减轻主刑而科附刑者，如处重罪刑者，已过期三分之二，则付于监视。如有期徒刑十二年之三分之二，即八年。有既免主刑而后科附刑者，如徒流禁狱者既出狱，而仍付监视是也。凡监视者，行政官得因其品行酌量假免之。大概同通行刑法。惟下士诸卒犯通行刑法，虽处禁锢，于常备、预备、后备之役限中，仍不免役。又下士诸卒犯此刑法及通行刑法，应付监视者亦不付监视。又本律无正条者，得引通行刑法处断，惟犯此刑法杀伤人者，照通行杀伤律从重处断。此律之纲领也。

其通行刑法中所载刑期计算、假出狱期满、免除复权诸例，皆依行之。详《刑法志》中。其用之以行刑法者，有曰加减例，加重者，自无期徒刑以下，虽加，不得入死刑。有曰不论罪及减轻例，有曰自首减轻例，有曰酌量减轻例，有曰再犯加重例，但非再犯，陆军刑法不论。有曰加减顺序例，有曰数罪俱发例，有曰数人共犯例。军人与非军人共犯罪，军人依陆军刑法处断，非军人依通行刑法处断。惟非军人而犯军法者，不在此限。有曰从犯例，有曰未遂犯例。其处置之法，亦大概同于通行刑法。

至军人、军属所犯之罪，统分为八类：

一、反乱　军人凡称军人，统将官及其同等官、上长官、士官、下士诸卒而言。结党执兵器为反乱者，其倡乱魁首，及指挥群众、管理枢要者，皆处死。情状轻者，处无期流刑。司诸职事、资给军用统兵器、弹药及军需诸物。于乱党者，劫掠军用者，将校处死刑，余处有期流刑。情状轻者，处禁狱。襄助其事、服从其事者，处轻禁锢。军人谋乱，故杀镇抚官及妄毁家屋、船舶、仓库者，处死刑。军人为利敌军，以所部兵队、所有军用及关于军事之土地、家屋、船舶付于敌者，烧毁关于军事之家屋、船舶、枪炮及其他物品，毁坏可供战用之道路、桥梁、汽车、电线、村落、森林者，指告要害或开示密书暗号、漏泄军机者，于受围之地欲令其司令官凡称司令官，谓一军一团，其他一部长之任司令者。降于敌者，为敌募兵者，在敌前诱队兵溃散、阻队兵集合者，致军用缺亡者，叫呼喧哗造言飞语者，通信于敌者，诱助容隐间谍者，放纵俘虏降人或劫夺者，皆处死刑。欲犯诸罪为预备者，照本律减一等；虽经预备，于事前自首者，免本刑，付监视，将校加剥官。为犯罪人会议贷与家屋者，处轻禁锢。军人抗违上官命令，凡称上官者，谓同任一事官等居上者，或虽同等而取事居上者，凡在其部内皆称上官，虽上等卒，其部下亦准之。在敌前处死，在临战合围之地处轻禁锢。若二人以上共犯，在敌前皆处死，在军中或临战合围之地，首、从分别处治。

二、擅权　受司令官停战命令犹浪战者，背司令官命擅进退兵队者，皆处死。擅募人充队伍者，处轻禁锢。

三、辱职　要塞司令官及堡垒司令官临敌不尽职而遽降者、举所辖之地予敌者，处死。司令官在野战之地率兵队降敌者，处轻禁锢。其不尽可尽之职者，处死刑。势穷力竭，出不得已而后降者，仅轻禁锢；犹可有为而不为，乃处之死。同一降敌而轻重悬殊，所以体人情、警军职也。将校在敌前不尽职而遁者，处死刑。将校当部下兵徒扰乱不尽法以镇抚者，处轻禁锢。

四、暴行　军人对上官为暴行，处轻禁锢。二人以上同犯，首、从分别处治。若当上官行公务时犯者，加一等。其用兵器凶器者，处死。军人对哨官凡称哨官，谓兵队之备仪仗者、司巡察者、守卫者。为暴行，处轻禁锢。用兵器凶器者，处有期流刑。二人以上共犯，首、从分别处治。用兵器凶器，魁首处死刑；首魁虽不自用兵器凶器而使人用之者，亦处死。军人对同等或其下等当行军务时为暴行，处轻禁锢；用兵器凶器，处重禁狱。二人以上同犯，首、从分别惩治。用兵器凶器，首魁处有期徒刑。军人集众为暴行者，首魁处重禁锢，余分别惩治。当官吏行职务时，犯者加一等。集众相斗殴者，首魁处轻禁锢，余分别惩治。军人劫夺俘虏降人以暴行逼胁致令逃走者，处重禁狱。军人在战场褫夺受伤人衣服财物者，处重惩役。若杀伤者，处死刑。军人毁坏军用之工厂、船舶及贮藏军需之仓库，及可供战用之房屋、垒栅、桥梁、汽车、电线者，处重惩役。放火者，处死刑。军人于敌前军中及临阵合围之地放火于覆藏枪铳、弹药、刍粮、被服等处者，处死刑。在其他之地，处重惩役。军人毁弃枪铳、弹药、被服、刍粮诸物及杀伤马匹，处重禁锢。哨兵、卫兵妄发铳炮者，军人于操练时或发礼炮、号炮时妄以他物杂入者，皆处轻禁锢。

五、侮辱　军人骂詈上官或侮慢者，处轻禁锢。当上官行公务时犯者，加一等。军人流布文书、图画，或会众演说诽谤上官者，军人于哨兵或骂詈或侮慢者，军人对同等或下等者当行军务时为侮慢或骂詈者，分别刑期长短，皆处轻禁锢。

六、违令　军人对哨兵犯哨令者，军人擅发哨令或违之者，哨兵擅离守地者，哨兵因睡眠或昏醉不省事者，皆处轻禁锢。在敌前或临战合围之地及他处，分别刑期长短以处之。军人服军务擅离其地者，在敌前皆处死刑；在军中或临战合围之地及他处，分别处轻禁锢；长官或司令官犯之，加一等。军人战时在军中合围之地，有急呼号炮不来者，掌军用器具无故缺亡者，司令官不从命令，于长官部署变更不从又不申报者，或因事改更暗号不申报者，军人漏泄军事机密者，皆处轻禁锢。征兵无故后期者，归休兵及预备兵在军籍者无故而后期者，皆处轻禁锢，在战时加重。军人使之犯者，同罪。军人知有反乱不申告者，军人在敌前军中或合围之地为造言飞语者，皆处轻禁锢。军人使俘虏人脱走者，处轻禁锢。看守护送而犯之者，处重禁锢。又给予兵器指示逃走方法者，处轻禁锢。看守护送而犯之者，处轻禁狱。其看守护送疏防而逃走者，处轻禁锢。其明知而隐匿之者，处轻禁锢。但亲属不论。

七、逃亡　军人擅离职役过六日为逃亡，新兵入营，不满三月者，减一等。在战时军中合围之地，过三日为逃亡；军人得允许而赴他方，过归期十日为逃亡；在战时军中合围之地，过五日为逃亡；军人在公务中擅离职役、因公务赴他方后于归期过六日为逃亡；在战时军中或合围之地，过三日为逃亡；在敌前偶离职役者，即为逃亡；皆处轻禁锢。若军人四人以上共犯逃亡罪者，首魁在战时军中合围之地处轻禁狱，在敌前处死刑。其他各按律处断。逃亡走于敌者，处死刑。

八、诈伪　军人掌粮食，妄以有害养生之物分配者，处轻惩役；因而有致死者，处有期徒刑。受斥候侦察之命为伪报者、诈传命令者，处重禁锢。陆军医官为疾病伤毁之伪证者，处重禁锢；军人受嘱托者，亦同罪。军人伪疾假伤图免兵役，处重禁锢。归休兵及预备兵、后备兵在军籍而图免召募者，同罪。

凡军人、军属有罪，无论告发察觉，在东京交陆军裁判所审断，在各镇台选数将校开军法会议。其纠问口供、推鞫证据，法同常律。罪大者，由陆军卿奏闻而后定之。

行刑表

自明治十四年四月始颁新律，其犯罪人之多少，现犹未知。今姑录明治十二年七月至十三年六月行刑表，以觇其概。

所管／阶级／刑名		本省						
		上长官	士官	下士	卒	等外以下	徒刑人	计
夺官								
回籍								
停官								
降官								
闭门		一						一
谨慎				一	四	二		七
死								
准流								
徒							二	二
戒役								
黜等								
降等								
杖								
笞								
锢								
计		一		一	四	二	二	一〇
前年度比较	增	一				二		一
	减		三	三	二			五

刑名＼阶级＼所管		近卫				
		上长官	士官	下士	兵卒	计
夺官			一			一
回籍						
停官						
降官						
闭门						
谨慎			二			二
死						
准流					一	一
徒				一	一七	一八
戒役				三	二二	二五
黜等				五		五
降等				二		二
杖					一二四	一二四
笞					八	八
锢				八	二二	三〇
计			三	一九	一九四	二一六
前年度比较	增					
	减	一	四	二九	二二一	二二五

刑名＼阶级＼所管		士官学校				
		士官	下士	生徒	等外以下	计
夺官						
回籍						
停官						
降官						
闭门						
谨慎		二				二
死						
准流						
徒			三		一	四
戒役						
黜等						
降等						
杖						
笞						
锢						
计		二	三		一	六
前年度比较	增	二	二			一
	减			三		

<table>
<tr><th colspan="2">刑名 ＼ 阶级 ＼ 所管</th><th colspan="5">东京镇台</th></tr>
<tr><th colspan="2"></th><th>上长官</th><th>士官</th><th>下士</th><th>兵卒</th><th>计</th></tr>
<tr><td colspan="2">夺官</td><td></td><td></td><td></td><td></td><td></td></tr>
<tr><td colspan="2">回籍</td><td></td><td></td><td></td><td></td><td></td></tr>
<tr><td colspan="2">停官</td><td></td><td></td><td></td><td></td><td></td></tr>
<tr><td colspan="2">降官</td><td></td><td></td><td></td><td></td><td></td></tr>
<tr><td colspan="2">闭门</td><td></td><td></td><td></td><td></td><td></td></tr>
<tr><td colspan="2">谨慎</td><td></td><td>三</td><td></td><td></td><td>三</td></tr>
<tr><td colspan="2">死</td><td></td><td></td><td></td><td>一</td><td>一</td></tr>
<tr><td colspan="2">准流</td><td></td><td></td><td></td><td>二</td><td>二</td></tr>
<tr><td colspan="2">徒</td><td></td><td></td><td>五</td><td>三六</td><td>四一</td></tr>
<tr><td colspan="2">戒役</td><td></td><td></td><td>四</td><td>四七</td><td>五一</td></tr>
<tr><td colspan="2">黜等</td><td></td><td></td><td>一三</td><td></td><td>一三</td></tr>
<tr><td colspan="2">降等</td><td></td><td></td><td>六</td><td></td><td>六</td></tr>
<tr><td colspan="2">杖</td><td></td><td></td><td></td><td>三三</td><td>三三</td></tr>
<tr><td colspan="2">笞</td><td></td><td></td><td></td><td>一三</td><td>一三</td></tr>
<tr><td colspan="2">锢</td><td></td><td></td><td>一四</td><td>九八</td><td>一一二</td></tr>
<tr><td colspan="2">计</td><td></td><td>三</td><td>四二</td><td>五〇九</td><td>五五四</td></tr>
<tr><td rowspan="2">前年度比较</td><td>增</td><td></td><td>一</td><td>二</td><td></td><td></td></tr>
<tr><td>减</td><td></td><td></td><td></td><td>六四</td><td>六三</td></tr>
</table>

刑名＼阶级＼所管	仙台镇台					
	上长官	士官	下士	兵卒	等外以下	计
夺官						
回籍						
停官		一				一
降官		一				一
闭门						
谨慎	一			一		二
死						
准流						
徒			八	四	一	一三
戒役				二		二
黜等			二			二
降等			五			五
杖				四一		
笞				五		
锢			十	二九	一	四〇
计	一	二	二五	八二	二	一三
前年度比较　增	一	一	八	七	二	一九
前年度比较　减						

所管 阶级 刑名		名古屋镇台					
		上长官	士官	下士	兵卒	徒刑人	计
夺官							
回籍							
停官							
降官							
闭门							
谨慎		一					一
死							
准流					一		一
徒				二	九		一一
戒役				一	九		一〇
黜等				三			三
降等				六			六
杖					一〇二		一〇二
笞					一〇		一〇
锢					六〇		六〇
计		一		一二	一九一		二〇四
前年度比较	增				一七		一〇
	减		三	三			

刑名＼阶级＼所管		大坂镇台					
		上长官	士官	下士	兵卒	徒刑人	计
夺官							
回籍							
停官							
降官							
闭门							
谨慎		一	二				三
死					三		三
准流					一		一
徒				一四	四七	四	六五
戒役					二九		二九
黜等				一三			一三
降等				四			四
杖					三七〇		三七〇
笞					一七		一七
锢				一九	一二六		一四五
计		一	二	五〇	五九二	四	六四九
前年度比较	增			一四	七五		八五
	减	一	一			二	

所管 / 阶级 / 刑名	广岛镇台					
	上长官	士官	下士	兵卒	等外以下	计
夺官						
回籍						
停官						
降官						
闭门						
谨慎	一	一				二
死						
准流						
徒			一	三〇		三一
戒役			一	九		一〇
黜等			八			八
降等			七			七
杖				一三九		一三九
笞				一三		一三
锢			一一	七六		八七
计	一	一	二八	二六七		二九七
前年度比较 增			五	九一		九一
前年度比较 减	一	三			一	

刑名＼阶级＼所管		熊本镇台						
		将官	士官	下士	兵卒	等外以下	徒刑人	计
夺官								
回籍								
停官								
降官								
闭门			一					一
谨慎		一	五	一	二			九
死								
准流				一	三			四
徒				二	二一		一	二四
戒役				一	一六			一七
黜等				五				五
降等				二				二
杖				一	三七	一		三九
笞					二六			二六
锢				一四	五一	二		六七
计		一	六	二七	三四六	三	一	三八四
前年度比较	增		二		一一	一		
	减	一		一七				二

所管 阶级 刑名		户山学校			
		士官	学生	生徒	计
夺官					
回籍					
停官					
降官					
闭门					
谨慎					
死					
准流					
徒					
戒役					
黜等					
降等			一		一
杖					
笞					
锢			二		二
计			三		三
前年度比较	增		三		
	减	一		四	二

所管 阶级 刑名	教导团					
	下士	生徒	兵卒	等外以下	徒刑人	计
夺官						
回籍						
停官						
降官						
闭门						
谨慎						
死						
准流		一				一
徒		六	一			七
戒役		四	一			五
黜等	二					二
降等						
杖		二	一	七	一	一一
笞		九				九
锢	二	六	一			九
计	四	二八	四	七	一	四四
前年度比较　增			二	二	一	
前年度比较　减	八	三				一五

刑名＼阶级＼所管		军医本部		
		下士	卒	计
夺官				
回籍				
停官				
降官				
闭门				
谨慎			一	一
死				
准流				
徒				
戒役				
黜等				
降等				
杖				
笞				
锢				
计			一	一
前年度比较	增			
	减	二	二	四

刑名＼阶级＼所管		裁判所			
		上长官	士官	等外以下	计
夺官					
回籍					
停官					
降官					
闭门					
谨慎				一	一
死					
准流					
徒					
戒役					
黜等					
降等					
杖					
笞					
锢					
计				一	一
前年度比较	增				
	减	二	二		二

刑名＼阶级＼所管	炮兵第一方面	
	下士	计
夺官		
回籍		
停官		
降官		
闭门		
谨慎	一	一
死		
准流		
徒	一	一
戒役		
黜等		
降等		
杖		
笞		
锢		
计	二	二
前年度比较 增	二	二
前年度比较 减		

所管 阶级 刑名		工兵第六方面			
		士官	下士	等外以下	计
夺官					
回籍					
停官					
降官					
闭门					
谨慎					
死					
准流					
徒					
戒役					
黜等					
降等					
杖					
笞					
锢				一	一
计				一	一
前年度比较	增				
	减	一	一		一

刑名＼阶级＼所管		军马局				
		下士	生徒	兵卒	等外以下	计
夺官						
回籍						
停官						
降官						
闭门						
谨慎						
死						
准流						
徒			一			一
戒役			二	二		四
黜等						
降等						
杖			二		二	四
笞						
锢		一	一			二
计		一	六	二	二	二
前年度比较	增	一	二	一		二
	减				二	

刑名＼阶级＼所管		旧军团						
		上长官	士官	下士	兵卒	等外以下	计	总计
夺官								一
回籍								○
停官								一
降官								一
闭门								二
谨慎		三	一				四	三八
死								三
准流					一		一	一一
徒				一	六		七	二二五
戒役								一五三
黜等								五一
降等								一二三
杖								一三三二
笞								一○一
锢								五五五
计		三	一	一	七		一二	二五○七
前年度比较	增	三	一		七		四	
	减				七		一四四	

统计受刑人员，将官一名，上长官八名，士官二十名，下士二百十五名，学生三名，兵卒二千一百九十九名，等外以下十九名，徒刑人八名，总计二千五百零七名。比之十二年之二千六百五十一名，为减百四十四名；比之十一年之一千六百八十九名，乃增八百十八名。又是年未决罪囚三百七十名，合计既决、未决，共二千八百七十八名。查日本军人、军属总员止有七万余名，是二十余人即有一人犯罪者，可谓多矣。此中犯擅归乡里之逃名律者为最多，几占总员之半；次则犯脱营游荡者为多。六营中以东京犯罪者为最多，次大坂，次熊本，次广岛，次名古屋，次仙台云。

军医

于陆军特立军医一部，以治军人、军属之病者。凡兵卒之应征者、生徒之入校者，皆先验之身躯之强弱、疾病之有无，然后采用。各军营所皆有病院，有军医为之长，以统汇于军医本部。医官分二种，曰医官，以司治疗；曰剂官，以司药材。凡病，察其流行病谓传染之病，如疫症之类。与土质病，谓因所居之地污湿干燥而生病者。有预防之法，在通沟渠，除积秽，务使污气不相传染。有所谓虎列刺病，即霍乱，吐泻之尤重者，其防之之法尤严。每有患者，即移置其人于别院，不使其亲戚相见。即以发病之处为病地，病未息时，所有往来之客，皆停留境外，不许入境。有保护之法，谓饮食之物、居处之地，择与其人其地相宜者。有治疗之法。病院中必清必洁，看病卒必勤必慎，院长以时巡察而董正之。每岁记其病之种类、患病之人数，分别其全愈、半治与不治者，条上之本部。部中以时开军医会议，所商卫生去疾之法。若遇战争，则多派医员于军中治其伤夷者。凡军士受伤不堪役者，别有恩给，必以军医察验，以其诊断书为证。

患者病类区分表

病类		前年旧患	本年新患	旧新患者员数	施疗日数	全治	死亡	不治除役	半治退院	现未痊治
内科	呼吸器诸病	三四五	二，二四八	一一，六二九	一三，一五二	一一，一四二	八〇	九六	七一	二四〇
	血行器诸病	三	五九	六二	二，一五九	三四	三	一七	一	七
	消食器诸病	三三七	一二，八九三	一三，二三〇	九八，七八二	一二，八七七	三五	一九	五六	二三四
	生殖器诸病	五	二九	二四	一，一八三	一九	五	五	一	四
	神经器诸病	四二	一，二三六	一，二六八	一四，八九五	一，一七〇	一八	三四	六	四〇
	皮肤病	四九	一，三九五	一，四四四	二〇，〇三一	一，三三六		二九		七九
	运动器械病	五七	一，四四三	一，五〇〇	二六，一七八	一，四二〇	三	二一	一五	四一
	急传染病	七三	二，七六二	二，八三五	二三，九五八	二，五七八	一六二	一	一一	八三
	中毒病	一	三九	四〇	八〇	二六				一四
	全身病	一〇	一〇八	一一八	三，二三八	九二	一	一七		八

病类		前年旧患	本年新患	旧新患者员数	施疗日数	全治	死亡	不治除役	半治退院	现未痊治
内科	脚气病	五五二	九，一〇〇	九，六五三	二八〇，三四〇	八，九七七	二二七	一五六	九〇	二〇二
	计	一，三四七	四〇，四三八	四一，八一二	五八三，〇〇三	三九，六七一	五三四	三六六	二八九	九五二
外科	炎症病	三〇三	一〇，六三六	一〇，九三九	一二八，五二六	一〇，五四七	三	二四	六四	三〇一
	异物赘生病	二	四八	五〇	八六三	四六		一		三
	外伤	一八八	一〇，五七七	一〇，七六五	九〇，二〇二	一〇，四七〇	二〇	四五	四四	一八六
	梅毒	一九二	二，四五六	二，六四八	六二，二五九	二，四二〇		五	二一	二〇二
	耳病	一五	三五八	三七三	五，六六七	三三七	一	一四	一	二〇
	眼病	二〇〇	五，四四二	五，六四二	六三，九六一	五，三七〇	一	三八	四〇	一九三
	畸形病		四五	四五	九二九	四一			一	三
	计	九〇〇	二九，五六二	三〇，四六二	三五二，四〇七	二九，二三一	二五	一二七	一七一	九〇八
总计		二，二七四	七〇，〇〇〇	七二，二七四	九三五，四一〇	六八，九〇二	五五九	四九三	四六〇	一，八六〇

各队下士兵卒及诸学校生徒并囚狱病者表

明治十二年七月至十三年六月。表中所著黑圈如作·即为单位。[1]

<table>
<tr><td rowspan="2">所管
种类</td><td colspan="5">近卫东京镇台并教导团诸学校等</td></tr>
<tr><td>下士</td><td>兵卒</td><td>生兵或后备</td><td>生徒</td><td>囚狱</td></tr>
<tr><td rowspan="2">兵员一日平均</td><td>一，七三五·〇六三</td><td>八，三六七·二五六</td><td>一，六五七·八六</td><td>一，六二四·〇八一</td><td>三五四·三三四</td></tr>
<tr><td colspan="5">五，九六九·六五六八</td></tr>
<tr><td rowspan="2">患者总员</td><td>一，三九七</td><td>一三，一四七</td><td>三，五三八</td><td>四，四四六</td><td>一，七二五</td></tr>
<tr><td colspan="5">二四·二五三</td></tr>
<tr><td rowspan="2">患者区别</td><td colspan="2">旧患</td><td colspan="2">新患</td><td>计</td></tr>
<tr><td colspan="2">七八一</td><td colspan="2">二三，四七二</td><td>二四，二五三</td></tr>
<tr><td>明治十一年度比较</td><td>下士</td><td>兵卒</td><td>生兵或后备</td><td>生徒</td><td>囚狱</td></tr>
</table>

增	减	施疗日数	一周年平均一日患者	健兵百名患者比例	痊愈	死亡	不治除队	事故	未愈
	五，六四二	三四〇，二八二	九三三·二七九	六·七八六	二三，〇〇五	一二八	一六二	一八六	七七二

① 单位：指比例数的小数点。

<table>
<tr><td colspan="2" rowspan="2">所管
种类</td><td colspan="8">仙台镇台</td></tr>
<tr><td colspan="3">下士</td><td colspan="3">兵卒</td><td colspan="2">生兵或后备</td></tr>
<tr><td colspan="2" rowspan="2">兵员一日平均</td><td colspan="3">三二七·五九四</td><td colspan="3">二,二六〇·三五〇</td><td colspan="2">七一四·五八九</td></tr>
<tr><td colspan="8">三,三〇二·五三三</td></tr>
<tr><td colspan="2" rowspan="2">患者总员</td><td colspan="3">四七二</td><td colspan="3">二,五四七</td><td colspan="2">一,一八七</td></tr>
<tr><td colspan="8">四,二〇六</td></tr>
<tr><td colspan="2" rowspan="2">患者区别</td><td colspan="3">旧患</td><td colspan="3">新患</td><td colspan="2">计</td></tr>
<tr><td colspan="3">八九</td><td colspan="3">四二七</td><td colspan="2">四,二〇六</td></tr>
<tr><td colspan="2">明治十一年度比较</td><td colspan="3">下士</td><td colspan="3">兵卒</td><td colspan="2">生兵或后备</td></tr>
<tr><td>增</td><td>减</td><td>施疗日数</td><td>一周年平均
一日患者</td><td>健兵百名
患者比例</td><td>痊愈</td><td>死亡</td><td>不治除队</td><td>事故</td><td>未愈</td></tr>
<tr><td></td><td>一,四六二</td><td>五〇,〇六二</td><td>一三七·一五六</td><td>四·一五三</td><td>四,〇五四</td><td>二三</td><td>四〇</td><td></td><td>八九</td></tr>
</table>

<table>
<tr><td colspan="2">种类＼所管</td><td colspan="8">名古屋镇台</td></tr>
<tr><td colspan="2"></td><td colspan="3">下士</td><td colspan="3">兵卒</td><td colspan="2">生兵或后备</td></tr>
<tr><td colspan="2" rowspan="2">兵员一日平均</td><td colspan="3">四七一·九八三</td><td colspan="3">二,七七四·六九四</td><td colspan="2">九五八·五八二</td></tr>
<tr><td colspan="8">四,二〇五·二</td></tr>
<tr><td colspan="2" rowspan="2">患者总员</td><td colspan="3">一,一二六</td><td colspan="3">六,八二八</td><td colspan="2">二,九八三</td></tr>
<tr><td colspan="8">一〇·九三七</td></tr>
<tr><td colspan="2" rowspan="2">患者区别</td><td colspan="3">旧患</td><td colspan="3">新患</td><td colspan="2">计</td></tr>
<tr><td colspan="3">二八四</td><td colspan="3">一〇,六五三</td><td colspan="2">一〇,九三七</td></tr>
<tr><td colspan="2">明治十一年度比较</td><td colspan="3">下士</td><td colspan="3">兵卒</td><td colspan="2">生兵或后备</td></tr>
<tr><td>增</td><td>减</td><td>施疗日数</td><td>一周年平均一日患者</td><td>健兵百名患者比例</td><td>痊愈</td><td>死亡</td><td>不治除队</td><td>事故</td><td>未愈</td></tr>
<tr><td>四八六</td><td></td><td>一〇〇,九〇九</td><td>二七六·四六三</td><td>六·五七四</td><td>一〇,三六四</td><td>一〇四</td><td>八六</td><td>一二三</td><td>二六〇</td></tr>
</table>

<table>
<tr><td colspan="2">所管
种类</td><td colspan="8">大阪镇台</td></tr>
<tr><td colspan="2"></td><td colspan="2">下士</td><td colspan="2">兵卒</td><td colspan="2">生兵或后备</td><td colspan="2">囚狱</td></tr>
<tr><td colspan="2" rowspan="2">兵员一日平均</td><td colspan="2">七六九·七六五</td><td colspan="2">四，四六八·一二</td><td colspan="2">一，四六四·六〇四</td><td colspan="2">一八四·〇八四</td></tr>
<tr><td colspan="8">五，九六九·六，五六八</td></tr>
<tr><td colspan="2" rowspan="2">患者总员</td><td colspan="2">九七九</td><td colspan="2">六，四〇一</td><td colspan="2">二，三二二</td><td colspan="2">五〇八</td></tr>
<tr><td colspan="8">一〇，二一〇</td></tr>
<tr><td colspan="2" rowspan="2">患者区别</td><td colspan="2">旧患</td><td colspan="3">新患</td><td colspan="3">计</td></tr>
<tr><td colspan="2">四五八</td><td colspan="3">九，七五二</td><td colspan="3">一〇，二〇二</td></tr>
<tr><td colspan="2">明治十一年度比较</td><td colspan="2">下士</td><td colspan="2">兵卒</td><td colspan="2">生兵或后备</td><td colspan="2">囚狱</td></tr>
<tr><td>增</td><td>减</td><td>施疗日数</td><td>一周年平均
一日患者</td><td>健兵百名
患者比例</td><td>痊愈</td><td>死亡</td><td>不治除队</td><td>事故</td><td>未愈</td></tr>
<tr><td></td><td>三七七</td><td>一八四，五〇三</td><td>五〇五·四八八</td><td>七·三一九</td><td>九，六二二</td><td>一五〇</td><td>一〇九</td><td>四二</td><td>二八六</td></tr>
</table>

<table>
<tr><td colspan="2" rowspan="2">所管
种类</td><td colspan="8">广岛镇台</td></tr>
<tr><td colspan="3">下士</td><td colspan="3">兵卒</td><td colspan="2">生兵或后备</td></tr>
<tr><td colspan="2" rowspan="2">兵员一日平均</td><td colspan="3">四八三・六五二</td><td colspan="3">三，一七八・九一六</td><td colspan="2">九一六・二六七</td></tr>
<tr><td colspan="8">四，五七八・八三五</td></tr>
<tr><td colspan="2" rowspan="2">患者总员</td><td colspan="3">八九六</td><td colspan="3">六，四三七</td><td colspan="2">二，三〇九</td></tr>
<tr><td colspan="8">九，六四二</td></tr>
<tr><td colspan="2" rowspan="2">患者区别</td><td colspan="3">旧患</td><td colspan="3">新患</td><td colspan="2">计</td></tr>
<tr><td colspan="3">二八九</td><td colspan="3">九，三五三</td><td colspan="2">九，六四二</td></tr>
<tr><td colspan="2">明治十一年度比较</td><td colspan="3">下士</td><td colspan="3">兵卒</td><td colspan="2">生兵或后备</td></tr>
<tr><td>增</td><td>减</td><td>施疗日数</td><td>一周年平均
一日患者</td><td>健兵百名
患者比例</td><td>痊愈</td><td>死亡</td><td>不治除队</td><td>事故</td><td>未愈</td></tr>
<tr><td></td><td>二六四九</td><td>二〇，九五六</td><td>三〇三・九八九</td><td>六・六三九</td><td>九，三五五</td><td>四二</td><td>四四</td><td>二</td><td>一九〇</td></tr>
</table>

<table>
<tr><td colspan="2" rowspan="2">所管
种类</td><td colspan="8">熊本镇台</td></tr>
<tr><td colspan="2">下士</td><td colspan="2">兵卒</td><td colspan="2">生兵或后备</td><td colspan="2">囚狱</td></tr>
<tr><td colspan="2" rowspan="2">兵员一日平均</td><td colspan="2">五九四·〇九九</td><td colspan="2">三，六八五·七八二</td><td colspan="2">一，〇四二·〇三七</td><td colspan="2">一〇〇·九一七</td></tr>
<tr><td colspan="8">五，四二二·八三五</td></tr>
<tr><td colspan="2" rowspan="2">患者总员</td><td colspan="2">一，〇七〇</td><td colspan="2">八，三三六</td><td colspan="2">三，三七〇</td><td colspan="2">二五〇</td></tr>
<tr><td colspan="8">一三，〇二六</td></tr>
<tr><td colspan="2" rowspan="2">患者区别</td><td colspan="2">旧患</td><td colspan="3">新患</td><td colspan="3">计</td></tr>
<tr><td colspan="2">三七三</td><td colspan="3">一二，六五三</td><td colspan="3">一三，〇二六</td></tr>
<tr><td colspan="2">明治十一年度比较</td><td colspan="2">下士</td><td colspan="2">兵卒</td><td colspan="2">生兵或后备</td><td colspan="2">囚狱</td></tr>
<tr><td>增</td><td>减</td><td>施疗日数</td><td>一周年平均
一日患者</td><td>健兵百名
患者比例</td><td>痊愈</td><td>死亡</td><td>不治除队</td><td>事故</td><td>未愈</td></tr>
<tr><td></td><td>一，七三九</td><td>一四八，六九八</td><td>四七·三九二</td><td>七·五一三</td><td>一二，五〇二</td><td>一二</td><td>五二</td><td>九八</td><td>二六三</td></tr>
</table>

<table>
<tr><td rowspan="2">所管
种类</td><td colspan="5">总　计</td></tr>
<tr><td>下士</td><td>兵卒</td><td>生兵或后备</td><td>生徒</td><td>因狱</td></tr>
<tr><td rowspan="2">兵员一日平均</td><td>四，四〇二·一五六</td><td>二四，七三五·一一六</td><td>六，七五三·九三一</td><td>一六二四·〇八一</td><td>六九三·三三五</td></tr>
<tr><td colspan="5">三八一五四·六一九</td></tr>
<tr><td rowspan="2">患者总员</td><td>五九四〇</td><td>四三，六九六</td><td>一五，七〇九</td><td>四，四四六</td><td>二，四八三</td></tr>
<tr><td colspan="5">七二，二七四</td></tr>
<tr><td rowspan="2">患者区别</td><td colspan="2">旧患</td><td>新患</td><td colspan="2">计</td></tr>
<tr><td>二，三七四</td><td>七二二</td><td>七〇，〇〇〇</td><td>七四</td><td>七二，二四七</td></tr>
<tr><td>明治十一年度比较</td><td>下士</td><td>兵卒</td><td>生兵或后备</td><td>生徒</td><td>因狱</td></tr>
</table>

<table>
<tr><td>增</td><td>减</td><td>施疗日数</td><td>一周年平均
一日患者</td><td>健兵百名
患者比例</td><td>痊愈</td><td>死亡</td><td>不治除队</td><td>事故</td><td>未愈</td></tr>
<tr><td rowspan="2"></td><td rowspan="2">二，三八二</td><td rowspan="2">九三五，四一〇</td><td rowspan="2">二，五六二·七六七</td><td rowspan="2">六·七一七</td><td>六八，九〇二</td><td>五五九</td><td>四九三</td><td>四六〇</td><td>一八六〇</td></tr>
<tr><td>患者百名
九五·三三四</td><td>同
〇·七七三</td><td>同
〇·六八二</td><td>同
〇·六三六</td><td>同
二·五七四</td></tr>
</table>

马　政

凡马考其产地，问其年，辨其种，分其色，讲求所以饲养之方、刍秣之法、调护之宜，治其病而纪其死亡之数，发卖之数。凡各营所需马匹，告之军马局。军马局调查其数，以时分给，以备军用。军马局有总监官，率所属以司其事焉。

军马增减表

官廨	事项		马数	年度比较			
				前年		前年	
				增	减	增	减
军马局调马厩	增数	购求	六〇〇	三九六		一三六	
		返纳	二四二		二七五		六六〇
		计	八四二	一二一			五二四
	减数	支给	六〇〇		二四八		一，一二八
		卖却	一四八		二九	四三	
		毙死	一七		一〇	二	
		解剖	三		一三		一七
		计	七六八		三〇〇		一，一〇〇
近卫各镇台诸队及诸官廨	增数	购求	五		一〇一		三〇
		请求	六〇〇	二四八			二二八
		计	六〇五	三四九			二五八
		返纳	二四二	二七五			六六〇
	减数	卖却	八八	一三一	三〇		
		毙死	四一	一七	一二		
		计	三七一	四二三			六一八

军马局调马厩马匹现在表 据十三年六月调查之数

所管种类	马数	计	十二年六月三十日比较	
			增	减
本局马车马种马	六九	六九	一	
调马厩	二〇七	二〇七	七三	
计	二七六	二七六	七四	

近卫各镇台诸队及诸官廨马匹现在表 据十三年六月调查之数

所管种类		参谋部	诸队					卫戍	备附	贷下	计	十二年六月三十日比较	
			步兵	骑兵	炮兵	工兵	辎重兵					增	减
近卫			一六	一三二	一八九	一二					三四九	二	
士官学校									一〇〇		一〇〇		
镇台	东京		二五	二四七	二三一	二六	一六〇	四			六九三	四七	
	仙台	三	一二		二九		三七	二			八三	三三	
	名古屋	三	一九		二九		三七	三			九一	三七	

所管种类		参谋部	诸队					卫戍	备附	贷下	计	十二年六月三十日比较	
			步兵	骑兵	炮兵	工兵	辎重兵					增	减
镇台	大阪	四	二六		二二三	二四	八二	二			三六一		一三
	广岛	七	一六		二八		三四	二			八七	三七	
	熊本	五	一八		二〇六	二四	七〇	二			三二五	四	
诸官廨其他	户山学校												
	教导团								二九七		二九七	三	
	炮兵第一方面								四		四		
	工兵第一方面								一		一		
	无队将校									九八	九八	六三	
	外国教师									二	二		四
参谋本部									二七		二七	七	
监军本部									九		九	二	
诸县种马										九四	九四	二	
计		二二	一三二	三七九	九三五	八六	四二〇	一五	四三八	一九四	二,六二一	二三四	

废死马匹表

官廨＼事项		废除	毙死	计	年度比较			
					前年		前年	
					增	减	增	减
近卫		一三	四	一七		三一		四七
士官学校		九	二	二	四		五	
镇台	东京	五二	七	五九		四四	三	
	仙台	一		一	一		一	
	名古屋		一	一				
	大阪	二四	一〇	三四	一三		一九	
	广岛		二	二	二		二	
	熊本	三八	二四	六二	三二		五六	
教导团		一五	四	一九	二二			五
军马局		一〇一	一六	二七		三〇	四	
病马厩		一九	二三	四二		一〇		一五
计		二七二	九三	三六五		四一	二三	

病马现在表 据十三年六月调查之数

所管＼种马		在所管						在病马厩							十二年六月三十日比较	
		骑兵	炮兵	工兵	辎重兵	备附	计	骑兵	炮兵	工兵	辎重兵	备附	计	总计	增	减
近卫		四	一三	二			一九	一	五				六	二五		二
士官学校						七	七					三	三	一〇		一
镇台	东京	一三	二五	一	一六		五五	一	六		四		一一	六六	二四	
	仙台		三				三							三		六
	名古屋				三		三							三	一	
	大阪		九		八		一七							一七	三	
	广岛		二		四		六							六	五	
	熊本		四〇	四	八		五二							五二	一六	
教导团		四	二〇	二			二六	一	六				七	三三	四	
军马局						六三	六三					二七	二七	九〇	二一	
计		二一	二二	九	三九	七〇	二五一	三	一七		四	三〇	五四	三〇五	六五	

卷二十五　兵志五

海　军

日本古无海军。安政二年六月，和兰人始献蒸汽船。德川将军家定遣矢田崛景、藏胜麟太郎等于长崎，就和兰人学操汽船术，复遣榎本釜次郎、赤松太三郎等往和兰国习海军法。又购观光舰于和兰。其后相踵购蟠龙、咸临、朝阳、富士山、开阳诸舰于和兰、于美利坚。庆应丁卯，德川氏还政，设三职，隶八课，始有海陆军务之名，而未设专官。明治元年戊辰二月，改为军防事务局。闰四月，复改为军务官。二年七月，又改为兵部省，皆以海军隶其中，而别设海军大将、中将、少将等官。四年四月，复置大、中、少佐，大、中、少尉诸官。八月，于兵部省中分陆军、海军二部，各设分局。逮五年二月，始废兵部省，与陆军分，专设海军省。六年六月，重定官职，沿为今制。

官　职

凡分为二途：一曰文官，犹兵部；一曰武官，犹水师提督、副将等官。

海军文官官等表

敕任			奏任				判任									
一等	二等	三等	四等	五等	六等	七等	八等	九等	十等	十一等	十二等	十三等	十四等	十五等	十六等	十七等
卿	大辅	少辅	大书记官	权大书记官	少书记官	权少书记官	一等属	二等属	三等属	四等属	五等属	六等属	七等属	八等属	九等属	十等属
裁判所																
				裁判长	评事	权评事	大主理	中主理	少主理	大录事	中录事	少录事			一等捕部	二等捕部

海军武官官等表

敕任			奏任					
一等	二等	三等	四等	五等	六等	七等	八等	九等
将官			上长官			士官		
大将	中将	少将	大佐	中佐	少佐	大尉	中尉	少尉

判任				
十等	十一等	十二等	十三等	十四等
	下士			
舰内教授役	舰内教授役介			
	警吏	警吏补		
	一等笔生	二等笔生	三等笔生	

		下士			
	掌炮上长	掌炮长	掌炮次长	掌炮长属	
	水夫上长	水夫长	水夫次长	水夫长属	
			指挥官 端舟长	舰长端舟长	中端舟长
				大端舟长	小端舟长
			甲板长	甲板次长	甲板长属
				樯楼长	樯楼长属
			按针长	按针次长	按针长属
			信号长	信号次长	信号长属
			帆缝长	帆缝次长	帆缝长属
			造纲长	造纲次长	造纲长属
				船舱长	
	水工上长	水工长	水工次长	水工长属	
					槙筎工长
					涂工长
					桶工长

海兵部	敕任			奏任					
	一等	二等	三等	四等	五等	六等	七等	八等	九等
			少将	大佐	中佐	少佐	大尉	中尉	少尉
	判任								
	十等	十一等	十二等	十三等	十四等				

海兵部		下士							
		曹长	军曹	伍长					
		乐队长	乐队次长	乐长鼓长	乐师鼓次长				
军医科	敕任			奏任					
	一等	二等	三等	四等	五等	六等	七等	八等	九等
				大医监	中医监	少医监	大军医	中军医	少军医
	判任								
	十等	十一等	十二等	十三等	十四等				
		下士							
	军医副								
秘书科	敕任			奏任					
	一等	二等	三等	四等	五等	六等	七等	八等	九等
					秘书官	权秘书官	大秘书	中秘书	少秘书
	判任								
	十等	十一等	十二等	十三等	十四等				
		下士							
	秘书副								
主计科	敕任			奏任					
	一等	二等	三等	四等	五等	六等	七等	八等	九等

主计科					主计大监	主计少监	大主计	中主计	少主计
	判任								
	十等		十一等		十二等		十三等	十四等	
			下士						
	主计副								
					舰内厨宰			舰内厨宰介	
							舰内割烹		
								病室厨宰	
								看病夫长	
机关科	敕任			奏任					
	一等	二等	三等	四等	五等	六等	七等	八等	九等
					机关大监	机关少监	大机关士	中机关士	少机关士
	判任								
	十等		十一等		十二等		十三等	十四等	
			下士						
			机关士副		火夫长		火夫次长	火夫长属	
					锻冶长		锻冶次长	锻冶长属	
								兵器工长	

海军武官月俸日给表

		以上敕任			以上奏任						以上判任			
		将官			上长官			士官			准士官	下士		
月俸	一等	四百元	二百五十元	一百五十元	二百元	百五十元	百元	七十元	五十元	四十元	二十五元	一元八钱五	八十二钱二	
	二等				百八十元	百三十元	九十元	六十元	四十五元	三十五元	二十元	九十五钱三	五十九钱二	四十九钱七
非役	一等	二百五十元	二百十元	百五十元	百二十元	九十元	六十元	四十二元	三十元	二十四元	十二元	舰内教授役	舰内教授役介	
	二等				百八元	七十八元	五十四元	三十六元	二十七元	二十一元	十元		八十二钱二	三十七钱
		大将	中将	少将	大佐	中佐	少佐	大尉	中尉	少尉	少尉补		五十九钱二	三十钱四
													四十七钱七	二十七钱
													警吏	警吏补
												五十九钱二	三十七钱	二十三钱八
												一等笔记	二等笔记	三等笔记

	以上敕任			以上奏任						以上判任			
										三十元 二十五元	八十二钱二 五十九钱二 四十七钱二	三十钱四	二十七钱一
										掌炮上长	掌炮长	掌炮次长	堂炮长属
	大将	中将	少将	大佐	中佐	少佐	大尉	中尉	少尉	少尉补			
											三十钱四	二十七钱一	二十三钱八
											指挥官端舟长	监管端盘	中端舟长
												二十七钱一	二十一钱七
												大端舟长	小端舟长
											三十钱四	二十七钱一	二十三钱八
											甲板长	甲板次长	甲板长属

	以上敕任			以上奏任						以上判任			
												二十七钱一	二十三钱八
												樯楼长	樯楼长属
											三十钱四	二十七钱一	二十三钱八
											按针长	按针次长	按针长属
											三十钱四	二十七钱一	二十三钱八
											信号长	信号次长	信号长属
											三十钱四	二十七钱一	二十三钱八
											帆缝长	帆缝次长	帆缝长属
	大将	中将	少将	大佐	中佐	少佐	大尉	中尉	少尉	少尉补			
											三十钱四	二十七钱一	二十三钱八
											造纲长	造纲次长	造纳长属

	以上敕任			以上奏任						以上判任			
												二十七钱一	
												二十三钱八	
												船舱长	
										三十元	八十二钱二	三十七钱	三十三钱九
											五十九钱二		
										二十五元	四十七钱七		
										木工上长	木工长	木工次长	木工长属
												三十三钱九	二十七钱六
												槙茹工长	槙茹工长属
												三十三钱九	二十七钱六
												涂工长	涂工长属
													三十七钱六
													桶工长

	以上敕任			以上奏任						以上判任			
	大将	中将	少将	大佐	中佐	少佐	大尉	中尉	少尉	少尉补			
											八十二钱二 五十九钱二	十七钱七	三十七钱
											锻冶长	锻冶次长	锻冶长属
												三十三钱九	三十钱四
												兵器工长	兵器工长属
									三十二元	三十钱	二十五钱	二十钱	十五钱
									二十七元	二十八钱	二十三钱	十八钱	十三钱
									乐长	乐次长	乐师	乐手	乐生

			以上敕任			以上奏任							以上判任			
军医科	月俸	一等			二百五十元	二百元	百五十元	百元	七十元	五十元	四十元	三十元				
		二等				百八十分	百三十元	九十元	六十元	四十五元	三十五元	二十五元			三十钱四	二十一钱七
	非役	一等			百五十元	百二十元	九十元	六十元	四十二元	三十元	二十四元	十八元				
		二等				百八元	七十八元	五十四元	三十六元	二十七元	二十五元	十五元				
					军医总监	大医监	中医监	少医监	大军医	中军医	少军医	军医副				
秘书科	月俸	一等				二百元	百五十元	百元	七十元	五十元	四十元	三十元				
		二等				百八十元	百三十元	九十元	六十元	四十五元	三十五元	二十五元			病室厨宰	看病夫长

			以上敕任			以上奏任							以上判任			
秘书科	非役	一等				百元	七十五元	五十元	三十五元	二十五元	二十元	十五元				
		二等				九十元	六十五元	四十五元	三十元	二十二元	十七元	十二元				
						大秘史	中秘史	少秘史	大秘书	中秘书	少秘书	秘书副				
主计科	月俸	一等				二百元	百五十元	百元	七十元	五十元	四十元	三十元			四十七钱七	十六钱四
		二等				百八十元	百三十元	九十元	六十元	四十五元	三十五元	二十五元			三十七钱 二十三钱八	
	非役	一等				百元	七十五元	五十元	三十五元	二十五元	二十元	十五元				
		二等				九十元	六十五元	四十五元	三十元	二十二元	十七元	十二元			舰内厨宰	舰内厨宰介
						主计大监	主计中监	主计少监	大主计	中主计	少主计	主计副				

			以上敕任			以上奏任							以上判任			
机关科	月俸	一等				二百元	百五十元	百元	七十元	五十元	四十元	三十元				
		二等				百八十元	百三十元	九十元	六十元	四十五元	三十五元	二十五元	九十五钱三			
	非役	一等				百二十元	九十元	六十元	四十二元	三十元	二十四元	十八元	八十二钱二	三十七钱	三十钱四	二十七钱一
		二等				百八元	七十八元	五十四元	三十六元	二十七元	二十一元	十五元	五十六钱二			
						机关大监	机关中监	机关少监	大机关士	中机关士	少机关士	机关士副	机关士补	火夫长	火夫次长	火夫长属

大、中、少将为将官，大、中、少佐为上长官，大、中、少尉为士官，少尉补及掌炮、水夫、木工三上长为准士官。下士以下，凡分五等，共十五等。表中不及第十五等官吏，故十五等一等姑阙。自少尉补以上，以在海军兵学校既经卒业者选举之，循资格而递升，不得越级。三上长及下士，则于卒夫中拔擢。凡海军武官专以备指挥船舰之用，平时将官皆不在舰，惟有事乃受命焉。上长官佐官充舰长者，长居舰中。与士官，其在职者，按月给俸。使之乘船，则有加俸。或驶往外国，及遇有战争，又加俸焉。其不在职者，名曰非役武官，受每月俸金五分之三。下士以下，亦有非役者，受其日给四分之一。或增立新军，添置巨舰，则召募之，以备舟楫之材，遇战争则檄集之。按：日本海军章程，均依仿英国，非役官甚多，国家均给以禄。此种人员均于兵学校中经试业入选者，既不能遍授以事，故给禄以羁縻之，以收干城之用。盖兵之所系在将，将之不明，以卒予敌，况航海一事，尤非素习不能者乎？国家不惜糜费以养之，所以储将材也。查武官俸金比文官为少，非役更少，然既博声誉，又复优游无事，而外国政府、己国商船或延请之，亦得就其聘，故人亦多乐为之也。闻英国非役士官，在商船营业，每岁必以二十八日归海军教练云。舰长专司一舰之事。整饰船械，教练水夫，皆其专责。所有诸舰，彼此轮替，互相调易。每舰必有军医，以视疾病；有秘书，以典文簿；有主计，以司钱谷；有机关士，以司机器。其余按针、信号、帆索、鼓乐，各司其事。现在未命大将，自中将至少佐，现共五十八人。中将四人，少将五人，大佐四人，中佐十人，少佐三十五人。士官、准士官共三百二十一人。大尉五十二人，中尉九十人，少尉一百二十二人，少尉补五十七人。军医秘书、主计、机关列奏任以上者，共一百八十四人。军医自少军医以上四十八人，秘书自少秘书以上共三十人，主计自少主计以上共六十人，机关自少机关以上共四十六人。考明治七年，奏任以上武官有二百二十二员，八年之间增二百八十余员矣。初设海军，多延西人为之驾驶。尔来舰长能不假他人手，而航回之间，时损机器，每触暗礁，盖于此术犹未能精也。

船　舰

凡船舰，必次第其等级，辨其制造之新旧，分其种类，验其材质，度其首尾之长短、中幅之广狭、船与身吃水之深浅，测其全身之重量、所容受之吨数，审其机关之运转，别其车轮之明暗，算其马力之虚实，视其装炮之多少，较其煤炭之容积与费用，区其官兵之数目。为表如左。举其现在所有者。查日本尚有云扬、第二、丁卯、阳春、河内、武藏、和泉等舰，今皆废毁，不著于此。

船舰表上

单位：尺

船名	等级	制造年号	制造地名	船种	船质	船长	船幅	船深	吃水
扶桑舰	第二	一八七七年	英国	二等战舰	铁甲	二二六	四八	二八	前一七尺 后一八尺
金刚舰	第三	一八七七年	英国	巡逻船	半铁甲	二三三	四一	二一	前一六尺 后一八尺
比睿舰	第三	一八七七年	英国	巡逻船	半铁甲	二三一	四二	二一	前一二尺 后一二尺
龙骧舰	第三	一八六九年	英国	巡逻船	半铁甲	二〇七点七	三八点五	三九点七	
浅间舰	第三	一八六五年	法国	巡逻船	木制	二三四	三一点五	二四点五	
富士山舰	第三	一八六四年	美国	旧炮船	木制	二〇六	二九	一五	前一五尺 后一四尺
东舰	第三	一八六五年	法国	撞船	铁甲	一九六	二六点二	一九	前一六尺 后一七尺
筑波舰	第三	一八五一年		巡逻船	木制	一八二	三五点三	二四点五	
清辉舰	第四	一八七五年	日本国 横须贺	旧炮船	木制	一九八	三〇	一五点五	前一一尺 后一四点五尺

船名	等级	制造年号	制造地名	船种	船质	船长	船幅	船深	吃水
日进舰	第四	一八六九年	和兰国	旧炮船	木制	一一〇	二八	一八点六	前一二尺 后一四尺
春日舰	第四	一八六三年	英国	旧炮船	木制	二四〇	二七点九	一三点一	前一二尺 后一三尺
迅鲸舰		一八七七年	横须贺	御船	木制	二四七点五	三〇点〇七	一九点三	
摄津舰	第四			炮船	木制	一七〇	二六点三	二〇点〇五	
天城舰	第四	一八七七年	横须贺		木制	二一七点二	三一点一	一〇点〇七	
凤翔舰	第五	一八六八年	英国	炮船		一二〇	三三点八	九点二	前七尺六 后八尺六
孟春舰	第五	一八六七年	英国	炮船	木铁皮	一三〇	二一点二	一〇点三	前八尺 后八尺
第二丁卯舰	第五	一八六七年	英国	炮船	木制	一一三点八	二一点八	一〇点九	
乾行舰	第五	一八五九年	英国	炮船	木制	一七七点七	二三点四	一二	

船名	等级	制造年号	制造地名	船种	船质	船长	船幅	船深	吃水
雷电舰	第五	一八五七年	英国		木制	一四〇	二二		
苍龙舰		一八七二年	横须贺		木制	一五五点四	三〇点〇七	一四点四	
千代田形舰	第六	一八六三年	日本国 石川岛	炮船	木制	九七	二〇	六点四	前五尺四 后七尺
磐城舰	第五	一八七九年	横须贺	炮船	木制	一五五			
海门舰		未成			木制				
天龙舰		未成			木制				
高雄丸	第五	一八六九年	英国	运送船		二二三点七	三二点六	一五	九尺四寸
肇敏丸	第七		美国	运送帆船		一三七	二九点七	一七	
快风丸	第七			运送帆船		一二三		一〇	八尺六寸

船舰表下

船名	全身重（吨）	所容吨数	机关	车轮	实用马力（匹）	推算马力（匹）	装炮	煤炭容积 一日夜炭费	官兵（名）
扶桑舰		一八七九		双暗轮	二三〇〇	五〇〇	一二		三〇九
金刚舰		一七八〇		暗车	二五〇〇	四六〇	一三		三〇一
比睿舰		一七六一		暗车	二五〇〇	四五〇	一三		三〇一
龙骧舰	九九二点四三	一四五九	直动横置	暗车	八〇〇	二八〇	一四	六十万斤 八万斤	二七五
浅间舰		一一二〇	双塔形		三〇〇		一二	五十万 六万	二七五
富士山舰	一〇〇〇	八〇〇					一三	四十万 四万	二四七
东舰	七〇〇	一八〇〇	直动横置	双暗车	五〇〇	三〇〇	三	七十万 七万	一三五
筑波舰	九六〇点三八	一六〇〇					一二	三十五万 三万七千	
清辉舰		八九八		暗车	七二五	一八〇	五		一三五

船名	全身重（吨）	所容吨数	机关	车轮	实用马力（匹）	推算马力（匹）	装炮	煤炭容积 一日夜炭费	官兵（名）
日进舰	三九一	七八四	直动横置		四七〇	二五〇	一三	四十八万 五万二千	一四五
春日舰		一〇一五	振动	外车		三〇〇	八	四十五万三六 七万	一三七
迅鲸舰				外车	一四〇〇				一一七
摄津舰		七〇〇						二十五万 四万	
天城舰		九二六		暗车	七二〇	一八〇	九		
凤翔舰		一七三	直动横置	暗车	一一〇		四	一十一万 一万五千	六五
孟春舰		三〇〇	直动	双暗车	一五〇	五二	四	九万八千 一万五千	六五
第二丁卯舰	一一五	二五〇	直动		六〇		五	七万五千 一万五千	六五
乾行舰	五二三	二八〇							

船名	全身重（吨）	所容吨数	机关	车轮	实用马力（匹）	推算马力（匹）	装炮	煤炭容积 一日夜炭费	官兵（名）
雷电舰		二〇〇		暗车			四		
苍龙舰	一五二		振动	外车				二万四千零八十	
千代田形舰		一五八	直动	暗车	六〇	三二	三	三万二千 八千	三九
磐城舰	六一〇点六三四	三〇〇点四〇五	水平高压	暗车	六五〇	一二〇	三	二十五吨	七四
海门舰	一三九〇点〇三八	六八一点六二	水平复动	暗车	一二五〇	二五〇	八	三八吨五	
天龙舰				暗车	一二五〇		七		
高雄丸	一一四〇点九七			外车		二五			
肇敏丸	四四六	六〇〇							
快风丸									

凡军舰等级分为七阶：统官员兵士以四百五十五人以上为一等，三百十五人以上为二等，百七十人以上为三等，百人以上为四等，六十五人以上为五等，四十人以上为六等，三十九人以下为七等。其铁甲船不问大中小，以一、二、三等军舰之官兵充补。至运送船，则容载八百吨以上总称为四等，五百吨以上为五等，二百吨以上为六等，以下总称为七等。军舰三等以上称曰大舰，六等以下称曰小舰，其间二等称曰中舰。大舰以大佐、中佐为舰长，中舰以少佐为舰长，小舰以大尉为舰长。合诸军舰编为舰队，亦分三等：大舰队概以十二艘，中舰队概以八艘，小舰队概以四艘。每舰队必以运送船一附属焉。大舰队以将官指挥，中舰队或以少将或大佐指挥，小舰队以大佐指挥，是为常法。然苟以将官指挥，不问其所乘之舰列于何等，皆称曰旗舰。若大佐所乘则称曰指挥舰。此亦仿英国制度。其为此名者，盖以大将指挥，则于大樯上揭一小旗，中将则揭旗于前樯上，少将则揭旗于后樯上，舰皆曰旗舰，将亦曰旗将。若大佐则揭大带旗，以示分别。盖大佐以下官，专司一舰为舰长。若联合舰队、小舰队，得命其指挥，中舰队以上，则必大、中、少将有故，乃能代理焉。平时，军舰除停泊之外，时于内海近港巡回测量，间亦驶往外国。先是，万延元年遣咸宁丸往美国，彼国水兵颇为轻侮；至明治八年，筑波舰复往，则皆称赞之。后于十二年遣龙骧舰往土耳其。十四年复遣之往澳大利亚焉。

日本海军之兴，为日尚浅。明治十年，悉索诸赋购扶桑、金刚、比睿三舰于英国，稍能成军。扶桑价银九十六万七千五百元，金刚、比睿各六十三万七千五百元。此外则龙骧二十七万元，清辉等皆十六万元。当路者谋欲扩充之，而力未能也。考英国水师兵船，有用之运师粮者，有用之贮军实者，有用之运官兵者，此种船皆下等，或兼用帆船。日本之高雄、肇敏、快风皆是也。有用之测量者，有用之教练者，此多以次等船及旧式船为之。日本之筑波、富士山、浅间、乾行，今皆在水师学校为教练船。有用之守港者，有用之撞突者，船头有铁锥，极锋利，可以撞击敌船。西语谓之兰母，译言牡羊，喻羊之以头触物也。华人谓之蚊子船。日本谓之东舰是也。有用之攻击者，此为专用大炮，每船炮不过三四尊。西语谓之根钵，译言炮船。日本之摄津、凤翔、孟春、丁卯、乾行、千代田形、磐城皆是也。有用之侵内河小港者，此种船多用一支樯，西语谓之斯鲁朴。日本译为旧炮船，其富士山、清辉、日进、春日皆是也。有用之巡击外洋者。用以往来海面，擒敌国各船，保己国商船者，西语谓之科鲁色尔，译言巡逻船。日本之金刚、比睿、龙骧、浅间、筑波皆是也。至名曰战船，则可攻可守可战，皆船坚而炮巨。其三等者，西语谓之廓非梯，二等者谓之富力结特。舱多分两层，上层有炮台。日本之扶桑亦此类也。其尤者为第一等战舰，英语谓之施朴阿富兰，译言列阵船，谓其可成列而战，如营阵之坚，难于摇撼也。此种船多用三层，上层有炮台，日本无之。若英之因富列谢布，铁甲厚至二十四英寸，载重三千一百五十五吨。船长至三百二十英尺，宽至七十五英尺，铁甲之内复有铁城形，高十二英尺，半入水中半出水面，宽七十五英尺，长一百一十英尺，机关、蒸汽罐、器械、弹药、炮台皆在城墙内。此城墙厚四十一英寸，中有铁厚十六至十七英寸不等，余皆以印度坚木为之表里。此墙外距船头船尾各一百五英尺，下距船底十八英尺。墙脚之下以木为壳，取易浮也。船中机轮、机关皆修两副，以备更换。炮重至八十一吨，容药三百磅。弹重至一千六百五十磅，船中铁城之内有炮台两座，分列左右，与寻常安置前后者不同，台高十二英尺，内径二十八英尺，八十一吨重，炮共四尊。盖自帆樯易为车轮，而风樯失其利；板木变为铁甲，而木舟失其用。逮乎近日，各国争强角力，日进日新，铁甲之不已，复益以铁城，直无异建铜墙铁壁于海中，而与人争地，宜乎无敌不摧、无城不克矣！虽然，输之攻有尽，墨之守无穷，炮过重则舟不胜，舟过重则水不胜，故船坚炮巨，不能无止境，而海底之水雷，岸上之炮弹，则其力不可限量也。又况费用过巨，制一因富列谢布船之费，可以造炮船六艘。当中国购龙骧、虎威诸炮船时，美国机器长某上书其政府以为得策，曰："苟炮船有三十六吨八百磅之弹，则举四炮船之力，足以敌一铁甲，绰乎有余裕，此亦一理也。"窃谓中国有十数大铁甲，雄镇海口，其他则多造炮船与巡逻船为宜。日本海军规模未备，特举英国海军大凡，以告知兵者。至于机关之微，车轮之巧，炮弹之精，是皆专门之学，不尽著于篇。

兵　卒

兵卒统称曰水兵，多募壮勇充之。据征兵令曰，海军别设方法以征集。盖海军之役，自属专门，欲于人民赋兵选充甚难，且年限较长，人数较少，故用赋兵不如募壮兵也。考各国水兵章程不一，然大概二种：一曰募兵，亦谓自奋兵；一曰役兵，则使海岸人民编入兵籍，强之充役。若遇战时，凡国中商船水夫，皆应归调遣。海军别有征募规则：一曰凡愿充水兵者，年岁限十五岁以上、二十五岁以下。二曰曾在西洋式之帆船及汽船营业者，不拘年岁，亦可采用；三曰海军在职之期限定七年或五年，期限中不得他往；考英国章程，凡水兵在船遵守军律，非经官吏允许，不得上岸。否则直以逃亡律处断。近来有终身充兵者，以十年为期，期满再任，许假期二十一日，然后再移他舰。四曰期满之后，如愿再充，准其续任三年；五曰在期限中不得离船，即父子兄弟有疾，不得告假往视；六曰当奉职时，家族许量给以扶助金。按：英国海军章程，水夫与水兵歧而为二，此法未善，英国亦屡欲更改而未及举行也。其充水兵者，海陆并用，此中多属炮兵。凡被服器用操练方法，皆无异于陆军。据其一千八百七十九年之数，驻岸水兵六千八百人，此种皆习水者，时与在船水兵互相更替，在船水兵六千二百人，而水夫则共三万五千一百人，尚有水师僮仆五千三百人，都共五万三千四百五十人。此皆常备兵之数也。外此尚有三种留兵：一海防卫兵。此种兵本是守卫海岸，兼在巡船，以严查商贾漏税者。后无此患，故变为海岸卫兵。分英国海岸为十一州，隶于各海军舰长麾下。舰长之次，复有士官监督之，或属炮船，或属巡艇，以时查察港汊。此兵颇能自如，每在近傍海岸经营小舍，常时驻居，有事乃下船以供职。苦遇战争，则皆使服役军舰。此队殆有七千五百人。一曰海防自愿兵。在海军，犹民兵也。此于海岸贸易及船舶供事之人，尽编兵籍，每岁亦酌给以银。一年中于二十八日间归海军卫兵士官麾下，受其教练。有战争时则应募，限二年期，在军舰服役。此队现有五千五百人。又一曰海军留兵，稍似乎海防预备兵，其所以异者，平时在航海船，战时应募，于五年供役在军舰。此队殆有一万六千人云。附识于此。

经　费

自明治元年至明治八年六月，海军省费共金五百六十七万五千一百三十三元八十六钱，又买军舰费一百七十七万一百八元八十四钱。购兵器费一百七万四千二百七十九元八十三钱。明治八年自八年七月起至九年六月止。下同。费共金二百七十万元。九年，费三百五十四万九千七百元。十年，费三百二十一万七千五百元。十一年，费二百六十四万一千六百元。十二年，费二百六十三万六千三百元。十三年，费三百零六十五万元。

卷二十六　兵志六

海　军

海军省

海军卿之职，统率属官以理海军事。凡部下官员，奏任以上官进退黜陟，皆具状上申；判任以下，得专行之。省中事务，凡设定制度，卿以其意见奏请，报可而后行。一曰定海军编制之法；二曰定诸徽章；三曰选定营兵之地；四曰布达诸军士号令；五曰诸局、诸官廨，或设立，或废，或合并；六曰制定诸局、诸官廨之条例规制；七曰命将官司某职课，及除局长与廨长；八曰军人、军属有赏典及特赦恩减之事；九曰判决士官闭门以上之罪；十曰处决下士犯军律死罪者；十一曰凡关涉外国人军属犯罪处分之事；十二曰派遣部下官员、生徒前往外国；十三曰凡制造船舰、购买军器与外国人结约之事；十四曰派船往外国；十五曰佣外国人；十六曰创设新制，变更旧规。此皆奏请然后施行，其他则专行。事小则径决。大辅，辅卿之职掌，卿有事得代理。少辅又亚于大辅。书记官各受卿之命，分营庶务，率属官而从事焉。本省所属，有裁判所等官，以整军律，而兵学寮、造船局、水路局，皆附属之。环海分为东、西二部，各设镇守府以守护。南海自纪伊国潮岬以西为西部，北海自能登岬以东为东部。现东海镇守府既设于横滨，其西海镇守府尚未设立，故海军船舰，皆归东海镇守府管辖焉。

海军裁判所

裁判所以中将为长官，其属有评事、权评事、主理书记等官。凡处分将校之律，曰自裁，曰夺官，曰回籍，曰停官，曰降官，曰闭门。处分下士之律，曰死刑，曰徒刑，曰戒役，曰黜等，曰降等，曰禁锢。处分兵卒之律，曰死刑，曰徒刑，曰戒役，曰杖刑，曰笞刑，曰禁锢。其中亦分轻重差等。律所未备者，又有闰刑。案：日本海军军律尚未编定，此举其现行者言之。海军犯罪，皆分别轻重。其轻者，各归所辖将校随时惩罪；其重者，将校犯闭门三十五日以上之罪，兵卒犯禁锢一百日以上之罪，无论告发察觉，均送裁判所审断。凡鞫问罪犯，口供甘结既上裁判所，乃与同席之将校共判决之。谓旁坐观审之员，多寡无定，或四人，或八人，准罪犯阶级之上一、二阶级者。其罪大者，奏闻而后定。此亦仿泰西各国之法。西法，凡海陆军人犯罪者，不与平民等，军律比法更加严密，如平民窃盗赃百元以上，依国法不过惩役五年，军律则处死。盖兵士易于为罪，不得不加严，此固万国所同也。

海军兵学校

兵学校有校长、教师、助教。学舍分三种：一曰幼年，一曰壮年，一曰专业。幼年取十九岁以下、十五岁以上，在学以五年为期。壮年取二十岁以上、二十五岁以下，在学以三年为期。专业则不论长幼，不拘年限。每年四月，海军召募生徒，有愿学者，具状上申，每年八月入校。入校之始，有检查之法，筋骨强壮与否，能作书信否，幼年壮年皆同。曾读书与否，幼年问其能稍通《史略》否，壮年问其能稍通《日本政纪》、《国史略》否。合格乃选取之。入校之后，有科目之条，幼年以前二年名为预科。犹曰初科。生徒所习，曰英学，曰汉文，曰数学，曰骑马，曰体术，谓引施腰体，动诸关节，如蹴踘、跳舞之类。后三年为本科生徒，每科各有目。所习曰英学，曰航海学，海上测量及船具运用。曰炮术，附筑城学。曰造船学，曰蒸汽机关学，曰兵学，曰军律，曰化学大略，曰海上各规则，曰医学。壮年所习，曰英学，曰数学，曰航海学，曰炮术、筑城学大略，曰蒸汽机关学大略，曰造船学大略，曰铳炮，曰体术，曰泳水。专业生徒所习，曰笔算，曰海上测量学，曰船具运用学，曰炮术，曰蒸汽机关学，曰造船学。各分其等级，第其浅深而受业焉。凡在校中，习业有时，起居有时，饮食有时，游息有时。每日曜日及大祭日，许休业。每日于习业暇时，许其游步。凡有疾告假，必以医师之诊视状为凭，或父母有疾归省，亦必以亲戚书函及医师诊状为凭据。不守规矩者有罚，自暴自弃者禁锢，情重者则除名焉。所受之业，教师为之讲解，绘以图，系以说。说所未尽者，复抟泥、刻木模形而作之，务使诸生徒心目了了，以尽其术业之小成，本科生徒三年内之后二年，壮年学生三年内之后一年半。使之在蒸汽船、帆船，每年四月、十月间，俾究其实用，复使之演放大炮，练习小铳，每年三月一度，九月一度。以试其技，以练其艺。有考试之法，自入校之始，每月有小试，教师校其人之勤惰、业之进退而定级。每半年有中试，兵学校长出临，每科各以一教官共列其席。期年则大试，海军卿亲策问之。预科生徒二年既卒业，试而合格者，升为本科生徒。幼年本科生徒，又满三年，及壮年生徒学满年者，皆大试。试而入选者，海军卿给以入选之文凭。预科期年大试之时，落第者俾入壮年学舍；壮年学舍生徒期年大试时落第者，翌年三月再试，仍落第，俾入专业学舍。其不在海军官学肄业、自行习业者，亦可求试，入选亦给以文凭焉。校中分官学生、私学生二类。官学生于入校之始，自呈誓文，愿终身从事海军，不营他业，费用皆由官给。惟幼年学校仅二。习预科业者应于入校之始纳金五十元，壮年生徒亦于入校之始纳金五十元，专业生徒无之。现在官学生定额，运用炮术科百十二人，机关科三十六人，合计百四十八人。官学生成业后，拔其尤者使留学泰西诸国，亦有别遣士官附居使馆，以时考究他国兵制。或遇战争，如近日荷兰亚齐之战、普佛之战、俄土之战，皆特遣官吏，俾往观焉。

日本自明治九年定例，凡在航海人，必须海军试业，给以文凭，然后准行。尔来人益众，合计前后官私学校试业既入选者，共有一千二百余人。为表如下：

内外海员技术给凭等级表 明治十二年七月至十三年六月

称	船长		一等运转手		二等运转手		一等机关手		二等机关手		小汽船机关手		合计	
名	内	外	内	外	内	外	内	外	内	外	内	外	内	外
第一则实授文凭	四	二一	九	一九	一三		一	一二	一六	一一			六九	七六
第二则实授文凭	一							四					一	六
第三则暂给文凭	一五一	二	一二九	六	三一	二二	一〇	二	二七	四			三四八	三六
小汽船技术文凭	一八四										二八		三〇二	
合计	三四〇	二三	二二八	二五	七〇	三五	一一	一八	四三	一五	二八		七二〇	一一八

内外海员技术给凭等级年度人员比较表

给凭技术		船长		一等运转手		二等运转手		一等机关手		二等机关手		小汽船机关手		合计	
等级年度		内	外	内	外	内	外	内	外	内	外	内	外	内	外
第一则实授文凭	十二年	四	二一	九	一九	三九	一三	一	一二	一六	一一			六九	七六
	十一年	四	一	二	二	一二	一	三		九					
	十年	二	一二	一	四	八	二	三	五	二					
	九年	二	二五	一	八	三	二	一	三〇	一	六				
第二则实授文凭	十二年	一	二						四					一	六
	十一年									一					一
	十年	三								三				三	三
	九年	四	二〇							四				四	二四
第三则暂给文凭	十二年	一五一	二	一二九	六	三一	二二	一〇	二	二七	四			三四八	三六
	十一年	五						三	一	四				一二	一
	十年	八	二	二	五	二	一	二	一	五				一九	九
	九年	一七	五	一〇	一	一〇		一一	三	一九	二			六七	一一

给凭技术		船长		一等运转手		二等运转手		一等机关手		二等机关手		小汽船机关手		合计	
等级年度		内	外	内	外	内	外	内	外	内	外	内	外	内	外
小汽船技术文凭	十二年	一八四										一一八		三〇二	
	十一年	五五										四七		一〇二	
	十年	九八										八七		一八五	
	九年	六四										八七		一五一	
合计	十二年	三四〇	二五	一三八	二五	七〇	三五	一一	一八	四三	一五	一一八			八三八
	十一年	六四	一	二	二	一二	一	六	二	一三		四七			一五〇
	十年	一二	一四	三	九	一〇	三	五	九	七		八七			二五八
	九年	八七	五〇	一一	九	一三	二	一二	三七	二〇	八	八七			三三六

此二表中所列外国人，即为泰西人寓居日本、在日本海军学校试验得有文凭者。此种人即在日本海往来驶船，平居及有事，皆可募用，故并及之。

海军水路局

水路局以少将为之长，专以航海水路布告于众。凡己国人国、内港外海，海路之变更，港势之迁移，灯台之筑造，浮标之建设，礁石之发见，废船之梗塞，必详记其经纬之度、分、秒数，俾航海者知所趋避。凡海船所至，均有图书，其旧者翻译图板而刻之，其所新知者，据他国之图板、船长之报告，图而刊布之。凡港口之扼要者，复以时遣船测量，或近日有所更易，或旧日未能精确，亦更定之。凡航海所用，有罗盘以定方向，有风雨针以测天变，寒暑表以测时候，有旗帜以表信号，有灯球以防冲突，水路局皆造其器，指其法，以便航海。

海军造船所

造船所在神奈川县下相模国之横须贺，庆应元年始建。明治五年，归海军省管辖。所用地面积五千八百三十六结罗米特，法国量地之尺，每一结罗米特，当中国三百二十九丈二尺强。当日本五十八町七段四亩一步。有第三船渠一，明治五年六月始筑，七年正月造成，皆用坚石筑造，长八十八米特，每一米特当中国三尺二寸九分。广十四米特。此渠四面石墙，层积五级，如羊肠道，为工人上下之地。渠底排石，作雁柱形，以支船底，有小沟，沟水左右，流穿渠旁而出。外有铁闸，以为储泄之用。满潮时，积水七千八百吨，以三十六匹马力之机器唧筒二事，历四时半可以吸尽。自渠告成，内外国船入渠修缮，凡百九十六艘。又有第二船渠一，明治十三年七月始筑，未成。亦用坚石造，长一百四十米得尔，广二十八米得尔，深八米得尔。满潮时，积水三万六千吨，以七十六匹马力之蒸汽机器唧筒七事，历七时可以吸尽，式皆如第三渠。惟四面石墙分九级，渠之中间多设一水闸，分为内外渠，盖少此一闸，则遇修理小船时，空处容水过多，殊费汲引之力。故多设，可将中间水闸关拦，使水不浸入，以省力也。遇修理大船则撤之。船渠之外，有舰材库七，以储木。厩一，以养马。制帆所一，制罐所一，即蒸汽水罐。铸造所一，组织所一，谓各种工事造就，于此组织而成也。船渠工役场一，炼铁所一，整饰所一，谓涂饰。骨车所一，模形所一，制为小模形陈设之所也。端船所一，船上小艇谓船端之舟，故名。锯炮所一，营缮工役场一，制纲所一，制造绳索之所。船具所一，官厅一，仓库一，学舍一，警察吏当值所一，医室一。造船所长以中将董其事，日本之清辉舰、迅鲸舰、天城舰、苍龙舰、磐城舰、海门、天龙，皆此厂所造也。

日本近年以来，西式商船日益增加，今附表于后，以备参观。

日本西式商船表

吨数	百吨未满		百吨以上 五百吨未满		五百吨以上 千吨未满		千吨以上	
船别 年度	汽船	帆船	汽船	帆船	汽船	帆船	汽船	帆船
三年	二二	一	二八	一八	一〇		三	
四年	四一	二	三四	二八	一一		三	
五年	五一	五	三七	三二	一二		四	
六年	五五	七	三九	三二	一二		四	
七年	六八	八	三九	三四	二一		六	
八年	八一	一四	四二	三二	二二		一〇	一
九年	九三	二四	四四	三八	一		一二	二
十年	一〇五	三六	四四	四六	二三	二	一六	三
十一年	一一二	六七	四〇	七一	二〇	二	一三	一
十二年	一三三	一四一	四四	九七	二〇	三	一三	一
小计	七六一	三〇五	三九一	四二一	一七三	七	八三	八
合计	一，〇六六		八一二		一八〇		九一	

外史氏曰：英吉利之海军，盖天下莫强焉。当罗马强盛时，英王仅能备兵分戍海岸。其后多为三十对、四十对之小棹船，数之五六千，以之称强。及第七世显理王，西历一千四百八十九十年间。始造大船。第八世显理王始专设海军省，一千五百十二年。为近日海军兵制之权舆。迨第一查勒士，一千六百一二十年间。遂造巨舰，能备巨炮百尊。及王维廉，遂有兵船一百七十三艘。一千七百年。女王安尼嗣立，复与法战，其数益增。自蒸汽之

用广移之于行船，一变而为车轮，一千七百七十年始用火轮船。再变而用螺旋船。自火轮船出，海军为之一变，然车轮夹船不便于战，若遇敌舟连发巨炮，则己船为轮轨所碍，每至伤败。后螺旋船出，英国于一千八百四十三年特造舟试之，知其裨益甚多，乃定螺旋为常备舰。螺旋即暗轮，分作三四瓣，每瓣具向背之势，如螺旋焉。自造炮之技愈精，船身薄不足御，一变而为蒙铁，当英法助土攻俄之战，竟用蒙铁船为浮炮台，其法以铁板盖覆外面，至一千八百六十年乃用之航海。船傅以厚四英寸之铁，法国创之，英国效之，及与美国战，常用此舰。他船终不能敌，于是各国争相效仿矣。再变而为铁甲船。其始不过厚四英寸、五英寸之铁，而各国竞造大炮，乃又加厚焉。现在英国一等战舰六号，其尤者十六至二十四英寸，其次者十二至十四英寸，二等战舰十一号，其尤者十至十二英寸，其次者八至十二英寸，若四五寸之铁，今又列为五六等战舰矣。自战舰之制日坚，炮力薄不足摧，一变而用巨炮，始多用百余尊四十五十尊之炮。然炮多势必轻小，轻小则弹近而力薄，是一船虽收多炮之用，曾不能敌一巨炮之中，于是炮船兴焉。炮不必多，不过四尊，亦或二尊，而炮重至三十八吨。当南北美利坚合战时，北专以巨炮胜南也。再变而用环击炮。从前船上备炮多在左右，然专击一偏，运转不得自如，近多置于船之首尾上下，四旁可轰击，英国之罗窝丹舰创为之。

夫英之海军，固已强矣。然余观数十年以来，屡变屡迁，日新月异，苟泥守其旧制，乌能强盛如此乎？其船坚炮利，固天下所共知。余考其所以致胜之由，又有三焉：一曰兵权统于将。夫设险守国，扼要分屯，此乃陆军之制耳。若茫茫大洋，曾无畔岸，飙轮飞驰，瞬息千里，苟事权不统于一，则顾此失彼，击首遗尾，鲜不败矣。英之海军，均归海军卿节制，平时之巡察各洋，保卫属土，战时之分遣诸将，统率舰队，虽在数万里外海，电信飞传报顷刻即达，莫不如身之使臂，臂之使指，其将旗所翻，包举四海有如此者！一曰将材出于学。古所谓“运用之妙，存乎一心”者，以言乎兵法之不可泥古耳，非谓兵之不必学也。况今日造炮驶船，皆属专门，苟以不教民战，虽有炮，虽有船，不举而委之敌、弃之水者几希。即曰借材异国，而争战事起，皆守局外中立之条，咸解约去矣，仓猝遣将，能不误事？英则自太子、亲王、贵族子弟，皆使受兵学。风声所树，人人尚武，以得隶兵籍为荣。其教之之法，既详且备，而量能而授，循格而升，复无人不称职之弊。一遇有事，在商船、在外国者咸在尺籍，应归调遣，其家颇、牧而户孙、吴，材不胜用有如此者！一曰器用储于国。非木无以成材，非铁无以济用，有木与铁而无谙熟之工匠、重大之机器、宽弘之船坞、亦无以舒急。战事一起，各国咸居局外，不得济军需，败则不可复振矣。英则官用既足，而平时日讨国人以搜军实，故民间造船之厂，铸炮之局，林立于国中。当与俄交战时，六年之间，公私并举，共造大小战舰炮船二百三十余号。其取诸宫中，用无不足有如此者！夫是以摧西班牙，败法兰西，蹙俄罗斯，伏和兰，吞印度，侮我亚细亚，无往而不利也。

日本三岛之国，有似乎英，欲如英之强，固万万其不能。然当今之时，列国环伺，眈眈虎视，故虽艰难拮据，亦复费二千万之金银，竭蹶经营，以成此一军，可谓知所先务矣。英国国会上院上其国王书曰：西历一千七百七年。“欲英吉利安富尊荣，愿吾王于万机中，以海军一事为莫急之务、至要之图。”嗟夫！有国家者其念兹哉！其念兹哉！

卷二十七　刑法志一

外史氏曰：上古之刑法简，后世之刑法繁；上古以刑法辅道德故简，后世以刑法为道德故繁。中国士夫好谈古治，见古人画像示禁、刑措不用，则睾然高望，慨慕黄农虞夏之盛，欲挽末俗而趋古风，盖所重在道德，遂以刑法为卑卑无足道也。而泰西论者，专重刑法，谓民智日开，各思所以保其权利，则讼狱不得不滋，法令不得不密。其崇尚刑法，以为治国保家之具，尊之乃若圣经贤传。然同一法律，而中西立论相背驰。至于如此者，一穷其本，一究其用故也。余尝考中国之律，魏晋密于汉，唐又密于魏晋，明又密于唐，至于我大清律例又密于明。积世愈多，即立法愈密，事变所趋，中有不得不然之势，虽圣君贤相，不能不因时而增益。西人所谓民智益开则国法益详，要非无理欤？余读历代史西域、北狄诸传，每称其刑简令行，上下一心，妄意今之泰西诸国亦当如是。既而居日本，见其学习西法如此之详。既而居美国，见其用法施政，乃至特设议律一官，朝令夕改，以时颁布，其详更加十百倍焉，乃始叹向日所见之浅也。泰西素重法律，至法国拿破仑而益精密。其用刑之宽严，各随其国俗以立之法，亦无大异。独有所谓《治罪法》一书，自犯人之告发，罪案之搜查，判事之预审，法廷之公判，审院之上诉，其中捕拿之法、监禁之法、质讯之法、保释之法，以及被告辩护之法、证人传问之法，凡一切诉讼关系之人、之文书、之物件，无不有一定之法。上有所偏重，则分权于下以轻之；彼有所独轻，则立限于此以重之。务使上下彼此，权衡悉平，毫无畸轻畸重之弊。窥其意，欲使天下无冤民，朝廷无滥狱。呜呼！可谓精密也已。余闻泰西人好论“权限”二字，今读西人法律诸书，见其反复推阐，亦不外所谓“权限”者。人无论尊卑，事无论大小，悉予之权以使之无抑，复立之限以使之无纵，胥全国上下同受治于法律之中，举所谓正名定分、息争弭患，一以法行之。余观欧美大小诸国，无论君主、君民共主，一言以蔽之，曰以法治国而已矣。自非举世崇尚，数百年来观摩研究、讨论修改，精密至于此，能以之治国乎？嗟夫！此固古先哲王之所不及料，抑亦后世法家之所不能知者矣。作《刑法志》。

日本古无刑法。上古有罪，去爪发、诵禊词而已。神武已平东国，使天种子命祓除人民所犯罪。害稼穑、污斋殿，谓之天罪；奸淫、蛊毒，谓之国罪。皆从其轻重征赎物，使请神祇而解除之。至应神时，有探汤听讼之法。以泥置釜中煮沸，令讼者手探之。直者不伤手，曲则手烂。雄略时，有焚杀黥面之刑，而武烈帝用刑峻酷，遂至刳孕妇之胎，射杀人于树。自古刑无专官，用刑则令物部司其事，物部，古为掌兵之官，盖是时兵刑不分职。亦无律法。及推古时，上宫太子摄政，始作《宪法十七条》，后世以为造律之祖。然法中仅为禁饬语，尚非刑名律也。迨孝德朝，依仿唐制，始设刑部省。省中分二司，曰赃赎司，曰囚狱司。于是始有刑律。律分十二：一曰名例，二曰卫禁，三曰职制，四曰户婚，五曰厩库，六曰擅兴，七曰贼盗，八曰斗讼，九曰诈伪，十曰杂律，十一曰捕亡，十二曰断狱。亦用五刑。别有八虐、即后世律所谓十恶，常赦所不原者。六议即议亲、议故诸条。等条，大概同唐律。其时遣唐学生颇有习律者，归以教人，而法制颇详明矣。及王政衰微，将军主政，刑罚或轻或重，惟长官之意，并无颁行一定之法。数百年来，政尚严酷，窃盗诽谤，往往罪至于死。近年王政维新，复设刑部省。明治三年十二月，乃采用明律，颁行《新律纲领》一书，诏曰："朕敕刑部改撰律书，乃以《新律纲领》六卷奏进。朕与在廷诸臣议，宜令颁布内外有司，其遵守之。"六年五月，又颁《改定律例》一书，诏曰："朕曩敕司法省，本国家之成宪，酌各国之定律，修撰《改定律例》一书，今编纂告成，朕乃与内阁诸臣辩论裁定，命之颁行。尔臣僚其遵守之。"比《新律纲领》，颇有斟酌损益，然大致仍同明律。八年五月，改设大审院、诸裁判所，其职务、事务、章程，及颁发《控诉规则》、《上告规则》，乃稍稍参用西律。十年二月，又有更改自外交条约，称泰西流寓商民均归领事官管辖，日本欲依通例，改归地方官。而泰西各国，咸谓日本法律不完不备，其笞杖斩杀之刑，不足以治外人。于是日本政府遂一意改用西律，敕元老院依拟佛律，略参国制，以纂定诸律。至十四年二月遂告成颁行，曰《治罪法》，曰《刑法》。

治罪法

第一编　总则

凡分六编，每编分章，章或分节，节又分条。惟编列条数，自初编起至终编止，连贯不断，每章每节各有标题。独第一编不分章节，此"总则"二字，即其标题也。下仿此。

公诉　以证明罪犯依律处刑为主，检察官按律分别行之。

第一条。谓犯罪者亏损公益，扰乱治道，则检察官自为公众原告人，以护公益、保治道，故曰公诉。公诉者，自告发裁判所而言。私诉，以赔偿损害、归还赃物为主，为照依民法，听被害者自便。第二条。谓罪质有止害公益、扰治道、不系私益者，若谋反谋叛、伪造宝货是已；有公私俱害者，若斗杀伤、强窃盗是已。至私诉，原系民事，要偿与不要偿，应听被害者自主，故与公诉求刑者有殊。赔偿归还，谓久债者须赔偿，失物者须归还也。公诉，非待被害者之告诉而起，又不能因被害者之不诉而止，谓检察官惟认犯罪，不得阻止。但法律有专条者，谓如犯奸诽谤，须亲告乃坐之类。不在此限。第三条。私诉，无论金额多寡，得附带于公诉之刑事裁判所，得附带公诉起私诉者，谓刑事裁判所，或因私诉，并得罪证。又因要偿可助公诉，于公务有便益，而被告人于民刑二事，可并用一辩护人，亦有便宜。但法律所不许者，不在此限。又，私诉得别起于民事裁判所，第四条。公诉、私诉裁判，要依亲管裁判所现行法律所定诉讼次序为之。第五条。谓如违警罪、轻罪、重罪于该管裁判所。又如一人犯重罪及轻罪，即于重罪裁判所。或犯轻罪及违警罪，即于轻罪裁判所。又如犯情重大，事系皇室、国家、外患，或犯者贵显，并于高等法院裁判之类。公诉、私诉并发于刑事裁判所，或并发于刑事、民事两裁判所，不得将私诉先于公诉裁判，违者不成为宣告，第六条。此为回护被告者而发，谓先宣告赔偿还赃，势有不免连及公诉裁判之累。宣告者谓案经判决，对众宣读，宣告犹曰堂判云。已在民事裁判所起私诉，若非检察官有所起诉，不得更起于刑事裁判所。谓检察官起诉，得移转于刑事裁判所。既令原告人得公诉附带之便，又令被告人得兼民刑两事辩护之益，故检察官得为之。惟刑事重于民事，理不得先轻后重，故民事原告人不能擅便。于刑事裁判所为私诉者，得通同被告人，请降其诉起于民事裁判所。第七条。要通同者所以防原告人擅图自便，亦为回护被告者而发。被告人虽得免诉，或无罪宣告，免诉，谓初开预审，事涉疑似，犯证不白，或被告事件不成罪，如亲属相盗，或公诉期满，或确定裁判，或大赦，或法律例合原免之类。依从民法，不得令被害者所要之偿还有所妨碍。第八条。如被告窃盗，证明系误认人，虽无罪，其财不得不交还之类。

公诉之权“权”字为泰西通语，谓分所当为、力所能为出于自主莫能遏抑者也。有消灭者：一、被告人身死；二、律须告诉乃坐者，被害人弃权或私和；三、确定裁判；谓判定后，已过上诉限期，及案经上诉业已判定、不可复动者。四、既犯罪后，颁行法律废停其刑者；五、大赦；六、期满免除。第九条。期满免除，由时日弥久，证佐不白，或公众遗忽，其罪不复介意，无再犯之患而起，犯有轻重，期有长短，若下条所云。私诉之权有消灭者：废刑大赦，虽杀公诉之权，不得消私诉之权。赔偿之责系于财产者居多，本犯虽身死，受遗产者不得不任其责。是私诉所以异于公诉也。一、被害者弃权或私和；二、确定裁判；三、期满免除。第十条。公诉期满免除之期限，违警罪六个月，轻罪三年，重罪十年。第十一条。私诉期满免除期限，设使被害者无能为力，谓幼稚、疯癫及禁治产业者之类。或于民事裁判所起诉，亦与公诉期限同。谓民事期满免除期限，虽稍加延长，然同此犯罪，公私一源，公诉证左不白，私诉证左亦不白。若于公诉既经处刑宣告者，则仍依民法所定期满免除之例。第十二条。谓未过期限既经宣刑，则犯证已属明确，应从民事通例。公诉、私诉期满免除日期，从犯日起算。其继续犯罪者，从终犯日起算。第十三条。检察官与民事原告人已于刑事裁判所起诉，或经预审，或经公判，得将期满免除期限中断。其正犯、从犯，及民事干连人未发觉者亦同，此条所以回护公众之权利，谓犯情之不可宽恕者，恐因期满免除或至贻害公众。其中断期满免除期限者，从预审停诉，或公判决定最后之日再起算期限，但不得通算前后超过第十一条所定期限加倍之数。第十四条。此条乃所以防闲被告人之损害。谓随起诉随停诉，永保公诉之权，则律中"期满免除"一语，将属空言，害被告人者，亦复不少。起诉及预审、公判有违规则者，不成为中断期满免除期限；谓如检事求预审须交付证凭、参考物件，及指示犯处、犯名等如第百九条所云，否则为背规则。惟裁判官之所管误者，不在此限。第十五条。谓被告人所管方起诉之初有难于遽辨者，故有误，所管虽违规则，不得谓被告人为无罪。

被告人得免诉或无罪之宣告，其告诉、告发之人，若系出于民事原告人之恶意，特称民事原告人者，谓检察官为原告人，律不得要偿也。过失重者，得要求其亏损之偿；被告人虽受处刑宣告，其告诉、告发之人，若系出于民事原告人之恶意，其所告之罪过于所犯之实者，亦如之。过实，谓如告误杀伤以谋故杀伤之类。若民事原告人，经预审及公判宣告而不服，上诉自取败屈者，被告者得要求其因上诉而受亏损之偿。要偿之诉，在本案未经决告以前，得于该管裁判所告之。第十六条。谓本案既经宣告，即失附带之质，不得诉于刑事裁判所，盖因要偿为刑事所不管理也。被告人虽受无罪宣告，不得向裁判官、检察官、书记及司法警察官为要偿，但各该管官故意损害，谓如擅监禁人，刁难勾留，或卖嘱受赂之类。或犯刑法所定之罪者，不在此限。第十七条。

本律所称期限，以时者从登时起算，以日者不算初日、期尽日，若当休假，不算入限内，谓非休假，则算入限内。但期满免除期限，不在此限。谓期满免除，专为被告人发者，计期限亦属另例。称一日者以二十四时，称一月者以三十日，称一年者依历。第十八条。不曰以三百六十五日者，不分岁月大小闰差，概以一周年。本律所定路程期限，每陆路八里算与一日，虽未满八里者，三里以上亦同。岛地及外国路程之算法，于别律定之。第十九条。岛地专指北海道流配地。凡经过本律所定诉讼期限者，除特异事故外，即为失诉讼之权。第二十条。特异事故，谓如交付宣告书不载上诉期限，或诉讼关系人遭水火厄灾至逾上诉期限之类。

诉讼关系人不于裁判所所在地居住，应当权设侨居，申报书记局，违者虽文书递交不到，不得容异议。第二十一条。诉讼关系人，谓若检察官、民事原告人，及被告人、民事干连人之类。将文书递交于诉讼关系人，于律无别条者，书记应造册，令该局使丁递交。其应受领文书者，在裁判所管外，得将其事件嘱托该管外裁判所之书记。第二十二条。因官吏之权不越所管故也。递交文书要开造二通，将一通交付本人，若不能交付本人，应于其家交付同居亲属及雇人。其递交人要令受领者于二通文书上署名捺印，不能署名捺印者，须附记事由。其不得交付同居亲属及雇人，及不肯受领者，得交付该处户长，户长要佥印文书，速付之本人。递交人要于二通文书上记载受领者之名氏、处所及时日。其违本条规则者，不成为文书递交。递交人应缴纳该书一通于书记局，该局要为凭信以保存之。第二十三条。休假日及日出日没前后，不得行文书，违者不成为递交，但本人承允受之者，不在此限。第二十四条。谓假日人多不在家，或致交书迟延，而日出入前后，属人家静息时间，故惮扰之。官吏文书，要使用本属官印，记载年月及处所，署名捺印。又每叶钤印，其不得用官印者，须附记事由，违者不成为文书。其非官吏文书，要本人亲自署名捺印，不能署名捺印者，除官吏对面所造外，要令对同人凡律中所谓对同者，犹俗云在场在见人。下仿此。代署，附记事由。第二十五条。凡造作诉讼文书正本及誊本，不分官私，不得辄改窜文字。其有将文字添入及删除，或记注栏外者，要佥印之，删除者须存其字样，记载原数，以便观览。违者不成为增减更字，第二十六条。本条为关防伪造文书而设。凡预审及公判规则，其犯罪在本律颁布以前者，仍得引用；诉讼次序在本律颁布以前者，不违现律，亦得用之。第二十七条。将来有颁行新法、改定预审及公判次序，其犯罪在改定新法颁布以前，仍得引用本律，但有所抵触者，不在此限。若犯罪在改定新法颁布以后者，亦不在此限。第二十八条。凡应以陆海军军律处断者，不得引用本律。第二十九条。本律称亲属者，依刑法第百十四条、第百十五条之例。第三十条。

第二编　刑事裁判所区别及权限

第一章　通则　通常刑事裁判，称通常，所以别特异，如军事裁判所之类。得与民事裁判在同一裁判所合其权。第三十一条。定裁判所位置及所管区域，司法卿奏闻，取自上裁。第三十二条。谓位置区域，随时变换，有难预定者，其裁酌地势便否、事务繁简而定之。司法卿仰之上裁。裁判所，置检察官一名或数名。第三十三条。检察官所以代公众为原告者，不置此官，即不成结构。检察官之刑事职务：一、搜查罪犯；谓止搜查有无犯罪，不及检核钩发犯情。二、向裁判官请求审查犯罪之实，及援引应用之律；谓预审判事，须检察官请求，乃始为预审。三、传示裁判所命令及其宣告；四、于裁判所保护公益。第三十四条。谓于诉讼上有关公益者，辄得陈言。其为被告人有所请求亦是。检察官要一名对同于公廷。第三十五条。谓检察官于关系事件，不容不陈白意见，若不对同为不成裁判。然检察官只司检察，公廷审断之权不得干预，故只令对同，不能竟称为会同、偕同。裁判所置书记一名或数名。第三十六条。书记要于预审及公判时到堂，开造文案，钞录公判，暨其余一切诉讼文书。谓书记之于裁判所紧要亦同检察官，若不到堂亦不成裁判。又要保存裁判宣告，及其余一切文书。第三十七条。从罪名分定裁判所所管，违警罪于违警罪裁判所，轻罪于轻罪裁判所，重罪于重罪裁判所。其一人犯重罪及轻罪，或犯轻罪及违警罪，二罪俱发者，虽非附带之罪，从其重者，并管于上等裁判所；第三十八条。谓并轻于重，非特慎重裁判，兼有简捷之利。附带罪者，一人或数人同处同时犯数罪，二人以上通谋异处异时犯数罪，为图便自己而连他人犯罪，或图免本罪更犯别罪，第三十九条。谓附带罪质，虽互有异同，而犯情株连，罪脉相缠，故得附著本罪，一并裁制。于裁判所同等者，将犯处之裁判所为预审及公判所管。其犯处不明白者，以逮捕地之裁判所为所管。第四十条。以犯处定裁判所管，既无朦胧抵触之弊，又于搜索证凭、推问证人最为便宜。彼此裁判所管内同时犯罪，或断续犯罪，以逮捕地裁判所为其所管。彼此管内犯罪，谓如于各管交界中间犯罪之类。其数罪俱发者，亦如之。第四十一条。于犯处之外裁判所管内逮捕者，要押送附近该管裁判所。谓如于西京及大坂犯数罪者，捕之滋贺管内，押送西京；捕之神户管内，押送大坂之类。其以令状逮捕者，押送发令之裁判所。第四十二条。若于彼此裁判所所管内不能逮捕及法律所不许逮捕者，如违警罪，止该罚金之类。将最初之预审及公判裁判所为其所管。第四十三条。从犯，从正犯所管之裁判所，若正犯系彼此裁判所所管者有数名，将最初之预审及公判裁判所为其所管。其属高等法院及陆海军裁判所所管，于法律有专条者，不在本条之例。第四十四条。谓如正犯军人军属，而从犯乃平人或贵人之类。在外国犯罪应依本国法律处断者，逮捕之内地，将逮捕地之裁判所为其所管；自外国解到者，将解到地之裁判所为其所管。其应行缺席裁判者，将被告人最后所居裁判所为其所管。若所居不明白者，须起定裁判所所管之诉。第四十五条。缺席裁判，谓非两造对质，如被告人未就缉捕，仅原告人到案之类。于商船内犯罪者，其所管及诉讼次序，别有定律。第四十六条。裁判官行预审者，不得干预公判。其先行预审又行公判者，除于哀诉及缺席裁判之实有事故者二事外，不得干预其上诉裁判，违者不成为裁判。第四十七条。谓裁判官一立成见，不免执拗。但哀诉及缺席裁判之实有事故者，不令前官干预，则有难于审明者。裁判所于受诉事件，有自行判决应否管理之权，但检察官及自余诉讼关系人于其判决，虽本案既属终审，仍得依常规上诉。第四十八条。

第二章　违警罪裁判所　以治安裁判所为违警罪裁判所，裁判其管内所犯违警罪。第四十九条。违警罪裁判所判事职务，治安裁判所之判事行之。判事有故，判事补行之。第五十条。违警罪裁判所检察官职务，该处警部行之。第五十一条。不置检察官，而令警部摄行者，由事犯轻小故也。违警罪裁判所检察官，要每月造已未决事件表，发呈轻罪裁判所。裁判之弊，莫大于耽延，故每月必纳表上官，供其检阅。其事件表，要违警罪裁判所之判事佥印。若有意见，则附记之。第五十二条。要判事佥印者，所以表其确实。附记意见者，所以辨明延滞之由。违警罪判裁所书记职务，治安裁判所之书记行之。第五十三条。

第三章　轻罪裁判所　以始审裁判所为轻罪裁判所，裁判其管内所犯轻罪，又得行轻罪及重罪预审。谓裁判管内罪犯，虽为裁判正规而系于本案附带罪者，虽在管外，亦得裁判之。又裁判于其管内违警罪，裁判所之始审裁判为控诉者。第五十四条。本所即违警罪控诉之所，经此即不得再控。轻罪裁判所判事职务，该所长于初审裁判所之判事一名或数名，依次命之，以一年为满。更替职务，仍限以期年者，所以令裁判官熟习职务，且防作弊也。又得再加一年，继续其职。第五十五条。预审判事职务，司法卿于始审裁判所之判事命一名或数名，以一年为满；谓不拘次序拔擢命之。又得再加一年以上，继续其职。第五十六条。以预审判事欲极习熟，故得继续职务至于数年。判事有故，其他判事或判事补行其职务，判事补得对同预审，及公判陈白意见。第五十七条。惟不得干预议决。轻罪裁判所检察官职务，始审裁判所之检事，或其所指命之检事补行之。第五十八条。轻罪裁判所书记职务，始审裁判所之书记行之。第五十九条。东京警视本署长及府县长官，各于其管内，兼为司法警察官，有搜查罪犯之权，并与检事同，但东京府长官不在此限。由东京户口稠密，事务繁剧，特置警视局为其专任。左开各官吏辅佐检事，受其指挥，要从第三编所定规则，为司法警察官搜查罪犯：各该官吏，虽各有所属，然行警察职务，不得不听从主管检事之命。一、警视、警部；二、区长、郡长；三、治安判事；四、未有警部之地方户长。第六十条。司法警察官、检察官及裁判官，若受他管同职官所嘱，须搜集其管内合为证凭及可供参考之事物，以供其审查。第六十一条。谓官吏之权不越所管，不得不更相嘱托。检事要每二个月造预审及公判已未决事件表，发呈控诉裁判所之检事长。不限每月造表，由事情差涉重大也。又要并违警罪裁判所检察官之事件表，一齐发呈。若有意见，则附记之。事件表要裁判长佥印。有意见，亦附记之。第六十二条。

第四章　控诉裁判所　控诉裁判所置刑事局，裁判于轻罪裁判所之始审裁判为控诉者，但要判事三名以上判决。第六十三条。控诉裁判颇涉钩棘，尤难明辨，故必要判事三名以上。刑事局判事职务，裁判所长依次命该所判事，以一年为满，又得再加一年，继续其职。第六十四条。刑事局判事有故，裁判所长令民事局判事行其职务。裁判所长听从便宜，为各该裁判长。第六十五条。所长以职在统辖，不分民刑，故随便执权。刑事局检察官职务，该裁判所之检事长，或其所指命之检事行之。第六十六条。控诉裁判所不及检事补者，以其事较繁重故也。检事长于该裁判所管内，得兼摄轻罪裁判所检事及司法警察之起诉职务，亦可令其所部检事行之。其起诉及他项职务，须行移于该管内检察官。凡检事长应监督该管内检察官及司法警察官。第六十七条。检事长要每三个月造预审及公判已未决事件表，发呈司法卿，又要并轻罪裁判所检事之事件表，一齐发呈司法卿。若有意见，则附记之。事件表要裁判长佥印。若有意见，则附记之。第六十八条。刑事局书记职务，该裁判所书记行之。第六十九条。不置书记补，义与第六十六条不置检事补同。

第五章　重罪裁判所　重罪裁判所裁判其管内所犯重罪。第七十条。重罪裁判所每三个月一为开设，谓不常置。若事件浩繁，日不暇给，由控诉裁判所长及检事长申禀司法卿，须其允可，临时开厅。第七十一条。谓前期既闭厅，后再有重犯，事件繁多，且裁判要急速，不容待后期之类。重罪裁判所于控诉裁判所或始审裁判所开设。第七十二条。重罪裁判所须左开职员裁判：一、裁判长一名，控诉裁判所长就该所判事中

命之。二、陪席判事四名，于控诉裁判所，该所长就该所判事中命之；于始审裁判所，以该所长及前任判事选充。第七十三条。重刑于人，所关匪轻，裁判尤要慎重，故判事必须五名，务拣选老练者。重罪裁判所检察官职务，控诉裁判所之检事长或其所指命之检事行之。控诉裁判所虽次于重罪裁判所，然非位居其下者。故该所检事长得兼行检察官职务，又得令他检事行之。若于始审裁判所开厅，检事长得令该所检事行其职务。第七十四条。重罪裁判所书记职务，该裁判所之书记行之。第七十五条。书记较裁判官、检察官责任稍轻，故从便宜。控诉裁判所检事长要于闭厅后造已决事件表，发呈司法卿。控诉裁判所检事长虽非于该所开厅，然重罪裁判所亦监察之，造其管内事件表，固系其职。不言未决者，重罪裁判所不容未决也。事件表要控诉裁判所长佥印。若有意见，则附记之。第七十六条。

第六章　大审院　大审院置刑事局，裁判左项条件：一、上告；二、覆审之诉；三、定裁判所所管之诉；四、移裁判所所管之诉。第七十七条。刑事局非具判事五名以上不得为裁判。第七十八条。刑事局判事职务，司法卿奏闻请旨，以命该院判事。若判事有故，民事局判事循其旧次，以行职务。第七十九条。刑事局检察官职务，该院之检事长或其所指命之检事行之。第八十条。刑事局书记职务，该院书记行之。第八十一条。检事长要每三个月造预审公判已未决事件表，发呈司法卿。事件表要该院长佥印。有意见，则附记之。第八十二条。

第七章　高等法院　高等法院裁判刑法第二编第一、第二章所揭重罪。谓关皇室、国事、外患之罪犯。又裁判皇族所犯重罪，及合该禁锢轻罪，或敕任官所犯重罪。因皇族不坐罚金之刑，故特名曰合该禁锢轻罪。前二项正犯及从犯，不问身位如何，一体于该院裁判。第八十三条。谓共犯虽身位相殊，不得析为二件。开高等法院，司法卿奏请取自上裁，其应裁判事件及开院处所，亦如之。第八十四条。高等法院以左开职员为裁判：一、裁判长一名，陪席裁判官六名，每岁预就元老院议官、大审院判事中奏闻，得旨定之。二、预备裁判官二名，置预备官者，由论辨日久，或未及判决而该官有故，事将缺旷，故预备代员，以参坐论辨。亦依前项式则命之。第八十五条。预审判事职务，奏闻取旨，命大审院刑事局判事一名或数名。第八十六条。不预命者，谓预审判事，职止判断有无罪证，不预本案，故临时选充亦无妨。高等法院检察官职务，大审院之检事长与司法卿所指命之检事行之。第八十七条。高等法院书记职务，大审院书记行之。第八十八条。不得向高等法院裁判为上诉。但于左项条件，得上诉该院：一、于缺席裁判实有事故者。二、哀诉。谓法不应刑而受处刑宣告，或受重刑过当之宣告，或过上告期限裁判已定者，该院检事得以上告。三、再审之诉。第八十九条。谓希冀改正判事之所判。如被告事件浩繁，或裁判再审之诉，应别置职员。第九十条。谓如谋反犯罪，伙党固众，非常员所得审理之类。再审裁判不得用前员，另置委员。高等法院诉讼次序，依照通常规所。第九十一条。虽高等法院，然讯证、辨论、对质等次序，毫与常则无殊。

第三编　罪犯搜查起诉及预审

第一章　搜查　谓搜索有无犯罪，但知其犯罪，则收拾现证、旁证，或搜寻犯身所在，为起诉次序耳。非探侦隐情、推问证人、勒押物件之谓。

检察官缘告诉告发各原由，或识认或推测有现行犯罪者，要搜查其罪状证凭，及犯人踪迹，照依第百七条以下规则，行起诉次序。谓九十二条。谓检察官除现犯、准现犯情状紧急之外，其他验检证凭、推问搜索等事，非其主职。

第一节　告诉及告发告诉谓被害者诉其罪。告发谓非被害者发其罪。　　有犯重罪或轻罪，受害者不论何人得就所犯之地及犯人所在之地，诉之于预审判事、检事或司法警察官。受告诉者，不止犯处官司，而被告人所居住之官司亦受之；不止判事、检事，而警察官亦受之。所以广言路，密方法，然其告诉与否，任从被害者主意，故曰“得”，不曰“要”。预审判事受告诉，要照第百十四条以下规则区处。检事受告诉，要照第百七条规则区处。司法警察官受告诉，要将其文书速移送检事。谓警察官无取舍之权，又无审查之权，要特移送主管。其系违警罪者，得告诉犯处该管之裁判所检察官。若司法警察官受告诉，要移之该管检察官。第九十三条。违警罪犯情轻微，不虑逃亡，故以犯处为其主管。告诉人要将其足为证凭及可备参考者申告。谓犯名、犯处、时日、事实，并检察官所必须，倘不知之，不得搜查，故要与告诉一并申告。又，告诉人得照第百十条以下规则，为民事原告人。第九十四条。告诉，止申告罪犯，为搜查根柢耳。为民事原告人，乃得起公诉、私诉。告诉人要于书面署名捺印呈之。告诉人亦得用口陈，但官吏受告诉者，须面造文案，朗读讫，证明所录是实，方偕署名捺印。若告诉人不能署名捺印，要附记其由，官吏要将受理凭单交付告诉人。第九十五条。官吏行职务时，因识认或推测有犯重罪或轻罪者，要速告发于该处检事。官吏当职有所告发，固属分内，与常人殊，故曰“要”，不曰“得”。然其在职外所发见者，亦与常人无殊。其为告发，要用署名捺印之文书，务将其足为证凭及可备参考者，附列申告。官吏告发，必须文书，不许口陈，不欲其离职役也。其系违警罪，要告发于违警罪裁判所检察官。第九十六条。不分何人，或认识或推测有犯重罪或轻罪者，得照第九十四条、第九十五条规则，于所犯之地或犯人所在之地，告发于预审判事、检事及司法警察官。官吏受告发者，要依第九十三条规则区处。第九十七条。告诉、告发，得令代人；但若九十六条所云者，不在此限。谓官吏告发，系其分内，不得委之他人。无能为力者，令法律所定代人为之，谓幼稚之父母或后见人、痴癫之保管人之类。亦成为告诉。第九十八条。告诉、告发得降其请，或更其词，然照第十六条规则，不得拒辞被告人要偿之诉。第九十九条。降其请、更其词，谓先告重罪后降轻罪、先告轻罪后降违警罪之类。然嫌于起灭自由，故被告人以要偿为诉，不得拒绝。

第二节　现行犯罪　　现行犯罪谓现方犯罪及现既犯讫即发觉者。第百条。犯罪有现行、非现行之分。现行犯显证明白，无有冤枉之恐，若缓之则事情稍晦，又有逃亡之虞，故不分何人，得直行逮捕。若非现行之犯，必须检事及民事原告人之请，始为审查。有犯重罪、轻罪如左项者，准现行犯：一、被一人或数人以罪名追呼者；二、携带凶器赃物及其余疑有犯事物件者；三、家长向官吏请求验检其家宅内犯罪，或逮捕其疑似该犯者。第百一条。谓宅内之事为家主所应知，以其知之亲切，故得准现行犯。司法警察官及巡查当行职务时，认识有现犯重罪或轻罪之人，不待令状与命令，要将犯人逮捕。若现犯系违警罪，要问明其人名氏、居处，告之该管裁判所检察官。倘其名氏、居处不明白，又恐其逃亡者，得引致之违警罪裁判所。第百二条。巡查逮捕现犯人，要速交付于司法警察官。巡查无造作文案之权，故所逮捕者要直行交付上司。其司法警察官受交付者，要造作逮捕及告发文案。第百三条。司法警察官逮捕现犯人，或收受巡查交付之现犯人，得权为推问及检证。第百四条。谓现犯以事要急速，姑许推问检证。然以非其固有之权，不得令证人宣誓或起发令状。有现犯重罪或轻罪，不分何人，得直行逮捕。第百五条。常人虽有应捕之权，不得责以逮捕，故曰“得”，不曰“要”。如前项逮捕犯人者，要送交司法警察官。若不能送交，可将自己名氏、职业、居处及逮捕事由陈述，权且交付巡查。其交付犯人于巡查者，要速为告诉及告发，但犯人及巡查得求逮捕人偕诣官署，逮捕人非有切要事故，不得拒绝。第百六条。

第二章　起诉　　起诉有二：有检察官为公众者；有被害人自为者。裁判官非据其一，不得审理。

第一节　检察官起诉　　检事既经搜查犯罪者，要如左项处分：一、推测所犯系重罪，可赴预审判事求其预审；二、推测所犯系轻罪，要随其轻重难易，求其预审，或直向轻罪裁判所诉之；谓重且难者求预审，轻且易者直求公判。三、推测所犯系违警罪，当将所有证据并附记意见，送交违警罪裁判所检察官；四、推测被告人身分及所犯之罪、犯罪之地，非其所管者，当送致于该管裁判所检察官。若推测被告事件不成为罪，或公诉不应受理者，不须起诉。第百七条。不应受理者，谓如因期满免除、确定裁判、大赦等类公诉之权已经消灭者，或律须告诉乃得受理而无人告诉之类。如前项检事既经告诉，要将其处分通报被害者。第百八条。被害者即他日原告人，翘望检事处分何如，固情所不免，故要通报。检事求预审，要将足为证据及可备参考之事物，一并送交。又当告知应行临检、应行逮捕之处所，及可为原、被告证人者。第百九条。

第二节　民事原告人起诉　为重罪或轻罪之被害者，须将附带公诉而起私诉，于告诉中并陈，既经告诉，则将其事陈于预审判事。并私诉告诉申陈者，司法警察官亦得受之。既为告诉后为私诉者，非判事或检察官不得受。预审判事，若有被害者自为民事原告人，可直受其申诉。虽未经检察官起诉，可并公诉于私诉而受理之。谓止为告诉者，与告发无殊，一起私诉，则公诉亦随之，故不拘检察官所见何如，自当为应分审判。预审判事已受被害为原告人之申诉，必将其事通知检事。第百十条。被害者当公诉本案始审终审，至于裁判宣告，无论何时，可为私诉，且得变更其所要求。谓民事原告之权。除期满免除制限外，不得抑遏。又得于请降私诉之后，再为申诉，且得变更其所要求。第百十一条。谓私诉原属被害者请降，固任其便。虽请降其诉，非弃其权，故再诉亦任其便。被害者得委他人代为私诉，及请降其诉，或自弃其权。谓法廷之受词讼，不过以伸民权，不必本主自出公廷。其被害人之无能为力者，要委代人为之。第百十二条。

第三章　预审　　预审判事，除现犯重罪或轻罪外，须遵前章所定规则，非有检事及民事原告人求请，不得遽行预审。若违此规，在请求以前所审，作为罢论。第百十三条。谓裁判官以不告不理为定则，故不由起诉而为预审者，一切均属徒劳。预审判事因重罪或轻罪直受告诉及告发者，得发传唤状，提问被告人。若案须频烦调查，颇费探索者，可将其事件送交检事。第百十四条。谓预审判事，直受告诉告发，勾问犯人，本系另例。其为勾唤亦不能勒限，听令便宜到案，仍将事件送交检事者，照依常规，由检察官告发之义也。预审判事受告诉及告发，若事件不容稽缓，得直将拘引状，发付被告人。又推问之后，可发付拘留状，谓犯情紧急或虑逃亡者，不得不直行拘引拘留，此乃常规外处分。但要速报检事，移送足为证据及可备参考之事物。若检事虽得通报，不于一日内起诉，预审判事要速将被告人放免，但他日起诉，亦无妨碍。第百十五条。检事与判事殊，其所见虽得通报，以为非应起诉，则判事准以不告不理法不得不解放被告人，违者为擅自监禁。被告人所在之地预审判事，直受告诉、告发，或由检事送交被告之事件，若事不容缓，要照常规勾问被告人。又已经检证之后，要将足为证据及可备参考之事物，移送犯罪之地该管之预审判事。若推测应该禁锢以上刑者，得将拘留状发付被告人。第百十六条。该罚金之刑者，不须发付。检事于预审中，不论何时，得请判事验视本案词讼文书，但要限二十四时间还付。又有紧要处分，得以随时求请。第百十七条。

第一节　令状　　预审判事因检事及民事原告人起诉，受理重罪或轻罪，要先发令状，传唤被告人。但自传单送达，其被告人投案，至少要假与二十四时。谓事系嫌疑，未至判定罪犯，故不得勒限急提。但令状记载投案处所、日时，与公判勾唤无殊。其被告人到案者，要随即推问，极迟不得过本日内。第百十八条。预审判事于应受传唤被告人不在管内居住者，可将应行推问之条件移交被告人所在之地该管之预审判事，托其处分。第百十九条。谓事涉嫌疑者，不滥为传唤，令劳于奔命。预审判事于传唤被告人逾限不到者，得直发拘引状。第百二十条。预审判事得直发拘引状者如左：一、被告人居住无定所者；无可传唤，故直为拘引。二、被告人有堙灭罪证又恐其逃亡者。三、被告人犯未遂罪或胁迫罪，且虑其遂犯重罪者。第百二十一条。谓不止害公众，又且滋其罪，拘引之乃所以保护之。执行拘引状者，要将被告人押致于该管预审判事。拘引状执行者，谓如巡查之类。其被告人被拘引者，要限四十八时内推问，若经逾时限，非更发拘留状，须即释放。第百二十二条。

不曰随即推问者，押致时晷有难预期者。拘引状无二日以往拘留之权，故非再行拘留，即不得不释放。被告人于未发拘引状之前，既离该管预审判事之地，得就被告人所至之地，求所管预审判事代为审查。该预审判事，若要权宜拘留被告人，当速通报之于本管预审判事。第百二十三条。谓管外判事未受本管判事请托，则无由详实，固不得推问。然钤束乃不得不为，故姑拘留之，以候本管处分。如前项本管预审判事，可向他预审判事即权为拘留被告人者。明示所推问条件，托其处分，或请将被告人照拘引状，押送移还其预审判事。受托者可先为推问，报之本管预审判事，并叩其意见。或将被告人放免，抑依前发之拘引状宣告押送。第百二十四条。被告人受传唤或受拘引者，若系患病，或有他由，不能投案，有确实证据者，预审判事当就被告人所在推问，他由谓如祖父母、父母疾病侍药饵之类。但被告人若在所管外，要就该处预审判事，托其推问。第百二十五条。拘留状，除被告人逃亡及第百二十三条所揭外，非既经推问酌度应该禁锢以上刑者，不许发付。第百二十六条。预审判事自发拘引状，经过旬日，要交换收监状，及照第二百十九条规则，责付被告人。谓拘留限以十日，收监则无定期，令状中尤重者。被告人须责付者，检事得向预审判事暂求停止，更加十日间拘留。第百二十七条。但检事虽有请求，取舍惟判事所择。收监状非既经将预审开办通知检事，且叩其意见之后，不得发付。第百二十八条。收监状要开载左项条件：一、被告事件及加重、减轻概略；二、法律正条；三、检察官既经会商。第百二十九条。令状要开载被告事件及其名氏、职业、居处，但除传唤状外，其名氏有不明白者，要将被告人容貌、体格明示。谓传唤状以发付本主或亲属，必要名氏、居处。若拘引、拘留、收监状，其名氏不明白者，止记注物色。又要将发付年月时日注记，预审判事及书记并署名捺印。拘引、拘留及收监状，并令巡查执行。第百三十条。传唤状照第二十三条规则，令书记局使丁送付被告人及其所居。第百三十一条。拘引、拘留、收监状，施行于本邦版图内，有时制正本数通，分付之巡查数人。执行前项令状者要向被告人先示正本后，下付誊本，照第二十三条内第二项、第四项规则。第百三十二条。谓拘引状以往所及极广，但从甲管涉乙管，执行者不得不互相嘱托。巡查执行令状者，推测被告人潜匿其家或他家，要请户长及邻右二名以上，对同搜索，谓房屋人所栖息，闯入侵扰，事系非常，故不得眼同，不许搜索。巡查于搜索时，不论被告人在否，要造搜索文凭，偕对同之人，署名捺印。入人家宅搜索，日出日入前后不得擅行。第百三十三条。预审判事觉察被告人潜匿他管内，及推测其所潜匿于事件不容稽缓者，得将令状付巡查带行。谓潜逃固犯人常情，虽逃于他管，不容舍而不问，况事情紧急者，苟知其所在，要派遣应捕人。其巡查要就被告人所在之地，向预审判事、检事及司法警察官示以令状，随即执行。第百三十四条。预审判事不能觉察被告人所在，得将被告人物色状，转达各控诉裁判所检事长，请其搜查及逮捕。其检事长受请者，要令其管内检事，为之搜查及逮捕。第百三十五条。向陆海军之在营军属发付令状者，要将令状先示之该长官。该长官既得令状，除有他故外，要速依令状，将该犯解交。行军之际亦如之。第百三十六条。被告人受拘留状或收监状者，要速拘致于令状所载之监仓。如不能引致所载监仓，得姑拘致于附近监仓。其监仓长不论何等事情，要检阅令状，将被告人收受，交回收证。第百三十七条。巡查执行令状者，要将能否执行事由，注明于令状正本，但巡查要将执行令状时之关系文书，纳之书记局。书记须交回收证。第百三十八条。被告人该受拘留状或收监状者，既入监仓或狱舍，书记要将其犯罪事由发付本犯，并记载于令状正本及眷本之内。第百三十九条。被告人除密室监禁外，照监狱规则，得值官吏在场时接见亲故及代言人。所有尺牍书籍及其余文书，非经预审判事点检，不许被告人与外人私相授受；但预审判事得收留其文书。第百四十条。谓检视其有无弊害，可否授受。预审判事推度犯情，非应该禁锢以上刑者，预审中不分何时，得将拘留状、收监状取消，但收监状必要预先咨商检察官而后定。第百四十一条。谓收监状初由检察官而发，故收之亦必商检察官。凡监仓内，要有《刑法》、《治罪法》二书，随被告人请乞借与。第百四十二条。谓被害人熟读法典，讲明律意，则自晓其权利所在，能为辩护，自少顽梗执拗、非理上诉之弊。

第二节　密室监禁　预审判事预审中已经验实必须密室监禁者，得因检事求请，或以其职权，将特禁密室之令，向拘留收监之被告人宣告。第百四十三条。谓本犯与共犯及他罪犯杂居，又接见亲故、代言人，不免有通同掩蔽之患，故权宜设此法。然非商之检事，意见相同，不得遽行。被告人受密室监禁宣告者，每一名置之别室，非得预审判事允许，不得接见他人及授受书缄、货币、其他物件，虽食物、饮料、药饵及其他监仓应给物品，仍由监仓长指挥给与。第百四十四条。密室监禁不得逾十日，但每十日得更命留禁。谓密室监禁，抑勒自由，故不得不限其时日。若过其期尚要监禁，须更为宣告。不然，不免为擅自监禁。若更命留禁，要将其事由报告裁判长。谓防措置或涉恣横，审理有陷延滞。预审判事于十日间，至少要二回推问，照常规造调查文案。第百四十五条。谓至少要二回推问，则其数回推问，固法律所望。违此规则，被告人得求其放释，或向判事为要偿之诉。

卷二十八　刑法志二

第三节　证据　凡于法律不得以被告事件之大概推测而定其罪。其被告人供招及官吏验证文凭，又证据物件，或证人陈告、鉴定人申禀、自余诸色征凭，并任从裁判官所判定。第百四十六条。谓断罪虽须征凭，而不必执一条所揭为断定，必于对问辨论之际，以裁判官有所明确觉察者为要。预审判事要因检察官民事原告人及被告人之请求，或以其职权，搜集本案证据、征凭为验实所必须者。第百四十七条。证据，谓证之确有据者。征凭，谓证之差有凭者。预审判事临检及搜索家宅、勒押物件，或推问被告人、证人，必须书记对同。书记要造审查文案，偕判事连署捺印。若在裁判所外急遽之际无书记对同，要有别员二名对同。其就监仓中推问者，要与该监仓官吏一名对同。预审判事如前项办理，要自造审查文案，朗读讫，偕对同人员共署名捺印。若无书记与别员对同，不成为处分。第百四十八条。

第四节　被告人之推问及对质　预审判事例须先问被告人，但因为验证或推问证人不容稽缓者，不在此限。第百四十九条。预审判事令被告人供招，不许用恐吓及诈骗。第百五十条。书记要登录所推问及答述，向被告人宣读。预审判事要先将书记所录，向被告人问无错误否。问讫，令被告人署名捺印。不能署名捺印者，须附记其由。谓预审甘结与他日公判陈述，相为比照。或有以预审终结宣告为上诉者，故关紧要。书记要记载系照本条例式而行，偕预审判事署名捺印。第百五十一条。被告人欲于所陈述有所变更增减者，要更为推问，照前规登录所推问及答述，再朗读讫，令其署名捺印。第百五十二条。被告人得求见所录陈述书之誊本。第百五十三条。谓被告人辨护之权不得阻遏，故欲验其供状如何，则不得不下付。预审判事于同一案件，此被告人与彼被告人所供不符，欲证明一切情状，可令此被告人与彼被告人，与及证人暨其余案内干系之人，当堂对质。第百五十四条。谓预审本系密问对质，非其本旨。然若本条所云，亦不得不用。书记要登录对质人所供及于对质时供出一切事件，将其本末向对质人宣读，第百五十一条及第百五十二条规则，对质时亦用之。第百五十五条。被告人或对质人聋者，问用纸笔，哑者答用纸笔；聋者哑者并不识文字，要用通事。其不通国语者，亦如之。第百五十六条。通事要用正实通译者，先发誓而后用之。书记要将审查文凭向通事宣读，令署名捺印。第百九十二条、第百九十三条及第二百条规则，于本条亦为适用。第百五十七条。

第五节　检证及勒押物件　　预审判事有关于重罪或轻罪确为必须临检者，可亲临犯处检验；其有检事请求者，不论何等事情，必须临检。第百五十八条。预审判事要将证明之情形、事状、日时、处所及被告人并非误认等情，开造文案。又所检情况有便益于被告人者，亦须登录。第百五十九条。谓预审判事，非特证明被告人罪犯，其应行回护者，亦要证明。预审判事于临检之处所发见物件，察其情形，足证明被告人非误认，并可以推知所犯情实者，要押勒佥印，开具目录。其监护及递送所押物件，为书记责任。第百六十条。物件，谓如凶器、衣片及名氏勒记、器具之类。预审判事临检及搜索家宅、勒押物件等项，不及即日完结者，得闭锁，其周围令人看守。第百六十一条。预审判事得临检被告人所居。又他人所居疑有藏匿可为案证物件者，亦得临检。其被告人及藏匿物件者不在其家，要同居亲属对同。亲属不在，要户长对同。谓搜索人家，事系非常，故家主不在，则须户长、亲属眼同。第百三十三条内第三项规则，本条亦准用之。第百六十二条。被告人于判事临检搜索时，得自身对同，或令人代替。谓家居搜索，关被告人身家者非轻，故不得拒其眼同。若被告人受拘留，不得躬自对同，而预审判事要其对同者，仍许对同。如前项民事原告人及其代人亦得眼同。但预审判事不得因其同检，转致预审迟延。第百六十三条。预审判事于家宅搜索时，可照第百六十条规则勒押物件。若勒押物件，要将其目录誊本交付对同人，第百六十四条。谓示不夺物件所有之权，故判事若不付誊本，则对同人得自求之。预审判事不论被告人曾否对同，可将勒押之物件出示被告人，令为辨解。其所推问及陈辨要录载文案。第百六十五条。预审判事在临检之处，欲听证人陈述，可令书记对同，隔别推问。第百六十六条。预审判事当前数条处分中，不论何人，得禁出入。若有犯禁者，得逐斥之及抑留之。第百六十七条。预审判事虽系在所管内者，得因便宜，将临检搜索之事嘱托该地之治安判事。第百六十八条。预审判事将开检被告人及预审干连人，或由他人所发付之文书、电报及物件，确为验实所必须者，得向驿递、电信、铁道诸官署及其余会社谓如海、漕、陆运等之类。通知其事由，令送交各件，接受开阅，但要交回收票。若前项文件收阅后不再用者，并要还付原处。第百六十九条。

第六节　证人讯问　预审判事于检事民事原告人及被告人所指名之证人，可传唤讯问。其原、被告证人名数夥多者，要循其所指次序，又择其最足验实者。轻罪事件各限五名，重罪事件各限十名，先传唤之。若验实必要多人者，不在此限。又，预审判事知有可为证人者，虽原、被告所不指名，亦得以其职权传唤作证。第百七十条。证人须预审判事用己名传唤。其所发令状，要遵第二十三条规则。若证人在管外，要将令状托该地轻罪裁判所之书记代传。第百七十一条。证人不于裁判所邻近地方居住者，预审判事得将其推问，托其所居处之治安判事。谓事情轻小者，虽在管内而居处稍远，则不必自远勾唤。若证人在管外者，得将其推问，托该地预审判事或治安判事。其受托传唤状之判事，要用己名，经裁判所发交，第百七十二条。传唤状内，要将证人之名氏、居处及职业载明，又要将投案时日、处所及不遵传唤应科罚金，且有时拘引各例，分别登载传唤状。递到与投案之间，至少须假与二十四时。第百七十三条。路程稍远者，随其距离，又须假与应分时日。证人因疾病或公务与其余事故不能投案有确证者，预审判事要就其所在推问。第百七十四条。应为证人者如系陆海军营内军人军属，称营内，盖以别非役者。将传唤状由其所部长官发交，该长官要随即令其投案。若于职务有碍，要向预审判事陈明事由，请其延期。第百七十五条。证人除前二条事故外，有不服传唤者，预审判事商之检事，宣告二元以上十元以下罚金。受罚者不得有违，更为控诉。为证人者，辩白事情，不令犯人漏法网与无罪者陷冤枉，不翅为民生公权，亦为众庶义务，故不行义务者，得罚之。预审判事得向证人再发传唤状，并附罚金宣告状，或直发拘引状，所须诸费，令该证人负担。若证人再不服传唤，应加倍罚金，且发拘引状。第百七十六条。预审判事于证人不服传唤，至一两次，若系传唤状有违第百七十三条规则，或该证人实有不能投案事故，一时未能预知者，查有确据，可商之检事，注销罚金宣告。第百七十七条。证人因传唤投案者，要将其传唤状交还书记。若有遗失，要证明其实非别人。第百七十八条。预审判事要向所传唤证人，问讯名氏、年龄、职业、居所及系第百八十一条所开载者否。第百七十九条。预审判事要令证人，将无爱憎、无畏惧、秉公作证之意当堂陈誓。预审判事将证人之宣誓文朗读讫，令署名捺印。若不能署名捺印，要附记其由。其宣誓文要附于诉讼文书存案。第百八十条。有不许为证人者，但有所陈述，可采其言，以备参考：一、民事原告人；二、民事原告及被告之亲属；三、民事原告及被告之后见人及受其后见者；后见犹曰摄也，谓人故后摄理其家政者，家主系幼痴、废疾，则例置之，日本方言也。四、民事原告及被告之雇人。第百八十一条。亦有不能为证人者：一、十六岁以下幼者；二、知觉精神不足者；三、喑哑者；四、被剥夺公权或停止公权者；五、有重罪事件受移转重罪裁判所宣告者，及事虽轻罪合该重禁锢既付公判者；六、就现应申陈事情曾受人诉讼以证凭不明得免诉宣告者。第百八十二条。谓其曾受诉讼，所有罪状情况并与现应申陈事件相同，故虽得免诉宣告，事涉嫌疑，不得为证人。有证人不肯宣誓，及虽宣誓而不肯申陈者，预审判事可商之检事，遵刑法第百八十条宣告罚金。受罚者不得有违，更为控诉。医师、药商、稳婆及代言、辩护、代书、公证诸人，或神官、僧侣，其所职业系受人密托者，不在前项之例。第百八十三条。谓本项诸人，于职业上所知隐情，虽掩覆之，非法律所罪，盖此种人所业在此，苟或泄露，有妨职业，乃势处于不得不然，故不以为罪也。然因传唤，言之判事，亦不为漏泄。刑法第三百六十条，可以参看。凡证人要与他证人及被告人隔别推问，有必须互证始明者，乃令对质。第百八十四条。谓证人混同，则有扶同作弊之患。然其所陈述有龃龉者，又须对质，方得明白。预审判事如重轻罪所犯处及其他场所，有须令证人同行始能陈述确实者，得偕证人同往。若证人不肯同行，可照第百七十六条规则宣告罚金。第百八十五条。第百五十六条、第百五十七条规则，亦可用之证人。第百八十六条。谓证人系外国人，则判事、书记不解外语，必不得不用通事。聋、哑亦如之。证人系皇族或敕任官，预审判事要与书记俱就其所在听其陈述。第百八十七条。书记要将证人所陈述分别造文案。该文案要登载证人曾否宣誓事由。第百八十八条。预审判事要令证人知其所陈述有无错缪，可命书记朗读文案，证人于其所陈述，得请求变更增减，书记要于文案上登载其请求变更增减条件，与预审判事及证人偕署名捺印。若证人不能署名捺印，当附记其由。第百八十九条。证人得随即要求投案路费与日给费用。谓为人证佐，虽属民生义务，若其费用非可自负，故得要求。若证人以逐日所得为生计者，得除路费日给外，更要求其每日所应得金额。本条二项费用，先自裁判所给与。刑事由官给，民事待裁判案结之后，令理屈者办偿之。如本条，预审判事要算定其金额而宣告之。第百九十条。

第七节　鉴定　　预审判事为验明罪质犯状，有必须鉴定人者，要令专习是件学术职业者一名或数名到堂鉴定。第百九十一条。谓如系毒杀者，解剖尸体，分析毒质；殴伤者，视察轻重，验核器物；伪造宝货者，溶解分析，以验混和物。皆非判事所能，必要医师、化学、矿学者。鉴定人要由书记局以令状传唤。其式须登录“命其鉴定”及“不服传唤，应科罚金”等语。若鉴定人不服传唤，照第百七十六条规则处断，但不得再发拘引状。谓鉴定人设不服传唤，得复命他人，与证人必要其人者殊，故止命罚金，不许拘引。第百七十七条规则，亦适用之。第百九十二条。鉴定人要将秉公鉴定之言宣誓，该式从

第百八十条之例。书记要于鉴定令状纸尾登记鉴定人所行宣誓，而将宣誓文附载之。第百九十三条。鉴定人不肯宣誓，或虽宣誓而不肯鉴定者，预审判事可商之检事，照刑法第百七十九条宣告罚金。受罚者不得有违，更为控诉。第百九十四条。第百八十一、第百八十二条所开载者，不得命其鉴定，但急遽缺人，得委其鉴定，以备参考。第百九十五条。预审判事要对同鉴定人鉴定。第百九十六条。预审判事得因鉴定人之请及以其职权增加鉴定人，或改命别人。第百九十七条。鉴定人要自造鉴定帖，详录其次序及所检核与其时候。若检核未定，要将其所推测者登录。若鉴定人各殊意见，要各自造鉴定帖，或于一鉴定帖中登录各人意见。第百九十八条。鉴定人要于鉴定帖上开载年月日，署名捺印及契印。又预审判事要于鉴定帖上登记收领年月日，与书记偕同签印，鉴定帖要附载其令状。若外国人为鉴定，要将裁判所所命通事译文，并附入鉴定帖。第百九十九条。鉴定人及通事，要给与路费、雇工钱及其余费用。第二百条。

第八节　现行犯预审　　现犯治罪本贵急速，以防犯人逃亡，证凭堙灭，故设此一节，以示变则。　　预审判事于检事未告之先，知有现犯轻重罪者，而事要急办，可不俟检事求请，得径行通知事由，先开预审。预审判事得直发令状，临检犯所，及遵此章所定规则，为预审处分。第二百一条。谓推问被告、证佐、鉴定诸人，搜索家宅、勒押物件等事，并得行之。预审判事如前条所云，虽无检事起诉，既造检证文案，作为受理公诉，即要将现犯系重罪或轻罪记载。预审判事要速将文书致送检事，但检事所见，以为该预审不宜再审，亦要依通常规则结审。第二百二条。若检事先预审，判事知有现犯轻重罪者，不须预审，判事可一面通报事由，直临犯所检查，暂假行预审判事之处分，但不得发罚金宣告，谓检事无判决罪犯之权，故虽临时为判事处分，不得向证人、鉴定人宣告罚金。得听证人及鉴定人陈述，但不用令其宣誓。第二百三条。检事如前条办理，要将意见书附证凭文书速送之预审判事。第二百四条。谓检事本代判事权摄其职，不得擅决也。第二百三条所假检事职务，司法警察官亦得权摄之，但不得发行令状。司法警察官亦要将意见书附证凭文书并被告人送之检事。第二百五条。其被告人，或警察官自捕，或从巡查接受，均要送交。检事收受被告人，要限二十四时内推问犯人，造作文案。无论曾否发拘留状，须将请求书附一切文书移送于预审判事。若认为不合起诉者，即要放免被告人。第二百六条。预审判事要二十四时间推问被告人，其检事所发拘留状解否，任其事宜。第二百七条。预审判事得就检事及司法警察官之所措置更为查审，但检事及司法警察官所送文案要附于诉讼文书。第二百八条。谓检事、警察官虽系就现犯为预审措置，然或不密，或违式，亦不可知，故判事得更为查审。惟其所送文书，则当备文案，以供参考。检事于现犯轻罪者，无论曾否发拘留状，曾否推问被告人，若推度此罪不须预审，得径行传唤于轻罪裁判所。第二百九条。

第九节　保释　保释者，得保证而解释也。凡被告人未至定谳宣刑之间，待其人以无罪，是为治罪要义。一、许保释；二、许责付保释，以金圆保其出廷，责付惟责之其人，二者惟在判事所命耳。但时不免有在逃或堙证之惧，于是不得已而拘留耳。　预审判事于预审中，得因被告人受拘留状或收监状者之求请，商之检事，令其人以文书保证，不论何时，有传必到，而后允其保释。若被告人无能为力，得令亲属及代人请求保释。第二百十条。谓幼痴、疯癫不得自理财产者，不能出保证金，故令别人代请。前条文书要纳之书记局。若于保释中传唤被告人到案，要于讯问二十四时之前预为通报。第二百十一条。允其保释者，要令被告人以金圆保证到案，但预审判事须定其金额，记注于保释宣告状。第二百十二条。谓保释不止纳证单，必令以金圆者，以防在逃之患耳。若其金额，则事有轻重，人有贫富，不可概定，故临时定其额。其为保证，要被告人或别人将保证金或贮金预所受人财货，称贷收息者。与银行之受金证书，纳之书记局。惟预所及银行证单，许充真货。凡私相借贷文契，皆不许用。又住在裁判所管内饶有资产者，亦可代纳应充金额之保证书。第二百十三条。被告人保释中，应就传唤而无故不到者，要没入保证金全额或几分。第二百十四条。没入不同，由情由不一。没入保证金，预审判事要商同检事为宣告。所没收如非全额，则还付剩余。若系证单，则兑换真货，有余则应还付，不足更要征收。若系别人保证，要照民事规则征收。第二百十五条。谓照证书征收金圆，若不肯出，则诉之民事裁判所亦可。预审判事既没入保证金，要注消保释宣告。既消保释，则不得不拘留，因已乖前约，不免有他日不到之虞。又预审中注消保释宣告最为紧要，要商同检事，方得注消。第二百十六条。预审判事于保证金没入后，讯明乃应免诉，或当移违警罪裁判所，或只合罚金，轻罪当移轻罪裁判所，应行宣告，并要商之检事，还付既没之金圆。第二百十七条。谓在法律罚金以下轻犯，不许拘留，况于免诉乎？此条系判事当初误为措置，其后觉察平反者。预审判事为前条宣告，或注消保释宣告，要还付保证金。第二百十八条。预审判事不分有无请求保释，商同检事，得将被告人责付其亲属或故旧。第二百十九条。谓保释殊于责付者，保释必要请求保证，责付不翅不要请求，亦不要保证，特其所任责在亲故耳。盖被告事件，虽罪该禁锢以上，系显贵或财产有力者，自无逃亡之虞，故特责付之其人耳。

第十节　预审终结　预审判事以被告事件为非其所管，指罪质犯所及被告人身分。又推度本案为无可再查，要行预审终结之处分，可商同检事意见，令将一切诉讼文书送交，检事要将意见及诉讼文书送交，限三日内还付之。第二百二十条。检事以预审有所不合，得就该条件更求审查。若预审判事不许，则检事所交之意见书及诉讼文书，限二十四时内还付。第二百二十一条。预审判事不问检事意见何如，可依后条所记载，宣告终结预审。第二百二十二条。假如检事认为重罪，判事以为法律所不问，则宣告免诉，亦唯其所为。然检事以为不当，固有上诉之权。预审判事以被告事件认为非其所管，要宣告其由。如要拘留，须保存前发令状及新发令状，将该事件交付检事。第二百二十三条。谓判事虽拘留被告人，而已认为非管，则关系既绝，故要送付该件。如左项预审判事要行免诉宣告，而被告人受拘留者须放免：一、犯罪证凭不明白者；二、被告事件不成罪者；若亲属相盗之类。三、公诉属期满免除者；四、经确定裁判者；五、经大赦者；六、在法律全免其罪者。如本条被害者不经由民事裁判所，不得为要偿之诉。第二百二十四条。谓预审止判断有无罪犯，不及谳决曲直，是预审之所以殊公判也，故不得行私诉裁判。若被告事件推度系违警罪，要行移转违警罪裁判所宣告；而被告人受拘留者，要行释放宣告。第二百二十五条。若被告事件度系轻罪，要行移转轻罪裁判所宣告；被告人受拘留度系该罚金者，要行释放宣告。谓罚金之刑，不许拘留。度系该禁锢者，得允保释及责付。若被告人未受拘留，得发行令状。第二百二十六条。谓该禁锢以上之刑者。若被告事件度系重罪，要行移转重罪裁判所宣告。

若既允保释或责付，要注消其宣告，移转重罪裁判所。宣告状要将“现候控诉裁判所检事长指挥，姑于本所监仓，将被告人监禁”等语，一并记载。第二百二十七条。预审终结宣告，要照事实及法律附白其理由，其以非其所管宣告，或合行拘留被告人者，要明示其原由；其行免诉宣告，要明示被告事件不成罪，或公诉不应受理各原由。其犯罪之证凭不明白者，亦同。其行移转违警罪、轻罪或重罪，裁判所宣告，要明示罪质、犯状、证凭明白者及所犯律文正条。第二百二十八条。前条宣告状，要照第百三十条规则，明揭被告人名氏。第二百二十九条。书记要将预审终结宣告状誊本，速分送检事。民事原告人及被告人，但各人不服，得照第二百四十六条以下规则向之翻控。第二百三十条。翻控，谓求覆审于会议局，犹公判之有控诉也。被告人未就逮捕，可行移转重罪裁判所宣告，或合该禁锢轻罪，可行移转轻罪裁判所宣告，均要于该状上记注其由。惟被告人非现受拘留，不得更为上诉。第二百三十一条。谓预审判事认为非其所管，不分被告人就捕与否，要为转移宣告，不得翻控及为上告。如前条，检事及民事原告人，得向民事裁判所请求勒押被告人财产。第二百三十二条。谓被告人典卖财产，一则恐资其潜匿，一则恐丧其赔偿。行预审终结宣告，预审判事要向裁判所长速报告其理由。又每十五日要将预审未决事件摘录申报。第二百三十三条。

第四章　预审上诉　　如左项，预审未及终结之间，检事及被告人得不分时日为上诉：一、弃却非其所管申陈者；二、违法律发令状及不发令状者；三、违法律行保释责付及不行者；四、有越权处分者。若民事原告人，惟于第四项得就私诉翻控，第二百三十四条。谓民事原告人止要赔偿，无关公诉之权，故除私诉处分之外，不许翻控。欲翻控者，要向该管裁判所书记局纳词状。有翻控者，书记将其词状誊本送达对手人，对手人得限三日内纳答辩书。预审处分，不因翻控停止施行，但因保释责付而检事不合者，即停止其施行。第二百三十五条。因人情难测，翻控不必出于公正，故不停处分，但保释责付，则停止处分，以待会议局判决。其翻控者，要于该管裁判所会议局会判事三名以上，依词状答辩及其余诉讼文书与检事意见书判决。谓向公判、缺席裁判、翻控者虽令前官管理，而预审翻控，不许前官干预，然预审固无原、被告对辩之法，故会议局判决，亦专据文书。会议局宣告须速施行，但待经预审终结宣告之后，方得向之为上告。第二百三十六条。谓非经预审终结宣告，不能辨终判之是否非理，故不许半途上告。如左项，当预审终结，检事、被告人及民事原告人得请预审判事回避：一、预审判事及其伉俪与被告人、被害者及其伉俪系属亲姻者；二、预审判事为被告人及民事原告人之后见人者；三、预审判事及其伉俪收受民事原告人、被告人与其亲属赠遗及听许者。第二百三十七条。回避要陈之预审判事，但其所陈须将词状二通纳书记局。书记要将词状送交预审判事，预审判事要自受状日起，限二十四时内，将其是否附记词状纸尾，一通收藏书记局，一通还本人。第二百三十八条。预审判事拒绝回避之请，陈请人得为翻控。会议局要依翻控词状及预审判事辩明状，依理判决。第二百三十九条。预审判事虽有人请其回避者，及拒绝所请，致起翻控者，预审次序尚要继续循办，但不得行终结宣告。若事件不须急速者，可停止预审次序。第二百四十条。会议局不理回避，翻控者得为上告，但非经预审终结之后，不得上告。第二百四十一条。预审判事自认有第二百三十七条内所定原由及自揣应行回避者，要向会议局陈请回避。回避陈请要于会议局判决。第二百四十二条。在会议局允其回避，裁判所长要更令他判事为预审。该判事虽有前判事处分，得因检事及其余诉讼关系人之求请，或以其职权，更为审查。第二百四十三条。书记得自行回避，或由检事与其余诉讼关系人陈请会议局，令其回避。第二百四十四条。检察官不得因被告人及民事原告人回避，但自揣应行回避者，得向会议局陈请。谓检察官须要证明罪犯的用其刑，原、被告原无回避之理，但事系亲故，不得不回避，然其可否，尚仰之会议局。检事补自揣应行回避者，要陈之检事，检事要允其请。第二百四十五条。检事得向预审终结宣告再行翻控。民事原告人就私诉上有越权处分，得向预审终结宣告翻控，被告人得向移转重罪裁判所宣告翻控，而移转轻罪及违警罪裁判所宣告，自非预审判事非管越权，及移转裁判所为非其所管，不得翻控。第二百四十六条。谓重罪利害所关甚巨，故不问原由，得以翻控。轻罪以下差薄，故立之限制。翻控者限一日间，自宣告状到达之时算起。第二百四十七条。检事、民事原告人及被告人翻控者，要将词状纳书记局，书记须速通报于对手人。翻控者要限三日间将词状纳书记局，书记将词状速交对手人，对手人得限三日内纳答辩书。第二百四十八条。有翻控者对手人，经其判决，不分时日，得起附带翻控。附带翻控，谓赖他翻控对手亦附带而起他件不服之诉。有起附带翻控者，书记要将其词状送与对手人，对手人得限三日内纳答辩书。第二百四十九条。预审终结宣告之翻控期限内有翻控者，其翻控之诉未及判决时，所有宣告之事即应停止施行。谓宣告移转重轻罪裁判所之类，不得移转宣告无罪，免诉之类不得放免。但于拘留被告人及注消保释责付宣告，不得停止施行。第二百五十条。谓向宣告起翻控，由宣告或有不确当者耳。但因恐在逃而为拘留，由轻罪移重罪勾消保释责付者，不拘此限。书记要将翻控词状、答辩书及其余诉讼文书，纳会议局。第二百五十一条。会议局要照第二百三十六条规则，行其判决于预审判事宣告，或依其宣告，或全行注消，或将其多少勾消，更行宣告。又得行将被告人保释责付及拘留宣告。第二百五十二条。会议局以翻控为紧要，要令判事一名更为预审，及就其所指条件更行审查，发其报告状。第二百五十三条。会议局于审查之际，发见非管越权及公诉不合受理等项，得以职权注消预审判事宣告。第二百五十四条。谓凡为裁判官者，不诉不理为原则，然事情重大有系公益者，法律中特立变则，此条即其一也。会议局于翻控审查之际，发见有共同犯罪或附带罪未经预审等项，要因检事求请或以其职权，令判事一名为预审，发其报告状。谓正从犯符同犯罪，若彼此罪情相缠结者，合并审理，则易于判决，故虽无检事请求，要为预审。检事要纳意见书，会议局要凭报告状及其余诉讼文书并行判决。第二百五十五条。已经判决，要速将其宣告誊本发付于检事、民事原告人及被告人。第二百五十六条。检事及其余诉讼关系人，得向会议局宣告再为上告。第二百五十七条。发付被告人终结宣告状，要将应得上诉之期限载明。其无登记者，非照规则再付宣告，被告人虽逾限，仍不失上诉之权。第二百五十八条。第三百十一条至第三百十三条规则预审上诉者，亦适用之。第二百五十九条。移转重罪裁判所宣告一定，检事要将一切文书，附其宣告状，速送交控诉裁判所检事长。检事长要将一切文书证据物件，及将被告人移交重罪裁判所等处分，命之检事。除重罪裁判所以外，所有移交各裁判所之宣告一定，检事要速为施行。第二百六十条。被告人于预审得免诉宣告，或宣告已定，虽有变更罪名者，但系同一事件，则不更受诉；惟别有新发证凭者，不在此限。其有新发证凭者，检事送之会议局，会议局要判决应否再准起诉。第二百六十一条。必定之会议局，所以慎重其事也。

第四编　公判

由预审判事送到罪案，直句唤于裁判所推问辩论而行判决，名曰公判。公之云者，稠人环听中，以公是判决之谓。

第一章　通则　诉讼事件要照书记局档簿所录之先后次序以为公判。谓若错乱前后，恐诉讼人有幸不幸之差。裁判长得将未定拘留日数之案，以其职权变更次序。谓拘留，非若保释责付之得以自由，故期日未决定者，裁判长得为短其日数，变换次序。又事系重要，检察官及其余诉讼关系人有所求请，亦得变更次序。第二百六十二条。重罪、轻罪、违警罪之推问辩论及裁判宣告，均要于公众中行之。否则不成为宣告。第二百六十三条。是为治罪要义，苟非稠人耳目所属，则嫌有涉于偏私也。被告事件，有害公安及涉猥亵、亏风俗者，于裁判所得因检察官之求请，及以其职权，于推问辩论时禁人旁听。至于行裁判宣告，应仍照常规许人旁听。第二百六十四条。禁人旁听，乃法律变则，必由裁判所之命，然非裁判长一人所得擅断，故曰于裁判所。又非民事原、被告所得请求，故特系之检察官。被告人在公廷，不得束缚身体，但有时须置守卒。谓被告人在公廷外，虽或受钮索，一入公廷，必须解释。惟有逃亡、躁扰之虞者，始付看守。被告人合该禁锢以上刑者，非有疾病事故而不肯到案，得拘致之。如该罚金、拘留科料者，不必拘致。或人虽到案，不肯辩论，则应作为对审已明，直行裁判宣告。第二百六十五条。

被告人因为辩论，得用辩护人。此条最为本法中要旨。盖法廷之严肃，自生畏慑，有不能肆辩论尽蕴奥者，故不分罪之轻重，听用辩护人，以尽其情实。辩护人要就裁判所所属代言人中选用。但得裁判所特允者，虽非代言人，亦得为之。第二百六十六条。谓诸裁判所例置代言人，熟练律典，不致疏缪。然被告亲故，或有请自为辩护，得其允可者，亦不妨许之。被告人在公廷暴乱或喧哗，妨碍辩论，裁判长再三戒谕仍不听从者，得因检察官之求请，或以其职权，饬令退廷或拘留之。如前项，即作为对审已明，不必复为辩论，得行裁判宣告。若辩论须涉二日者，仍许被告人再出公廷。第二百六十七条。被告人因精神错乱或疾病不能出廷者，当俟其痊愈，暂停辩论。若方在辩论之际，被告人精神错乱，要待其痊愈，另起辩论。其有罹他疾者，要续其余论，准于五日间停止辩论。若检察官及其余诉讼关系人有所求请，要别起辩论。若被告事件及法律定拟一切辩论既毕，则痊愈之后不须更为审查，可行裁判宣告。第二百六十八条。被告人合该禁锢以上刑者，虽公判之日不到案，然非有预审终结宣告状及传唤状发付本人之证凭，不可遽行缺席裁判。虽不到案，然所有本条所载之官文书，被告人苟未收受，未必即属逃亡藏匿，或因错误亦未可知，故不得遽行缺席裁判。限禁锢以上者，义与第二百六十五条第二项同。其预审终结之宣告状及传唤状未能发付本人者，谓如预审若公判之际被告人逃亡之类。要定假与期限，将期限内苟不到案，应为缺席裁判之意传单告知该亲属或户长。第二百六十九条。缺席裁判之被告人不许用辩护人，但其亲属故旧得证明被告人不能到案事由，若裁判所认其事由为确当，得商同检事，延宕裁判之期。第二百七十条。被告人内一名或数名虽未全到，要就其投案者，照常规为对审裁判。第二百七十一条。

裁判长在公廷，要诸事严肃。犯者应有处分，本条以下，系公廷严肃处分。有喝采、诽谤及其余妨碍辩论者，得禁止之，或令退廷。第二百七十二条。有于公廷患轻罪违警罪者，谓如旁听人诟骂裁判官吏之类，苟被告人犯之，须并入本案，照数罪俱发之例处断。不论何人，要以裁判长命拘住，商同检事官直行裁判，或行附于他日公判宣告。书记要就犯罪事件及裁判长处分，即造文案。第二百七十三条。如前条在违警罪裁判所，即以违警罪为终审裁判；轻罪为始审裁判，在轻罪裁判所及其余上等裁判所，即以轻罪为终审裁判。第二百七十四条。谓于裁判所现犯者，莫便于即在该所直行裁判，所以裁判所管有此变例也。有于公廷犯重罪者，裁判长要推问被告人及证人，造作文案，商同检察官，照常规为裁判，行解付预审判事宣告。第二百七十五条。因重罪须裁判官五人方合裁判，故不得用变例，必依常规。于裁判所见为理不受诉之事件，不须裁判；但于辩论中所发见附带之事件，及于公廷内犯罪者，不在此限。若附带事件必须先为预审者，得暂停本案裁判。第二百七十六条。因两案重叠，判事难为审查，故姑阁本案。检察官、被告人及民事干连人，无论始审终审，迄于本案裁判宣告之日，无论何时，得为裁判非其所管及公诉不合受理之陈诉，民事原告人不过有赔偿请求之权，故不与此件。裁判所得以其职权为裁判非其所管及公诉不合受理之宣告。第二百七十七条。于裁判所弃却前条，不必待本案裁判宣告，可直为控诉及上告，而停止本案辩论。第二百七十八条。一经控诉上告，则裁判是非未有所归宿，故姑停辩论。检察官、其余诉讼关系人认有第二百三十七条所载原由，得向违警罪、轻罪控诉及重罪各裁判所之裁判官与书记局陈请回避。历举各裁判所者所以别大审院，惟大审院裁判官不得回避。裁判官为预审又干预公判，及为始审裁判又干预终审裁判者，亦同。第二百七十九条。回避之请，迄于本案裁判宣告之日，无论何时，准其申请。有陈请回避者，即延迟本案辩论。第二百八十条。申请回避及为回避判决，照第二百三十八条至第二百四十五条所定规则。第二百八十一条。若不准回避，要继续前审停止以后之次序，但已经五日停止辩论者，要新起辩论。新起辩论者，义与二百六十八条第二项同。其因灾变厄难停止诉讼次序者亦同。第二百八十二条。

凡证据可用之预审者，皆可用之公判。第二百八十三条。裁判长得因检察官与其余诉讼关系人之求请，及以其职权，将预审中该管官吏所作之文案及验证文书，令其朗读。谓预审判事所造文书，极为完全精确，故公判之际不复须审核，惟取其文书朗读足矣。上开文书与原、被告证人所陈述，同一关要。第二百八十四条。开造文案之司法警察官，自检察官暨其余诉讼关系人、证人皆得传问，或以裁判所之职权而传问之；预审判事欲令其说明文案，自检察官暨其余诉讼关系人得因裁判所之职权，求其允许而传问之。第二百八十五条。谓判事不得由诉人传唤，若文案中有不明，则必须裁判所公权或公许，方许传问。于预审时既经推问之证人，得复传唤之。谓公判以对面辩论为本旨，与预审专据文书为判决者有殊。故公廷朗读之际，或令传到口陈。其预审中所录之证人陈述书，无论证人曾否传唤，抑不服传唤，欲比较其所陈述，得因检察官及其余诉讼关系人之求请，或以裁判长之职权，令朗读之。第二百八十六条。第百七十八条以下规则，亦可用之于公判证人。第二百八十七条。证人不许互交言语，又不许于陈述之前先为辩论。第二百八十八条。证人要循左方次序推问：一、因检察官所求请而传问者；二、因民事原告人所求请而传问者；三、因被告人及民事干连人所求请而传问者；第二百八十九条。证人有数名，要逐名氏目次推问。谓原、被告证人次序，虽若前条所云，而原、被证人各有数名，则就中亦各依次序。但裁判长得因传问者之意，变更次序。第二百九十条。证人及被告人，非裁判长不得推问。陪席判事及检察官得请裁判长推问证人及被告人、诉讼关系人，得将辩论之最关紧要者，向裁判长求推问证人。第二百九十一条。证人陈述故不以实，酌度罪该禁锢以上刑者，在裁判所要因检察官及其余诉讼关系人所求请，或以其职权拘住，随发拘引状，解付预审判事宣告。其证人所陈述，要令书记登录，移送预审判事。如本条在裁判所，得因检察官与其余诉讼关系人所求请，及以其职权，将本案事件及裁判，延期宣告。第二百九十二条。证人不服传问者，于裁判所要随即商同检事，宣传左项科料罚金，但该证人不得有违，更为控诉：一、系违警罪事件者，科料金十钱以上一元九十五钱以下；二、系轻罪以上事件者，罚金二元以上十元以下。若被告人缺席，虽证人不服传问，不得宣告科料罚金。第二百九十三条。前条宣告状，要书记随即发付本人，其受宣告者，限三日内得证明其不能到案之事由，裁判所要商同检事官注消科料或罚金宣告，但在重罪裁判所闭厅之后者，要向现开裁判所申诉。第二百九十四条。证人不服传唤，得因检察官及其余诉讼关系人所求请，及以裁判所职权，行公判延期宣告。检察官不躬自请求者，要将公判延期之意见陈述。第二百九十五条。证人再受传唤不到，要商同检察官，宣告加倍前额科料罚金，及偿再次传唤费用，亦得照前条再延公判。但延期之后，要向其证人发拘引状。第二百九十六条。第百九十一条以下规则，公判所命鉴定人亦适用之。其不服传唤者，要照第二百九十三条规则处分。传唤鉴定人说明前所鉴定事件，要照所定证人前数条规则处分。第二百九十七条。被告人系聋哑及不通国语者，依第百五十六条、第百五十七条规则。第二百九十八条。被告人有数名者，要裁判长先出主见，又商同检察官及其余诉讼关系人意见，以定推问次序。但裁判长因推验事实，有必须更改者，得以职权变易其次序。第二百九十九条。证凭查完之后，要检察官、民事原告人、被告人，并辩护人及民事干连人，依次发言。检察官为拟律，民事原告人为要偿，须依次发言。检察官及其余诉讼关系人，其陈述不得有所阻碍，检察官及其余诉讼关系人，得互为辩论。但于辩论完时，要令被告及辩护人申诉。第三百条。检察官虽废弃公诉，而裁判所可就本案行其应分裁判。第三百一条。谓公诉为公众而起者，故虽检察官中间不理，裁判所仍不得不谳其案，是公诉所以殊于私诉也。辩论中就公判次序或生异议，裁判所可商同检察官径为判决。若有翻控及上告者，非经本案裁判宣告后，不得辄行。第三百二条。民事干连人，无论始审终审，及何等时日，得干预其诉讼。又民事原告人，得令民事干连人干预其诉讼。若有人起异议，不待本案裁判宣告，直为翻控及上告者，要待彼裁判所判决未判决时，应将本案辩论停止。第三百三条。于裁判所行处刑宣告，要依事实及法律明示其确有凭证所以定断之各理由。谓不特示事实律条，又示一切证凭者，亦以明裁判公正，不涉偏私耳。行免诉宣告，亦同。第三百四条。行无罪宣告者，要向被告人明示以无犯罪凭证所以无罪之理由。第三百五条。谓律文无无罪正条，故以证凭不白及无可作证为断。裁判所要将公诉裁判与私诉裁判同时宣告，私诉审查未精确者，得于公诉裁判后，别行其裁判宣告。第三百六条。谓如未能定赔偿多寡之类。被告人当受处刑宣告，要以裁判所职权令全出公诉之裁判费及应出几分，并行宣告。受免诉及无罪宣告者，公诉裁判费要官自偿。私诉裁判费依民事规则，要理屈者还偿。第三百七条。被告人已受宣告，不论处刑与否，其勒押财产不应没收者，虽本主未经求请，要行还付宣告。第三百八条。于本案裁判宣告之上诉期限内有上诉者，其上诉未及判决时，要停止裁判施行。第三百九条。义与第二百五十条同。受禁锢以上处刑宣告者，若有逃亡，非现即就捕，不得为上诉。第三百十条。受拘留者为上诉及求保释，要将其词状申送监狱长，监狱长纳之该管裁判所书记。第三百十一条。诉讼关系人及其代人，因非常灾变厄难致逾上诉期限，若能证明其由，得回复既失之权利。但已免灾变厄难之日，于通常期限内，要将其证据即附词状为上诉。第三百十二条。书记要将前条词状速送交对手人，对手人得限三日内纳答辩书于上诉之裁判所。在会议局要商之检察官，判决其上诉应否受理。谓诉讼关系人及代人果否系罹灾厄，抑系自愆期限，皆不得不预查，故与通常上诉直为受理者殊。判决应受理者，要令书记将其由通报诉讼关系人，照常规行本案裁判。判决不合受理者，非有他由，要即时施行裁判。第三百十三条。裁判宣告当辩论既毕之后，于公廷即日或次日行之。其裁判宣告状，要裁判官先作宣告，共书记署名捺印。裁判宣告状要登载该管裁判所与年月日，及经手检察官名氏。第三百十四条。诉讼关系人得用小费求裁判宣告誊本或其钞本，但为上诉而求者，书记要于二十四时内下付。第三百十五条。于对审裁判行处刑宣告，裁判长向其受宣告者应告知，如有不服，得为前条之请，及控诉与上告之期限。若于缺席裁判行处刑宣告，要宣告状内登载应得再控及其期限。若不依常规登载，又不告知期限，虽逾上诉期限，仍不失上诉之权。第三百十六条。书记要逐件分别开造公判始末文案，登载左项条件及其余一切诉讼次序：一、公行裁判及禁止旁听宣告并其事由；二、推问被告人及其所陈述；三、证人、鉴定人所述及其宣誓或不肯宣誓事由；四、原、被告证据物件；五、辩论中异议以后所陈告事件，及检察官与其余诉讼关系人前件意见，与裁判所判决；六、辩论次序及令被告人最后发言。第三百十七条。公判始末案卷，要前条记载之外，并开载该管裁判所、年月日、裁判长、陪席判事、检察官及书记名氏。辩论涉数日者，要将其缘由及是否裁判官一人承审记载。谓裁判官若已换人，按法须从头更为辩论，故裁判官之换否，大系辩论终结之迟速。辩论中，须预备判事代替，要将此旨登记。检察官及书记，亦同。第三百十八条。谓事系重罪，辩论涉二日以上者，置预备判事为常法。公判始末案卷，自裁判宣告，限三日内整理，要裁判长及书记署名捺印。裁判长未署名捺印之先，要将公判始末文案检阅。若有意见，附记纸尾。第三百十九条。裁判宣告状及公判始末案卷正本，要该管裁判所书记局保存。若有上诉，裁判长及书记要将裁判宣告状及公判始末案卷誊本捺印，附入上诉文书。第三百二十条。谓虽有上诉，止以誊本解送，恐底本散佚也。

卷二十九　刑法志三

第二章　违警罪公判　　在违警罪裁判所所应受理者：一、书记局从检察官之求请而发传唤状于被告人者；二、因预审判事或上等裁判所判决宣告移转于本管者。第三百二十一条。上等裁判所谓初认为轻罪，既经审判，更认为违警罪，移之本管裁判所之类。传唤状要具载所传唤者名氏、职业、住所、到案时日、被告事件及得雇用代人等语。谓被告事件系违警罪，不必本人到案，即令代人亦可。若不登载被告事件，致被告人不及带同证人到案，则公廷告知事件之后，为觅证人及辩护人，得求展限二日。第三百二十二条。传唤状解到与投案之间，少要假与二日。第三百二十三条。

违警罪裁判官以被告事件须要速决，得因检察官与其余诉讼关系人之求请，及以其职权于开审之先径行验证，不必对手人对同。第三百二十四条。谓违警罪，事情轻微，不必预审，故事要速决，则先公判，得为验证，盖验证亦一预审也。证人之传唤状解到与到案之间，少要假与二十四时。有未受传唤，自行投案，于推问之前向书记通名刺者，裁判所得听其证人之所陈述。第三百二十五条。书记于各事件，要唱呼诉讼关系人名氏，若有不应唱呼者，则待他件裁判之后，方裁判其事件。第三百二十六条。违警罪裁判官承讯被告人，可先问其名氏、年甲、身位、职业、居处、籍贯，官吏所造案卷及词状，要书记朗读，检察官要将被告事件陈述。第三百二十七条。

检察官为原告人于朗读之后，仍陈其要领。违警罪裁判官要向被告人推问被告事件招承与否。若被告人令代人首服，要进其所署名捺印之文凭。第三百二十八条。被告人自承者，不须别举证凭。但裁判所得因检察官、民事原告人之求请，及以其职权令其举证。若不招服，要推问原、被告证人，及其他证凭提验。第三百二十九条。检察官要将适用之法律，酌拟陈述。民事原告人可将被害之事件证明，以要偿之旨申请。被告人、民事干连人及其代人，可为答辩。第三百三十条。若于刑事，则民事干连人及其代人，不得为答辩。被告人、民事干连人及其代人受传唤而不到者，可听检察官及民事原告人之请，举行缺席裁判。民事原告人不到案者，亦同。第三百三十一条。缺席裁判宣告状，要因检察官及其余诉讼关系人之求请，向缺席者暨其居所发付。受缺席裁判者欲行翻控，自宣告状解到，限三日内要向书记局纳词状。第三百三十二条。该管裁判所要先判翻控应否受理。若事应受理者，书记要将其翻控之由及合行公判时日，通报该对手人，发付传唤状。但其解到与到案之间，少要假与二日。又要将合行公判时日前一日报告翻控人。第三百三十三条。受理翻控词状，要照第三百二十六条迄第三百三十条规则更为裁判。于其时又缺席不到者，不得再行翻控。第三百三十四条。犯罪证据不明者，裁判所要行无罪宣告。又于第二百二十四条第三项以下事情，要行免诉宣告。第三百三十五条。被告事件系违警罪且证据明白者，要从法律行处刑宣告。第三百三十六条。被告事件系重罪或轻罪要行非其所管宣告，将其事件移送轻罪裁判所，检事但得向被告人发拘留状。第三百三十七条。谓虽无管理之权，而既系轻罪以上，不得不权为拘束，以免逃亡。受违警罪裁判所裁判宣告，得控诉于轻罪裁判所者有三：一、被告人受拘留宣告者；二、民事原告人、被告人及民事干连人于要偿宣告，较治安裁判所之终审，其金额有超过者；三、检察官及其余诉讼关系人于非管越权拟律错误并背裁判规则者。第三百三十八条。如以私诉裁判先公诉，或不公行裁判之类。凡此数项诉讼关系人，非系自受损害，不得为控诉。将为控诉者，要向原审裁判所书记局纳词状。但其期限，于对审裁判付宣告后限三日内，于缺席裁判则自宣告状解到本人及其住所之日限五日内。第三百三十九条。诉讼一切文书，检察官要移送该管控诉裁判所之书记局。若检察官即系控诉人或为对手人，要向该管控诉裁判所检察官陈其意见书。第三百四十条。该管控诉裁判所要待书记局向诉讼关系人发付传唤状后方行裁判。传唤状解到与到案之间，少要假与二日。证人传唤状解到与到案之间，少要假与一日。第三百四十一条。控诉之对手人，迄于受裁判宣告日，不论何时，得为附带控诉，但附带控诉可直于公廷为之。第三百四十二条。义与第二百四十九条同。控诉事件要照依轻罪裁判所所定规则而行裁判，检察官及其余诉讼关系人，非得裁判长允许，不得传唤新证人及始审时证人。第三百四十三条。谓始审时已得证佐，事已明白者，不再传唤，所以省繁冗、除扰累也，并非设令禁止之谓。受控诉之裁判所，可照行原判宣告，或将原判取消，更行裁判宣告。被告人有所控诉，不得比原判处刑再行加重。谓被告人控诉欲求轻减，反加重之，则乖许其控诉之原旨。由私诉而起之控诉裁判，照民事常规办理。第三百四十四条。第三百三十一条以下规则，于控诉缺席裁判，亦得照行。第三百四十五条。检察官及其余诉讼关系人，得向违警罪终审裁判之宣告而为上告。第三百四十六条。违警罪虽轻，然裁判乖法，则不得不上告而厘正之。

第三章　轻罪公判　轻罪裁判所所应受理者：一、书记局从检察官之求请，而发传唤状于被告人者；二、因预审判事或轻罪裁判所会议局及上等裁判所判决宣告移转于本管者。第三百四十七条。传唤状照第三百二十二条、第三百二十三条规则。第三百四十八条。被告事件合该罚金者，要于传唤状中记明“得用代人”，民事原告人及干连人，均得用代人。第三百四十九条。证人传唤状解到与投案之间，少要假与一日。第三百五十条。第三百二十四条规则，轻罪事件未经预审者，亦适用之。第三百五十一条谓轻罪事件最轻者，有时不经预审，直付公判，故为要预审者设此条。检察官要经裁判长问明被告人名氏、年甲、职业、居所、籍贯后，陈述被告事件，民事原告人要证明被害事件。其有案卷及词状者，要先令书记朗读讫，听原、被告证人陈述；将证据物件示被告人，令为辩解。被告人及民事干连人可为答辩。第三百五十二条。检察官要将适用之法律酌拟陈述。民事原告人要将要偿之意申请，被告人及民事干连人得更为答辩。第三百五十三条。被告人合该罚金者，若照第二百六十九条规则，应为缺席裁判。其传唤期内不到案者，亦要为缺席裁判。第三百五十四条。第三百三十一条至第三百三十四条系缺席裁判规则，此章亦适用之。第三百五十五条。

被告人于缺席裁判受禁锢刑宣告者，迄于期满免除，得为翻控。惟左项所开列者不许：一、被告人于本案裁判前，预辩诉其事件者；谓本案裁判之前，被告人已预行辩诉，则被告人所执之理经已说明，虽公判之日缺席不到，亦作为对审看。二、将裁判宣告状解付本人者；宣告状已付被告人，则被告人业已知悉，应依常规为控诉期限。三、被告人知有处刑宣告实有证迹者。义与上条同。第一项自宣告状解到日，第二、第三项自知有宣告日限三日间得为控诉。第三百五十六条。本条之意，因被告人缺席不到，虽经裁判，仍虑其或有冤抑，故将控诉期限展宽，至于期满免除之日为止。若此三节，则缺席裁判，仍与对审裁判无殊，故控诉期限亦依常规。于裁判所有为验实本案所必要者，要因检察官其余诉讼关系人之求请，或以其职权传唤新证人与鉴定人，或为临验，但为此处分，须照第三编第三章所定规则。又案件未经预审者，得令预审判事就所指示条件审查，且发其报告状。第三百五十七条。犯罪证据不明者，要于裁判所行无罪宣告。又如第二百二十四条第三项以下事情，要行免诉宣告。如本条事情被告人受拘留者，要行放免宣告。第三百五十八条。被告事件系违警罪，要行终审裁判宣告。被告人若受拘留，要行释放宣告。第三百五十九条。被告事件系重罪，要行非管宣告。若未经预审，即行解付预审判事宣告。被告人不服拘留者，要发拘引状、诉讼文书及证据物件，要自检察官解付预审判事。第三百六十条。被告事件既经预审，要行解付该裁判所会议局宣告，于会议局要照第二百五十三条、第二百五十五条为审查，行将被告人解付该管裁判所宣告。第三百六十一条。因会议局宣告而受理事件，新有发见证凭，认为重罪者，要行非管宣告。谓会议局虽认为轻罪，轻罪裁判所知为重罪者，不得复还付会议局，亦不得裁判，故要行非管宣告。检事要向大审院为请定裁判所所管之诉。第三百六十二条。如前二条，未经会议局或大审院判决之时，得因检察官之求请，及以裁判所职权行将被告人拘住该所监仓宣告，又得照第二百十条以下规则，听许保释。第三百六十三条。被告事件系轻罪，且证凭明白者，要照法律行处刑宣告。被告人受禁锢刑宣告者，保释责付自属消灭，但于上诉中得更求保释。第三百六十四条。谓系禁锢以上刑者，不待更行宣告，自不能保释责付，但在上诉中，则裁判未定，故得更求之。检察官、其余诉讼关系人，得向本裁判所宣告而为翻控于控诉裁判所者有四：一、检察官以为应无罪免诉而行处刑宣告者，又以其处刑宣告认违警罪为轻罪者；二、被告人除违警罪宣告外受处刑宣告者；三、民事原告人、被告人及民事干连人于要偿宣告，较始审裁判所之终审，其金额有超过者；此及下项，义与第三百三十八条第二、第三项同。四、检察官、其余诉讼关系人以本裁判所为非管越权，拟律错误，并背裁判规则者。第三百六十五条。控诉自裁判宣告，限五日内为之，受缺席裁判者，迄于期满免除，不论何时得为控诉；但依第三百五十六条，限五日内第三百六十六条。此所谓五日内者，谓缺席裁判之被告人，无论何时知有此项裁判，即从知之之日作为寻常宣告之日。苟于五日内不为控诉者，即失其权。向公诉裁判宣告为控诉，而被告人受拘留者，检察官要移之控诉裁判所之监仓。第三百六十七条。谓控诉系求复审，必要被告人对质，故不得不徙置之控诉裁判所所在地方。第三百三十九条至第三百四十二条及三百四十四条规则，此章亦适用之。第三百六十八条。于轻罪裁判所检事为控诉，又于检事长为附带控诉，若被告事件系属重罪，要照第二百五十五条规则，由会议局行移转重罪裁判所宣告。第三百六十九条。谓被告人为控诉者虽不得加重原判，而检事及检事长有控诉者，不在此例。于本管缺席裁判而起翻异者，照始审缺席裁判之起翻异者所定规则。第三百七十条。检察官、其余诉讼关系人得向本裁判所终审裁判宣告及控诉裁判所之对审裁判宣告而为上告。第三百七十一条。称对审者所以别缺席裁判。

第四章　重罪公判　重罪裁判所所应受理者：一、因预审判事或轻罪裁判所会议局判决宣告移转于本管者；二、因控诉裁判所或大审院判决宣告移转于本管者。第三百七十二条。违警罪裁判所、轻罪裁判所皆因检察官之求请而受理，而此独无者，因重罪裁判所只有送移及定管裁判乃受而理之，不由检察官求请，义详于下条。盖重罪特重其事，以检事长作公诉状，故不系于检察官求请也。移转重罪裁判所宣告，一定要照左所区别作公诉状：于控诉裁判所开重罪裁判所，要检事长作公诉状；于始审裁判所开重罪裁判所，要检事作公诉状，或令检事之兼行该所检察官职务者造之。第三百七十三条。公诉状要开载左项条件：一、被告事件始末及加重、减轻情况；二、被告人名氏、年甲、身位、职业、居所、籍贯；三、预审时所搜集原、被告证据；四、罪名法律正条及移转重罪裁判所宣告概略。第三百七十四条。公诉状除移转本管宣告状以外，不可记载被告人他事。第三百七十五条。于移转重罪裁判所宣告状，若于一被告人开载并非附带之别起重罪，检察官得分别各造公诉状，向裁判长求请，令分别为辩论。谓由各起重罪罪质罪况皆不同一，恐审查混淆，其附带罪则不须分别作诉状也。裁判长于一公诉状内，开载并非附带之别起重罪，得以其职权，令分别为辩论，及将数通公诉状所载事件，同时令为辩论。第三百七十六条。书记要于被告人赴审五日以前，先将公诉状誊本交付。谓假与五日间光阴，令被告人为辩护之备，以其重罪假日较多，慎重之意也。若被告人有数名，要将誊本分别交付。第三百七十七条。重罪裁判所长及受其委任之陪席判事，自公诉状解到二十四时后，要与书记对同，将被告事件推问被告人，且问其有无辩护人。若不具辩护人，要以裁判长职权，就该所所属代言人中选充，被告人及代言人不生异议，得令代言人一名兼理被告人数名辩护。同一事件而被告有数名者。用辩护人，非经三日后不得即开辩论。第三百七十八条。欲令被告人与代言人精细咨询，不取败屈，故假与三日光阴。辩护人有故，被告人申告事由，可别行改选。若被告人不自改选，裁判长要照前条规则选充，但改选辩护人，又要三日间停止辩论。第三百七十九条。书记于第三百七十八条所开载要造推问文案，照依格式登录。选具辩护人、辩论中改选辩护人，及停阁辩论，要将其事由登录于公判始末书。第三百八十条。不具辩护人而为辩论者，不成为处刑宣告。若无罪宣告，虽不具辩护人，亦无损于被告者，故特于处刑宣告言之。已起辩论之后，虽有违第三百七十七条至第三百七十九条规则者，被告人不得生异议。第三百八十一条。谓恐被告人应言而不言，中道起议，希图延捱裁判，故设此制限，以预防其弊。辩护人于第三百七十八条择定之后，得与被告人接见，又得于书记局阅览一切诉讼文书，且钞写之。词讼文书不许赍出局外，故曰得于书记局阅览。自移转重罪裁判所宣告日至裁判宣告日，除辩护人外，不分何人，不得与被告人接见。但被告人现在之裁判所长允许者，不在此限。第三百八十二条。因检察官及民事原告人之求请，所传唤证人名氏目录，要于开审一日之先送付被告人。因被告人之求请，所传唤证人名氏目录，要同一期限内，由书记送付检察官。其因民事所传唤者，送付民事原告人。第三百八十三条。不预将证人名氏通知者，自非为参验事实，不得听其陈述。但对手人若无异议，亦得听之。第三百八十四条。谓裁判长为事实参验，以其职权听其陈述者，不在此限。证人传唤状其解付与到案之间，少要假与二日。第三百八十五条。裁判长开厅之日，要在公廷当陪席判事、检察官之前，将应行开厅之故陈述，但不须传唤被告人。第三百八十六条。裁判长推度辩论应需二日以上者，得令重罪裁判所同地判事一名为预备陪席判事。第三百八十七条。预设陪席判事以参辩论，虽裁判官中间罹病而不烦更代，以省反覆延滞之患也。裁判官、检察官及书记各就坐位之后，要随即起推问及辩论。裁判长要先咨问被告人名氏、年甲、身位、职业、居所、籍贯。若其答词有与预审中所陈述龃龉不合者，然于公诉状所揭载之被告人并无违误，仍应接续辩论。第三百八十八条。书记要唱呼所传唤证人名氏，其应名到案之证人，要置之别舍，临当陈述，依次呼入。第三百八十九条。裁判长当令书记朗读公诉状，要向被告人告以潜心详听。第三百九十条。重罪公诉状尤属紧要。讼庭辩论，皆从其朗读而起，被告不得不倾听而答辩。第三百七十四条所云云是也。裁判长要待书记朗读讫，方始推问被告人。被告人将预审中所招服事件谓非确实，若欲除消，要令辩明其事由。被告人虽自招服，仍不得不为审查。第三百九十一条。虽经招服，然人情万变，或有为而庇亲故，或有故而自诬服者，亦复不少，要必参究其实，方可终结公判。裁判长推问已完之后，要向被告人告知并出证凭，自为辩解。苟有利于被告人可作反证者，亦应告知之。第三百九十二条。谓虽有辩护人，而裁判长举有利被告者以指示之，亦其职务之一也。裁判长于每一原告证人陈述讫，要向被告人质其意见。第三百九十三条。证人既陈述之后，要祇候别舍，但由裁判长允其退廷者，不在此限。陪席判事、检察官、被告人及民事原告人得求请再问证人，并令与他证人对质。裁判长得以职权为前项处分。第三百九十四条。谓证人陈述，或有所龃龉，则不得再命证人或互相对质，或重新陈述，故虽陈述既毕，不许随意退廷。裁判长推度证人当被告人面前有存爱憎畏慑之念不敢吐实者，得于陈述时，因检察官、民事原告人之求请，或以其职权，令被告人退出。谓公判以面决为常法，然若此条所云，亦一时权宜，出于不得已者。裁判长于证人陈述既毕之后，要命被告人再入公廷，告知其条件，且令申其意见。第三百九十五条。裁判长于第三百条所定次序既完之后，要将公诉上辩论完结之意宣告。第三百九十六条。其检察官求刑、原告人要偿者，更开辩论。检察官及原告人得就辩论中所发见条件求为预审。若裁判所准其求请，要令所开重罪裁判所内判事一名为预审，且发其报告书。第三百五十七条第一项规则，本条亦适用之。第三百九十七条。有辩论完结宣告者，检察官要将适用之法律酌拟陈述。被告人及辩护人得以检察官所见不合者，续为辩论。第三百九十八条。终前条辩论之后，民事原告人要就私诉陈其所请，被告人、辩护人及民事干连人得为答辩，检察官要就私诉陈述其意见。谓检察于赔偿，既非原、被告陈其意见，特由职务耳，故于最终方为陈述。于裁判所得延捱私诉辩论之期，谓不得同一裁判，如第三百六条第二项所揭者之类。但要闭厅以前判决之。第三百九十九条。谓重罪裁判所不常置，故不容不于闭厅之前判决。被告事件系重罪且证凭明白者，要照法律行处刑宣告。又如第二百二十四条第三项以下事情，要行放免宣告，且放其人。第四百条。犯罪证凭不明白者，要行无罪宣告，且放其人。又就原、被告要偿，要照第三百九十九条规则行裁判宣告。第四百一条。原、被告要偿，谓如第八条及第十六条所云之类。辩论中发见他项重罪或轻罪，非附带公诉状所揭载事件者，若有检察官求请，要令重罪裁判所内判事一名为预审，于本会或次会，并入本案，一体裁判。第四百二条。谓非本案附带者，不在裁判所管理权内，故须有检事请求，令更为预审，而后从数罪俱发从重之例。检察官、其余诉讼关系人得向重罪裁判所对审裁判之宣告而为上告。第四百三条。重罪裁判为终审，例不许控诉，惟许为上告。称对审者，所以别缺席也。缺席裁判，裁判长要令书记朗读公诉状及预审文书，紧要者又须听原、被告证人陈述。检察官可就定拟法律陈其意见。而民事原告人要将要偿之意申请，民事干连人得为答辩。第四百四条。谓干连人不分本犯在否，不得免要偿之责，故得为辩论。缺席裁判宣告状，要因检察官、其余诉讼关系人之求请，发付本人及其居所。第四百五条。于缺席裁判处刑宣告，非检察官不得上告。谓缺席者之不到案，由于自取，故不许上告。民事原告人及干连人，得向私诉裁判宣告为上告。第四百六条。在缺席裁判受处刑宣告者，迄于期满免除，不论何时得行翻控。但已就缉捕，即要限于十日内翻控。第四百七条。谓缺席裁判既不经本人辩论，又不经辩护人帮助，非断不可复动者，故本人常有翻控之权。申陈翻控要于前定缺席裁判之重罪裁判所为之，于重罪裁判所要判决其所翻控应否受理。判决所控应行受理者，要于本会或次会更为裁判。第四百八条。若在缺席裁判重罪裁判所闭厅之后，要向其所属之控诉裁判所为翻控。于控诉裁判所判决应行受理者，要照常规行，再由本管裁判之宣告。第四百九条。

第五编　大审院职务

第一章　上告　　上告者，最终之上诉也。谓预审及公判宣告有违律乖规者，乃求破毁厘正。苟别有矫正之道，不许辄为上告。大抵行于终审裁判者为多，其始审不为控诉及终审缺席裁判不行翻控者，并失上告之权。　　检察官及被告人，向预审及公判宣告如左项条件得为上告：一、违背法律不受回避申请者；二、违背裁判所结构规则者；三、所行宣告以所管为非管，或以非管为所管，及移转于裁判所乃为非管者；四、违法律而用不得用之规则者，或有违法律虽当堂驳辩不肯认许者；谓如合令被告人发言而不令发言，直行裁判，违第三百条所云之类。五、违背法律而受理公诉或不受理者；六、于法律所定条件不商之检察官者；若如第百二十八条、第百七十六条、第百八十三条、第百九十四条、第二百二十条、第二百七十三条、第二百九十三条、第三百二条所定。凡称以其职权者，不在此限。七、于裁判所不判决人所请求事件，谓可理则理之，不可理则却之，凡有所请求者不容不受。又非合以职权应得判决之事而判决未曾请求事件者；谓违不告不理之本旨。八、不公行裁判宣告，及案关禁止旁听，而不公行推问及辩论者；谓应禁旁听而不禁旁听，又不公行推问辩论，及虽为旁听禁止而不公行裁判者，亦同如第二百六十四条所云是也。九、所宣告不列事实及律条与有所龃龉者；谓如第二百二十八条及第三百四条所云之类。十、有拟律错误者；谓将轻罪科重罪及擅为轻重加减之类。十一、有越权处分者。第四百十条。谓以恐吓、诈伪、诱致成招，或勒制被告人身体之类。已行免诉及无罪宣告，就令有违庇护被告人规则，不得为上告。其犯所有误所管者，亦同。第四百十一条。谓行免诉无罪宣告，既利被告人，则不用辩护人，虽为违规，然无害于被告人。若犯处搜查罪情，易为预审，尤有纷扰，与犯质身位之误所管者大不相同，所以有此特例也。民事原告、被告人及干连人，得向私诉预审，或公判宣告，依第四百十条所定条件而为上告。第四百十二条。上告对手人不分何时，迄于大审院判决日，均得为附带上告。大审院检事长，亦得为附带上告。第四百十三条。上告以二日为期限，但预审自宣告状解付日起算，公判自宣告日起算。第四百十四条。谓预审不面为宣告，故与公判算法有殊。有向预审或公判宣告而为上告者，除拘留、保释、责付、释放及放免外，均停止施行。第四百十五条。谓死者不可复生，损者不可复补，无论宣刑，即于预审亦不得施行。将为上告者要将其申请状纳于原审裁判所书记局。以上告期限甚短，而申请本院，往往使诉讼人愆期失权，故令之直请于原审裁判所，以归简易。上告申请状要自申请时，限二十四时内，书记送达于对手人。第四百十六条。上告申请人要自申请时，限五日内，将其上告词状纳于原审裁判所书记局。书记要自收受词状时，限二十四时内送达于对手人。第四百十七条。对手人要自接受上告词状时，限五日内，将答辩书纳于原审裁判所。书记局书记要自收受其答辩书时，限二十四时内送达于上告申请人。第四百十八条。检察官所纳上告词状及答辩书，要各造二通，一通纳之大审院，一通付之对手人。诉讼关系人向私诉裁判宣告纳上告词状及答辩书，亦同。第四百十九条。书记于经过前数条所定期限之后，要速将诉讼及上告文书纳于该管裁判所检察官。检察官要将其文书，限五日内纳大审院检事长，且将意见附记，检事长要向院长请求将上告事件登载于刑事局档簿。第四百二十条。上告申请人及对手人，得用代言人，本条所谓“上告”及“对手人”，专据被告人、民事原告人及干连人而言，而检察官不与焉。盖检察官不分上告、对手，一有上告，检事长代述其趣旨及为答辩，固无用代言人之理。若上告各人，多不惯词讼者，恐多费闲辩，徒旷时日，故令自选代言人出院。是为大审院要则。受重罪刑宣告而为上告，或检察官以为合该重罪刑而为上告，苟不自选代言人，要以院长职权，就该院所属代言人内选充。第四百二十一条。院长要就刑事局判事中，命专任判事一名。专任判事要检阅一切文书，造报告状，谓大审院既不须审查事情、推问证人，又不须原、被对辩，特案上告及答辩趣旨判决拟律之当否耳，故令专任判事精密审核。但不须附书记其意见。第四百二十二条。上告人及对手人诣专任判事纳报告状，又得经由大审院书记局纳辩明状，以阐发其意见。谓上告为终极上诉，故许之再三申说，以尽情实。若专任判事既收报告状之后，所纳辩明状要附于该状。第四百二十三条。因辩明状直纳书记局，未经判事观览故也。书记要于开廷之先三日，将其时日报告上告及对手人、代言人。第四百二十四条。开廷日，要专任判事在公廷朗读其报告状。检事长及代言人要各辩明其意见。谓检事官为上告人，则检事长代之。若受处刑宣告者，则代言人辩明之。于私诉上告，要检事长最后陈其意见。第四百二十五条。上告人及对手人不用代言人者，可直行判决。第四百二十六条。谓用代言人与否，听其自便。但应用而不用者，为自弃其权利，故仍为对审判决。若大审院以上告为无理，要行弃却宣告。第四百二十七条。若大审院以上告为有理，要将原定预审及公判之宣告直破毁之，将其事件移转他裁判所。但如后数条所开载者，不在此限：第四百二十八条。因拟律错误及违背法律，而受理公诉与不受理公诉而破毁原判宣告者，不须移其事件，要于本院直行裁判宣告；第四百二十九条。谓如因将犯罪及图免罪而故杀人者，合处死刑，误依刑法第二百九十四条处之无期徒刑；又将公诉消灭者误受理之，将未经大赦者误为经赦而不受理之类。预审或公判次序虽有违规则而无害于人者，不须移其事件，仅要破毁其次序；第四百三十条。谓如预审处分，虽缺书记对同，于被告乃无所害，及被告人临公判虽应有回避而不为申请，乃裁判官自行回避之类。有向预审及公判宣告内之一类为上告而不关他类者，于大审院要破毁其上告所陈之件，照依法律行分别裁判宣告，及将其事件移转于他裁判所。第四百三十一条。谓一事而有数类宣告，中有服而愿遵者，有不服而上告者。其愿遵者，毋庸议。其上告者，要分别裁判。于大审院破毁原判宣告，直行裁判宣告者，要令原裁判所及他裁判所施行。第四百三十二条。谓被告人虽至上告，尚勒住于原裁判所，则令该所施行宣告为便宜。然原判若系重罪裁判所，则或有先上告判决而闭厅者，故令他裁判所施行亦为不妨。于大审院将破毁事件移转他裁判所，要移于接近原裁判所之同等裁判所，但其事件专系私诉者，要移之民事裁判所。第四百三十三条。谓公诉裁判既定，则要偿事件不得与刑事相干预。经大审院判决，所引用法律当认为确定。谓裁判所受其所交事件，于法律上不得更其判决。受大审院移交之裁判所，其所裁判宣告仍得照常规更为上告。第四百三十四条。

法不当罚而受处刑宣告，或法不应重罚而受失入之重刑宣告，于期限内不上诉，算为裁判确定者，大审院检事长得因司法卿之命，及以其职权，无论何时，为非常上告。有非常上告，要破毁原裁判宣告，由大审院直行裁判宣告。第四百三十五条。如左项，检事长及其余诉讼关系人得向大审院裁判宣告哀诉于该院：至大审院为上告终极之路，于此而认为非理，则控诉更无门可入，只得仍就大审院上诉耳，故曰哀诉。一、大审院不照行前条所定式则者；二、受诉讼关系人所申请条件不为判决者；三、同一裁判宣告彼此有相龃龉者。第四百三十六条。将为哀诉者，要自裁判宣告日，限三日间申请，书记局书记要自收受申请书时限三日间解送于对手人。对手人限三日内纳其答辩书，大审院要照上告常规判决哀诉。第四百三十七条。大审院裁判宣告，自宣告三日间又有哀诉者，将其判决停止施行。第四百三十八条。

第二章　再审之诉　谓既经控诉上告，或未经上诉，而裁判宣告有害被告者，判定之后得求再审。为此诉者，既无定期，又不分时日。　再审之诉如左项，得因重、轻罪处刑宣告为庇护被告人而为之，但非经裁判决定之后不得行：一、受人命重罪处刑宣告之后，而审为所杀者其人乃生存，或其人于犯罪前死亡证据明白者；二、同一案情，又非共犯，而异其处刑宣告者；谓与裁判宣告相抵触，二者之中，无罪必居其一。非共犯云者，共犯或有首、从之分故也。三、案发前所造公证书，足证明其人不在所犯之地者；公正证书，谓官吏在官署所造文案之类。四、因被告人陷害而受处刑宣告者；谓有受陷害者，则宣刑之不允，亦足证焉。如裁判、检察、警察诸官受货贿及挟怨仇，又证人、鉴定人陈述诈伪，以陷害被告之类。五、以公正证书证明诉讼文书有伪造及错误者。第四百三十九条。应得为再审之诉者如左项：一、宣告处刑裁判所之检察官；二、该裁判所所属控诉裁判所之检事长；三、大审院检事长，但要因司法卿命或以职权为此诉；四、受处刑宣告者；五、受处刑宣告者已亡，则其亲属亦得为之。第四百四十条。再审之诉，无论罪刑消灭，不分时日，均得为之。第四百四十一条。谓求再审者，原欲绳谬误、洗冤枉，无有拘刑期时日之理。欲为再审之诉者，要将原裁判宣告誊本及证凭文书，附词状纳之原裁判书记局。此与下节，系指前开第四、第五项人之求再审者。原裁判所检察官要将意见书附其文书纳之大审院检事长。原裁判所检察官及控诉裁判所检事长欲自为再审之诉者，要照前项章程纳其文书。第四百四十二条。大审院要因检事长之求请，速令专任判事一名为其审查而发报告状。第四百四十三条。大审院要停阁他案，集会刑事局判事全员于会议局，依据专任判事报告状及检事长意见书而为判决。第四百四十四条。谓再审极要郑重，故须判事全员。又以停止施刑，事关紧要，故停阁一切事件，先为判决。大审院以再审为有理，要破毁原判，宣告再审公诉私诉，而将其事件移转于同等裁判所。受移之同等裁判所要照常规为裁判。第四百四十五条。谓受其移交者，不拘非管，要依常规。死者亲属为再审之诉，而大审院审为有理，不须将其事件移交他裁判所，要直行破毁原判。第四百四十六条。谓不以死者复为被告，止破毁原判而已。其系于私诉者，于民事裁判所为之。因再审裁判宣告无罪，将前条宣告破毁，要为湔雪，将其宣告状揭示于众，或付之公告。第四百四十七条。谓揭贴于申明亭，公告于新闻纸，所收罚金及裁判费，皆要还付之。

第三章　定裁判所管之诉　　谓裁判所管律有定则，虽不容有误，然有时问官回避及异常事变而亲管裁判所不能管理者，故设此章，以开审判请求之路。　　凡裁判所不分通常、特别。行非管宣告，或因问官回避及异常事变，本管不能受理诉讼事件者，检察官、其余诉讼关系人得为定裁判所管之诉。大审院检事长得因司法卿命及以其职权受其所诉。第四百四十八条。欲为定裁判所管之诉者，要将诉讼文书附其词状纳之大审院书记局。第四百四十九条。于大审院要集会刑事局判事五名以上于会议局，依据专任判事之报告状及检事长之意见书，判决定裁判所管之诉，而将管理裁判所定示。第四百五十条。

第四章　为保安或避嫌移转裁判所管之诉　　因罪质、身位、人员及地方民心其余重大事情，而本管裁判有纷纭危险之恐者，得为保安而将其事件移交他处同等裁判所。第四百五十一条。谓如罪关国事，信从众多，或凶党联结，恐有煽动之类。为保安而移转裁判所管之诉，要大审院检事长因司法卿命于该院为之。第四百五十二条。于大审院会议局要不俟诉讼关系人申请，速行判决前条之诉。第四百五十三条。因被告人身位、地方民心及诉讼情况，而该管裁判有不能保持公平之恐者，得因嫌疑，将其事件移交他处同等裁判所。第四百五十四条。谓事系贵绅巨族、富豪大户，或因其犯罪而被害者多之类。因避嫌而移转裁判所管之诉，本管裁判所检察官、其余诉讼关系人，均得为之。谓裁判官不公之疑，近接人所易知，而非司法卿所亲睹，所以异于四百五十二条也。裁判所于民事原告人有庇护之嫌者，亦得为避嫌而移转他所。然被告人不生异议，本案既起辩论，则不得为前项之诉。第四百五十五条。为嫌疑而为移转裁判所管之诉者，要将其词状二通纳原裁判所。书记局书记须速将其一通解送对手人。对手人限三日内纳答辩书。第四百五十六条。于大审院，要照第四百五十条规则判决前条之诉。第四百五十七条。有因嫌疑而移转裁判所管之诉，该管裁判所要停止其诉讼次序。第四百五十八条。

第六编　裁判施行、复权及特赦

第一章　裁判施行　重罪、轻罪、违警罪，非经裁判决定之后，不得施行。第四百五十九条。由拘留至死刑，一经施行，则不可自新，故必经尽上诉及阅完期限，方始为确定不可变动者。死刑宣告一定，检察官要速将诉讼文书纳于司法卿。谓死刑非奉司法卿命必不得施行，故虽宣告一定，仍要呈上文书而待其命令。司法卿有死刑施行之命，要限三日内施行。第四百六十条。除死刑之外，处刑宣告一定，要即日施行。第四百六十一条。行刑，要因原裁判所之检察官或自大审院所命之裁判所检察官指挥而为之。罚金、科料、裁判费及没收物件，要依检察官命令状而征收之。合破毁及废弃没收物件，亦要检察官处分。第四百六十二条。死刑施行，要书记造其始末书，照行刑规则，与对同官吏俱署名捺印。其他行刑详细条目，别立规则定之。第四百六十三条。裁判宣告一定，该裁判所书记要造已决罪表，登载左项条件，但大审院所宣告要行刑裁判所之书记造之：一、犯人名氏、年甲、职业、居所及籍贯；二、

罪名、刑名；三、再犯；四、裁判宣告年月日；五、对审裁判或缺席裁判。第四百六十四条。已决罪表要造二通，将一通解送司法省，一通贮藏其裁判所书记局。违警罪已决罪表，要造一通贮藏其裁判所书记局。第四百六十五条。谓非于同一裁判所所管内再犯，则不以再犯论，故不将罪表送司法省。受处刑宣告者，于其宣告有所疑，及其施行生异议，要于该管裁判所裁决之。第四百六十六条。谓如宣告中不明示刑之轻重长短之类，非该裁判所，不得告谕。受处刑宣告者，逃亡后就捕，而该犯以为误捉者，要解送前日断罪裁判所，以辨认之。其裁判所不能认定本犯者，得为验实参考，提质曾预此案之裁判官、检察官、书记及原、被告证人。第四百六十七条。如前二条，要在公廷令受处刑宣告者申陈，及商问检察官意见，始行裁判宣告。惟已受宣告后，不许上诉。第四百六十八条。断定赔偿及应偿诉讼关系人各费与裁判所公费，其宣告施行，照通常民事规则。第四百六十九条。

第二章　复权　复权之请，于刑法第六十三条所定期限经过后要受处刑宣告者禀之司法卿，求请复权书要本人署名捺印，呈之现住地方之始审裁判所检事。第四百七十条。呈请复权书，要附左项文件：一、裁判宣告状誊本；二、本刑满期特赦或证明其为期满免除文书；三、假出监狱及现免监视证书；四、已缴还赔款与裁判费用及免其责任证书；免其责任，谓如夫妇诉讼，虽断令离婚，仍责令出赀赡养之类。五、从前及现在住所，又有何生计记载之书。第四百七十一条。检事要检核该犯品行及其余要件，将意见书附前条文书送之控诉裁判所检事长。第四百七十二条。检事长要更行检核，将意见书附求请复权书，呈之司法卿。第四百七十三条。司法卿检阅所请复权书，认为可许者要迅速上奏。第四百七十四条。因敕裁或司法卿意见不准复权之请，要由司法卿行知控诉裁判所检事长，检事长行知始审裁判所检事。如前项非经过刑法第六十三条所定期限之半数，不得更申其请。其再为复权之请者，亦照前数条规则。第四百七十五条。有复权裁许者，要司法卿将其裁许状饬送于控诉裁判所检事长，检事长解送于始审裁判所检事，检事要将裁许状誊本下付本人，又要将裁许状誊本解送原行处刑宣告之裁判所，该裁判所要记注于裁判宣告状。第四百七十六条。

第三章　特赦　特赦于处刑宣告决定之后，不论何时，得由检察官及监狱长具述本犯情状，申请于司法卿。监狱长申请特赦，要经由检察官，但检察官须附意见书。有特赦申请，要司法卿将意见书附其文书上奏。第四百七十七条。谓特赦申请，司法卿亦不得可否，惟仰上裁，所以与复权殊也。司法卿于处刑宣告决定之后，不论何时，得为特赦申请。除死刑之外，虽有特赦申请，仍不停止处刑施行。第四百七十八条。若不准特赦申请，司法卿饬知行处刑宣告之裁判所检察官。第四百七十九条。若特赦裁许者，要司法卿将特赦状发交行处刑宣告之裁判所检察官，照第四百七十六条规则。第四百八十条。

卷三十　刑法志四

刑　法

第一编　总则

第一章　法例　凡罪名分为三：一、重罪；二、轻罪；三、违警罪。第一条，以刑轻重定罪轻重，违警罪即其最轻者。法律无正条，虽所为有不合者，不得遽行其罚。第二条。刑法为一国公法，官民所共守，未有正条而遽罚之，似为非理。然而旧法条例未备，不得不别设，不应为一律，以备临时拟议；新法既删此条，并明示此语，所以防滥纵也。新法未颁以前所犯之罪，不得以此法行罚。若颁布以前所犯未经判决者，比照新、旧二法从轻处断。第三条。凡应以海陆军军律处断者，不得引用此法。第四条。军律有正条者，据军律。军律无正条而常律有正条者，据此法拟断。刑法无正条而别设规则，有刑名者则从其规则。谓如税关、邮便、卖药等诸规则。若于别法无专条者，从此总则。第五条。

第二章　刑例

第一节　刑名　刑总称主刑、附刑。主刑必宣告；附刑于法有宣告者，有不宣告者。第六条。有宣告主刑则不必别行宣告而即科附刑者，又有必须宣告乃科附刑者。重罪之主刑：

一、死刑；二、无期徒刑；三、有期徒刑；四、无期流刑；五、有期流刑；六、重惩役；七、轻惩役；八、重禁狱；九、轻禁狱。第七条。无期者，终身也。有期，谓岁月有期，因罪轻重以定期之长短。禁狱，即入狱徒刑。惩役，以待常事犯。流刑、禁狱，以待国事犯。轻罪之主刑：一、重禁锢；二、轻禁锢；三、罚金。第八条。禁锢，拘置于内地禁锢场也。轻重以服役、不服役定之，不以岁月长短，故有轻禁锢而长于重禁锢者，重禁锢而短于轻禁锢者。罚金，谓收金二元以上者。违警罪之主刑：一、拘留；二、科料。第九条。拘留，拘置于拘留所也，无服役。科料，亦罚金，惟不及二元，指一元九十五钱以下者。附刑：一、剥夺公权；凡国民固有权力曰公权，剥夺之，最为损声名、丧品行者。二、停止公权；停止，谓限时日停止之。三、禁治产；其人所有财产不许自治，别设管理者摄治之。四、监视；谓其人主刑满期后，犹监督视察其行止作为。五、罚金；同主刑罚金，但行此附刑，必要宣告。六、没收。第十条。谓没收其犯法之物，非谓没收其家产，故轻于罚金。用刑及检束犯罪人，别有详细方法。第十一条。此宜参观治罪法。

第二节　主刑处分　死刑绞行之于狱中，照职制所定官吏谓检事、书记、监狱长等。监察其事。第十二条。死刑虽既定，非有司法卿之命不得行。第十三条。大祀、令节、国祭，本日停行死刑。第十四条。孕妇定死罪，待产后一百日决行。第十五条。死囚遗骸，亲戚故旧有请者则付之，但不许行通常葬礼。第十六条。徒刑不论有期无期，发配远岛服役，有期徒刑十二年以上十五年以下。第十七条。妇女处徒刑，不发配岛地，置内地惩役场服役。第十八条。徒囚满六十岁，免苦役，服体力相当之役。第十九条。流刑不论有期无期，幽于岛狱，不服役。有期流刑十二年以上十五年以下。第二十条。无期流囚，既过五年，行政官得令出狱，限在岛内居住。行政官，谓若监狱长之类，奉行政令者称此，所以别于司法官也。有期流囚过三年，亦如之。第二十一条。惩役，入内地惩役场服役，但满六十岁，从第十九条例。重惩役九年以上十一年以下，轻惩役六年以上八年以下。第二十二条。禁狱，入内地狱，不服役。重禁狱，九年以上十一年以下，轻禁狱，六年以上八年以下。第二十三条。禁锢，拘置禁锢场，重者服役，轻者不服役。禁锢刑期不论轻重，皆十一日以上五年以下，仍就各本条分定长短。第二十四条。短期起十一日者，长期止一月或二月；起一月或二月，止一年或二年；起一年或二年者，止五年为例。凡服役囚人工钱，从监狱规则，分之若干以供狱费，若干以给囚人。但服役不满一百日者，不在给予之限。第二十五条。罪囚积历年岁，满期出场，毫无资金以图生计，则往往不免再陷于罪，故设此法，以示宽典。若未满百日，则入狱日浅，理不应给。罚金，限二元以上，仍就各本条分定多寡。第二十六条。多数无限，大抵起二元者止二十元，起三元者止三十元，起四元者止四十元，起五元者止五十元，起十元者止百元，起二十元者止二百元，其余有至五百元者。又如伪造货币条及诸罚则等，不可预计其数。罚金自裁判决定之日，宣告之后已过控诉上告期限，乃为决定。限一月完纳。至期未完纳，则一元当一日折算易轻禁锢，其剩数不满一元者，亦算一元。换禁锢以罚金者，判官不待更判，因检察之求请，直命行之，但其限期不得过二年。罚金多数无限，若以一元算一日禁锢，或至数年，恐失轻重权衡，故预为之限。其禁锢限内，若又纳金，扣除所过日数，免减金额。亲戚代纳亦许。第二十七条。拘留，拘置拘留所，不服役。刑期一日以上十日以下，仍就各本条分定长短。第二十八条。科料，五钱以上一元九十五钱以下，仍就各本条分定多寡。第二十九条。多数止于一元九十五钱，惟加重得至二元四十钱，然犹称科料，不称罚金。科料，自裁判决定罪之日起算，限十日完纳。至期未完纳，照二十七条易以拘留。第三十条。

第三节　附刑处分　剥夺公权：一、国民特权；国民所特有权力。二、就官之权；三、得勋章、自第一等至第八等。年金、谓从文武官勋功大小，每年定额所赐金。位记、凡十八等、叙位必赐之。贵号、皇、华、士族称号。恩给从军人恩给。之权；四、许佩外国勋章之权。五、编入兵籍之权；六、在审廷为证人之权，但仅系陈述事状者，不在此限；七、为后见人谓因户主幼少或痴症疯癫等，假使管摄家事者。之权，但得亲属允许、为其子孙谋者，不在此限；八、为破产者之管理人，或管理会社及管理共有财产之权；九、为学校长、教官、学监之权。第三十一条。处重罪刑者，不待宣告，剥夺终身公权。第三十二条。虽遇特赦免主刑，若非别有复权宣告，不得免附刑。处禁锢者，不待宣告，现任官即夺职，于刑期内停止公权。第三十三条。虽得期满免除，限内犹不得行公权。处轻罪刑而附于监视者，不待宣告，于刑期内停止公权。免主刑而止付监视者，亦如之。第三十四条。虽得期满免除附刑监视不在免除之限。处重罪刑者，不待宣告，于刑期内禁自治家产。第三十五条。但免主刑，则此刑亦免。流囚出狱，行政官得酌宽其治产之禁。第三十六条。所谓限岛地内居处者酌宽之云，并非除禁之，谓但酌量减宽，不行严禁云尔。盖行政官之权，仅止于此。处重罪刑者，不待宣告，约本刑短期之三分一则付于监视。第三十七条。如有期徒、流刑十二年之三分一，即四年；重惩役禁狱九年之三分一，即三年。附加轻罪之刑付于监视者，必应宣告，但本条无明文者，不得付于监视。第三十八条。死刑及无期刑得期满免除者，受宣告而逋逃者，经历岁月不获就捕，官亦不复发令逮捕，则死刑三十年，无期徒、流刑二十五年，而免其罪名，为期满免除，详下第七节。不待宣告，于五年间付于监视。第三十九条。监视，期限自主刑满期之日起算。主刑若期满免除，则自就捕之日起算；若其免主刑而止付监视者，自裁判决定之日起算。第四十条。付于监视者，行政官因其情状，得酌量假免之。第四十一条。附刑罚金必行宣告，一月内不完纳，照第二十七条例换轻禁锢，待主刑满期行之。第四十二条。没收如下所揭物件，必行宣告而收入于官，但别法有专条者，各从其法：一、法律所禁物件；谓伪造货币、诸证券及毒药、度量衡、赌博器具等。一、犯罪所用物件；谓凶器及伪造之器械等。一、因犯罪所得物件；第四十三条。谓赝货所换真金、赌博所得金钱，及收受赃贿等类。法律所禁物件，不问何人所有，皆籍没。如犯罪所用之物，及因犯罪而得之物，除系本犯所有或无主物外，不得没收。第四十四条。

第四节　征偿处分　刑事裁判费，科本案全额或几分于犯人，但其费额多寡别设法定之。第四十五条。裁判审罪要证明事实，则不得不用证佐人、评价人、鉴定人，及医师、化学各人，费金亦随而加多，谓之裁判费。所科费金有多寡者，如初认为重罪，郑重其事，多传证人，终归于轻罪，自不应科其全额也。犯人虽处刑或赦宥，其被害者所请追赔之赃物，不得不偿。第四十六条。若数人共犯，裁判费及偿还费，使共犯人连带办之。第四十七条。连带者同任而非分赔之谓，如甲无资财则使乙呈缴费用，或甲已死亡亦可使乙偿还金额，此类皆然。裁判费及偿还费，应待被害者求请，第四十八条。是《治罪法》第四条所谓附带公诉之私诉也。因问官不得审判被害者请求以外之事，故必待其求请。乃审判之于刑事裁判所。若赃物在犯人手，不待求请，直使还付。

第五节　刑期计算　计算刑期，称一日者以二十四时，称一月者以三十日，称一年者从历。谓一周年。受刑初日，不论早晚即算一日。放免之日，不算入刑期中。第四十九条。以满期之翌日为准。凡刑，非裁判决定后必过控诉上告期限。不得行。第五十条。刑期，自宣告刑名之日起算，但上诉者从左例：一、犯人自行上诉者，当理，则自前判宣告之日起算；若不当，则更自后判宣告之日起算；上诉当理，曲在判官，不可使上诉者为之受害；若不当，则曲在犯人，由后计算，乃为允当。二、检察官上诉者，不论其当不当，自前判宣告之日起算。当与不当，不由犯人故也。三、上诉中得保释或责付者，其间日数不得算入刑期中。第五十一条。保释责付，详《治罪法》中。刑限内逃走再就捕者，除逃走间日数，通算前后受刑之日。第五十二条。

第六节　假出狱　是处置悔悟悛改者之恩典，即行政官特权假免其刑，使之出狱。　处重、轻罪刑者谨守狱则，有悛改之状，则行政官得待其过刑期之四分三，假许出狱。无期徒刑过十五年亦如之。若流囚应照二十一条免其幽狱，不在此例。第五十三条。徒囚虽许假出狱，仍使居住岛地。第五十四条。是系行政官假行或有复使入狱之事，故限居岛地。得假出狱者，行政官得酌宽其治产之禁，但于刑期内仍付特定监视。第五十五条。特定监视者，通常监视之外所别定者，殊为严密，例以限其居地，不许漫出，或禁往某地等类。盖虽得假出，仍在刑期内，则后日虽保不复令入狱，故不得与常人同。假出狱再犯重、轻罪者，直停其出狱，而出狱间日数不得算入之刑期中。第五十六条。例如处重惩役十年者，悔悟悛改，过刑期之四分三，为七年六个月，而得假出狱。乃经一年，又再犯罪，则直止出狱，仍令惩役二年六个月，通算为十年。刑限内又犯重、轻罪者，不再许假出狱。第五十七条。

第七节　期满免除　期满免除有二：曰公诉期满免除，是为免除刑事之诉者，详《治罪法》中。此项满期免除，乃处刑之期满免除，因经过法律所定期限而免除之也。　应处刑而遁逃者，兼宣告后遁逃者与处刑中遁逃者言之。已过法律所定期限，则得满期免除。第五十八条。遁逃经过十数年岁月，而不闻其再犯罪，则宜认为悛悔，且世人亦渐遗忘其事，免之无害于公众，而却为适于人情。主刑得满期免除，定年限如左：一、死刑三十年；二、无期徒、流刑二十五年；三、有期徒、流刑二十年；四、重惩役、禁狱十五年；五、轻惩役、禁狱十年；六、禁锢、罚金七年；七、拘留、科料一年。第五十九条。附刑之剥夺公权、停止公权、付监视者，不得期满免除。但禁锢中之停止公权从于主刑者，亦得免除。附刑之罚金从主刑者，亦得期满免除。与主刑罚金定年限者不同。没收者过五年，则得期满免除，但法律所禁物件不在其限。第六十条。谓如伪造度量衡、伪造货币、伪造药物及赌博器具等类，留之无益犯者而有害世人，故不得期满免除。期满免除年限，自逃刑之日起算。既就捕而再逃者，则自其再逃之日起算。受缺席裁判，则自宣告之日起算。第六十一条。凡犯罪待原、被对质而后裁判，然被告人藏匿不出，则不待其出，直由原告等请求宣告刑名，谓之缺席裁判，其法详《治罪法》中。盖受对审裁判者宣告后得为上告，乃不为上告而自行逃走，则应自其遁刑之日起算。至缺席裁判，被告并未就捕，无由定上诉期限，故自宣告之日起算。其逃走后就捕者，前日免除年限算为中断，故再逃走，则自其再逃之日起算。年限中屡发令逮捕，则自其最后发令之日起算。第六十二条。盖期满免除年限，自非于其期内安全无事，不得如期满免除。若其犯罪较重者，官屡发令逮捕，则发令之日，即为期满免除中断之日。至于不再发令，乃以最后发令之日为期满免除起算之日。

第八节　复权　　复其所既失公权，其法详《治罪法》中。　　被剥夺公权者，自主刑满期之日，经过五年，得因其品行情状开复以后公权。既过年限，认其人为改过复善，则许请求复权；由司法卿上奏，待朝旨允许。但复权不得溯既往，如剥夺中年金、恩给，不能补领。主刑得期满免除者，自其监视初日过五年，亦如之。第六十三条。遇大赦而免罪者直许复权。因特赦而免罪者，非于恩赦状揭载则不得复。凡许复权者，监视亦随而免除。第六十四条。复权非经朝旨不许。第六十五条。

第三章　加减例　　于法律本刑可以加重、减轻者，照次条以下诸例加减，但不得加至于死。第六十六条。死刑可减不可加，故加重至无期刑而止。重罪刑照左等级加减：常事犯罪。一、死刑；二、无期徒刑；三、有期徒刑；四、重惩役；五、轻惩役。第六十七条。关国事重罪刑，照左等级加减：一、死刑；二、无期流刑；三、有期流刑；四、重禁狱；五、轻禁狱。第六十八条。当轻惩役而可以减轻者，处二年以上五年以下重禁锢为一等。从前二条例，宜曰减轻轻惩役，处重禁锢为一等。然重禁锢短期有仅止十一日者，今减轻惩役、处重禁锢最短之期，则为过轻，失于权衡，故曰处二年以上五年以下重禁锢为一等。下文仿此。当轻禁狱而可以减轻者，处二年以上五年以下轻禁锢为一等。第六十九条。当禁锢罚金而可以减轻者，减各本条所揭刑期金额四分之一为一等。可以加重者亦加其四分一为一等。轻罪刑不得加入重罪，但禁锢得加至七年。第七十条。从重罪刑例，可减入轻罪，轻罪可减入违警罪。然减入违警罪可也，若由轻罪加至重罪，甚为不可，故别设此加减四分一例以处之。例如本刑系二月以上四年以下重禁锢者，自首减一等，为一月十五日以上三年以下；再减二等，处十日以上一年以下重禁锢。又本刑六月以上五年以下。重禁锢者，再犯加一等，为七月半以上六年三月以下。仍以其犯者二人以上加一等，宜为九月以上七年六月以下。依此类推，加至七年而止。若罚金则无此制限。减尽禁锢，则处拘留。减尽罚金，则处科料。减禁锢、罚金，短期至十日以下，寡数至一元九十五钱以下，亦得处拘留、科料。第七十一条。所减轻之刑长期多数犹在轻罪内，而短期寡数既入违警罪内，则判官得以权进退之。情重者处禁锢、罚金，情轻者处拘留、科料。当拘留、科料而可以加减者，照禁锢、罚金例加减其四分一为一等。违警罪刑不得加入轻罪，但拘留得加至十二日，而不得减至一日以下。科料得加至二元四十钱，而不得减至五钱以下。第七十二条。科料加重止此，以轻罪别有罚金也。拘留、科料不得减至一日以下、五钱以下者，刑虽可减，不得直行放免也。加减禁锢、拘留，而刑期生奇零不满一日者，则除弃之。第七十三条。以四分一算之，故生奇零。附刑罚金，从、主刑加减其额之四分一为一等，若减尽，则止科主刑。第七十四条。附刑罚金，不许减至科料。何也？盖减主刑入主刑可也，减附刑入主刑不可也。又此例不及他项附刑者，以其他附刑有不能加减者，亦有无须从主刑加减者故也。

第四章　不论罪及减轻

第一节　不论罪及宥恕　　减轻遇威逼强制而力不能抗拒致作非意之事者，不论其罪。罹天灾事变不可逃避之难，出于防卫自己及亲属身体者，亦如之。第七十五条。所属官奉本管上司之命，由职事而犯者，不论其罪。第七十六条。谓在其职则不可不从其命，如刽手之从检察官使令刑杀囚人，巡查之从判官令状逮捕犯人是也。若其非职事所关，而听从他人使令者，非在此例。**无意犯罪而误犯者，不论其罪。但法律别有专条者，不在此限。**谓如第三百十七条以下及他则例所定过失杀伤者。**不知为有罪之事而犯者，不论其罪。罪本应重，而犯时不知其重者，不得从重论，**例如不知为官吏或祖父母、父母，而殴打杀伤之者，仍以凡论。**亦不得以不知犯律为无犯罪意。**第七十七条。国民之于法律虽不能悉知，然亦为不可不知者，且法律所罪皆不善事也。今虽不知法律，必知其事之为善不善，而居然犯之，故不得为无罪。**犯时迷乱精神不辨是非者，不论其罪。**第七十八条。是虽特为疯癫人而设，凡犯时精神错乱者皆然。然平时虽精神迷乱，而犯时复常，则不得免罪。**犯时不满十二岁者，不论其罪。但满八岁以上者，得因其情状，至满十六岁时使入惩治场。**第七十九条。是非刑罚也。他日再犯罪，不得以再犯论。国制，满二十岁以上为丁年，以下为幼年。然幼年间，又智识体力从年而异，不可一视，故分为三期：十二岁以下为第一期，十二岁以上十六岁以下为第二期，十六岁以上二十岁以下为第三期。此条记处置第一期幼年法。**犯时满十二岁以上未满十六岁者，审案其所行能辨别是非与否。果不能辨别，则不论其罪。但得因其情状，至满二十岁时使入惩治场。若能辨别是非，则酌宥其罪，就本刑减二等。**第八十条。此条记处置第二期幼年法。**犯时满十六岁以上未满二十岁者，酌宥其罪，就本刑减一等。**第八十一条。此条记处置第三期幼年法。**哑子犯罪者，不论其罪，但得因其情状，于五年间使入惩治场。**第八十二条。同一废人而不及聋瞽者，何也？盖瞽者自中岁而始，聋者亦能辨别是非，独哑子自生时，或一二岁耳聋，不闻人语，故口亦不能言，惟目能睹耳，是以犯罪亦不得不与第一期幼年者同视。犯违警罪，自十六岁以上虽二十岁未满者，不得宥恕其罪。违警罪，刑之最轻者，其事虽出于微细而罚之亦轻，故虽幼年已满十六岁以上，仍不得宥恕之。满十二岁以上、十六岁未满者，宥恕其罪，就本刑减一等。未满十二岁及哑子，不论其罪。第八十三条。此节所举外，别有不论罪及宥恕减轻特例者，各于本条记之。第八十四条。例如第三百九十条以下所揭杀伤宥恕不论罪等。

第二节　自首减轻　犯罪未发而自首者，就本刑减一等。但系谋杀、故杀者，不在自首之例。第八十五条。其他人已告官及官已探知者，无论犯人自首时知与不知，亦不及减轻之限。犯罪因财产总称窃盗及拾得遗失物不还事主，及倒产之人藏匿财物等诸罪。而自首者，已还赃物、偿损害，则自首减等外，更减二等。通减三等。虽不全额偿还，至半额以上，亦减一等。第八十六条。通减二等。犯罪系因财产而自首服于被害者，与自首于官同，照前二条处断。第八十七条。此节所记之外其本条别揭有自首例者，各从其例。第八十八条。

第三节　酌量减轻　总则及各条有宥恕、自首诸减轻例，其法既备，然犯罪情状，千变万化，或有事实可悯者，不得不更行减轻，而亦不得预设之制，故一任判官所见，随时酌核，所以与他减轻例不同。

不论重轻罪、违警罪，其所犯情状可原谅者，得酌量以减轻本刑。本刑虽在法律可以加减，但应行酌量者，仍得减轻。第八十九条。凡可酌量减轻者，于本刑减一等或二等。第九十条。不得减至三等。

第五章　再犯加重　再犯有可加重者，有不可加重者。可加重者，如此章所揭是也。其不可加重者：一、初犯无期刑，再犯重轻罪；二、初犯重罪，再犯违警罪，或初犯违警罪，再犯重罪；三、初犯轻罪，再犯重罪；四、初犯轻罪，再犯违警罪；五、初犯、再犯共违警罪，而犯时不同一年，及犯处不同一所是也。　　**前处重罪刑者再犯重罪，则就本刑加一等。**第九十一条。但前处无期刑者，无可加重，止可囚狱则加罚，或不许假出狱等耳。**前处重轻罪刑者再犯轻罪，亦就本刑加一等。**第九十二条。初犯轻罪而后犯重罪不加重，初犯重罪而后犯轻罪加重，何也？盖前刑轻而后刑重，虽不别加重处，亦足以惩戒。若前刑重而后刑轻，则既经重刑而犹未悛改，非加重何以惩之，所以此加等而彼不加等也。**前处违警罪刑者，再犯违警罪，则就本刑加一等，但非于一年内、在同一裁判所管内重犯，不以再犯论。**第九十三条。**再犯加重，非初犯判罪决定后不得论。**第九十四条。虽经宣告刑名，苟未经过上诉期限，不得作为处刑。人若有于其间复行犯罪者，以数罪俱发论。**刑期内再犯罪而宣告其刑，则先服役者，次及不服役者。若初再犯，皆应当服役，或皆应当不服役，则先其重者。**先行初犯刑，后及再犯刑，顺也。然前刑若轻于后刑，则后刑未行前或遇赦典而免刑，是因再犯却免重刑也，故不问所犯前后，先服后或重者。**应当罚金、科料，不论次序，各征收之。**第九十五条。**经陆海军裁判所判决者，再犯重轻罪，其初犯非照常律处断者，不以再犯论。**第九十六条。虽陆海军裁判所判决，其初犯据常律处断者，仍以再犯论。**遇大赦而免罪者，虽再犯，不以再犯论。**第九十七条。如特赦期满免除、自首免罪等类，皆不得从此例。**虽三犯以上加重之法，同再犯例。**第九十八条。加一等外，不得别加重。

第六章　加减次序　　**因犯罪情状以加减，应照总则。其同时加减者，从左开次序以定刑名，但从犯与未遂犯及各条所揭加重减轻，即以其加减之刑为本刑：一、再犯加重；二、宥**

恕减轻；三、自首减轻；四、酌量减轻。第九十九条。不定次序，则判官随意先后，恐有彼此失权衡者，然先加重后减轻，亦非无一二为犯人不幸，但大抵属于宽宥。例如无期刑加重，不入于死，则止从原刑减轻为有期刑等例，可以见矣。

第七章　数罪俱发　犯重轻罪未经论决，而二罪以上俱发，从一重者处断。重罪刑，以刑期长者为重，刑期相等则服役者为重；轻罪刑，从其所犯情状最重者处断。第百条。轻罪刑有期长而轻者，有期短而重者。其处刑多与罚金并行，故不得不由情重者拟断。违警罪二罪以上俱发，并科各刑；若与重罪或轻罪俱发，从一重者。第百一条。一罪先发，已经论决，余罪后发，其轻相等者，不论重者，更论之通计前刑以充后数，但应当罚金、科料已完纳者，照第二十七条例折算，以通计后刑。一元换一日，就后刑期中扣除其所纳金额日数，止科其剩期。若其罪当判决前罪时未发，而后与再犯罪俱发，则与再犯罪比较，从一重者，而不通算前罪刑。第百二条。再犯可加重，如其俱发之罪重于再犯罪，亦可从其重者。而通计前刑，扣除所经年月，或反有轻于再犯者之刑，故不通算。数罪俱发，虽从一重者，其没收征偿，仍从各本条科之。第百三条。

第八章　数人共犯

第一节　正犯　二人以上共犯罪者，皆为正犯，各科其刑。第百四条。教诱人而使犯重、轻罪者，亦为正犯。第百五条。教诱，或以诈欺，或以胁迫，或以赠遗，或以威权，罪皆同等。就正犯之身应特加重者，不得施之他正犯、从犯及教诱者。第百六条。例如子殴其父母，加凡人例二等，而不得以此例施之他共犯人。由犯人多数而应加重者，不得通计教诱者以充其数，第百七条。例如一人教诱已决囚徒，而二人应之通谋逃走，若算之为三人，不得不依第百四十五条例，各加一等，而不算入教诱者，则止照第百四十二条例拟断，不加等。**如指画方法以教诱人，其应者乘其教诱及其指画之外，**例如教之殴打人而至杀伤人者。**或其所现行之事与教诱者之指画殊者，**例如教之窃盗，而犯人乘所教为强盗。**照左例处断教诱者：一、所犯重于所教诱罪，止从其所指画罪科刑；**例如教诱为窃盗，而犯者乃为强盗，处教诱者止于其所指画窃盗罪。**二、所犯轻于所教诱罪，则从其所犯之罪科刑。**第百八条。例如教诱为强盗，而犯人止窃盗，亦处教诱者以窃盗罪。

第二节　从犯　凡从犯止重、轻罪，不及违警罪。　**知其犯重、轻罪而给之用具，或诱导指教，**如为窃盗者指示事主门户及财货所在等。**或预为准备，**如为强奸者诱致妇女于犯所等。**以帮助正犯使其易于犯罪者，为从犯，于正犯刑减一等。**犯人现犯罪时，为其耳目手足帮助之者，皆为正犯，不得为从犯。**但正犯所行重于从犯所知，则止照其所知罪减一等。**第百九条。若正犯所行轻于从犯所知，亦照其所知罪减一等。**由其人地位应加重者，为从犯，则从其重者减一等。**例如从犯于正犯刑减一等为常例，然其所犯殴打致死罪，在犯人乃为父母，自不得从寻常从犯例，照其重者，即本刑死刑减一等，为无期徒刑。**虽由正犯之身应减免时，其从犯之刑不得从轻减免。**第百十条。例如正犯窃夫财物，虽得免窃盗罪，其从犯仍为窃盗，照本刑即二月以外四年以内重禁锢，减一等为一月十五日以外三年以内重禁锢。

第九章　未遂犯罪　**虽谋犯罪，**如立意决犯一罪，而料其独力难成，与同志议其方法。**或预为准备，**例如欲犯罪，已携凶器、怀毒药，或深夜持锯凿近人家之类。**未发于行事者，自非本律别有专条者，不科其刑。**第百十一条。谋犯罪者，止发于心而未显形迹，固无端绪可寻。至预为准备，则形迹已显，非不可穷究，然其间或恐有怖威曲从等事，故不得竟科其罪。然事关内乱外患，所系在国家安危，又不得与寻常犯罪同视，故亦别揭其条例，即如第百二十五条、第百三十三条是也。

犯人虽已行其事，然意外生妨碍如持刀将杀人，而为旁人所夺，不得斫下；或欲窃取财物，而为主人所觉逃去。或舛错如欲杀人，已发铳而不中；或窃取财物，而当日直被夺还。而不遂者，于既遂者之刑减一等或二等。第百十二条。将犯重罪而未遂者，照前条例处断。将犯轻罪而未遂者，自非本律别有专条，不得照前条之例处断。将犯违警罪而未遂者，不论其罪。第百十三条。

第十章　亲属例　此刑法称亲属者，揭示如左：一、祖父母、父母、夫妻；二、子孙及其配耦；配耦者兼称男女。三、兄弟姊妹及其配耦；四、兄弟姊妹之子及其配耦；五、父母之兄弟姊妹及其配耦；六、父母之兄弟姊妹之子；七、配耦之祖父母、父母；八、配耦之兄弟姊妹及其配耦；九、配耦之兄弟姊妹之子；十、配耦之父母之兄弟姊妹。第百十四条。称祖父母者：高曾祖父母、外祖父母皆同；称父母者，继父母、亲父母皆同；称子孙者，庶子、曾玄外孙皆同；称兄弟姊妹者，异父异母兄弟姊妹皆同。律中单曰亲属，总称。此条所揭者，若特称某某，则不得统称亲属，如第三百七十七条等是也。养子于所养亲属，亦与亲子同例。第百十五条。日本风俗，有女无子者即以赘婿，称为养子，并冒其姓，承其宗祀，食其世禄。源、平以后，此风盛行，养子等于亲子，因俗施政，不得不尔也。

第二编　有关于公益重罪轻罪

公益，谓其事所关甚大者，如国家安危、众民利害是也。

第一章　对皇室罪　危害天皇、兼太上天皇。三后、太皇太后、皇太后、皇后。皇太子，及将危害者，皆处死刑。第百十六条。言涉至尊，理宜隐讳，然总则中既有法律无正条不得行罚之语，故预立之法以防之。对天皇、三后、皇太子为不敬者，如骂詈、侮辱、诽毁等。处三月以上五年以下重禁锢，附科二十元以上二百元以下罚金。对山陵为不敬者，谓毁坏、发掘等事。亦如之。第百十七条。危害皇族者，处死刑；将危害者，处无期徒刑。第百十八条。对皇族为不敬者，处二月以上四年以下重禁锢，附科十元以上百元以下罚金。第百十九条。犯此章所揭罪而处轻罪刑者，付六月以上二年以下监视。第百二十条。

第二章　关国事罪　关系全国安危存亡，利害所及极大，故虽未遂犯，亦科其罪。然其事大抵出于愤世忧国之意，亦有可悯谅者，故亦或宽于常事犯。

第一节　关国乱罪　谋覆政府，或僭窃邦土，或紊乱朝宪，以酿起国乱者，从左例处断：一、首魁及教唆等处死刑；二、指挥群众及主管枢要者处无期流刑，其情轻者处有期流刑；三、资给兵器军需及管理诸职者处重禁狱，其情轻者处轻禁狱；四、乘人教唆附和随行，又应使令供杂役者，处二年以上五年以下轻禁锢。第百二十一条。是即数人共犯，罪之大者，然不用其例别揭此条者，盖由国事犯不可同于常事犯也。欲酿起国乱，劫掠兵器、弹药、船舶、金谷及可供军用诸物者，与乱人同刑。第百二十二条。以变乱国政之意谋杀人者，虽未至举兵，与乱人同论。其教唆者及下手者，皆处死刑。第百二十三条。比之资给兵食、附和随行，如第一百二十一条所载者，非无小异，要其意在变乱国政，则亦不得不依例处断。前三条犯罪在未遂时，则科本刑。第百二十四条。征募兵士，或收藏兵器、具备金谷为起乱而准备者，照第百二十一条例，各减一等。凡谓照同何条，系一条一项者；其谓照同何条例，系一条内有二项以上者。阴谋起乱而未为准备者，各减二等。第百二十五条。虽阴谋起乱，或为准备，未举事前自首于官者，免本刑，止付六月以上三年以下监视。第百二十六条。自首减轻例所载，专指未发觉前自首者。此例则犯人未举事，不问已发觉与未发觉，及知之与否，皆许免刑。何也？盖常事犯成否，止一身一家利害，至国事犯，皆关系公众、国家安危，而其人自首，防大害于未萌，其为益实不眇，是处刑之所以特异，然犹付之监视者，未知其果真悔悟与否故也。知起乱之情而故给与集会处者，处二年以上五年以下轻禁锢。第百二十七条。乘国乱而对他人之身体、财产犯重、轻罪者，照通常例从重处断。第百二十八条。对身体、财产罪，并详下条。从重，恶其乘乱也。

第二节　有关外患罪　背本国潜从外国，比之国乱罪可恶尤甚。然征之古今史乘，其犯罪多因政事，故亦列于此，为国事犯之一。　与外敌抗本国，或内外交战中凡谓交战，不专指战时，总称两国失和既宣战令以后。抗我同盟国，是非谓平时和亲结约之国，谓其战时联络协力者。及背叛而属敌者，并兼未抗本国者而言。处死刑。第百二十九条。交战中诱敌人入我管内，或以我国及同盟国之都府、城寨、兵器、弹药、船舰暨其他可供军用之土地、家屋、物品交付外敌者，亦处死刑。第百三十条。漏泄我国及同盟国军机密情于敌，或通知屯兵要处、道路险夷者，处无期流刑。诱导敌人间谍入我管内或藏匿者，亦如之。第百三十一条。奉陆海军之命供给物品及工作，于交战之际通谋敌国或受其赂遗，违背命令，以致军备缺乏者，处有期流刑。第百三十二条。私与外国不问敌国与同盟国。开战端者，处有期流刑。其止为准备犹未开战者，减一等或二等。

第百三十三条。当外国争战时，我国布告局外中立之令而违背其布告者，如将兵器、弹药等物卖于外国者。处六月以上三年以下轻禁锢，附科十元以上百元以下罚金。第百三十四条。凡犯此章所揭罪处轻罪刑者，兼称原系重罪刑而宥恕减轻为轻罪者。付六月以上二年以下监视。第百三十五条。

第三章　害静谧罪　　谓妨害人民安静。以下系常事犯罪。

第一节　凶徒聚众罪　　凶徒聚众共谋暴举，官吏已说谕仍不解散者，首魁及教唆者处三月以上三年以下重禁锢，附和随行者处二元以上五元以下罚金。第百三十六条。虽至暴举，如服从官吏说谕即行解散，则不论其罪。凶徒啸聚多众，喧闹官厅，强迫官吏，或骚扰村市及为暴行者，首魁及教唆者处重惩役，相从煽动以助势者处轻惩役，其情轻者减一等，附和随行者处二元以上二十元以下罚金。第百三十七条。乘暴行之际杀人，或烧毁家屋、船舶、仓库等，其下手者及放火者处死刑，首魁及教唆者知情而不禁制，亦如之。第百三十八条。如殴打、创伤、逮捕、胁迫、毁坏家屋物品者等，皆止以暴行论，不别问其罪。

第二节　妨害官吏职务罪　　当官吏奉职行法及施行官司令命，而暴行胁迫，出身抗拒者，处四月以上四年以下重禁锢，附科五元以上五十元以下罚金。纵令官吏所行或越职、或误举，亦不许免罪。盖奉行官吏只从上官使命，故不能以越职或误举责之其人也。暴行胁迫，使官吏强为其不可为之事者，罪亦如之。第百三十九条。例如强迫计吏违期给禄，强迫狱吏释放罪囚之类。犯前条罪，因而殴伤官吏者，照殴打创伤各本条加一等，从重处断。第百四十条。例如殴伤人二十四日间致罹疾病者，照第百三十一条例更加一等，处一年三月以上三年九月以下重禁锢，而比之前条，反为从轻，故声明从重处断，谓比较两例从其重也。对官吏职事直以言貌侮辱者，例如判官听断时，诉讼者或旁听人对判官骂詈等类。处一月以上一年以下重禁锢，附科五元以上五十元以下罚金。其以书画刊行其事，或登场演说其事，对众人以行侮辱者，罪亦如之。第百四十一条。

第三节　囚徒逃走及藏匿罪人罪　虽只关囚人及藏匿者一身之事，然使罪囚得以免罪，则多害良民，故亦以为关公众罪之一。　囚徒已决后逃走者，处一月以上六月以下重禁锢；若毁坏狱舍、狱具，如连锁、槛车等。或暴行胁迫以逃走者，处三月以上三年以下重禁锢。第百四十二条。此条系专指有期刑囚徒。若无期流刑而逃走者，原刑重于禁锢，不用此例。无期徒刑止从狱则加罚，且不许假出狱耳。已决囚徒虽犯逃走罪，不以再犯论。其刑期内再逃走者，以再犯论。第百四十三条。刑期内逃走，依总则宜为再犯，不以再犯论者，以其身带有原刑，科逃走罪，已足示惩，故不以犯他罪者同例。然至其科逃走罪刑期内再逃走，则亦不得不以再犯论也。未决囚徒入监中逃走者，同第百四十二条例。但至其判决原犯罪时，照数罪俱发例处断。第百四十四条。若原犯系无罪，止科逃走罪。囚徒止称囚徒，兼已决、未决。三人以上通谋逃走者，照第百四十二条例各加一等。第百四十五条。欲令囚徒逃走而指教其法，或给与凶器及他用器者，处三月以上三年以下重禁锢，附科二元以上二十元以下罚金。因令逃走者加一等。第百四十六条。劫夺囚徒或以暴行胁迫助囚徒逃走者，处一年以上五年以下重禁锢，附科五元以上五十元以下罚金。若其囚徒系重罪刑者，则处轻惩役。第百四十七条。看守罪囚或护送中故令逃走者，亦同前条例。第百四十八条。犯前数条所揭轻罪而未遂者，照未遂犯罪例处断。第百四十九条。是所谓总则外别揭专条者，详第百十三条。看守或护送中因懈怠故不觉罪囚逃走者，处二元以上二十元以下罚金。若其囚徒系重罪刑者，处三元以上三十元以下罚金。第百五十条。虽处重罪刑者，如其未决，仍依前项处断。知其为犯罪人罪迹发觉，未就捕者。或逃走囚徒，既就捕而未决或已决者。及被监视者本刑满期或免刑者。而藏匿隐避之者，处十一日以上一年以下轻禁锢，附科二元以上二十元以下罚金。若其囚徒系重罪刑者，加一等。第百五十一条。欲图免罪，隐蔽其可为证左物件者，处十一日以上六月以下轻禁锢，附科二元以上二十元以下罚金。第百五十二条。犯前二条罪者，系犯人亲属，不论其罪。第百五十三条。

第四节　遁附刑罪　被剥夺公权或被停止者，私行其权，处一月以上一年以下重禁锢，附科二元以上十元以下罚金。第百五十四条。处主刑而逃走者，其刑仅止一月以上六月以下重禁锢；而遁附刑者，反处一月以上一年以下，殆如失轻重者，然附刑易犯而防之甚难，且其诈伪之情，亦不与寻常逃走有可怜悯者比，故其刑亦不得不重于彼。付监视者背违其则，例如乘夜私出、擅移居处等类。处十五日以上六月以下重禁锢。第百五十五条。前二条罪，非刑期内再犯，不以再犯论。第百五十六条。此条律意与第百四十三条同。

第五节　私造军用铳炮弹药及私藏罪　不由官命官许而制造可供陆海军用之铳炮弹药及爆烈性物品者，如地雷、水雷等。处二月以上二年以下重禁锢，附科二十元以上二百元以下罚金。其输入者，亦如之。输入，谓由他国购买输入于本国。私贩卖前项所揭物品者，处一月以上一年以下重禁锢，附科十元以上百元以下罚金。第百五十七条。此二项皆不问其所以制造，止就迹断之耳。若明知其志在谋乱，则照第百二十五条、第百三十条等处断。虽犯前条罪，其人系职工、雇人，止供正犯使令者，各照本刑减二等。第百五十八条。欲犯前二条罪而未遂者，照未遂犯罪例处断。第百五十九条。前二条皆轻罪刑，故从例别揭此条。私藏统称已有与受托于人、借贷于人而言。第百五十七条所揭物品者，处二元以上二十元以下罚金。第百六十条。制造第百五十七条所揭物品之器械，独可供其用者，谓制造他物所不堪用与不须用者制造铳炮等物，已有明禁，故亦视为法律所禁之物。不论何人所有，悉行没收。第百六十一条。是特例，即总则中所谓别揭者也。

第六节　妨害通行音信罪　通行，即车船桥梁人所通行之类。音信，即邮书、电信也。

毁坏道路、桥梁、河沟、港埠以妨害通行者，处二月以上二年以下重禁锢，附科二元以上二十元以下罚金。第百六十二条。伪计威力以妨碍邮信或阻止者，罪亦同前条。第百六十三条。毁坏电信器械、柱木，或切断条线，以致电气不通者，处三月以上三年以下重禁锢，附科五元以上五十元以下罚金。虽毁坏器械、柱木、条线，妨害电信，而未至不通者，减一等。第百六十四条。此条及第百七十条外，凡关电信犯者，总依电信条例。欲妨碍汽车通行，毁坏铁道及标识，或障碍致危险者，处重惩役。第百六十五条。此条及第百七十条外，凡关铁道犯者，总依铁道条例。欲妨碍船舶通行，毁坏灯台、浮标及保安航海标识，或点揭伪造标识者，亦同前条。第百六十六条。凡于前数条所揭罪，自第百六十二条至第百六十六条。官吏及雇人、职工自犯者，各照本刑加一等。第百六十七条。犯第百六十二条罪因而杀伤人者，照殴打创伤各本条从重处断。第百六十八条。虽非故意杀伤，然实因毁坏道路桥梁而至有此事，是不得为过失杀伤，亦不得为故杀伤，故以殴打创伤论之。犯第百六十五条及百六十六条罪因而颠覆汽车、覆没船舶者，处无期徒刑；致人死者，处死刑。第百六十九条。虽官吏及雇人、职工犯之，亦不别加重处。此节所揭罪，若在关国乱等犯者，依各本例处断，不用此例。欲犯此节所揭轻罪而未遂者，照未遂犯罪例处断。第百七十条。

第七节　侵他人居处罪　　白昼无故而入他人居宅，或入有人看守之屋舍者，如官署、学校等。处十一日以上六月以下重禁锢；若如左所记者加一等：犯一项或俱犯二项三项，亦止加一等耳，不与第三百七十九条特称“每犯一项加一等”之文相同。一、逾越坏损门户墙壁或启锁钥而入者；二、携带凶器及可供犯罪器具而入者；三、暴行而入者；四、二人以上共入者。第百七十一条。夜间无故而入他人之宅，或入有人看守之屋舍者，处一月以上一年以下重禁锢。若如前条所揭而加重非为者，加一等。第百七十二条。无故而入皇居、禁苑、离宫、行在所及山陵内者，照前二条例各加一等。第百七十三条。

第八节　弃毁官署钤印罪　　弃毁官令所缄封屋宅、仓库及他物品钤印者，例如官封倒产者之家屋、仓库，及可为犯罪证佐之书册物件，及犯罪人之器具记印等。处二月以上二年以下重禁锢；若看守人自犯者，加一等。第百七十四条。弃毁官钤印，盗取物品或毁坏者，照盗罪毁坏各本条从重处断。第百七十五条。看守人因懈怠故不觉犯者弃毁官钤印，或被盗毁坏物品者，处二元以上二十元以下罚金。第百七十六条。

第九节　扞拒公务罪　　官吏职务及工商等奉命所为之业，暨人民义所当为之事，总谓之公务。　　陆海军将校遇官司有可请出兵之权者，有事请其出兵，府县厅及检事局等，遇其管内起乱或聚众者，则得乞陆海军出援，以征讨镇定。无故而不肯者，处二月以上二年以下轻禁锢，附科五元以上五十元以下罚金。第百七十七条。当陆海军征兵应编入兵队之人，毁伤身体、假装疾病以图免役者，处一月以上一年以下重禁锢，附科三元以上三十元以下罚金。此二条似关军律，然要求出兵者，系行政司法职不系军职，至应征之兵所犯，系属出役以前之事，故揭之常律也。若嘱托他人令诈称名氏代应征募者，照第二百三十一条例处断。第百七十八条。医师、化学士等受官命以其职业解剖、分析、鉴定，例如毒杀人不知其原因，判官命医士解剖死体，命化学者分析毒品，或不知品物真伪，传唤业此之人鉴定等类。无故而不肯者，处四元以上十元以下罚金。第百七十九条。裁判厅命为证人知其所诉事实者，或判官原、被告认为知其事实者等。陈述证左，无故而不肯者，亦同前条。第百八十条。当传染病流行之际，若船舶中疑有此病，入港之际，医师受命检验病客，或行消灭法，无故而不肯者，处五元以上五十元以下罚金。兽畜传染病流行之际，兽医犯此条者，减一等。第百八十一条。

第四章　害信用之罪

第一节　伪造货币罪

伪造国内通用金银货及楮币行使者，处无期徒刑。如古金银非当今所通用，其伪造者，以诈伪取财论。若改造行使者，处轻惩役。第百八十二条。如剪削金银货，或将楮币挑剜描改等事。伪造国内所通用外国金银货行使者，处有期徒刑；若改造行使者，处二年以上五年以下重禁锢。第百八十三条。伪造官许发行纸币，兼外国银行纸币，如方今横滨所发行洋银券等。或改造行使者，从内外国之别，照前二条例处断。第百八十四条。伪造国内通用铜货行使者，处轻惩役。若改造行使者，处一年以上三年以下重禁锢。第百八十五条。前数条所揭伪造、改造货币已成未行使者，各照本刑减一等，其未成者减二等。若预备伪造之器械而未造者，各减三等。第百八十六条。是总则所谓别揭刑例者。知伪造、改造之情而被雇作工者，照前数条所揭正犯之受刑各减一等。若照总则，宜共为正犯，然其刑过重，恐权衡失当，故此条别揭刑例，下皆准此。若帮助职工供其杂役者，照职工之刑减一等或二等。第百八十七条。知伪造、改造之情而给贷房室者，照伪造、改造本刑减二等。第百八十八条。以伪造、改造货币于外国制造者。输入国内者，与伪造、改造同刑。第百八十九条，未用者，同第百八十六条。知伪造、改造之情而受其货币行使者，照伪造、改造行使者之刑各减二等；其未行使者，各减三等。第百九十条。犯前数条所揭罪处轻罪刑者，付六月以上二年以下监视。第百九十一条。是亦总则所谓别揭者。伪造、改造货币及输入收受者，未行使前自首于官，免本刑，付六月以上三年以下监视。是亦总则所谓别揭自首例者，意同第百二十六条。若职工、杂役及给贷房室者，未行使之前自首者，免本刑。第百九十二条。不付监视。收受货币之后，知其为伪造、改造而行使者，处其价额二倍罚金，但不得降至二元以下。第百九十三条。即行使价额不过数钱，亦科二元罚金。

第二节　伪造官印罪　兼御玺、国玺及印影记号。伪造御玺、国玺使用者，处无期徒刑。第百九十四条。伪造各官署印记何官何某者亦同。使用者，处重惩役。第百九十五条。伪造所捺土产、商品等官印、记号而使用者，处轻惩役。伪造所捺书籍、什具等官印记号而使用者，处一年以上三年以下重禁锢。第百九十六条。此条虽主官物言，其私物捺官印者亦同。盗用御玺、国玺、官印、记号、印信影迹者，照前数条所揭伪造刑各减一等。第百九十七条。其监守盗用者，不得减等。伪造、改造官所发行各印纸、界纸印纸，以极精之纸刻花草禽鱼，如方印形有例须贴用印纸者，必贴之以为信，即如证券印纸、烟草印纸、毒药剧药印纸、颁历印纸之类。界纸者，画纸为栏，分行如罫，其文书不能将印纸贴用者，乃令书之界纸，即如证券界纸、诉讼用界纸之类。及邮便券，贴邮书印纸，为邮便券。若知其情而使用者，处一年以上五年以下重禁锢，附科五元以上五十元以下罚金。第百九十八条。是皆轻罪，故不分伪造、改造与受而行使者，若其多寡长短，一由判官临时处断。再用先已贴用之各印纸、邮便券者，处二元以上二十元以下罚金。第百九十九条。欲犯此节所揭轻罪而未遂者，照未遂犯罪例处断。第二百条。是关人民信用者，虽未遂，不得付之不问，故别揭此条。犯此节所揭罪处轻罪刑者，付六月以上二年以下监视。第二百一条。是亦依总则别揭者。

第三节　伪造官文书罪　　谓诏书、官署文书、公债证书、地券等。　　伪造诏书，或增减变换者，不待行使。处无期徒刑。其毁弃诏书者，不问全书与一半。罪亦同。第二百二条。伪造官文书，或增减变换而行使者，处轻惩役。其毁弃官文书者，罪亦同。第二百三条。伪造公债证书、官发于民之债券，谓之公债证书，即如新旧公债证书、秩禄公债证书、金禄公债证书等。地券及官司所用执照，或增减变换而行使者，处轻惩役。若其证书系无记名者即不记所主之氏名者，如起业公债证书等是也。加一等。第二百四条。既无一定主名，所用殊广，故伪造增减，被害不鲜，而察出亦难，所以加重也。官吏伪造其所管文书，或增减变换而行使者，照前二条例各加一等；其毁弃文书者，罪亦同。第二百五条。因伪造官文书而并伪官印或盗用者，照伪造官印本条从重处断。第二百六条。犯此节所揭罪，因减轻而处轻罪刑者，付六月以上二年以下监视。第二百七条。此节所揭皆重罪，故减等而始为轻罪。

第四节　伪造私印私书罪　　是对官印官文书而言，即谓人民所用印信文券等。　　伪造他人私印而使用者，处六月以上五年以下重禁锢，附科五元以上五十元以下罚金。人民紧要文书必捺印以为证左，故伪造其印，为害不鲜。然虽属伪造，而犹未使用，未可为罪，必已冒他人氏名捺用行使，始为有罪。所以与伪造官印虽未行使即为有罪者异也。若盗用他人印影者，减一等。第二百八条。伪造交引交引，犹古言交子，今言汇票。或署名背面可以卖买文书，甲欲卖文券于乙，记其卖与之事于券之背面，而乙亦记其自甲买得，如此则其券可以迁转附人。及可以交换金银契证，或增减变换者，处轻惩役；其伪署文契关书背面以行使者，罪亦同。第二百九条。伪造、卖买、借贷、赠遗、交换及关于义务权利诸文契，或增减、变换而行使者，处四月以上四年以下重禁锢，附科四元以上四十元以下罚金。其伪造他项私书如手简领票等。或增减变换而行使者，处一月以上一年以下重禁锢，附科二元以上二十元以下罚金。第二百十条。此条所揭，皆民间紧要文券，比前条更有重者，然其券皆本主所有，转移他人者甚少，而前条所载，直可与金银交换卖买，则诈伪易为，害众亦大，所以前条特重而此较轻也。欲犯此节所揭轻罪而未遂者，照未遂犯罪例处断。第二百十一条。同第百四十九条等。犯此节所揭罪处轻罪刑者，付六月以上二年以下监视。第二百十二条。同第百二十条等。

第五节　伪造准照准牌及病患证状罪　凡职业得特许或允许始得营为者，官必附以准照或准牌。准照，即允许状，如版权允许状，铳猎允许状、航海允许状、医术开业允许状等是也。准牌，即烙印木牌，世谓之鉴札，如酿酒营业鉴札、牛马卖买鉴札、俳优艺娼妓鉴札等是也。种豆或传染病要医师保证者必自医师出书，以证其真伪轻重，谓之病患证状。

伪造官准照或准牌行使者，处一月以上一年以下重禁锢，附科四元以上四十元以下罚金；但其伪造官印或盗用者，照伪

造官印各本条处断。第二百十三条。诈称籍贯、谓其门籍所属府、县、国、郡、村、驿。地位、人身本分地位，即谓华士族、平民，户主、非户主等之别。氏名，或诈为诡谲以得准照、准牌者，处十五日以上六月以下重禁锢，附科二元以上二十元以下罚金。未得者，依第二百三十一条处断。该管官吏知情而下附准照、准牌者，加一等。第二百十四条。欲避公务，诈冒医师氏名伪造病患证状而行使者，不问自为与为人，皆处一月以上一年以下重禁锢，附科三元以上三十元以下罚金。其非避公务而仅图自利者，不在此条例限。医师受嘱托造伪证者，加一等。第二百十五条。但嘱托人未行使，不问其罪。欲免陆海军征募，伪造病患证状而行使者，及医师受嘱托造伪证者，照前条例各加一等。第二百十六条。止假装疾病而不伪造证状者，依第百七十八条。增减变换准照、准牌及病患证状而行使者，亦同伪造刑。第二百十七条。

卷三十一　刑法志五

第六节　伪证罪　凡民事、刑事、商事，各裁判厅所命证人，必先依《治罪法》誓明其所陈述出于公正，乃所陈述反背誓食言，变乱黑白，使官民两受其害，是不得不罪之也。　为刑事证人，被传唤上审厅而曲庇被告人，即犯罪人。掩蔽事实以诈证者，照左例处断：一、欲曲庇重罪而伪证者，处二月以上二年以下重禁锢，附科四元以上四十元以下罚金；二、欲曲庇轻罪而伪证者，处一月以上一年以下重禁锢，附科二元以上二十元以下罚金；三、欲曲庇违警罪而伪证者，依违警罪本条即第四百二十五条末项处断。第二百十八条。被告人因其伪证免应得之刑，则照伪证例各加一等。第二百十九条。欲陷害被告人而诈证者，照左例处断：一、欲陷人重罪而伪证者处二年以上五年以下重禁锢，附科十元以上五十元以下罚金；二、欲陷人轻罪而伪证者，处六月以上二年以下重禁锢，附科四元以上四十元以下罚金；三、欲陷人违警罪而伪证者，处一月以上三月以下重禁锢，附科二元以上十元以下罚金。第二百二十条。欲曲庇者使其幸成，亦不过使判官审断不当耳。至于陷害则其计得成，不特使审断不当，又使罪人含冤茹枉，其所受处分亦不可追偿，其为害殊甚，所以特重此罪也。至被告人因伪证受刑后发觉伪证罪，应反坐伪证者以其刑，若反坐刑轻于前条伪证刑，照前条例处断。例如陷人于违警罪，处五月重禁锢，若反坐其伪证者于同刑，则反轻于前条欲陷人于轻罪者，故仍依前条，处六月以上二年以下重禁锢，附科四元以上四十元以下罚金。被告刑期内发觉伪证罪，得照经过日数减反坐刑期。例如被告受十五年有期徒刑，既经过九年，则反坐刑不坐十五年，亦得照其所经过日数，即为九年重惩役。但不得减降于前条伪证刑。第二百二十一条。被告人因伪证处死刑，是指伪证人无欲陷于死刑之意而至死者。则反坐刑减一等；未行刑前发觉者减二等。欲致被告人死而伪证者，反坐死刑；未行刑前发觉者减一等。第二百二十二条。关民事、商事凡民间事，系继嗣、婚姻、契约等者为民事，系商业者为商事。当行政裁判而伪证者，处一月以上一年以下重禁锢，附科五元以上五十元以下罚金。第二百二十三条。是刑不分曲庇与陷害何？盖民、商事等本原、被告相对，利于此则害于彼，势不得分，故与刑事异刑。欲令为鉴识通事而传唤于审厅者，若欺诈陈说，照前数条伪证例处断。第二百二十四条。贿赂或行其他方法，如诈欺、胁迫、结约等。以嘱托人为伪证，或令鉴识通事为诈欺者，罪亦同伪证例。第二百二十五条。犯此节所揭罪者，于未裁判宣告前而自首者，免本刑。第二百二十六条。是总则所谓别揭自首例者。

第七节　伪造度量衡罪　　伪造度量衡或改造贩卖者，处二年以上五年以下重禁锢，附科十元以上五十元以下罚金。止伪造、改造而未贩卖者，非此条所问。若伪造官司记章印信或盗用者，照伪造官印各本条从重处断。第二百二十七条。知伪造、改造之情而贩卖其度量衡者，依前条减一等。第二百二十八条。商、贾、农、工私自增减其度量衡者，处一月以上三月以下重禁锢，附科二元以上二十元以下罚金。若使用其度量衡而得利者，以诈欺取财论。第二百二十九条。受人嘱托伪造度量衡或改造者，照其嘱托人所受刑各减一等。第二百三十条。

第八节　诈称当身地位罪　即人身本分地位，详第二百四十条。但此节地位，兼言贯籍、氏名、年甲、职业、官位、服章等。　对官诈称不论以言语与文书。贯籍、地位、氏名、年甲、职业者，处二元以上二十元以下罚金。第二百三十一条。诈称官职、位阶，僭用官服饰、官吏大礼服、军将等正服。徽章菊花章。或内外国勋章者，处十五日以上二月以下轻禁锢，附科二元以上二十元以下罚金。第二百三十二条。

第九节　伪造公选投票罪　例如府县会郡区会议员等公选之日，谋己或朋友亲戚中选，伪造投票，或增减彼此员数等。　伪造公选投票或增减其数者，处一月以上一年以下轻禁锢，附科二元以上二十元以下罚金。第二百三十三条。此罪关国政，不与他常事犯同，故处刑亦比国事犯。行贿赂令投票及受贿赂投票者，处二月以上二年以下轻禁锢，附科三元以上三十元以下罚金。第二百三十四条。以贿赂行之，害之所及广矣，故其刑重于前条，但其不以贿赂、不受贿赂者，非此条所问。检视投票及算其数者，若伪造其投票，或增减之，处六月以上三年以下轻禁锢，附科四元以上四十元以下罚金。第二百三十五条。作甲乙簿报告投票结案者，甲乙簿者，投票既毕，汇聚而点核多寡票，最多者为甲，其次为乙。增减其数，或区画涉于诈伪，处一年以上五年以下轻禁锢，附科五元以上五十元以下罚金。第二百三十六条。甲乙簿已成，其余投票总废弃，是公选中最紧要事，故增减诈为之者，刑更重于前数条罪。

第五章　害养生道罪　是谓关全国人民养生者，如止关一人或数人，揭之于第三编。

第一节　关阿片烟罪　输入阿片烟及制造或贩卖者，处有期徒刑。第二百三十七条。输入吸阿片烟器具及制造或贩卖者，处轻惩役。第二百三十八条。税关官吏知情而输入阿片烟及其器具者，照前二条刑各加一等。第二百三十九条。给贷可吸阿片烟房舍以图利者，处轻惩役。其非以图利者，照次条吸阿片烟者从犯处断。引诱人吸阿片烟者，罪亦同。第二百四十条。赠与阿片烟令受者吸之，罪亦同。吸阿片烟者，处二年以上三年以下重禁锢。第二百四十一条。私有阿片烟及器具或受寄者，处一月以上一年以下重禁锢。第二百四十二条。

第二节　污秽饮水罪　　供饮净水因污秽致不能用者，处十一日以上一月以下重禁锢，附科二元以上五元以下罚金。第二百四十三条。投入伤生物以变水质或致腐败者，处一月以上一年以下重禁锢，附科三元以上三十元以下罚金。第二百四十四条。若由其所业倾注其所用品渣滓，偶然至变水质者，别有规则处断。犯前条罪因致人疾病或死者，照殴打创伤各本条从重处断。第二百四十五条。其事若出于故意毒杀，依第二百九十三条处断。

第三节　关传染病预防规则罪　　船舶入港者，违背预防传染病规则上陆或搬输物品于陆地，处一月以上一年以下轻禁锢，或处十元以上百元以下罚金。第二百四十六条。船客多日航海，入港辄欲上陆，是人之常情，非别有破廉损耻之行，故或处轻禁锢，或处罚金，总任判官所见耳。若犯人原非故意违犯，实因风波等事不得已上陆，亦不得加之以罚。船长自犯前条罪及知有人犯而不制止者，于前条刑加一等。第二百四十七条。当传染病流行时，违背预防规则，由流行地方出往他处者，处十五日以上六月以下轻禁锢，或处十元以上百元以下罚金。第二百四十八条。其他违背预防规则者，总依第四编违警罪规则。当兽畜传染病流行时，违背预防规则，送出其兽畜于他处者，处十一日以上二月以下轻禁锢，或处五元以上五十元以下罚金。第二百四十九条。

第四节　关危害品、如火药、硝石、石油等一切有破裂性者。**伤生物**如煤气、制药、制革等，凡有恶臭毒气者。**制造规则罪**别有此规则。　　不得官准创建危害品制造所者，处二十元以上二百元以下罚金。若其创建伤生物制造所者，处十元以上百元以下罚金。第二百五十条。虽得官准创建前条所揭制造所，其违背预防危害、保护康健规则者，别有此规则。照前条例各减一等。第二百五十一条。非前条所谓制造人而犯之者，依第四编第四百二十五条、第四百二十六条处断。犯前二条罪，因致人疾病、死伤者，照过失杀伤各本条从重处断。第二百五十二条。

第五节　贩卖伤生饮食及药剂罪　　矿制颜料食品及毒药、剧药等。　　混和可以伤生物于饮食品以贩卖者，处三元以上三十元以下罚金。第二百五十三条。如贩卖腐败饮食品者，依违警罪本条。违背规则所谓药品卖买规则。贩卖毒药、剧药者，处十元以上百元以下罚金。第二百五十四条。犯前二条罪因致人疾病或死者，照过失杀伤各本条从重处断。第二百五十五条。

第六节　私营医业罪　　医关人民生命，非术精道熟不得行世，故必经官准以后乃得为业。　　不得官准而业医者，处十元以上百元以下罚金。第二百五十六条。若一时止授治方投药剂，尚未以医为业者，非此条所罪。其误治人致人死伤者，照过失杀伤各本条从重处断。第二百五十七条。

第六章　败风俗罪　　败坏民间风俗，其流弊甚大，故设刑防之。　　公为猥亵之行如奸淫及露体等。者，处三元以上三十元以下罚金。第二百五十八条。于公众所共居，或于公众所共视者，而后名为公行，其他不问。公然陈列败俗图书及猥亵器具，图书如摹写淫状及春画等。器具如模拟阴具等。或贩卖者，处四元以上四十元以下罚金。第二百五十九条。如陈私室之中及秘藏者，非此条所问。开张赌场以图利或招结博徒者，处三月以上一年以下重禁锢，附科十元以上百元以下罚金。第二百六十条。现以财物赌博者，处一月以上六月以下重禁锢，附科五元以上五十元以下罚金。虽赌博非当时发觉及未行者，不在此限。知其情而给贷房舍者，罪亦同。其赌饮食者指便可饮食之糕果酒肉等品，其以饮食为名及以米谷为注，仍以赌博论。勿论。凡赌博器具、骰子、骨牌之类。财物现在其场者，皆没收。第二百六十一条。行醵集财物探筹赢利之业者，预醵集金钱，探阄得之，中者集金与之，不中则并弃所已出之金，谓之富签。处一月以上六月以下重禁锢，附科五元以上五十元以下罚金。第二百六十二条。对神祠、佛龛、坟墓及他礼拜堂公然为不敬之行者，谓于众人所共视侮慢神佛或污秽败坏等类。若非人所共见，非此条所问。处二元以上二十元以下罚金。若妨碍其说教神官、僧侣聚众说法，谓之说教。及拜礼者，处四元以上四十元以下罚金。第二百六十三条。

第七章　毁弃死尸及发掘坟墓罪　毁弃应行埋葬死尸者，处一月以上一年以下重禁锢，附科二元以上二十元以下罚金。第二百六十四条。知有死尸而不告，或私移于他处者，依违警罪例。发掘坟墓见棺椁或死尸者，处二月以上二年以下重禁锢，附科三元以上三十元以下罚金。因窃取墓中财物者，从二罪俱发例处断。因而毁弃死尸者，处三月以上三年以下重禁锢，附科五元以上五十元以下罚金。第四百六十五条。欲犯此章所揭罪而未遂者，照未遂犯罪例处断。第二百六十六条。亦同第百十三条。

第八章　妨碍商业及农工业罪　用伪计、威力妨碍卖买稻谷如米、麦、豆、粟、黍等类。及民生需用不可缺食品如盐豉、酒酱、茶等类。者，处一月以上六月以下重禁锢，附科三元以上三十元以下罚金。妨碍前项所揭处物品他食品及薪炭、膏油等。者，减一等。第二百六十七条。用伪计、威力妨碍他人竞卖或射买者，处十五日以上三月以下重禁锢，附科三元以上三十元以下罚金。第二百六十八条。同一卖买物品，而此条轻于前条者何？盖前条二项所关甚大。例如闻米谷将输入，恐其价低下，设法妨碍，致米价涌贵，其害将及全国，不如此条止害卖买人，所以刑亦有轻重也。用伪计、威力妨碍农工业者，罪亦同前条。第二百六十九条。是谓总关农工公益者。如其关一人稼穑植物等事，依第三编害动植物之罪处断。农工雇人欲增佣值或变更所业，如增加休暇时日，或更改营业法等。用伪计、威力妨碍雇主及他雇人者，处一月以上六月以下重禁锢，附科三元以上三十元以下罚金。第二百七十条。雇主欲减佣值或变更所业，用伪计威力妨碍雇人及他雇主者，罪亦同前条。第二百七十一条。传播虚论伪说，令昂低米谷及民生须用物品价直者，处十元以上百元以下罚金。第二百七十二条。假令传播虚说不至使物价昂低者，非此条所问。

第九章　官吏渎职罪

第一节　官吏害公益罪　　凡此编所揭，无非关于公益者，然其所犯概兼常人与官吏而言。独此节专举官吏所犯之罪，故别设此目。　　官吏于所司法制不以公布施行，例如大臣奏状，经裁可后，命主任官吏行之，而官吏承命而不行；或府知事、县令受某省令而不公布之管内之类。或妨碍他官吏公布施行者，处二月以上六月以下轻禁锢，附科十元以上五十元以下罚金。第二百七十三条。地方官吏遇有骚乱，应得请发官兵如府知事、县令等，详第百七十七条注。及请管兵官如海陆军将校等。弹压镇定，而不能区处其事者，处三月以上三年以下轻禁锢，附科二十元以上百元以下罚金。第二百七十四条。官吏违背规则谓明治八年四月第六十五号布令等。而营商业者，处二十元以上五百元以下罚金。第二百七十五条。但如贩卖私地所产、土地或贷金起利，或教授技术以得利者，不在此限。

第二节　官吏待人民之罪　　官吏擅用威权使人民强行不可为之事，例如警察官吏以力迫人，使拘引无罪等事。及妨碍其可为之事者。例如力制投票人使其不得选举某氏等事。处十一日以上二月以下轻禁锢，附科二元以上二十元以下罚金。第二百七十六条。人民身体、财产有为人所犯害者，如第三编所云对身体、财产罪各条。官吏谓预审判事、检事、警察官吏。受其告报，不速为区处及保护者，处十五日以上三月以下轻禁锢，附科二元以上二十元以下罚金。第二百七十七条。逮捕官吏谓预审判事、检事、司法警察官、巡查等。不遵守法律所定程式规则即《治罪法》中所定规则，如警察官吏等非携带预审判事所发令状则不得逮捕是也。而逮捕人及非理监禁人者，监禁，谓幽闭一室不得出。处十五日以上三月以下重禁锢，附科二元以上二十元以下罚金。但其监禁日数，每过十日加一等。第二百七十八条。此条以下所行出于心术不正，与前二条所揭少异，故皆处重禁锢。司狱官吏总称掌监仓、监狱事官吏。监禁犯人不遵守程式规则，谓囚人入狱及接引等规则。及囚人应出狱时不放免者，罪同前条。第二百七十九条。前二条所揭官吏及护送囚人者，若屏去其饮食、衣服及苛刻接遇者，处三月以上三年以下重禁锢，附科四元以上四十元以下罚金。因而致囚人死伤者，照殴打创伤各本条加一等从重处断。第二百八十条。当水、火、地震之际，管狱官吏懈怠，不辄解囚人监禁因而致死伤者，照殴打创伤各本条加一等。第二百八十一条。若故意致死伤者，依第二百九十四条处断。盖拘束罪囚，本欲使悛改善良也。且未决囚人，其罪之有无尚未可知，监护者自宜小心保守，使不受害，而怠惰致死伤，固不得以过失杀伤论，所以依殴打创伤例也。裁判官、检事及警察官吏审问被告人而施暴行或凌虐者，处四月以上四年以下重禁锢，附科五元以上五十元以下罚金；因而致被告人死伤者，照殴打创伤各本条加一等从重处断。第二百八十二条。裁判官、检察官无故不受理刑事诉牒及迁延不审理者，处十五日以上三月以下轻禁锢，附科五元以上五十元以下罚金。是谓知告诉、告发有理而故不受理者，若以不受理为宜者，非此条所问。系民事诉牒者，罪亦同之。第二百八十三条。官吏听人嘱托受赃及允许受赃者，处一月以上一年以下重禁锢，附科四元以上四十元以下罚金；因而非理处事者，加一等。第二百八十四条。裁判官当审理民事得赃及允许受赃者，处二月以上二年以下重禁锢，附科五元以上五十元以下罚金；因而枉法判断者，加一等。第二百八十五条。裁判官、检事、警察官吏当审理刑事不专指刑法，统举犯他项罚则、规则而言。得赃及允许受赃者，处二月以上二年以下重禁锢，附科五元以上五十元以下罚金；因而故出人罪者，处三月以上三年以下重禁锢，附科十元以上百元以下罚金；其故入人罪者，处二年以上五年以下重禁锢，附科二十元以上二百元以下罚金；若其所枉断之刑重于此刑，照第二百二十一条、第二百二十二条反坐之。第二百八十六条。裁判官、检事、警察官吏虽不受赃，而徇情挟怨，以故出入人罪者，罪亦同前条。第二百八十七条。前数条所揭赃，已受领者皆没收之，消费者追征其价。第二百八十八条。恐犯者或以为虽并受本刑、附刑，不如其所得赃金之多，故特设此条以防之。

第三节　官吏对财产之罪　　凡官吏监守财物而自盗金

钱、粮谷、物件者，处轻惩役；因而增减变换官文书、簿册及毁弃之者，照第二百五条例处断。第二百八十九条。若非其所管，仍依第二百五条。官吏征收租税及各杂税，如收税委员、税关官吏、郡区户长等。正额外多征金谷者，处二月以上四年以下重禁锢，附科五元以上五十元以下罚金。第二百九十条。犯此节所揭罪处轻罪刑者，付六月以上二年以下监视。第二百九十一条。此条所揭罪皆出于卑污无耻，故虽处轻罪者，仍不得不付此长期监视。

第三编　对身体财产重罪轻罪

第一章　对身体之罪　　此罪有二：曰有刑罪，曰无刑罪。有刑罪，直关身体生命者，谓杀伤、殴打、胁迫、坠胎等。无刑罪关名望声誉者，谓诬告、诽毁等。

第一节　谋杀故杀罪　　蓄谋杀人者为谋杀，处死刑。第二百九十二条。施用毒物杀人者，以谋杀论，处死刑。第二百九十三条。如一时乘怒投用毒物，宜以故杀论。然用毒物，其害不止一人或有及数十人者，且形迹难知，无由防范，施用最为容易，故虽一时之怒，仍以谋杀论。故意杀人者为故杀，处无期徒刑。第二百九十四条。旧律谋杀、故杀，同处死刑。然故杀者当临杀之时，猝乘愤激，骤起杀意，比之谋杀人于未杀以前蓄念积虑者，情实较轻，故故杀之刑于谋杀之刑减一等。然若如下二条所揭，与寻常故杀异，则亦不得不处死刑。故杀人，支解割碎及其杀状惨刻者，处死刑。第二百九十五条。因财利犯重轻罪，例如为强窃盗，恐其不遂，故杀主人或监守人等。恐人发觉追捕而故杀人者，处死刑。第二百九十六条。蓄杀人之意，诡言诱导、挤陷危险而致死者，例如桥梁朽损，不堪渡人，而诈称牢固，令人过渡，以陷溺致死等类。以故杀论。其预谋者，以谋杀论。第二百九十七条。欲谋杀、故杀而误杀他人者，仍以谋杀、故杀论。第二百九十八条。

第二节　殴打创伤罪　殴打创伤人因而致死者，处重惩役。第二百九十九条。殴打创伤人，瞎其两目，聋其两耳，及折两肢，断舌，毁坏阴阳，致丧失知觉精神，罹笃疾者，处轻惩役；虽并犯此条二事以上，亦同处轻惩役，但以刑期长短分轻重耳。其瞎一目，聋一耳，折一肢，及残亏身体以致废疾者，处二年以上五年以下重禁锢。第三百条。并犯此条二事以上，除损一手一足之外，亦同前项注。殴打创伤致人罹二十日以外疾病，不能营职业者，处一年以上三年以下重禁锢。若伤疾不至二十日，处十一日以上一月以下重禁锢。第三百一条。若预谋殴打创伤人，致其人罹笃疾或至死者，照前数条所揭载各加一等。第三百二条。欲为不法之事，而殴伤防其非为之人，或自犯轻重罪名，图免罪掩迹，因而殴打创伤人者，亦同前条之例。第三百三条。因殴打人而误伤他人者，仍科殴打创伤本刑。第三百四条。二人以上共殴打伤人，从现下手者，分别轻重，各论其刑。若其创不辨甲乙所为，照重伤之刑减一等。但教唆者不在减等之限。第三百五条。二人以上共殴打人，虽一人未行殴打，而帮助致成伤者，与现殴打者同罪而减一等。第三百六条。施用可害健康物品使人疾苦者，与预谋殴打创伤人者同刑。第三百七条。虽意非杀人，而诈伪诱导，令陷危害，致其人疾病死伤者，照殴打伤创例处断。第三百八条。

第三节　关于杀伤者宥恕及不论罪　因己身受人暴行，不得已愤怒致杀伤暴行人者，宥恕其罪。但因行为不正自招暴行者，不在此限。第三百九条。殴打彼此创伤，不能分下手先后者，各宥恕其罪。第三百十条。本夫知其妻与人奸通，于奸所杀伤奸夫或奸妇者，宥恕其罪。但本夫先系纵容奸通者，不在此限。第三百十一条。若有昼间无故而入人家，或欲逾越损坏门户墙壁，因防拒之而杀伤犯人者，宥恕其罪。第三百十二条。前数条所记载有可宥恕者，照各本刑减二等或三等。第三百十三条。正当防御自己身体性命时，出于不得已而杀伤暴行人者，不分为己为人，不论其罪。若自己行为不正致招暴行者，不在此限。第三百十四条。左列诸件出于不得已致杀伤人者，不论其罪：一、防止放火及其他暴行有伤财产者；二、防止盗犯及欲夺还盗赃者；三、防止夜间无故而入人家，或欲逾越户墙门壁者。第三百十五条。虽防卫身体、财产，非不得已而加害于暴行人，又危害已去仍乘势加害于暴行人者，不在不论罪之限。但酌量情状，照第三百十三条例，得宥恕其罪。第三百十六条。

第四节　过失杀伤之罪　　疏虞懈怠不遵守规则，因过失致人于死者，处二十元以上二百元以下罚金。第三百十七条。凡耳目所不及、思虑所不到为过失。不守规则，谓于有人处演习枪铳之类。因过失使人创伤至废疾者，处二十元以上二百元以下罚金。第三百十八条。因过失而使人创伤至疾病、休业者，处十元以上百元以下罚金。第三百十九条。

第五节　关自杀之罪　　教唆人使自杀，又受人嘱托为自杀之人下手者，处六月以上三年以下轻禁锢，附加十元以上五十元以下罚金。其他为自杀人帮助者减一等。第三百二十条。图自己之利，教唆他人令自杀者，处重惩役。第三百二十一条。

第六节　擅逮捕监禁人之罪　　擅逮捕人又监禁私处者，处十一日以上二月以下重禁锢，附加二元以上二十元以下罚金。其监禁若过数日或十日，应算日数加一等。第三百二十二条。擅监禁束缚人，或殴打拷责，又屏去饮食、衣服，施行一切苛刻事者，处二月以上二年以下重禁锢，附加三元以上三十元以下罚金。第三百二十三条。犯前条之罪致人疾病死伤者，照殴打创伤各本条从重处断。第三百二十四条。擅监禁人，临水、火、震灾之际不解监禁致人死伤者，亦同前条罪。第三百二十五条。

第七节　胁迫之罪　以杀胁迫人、以放火胁迫人，皆谓以言词恐吓人。处一月以上六月以下重禁锢，附加二元以上二十元以下罚金。其以殴打创伤，或焚烧财产、毁坏家屋、径行劫掠等事胁迫人者，处十一日以上二月以下重禁锢，附加二元以上二十元以下罚金。第三百二十六年。携带凶器而犯前条罪者，各加一等。第三百二十七条。以加害亲属相胁迫者，亦同前二条例。第三百二十八条。此节所揭载，待受其胁迫者或亲属等告诉而后论罪。第三百二十九条。

第八节　堕胎之罪　怀胎妇女以药物及其他方法堕胎者，处一月以上六月以下重禁锢。第三百三十条。使人以药物及其他方法堕胎者，亦同前条。因而妇人致死者，处一年以上三年以下重禁锢。第三百三十一条。医师、产婆及药商等犯前条罪者，各加一等。第三百三十二条。威逼怀胎妇女又诓骗令堕胎者，处一年以上四年以下重禁锢。第三百三十三条。知为怀胎而殴打暴行因致堕胎者，处二年以上五年以下重禁锢。其非有堕胎之意者，处轻惩役。第三百三十四条。犯前二条之罪，致妇人笃疾或死者，照殴打创伤各本条从重处断。第三百三十五条。

第九节　遗弃幼儿及老者病者之罪　遗弃未满八岁幼儿者，处一月以上一年以下重禁锢。不能自谋生活，遗弃老者、疾病者亦同。第三百三十六条。以未满八岁幼儿或老者、病者，遗弃于旷野无人之地，处重禁锢。第三百三十七条。得人之给料、受人之依托，力可保养者，犯前二条罪，各加一等。第三百三十八条。遗弃老幼因而致废疾者，处轻惩役；若至笃疾者，处重惩役；至死者，处有期徒刑。第三百三十九条。己所有地看守所及之处有遗弃幼儿老疾者，知而不扶助又不申告官署者，处十五日以上六月以下重禁锢；若有罹疾病昏倒者，知而不扶助不申告者，亦同。第三百四十条。

第十节　略取诱拐幼者之罪　略取、诱拐十二岁未满幼者，或藏匿或交付他人者，处二年以上五年以下重禁锢，附加十元以上百元以下罚金。第三百四十一条。略取十二岁以上二十岁未满幼者，或藏匿或交付他人者，处一年以上三年以下重禁锢，附加五元以上五十元以下罚金。仅诱拐藏匿或交付他人者，处六月以上二年以下重禁锢，附加二元以上二十元以下罚金。第三百四十二条。略取、诱拐幼者为仆婢者，又假设名称以使役之者，照前二条例各减一等。第三百四十三条。前数条所揭，待被告者及其亲族告诉而后论罪。惟幼者或至长大婚姻之时而遵礼从式者不论。第三百四十四条。略取、诱拐二十岁未满幼者交付与外国人者，处轻惩役。第三百四十五条。

第十一节　猥亵奸淫重婚之罪　对十二岁既满男女为猥亵之事，又对十二岁以上男女以暴行胁迫为猥亵之事者，处一月以上一年以下重禁锢，附加二元以上二十元以下罚金。第三百四十六条。对十二岁未满男女以暴行胁迫为猥亵之事者，处二月以上二年以下重禁锢，附加四元以上四十元以下罚金。第三百四十七条。强奸十二岁以上妇女者，处轻惩役；其以药、酒等物诱令迷乱而奸淫者，以强奸论。第三百四十八条。奸淫十二岁未满幼女者，处轻惩役；若强奸者，处重惩役。第三百四十九条。前数条所揭载，待被害者及其亲属告诉而后论罪。第三百五十条。犯前数条罪因而致人死伤者，照殴打创伤各本条从重处断。但由强奸因致废疾、笃疾者，处有期徒刑；致死者处无期徒刑。第三百五十一条。劝诱十六岁未满男女已为媒合者，处一月以上六月以下重禁锢，附加二元以上二十元以下罚金。第三百五十二条。与有夫之妇奸通者，先是，明治六年改正奸律，奸无夫之妇者不论罪，故此律特指有夫之妇。考泰西和奸之罪，均处禁锢，佛律二年以下，德律六月以上，其经夫告诉而后论罪。若无夫之妇、无告诉者，均置不问。盖信重于礼，情重于理，其律意大抵如此也。处六月以上二年以下重禁锢，男女同罪。此条待本夫告诉而后论罪，但本夫先系纵容奸通者，虽诉不论。第三百五十三条。有配偶者重结婚姻，处六月以上二年以下重禁锢，附加五元以上五十元以下罚金。第三百五十四条。配偶兼男女而言。

第十二节　诬告及诽毁之罪　以不实之事诬告人者，照第二百二十条所载伪证例处断。第三百五十五条。虽为诬告，于被告未推问之前而自首悔过者，免本刑。第三百五十六条。因诬告致被告人受刑，照第二百二十一条、第二百二十二条所载之例处断。第三百五十七条。摘发恶事丑行诽谤人者，不问事实有无，照左例处断：一、公然演说诽毁人者，处十一日以上三月以下重禁锢，附加三元以上三十元以下罚金；二、公布书册、画图，又作为杂剧、偶像诽毁人者，处十五日以上六月以下重禁锢，附加五元以上五十元以下罚金。第三百五十八条。诽毁已死者，若非出于诬罔，不得照前条之例处断。第三百五十九条。前条所载即事实非诬，亦依律论罪，盖名誉荣辱，关人大节，且暧昧之事非人所应知，乃公然对众诽毁，且以书册、图画、杂剧、偶像形容其状，不加禁遏，将造言飞语，见事风生，即毛卵钩须乌有之事，亦不难抉摘装点，以快己私，其事伊于胡底！中国通例，有造匿名揭帖以诽谤人者，除其事

立按不问外，犯者审实拟绞。所犯之罪虽与此有殊，而律重诛心，用意则一也。医师、药商、稳婆、代言人、辩护人、代书人等及神官、僧侣，受人委托，因得知其阴私而漏告于众者，以诽谤论，处十一日以上三月以下重禁锢，附加三元以上三十元以下罚金。但由裁判官传唤令其陈述事实者，不在此限。第三百六十条。此节所记载诽毁之罪，待被害者及死者之亲属告诉而后论罪。第三百六十一条。

第十三节　对其祖父母父母之罪　　子孙谋杀其祖父母、父母者，处死刑；关自杀罪，照凡人之刑加二等。第三百六十二条。子孙对其祖父母、父母犯殴打创伤，其他监禁、胁迫、遗弃、诬告、诽毁之罪者，按各本条所载，照凡人之例加二等；其致废疾者，处有期徒刑；致笃疾者，处无期徒刑；致死者，处死刑。第三百六十三条。子孙对其祖父母、父母不给衣食、缺奉养者，处十五日以上六月以下重禁锢，附加二元以上二十元以下罚金；致疾病或死者，亦同前条例。第三百六十四条。对祖父母、父母犯杀伤罪者，不得用宥恕例。但犯时不知而误犯者，谓离别日久，相逢不识；以小故斗殴，至于杀伤；又深夜昏黑，误为他人，以凶器拿捕，至于杀伤之类。不在此限。第三百六十五条。

第二章　对人财产之罪

第一节　窃盗之罪　　窃取他人物品者为窃盗罪，处二月以上四年以下重禁锢。第三百六十六条。乘水、火、震灾之变为窃盗者，处六月以上五年以下重禁锢。第三百六十七条。逾越墙户，或毁坏或开钥而入人邸舍、仓库犯窃盗者，亦同前条。第三百六十八条。二人以上共犯前三条罪者，各加一等。第三百六十九条。携带凶器入人住宅为窃盗者，处轻惩役。第三百七十条。虽系己物，已典付他人，又有官司之命，令他人监守而窃取之者，以窃盗论。第三百七十一条。于田野窃取谷类、菜果及其他产物者，处一月以上一年以下重禁锢。第三百七十二条。于山林窃取竹、木、矿物及其他产物，又于川泽、池沼窃取所生养鱼鳖及关人营业产物者，亦同前条。第三百七十三条。于牧场窃取牧畜、兽类者，处二月以上二年以下重禁锢。第三百七十四条。此节所揭载轻罪欲犯未遂者，照未遂犯罪例处断。第三百七十五条。犯此节所记之轻罪处刑者，付六月以上二年以下监视。第三百七十六条。此节所载，惟携带凶器入人住宅为窃盗者处轻惩役，以其实有盗心，故科以重罪。其他处重禁锢，皆轻罪也。或本非为窃之人，或实无作盗之意，偶然贪得，中亦有悯谅者。但乘水、火、地震不及防范之时，当山林田野易于攫取之地，而公然为盗，其人之心术不端已可概见，故虽科轻罪，仍付监视。祖父母、父母、夫妻、子孙及其配偶者，又同居兄弟姊妹，互相窃财物者，不以窃盗论。若与他人共犯而分取财物者，仍以窃盗论。第三百七十七条。

第二节　强盗之罪　以暴行加人或胁迫人而强取财物者为强盗，处轻惩役。第三百七十八条。强盗罪有左开情状者，每一项加一等：一、二人以上共犯者；二、携带凶器者。第三百七十九条。若二人以上共犯，各又携带凶器，共加二等。强盗伤人者，处无期徒刑；致死者，处死刑。第三百八十条。强盗强奸妇女者，处无期徒刑。第三百八十一条。常人犯强奸罪处轻惩役，犯强盗罪亦处轻惩役，今以强盗犯强奸，其情节尤可恨恶，故不用二罪俱发从一科断之律，直处以无期徒刑。考日本旧律，强奸、强盗各处死刑，此律虽较旧法为轻，而在本律中则从其最重者矣。窃盗得赃而走，为人拒止，因而以暴行胁迫者，以强盗论。第三百八十二条。用药、酒等使人

迷乱而盗取其财物者，以强盗论，处轻惩役。第三百八十三条。此与上条同一以强盗论，而独揭明处轻惩役者，以其用药迷人，情节可恶，故特处之重罪。若窃盗拒捕，出于一时图免己罪，其中情节或有可宥恕减轻者，故不以一律论也。**犯此节所载之罪，或因减轻而处轻刑者，付六月以上二年以下监视。**第三百八十四条。

第三节　关遗失物埋藏物之罪　　**拾得遗失及漂流物，隐匿不还于其主，又不申告官司者，处十一日以上三月以下重禁锢，又处二元以上二十元以下罚金。**第三百八十五条。**于他人所有地掘取埋藏诸物私自隐匿者，亦同前条。**第三百八十六条。**犯此节所载之罪，若系第三百七十七条所揭载亲属，不论其罪。**第三百八十七条。

第四节　关家资分散之罪　　分散者，破产歇业不能偿债，倾家所有分之与人，故曰分散。此律为中律所无，而西律所重。泰西通例，凡营业耗折，身负重债，力不能偿，则请之于官，倾家资所有分与偿人。官为立一经理人，先检点其货财，搜集其契约，并悬示限期。凡负某人债者，悉数缴官，其某人所欠之债，各呈凭据，以待分给，然后悉索所有，按数计成，一一分派，产尽而后已。其人已报破产者，不许再营生业，此通例也。中国以追债告官，每曰钱债细故，实因沿用旧律。而古来贸易未盛，借贷较少，即有负债，多出于亲属之情不容已，朋友之义不容辞，势难以负债之故没人家产。自商务大兴，有无相通，如银行、商会之类，乃有以日积月累所得寄而取息者，亦有举盈千累万之数借以谋生者。一人破产，万众嗷嗷，若无法以维制之，则隐匿逃遁，窃人脂膏而自润，与白昼大都杀人而夺之金何异？而受害者糊口无资，茹辛含苦，又不待言也。日本近年商会，若小野、岛田之例产歇业，官亦负累及百万，故依仿西律，创立此条。迩来中国亦有此事，恐亦不能不设此律矣。　家资分散之际，有藏匿脱漏其财产，又增加虚伪负债者，处四月以上四年以下重禁锢。知其情而承诺虚伪契约，或为其媒介者，减一等。第三百八十八条。家资分散之际，所有簿记之类，或藏匿毁弃，至分散决定之后，依托一债主或二三债主，私偿于人，以致害及他债主者，处一月以上二年以下重禁锢。第三百八十九条。

第五节　诈欺取财之罪及关受寄财物之罪　欺罔人又恐喝人骗取财物证书类者，为诈欺取财罪，处二月以上四年以下重禁锢，附加四元以上四十元以下罚金。以诈欺伪造官私文书，或增减变换者，照伪造各本条从重处断。第三百九十条。乘幼者愚蒙，又乘人迷乱，与以不正证书，或授与财物，而行诓骗者，以诈欺取财论。第三百九十一条。当贩卖物品，或互相交换，乃伪其物质，减其分量，交附与人者，以诈欺取财论。第三百九十二条。窃冒他人之动产、不动产贩卖交换者，或抵当典物者，以诈欺取财论。虽自己之不动产，已为抵当典物，又欺隐卖与他人，或重为抵当典物者，亦同其罪。第三百九十三条。犯前数条所载之罪，付六月以上二年以下监视。第三百九十四条。消费受寄之物、借用之物、典质之物，及其他受人委托之金额物件者，处一月以上二年以下重禁锢。若骗取、拐带及为其他诈欺之事者，以诈欺取财论。第三百九十五条。虽系已有经官司差押而藏匿脱漏者，处一月以上六月以下重禁锢。但家资分散之际犯此罪者，照第三百八十八条之例处断。第三百九十六条。此节所载之罪，欲犯未遂者，照未遂犯罪例处断。第三百九十七条。犯此节所载之罪，如第三百七十七条所揭载亲属，不论其罪。第三百九十八条。

第六节　关赃物之罪　知为窃盗赃，受而收藏之，或买取之，及为牙保者，处一月以上三年以下重禁锢，附加三元以上三十元以下罚金。第三百九十九条。犯前条罪者，付六月以上二年以下监视。第四百条。知为诈伪取财及其他犯罪物品，受而收藏之，或买取之，及为牙保者，处十一日以上一年以下重禁锢，附加二元以上二十元以下罚金。第四百一条。

第七节　放火失火之罪　放火烧毁人家者，处死刑。第四百二条。放火烧毁空宅及其他建筑物者，处无期徒刑。第四百三条。放火烧毁废宅及藏寄柴草、肥料之屋舍等类者，处重惩役。第四百四条。放火烧毁载人之船舶、汽车者，处死刑。若放火之人同坐船舶、汽车，处重惩役。第四百五条。放火烧毁山林之竹木、田野之谷麦，或露积之柴草竹木及其他物件者，处轻惩役。第四百六条。放火烧毁自己家屋者，处二月以上三年以下重禁锢。第四百七条。犯放火之罪，处轻罪刑者，付六月以上二年以下监视。第四百八条。误失火烧毁人家屋财产者，处二元以上二十元以下罚金。第四百九条。用火药及其他暴烈物品，致煤气井、蒸汽罐等破裂，毁坏人之家屋财产者，分别故意、过失，照放火、失火之例处断。第四百十条。

第八节　决水之罪　决溃堤防，又毁坏水闸，致人家漂失者，处无期徒刑。若空宅及其他建筑物漂失者，处重惩役。第四百十一条。决溃堤防、毁坏水闸，致田圃、矿坑、牧场等荒废者，处轻惩役。第四百十二条。欲损他人利益，图自己便宜，因决溃堤防、毁坏水闸及其他妨害水利者，处一月以上二年以下重禁锢，附加二元以上二十元以下罚金。第四百十三条。因过失致起水害者，照失火之例处断。第四百十四条。

第九节　覆没船舶之罪　冲突载人船舶致令覆没者，处死刑；但船客无死亡者，则处无期徒刑。第四百十五条。冲突未载人之船舶致令覆没者，处轻惩役。第四百十六条。

第十节　毁坏家屋物品及害动植物之罪　坏人家屋及其他建造物者，处一月以上五年以下重禁锢，附加二元以上五十元以下罚金，因而致人死伤者，照殴打创伤各本条从重处断。第四百十七条。毁坏人家之墙壁及园池之装饰、田圃之樊围、牧场之栏栅等类者，处十一日以上三月以下重禁锢，又处二元以上二十元以下罚金。第四百十八条。毁损人之稼穑、竹木及其他需用之植物者，处十一日以上六月以下重禁锢，又处三元以上三十元以下罚金。第四百十九条。毁损土地之经界标柱及移转之者，处一月以上六月以下重禁锢，附加二元以上二十元以下罚金。第四百二十条。毁弃人之器物者，处十一日以上六月以下重禁锢，又处三元以上三十元以下罚金。第四百二十一条。杀人之牛马者，处一月以上六月以下重禁锢，附加二元以上二十元以下罚金。第四百二十二条。杀前条所载以外家畜者，犬、猫、鸡、鸭之类，物较微细，故处刑亦轻。处二元以上二十元以下罚金。仍待被害者告诉而后论罪。第四百二十三条。凡有关于权利义务证书类，谓如官吏之位记、军人之赏牌、医生之执照、商人之准牌之类，或关于名誉，或关于生业，是皆经官允许者。其他文书，若受人委托而付之权，经人延聘而理其事，此类皆是也。毁弃灭尽者，处二月以上四年以下重禁锢，附加三元以上三十元以下罚金。第四百二十四条。

第四编　违警之罪

犯左开诸件者，处三日以上十日以下拘留，又处一元以上一元九十五钱以下科料：一、不遵规则于市街中运搬火药及其他暴裂物品者；二、不遵规则贮藏火药及其他暴裂物品者；三、不经官许制造烟火及私行贩卖者；四、人家稠密场所滥放烟火及其他玩弄火器者；五、建造蒸汽器械及其他烟通、火灶，修理、扫除违背规则者；六、家屋墙壁坏损，经官勘督已，不平毁又不修理者；七、不经官许擅解剖死尸者；八、知自有地内有死尸，不申告官司潜移他所者；九、殴打人不至创伤疾病者；殴打人至创伤疾病，具于殴打创伤律内。此专指街衢市肆，以薄物细故，偶生口角，致成殴打者。十、密自卖奸，又为其媒合者，凡娼妓注籍，月给税金，是为官许，不在此限。十一、潜伏于空宅空屋者；十二、住居无定又无营生产业，而徘徊诸方者；十三、于官许墓地之外私行埋葬者；十四、欲曲庇违警罪而为伪证者。但被告人因伪证免刑，则从第二百十九条之例。第四百二十五条。谓照伪证罪本条科断也。犯左开诸件者，处二日以上五日以下拘留，又处五十钱以上一元五十钱以下科料：一、于人家近傍，又山林田野滥行放火者；二、值水、火、地震之灾，官吏令其协同防御，而傍观不理者；三、贩卖不熟之果物及腐败之饮食物者；四、违背保护健康规则及传染病预防规则者；五、于通行道路有危险之井沟及地凹等不为防围者；六、于路上嗾犬及其他兽类惊动行人者；七、家有发狂人，怠于看守，使徘徊路上者；八、有狂犬猛兽等，怠于系锁，致放出路上者；九、变死人谓溺死、压死、焚死及自行服毒之类。不受检视，滥自埋葬者；十、毁损墓碑及路上神佛又污渎者；十一、污损神祠、佛堂及其他公立之建造物者；十二、无端而骂詈嘲弄人者，但此项待人告诉而后论罪。第四百二十六条。犯左开诸件者，处一日以上三日以下拘留，又处二十钱以上一元二十五钱以下科料：一、滥将车马疾驰而妨害行人者；二、众人群集之地，牵行车马，不受制止者；三、夜间疾驰车马，不用灯火者；四、路中堆积木石等，不设防围，又不用标识，及怠于点灯者；五、投掷瓦砾于道路及家屋园囿者；六、路上弃掷禽兽死体又不除去者；七、于路上及家屋园囿中投掷污秽之物者；八、背违警察规则为工商之业者；九、医师、稳婆无事故不应急病人招唤者；十、有人死亡，不申告于官而擅自埋葬者；十一、造为流言浮说以诳惑人者；十二、妄言吉凶祸福，或为祈祷符咒等，以惑人图利者；十三、私有地外滥设家屋墙壁，又滥出轩楹者；十四、不经官许于路傍河岸开设床店者；床店，谓于路旁支榻铺席以憩游人而图利者。十五、毁损道中标柱、街市常灯及厕场者；十六、道路桥梁及其他场所，有禁止通行或指示道路之道标等类，而毁损之者。第四百二十七条。竖木为标于人不能至之地，榜曰“禁止通行”；或于歧路交互易于迷惑之处，指示方向之类，谓之指道标。

犯左开诸件者，处一日拘留，处十钱以上一元以下科料：一、所贩之物，经官署定有价值，而增价贩卖者；二、渡船、桥梁等，经有定价，而私行加索，又故阻通行者；三、渡船、桥梁，经有定价，不给值而径自通行者；四、于路上为商业有如赌博之类者；五、不经官许开剧场及其他观物场，违背规则者；六、毁损沟渠下水，虽受官署督促，而不浚沟渠者；七、路傍罗列食物及其他商品，不受制止者；八、不经官许放兽类于官地，又牧畜者；九、身体刺文者及为刺文工业者；十、他人所系牛马兽类，而擅为解放者；十一、他人所系之舟筏，而擅为解放者。第四百二十八条。犯左开诸件者，处五钱以上五十钱以下科料：一、于桥梁、堤闸保护水害之地而擅系舟筏者；二、横放牛马诸车、堆积木石薪炭及其他物品于道路，有碍行人者；三、并牵车马有碍行人者；四、于水路连舟并行有害舟行者；五、投弃冰雪、尘芥等于道路者；六、经官吏督促不肯扫除道路者；七、不受官吏制止游戏路上有碍行人者；八、牵牛马者不系绳而有碍行人者；九、于禁止出入之场而滥行出入者；十、犯禁止通行之标示而滥自通行者；十一、路上放歌高声不受制止者；十二、醉卧路上或喧噪者；十三、消灭路灯者；十四、贴纸于人家墙壁或妄书者；十五、毁损邸宅之号数、标札、招牌，及租屋、卖屋之招帖，与其他报告、标示等类者；十六、入他人田野园囿采食菜果及采折花卉者；十七、犯公园规则者；十八、乱行他人田园，又牵牛马入他人园圃者。第四百二十九条。前数条所载外，因各地方之便，别定有违警罪规则，犯者各从其罚则处断。第四百三十条。

卷三十二　学术志一

外史氏曰：余观周秦间，儒者动辄曰孔墨，曰儒墨。以昌黎大儒，推尊孟氏，谓不在禹下，而亦有“孔必用墨，墨必用孔”之言。窃意墨子之说，必有以鼓动天下之人使之尊信者。今观于泰西之教而乃知之矣。余考泰西之学，其源盖出于墨子。其谓人人有自主权利，则墨子之尚同也；其谓爱汝邻如己，则墨子之兼爱也；其谓独尊上帝，保汝灵瑰，则墨子之尊天明鬼也。至于机器之精，攻守之能，则墨子备攻备突、削鸢能飞之绪余也。而格致之学，无不引其端于《墨子·经》上下篇。当孟子时，天下之言半归于墨，而其教衍而为七，门人邓陵、禽猾之徒，且蔓延于天下。其入于泰西，源流虽不可考，而泰西之贤智推衍其说，至于今日而地球万国行墨之道者，十居其七。距之辟之于二千余岁之前，逮今而骎骎有东来之意。呜呼，何其奇也！余足迹未至欧洲，又不通其语言文字，末由考其详。顾余闻东西之人盛称泰西者，莫不曰其国大政事、大征伐，皆举国会议，询谋佥同而后行；其荐贤授能，拜爵叙官，皆以公选；其君臣上下，无疾苦不达之隐，无壅遏不宣之情；其人皆乐善好施，若医院，若义学，若孤独园，林立于国中。其器用也，务以巧便胜；其学问也，实事求是，日进而不已。其君子小人，皆敬上帝，怵祸福；其法律详而必行；其武备修而不轻言战。余初不知其操何术致此，今而知为用墨之效也。

余读《墨子》诸篇，每引尧、舜、禹、汤之事以证其说。其说之善者，容亦有合于吾儒；而独其立教之要旨，专在于尚同、兼爱，则大异。彼谓等天下而同之，撳遂万物而利之，天下之人喜，人人得自伸其权，自谋其利，故便其说之行而乐趋之。交相爱则交相利，苟利于众则同力合作，故事易举；无所甚亲于父兄，无所甚厚于子孙，故推其爱于一国。而君臣上下，无甚差别，相维相系，而民气易固。学问则相长也，工巧则相示也，故互相观摩，互相竞争，而技艺日新。而又虑其以同裨同，无所统而易于争乱也，故称天以临之，使人人知所敬而不敢肆，由是而教诫修焉。明法以范之，立义以制之，使人人知所循而不敢逞；讲武以防之，使人人有所惮而不敢犯。由是而政令肃焉，由是而武备修焉。彼欲行其尚同、兼爱之说，而精详如此，行之者其效又如此，胥天下而靡然从之，固无足怪。然吾以为其流弊不可胜言也。推尚同之说，则谓君民同权，父子同权矣；推兼爱之说，则谓父母兄弟，同于路人矣。天下之不能无尊卑、无亲疏、无上下，天理之当然，人情之极则也。圣人者知其然而序以别之，所以已乱也。今必欲强不可同、不能兼者，兼而同之，是启争召乱之道耳。幸而今日泰西各国，物力尚丰，民气尚朴，其人尚能自爱，又恃其法令之明，武备之修，犹足以维持不败。浸假而物力稍绌，民气日嚣，彼以无统一、无差等之民，各出其争权贪利之心，佐以斗狠好武之习，纷然其竞起，天之不畏，法之不修，义之不讲，卒之尚同而不能强同，兼爱而无所用爱，必推而至于极分裂、极残暴而后已。执尚同、兼爱以责人，必有欲行均贫富、均贵贱、均劳逸之说者。吾观欧罗巴诸国，不百年必大乱。当其乱，则视君如弈棋，视亲如赘旒。而每一交锋，蔓延数十年，伏尸百万，流血千里。更有视人命如草菅者，岂人性殊哉？亦其教有以使之然也。前夫今日，争乱之事，吾已见之矣。后乎今日，无道以救之，吾未知其争乱之所底止也。然则韩子之用墨，举其善而言之也；孟子之辟墨，举其弊而言之也。日本之学术，先儒而后墨，余故总论其利弊如此，作《学术志》：一、汉学；二、西学；三、文字；四、学制。

汉 学

日本之习汉学，盖自应神时始。时阿直岐自百济来，帝使教太子菟道稚郎子以经典。十五年，又征博士王仁。帝谓阿直岐曰："汝国有愈于汝者乎？"曰："有王仁者，邦之秀也。"遂征王仁。仁始赍《论语》十卷、《千文》一卷而来。应神十五年，当晋武帝太康五年。考李暹《千文注》曰："钟繇始作《千文》。"此盖钟氏《千文》也。至继体七年，百济又遣五经博士段扬尔。十年，复遣汉安茂。于是始传五经。据《日本记》，以《礼》、《乐》、《书》、《论语》、《孝经》为五经。继体七年，当梁天监十二年，是时始传《书》经。相传日本有逸书者，谬矣。日本于孝武、光武时，均通驿使。及魏并封王赐诏，而崇神时有任那国入贡，垂仁时有新罗王子归化，当时均不闻赍归汉籍，至君房所赍之书，更荒远不可考矣。欧阳公《日本刀歌》曰："徐福行时书未焚，逸书百篇今尚存。令严不许传中国，举国无人识古文。"亦儒生好奇想象之辞耳。然汉籍初来时，仅令王子、大臣受学，第行于官府而已。及通使隋唐，典章日备，教化益隆。逮夫大宝，益崇斯文，自京师至于邦国，莫不有学。京师有大学，学有博士。国博士每国一人。学生大国五十人，上国四十人，中国三十人，下国二十人。自神龟以降，令博士兼三四国。**学必藏经典**，神护景云三年，太宰府言："此府为天下一大都会，其学徒稍众，而府中惟蓄五经，未有三史正本。志在涉猎，道尚不广，伏请列代诸史各给一本，以兴学业。"诏赐《史记》、《汉书》、《后汉书》、《三国志》、《晋书》各一部。可知五经等籍，国学皆藏之也。**才必为贡人。其教之之法，有《周易》、《尚书》、《周礼》、《仪礼》、《礼记》、《毛诗》、《春秋左氏传》之七经**，七经皆立之学官，《易》立郑康成、王弼注，《书》立孔安国、郑康成注，三《礼》、《毛诗》立郑康成注，《左传》立服虔、杜预注。《礼记》、《左传》为大经，《毛诗》、《周礼》、《仪礼》为中经，《周易》、《尚书》为小经。**而《孝经》、《论语》则令学者兼习**。《孝经》立孔安国、郑康成注，《论语》立郑康成、何晏注。宝字元年，特敕令天下，家藏《孝经》一本，若有不孝不顺者，配诸陆奥、出羽。贞观二年，敕《孝经》用明皇御注。敕曰："大唐开元十年，撰御注《孝经》，作新疏三卷。考世传郑注，比之他经，义理殊非。又稽之郑《志》，康成不注《孝经》，安国之本，梁乱而亡。今之所传，出自刘炫，事义纷荟，诵习尤难，故元宗为之训注，冀阐微言，乃敕学士佥议可否。硕德儒林，咸共嗟伏，应自今立诸学官。"考日本唯《公》、《穀》二传不列于学，后有遣唐使直讲博士伊与部家守传二传以归，于是家守初讲三传，然未建以为例。延历十七年，式部省奏："窃检唐令，《易》、《书》、《诗》、三《礼》、三《传》各为一经。今请以二《传》准小经，永听教授。"诏允之。**此外有算学**，以《孙子》、《五曹》、《九章》、《海岛》、《六章》、《缀术》、《三开》、《重差》、《周髀》、《九司》各为一经。**有书学**，以巧秀为宗，不讲字体。**有律学，有音学**，日本之传汉籍，有汉音，有吴音。汉音盖王、段博士之所授者，吴音则传于百济尼法，明初来对马以吴音诵经，故吴音又呼为对马读。有唐人袁晋卿者，于天平七年从遣唐使来归，通《尔雅》、《文选》音，因授大学音博士。延历十年，诏令明经之徒习音。十七年，又诏诸读书一用汉音，勿用吴音。有天文、阴阳、历、医等学。其养之之法，于大学置劝学田数百町，以资费用；于大炊寮每日给百度饭一石五斗，以赏其劳。其取之之法，有秀才、明经、进士、明法、书算。其大学生取五位以上子孙及东西史部，谓汉直、河内、文首各姓之类。汉直之先为阿知使主，文首之先为王仁，皆出刘汉之后，累世继业，或为史官，或为博士，因赐之姓，总谓之史部。史部所居在帝城左右，故曰东西。以补于式部。国学生取郡司子弟，以补于国司。国司既试，则随朝集使造于官，至则引见于办官，并付式部试，而得第则叙官。而朝廷之上，自帝王以至公卿，皆喜为诗文，以相提倡。文武帝尝谒学行释奠礼，清和帝并诏修释奠式于五畿七道，以示尊崇圣教之意。大学、国学，皆以岁时祀先圣孔子，初称孔宣父，神护景云二年亦谥曰文宣王。大学配以先师，为颜渊；从祀者九座，则闵子骞、冉伯牛、仲弓、冉有、季路、宰我、子贡、子游、子夏也。国学专祀先圣、先师，惟太宰府学三座，为先圣、先师、闵子骞。所有典章制度，一仿唐制。而遣唐学生所得学术归，辄以教人，以故人才蔚起，延喜、天历之间，彬彬乎称极盛焉。王纲解纽，学校渐废。及保元以降，区宇云扰，士大夫皆从事金革。源、平迭起，互争雄霸，一切以武断为治，无暇文字，惟足利氏尝建一校，汇藏古书而已。世所谓足利学校是也。尔时惟缁流略习文字，国家有典章词令，皆命僧徒充其役。斯文一线之传，仅赖浮屠氏得不坠地者三百余年。逮德川氏兴，投戈讲艺，专欲以诗书之泽销兵革之气，于是崇儒重道，首拔林忠于布衣，命之起朝仪，定律令，忠出藤原肃之门，时尚未有讲宋学者。忠年十八，遂聚徒讲朱注于西京，博士舟桥秀贤曰："自古无敕许不得讲书，朝绅犹然，况处士抗颜讲新说乎！"议欲逐之。家康闻之，曰："林某可谓特达之识。"遂召见，被宠遇。俾世司学事，为国祭酒。及其孙信笃，遂变僧服种发，称大学头，而儒教日尊。先是，文艺之事一归于僧徒，藤原肃始倡程朱学，然初亦为僧。及林信胜出，有僧人知其聪颖，强其父命之剃度，信胜坚执不可。德川氏既定国，儒者乃别立名目，然犹指为制外之徒，秃其颅，不列于士林。信笃慨然以谓："儒之道即人之道，人之外非有儒之道，而斥为制外，可谓敝俗。"乃请于德川常宪，始许种发。此元禄四年正月十四日事也。幕府既崇儒术，首建先圣祠于江户。德川常宪自书"大成殿"字于上，鸟革翚飞，轮奂俱美。诸藩闻风仿效，各建学校。由是人人知儒术之贵，争自濯磨。文治之隆，远越前古。

自藤原肃始为程朱学，肃，字敛夫，号惺窝，播磨人。初削发入释，后归于儒。时海内丧乱，日寻干戈，文教扫地，而惺窝独唱道学之说。先是，讲宋学者，以僧元惠为始，而其学不振。自惺窝专奉朱说，林罗山、那波活所皆出其门，于是乎朱学大兴。物茂卿曰："昔在邃古，吾东方之国，泯泯乎罔知觉，有王仁氏而后民始识字，有黄备氏而后经艺始传，有菅原氏而后文史可诵，有惺窝氏而后人人知称天语圣。四君子者，虽世尸祝乎学宫可也。师其说者凡百五十人，尤著者曰林信胜、一名忠，字子信，号罗山，西京人。林春胜、一名恕，字之道，号鹅峰，信胜子。林信笃、一名戆，字直民，号凤冈，春胜子。林衡、字德铨，号述斋，本岩村城主，嗣林氏，为信胜八世孙。木下贞干、字直夫，号锦里，西京人。新井君美、字在中，号白石，江户人。室直清、字师礼，号鸠巢，江户人。柴野邦彦、字彦辅，号栗山，赞岐人。那波觚、字道圆，号活所，播磨人。

山崎嘉、字敬义，号闇斋，西京人。**浅见安正**、字䌹斋，近江人。**德川光国**、字子龙，号常山，水户藩主。**安积觉**、字子光，号澹泊斋，世仕水户藩。**贝原笃信**、字子诚，号益轩，世仕筑前藩。**中井积善**、字子庆，号竹山，大坂人。**佐藤坦**、字大道，号唯一斋，江户人。**尾藤孝肇**、字志尹，号二洲，伊豫人。**古贺朴**、字纯风，号精里，世仕佐贺藩。**古贺煜**、号侗庵、朴子。**赖襄**。字子成，号山阳外史，安艺人。

为阳明之学者凡六人，中江原为之首，原字惟命，号藤树，近江人。年甫十一，一日读《大学》，至“壹是皆以修身为本”，慨然曰：“圣人岂不可学而至乎！”初治程朱学，既而喜阳明王氏之说，教诲弟子以勿泥格套，去胶柱之见以体认本心。又以《孝经》为标旨，揭出爱、敬二字。藤树为人温厚，无贤愚皆服其德。尝遇盗，告以姓名，贼皆投刀罗拜。又之京师道中，与舆夫说心学，舆夫感动流涕。一时称为“近江圣人”。**其徒之善者曰熊泽伯继**，字子介，号蕃山，西京人。**又有伊藤维桢**，字原佐，号仁斋，西京人。初潜心宋学，既而有疑，乃参伍出入，沉思有年，恍然曰：“《大学》之书，非孔氏之遗书。凡明镜止水，冲漠无朕，虚灵不昧，以及体用、理气诸说，皆佛老绪余，非圣人意也。其学专以《论语》为主，《孟子》次之。平居教学者，以明道术、达治体，乃为有用之材，而以流于记诵、骛于空文为戒。广开门户，来者辐辏。信者以为间世伟人，疑者以为陆、王余说。仁斋处乎其间，是非毁誉，怡然不问，专以继往开来为任。**不甚喜宋儒，而讲学自树一帜。其徒七十人，尤者曰伊藤长胤**。字元藏，号东涯，维桢子。**物茂卿之学**，荻生氏，名双松，以字行，号徂徕，又号萱园，江户人。其先有仕南朝为物部者，以官为族，称物部氏，或单称物氏。初，伊藤仁斋倡古学于平安，徂徕乃著《萱园随笔》，以距古学。既而读明人李、王之书，有所感发，以古文辞为古经阶梯，创立一家言，自称复古学，曰："古言不与今言同。遍采秦汉以上古言，玩味六经，则宋儒之妄，章章乎明矣。"又曰："道者，文章而已。六经亦此物，舍此而他求，后儒所以不知道也。"又曰："孔子之道，先王之道也。其教则《诗》、《书》、《礼》、《乐》四术。自子思、孟子与诸子争，乃降为儒家者流矣。"其教人读书，六经之外，专以《史》、《汉》。谓其言近古，易以识古人之意。其诗文专宗李、王，以步趋盛唐，视宋元人文不啻如仇雠也。所著有《论语征》、《辨道》、《辨名》等书，大詈宋儒，并及思、孟。其门人安藤东野、山县周南之辈从而鼓荡之，声号藉甚，震撼一世。尝题孔子像赞，自称曰："日本国夷人物茂卿拜手稽首"云。由《史》、《汉》以上求经典，学识颇富。近伊藤而指斥宋儒空谈，则过之。门徒六十四人，尤者曰太宰纯、字德夫，号春台，信浓人。服部元乔、字子迁，号南郭，西京人。龟井鲁、字道载，号南溟，筑前人。帆足万里、字鹏卿，号愚亭，世仕日出城主。

更有古学家，专治汉唐注疏，共六十人，尤者曰细井德民、字世馨，号平洲，尾张人。猪饲彦博、字希文，号敬所，西京人。中井积德、字处寂，号履轩，大坂人。藤田一正、字子定，号幽谷，水户人。藤田彪、字斌卿，号东湖，一正子。会泽安、字伯民，号正志斋，水户人。松崎复、字明复，号慊堂，肥后人。安井衡、字仲平，号息轩，世仕饫肥城主。盐谷世弘。字毅侯，号岩阴，江户人。

此外则为史学者，有源光国、著《大日本史》。赖襄、著《日本政记》、《日本外史》。岩垣松苗，著《国史略》。

为古文之学者，有物茂卿、赖襄、盐谷世弘、安井衡、斋藤谦、字有终，号北堂，伊势人。古贺朴，皆卓然能成一家言。

余外则林孺、字长孺，号鹤梁，江户人。柴野邦彦、藤孝肇、室直清、太宰纯、服部元乔、山县孝孺、字次公，号周南，长门人。中井积善、中井积德、木下贞干、新井君美、安藤焕图、字东壁，号东野，野州人。佐藤坦、安积信、字思顺，号艮斋，陆奥人。柴野允升、字应登，号碧海，邦彦子。古贺煜、藤田彪、伊藤维桢、伊藤长胤、中江原、松永遐年、字昌三，号尺五堂，西京人。熊泽伯继、安积觉、山崎嘉、汤浅元桢、字之祥，号常山，备前人。皆川愿、字伯恭，号淇园，西京人。赖惟宽、字千秋，号春水，襄父。贝原笃信、龟井鲁、千叶元之、字子元，号芸阁，西京人。龙公美、字君玉，号草庐，山城人。细井德民、斋藤馨、字子德，号竹堂，仙台人。长野确、字孟确，号丰山，伊豫人。藤森大雅、字纯风，号弘庵，江户人。藤泽辅、字元发，赞岐人。广濑谦、字吉甫，号旭庄，丰后人。筱崎弼、字承弼，号小竹，浪华人。坂井华、字公实，号虎山，安艺人。野田逸、字子明，号笛浦，丹后人。青山延于、字子世，号拙斋，水户人。青山延光、字伯卿，号佩弦斋，延于子。中村和、水户人。贯名苞、字君茂，号海屋，阿波人。摩岛弘、字子毅，号松南，西京人。松崎复、太田元贞、字公干，号锦城，加贺人。太田墩、字叔复，号晴轩，元贞子。朝川鼎、字五鼎，号善庵，江户人。龟田兴、字公龙，号鹏斋，上野人。山本信有、字喜六，号北山，江户人。秦鼎、字士铉，号沧浪，尾张人。春田畼、字九泉，号直庵。苏我章、字子明，号耐轩，江户人。大桥顺、字顺藏，号讷庵，江户人，佐久间启。字子明，号象山，信浓人。

为诗词之学者，有新井君美、著有《白石诗稿》。梁田邦美、字景鸾，号蜕岩，江户人，有《蜕岩文集》。祇园瑜、字伯玉，号南海，纪伊人，有《南海集》。秋山仪、字子羽，号玉山，丰后人，有《玉山诗集》、《玉山遗稿》。菅晋师、字礼卿，号茶山，备后人，有《黄叶夕阳村舍诗稿》。赖惟柔、字千祺，号杏坪，安艺人。广濑建、字子基，号淡窗，丰后人。赖襄、梁孟纬、字公图，号星岩，美浓人，有《星岩集》。市河子静、号宽斋，上毛人。大洼天民、号诗佛，有《诗圣堂集》。柏木昶、字永日，号如亭，信浓人，有《晚晴堂集》。菊池五山。有《五山堂诗话》。

著述之富，汗牛充栋，不可胜数。今特取其说经之书，备志于后。

三百年来，国家太平，优游无事，士夫每立一义，创一说，则别树一帜。如宋明人聚徒讲学之风，为之党徒者若蚁慕膻，以千百计。及其党羽已盛，名望已成，则王公贵人，列藩侯伯，争贲束帛、馈兼金，或自称门下，或冀得其尺牍手书以为荣。其上者，拔之草茅，命参机密；其次者，广借声誉，亦得温饱。而此徒彼党，往往负气不相下，各著书说，昌言排击，即共居一门，亦有同室操戈，兄弟阋墙，以相狎侮者。甚则师弟之间，反颜相向，或隙末而削籍，或师死而背去，又比比然也。既各持其说，无以相胜，则曲托贾竖，邮呈诗文于中国士大夫，得其一语褒奖，乃夸示同人，荣于华衮。而朝鲜信使，偶一来聘，又东西奔走，求一接謦欬，以证其所学之精。其骛声气，好排挤，日本之习汉学，其弊有如此者。惟是将军专政，历数百载，举国士夫不复知有名义。自德川氏好文尚学，亲藩德川光国著《大日本史》，隐然寓斥武门、崇王室之意。其后高山彦九郎、蒲生君平、赖襄，概以此意著书立说，子孙徒党，继续而起，浸淫渐积，民益知义。逮外舶事起，始主攘夷；继主尊王以攘夷，始主尊王。皆假借《春秋》论旨，以成明治中兴之功，斯亦崇汉学之效也。

维新以来，广事外交，日重西法，于是又斥汉学为无用，有昌言废之者。虽当路诸公知其不可，而汉学之士多潦倒摈弃，卒不得志。明治十二三年，西说益盛，朝廷又念汉学有益于世道，有益于风俗，于时有倡斯文会者，专以崇汉学为主，开会之日，亲王大臣咸与其席，来会者凡数千人云。

经说书目

《读书私记》一卷，《读易图例》一卷，《周易义例卦变考》一卷，《周易经翼通解》十八卷，《复性辨》一卷，《辨疑录》四卷，《圣语述》一卷，《读易图例》一卷，《论孟古义标注》四卷，《中庸发挥标释》二卷，《大学定本释义》一卷，《语孟字义标注》二卷，《周易传义考异》九卷，《四书集注标注》六卷，《春秋胡氏传辨疑》二卷，《经说》二卷，《经学文衡》三卷，《诗经说约》二十八卷，《诗经正文》二卷，《大禹谟辨》一卷，伊藤长胤著。《较定孝经》一卷，《经义掫说》一卷，《经义掫说绪余》四卷，《古文尚书考》十卷，《中庸辨》一卷，《经说》十卷，《大学弁》二卷，《论语正义》无卷数，《孝经集览》二卷，《经义书》一卷，《古文尚书勤王师》三卷，《春秋孔志》一卷，《李鼎祚易解义疏》十八卷，《三礼古器考》三卷，《论语说》五卷，《易象义解》五卷，《书丛》十卷，《尚书勤王师》无卷数，《学庸正义》无卷数，山本信有著。《四书钞说》十二卷，《周易程传钞说》四卷，《孝经示蒙句解》一卷，《四书示蒙句解》二十八卷，《诗经示蒙句解》十八卷，《小学示蒙句解》十卷，《笔记周易本义》十六卷，《笔记易学启蒙》四卷，《笔记读易要领》四卷，《笔记书经集传》十二卷，《笔记诗经集传》十六卷，《笔记春秋胡传》四卷，《笔记礼记集说》十五卷，《笔记大学或问》一卷,《易学启蒙翼传》一卷,《家礼训蒙疏》五卷,《孝经集解》一卷,中村钦著。《大学略钞》一卷,《大学要旨》一卷,《四书五经要语钞》三卷,《论语摘语》一卷,《大学钞》一卷,《论语解》无卷数,自"学而"至"里仁"。《大学解》二卷,《中庸解》三卷,《春秋劈头论》一卷,《四书集注》十卷,《周礼》三卷,《仪礼》三卷,《孝经》一卷,《孟子养气知言解》一卷,《周易手记》六卷,《四书集注钞》三十卷,《七书讲义私考》八卷,《三礼谚解》二卷,林信胜著。《古文孝经标注》一卷,《古文孝经参疏》三卷,《大学古义》一卷,《中庸古义》一卷,《大学解废疾》、《中庸解废疾》、《古文尚书考疑》、《尚书类考》、《左氏独得》、《论语征膏肓》、《孟子说》均无卷数,《合刻四书》四卷,《论语正文》二卷,《孟子正文》七卷,《毛诗正文》三卷,《古文尚书正文》二卷,《礼记正文》五卷,片山世璠著。《四书序考》四卷,《大学启蒙集》七卷,《孟子要略》四卷,《朱易衍义》三卷,《小学蒙养集》三卷,《孝经外传》一卷,《孝经详略》二卷,《孝经刊误附考》一卷,《四书点》十四卷,《孝经点》一卷,《小学点》一卷,《五经点》十一卷,《周易本义》十卷,《易学启蒙》二卷,《论孟精义》二十八卷,《洪范全书》六卷,山崎嘉著。《古易断》十卷,《古易时言》四卷,《古易精义》一卷,《古易一家言》一卷,《古易一家言补》一卷,《古易通》无卷数,《周易精蕴》无卷数,《易学类编》三卷,《易学小筌》一卷,《梅花心易评注》一卷,《古文孝经发》三卷,《书经通考》、《国字笺左国易说》、《论语汇考》、《诗经解广》、《易学必读》均无卷数。新井祐登著。《周易本义首书》七卷,《周易私考》十三卷,《孟子谚解》三十三卷,《论语谚解》三十一卷,《易启蒙私考》四卷,《大学谚解》一卷,《诗经私考》、《书经私考》、《春秋私考》、《礼记私考》、《周易私考》、《周易程传考》、《周易程传翼》、《周易新见》均无卷数。林春胜著。《周易绎解》十卷，《易原》二卷，《蓍卜考误弁正》一卷，《书经绎解》六卷，《诗经绎解》十五卷，《诗经助字法》二卷，《左传助字法》三卷，《仪礼绎解》八卷，《大学绎解》一卷，《中庸绎解》一卷，《论语绎解》十卷，《孟子绎解》十四卷，《易学开物》无卷数，皆川愿著。《论语古训外传》二十卷，《诗书古传》三十四卷，《朱氏诗传膏肓》二卷，《周易反正》十二卷，《易道拨乱》一卷，《古文孝经孔安国传》一卷，《古文孝经正文》一卷，《论语古训》十卷，《易占要略》一卷，《春秋三家异同》、《春秋拟释例》、《六经略说》、《春秋历》均无卷数，太宰纯著。《冢注孝经》一卷，《孝经和字训》一卷，《冢注论语》十卷，《论经群疑考》十卷，《冢注家语》十卷，《冢注诗经》五卷，《冢注尚书》六卷，《冢注六记》六卷，《孟子断》二卷，《国语增注》六卷，《大学国字解》一卷，《中庸国字解》一卷，冢田虎著。《尚书证》一卷，《孝经证》五卷，《中庸证》六卷，《论语证》四卷，《诗经证》三卷，《易学简理证》、《论语人物证》、《尚书人物证》、《诗经人物证》、《九经释例》、《麟经探概》、《尔雅证》均无卷数，高桥女闵慎著。《系辞详说》三卷，《三论异同》一卷，《论语大疏》二十卷，《大学考》二卷，《易解》无卷数，《壁经辨正》十二卷，《论语作者考》一卷，《论语名义考》一卷，《中庸说》二卷，《中庸考》二卷，《九经谈》十卷。大田元贞著。《五经图解》十二卷，《书经天度辨》四卷，《书经天文图说》二卷，《周易指掌大成》无卷数，《周易一生记》五卷，《周易日用掌中指南》一名《本卦指南》。五卷，《梅花心易掌中指南》五卷，《八卦掌中指南》四卷，《易学启蒙图说》一卷，《断易指南》一名《初字掷钱钞》。十卷，马场信武著。《易术梦断》一卷，《易术传》十卷，《周易解》五卷，《易林图解》二卷,《左传占例考》一卷,《易术明画》二卷,《易术便蒙》一卷,《易术手引草》一卷,《易术妙镜》一卷,片冈基成著。《易述》、《书经述》、《诗经述》、《二礼述》、《春秋述》、《孝经述》、《论语述》、《家语述》、《礼记述》均无卷数,赤松弘著。《论语征余言》、《周易约说》、《周易古断》、《系辞传辨解》、《书经考》、《诗经考》、《左传考》、《国语考》均无卷数,户崎哲著。《周易说》、《尚书说》、《毛诗说》、《春秋说》、《礼记说》、《孝经说》、《论语说》、《毛诗品物考》均无卷数,古屋鼎著。《孝经集说》一卷,《大学古义》一卷,《易学弁疑》一卷,《经义折衷》一卷,《经义绪言》一卷,《论语集说》、《三礼断》、《左氏传筮说》一卷,井上立元著。《论语新注》四卷,《论语攟》一卷,《论语会意》一卷,《礼记说约》十五卷,《礼记节注》六卷,《孝经余论》一卷,《诗镵》无卷数,丰岛干著。《大学小解》一卷,《中庸小解》二卷,《论语小解》七卷,《孟子小解》七卷,《孝经小解》二卷,《易经小解附卦原》七卷,《大学或问》一号《经济弁》。二卷,《孝经外传或问》二卷,熊泽伯继著。《四书之部》十卷,《四书之序》一卷,《孝经之部》一卷,《小学之部》五卷,《诗经之部》八卷,《经典余师六经用字例》无卷数,溪世尊著。《孝经启蒙》一卷,《大学启蒙》一卷,《大学解》一卷,《大学考》一卷,《中庸解》一卷,《论语解》一卷,《乡党篇翼传》三卷,中江原著。《大学定本》一卷,《中庸发挥》一卷,《论语古义》十卷,《孟子古义》七卷,《论语字义》二卷,《周易乾坤古义》一卷,《春秋经传通解》二卷,伊藤维桢著。《卜易通商考》一卷,《增补周易通商考》一卷,《周易卦爻象解》二十卷,《周易风俗通》一卷,《周易象解》一卷,《易林独步》无卷数,吉川祐三著。《辨大学非孔书弁》一卷,《批大学弁断》一卷,《大戴礼记》三卷,《诗薮》十卷,

《小学讲义》六卷，《丧礼小记》一卷，浅见安正著。《四书俚谚钞》十卷，《四书集注俚谚钞》五十卷，《孟子井田弁》一卷，《孝经增补首书》二卷，《孝经评略大全》四卷，《易学启蒙合解评林》七卷，毛利瑚珀著。《大学解》二卷，《中庸解》二卷，《论语征》十卷，《论语弁书》四卷，《辨道》一卷，《辨名》一卷，荻生双松著。《诗经国字解》十卷，《诗经古注标注》二十卷，《古文尚书标注》十三卷，《左传纂疏》六十卷，《左传鲁历考》一卷，宇野成之著。《易学通解》二卷，《易学时考指南》二卷，《易学卦象自在》三卷，《易学余考》一卷，《岁卦断》一卷，井田龟学著。《周易郑氏注》三卷，《易乾凿度》二卷，《尚书大传》五卷，《仪礼逸经传》一卷，《订正尔雅》十卷，木村孔恭著。《三礼口诀》二卷，《四书集注》十卷，《五经》十一卷，《小学句读》四卷，《孝经大义》一卷，贝原笃信著。《诗经大训》、《诗经小训》、《诗经夷考》、《毛郑异同考》均无卷数，《诗经古传》五卷，细井德民著。《鲁论愚得解》一卷，《洪范筮法》一卷，《读易杂钞》四卷，《书十一篇傍训》一卷，《入易门庭》一卷，荻生道济著。《周易解》十卷，《书经二典解》二卷，《诗经毛传补义》十卷，《孟子解》七卷，《左传觿》十卷，冈龙白驹著。《读易要领》无卷数，《读诗要领》一卷，《孟子考证》一卷，《大学衍义考证》十卷，中村明远著。《周易讲义》、《四书讲义》均无卷数，《周易新疏》十卷，《大学新疏》二卷，《中庸新疏》二卷，室直清著。《平氏春秋》二卷，《读论语》十卷，《大学考》十卷，《易筮探赜》一卷，《孝经考》一卷，诸葛氏著。《大学考》、《中庸古注》、《书今文定本》、《春秋三传比考》、《小尔雅》均无卷数，南宫岳著。《五经集注首书》五十七卷，《小学集说钞》六卷，《春秋胡传集解》三十卷，《四书事文实录》十四卷，松永遐年著。《经学要字笺》三卷，《四书国字解》、《五经国字解》均无卷数，穗积次贯著。《大学证》、《大学考证》、《四书考证》均无卷数，星野璞著。《增注大学》一卷，《增注中庸》一卷，《国语订字》一卷，冈岛顺著。《毛诗征》一卷，《论语译》、《论语阙》无卷数，龙公美著。《学庸解》一卷，《论孟解》、《至诚一贯之图》均无卷数，手岛信著。《四书便讲》六卷，《大学全蒙释言》一卷，《孟子尽心口义》一卷，佐藤直方著。《易手记》二卷，《尧典和释》一卷，《古本大学校》一卷，三轮希贤著。《论语室》二卷，《论语堂》五卷，《孟子选》二卷，河合元著。《论语何晏集解》植字本菅氏，古钞本。二卷，《论语集解考异》四卷，《经籍通考》无卷数，吉田坦著。《诗经古注》二十卷，《左传异名考》一卷，《周易古注校》十卷，井上通熙著。《左传音释》一卷，《四书集注点》十卷，《五经》十一卷，后藤世钧著。《周易音义》一卷，《尚书音义》一卷，《国语略说》四卷，陶修龄著。《大学诸注集览》四卷，《中庸诸注集览》四卷，《论语朱氏新注正误》十卷，铃木行义著。《左传白文校》七卷，《仪礼图钞》无卷数，服部元乔著。《四书大全》二十三卷，《四书存疑点》十五卷，鹈饲信之著。《四书句读大全》二十卷，《七书谚解》三十八卷，山鹿义臣著。《大学明德之图》一卷，《四书详论》无卷数，山冈元邻著。《春秋七草》一卷，《左传名物解》无卷数，后藤光生著。《诗经名物辨解》七卷，《周易本义国字解》五卷，江村如圭著。《诗经图》一卷，《经说》无卷数，新井君美著。《易学启蒙谚解》七卷，《书言俗解》六卷，榊原立辅著。《孝经古点》、《大学古点》无卷数，久川资衡著。《韩文公论语笔解考》二卷，《论语征正文》一卷，伊东龟年著。《论语说薮》、《经论珠玑》无卷数，入江平马著。《郑注孝经》一卷，《孝经引证》一卷，冈田挺之著。《论语撮解》一卷，《大学私衡》一卷，龟田屿著。《鳌头四书集注》

十卷，《小学详解》十四卷，宇都宫的著。《论语考》六卷，《左传考》三卷，宇野鼎著。《左传辑释》二十二卷，《论语集说》六卷，安井衡著。《四书通辨》八卷，伊藤元基著。《诗经小识》五卷，稻生宣义著。《大学养老编》三卷，入江忠囿著。《诗经古义》无卷数，西湖小角著。《虞书历象俗解》二卷，西川忠英著。《七经孟子考文补遗》三十一卷，山井鼎著，荻生观补遗。鼎字君彝。观字叔达，茂卿之弟，故又自称物氏。日本上毛有参议小野篁遗址，足利氏兴，因其地建学校，颇藏古书。鼎偕其友根逊志往探，获《七经孟子》古本，盖唐时所赍来者，又获宋本《五经正义》，遂作考文，物茂卿为之序。享保中，官命观等搜集诸本，为之补遗。此书已录《四库书目》，故特详之。《四书唐音弁》二卷，冈岛明敬著。《通俗四书注音考》一卷，那波方后著。《春秋传校正》三十卷，那波师曾著。《易林集注钞》二十四卷，名古屋玄医著。《礼记王制地理图说》一卷，长久元珠著。《三礼仪略》四卷，村土宗章著。《五经旁训》十四卷，清田绘著。《古文孝经国字解》一卷，宫濑维干著。《五经童子问》无卷数，人见壹著。《书反正》一卷，伊藤长坚著。《孝经斋氏传》二卷，斋官必简著。《春秋纪要》无卷数，冈崎信好著。《四书大全头书》二十二卷，藤原肃著。《孝经翼》一卷。中村和著。

外史氏曰：日本之习汉学，萌于魏，盛于唐，中衰于宋、元，复起于明季，迨乎近日几废，而又将兴。盖自王、段博士接踵而来，于是有《论语》、《五经》，而人始识字。隋唐遣使，冠盖相望，于是习文章辞赋，而君臣上下始重文。惟中间佛教盛行，武门迭起，士夫从事金革，不知有儒，汉学一线之延，仅赖浮屠氏得以不坠。而迨德川氏兴，投戈讲艺，藤、林诸人，卓然崛起，于是有为程朱学者，有为陆王学者，有为韩柳之文、王李之诗者，益彬彬称极盛焉。夫日本之传汉学也如此其久。其习汉学也如此其盛，而今日顾几几欲废之，则以所得者不过无用之汉学，刍狗焉耳，糟粕焉耳。于先王经世之本，圣人修身之要，未尝用之，亦未尝习之也。自唐以来，惟习诗文；自明以来，兼及语录。夫辞章之末艺，心性之空谈，皆儒者末流之失，其去道本不可以道里计，而日本之学者，乃惟此是求。千余年来，岂谓无一人焉欲举修齐治平之道见之施行者？而以武门窃权、仕者世禄之故，朝廷终不能起儒者于草莽，破格而用之。儒者自知其无用，亦惟穷而在下者，区区掇拾而逐其末。举国之人，以读书者少，群奉为难能可贵；而儒者以少为贵，遂益高自位置，峻立崖岸，诩诩然夸异于人，曰吾通汉学。而究其拘迂泥古，浮华鲜实，卒归于空谈无补。有识之士固既心焉鄙之，一旦有事，终不能驱此辈清流，使之诵经以避贼，执笔以却敌。复见夫西人之枪炮如此，轮船如此，闻其国富强又如此，则益以汉学者流为支离无足用，于是有废之之心。其几废也，夫亦彼习汉学者有以招之也。虽然，坐井观天曰天小者，非天小也。彼徒见日本之学者，亦遂疑汉学不过尔尔。至使狂吠之士，诋諆狎侮，以儒为戏，甚且以仁义道德为迂阔，以尧、舜、孔、孟为狭隘，而《孝经》、《论语》举束高阁。其见小不足与较，吾哀夫功利浮诈之习，中于人心，未知迁流所至也。且即以日本汉学论，亦未尝无用也。今朝野上下通行之文，何一非汉字？其平假名、片假名，何一不自汉文来？传之千余年，行之通国，既如布帛菽粟之不可一日离，即使深恶痛绝，固万万无废理。况又辞章之末艺，心性之空谈，在汉学固属无用，而日本学者，正赖习辞章、讲心性之故，耳濡目染，得知大义。尊王攘夷之论起，天下之士，一倡百和，卒以成明治中兴之功，则已明明收汉学之效矣，安在其无用也耶？此其事，当路诸公宜若未忘，吾是以知汉学之必将再兴也。方今西学盛行，然不通汉学者，至不能译其文。年来都鄙诸黉，争聘汉学者为之师，而文人学士，亦不如前此无进身之阶，汉学之兴，不指日可待乎？吾愿日本之治汉学者，益骛其远大者，以待时用可也。

西　学

西学之滥觞，盖始于宝永年间。德川将军家宣云，自耶稣教作乱于天草，设为厉禁，教士悉加驱逐，西书概行涂抹。及是有罗马教士若望至，幕府命新井君美就询海外事。君美始著《采览异言》一书。宝永戊子，洋舶来萨州，载教士一人，置之夜久岛而去。既而，出乞食，土人捕得，送之长崎，寻送到官，有司历问海商和兰以为罗马国人也。时家宣为储副，以问君美。君美答曰："彼来求我，苟不通言语，何以达其志？然彼亦人耳，岂同鸟语兽言，莫能悉其意也。"家宣既嗣位，遂命送致江户，使君美按验之。君美就之咨诹方俗。其人出怀中小册，检阅以答，盖西人所译日本方言也。久而益熟日本语。君美于是笔其所述，作《采览异言》，即西学之始也。君美又著有《西洋图说》、《西洋纪闻》、《西学推问》、《西学考略》、《和兰纪事》、《阿兰陀风土记》诸书。既而和兰船主至，君美复奉命私问之。嗣后船主间岁一入觐，君美辄就问，沿为例，复续为后语，世始知有和兰学。寻命医官桂川甫筑、儒官青木文藏、长崎人西川如见等，从兰人习其语言，或医术、历算等学，而前野良泽、杉田玄白等诸子，各研究其术，由是西学渐行于世。自君美始倡和兰学，然以和兰字蚊脚蟹行，未易通解。文藏以为其说必有可取，特往长崎质译者，习其书，始得蕃薯，请于官，种之各岛。民感其惠，称曰甘薯先生。文藏又习种痘方，所著有《和兰文字略考》三卷、《和兰话译》二卷。前野、杉田皆习兰医。前野氏所著有《和兰译文略》、《兰译筌》、《兰语随笔》。杉田氏所著有《解体约图》、《解体新书》行于世。有小石元俊者叹其精绝，特从前野、杉田讨论兰学。名医山胁东洋，素疑兰医论脏腑与汉说异，召元俊使弟子数十人论难。元俊依问辨析，竟乞于官，解剖刑余尸以征之，自脏腑位置、形状，及骨节微细之处，一如兰医所说，于是东洋及弟子乃服。关以西据兰说以解尸，以是为始。其后西京、大阪兰学之行，则元俊首倡之也。大槻玄泽《六物新志》曰，和兰学一途，草创于新井白石，中兴于青木文藏，休明于前野兰化，隆盛于杉田鷧斋。近世以兰学著者，实渊源于四先生云。大槻氏亦精兰学，所著有《兰学阶梯》、《泰西医说》、《兰说夜话》、《兰译要诀》、《环海异闻》、《泰西新话》诸书。延享元年，将军吉宗始建天文台于江户，神田又制简天仪，后迭经废置，更于浅草建二台，九段坂建一台。凡历算推步之事，悉命司掌。处士若间长涯、麻田刚立辈亦颇习西术，故当时遂采西法以改历焉。外舶迭来，海疆多事，当路者皆以知彼国情、取彼长技为当务之急。文化八年，始置翻译局于浅草，天文台中特举兰学者数名专译和兰文书，称为蕃书和解方。安政三年丙辰，又改称翻译局为蕃书调所，更于翻译之外讲授兰书。幕府寻谕：凡士人愿入学者听。又谕诸藩，士有愿入学者亦听。未几，英吉利、法兰西、普鲁士、鲁西亚诸书，并令讲授，渐次设置化学、物产学、数学等三科。又命编纂英和对译书。文久二年壬戌，又改为洋书调所。六月，遣教授手传津、田真一郎、西周助于和兰留学，后二年乃归朝。遣生徒留学外国，以是为始。八月，更改校名为开成所。癸亥，又遣生徒市川文吉、小泽圭次郎、绪方四郎、大筑彦五郎等于鲁西亚留学。庆应二年丙寅，又遣生徒箕作奎吾、箕作大麓、外山舍八、市川森三郎、亿川一郎等于英国留学。是年，特聘和兰人特马为理学、化学教师。延外国人为教授，盖于此权舆。

明治元年，将军奉还政权。当幕府时，所习西学，以天文、历算、医术为宗，率以荷兰人为师。逮其末造，兼及他术，并师他国，然一二西学学校，皆为官学，诸藩犹未之知。当时诸藩，若萨摩，若长门，皆力主攘夷，既鹿岛、马关战辄失利，则争遣藩士，择其翘楚，厚其资装，俾留学外国。今之当路诸公，大率从外国学校归来者也。维新以后，壹意外交，既遣大使巡览欧美诸大国，目睹其事物之美、学术之精，益以崇尚西学为意。明治四年，设立文部省，寻颁学制，于各大学区分设诸校。有外国语学校，以英语为则。先是，习外国语者多从传教士习学，通计全国教士书塾不下数百。及是官立语学校，民间闻风慕效，争习英语，故英语最为盛行。有小学校，其学科曰读书，曰习字，曰算术，曰地理，曰历史，曰修身，兼及物理学、生理学、博物学之浅者，益以罫画、唱歌、体操谓秋千、蹴踘之类，所以使身体习劳者。诸事。有中学校，其学科亦如小学，而习其等级之高者、术艺之精者。有师范学校，则所以养成教员，以期广益者也。自学制改习西学，苦于无师。旧日师长，惟习汉经史，而于近时之地理、历史、物理、算术，知者甚稀，故文部省议以养成教师为急务。美国有师范学校，所以教为人师者，特仿其学制，并聘其国人开师范学校。凡小学教师，皆于是撰取焉。有专门学校，则所以研究

学术，以期专精者也。庚午十一月，始议置专门学科，先于所聘外国教师中，举其尤者为专门校长。壬申正月，遂开专门学校，场创置于旧静冈藩邸，大募生徒。既以生徒应募者不多，姑令闭场三月。国皇始临御学校，召集师生，亲加询问。癸酉，又改校名为开成学校。四月，设立法学、理学、工学、诸艺学、矿山学，为专门五科。定以法、理、工之三科以英语教授，诸艺学以佛语教授，矿山学以独乙语教授。五月，建筑专门讲习校于锦町。甲戌九月，改正教规，更以法学、化学、工学，分本科、预科，别编课程。于是，生徒得入本科总计二十四人，法学九人，化学九人，工学六人，是专门生徒嚆矢也。乙亥八月，选拔文部省本校生徒十一名，命留学各国：米国九名，佛国一名，独国一名，令各于所习之学科分门研究，此专门学生留学外国之始也。**有东京大学校**，即旧幕府时之洋书调所，维新以后改称为大学南校。庚午四月，令以大坂洋学所、化学所属于南校。七月，太政官令诸藩举年十六以上二十以下之俊秀入南校，称为贡进生。其制，十五万石以上大藩三人，五万石以上中藩二人，一万石以上小藩一人。既而罢之，学中制度、程课亦改革不一。至明治六年，定为法学、理学、文学三学部，于是学中规模颇近似欧美大学云。**分法学、理学、文学三学部**。各科课程分为四年，生徒阶级亦分四等定制。将来用国语教导，唯现今暂用英语，且于法兰西、日耳曼二语中兼习其一，唯法学部必兼学法兰西语。**法学专习法律**，以日本法律为主，并及法兰西律、英吉利律、唐律、明律、大清律。**并及公法**。若列国交际法、结约法、航海法、海上保险法之类。**理学分为五科：一、化学科，二、数学、物理学及星学科，三、生物学科，四、工学科，五、地质学及采矿学科**。其第一年课程，各科所习无甚异同。后三年间，则各随其体质专修一科。文学分为二科：一、哲学、谓讲明道义。政治学及理财学科，二、和汉文学科。皆兼习英文，或法兰西语，或日耳曼语。凡习文学科者，第一年课程大同小异，第二年即分科专修。其东京医学校并隶于本校焉。此外，有工部大学校，以教电信、铁道、矿山之术；有海陆军兵学校，以教练兵、制器、造船之术；天文中，葡萄牙船来大隅，始得鸟铳，岛主种子岛久时命工模造之而不成。明年，船又来，乃得其法。其后萨摩得之，雄于九州；北条氏得之，遂并关八州。庆安四年，将军家纲命北条正房就和兰人学战法及大炮、火箭之法，正房录为一书以献，然以时方治平，无讲求其术者。迨海疆事起，兰学者流争译炮术诸书，以传其法。当时水户藩源齐昭最重其器，有请销梵钟悉以铸炮之疏。信浓人佐久间启，尝作炮卦。仙台人大槻盘溪亦习炮术，皆铸而试之有效。幕府既知西国兵事之精，乃遣矢田崛景、藏胜麟太郎于长崎，就和兰人学操汽船术，又遣榎本釜次郎、赤松太三郎往和兰学海军，大鸟圭介往法国学陆军，盖尔时已习西法矣。维新以后，日以扩充，遂专设兵校。余详《兵志》中。有农学校，以教种植；教之物性，教之土宜，教之地质，教之栽种之法、培养之方。于劝农局设植物园，罗聚五洲种植之品，亲试验之。日本自开兰学，亦有为本草学者，第举外国异种，辨其名与其性耳，未及种植之法也。明治七年，澳国开博览会，委员津田仙从农学家荷衣伯连得三新法：一曰气筒，叠砖如筒，藏于地中，俾大气吸入土中，则地质增肥，物益茂盛。一曰树枝偃曲法，凡果实花时，取其枝之向上，以绳缚之，令其偃曲而倾下，使枝减生力，则本干长大，新芽发生，花实穰盛，一一皆如意所欲。一曰配合法，亦于果实初花时，用蜂蜜各物涂于花，使雌雄蕊合，如此则结果大而多，施之谷类，收获亦数倍。归试于国，颇有效云。商学校，以教贸易；教之算数，教之簿记，教之款接酬酢之法、投机射利之方。日本不惯营商，其术殊拙。维新以来，始有士族豪家从事于此者。近日商学校甚盛。工学校，以教技巧；多习西人以机器制作之法。凡金石草木之工，变更利器，亦多模西制。女学校，以教妇职。多习纂组缝纫之工，并及音乐。初，开拓次官黑田清隆归自美国，极陈教育妇女之要。政府从其言，选女子五名，命以官费留学美国。又于东京设女子师范学校，其后各地慕效，女学校益多。凡学校，无论官立、出于官费者为官立。公立、各地方郡区町村联合而设立者为公立。私立，出于私费者为私立。皆受辖于文部，学规教则命文部卿监督之。朝廷既崇重西学，争延西人为之教师。明治六七年间，各官省所聘、府县所招，统计不下五六百人。初，征诸藩贡进生留学外国，既乃择专门学生、大学生学之小成者，以官费留学。初遣留学生，择年少聪颖未尝学问者，而其中轻佻浮躁之徒，未有进益，先染恶习，政府以所费多而所得少，乃悉召还，再以学优者遣往。而各府县子弟，以私费学于外国者尤众。既广开学校，延师督教，朝夕有课，讲诵有程，而隶于学校者，有动物室、植物室、金石室、古生物室、土木机械模型室、制造化学诸品室、古器物室，罗列各品，以供生徒实地考验之用。各官省争译西书，若法律书、农书、地理书、医书、算学书、化学书、天文书、海陆军兵书，各刊官板，以为生徒分科学习之用。外交以后，福泽谕吉始译刊英文，名《西洋事情》，世争购之。近年铅制活板盛行，每月发行书籍不下百部，其中翻译书最多。各府县小学教科书，概以译书充用。明治五年，仿西法设出板条例，著书者给以版权，许之专卖。于是士夫多以著书谋利益者。现今坊间所最通行者为法律书、农书及小学教科书云。复有书籍馆，汇聚古今图书，**以纵人观览**。统计全国官私书籍馆为数十六所，藏和、汉书凡二十六万九千六百余卷，洋书十八万二百余卷。馆中各有章程，有愿读某书者，悉许入览，惟不许携出。

博物馆，陈列欧亚器物，以供人考证。辛未五月，始于九段坂上物产园开小博览会，以物产挂田中芳男等董其事，是为博览会之始。自是年至十一年六月，所开博览会共四十五处。**新闻纸，论列内外事情，以启人智慧**。明治十一年，计东京及府县新闻纸共二百三十一种，是年发卖之数计三千六百一十八万零一百二十二纸。在东京最著名者为《读卖新闻》、《东京日日新闻》、《邮便报知新闻》、《朝野新闻》、《东京曙新闻》，多者每岁发卖五百万纸，少者亦二百万纸云。先是，文久三年，横滨既通商，岸田吟香始编杂志。同时外国人亦编《万国新闻》。明治元年，西京始刊《太政官日志》，兰学者柳川春三又于江户刊《中外新闻》，米国人某亦于横滨著《藻盐草》，然尔时世人未知其益也。四年，废藩立县，改革政体，新闻论说颇感动人心。其明岁，英人貌剌屈作《日新真事志》，始用洋纸，与欧美相类。继而《东京日日新闻》、《报知新闻》等接踵而起，日肆论说，由是颇诽毁时政，摘发人私。政府乃设谗谤律、新闻条例，有毁成法、害名誉者，或禁狱，或罚金。然购读者益多，发行者益盛，乃至村僻荒野亦争传诵，皆谓知古知今，益人智慧，莫如新闻。故数年骤增，其数至二百余种之多。计其中除论说、时事外，专述宗教者二十六，官令、法律六，理财、通商二十九，医学、工艺二十六，文事、兵事十九，多每日刊行者，亦有每旬、每月刊布者。又洋文新闻，英文三种、法文二种。当政府设立新闻条例之初，有《万国新志》，系以英人编纂和文，犯例而不甘受罚，谓外国人按约无遵奉日本法律之理。政府告之英国公使，谓苟如此，则日本新闻假名于外人，例将为虚设。公使从其言，乃布告英民，除英文新闻外，如以日本文刊行者，即应遵日本罚则云。附识于此。由是西学有蒸蒸日上之势。

西学既盛，服习其教者渐多，渐染其说者益众。论宗教，则谓敬事天主，即儒教所谓敬天；爱人如己，即儒教所谓仁民；保汝灵魂，即儒教所谓明德。士夫缘饰其说，甚有谓孔子明人伦，而耶稣兼明天道者。论义理，则谓人受天地之命以生，各有自由自主之道。论权利，则谓君民、父子、男女各同其权。浅学者流，张而恣之，甚有以纲常为束缚，以道德为狭隘者。异论蜂起，倡一和百，其势浸淫而未已。若夫国家政体，多采西法，则他志详之矣。

外史氏曰：以余讨论西法，其立教源于《墨子》，吾既详言之矣。而其用法类乎申韩，其设官类乎《周礼》，其行政类乎《管子》者，十盖七八。若夫一切格致之学，散见于周秦诸书者尤多。余考泰西之学，墨翟之学也，尚同、兼爱、明鬼、事天，即耶稣《十诫》所谓敬事天主、爱人如己。他如化征易，若蛙为鹑；五合水火土，离然铄金、腐水、离木；同，重体合类；异，二体不合不类：此化学之祖也。均，发均县，轻重而发绝，不均也；均，其绝也莫绝，此重学之祖也。一少于二，而多于五，说在重；非半弗斫；倍，二尺余尺，去其一；圜，一中同长；方，柱隅四欢；圆，规写殳；方，柱见股；重其前，弦其股；法，意规圆三：此算学之祖也。临鉴立景，二光夹一光，足被下光，故成景于上；首被上光，故成景于下；鉴近中，则所鉴大；远中，则所鉴小：此光学之祖也。皆著《经》上、下篇。《墨子》又有《备攻》、《备突》、《备梯》诸篇。《韩非子》、《吕氏春秋》备言墨翟之技，削鸢能飞，非机器攻战所自来乎？又如《大戴礼》："曾子曰：'如诚天圆而地方，则是四角之不掩也。'"《周髀》注："地旁沱四颓，形如覆槃。"《素问》："地在天之中，大气举之。"《易乾凿度》："坤母运轴。"《苍颉》云："地日行一度，风轮扶之。"《书考灵曜》："地恒动不止，而人不知。"《春秋元命苞》："地右转以迎天。"《河图括地象》："地右动，起于毕。"非所谓地球浑圆、天静地动乎？《亢仓子》曰："蜕地谓之水，蜕水谓之气。"《关尹子》曰："石击石生光，雷电缘气而生，可以为之。"《淮南子》曰："黄埃、青曾、赤丹、白礜、元砥，历岁生澒。其泉之埃上为云，阴阳相薄为雷，激扬为电，上者就下，流水就通，而入于海。炼土生木，炼木生火，炼火生云，炼云生水，炼水反土。"中国之言电气者又详矣。机器之作，《后汉书》：张衡作候风地动仪，施关发机，有八龙衔丸，地动则振龙，发机吐丸，而蟾蜍衔之。《元史》：顺帝所造宫漏，有玉女捧时刻筹，时至则浮水上，左右二金甲神，一悬钟，一悬钲。夜则神人按更而击。奇巧殆出西人上。若黄帝既为指南车，诸葛公既为木牛流马，杨么既为轮舟，固众所知者。相土宜、辨人体、穷物性，西儒之绝学。然见于《大戴礼》、《管子》、《淮南子》、《抱朴子》及史家方伎之传、子部艺术之类，且不胜引，至天文、算法，本《周髀》盖天之学。彼国谈几何者，译称借根方为东来法。火器之精，得于普鲁斯人，为元将部下卒，彼亦具述源流。近同文馆丁韪良说电气，道本于磁石引针、琥珀拾芥。凡彼之精微，皆不能出吾书也。盖中土开国最先，数千年前环四海而居者，类皆蛮夷戎狄，鹑居蛾伏，混沌芒昧。而吾中土既圣智辈出，凡所以厚生利用者，固已无不备。其时，儒者能通天地人，农夫戍卒能知天文，工执艺事，得与坐而论道者，居六职之一。西人之学，未有能出吾书之范围者也。西人每谓中土泥古不变，吾独以为变古太骤。三代以还，一坏于秦之焚书，再坏于魏晋之清谈，三坏于宋明之性命，至诋工艺之末为卑无足道，而古人之实学益荒矣。大清龙兴，圣祖崛起，以大公无外之心，用南怀仁、汤若望为台官，使定时宪。经生之兼治数学者，类多融贯中西，阐竭幽隐，其精微之见于吾书者，皆无不乐用其长，特憾其时西人艺术犹未美备，不获博采而广用之耳。百年以来，西国日益强，学日益盛，若轮舶，若电线，日出奇无穷。譬之家有秘方，再传而失于邻人，久而迹所在，或不惮千金以购还之。今轮舶往来，目击其精能如此，切实如此，正当考求古制，参取新法，藉其推阐之妙，以收古人制器利用之助。乃不考夫所由来，恶其异类而并弃之，反以通其艺为辱，效其法为耻，何其隘也！

夫弓矢不可敌大炮，桨橹不可敌轮舶，恶西法者亦当知之，特未知今日时势之不同。古人用夏变夷之说，深入于中，诚恐一学西法，有如日本之改正朔、易服色、殊器械以从之者，故鳃鳃然过虑，欲并其善者而亦弃之，固亦未始非爱国之心。顾以我先王之道德，涵濡于人者至久；本朝之恩泽，维系于人者至深。所谓“天不变，道亦不变”，终不至尽弃所学而学他人。彼西人以器用之巧、艺术之精，资以务财训农，资以通商惠工，资以练兵，遂得纵横倔强于四海之中，天下势所不敌者，往往理反为之屈，我不能与之争雄。彼挟其所长，日以欺侮我，凌逼我，终不能有簪笔雍容、坐而论道之日，则思所以扞卫吾道者，正不得不藉资于彼法以为之辅。以中土之才智，迟之数年，即当远驾其上。内则追三代之隆，外则居万国之上，吾一为之而收效无穷矣。曾是一惭之不忍，而低首下心，沁沁晛晛，为民吏羞乎？且器用之物，原不必自为而后用之。泰西诸国以互相师法而臻于日盛，固无论矣。日本蕞尔国耳，年来发愤自强，观其学校分门别类，亦骎骎乎有富强之势，则即谓格致之学，非我所固有，尚当降心以相从，况古人之说明明具在，不耻术之失其传，他人之能发明吾术者，反恶而拒之，指为他人之学，以效之法之为可耻，既不达事变之甚，抑亦数典而忘古人实学、本朝之掌故也已。

卷三十三　学术志二

文　字

日本古时文字，或曰有，或曰无，纷如聚讼。世传日本元有国字，至推古朝尚存，藏于卜部家。惟据《古语拾遗》曰："上古无文字，故事口耳相传而已。"大江匡房《筐崎记》曰："我朝文字，实始于应神时。"此二书皆去古未远，说当可据。考汉籍未来之先固无文字，然亦有造作形体以记事者。世传有肥人书，有萨人书，如一二五作丨川卌之类，今犹有存者，虾夷之地，今尚沿用。其五字之外，或亦有变换点画，如罗马数字，或画作○、口，或作鸟兽草木形之类，然俱不可考。近世倡神学说者，谓神代自有文字。所据镰仓八幡寺、河内国平冈寺、和州三轮寺额，有字不可读者，有体不可辨者，有如科斗书者，有如鸟篆书者，仅亦粗具字形。盖上古国造，或各以其意制作，以代古来结绳之用。然书皆同文，文能记事，则汉籍东来后，而后乃知其用也。自王仁赍《论语》、《千文》来，帝使教太子，以言语殊异，甫立文字，各指示实物以教之。如教草木则指草木，教禽兽则指禽兽。一切有形之物，皆指喻而后能通；然后教之以音，教之以义，教之以训，盖其难矣。然当时文字只此一种。汉籍之来仅十余年，高丽王上表，表文不逊，皇子稚郎子读而怒裂之，即能通文义矣。尔后，博士段扬尔、汉安茂等接踵而来，传授百余年。至履中四年，遂置国史于诸国，以记时事，于是又能作文字矣。又二百年为推古帝，遂遣使于隋。自通使隋唐，表奉章疏，皆工文章。然语言文字，不相比附，故仅仅行于官府，而民间不便也。天武之世，尝造新字四十四卷，其体如梵书。盖佛教盛行，其徒借梵语以传国音，创为新体。然此书不传，盖以不便于用而废之也。其后遣唐学生吉备朝臣真备，始作假名。灵龟二年，真备从遣唐使多治比真人县守游唐，历十八年，为天平五年乃归，赐姓为吉备。朝臣真备，在唐请从诸儒授经，诏四门助教赵玄默，即鸿胪寺为师，献大幅布为贽，所得之物，悉贸书以归。名即字也。《周礼》："外史掌达书名于四方。"注曰："古曰名，今曰字。"称名盖本于此。取字之偏傍，以假其音，故谓之片假名。片之言偏也。伊为イ，吕为ロ，波为ハ，仁为ニ，保为ホ，边为ヘ，止为ト，知为チ，利为リ，奴为ヌ，留为ル，远为ヲ，和为ワ，加为カ，与为ヨ，多为タ，礼为レ，曾为ソ，津为ツ，祢为ネ，奈为ナ，良为ラ，武为ム，宇为ウ，乃为ノ，井为ヰ，於为オ，久为ク，也为ヤ，未为マ，计为ケ，不为フ，己为コ，江为エ，天为テ，阿为ア，左为サ，幾为キ，由为ユ，女为メ，美为ミ，之为シ，惠为ヱ，比为ヒ，毛为モ，世为セ，寸为ス。僧空海又就草书作平假名，即今之伊吕波是也。其字全本于草书，以假其音，故谓之平假名。平之言全也。《帘中钞》以为上半截空海所作，下半截释护命所作。然《顿阿高野日记》、《三东密要》并以为空海所作，又出云神门郡盐冶神门寺有空海真迹，伊吕波则为空海之作明矣。自假名既作，于是有汉字杂假名以成文者，有专用假名以成文者。其用汉字之例有二：一则取其义而不用其音，一则用其音而不取其义。汉字、假名相杂成文者，今上自官府，下至商贾，通行之文是也。日本中古时所著国史概用汉文，惟诏策祝辞之类，间借汉文，读以土音，以为助语，旁注于句下。自假名作，则汉字、假名大小相间而成文。盖文字者，所以代语言之用者也。而日本之语言，其音少，其土音只有四十七音。四十七音又不出支、微、歌、麻四韵，一切语言从此而生。其辞繁，音皆无义，必联属三四音或五六音而后成义，既不同泰西字母有由音得义之法，又不如中国文字有同音异义之法。仅此四十七音以统摄一切语言，不得不屡换其辞，以避重复，故语多繁长。如称一“我”字亦有四音，称一“尔”字亦用三音，他可知矣。其语长而助辞多。日本语言，全国皆同，而有上、下等二种之别，市井商贾之言，乐于简易，厌其语之长，每节损其辞以为便，而其语绝无伦理，多有不可晓者，故士大夫斥为鄙俗。凡士大夫文言，皆语长而助辞多，一言一句，必有转声，必有余辞，一语之助辞，有多至十数字者。其为语，皆先物而后事，先实而后虚。如读书则曰“书读”，作字则曰“字作”之类。此皆于汉文不相比附，强袭汉文而用之，名物象数，用其义而不用其音，犹可以通，若语气文字收发转变之间，循用汉文，反有以钩章棘句、诘曲聱牙为病者。故其用假名也，或如译人之变易其辞，或如绍介之通达其意，或如瞽者之相之指示。其所行有假名，而汉文乃适于用，势不得不然也。

自传汉籍，通人学士喜口引经籍，于是有汉语。又以尊崇佛教，兼习梵语。地近辽疆，并杂辽人语。王、段博士所授，远不可考。然其人来自百济，或近北音。唐时音博士所授名为汉音，僧徒所习名为吴音。今士夫通汉学者，往往操汉音。吴音大概近闽之漳泉、浙之乍浦，而汉、吴参错，闽、浙纷纭。又复言人人殊，其称“五”为“讹”，称“十”为“求”，沿汉音而变者也。称“一”为“希多子”，“二”为“夫带子”，此土音也。市廛细民用方言十之九，用汉语亦十之一。此外称男子为“檀那”，则用梵语也；称妇人为“奥姑”，则用辽人语也。其他仿此。日本之语，变而愈多，凡汉文中仁义道德、阴阳性命之类，职官法律、典章制度之类，皆日本古言之所无，专用假名，则辞不能达。凡汉文中同义而异文者，日本皆同一训诂，同一音读。实字如川、河之类，虚字如永、长之类皆然，故专用假名而不用汉文，则同训同音之字，如以水济水，莫能分别矣。用假名则不得不杂汉文，亦势也。汉文传习既久，有谬传而失其义者，有沿袭而踵其非者，又有通行之字，如御、候、度、样之类，创造之字如鞆、绘水作旋涡形以禳大灾，名之曰鞆。栂、地名。畠、有北畠、畠田诸姓，读犹“圃”字。榊木名，以之供神，故名。之类。于是侏俪参错，遂别成一种和文矣。自创此文体，习而称便，于是更移其法于读书。凡汉文书籍概副以和训，于实字则注和名，于虚字则填和语，而汉文助辞之在发声、在转语者，则强使就我，颠倒其句读，以循环诵之。今刊行书籍，其行间假字多者皆训诂语，少者皆助语，其旁注一、二、三及上、中、下、甲、乙、丙诸字者，如乐之有节，曲之有谱，则倒读、逆读先后之次序也。专用假名以成文者，今市井细民、闾巷妇女通用之文是也。

日本古无文字而有歌谣，上古以来，口耳相传。汉籍东来后，乃借汉字之音而填以国语，如古《万叶集》所载和歌，悉以汉字填之，既开后来用音不用义之法。然汉字多有一字而兼数音者，则审音也难；有一音而具数字者，则择字也难；有一字而具数十撇画者，则识字也又难。自草书平假名行世，音不过四十七字，点画又简，极易习识，而其用遂广。其用之书札者，则自闾里小民、贾竖小工，逮于妇姑慰问、男女赠答，人人优为之。其被之歌曲者，则自朝廷典礼、士官宴会，逮于优人上场、妓女卖艺，一一皆可播之声诗、传之管弦。若稗官小说，如古之《荣华物语》、《源语》、《势语》之类，已传播众口，而小说家簧鼓其说，更设为神仙佛鬼奇诞之辞、狐犬物异怪异之辞、男女思恋媟亵之辞，以耸人耳目，故日本小说家言充溢于世，而士大夫间亦用其体，以述往迹，纪异闻。近世有倡为国学之说者，则谓神代自有文字，自有真理，更借此伊吕波四十七字，以张皇幽渺，眩惑庸众焉。其字体如春蚓秋蛇，纷纭蟠结，不习者未易骤识，读书人或鄙为俚俗，斥为谚文。然而人人习用，数岁小儿，学语之后，能读假字，即能看小说、作家书，甚便也。

考日本方言不出四十七字中。此四十七字，虽一字一音，又有音有字而无义，然以数字联属而成语，则一切方言统摄于是，而义自在其中。盖语言、文字，合而为一，绝无障碍，是以用之便而行之广也。四十七字之外有五十母字谱，其音不出支微、歌麻二韵。其发端之五音为阿、衣、乌、噎、嘔，次为加、基、苦、结、啩，其他准此。细别之有十五音，正喉、浅喉、深喉、舌头、舌上、卷舌、纵唇、缝唇、重唇、轻唇、牙腭、正齿、半齿、半舌、半舌半齿。一音各含五声，合为七十五声。开合、疾徐、轻重、清浊，有定而无定，出入灵动，可以极一切之音。虽鹤唳风声，鸡鸣犬吠，雷霆惊天，蚊虻过耳，皆可以译五十字。外别有ン字，读若分，合口以鼻转。是为鼻音，即ㄙ姥音之别，惟尾声有此音。凡东、江、阳、庚、元、文、删、先、侵、覃、盐、咸诸音，以ン字助音，亦能得其音。国语不出支、微、歌、麻音，其读汉文，凡东、江、阳、庚、元、文、删、先、侵、覃、盐、咸诸声，皆以ウ字收声。ウ即乌也，故非用ン字，则不能成各种音韵。亦有二字合音之法，惟三合则不能成音。凡汉文之不解其音者，则译注其旁，以便通解。近多习英文，其地名、人名、事名、物名概以此译音，亦殊便也。五十母字，相传为吉备真备从遣唐使留学，其师王化言所定。据《唐书》，吉备所师为四门助教赵玄默。岂以化言精于音韵，特受其传欤？新、旧《唐书》无所见，其详不可考。或谓出于悉昙，传教、空海二僧亦以遣唐使留学，当唐贞元年间并受悉昙学于梵僧，故其徒相传授，以至于今云。考《金刚顶经·字母品》、《文殊问经·字母品》、《大涅槃经·文字品》、《庄严经·示书品》、《大日经·具缘真言品》及《字轮品》，并说五十字母，《书史会要》所载天竺字母亦五十，则与日本相符。今按《悉昙字记》曰：《西域记》："梵王所制，原始垂则，四十七言。"今国音字母亦五十，而除伊、乌、咽三字重出者，则亦四十七言，且长阿、短阿、短伊、长伊、短欧、长欧、短霭、长霭、短奥、长奥、短暗、长痾十二韵，及迦、者、吒、那、波、么、也、罗、缚等字次第，綦有相似者矣。又《悉昙三密钞》，以梵文书五十母字。其说曰：悉昙字母四十七字，其初十二字，谓之摩多。摩多，即母也，又谓之韵。其三十五字谓之体文，今国音五十母字，则阿、伊、乌、噎、嗢为韵，犹梵书摩多也；加、沙、多、那、发、麻、药、落、话九字为声，犹梵书体文也。以五韵九声，合为十四音，则生其他三十音，故五音为母，九声为父，三十六声为子，其法略同云云。则五十母字出于悉昙，殆无可疑。惟日本所谓字母，实异于他国。各国字母，或合二三音、合四五音而成字，纵横变化，生生不穷，所谓母以生子也。而日本仅一字一音，又有音无义，必数字相待而后成义，并非数音相合而能成字也。所谓母者，假借之辞耳。盖当时留学诸生作为假名，文字则取之汉字，声音则假之梵音，二者相举以成章，所以与悉昙相似，而不得全同也。

外史氏曰：文字者，语言之所从出也。虽然，语言有随地而异者焉，有随时而异者焉，而文字不能因时而增益，画地而施行；言有万变，而文止一种，则语言与文字离矣。居今之日，读古人书，徒以父兄师长递相授受，童而习焉，不知其艰。苟迹其异同之故，其与异国之人进象胥舌人而后通其言辞者，相去能几何哉？余观天下万国，文字言语之不相合者，莫如日本。日本之为国，独立海中。其语言，北至于虾夷，西至于隼人，仅囿于一隅之用。其国本无文字，强借言语不通之国之汉文而用之。凡一切事物之名，如谓虎为於菟，谓鱼为陬隅，变汉读而易以和音，义犹可通也。若文辞烦简、语句顺逆之间，勉强比附，以求其合，而既觉苦其不便。至于虚辞助语，乃仓颉造字之所无，此在中国齐、秦、郑、卫之诗，已各就其方言，假借声音以为用，况于日本远隔海外，言语殊异之国，故日本之用汉文，至于虚辞助语，而用之之法遂穷。穷则变，变则通。假名之作，借汉字以通和训，亦势之不容已者也。昔者物茂卿辈倡为古学，自愧日本文字之陋，谓必去和训而后能为汉文，必习华言而后能去和训。其于日本颠倒之读、错综之法，鄙夷不屑，谓此副墨之子、洛诵之孙，必不能肖其祖父。又谓句须丁尾，涂附字句以通华言，其祸甚于侏儒鴂舌，意欲举一切和训废而弃之，可谓豪杰之士矣。然此为和人之习汉文者言，文章之道，未尝不可，苟使日本无假名，则识字者无几。一国之大，文字之用无穷，即有一二通汉文者，其能进博士以书驴券、召鲰生而谈狗曲乎？虽工，亦奚以为哉？

余闻罗马古时，仅用腊丁语，各国以语言殊异，病其难用。

自法国易以法音，英国易以英音，而英法诸国文学始盛。耶稣教之盛，亦在举《旧约》、《新约》就各国文辞普译其书，故行之弥广。盖语言与文字离，则通文者少；语言与文字合，则通文者多，其势然也。然则日本之假名，有裨于东方文教者多矣，庸可废乎？泰西论者，谓五部洲中以中国文字为最古，学中国文字为最难，亦谓语言文字之不相合也。然中国自虫鱼云鸟，屡变其体，而后为隶书，为草书，余乌知夫他日者不又变一字体，为愈趋于简，愈趋于便者乎？自《凡将》训纂，逮夫《广韵》、《集韵》，增益之字，积世愈多，则文字出于后人创造者多矣，余又乌知夫他日者不有孳生之字为古所未见、今所未闻者乎？周秦以下，文体屡变，逮夫近世，章疏移檄，告谕批判，明白晓畅，务期达意，其文体绝为古人所无。若小说家言，更有直用方言以笔之于书者，则语言文字几几乎复合矣。余又乌知夫他日者不更变一文体，为适用于今、通行于俗者乎？嗟乎！欲令天下之农工商贾、妇女幼稚皆能通文字之用，其不得不于此求一简易之法哉？

学　制

以全国地为七大学区：

第一，东京府、神奈川县、埼玉县、群马县、千叶县、茨城县、橡木县、山梨县。

第二，爱知县、静冈县、石川县、岐阜县、三重县。

第三，大坂府、京都府、滋贺县、堺县、和歌山县、兵库县、高知县。

第四，广岛县、冈山县、岛根县、山口县、爱媛县。

第五，长崎县、熊本县、鹿儿岛县、大分县、福冈县。

第六，新潟县、长野县、山形县。

第七，宫城县、福岛县、秋田县、青森县，岩手县。

分司其事于府知事、县令，而受辖于文部卿。全国学校直辖于文部省。以官费支给者，称官立学校。即东京大学、东京师范学校、东京女子师范学校、东京外国语学校、大坂英语学校是也。以地方税或町村公费设置者，曰公立学校。其一人或数人以私费设置者，曰私立学校。但开设之方，仍依文部省所颁教育令而行。公立学校之兴废，必经府知事、县令裁许，其教则必经文部卿查核。私立学校则具报于府知事、县令而已。统计全国学校，据文部省报告明治十年之数。小学校凡二万五千四百五十九，其系于公立者凡二万四千二百八十一，中学校三十一、专门学校十八、师范学校九十二、外国语学校五、女子手艺学校五十八，总计盖有二万六千二百六十八所。凡儿童自六岁至十四岁，名为学龄，必使就学。学龄就学，为父母户长者任其责。苟有事故，必陈述于学务委员。儿童在学龄间，就学之日极少，不得过十六个月。教员则无论男女，必在十八岁以上。统计全国教员凡六万二千一百七十名，其中六万三百四为男子，一千八百六十六为女子。生徒凡二百二十万三千五十名，其中一百六十二万七千九百三十八名为男子，五十七万五千一百十二名为女子云。

凡学校皆有规则，其教科之书必经文部省查验。现今小学需用者共一百七十四种，文部省官板五十八种，各官省官板二十八种，私板八十八种。以地理书、史略为最多，其他则物理书、动物、植物学之类。性理书、修身行善之类。经济学、言治生理财之法。化学、农商学、算学、文法学、字学。言作文习字之法。中学校教科如小学，唯所业较小学为精。专门学校专习一门，则法律学、理学、文学、农商学之类也。详《西学篇》。

凡生徒既入学，岁有学期，每岁约以九月入学，六月毕业。学期或分为三：冬期休业十余日，春期休业数日，夏期休业凡二月。凡祭日、新尝祭、春秋皇灵祭之类。庆日纪元节、天长节。则给假日，曜日则给假。每岁授业，多不过二百六十日，少不减二百二十日。每日授业多不过六时，少不减三时。教师有口讲，有指画，以粉书木板悬之于壁，指以教人。其教地图之法，亦以地图悬壁间，令诸生一一记诵。别有暗射地图，仅施阑廓，分着采色，凡某水某山，某郡某邑，悉削而不载，而书一、二、三、四数目于其上。教者指其处，询此何地、彼何地，令一人应声答之，同学者是之则曰是，非之则曰否，既能识形胜，又便记名称，甚善法也。有笔削，有亲验。讲求化学、光学之类，必亲试其事以教人。依生徒所业，分类而教之。

生徒有阶级，随其业深浅，分为数级，授以各科教书。能者越级而升，次则循级以进，暴弃者则降级焉。有考试，每三月则教师鉴其勤惰，察其进退，而为小试；周年则大试，或以校长监临。既卒业，则府知事、县令亲试之，而给以卒业文凭，名曰证书。小学既卒业，进之中学，又进之专门学。大学，有法学士、理学士、文学士、医学士之名，则由东京大学校校长试而给予称号焉。其尤异者，以官费留学外国，或就试于各国大学校，既得高第，亦执其凭，夸以为荣。惟取士官人之法，则不系乎此。官学之费，咸给于官。公学之费，每岁五百三十六万四千八百七十元，有四百万以地方税、町村费及各处捐助金支给者，此皆出之人民。各府县于管内学费金，归各学区自为料理。有设赋课法者，有不设赋课法者，听其便。其中有八十二万七千一百七十三元，为公学公积银之利息。随各府县敛集金钱，贷之银行，岁收其息，是为公学公积银，计息支用，不得支及母银。现计母银七百五十二万一千四百五十九元，岁取其息以为学费。后来扩充，当日益增加。又有五十四万五千五百零四元给于官库，名为小学补助金，由文部省发各府县，使分给焉。顷以公库支绌，此款既停给矣。考西洋各国学校之费，每与军士费比较多少，以全国人民计口分算，米国学校费每人二元零二钱，军费每人一元二十九钱；瑞西学校费每人八十八钱，军费每人一元；英国学校费每人六十六钱，军费每人三元八十六钱；德国学校费每人五十一钱，军费每人二元二十九钱；澳国学校费每人三十四钱，军费每人一元三十九钱；佛国学校费每人二十九钱，军费每人四元零五钱；意国学校费每人一十三钱，军费每人一元五十七钱。依此法计算，日本则学费每人二十钱，军费每人三十一钱。其中唯美国学费多于军费云。

凡七大学区，各令建立学校。其僻陋小邑，无力设置小学校者，则联合数学校共设一教员，俾巡回教授。各町村分设小学校，必令町村人民荐举学务委员，府知事、县令择而任之。学务委员受辖于府知事、县令，举凡儿童之就学，学校之设置，皆令司掌而申报于府知事、县令。知事、令以时查察管内学事，申报于文部卿。文部卿又以时发遣吏员巡视诸学区，察其实况，分年编报，以公示于众。其海外留学生，则别有监督司其事焉。

七大学区学事统计表

大学	区	第一	第二	第三	第四	第五	第六	第七	总计
小学区	数	八，三五五	七，六四九	五，七七二	八，四二五	六，七〇二	二，四八〇	三，五三九	四二，九二二
人口	男	二，九八三，八〇二	二，八六二，七五四	三，〇七三，四八四	二，八〇七，〇一二	二，五八一，一一二	一，五五九，六二二	一，五六，七九九一	一七，四三五，七七七
	女	二，九三三，一五三	二，八二九，八八五	三，〇〇九，四一二	二，六三〇，九五九	二，三八六，五八一	一，五四五，五四八	一，四七四，〇〇八	一六，八〇九，五四六
	全数	五，九一六，九五五	五，六九二，六三九	六，〇八二，八九六	五，四三七，九七一	四，九六七，六九三	三，一〇五，一七〇	三，〇四一，九九九	三四，二四五，三二三
学龄人员	男	四五〇，九二〇	四二九，五六一	四七一，一一三	四四五，四七六	四二九，七一〇	二四七，七一〇	二五八，七七二	二，七二八，二六七
	女	四一四，三六七	四〇〇，一三九	四三四，四二九	四一五，二一三	四〇三，三五四	二二一，九九七	二三四，〇四一	二，五二三，五四〇
	全数	八六五，二八七	八二九，七〇〇	九〇五，五四二	八六〇，六八九	八三三，〇六九	四六四，七〇七	四九二，八一三	五，二五一，八〇七
学龄就学	男	二七六，一六六	二七四，七四九	二五九，〇四一	二二一，二二一	二〇三，六九七	一四八，〇二一	一四四，〇一二	一，五二六，九〇七
	女	一一六，八七一	一三一，五五九	一二〇，〇二八	七二，〇八九	五八，五一九	四一，一二二	二七，二〇三	五六七，三九一
	全数	三九三，〇三七	四〇六，三〇八	三七九，〇六九	二九三，三一〇	二六二，二一六	一八九，一四三	一七一，二一五	二，〇九四，二九八
学龄不就学	男	一七四，五九四	一五三，五一六	二一二，〇七二	二二四，二五五	二二六，〇一八	九四，六八九	一一四，七六〇	一，一九九，九〇四
	女	二九七，六五六	二六七，二三七	三一四，四〇一	三，二四七，一二四	三四四，八三五	一八〇，八七五	二〇六，八三八	一，九五八，九六六
	全数	四七二，二五〇	四二〇，七五三	五二六，四七三	五七一，三七九	五七〇，八五三	二七五，五六四	三二一，五九八	三，一五八，八七〇

大学	区	第一	第二	第三	第四	第五	第六	第七	总计
六岁以下就学生徒	男	四，三三二	三，七五八	四，三九九	四，九三九	三，八七四	二，七五七	一一四二	二五，二〇一
	女	二，〇七六	一，五九七	一，九八一	一，九五一	一，二三八	一，〇三一	三二二	一〇，一九六
	全数	六，四〇八	五，三五五	六，三八〇	六，八九〇	五，一一二	一，七八八	一，四六四	三五，三九七
十四岁以上就学生徒	男	二三，五三一	七，九一七	一五，五二五	一四，三九五	一〇，一八〇	五，二七一	六，一二六	八二，九四五
	女	二，二七一	九三三	五，三二九	一，三二三	九九〇	二八〇	二九八	一一，四二四
	全数	二五，八〇二	八，八五〇	二〇，八五四	一五，七一八	一一，一七〇	五，五五一	六，四二四	九四，三六九
人口百中就学生徒		七．〇一八	七．〇三八	六．〇六七	五．〇八〇	五．〇六〇	六．〇三九	五．〇八八	六．〇四九
小学	公立	四，一九六	三，九九二	四，五三六	三，八六五	三，二八二	二，二〇二	二，二〇八	二四，二八一
	私立	六九四	八四	一九七	一三二	五四	五	三	一，一七八
中学	公立	四	四	三	七	七	五	一	三一
	私立	二二四	一四	三六	八二	一	一		三五八
大学		官立	一						一

大学	区	第一	第二	第三	第四	第五	第六	第七	总计
专门学校	公立	九	四		一	二	一	一	一八
	私立	一九	四	二	九				三四
小学师范学校	官立	二		一		一		一	五
	公立	一七	一二	二一	一四	八	一〇	九	九一
中学师范学校	官立	一							一
	公立		一						一
外国语学校	官立	一		一					二
	公立		一	三			一		五
	私立	四	三	一〇		一	一	二	二一
女子手艺学校	公立			五六					五六
	私立			一八五					一八五
学校全数		五，一七二	四，一一九	五，〇五一	四，一一〇	三，三五六	二，二二六	二，二三四	二六，二六八
公立小学生徒	男	二五四，一九二	二八〇，三五四	二七三，七二〇	二三四，七二〇	二〇七，八六四	一五四，九六三	一四七，一九二	一，五五二，四一〇
	女	九三，〇九六	一三二，四五四	三，一二七	七四，三〇五	五三，二〇九	四二，三二六	二七，二六一	五四三，七六八

大学	区	第一	第二	第三	第四	第五	第六	第七	总计
私立小学生徒	男	二六，四二九	四，〇五九	五，一四五	三，一六二	二，七六〇	一七五	六〇二	四二，三三二
	女	二〇，七三七	一，三六三	一一，七二	七〇〇	二三二	一〇四	一四四	二四，四五二
小学日日出席生徒平均数		二九五，六九九	二七〇，〇七七	二九八，三三五	二〇六，六一六	一七六，四二三	一六二，一〇九	三〇，九〇五	一，五三〇，一六四
公立中学生徒	男	一〇〇	三三六	七三六	八九二	五五三	二七〇	一九二	三，〇七九
	女		一	一八九	二				一九二
私立中学生徒	男	一〇，五四五	四八四	一，六三五	三，四九一	六九	一〇七		一六，三三一
	女	七六一		四八	一一一				九二〇
官立大学生徒	男	一七五〇							一七五〇
公立专门学校生徒	男	七二二	三二四		六六	二九七	二八	五〇	一，四八七
私立专门学校生徒	男	一，一一七	五三	四六	五三二				一，七四八
	女	三六	四五	四	四一				一二六

大学	区	第一	第二	第三	第四	第五	第六	第七	总计
官立小学师范学校生徒	男	一一三		一二二		九〇		九七	四二二
	女	三四七							三四七
公立小学师范学校生徒	男	一，一五九	一，一一一	一，六一八	七〇四	八二六	四七一	六四一	六，八〇〇
	女	七〇	一九七	一六	二五		四	六八	三八〇
官立中学师范学校生徒	男	五五							五五
公立中学师范学校生徒	男		一二二						一二二
官立外国语学校生徒	男	三四一		一九三					五三四

大学	区	第一	第二	第三	第四	第五	第六	第七	总计
公立外国语学校生徒	男			一九〇			九五		二八五
	女		三五	二八					六三
私立外国语学校生徒	男	七八	九一	二五六		二八	三四	九六	五八三
	女	二		五五					五七
公立女子手艺学校生徒				二，七四四					二，七四四
私立女子手艺学校生徒				二，〇六三					二，〇六三
学校生徒全数		四一一，六五〇	四二一，〇二九	四一〇，五〇二	三一八，七五一	二六五，九二八	一九八，八四七	一七六，三四三	二，二〇三，〇五〇
公立小学教员	男	九，五六五	一〇，一三四	九，九七六	八，〇九二	六，七六五	七，七七一	四，三五五	五六，六八五
	女	一八五	四四六	一二一	二八二	一〇八	六一	七一	一，二七五
私立小学教员	男	九七八	一〇九	二一五	一五八	一一三	七	二九	一，六〇九
	女	二三六	二二	七	六	六	二	四	二八三

大学	区	第一	第二	第三	第四	第五	第六	第七	总计
公立中学教员	男	一八	三五	七	五三	四〇	二五	九	一八七
私立中学教员	男	四九一	二二	六六	一一四	三	四		七〇〇
	女	二一			二				二三
官立大学教员	男	九一							九一
公立专门学校教员	男	三一	二五		四	一三	六	三	八二
私立专门学校教员	男	六三	四	二	一〇				七九
官立小学师范学校教员	男	二一		一〇		八		一〇	四九
	女	九							九

大学	区	第一	第二	第三	第四	第五	第六	第七	总计
公立小学师范学校教员	男	一五八	一二八	一五〇	七七	九八	四四	六二	七一七
	女	四	六		一			四	一五
官立中学师范学校教员	男	一〇							一〇
公立中学师范学校教员	男		一五						一五
官立外国语学校教员	男	三六		一七					五三
公立外国语学校教员	男		一	七				五	一三
	女		一	一					二

大学	区	第一	第二	第三	第四	第五	第六	第七	总计
私立外国语学校教员	男	五	二	一五		一	一二	二	三七
	女			三				一	四
公立女子手艺学校教员	女			七四					七四
私立女子手艺学校教员	男			四					四
	女			一八一					一八一
教员内外全数		一一，九二三	一〇，九五九	一〇，八五六	八，七九九	七，一五五	七，九二八	四，五五〇	六二，一七〇
官立幼稚园	保姆	五							五
	生徒 男	一〇一							一〇一
	生徒 女	五七							五七

卷三十四　礼俗志一

外史氏曰：五帝不袭礼，三王不沿乐，此因时而异者也；百里不同风，千里不同俗，此因地而异者也。况海外之国，服食不同，梯航远隔者乎？骤而观人之国，见其习俗风气，为耳目所未经，则惊骇叹咤，或归而告诸友朋，以为笑谑；人之观吾国也，亦然。彼此易观，则彼此相笑，而问其是非美恶，各袒己国，虽聚天下万国之圣贤于一堂，恐亦不能断斯狱矣。一相见礼也，或拱手为敬，或垂手为敬，或握手为敬，或合掌为敬。一拜礼也，或稽首为礼，或顿首为礼，或俯首为礼，或鞠躬为礼，或拍手为礼。究其本原之所在，则天之生人也，耳目口鼻同，即心同理同。用礼之节文以行吾敬，行吾爱，亦无不同。吾以为异者礼之末，同者礼之本，其同异有不必论者。虽然，天下万国之人之心之理，既已无不同，而稽其节文，乃南辕北辙，乖隔歧异，不可合并，至于如此，盖各因其所习以为之故也。礼也者，非从天降，非从地出，因人情而为之者也。人情者何？习惯是也。光岳分区，风气间阻，此因其所习，彼亦因其所习，日增月益，各行其道，习惯之久，至于一成而不可易，而礼与俗皆出于其中。是故先王之治国化民，亦慎其所习而已矣。嗟夫！风俗之端，始于至微，抟之而无物，察之而无形，听之而无声，然一二人倡之，千百人和之，人与人相接，人与人相续，又踵而行之，及其既成，虽其极陋甚弊者，举国之人习以为然，上智所不能察，大力所不能挽，严刑峻法所不能变。夫事有是有非，有美有恶，旁观者或一览而知之，而彼国称之为礼，沿之为俗，乃至举国之人，展转沉锢于其中而莫能少越，则习之囿人也大矣！古先哲王知其然也，故于习之善者导之，其可者因之，有弊者严禁以防之，败坏者设法以救之，秉国钧者其念之哉！作《礼俗志》，为类十有四：曰朝会，曰祭祀，曰婚娶，曰丧葬，曰服饰，曰饮食，曰居处，曰岁时，曰乐舞，曰游晏，曰神道，曰佛教，曰氏族，曰社会。

朝会

新年朝贺　元旦，皇帝受群臣朝拜。是日，禁阙诸门近卫兵，皆白毛帽，执枪铳，守卫如仪。参贺群臣，大礼服，午前七时十二分参列。八时，式部头奏请御正殿，帝正服，御宝座。宫内卿、辅、书记官、侍从长、侍从，皆大礼服，立列宝座之右，北面西上，卿、辅外柱，侍从内柱。皇后就宝座之左位。后宫大夫、亮及女官，立列其左，皆南面。大夫、亮西上，宫女东上，大夫、女官外柱，亮内柱，式部头班殿南东群臣拜位之傍，斜向。式部助班殿柱外，北面。皇族亲王暨大臣、参议、诸省卿以下敕任官，麝香间祗候，华族等以次进拜帝及后。折，旋退。礼毕，帝还御。午前九时三十分，外国使臣参朝。式部头奏请帝御正殿，皇后就宝座之左位，诸官立列如前。外务卿、书记官班殿东北公使拜位之首，斜向。式部头传旨，引公使、外务卿相率就拜位。首班公使奏祝辞，帝敕曰："方此佳辰，与卿等同庆。"礼毕，还御。午前十一时，诸省及在京奏任官朝拜，仪同前。同日，各省判任官于各省参贺，省卿奏之。各府县地方敕奏官上贺表。二日，文武非役勋六等以上、从六位以上朝拜。同日，非役有位华族朝拜。二十日，神官奏任以上、教导职六级以上朝拜。二十一日，各宗教导职六级以上朝拜。

新年宴会　一月五日，黎明，装饰正殿，开新年贺宴，大召文武百官。午前十一时，式部头奏请御正殿。帝正服，御中央宝座。皇族诸亲王、大臣、参议，麝香间祗候，太政官、元老院、诸省卿，并敕奏官、东京府以下各府县在京敕奏官，皆大礼服，班位依次参列于宝座之左右。每一人安食台椅子，赐酒及馔，伶人奏舞乐，百官欢醉。帝还御，乐止。宴毕，众退。

纪元节宴会　以二月十一日为纪元节，即神武天皇即位之日也。设宴庆祝，式仪同前，惟舞乐奏久米舞。神武所作，故于祭神武时用之。

天长节宴会　十一月三日为今帝生日，名曰天长节。质明，装饰正殿。午前十一时，式部头奏请御正殿。帝正服，御宝座受贺，皇后陪坐宝座之左位。皇族亲王暨大臣、参议以下，麝香间祗候，文武敕任、奏任官皆上万寿，行最敬礼。礼毕，还御。赐群臣酒馔，仪同前，此间奏欧乐。宴止，众退。

以上三大节，全国臣民，每户揭旭光旗章，以表庆贺。

每月赐宴　每月定日，帝于便殿召大臣、参议及有勋劳于国者，赐以酒食。或奏国乐，或奏西乐，序坐款语，以舒君臣相悦之情。制以每月土曜日为定例。以上今礼。自明治元年三月，参与大久保利通上表曰："中世以还，天皇垂帘拱手，步不履地，九重深邃，得近御座者，公卿数人耳。所谓阶前万里，其隔阂可知也。夫尊君敬上，人心所同。然尊之失其道，天理乖戾，上下否隔，是古今之通弊。请破俗论，勿饰边幅，以从事于简易轻便。"朝议采之，旧仪繁重者，大半删弃。今考《延喜式》所载，元正朝会，名曰大仪，节录如下，以备参考。元正前二日，大藏丞、录率史生、藏部等，悬绣额于大极殿，缀著料绯丝一绚。前一日，殿东南庭设皇太子及大臣轻幄，诸门悬屏幔，东西廊门南左右并诸门悬屏幔。内匠寮官人率木工长、上杂工等装饰大极殿。高御座，盖作八角，角别上立小凤像，下悬以玉幡，每面悬镜三面，当顶著大镜一面，盖上立大凤像，总凤九只、镜二十五面。幔台一十二基立高御座，东西各四间。又整立南庭白铜大火炉二口，中阶以南相去十丈，东西之间相去六丈。兵库寮与木工寮，共建幢柱管于大极殿前庭龙尾道上。率内匠寮工一人、鼓吹户四十人构建宝幢，从殿中阶南去十五丈四尺建乌像幢：左日像幢，次朱雀旗，次青龙旗，此旗当殿东头楹；右月像幢，次白虎旗，次玄武旗，此旗当殿西头楹，相去各二丈许，与苍龙、白虎两楼南端楹平头。立鼓锭：大极殿东南阁内大臣幄西南去一丈立钲，又南去一丈立鼓，钲加角槌二柄、鼓木槌二柄，击人各一人，长一人；次会昌门外东去九丈，自廊南去五丈立钲，又去一丈立鼓；次栖凤楼西南角坛以西相去一丈立鼓，以北相去六尺立钲；次朱雀门内东去十丈、自垣北去七丈立钲，又去一丈立鼓。至日，主殿头率寮下扫治御前及官掖所。所史生左右各二人，礼服，官袷袍表绯里白，白袴，带鼻切履，执威仪。物殿部左右方十一人，一人执梅杖，二人紫伞，三人紫盖，二人菅伞，三人菅盖。右准此，其装束，各黄帛袷袍一领。图书寮于大极殿前庭左右设火炉榻一脚，官人四人各着礼服，分自东西廊门，当炉榻相对立。中务省、辅省，浅紫袄金银装，腰带金银装，横刀，乌皮靴，策著帜殳。丞并内舍人，皂绥绯袄，挂甲，白布带，横刀弓箭，麻鞋。其日依时刻，辅、丞各二人，相分率内舍人大极殿前庭近卫阵以南队之，各居胡床，兕纛幡二流，钲鼓各二面。寅一刻，击装束鼓。三刻，列阵鼓。卯一刻，进鼓。凡供奉威仪官人，绥腰带布带，横刀弓箭。兵部省于平旦，命丞、录各一人，东西相分，将史生、省掌等共入八省院，检校兵库幢旗、诸位仪仗及隼人等阵。阁外大臣就朝集堂，召兵部省即丞入受命，出令兵库寮击外辨鼓。兵库寮分配击钲鼓人及执夫：于大极殿及会昌以外三门别击钲鼓各一人，执夫四人；中务击钲鼓人各二人，执夫八人；诸卫别击钲鼓人一人，执夫四人。击钲鼓人，着平巾冠，绯大袖袍，绿袄子，帛博带，大口帛袷裤，白布袜，乌舄。执钲鼓夫，着皂缦头巾，皂緌，朱末额，绯大缬袍，白布带，白布裤，绀布胫巾，麻鞋。击钲鼓节群官阵列毕，阁外大臣仰兵部省省令寮击外辨鼓，平声九下，诸门依次相应。开门毕，寮头进申阁内大臣令，击殿下唤鼓，双声九下，诸门依次相应。左、右近卫府，于其日寅二刻，始击动鼓三度，度别平声九下，即令装束。大将着武礼冠，浅紫袄，锦裲裆，将军带金装，横刀，靴策著帜殳；中将武礼冠，深绯袄，锦裲裆，将军带金装，横刀，靴策著帜殳；少将武礼冠，浅绯袄，锦裲裆，将军带金装，横刀，靴策著帜殳。将监、将曹并皂緌，深绿袄，锦裲裆，白布带，横刀弓箭，白布胫巾，麻鞋。卯一刻，击列阵鼓一度，平声九下。卯三刻，击进阵鼓三度，度别九下。仗初进时，击行鼓三度，度别双声二下，皆就队下。中将率将监以下列队于大极殿南阶下，大、少将率将监以下队于中务阵以北。龙像纛幡一旒，鹰像队幡四旒，小幡二十四旒，钲鼓各一面。将监率将曹以下队于大极殿以北、后殿南，并居胡床。左右卫门府于其日寅刻，近卫府始击动鼓，以次相应，即令装束：督着武礼冠，深绯袄，绣裲裆，将军带金装，横刀，靴策著帜殳；佐，武礼冠，绯袄，绣裲裆，将军带金装，横刀，靴策著帜殳；尉、志并皂緌、深绿袄，锦裲裆，白布带，横刀弓箭，绯胫巾，麻鞋；府生门部并皂緌、绀叩袄，挂甲，白布带，横刀弓箭，白布胫巾，麻鞋；卫士皂緌、末额，桃染布衫，挂甲，白布带，横刀弓箭，白布胫巾，麻鞋。卯一刻，近卫府击列阵鼓，以次相应。卯三刻，击进阵鼓，仗初进，击行鼓，各相应如前，皆就队下。督率尉以下队于会昌门外左，鹫像纛幡一旒，鹰像队幡二旒，小幡四十九旒，钲鼓各一面。伴氏五位一人，率门部三人入自掖门，居会昌门内左厢。依时刻令开门，佐率尉以下队于应天门外左，队幡二旒，小幡四十五旒，尉一人率门部三人居门下，开门毕，还本阵。又尉率志以下队于朱雀门外，队幡二旒，小幡四十旒。志一人率门部五人居门下，开门毕，还本阵。自朱雀门外至于第一坊门路傍，卫士队之。又尉率卫士已上队于龙尾道以南诸门外，小幡四旒。志率卫士已上队于东西诸门及余掖门。左右兵卫府于其日寅二刻，近卫府始击动鼓相应，装束：督着武礼冠，深绯袄，绣裲裆，将军带金装，横刀，靴策著帜殳；佐武礼冠，绯袄，锦裲裆，将军带金装，横刀，靴策著帜殳；尉、志并皂緌，深绿袄，锦裲裆，白布带，横刀弓箭，绯胫布，麻鞋；府生兵卫并皂绯绀袄，挂甲，白布带，横刀弓箭，白布胫巾，麻鞋。卯一刻，近卫府击列阵鼓，以次相应。卯三刻，击进阵鼓，仗初进，击行鼓，各相应如前，皆就队下。督、佐率尉以下队于龙尾道东阶下，虎像纛幡一旒，熊像队幡四旒，小幡九十六旒，钲鼓各一面。又尉率志已下队于北殿门左，小幡十八旒。志率兵卫以上队于北掖门、东廊门。隼人司官人三人，史生二人，率大衣二人、番上隼人二十人、今来隼人二十人、白丁隼人一百三十二人，分阵应天门外之左右。群官初入，自胡床起，今来隼人发吠声三节。其官人着当色，横刀，大衣，及番上隼人着当色，横刀，白赤木绵耳形鬘。自余隼人，皆着大摸布衫，襟袖，着两面襕布袴，着两面襕绯帛肩巾，横刀，白赤木绵耳形鬘，执盾枪，并坐胡床。式部元日丑一刻，扫部寮设辅以下、省掌以上座于便处，辅以下就座。省掌置版位，五位以上服礼服，就版，受点。其礼冠，亲王四品已上，并漆地金装，以水精三颗、琥碧三颗、青玉五颗交居冠顶，以白玉八颗立栉形上，以绀玉二十颗立前后押鬘上。其徽立额上：一品青龙，尾上头下，右出左顾；二品朱雀，右出左顾；三品白虎，尾上末卷，头下右向；四品玄武，为蛇所缠，并右出左顾。凡立玉有茎并座，居玉则有座无茎。诸王：一位，漆地金装，以赤玉五颗、绿玉六颗交居冠顶，黑玉八颗立栉形上，以绿玉二十颗立前后押鬘上。二位，以白玉一颗、绿玉五颗交居冠顶，以赤玉八颗立栉形上，自余并准一位。三位以黄玉八颗立栉形上，自余并准二位。四位，漆地、绦形、栉形、押鬘玉，座皆金装，自余银装，以赤玉五颗、绿玉六颗交居冠顶，以白玉十颗立前押鬘上，以青玉十颗立后押鬘上，不立栉形上。正五位，漆地银装，以黑玉十颗立前押鬘上，以青玉十颗立后押鬘上，自余准四位。其徽为凤。三位已上，正位，正立仰头；从位，正立低头。正四位上阶左出右向，下阶右出左向；从四位上阶左出右顾，下阶右出左顾。五位准四位。诸臣：一位以绀玉八颗立栉形上，自余并准王一位，惟玉色、交居，王臣各异。二位以绿玉五颗、白玉三颗、赤黑玉三颗交居冠顶，以赤玉八颗立栉形上，自余准一位。三位以黄玉八颗立栉形上，自余准二位。四位以赤玉六颗、绿玉五颗交居冠顶，自余准王四位。五位以绿玉五颗、白玉三颗、赤黑玉三颗交居冠顶，自余准王五位。其徽为麟，正、从出向皆准诸王。群臣入，就位毕，兵部省于殿下击褰御帐钲，平声三下，乃开御帷。图书寮主殿先进发，火炉寮官人左右各一人进，就榻下共烧香。一举毕，帝衮冕出，御大极殿御座。女嬬十六人导引宸仪，分侍左右。此时中务省内舍人之供奉驾前者，分就胡床。左右近卫、左右卫门、左右兵卫之供奉驾阵者，咸就本队。群官咸拜，礼毕，驾还。中务省、左右近卫、左右卫门、左右兵卫，各供奉如初。兵部省于殿下击下帐钲，钲平声三下，殿下即击退鼓，双声九下，诸门依次相应，群官退出讫，外门击钲五下，诸门钲依次相应。然后近卫击退队鼓三度，度别九下，余府依次相应，还入本府，各击钲五下，解阵。

祭 祀

新年祭　一月一日，帝亲祭贤所、祭三种神器之一神镜处。皇灵、安祖宗以来历代皇灵处。神殿。祭天神地祇处。午前四时，装饰尊庙。宫内省、式部寮官人就座，掌典进开扉，贤所、皇灵以内掌典开扉。内掌典，女官也。伶人奏乐，内掌典及掌典补供神馔，乐作，掌典奏祝词。五时，式部头奏请出御。帝冠冕束带步行，近卫将校警卫左右，侍从执炬前导，宫内卿以下扈从。至庙，侍从执御剑候于阶上，帝亲奉玉串系木棉于木端，名曰玉串。拜礼，式部头赞相祭仪。皇灵、神殿，同一祭仪。惟拜贤所时，别有内掌典引铃之仪。拜毕，还御。宫内省、式部寮官敕任、奏任、判任以次就拜位行拜。礼毕，撤神馔，伶人奏乐，掌典闭扉。乐止，众退。所供神馔，贤所、皇灵用折敷高坯六本立，谓有足之笾，凡六事也。折柜二十合、神酒二瓶；神殿用洗米神酒二瓶、饼一重、海鱼、川鱼、海菜、野菜、果制、果盐，凡十台。二日、三日贤所、皇灵、神殿每月祭祀均以朔日，惟新年限至三日。祭贤所、皇灵、神殿奏祝词、供神馔同一日式，但式部寮主其事，帝不亲祭，并无奏乐。

元始祭　一月三日元始祭式。午前八时，装饰尊庙。宫内省、式部寮官就座，内掌典、掌典进，开扉，伶人奏乐，掌典供神馔及御币物。九时，在京诸省敕任官咸集。帝冠冕束带至尊庙，皇族亲王暨大臣、参议、宫内卿、辅、书记官等从。帝亲奉玉串于贤所内掌典引铃如常。拜，式部头奏告文，皇灵、神殿同奏告文。此间陪从诸臣及在京诸省敕任官，宫内省、式部寮奏任、判任官以次拜。礼毕，还御，撤神馔、币物，伶人奏乐，掌典闭扉，乐止，众退。十时，宫内省、式部寮官就座，掌典开扉，皇太后、皇后拜礼，奉玉串。十时三十分，麝香间祗候参拜，各厅在京奏任官、神官奏任以上、教导职六级以上、有位华族等皆参拜。至十二时，拜毕，闭扉，众皆退。神馔：贤所、皇灵如一日之仪；神殿饭饼、海鱼、川鱼、野鸟、水鸟、海菜、野菜、果制、果盐、水御杯，凡十一台，酒二瓶。所供币物：锦一卷、红白绢各一匹、晒布二端，载之一台。

祈年祭　二月四日，帝遣敕使式部寮官奉币于伊势皇太神宫、丰受大神宫，及两大神宫之别宫，祭告祈年。皇太神宫供五色绝各十匹、白绢十匹、锦一端、木绵十两、麻十两、币帛料金若干、神馔料金若干。丰受大神宫供币同前。皇太神宫别宫、荒祭宫，供币帛五色绝各一丈、木绵二两、麻二两、金若干、神馔料若干；又月读宫、月读荒御魂宫、伊佐奈岐宫、伊右奈弥宫、泷原宫、泷原并宫、伊杂宫、风日祈宫，供币帛并币帛神馔料金若干。丰受大神宫别宫、多贺宫、土宫、月夜见宫、风宫，供币帛并币帛神馔料金若干。祭日，神宫各神官咸集，两大神官供神馔，敕使进奉币帛，奏祭文。文曰："天皇昭命使臣式部头某，敬告伊势度会天照皇太神之广前五十铃河上。巍巍乎！建宫殿于磐石之根，大柱竖立，千木高揭，威灵赫赫，照古耀今。兹当祈年之辰，恭奉币帛，虔祈年谷，仰赖天恩。

俾神国圣世，同磐石坚，千世万世，与天壤无穷。天皇大命，庶垂降鉴。臣诚惶恐惧敬白。”丰受宫各祝词大抵如前。同日，于宫内祭皇灵。同日，式部寮班币帛于各府县，官币、国币社各有等差，令地方官及神官于邮递到日，奉之以修祭祀。官币大社：京都府贺茂别雷、贺茂御祖、男山八幡、松尾、平野、稻荷，堺县大神、大和、石上、春日、广濑、龙田、丹生川上、牧冈、大鸟，大坂府住吉、生国魂，兵库县广田，埼玉县冰川，千叶县安房、香取，茨城县鹿岛，静冈县三岛，爱知县热田，滋贺县日吉，和歌山县日前、国悬，岛根县出云，大分县宇佐，鹿儿岛县雾岛，共三十社。官币中社：京都府八坂，鹿儿岛县鹿儿岛，京都府白峰，山口县赤间，大坂府水无濑，神奈川县镰仓，静冈县井伊谷，京都府梅宫、贵船、大原野、吉田、北野，共十二社。官币小社：鹿儿岛县鹈户，开拓使札幌。别格官币九社：堺县谈山，京都府护王，熊本县菊池，兵库县凑川，岛根县名和，石川县藤岛，京都府丰国，橡木县东照，陆军省靖国。国币中社：三重县敢国，静冈县浅间，神奈川县寒川，千叶县玉前，岐阜县南宫，长野县诹访两社，山梨县浅间，群马县贯前，橡木县二荒山，福岛县都都古别、伊佐须美，宫城县志波彦、盐灶，山形县大物忌、月山，滋贺县若狭彦、若狭姬、气比，石川县气多、射水，新潟县弥彦，京都府出云、笼，兵库县出石，岛根县宇倍、熊野、水若酢，兵库县海，冈山县中山、安仁、吉备津彦，广岛县严岛，山口县住吉，和歌山县熊野坐，兵库县伊奘诺，德岛县忌部、大麻比古，爱媛县田村、大山祇，高知县土佐，福冈县宗像三社、冲津宫、边津宫、中津宫。香椎、高良，大分县西寒多，长崎县田岛，熊本县阿苏，鹿儿岛县宫崎，长崎县住吉、海神，共五十二社。国币小社：爱知县砥鹿，静冈县小国，岐阜县水无，岩手县驹形，青森县岩木山，山形县出羽、汤殿山，石川县白山比咩，新潟县度津，岛根县大神山、日御崎、物部，广岛县沼名前，山口县玉祖，爱媛县事比罗，福冈县英彦山、大宰府，鹿儿岛县都农、牧闻，开拓使函馆八幡，共二十社。

春秋季皇灵祭　春三月二十日、秋九月二十三日，祭历代皇灵。装饰尊庙，供大真贤木神木如恒例。先朝祭，次午祭，后夕祭。朝祭于午前九时，式部头主其事，开扉，奏乐，供神馔，奏乐，奏祝词，撤神馔，闭扉，奏乐，均如恒仪。至十时，宫内省、式部寮官先集，内掌典开扉，伶人奏乐，掌典供神馔及币物，又奏乐，次神殿供神馔及币物，掌典奏祝词，告祭祀，又奏乐。此时，皇族亲王、大臣、参议、在京敕任官皆就座。式部头奏请出御，帝冠冕束带至尊庙，到拜位，亲奉玉串于皇灵广前御拜，自奏告文。次贤所，御拜。无奉玉串、鸣御铃之事。次神殿，御拜，亦奉玉串，亲奏告文。亲王、大臣以下以次进，拜毕，还御。伶人奏东游舞踏，乃撤神殿币物及神馔，闭扉，奏乐，乐止，众退。十一时三十分，皇太后、皇后拜礼，奉玉串。次一品内亲王代拜，奉玉串。十二时三十分，麝香间祇候参拜。午后一时，官省、院使、府县在京奏任官、神官奏任以上，并教导职六级以上、有位华族，皆参拜，乃闭扉，各退。至四时，行夕祭仪如朝祭，亦式部头主祭事。

新尝祭　新尝祭定于十一月二十三日。午后二时，装饰尊庙。四时，式部寮官就座，掌典新设神座，供寝具于神座之上。式部头检视讫，五时四十分，掌典点忌火御灯于殿之四隅，殿前各所设庭燎，光明如昼。六时，亲王、大臣、参议以下及在京敕任官，齐集祇候。帝着祭服出御常殿，侍从二人左右秉烛，式部头、宫内卿恭引宸仪，行导御前，侍从奉剑玺，亲王、大臣、参议以下敕任官，宫内、式部奏任官，扈从御后。帝著尊庙御座。侍从一人奉宝剑，一人奉神玺，立殿上簀席，式部头候幌外，供奉群臣各就幄舍，掌典行神降仪，乃捧进神馔，掌典二人执烛，掌典一人执削木称警。此时群官皆兴，伶人奏神乐，歌本拍子，伶人末拍子，伶人笛，伶人筚篥，伶人和琴，伶人皆歌。掌典一人执虾鳍槽，掌典一人执多志良加，陪膳采女执杨枝筥，后取采女执巾筥，采女一人执神食荐，采女一人执御食荐，采女一人执箸筥，采女一人执拭手筥，掌典一人执御饭筥，掌典一人执鲜物筥，掌典一人执干物筥，掌典一人执果子筥，掌典一人执海藻汁渍，掌典一人执鳆汁渍，掌典二人执空盏，掌典二人舁羹八足机，掌典二人舁酒八足机，掌典二人舁御粥八足机，掌典二人舁御直会八足机。次供奉官捧盥漱水，帝亲供进新神馔，是年新熟米。亲奏告文。亲祭之仪，臣下不得窥见。次御直会，乃撤神馔，供奉官捧盥漱水，捧神馔者各司其事，次第退。于是亲王、大臣及诸敕任官于殿前庭上拜礼，宫内、式部之奏任、判任官亦拜。礼毕，掌典行神升仪，乃还御，仪如初。至十时，麝香间祇候，华族皆参拜。

祭祢庙、祭陵　每岁于一月三十日，祭孝明天皇，仪如皇灵祭。二月二十一日，祭仁孝天皇。十二月十二日，祭光格天皇。十二月六日，祭后桃园院天皇，仪如元始祭。即四亲庙。同日，即遣敕使祭山陵。敕使暨随员均大礼服，祭文纳之锦袋，或随员挂于首，或敕使捧于手，派警部四骑随从，二骑导前，二骑护后。至日，地方官装饰，陵前供神馔，敕使进奏祭文，礼成复命。以上今礼，从宫内书记询问得之，名曰现行假例，谓暂时所行，非典制也。明治以来，百度修明，独于祭祀之礼阙而未备。盖中兴日浅，庶政草创，有所未暇，抑亦视之不甚重也。考古来列于大祀者，为践祚大尝祭。七月以前即位者，当年行事；八月以后，则明年行事。其年预令所司卜定天下国郡为斋郡，命之供器具，供营缮，供调使，名曰悠纪、主基。卜定，即下知，依例准拟。八月上旬，遣大祓使于诸国；已发使，复遣使供币帛于天神地祇。下旬，又遣祓使于左右京、五畿内各国。帝于十月下旬临幸川上，行禊礼，颁告诸司。自十一月朔至晦，散斋一月；自丑至卯，致斋三日。大尝会杂用料稻，命斋郡每国充正税一万束，拔穗田每国六段。遣官到斋郡大祓，卜定在田及在斋场杂色人等，又令辨备多明米三十斛充酒料，与穗稻同领送。别令于参河国织神服，令河内、和泉、尾张、三河、备前供神御杂器，曰由加物。又令纪伊、淡路、阿波三国造由加物。凡舂米、造酒、采木、制器等事，均以卜定之，咸肃恭将事。于斋郡设斋院，所供物别构屋宇收之。赍送经由之国，皆扫路祇承。至京，又设斋场，所供物别构屋宇贮之。又命于缝殿织御祭服，内膳司备御料理。自神祇伯以下，皆别给斋服。前祭七日，造大尝宫，于朝堂院东西掖门内之龙尾道南庭分造，东为悠纪院，西为主基院。宫垣南北各开一门，内树屏篱，东西各开一门，外树屏篱。二院中垣之南端，开一小门，将柴为垣，押榉八重，垣末柱将推枝，诸门编楷为扉。悠纪院所造正殿一宇，甍置坚鱼木八枝，著高博风，构以黑木，葺以青草，以桧竿为天井，席为承尘，壁蔀以草，表裹以席，地敷束草，上加竹箦；其室箦上加席，席上敷白端御帖，帖上施坂枕，户悬布幌。主基院殿与上相对。又于大尝院北造回立宫正殿一宇，又于南北门建神盾二枚、戟八竿。又于朱雀、应天、会昌等门建大盾六枚、戟十三竿。十一月中寅日以前，内外庶事整齐已毕。卯日平明，神祇官班币帛于天下诸神座，别绝五尺，五色薄绝各一尺，倭文一尺，木绵二两，麻五两，四座置一束，八座置一束，盾一枝，枪一竿，裹叶荐六枝，庸布一丈四尺。是日，中臣官人率卜部于宫内首卜。诸司小斋人讫，各还私舍沐浴，斋服赴集。别差中臣、忌部官人各一人，率缝殿、大藏等官人奉置衿单于大尝宫悠纪殿，率内藏官人奉置御服并绢幞头于回立殿。主殿寮供奉御汤三度：一度大斋汤，于常宫供之；二度小斋汤，并于回立殿供之。诸位立仗，诸司陈威仪物如元日仪。石上、榎井二氏各二人，皆朝服，率内物部四十人，着绀布衫，立大尝宫南北门神盾戟，门别盾二枚、戟四竿，讫，即分就左右盾下胡床。门别内物部二十人，左右各十人，五人为列，六尺为间，伴佐伯各二人，分就南门左右外掖胡床。待时开门。左右近卫，中将以下各引队仗分卫大尝宫，左右兵卫督以下各引部队分卫其方，左右卫门督以下各引其队分卫其方及门。门部纠察诸门出入。隼人司率隼人分立左右，朝集堂前，待开门乃发声。中务辅丞率大舍人寮及舍人，宫内辅丞率主殿寮、扫部寮、殿部、扫部等，并公服执威仪物，左右分陈。式部设皇太子以下版位于大尝宫南门外廷。巳时，主殿寮供奉大斋御汤，同时两国供物发自斋场，向大尝宫，悠纪在左行，主基在右行。其行列：神部四人左右前驱，着青褶衣，执贤木。神祇官一人在中，头当色着木绵鬘。次神服长二人，分在左右，着青褶衣，执贤木，神服宿祢一人在中，头当色木绵襷，日荫鬘。次缯服案，纳以细笼，置以案上神服，二人舁之，着青褶衣。次神服男七十二人，分在左右，青褶衣，日荫鬘。次神服女五十人，分在左右，青褶衣，日荫鬘。男女各执酒柏，以弓弦叶插白竿四重，重别四枚。次悠纪国前驱四人，分在左右，青褶衣，执贤木。次稻实，卜部一人在中，头当色木绵襷，日荫鬘，执青竹。次造酒儿，细布明衣，日荫鬘，乘素舆，舆夫四人。次御稻舆，纳稻布袋。担夫二人，稻实公青褶衣，木绵襷，日荫鬘。次戴御膳案，女八人，细布衫，木绵襷，日荫鬘，垂髫。次御酒案一脚，担夫四人。次黑酒二瓶，夫各八人。次白酒二瓶，夫各八人。已上四瓶，各载黑木舆，饰以萝葛。次由加物八舆，舆别夫四人，纳以明柜，置以大案。次切机四脚，加纳刀子折柜二合，裹以曝布，以案为一荷，荷别夫二人。次火燧一荷，纳筥二合，吴竹为足，覆以绿缬，夫一人。次臼一腰，纳以布袋，结以布带，覆口以白木盘，裹以细席，夫二人。次杵四枝，纳以布袋，吴竹为足，夫一人。次箕二枚，裹以曝布，吴竹为足，夫一人。次薪十荷，两端裹以细席，夫十人。次火台四荷，涂以白土，覆以细席，荷别夫二人。次松明四荷，两端裹以细席，夫四人。土火炉四荷，构以椿木，涂以白土，覆以细席，荷别夫四人。次槲叶二荷，裹以细席，夫二人。次食荐并置箦一荷，裹以曝布，纳以明柜，置以大案，夫二人。次韩灶一具，纳以明柜，置以大案，覆以绯油单，夫六人。次水六瓶，覆口以白木盘，载以黑木舆，饰以草木叶，夫各四人。已上并神御物，皆插贤木。次祢宜卜部在中，头当色木绵襷，日荫鬘。次国郡司，分在左右，并当色日荫鬘。其国司亲族相助者，各监献物，左右分列，绿袄青揩衫。次酒盏案一脚，夫四人。次黑酒十缶，夫二十人。次白酒十缶，夫二十人。次饰酒十瓶，瓶别夫八人。次仓代物四十舆，舆别夫八人。黑酒以下，黑木为舆，饰以美草。次杂鱼鮨一百缶，夫二百人，桧木为足，以曝布覆口。次肴果十舆，舆别夫四人。次饭一百柜，夫二百人。次酒一百缶，夫二百人。次杂鱼并菜一百缶，夫二百人，担夫皆青揩衣。已上并多明物。其主基国次第亦如之。阿波国忌部所织粗妙服，即神语所谓阿良多倍，预于神祇官设备，纳以细笼，置以案上，四角立贤木，着木绵。忌部一人执着木绵之贤木前行，四人舁案，并着木绵鬘。未时以前，供物到朱雀门下，神服部在前如初。阿波国忌部引粗服案出，自神祇官就缯服案后立定，待内辨毕，卫门府开南三门，如元日仪。神祇官一人引神服男女等到于大尝宫，殿膳置柏酒出，又神祇官左右分引两国供物参入，除神御物之外，皆留朝集院庭中，各分安置东西堂，到大尝宫南门外，即悠纪左回，主基右回，共到北门。神祇官引神服宿祢入，奠缯服案于悠纪殿神座上；次忌部官一人入，奠粗服案于神座上。讫，共引出，乃两国献物各收盛殿。讫，卫门府闭门，神祇官侍于北门内左掖。造酒儿先舂御饭稻，次酒波等共不易手舂毕，伴造燧火，兼炊御饭，安昙宿祢炊火，内膳司率诸氏伴造各供其职，料理御膳。宫内省官人左右分引大膳职、造酒司，各陈其所备供神物。高桥朝臣一人、安昙宿祢一人，各擎多贺须伎。其膳部、酒部，亦依次立，并入大尝宫，共外殿就案头立定，前头先奠案上，自余以次手传奉奠，讫，相顾退出。明日撤，亦如之。酉时，主殿寮以寮火设灯燎于悠纪、主基二院，院别二灯二燎，伴宿祢一人，佐伯宿祢一人，各率门部八人，着青揩衫，于南门外通夜庭燎。悠纪、主基二国进御殿油二斗，夜别五升；灯盏盘各八口，灯心布八尺，夜别二尺；炭八石，日别二石；续松三百二十炬，长各八尺，夜别八十炬；薪一千二百斤，日别二百斤。戌时，天跸始警临回立殿。主殿寮供奉御汤，即御祭服，入大尝宫。其道，大藏省预铺二幅布单，扫部寮设叶荐，且随御步敷布单上，前敷后卷，宫内辅以上二人敷之，扫部允以上二人卷之，人不敢蹋。还亦如之。宫中道并庭，以八幅布单八条敷。大臣若大中纳言一人，率中臣、忌部、御巫、猿女左右前行，大臣立中央，中臣、忌部列门外路左右，宸仪始出。主殿官人二人执烛奉迎车持，朝臣一人执菅盖，子部宿祢一人、笠取直一人并执盖纲，膝行，各供其职，还亦如之。御悠纪尝殿小斋，群官各就其座讫，伴佐伯氏各二人，开大尝宫南门，卫门府开朝堂院南门，宫内官人引吉野国栖十二人、楢笛工十二人，并青揩布衫，入自朝堂院东掖门，就位，奏古风。悠纪国司引歌人入自东掖门，就位，奏国风。伴宿祢一人，佐伯宿祢一人，各引语部十五人，着青揩衫，入自东南掖门，就位，奏古词。皇太子入自东西掖门，诸亲王入自西门，大臣以下、五位以上入自南门，并就幄下座，六位以下在晖章、修式二堂后，依次列立。群官初入，隼人发声，立定乃止。进于盾前，拍手歌舞。五位以上共起，就中庭版位跪，拍手四度，度别八遍，即神语所谓八开手。皇太子先拍手而退，次五位以上拍手，六位以下相兼拍手亦如之。讫，退出。惟五位以上退就幄下位坐定。安倍氏五位二人、六位六人，左右相分，共就版位跪奏。侍宿文官分番以上簿，讫，荐悠纪御膳。亥一刻进，四刻退。行立次第：最前内膳司膳部伴造一人，执火炬扑盆。次采女司采女朝臣二人，左右前驱。次宫主卜部一人，着木绵鬘禅，执竹杖。次主水司水取连一人，执虾蟢盥槽；水部一人执多志良加。次采女十人：一人执刷筥，一人执巾筥，一人执神食荐，一人执御食荐，一人执拭手筥，一人执饭筥，一人执鲜物筥，一人执干物筥，一人执箸筥，一人执果子筥。次内膳司高桥朝臣一人，执鳆汁渍；安昙宿祢一人，执海藻汁渍。膳部五人：一人执鳆羹坏，一人执海藻羹坏，二人执羹埚案，惟一人守棚，不入行列。酒部四人：二人舁酒案，二人舁黑白酒案。皆依次而立。荐享已讫，撤亦如之。子时，神祇官引内膳、膳部等迁于主基膳殿，料理神御馔。宸仪还回立殿，其仪如初。供奉御汤讫，易御服，迁御主基尝殿，其仪一如悠纪。又国栖等奏古风，并皇太子以下拍手等，并同悠纪仪。寅一刻，荐主基御膳，进退如前。辰日卯一点，还回立殿，其仪如初。易御服，还宫警跸，侍卫如常仪。祭事已毕，百官各退，伴佐伯氏人闭门。二点，神祇官、中臣、忌部引御巫等镇祭大尝宫殿，其币如初。讫，即令两国民坏却后镇祭所。平讫，即镇其地。料：庸布四段，木绵二斤，麻二斤十两，锹八口，米八升，浊酒八升，鳆四斤十两，坚鱼十斤六两，海藻十斤六两，腊一斗六升，盐四升，瓶坏各八口。其御服、衾单、狭帖、短帖、席，并回立殿及供奉御汤之属，并给忌部等。一物已上，所用杂物、经火之物，给宫主卜部。自余一物已上及杂舍等，悉给中臣。四点，神祇官准例祭仁寿殿。又悠纪、主基两国仓代等杂物，列立于丰乐院庭中。先是，所司预扫除丰乐院，悠纪、主基二国各设御帐于殿上，悠纪在东，主基在西，诸司内外张设如常仪。式部预置版位。辰二点，车驾临丰乐院，御悠纪帐，诸卫陈列如常。皇太子入自东北掖门，待亲王以下就位毕乃入，五位以上入自南门各就版位，六位以下相续参入立定。神祇官、中臣执贤木副笏入自南门，就版位跪奏天神之寿词，忌部入奏神玺之镜剑，退出。次辨官五位一人亦就版位，跪奏两国所献供御及多明物色目。讫，退出。皇太子先拍手退出，次五位以上俱拍手，六位以下相兼拍手，如前仪，以次退出。式部取版位出，宫内引大膳职、造酒司所备多贺须伎、比良须伎等物进见于庭，讫，将去。是时大臣侍殿上，唤五位以上俱入，就显扬、兼观二堂座；六位以下以次参入，就观德、明义二堂。讫，悠纪国别贡物参入。巳一点，悠纪国荐御膳给飨，五位以上如宴会仪，两国多明物，并令辨官班给诸司。悠纪国献当时鲜味。次国司引歌人入，奏国风，讫，撤朝膳。未二点，迁御主基帐，皇太子以下亦就主基座。别贡物参入，献当时鲜味。荐御膳，奏国风等，并同前事。讫，悠纪国给禄。巳日辰二点，御悠纪帐。三点荐御膳，次奏和舞。其召五位已上给飨及六位已下参入，奏风俗乐等，并同。辰日未二点，御主基帐，供御膳之后，奏田舞，庶事同前仪。事讫，主基国赐禄。午日卯一点，却两国帐，所司装束寻常御帐。辰二点，御此帐，召五位以上及六位以下参入，同前日。四点，叙位，两国司及氏人等叙位人数，依敕处分。巳二点，所司荐御膳，其器具便用前日两国所供御膳之具，奏久米舞、吉志舞。申一点，奏大歌并五节舞。三点，供奉解斋舞、先神服五舞，数限四人。次神祇官、中臣、忌部及小斋侍从以下、番上以上，左右分入，造酒司人别给柏，即受酒而饮。讫，即为蘰而舞之。酉二点，皇太子已下、五位已上，给禄各有差，又诸司六位官以下及两国驱使丁以上给禄。神祇伯、大副及斋部少领以上，加给马一匹。其悠纪、主基两国主典以下诸郡司、主帐以上把笏者、别敕叙位者，依临时处分。是日，小斋侍从以下于宫内省解斋，歌舞如常。大膳、大炊、造酒及两国司给酒食。讫，脱斋服复常云云。盖古之大尝祭，繁重如此。嵯峨帝时，右大臣等藤原冬嗣上言："圣主相续，频御大尝，天下骚动，人民多疲。"其劳费可知。自王纲解纽，诸政废弛。及将军执政，则皇宫供亿尚有匮乏，何况祭祀？近年大政复古，初亦下诏，称祭政一致，期复旧规。然若此隆仪大典，一时固未暇举行也。"今特节录其仪，以征旧典。

外史氏曰：余考日本开国以来，国之大事，莫大于祀。有大祀，有中祀，有小祀，有四时祭，每年定日行之。有临时祭。常祀之外应祭者，随时祭之。每帝践祚，必举大尝祭，典礼最重。即位之后，即简内亲王帝女也。若无内亲王，依世次简女王卜之。为伊势大神宫斋主，曰斋宫；又简内亲王为贺茂大神斋主，曰斋院，以奉祭祀。凡时祭名有十三，行之十八：曰祈年，欲令岁灾不作，时令顺序。曰镇华，三轮、狭井之二祭也。春日华散，疫疠流行，乃祭以镇。曰神衣，伊势之祭也。其神服部，斋戒精洁，以织神衣。其丝用三河赤引之神调麻绩连，亦织敷和之衣，以供神明。曰大忌，龙田、广濑之二祭也。欲令山谷之水变而为甘泽，润苗稼，有福祥焉。曰三枝，率川之祭也。其祭酒之樽，饰以三枝之华。曰风神，龙田、广濑之二祭也。欲令沴风不吹，稼穑滋登。曰月次，若庶人宅神祭焉。曰镇火，卜部之徒祭于宫城四隅，以防火灾。曰道飨，卜部之徒祭于京城四隅，以逆鬼魅，飨遏路上，使不内入。曰神尝，神衣祭日即行之。曰相尝，大倭、住吉、大神、宂师、恩智、意富、葛木鸭、纪伊日前神等是也。其神主各受官币帛而祭之焉。曰镇魂，阳气曰魂，招其所离，以镇于身体中也。曰大祓。除不祥也。

祈年于仲春，镇华于季春，神衣于孟夏、孟秋，神尝亦于孟秋，大忌于孟夏、孟秋，三枝、风神于孟夏，月次、镇火、道飨于季夏、季冬，相尝、镇魂于仲冬。祈年、月次最重，百官集于神祇官，中臣氏宣祝词，忌部氏班币帛。凡六月及十二月晦日大祓，东西史部上祓刀，读祓词，讫，百官男女咸聚祓所。中臣氏宣祓词，卜部氏为解除。若其他临时之祭，盖不可胜数也。如霹雳神祭、镇灶鸣祭、镇水神祭、御灶祭、御井祭、镇御在所祭、镇土公祭、御川水祭、镇新宫地祭、八衢祭、行幸时祭、路次神祭、堺祭、大殿祭、宫城四隅疫神祭、祈雨神祭、遣使时祭、遣使造舶木灵并山神祭之类。考《延喜式》，群神列于祀典者，盖三千一百三十二座之多。凡神宫有神户，其调庸田租，概充神宫装饰及供神，调度所需财物、所供币帛出于官。若大祀，则令国司供纳以卜定之。其祭物，有絁、丝、绵、布、米、豆、酒、稻、鱼、菜、盐、果，及坯盘、案席、弓马、刀盾之类，所司长官亲加检校，必令精洁，毋许杂秽。别有御赎祭，所供物有铁人像二枚、衣二领、袴二腰、被二条等事，谓赎罪于神，令移祸于铁人也。御赎祭有一世一行者，有岁岁行之者。司祭祀者，有中臣、卜部、忌部世其官，有祢宜、物部、猿女、内人、御巫司其事，皆给以禄。祭之先，分颁祭衣；祭之后，别给赏禄。凡斋戒，大祀一月，中祀三日，小祀一日，大祀散斋一月，致斋三日。散斋期内，诸司不得吊丧问疾，不得食肉，不判刑，不作乐。所司预告于官，官于散斋日平旦应告诸司，俾得斋戒。凡供物礼仪，有定式，有差等。中古特设神祇省一官，神祇伯之职，掌祭祀之典，领邦国之祝，凡祝部、神户名籍，皆隶于此。视御巫之祷，《神祇式》：九月神尝祭，十月镇魂祭，则御巫与其事。知龟卜之令，凡灼龟占吉凶，是卜部执业而统于神祇省。总判其官事。大副、少副为之贰，率其属而从事焉。神祇伯班于百寮之上，其奏事列于诸务之先，盖所以重之者如此。自王政衰微，祀典疏怠，逮乎近日，则诸教盛行，各宗其说。如耶稣教视一切神明皆若诞妄，则有以古人之祭典为鄙陋、为愚昧者。民智益开，慢神愈甚。虽然，以古先哲王之仁之智，而以禘尝治国，以神道设教，自有精义。盖其时人文草昧，所以化民成俗，不得不出于此。上以恪恭严肃事神，下以清静纯穆报上，固有非后世之所能及者矣。嗟夫！

婚　娶

自诺、册二尊见脊令飞鸣，始制婚媾。中古多本唐礼。保元、平治之后，丧乱荐兴，礼制湮废，至足利义满时，有能阿弥鉴岳者，始制诸礼。以后小笠原氏、小笠原氏礼最通行，有开女塾以教女流者，其拜跪折旋、言辞謦欬，下至拂尘插花，均有法度云。伊势氏世习其仪，今所用大率本二氏。明治以来，稍稍废矣，而民间犹存旧典。古帝立后，又立中宫，置九嫔。诸侯妻曰御台所，亦曰某君。士大夫妻曰奥姑。《辽史·国语解》：凡纳后，即族中选尊者一人，当奥而坐，以主其礼，谓之奥姑。袭辽人语也。妻呼夫曰檀那，沿梵语也。平民妻曰女房，曰山神。僧妻曰库里，曰大黑。琼琼杵尊娶木花笑耶姬，姬为富士山神，以美称，故妻为山神。司财之神曰大黑，盖谓司内职者。僧厨曰库里，亦谓主库云。僧家真宗外，旧无蓄妻者，近日释禁，争迎娶矣。诸侯妾曰部屋，士大夫、平民皆曰妾。外妇名曰帏。妾生子则为乳母，不称母，不得配庙。聘妾不修礼，不与亲族交。有非妻非妾者，曰权妻，亦不与亲族交，计月输值，朝张暮李，听人去留。生子或留子去母，后有为妻者，设宴飨亲族，名曰披露，必设假父母，以生母贱也。娶妻不避同族，如帝子男为亲王，女为内亲王，制惟亲王许娶内亲王，至于五世之王，仍不得娶。诸臣许娶五世之女王，其四世以上女亲王，均不得娶。凡皇子、皇兄弟，皆为亲王。自亲王至于五世，则有王名。旧制，限帝族自相为婚，亲王与内亲王相婚配。惟延历十一年九月诏曰："见任大臣良家子孙，听娶三世王。惟藤原朝臣奕世相承相王室，特听娶二世王。"蒲生秀实曰："按婚姻有礼，以男女有别，无相狎也；以尊卑有等，不苟合也。礼之质文，古今不同。上世兄弟相娶，自今视之，如无别者，然犹远同母，则无相狎者存焉。王姬之贵，不肯厘降诸臣，所以特贵天孙也。然二世之王女，藤原氏独以相家得娶焉，则不苟合者存焉。礼在无相狎而不苟合，其义虽与儒家异，亦何足伤也。儒家以不取同姓为礼，《礼记》载之，名为周道，则周以前之婚礼，当亦不避同姓矣。"历世相沿，由贵族逮于庶民皆如此。近世乃有禁同族为婚者。足利氏之后，诸侯无子者，即赘婿为子，嫁之以女，俾承宗祀，并从其姓。赘婿之风大行，因有男子嫁人之名，至今犹沿其俗。蒲生秀实曰：“自足利氏后，天下余子多以男嫁人，而无子将择后者，必先议其币多少而后定议。”云云。自赘婿为子之风盛行，兄妹为婚之禁又起。或有妻死，继室以妹者，有司议曰：“为人后者为之子，妻妹即其妹，是兄妹为婚也，不可。”或又曰：“女夫谓之婿，己所生谓之子，今既并于一人之身，于姊谓之婿，于妹谓之子，何分歧为？且父母于姊妹均谓之女，未尝称配嗣子者为妇，己女而不妇，姊妹何择焉可？”议礼之家，纷如聚讼焉。

凡男子弱冠，其父母将迎妇，先立媒人，名曰肝煎。肝煎周旋二姓间，或看花，或烧香，骋车某寺，泛舟某桥，使两小相识。肝煎与妇家为约，名曰架桥，既诺，乃诣官告婚。官许之，遂用红定，谓之结纳。白发一、以白麻制之，长数尺，如白发。熨斗一、制以鳆鱼，长数尺，以藁缚。鱼双、用棘鬣鱼或鲤鱼，或用凫雁。酒一樽、衣一领、带一围，其他数种，贫富有差。肝煎相携到妇家，亲戚咸集，揖让礼终，新妇出曰：“妾不敏，愿赐教。”既而开宴卜日。至日，婿受父母命，与肝煎到妇家迎之。女父母初见婿，授以刀剑二，名引出物。拜跪礼终，设酒宴欢饮而去。即夜，妇舆入，肝煎从，亲戚皆从。先出，父命之，母申之。母为结束，盘五采缕于髻，裙屐皆新，乃设庭燎为送死之礼，表不再归也。舆将入门，数女迎之，名待女郎。在堂上周旋新妇及为酌者。升堂，先拜家庙，就席，北面坐。衣必用素，以茧覆面，头发皆去饰，但妆红粉而已。婿礼服，南面坐。肝煎行酌应酬，杯用三，肴盛高盘，盘上饰以松、竹、梅、鹤、龟，皆以绣或以金银纸制，象蓬莱岛也，名曰岛台。肴必用干乌贼，羹用蛤。壶饰以雌雄胡蝶，以金银纸为之。以三杯夫妻相酬为九献，于时肝煎唱古谣《高砂曲》。

高砂在播磨国，古有老松，松精化为翁媪，戏于松下。后人为曲，合卺必谣之。曲曰："高砂兮重重，亭亭兮苍松。上有偕凤兮下有骈龙，枝当叶对兮无不双。"众皆拍掌。又歌曰："锦屏四围兮珊瑚交支，烛影迷离兮酒波参差。夜既央兮客未归，钗挂冠兮袖拂衣。形影兮相随，托微波兮通辞。在天为比翼兮，在地为连枝。三千一百三十二座大神兮，百千万亿化身菩萨兮，为我盟司，山摧海烂兮心不移。"新妇頫首，众益飞觞，欢声雷动。又歌曰："今日夫妇兮他日公婆，熨斗温兮相摩挲，白发千丈兮曳以拖。夫夫妇妇兮如琴之和，子子孙孙兮如虫之多，今夕何夕兮奈乐何。"歌未毕，促合卺饭，夫妻礼终，舅姑与新妇三献，兄弟亲族各一献。歌谣甫停，礼饭既终，复团圞饮，肴核杂陈，百戏迭兴。妇乃理发插笄，更衣而坐，待女郎亦更衣。夜彻晨尚点烛，饮宴未终，新妇与婿入后堂，共牢而食。新妇执贽舅家白发一、熨斗一、酒一樽、鱼双、婿服一领，遗舅姑及兄弟、亲族、臣僚各以物有差。新妇所携单司、纳衣服。长持、藏寝具。黑棚、陈列妆具。厨子、列书籍及器物。钓台，厨间诸具及平生所用什具。富家多以描金箱、黑髹具，贫女黄竹箱一对而已。大家嫁女，更衣十三色，先白最后黑，衣毕乃登舆。婿家礼饮，亦屡更衣。新婚之夜，以更衣多为华，媵妾老女或更一二。饮酒以过量为祝，醉倒亦不妨。聚饮者以残炙余脍携去，归以遗细君也。二日，招亲戚内子及姊妹开宴，各携酒肴来，如前日。三日，招朋友相知。过三月，归宁母家，肝煎从焉，名曰里入，一宿而归。婿为客于外家，曰初客，肝煎又从，遗物有差。有身五月为带祝，遗赤饭于肝煎。生子，每别筑产舍，曰生衙。既而举儿，七日命名，设宴招亲族。若男也，以端午为祝日；女也，以上巳为祝日。此礼今已废矣。初生逢五月，制旗如鲤，高插门楣，以祝多子。

丧　葬

垂仁帝时始造石棺，帝赐之官，建真利根始造石棺，献之帝。帝赐姓曰石作大连公。后多用石棺。临葬，冠服、刀剑、珠玉、酒饭，及平生所爱器玩，皆以殉，其厚葬可知。盗掘旧陵，多有得宝玉者，金碗、宝刀，大概同秦汉以上制。如古帝陵，大者周围七八里，小者亦过千步，穿堑注水，使人迹不能至。然中叶以后，大抵荒芜。考古治部省有诸陵司，诸陵正及佑，掌陵墓之令、丧祭之纪，土部从赞凶礼焉。又《丧葬令》，凡先皇之陵，置陵户，若陵户不足，募百姓充役，十年一替。凡兆内，毋许臣庶埋葬及耕牧樵采。又《诸陵式》，凡陵墓之侧有原野者，寮仰守户，并移所在国司预为除禁，毋使失火延烧。凡垣沟有损坏者，令守户修理，官人巡加检校。岁十二月，遣奉币，谓之荷前祭。亲者曰近陵，疏者曰远陵，供币之数亦有差等。凡祭之上旬，寮录其事，并诸国山陵使姓名及驿铃等数，以告于治部省，省告于官，然后颁币，即日遣奉云云。然自王室衰微，历代帝陵多不可考。近世蒲生秀实极意搜采，作《山陵志》一书，然尚十不能得五六也。佛教渡来之后，都用梵法，贵贱惟树一碑而已。中古天子废谥，用佛家法，死者例为释徒。考古治部省有丧仪司、丧仪正及助，掌凶事仪式及葬具。又《丧葬令》，凡葬具，一品则鼓百，大角五十，小角倍之，幡四百；二品则鼓八十，大角四十，小角倍之，幡三百五十；三品则鼓六十，大角三十，小角倍之，幡三百。皆有钲铙各二，盾各七，以护葬，其发丧以三日。惟一品及太政大臣别有方相。太政大臣则鼓百四十，大角七十，小角倍之，幡五百，钲饶各四，盾九，以护葬，其发丧以五日。一位及左右大臣皆准二品；二位及大纳言皆准三品，惟除盾耳；三位则鼓四十，大角二十，小角倍之，幡二百，钲铙各一，其发丧以一日。若辒车，自一品至五位皆得用之。其他葬具及游部，并有定式云。又《考古记》云：游部在太和高市郡。其家相传有圆目王者，娶伊贺比自支和气之女。先是，凡大丧，比自支氏必令二人掌殡事：一曰祢，祢义谓负刀持戈；一曰余比，谓持刀及奉酒食供奉于内。其所陈之辞，例不使人知之。及长谷天皇崩，比自支氏亡，以是七日七夜不奉御食，诏诸国索其氏之人，或曰惟圆目王之妻，即比自支之子也。召问之，答曰："妾族已绝，惟妾一人在。"有敕使负刀持戈，辞曰："兵器，非妇人所能供奉。"乃命圆目王代其妻执事焉。诏令其子孙，永袭其职，因名游部君。凡送葬之日，于野中古市所在歌桓，亦令游部人为之。又考古有土部，其祖曰野见宿祢。当垂仁帝世，母弟倭彦命薨，近臣从殉，数日不死，昼夜啼泣。宿祢进曰："殉葬不仁，臣请易以土偶。"乃召出云土部一百人，取埴造人马及众物形献之。帝大喜，名之曰埴轮，又名立物。下令曰："永停殉葬，以此代人。"帝赐宿祢以锻地，任土部职，改姓土部，自是土部氏世掌凶仪。其年位高者为大连，次为少连，并紫衣带剑。盖中古丧仪如此。自佛教盛行，都用梵法，一切废弃矣。

平民全用火葬，故有棺无椁，其制甚薄，无大小敛，不齐不衰，不哭不踊，唯招僧读经，供蔬饭而已。始死，告之官及僧，曰某以某病死，年某甲。医师具书状，一僧来检尸，亲族相集，焚香点烛，唱佛名彻夜。翌修葬具，木棺直立如龛。僧以药水拭其体，使尸软如泥，乃令死者合掌趺坐，衣皆用素，刀剑木制。二、扇一、念珠一，或为旅装，布袜麻鞋，一杖一笠，表到佛国也。棺糊以纸，罩以白布，书"南无阿弥陀佛"六字，或"南无妙法莲华经"七字。为幢四流，各书佛语，供以香炉花、以金银纸或白纸剪为莲花。果二盂、团子一盂、笼灯二。一宿或三宿葬焉。僧数人读经，鸣钲或奏乐，乃作偈读之，投龛中，又添血脉书。书释迦弟子之系新死者为释迦几传弟子，盖继释迦血脉者。葬之日，嗣子奉木主先柩行，亲族兄弟各礼服送之。列纸幡二三十，亦书六字七字如棺，和撒钱而行，曰买路钱。至寺，嗣子行香，次兄弟、亲戚、朋友，各有序。僧又读经，向柩大喝唱偈，谓之引导。礼终，飨僧及送者，亲戚陪食，冷酒野蔬。飨终，送野付荼毗，编竹为化人城。主人多置草屦，会葬者易屦入城，出易屦归。焚用木，或佐以檀香。翌收骨，盛小瓮，埋之墓下，或分送纪列高野山，真宗则收于西京之东山。七日，僧来说经，飨之，亲族兄弟诣寺行香四十九日而止，乃谢僧以衣服、货币若干，及死者遗物，曰布施。僧必为之谥，如曰“绿树院重阴四邻居士”，或曰“月落乌啼庵主”、庵主三金、居士五金，寺僧撰谥以价多寡定之。始死，告之寺僧，僧曰：“以金几何圆葬之？”商定布施乃诵经。读《无量寿经》价若干、《法华经》若干、《大般若经》若干，皆有价。谚曰：“来世苦乐，因布施厚薄。”至五十日，亲族兄弟初饮酒食肉，曰精进落，与平日无异。近年以七日为限，丧葬礼终，供之家庙。真宗最极壮丽，有邸中筑一堂，佣僧护之者；有构一室，以七宝庄严者。凡一户必一庙，中央安释迦或阿弥陀、观音、势至等，左右列木主，不复序昭穆，朝夕必供馔。如德川氏之塔，世世建一庙，金铺铜沓，穷极华丽。诸侯大夫多有家庙，每祭，设坛修佛事，招数十僧作无遮大会，精馔供僧，然后奠墓，布施山积。每岁七月为盂兰盆会。十三日夜招魂，家庙安木主，树青竹，四隅敷蒲席数重。有以野蔬象牛马者，或编柳为车，削竹为轮，谓幽魂驾而来也。设馔朝夕供之，招僧读经，灯光满室，幢幡四垂，设庭燎，鸣钲鼓。

十五日夜，举幢幡投之流水。至十六日，饮酒啖肉，开宴招友。每岁扫墓于清明，素服随往，插花浇酒，或以杨枝洒水洗碑，不设供馔。期年、三年、七年、十三年、十七年、二十三年、二十七年、三十三年、三十七年、五十年、百年丁忌辰，为祭祀，亦延僧诵经，招客饮酒作大会。上古尚殉死，自垂仁帝时使土工作俑代人，诏禁殉，然此风不绝。至武臣专政时，尤贵殉死，主死则臣僚争屠腹，至有数十人骈死者，死辄从葬。及德川家康严禁之，然蒙殊宠者犹殉，今则止矣。夫死，亦有妻妾殉者。凡夫死，妻剪发，去首饰，从佛法者，更名用谥号，称某院，谓之后室，曰后家，俗曰赤信女，盖以碑面镌夫妻谥号，其未亡人嵌以朱，故有此名也。又有神葬，自敛至反哭，皆以神官主持，柩类舁舆，围以苇索，垂旗四流，象青龙、白虎、朱雀、玄武。榊木名，似椿，系日本字。二枝，剑履香花。亲戚僚友礼服送野。临葬，柩前供酒二壶、饼一盆、蔬数种、干鱼一豆。神官读祭文，冠纱，袜而登席，中立拍掌，持榊小枝拜。拜讫，掷枝柩前。会葬者各执花枝前供，鞠躬进退。伶人奏乐，乐终再拜，乃下柩。丧子不亲祭，凭穴不哭泣，树木主曰某官某墓。家庙奉木主，供酒、饼、蔬、果、干鱼，上围苇索。神官及嗣子读祭文，拜毕，飨亲族僚友以酒食，无齐衰，大约七日而卒忌。旧幕府时，五十日间不剃头，不出门，朝夕供馔，事木主如事生，饭一盂，蔬五种或七种，糕果数种。凡父母丧，以十三月为服，祖父百三十日，祖母九十日，曾祖父母九十日，高祖父母三十日，子九十日，嫡孙三十日，诸孙七日，曾孙七日，妻为夫十三月，夫为妻九十日，伯叔父母九十日，兄弟姊妹九十日。服之内有忌日，服十三月者忌五十日，服百三十日者忌三十日，服九十日者忌二十日，服三十日者忌十日，服七日者忌三日。凡忌日，不治事，不会亲友，不出门。近学西法，有大丧或大臣丧，则半悬国旗，以示哀。他国亦如之，以示吊。葬日，鸣丧炮，随其官等级，如一等官十九声，二等官十五声。会葬者皆大礼服如吉礼，惟佩剑蒙以黑纱。

卷三十五　礼俗志二

服　饰

古衣服　古衣服有冠，有带，有裳，有裤，有手足缠，惟衣皆左衽，制略狭小耳。近世论古衣服曰，长不过腰，袖仅容手，下有裤，窄仅容足，正如今泰西服。盖曲徇时尚，据土偶附会其说也。古多泥塑，然地各殊制，其年代不可得考。惟筑后人筑紫造磐井所造，及藤贞干《六种图考》与《好古日录》所载，其形奇古，足观古制，固非如后世之博袖宽袍。惟《古事纪》述刺取熊曾事，取其衿之交处，其不甚窄狭可知。且衣袖虽不宽，《古事纪》叙述解衣，先带，次衣裳，次裤，后手缠，可知手缠环绕于腕，在怀袖中屈信自在。若如西人服，则狭不能容矣。

冠　古之冠不为礼服，但以巾裹头上耳。至推古帝，始定冠位，分十二阶，曰德、仁、礼、信、义、智，各有大小。以冠色分等，史但言以当色之绢缝之，不言何物为当色。大率以紫、赤、青、绀、黑、绿分浓淡色为十二等。后又随冠色着髻华。大德、小德用金，大仁、小仁用豹尾，大礼以下用鸟尾。孝德益为十三阶，曰大织冠、最尊，惟有大勋乃特授，惟镰足一人得之而已。小织冠、大绣冠、小绣冠、寻常亦不以除授。大紫冠、小紫冠、大锦冠、小锦冠、大青冠、小青冠、大黑冠、小黑冠、建武冠。又益为十九阶，紫冠以上如旧，曰大华、小华、大山、小山、大乙、小乙，各分上下，最卑为立身冠。天智又益为二十六阶，更华曰锦，锦及山、乙上下外，又加中建武，分为大小。天武又改冠号，以漆冠为朝服。后又改制，自一品至五位，头巾用皂罗，初位用皂缦，五位以上各有礼服冠，其制各别。如亲王四品以上，并漆地金装，以水精三颗、琥碧三颗交居冠顶，以白玉八颗立栉形上，以绀玉二十颗立前后押鬘上。其徽立额上，一品青龙，二品朱雀，三品白虎，四品玄武之类，各有等差。战国以后礼冠乃废。维新之初未改服制，曾见大臣冠髻高及尺，冠后拖一漆版，下垂如虹，以带系之颔下。近日礼冠皆狭长，前后锐而中尖，以白黑羽为饰。朝会皆以免冠为礼，冠或肘狭或手执而已。

瓠花　上古男子分发为二，左右结之，饰以贯珠，命为美珠罗。《神功纪》：后沐发分为二，作男子装云。今农家所种豇豆，其细而长，两分垂地，亦曰美珠罗，盖像髻名之也。《日本纪》注："古俗，年少儿十五六间束发于额，十七八间分为角子额发。"《古事纪》称为瓠花，后世名为鬓福。

元服　元服本加冠之名，颜师古注《汉书·昭帝纪》曰："元，首也。冠者，首之所着，故曰元服。"而俗谓剃额为元服。盖在昔士庶皆有冠礼，故因剃额存其名欤？剃额之前，削去顶发一二寸许，作髻于额，谓之前发。迨弱冠后，削去前发，所以有元服之名耳。《使琉球纪》曰："男女不剃胎发，男至二十，将顶发削去，惟留四余，挽一髻于前额右傍，簪小如意。如意亦分贵贱品级。"此亦前发之类也。

月题　剃额上发数寸，命曰月代。僧西行撰《集钞》已有"月代"之名，则亦已旧矣。月代犹言月样也，盖削去额上发，圆如月样故。或曰"代"当作"题"，以国音近误。按《庄子·马蹄篇》曰："加之以衡扼，齐之以月题。"陆德明《释文》云："月题，马额上当颅如月形者。"此其所以取义也。宇士新尝称为"黄鹂颠"。世传室町氏之时，有十河一存者始为之，故又名"十河额"。盖战国之余习，而取便于冑耳，后遂并须髯剃之。

男子剃面　维新之前，公卿以下皆剃面，不蓄须髯，盖如僧俗。多武峰护国院所藏镰足公像、大龢不退转法轮寺所藏业平像、河内道明寺所藏菅公像，皆有须髯，似当时未剃面。又德川家康谓加藤清正曰："公有三可恶，一美髯。"则三百年前皆已不蓄须矣。士庶不须，则始于德川氏时。土佐又平所画人物皆有须髯，则当时士庶未剃面可以见已。近学西俗，以髯为贵，年三四十，唇上颔下，离离若竹，辄摩弄自喜，或零星不出，则设法艺之。其形如八字，以手捻之，使其末向上，作掀腾之势。盖东人西服，所未似者在此，得其似者，超越等流矣。

妇人剃眉、黑齿　妇人已嫁，剃眉，以墨画于额上，亦多不画者。《猗觉寮杂记》曰："今妇人削去眉，画以墨，盖古法也。"《释名》曰："黛，代也，灭去眉毛，以代其处也。"妇已嫁，则涅齿，使黑如漆。《魏志》、《汉书》有黑齿国名，此风久矣。明治初年，下令革旧，今则齿如贝编，眉如蛾弯矣。

文身　文身旧俗，今犹有存，胸背、手足刺为鸟兽、鳞介、花草、果木之形，亦或绘人物故事，涅之以蓝，光怪陆离，不可逼视。其象蛟龙者作鳞之而，轩腾若生，云入水可辟水怪。圉人仆御，十人而九，士夫以上罕为之者。

丹朱坋身　《后汉书》称"丹朱坋身"，或古男子喜剃面傅粉，搔头施朱，如梁朝贵游子弟耶？今女子多傅脂粉，襟广微露胸，肩脊亦不尽掩，亦傅粉如其面，然坋身之说，殆谓此欤？否则，古之文身用丹朱，不用蓝也。

肩衣　即直垂之除袖者也。直垂素袄之类，本田猎服，保元已降，始有此称。迄足利氏时，朝士多服之。《山槐记》所谓“游鞍马寺，途遇右少将维盛，直垂小袴，行縢猎归”是也。后遂为常服。东山氏时，茶会盛行，其茶室不过方丈，故除袖以便周旋耳。

罩甲　武弁之服，有阵端折，其制半身除袖，折襟分裾，以便于骑马，即罩甲也。有名蔽甲者，仍用长袖，冬日则用夹里装绵，亦谓之端折，贵贱通服之。即是古之半衣、绣披袄、诸于、绣䆟之遗象。盖其制，半身则如半衣、披袄子、袴褶、短褂子、缺胯袄子之类；除袖，则为绣鬛齐肩、半袖、半臂、背子、裲裆之类；对襟分裾，则为褂衣、对襟衣、缺襟袍、四褛衫之类。考始皇元年，诏宫人及近侍服衫子，亦曰半衣，取便于侍奉。隋大业末，炀帝宫人、百宦母妻等，绯罗蹙金飞凤背子以为朝服，又曰披袄子，盖袍之遗象也。汉文帝以立冬日赐宫侍承恩者及百官披袄子，多以五色绣罗为之，或以锦为之，始见其名。《通雅》曰：“吕范自请为孙策都督，出便释褠着袴褶。师古曰：‘褶谓重衣之罩在上者，其形若袍，短身而广袖。’正谓今之罩甲，半臂而短，戎衣也。《开元礼》：皇太子正至受群臣贺，若服袴褶，群官及宫臣皆袴褶。”吕种玉《言鲭》曰：“今制，随驾文武官皆着缺襟袍、短褂子，盖从军之服也。按《唐书》，高祖武德元年，诏诸卫将军每至十月一日，皆服缺袴袄子。自隋时诏武官服之，今亦其遗制。”《通雅》又曰：“诸于、绣鬛，半臂也。《光武纪》：‘三辅吏士东迎更始，见诸将过，皆冠帻，而服妇人衣，诸于、绣鬛，莫不笑之。’《元后传》：‘独衣绛缘诸于。’师古曰：‘诸于，大掖衣，即褂衣之类。’是今之披风敞袖也。《说文》作‘诸衧’。绣鬛，字书所无。智按，唐说载韩晋公见少年单练鬛，与‘䆟’同，谓今之半臂也。”戎衣有罩甲，所谓重衣，在上而短者，前似褂衣，或肩有袖，至臂臑而止。今曰齐肩边关，号曰褙褂，又谓之褂子。汉以无袂衣曰褙，则今呼正与古合。又《戒庵漫笔》云：“罩甲之制，比甲稍长，比袄减短。正德间创自武宗，近日士大夫有服者。”按《说文》，无袂衣谓之褙。赵宧光曰：“半臂衣也，武士谓之蔽甲，方俗谓之披袄，小者曰背子，即此制也。”《魏志·杨阜传》：“阜尝见明帝着帽，被缥绫半袖，问帝曰：‘此于礼何法服也？’”则当时既有此制。《事物纪原》曰：“《实录》曰：隋大业中，内官多服半臂，除却长袖也。唐高宗减其袖，谓之半臂，今背子也。江淮间或曰绰子，士人竞服，隋始制之。”《同话录》曰：“近岁衣制，有一种如旋袄，长不过腰，两袖仅掩肘，以最厚之帛为之，仍用夹里，或其中用绵者，以紫皂缘之，名曰貉袖，以其便于控驭耳。”《日知录》曰：“《太祖实录》：洪武二十六年三月，禁官民步卒人等服对襟衣，惟骑马许服，以便于乘马故也。其不应服而服者罪之。”今之罩甲，即对襟衣也。《通鉴》曰：“武德元年，马周上议，请襕、袖、褾、襈为士人上服，开胯者名缺胯衫，庶人服之。”即今四褛衫。《释文》曰：“褛，衣裾分也。”《通雅》曰：“上马衣分裾，曰四褛，唐宦者褛衫侍从是也。”按之今制，其有袖者，则今之马褂类；无袖者，即今之背心类也。

半褂　蒙于袍上，比袍短数寸，冬用绸，夏用纱，士庶皆以为礼服。亦对襟，襟缝结以带。其本族徽志，刺绣于袖，或一或三于背，非是不见客，亦罩甲类也。

袭、羃䍦、帽絮、盖头　袭，女服也。《古事纪》曰“淤须比”。《万叶集》间载之。《延喜式》：帛意须比八条，长二丈五尺，广二幅，盖以蒙全身也，故如许长。妇人出门，蒙单衣以蔽障全身，谓之蒙衣，即《诗》絅衣、《仪礼》加景、隋唐羃䍦之类也。《通雅》曰：“加景即幜。《仪礼·士昏礼》加景注：

‘景之制，如明衣，加之以行道御尘。’智谓非御尘，以为蔽也。北齐纳后礼有所谓加景、去幜，即此字。今俗迎亲幂其首，名曰盖头。《诗》絅衣，一作潁衣、檾衣、景衣。加景，亦尚絅之遗。”又曰：“幂䍦，障面也。”“山简着白接䍦，䍦似幅巾。幂则似罩耳。今人眼罩是也。”今按：幂䍦即幜之类，障蔽全身，方密之以为眼罩，误矣。眼罩乃面衣之类耳。崔豹《古今注》曰：“唐武德、贞观年中，宫人骑马多着幂䍦，而全身障蔽。至永徽年中后，皆用帷帽施裙，到颈渐为浅露。至明庆年中，百官家口，若不乘车，便坐担子。至神龙末，幂䍦殆绝。其幂䍦之象，类今之方巾，全身障蔽，缯帛为之。”百年前，画贱者乃着高顶笠子于蒙衣上，今市女笠是也。后来晴雨皆用伞，无戴笠者。已而用蒙衣者渐少，或有以絮为帽者。《汉史》所谓冒絮也。《汉书·周勃传》曰：“太后以冒絮提文帝。”注应劭曰：“陌，额絮也。”晋灼曰：“《巴蜀异物志》谓头上巾为冒絮。”师古曰：“冒，覆也，老人所以覆其头。”或有以方帛斜折覆头，垂其端结之颔下者，其制亦不一。又有老妇、尼姑所着称花帽子者，乃唐帷帽、宋盖头之类也。《唐书·车服志》曰：“初，妇人施幂䍦以蔽身。永徽中，始用帷帽，施裙及颈。武后时，帷帽益盛。中宗后，乃无复幂䍦矣。宫人从驾皆胡帽乘马，海内仿之。至露髻驰骋，而帷帽亦废矣。”《孔氏杂说》曰：“唐永徽以后，皆用帷帽，若今之盖头。”《事物纪原》曰：“唐永徽之后用帏帽，后又戴皂罗，方五尺，亦谓之幞头，今曰盖头。”《清波杂志》曰：“士大夫于马上披凉衫，妇女步通衢，以方幅紫罗幛蔽半身，俗谓之盖头。盖唐帷帽之制也。”或以幅纱打叠，自顶绕两鬓，交加盖髻者，亦谓之帽子。其小裁盖髻者，谓之阿杰帽子。方言所谓纱缋，郭璞谓之结笼，燕京谓之云髻，古谓之帼者，盖此类也。《瑯琊代醉编》曰：《诗》“有頍者弁”。《士冠礼》注：“滕、薛名蔮为頍，今未笄冠者着卷帻，頍象之所生也。”《舆服志》：“夫人有绀缯帼，古画妇女有头施绀羃者，即此制也。诸葛孔明以巾帼遗司马懿。巾帼，女子未笄之冠，燕京名云髻，蜀中名昙笼，盖笑其坚壁不出，如闺女之匿藏也。帼音与愦同，古对切。”《通雅》曰：“因幅巾而有幞头，即幓头也，一曰袹首。《说文》：‘帓，一幅巾也。’后汉冯衍幅巾降光武。魏时作缣巾，又造白帢，横缝其前以别后，名曰颜帢。六朝白纱巾，其介帻则公服也。《谢安传》：‘理发迟缓取帻。桓温曰：令司马着帽进。’此以可证。《方言》络头，陌头也。纱缋、鬒带、髤带、帑帴，幞头也，或谓之承露，或曰覆髤。郭璞注：‘今结笼是也。’《陌上桑》诗：‘脱巾着幞头。’向栩绛绡头，周党着谷皮。绡头，绡当作幧。《仪礼》注：‘如今着幓头，自项交额绕髻。’”数十年前，有帽子上戴垂檐白莞笠者，后来莞笠皆用平顶一字，无有垂檐。妇女多露髻，间有着帽絮及阿杰帽子者，惟缙绅世家用蒙衣而已。近同西法，女亦着帽，或用面衣。《三才图会》曰：“面衣，前后全用紫罗为幅下垂，杂他色为四带垂于背，为女子远行乘马之用，亦曰面帽。”按《西京杂记》：“赵飞燕为皇后，女弟昭仪，上禭三十五乘，有金花紫罗面衣。”则汉已有面衣矣。

曳地衣 女子盛饰，衣长曳地，或二三尺。室必有席或毡，故不患尘污。折旋俯仰，悉窣有声，行道则于腰间抠而扱之。娼妓亦有曳地衣，舞蹈回旋，尤具姿态。考《汉书·文帝纪》，慎夫人衣不曳地，盖言其俭，然则古之贵人衣必曳地可知也。中国自用高几，而曳地衣尽废矣。

彩衣 贵贱之服，旧颇悬绝，朝会锦衣绣衮。明王志坚有《倭锦袍歌》：“天吴紫凤恍忽似，水底鲛人亲自缫。”其华美可知也。童男幼女，或锦或绢或布，多喜为柳枝、兰花、梅点，

着以薄色，或织或印，清丽可人。

岛田髻、天神髻、蛇盘髻　鬟分两翼，如雅髻，名岛田髻；或如蜂腰，名天神髻。女也作蛇盘髻为一撮，妇也横亘以栉，多用玳瑁。

钗、珊瑚簪　宫装皆披发垂肩及背，以彩缕约之而已，故无首饰。民间盘髻，亦不插花，玳瑁栉而外，仅一小珊瑚粒，以金若银为枝，斜插髻旁。珊瑚圆而红者为贵，价有数十金者。旧亦有钗，或金或银，饰以碎珠，交加互插，高殆尺许。鬌云髻山，凡十二枝，后惟妓家用之。

领巾、护领　《日本纪·崇神纪》有“取天香山土裹于领巾”之语。《延喜·四时祭式》云：领巾纱八尺。又《太神宫式》，长五尺，用二幅。《斋院式》，领巾各九尺，走孺用七尺。古时因贵贱分长短，今不为礼制，但围颈以护寒。巾概长数尺，颔下结之，半垂于胸。护领，即偃领、袨领、帖领、护油也，又名领挂。《戒庵漫笔》曰：“宫女皆以纸为护领，一日一换，欲其洁也。”《类书纂要》曰：“护领，又曰护油。”《通雅》曰：“帖领，曰偃领。《礼记》被纇黼注：‘刺黼以为领。’如今偃领矣。《说文》：‘褗袨，领也。’智按，谓偃领也。”

珠鬘、手玉、足玉　珠鬘，缠首及颈。手玉、足玉，手足饰也。都用管玉、曲玉、金环。管玉，形如管，中通小孔以穿线。曲玉，又曰勾玉，形如缺环，又似蝌斗，一端有窍可穿线，后世时时出于古坟中。又有钏名比知万，伎缠臂上，饰以小铃。《古事纪》：“素戋鸣尊，左缠五百个小琼。”盖男子装，然今世妇人手乃无钏，耳亦不环。

涎挂　小儿用之，以洁饮食，使不污衣，即袨、褩袼、襕嘴、帏涎、拥咽、唵袷、头袨、次裹衣、涎衣也。扬子《方言》曰：“褩袼谓之袨。”郭璞注曰：“即小儿次衣也。”《博雅》曰：

“褮袼、褗，次衣也。”《类书纂要》曰：“襕嘴，小儿涎衣也。”《言鲭》曰：“帏涎，以方幅系小儿领下，谓之涎衣。”《通雅》曰：“方折领，曰拥咽。《礼记·曲袷》注谓方领也。疏曰：‘如今拥咽，若小儿衣领，但方折之。’宋曰涎衣，俗名唵袷。编枲衣，一曰头褗，一曰次裹衣。次裹衣，即涎衣也。”

腰襻、围裙、臂绳 贫贱女子多习操作，裂帛为片幅裙，围于衣前，以辟污染，谓之围前；以帛为带，交结胸前后，谓之腰襻。又或用小带巨绳，系袖于臂，盘衣于膊，交叉横斜，结于半腰，盖襟袖宽博，回旋多碍，汲井上灶，不得不尔也。臂绳，古谓之絭。《汉书》控券注，孟康曰：“与絭同，区愿切，攘臂绳也。”又《贾谊传》曰：“白縠之表，薄纨之里，緁以偏诸。”颜注曰：“偏诸，若今之织成以为腰襻及标领者也。”腰襻，即日本俗所谓三尺带之类也。围裙或谓之围前，《言鲭》曰：“今吴中妇女衣外加布裙，以绩苎上灶，谓之围前。”

带 古用布帛。《武烈纪》有“御带结垂”之语。因结而垂两端，故曰多罗志，译即垂也。今男子带结束衣表，结之余者，摄而不垂。女则带宽咫尺，围腰二三匝，复倒卷而直垂之，若襁负者用缎。按：腰带即腰巾，亦曰腰彩。《古今注》曰：“袜肚，谓之腰巾，以缯为之。宫女以彩为之，名曰腰彩。至汉武帝以四带，名曰袜肚。灵帝赐宫人蹙金丝合胜袜肚，亦名齐裆。”《正字通》曰：“帓与袜通，女人腰带也。”

佩刀 旧幕府时，藩士以上概佩双刀，长短各一，长者二尺余，短者尺许，漆鞘金装，用其族徽志，作为花草虫鸟之形，如藤原氏用藤花，德川氏用葵花，嵌于刀鞘。出门横插腰间，登席则执于手，就坐置其旁。朝会亦有容刀，或以木制，刀式较长，装饰更丽。维新后，寻常佩刀下令革禁，然仿西制，文武勋臣遇朝会大典，仍佩西式剑。

裳　上古女裳男袴。《神代纪》："大神结发为髻，缚裳为袴。"《日本纪纂疏》："下衣曰裳，胫衣曰袴，男女通用。"今女既不裳，男子以裳为礼服。其制，系于衣表，周围无襆，裳之下方有裆，分跨两足，有似今华人袴，惟裆在上在下不同耳。着裳由下而上，系带于腰。盖今俗足无袴，跪坐于席，两膝着地，时或露踝，以裳围之则不复露，故以为礼服也。

裤、袴、中单　在表曰裳，在里曰袴，即《日本纪疏》所谓"下衣曰裳，胫衣曰袴"。《古事纪》"矢漏于裤"，知为亵衣。袴或作裤，有外见者。《古事纪》赐赤衣裤，又王子服布衣裤，又以布迟葛一夜缝衣裤，盖亦胫衣而外露者也。《雄略纪》歌词"袴有表里"。然古虽有袴，要不过胫衣，以布裹足耳，实无袴裆。今俗男女皆不袴。女衣里有围裙，《礼》所谓中单，《汉书》所谓中裙是也。今五部洲惟日本不着袴，闻者惊怪。然按《说文》："袴，胫衣也。"《逸雅》："袴，两股各跨别也。"袴即今制，三代前固无。张萱《疑曜》曰："袴即裤，古人皆无裆，有裆起自汉昭帝时上官宫人。"考《汉书·上官后传》："宫人使令皆为穷袴。"服虔曰："穷袴，前后有裆，不得交通。"是为有裆之袴所缘起。惟《史记》叙屠岸贾有"置其袴中"语，《战国策》亦称韩昭侯有敝袴，则似春秋战国既有之，然或者尚无裆耶？观马缟《古今注》曰："袴，盖古之裳。周武王以布为之，名曰褶。敬王以缯为之，名曰袴，但不缝口。至汉章帝时，以绫为之，名曰口。"所称周制，不知何所据，然亦可知有裆缝口之袴，起于汉无疑也。汉魏以来，殆遂通行。日本盖因周秦之制，不足怪耳。

足结　古之旅行及为农业者，结束袴端，便于步行，名曰足结。或有着小铃为饰者，盖行縢之类也。

袜　旧幕府时，贱者不许着袜，今亦解禁。近穿革履，无不袜者。穹官家居时，或跣足亦出见客。袜皆分歧为两靫，一靫容拇指，一靫容众指。

屐 出必屐，至人家，脱之户外。旧幕府时，禁庶民不许穿屐，止穿草履，近解此禁。屐有如丌字者，两齿甚高，又有作反凹者，织蒲为苴，皆无墙有梁。梁作人字，以布緶或纫蒲系于头，必两指间夹持用力乃能行，故袜分两歧。考《南史·虞玩之传》，一屐着三十年，蒵断以芒接之。古乐府“黄桑柘屐蒲子履，中央有丝两头系”，知古制正如此也。

伞 仿西洋制，名蝙蝠伞，谓张之其翼如蝠也。女子出门，无春夏晴雨，必携以为饰。制以青罗，或有用绢者。

折叠扇 折叠扇一名聚头，削竹为十三行，长三四寸，插之腰间，贵贱皆用。武人披甲胄，亦携以为饰。亦有长二尺者，用泥金纸、乌木柄，惟女流用之。泰西妇女争购以饰手，围坐笑语，卷舒自如。柄有用象牙者，纸有易以毛羽者，易以绢纱者。《张东海集》称，永乐中倭国以充贡，成祖分赐群臣，又仿其制以供赐予，遂遍用之。盖源义政称臣于我，以之充筐篚者也。然宋时既有流传，东坡谓高丽白松扇，展之广尺许，合之止两指许。又江少虞《皇宋类苑》云：“熙宁末，游相国寺，见卖日本扇者，琴漆柄，以鸦青纸如饼揲为旋风扇，淡粉画平远山水，笔势精妙。”即折扇也。

被 有两袖，长九尺有奇，卧则覆于上，更以其半覆足。《诗》、《礼》所谓衾，《论语》所谓寝衣，正与此同。

西服 日本旧服，皆隋唐以上遗制。当时遣唐之使，冠盖相望，上至朝仪，下至民俗，无不模仿唐制。逮将门专政，稍趋简易，然不过损益旧制，大同小异。宋明以下，新改服色，乃不复相同。维新以来，竞事外交，以谓宽袍博带，失则文弱，故一变西服，以便趋作。自高官以至末吏，上直退食，无不绒帽毡衣，脚踹乌皮靴，手执鞭杖，鼻撑眼镜。富商大贾，豪家名士，风气所尚，出必西式。然日本旧用布用丝，变易西服，概以毳毛为衣，而全国尚不蓄羊，毛将焉傅？不得不倾资以购远物。东人西服，衣服虽粲，杼轴空矣。又日本席地跪坐，西服紧束，膝不可屈，殊多不便，故官长居家，无不易旧衣者。

饮　食

火食　上古有灶神澳津彦、澳津媛，以灶名之，则火食久矣。《古事纪》云："飨大汝神，以燧臼燧杵钻火为爨炊。"造火之法如此。然日本自习佛教，戒杀生，饭稻羹鱼之外，多食疏菜，亦喜食生冷。

稻饭　自古贵稻逾他谷，盖日本于稻最宜，故有千五百秋瑞穗国之名。全国皆食稻饭，用瓦釜以米和水煮之，无用蒸饭者。然古时亦尝作蒸饭，故釜额上有三横画者，俗谓之饭釜，以存甑形也。以箄着甑底，入米，安釜上，候略熟，沃水再蒸，谓之炊饭。《毛诗》所谓餴，《说文》所谓人生饙，均谓一蒸米，日本不用此法。食饭每以汤浇饭，或以茶淘饭。古谓之飧。《玉篇》曰："水和饭也。"《释名》曰："飧，散也，投水于中解散也。"李时珍曰："飧，水饭也。"饭后必进汤，谓之饭汤。再蒸宿饭为温饭。贫家于晨餐一熟后，至日中日晡，取而再煮，或以汤沃而食之，亦有食冷饭者。以羹浇饭曰饡，又名汁加结饭。以鱼肉杂味调和混于饭面，曰盘游饭，亦曰团油饭，亦曰骨董饭，亦曰肉盦饭。日本音曰个么苦多喜，以鳗鱼和之。不用鱼肉杂味，以荷叶包饭蒸之，名曰荷饭，中元以供祖先。用赤豆、芋、粟等和稻煮之为合饭团以充旅食者，曰搏饭。又造饭团用脱印为正方角，曰角饭，名曰几利饭。奈良人作茶饭，取蒸米一升，置沸汤里，勿令过熟，出着新箩内，俗呼为奈良茶饭。

酱油、味噌　造酱油法：大豆熬去壳，炒小麦同蒸熟，罨黄曝干，和熟盐水入大桶内，日拌搅，凡七十日，候熟，榨去滓，再煮取用，或临熟挹取其清者，曰多末厘。考《和名类聚钞》，有煎汁，无酱油，意当时作和羹惟用煎汁。本朝式曰坚鱼煎汁，俗云加豆乎以吕利。今虽用煎汁，待酱油而后为味矣。味噌，即豆酱也。制法：大豆一斗煮熟，舂千杵，入曲一斗、盐三升拌之，再舂缸藏，凡七十五日，临用和水擂为湆，以煮鱼、鸟、蔬菜。味噌，或作味酱，其法传自高丽，故又有"高丽酱"之名。《和名类聚钞》曰："杨氏《汉语钞》曰：'高丽酱美苏、味噌，乃高丽语，云酱也。'宋孙穆《鸡林类事》曰：'酱，曰密祖。'薛俊《日本寄语》曰：'酱，曰弥沙。'盖密祖、美苏、味噌、味酱、弥沙，国音相近，皆一音之转讹耳。"味噌有赤白二品。又有五斗味噌：大豆一斗煮熟，糟一斗，米糠一斗，酱油滓一斗，盐一斗，合捣缸藏。《和名类聚钞》有志贺、飞驒二品，今有名护屋味噌。

鱼酱　所造鱼酱，有虾酱、海胆酱、鳆鱼酱、坚鱼酱、乌鲗酱、沙噀酱诸品，俗谓之咭乌加喇虾酱，俗云阿弥时乌加喇，备前所造最佳。海胆，胆俗作丹。此云乌弥，出越前及对马者香味最美。《和名类聚》引《汉语钞》曰："棘甲蠃，和名宇仁，乃蚌螺之类，壳如盂，外密结刺，内有膏，黄色。"鳆鱼酱，出于相模小田原，肉鳆名，壳名石决明，此云阿话备。坚鱼，名加追汉沃，汉名未详。坚或作鲣，《尔雅疏》曰："坚即鳢也。大者名鲣，小者名鲵。"殊非加追沃之类。《大和本草》曰：

“《古事记》、《万叶集》皆作坚鱼，后世合为一字耳。”大者尺余，小者九寸许，味美无毒，能调和百味，久病衰极之人常食无妨。此鱼为海味上品，自王侯而下，至黎庶之家，聂而为脍，卤而为脯，风而为挺，渍而为醢，煎而为膏，函封瓮闭，苞苴千里，无日不享其用，而挺之用最广。岁时吉席，无此不成礼；饮馔调和，无此不成味。其利遍域中，沿海诸州，所在有之，而土州、势州者最佳。春夏之交，渔人削鹿角为钩距，随投随获，至得数十万头。鲣，又见《徒然草》。《和名钞》作鲣鱼，式文用坚鱼二字，淡海作令，亦曰坚鱼。《盍簪录》曰：“僧兼好小说，记镰仓海有鱼名鲣，土人不甚珍之。乡耆老言此鱼从前不上鼎俎，仆隶下人不肯啮其首，世趋末造，今亦充膳羞。”可见当时犹不重此鱼也。距今四百年，而此鱼显晦如此。加追沃，朝鲜谓之松鱼。《东医方鉴》曰：“松鱼，性平味甘，无毒，味极珍，肉肥色赤，而鲜明如松节，故名为松鱼，生东北江海中。”又《中山传信录》曰：佳苏鱼，削墨鳗鱼肉，干之为腊，长五六寸，梭形，出久高者良。法以温水洗一过，包芭蕉叶中，入火略煨，再洗净，以利刃切之，三四切皆勿令断，第五六七始断，每一片形如兰花，渍以清酱更可口。佳苏鱼即加追沃也，形如兰花者，俗呼花加追沃。坚鱼酱出阿波，味极甘美。乌鲗酱，越前人称伊加黑造，乌鲗此云伊加，切肉和墨盐而酱之，故云黑造。沙噀此名曰谷，生者曰那麻谷，腊者曰伊利谷。那麻谷煮食不如作脍之佳，洗净，涤其肠，缕切，浇以姜酢，味极脆美。其酱则取肠脏盐而腌之，亦为鱼酱中之佳品。伊利谷，即海参也。《五杂俎》曰：“能温补，足敌人参，故曰海参。”《医林四书》曰：“海参出海中，长岐岛夷人称海蛆，有黑白二色，长二三寸，大寸许，周身有肉刺，而黑者为佳。一种无肉刺，色带白，名为肥皂参，次之。”按：长岐，即长崎之误，盖汉人不知伊利谷之制，海舶岁来长崎得之，因名曰海参。海蛆亦当作海鼠。《和名类聚钞》引崔禹锡《食经》曰：“海鼠似蛭而大，和名古。”

鱼脍 喜食脍，尤善作脍，以生鱼聂而切之，以初出水泼剌者，去其皮剑，洗其血鲑，细刽之为片，红肌白理，轻可吹起，薄如蝉翼，两两相比，姜芥之外，具染而已。入口冰融，至甘旨矣。又装脍必插花果于中央，名曰轩。盖古者以肉片大者装中间，近人代以花果，亦袭用其名耳。轩，见《内则》。《通雅》曰：“脍，大者曰轩，细者曰剌。”有鲤鱼脍，有鲈鱼脍。鲈至夏益肥，出云、丹后二州并有松江鲈，极肥美，意地因鲈得名也。有鲫鱼脍，以琵琶湖所产为上，土人名源五郎，体促肉肥，金作之而，批鳞削肌，缤纷雾随，世甚珍之。有鲷鱼脍。鲷，《日本纪》谓之赤女，《延喜式》谓之平鱼，今通用鲷字，读如台。《说文》曰：“鲷，骨耑肥也。”今之鲷鱼，亦味丰在首。《和名类聚钞》引崔禹锡《食经》曰：“鲷味甘冷，无毒，貌似鲫而红鳍，和名太比。”鳞虫之属，味无过之者。凡朝会嘉礼，以此充大牢，亦名为棘鬣。《闽书》曰：“棘鬣鱼，似鲫而大，其鬣如棘，红紫色。”《岭表录异》名棘鬣，泉州谓之髻鬣，又名奇鬣，或曰过腊，莆人谓之赤鬃。《兴化府志》曰：“赤鬃似曲鬣而大。”则二鱼也。棘鬣与赤鬃，味丰在首，首味丰在眼，蒸葱酒为珍。十月味尤佳。屠本畯《海错疏》：“过腊，头类鲫，身类鳜，又类鲢，肉微红，味美。尾端有肉，口中有牙如锯，好食蚶蚌。腊来春去，故名过腊。”《泉州府志》曰：“奇鬣，一名髻鬣。”《肇庆府志》名腊鱼。有水母脍。水母有知识，无耳目，浑然一物，下有如悬絮者，俗谓之足。大者如覆帽，小者如碗。常有虾寄腹下，咂食其涎，以虾浮沉，故曰水母目虾。以咸水渣滓为母，鲜煮之，辄消释出水。又名海月。《和名类聚钞》引《食经》曰："海月，一名水母，似月在海中，故名。"食脍之余，以脍余之头尾为羹，曰荡脍羹。又加以姜辣，曰解醒汤。

蒲烧　炙鳣鱼谓之蒲烧。割有法，燔有法，浸用美酒，染用佳酱。江户最工为之，诸国名曰江户香。

山鲸　《古事纪》云，以毛粗物、毛柔物、鳍广物、鳍狭物为人民之食，是肉食已久。然自佛教盛行，天武四年禁食兽肉，自非饵病，不许辄食，世因名曰药食，又隐名曰山鲸。所鬻之肉，皆苞苴藏之。店家悬望子，画丹枫落叶者，鹿肉也；画牡丹者，豕肉也。近年解禁，多学西人食法。国不产羊，人家亦不蓄鸡鸭，官舍因是颇讲求孳养之法矣。

蕃薯　本吕宋国所产，元禄中由琉球得之。关西曰琉球薯，关东曰萨摩薯，江户妇人皆称曰阿萨，店家榜曰八里半。栗字，国音同九里，此谓其味与栗相似，而品较下也。煨而熟之，江户八百八街，每街必有薯户，自卯晨至亥夜，灶烟蓬勃不少息，贵贱均食之。然灶下养婢、打包行僧、无告穷民，尤贪其利，盖所费不过数钱便足果腹也。

豆腐　亦有豆腐，以锅炕之使成片为炕腐，条而切之为豆腐，串成块者为豆腐干。又有以酱料同米煮，或加鸡蛋及坚鱼脯，谓之豆腐杂。炊缸面上凝结者，揭取晾干，名腐衣。豆经磨腐，以其屑充蔬食，曰雪花菜。

饼饵　碎杂米蒸曝为干糇，陆奥人制以充方物，河内道明寺所制最精，如雪之白，可称为琼粻。以蒸米捣为糍，通谓之饼。正月三日，贵贱皆食饼。其圆如镜者曰镜饼，粘柳或枯柴如贯珠者曰糍花，皆以供神佛。又压匾略干之，薄切成片，曰霰子。终岁蓄之，炙以为茶素，嚼之有声，或亦谓之为鸣牙饼。以粉米作为团，曰团子，以供馈遗，大有及尺者。以粉面、黍豆、糖蜜之类合蒸为糕，五色者为锦糖饼，白者为白雪糕，蒸糖者为外郎饼，和豆为豆粉饼，和栗为栗子饼，以油煎者曰油䭔，火炙者曰焦䭔，亦名串团子。笼上牢丸，曰白玉。其粉糕有馅者，压匾，于鏊上炒熟，曰鹑烧，以烧痕如鹑羽也。以赤豆煮熟放盆内，和以沙糖，翻转团子以衬之，曰牡丹饼。糁以豆屑，曰黄粉饼。采诸花果竹树叶，用粉米或用黍以叶裹蒸之，曰外郎粽。又有麦粽、葛粽、二色粽诸品。藉以槲叶，有槲叶饼。缀以樱花，有樱花饼。捣嫩艾叶和之，有艾糕。以姜、橘、冬瓜、金橘、佛手柑、天门冬之类渍以糖者，为糖渍；煎以蜜者，为冥果。散米熬稻作之，使散如花，或以麻子、大豆炮而裂之，即馓也。以糖作花果禽鱼之形，红白间道，为间道糖；成条子者，曰糖通；空其心者曰吹糖，曰茧糖，曰窠丝糖，曰乳糖；实心者曰糖粒，曰糖爪；以糖缠胡桃、紫苏、橘皮之类，曰糖缠，又曰龙缠果子。以糯米糖卤和剂成饼，曰牛皮饼。以赤豆去皮，和糖卤煎练成饼，曰羊肝饼。以糕如拇指大，扭作捻丝状者，曰白丝；作为索粉者，曰水线。以模印作方圆斜长之形，各以形名之。作斜方角者曰菱饼。陈侃《使琉球纪略》有象眼糕，即此也。或有作夹饼样，装馅于陷中，折而掩之，有捻断如莲瓣者，有如杯盘者。作钱形以绳贯之为光饼。以豆粉和饧作品字形，名洲滨饴。其名目盖不可胜数。大抵以粉面黍秫红绿诸豆，和以饴糖、鸡蛋，或加以椒、桂、姜、苏、胡麻、芥子，概用甜食，无用葱及肉者。其法多自汉人得来，或自高丽人得来，亦有从泰西人得来者。古者无糖，惟用酥油、饴饧调和，后世无不用糖者。古今异名者十八九。据《和名类聚钞》曰餢飳，和名布止，即《齐民要术》所谓餢鍮，束晳《饼赋》名曰餢飳。盖以水蜜溲面发酵而蒸之，即炊饼也。曰糫饼，杨氏《汉语钞》："形如葛藤，和名万加利。”曰结果，《汉语钞》：“形如结果，和名加欠乃阿和。”曰捻头，《汉语钞》：“和名无木加大。”以上三物，各因形命名，其实一物也。曰饼餤，《汉语钞》：“饼裹鹅鸭子及杂菜，煮而方截。”曰馎饦，《汉语钞》谓捍面方切者。曰煎饼，《汉语钞》：“以油熬面饼也。”曰餲饼，《四声字苑》：“名煎面，作蝎虫形。”曰粘脐，曰饆饠，曰䭔子，曰欢喜团，一名团喜。以梅枝、桃枝、餲餬、桂心、粘脐、饆饠、䭔子、团喜谓之八种唐果子。考《涅槃经》云：“譬如酥面、蜜、姜、胡椒、荜茇、葡萄、石榴、胡桃、桵子，如是和合名欢喜丸，离是和合无欢喜丸。”盖其制如此。八种唐果子，亦见《拾芥钞》。称曰唐果子，必是当时自唐人传来也。曰粔籹，和名于古之古女。考《文选注》，谓以蜜和米煎作也。曰乳饼，陶隐居《本草注》：“乳成酪，酪成酥，酥成醍醐，色黄白，作饼甚甘美。”今人多不知其法，或不识其名。

麦面　以作馒头，皆用豆沙馅。皮有黄绿白色，馅亦有黑绿之别。麦面其品颇多，或去一层薄皮者，曰胧馒头，中古有汉人传其法，今公私宴享，不可阙此物。西京乌丸街有馒头町，传为汉人所居之处。切面谓之切麦，亦名水引饼，以面合鱼肉、鸡蛋、薯蓣、香蕈、面筋、葱、栗等调和之，呼为喃礴，即合羹也。亦有索面，西京、阿波、伊豫、备后、美作并制之。秋田稻庭面店有以秫制者，长二尺许，细如线，最为名品。又有荞麦面，供为常食，横街侧市往往卖至彻晓。此外有以葛为粉，以蕨为粉。

琼芝菜　即石花菜，生海石上，性寒，夏月煮之成冻，《延喜式》名凝草，《和名钞》名凝海草，《汉语钞》名大凝菜。市人制作缕，其法：作匣方寸余，长尺许，长一边为把，底以极细黄铜线织如筛眼。切此菜，准匣大小，纳其中，以木杆筑送之，则溜出如缕，冰洁可爱，用甜酱油、芥子浇食。所恨差有腥气。其曝干者，再煮为冻，全不闻腥，或蘸糖卤，味殊佳。或于煮时，泻下糖卤，仍逐旋令融化，带热盛行筒，以箨封其口，浸井中候冷以供，谓之水玉。又如造水玉法，加栀子汁，取出倾入盆内，凝结如金珀，谓之琥珀糖。

酒　制酒之法，同于中土。应神帝时，有酒人名仁蕃，自外国来，酿酒献帝。帝喜作歌，于是酿法始精，然殊少佳品。今通行者，色如今之绍兴酒，而味又不如。然倭人嗜饮酒，每岁产酒值银数千万元，课税可得五百余万元。

茶　弘仁中得茶于唐，诏令畿内及诸州植茶。其时煎茶而饮，和盐用姜，一同唐人。其后僧荣西归自宋，植于筑前脊振山。将军源实朝有疾，荣西献茶及《吃茶养生记》，将军饮之而愈。荣西又赠茶实于释明惠，明惠种于栂尾山，后分种之宇治，至今宇治实称茶海。自足利义政始尚点茶，于是茗宴盛行。详《游宴》类中。人无贵贱，无不嗜茶。迩年种植益盛，每岁西人购买值银约四百余万元。

淡巴菰　庆长十四年，烟草始来日本。初亦设禁，卒不能行。名曰淡巴菰，沿西人语也。男女皆喜吸之。居家各携一小筐，筐有抽屉，旁置火炉，唾壶、齿签，纤悉俱备。烟管仅三四寸，富贵家镶以金银，行则插之腰间。

居　处

穴居、冰木、足一腾宫　上古穴居。神武东征，有名土蜘蛛者，以栖于土窟故名。当时土穴各有名，如忍坂、大室，均可容数十人。始有宫室，于地之中央立柱，上以乂字形木交互结缚，而覆以茅，名曰冰木。古之伊势神宫及大尝祭殿皆如此。今神庙栋上，犹用之为饰。至显宗仁贤之际，屋上始覆以芦苇，结以葛藤。又有树一柱于地，以诸柱连结架造之，为休憩所，名曰足一腾宫。

坚鱼、鸱尾　屋角鸱尾，名曰坚鱼，古惟宫殿得用之。雄略帝见河内志几县主造私第用坚鱼，乃命焚之，后许模造，尾张名古屋之天主阁上有鸱尾，以黄金铸之，庆长中加藤清正所施。维新以来，输之于官，曾陈于澳国博览会场，今在西京大内。后虽许模造，而用者甚少。盖日本宫室多不用饰，屋顶无用火珠者，楹柱多以木，亦不雕漆，并无丹楹、刻角山节、藻棁之制。间有用铜为罘罳者，以铜丝编如篱眼，悬于檐下，亦不用木刻也。

屋花　用瓦甚少，多以苇席覆之。村居贫民多茅屋，或于屋上涂泥，厚及一尺，杂植以草花。春二三月山行，望之如锦，盖因草根盘结，可以御雨故也。

鸟居、梋　于神社、佛寺门外，树柱如丌，名曰鸟居。于宫舍外树木以悬榜者曰梋。

门、篱　富贵家门，概髹以黑油，偶亦用朱，皆以白桑板数寸悬于枨，曰某位某官某姓名。贫家则白板扉二扇，门小而矮，多鞠躬而后能入。门之旁设篱，或竹或木，亦有编为麂眼篱者。

墙壁　皆木屋巨室，屋外围墙，偶有用土者。室中则皆木板，或以黄泥及五色泥涂饰，亦坚泽可鉴。古人盖缚苇席为壁，今大尝宫尚沿其遗制。近日始有用砖垒墙者，呼砖曰炼化石。

楼　好为楼居，纸窗竹屋，类皆光明。客至，每延客登楼，点茗献酒，往往吟啸终日。

园林　巨室必有园林，松、竹、梅而外，多喜植樱花。贫家亦喜为园亭，留一二弓地，花木竹石，楚楚有致。门设常关，窥其门，阒然如无人者，而每日洒扫，洁无纤尘。

室　其制始于韩人。室皆离地尺许，以木为板，藉以莞席。入室，则脱屦户外。中人之家，大率湫隘。旧藩世族，则曲廊洞房，畸零而缭曲，每不知东西南北之何向。室内无复门户，窗牖皆以纸为屏，下承以槽，随意开阖，四面皆然。室之隅，必留席地，以其半架为小阁，掩以纸屏，以庋器物；以其半为古时床笫之制，以悬书画，陈器玩。寝处无定所，展屏风，张帐幞，则就寝矣。室之外，有尺许地为檐，其左右为厕，即于近壁处为厕牏。考《史记·张耳传》："要之置厕。"索隐曰："隐侧之处。"《汉书·刘向传》："居霸陵，北临厕。"注曰："厕，侧近水也。"《张释之传》："上居外，临厕。"注："岸之边，侧也。"《汲黯传》："上踞厕，视之。'"注："床边，侧也。"古多训厕为侧，盖古之居室，于室外左右边侧名为厕，即于隐处置行清，因亦沿其名为厕，后世沿习，乃专以厕为匽溷。汉武之踞厕见卫青，盖以寝室之侧，非延见之所，故为不敬。师古谓床之边侧，不如室之边侧为确。观于东人居室，可知其义也。

席、蒲团、褥、毡、地衣　室中例设莞席。每席宽二尺，长三四尺，以布为缘，名曰叠。国语曰踏踏美。每室横直交加，室之广者容二三十席，其狭者三四席而已。古人或以兽皮、绢帛为之。有曰海驴皮叠、绝叠，盖在未铺莞席之前。今则例于席上设坐褥，敬客之礼有敷数重者，或用虎豹狼皮，或用锦用绢，制为方形。佛教渡来之后，沿用梵语，均名曰蒲团，然亦有用蒲草为圆形者，近日多用红氍毹。富贵之家易莞席为地衣，月支毾㲪，五色彩染，光怪陆离，艳夺人目。旧例，客至必脱屦户外。自易用地衣，穿革履者许之升堂，橐橐靴声，时闻于户内矣。

几案 旧无几案，间有于露居时设胡床为坐者。室中则例不设几，有君命乃设几，使者宣诏毕，亦就地坐。坐、起皆席地，两膝据地，伸腰危坐，而以足承尻后，若蹲坐，若趺坐，若箕踞，皆为不恭。考《汉书·贾谊传》："文帝不觉膝之前于席。"《三国志·管宁传》："坐不箕股，当膝处皆穿。"《后汉书》："向栩坐板，坐积久，板乃有膝踝足指之处。"朱子又云："今成都学所存文翁礼殿刻石诸像，皆膝地危坐，两蹠隐然见于坐后帷裳之下。"今观之东人，知古人常坐皆如此。盖古人无几，故不能垂足而坐。高坐之设，萌于赵武灵王，兴于六朝，盛于北宋，而通行于元。三代之前，凭则有几，《诗》所谓"授几有缉御"，《孟子》所谓"隐几而卧"，皆是也。寝则有床，《诗》所谓"载寝之床"，《易》所谓"剥床以辨"，皆是也。然床、几，或以凭依，或以庋物，或以寝处，皆非坐具。至应劭《风俗通》云赵武灵王作胡床，乃以为坐。然汉时犹皆席地。《贾谊传》"不觉膝之前"，暴胜之登堂坐定，隽不疑据地以示尊敬，皆可知也。东汉之末，有斫木为坐具者，其名仍谓之床，或谓之榻，如管宁、向栩所坐，或以地上加板，未必离地咫尺也。魏晋后，观《魏志·苏则传》文帝据床拔刀；《晋书》桓伊据胡床取笛作三弄；《南史》纪僧真诣江敩，登榻坐，敩令左右移吾床让客；狄当、周赳诣张敷，就席，敷亦令左右移床远客；《邺中记》曰石虎所坐几，悉漆雕画，则似为高坐，然皆高客贵人始有之。《语林》曰孙冯翊往见任元褒，门吏凭几见之，孙请任推此吏。曰："得罚体痛，以横木扶持，非凭几也。"夫门吏不许凭几，则知所谓移床远客者，非尊敬之客，不许坐也。又其时坐榻坐几，尚皆跪坐。《梁书·侯景传》："升殿踞胡床，垂脚而坐。"史特记之，以为殊俗骇观，知虽有床、几，亦不如今坐耳。至唐，又改木榻而穿以绳，名曰绳床。《演繁露》："穆宗长庆二年，见群臣于紫宸殿，御大绳床。"然不名椅子，至宋初乃名之。《丁晋公谈录》："窦仪雕起花椅子二。"王铚《默记》："徐铉见李后主，卒取椅子相待。"此后诸书，屡见椅子，如《贵耳集》云："今之交椅，古之胡床也。今诸郡守倅必坐银交椅。"《桯史》载荷叶交椅，《曲洧旧闻》有锦椅背。至宋时，颇加缘饰，殆已盛行与？然观古图画，唐以前人物无坐椅者，宋画亦不尽设几。窃疑胡床本西俗，赵武灵王始学为之，元入中国，因其旧习，乃通行耳。日本制度，多半仿唐，唐时尚席地，故亦无之，近十年来亦有矣。

屏风　以雕象牙、雕木为屏风，贵人家偶有一二扇而已。寻常皆用纸，以木为廓，漆而饰之。大概六曲，亦有八面四幅二扇者，曲折可叠，随意舒卷，如折扇然。相连处以铜为环，纸或用金泥，或用银光，多图山水，画折枝。每室中有之，既便取携，又妙遮饰。

仓库　以木屋故多火灾，富家别为石室，或傅以铁，以藏器物玩好。

妻屋、丧屋、产殿　古迎妻必造屋，名曰妻屋。《古事纪》所谓以天御柱建八寻殿，即妻屋也。又有丧屋，因丧而筑室。又有产殿，《古事纪》有覆鹈羽作产殿之事，今人亦有别筑一室以居产妇者。

岁　时

凡系于朝仪者别录，此专纪民间风俗。民俗亦四方各异，今特纪京师风俗，以觇其概。

正月一日，谓之元日，夙兴，拜天地、神祇、祖先，长幼以次拜贺。《日本风土记》：朔日贺岁，口云“华盖华盖”。按：华盖，乃少字译音，盖祝其不老也。进齿固。齿固犹言胶牙也，以白糍为之，其状如镜，故俗呼糍曰镜。累积饤盘，以为看食。进屠苏酒。又炙糍合萝菔、牛蒡、芋魁、昆布、豆乳等为羹，谓之杂煮。亲戚故旧来贺者，亦进屠苏酒，供杂煮。元日至三日如之。岁首以柑、橘、橙、柚、榧、栗、朱梅、霜秭、海藻、昆布、萆薢、龙虾、鳆鱼、削脯之类饤桌上，插松竹于其上，为看食，谓之蓬莱，或谓之山棚，有贺客，先供之。元日后，士庶互相庆贺，各户置白纸簿及笔砚于几上，贺客不通谒，直记姓名，或插名刺于簿间去。元日至十四日，悬蒿索于户上，索以稻秸为之，每寸出其端尺余，下垂如绦，插让叶及穗长草于其间，谓之司命索。让叶，盖楠之类，或以为交让木，未详当否。穗长草，或以为格注草，相似差异。又植双松于户外，悬以司命索，装串秭、橙、橘及炭、龙虾之类，按：串秭，音曰九子贺喜。橙，音曰代代。橘，音曰好事。虾，俗名海老，盖取义偕老，或云肖其体，以祝康健也。炭，以避邪恶，即《本草纲目》所谓白炭，除夜立之户外，以避邪恶也。或曰炭音为住，言安居于是。谓之门松。元日，市民皆不开正户。世传在昔僧狂云，元旦挂髑髅于杖头行，告市人曰：“警悟！警悟！”市人皆闭户回避，三朝不开正户，盖自是始。元日已后，亲旧以酒食相邀以为节，故亦谓此月为睦月。元日俗不除尘土。

元日后至十六日，少年辈不执业，冶游行乐，握槊撇钱、投琼赌彩以为戏。儿童分朋抛木球，以彩杖格而遏之，以为输赢，谓之球杖，读如吉兆，见显昭《袖中钞》。或谓之玉打。女儿团绵为球，绣以五彩，谓之手球。又插羽于木栾子，以彩板承而跳之，翩翩如蛱蝶，谓之羽子板。是月也，市店罗列球杖、手球、羽子板，斒斓若锦。优人提鼓、三弦、胡琴以度新曲，使妖童持木偶马头，踏舞巡门乞利物，谓之春钩，以祷蚕神也。七日，以七种菜为糜。《公事根源》曰："正月上子日，内藏寮及内膳司进新菜，自宽平中始。延喜十一年正月七日，进七种菜：一曰那键，即荠；二曰发谷别落，即繁缕；三曰舍梨，即芹；四曰青菜，即蔓菁；五曰五行，又名母子草，或名五行蒿，即鼠曲草；六曰须聚诗落，即芦菔；七曰佛坐，又名多婢落谷，即鸡肠草。此日为羹食，辟邪蠲病。十五日，食赤豆粥。是日取门松及司命索积庭中，竖竹于其四旁燎之，谓之散鬼杖，杖，读如兆，盖爆杖之遗。或谓之焞度。焞度，犹言燧焞也，火炽貌。

二月十五日，寺院悬卧佛形像，为涅盘会。茶棚、酒店、糖果之铺，藏擪吞刀，舞盘沙书，聚观戏场，在在丛集。士女托拈香游观者，道路接踵。俗以黄黑诸豆杂霰子糕炒之，以供佛荐祖先。

自春分前五日，凡七日，谓之彼岸，浮屠为彼岸会，俗多供佛嚫僧。

三月三日，谓之上巳，以艾糕为节物。是日家有女儿，必陈彩胜，按：日本以彩胜为雏。是日，儿女陈人胜游戏，谓之雏游。古以正月为此，《旧事记》"敏达帝二年正月侍从进雏像"是也。近世衣之以绣缋，饰之以金珠，一对价或至五六十金。德川氏尝严禁之。供艾糕、赤豆饭，置酒饮宴，谓之雏会。因以上巳为女儿节。

四月八日，寺院为浴佛会，以盆坐铜佛，浸以甜茶水，甜茶即千岁蘽。覆以花亭，随喜者以小杓灌佛。

五月五日，谓之端午，插艾及菖蒲于门檐，饮蒲酒，食粽，始服布葛。是日，贺茂庙前走马，谓之竞马。士庶得男，必竖彩旗、陈武像及木刀枪以饮宴。旧制，五月五日，驾幸丰乐院观骑射，宴群臣。文武官皆插菖蒲于冠。《延喜式》曰："是日登场校射，将监就标下注甲乙。"此日近卫、兵卫、卫门诸府，皆陈甲胄于门。此盖其遗俗也。又贝原氏《岁时记》曰："在昔儿童束菰为马，剪纸为人，揉木片为胄，削竹木为刀枪、尖眉刀，陈户外。近则人马多以木雕，或以纸脱施五彩，或有用帛者。"是日，藤社神会，擐甲走马，亦谓之竞马。藤社庙，祀弓兵之神也。《诸社根元记》云："儿童以菖蒲饰胄，名菖蒲胄。"

凡三月三、五月五、七月七、九月九，谓之节供，供，俗作句，以国音近误耳。拜节往来，略如岁朝。中元，京师神会。四月，有稻荷会。五月，有藤社会、今宫会。六月，有祇园会。八月，有御灵会。其最盛者，莫祇园会若焉。六月七日迎神，十四日送神，仪卫极繁盛。先期，街上设山棚、山车、陆船、弄伞，鼓吹喧阗，动魂褫魄，遍街灯烛，炜煌如昼，户户金屏猩毡，轴帘褰幕，张饮尽欢。会日，棚车过门之家，宾客蚁会鳞萃，士女填街溢巷，袂云汗雨，不啻此盛。五月晦及六月十八日，在鸭河四条桥东，洗净神舆，谓之御舆洗。是日也，鸭东茶坊、娼户，结伙醵钱，敛翠裒香，演杂剧戏文故事，其人物则皆扮娼妓为男装，谓之泥黎毛浓。又缠结为棚，谓之冶台。乐则有三弦、胡琴、提鼓、钲鼓、细腰鼓，谓之杂子。珠翠锦绮，香纨白苎，艳装浓抹，以勾引无赖子弟。自六月七日至晦日，夜夜鸭河四条桥南北，凉棚茶店，鳞次栉比，两岸一带皆妓馆，分茶酒铺、羹店，杂错其间。小脚店，则有泥鳅团鱼之羹、红鬣青鳞之鲊，诸色海味，诸色素食，下酒下饭，零碎作料，不托、水引、河洛、合羹、胡饼、铗子、牢丸、包子，糖糕、糍糕诸色糖果，西瓜、甜瓜、林檎、杏、桃、杨梅诸色水果。琉璃店，则鱼瓶、葫芦、鼓铛、铁马、灯碗各色盏碟。杂卖则烟管、烟袋、各色折扇、梳篦、发朵、钗朵、香囊、彩胜、水上浮纸画儿、远视画。凡儿戏之物，泥孩、陶犬、惜千、千颣、叫子之类，名件甚夥，不可悉数。伎艺则走索、戴竿、吞刀、弄丸、藏厭、筋斗、傀儡、角抵、口伎、影伎、狝猴猫鼠之戏。演史学乡，谈说诨话，种种无所不有，竟夜火炬烛天，弦歌鼓吹，嘈嘈鼎沸，欢笑海涌，游者不觉达旦。七月七日，谓之七夕，是夕妇女悬彩丝于竹竿，陈酒馔瓜果，以祈牵牛，织女，谓之乞巧奠。六日之夕，儿女题诗于楮叶及彩笺，系竹枝，悬灯球数十，欢呼至鸭河投之，因亦以六日之夕为七夕。十五日谓之中元，为荷叶饭，士庶互相拜贺，略如岁朝俗。自十四日至十六日，具面饵百味，以荷叶贮瓜果祀先灵，嚫僧尼，展扫坟墓，谓之盂兰盆。因以中元为盆节，遂有盆前、盆后之称。十五、十六两日，近郊农户各相结伙，敲钲击鼓，来往于市中。或有请延者，则团聚街上唱佛名。钲鼓喧阗，殆聩人耳，谓之陆斋。僧尼于水次竖纸幡，具百味，击铜钹讽经，乞施物于檀越，谓之施饿鬼。中元后，家家设灯笼。前是，市是售各色华灯，六棱万眼，菡萏、球子、人物、马骑、纱绡、琉璃，品类不一。十六日之夕，城外诸山设火字，东则如意岳，自北而西则松崎、鹿苑、舟冈、清泷诸山，迤逦相次。其字或画，皆积薪排定，一时燃之。一画长或数十丈。如意岳为大字，书法最遒劲，传为僧横川所制字迹。毕，砌石为沟云。十六日晚，临水次燃麻秸送先灵，谓之送火。自十五日至晦日，每夜亘索街上，悬灯笼数百，儿女袨服靓妆为队，舞蹈达旦，谓之踊。名沃度黎。汉人所谓合生之类。有歌以为之节者，谓之音头。乐则有三弦、细腰鼓。

八月一日，谓之八朔。《中原康富记》曰："八朔之仪，始于后鸟羽帝末年，或云起于镰仓氏。”士庶互相拜贺，馈送饮食为节，谓之田实节。十五日，谓之中秋，为看月会。洒酒啖芋，自秋分前一日，凡七日，谓之彼岸。

九月九日，谓之重阳，以栗为节物，或作饭若糕，或蒸食之。

十月，谓之上无月。上无，日本律名，本名凤音，乐家相传为应钟。应钟，十月律也，故名。亥日，谓之玄猪，士庶作糍糕以相馈送。是月二十日，商贾罢市，各具酒馔宴集，谓之蛭子会。蛭子，神名，所在庙祀祈福。是日，鸭东建仁寺街蛭子庙，繁华浩闹，醉人载途。又四条街东，有誓文神祠，是日士女麇至，首过祈福，谓之誓除。

十一月，谓之霜月。冬至之日，医家作赤豆饭为神农会。

十二月，谓之四极，又曰极月。是月，丐者为泼寒胡戏，或丹墨涂面装成钟馗，登门呼跳驱祟，索钱乞米。家家扫尘，名煤除。廿日后，家家舂糍，具饮馔之料，以为新年之储。岁终，舂糍之声，比屋相接。市肆有以舂糍为业者，其糍圆如镜者，曰镜糍；以糍粘柳枝，或粘柴如贯珠者，曰糍花，以供神佛。又细切如方解石者，曰霰子。晒干，至二月十五日，杂豆炒之，以供佛荐祖先，或以为茶素。医人制屠苏袋，送平日所往来。

岁暮，亲友相聚饮宴，谓之忘年，又互相馈遗，以贺卒岁。除夜，谓之大岁。天地、神佛、祖先、灶井、牖户，以至溷厕，燃灯辉煌，达于旦。

立春前一日，谓之节分。至夕，家家燃灯，如除夜。炒黄豆，供神佛祖先，向岁德方位撒豆以迎福，又背岁德方位撒豆以逐鬼，谓之傩豆。老幼男女啖豆，如岁数加以一，谓之年豆。街上有驱疫者，儿女以纸包裹年豆及钱一文与之，则唱祝寿驱邪之辞去，谓之疫除。日本追傩之仪始于庆云三年，阴阳寮诵祭文，侍中执桃弓苇矢，大舍人寮装厉鬼，方相氏执矛，率侲子二十人，遍巡宫门，送疫出四门。今民间疫除，所唱极鄙俗，然亦甲作食凶之类也。

卷三十六　礼俗志三

乐　舞

倭乐、和歌　国俗素有歌舞，新井君美曰："本朝之乐，有声乐，有舞乐。其始出于祭天神。"《孝经纬》曰："东夷之乐，曰韎，持矛助时生。"《乐元语》曰："东夷之乐曰《朝离》，万物微离地而生乐，持矛而舞，助时生也。"唐贾公彦以谓乐有二名，此间之乐，亦有是象，每奏乐舞则陈之，但其所始，莫可考证。其后得高丽、新罗、百济及渤海等技，东西交聘，又得隋唐乐，更有西凉、龟兹、疏勒、天竺、林邑、扶南等乐，而其所传者多俗部、胡部及散乐杂戏，故用之于岁时朝会宴享，而郊天祭先，则用国乐。**其用之朝会祭祀者，有五节舞**，净御原帝之所制。相传帝御吉野宫，日暮弹琴。俄尔之间，前岫之下，云气忽起，疑如高唐神女，仿佛应曲而舞，独入帝览，他人莫见，举袖五变，故谓之五节。**有久米舞**，《神武纪》所载"来目歌"是也。神武征东国，兄猾已伏诛，弟猾大设牛酒献飨军士，帝设宴作歌，为来目歌。**有田舞，有吉志舞**，《三代实录》："贞观元年，天皇御丰乐殿广厢宴百官，多治氏奏田舞，伴佐伯两氏久米舞，安倍氏吉志舞。"又见《践祚大尝祭式》。《日本纪》神护元年所称企师部舞，即此吉志舞。本居宣长曰："吏部王记云：昔安倍氏先祖伐新罗有功，报命，会大尝，因奏此舞，故相传为大尝会舞。”**有隼人风俗歌舞**。蒲生秀实曰：“古者诸国风俗歌舞，其国造常于朝觐时奏之。如大歌所之职，集诸国之歌，以知其国风，此隼人所奏风俗歌舞，盖萨摩大隅之歌舞也。《隼人式》：悠纪、主基时，群官入，隼人司官人率弹琴及吹笛、击百子拍子、歌舞人等从兴礼门参入，御在所屏外北面立，奏风俗歌舞。又有筑紫舞，《续日本纪》：“天平三年，定雅乐寮杂乐生员，筑紫舞二十人，诸县舞八人。”村尾元融曰即小垦田舞之类，皆其地风俗舞技也。**用之宴集者有歌**，《日本纪》：“宝龟元年三月，葛井船津文武生藏六氏男女二百三十人，供奉歌垣，其服皆着青摺细布衣，垂红长纽，男女相并，分行徐进，每歌曲折，举袂为节。”《续日本纪》：“天平六年，天皇御朱雀门览歌垣，男女二百四十余人，五品以上有风流者，皆交杂其中，正四位下长田王等为头，以本末唱和。令都中士女纵观，极欢而罢。赐供奉歌垣男女等各有差。”又“天平二年，天皇御大安殿，百官主典以上，陪从踏歌，且奏且行，引入宫里。”考和歌本民间歌谣，上古无文字，口耳相传。迨伊吕波作，乃借汉字音填之，句长短无定。今通行五句三十一言之歌，始于素戋鸣尊《八云咏》，初五言，继七言，继五言，继七言，继又七言，其声哀而怨。古歌本以合乐，其后乃校文字工拙。《万叶集》所载，有歌仙、歌圣之名。今内廷尚有歌会，每月合咏，或名之曰国诗，曰国风。**其曲有曰难波曲**，《日本纪》：“天武四年，敕大倭、河内等国，选所部百姓能歌男女而贡。”上谷川氏曰：“盖采其国风，所谓难波曲、倭部曲、近江水茎诸曲之类是也。**有浅茅原曲**，浅茅原，地名。**有八裳刺曲。其乐器，有笛，有和琴，有拍子。今祭犹用古歌舞。民间所歌，随时撰曲，布之管弦。所用乐器，三弦及鼓而已。**隋七部乐有倭国伎。其声容若何，今不可考。

乐律　一曰一越调；二曰断金调；三曰平调；四曰胜绝调；五曰龙吟调，别名下无；六曰双调；七曰凫钟调；八曰黄钟调；九曰鸾镜调；十曰般涉调；十一曰神仙调；十二曰凤音调，别名上无。伶工相承，以一越为黄钟，断金为大吕，平调为太簇，胜绝为夹钟，龙吟为姑洗，双调为中吕，凫钟为蕤宾，黄钟为林钟，鸾镜为夷则，般涉为南吕，神仙为无射，凤音为应钟。物徂徕云："稽诸华夏燕乐，有越调、双调、般涉调、仙吕调，皆调名而非律名也。龙吟声，即唐长鸣三声之一；凤鸾商，乃琵琶独弹曲破之名；而断金、胜绝、凫钟，绝无所考，或当字误；上无、下无，为此方所命，独巢笙平调子为林钟、仙吕管为夹钟者，实以命律，然不复与此方所传者合。谨按：本邦之乐，原周汉遗音，律亦周汉之律，而第八黄钟调声，乃周汉黄钟也。惟昔黄帝轩辕氏，命伶伦始制律吕，而度量衡皆生焉。三代相承，历秦逮汉，莫有改作。后汉以来，尺度讹长，魏杜夔承丧乱之后，莫所稽考。其制律以应钟为黄钟，律始变矣。晋时荀勖妙解音律，取协古器厘正复旧。宋齐暨陈，一皆因之。中间梁武时，曾议订正，寻值乱离，未及改造，比终江南之朝，周汉音尚存也。此时中原沿胡，而胡尺长大，胡音重浊。拓拔氏乃以夷狄崛强之习，事不师古，妄意制作，以新一时耳目。东魏以中吕为黄钟，盖互换歌奏也。宇文周以南无之间为黄钟。隋承周统，因以南吕为黄钟，皆以协胡音也。及其平陈之后，始获宋齐旧乐，高祖善之，谓为华夏正声，别置清商署以管之，号曰清商三调。所以谓之清商者，其乐以南吕为黄钟，则宋齐黄钟为夹钟。五音之序，太簇为商，夹钟高一律，故谓之清商，此以其乐视宋齐旧乐故云尔。唐以宇文周玉尺造律，亦以南无之间为黄钟，始变古制为八十四调，又演清乐为燕乐二十八调，于是周秦遗音遗制，皆亡灭不传焉。其后五代周时，王朴造律，其黄钟在黄钟、大吕之间。宋建隆时，和岘以应钟为黄钟。崇宁时，魏汉津以夷则为黄钟。明洪武时，冷谦以中吕为黄钟。此历代改律之大概也。其未施行者，宋李昭、范缜以林钟为黄钟，刘几同唐制，明郑世子同崇宁制，此皆在古乐散亡之时，莫有所稽考，妄以己意饰以累黍者也。村濑之熙祖物氏之说，征引十证，以证第八黄钟调声，为周汉黄钟，又曰："古乐正声，宋以来诸儒所未尝识，特传于我邦，而古音得复明，岂非千古大快！"然今考日本之传华乐，实始于唐时。自隋文帝平陈，得华夏正声，置清商署，以为古音尚存。清商调，唐武后时犹存六十三曲。自唐变古制，及五代乱离，而古音尽亡。谓日本所传为隋以前曲调，则以周汉古音尚存，不为无理。然日本伶人所用管色，乃正与燕乐谱相合，则唐乐之所无，日本安得独有哉？管色之辨，并详下条。

管色　伶官所传三管字谱，各不相合。笙谱十七字：一曰千，龙吟甲。二曰十，双调乙。甲乙谓清浊也。三曰下，龙吟乙。四曰乙，平调乙。五曰工，凤音乙。六曰美，凫钟。七曰一，盘涉乙。八曰八，平调甲。九曰也，双调甲。十曰言，凤音甲。十一曰七，盘涉甲。十二曰行，黄钟甲。十三曰上，壹越甲。十四曰凡，壹越乙。十五曰乞，黄钟乙。十六曰毛，断金。十七曰比。神仙。盖笙管古制十有九，十七字之外，卜字为胜绝，斗字为鸾镜，十二调备矣。后世除卜字、斗字二管，止存十有七，而毛字、也字二管无簧，所用止十有五，而有九调耳。横笛谱七字：一曰六，闭下第一孔，为壹越。二曰下，闭上五开下二，为凤音。三曰中，闭下一孔开上六，为盘涉。四曰夕，闭下二开上五，为黄钟。夕读如尺，盖尺之省笔。宋俗乐谱亦省作工。五曰亠，闭下三开上四，为双调。六曰五，闭下四开上三，为龙吟。七曰亍。闭下五开上二，为平调。筚篥谱十字：一曰丁，第一孔，黄钟甲。二曰一，第二孔，龙吟。三曰四，第三孔，平调。四曰六，第四孔，壹越。五曰凡，第五孔，神仙。六曰工，第六孔，盘涉。七曰五，第七孔，黄钟乙。八曰亠，背上孔，双调。九曰厶，背下孔，即勾省笔。按《体源钞》曰："独开此一孔，应笙之比。背上下孔皆开，应笙之美比，为神仙美，为凫钟。然今质之伶官，则云上下孔，并无别调云。"十曰舌。九孔皆闭为舌音，即胜绝。亦如今之乐部所用五、六、工、尺、上、四、合、乙、凡也。《宋史·燕乐书·十字谱》曰合、四、乙、工、凡、上、勾、尺、六、五。今以较此，横笛第一孔为壹越调，用六字，《燕乐书》乃以六字为黄钟，横笛黄钟调用夕字，夕即尺字，《燕乐书》尺字为林钟声，则伶官相传壹越谱为黄钟、黄钟调为林钟者，即与《燕乐·十字谱》相同。且如筚篥谱，以黄钟为林钟，则平调为太簇，神仙为无射，盘涉为南吕，凫钟为蕤宾。今太簇、平调并用四字，无射、神仙并用凡字，南吕、盘涉并用工字，蕤宾、凫钟并用厶字，凡此数者皆相合。盖日本所传多唐乐，而燕乐谱亦唐乐，故东西相符，若乃据徂徕之说，以黄钟为周汉黄钟，则字谱无一相合，有以知其不然矣。

伶官　古有雅乐寮，隶于治部省，设歌师四人、歌生三十人、歌女百人、舞师四人、舞生八人、笛师二人、笛生六人、笛工八人。蒲生秀实曰："供此间乐而吹笛者也。"其唐以下诸乐吹笛之人，各在其乐生中。唐乐师十二人，内横笛师一人、合笙师一人、箫师一人、筚篥师一人、尺八师一人、箜篌师一人、筝师一人、琵琶师一人、方磬师一人、鼓师一人、歌师一人、舞师一人；乐生六十人。又高丽、百济、新罗乐师各四人，乐生各二十人。又伎乐师一人，《职员令义解》曰："谓吴乐腰鼓，亦为吴乐器也。"腰鼓师二人。伶官皆世禄，世守其业，至今尚有存者。

唐乐曲　由唐时传授乐曲，有万岁乐、回波乐、乌歌、承和乐、河水乐、菩萨破、武德乐、兰陵王安乐、盐三台、盐甘州、胡渭州、庆云乐、想夫怜、夜半乐、扶南小娘子、越天乐、林歌、孔子琴操、王昭君、折杨柳、春庭乐、柳花苑、赤白桃李花、喜春莺、平蛮乐、千秋乐、苏合香、轮台倾杯乐、太平乐、打球乐、还京乐、苏芳菲、长庆子、一团娇、采桑、秋风乐、贺皇恩、玉树后庭花、泛龙舟、破阵乐、拔头诸乐，然传其谱，不传其辞，所谓制氏能记其铿锵鼓舞而已。且伶人多不识字，故曲名亦多谬误，如白纻误白柱、张胡子误朝小子、景德误鸡德、乌臼误乌向、苏幕遮误苏莫者、西凉州误最凉州、康老子误小老子、大酺乐误大补乐、小饮酒误胡饮酒、安世乐误安城乐。尚有五常乐，物徂徕谓即五行舞，即周大武，汉谓之五行舞，平调曲有五常乐，《和名类聚钞》作五圣。凡古乐有序声、破声、急声，全备者无几，而此曲有序、有咏、有破、有急，盖伶工相承，独崇重此曲，故物徂徕疑即韶乐。村濑之熙曰："古来常读如韶。韶，舜乐也。"五即虞字之转讹。吾丘寿王《水经注》作虞丘，王应麟《诗考》曰驺虞，或作驺五。见刘芳《诗义疏》：五常即虞韶之误也。《南齐书 · 乐志》曰：凯容舞，本舜韶舞，汉改曰文始。魏复曰大韶，又造咸熙为文舞。晋傅玄六代舞有虞韶舞，宋以凯容继韶为文舞，即此五常乐也。荆仙乐，物徂徕云疑即庆善乐。贺殿，《和名类聚钞》曰："承和中，遣唐判官藤原贞敏以琵琶传此曲。"然唐时乐府无此目。村濑之熙曰："疑是河传，以国音同，故讹。"今按郭茂倩《乐府诗集》杂曲歌辞，有金殿乐，当是金殿之讹也。春莺转，物徂徕云无所见。今考《乐苑》曰："大春莺啭，唐虞世南及蔡亮作。"又有小春莺啭，并商调曲，转当是啭字之讹。

金獐，物徂徕云无所见。今考当是黄獐之讹。酒胡子，物徂徕云疑是酒家胡。涩河鸟，物徂徕云疑是倭乐。十天乐、裹头乐、部胪，物徂徕、村濑之熙皆云疑是伴侣。勇胜，物徂徕云无所见。今考杂曲歌辞，有战胜乐。河南浦、央宫乐、感城乐、海青乐、一弄乐、拾翠乐、青海波宗明乐、仙游霞竹林乐，物徂徕并云未详。或伶人谬记，或华夏失传，均未可知。其太平乐及兰陵王破阵乐，均为舞乐。破阵，则戴假面具上场，有发扬蹈厉之概。太平乐，四人对舞，皆绯衣，佩金鱼袋，俯仰揖让，溉溉乎雅音。乐作时，伶人十数，披裲裆衣，跪坐席外，旁列乐器，先击鼓。鼓停，舞者四人出，笙簧管籥诸乐杂作。一人吹笛，抑扬抗坠，极和而缓。舞止，乐亦止。余饮巨室家，巨室召宫内供奉伶人为此，余亲见之。

乐器　有尺八。尺八五孔，一孔出其背。孔各有名：一曰真怀，二曰角录，三曰贤仁，四曰舌捍，后一孔曰后嚞，音沓。孔名见丰原统秋《体源钞》。统秋，应仁中乐官也。与马融所赋长笛，形制全同，特长短不同耳。融赋云："易京君明识音律，故本四孔加以一。君明所加孔后出，是谓商声五音毕。"《管弦记》亦云："似即今之尺八。"而李善注《文选》乃云："七孔，长一尺四寸。"此乃《风俗通》及《说文》所谓竖笛七孔者，以注融赋，误矣。古尺八之制凡六：曰黄钟切，曰盘涉切，曰壹越切，曰双调切，曰平调切，曰新黄钟切。切者，国语谓调律裁管也。最短者为壹越切，长曲尺一尺一寸；最长者为平调切，长曲尺一尺四寸。日本曲尺，同明营造尺，即唐常用尺也。最长之平调切，以晋后尺校之，恰当一尺八寸弱，想即古所谓尺八；然尚有最短之壹越切者，何也？考《唐书·吕才传》，称才制尺八，凡十二枚，长短不同，与律谐契。据此知尺八，但以五孔之故，名曰尺八，不必尺寸相符也。世传惟壹越切一管。近世尺八笛盛行，而壹越切亦废。《日本人物史》曰："大森宗勋，号策翁，自幼好音律，特以尺八著名。于时常登楼奏曲，有黄鸟来和之。天正中奉诏制五调之尺八。至今言尺八者，以宗勋为法。"尺八之外又有笛，有箫，又有横吹笛，大和法隆寺所藏上宫太子遗物有笛，管长曲尺一尺四寸五分，六孔，其一在背。南都东大寺又藏圣武孝谦遗宝图，有笛凡四管，其一六孔，长一尺四寸五分，与法隆寺所藏相似。案：《西京杂记》云："高祖入咸阳宫，周行府库，有玉笛六孔，王子渊所赋洞箫，亦六孔。"《文献通考》云："箫管之制六孔，旁一孔，加竹膜焉，或谓之尺八管，或谓之竖笛，或谓之中管。"马贵与盖以尺八、箫管、笛为一类。然今据日本古器，则尺八为五孔，笛乃六孔也。《辽史·乐志》有长笛、短笛、尺八笛之目。日本雅乐寮亦分横笛、箫、尺八为三，知非一物矣。古今乐器，损益不同。杜子春注《周礼》谓籥，盖今时所吹五空竹籥。按融赋，则古乃四孔。《风俗通》云："笛出羌中，七孔。"《说文》云："笛，七孔，角也。"又云："羌笛三孔。"今笛为六孔，则孔数不同如此。至其长短之制，晋刘和之东厢长笛长四尺二寸，为最长。《文献通考》称和岘论太乐手笛长九寸，为最短。尺八盖在长笛短笛之间，故谓之中管，长短不同又如此。古笛皆竖，其横吹者谓之横吹笛。箫本编管，其单管者，类笛而名箫，无底者谓之洞箫，则形制不同又如此。要之本属一类，后乃变迁，制殊而名亦异矣。有笙，有琵琶。唐时，藤原贞敏学琵琶于唐人刘二郎。二郎妻以女，赠以紫檀琵琶、紫藤琵琶各一面，归为朝廷重器，今犹现存，传乐曲甚多。瞽者多业琵琶，俗谓之琵琶法师。《徒然草》载信浓前司行长著《平家物语》："使瞽者生佛唱之。"今所传，即生佛遗音，犹宋之平话也。有筝，有三弦。三弦，名三味线，以象牙为拨，拨如斧形，上下通行。瞽师业此者，曰职，曰检校，曰句当，曰都。检校、句当皆僧官名，瞽者僭拟之。以检校任久者为十老，职即其第一老也。瞽者本名建业，疑为建业人所传，故名。近世瞽者兼业琵琶、三弦、筝、胡琴。其流派有曰山田、生田，女师之流派有曰长歌、曰丰后，互立门户，各争微妙。有胡琴，胡琴二弦。有大鼓，广尺而短棬。有小鼓，即细腰鼓。有横胴，似小鼓，挟而拍之。详下猿乐条。三弦及此三鼓，歌舞伎所必用。有瑟，瑟二十五弦，古无此器，近始传之。有琴，古有精者，而后失传。物徂徕云："貊近宽家有《猗兰琴谱》，乃隋人作，桓武以前笔迹。其谱与明朝琴谱大异。"别有三弦琴，不用弹拨，以左指按之，右指冠决捺而成音。有六弦琴，《雅乐式》云："和琴一面，长六尺二寸。"《和名钞》："《万叶集》云，梧桐日本琴一面，体似筝而短小，有六弦。"今亦失传。有筚篥，有拍子，即乐节。有敔。余至一巨室家，召女师操乐，有器形似伏虎，背有龃龉，然以竹为之，而虚其中，击之以木，其龃龉可上可下，因以成音。考郭注《尔雅》曰："敔如伏虎，背上有二十七龃龉，刻以木，长尺栎之，籈者其名也。"《三礼图》云："唐礼，用竹长二尺四寸，破为十茎，于敔背横栎之。"今乐器之敔，如《三礼图》竹木相栎，毫无音韵，而日本所用，居然成音，殆为古器。盖郭注状其形，而不言中虚，后人误而图之欤？

猿乐　散乐名曰猿乐，俗谓之能，盖起于中世战争之间。北条氏时，又有田乐。从猿乐出。俗谓猿为申，田即申之省字。至足利氏，鹿苑、慈昭二相国皆好猿乐，名伶观世氏最工此技，而猿乐复盛，田乐遂衰。宽正中，观世氏舞猿乐于纠河原，实为后来劝进能之权舆。及丰臣氏击朝鲜，聚优人于名护屋，亲自学之，猿乐益盛行。王公贵人皆丹朱坋身上场，为巾帼舞，与优人相伍。部中色长曰大夫，副曰嗾基师，副末曰狂言师，歌工曰地讴。其曲词多出于浮屠，类幻妄不经。乐器有横笛、三鼓，以节歌舞。三鼓：一曰大鼓，广于羯鼓，而棬甚短，下有小床，斜架置膝前，击用两杖；二曰小鼓，似细腰鼓，左手捧在右肩上，以指拍之，作朋肯之声；三曰横胴，似小鼓而较大，挟在左胁下，亦以指拍之，其声甚震。三鼓并不详所始，其制与腰鼓、都昙、答腊诸鼓颇相似也。按：《通典》："唐散乐，用横笛一，拍版一，腰鼓三。"此三鼓盖出于腰鼓，略殊其制耳。又《通志·乐略》："腰鼓大者瓦，小者木，皆广首而纤腹。"都昙鼓似腰鼓而小，以槌击之。毛员鼓似都昙而稍大。答腊鼓制广羯鼓而短，以指楷之，其声甚震，俗谓之楷鼓。

芝居 演戏，国语谓之芝居，因旧舞于兴福寺门前生芝之地，故名。平城帝大同中，南都猿泽池侧土陷吹烟，触者即病，乃舞三番叟于兴福寺门前生芝之地，以禳其祲，故名曰芝居。古谓之歌舞伎，或曰男舞，或曰白拍子。辟地为广场，可容千余人。宽永初年，猿若勘三郎始请于官，创开戏院。其后优人次都、市村、山村氏等各开场，世守其业。场中为方罫形，每方铺红氍毹，坐容四人。场之正面为台，场下施大转轮，轮转则前出下场、后出上场矣。场之阶下为桥，亦有由阶下上场者。场护以巨幕，绰板乱敲，彻幕而戏作。每一出止，幕复下垂。每日始卯终酉，鼓声始震，例为三番叟舞、七福神舞、猩猩舞。皆有伶人世其业者。次演古事。场中陈列之物，一一皆惟妙惟肖，即山林楼阁，亦复架木插树以拟似之。优人有舞而无歌，场侧设一小台，别有伶人跪白其所演事，如古之平话，声甚凄厉。乐器止有三弦、笛子、钲鼓而已。戏场之外一带，皆酒楼茶馆，凡数十家。游人麇聚，意阑兴倦，则馑于是，饮于是，必至夕乃散。观者多携家室，妇女最多。每演至妙处，则拍掌喝采之声，看棚殆若震陷。或演危苦幽怨之事，妇女皆挥泪饮泣，以助其哀。其铁石心肠之人，每每含辛以为泪，否则众訾其无情。优人声价之重，直与王公争衡，旧日，优人列之下等，无与交游者。近学西俗，优人出入巨室，公然抗礼矣。妇女无不倾倒者。

杨花　设肆卖曲者为杨花。其色长曰大夫，所奏曲多男女怨慕之辞。有曰《净瑠理物语》，织田氏侍女小通所著，检校岩舟氏制其曲节，调之于琵琶。嗣泷泽角野以三弦律之，后有南无右卫门，庆长中尝以伎被征拜为大夫。尔后，萨摩、土佐、山本、宇治、伊藤、出羽、都丰竹诸氏，各分流派。今则竹本氏一流最为盛行。曲院垂帘，柝响帘卷，大夫妆饰端整，坐红锦褥，欹银镂案，三弦调定，徐徐而歌。女而男喉，妇而女女妆，听者辄满座。贫家妇女多业此以觅衣食，伎艺稍佳，驱使其母如奴婢。谚有言曰："生女勿吁嗟，盼汝为杨花。"

踊子　西京俗，于中元后迄晦日，街童市女各盛饰彩衣，某街某坊揭旗为识，口唱中冓猥亵之词，所在相聚，且舞且歌，号曰踊子。例以十六人为班，多至六十四人。其倡而导行者，谓之音头。折旋进退，曲尽姿态。观者追逐，举国若狂，四方盛称，谓之都踊。至京师者，必留观之。

影绘　影戏谓之影绘。纸障一面，淡墨无物，笛响鼓鸣，忽见树阴一人出，右挥铃，左开扇，左顾右旋，应笛扬铃，合鼓翻扇，迷离惝恍，若有若无，人影暂灭。闻赛祭鼓声，殿宇高耸，和表矗立，扬红白帜，大小灯无数，赛人来往，抛钱祈福，既而鼓歇。夜深有叱咤声，则狐群排行，徐徐进步，各荷蒲席、衔炬火，担木持竿，俗所谓狐嫁女是也。行过神殿，狐化为人，席化筐筥，火化提灯，竿化枪，木化舆，奇变莫测。灯灭狐匿，又为幽鬼作祟之图，为鬼影，为僧影，为佛菩萨影。影戏亦能写花草鸟兽之形，然喜为幽寂奇幻之境，大概如此。

亦有傀儡，有牵丝傀儡，有杖头傀儡，有水傀儡。

落语、演史、口技　演述古今事，藉口以糊口，谓之演史家。落语家，手必弄扇子，忽笑忽泣，或歌或醉，张手流目，踦膝扭腰，为女子样，学伧荒语，假声写形，虚怪作势，于人情世态，靡不曲尽。其歇语，必使人捧腹绝倒，故曰落语。楼外悬灯，曰某先生出席。门前设一柜收钱。有弹三弦、执拍子以和之者。亦有口技，技人仅一绰板，藏于帷内，能为一切风声、水声、火声、禽兽声、弦管声、老幼笑怒声，纷纭杂沓，一时并举，而听者自能分别了了。

扬弓肆　铺毡于地，缚彩为棚，中蒙以皮，竹弓翎箭，相去寻丈，中者铿然作声，雏姬供奔走击鼓，以判胜负，冶游子弟以赌酒食。东京随处而有，颜之曰扬弓肆。

相扑　分朋角力，谓之相扑，亦曰角抵。世称有雷方二神，角力于上世。垂仁帝七年，野见宿祢、当麻蹶速奉诏试力，即相扑之祖。圣武帝时，至遣部领使，广征天下力士。文德帝欲定储嗣，乃令名虎善雄斗力，以胜负决之。江家次第《公事根源》又称帝御南殿观相扑，左右各三十人，乌帽狩衣，徒跣不着袴。左胜则奏拔头，右胜则奏高丽乐纳苏利；若右先胜，则奏纳苏利，左奏兰陵王。盖中古时极重此伎。近世所谓劝进相扑，始于山州光福寺僧，设以敛钱。至宽永元年，明石志贺之助请于官，创行于江户四谷盐街。尔后继续，日益繁盛。每日黎明击鼓上场，观者皆蓐食而往。力士分朋，互相比较，类长身大腹，筋骨如铁，中分土豚，各据一半，蹲而蓄气。少时神定，一喝而起，铁臂石拳，手手相搏，卖虚弄巧，钻隙取胜，盖斗智斗力斗术兼而有之。观者分左右袒，互张声势，发欲上冲。司事人秉军扇，左周右旋，以判赢输。举扇一挥，众皆喝采，争掷金帛，以赏其劳。又有妇人与瞽人以相扑为戏者。

走索、上竿、戴竿　抟绳于柱，飘然凌空，处女脱兔，索上相逢，摩肩而过，势若不容，是为走索，或名绳度。都卢寻橦，穷至极巅，佧童逞材，跟挂腹旋，翩然鸟坠，如肉飞仙，是为上竿，即竿木戏也。肩背顶额，皆能戴竿，有儿如猴，上缘其端，翻转蜿蜒，莫能控抟，是为戴竿，即唐梯也。

蜻蜓翻、拗腰、踏肩、拔河、跃圈　蜻蜓翻，即翻筋斗，委头于地，俯翻而反据，旋折腰而仰翻之，累四五翻而不止。又叠案高七尺，腾空而翻，超越而过，往复再四，如旋风焉。拗腰，即所谓弓腰，反折其身，五体皆至于地，以口衔器，然后起立，其腰之柔软若无物者。踏肩戏，一人挺身矗立，继一人飞登肩上，亦矗立，累至三四人，高不可登，继至者则攀肩踏臂，如缘梯状，至十余人，望之可接霄汉。又有三四人排立于地，居其上者分跨两人之肩，居其上者又分跨两人之肩，积四五层，望之如山。拔河戏，用巨絙长数丈，两头系小绳，分东西两朋，两句齐挽，当巨絙中间，树旗为界，震鼓叫口，便相牵引，以却者为输。跃圈，编竹为圈，长可五六尺许，插蜡烛于中，跃身过之。或圈大颇可容身，伎人乃又戴笠，两手亦持笠冲掷来往者再，又名曰笼脱。

跳丸、跳铃、跃剑、抛球、掷砣　每物以五六事往复掷之。其法全在手敏，当其妙处，不住空中，不落地上，不在手里，不在三处，亦不在一处。诸物皆同一法，但所用或丸，或铃，或剑，或球，或砣，各异其伎耳。

转桶戏、叠枕　台上设一高床，铺红毡，安囊枕。小童出拜客，有人抱上床，令之横卧，双脚上竖，乃举一桶置其上，旋运之，蹴弄之，投承纵横，鱼惊鸟跃。俄而，加一大桶，童子一蹴，小桶飞于傍人之手，而大桶下粘于踵，又提一数岁儿，置之桶上，转运投承，亦犹桶然。当其急如旋风，观者莫不目晕。最后累小桶十数，高可一丈，累卵积棋，倾摇欲倒，而数岁儿凝立于其巅，绝叫一声，卵崩棋倒，儿则翩然下坠，复住脚上。枕戏则伎人出场，操木枕。枕宽寸余，高长各三四寸，累至数十，高及七八尺。伎人据物直上其巅，仄足鹄立，众咸危悚，而其人整暇，独跷一脚，示有余地。旋又伏躬，以手代踵，两脚倒竖。俄而飞下，别植一梯于旁，双脚钩梯级，倒身坠挂，以头顶枕，折旋之间，梯与足离，而其人倒竖于累枕之上，良久良久，乃始跳下。其他以手足弄物者甚多，有弄车轮、米苞、石臼者，谓之力持，或谓之曲持，要以此二种为绝伎。

旋盘、弄碗珠 以竿标承盘，任其翩翻，终不失坠。以绳系碗，以碗盛水，绳转碗旋，碗中之水毫不滴漏。

履火、吞刀 履火名曰掇火，僧人习为之，盖出于梵俗。吞刀之伎，亦出于西域。刀宽及寸，长过尺，当其吞咽，必先昂头，使口与喉直相融贯，略无回曲，然后举刀插之，刀仅余柄，复拔而掷之于地，刀锋入地，铿然有声。或疑有幻术，余以为亦练习神熟而已。

教走兽、教飞禽、教蛇、教虫蚁 皆教之为戏，弄猴者尤多。余尝见笼雀数头，案上列折叠扇五枝，分书一二三四五等字。笼前团纸内，亦分书一二三四五等字。观者至，随手取一扇。伎人问雀曰："客所取其数云何？"雀若为不知也者。伎人曰："汝其卜之！"遂烧香持咒，雀跳跃踯躅，似有所思。既而口衔一纸，则纸中之数与扇相符，名曰雀卜。《杜阳杂编》称，飞龙卫士，倭人韩志和善雕木，作鸾鹤鸦鹊，凌云奋飞，复臂蝇虎子，使猎蝇舞凉州曲。是书固多诞辞，然其诡托倭人，亦可知倭人之善技巧，有由来矣。

游　宴

赏花　自桓武、嵯峨二帝好游宴，屡幸大臣第赏花。花时，公卿百官例许给假，故赏花之游特盛。德川氏都于江户，江户益为繁华渊薮。墨江一水，自西北来，截武藏、上总，下达于海，筑堤四五里，遍植樱花。花为五部洲所无，东人名为花王，有深红，有浅绛，亦有白者。薄者一重，厚者八重，开则烂熳满树，如云如霞，如锦如荼。花时，游人蚁集，自卯至酉，红尘四合，宫娥结伴，翠袖紫裙，浓抹淡妆，各捻花枝，以为笑乐。书塾女师率童男女，分衣色为数队，咸戴剪花，使丫髻小女击柝导行，来往游戏。旧藩华族，或携妇女，或挟娼妓，各披葵叶藤花衣、杏黄衫、白桑屐，携榼挈厨，逐队而行。又有古服儒者腰佩瓢酒，高品僧官身挂雨衣，时妆军士手摇鞭杖，下至贱商小竖、村婆街妇，亦高笠新屐，挈酒行歌，且歌且行，拥塞于道，鱼贯蜗旋，莫能展步。偶或高轩横驰，怒马直冲，辄倾跌让道，然车夫亦动色相戒，按辔徐驱，不敢驰骤。别有高人逸士，于朝霞未升、新月既上，避嚣而来者，笛声箫韵，隔江互和，往往彻旦。堤上木母寺有一坟，名梅子冢。世传古有美人梅若者，以三月十五卒。是日若雨，都俗谓之泪雨。名流赏花，必吊其坟。墨江左右，酒楼茶屋，游舫小车，必数倍其价。村人结木为小庐，铺红氍毹，为游人憩息之所。有卖樱饭者，以樱和饭；有卖樱饼者，团花为饣追，或煎或蒸，谚有“团子贵于花”之谣；有卖樱茶者，点樱为汤，少下以盐，人谓可以醒酒；有卖花枝者，或插于帽，或裹于袖，或系于带，游客归时，满城皆花矣。朱雀帝天庆七年冬十月，为菊合。凡分两朋，以角优劣，谓之合。斗歌曰歌合，斗诗曰诗合，斗扇曰扇合，斗画曰绘合，斗鸡曰鸡合，当时语也。王公以下，各赐物。嵯峨帝常为菊花赋，《朗咏集》云当时文人喜诵元稹“此花开后更无花”之句。故历朝尤赏菊，菊遂为皇族徽志。今御苑尚栽菊数百盆，每盆开花有至五六百枝者。花时，必招各国使者及诸省院长、次官为竟日之游，宫内卿司其事。乘舆偶出，间设肴馔，步立花下，温笑款语。宫内卿又赠符节于使馆，听其出入禁苑，自行看花，并无酬酢礼，惟归时，各馈以菊饼二枚而去。墨水而外，有东台樱。东京以名胜闻者，又有木下川之松、日暮里之铜龟、井户之藤、小西湖之柳、堀切之菖蒲、蒲田之梅花、泷川之枫，皆良辰美景，游屐杂沓之所也。

茗宴　茶具有风炉，有筥，有炭挝，有火筴，有鍑，有交床，有纸囊，有碾，有罗合，有则，有水方，有漉水囊，有瓢，有竹夹，有熟盂，有畚，有札，有涤方，有滓方，有巾。其法碾茶为末，和汤煮之，候火拣泉，吹沫点花，辨味侔色，皆有妙理。凡运筅击拂，谓之立茶。茶多汤少，运筅旋彻，再添汤击拂者，为浓茶。茶少汤多为薄茶。寮之广狭，炉之位置，柱榱窗根之设，各有成规。茶寮谓之数奇屋，国语谓嗜为数奇，好和歌者古名数奇，好茶者因借以名之。或谓之围居。招客曰茗宴，宴之前后有谢请谢会，客凡数十人，而茶屋仅容数人，一茶博士，一主人，二三客而已。主人必亲自点茗敬客，由贵逮贱，前退后进，俯仰折旋，具有法度。虽平日尔汝之交，亦肃然如对大宾。偶误礼法，讪诮交集。自僧千光游宋赍茶归，初栽之背振，后遂蔓衍。北条泰时嗜茶，世始崇尚。逮足利义政使珠光、僧珠光以茶术受知，其所赏玩书画及茶具，后人购以千金。真能、能阿弥，号春鸥斋，善画，亦以工赏鉴，命掌库中宝玩。真艺、真能子，袭父职。真相，艺子，号松雪斋，亦工赏鉴。时东山相国营银阁，阁中所陈设及诸器位置，皆出其手。藻鉴茶具，创定茶仪。至丰臣氏，使千宗易修饰之，号利休居士，以茶术仕丰臣氏。置茶博士官，赐禄三千石，子孙世其业。或费千金求其诀，不可得。及德川氏，每春遣使赍瓮收茶，曰御茶壶，藩属望尘拜趋道路。自王公逮庶人，无不崇尚，优游无事，月或数招，苟时逢战争，鼙鼓震天，茶室即为密谋所，宾主相对，悄然无声，而茶博士即因是窃权卖爵，无所不至。凡室忌华器，忌新，然珍木怪竹、朽株瘿枝，搜求之幽岩邃谷之中，或历数十年而后得，得其一以献，贫儿为富翁矣。器必用苦窳缺敝之物，曰某年造，某匠作，乃至一破瓯、一折匙，与夏鼎商彝同贵重，积金盈斗不可偿。因是而兴大狱者有之，因是而释战争者有之。盖初则品茶，继乃斗器，近年此礼稍废，盖仅有存者。

烟火　每岁例以五月二十八夜为始放烟火之期，至七月下旬乃止。际晚，烟火船于两国桥南，可数百武，横流而泊，霹雳乍响，电光横掣，团团黄日，散为万星。既而为银龙，为金乌，为赤鱼，为火鼠，为蝙蝠，为蜈蚣，为梅，为樱，为杏，为柳絮，为杨枝，为芦，为苇，为橘，为柚，为樱桃，为藤花，为弹，为球，为箭，为盘，为轮，为楼，为阁，为佛塔，为人，为故事，为文字，千变万化，使人目眩。两岸茶棚，红灯万点，凭栏观者，累膝叠踵。桥上一道，喧杂拥挤，梁柱挠动，若不能支。桥下前舻后舳，队队相衔，乐舫歌船，弥望无际。卖果之船，卖酒之船，卖花之船，又篙橹横斜，哗争水路。直至更阑夜深，火戏已罢，豪家贵戚，各自泛舟纳凉，弦声歌韵，于杯盘狼籍中呕哑啁哳，逮晓乃散。

茶会　球灯张于门，琉璃盘灿于室，国旗悬于堂，花交于瓶，树叶绕于柱，酒盈于尊，肴馔溢于案，鼓乐陈于幕，主人、主妇拱立于门内。先期数日，折简邀诸宾，曰某日某夕于某所设茶会。芝山之离宫、滨之延寮馆、霞关之鹿鸣馆，皆为东京盛会之所。客多至二千，少亦数百。至时，箱车篷车，络绎于道，隐隐雷动，衔尾驰至。入门，与主人、主妇，或握手为礼，或磬折致敬。靴声橐橐，轩然以昂，顾盼笑语，媚妇而傲人，泰西诸客也。劲服戎装，博衣道履，如飞鸟依人，蔼然可亲，则海陆军教士、耶稣教教士也。长裾曳地，薄纱笼面，袒臂露胸，西俗有庆典，妇女以袒臂露胸为敬，虽严寒亦然。手挥金扇，牵曳而至者，西妇也。身短趾高，毡衣革履，百僚趋奉，颔之而已，诸省院长官也。公髯如戟，乍捻乍弄，旁若无人，欢笑潮涌，则次官也。下车则趋，鞠躬而入门，喁喁私语，各呼其群，诸省院属僚也。被发至背，足踹乌靴，锦椅绣褥，左右列坐，皇族妇女也。雪衣花帽，如西方之人，胜常万福，操语如英，长次官眷也。此唤檀那，彼唤奥姑，或靴或履，纷纭杂遝，逐群而笑语，众宾妇也。东酬西酢，甲询乙咨，巡檐倚柱，若有所思，新闻馆记者也。既而喇叭厉响，腰鼓初镗，男女相携，各就舞场。舞场拓地为数百弓，以白地锦为地衣，红男绿女，各求其耦，枝当叶对，凡十数双。鼓声渐发，男抱女腰，女挽男肩，起而跳舞，如穿花蛱蝶，翩翩幡幡，疾徐俯仰，宛转回旋，应乐之和，无不中节。乐舞正酣，忽而雷惊电流，红霞灼天，火光中现一车轮，轮廓有字，曰“极乐世界”，万头蠕动，伸颈争看。墙外幼童老妇之看烟火者，咸拍掌欢笑，舞场为之震动。贯珠碎玉，火戏未已，于时群宾各自行乐，有看月者，有看花者，有吸烟者，有蹋球者，有并坐谈者，有携手行者，有群立而语者，有为叶子戏者。少顷，时钟已报十声，乃就食案。案长数丈，幂以花布，酒人司酒，庖人司庖，或司杯盘，或司刀匕，或司果饼，或司水司凌，牛羊豕、鸡鹅鸭、鸠雀、鱼虾各为干肉，桃、李、梅、杏、林檎、苹婆、荔支、樱桃、舍利、无花果之属，饼饵、粢粉、饧馓、粔籹之类，如山如阜，堆积于盘。酒则葡萄酒、麦酒、花酒、果酒、香迸酒，浅紫深红，淡黄缥碧，色香四溢。客至，所司者问所须，于是启瓶声、切刀声、掷叉声、杯声、盘声、传呼声、饮食声、拂试声、款笑声，纷纭交作，舄履互错。而门外辚辚之车，仆夫叱驭，已有贵客散会而去者矣。夜漏四鼓，尽欢乃散，是为茶会。

戏马、犬射、流镝马　马各有名，各以色分，以年分，以产地分，以良驽强弱、肥瘠大小分。乘马者亦以长短轻重分，其衣服亦以色分。王公贵人有马癖者，饮饲调护，每岁养马之资不啻中人之产。竞马之先，司事者奔走周旋，量度配偶，使某马与某马偶，某乘者与某乘者偶，布告于众。斗马者各拼巨注以为赌，分左右袒者，又各分其朋，牵连附及，每注有至万金数万金者。至期，百官皆给假，诸省长、次官至者十八九。竞马场周二三里，场侧设台以憩观者，扬旗以为界，击鼓以为节，鼓起而马驰。胜者及界，则追风蹑影，超越而先之，场内外观者皆鼓掌鸣得意矣。本泰西俗也。日本旧有犬射，编竹为城，城内设台，诸客凭而观焉。纵犬于城内，马驰逐而射之，皆公卿贵人亲执辔，狩衣草屦，妆束古朴，其磬控纵送，均有法度，或名曰犬追物。又有流镝马，驰马鸣镝，以竞敏妙，犹古马射戏。此皆战国武士之所崇尚，近学西俗，多废而不举。凡西人游戏之事，若踢球，以足踢之。若拍球，以木板承而跳之。若打球，案长及丈，磨石为球，以杖格而遏之。莫不有之。

温泉　相模之箱根、伊豆之热海，皆有温泉，均在山顶。林树村落，棋布于下，朝岚夕霞，气象万变。而夏日晴雨不时，户牖间时有云气往来。村民以竹为笕，引泉至浴室，温暖如汤。因山之磴，高高下下，为浴楼酒馆，层层重复，几如蜃楼海市。

俗本喜浴温泉，云可治疾，浴者益多。西俗，官省例于夏月给假避暑，日本仿之，寮吏多尽室行者。箱根有一西洋楼，杰阁三四层，庖湢藩溷，饮馔床笫，均如西式，长官多喜往焉。而伊香保之双角峰，北对丈夫山、抱儿山，人谓灵泉宜子，故挈眷游者多至香山。仙窝源有二瀑，曰雌雄瀑。雌瀑温，雄瀑寒。双角峰下，有吐硫黄气处，凿作窟室以蒸病者，名曰蒸汤。皇后亦曾一至其地，有一避雷柱，即恩旨赐造者也。每至盛夏，来往杂沓，游人如织，必预告楼主人，乃得留一席地。斜阳在山，缺月上树，浴客余暇，则南亭丝竹，北亭讴唱，东楼书画，西楼棋酒，聚为乐国。有温泉处，多有赪尾鱼似焦烂者，又有菱花枝叶如枯槁，盖硫黄气所薰蒸故也。土人辄诩为仙迹，游客每携归，以馈友朋。

博弈 角抵、竞马、千人会，详《社会》中。皆以博钱。其他博戏，有双陆。其排马之法分三道，每道五马，合十五马。移马之法，亦照掷骰点数多少而行。惟骰子置竹筒内，以手摇之。其胜负与中国同。有围棋，亦用十九行、三百六十一子，惟行棋不行棋雅胜负之法，亦有别者。以围占所得敌棋，各收拾于盘，待局定，乃各将所得敌棋填敌手所占空格内，彼此填满，则为和局，如彼此填空不满，点数多少，以分胜负，如有一着不能填满为负，如填满尚余一着则为胜。围棋最多高手，豪富子弟，风雅士夫，无不习之者。良朋夜宴，酒酣兴豪，则楸枰罗列矣。局皆用楸木，高七八寸，下有四足。棋子黑者石，白者多以牡蛎壳为之。有象棋，棋子上尖而圆，下平而方，上薄而下厚，有玉将、王将、皆主将，一为玉将，一为王将，其余同。金将、银将、桂马、香车、飞车、角行、步兵之名。棋局以中间为界，横共九行，直亦九行，亦有直行斜行之异。行棋先行步兵，逐步序行。金将、银将则附。玉将、王将逐步斜行，桂马斜行，香车直行，角行行四角，飞车直冲四路。越界则有升级，如银将升金将，香车、桂马亦升金将，角行升龙马，飞车升龙王之类。其胜负视主将。主将亦许越界，彼此越界为和局，敌将四面追逼则为负。亦有格五，其法布子成行，以得五者胜。亦有弹棋。

山车、山棚、陆船　俗重祭祀。于六月，为山王神会。九月，为明神会。是日例有山车、山棚、陆船，数至数十，各有寓人，为武内宿祢、上宫太子、菅相公、源义经、役小角之类。山棚，中央多树松。山车，峻如楼，中竖一柱，高于浮图，金花错落，刻镂藻绘，秦蜀之锦，蛮貊之绣，灿烂夺目。上鸣箫鼓钟，使伥童华冠宝衣，节腰鼓而舞蹈。陆船，缚竹木为船形，饰以绘彩，舁之而行。每为波臣朝天之象，鱼服鲛绡，巍巍翼翼。车船之外，又有弄伞，伞之浮图，上立金凤皇，四边垂以流苏，锦绮交错，舞旋以为戏。别演杂戏，谓之附祭，曰冶台，曰挽物，曰泥犁，一舁一索，各具鼓吹。观者自四方来，咸盛妆饰，锦衣不絅，耀诸路人。都下豪富，于门下施栏，栏值数金，张红铺翠。然赛会者，过则践踏毁之，或夺其材而去。又累空樽数百，高过于檐，各缀以灯，事罢，亦毁弃之。家家必炊赤饭，千仓万箱，炊烟并起。至夕，则燃红烛，陈绿酒，肴核狼戾，歌唱蜩螗，盖举国之人皆若狂也。

酒楼、茶屋、游舫　酒楼随处而有，每有小园，树松竹梅数株，花下建石灯塔一座，以照来客。方丈之室，拂拭莞簟，金炉烧麝，铜鼎沸笙，时花供瓶，三弦挂壁，架木为阁，不事修饰，光泽坚致，可以鉴人。例以少女当垆，客至则拜迎门外，引之上楼，旋抱蒲团、红褥为客坐，有所需则拍掌唤之，趋走娴熟。惟多食生冷，苔菹梅脯，蔬笋气重，最喜鱼脍，游鳞棘鬣，聂而切之，具染而已。火食者，饭稻羹鱼而外，无他物也。

近多仿西法，牛心羊胛，每以供客矣。茶店以品茶，以茶瓶、茶杯之良者为贵。有曰濑户磁，以地得名。有曰乐烧，其祖宗庆传业十余世，以专家得名。德川氏之季，有石工宝来龙山者，所制风炉瓦灶，以天然石雕饰，有弟子左六右六得其妙，将军尝造观焉。当时茶店与酒肆争多，近日茶屋不复品茶，不过供杯茗糖果，为游人憩足地而已，然遍市皆是，虽三家村，亦必有茶店也。仅支一篷者为馆舫，有门有窗，有床有席者，为屋舫。馆舫多用于观烟火纳凉，屋舫则于花、于雪、于月、于枫叶、于虫声，棹于凌濑，凌濑，在墨水上游，为游人听秋虫之地。浮于墨河，于本所观罗汉，于龟户拜天神，皆载丝竹、携酒榼而往。每遇佳节，必先期订约，乃得佣买。别有猪牙船，以形名之，快橹剪波，其捷如飞，亦游具也。

吉原　庆长十七年，庄司某上书请合散居各青楼萃于一花街。元和三年，官如所请，给一地于葺屋坊侧，以其鞭芦覆篑，名曰芦原，后更名吉原。相连五坊，互建楼馆，佳丽三千，如莺比邻。德川氏以来，令诸侯质妻孥于江户，间岁则会同于京。凡诸侯至京，及其藩臣子弟纵令游冶，金吾不禁，以故吉原遂为歌吹海、销金窝。每当暮霭抹柳，新月微黄，诸楼银烛如星，弦声嘈杂，娼妓列坐于门，其幼少者分坐于壁、于篱阑。近世有悬镜写真于楣者，游人鳞集格子外，意指目击，品莺评凤。楼中例设银纸屏风、红氍毹、铜炉铁铫，楼外悬红灯，然烛达旦。每岁例于三月栽花，七月放灯，八月陈舞，为三盛会。樱始含苞，令花人移植于街，半开之蕊，合抱之木，捆载而来，培根覆土，妙于橐驼，旬日之间，顿成春海。花时，则六街绚烂，如诸天雨华，如平地起楼台，使人疑为神施鬼设。至花落，复移树而去，不留一枝。盂兰会前后，各楼张灯，或圆，或浑圆，或椭圆，或方，或长方，或角方，或勾，或弯，或弧，或三角，肖为鱼虫、花草、禽兽之形，各傅以色。又喜为胡蝶、鸳鸯、凤皇、芍药、莲藕、红豆，及一切并蒂之花、比翼之鸟，墙头檐额，虚悬倒挂，直竖横嵌，无所不有。入市，则光明大放，城开不夜，虾蟆更尽，残烛犹光。远望则参差错落，若银花万点，与楼阁林园相辉映，宛然画图。八月之舞，专竞新衣。先期商度，具有程法，例以六街为六队。队各一色旗帜，灯彩悉如其衣色，榜曰某楼某阁。择少年殊艳者为押队，或为观世音，为佛，为天神，为宰官，为僧，为神官，为武士，为古美人、美男子，击鼓导行。又缚彩为亭，上陈众乐，以鸦髻女儿舁之，周旋六街。至六街合队，则蹈舞齐作，金钗横斜，宝屧竞响，回旋穿插，若整若散。楼上下观者，缠头争掷，高与山齐矣。此外，三月三、五月五、七月七、九月九各度佳节，均例有盛会。旧日，深川亦为狭邪居，近则散居于柳桥、新桥为多。娼妓例注籍于官，每月税金三元。

外史氏曰：《后汉书》言倭人嗜饮食，喜歌舞，至今犹然。余闻之东人，大抵弦酒之资，过于饭蔬游宴之费，多于居室云。自桓武、嵯峨好游，赏花钓鱼，调鹰戏马，月或数举，上行下效，因袭成风。德川氏承战争扰攘之余，思以觞酒之欢，销兵戈之气，武将健卒，皆赏花品茗，自命风流，游冶之事，无一不具。二百余载，优游太平，可谓乐矣。然当其丸泥封关，谢绝外客，如秦人之桃花源，与人世旷隔，虽曰过于逸乐，而一国之人，自成风气，要亦无害。及欧美劫盟，西客杂处，见其善居积、能劳苦，当路者始惊叹弗及。朝廷屡下诏书，兢兢焉以勤俭为务、佚荡为戒，族长以勉其子弟，官长以教其人民，虽风气渐积，难于骤挽，然可不谓知所先务乎？

卷三十七 礼俗志四

神 道

自天祖大日灵尊治高天原为天照大神，考《神代史》所载，开天创世、辟地造人诸事，一出于神。其言类幻妄离奇，不可胜录。惟据史称，天照大神为降居神国之祖，今姑以托始焉。大神之子正哉吾胜胜速日天忍穗耳尊，娶高皇产灵尊之女栲幡千千姬，生天津彦彦火琼琼杵尊。天祖既命武瓮槌、经津主二神平定下土，乃使皇孙降居苇原中国而为之主，赐以八坂琼曲玉及八咫镜、草薙剑，曰："丰苇原瑞穗国，是神国王地，今以予尔，尔宜就而治焉。"于是琼琼杵尊离天磐座，降于日向高千穗峰，遂到吾田，娶大山祇女木华开耶姬，生彦火火出见尊，尊娶海神丰玉彦女丰玉姬，生彦波瀲武鸬鹚草葺不合尊，尊娶玉依姬，乃生神武天皇。

神武既平东国，先是甲寅岁，西国既平，东国未服，长髓彦奉饶速日命为主，兄猾、弟猾、八十枭帅、兄矶城、弟矶城等，割据所在，不相统一。帝慨然有削平之志，谓诸兄及皇子曰："昔我天神高皇，产灵尊、大日灵尊，举此丰苇原瑞穗国而授我天祖彦火琼琼杵尊。于时洪荒草昧，辽邈之地犹未沾王泽，遂使邑有君，村有长，各自分疆，用相凌轹。抑闻之盐土老翁曰：'大东有美地，中有乘天磐船飞降者。'余谓彼地足以恢弘大业，光宅天下，厥飞降者，谓饶速日欤，何不就而都之乎？”诸皇子对曰：“诚然，请速发。”冬十月，帝亲帅三兄五濑命、稻饭命、三毛入野命及手研耳命，航海东征。乙卯岁春三月，入吉备国，驻跸三年。戊戌岁夏四月，勒兵步赴龙田，路险隘，不得并行，乃还。欲东逾胆驹山而入中州，长髓彦闻之，曰：“是必夺吾国。”乃发兵，徼之孔舍卫坂。皇师不利，五濑命中矢，众不能进。帝忧之，沉思曰：“我是日神子孙，而向日征虏，是逆天也，不若退还示弱，礼祭神祇，背日而进，则虏自败矣。”众然之，乃引还。六月，至熊野神邑，海上俄遇暴风，御船飘荡，稻饭命叹曰：“吾是神孙，神何为困我？”抽剑投海。三毛入野命亦没。帝独与手研耳命进至荒坂津。时有神吐气作毒，皇师昏眩不能起。熊野人高仓下夜梦天照大神谓武瓮槌神曰：“苇原中国未得平静，汝往征之。”武瓮槌神对曰：“降臣平国之剑，则臣虽不往，国自平矣。”大神许之。武瓮槌神顾高仓下曰：“吾有剑名韴灵，今置之尔库中，尔献之天孙。”明日，高仓下入库索之，果有剑倒立，乃献之帝。帝忽然寤曰：“予何长眠如此？”众亦悉寤，乃进赴中州。山路巉峻不可行，帝梦天照大神诲曰：“朕遣头八咫乌向导。”头八咫乌适至，帝大悦，从八咫乌前驱，遂达菟田下县。兄猾、弟猾据菟田，帝遣使征之。弟猾即至，兄猾穷蹙，自蹈机压死。九月，八十枭帅据国见丘，置女军于女坂、男军于男坂，兄矶城亦据盘余邑，距塞道路。夜祷之神，梦神诲曰：“取天香山土，以造天平瓮八十枚，并造严瓮，敬祭天神地祇，则虏自平矣。”时弟猾亦奏言：“倭矶城邑有矶城八十枭帅，高尾张邑有赤铜八十枭帅，皆欲距战，臣窃为天皇忧之，请取土天香山造天平瓮，以祭群神，然后击之。”帝益异之，令椎根津彦敝衣蓑笠，装为老人，弟猾披箕为老妪状，敕曰：“尔至天香山取土来，基业成否，以此卜之。”椎根津彦乃祈曰：“我皇能定天下，道路自通；不则贼必御我矣。”乃去。虏见二人，大笑，为之开路，二人得取土而还。帝大悦，即造八十平瓮，天手抉严瓮，亲祭神祇于丹生川上，祝曰：“吾用八十平瓮，无水造饴，饴成，则吾坐平天下，不假锋刃。”饴果成。又祈曰：“吾沉严瓮于川，川鱼醉而浮出，则吾业成矣。”鱼果浮出。帝大悦，乃取川上真坂树，以祭诸神，又亲祭高皇产灵尊，敕道臣命为斋主。冬十月，帝尝严瓮之粮，勒兵而出，击八十枭帅于国见丘，破斩之。十一月，帝将大举攻矶城，遣头八咫乌召兄矶城，不至，召弟矶城，弟矶城归顺。帝令弟矶城晓谕兄矶城及兄仓下、弟仓下，皆不降。乃逾墨坂，表里合击，大破之，斩兄矶城等。十二月，进讨长髓彦，连战不克。适天雨冰，有鵄集帝之弭，金色煜煜如电，虏皆迷眩不能战。长髓彦遣使曰：“吾奉天神之子为君，曰饶速日命，何乃更称天孙，欲夺人地？”帝曰：“天神之子亦多，尔主果天孙耶？必有表物，宜以相示。”长髓彦取饶速日天羽羽矢一只及步靫示帝。帝曰：“事不虚也。”亦取所御天羽羽矢及步靫示之。长髓彦见之，意沮，然不肯降。饶速日命恶其狠愎，欲杀之，帅师归顺，帝褒赏之，赐其子可美真手命以韴灵剑。即位橿原宫之元年，建神篱，祭八神，以镇护国家。天富命率诸斋部，捧天玺、镜、剑，奉安神殿，天种子命奏天神寿词，神篱，即神庙。八神，后世所祭神祇官。八神，即高皇产灵神、神产灵神、魂留产灵神、生产灵神、足产灵神、大宫卖神、事代至神、御产神是也。寿词，即祝词也。饶速日命率内物部执矛盾严仪卫，道臣命、大久米命执兵器护宫门，又使天种子命、天富命掌祭祀及朝政，可美真手命献十种天瑞宝及韴灵剑。四年，诏曰：“我皇祖之灵，自天降临，光照朕身。今诸虏平定，其郊祀天神，以申孝道。”乃筑灵畤于鸟见山，以祀皇祖天神。

崇神天皇六年，百姓流离，有背叛者。帝忧之，请罪神祇。前是，祭天照大神及倭大国魂神于殿内，神物、官物同此寝处。帝惧其渎，使皇女丰锹入姬迁奉神镜、剑于倭笠缝邑矶城神篱，别模铸镜、剑为护身之宝。明年诏曰："孤不天，获咎于神祇，屡降鞠凶，其命龟卜。"于是帝幸神浅茅原，祭八十万神，亲卜之。神凭倭迹迹日百袭姬曰："帝诚忧国，宜祭我。"帝问曰："何神？"曰："我是倭国域内之神，名大物主。"帝乃祀之，然卒不获福。帝斋戒沐浴以祈曰："朕礼神有所未尽耶？何为不享？"是夜梦神诲曰："使我子大田田根子祭我，内国自静平，外国亦来归。"倭迹迹日百袭姬、大水口宿祢、伊势麻绩君皆梦神诲曰："使大田田根子祭大物主神，使市矶长尾市祭大国魂神，倭大国魂神，一云倭大神。凭依大水口宿祢曰："太初之时，与天照大神期曰：'大神宜治高天原，皇孙尊宜治苇原中国，八十魂神我亲治地神。'云云。"乃太平矣。"帝闻之大喜，诏求大田田根子，获之茅渟县陶邑，乃使伊香色雄以币物聘之，使根子祭大物主神，使长尾市祭倭大国魂神，后又祭八十万神，定置天神庙、地祇庙及神地、神户，于是疾疫始息，岁丰民和。八年，以高桥邑人活目为大神掌酒，又使大田田根子祭大神。明年，帝感梦以赤盾赤矛祀黑坂神，以黑盾黑矛祀大坂神。

垂仁天皇二十五年，诏曰："我先皇翼翼小心礼祭神祇，是以安平康乐。朕以否德，谬缵神绪，岂得有怠。"三月，使女皇倭姬代丰锹入姬掌天照大神祭祀，于是倭姬求祭地。初诣菟田筱幡，过近江，经美浓，至伊势，终以神梦定庙于伊势之五十铃川上，名曰五十铃庙，以中臣祖大鹿岛命为祭主。明年，又迁神庙于渡会。以后遂以伊势为大神宫。每世例遣皇女侍神宫，朝廷每岁遣使奉币。二十七年，将以兵器为祭币，纳之神庙，卜之吉，乃纳弓矢刀剑于诸庙，以兵器祭神始于此，更定神地、神户。以地奉之神庙，令其地所出物产、其人民所供租调，悉以充神庙之费。历世所封神社，例有神户。三十九年，皇子五十琼敷命铸剑一千口，藏之石上神庙。帝使五十琼敷命掌神宝。八十七年，五十琼敷命谓女弟大中姬曰："我老矣，女代我掌神宝。"大中姬辞曰："吾女，弱，安能登神库？"五十琼敷命曰："宝库虽高，我能造梯。"大中姬不肯，遂使物部十千根掌之，于是物部连等世世得掌神宝。考《延喜式》，伊势大神宫有神宝二十一种：曰金铜多多利二，基高各一尺一寸六分，土居径三寸五分；金铜麻笥二合，口径各三寸六分、尻径二寸八分，深二寸二分；金铜贺世比二枝，长各九寸六分，手长五寸八分；金铜镈二枝，茎长各九寸三分，轮径一寸一分；银铜多多利一，基高一尺一寸六分，土居径三寸六分；银铜麻笥一合，口径三寸六分，尻径二寸八分，深二寸二分；银铜贺世比一枚，长九寸六分，手长五寸八分；银铜镈一枚，茎长九寸三分，轮径一寸一分；梓弓二十四枚，长各七尺以上八尺以下，涂赤漆；弣缠缥组；征箭一千四百九十只，长各二尺三寸，镞长二寸五分，以鸟羽作之，镞涂金漆、筈涂朱砂；又箭七百六十只，长二尺四寸，镞斧箭以鹫羽作之，以杂丹漆画之；玉缠横刀一柄，柄长七寸，鞘长三尺六寸，柄头横着铜涂金，长三寸八分，片端广一寸五分，片端广一寸，头顶着朴镮一勾，径一寸五分，玉缠十三番，四面有五色玉，着五色组，长一丈，阿志须惠组四尺，柄着勾金，长二尺，着铃八口、琥碧二枚、金鲋形二只，长各六寸，广二寸五分，着绪紫组，长六尺，袋一口，表大晕绸锦，里绯绫帛，各长七尺；须我流横刀一柄，柄长六寸，鞘长三尺，其鞘以金银泥画之，柄以鸲羽缠之，柄勾皮长一尺四寸，里小晕绸锦广一寸，押镜形金六枚，柄枚押小晕绸锦，长三寸一分，广一寸五分，四角立乳形，着五色组，长一丈，阿志须惠组四尺，金鲋形一只，长六寸，广二寸五分，着紫组，长六尺，袋一口，表大晕绸锦，里绯绫帛，各长七尺；杂作横刀二十柄，樱柄长六寸五分，鞘长二尺七寸，漆涂节裹绯帛，并倭文柄，以鸟羽缠之，节别缠小晕绸锦，阿志须惠，长各三尺三寸，广各一寸二分，着绯绀帛，绪长九尺，广二寸五分；姬靫二十四枚，长各二尺四寸，上广六寸，下广四寸，矢刺口方，二寸九分，以桧作之，以锦粘表，以绯帛着里，着绪四处，并用紫革，长各二寸，广一寸三分，箭四百八十只，以鸟羽作之；蒲靫二十枚，长各二尺，上广四寸五分，下广四寸，以桧作之，编蒲着表，以鹿皮着顶，以丹画里，着绪四处，并用紫革，长各二尺，广一寸；箭一千只，以鸟羽作之；革靫二十四枚，长各一尺八寸，上广四寸五分，下广三寸八分，以调布粘之，涂黑漆，着绪四处，并用紫革，长各二尺，广一寸；箭七百八十六只，以鹫羽作之；鞆二十四枚，以鹿皮缝之，胡粉涂以墨画之；纳桧麻笥二合，径一尺六寸五分，深一尺四寸五分，着绪一处用紫革，长各一尺七寸，广二分；盾二十四枚，长各四尺四寸五分，上广一尺三寸五分，下广一尺四寸，厚一寸；桙二十四竿，长各一丈二寸，锋金八寸五分，广一寸五分，径一寸四分，本金长二寸八分，径一寸四分，本末涂金漆；鸱尾琴一面，长八尺八寸，头广一尺，末广一尺七寸，头鸱尾广一尺八寸。盖即历代之所崇奉，每岁遣人修饰检藏之。

仲哀天皇九年，有神告神功皇后曰：海西有宝玉国，曰新罗，帝往征之，则熊袭不讨自服。帝不从，出师失利，暴崩。皇后伤帝慢神，乃命群臣造斋宫于小山田邑，皇后亲为祭主，使武内宿祢奏琴，以中臣武贼津使臣为审神者，请天神曰：“向教示天皇者何神？愿闻其名。”祷祈七日七夜。神凭人告名，且垂诲。后遂发师西征航海，祝曰："吾奉天神言，越海远征，苟捷有功，则波臣当手梳吾发分为二。"浴于海，如其言，遂结两髻如男子。至新罗，惊为神人，新罗主面缚降。及凯旋到筑紫，从神诲，立祠于穴门山田邑，祭表筒男神、中筒男神、底筒男神。

自神武创业，崇神肇基，神功远伐，皆托之以神，而神道益尊。

及允恭天皇四年，帝忧群臣氏族错乱，诏设鼎于庙，誓神探沸汤，伪者皆手烂，遂以神道听讼。显宗天皇三年，月神、日神迭凭人谓阿闭事代，宜以地献高皇产灵。事代备奏之，帝遂奉以田，使壹岐县主、对马县主侍庙，又以神道行政。《旧事纪》：天月神命者，壹岐县主远祖也；天日神命者，对马县主远祖也。是皆天孙降临之时随从者，即三十二神之一也。

钦明天皇十六年，百济王奏国乱，帝使苏我稻目喻之曰："昔雄略帝时，尔国受攻于高丽，帝使神祇伯筮之，神命之祭建邦神，师藉神威，果获大捷。夫建邦神者，天地剖判时，草创国土者也。尔举族祀之，国必复兴。"则又以神道警劝外国。是时疾疫大作，风雨为灾。卜者曰："贺茂神所为祟也。"乃选日祭之，五谷蕃殖，民得无恙。于是有贺茂神之祭。后世极重此祭。每世例以皇女内亲王为斋院，司祭祀焉。

用明天皇二年，诏礼神祇，行新尝祭于磐余河上，于是有践祚大尝之祭。《公事根源》称新尝始此，然据《日本纪》，上古既有新尝，盖自是始重其礼耳。自后每帝践祚，为大尝祭，最为祀典之大者。

孝德天皇大化元年，帝询群臣以治民之要。大臣苏我石川麻吕奏请先祭神祇，然后议政事，于是有神祇事务先于庶政之典。尔后凡帝践祚治事，必首神事。每年政始，每月奏事，亦先神事。凡奏神事，帝必起立，未毕，帝不得退朝。

天武天皇元年，赐中臣、忌部及神官人国郡司以下奉大尝者禄，郡司并赐爵一级，于是有神官与祭普赐爵禄之例。嗣后，每遇践祚大尝，所有中臣、忌部及神官、郡司诸与祭者，例有赏禄，今不备录。二年八月，诏四方行大解除，令国造输祓具，于是有国司输祓之例。令国造输祓具马一匹、布一常；郡司各刀一口、鹿皮一张、钁一口、刀子一口、镰一口、矢一具、稻一束；每户麻一条。其九年秋，敕天下大祓，又令国造等各出祓除奴婢一口。凡祓除，令国造输祓具，亦沿为例；输奴婢，则非恒例。九月，神官奏新尝大祭，卜以尾张、山田、丹波、诃沙为斋忌，于是有国郡斋忌之例。凡践祚大尝，令郡国输祭费与祭事，以卜定之，一曰悠纪，二曰主基，造殿供具，皆责令经营。每祭则各郡骚动。至嵯峨时，藤原冬嗣奏请省费，从之。三年春，普奉币于天下诸社，以祈年谷，于是有每岁祈年之祭。《公事根源》曰，祈年祭始于此。后亦沿为例，不具录。十三年，始迁奉神宝于伊势两大神宫，于是有神宫迁宫之仪。先是，二年，遣忍壁皇子于神宫，以膏油莹神宝。至是，诏每二十年改造两大神宫，行迁宫仪，著为永式。

朱鸟元年，帝不预，卜之，草薙剑为祟，即日祀之尾张热田社。初，日本武尊已平东陲，留草薙剑于宫箦姬家，宫箦姬祀之热田。天智帝时，新罗僧道行盗剑逃去，风雨晦暝，不能进而还。尔后藏于宫中，今又祀之热田也。

持统天皇三年，百官会于神祇官，奉宣天神地祇之事。六年，神祇官奏上神宝书四卷。

文武天皇大宝元年，颁行神祇令，遣泉内亲王侍伊势斋宫，于是有女王侍斋之典。自崇神帝始令皇女丰锹入姬奉还宝器，至垂仁时使皇女倭姬营伊势神宫掌天照大神祭，嗣后诸帝每遣皇女司祭事。中叶以后，皇女封内亲王，每帝践祚，必简内亲王之未嫁者，卜之定为斋内亲王，即遣敕使于大神宫祭告。择日，百官为大祓。先于宫城内便所为初斋院，祓禊而入。至明年七月，斋于此院，更卜城外造野宫。八月吉日，临河祓禊，入居野宫。自还入日至明年八月斋于此宫。九月吉日，临河祓禊，乃入伊势斋宫。有装束使，有护送使，沿途设祭甚多。及居斋宫，有年料，有月料，有给物，例以伊豫正税一千斛充新居之费，亦有别给于官者。每岁于六月祭度会宫，祭大神宫，朝廷遣使奉币随祭。其仪：六月十六日祭度会宫，十七日祭大神宫。十五日黄昏以后，祢宜率诸内人、物、忌等，陈列神御杂物讫，亥时供夕膳，丑时供朝膳，祢宜、内人等奏歌舞。十六日平旦，斋内亲王参入度会宫，至板垣门东头下舆，入外玉垣门，就座于东殿。门内东西各有一殿：东殿设斋内亲王座，左右设命妇等座；西殿设女孺等座。讫，即神宫司执鬘木绵入外玉垣门，北向而跪，命妇或女孺出受以奉，斋内亲王拍手而执着鬘。神宫司又持大玉串入外玉垣门而跪，命妇亦转奉，斋王拍手而执捧入内玉垣院门就座席，命妇或女孺二人陪从，避席正前，再拜两段。讫，玉串授命妇，命妇受，转授物、忌，受执立瑞垣门西头。斋内亲王还就本座。然后祢宜乃着明衣，衣冠并用生绢；大神宫司着当色衣，并执大玉串。祢宜立前，大神宫祢宜立左，宇治内人立右。次宫司，次币杂物，并马单行陈列。次朝使进入外玉垣门，当内玉垣门，并皆跪。先使中臣申诏令，次宫司宣祝词。讫，物、忌、内人等舁币帛案入奉，置瑞垣内财殿。斋内亲王并众官以下再拜，拍八开手，次拍短手，再拜，如此两遍。既而众官退出，即使及官司以下，向多贺宫再拜两段，拍短手两段，退就解斋殿，给酒食。讫，入外玉垣门，供倭舞。先神官司，次祢宜，次大内人，次币帛使，次斋宫主神，次寮允以上一人。酒立女，一人持拍，一人持酒。每舞了，人令饮柏酒，次祢宜、大内人妻。讫，斋宫女孺四人供五节舞，次鸟子名舞。十七日，参大神宫。其仪一同度会宫。

元正天皇灵龟四年，令文武百官率妻姊妹会于祓所，命中臣氏世领其事，于是有命妇会祓之礼。后世称其祝词曰中臣祓。

孝谦天皇神护景云二年，始赐伊势宫祢宜季禄，其官位准从七位，度会宫祢宜正八位，于是有神宫叙位之例。凡神官祢宜等皆叙官位，后不具录。盖中古以来，所以崇神重祭者，如此其隆重。惟自钦明时，百济传来佛像，当时物部尾舆、中臣镰子谓拜蕃神恐干怒国神，帝虽从其请，命毁佛像、弃经卷，而佛教卒行。尔后百余年，至圣武帝益敬信佛教，至削发称为三宝奴。及孝谦帝，宠任僧道镜，命为太政大臣、禅师，诏百官拜贺。道镜恃宠骄僭，遂怀觊覦。有太宰主神阿苏麻吕媚附道镜，矫八幡神教曰："令道镜即帝位，天下自太平。"道镜喜，益自负。帝惑之，召从五位下和气清麻吕于御床下，曰："朕昨梦八幡神使来，云大神欲凭尼法均有所告。朕答曰：'法均，女弱不胜任，使请以清麻吕代之。'汝今宜往受神诲。"临发，道镜谓之曰："神意欲使我即位，所以召卿。卿勉之，富贵决不相负。"清麻吕诣神宫，归，乃奏神语曰："我国家开辟以来，天日之嗣，必立皇绪，敢有他人妄窃神器者，戮之无赦。"道镜大怒，贬清麻吕官，改其名为"秽麻吕"，而其谋卒沮。然自佛教盛行，莫能两大，祭典渐湮，神宇多坏，而神官只图爵禄，祭事惟尚奢华，盖敬神之意日以弛怠矣。

桓武天皇延历二十五年，中臣、忌部二氏各相诉。中臣氏云："忌部本造币帛，不读祝词，是忌部不宜为币帛使。"忌部氏云："奉币祈祷，是忌部职也。币帛使宜属忌部，中臣宜充祓使。"诏曰："据《日本书纪》，天照大神闭天磐户之时，中臣连远祖天儿屋命、忌部远祖太玉命，掘天香山之五百个真坂树，上枝悬八坂琼之五百个御统，中枝悬八咫镜，下枝悬青和币、白和币，相与祈祷。然则祈祷之事，两氏宜共之。神祇令云，祈年月次祭，中臣宣祝词，忌部颁币帛。践祚之日，中臣奏天神寿词。六月、十二月大袚，中臣上御袚麻，东西文部上袚刀、读袚词，讫，中臣宣袚词。常祀之外赴诸社供币帛者，皆取五位以上卜食者充之，是常祀之外，奉币之使宜互用两氏，余一据令条。”

平城天皇大同二年二月，从五位下忌部广成上言：“草薙神剑，实是神玺，自日本武尊凯旋之年，留在尾张热田社，外贼偷窃，不能出境，神物灵验，以此可观。然则奉币之日，应同致敬，而久代阙如，不修其礼，何也？尊祖敬宗，礼教所先，故圣皇登极，受于文祖，类于上帝，禋于六宗，望于山川，遍于群神。天照大神，惟祖惟宗，尊无二日。自余诸神，乃子乃臣，孰敢与抗？而今神祇官班币之日，叙大神宫于诸神之后，何也？”其他论神祇典礼之事，凡数千言，帝不报。

嵯峨天皇弘仁十年，右大臣藤原冬嗣、大纳言藤原绪嗣奏言：“圣主相续，频御大尝，天下骚动，人民多疲。然神事不可得废，请去文饰，省冗费。”帝曰：“神事何须华靡。”乃令中纳言良岑安世等为检校使，以治部省厅为行事所，宫内省为悠纪所，中务省为主基所，停金银刻镂，务从俭素，标以榊造之饰以橘及木绵，书悠纪、主基字著其末。所用正税，悠纪、主基各十万，从国司请，各减五万。然其后仁明天皇天长十年，御八省院修禋祀之礼，御丰乐院，悠纪、主基皆立标，造日月云霞、神仙麟凤之形，悠纪乐标造巨象形，构小台于其背，令两童子迎画障，障后设机，随舞人进蹈而举舞名，其奢丽犹如此。清和天皇贞观六年七月敕曰：“前令五畿及伊贺、伊势、志摩、远江、相模、上总等国，云镇护国家，消伏灾害，是敬神祇、钦祭祀之所致，故格制频下，警告殷勤。今诸国牧宰不慎制旨，专任神主、祢宜祝等，令神社破损，祭礼疏慢，神明由是滋怒，国家以此受殃。朕意欲令诸社新加华饰，而经年逾月，未有修造，宜早加修饰，勿致重怠。”八年，公卿奏言：“六月、十二月，诸家必有祓除神宴，弦歌醉舞，欲悦神灵。而诸卫府舍人放纵之徒，不待主招，每结党伍，侵幕突门，径自闯入。初贪酒食，后责赠遗，所求不给，则忿讼詈辱，或托神语恐喝主人，滥恶之甚，不异群盗。虽豪贵之家，尚无所惮，是而不纠，何云国宪？请严命所司，一切禁遏。”诏令禁之。

醍醐天皇延喜十四年，式部大辅三善请行上封事曰：“朝廷每年二月四日、六月十一日，于神祇官立祈年月次之祭，斋肃祷神，以乞丰熟。其仪：公卿率判官及百官参神祇官，每社设币帛一裹、清酒一瓮、铁鉾一枚，陈列棚上；社或有奉马者，祈年祭一匹，月次祭二匹。亦皆左右马寮率列神马。神祇官读祭文毕，以祭物颁诸社祝部，使奉本社，祝部须洁斋捧持，各以奉进。而皆于上卿前，即以币绢插著怀中，拔弃鉾柄，惟取其锋，倾其瓮酒，一举饮尽，曾无一人持出神祇官之门者，况乎神马，则市人于郁芳门外，皆买取而去。然则所祭之神，岂有歆飨乎？若不歆飨，何求丰穰？伏望申敕诸国，差史生以上一人，率祝部受祭物必致本社，以存如在之礼。”其时祭神之意虽颇懈弛，而历代典章犹沿习修举，朝旨每以是申警戒，廷议亦以是论得失，盖犹重之。嗣后王室衰微，霸府僭窃，祭典举废，莫或置议。

逮于近年，德川氏奉还政权，朝廷下太政复古之诏。明治三年一月三日诏曰：“朕恭惟天神天祖立极垂统，列皇相承，继之述之，祭政一致，亿兆同心。惟治教明于上，故风俗美于下。

而中世已降，时有污隆，道有显晦。今也天运循环，百度维新，宜亟明治教，以宣扬神道。朕故特遣宣教使布教天下，汝群臣众庶，其体斯旨。”是月又诏曰：“朕恭惟天祖创业，崇敬神明，爱抚苍生，祭政一致，所由来远矣。朕以寡弱，夙承圣绪，日夜怵惕，惟惧天职之或亏旷。今朕敬祭天神地祇、八神暨列皇神灵于神祇官，以申孝敬，庶几使亿兆有所矜式。”乃复设神祇一官，以司祭祀。其后并神祇省于太政官，至今犹有教导职诸官。

外史氏曰：神武之开基，崇神之肇国，崇神尊称曰御肇国天皇。神功之远征，一以神道行之。余考其创业垂统，仗剑而出师，造瓮而事神，则兵事出于神。剑曰神剑，矢曰天羽，韧曰天韧，则兵器出于神。以禊词洗罪，素戋鸣尊得罪于天祖，群神定议，去其爪发，使天儿屋命宣解除祝词以逐之根国。根国，谓下界也。神武既成帝业，使天种子命袚除国中人民罪恶，害稼穑、污斋殿谓之天罪，伤人、奸淫、蛊毒谓之国罪，皆从其轻重，使请神祇而解除之。以探汤定讼，应神帝时，武内宿祢为其弟甘美内宿祢所谮，帝使二人请神于矶城川上探汤。其法以泥置釜中煮沸，使探之。甘美内宿祢手烂，武内遂得伸冤。其后允恭帝以姓氏溷淆，亦命探汤以定真伪。则刑法亦出于神。因祀而制贡调，出于射曰弓端，出于技曰手末，崇神帝始因祀神课男女调役。则赋税亦出于神。因祀而设斋藏，沿其后而有内藏，沿其后而有大藏，则库藏亦出于神。《古语拾遗》云：当此时，帝与神相去未远，同一寝殿，神物官物，未有分别。宫内立斋藏，令斋部人世掌之。应神朝，以三韩贡献，更建内藏于斋藏旁，以分收官物，令阿知使主与百济博士王仁司其出纳，更定藏部。至雄略帝时，秦造酒领百八十种胜以纳贡，贡物充牣庭内。自此而后，诸国之调，年以盈溢，更立大藏，令苏我麻智校三藏，而秦氏司其出纳，东西汉部勘录其簿，是以秦汉之族，世为内藏、大藏主钥，此藏部之缘也。因祀而有祝词。凡践祚则奏寿词，凡大会则奏国风，则礼乐亦出于神。历代诏书，每曰祭与政出于一；国有大事，若迁都，若迁宫，若与外国争战，必告于神；所得吴织、唐币及新罗玉帛，必供于神；时有水火、旱潦、疾疫、荒歉，必祷于神，固不独三种传国神器之赫赫在人耳目中也。余观上古之世，清静沕穆，礼神重祭，万国所同，而一切国政皆出于神道，则日本所独。世所传方士徐福之说，殆非无因欤？自崇神立国，始有规模，计徐福东来，已越百载，凡百政事，概缘饰以方士之术，当时执政者，非其子孙，或其徒党欤？曰剑，曰镜，曰玺，皆周秦制也。君曰尊，臣曰命、曰大夫、曰将军，亦周秦语也。或曰：日本上古盖无文字，所谓剑、镜、玺及大夫、将军之称，皆于传习汉文之后译而名之，不足为秦人东来之据。然考日本之传《论语》始于晋时，其编辑《国史》在隋唐间，既不用商周以前之称，又不用汉魏以后之制，则上世口耳相传，必有父老能言其故者。况若镜若玺，明明秦物，固有可据乎？或又曰：果使徐福东来，当时应赍文字，何待数世之后百济王仁始行传授？余又以为，徐福方士，不重儒术，其所携三千男女尽属童年，不习文字，本无足怪。又其时挟书有禁，自不能径携卷册而行，斯说也亦不足为难也。尔后国政，以出纳属之秦造，以禊词属之东西汉，若有特重于秦汉人者，当亦有故也。抑余考日本诸教流行，独无道教，盖所谓神道者即为道教，日本固早重之。彼张鲁之米教、寇谦之符箓、杜光庭之科仪，反有所不必行矣。

佛 教

佛之入日本也，钦明帝十三年十月，百济国王献佛像及经论，大臣苏我稻目舍宅为寺，名曰向原寺，按：《大和志》曰，广严寺旧名向原寺，一名建广寺，在高市郡丰浦村。《三代实录》曰，散位从五位下宗岳朝臣木村言，建兴寺，是先祖大臣宗岳稻目宿祢所建。此佛寺之始也。因天下大疫，旋毁除之。大连物部尾舆、中臣镰子奏曰："国家自古祭祀天神地祇，今礼蕃神，恐国神为怒。"帝曰："令稻目私礼拜之。"既而大疫，尾舆、镰子奏曰："是灾也，以礼蕃神故也，请速废之。"帝乃敕有司弃佛像于难波堀江，悉烧毁佛寺。

敏达帝十三年，鹿深臣佐伯连赍佛像自百济还，苏我马子宿祢稻目之子，入鹿之祖父。复创佛寺，造塔于大野丘北，此造塔之始也。《大和志》曰："在高市郡和田村，础石犹存。"请还俗僧高丽慧便师之，鞍部村主司马达度其女嶋为尼，更名善信，时年十一。从之为尼者二人，一曰禅藏，二曰慧善。按：尼，此云阿摩，本是梵语。北齐《白羊谣》："阿摩，姑调也。"注曰："太原公主尝为尼，故曰阿摩姑。"南山道宣《四分律行事钞》曰："阿摩，母也。尼者，女也。"宋灵芝元照《资持记》曰："阿摩尼，即佛名姨母之号。"今案，此二号乃女流通称。达子多须奈，崇峻帝时剪落，更名德齐。时为尼者三人，为僧者八人。此僧尼之始也。其所宗，有华严、三论、法相、律宗、俱舍、成实等，《神皇正统纪》曰：华严，僧朗辨传于唐，僧杜顺创立东大寺，故东大寺又名大华严寺。三论，孝德帝时，高丽慧观所创，即苻秦罗什三藏所传也。后僧道慈在大安寺衍其法，与华严并行。法相，兴福寺所传，僧定慧游唐，受之玄奘三藏。定慧，即大织冠镰足之子也。后僧正玄昉游唐，学泗州僧智周。智周，玄奘之法孙也。律宗，唐僧鉴真天平胜宝中所创，尔后南都有恩圆，北京有我禅。俱舍、成实，道慈律师所创。天台始于传教，传教大师名最澄，延历中创立止观院于比睿山。延历二十三年，从遣唐大使藤原葛野朝臣游唐，受密教于天台道邃。详见《神皇正统纪》及《元亨释书》。按：《宋史·日本传》曰："葛野与空海大师及延历寺僧澄入唐，诣天台山，传智者止观义，当元和元年也。"《佛祖统纪·道邃传》曰："贞元二十一年，日本国最澄远来求法，听讲受诲，昼夜不息，书写一宗论疏以归。"真言始于空海，弘法大师名空海，从葛野朝臣游唐，受法于慧果。大同中归，奏建真言院于宫中，赐东鸿胪地建东寺，又创金刚峰寺，今之高野山是也。详见《神皇正统记》及《元亨释书》。《旧唐书·日本传》曰："贞元二十年，遣使来朝，留学生橘免势、学问僧空海。"《谷响集》引《诸宗志》曰："不空弟子有慧果者，元和中日本空海入中国从果，归国，盛行其道。"禅宗始于荣西。叶上僧正名荣西，号明庵，又号千光法师。仁安三年，从商舶游宋，登天台，得天台新章疏三十六部归。文治三年，再游宋，受禅法于天童虚庵。建久三年，在筑前香栖屋郡创建久报恩寺。六年，又建圣福寺于博多，后鸟羽天皇赐宸翰，额曰"扶桑最初禅窟"。建仁二年，将军源赖家创立建仁寺，以荣西为开山。此禅宗之始也。详见《元亨释书》及《东鉴》。荣西西游，当赵宋时，禅僧之来归及游学于宋者，络绎不绝，五山十刹，五山十刹，历应中所定京师、镰仓位次，历朝不同。今以京师天龙、相国、建仁、东福、万寿等寺为五山，而南禅寺独冠五山。于是建立。尔后源空、以念佛为宗，号净土宗。亲鸾、创立本愿寺，号一向宗，又号本愿寺门徒。日莲以唱《法华经》题目为宗，故俗呼为法华宗。亦相继创宗门，皆在镰仓氏时。指归虽各异，其源出于天台。至晚近支流余裔，不复止此。其倡为宗教者，大概亦宗释氏之说。惟日本最重神道，而最澄、空海则谓日本某神即某佛菩萨化身，推佛于神，复援神于佛，于是日本之神无不佛矣。

释氏务绝俗累，而亲鸾则谓不必离俗，不必出家，但使蓄妻子、茹荤酒，而此心清净，即为佛徒，于是日本之民半为僧矣。源空之净土专以宣佛号为事，日莲之法华专以唱《法华经》题目为宗，皆谓口念佛即心奉佛，心奉佛，佛必以其法力鉴临而护庇之。其说皆卑迩易行，故信从愈众，于是日本之国化为佛国矣。王公贵戚之归佛姑不论也，僧人有官衔者，各法其法、职其职。民间哑羊鸟鼠之徒，规取饱食暖衣者，都会之间，动以万数。盖中世已降，无度牒之制，度牒始于养老四年，今谓之度缘，其废不详自何时。今京师东福寺有正和二年度牒，骏河久能寺有承久元年度牒。是以阘茸之民，贪婪三途，屑越四恩，靦然称佛氏之徒者，往往有之。所谓释氏之糟糠，法王之社鼠，内戒所不容，国典所共弃也。禅家之支流有虚无僧者，以普化为祖，《五灯会元》曰："镇州普化和尚者，不知何许人也。师事盘山，密受真诀而佯狂，出言无度。暨盘山辞世，乃于北地行化，或城市，或冢间，振一铎曰：'明头来，明头打；暗头来，暗头打；四方八面来，旋风打；虚空来，连架打。'唐咸通初，将示灭，乃入市，谓人曰：'乞我一个直裰。'人或与被袄，或与布裘，皆不受。临济令人送与一棺，便受之，乃辞众，自擎棺出北门外，振铎入棺而逝。郡人揭棺视之，已不见，惟闻空中铎声渐远。"身不着僧衣，颈挂袈裟及方便囊，戴深檐蔺笠，吹尺八笛，登市门化米。其徒颇蕃，关西隶京师妙安寺，关东隶江户一月寺，然不诵经，不戒行，不剪落，故无赖之徒多归之。佛寺之在西京者五百三十九区，统海内寺宇：禅宗一万九千三百八，密宗一万一千一百，一遍教六万七千一百，源空教十四万二千，融通派一千五百，一向派本愿门徒四万五千，东本愿门徒八万八千三百九十四，专修门徒七千五百二十，日莲教八万三千二十，合共四十六万四千九百四十二寺，可谓佛国矣。此寺数，据万延元年德川齐昭所上《防海疏》，维新以来，颇有减损。考北魏一万三千寺，唐武宗即位，废浮屠法，毁寺四千六百、招提兰若四万。而宋景德中，天下二万五千寺，元祐三万九千寺，见孔平仲《谈苑》。元至元二十八年，天下寺宇四万二千三百一十八区，见《续文献通考》。然尚不及日本十分之一也。僧徒盛时，上自公侯，下至庶民，不建寺塔，不列人数，堂宇之崇，佛像之大，工巧之妙，庄严之奇，有如鬼斧神工。又令七道诸国建寺，各用其国正税，于是举国之费十分而五。一寺度僧，岁三四百人，举国之民，秃首过其半。多家蓄妻子，口啖腥膻，甚至群聚为盗，窃铸钱货，党徒相攻，敢劫关白之第，入太政大臣家，掠财物及庄园，且率徒党发山陵、入宫殿、劫神舆。后宇多帝时，至毁闱截帘，破行事障子，帝乃御腰舆逃匿内大臣私第。暴乱淫纵，天下所未有也。维新之后，佛教较衰，僧徒田产多没入官。明治六年，下令僧徒均许食肉娶妻。

山伏，盖出于真言家，乃在家奉佛者。其祖役小角，大和葛城茅原人，或称役行者，又称役优婆塞，《翻译名义集》曰："优婆塞，肇曰：'义名信士男。'《净名疏》云：'此云清净士，亦云善宿男。虽在居家，持五戒，男女不同宿，故云善宿。'"壮入葛城山，居岩穴三十年，结萝为衣，拾果为食，能持禁咒，役使鬼神。凡国中名山大岳，足迹殆遍。外从五位下韩国连广足尝师事之，后害其能，诬奏之朝，遣吏收之，小角腾空而去，乃系其母。小角不得已就囚，配伊豆岛，《续日本纪》：文武帝之三年五月也。居三岁放还，后奉母入海云。见《元亨释书》及《扶桑隐逸传》。今诸山多祠之，而金峰山香火最炽。奉其教者曰山伏，或曰修验。冠寸许小冠于额上，俗谓之斗巾。被发，跨戒刀，振铎鸣螺。每春秋入金峰山，修法持戒极严。其法本于真言，而其说犹道家也，小说所谓解魔法师之类耳。其官全同僧家，皆隶圣护三宝二府。

又有一等，在肆市临路设店，挟巫觋、卜筮、风鉴、相形、拆字之术，以禳灾解魔赚钱财者，都会之地最多。

外史氏曰：昔韩昌黎以谏迎佛骨贬潮州，其时关东西则有丹霞然、圭峰密，河北则有赵州谂、临济元，江表则有百丈海、沩山祐、药山俨，岭外则有灵山巅。其师友几遍天下，皆以超世之才智、绝人之功力，津梁后起，以合于菩提达摩之传。当公之辟佛，为佛极盛时，故极为其难。然自公之辟佛，人人有公辟佛之说据于胸中，所谓“功不在禹下”者此也。是说也，余闻之阳湖恽子居云。

余考日本之僧，其倡为宗教者，尤多俊杰。日本以神建国，排神说法，势所不行，于是乎最澄、空海推佛于神，援神于佛，以佛为体，以神为用，体用归乎一源。斯说一行，而混糅神佛，举国之神，无不佛矣。食色，性也。拂人之性，亦势所难行，于是乎亲鸾不离俗，不出家，蓄妻子，茹荤酒，谓烦恼者骸，而清净者心，学佛在心而不在迹。斯说一行，而道俗无别，举国之民，无不僧矣。若夫源空之净土、日莲之法华，第以口唱佛号，即为佛徒，愈卑愈简，愈浅愈近，愈易修而愈溺人。日本之于道，既无周公、孔子倡明之于前，又无昌黎力辟之于后。彼僧徒者，鼓其说以煽动群伦，其化日本为佛国，亦无足怪也。宋人之辟佛也精，昌黎之辟佛也粗，然僧徒不畏宋人而恨昌黎，则以昌黎焚其庐、火其书之说行，而佛教自绝也。中国之说佛也精，日本之说佛也粗，然中国佛教不如日本之盛，则以亲鸾不离俗、不出家之说行，而人人得以自便也。夫天堂地狱之说，因果报应之谈，愚夫愚妇之所易惑。天下愚夫妇多，而贤士大夫少，知愚夫妇之所敬信，迎其机而导之，顺其情而诱之，因其利便而徇之，而吾说自无不行之数。僧者，其宗指不同，而其因国俗、顺人情以施教，则无不同，可不谓聪颖桀黠之士欤？

近日耶稣教之盛，遍于五洲，其所谓待人如己，于吾儒之道，弥近理而弥乱真者也。然其教行于中国，竭智尽力，仅能诱愚夫妇，而不能惑士大夫，盖其教以祀祖先、奉神祇为大禁。以中国圣帝明王四千余年世世相传之礼，欲一旦废己而从之，势固万万有所不能故也。嗟夫！以彼国势之强，教徒之盛，寺宇之庄严，布施之广大，其财力可以无所不至，仅赖此祀祖先、奉神祇之习得互相楮柱，而梶之不行，谓非厚幸欤？苟使彼教之徒，有最澄、空海、亲鸾其人者，从吾俗以行彼教，吾未知其所底止也。虽然，佛教诋祆教为魔，祆教亦以佛教为陋。凡佛教之崇偶像、逞神通，至于戒杀、出家，无不与祆道相扞格、相水火者，而今之印度，信祆道者居十之五，是耶稣一教竟不难居佛之国，变佛之俗而夺而有之矣。念及此，不禁为之惴惴危惧也。

氏　族

神武东征，都于橿原，班功胙土，于是有国造、县主之号，子孙世守，为得姓之始。国造之外各居其国掌国事，谓之国造。古有国造百三十余。有伴造，谓诸部君长、首直史之类也。县主之下有村主、稻置等，各以官为姓。其后，置大连、大臣，即以臣姓为大臣、连姓为大连，皆世其官，并令统领氏族。若大臣阙官，使大连统臣、连二姓。至推古帝时，始制官位，乃废世官，连、臣、伴造，专为姓称矣。洎天武帝十三年，诏定八等之姓，曰真人，曰朝臣，曰宿祢，曰忌寸，曰道师，曰臣，曰连，曰稻置，以牢笼姓氏，所以明源委、分贵贱，使人知氏族之所主。纪传谓之尸。按：尸，主也。《诗·召南》："谁其尸之。"又古者祭祀皆有尸，以依神，亦以为祭主也。今以真人、朝臣之类为尸者，盖以为一族之主。刑部亲王《姓氏录》曰："源朝臣信弟妹凡八人，弘仁五年各赐姓，以信为尸主。"其义可见。又《姓氏录序》："名为氏骨，骨之为言主也。"氏骨者，言氏族之所以为主也。真人、朝臣之类，受之天子者为尸。尸，即姓也。如源、平、纪、橘、藤原、清原之类，或身自为之者，则为氏。世或以源、平、纪、橘、藤原、清原之类为姓者，误矣。《国史书》曰："赐姓曰真人，曰朝臣，曰宿祢，曰连。"又有连姓氏书之者，曰赐姓源朝臣，曰赐姓橘宿祢，未有称赐姓源、赐姓橘者矣。可见朝臣、宿祢是姓，因宝胄官阀得赐之，氏则不必受之天子，人人有之。案顾炎武曰："言姓者，本于五帝，见于《春秋》者二十有二。黄帝子二十五人，得姓者十四而已，姓则受之天子也。考鲁左氏《传》曰：'天子建德，因生以赐姓，胙之土而命以氏。'诸侯以字为谥，因以为族，官有世功则有官族，邑亦如之。公命以字为展氏，氏则禀之时君也。士会之帑处秦者为刘氏，伍员之子在齐为王孙氏，知果自别其族为辅氏，则身自为之也。"日本姓氏之别，盖略同于三代云。其命氏有以国者，吉备、飞多是也；以邑者，小野、菅原是也；以官者，邢部、采女是也；以事者，锦部、酒部是也；以功者，治田、垂水是也，以居者，柿本、田边是也。《通雅》曰："后世或氏于国，则齐、鲁、秦、吴；于谥，则文、武、成、宣；于官，则司马、司徒；于爵，则王孙、公孙；于次，则孟孙、叔孙；于氏，则展氏、臧氏、驷氏、国氏；于居，则东门、北郭；于志，则三乌、五鹿、青牛、白马；于事，则巫、乙、匠、陶。"盖亦与华同。后世子孙，旁支别属，俗谓之苗字。苗字，即族也。其后氏族派衍愈繁，要不离乎以地、以官、以事、以物。其尤僻异者，曰手冢，曰股野，曰田麦股，曰夏目，曰肝付，曰桥瓜，曰池尻，曰腹卷，曰一色，曰是枝，曰猪野，曰鸟尾，曰犬饲，曰鹿伏兔，曰小鸟游，曰鹣饲，曰矢土，曰孕石，曰二瓶，曰纐缬，曰酒匂，曰儿玉，曰妻木，曰哥枕，曰夫妻木，曰可儿，曰妹尾，曰神鞭，曰九鬼，曰鬼越，曰甲乙女，曰左乙女，曰望月，曰小花，曰四十住，曰五十岚，曰十八女，曰四月朔日，曰七寸五分，曰万里姊小路。其有一氏分为数族者，若藤原氏分为近卫、鹰司、三条等族是也。近世二字若三四字氏族，多省为一字。其字不雅驯者，取偏旁，或通音易之，如藤原氏也，省曰藤安、藤斋、藤远、藤近，藤族也，皆省曰藤，又省曰滕，源流不辨矣。《琅琊代醉编》曰："今之称复姓者，皆从省文，如司马则曰马、诸葛则曰葛、欧阳则曰欧、夏侯则曰侯、鲜于则曰于，如此之类甚多，相承不已，复姓又得混于单姓矣。"《日知录》曰："洪武元年，诏夷服、夷语、夷姓，一切禁止。如今之呼姓本呼延、乞姓本乞伏，皆明初改，而并中国所自有之复姓，皆去一字，氏族之紊，莫甚于此。"日本氏族之变迁，亦与华同也。

盖日本以世官，故氏族最重，臣、连、伴造以官为姓。其后赐姓命氏，自垂仁始。然至允恭时，既家诬其祖，人伪其氏，乃使诸姓人盟神探汤，以别真伪。孝德帝尝诏云：“今有苟冒人姓，妄其所自出，而臣、连、伴造、国造之弱宗劣族，遂以神名王号为贿，庶民贱种，竟乱巨族，其厘正之。”然自苏我氏之乱，图籍灰烬，姓氏失谱，故天智时为制氏上。氏上，犹宗子也。天武因之，令诸氏上未定者，官为理之，族大宠多者，分宗立氏上，使纠率其族。百官系谱，举藏之图书寮。治部省立解部，主穷问诸姓谱第，以解其讼。其旧家世族，概废世官，别制新官，定冠位，分为八品姓，又分三别：以天神地祇裔为神别，皇子、王孙为皇别，汉人及韩人来居者为蕃别。使有升降，若爵命然，名曰宠号。氏之宠号既定，弘仁《姓氏录》尚载旧姓有一千一百八十二氏。自诸藤专朝，不举他族，而物、苏、伴、秦旧姓，凌迟式微，多降为皂隶矣。源、平迭兴，枝叶之蔓，分宗立长。其长者犹古氏上，其族人称家子郎党，绵延国内，古之氏上遂亡。逮足利氏兴，而赘婿冒姓，即欲讨其宗派，亦不可得。盖源、平以后，尚武竞争，各固党羽，义儿假子，动至百十，此假子混冒者一也。寡男无偶，妻以女子，赘为齐婿，即奉先祀，此赘婿混冒者一也。蒲生秀实曰：“源、平以来，家子郎党，常致之股肱，或为之死生。如和田氏之乱，举族歼焉；新田氏义举，亦举族赴之。当时宗族相保如此，多养假子，以强宗也。”又曰：“天下余子，多以男嫁人，冒姓其妇家，而世之无子养人子为后者，必先议其币多少，而后定议。”封建之世，官以世功，爵以世袭，侯伯嗣绝，例应削国，故必养子以图继世。下至大夫食采，群士食禄，莫不皆然，此养子混冒者又一也。少孤幼寡，随母改嫁，谓他人父，即后其宗，此随母混冒者又一也。此外，则避讳改易，移宫换羽，避仇逃匿，将甲作乙，又其一也。因是混乱，不可复别。大抵数百年来，藤、橘、源、平最为望族，故混冒亦最多。

凡故家世族，各为徽帜，以自表异，用花草禽兽绘其二于袖，或一或三于背，名曰纹。如藤原氏为藤花、菅原氏为梅花、德川氏为葵叶之类，使人望而知为某族也。维新以来，许平民与士夫相婚嫁，有擢用为官者，不复如前之重望族，然旧藩侯犹为华族，藩士犹别为士族云。

有名，生子则七日命名。古之搢绅世家荫子五岁命名，奏之天子，则赐五位，三公则赐四位，谓之叙爵。叙爵而冠，谓之叙爵元服礼，冠而字，此则冠而名矣。有通称，有字，有别号。古来有名无字，学士辈仿唐人偶为之，而多用单字，合姓呼之。如菅三纪、宽三耀之类是也。然平日无所用之，故古人少命字者。近世儒生辈皆命字，间有三字、四字者，又有别号，甚有多至十数者。如藤原肃，字敛夫，又号柴立子、广胖窝。如林信，号罗山，又号浮山、罗洞、四维山长、胡蝶洞、梅村、花夕、颜巷、颜瓢巷、麝眠、云母溪、尊经堂。然惟施之其辈流而已，人间应酬，概用通称。盖通称似小字，然亦小同大异。兵部、民部、大学、元蕃之类，谓之百官名，非士以上不得称。其他曰左、右卫门，曰左、右兵卫，曰大夫，曰内，内舍人也。曰藏，藏人也。曰丞，曰辅，曰佐，曰助，曰介，亦官名也。大郎、二郎、三郎之类，辈行也，各冠以一两字，或以氏及行，自士大夫迨民间仆竖，皆以此为称呼。考《元史》，名脱脱者十五、脱欢者十三、伯颜者九，岂亦源右卫门、平兵卫之类乎？案：《通雅》曰："士文伯，是士鞅之族，亦名匄。鲁仲婴，齐庄之孙，即公孙婴，齐之从祖。郑公孙段，字子石，而印段亦字子石。古人自不为嫌。"《琅琊代醉编》曰："魏安釐之父，名屈子，亦名屈。周厉王名胡，而僖王名胡。齐卫穆公名遬，而成侯亦名遬。郑武公名掘突，而厉公名突。周襄王名郑，卫成公与之同时，亦名郑。晋定公名午，而同时邯郸大夫亦名午。

卫侯名恶，其臣亦名恶。盖周人虽重讳，不如后世之甚，故多同名也。”又《春秋左氏》所称氏族名，如祭封人，名足，字仲，或称曰祭足，曰祭仲，曰祭仲足，曰祭封人仲足；士会，字士季，初受随，后更受范，或称曰随季，曰范会，曰季氏，曰范武子，曰随武子；瑕吕饴甥，或称曰瑕甥，曰阴饴甥之类，与汉以后之称谓大不相类。且其命名如黑肩、黑背、黑臀、髡顽、杵臼、宾媚人、鬥穀於菟，有僻陋可笑者，盖一国而古今不同风犹如此，况东西殊域，其俗岂得无异？然其源流变迁，大概从同，斯亦奇矣！

社　会

社会者，合众人之才力、众人之名望、众人之技艺、众人之声气，以期遂其志者也。其关于政治者，曰自由会，自由者，不为人所拘束之义也。其意谓人各有身，身各自由，为上者不能压抑之、束缚之也。曰共和党，曰立宪党，曰改进党，皆主改革政体为君民共主者。曰渐进党。意亦主改革政体，但以渐进为义。凡会，必推一人或二三人为总理，次为副理，次为干事。会中有事，奔走周旋，联络通气，皆干事司之。凡入会者，书其姓名于籍。例有开会仪，推总理为首席，总理举其立会之主义以告于众，众人者亦以次演述其所见，每月或间月，必招集会友，互相谈宴。每岁则汇叙所事、会计所费，刊告于众。会中或论时事、驳政体，刊之新闻纸。苟他党有不合者，摘发而论之，则必往复辩论，务伸其说而后已。其大概也：有关于学术者，曰天文会，曰地理会，曰斯文会，学汉家之会。

曰兰学会，治和兰学。曰英学会，曰诗会，曰歌会。关于刑法者，曰明法会，曰讲律会，曰代言人会。熟于法律，代人理词讼，曰代言人。关于宗教者，曰佛教会，曰某曰某，佛教中又分宗派也。曰神道会，曰某曰某，神道中又分支派也。曰耶稣会，曰天主会，曰希腊教会，各曰某曰某。耶稣、天主中，又各分流派也。关于医术者，曰医术会，曰汉医会，曰洋医会，曰剖解会。洋医中之讲求剖解支体者也。关于农业者，曰植物会，曰动物会，曰要术会。关于商贾者，曰商法会，讲求商法，教人以记数诸法。曰某物某物会，皆各就其所业，以讲求其术。会友有所疑则发问，有答辩之者，有所知则告人，有引伸之驳论之者。此外商人敛资合伙以为商，均各就其事，名曰某会某社。其总理以投票公选之，每岁举其商业之盛衰盈虚普告于人，所得之利按股而均分，凡商业之大者，均系敛资，无以一二人独力为之者。有关于术艺者，曰书画会，曰名磁会，曰雕刻会，曰七宝会，曰女红会，曰锦织会，曰铜器会。有关于玩赏者，曰古钱会，曰观古美术会，曰珍宝会。此则杂陈古人名物及今之巧手，以考其精妙，犹博览会意也。有关于游戏者，曰竞马会，曰角抵会，曰千人会。为二牌，一曰原牌，一曰影牌，限数至一千，每牌限若干钱，四散鬻之，共得若干金。至期，盛原牌于匣，匣上有孔，引锥刺而出之。以原牌对影牌，得第一者得大采，余采轻重有差，至百为止，犹今吕宋票也，国语名之曰富。此皆敛钱以为博者。有关于人事者，曰亲睦会，或同官，或同乡，或同业，或同社，醵钱以饮食晏乐，名曰亲睦会，犹今之团拜也。曰辅助会，曰布施会，曰一钱会。作大会，每月每人敛一钱，有疾病死丧，则会中扶助之，犹今之善堂也。凡日本人，无事不有会，无人不入会，此略举其凡耳。

其国家设立以启民智、劝工业者，曰博览会。自天象地图，以及飞潜动植之物，制造述作之事，风火气化之学，耳目之所未见，日用之所必需，无不部别区分，陈其物，模其形，别其品，书其名，使观者一览而知之。有共进会，又名竞争会，举人工制造之物，互相比较，谓共期进步也。若丝，若茶，若绵，若糖，皆就一物设为专会，使业此者各出己物，陈于会场，记物之名与制造之名，审查而考核之。每物出品至二三千，校其气候土质之宜否，种之良楛，栽植之同异，培养之肥瘠，器具之工拙，以及制造之方，收藏之法，捆载之宜，搬运之便。总其出品之精粗美恶，别为等第。其尤者赏以金牌，次者赏以银牌，又其次者给以褒奖，使人人勉厉，争自濯磨，最善法也。西历一千七百七十九年，佛兰西首相纽弗纱迢，以山林树木日事采伐，苟不讲求种植之法，必致匮乏，遂创为竞争会，胪列诸品，拔其尤者，赏而勉之。试之数年有效，诸国遂互相仿行，如农器、谷食、兽畜之类，争先设会。一千八百年，英国初设农桑会，其上等至赏银八千元。迩年诸国开会，沿革损益，法益精良，遂为国家一大政事。先期筑会场，筹费用，布告万国，令诸国商人咸来争赛，如佛之万国博览会，美之百年大会，其尤著者也。

外史氏曰：天之生人也，飞不如禽，走不如兽，而世界以人为贵，则以人能合人之力以为力，而禽兽不能故也。举世间力之最巨者，莫如联合力。何谓联合力？如炽炭然，散之数处或数十处，一童子得蹴灭之；若萃于一炉，则其势炎炎，不可向迩矣。如束箸然，物小而材弱，然束数十百枝而为一束，虽壮夫拔剑而斫之，亦不能遽断。凡世间物力皆有尽，独联合力无尽，故最巨也。余观泰西人之行事，类以联合力为之。自国家行政，逮于商贾营业，举凡排山倒海之险、轮舶电线之奇，无不藉众人之力以成事。其所以联合之故，有礼以区别之，有法以整齐之，有情以联络之，故能维持众人之力而不涣散，其横行世界莫之能抗者，恃此术也。尝考其国俗，无一事不立会，无一人不结党，众人习知其利，故众人各私其党。虽然，此亦一会，彼亦一会，此亦一党，彼亦一党，则又各树其联合之力，相激而相争。若英之守旧党、改进党，美之合众党、民主党，力之最大、争之最甚者也。分全国之人而为二党，平时党中议论，付之新闻，必互相排抵，互相偏袒，一旦争执政权，各分遣其党人，以图争胜。有游说以动人心者，有行贿以买人心者，甚有悬拟其党人之后祸，抉发其党人之隐恶，以激人心者。此党如是，彼党亦如是。一党获胜，则鸣鼓声炮，以示得意。党首一为统领、为国相，悉举旧党之官吏废而易置之，僚属为之一空，美国俗语谓之官吏逮捕法，谓譬如捕盗，则盗之党羽必牵连逮捕之也。举旧日之政体改而更张之，政令为之一变，譬之汉、唐、宋、明之党祸，不啻十百千倍，斯亦流弊之不可不知者也。

卷三十八　物产志一

外史氏曰：物产之盛衰，国民之勤惰系焉，田野之芜治系焉，而国家之贫富强弱，无不系乎此。宇内万国，自古迄今，昭然若揭矣。今海外各国汲汲求富，君臣上下，并力一心，期所以繁殖物产者，若伊尹、吕尚之谋，若孙、吴之用兵，若商鞅之行法，其竭志尽力，与邻国争竞，则有甲弛乙张，此起彼仆者。其微析于秋毫，其末甚于锥刀，其相倾相轧之甚，其间不能以容发。故其在国中也，则日讨国人，朝夕申儆，教以务财、力农、畜工，于己所有者，设法以护之，加意以精之；于己所无者，移种以植之，如法以效之。广开农、商、工诸学校以教人。有异种奇植、新器妙术，则模其形、绘其图、译其法而广传之。凡丝茶棉糖之类，必萃其类，区其品，开博览共进之会，以争奇竞美，褒其精纯，禁其饰匿，而进而劝之。而犹虑他国之产侵入我国，吾之力微不能拒也，则重征进口货税，使人物腾贵，无相侵夺，而吾乃得徐起而收其效，于是乎有保护之法。泰西一千八百四十四年，美国初兴铁利。其时英国输入铁条，每一吨值三十六元，课税二十四元；又英国输入铁块，每百磅值三元三十钱，亦课税三元。盖重课人税，使价重于我，国产乃可以销流。俟国产王，税乃递减。西人名曰保护税。而犹虑己国之产不售于人国，吾之利薄不能盛也，则分设领事，遍遣委员，使察其风尚之所趋、人情之所习，而依仿其式，以投其好，于是乎有模造之法。又其甚者，商务不竞，继以兵战，一遇开衅，辄以偏师毁其商船，使彼国疲敝不能复振，而吾乃得垄断以图其利。如英之于荷兰，则尤争斗之甚者矣。泰西百余年来，累世讲求，上自王公贵人，下至佣贩妇女，皆心知其意，上以是为保富之方，下以是为报国之务。泰西人有恒言，疆埸之役，十战九败，不足虑也，若物力虚耗，国产微薄，则一国之大命倾焉，元气削焉。彼盖筹之精而虑之熟矣。譬之一豪农之家，环四邻而居者，以所居近市，各出其瓜瓠果蓏之美，以图朝夕升斗之利，而为之主人者，一听其贱佣下婢栽培灌溉，曾不一问，欲以是争利，不亦难乎，不亦难乎！日本维新以来，亦兢兢以殖产为亟务，如丝之售于英、法，茶之售于美，海产之售于中国，则尤其所竭精敝神以求之者，可不谓知所先务与？《管子》曰："本富为上，末富次之。"太史公曰："善者因之，其次利导之，其次整齐之，其次教诲之。"有国家者，能勿念诸！作《物产志》。

丝

日本之丝，由来远矣。应神帝时，既遣使于吴，求织缝女。《山海经》云："欧丝之野在大踵东，有女子跪据树。"欧丝则上古既有之与？至雄略帝，命秦公酒统领养蚕，蚕大蕃息，赐姓为禹豆麻佐。先是，秦人弓月自称是始皇后，于应神时自百济来，迨其孙普洞，以制茧功，赐姓陂陀。秦公酒，其后裔也。既知养蚕之利，国中亦能自织绸绢。近年与泰西通商，英、法诸国争购其丝，遂为国产第一大宗。其浴种、饲养、分薄、入簇诸法，亦同于中国。多于山中掘坑藏种，名曰风穴。至夏初，取出蚕卵，用格子装叠，置之暖处，候十余日，乃用小帚扫拨蚕子于竹筐内，拣嫩叶切细条饲之。再六七日，方食大叶，饲毋失时。又历八九日，则吐丝矣。当吐丝时，授以器物，使缘器布丝，丝尽成茧，于烈日中晒之。如遇阴雨，则取茧置箱，以火蒸一二时，再置于当风处，令之吹干，惟其色洁白不及日晒。近学于佛国，兼用蒸燥二法，仍不失色泽云。择茧缫丝，则以铁锅煮热汤，将茧蒸软。每人司一锅一车，左手取茧四五枚，右手转车。其最初抽出者，曰屑丝，次层曰熨斗丝，三层曰生丝，四层曰伪棉。丝大柔弱，且为蛹污染，洗之以水，晒之以日，以其似棉，故名。凡茧尤粗大者，中必有二蛹，抽出其丝如线，名曰玉丝。若茧为蛹破，丝寸寸断，不能作丝者，名曰真棉。制法以禾稿烧灰，榨取卤汁，复澄而清之，用以煮茧。再用清冷水净洗晒干，其式如猪肚，故又名曰猪肚棉。其蚕家欲留蚕种，不蒸不晒，听其破茧出蛹，名曰茧壳。碎屑者曰屑茧。又择取壮茧，别藏于室，听其破茧而出，配以雌雄，则互相粘合，至十日外即能散卵，用硬纸一片，长一寸、阔六寸，散布其上，名曰蚕卵纸。中国名曰茧连，计每一茧卵纸可出茧七斗，每斗可造丝四斤半。凡缫丝多用女工，每一人能抽丝三斤半，以纸条粘缚成总，每总重八九钱，以四十总为一束，每束三斤或二斤半。以二十八束为一包，每包约重五十五六斤。近年多以机器制造。

机器有水火二法，水用木器，火用铁器。铁器为上，木器次之。初，明治三年，民部省之庶务司议于上野国富冈，开机器制丝场，于佛国购买机器，雇男女工师。五年十月开场，并募内国女工传习其法，受业者凡二千余人。至明治十年，一岁间通计出丝四千九百五十四贯七百零一钱，并屑丝等项，值价金二十八万六千九百二十四元，除费用之外，实有利益金十万零四千八十二元。尔后逐年经营，益以恢廓。其民间商会，以机器营业者甚多，尤著者曰岩代国二本松制丝会社，丝尤精美，名曰娘丝，工场役人凡二百二十余，每岁制丝一万二百九十余斤。陆羽七州争仿其制，应之如响。曰上野国前桥研业社，创于旧前桥藩士族深泽雄象、速水坚曹诸人，于明治三年特聘瑞西人为师，传习意大利缲丝法，易提抽之法为撚捻，质美而价高，人争慕效。有曰桐华组日盛社，皆规模极大。其上野之碓冰精缫社，则专以水车缫丝，凡十数组，每组各分一室。别有上野桃井会社，亦用水车，皆最有名。又有参酌水火机器，别制手车以省人力者。武州八王子驿内藤左右卫门创制一人独缫之制丝器械，每一机值银四元。又矢岛某自制踏车器械，所出丝，皆价胜于常。常陆国西村文平创制人力运转车，每一人之力，可充十六人之用。又加贺国白峰社创制单缫车，其法多模拟水车，代以人力。

日本产丝，凡四十余州。山城、摄津、武藏、相模、伊势、上总、下总、常陆、三河、尾张、甲斐、骏河、远江、伊豆、近江、美浓、飞驒、信浓、上野、下野、岩代、磐城、陆前、陆奥、羽后、羽前、若狭、越前、加贺、越中、越后、能登、丹波、丹后、但马、石见、备中、长门、周防、伊豫、纪伊、丰前、丰后、筑前、肥前、肥后、日向皆有之，以上野为最多，武藏次之。丝之佳者，奥州之滨付、岩代之挂田、武州之八王子驿皆有名，而机器所制，若上野之富冈、前桥，岩代之二本松尤为擅美。寻常丝价每百斤平均约五百余元，而机器丝有值七八百元者。茧以岩代国伊达郡所出为全国之冠。伊达郡有丹治梅吉者，精于蚕事，专以输出海外为业，既广求善种，又分遣教师于诸国，习饲蚕之法，精益求精，遂为杰出。其蚕卵纸一种，则信浓国为最多。近年以来，丝业益盛。国家既于富冈开机器制丝场以为民倡，复开屑丝、屑茧纺绩所以收遗利，向来屑丝、屑茧仅以充绵，尤下者付之弃捐。明治六年，委员某在意国讲求其术，归请于朝，乃开纺绩所。其法藉水车之力，以屑丝为精绵，更以蒸汽机拈丝，品质色泽，竟能与精丝仿佛。民间仿为之，遂有输出海外者。开制丝试验所以验人工。在东京，内藤新宿仿意国机器，以一人兼数工，验丝之强弱与细大等事。又于劝农局中讲求蚕事，广采新法，历验利病，以刊告于众。如将蚕身内外形器，解剖为图，以验其利病。又分为清冷室、清温室、盛热室、湿暖室、干寒室、湿寒室，每日每时，测晴干阴雨及风之方向，与蚕之食度，桑叶之多少，以验卵之生育、茧之造就、病蚕失蚕之多寡。明治十二年，开茧丝共进会，凡出品者一千一百二十二家，一千三百二十六品。内丝八百零四品，茧五百二十二品。乃精选委员，一一审其包装便否、结束良否、装饰宜否、光泽佳否、价格高否、细大均否、取丝四百条，称准分量，又分为四，各一百条，以评校之。绝断之多少、以机器试验。疵类之大小、取丝百条，摊为平面，以分别计算。强力之多少、取无疵之丝以试验。伸度之长短、设一定则，验其过不及以定度。再缫之难易，辨其络交之齐否、粘着之多少、续口之有无，以分难易。然后考其机器之力，使役女工之数及制造之额，择其尤者而褒赏之。民间靡然从风，豪富巨商，争结社会，与外商相争抗，多有直输外国，不假外人手者。先是，蚕卵纸一种，明治初年，每枚价约一元九十钱，四年落至九十余钱。至明治八年，诸国竞相制造，骤增百余万枚，而是年意、佛两国购者甚少，初拟价高者每枚二三元，其后仅值二三十钱，甚则仅值二三钱，弃之几如土苴。政府乃命豪商数人，以金八万元购而焚之，复严设规则，以防滥造。至明治十一年，值价犹不过七十钱而已。现犹设法，以冀挽回焉。向来日本丝商只运出通商港口，西商购而自运回国，然往往验货定价，辄饰词退回，而日本丝商以争先竞卖，时有亏折。至十四年，日本乃联合诸商，设一社会，名曰生丝存贮所，议令商人运丝先到公所，公所为之分别等第。西商欲购买者，自到公所，预交定银，然后出丝，所有悔约、竞卖诸弊，概予革除。西商哗然，不遵约束。争持数月，诉之于公使，公使告之外部，外务辞曰："此商人事，非政府所得预也。"久之，西商策穷，俯首听命。闻此事日本政府力为维持云。其势方蒸蒸日上云。

蚕丝历年输出价量表

		生丝	屑丝	熨斗丝	茧壳	真绵	玉丝	屑茧	茧	合计
量价	元年	二二三，九五一	一三九，八六八	六二，七〇九	一五六，五二八	三二，七四九	八四，五四八	一〇，一三九	三三〇	一，六一〇，八二二
	二年	七二六，〇四六	一二二，八〇三	九三，六六七	一八八，六三七	七九，一五九	六二五	一三，八四九		一，二二四，七八六
	三年	六八三，三六二	一〇三，四五七	七四，九三八	三八，四八〇	一〇二，六六八	三，〇一六	一，二三六	一五三	一，一〇七，二一〇
	四年	一，三二三，四三五	二三三，三八三	一五一，一一〇	八三二，二六九	四八，二九六	五，九九一	一四，六四九	四，五九〇	二，一六三，七二三
	五年	八九五，五〇〇	三五，三三一	二一七，八三九	四四四，八四九	一三，六九五	一五，七〇七			二，〇三七，八二一
	六年	三〇二，一三四	二四四，四六五	一三五，四三五	三四三，四二二	六九，四〇二		三一，〇四四		二，〇二五，九〇二
	七年	九七九，一九三	三六〇，二七八	九六，六〇二	三七二，九九二	七七，七八二	五五	二二，七二五	三〇〇	一，九〇九，九二七
	八年上半季	三九五，九二三	一六七，三九六	四二，一三三	四六，六一八	三二，三八二		二四，五八四	二一四	七〇九，二五〇
	八年度	二四一，八一八	四一八，三七四	一〇八，九三五	三〇八，七五四	四五，七六八	九〇八	四，五六一	一，一六〇	二，〇三〇，二七八
	九年度	一，七五六，五二五	四八〇，一九九	一六六，六八二	三九，五三一	四九，八六五	一，五八二	一五四，七〇一	四，九二〇	三，〇〇九，三九五
	十年度	一，八四四，一三九	六四四，〇二二	一五六，二一五	四〇〇，〇一四	八六，五五三		五，五八八	一，九二六	三，一三八，四七五
	十一年度	一，六四四，七八八	九〇八，六四五	二九一，六八七	二九五，六五三	八八，九七三	二，〇二〇	一九，一五〇	五九〇	三，二五一，五〇六
	计	一三，七一六，八一四	四，一七四，一二一	一，五九七，九五二	三，四六三，三三七	八二六，二九二	二四，四五二	三，一二一，一二六	一三，九八三	二四，二一九，〇七七

		生丝	屑丝	熨斗丝	茧壳	真绵	玉丝	屑茧	茧	合计
量价	元年	六,二五三,四七二	一九,八二八	六一,七四七	七八,〇八七	六五,三四八	一七一,一八六	二,一二七	二六七	六,六五二,〇六二
	二年	五,七二〇,一八一	四八,四七一	九八,五三九	一二四,八九二	一四一,三九一	一,五五〇	四,〇〇七		六,一三九,〇三一
	三年	四,二七八,七五一	四四,一三九	八二,九〇八	六四,一七一	一九七,四八六	九,一九八	二,五二二	八二	四,六七九,二五七
	四年	八,〇〇四,一四四	六三,一七五	一,二七,五一三	一九二,五二七	二二七,五五五	一五,二八二	一,四一七	二,四七四	八,六三四,〇八七
	五年	五,二〇五,二三七	八八,〇一一	二〇五,九二六	二五六,一三九	一六八,二九二	三二,一三八			五,九五五,七四三
	六年	七,二〇八,四二一	八三,〇〇六	一一七,七三七	二四五,七三二	一六九,七八七		一〇,八〇六		七,八三五,四八九
	七年	五,三〇二,〇三八	一〇七,〇八〇	八五,二四四	二四八,五八〇	一二一,二三二	一四一	五,七四〇	一七一	五,八七〇,二二六
	八年上半季	一,八六七,三三〇	五二,五五四	四八,二六二	二九,一九〇	五七,〇八五		五,八〇五	四〇四	二,〇六〇,六三〇
	八年度	五,〇八九,一七三	一二一,二五九	一〇二,七〇一	二二一,八四四	七四,八七九	一,一〇〇	八一四	一,〇一〇	五,六一二,七八〇
	九年度	一三,三七二,二四三	二二五,〇六六	二五四,四五〇	四六八,〇二一	一〇六,九一〇	三,七〇〇	五八,〇六八	一〇,五九〇	一四,四九九,〇四八
	十年度	九,九三二,七三二	二三六,三〇六	一五四,九七九	二九三,四八一	一五三,四四八		八二五	九七九	一〇,七七二,七五〇
	十一年度	九,〇五八,五一六	四〇一,一九三	三〇七,八一〇	二二六,〇七二	一三六,五一九	四,九一五	四,四一七	一九〇	一〇,一三九,六三二
	计	八一,二九二,二三八	一,四九〇,〇八八	一,六四七,八一六	二,四四八,七三六	一,六一九,九三二	二三九,二一〇	九六,五四八	一六,一六七	八八,八五〇,七三五

蚕丝类各种平均百斤价表

	生丝（元）	屑丝（元）	熨斗丝（元）	茧壳（元）	真绵（元）	玉丝（元）	屑茧（元）	茧（元）
元年	五五六三八	一四一八	九八四七	四九八九	一九九五四	二〇二四七	二〇九九	八一一九
二年	七八七八五	三九四七	一五〇二〇	六六二一	一七八六二	二四八〇〇	二八九四	
三年	六二六一三	四二六七	一一〇六四	四四九五	一九二三五	三〇四九八	二二六六	五三九七
四年	六〇四八〇	二七〇七	八四三九	五〇三六	四七一一七	二五五〇九	一一〇四	五三九〇
五年	五八一二七	二五〇六	九四五三	五七五八	一四九三四	二〇四六一		
六年	五九九六四	三三九六	八六九三	七一五五	二四四六四		三四八一	
七年	五四一四七	二九七二	八八二四	六六六五	一五五八六	二五七〇九	二五二六	五七二三
八年上半季	四七一六四	三一四〇	二四五五	六二六二	一七六二九		二三六二	一八八七九
八年度	四四五七一	二八九八	九四二八	七一八五	一六五四九	一二一一五	一七八五	八七〇七
九年度	七六一二九	四六八七	一五二六六	一一八四五	二一五三七	二三三八八	三七五四	二二四三六
十年度	五三八六一	三六六九	九九二一	七三三七	一七七二九		一四七六	五〇八三
十一年度	五五〇七四	四四一五	一〇五五三	七六四七	一五三四四	二四三三二	二三〇七	三二二〇

蚕卵纸历年输出价量表

	数	价	平均一枚价（元）	百分数	比例价
元年	一，八八六，三二〇	三，七一二，三五一	一九七	二一二强	五七一弱
二年	一，三七七，四九三	二，五〇〇，〇五六	一八二	一五五强	三八五弱
三年	一，三九七，八四六	二，五六六，七五九	一八四	一五七强	三九五弱
四年	一，四〇〇，〇二七	一，二八五，一八九	九二	一五八弱	一九八弱
五年	一，二八七，〇四六	二，二四七，三六五	一七五	一四五弱	三四六弱
六年	一，四一八，八〇九	三，〇六三，〇三七	二一六	一六〇弱	四七一强
七年	一，三三五，四六五	七三一，五七八	五五	一五〇强	一一三弱
八年上半季					
八年度	七二七，四六三	四七四，九二〇	六五	八二弱	七三强
九年度	一，〇一八，五二五	一，九〇二，二七〇	一八七	一一五弱	二九三弱
十年度	一，一七六，一四二	三四六，九九八	三〇	一三二强	五三强
十一年度	八八八，三六七	六五〇，一六〇	七三	一〇〇	一〇〇
计	一三，九一三，五〇三	一九，四八〇，六八三	一四〇		

茶

日本植茶，盖始于嵯峨帝时。或云圣武时既知饮茶，但事不可考。惟考日本《凌云集》载《皇太弟秋日御制诗》云“院里满茶烟”，《桓武帝御制诗》云“吟诗不厌捣香茗”，又《经国集》载嵯峨帝《与海公饮茶归山御制诗》有“香茶罢酌日云暮”句，可征当时风尚。史称嵯峨弘仁六年，幸近江国之韩崎，有崇福寺僧都永忠自煎茶献帝及皇太弟。永忠曾于宝龟中入唐留学，得制茶及栽培法，延历中归朝，自试其法，并传于人。及是，帝遂命畿内及近江、丹波、播磨诸国植茶，盖始于延历，盛于弘仁也。其后中绝，及后鸟羽院文治中，僧千光游宋，赍江南茶种归，分栽于背振、栂尾诸山，茶事复盛。千光种之筑前背振山。建保二年，将军源实朝有疾，千光知其宿酲，献茶及《吃茶养生记》二卷，将军饮之顿愈。又馈茶实一壶于释明惠。明惠种之栂尾山，故栂尾山又名茶山。其后分种之宇治。近代栂尾种殆绝，而宇治实称茶海。应安以来，以足利义政嗜茶，举世咸尚之。后义政命僧珠光、僧休心通晓茶事，义政聘之，命其臣能阿弥、相阿弥等学习。休心自结茶室，号珠光庵。其子宗珠、其徒引拙、古市等传习其道，鸣于南都。真能、即能阿弥，号春鸥斋。真艺、真能子。真相，即相阿弥，号松雪斋。藻鉴茶具，润饰茶仪。乃丰臣氏使千宗易修饰之，千宗易，和泉人，称千阿弥，仕丰臣氏，号利休居士。于是王公以下，逮于庶人，咸尚茶术。至德川氏，每春遣使于宇治赍瓮收茶，而宇治之名益著。日本初传古法，特尚煎茶。惟良春道《和出云大守茶歌》有云：“空林下，清流水，纱巾仍漉银枪子。兽炭须臾炎气盛，盆浮沸，浪花起。巩县碗，商家盘，吴盐和味味更美。煎罢余香处处薰，饮之无事卧白云。”是当时所尚在煎茶。薛能诗云：“盐损添常戒，姜宜着更夸。”观此知用盐是古法也。**煎茶废而点茶兴**，点茶之法，始于陆羽，宋人盛行之。考《大观茶论》、蔡襄《茶录》，知日本点茶，即同其法。凡运筅击拂，谓之立茶。立茶，谓粥面聚也。茶多汤少，运筅旋撤，再添汤击拂者，谓之浓茶。茶少汤多者，谓之薄茶。盖碾茶为末，注之以汤，以筅击拂，以观其色泽。法以抄茶一钱匕，先注汤，调令极匀，又添注入，回环击拂，汤上盏可四分而止，视其面色鲜白，着盏无水痕者为绝佳。其后茶仪盛行，又专以斗茶器、结茶室，务为奢靡矣。**行之数百年。**

若制茶之法，则近来较精，将新采之叶，用泥炉铁镬煮热汤，以竹笼蒸之，俟其叶软取出，用竹簟摊开，以扇扇退热气，然后用铁杈糊纸，于泥灶上烘焙，随焙随拈，到叶卷身干，再用筛分出粗细，拣去茶梗，翻覆焙干，乃用箱装运。凡谷雨前后所采者为头春，叶肥嫩而味浓厚；夏至前后所采为次春，叶老而味薄；至大暑前后所采为尾春。每年出产头春居其六，次春居其三，尾春居其一云。**有曰宇治制**，有山本嘉兵卫者，西京人，鬻茶于江户。至四世嘉兵卫时，元文三年，山城永谷宗七郎自制一种美色茶，贩之山本氏。山本氏赏其奇雅，与之结约，令再制。当时诸侯伯赏之，有“天上地下第一”之名。由是山本氏之名大噪，名曰宇治制。**有曰玉露制**，天保年间，山本氏已获巨利，于宇治、缀喜之间共有十八所茶园。至六世嘉兵卫，号德翁，由宇治至小仓村，宿于木下吉左卫门家，戏于焙茶时以手搅和茶叶如团珠，木下氏患之，德翁转奇其状，购以重价，更令多作，赍归江户，名曰玉露。人争购之，当时一斤值银四十五钱。尔来渐次翔贵，值至七十五钱。**尤擅香名。其制造较粗者曰番茶**，多粗品，制工尤草率，仅以太阳曝干而已，下总、常陆之间多有之。**碎屑者曰粉茶。近年以来，学制红茶**，明治七年，劝业寮创编《红茶制法》一书，颁布诸府县，民间始有学制者。八年，驻札上海领事官特聘我国人二名，于肥后之山鹿、丰后之木浦等处学制，而未能得法。又遣委员多田元吉往湖北、江西、安徽等处学习栽培制造诸法，并购觅良种赍归。其后，日本三井银行与一西商又延请华人四十余名，于近江大津郡制造。初颇如法，后以制造过多，不能得利云。**又学作砖茶**，初，明治九年，多田元吉游历中国湖北咸宁及汉口等处，赍回砖茶，遂于劝业寮中以绿茶粉末拟造，用器械压榨，而未能坚实。十年，元吉又入江南福建，模拟其器赍归。十一年，全权公使榎本武扬由俄国东部陆路归朝，闻俄人素嗜砖茶，购数种携归。至十一年，元吉与上林熊次郎又如法制造，赠之美商。茶商田川某亦传其法，俄人遂与定约购买云。**又有学作印度茶者**。印度种茶，起于泰西一千八百三十四年，至今五十余年矣。先是，侯爵某上书政府，首倡其议，英国从其言，遂选英人及印度人十三名为委员。阿朔昔州旧有茶树，当印度未入英国版图时，于千八百二十四年缅甸之役，炮船长官巡察其地，并携茶种归告政府。及是，所遣委员遂于阿朔昔州，先建数所茶苗园，并开小制场。至三十七年，暂通制造、焙炼诸法，又遣员往中国福建厦门购种种之，渐及东北诸州。其后政府决议以移植中国种为便，又往安徽、杭州、宁波、福建武夷山购觅良种，植于西北诸州。尔后考论工拙，争以金牌为赌物。植物家又考究树质佳否、土宜如何，一一论究中国焙炼之法，政府并译其书，布告于众。凡种茶之地，虽在绝域深山，政府皆开通道路，以便运输。人民亦争自奋发，益求良法，佐以机器。至千八百六十九年，印度茶之名，竟噪于世。今核印度近年输出之茶，每岁已逾三千一百万磅，卖价一千三百万元。出产不过中国八分之一，然茶价之高，几倍于中国矣。日本自明治七年，遣富田冬三往桑港，经东印度，闻其茶美。至明治九年，遂遣多田元吉为制法视察委员、石川正龙为器械视察委员、梅浦精一为商务委员，均往印度，研究其法。及归，遂以高知县下取自生茶，制以印度之法，果投西人嗜好，乃将其制法遍告各府县，并设传习场，受业者凡五百余名云。日本产茶遍于全国，以宇治为最良。开港之先，惟中国商人于长崎购九州茶回国，再制以充西商之用。又有和兰商人赍茶树五百本移植于爪哇，然西人未有购茶者。及安政六年，横滨开港，米国商人始稍稍购茶。此时茶一百斤不过六七元，仅以当时十二三方之一分银购取，一分银值英国银半元。后增至十六七元。其后输额递加，栽植益盛。至明治二三年，适因中国红茶有伪造者，为美人所厌忌，而日本绿茶乘机得以销售。至明治十一年，输出至二千八百余万斤之多。售于美国者十之九，于英国者十之一。然以制造稍滥，得利转微。政府频年设法维护，于明治十二年开共进会，凡出品者八百四十六家、一千一百七十二品。特撰委员审查其形状，以黑漆盘盛茶叶置于案，外映日光，以鉴别茶叶之长短、紧疏、伸缩如何。色泽、于玻璃窗外，施有色屏障，透入日光，仍以黑漆盘盛茶叶，以辨其润泽、枯燥、纯青、碧黄、驳杂等事。火度、以茶叶盛盘，嗅其香气，以别火度之强弱、熏焦能否适当。水色、茶叶重八分，置之茶铫，注以热汤，经五分时间，倾其液汁，注于纯白茶碗中，以审定清浊、黄碧如何。茶滓、将茶滓倾入白碗，注以清水，细审其形况性质，有无混淆他物。香、如前法，渗出茶液，咀含于口，以辨其薰莸强弱。味、亦如前法，辨其味之甜滑苦涩如何。收藏、即茶叶之香味、色泽，以审定其收藏保护之善否。价格、即是年茶价，以辨高低。性质、以每县每区分别品质，以考其土宜物性。原价，据各家出品人申告书，考其工役费用之多寡，以审定其价。分别八等，以定优劣。其尤者，给以赏牌，民人奋励争进。其豪农富商自种茶园，有辟地五十余町之广，制额二万余斤之多者。比之从前，大有进境云。明治十二年，既开制茶共进会，劝农局长复勉励业茶者曰："尝就现状，以卜来势，日本产茶，虽逐渐拓充，然其利实不足恃，有可虑者六：地之广大、物之丰饶，中国、印度非我所及，一也。此二国者，输出之多、价额之高，又非我所及，二也。红茶气焰，压倒全欧，尚之者十八，假令美国转移嗜好，趋重红茶，则我之绿茶将弃之如土苴、如敝屣，三也。加非一物，美人以供饮料，实居首位，仍虑茶为所夺，四也。印度政府于产茶一业，殚精竭虑，以期进境，未知其所底止。即论今日印度茶价，既挺然特立，高出诸国之上，则其效已可睹矣，五也。中国之从事茶业者，虽比之印度当让避三舍，其政府亦未尝加意保护，然商人能协力同心、互相联络，以趋赴事机，近来益矫宿弊，改图精良，以广开英、美、俄、澳各国贩卖之路，六也。今之产茶只中国、印度、日本三国，然茶之为物，虽产于温带，实宜于热带。假令他日产茶益广，又有第二印度世界现出，亦未可知，是亦不可不思也。方今商务，万国竞争，有如此大敌，如此要事，岂得以日本产茶为天之所授，国之特产，而安坐逸居以图之乎？期所以保此天授，享此特产者，在吾民手段。何谓手段？官民协同一心，以实验征实效。自培养制造，以至贸易，苟有利益，则急起以图，精进不已，务使货美价廉，无复余术，则庶几其可也。"日本自通商以来，当路诸人专以殖物产、兴国益为务，观此可知其概，故附录于此。

茶历年输出价量表

	制茶			番茶			粉茶		
	量	价	平均百斤价（元）	量	价	平均百斤价（元）	量	价	平均百斤价（元）
元年	七，四三九，一二四	三，三四四，九六五	四四九七	一，九五一，二四六	二一二，六〇五	一〇九〇	七二五，二二三	二四，一九八	三三四
二年	六，四二四，一五六	一，九五四，〇三六	三，〇四二	二，〇一六，三四九	一四四，一五四	七一五	一五四，九四五	四，二二八	二七三
三年	一〇，八一六，三三二	四，四三一，三二六	四，〇九七	一，〇三八，四一六	六八，三七六	六五九	四五九，六五四	一一，九一三	二五九
四年	三，七二八，三九六	四，六二一，九八四	三，六三一	九九五，四八八	三九，六九五	三九九	三四二，九六九	一，〇〇八	二六五
五年	三，七三九，三四九	四，一二四，四六三	三，二三八	一，五〇七，三六一	九二，一二二	六一一	四八七，五五一	九，五二〇	一九五
六年	三，〇八六，七六九	四，五六一，九四九	三，七七四	八五〇，六五八	八八，六五九	一，〇四二	四〇二，五八二	八，七八三	二一八
七年	一七，八六二，二七五	七，一九三，八四四	四，〇二七	九〇四，三八九	四九，九七七	五五三	三六二，三六六	九，五八三	二六五
八年上半季	六，三三九，二八一	二，三八九，七四九	三，七七〇	六七八，八七九	三四，六二〇	五一〇	三〇八，八九七	一〇，九〇一	三五三
八年度	一九，六三一，二一一	六，五九八，〇一六	三，三六一	一，一八七，〇七二	九七，六六一	八二三	九八三，四九六	三三，二三六	三三八
九年度	一七，九七四，四七七	四，九三一，三九五	二，七四四	七三八，二一〇	二五，九三六	三五一	一，九〇二，三二一	五六，〇七七	二九五
十年度	一九，二三五，六四五	四，三七七，四九六	二，二七六	四四五，九〇三	一六，一六五	三六三	二，一三九，五五八	六六，二八一	三一〇
十一年度	二一，四〇四，八四〇	五，二二六，八七二	二，四四二	四八八，五二四	一七，六八一	三六二	一，七八三，一〇七	五八，五二九	三二八
计	一六四，六八一，八五五	五三，七五六，〇九五		一二，八〇二，四九五	八八七，六五二		一〇，〇五二，六六九	三〇三，三三〇	

三种茶合计比较表

三种计			百分比例					
	量价		三种计		制茶		番粉茶	
元年	一〇，一一五，五九三	三，五八一，七六八	四三弱	六八弱	三一强	六三强	一一强	四强
二年	八，五九五，四五〇	二，一〇二，四一八	三六强	四〇弱	二七强	三七弱	九强	三弱
三年	一二，三一四，四〇二	四五二，六一五	五二强	八五强	四六弱	八四弱	六强	二弱
四年	一四，〇六六，八五三	四，六七一，七六〇	五九强	八八强	五四弱	八七强	六弱	一弱
五年	一四，七三四，二六一	四，二二六，一〇六	六二强	八〇弱	五四弱	七八弱	八强	二弱
六年	一三，三四〇，〇〇九	四，六五九，三九一	五六强	八八弱	五一强	八六强	五强	二弱
七年	一九，一二九，〇三〇	七，二五三，四〇四	八一弱	一三七弱	七五强	一三六弱	五强	一强
八年上半季	七，三二七，〇五七	二，四三五，二七〇	三一弱	四六弱	二七弱	四五强	四强	一弱
八年度	二一，八〇一，七七九	六，七二八，九一三	九二强	一二七弱	八三弱	一二四强	九强	二强
九年度	二〇，六一五，〇〇八	五，〇一三，四〇八	八七强	九五弱	七六强	九三弱	一一强	二弱
十年度	二一，八二一，一〇六	四，四五九，九四二	九二强	八四强	八一强	八三弱	一一弱	二弱
本年度	二三，六七六，四七一	五，三〇三，〇八二	一〇〇	一〇〇	九〇强	九九弱	一〇弱	一强
计	一八七，五三七，〇一九	五四，九四七，〇七七	量	价	量	价	量	价

棉

日本有棉，未详所始，古谓之筑紫棉。《万叶集》沙弥满誓有咏棉和歌，称为筑紫棉。神护景云三年，始敕太宰府岁贡棉。迄延历十九年，有昆仑人赍种来，始传其种，《类聚国史》曰：延历十三年七月，有蛮舶漂流至参河，其人以布覆背，左肩挂绀布，状似袈裟。询之，昆仑人也。其资物有棉种。十九年，颁纪伊、淡路、赞岐、伊豫、土佐及太宰府诸州播种。中世久绝。至永禄、天正之间，又来自西域。或云天文十一年，葡萄牙商船至丰后，曾以棉种赠大友宗麟，然其时并未栽布也。尔后播种，殆及全国，始制棉花，以明和中周防国人村本五三郎为佳，后以东海、畿内二道为多。然未知产额。至明治七年，始调查内地产额，计自明治八年至十一年，内外供给共二亿四千七百六十四万四百三十一斤，其中输入之数凡一亿三千二百零三万七千九百十九斤，价值四千四百余万元，自英国输入者十之七，自中国输入者十之二，各国输入者不及十之一云。

明治十一年棉产额表

山城	二〇五，二九五	武藏	七二四，六一九
大和	一，〇二六，八九〇	安房	二五，一六四
河内	三，〇〇九，一〇五	上总	一五〇，六五一
和泉	五六七，四六一	下总	三九七，四四〇
摄津	二，五五〇，九四一	常陆	一，一四七，〇〇九

伊贺	七七，九三八	近江	一四七，一四一
伊势	五七〇，〇九八	美浓	三八八，一八五
志摩	一，八四七	飞驒	
尾张	一，六九一，八七五	信浓	三五九，一五八
三河	二，六六二，九七九	上野	二八七，七一五
远江	六一五，〇六一	下野	七一七，八一三
骏河	七一，〇九二	磐城	一九，九三八
甲斐	五七四，三六六	岩代	一八七，六四六
伊豆	一八，九七三	陆前	
相模	一六四，七五六	陆中	四三
陆奥		出云	五一五，三九二
羽前	一〇三，八五五	石见	三二，〇八二
羽后		隐岐	
若狭	五，八二四	播磨	一，六九二，〇六九
越前	一二四，八五〇	美作	二九一，七二五
加贺	八四，五三二	备前	七六四，一六五
能登	八，一二五	备中	一，二二五，六五四
越中	一二，〇三〇	备后	八六四，三四八
越后	三一六，五九六	安艺	一，三〇〇，五二七
佐渡		周防	三九二，八六九

丹波	三三四，五三八	长门	五，七八九
丹后	二一，二四〇	纪伊	五〇三，二九五
但马	三七，一二四	淡路	三四，五〇一
因幡	三三，八六六	阿波	一五，六七五
伯耆	八七一，三四六	赞岐	一，〇七九，七一四
伊豫	三七五，四五七	肥后	一一二，六八七
土佐	一一〇，一二二	壹岐	四〇〇
筑前	三〇，三三二	对马	四四
筑后	五，三四七	萨摩	一八，四六五
丰前	五五，九一九	大隅	二一，三七〇
丰后	六九，七九七	日向	三六，八〇七
肥前	一〇六，一三二	计	二九，九七五，七七一

糖

初，享保年间，德川氏命萨摩国征蔗苗于琉球，始令栽种关东、东海、西海、南海诸国，然未谙制糖之法，先是，庆长中，有大隅国大岛人直川智漂入汉土，携蔗苗归，始学制糖，亦未得法。至宝历中，有赞岐人研究其术，制糖较精。宽政中，赞岐人向山周庆所制尤佳。诸国遂争相仿效。然安政通商以来，输入之额逐年加增。自明治元年至十一年，输入共五亿六千五百余万斤，值价二千余万元。自中国输入者十之九，他国输入者十之一，故近年政府商议改约，亟欲重课糖税，为保护国产计焉。据明治十三年沙糖共进会报告，日本全国每年费糖须九千万斤，以全国户口计，每人每岁须用二斤六分，而内国所产，仅足供半额云。

明治十一年沙糖产额数量表

大和	一，三四三	尾张	二，五三六
河内	七〇，九二七	三河	一九，九七九
和泉	七二一，七八九	远江	六一六，四一四
骏河	八〇三，三六二	赞岐	二二，八四四，一二六
相模	二八，〇一五	伊豫	一，四七〇，八九七
近江	二，一七三	土佐	一，一七五，一四七
若狭	二〇〇	筑前	一〇五，四八五
播摩	二五，六七二	筑后	一七〇，五五〇
美作	一四四	丰后	一一二，二七〇
备前	五〇七，五二三	肥前	三，三八〇，五〇三
备中	二，五九二	肥后	五二一，六二八
安艺	七八五，〇一三	萨摩	四，〇〇〇
周防	四，八三八	大隅	一一，七三二，二九〇
纪伊	一〇五，八三六	日向	二一二，一七五
阿波	一，八二〇，七五八	计	四八，二四八，一九〇

沙糖输入价量表

年＼类别		赤沙糖	白沙糖	棒沙糖	冰沙糖	果子并沙糖渍	合计
量价	元年	一七，〇六一，一六三	五，四九八，八五二	五一一，二四九			二三，〇七一，二六四
	二年	二三，五三六，一三六	六，九二〇，五五二	八二六，八八一			三一，二八三，五六九
	三年	五二，七二七，一一九	八，八九二，四四四	六一一，二四四			六二，二三〇，八〇七
	四年	五二，一九三，八二四	一〇，七〇七，一四六	六一九，九六六			六三，五二〇，九三六
	五年	一二三，三〇一，三七八	八，二五九，一九〇	六四六，四八四			四二，二〇七，〇五二
	六年	三七，二九六，八二三	八，二四〇，六五〇	九一〇，七五二			四六，四四八，二二五
	七年	四七，〇一九，九〇八	九，一四三，〇四八	九一一，〇九四			五七，〇七四，〇五〇
	八年上半季			六三，一九七	三一六，二九六		三七九，四七三
	八年度	六二，三〇二，一九三	一〇，〇四六，四九五	二三七，五六八	九五八，五一〇		六四，五四四，七六六
	九年度	五一，二四一，八四三	八，一四九，三七五	一一六，四六七	七七六，六五三		六〇，二八四，三三八
	十年度	四三，〇八八，六七一	八，八一八，七七八	一二八，〇九一	八〇七，三一〇		五二，八四二，八五〇
	十一年度	四三，二四二，六二六	八，一六七，四六六	二三六，一六四	七四五，一九七		五二，三九一，四五三
	计	四六三，〇一一，六八四	九二，八四三，九九六	五，八一九，一五七	三，六〇三，九六六		五六五，二七八，八〇三

	年＼类别	赤沙糖	白沙糖	棒沙糖	冰沙糖	果子并沙糖渍	合计
量价	元年	五二九，三一二	三四三，四九六	四五，九六九			九一八，七七七
	二年	一，〇九〇，八九三	五一九，七一一	一〇三，四九六		三六一	一，七一四，四六六
	三年	二，三一七，九二〇	七〇七，八一三	八二，二二四			三，一〇七，九五七
	四年	二，一八八，三一四	八二七，三八八	八九，八四五		一，一〇一	三，一〇六，六四八
	五年	一，一五六，六九七	五一四，七一一	九三，九八三			一，七六五，三九一
	六年	一，五九九，九五九	五五八，九一一	一一四，四六七		九九五	二，二七四，三四六
	七年	一，八八八，九三四	六九四，一〇六	八九，一六八		九六五	二，六七三，一七三
	八年上半季	一，五二〇，三一七	三七四，八二五	八，〇七〇	三〇，六一二	一，四四九	一，九三五，二七三
	八年度	二，四一〇，四六六	七〇三，二〇七	二四，九五九	八七，三二二	三，〇六一	三，二二九，〇一五
	九年度	二，一五九，八六八	五八八，八三四	一七，九六九	七二，八五九	二，八七三	二，八四三，四〇三
	十年度	二，二六一，二四六	七二六，〇九一	一五，〇〇三	八八，六四四	五，一七〇	三，〇九六，一五四
	十一年度	二，一二一，九四二	七〇四，八九一	二六，〇九一	八六，〇一九	三，三五〇	二，九四二，二九三
	计	二一，二四五，八六八	七，二六三，九九四	七一一，二四四	三六五，四五六	二〇，三三四	二九，六〇六，八九六

沙糖类平均百斤价表　　单位：元

类别／年	赤沙糖	白沙糖	棒沙糖	冰沙糖
元年	三一〇	六二五	八九九	
二年	四六四	七五一	一二五二	
三年	四四〇	七九六	一三四五	
四年	四一九	七七三	一四四九	
五年	三四七	六二三	一四四五	
六年	四二九	六七八	一二五七	
七年	四〇二	七五七	九七九	
八年上半季				
八年度	三八七	七〇〇		
九年度	四二二	七二三		
十年度	五二五	八二三		
十一年度	四九一	八六三	一，一〇五	一，一五四

米谷类

日本全国皆食稻米，其土宜稻，故古名为瑞穗国。丰年每有输出，然遇歉岁亦不足自给，每每仰食于外国。米谷之类，有粳米，有糯米，有大麦，有小麦，有稞麦，有荞麦，有粟，有豆，有甘薯，有马铃薯，有玉蜀黍，皆农民所资以为食者。余在东京时，使英大臣郭嵩焘函询日本旱稻，云近年印度苦旱，移植颇宜，曾向故内务卿大久保利通索取。今译其说曰："旱稻有粳二种，有糯五种，性宜腴沃，瘠土墒田则宜培粪之。分苗插秧、深耕易耨法与他种同。择地以英吉利人华氏所制寒暑针二十度以上为宜，播种于谷雨、立夏前。其收获也，早在九月，迟在十月。若六七十度热，则春种夏收，岁可两熟。其地多雨，虽暑及百度，可无伤，否则择卑湿处，久旱亦不至枯槁。凡三百步地，岁获一石四五斗，大熟可得六七斗。粳宜作饭，糯宜造饼云。"余客日本，知其濒海多雨，其土又宜种植，故因山为田，梯级云上，亦不忧旱荒。今谓种于旱地，宜择湿土，则大旱仍虑无济，若五岭以南，或者迁地能良也。

米输出入表

输出	商米			船用米		合计	
	量	价	平均百斤价	量	价	量	价
元年					四〇五		四〇五
二年					七五		七五

输出	商米			船用米		合计	
	量	价	平均百斤价	量	价	量	价
三年					一一八		一一八
四年					四八七		四八七
五年					八		八
六年	一六，四五一，三三四	五三三，四三〇	三二四	一七一，五四三	五，五五八	一六，六二二，八七七	五三八，九八八
七年	一三，九六〇，六三九	三一六，一二五	二二六	二六七，四七七	六，〇四五	一，四二二，八二六	三二二，一七〇
八年上半季	五四三，〇〇〇	一六，〇五〇	二九六	六三，一七五	一，八七〇	六〇六，一七五	一七，九二〇
八年度	二〇，七九六，五〇四	三六五，五九六	一七六	三三，一二五	五八三	二〇，八二九，六二九	三六六，一七九
九年度	七〇，六〇五，七二三	一，三九一，〇七四	一九七	九一三	一八	七，〇六〇，六三六	一，九三一，〇九二
十年度	二一〇，一二三，二三二	四，七七二，五二八	二二七	七，四八八	一七〇	二一〇，一三〇，七二〇	四，七七二，六九八
十一年度	五五，五二二，六六一	一，四四四，五四六	二六〇	九，四二三	二四五	五五，五三二，〇八四	一，四四四，七九一
计	三八八，〇〇三，〇九三	八，八三九，三四九		五五三，一四四	一五，五八二	三八八，五五六，二三七	八，八五四，九三一

输入	量	价	平均百斤价（元）
元年	二〇，九七七，二一〇	四三五，九五五	二〇八
二年	一六二，〇七一，三二三	四，四三一，八八六	二七四
三年	五三七，七一〇，七五六	一四，五九八，一一四	二七二
四年	四一，九五七，八六〇	一，二六〇，一七八	三〇〇
五年			
六年	一，九〇九，三〇三	二九，七八四	一五六
七年	一，一七五，三四三	二四，三六六	二〇七
八年上半季	一〇五，六二〇	二，四五二	二三二
八年度	九三五，一八九	二〇，一八八	二一六
九年度	一四，六九三	三四四	二三五
十年度	四，一〇〇	一三一	三二〇
十一年度	三八，八五〇	八七四	二二五
计	七六六，九〇〇，二四七	二〇，八〇四，二七二	
总计输出不足额	三七八，三四四，〇一〇	一一，九四九，三四一	

考日本向例，禁米输出，近年以扩充商务为急，因亦解禁。虽然，米之丰歉为人民性命所关，有未可与寻常商物一律视者。日本人民凡三千四百万口，假一日一口须米四合，一岁所需之米，凡四千九百六十四万石，此斤数凡一百零一亿七千六百二十万斤。若一岁不登，缺十分之一，即缺十亿零七百六十二万斤。自明治六年以后，输出之米颇占巨额，共三亿余万斤。然较之前算不足额，不过三分之一耳。明治二三年间，岁偶歉收，村僻细民多有以草根树皮果腹者，然仰给外米，犹七亿余万斤。此七亿余万斤，较之前算不足额，亦十分之七而已。人第见丰岁盈余，纠集外出，得此巨金，遂谓米可输出。他日岁凶，亦购外米，固无患也。不知频年输出之巨额，犹不足当一岁凶歉之所需，则不便输出，其明证矣。又况输入之米，其价贵，其品劣，其出入运费，利皆归于外商之手，则何如储蓄以待不时之需乎？近来讲求商务，专以增益输出为要务，惟米之一物，自古以来例禁输出，要亦有故，未必昨果非而今果是也。

海产类

海产所出，从前多在西海。自开拓北岛，则壹意经营，以期拓充，多出于北海道矣。内国所用，不及十一，欧美诸国不以海物供肴馔，亦鲜购之者。所销售者，中国而已。闻北海道海产，取之无禁，用之不竭，近以人工培育，益生生不穷。其输入中国，亦逐岁加增，遂为国产一大宗。所输出多干脯之类；近学西法，以熟肉盛锡罐中，竟能千里赍行不至馁败云。其法用薄铁罐，取鱼肉割切洗涤，盛之罐中，以盐水一匙注入，即将罐封固，纳以蒸器，以英人华氏所制验温度验之，热至百二十度以上，经历一时许取出，以锥刺盖之中心，使穿一孔，以泄热气，仍闭其孔，再纳蒸器中，又历一时间取出，浸之冷水中，俟铁罐膨涨之处一一收缩，乃拭以布巾，置之冷室或大气流通之室，则永久可以不败。

海产输出斤数表上

类别／年	板昆布	刻昆布	鰑	干鲍	海菜	煎海鼠	鲞鳍
元年	七，九三八，三三〇	一，二四四，一三一	六四二，一二四	二一〇，二四〇	二四七，一五七	一五，三六三	四五，二六四
二年	二，八四二，七〇〇	二，一一二，八二九	八五二，九五七	三二三，一四五	二二一，七七一	二七四，一四六	七九，九五三
三年	二，七七八，二三五	二，〇九〇，一二一	一，二一二，二七四	三六八，六二六	二七二，二二七	二六九，四六四	七六，八八二
四年	一五，〇一三，四一四	二，一七三，八八三	一，〇三九，八〇三	四五五，五七九	二八三，六〇六	二四八，二二六	五五，〇三八
五年	一三，三九五，三五七	三，五四二，九二九	一，七七二，二一三	三九〇，九一〇	三三三，三九九	三三六，六五五	六二，六六四
六年	二三，〇八三，四二四	四，七五六，九〇九	一，六三五，八六一	五六四，五七九	三六四，二八六	四八三，九四八	一〇四，三〇一
七年	一九，六七七，五九八	一，四八六，四七八	二，六五〇，七一六	七四一，二〇三	五六六，三八四	五二一，六八三	一〇三，〇三二
八年上半季	五，四六七，一一九	八〇四，六一四	五〇〇，八五三	一三二，九三一	七二三，六八二	一五一，七〇四	五九，二四九
八年度	一三，八九五，五六九	一，七四七，七〇七	二，一六九，八四九	七〇七，五〇九	一，一七五，四二五	四六七，五三八	二九，六七〇
九年度	二〇，一九四，二四一	二，五三一，一五〇	二，一六九，九六三	六七六，三三八	八九二，三六〇	五四〇，九五五	一〇七，一二九
十年度	一七，八三四，四八六	二，七三〇，九九八	三，二三七，二二五	六六六，〇四八	一，〇三一，一八一	四五〇，九〇九	一〇七，九二九
十一年度	二三，〇二六，五四三	三，九三八，七九七	二，〇二四，三九二	九一〇，三八一	一，二〇五，八八五	五四五，三六八	一二八，四四七
计	一八三，一七四，〇一六	二九，一六〇，五四六	一九，六〇九，二三〇	六，一四七，四八九	七，三一七，四六三	四，四四四，二三八	一，〇四九，五五八

海产输出斤数表下

类别 年	干鱼	干海老	干贝	贝柱	淡菜	干蛤	十三品合计
元年	一七八，八二七	四〇，三〇〇					
二年	六七，八五九	一九，四九八					
三年	一六七，四九五	三二，三〇〇			四五，六四七		
四年	二三，七〇〇	四九，九〇五			三六，〇四五		
五年	一〇三，五六六	四八，九二三			六〇，五〇二		
六年	一，九八二	五二，〇七〇			一三六，〇五二		
七年	三二，〇〇六	四九，六七二					
八年上半季	三〇〇，九四五	四，三七四	七三，一二〇	三三，七六八	二〇四		
八年度	七六九，八八一	七二，四五五	二〇四，一八三	九五，二八〇	三八，〇六六		
九年度	三八三，一二八	七三，三一〇	五九，二一二	六八，九一六	七四，二二二	八〇，三四九	
十年度	一，〇二四，八三〇	一五七，六三六	一八八，二三七	一四，九五三	一六七，三四一	五一，〇五三	
十一年度	六七五，八八二	二二五，〇七八	一九九，五二六	三六，二〇五	一三三，五三四	一三二，一六一	
计	三，七四七，九三〇	八二五，五二一		二四九，一二二			

海产输出价格表上

类别／年	板昆布	刻昆布	鰑	干鲍	海菜	煎海鼠	鲞鳍
元年	一六三，四四八	五〇，八五二	一二五，八五三	六四，五三四	六二，六七九	五四，一〇一	一一，五八二
二年	四五四，六三八	一二一，三四七	一七三，五八五	一〇三，〇七〇	六六，二六三	二二，四五一	一七，二〇八
三年	四一五，二二〇	八九，二〇七	一九五，六〇一	一一〇，一三九	九八，一〇二	一二二，三五六	二四，五一二
四年	四七二，七九八	八八，八四八	二〇四，四五四	一二五，五六三	一〇八，三八七	九七，六五四	一七，七〇八
五年	二九六，四九二	一一七，八六三	二七八，一九一	九三，二四二	七八，一六六	一四四，〇七九	二〇，二七一
六年	三九七，四四七	一三九，七〇〇	二八二，〇二九	一四四，六〇二	一〇二，九二〇	二三二，二六五	三〇，六九八
七年	二五九，二六〇	三八，五五四	三八三，七三七	一九〇，〇五〇	一三四，二四三	一八八，五〇六	二九，七六一
八年上半季	七八，二三六	二二，四一一	六二，四四八	三三，五四九	一八三，六五〇	五七，二三九	一五，一一六
八年度	三四八，二〇五	六〇，三五九	二七九，三七五	二〇三，九五六	三〇七，七五四	一八五，九三〇	三六，六五六
九年度	三五八，三六一	七七，五二九	三一五，五一八	一八七，五五四	一九八，七九一	一八三，七三六	三一，六〇一
十年度	三六七，五六八	八八，八〇〇	四九七，七五二	二〇三，〇九〇	二一八，〇二七	一四六，〇三〇	三三，九三四
十一年度	五四九，九八六	一二五，三五八	三三〇，八四二	二七四，八一五	二六九，一四一	一八三，七六八	四〇，五二八
计	四，一六一，六五九	一，〇二〇，八二八	三，一二九，三八五	一，七三四，一六四	一，八二八，一二三	一，七〇八，〇八八	三〇九，五七五

海产输出价格表下

年＼类别	干鱼	干海老	干贝	贝柱	淡菜	干蛤	十三品合计
元年	五,五五四	九,六一二	九,〇六〇				五五七,二七五
二年	一三,三三五	五,三三八	五,〇二五		五,九〇七		一,〇六八,一六七
三年	五,五四三	六,七五七	四,四六三		四,八二七		一,〇七六,七二七
四年	九九六	八,六四七	二一六,〇八〇				一,一六一,一三五
五年	四,九九一	七,一七〇	九二,三二〇		七,六七八		一,一四〇,四六三
六年	一,一四〇	七,六八一	三一,一四三		一二,九二二		一,三八二,五四七
七年	一,六〇八	六,六一四	三七,九〇〇		九八三		一,二七一,二一六
八年上半季	一二,九九九	六一〇	一四,〇〇〇	六,一一八	一七	四,五五五	四九〇,九四八
八年度	三七,一〇六	一〇,五二八	三〇,一二三	一〇,六二七	二,九四二	七,五二一	一,五二一,〇五五
九年度	一九,六一七	九,二六一	六,五七三	九,四六四	七,五五四	四,一六三	一,四〇九,七二二
十年度	四二,五八五	二〇,二八四	一九,七八一	六,二一九	一三,七四二	二,五八八	一,六六〇,四〇〇
十一年度	三四,八四六	二八,七九一	二五,一二五	一四,八九八	一〇,六九九	六,〇四〇	一,八九四,八三七
计	一七〇,三二〇	三,三九三	三一一,五九三	四七,三二六	六七,二七一	二四,八六七	一四,六三四,四九二

海产各种平均百斤价表

单位：元

类别 年	板昆布	刻昆布	鰑	干鲍	海菜	煎海鼠	鲞鳍	干鱼	干海老	干贝	贝柱	淡菜	干蛤
元年	二〇六	四〇九	一九六〇	三〇七〇	二五三五	二五二二	二五五九	三二	二三八五				
二年	三八四	五七四	二〇三五	三一九〇	二九八八	四一〇二	二一五二	四九二	二七三八			一二九二	
三年	三五三	四二七	一七五七	二九八八	三六〇四	四五四一	三一八八	三三一	二〇九二			一三三九	
四年	三一五	四〇九	一九六六	二七五六	三八二二	三九三四	三二一八	四二一	一七三三				
五年	二二一	三三三	一五七〇	二三八五	二三四五	四二七九	三二三五	四八二	一四六六			一二六九	
六年	一七二	二九四	一七二四	二五六一	二八二五	四七九九	二九四三	五七六	一四七五			九五〇	
七年	一三二	二五九	一四四八	二五六四	二三七〇	三六一九	二八八九	五〇三	一三三二				
八年上半季	一四三	二七九	一二四七	二五二四	二五三八	三七七三	二五五一	四三二	一三九六	一九一五	一八一二	八六三	
八年度	二五一	三四五	一三五〇	二八八三	二六一八	三九七六	三〇六三	四八二	一四五三	一四七五	一二五	七七三	
九年度	一七八	三〇六	一四五四	二七七三	二二二八	三三九七	二九五〇	五一二	一二六三	一一一〇	一三七三	一〇一八	五一八
十年度	二〇六	三二五	一五八七	三〇四九	二一一四	三二三九	三一四四	四一六	一二八七	一〇五一	四一六〇	八二一	五〇七
十一年度	二三九	三一八	一六三四	三〇一九	二二三二	三三七〇	三一五五	五一六	一二七九	一二五九	四二五	八〇一	四五七

石　炭

石炭自长崎、高岛诸坑用西法开掘，亦为国产一大宗。

石炭输出表

	量	价	平均百斤价	百分量	比例价
元年	二七，七六九，〇七九	八四，二八〇	三〇	八强	一〇强
二年	五五，八〇五，〇四〇	一八二，五八一	三二	一七弱	二二弱
三年	九四，〇九二，六七三	三九八，三四三	三二	二八强	三六弱
四年	一〇七，一七四，八五五	三二四，九八一	三〇	三二弱	三九弱
五年	九七，八九七，三〇三	三三五，九一五	三四	二九强	四〇强
六年	二四五，八九四，八五一	六二八，〇八九	二六	七三强	七五强
七年	一九七，五六七，九六〇	五五五，三四〇	二八	五九弱	六七弱

	量	价	平均百斤价	百分量	比例价
八年上半季	六三，〇五四，四五三	五四七，六二七	八七	一九弱	六六弱
八年度	三一五，〇八三，九一八	九三一，〇〇四	三〇	九四弱	一一二弱
九年度	二二二，一九四，二五八	五九〇，〇九四	二七	六六强	七一弱
十年度	三四七，五〇六，四六三	九二一，六五一	二七	一〇四弱	一一〇强
十一年度	三三五，二六六，八六五	八三四，六〇四	二五	一〇〇	一〇〇
计	二，一〇九，三〇七，七一八	六，二三四，五〇九	三〇		

铜铁铅

未通商前，惟中国与和兰在长崎互市。其时乍浦购铜之船每岁一至。惟德川氏主政时，岁限船额、限铜数，所购亦不多。至近年来，间一购买而已。铁、铅二物，国产不足供用，外国多有输入者。

铜铁铅输出价量表

	类别／年	丁铜	矿铜	板铜及铜线	铜及溃铜	镳及溃镳	铅	铁	矿物	合计
量价	元年		五，二七六		一〇九，五五六		六八八，一二五	五一，八九〇		
	二年				六〇三，六一六	四，五〇〇	二，五四〇	一六，八〇〇		
	三年		一八七，二六六		五五〇，一九八	八〇，五九二	四，〇〇〇	三四二，一五六		
	四年		二五二，三七三		四，六二九，四五二	二一一，〇三四			二六，二〇〇	
	五年		一，二六七，〇六〇		五，六一六，五九一	二，一二三，四四〇	五六一，六三〇	一二，一〇〇	三六，八五〇	
	六年		一，二四六，〇二六		四七二，七二六	一，三七七，〇二九	一，六一六，四九九	一九，二〇二	一一一，三六四	
	七年		九九，四六三		三，一八一，五六四	五四六，〇九七	二二二，八〇五		二一，八二八	
	八年上半季	一一九，五一九	一四〇，三三〇	九，〇五一	八二五，六七二		五〇，一二八	三〇，〇六五	三四，三九二	
	八年度	一九五，二三七	五二三，〇九六		九六四，一九八	三八，七六六	一〇〇	一六〇，九五五		
	九年度	七七三，二四九	八二九，二一二		三五六，三七五	一，二三四		二三，五三〇	二七，六七三	
	十年度	二，五八九，三三四	八五五，八六三		四〇九，三三〇	三二五，五四五		五二一	八五，九八一	
	十一年度	二，四〇六，四六八	一，二八五，七四三	三二一，七八〇	三一四，七〇八	一，五九八			五九九，七九八	
	计	六，〇八三，八〇七	六，六九一，七〇八		一八，〇三三，九八七			三，一〇〇，七三七	六五七，二一九	

量价	年＼类别	丁铜	矿铜	板铜及铜线	铜及溃铜	鑛及溃鑛	铅	铁	矿物	合计
	元年		八，六八六		一九，五四〇		二五，二〇六	一，〇三七		六四，四六九
	二年				一二〇，六七九	五五五	一九七	八七三		一二二，三〇四
	三年		二八，一一〇	七三，五七一	一〇六，五一二	六，三一九	二八六	一三，七三七		二二八，五二五
	四年		三七，三六七	一〇七，八七九	六三二，三四八	一七，三七六			六三〇	七九五，六〇〇
	五年		一九四，四〇八	二二九，一一〇	八八六，九二八	二四五，〇二二	二八，六六六	七四四	三七二	一，五八七，二五〇
	六年		二二二，〇五六	三一七，八三二	七四，八〇八	二一五，〇五八	九二，二七九	四六〇	二，三五六	九二四，八四九
	七年		一七，六一九	二六，八一〇	五〇五，九五八	九二，四二七	一〇，七一八		一九，一一三	六五五，四五五
	八年上半季	三一，八七七	二七，九三九	二，六一〇	一七二，七三七	六，〇一一	二五二	九〇二	六七四	二四三，〇〇二
	八年度	三九，七四七	一〇五，〇四一	二，〇六一	二一四，〇八七	七，四七五	八	四，四二七	二，四一七	三七五，七六五
	九年度	一六五，九八五	一五八，八五二	一九，七〇一	六九，八七八	二〇〇		五六〇	五八九	四二五，七六五
	十年度	四九三，〇二九	一五九，八五二	一五，五八六	七一，三七〇	四二，一六七		九	二，〇〇四	七八四，〇一七
	十一年度	四五五，四九九	二〇八，五〇三	六三，二〇六	五一，八五一	二四三			一四，九二二	七九四，二二四
	计	二八六，一三七	一，一七〇，四三三	八六八，三六六	二，九二六，六九六	六三二，八四三	一六七，六一二	二〇一，七四九	二五，八八七	七，〇〇〇，七二三

铜铁铅类平均百斤价表

类别／年	丁铜	矿铜	铜板线	铜溃铜	鎕溃鎕	铅	铁	矿物
	元	元	元	元	元	元	元	元
元年		一六四六四		一七八四		五一二	二〇〇	
二年				一，九九九	一，二三四	七七九	五二〇	
三年		一五〇一		一，九三六	七八三	七一五	四〇二	
四年		一四八一		一，三六六	八二三			二四一
五年		一五五〇		一，五七九	一，一五四	五一〇	六一五	一〇一
六年		一，七八二		一，五八三	一，五六二	五七一	二四〇	二一二
七年		一，七七二		一，五九〇	一，六九三	四八一		一五八
八年上半季	二六六七	一九九一	二八八四	二〇九二		五〇一	三〇〇	一九六
八年度	二〇三六	二〇〇八		二二二〇	一九二八	八〇〇	二七五	
九年度	二一四七	一九一六		一九六一	一六二二		二三八	二一三
十年度	一九〇四	一，八六八		一，七四四	一二九五		一七九	二三三
十一年度	一，八九三	一，六二二	一，九六四	一六四八	一，五二一			二四九

诸细工物类

所出漆器、木器、铜器，多精雅工致，足供玩赏，中西诸国多喜购之。然性不坚牢，不堪用也。西人喜其华美，颇以充几案间物，故亦为输出一宗。

诸细工物类输出价格表

类别 年	陶器	扇子	鎕器	屏风	漆器	伞	竹器	铜器	合计
元年	二三，〇一四		三二三	六四	一七，〇六五		四六二	五，〇八六	四六，〇一四
二年	四，七〇三	一九二		四一一	一，九〇九	二〇四	二八七	二〇四	七，九一〇
三年	二六，二三五		八九九	三七	四三，一九八	三一六	三，一五二	九八六	七四，八二三
四年	二二，三五四	二，〇五四	一，七六四	一七五	六〇，三八六	二二八	五，三〇九	二四六	九二，五一六
五年	四五，五三一	一九，一四二	一七，六三〇	六二三	八八，〇二八	七，〇四三	二，七三九	一〇，二五二	一九〇，九八八
六年	一一六，四八〇	四九，六五三	四二，四八九	四，八四四	一五九，四四五	一六，五一五	一，五六六	一九，二七一	四一〇，二六三
七年	一〇八，六七五	九〇，九七七	二四，九八六	三，八九六	二二三，二〇〇	二二，〇五六	四，〇六五	四，七七八	四八二，六三三
八年上半季	五〇，一七二	三六，五四六	一八，五八四	三，〇九九	九四，七八七	一八，三四三	一六八	一，四八〇	二二三，一七九
八年度	一〇三，一三四	一三七，二六三	一三，八八二	四，三八四	三三，六七九	八，五八六	三〇三	三九八	三九一，六二九
九年度	七七，九〇二	三七，一五一	一四，五五二	五，二一一	一五四，〇三二	五，二四九	三，一四九	三，六九六	三九〇，九四二
十年度	一四五，八三〇	一五五，七四九	二六，六一二	一〇，二一五	一七四，一五四	八，二四六	五，四五四	五，三二四	五三一，五八四
十一年度	一九〇，六〇八	一六六，六一一	二五，九二一	一六，一六四	一五二，四八五	九，四〇二	五，一八八	五，一八二	五七一，五六一
计	九一四，六三八	七八五，三三八	一八七，六四二	四九，一二三	一，二九二，三六八	九六，一八八	三一，八四二	五六，九〇八	三，四一四，〇四二

全国物产

自明治七年，饬令诸国调查物产，编制为表，故每岁国产可知其概。合全国物力，计岁出五亿余万而已。凡输出巨款，既分条胪载，其余各物，今据明治八年所编表，具列于左，俾令觇国势者，知其盛衰焉。输入之物，如绒毡之类，每岁耗费金银不下千万，皆购自欧美诸国，为日本国所无者，已录《食货志·商务》中，今不载。

明治八年府县物产金额增减比较表

府县名	金额		前年比较			
			增		减	
东京府	九，五一〇，五九三	四八五	五，二五九，五〇九	九八七		
京都府	一〇，六七八，七〇四	〇六九			五，六〇三，一九九	八六九
大坂府	六，八六六，〇四四	八〇一			二，六九八，七四二	四二五

府县名	金额		前年比较			
			增		减	
神奈川县	四，一八四，六一七	五六四			一四〇，二五七	三九六
兵库县	三，四一九，五八二	四二七			三一八，二九九	七四三
长崎县	六，〇三九，二八九	四五二	二五二，八二〇	六七五		
新潟县	一六，九七三，七一五	六三二	三，六七九，一五七	一〇九		
埼玉县	五，二九八，一〇〇	七四九			一八三，九二九	六五
足柄县	三，六一三，九六九	七三八			四二，一一九	五四二
千叶县	九，二五三，二八八	二九八			五三九，〇八三	五九二
茨城县	八，一六八，三五七				一，九四五，一三五	三一九
熊谷县	一二，五七三，七六六	五六四			四，七七一，八八八	七四七
橡木县	八，三八三，〇六四	六七七			一，四四四，〇四五	八七二
奈良县	五，九一〇，六四二	〇三二			一，七六〇，九五九	四一三

府县名	金额		前年比较			
			增		减	
堺县	四，三七九，六九八	九九九			一，〇〇六，四六七	九九
三重县	五，二九七，四三五	七〇四			七八九，七七六	一六四
度会县	二，八〇三，三二七	四五八			一，一一五，一六五	六
爱知县	一一，六六八，一一九	七六九			三，五八〇，八一七	二四一
滨松县	三，三〇四，七七六	八四			五三二，三二三	五七七
静冈县	三，七五三，八四三	一九五			三六二，九三六	八一五
山梨县	五，九一七，〇一一	二三	八四八，〇一〇	二六九		
滋贺县	七，四〇一，二六九	三三八			八三二，四四九	〇一七
岐阜县	七，三九六，二四〇	二三二			五二五，二〇一	四九三
筑磨县	五，六六九，二〇五	八一八			九五二，六五五	〇三七
长野县	五，〇三〇，八一四	八九二			七一一，〇九九	四二七

府县名	金额		前年比较			
			增		减	
宫城县	四，〇〇八，四五三	五九五	九七，三一六	〇六一		
福岛县	四，四〇七，一六七	七八三	九八九，九〇四	九二八		
磐井县	七，一五〇，八七〇	八二二	三，八〇八，四二二	七五九		
若松县	二，七二二，七二五	九八三	三二八，六六一	二八七		
旧盘井县	二，九七一，一五八	九二八			一，四二七，九五九	三
岩手县	二，一四〇，八一八	〇三一			三〇八，三九五	一二五
青森县	二，七一一，〇四四	四五八			四三二，一四五	一二三
山形县	二，二五〇，一〇三	一二一			一四二，五三一	〇〇六
置赐县	二，四二九，九八三	二九三	二〇四，五一九	二二五		
鹤冈县	八五〇，一一一	二四四			一，二八二，五三〇	五六六
秋田县	五，五〇三，二七八	二一一			三〇〇，六九二	七八

府县名	金额		前年比较			
			增		减	
敦贺县	六，四八七，七二一	九二			九一九，四〇八	五二六
石川县	五，九七五，〇三七	四五六			六七二，四二一	五〇五
新川县	六，八五一，六二五	〇七二			七四，一八三	六三九
相川县	六六五，六〇一	八九二			四三，八一六	三五一
丰冈县	四，二二五，二三〇	三一七			八九六，八八八	八九二
鸟取县	三，一八〇，〇七七	六二			一八二，九六八	八六七
岛根县	三，四九三，九〇八	〇一	六五，二〇七	一〇六		
滨田县	二，二三四，一七四	二〇六			二七五，七四七	五四五
饰磨县	六，七九九，九三五	一〇六			一，二九七，一七四	八七五
北条县	二，一六九，二〇六	九七二			五六一，〇三五	七二四
冈山县	八，五四五，八一〇	四四八			八四一，九〇三	三〇七

府县名	金额		前年比较			
			增		减	
广岛县	六，八二八，八一二	五六五			一，四七二，九一三	二八七
山口县	一五，三七七，一九一	三八五			二六六，九二九	〇三二
和歌山县	三，八九九，二一二	〇〇二			一，〇一九，三二四	五四五
名东县	一〇，三六五，九四四	九二四			三，三一一，七七二	〇八二
香川县	五，四三八，一〇九	六四六				
爱媛县	六，八三四，八二七	三二九			二七一，一五七	三二一
高知县	五，八二〇，〇四三	五五七	一二八，七五七	五八		
福冈县	四，〇六六，二四五	四五八			一，六五五，八四四	三八一
三潴县	三，六九〇，四三一	九〇六			一三〇，八八六	四三三
旧小仓县	二，六〇九，三六一	二四六			三，一一二，七二八	五九三
大分县	四，六〇四，五八七	九五六	五六六，一三九	四四五		

府县名	金额		前年比较			
			增		减	
佐贺县	三，九二四，六七六	五九二			五三六，三四九	一五二
熊本县	八，○五七，四四四	八四九	一，○九八，五一五	五七九		
宫崎县	四，一九二，五四○	五四			一○四，八九七	一八五
鹿儿岛县	二○二，二四○	六七一	一七五，一七四	四八七		
合计	三四七，一八一，二八五	○七七			二三，六○六，一二九	一三八

明治八年全国物产种类金额总计表

谷类	一五八，一○二，五三七	五○五	粉类	一，七○七，四四四	四
蔬菜类	一○，四七六，八六六	四二二	种子类	六，二○九，八三八	二五三
果实类	一，○七一，八九二	三六二	菌类	二○○，三二○	七○四

海藻类	三三〇，五二八	九五四	药种类	三五九，八四一	八六
制药类	五八三，〇二二	〇八一	酿造类	三六，九五七，九二〇	二二四
油蜡类	五，八七六，七六五	六〇九	鸟类	一，〇八八，〇〇八	一七六
兽类	五，五九四，〇八一	九六八	虫类	二，七一七	三五
鱼类	六，四六三，五〇一	六八九	甲贝类	三九七，七三五	九九五
饮食类	一六，四三三，八九七	四〇六	金银铜铁类	一，八五七，二七九	八二二
玉石矿土类	一，〇八三，一四九		神器佛具类	一〇二，二一九	〇六六
农具类	九七七，九一六	八二八	工具类	二三一，三一七	一五五
器械类	一四九，三六六	七八九	金属制造类	三，一一〇，三四二	七七五
舟车类	五七五，〇四九	三八一	蚕丝类	一〇，〇一一，二四八	七五三
绵类	六，〇一六，二〇〇	一六八	麻类	九三七，八一七	七九五
制丝类	二，一一四，九七四	四一一	织物类	一四，二九六，六二六	五〇九
缝物类	一，七三九，〇九九	四八一	染物类	二，三六一，六四九	〇五六
修妆具类	一，三〇〇，〇四五	八二一	染具类	二，八三七，四六二	四一一

绘具类	四八，五二四	○四五	胶漆类	一三六，九四六	一二六
文房具类	五四二，七四八	五一三	图书类	七○五，二一七	三六六
漆器类	九一五，四八一	二○六	陶器类	一，七○三，四五八	二二二
毡席类	七一○，四○五	二二三	建具类	五三八，六三○	○九六
指物类	六六九，七四○	○五九	挽物类	六○，九八九	五七八
藤竹制造类	三六一，七二二	○九六	蒿草类	一，一七三，○四四	一四一
桶樽类	八六○，七七○	八六八	曲物类	二六，四二四	二○九
竹木类	三，六六二，一六六	八	植物类	一四五，○四三	九三一
皮叶类	六，四七○，九八六	四一	纸类	四，四二○，一五五	九四一
皮革羽毛类	三三五，三七六	四九七	履物类	二，一○五，七五三	六二一
网绳类	一，三一一，九○七	二四一	薪炭类	一一，二八六，五一○	八一八
玻璃类	六六，四八○	九八九	肥培饲料类	四，六八一，六九二	四九一
玩物类	一八一，一八一	二四	杂类	二，五一一，二四二	四九四
总计	三四七，一八一，二八五，○七七				

卷三十九　物产志二

全国物产　金、银、铜、铁、铅、石炭、硫黄、水晶、米、麦、豆类、菜蔬、烟草、茶、花卉、樟、松、杉、桧、橿、樱、梅、竹、柿、蜜柑、蚕、鱼介、海参、干鳆、鲣节、鸡、鹜、雁、鸭、鹤、牛、马、猪、豚、锦、绫、缩缅、丝、纸、酒、盐、酱油、蜡、油、樟脑、铜器、漆器、螺钿细工、陶器、刀剑、扇、团扇、锦绘。

山城国物产　砥石、葛野郡及相乐郡木屋村。石、爱宕郡白川村、相乐郡木屋村。黄土、纪伊郡深草村。大萝菔、爱宕郡圣护院村及近村。下同。大芜菁、水菜、葛野、纪伊二郡。下同。芋、慈姑、莼菜、大池。盐、葛野、纪伊二郡。芍药、久世、缀喜二郡。下同。薄荷、天门冬、茶、宇治、纪伊、久世、缀喜各郡。梅实、久世、缀喜二郡。栗、葛野郡。下同。杉、竹、乙训、葛野二郡。笋、乙训、葛野、纪伊、宇治各郡。松蕈、乙训、葛野、爱宕、宇治、纪伊各郡、鲤、淀、宇治二川。下同。鲫、年鱼、桂川。织物、京都。下同。绣物、染物、丝绦类、针、金银铜锡器、金银箔、漆器、陶器、纸类、石炭、各郡。白粉、京都。下同。光红、木偶人、毛植细工、扇、团扇，京都及伏水。土偶人。伏水。

大和国物产　水晶、吉野郡洞川村。白石英、同郡。下同。黄石英、矿石、蛇骨石、磁石、辰砂、马脑、山边郡。石、添下郡。下同。白垩、云母砂、宇陀郡。磬石、宇陀、吉野二郡。滑石、平群郡。下同。水漉石、禹余粮、添上、平群二郡。绿青、添上郡。下同。银云母、白砂、十市郡。金刚钻、葛下郡。下同。金刚砂、芜菁、广濑郡。佛掌薯、宇陀郡。百合根、添上、添下、吉野、城上、高市、山边六郡。牛蒡、添下郡。葱、葛下、城下、高市三郡。蚕豆、添上郡。蒟蒻、吉野郡。葛、吉野、广濑、宇陀、城上四郡。菜种、平群郡东安堵村。西瓜、葛上、葛下、吉野、城上、十市、山边六郡。甜瓜、城下郡。胡瓜、高市郡清水谷村。山葵、十市郡樱井村。茶、各郡。下同。烟草、蓝、平群、添下、葛下、宇智、吉野、宇陀、城上、城下、高市、十市十郡。红花、十市、山边二郡。麻苎、宇智、宇陀、高市三郡。蔺、平群、广濑、添下三郡。茯苓、广濑郡古寺村。人参、吉野郡。芍药、吉野、城上、山边三郡。当归、葛上、葛下、吉野、高市、十市五郡。地黄、葛上、葛下、忍海、宇陀、城上、城下、高市、山边八郡。川芎、宇陀、城上二郡。吴茱萸、葛下、宇陀二郡。大黄、宇陀郡。下同。黄苓、龙胆、宇陀郡菅野村。独活、平郡、宇陀、高市、山边四郡。桔梗、葛上、忍海、十市三郡。防风、宇陀、山边二郡。牡丹、吉野郡山谷村。木附子、宇智郡。楮，葛上、葛下、宇智、吉野、十市、城上、宇陀、山边八郡。材木、添下、吉野、城上、高市四郡。榧、吉野郡。梅、添上郡桃香、野月濑二村，十市郡大福村。桃、添下、平群、广濑、葛下四郡。下同。梨、李、广濑、葛下二郡。柿、添上、添下、山边、宇陀、城下、高市、葛上、葛下、广濑、平群九郡。石榴、葛下郡蚁壁村。橙、葛下郡曾根村。枇杷、平群、广濑、葛下、忍海、十市、山边六郡。二度栗、山边郡。蜜柑、平群、葛下、忍海、城上、高市、山边六郡。棕榈、城上郡金屋村。菩提子、平群郡。椎茸、吉野、宇陀二郡。**岩茸**、吉野郡。**松蕈**、添上、平群、广濑、城上、宇智、吉野、山边六郡。**水苔**、山边郡。**蚕**、山边郡丹波市村。**年鱼**、宇智、吉野二郡。下同。**鲤**、**鲫**、**鲑**、**鹿**、添上郡。**木棉**、各郡，缟及绀縐木绵帜地类。**曝布**、添上、添下二郡。**足袋**、添上郡奈良。**酒**、添下、城下、十市、葛下四郡。**霰酒**、添上郡奈良。**烧酎**、广濑、郡川合村、葛下郡新庄村。**酱油**、广濑、葛下、城上三郡。**油**、添上、添下、平群、葛下、葛上、忍海、城下、山边八郡。**绵实油**、城下、葛下、宇智、吉野四郡。**柏油**、宇智、吉野二郡。**索面**、添下、城下、十市三郡。**干瓢**、平群、葛下、城上、城下、高市、十市、山边六郡。**葛粉**、宇陀、吉野二郡。下同。**蕨粉**、**葛果子**、吉野郡吉野山。下同。**樱渍**、**奈良渍**、添上郡奈良。**冰豆腐**、葛下、宇陀、吉野三郡。**鲇煎饼**、吉野郡下市。下同。**鲇鲊**、**陀罗尼须计**、同郡洞川村。**前挽锯**、宇智郡。**铜真鍮镔类**、添下郡。下同。**陶器**、**瓦**、添下、葛上、宇智、十市四郡。**莛**、广濑郡广濑村。**纸**、宇陀郡。**杉原纸**、吉野郡。下同。**漆漉纸**、**漆器**、吉野、十市二郡。**松炭**、广濑、葛下二郡。**栎炭**、山边郡。**墨**、添上郡奈良、高市郡观觉寺村。**笔**、添上郡奈良、添下郡郡山。**胶**、高市郡。**漆**、添下、宇智、吉野三郡。**皮笼**、城上郡马场村。**吉野膳**、宇智郡。**团扇**、添上郡奈良。**雨合羽**、高市郡八木村。**革沓**、添上郡奈良。**雪踏**、同所及高市郡。**草履**、葛上、十市二郡。**土偶人**、添上郡奈良。下同。**鼓皮**、**角细工**、添上郡。**笼细工**。十市郡田原本村。

河内国物产　金刚砂、古市郡飞鸟村，石川郡春日、山田二村。**蚕豆**、高安郡。**甜瓜**、茨田郡。下同。**西瓜**、**干瓢**、志纪郡木本村。**茄子**、交野、茨田二郡。**莲根**、茨田郡。**莼菜**、丹南郡狭山池。**紫草**、石川郡山田村。下同。**茜草**、**实绵**、涩川郡植松村。**麦门冬**、锦部郡小盐村。**葡萄**、石川郡富田林村。**茶**、锦部郡。**柿**、同郡天野山。下同。**松蕈**、**鲫**、茨田郡点野村。**鳗鲡**、赞良郡堀沟村。**缲绵**、涩川郡植松村及诸村。下同。**打绵**、**纺丝**、**合丝**、**染丝**、**白木绵**，茨田、若江、高安、锦部四郡诸村，俗称为河内木绵。**三宅缟木绵**，丹北郡三宅村。**糒**、志纪郡道明寺村，俗名为道明寺。**索面**、交野郡津田村及诸村。**冰豆腐**、石川郡千早村。**胡粉**、河内郡神井村。**团扇**。志纪郡小山村。

和泉国物产　**青石**、日根郡箱作、淡轮二村。**丹**、大鸟郡堺市之町。**赤小豆**、日根郡日根野村。**烟草**、日根郡新家村。**茶**、和泉郡。下同。**蜜桔**、**松蕈**、**鱼类**、大鸟郡堺浦，其他三郡诸浦，樱鲷最为名产云。**白木绵**、大鸟郡诸村。**纹羽**、日根郡樽井町。**模样织段毡**、大鸟郡堺车町。**袋真田**、大鸟郡及和泉郡大津村。下同。**酒**、**酢**、泉南郡。**绵实油**、大鸟郡诸村。**白下砂糖**、日根郡诸村。**庖刀**、堺。**陶器**、大鸟郡凑村、泉南郡津田村、日根郡深日村。**生白粉**、堺甲斐町。下同。**唐土荒粉**、**线香**、堺町诸所。**木栉**。日根郡泽村。

摄津国物产　**御影石**。菟原郡住吉村。**芜菁**、东成郡天王寺村。**萝卜**、西成郡天满、丰岛郡椋桥村。**慈姑**、岛下郡吹田村。**西瓜**、西成郡市冈新田。**烟草**、岛下郡服部村。**草绵**、住吉郡平野村。**芦**、岛上郡鹈殿村及西成郡诸村。**茶**、菟原郡岩屋村及武库、有马二郡。**种树**、自丰岛郡细川谷输出池田村。**松蕈**、菟原、八部二郡。**鲷**、海滨。下同。**鲳**、**鳢**、**牡蛎**、**鳖**、西成郡野田。**牛**、神户。**帆木棉**、西成郡。**酒**、河边、武库、菟原、八部、有马五郡，其中池田、伊丹、富田、茨木滩等最有名。下同。**烧酎**、**味淋**、河边、菟原、八部三郡。**酢**、河边、八部、有马三郡。**酱油**、河边、菟原、有马三郡。**冰砂糖**、大坂。下同。**鲷味噌**、**油**、住吉郡远里小野村及河边、武库二郡。**池田炭**、丰岛郡池田村。**黑烧药**、大坂高津边。**纸**、有马郡名盐村。**陶器**、岛上郡古曾部、有马郡三田。**菅笠**、东成郡深江村。**伞**、大坂。下同。**烟管**、**鲸细工**、**藤细工**、**竹细工**、有马郡汤山町。**唐弓弦**。东成郡玉造村。

伊贺国物产　云母、名张郡下比奈知村。**磨砂**、山田郡莲池村。**石灰**、阿拜郡上柘植村、伊贺郡泷村。**年鱼**、阿拜、山田、名张三郡。**五棓子**、山田、伊贺二郡。**薯蓣**、山田、伊贺二郡。下同。**蒟蒻**、**芍药**、**川芎**、**木通**、**茶**、阿拜、伊贺二郡。**藤柿**、各郡。**白榧**、阿拜郡西山村。**松蕈**、阿拜、山田二郡。**葛粉**、名张郡梁濑乡。**菜子油**、各郡。**陶器**、阿拜郡丸柱村。**伞**。阿拜郡上野。

伊势国物产　**水晶**、员辨郡石榑乡、横谷、水晶尾，三重郡水泽山。**轻粉**、饭野郡射和村，**石灰**、员辨、三重、铃鹿、度会四郡。**米**、各郡。下同。**麦**、**蜀黍粉**、度会郡道行、灶慥、柄浦，俗名养老粉云。**菜种**、各郡。**蕨**、多气、一志二郡。**薯蓣**、多气郡五佐、奈油夫二村。**萝卜**、度会、饭野二郡。**葱**、度会郡土路西条村。**茄子**、同郡查樫原村。**瓜类**、度会、一志二郡诸村。**干瓢**、度会郡高向来二村。**山葵**、同郡大郎生村。**葛**、多气郡楠村、一志郡八知村。**荏**、度会郡山田外数所。**蓝**、度会、饭高、饭野、一志四郡。**烟草**、度会、多气、饭高、一志四郡。**蒟蒻**、饭高、一志二郡。**苎麻**、饭高郡舟户村。**当归**、同郡田引外诸村。**芍药**、同郡神殿外二村。**茶**、各郡。**蜜柑**、饭高、多气二郡。**枇杷**、多气郡山大淀村。**柿**、度会、多气二郡。**涩柿**、度会郡三村。**桃**、一志郡二村。下同。**榧**、**楮**、**油桐**、度会郡诸村。**薪**、度会、多气、饭高、一志四郡诸村。下同。**材木**、**松蕈**、度会郡诸村。**椎蕈**、多气、一志二郡。**鹿角菜**、度会郡诸浦。下同。**和布**、**鹿尾藻**、**石花菜**、**青海苔**、**蚕卵纸**、三重郡八王子村。**鱼类**、度会、多气、饭高、一志四郡诸浦。下同。**海虾**、**熨斗鳆**、**时雨蛤**、桑名郡桑名、三重郡四日市。**綟子纱**、安浓郡清水、内多二村。**木绵织**、各郡。下同。**绵**、**生丝**、员辨、三重、饭高三郡。**酒**、各郡。**酢**、度会郡山田外二所。**味噌**、各郡。下同。**酱油**、**盐**、多气、饭高、度会三郡。**索面**、铃鹿、三重二郡。**鲣节**、度会郡诸浦。**油**、多气郡斋宫外二村。**漆**、一志郡八知、兴津二村。**锅釜**、桑名、奄艺二郡。**陶器**、朝明郡小向村万古烧、三重郡四日市、支氏、野烧及饭高郡下村。**土器**、度会郡世古村。**瓦**、各郡。**莛**、度会、饭高二郡。**苫**、饭高郡诸村。**竹火绳**、铃鹿郡关驿。**菅笠**、多气、度会二郡。**春庆涂漆器**，度会郡山田。**炭**、多气、饭高、一志、度会四郡。**松烟**、三重、铃鹿二郡。**纸**、饭高郡深野村。**形纸**、奄艺郡白子寺家村。**纸烟草袋**、多气、饭野、度会三郡。**雨衣**、多气、度会二郡。**石张皮笼**。度会郡。

志摩国物产　**茶**、英虞郡鹅方外五村。**和布**、各郡。下同。**荒布**、**鹿尾藻**、**神仙菜**、**鹿角菜**，答志郡。**石花菜**、英虞郡。**鲷**、各郡。下同。**鲣节**、英虞郡坂手外十一村。下同。**鲻**、**鲟鱼**、答志郡鸟羽、浦外二村。**海虾**、各郡。下同。**海参**、**鳆**、**熨斗鳆**、**真珠**、英虞郡。**贝类**。答志郡。

尾张国物产　**紫石**、春日井郡玉野川。**床石**、丹羽郡。**磨砂**、爱智、知多二郡。**萝卜**、中岛、海东二郡。**莲根**、海西郡。**甘薯**、春日井郡。**蓝**、海西、海东二郡。下同。**蒲穗**、**茶**、**叶栗**、丹羽、春日井、知多四郡，以春日井为最。**鲷**、海滨诸郡。下同。**鲹**、**鲾**、知多郡。下同。**海参**、**海鼠肠**、**干虾**、大野。**木绵织**、知多及诸郡。**鸣海彩缬**、爱智郡鸣海及名古屋、知多郡有松。**名古屋织裤地**、爱智郡名古屋。**结城栈留织**，中岛、爱智二郡。**佐织缟**、海东郡。**春夏蚕白生丝**，叶栗、丹羽二郡。**绵**、海西、海东、中岛、叶栗、丹羽、爱智、知多七郡，以爱智为最。**綛丝**、海东及诸郡。**盐**、知多郡。**味噌**、海西、海东、叶栗、丹羽、爱智五郡。**酱油**、知多及诸郡。**酒**、海西、海东、叶栗、丹羽、春日井、爱智、知多七郡，以知多为最。**保命酒**、知多郡。**忍冬酒**、丹羽郡稻置。**酢**、知多郡。**绞油**、海西、海东、中岛、春日井四郡，以春日井为最。**荏油**、丹羽、春日井二郡。**麸**、海东郡津岛。**干温饨**、知多郡名和。**药种类**、春日井郡。**陶器**、春日井郡濑户、赤津，丹羽郡稻置，知多郡常滑。**七宝烧**、海东郡诸村。**丰乐烧**、爱智郡名古屋。**陶器画药**、春日井郡。**玉蓝**、海西、海东、中岛三郡。**扇**、爱智郡名古屋。**团扇**。海东郡津岛。

三河国物产 云母、额田郡。**御影石**、贺茂郡。**钟乳石**、设乐郡。下同。**名仓砥**、**石粉**、贺茂郡。**甘薯**、碧海、宝饭、八名三郡。**茶**、各郡，以幡豆为最。**楮皮**、贺茂、八名二郡。**海苔**、宝饭郡。**干酝**、宝饭、渥美二郡。**海参**、碧海、幡豆、宝饭、渥美四郡。**海鼠肠**、幡豆、宝饭、渥美三郡。以上二品，幡豆郡以佐久岛为最。**春茧青白丝**、碧海郡。**绵**、幡豆及诸郡。下同。**木棉**、**綛丝**、碧海、幡豆二郡。**味噌**、额田及诸郡。**盐**、碧海、幡豆二郡。**酱油**、碧海及诸郡。下同。**酒**、**酢**、碧海郡。下同。**索面**、**绞油**、额田、渥美二郡。**漆**、贺茂、八名二郡。**纺锥**、幡豆、宝饭二郡。**燧金**、额田、渥美二郡。**陶器**、幡豆郡。**麻绳**、额田郡。**纸**、贺茂、八名二郡。**炭**、贺茂、额田、八名三郡。**鱼笼**、八名郡。

远江国物产 石脑油、榛原郡海老、江平、田东、中菅谷四村，由秣场涌出。**石灰**、敷智、引佐、粗玉、丰田、周智、榛原六郡。**大角豆**、佐野郡。下同。**茄子**、**白甜瓜**、**干姜**、长上郡。**茶**、各郡。下同。**蜜柑**、**杨梅**、城东郡。**柿**、佐野郡。**松蕈**、敷智郡、大草山、城东郡小笠山。**椎茸**、敷智郡大野村。**海苔**、同郡滨名、里海。**和布**、榛原郡相良。下同。**石花菜**、**年鱼**、诸川。下同。**鲣**、**石班鱼**、大井川。**鳗鲡**、敷智郡新居。**鲹**、海滨诸村。下同。**鲷**、**鳆**、**马鲛鱼**、榛原郡本州之名产。**鸭**、各郡。**木绵织**、各郡。**葛布**、佐野郡挂川。**白砂糖**、城东郡横须贺。**黑砂糖**、敷智郡。下同。**纳豆**、**葛粉**、佐野郡。**叠表**、敷智郡三个日、佐久米二村。**琉球叠表**、引佐郡气贺、邢部二村。**蒲筵**。敷智郡十轩、新田、上岛村。

骏河国物产　**黑水晶**、安倍郡。**马蹄石**、安倍郡蒿科。**富士石**、同郡。**甘薯**、有渡郡。**山葵**、安倍郡有东木村及富士郡。**毒荏**、各郡。**烟草**、富士郡。**蓝**、各郡。下同。**茶**、**楮**、**三椏**、**蜜柑**、**橘**、**竹**、有渡郡。**松蕈**、安倍郡羽鸟村、有渡郡有渡山。**松露**、有渡郡三保村。**椎茸**、志大、安倍、骏东三郡。**山椒**、各郡。**滨梨**、富士山。**芝川水苔**、富山郡芝川。**海苔**、有渡郡三保。**年鱼**、富士川、安倍川、狩野川等。**方头鱼**、庵原、骏东二郡，又名兴津鲷。**江豚**、有渡郡清水凑。**鲂干**、各郡海滨。下同。**鲣节**、**鲇鲛**、志大、益津二郡。**马**、骏东郡爱鹰山。**贱机木绵织**、静冈。**酒**、各郡。下同。**味淋**、**沙糖**、志大、有渡、安倍三郡。**盐**、益津、有渡、庵原、富士四郡。**纸**、志大、有渡、安倍、庵原、富士五郡。**漆器**、静冈。下同。**竹细工**、**寄木细工**、**志朵细工**。志大郡。

甲斐国物产　**水晶**、巨摩郡御岳、驹岳。**砚石**、巨摩郡雨烟村。**磁石**、巨摩郡金峰山。**硝石**、山梨郡青田村。**马铃薯**、各郡。**葡萄**、山梨郡胜沼村、八代郡宕崎村。**苎麻**、巨摩郡逸见筋。**烟草**，山梨、巨摩二郡。**蓝**、山梨、八代、巨摩三郡。白术、都留郡吉田村。下同。紫根、五味子、黄连、吉田村及巨摩郡驹岳。下同。黄蓍、半夏、甘草、山梨郡上于曾村。杉、巨摩郡河内村。榧、巨摩郡河内领。胡桃、山梨、八代、巨摩三郡。柿、山梨、巨摩二郡。栗、山梨郡万方筋。梨、巨摩郡。肉苁蓉、都留郡富士山。松蕈、巨摩郡。茧、都留、山梨、八代三郡。蚕卵纸、山梨、八代二郡。蜂蜜、都留郡，鸣泽村。年鱼、诸川。猪胆、巨摩郡。真绵、山梨、八代二郡。生丝、都留、山梨、八代三郡。木绵织、山梨、八代、巨摩三郡。皆生绢、都留郡。下同。黑八丈绢、琥珀织、繻子、絽、伞绢、缑子、大布、绸、绖缟布、山梨、八代二郡。井盐、巨摩郡奈良田村。荏油、山梨、八代、巨摩三郡。漆、各郡。鸦片、巨摩郡平冈村。纸、八代郡市川大门村。炭。都留郡。

伊豆国物产 石、各郡。砥石、田方郡大仁村、贺茂郡箕作村。白石脂、贺茂郡大贺茂村。下同。温石、白土、贺茂郡梨本村。七色土、贺茂郡热海村。山葵、田方、贺茂二郡。柴胡、君泽郡户田村。天门冬、贺茂郡下田村。藤蔓、贺茂郡青野村。麻柄、君泽郡古奈村。俗名市皮。茶、各郡。材木、天城山。下同。薪、椎茸、田方郡汤岛村。石花菜、贺茂郡白滨、稻取二村。海苔、君泽、贺茂二郡海滨。鱼介、妻良、子蒲诸港及诸岛。下同。干鱼、鲣节、那贺、贺茂二郡。打鳆、贺茂郡田牛村。猪、各郡。牛、大岛。八丈绢、八丈岛。下同。八丈绸、藤布、贺茂郡伊滨村。雁皮纸、贺茂郡热海村。色吉纸、君泽郡上修善寺村。下同。薄墨半切纸、挽物、君泽郡热海村。炭。天城山。

小笠原岛物产 玉蜀黍、甘薯、马铃薯、甘蔗、芋、水芋、葱、萝卜、芜菁、西瓜、蕃椒、芭蕉、烟草、水蜡树、凤梨、椰树、棕榈、桫椤、天仙果、鲸、鲎、黑鲷鲻、大虾、手长虾、章鱼、海龟、砗磲、紫贝、牡蛎、海栗、大蝙蝠、鹅、鸡、信天翁、野豚、野羊。别一种之羊。

相模国物产　硫黄、足柄下郡箱根、山中。下同。明矾、切石、足柄下郡土肥乡六村。烟草、足柄上、大住二郡。柴胡、足柄上、下、镰仓三郡。梅实、足柄下郡。下同。蜜柑、材木、各郡。薪、足柄上、下二郡诸山。鹿尾藻、三浦郡浦贺。下同。和布、茧、津久井、爱甲二郡。山生鱼、箱根山中。年鱼、相模川、酒匂川等。虾、三浦郡。章鱼、镰仓郡江岛。下同。鳆、乌贼鱼、鲣、三浦郡。下同。鲷、鲢鳠、足柄下郡。猪、足柄上、下郡诸山。下同。鹿、生丝、津久井、爱甲二郡。织物、津久井郡。漆、足柄上、下二郡。漆器、足柄下郡。挽物细工、足柄下郡汤本、笔管、足柄下郡小田原。下同。烟管竹、水饴、三浦郡浦贺。梅干、足柄下郡。下同。粕渍梅、粕渍鳆、镰仓郡江岛。透顶香、足柄下郡小田原，俗名外郎香。炭、足柄上、下二郡诸山。贝细工。镰仓郡江岛。

武藏国物产　糯米、埼玉郡。下同。葱、牛蒡、梅田村。甘薯、入间、足下诸郡。薯蓣、足立郡中丸村。下同。百合、萝卜、丰岛郡。下同。茄子、驹込。菘、三河岛。蕃椒、内藤新宿。蘘荷、早稻田。生姜、谷中。甜瓜、又瓜类数种。苎麻、多摩郡。紫草、各郡。烟草、秩父郡。茶、丰岛、入间、多摩诸郡。桑、各郡。梅、久良岐、荏原诸郡。桃、埼玉郡大泽町。梨、橘树郡鹤见村边及荏原、葛饰诸郡。柿、都筑、足立、秩父诸郡。漆秩父郡下同。楮、竹、各郡。海苔、荏原、橘树诸郡。茧、各郡。下同。蚕种、鲤、利根川、中川、荒川。鳗鲡、江户湾之产味最美。脍残鱼、丰岛郡佃岛。下同。鼠头鱼、鲈、丰岛郡。下同。鲨鱼、鲫、年鱼、多摩川。比目鱼、横滨

湾。**黑鲷**、江户湾。下同。**鱵**、**青鱼**、**鲦**、**车虾**、**芝虾**、**海鼠**、久良岐郡。**蚬**、隅田川。**蛤**，江户湾。下同。**牡蛎**、**雁**、丰岛、葛饰诸郡。下同。**鸭**、**生丝织物**，多摩郡八王子驿原町田村。**五日市织**、多摩郡五日市村。**绵布**、足立、多摩、埼玉、入间、幡罗、高丽、儿玉、比企、秩父诸郡。**绢**、秩父郡。下同。**布**、**青梅绵**、多摩郡青梅村。**紫染**、东京。**酒**、足立、埼玉诸郡。下同。**味淋**、**酱油**、**盐**、橘树、久良岐诸郡。**索面**、入间、比企、埼玉诸郡。**果子**、东京。**纸**、多摩、足立、比企、高丽、橘树、秩父诸郡。**炭**、都筑郡黑川村边及多摩、秩父二郡。**铸物**、足立郡川口村。**瓦**、丰岛郡今户村、葛饰郡小梅村、多摩郡河边村。**炼化石**、东京。下同。**竹器**、**笔**、**烟管**、**袋物**、**足袋**、**木履**、**革细工**、**鳖甲细工**、**莳绘细工**、**团扇**、**锦绘**、**白箸**、秩父郡浦山村。**麦稿细工**。荏原郡大森村。

安房国物产　**白土**、一名房州沙，平群郡。**水仙**，平群郡。下同。**柿**、**石花菜**、安房、朝夷二郡诸浦。**年鱼**、平群郡泷田山中小流。**鲭**、安房郡布良。下同。**鲹**、**鳁**、**青串鱼**、**鳆**、**井盐**、安房郡神余村。**白牛酪**、长狭郡峰冈。**团扇竹**。

上总国物产　**莼菜**、长柄郡。下同。**莲根**、**薯蓣**、夷隅郡。**烟草**、周准郡。**茶**、山边郡东金。**三春栗**、山边郡。下同。**茯苓**、**海苔**、**年鱼**、夷隅郡。下同。**鲭**、**鳁**、武射郡九十九里滨。下同。**鳁搾粕**、**蟹**、**鳆**、**蛤蜊**、山边、武射二郡。下同。**白蛤**、**盐吹贝**、**张贯茶壶**。望陀郡木更津。

下总国物产　**铁砂**、香取郡海滨。**海上砥**、海上郡石切。**蓝**、匝瑳、海上二郡。**西瓜**、匝瑳郡新町。**茶**、葛饰、相马、猿岛、结城、丰田、冈田六郡。**柴栗**、香取郡。**梨子**、葛饰郡。**茯苓**、匝瑳、香取二郡。**海藻**、海上郡。**葛西海苔**、葛饰郡。**蚕种**、匝瑳、香取、相马、猿岛、结城、冈田六郡。干鰛、匝瑳、海上二郡。下同。鲣节、鱼粕、干白鱼、海上郡。下同。鲣盐辛、牡蛎、千叶、海上二郡海滨。马、小间、子牧等。生丝、匝瑳、香取二郡。木绵、匝瑳郡及结城郡结城町。绸、结城郡结城町。下同。綛、铫子缩、海上郡铫子。酒、香取郡佐原。下同。烧酎、玉液酎、葛饰郡流山。下同。味淋、酱油、葛饰郡野田町、海上郡荒野。盐、葛饰郡本行德及匝瑳、海上二郡。鱼油、匝瑳、海上二郡。蒟蒻、印播郡佐仓。海藻蒟蒻、海上郡。干温饨、结城郡结城町。炼化石、香取郡高冈村。蛎灰、千叶郡海滨。佐仓炭。印幡、千叶、植生三郡。

常陆国物产　御影石、新治郡本乡山。紫石、茨城郡木叶下村。笹斑石、久慈郡町屋村。下同。红叶斑石、霜降斑石、鳖甲斑石，砥石、茨城、多贺二郡。燧石、久慈郡诸泽村。烟草、茨城、那珂、久慈、多贺四郡。蔺草、新治郡。防风、真壁、茨城、那珂、久慈四郡。下同。桑、茶、筑波、河内、真壁、茨城、那珂、久慈、多贺七郡。楮、茨城、那珂、久慈三郡。海藻、鹿岛郡。蚕卵纸、筑波、新治、真壁、茨城、那珂、久慈六郡。水鸟、霞浦。下同。鲤、鲫、白鱼、公鱼、鳗鲡、樱虾、鲑、那珂川。鳆、鹿岛、久慈、多贺三郡海滨。干鰛、鹿岛郡。下同。鱼粕、生丝、筑波、新治、真壁、茨城、那珂、久慈六郡。木绵、筑波郡。晒木绵、真壁郡。下同。水振木绵、彩云纸、茨城郡水户藤柄町。西内纸、那珂、久慈、多贺三郡。盐、鹿岛郡。酒、新治郡石冈町。酱油、石冈町及土浦。鱼油、鹿岛郡。粉蒟蒻。久慈郡。

近江国物产　水晶、野洲、甲贺郡界三上山近傍。白石粉、出甲贺郡黄濑村等，以装瓷器。硝子石、栗大郡荒张村石山，今方试凿。白石、犬上郡大洞。虎斑、石砚、高岛郡阿弥陀山，石质亚于长门赤间关。**砺石**、各郡。**石灰**、坂田郡胆吹山、甲贺郡石部、高岛郡海津。**米谷**、谷种出丹波、播磨之上。**芜菁**、尾花川。**鼠大根**、坂田郡。下同。**胆吹艾**。**防风**、**当归**、**桔梗**、**刈安**、**烟草**、蒲生郡中野村。**茶**、甲贺郡土山、信乐、政所。**皂荚**、坂田郡。**漆柿**、伊香郡杉野村，**油桐**、高岛郡海津极多，以其实制油。**竹**、滋贺郡园城寺山。**松蕈**、同郡。**黑河茸**、比睿山、石山、野州郡三上山。**鲫**、湖中多产，冬月获者名红叶鲫，味尤佳，大者名鲙鲫，又名源五郎鲫云。**鲩**、野洲川、姊川、安昙川。**鲤**、势多桥下产甚佳。下同。**鳗鲡**、**冰鱼**、似鲙残鱼，出滋贺郡比良、小松之边。**鳊鱼**、滋贺郡和迩、蒲生郡冲岛。**蚬**、势多桥下产甚佳。**长滨丝**、坂田郡。下同。**缩缅**、**天鹅绒**、**绢羽二重**、**绢缩**、**龙门绢**、**蚊帐**、坂田郡及蒲生郡八幡。**高宫布**、一名生平，以制蔺麻，出犬上郡。下同。**木绵缩**、**帷子地**、**兵主缟布**、野洲郡。下同。**曝布**、**雁皮纸**、栗大郡桐生村。**青花纸**、栗大郡山田村。**油纸合羽**、坂田郡鸟居本。**信乐陶器**、甲贺郡长野、神山二村。**铸器**、甲贺郡辻村。**瓦**、甲贺郡松本村。**鞦**、野洲郡守山。**浮吴座**、野洲郡。**表**、蒲生郡奥岛八幡。**水口笠**、甲贺郡水口。**葛笼细工**、水口及犬上郡葛笼町村。**栉**、甲贺郡土山。**竹鞭**、栗大郡草津。**池川针**、滋贺郡。**算盘**、大谷村。**雪踏**、滋贺郡大津。**烟管**、滋贺郡坂本、名团、子张。**鲫鲊**、湖边所制。**大津绘**。滋贺郡。

美浓国物产　磁石、加茂郡饭池村。**绀青石**、土岐郡土岐口、下石、高山三村。**白垩**、可儿、土岐、惠那三郡。**盆石**、各务郡鹈沼村、加茂郡加茂野村。**燧石**、多艺郡白石村，**石灰**、石津郡泽田村、大野郡稻富村、武仪郡上之保村。**米**、各郡。**甜瓜**、本巢郡真桑村。**细根萝卜**、厚见郡岛方名长良大根。**绵**、

羽栗、中岛、厚见、各务四郡。蓝、厚见、羽栗二郡。药草数种、各郡。烟草、武仪、惠那二郡。茶、各郡。梨、不破郡福田村、惠那郡日比野村。枝柿、加茂、厚见二郡。松蕈、不破、武仪、郡上、可儿、土岐诸郡。岩茸、武仪、本巢二郡。马、惠那郡。鲤、墨股川等。年鱼、长良川。鳟、木曾川、飞驒川。生丝、武仪、郡上、惠那三郡。下同。真绵、羽二重、羽栗、各务二郡。下同。壁羽二重、画绢、筛绢、綟子、纹缩缅、厚见郡。下同。山蛹缩缅、乌帽子缩缅、养老酒、外铭酒数品，皆出多艺郡根古地村、岛田村。年鱼酢。岐阜。纸类凡三十三种、武仪郡诸村及本巢郡根尾谷、山县郡富永村、惠那郡等。陶器、土岐郡。刃物、武仪郡关村。石细工、不破郡赤坂村金生山。叠表。山县郡。

飞驒国物产　硫黄、益田、吉城二郡。硝石、大野、吉城二郡。下同。砥石、切石、大野郡。水晶、大野郡鸠谷村。白土、大野郡松本村。下同。磨砂、黄土、大野郡松本村。粘土、大野郡三福寺村。浅黄土、益田郡甲村。壁砂、吉城郡三川村。大江石、吉城郡大江村。孔雀石、吉城郡和佐保村。下同。绿青、石灰、大野、吉城二郡。豇豆、各郡。木贼、大野郡三谷村。岩茸、各郡。下同。染草类、茶、益田郡。栗、各郡。下同。榧子、胡桃、银杏、楮、材木、竹皮、益田郡。蚕种、各郡。下同。年鱼、鳗鲡、鳟、大野、吉城二郡。马、各郡。羚羊皮角、大野、吉城二郡。熊皮、各郡。下同。熊胆、猪胆、鹿皮角、益田郡。生丝、各郡。下同。真绵、绢、苎麻、布、春庆涂批目细工类、大野郡高山町。下同。水松、俗名一位木。桧椹细工类、干蕨、大野、吉城二郡。下同。蕨粉、蕨绳、漆、藕、油、菅筵。

信浓国物产　水晶、筑摩郡驹岳、水晶谷、德原村、高井郡上条村。**寒水石**、筑摩郡御岳。**蜡石**、伊那、诹访、佐久、小县四郡。**贝石**、伊那郡。下同。**硝石**、西高远町。**黑石英**、阿知村。**砚石**、官所村。**温石**、长谷村。**八方錾**、远山。**长石**、驹岳。**石绵**、筑摩郡日义村、佐久郡大河内村。**萤石**、伊那川。**亚铅**、诹访郡下诹访。**砥石**、筑摩郡宗贺村、安昙郡大町村。**钟乳石**、伊那郡长谷村、安昙郡安昙村。**石砮**、筑摩郡宗贺村、伊那郡上饭田村。**磁石**、佐久郡大河内村。**矾石**、筑摩、水内二郡。**硫黄**、筑摩郡御岳、高井郡米子、灰野二村。**荞麦**、筑摩、伊那、水内、佐久四郡。**马铃薯**、各郡。**胡萝卜**、伊那，高井、小县、佐久四郡。**麻**、伊那、水内二郡。**蓝**、筑摩、伊那、更级、水内四郡。**烟草**、筑摩、伊那、安昙、更级、高井、埴科六郡。**药种草木类**、各郡。下同。**桑**、**楮**、**胡桃**、**桐**、**茶**、伊那郡。下同。**沙罗树**、**桦皮**、**杉**、**桧材**、**榑木**、筑摩、伊那二郡。**栗**、伊那、高井二郡。**柿**、筑摩、伊那、诹访三郡。**竹**、伊那郡。**箕竹**、水内郡户隐山。**松蕈**、伊那、更级、水内、佐久四郡。**岩茸**、伊那郡。**蚕卵纸**、各郡。每岁输出之多，本州为海内第一。**蜂蜜**、伊那郡。**鲤**、天龙川。下同。**年鱼**、**鲫**、**鳗鲡**、**虾**、**鳟**、千曲川。**蚬**、诹访湖。**雉**、各郡。下同。**鸡卵**、**鹿角**、筑摩、伊那二郡。下同。**熊胆**、**驹**、筑摩郡。**羚羊**、高远。**生丝**、各郡。输出与蚕卵纸。**绢绸数品**、各郡。下同。**白绸**、**真绵**、**木绵**、**缩缅**、筑摩郡松本、伊那郡高远。**绵绍**、高远。**彩缬木绵数品**、松本。下同。**足袋**、**手巾木绵**、**小仓织**、松本及诹访郡上诹访。**诹访平**、上诹访。**山茧绢**、高井郡中野村。**上田缟**、小县郡上田。**麻布**、筑摩、高井、佐久三郡。**盐**、伊那郡大鹿村有盐泉，合村煮用之。**菜种油**、各郡。**石脑油**，水内郡。**蜜蜡**、伊那郡。**漆**、筑摩、伊那、安昙三郡。**纸类**、伊那、安昙、更级、水内、高井五郡，有奉书纸、糊人纸、宫本纸、大判纸、中折纸、中判纸、杉原纸各类。**蚕卵原纸**、小县郡长濑村。**干瓢**、筑摩郡松本、伊那郡川下乡。**干馄饨**、松本。**蕨粉**、木曾。**冰饼**、安昙郡大町、诹访郡高岛。**冰荞麦**、大町及水内郡户隐山。**渍蕨**、佐久郡。**漆器**、筑摩郡。**陶器**、伊那郡。**茶盆类**、筑摩、伊那二郡。下同。**竹器**、**栉**、筑摩郡。**元结**。伊那郡饭田。

上野国物产 砥石、甘乐郡中小坂村，采出一年凡一万五千三百二十贯；砥泽村，凡一万六千三百二十贯；吾妻郡本宿村，凡二百四十贯；上泽渡村，凡一千贯；利根郡小日向村，凡五百六十贯穴原村凡二百贯。共六所，一年合三万三千六百四十贯。又甘乐郡菅原村、碓冰郡川浦村，方在试凿。**燧石**、甘乐郡白井。**雁喰豆**、利根郡。**葱**、甘乐郡下仁田町。**蓝**、绿野郡新町宿。**烟草**、片冈郡寺尾村、利根郡沼田。**茶**、甘乐、山田、新田、吾妻、邑乐五郡。**桑苗**、吾妻郡原町。**白目竹**、群马郡高崎町。**蚕种**、各郡，以佐位郡岛村为最。**茧蛹**、各郡。**年鱼**、利根川、岛川、芜川等。**鳟**、利根川。下同。**鲤**、**生丝**、各郡，以群马郡前桥町、甘乐郡富冈町、势多郡水沼村为最。**织物**、各郡，以山田郡为最。**生绢**、绿野、多胡二郡诸村。**大织缟**、佐位、那波二郡诸村。**真绵**、佐拉郡境町。**纻**。甘乐、吾妻二郡诸村。

下野国物产 水晶、盐谷郡玉生村。**明矾**、都贺郡小曾户村、那须郡汤本村。**丹矾**、都贺郡小曾户村。下同。**矾石**、**硫黄**、盐谷郡盐原村、那须郡汤本村。**切石**、河内郡荒针、田下二村。**蜡石**、都贺郡足尾村。**磁石**、那须郡须贺川村。**砥石**、盐谷郡川又村、门森泽。**紫土**、盐谷郡盐原村。**石灰**、芳贺郡梅内村、盐谷郡盐原村、都贺郡、安苏郡各村。**麻**、都贺郡。

干瓢、河内郡宇都宫近村。**烟草**、那须郡。**人参**、都贺、河内、芳贺诸郡。**黄连**、都贺郡日光山、盐谷郡栗山村。**茶**、安苏、芳贺、那须诸郡。**楮**、芳贺、那须诸郡。**漆**、盐谷、那须诸郡。**石楠花**、都贺郡日光山中。下同。**水松**、**斧折木**、**茸类**、盐谷郡盐原村、栗山村。**蚕种**、梁田、足利、安苏、都贺、河内、芳贺诸郡。下同。**茧**、**年鱼**、绢川、那珂川。下同。**黄骨鱼**、**山生鱼**、都贺郡日光山、盐谷郡盐原山。**慈悲心鸟**、郡贺郡日光山中。**生丝**、梁田、足利、安苏、都贺、河内、芳贺诸郡。下同。**真绵**、**木绵织**、**曝布**、芳贺郡真冈。**纸**、那须郡乌山近村。**陶器**、芳贺郡益子村、足利郡桦崎树。**漆器**、都贺郡日光。**木地涂物**、盐谷郡栗山村。**锅釜**、安苏郡佐野。**蒟蒻粉**、那须郡。**羊羹**、都贺郡日光。下同。**紫苏卷**、**蕃椒**。

磐城国物产　**水晶**、白川郡镰田村山中。**砚石**、磐前郡西小川村，有小玉石名馒头石。**白土石**、磐前郡白土村山中，以代炼化石之用。**木叶石**、白河郡甲子山中。**樱化石**、出菊多郡勿来关址近傍沙碛。**大一禹余粮**、出白川郡常世北野村山中，又名金壶石。**米**、各郡。**大豆**、白川、磐前、磐城、石川、宇多、刈田六郡。**菜种**、菊多、磐前、磐城三郡。**蒟蒻**、白川郡诸村。**蓝**、菊多、磐前、磐城、伊具、宇多、亘理等数郡。**人参**、白河郡鹤生村等数村。**烟草**、白川、菊多、石川、磐前、田村五郡。**茶**、白河、白川、菊多、磐前、宇多五郡。**桑苗**、田村郡。**干柿**、各郡。**干栗**、菊多、磐前、磐城、田村、标叶五郡。**椎蕈**、菊多、磐前二郡。**松蕈**、磐前、磐城二郡。**海苔**、菊多、磐前二郡。**蚕种**、田村郡小泉村等，以阿武隈川近村为良。**孙大郎虫**、刈田郡斋河村，治小儿五疳有效。**蜂蜜**、菊多、石川、标叶、行方等数郡。**五棓子**、白河、白川二郡。**鲣节**、沿海诸村，小名、滨中作等处所制。**鳁**、沿海诸郡。**干鳆**、磐前、菊多二郡。**鲑**、鲛川、镰田川、宇多川、阿武隈川等诸川。**鳟**、菊多、标叶二郡。**鳗鲡**、菊多、磐前、磐城、行方、宇多五郡。**马**、全州皆有出，以田村郡为最。**生丝**、白河、田村二郡。**白绸**、田村郡。**缩织**、标叶、行方、宇多三郡。**纸布**、刈田郡白石本乡。**延纸**、一名上远野，出磐前、菊多二郡。**料纸**、刈田郡白石本乡、伊具郡数村。**盐**、沿海诸郡。**犬榧油**、菊多郡山中。**陶器**、名相马砂烧，出宇多郡中村、磐城郡赤井村、标叶郡大堀村、楢叶郡井出村等。**蔺筵**、菊多郡山田村、磐前郡金成村等。**菅笠**、田村郡诸村。**炭**。白河、菊多、磐前、磐城、田村、楢叶、标叶、行方数郡。

岩代国物产　砚石、会津郡上添村。**硝石**、会津郡。**砥石**、会津郡泷泽村、大沼郡大谷村、耶麻郡日中村、安积郡布引山。**硫黄**、安达郡安达大郎山，采出一年凡三万一千二百五十斤。信夫郡吾妻山方试凿。又出耶麻郡白木城村。**白土**、大沼郡砂子原村。云母、会津郡芦野原村。**山盐**、会津郡盐泽村、耶麻郡大盐村。**土硫黄**、耶麻郡白木城村及安达、信夫二郡。**麻苎**、会津、大沼二郡。**蓝**、会津、大沼、河沼、耶麻四郡。**紫蕨**、会津、大沼二郡。**干瓢**、岩濑郡。**诸药草**、会津郡。**烟草**、会津、大沼、岩濑、安达四郡。**桑**、安积、安达、信夫、伊达四郡。**茶**、耶麻、岩濑、伊达三郡。**楮**、安达、伊达、信夫三郡。**栗**、会津郡。下同。**剥胡桃**、**柿**、河沼、耶麻二郡。**干柿**、信夫郡。下同。**林檎**、**梨**、**材木**、会津、大沼二郡。下同。**松露**、**松蕈**、**茧**、各郡。**蚕种**、耶麻、安积、安达、信夫、伊达五郡。**鲑**、各郡诸川。下同。**鳟**、**鲤**、**鲫**、**年鱼**、**鹰**、会津郡。下同。**山鸡**、**马**、**熊**、**熊皮**、**熊胆**、**生丝**、各郡。安达郡针道为第一等，小滨亚之。**真绵**、耶麻、安达、信夫、伊达四郡。**绵**、会津、大沼、河沼、耶麻四郡。**白绸**、信夫、伊达二郡。**大织**、安达、信夫、伊达三郡。**羽二重**、伊达郡。下同。**龙门绢**、**斜子绢**、**绘绢**、**平绢**、**纹织绢**、信夫、伊达二郡。**白木绵**、会津、大沼、耶麻三郡。**麻布**、大沼郡。**綟子**、会津郡。下同。**答布**、**信夫折**、信夫郡。**蚊帐地**、大沼郡。**青苎**、会津、大沼二郡。**品绳**、会津郡。**金引苎**、大沼郡大栗山村。**雨台羽**、信夫郡。**陶器**、会津郡庆山村、大沼郡本乡村、安积郡福良村、安达郡二本松及岩濑、信夫二郡。**漆器**、会津郡若松、耶麻郡冢原村。**铜器**、若松。**纸**、大沼、河沼、耶麻、伊达四郡、安达郡川崎村。**蔺座**、若松及耶麻郡稻川上田村。**蜡烛**、会津郡。**蜡**、大沼、耶麻二郡。**漆**、会津、耶麻二郡。**刃物**、会津郡。下同。**正阿弥细工物**、**锅釜**、会津、岩濑、安积、伊达四郡。**铁瓶**、安积郡日和田村。**油**、会津、耶麻二郡。**伽罗油**、若松。**木地**、会津、大沼、河沼、耶麻、信夫五郡。**冰豆腐**、安积郡日和田村。**冰饼**、安达郡深堀村。**索面**。会津郡。

陆前国物产　**硫黄**、玉造郡鸣子村，采出一年一千三百八十贯；栗原郡鬼首村，一百六十贯。共二所，一年合一千五百四十贯。**明矾**、玉造郡鸣子村，采出一年四百五十六贯。**石膏**、加美郡宫崎村，采出一年四千贯。**米**、各郡。下同。**大豆**、**甘薯**、名取郡前田村。**苎麻**、栗原郡下宫野村。**蔺**、宫城、名取、柴田三郡。**蓝**、同上。又栗原、玉造、气仙三郡。**川芎**、名取郡。**泽泻**、宫城郡。**烟草**、宫城、名取、柴田三郡。**茶**、宫城郡仙台、桃生郡饭野川村、名取郡根岸村。**楮**、名取、柴田、栗原、气仙四郡。**桑**、宫城、名取、柴田三郡。**实竹**、宫城郡。**椎蕈**、桃生、牡鹿、气仙三郡。**海苔**、本吉郡、气仙沼本乡。**和布**、气仙郡海滨。**昆布**、即海带，本吉郡海滨。**鹿角菜**、本吉、气仙二郡海滨。**蚕种**、远田郡各村、登米郡米谷村。**鳟**、名取川。下同。**年鱼**、**鲤**、志田、远田二郡。**鲈**、牡鹿郡海滨。下同。**鲷**、**鲣**、**鲔**、**鰤**、**鲛**、**鳁**、**鰑**、**章鱼**、**鳆**、**蛎**、宫城郡海滨。**马**、黑川、加美、玉造、气仙四郡。**生丝**、各郡。**真绵**、本吉、气仙二郡。**精好织**、俗名仙台平，出宫城郡仙台。下同。**玉川织**、**八段挂织**、**宫城织**、**八桥织**、**绫织羽二重**、**盐**、宫城、桃生、牡鹿、本吉、气仙五郡诸村。**味噌**、仙台。下同。**糒**、**鱼油**、本吉、气仙二郡。**鱼粕**、宫城、牡鹿、本吉、气仙四郡。**云丹**、本吉郡水户边村。**铜铁细工**、仙台。**陶器**、玉造郡上目村。**漆器**、仙台。**理木细工**、名取郡。**纸**、仙台。**气仙行李**。气仙郡上有住村。**叠筵类**、名取郡笠岛、栗原郡诸村。**编笠**、仙台。**菅笠**、宫城郡泽边村。**渔网**。仙台。

陆中国物产　**水晶**、磐井郡折泽村。**砚石**、磐井郡猿泽村，一年采出凡二万贯余。**砥石**、同上，一年采出凡二万贯。又岩手郡御明神村。**荏粒**、磐井郡细谷村。**蓝**、磐井郡中尊寺村、长坂村，胆泽郡下衣川村，及岩手县管内数村。**烟草**、盘井郡。下同。**苎麻**、**蔺草**、**药草数种**、岩手县管内山野。**红花**、和贺郡北上川。**紫草**、鹿角郡及岩手郡岩手山下。**楮**、磐井郡。**漆**、稗贯郡内川目村。**桧**、岩手郡。下同。**楢**、**鹿角菜**、闭伊郡沿海。下同。**昆布**、**蚕种**、磐井郡一之关村、二之关村。**鲑**、磐井郡狐禅寺村等北上川上流、闭伊郡小本川。**鳟**、磐井郡狐禅寺村、岩手郡丹藤川。**鳕**、闭伊郡沿海。下同。**鲔**、**鳁**、**鱼粕**、**干鳆**、**干鰑**、**海参**、**马**、州郡北方多产。**牛**、闭伊、九户二郡。**生丝**、磐井、胆泽、江刺、稗贯四郡。下同。**真绵**、**缩缅**、岩手郡。**大布**、稗贯、紫波、岩手诸郡。**茜染木绵**、鹿角郡花轮町、毛马内町。下同。**紫染木绵**、**纸**、磐井郡。**罂粟霰**、鹿角郡花轮町、毛马内町。**蕨粉**、和贺郡猿桥村。下同。**蕨绳**、**叠表**、紫波郡北上川西方诸村及稗贯郡下仙内村。**鱼网**、胆泽、江刺二郡。

陆奥国物产　硫黄、北郡田名部奥恐山中，明治六年，采出凡二十八万贯。**大豆**、二户、三户二郡。**薯蓣**、二户郡福冈。**百合**、北郡田名部城泽。**狗脊**、二户郡。下同。**蕨桧**、北郡诸山。**昆布**、同郡。下同。**鹿角菜**、**鲑**、三户郡市川、津轻郡十三泻。**鳕**、津轻、北二郡。下同。**海参**、贩卖之利颇多。**海扇贝**、**干鳆**、三户、北二郡。**牛**、北郡。下同。**马**、**壳涂漆器**、世俗名津轻涂，出津轻郡弘前。**漆**、二户、三户、二户郡。下同。**晒蜡**、**山慈姑粉**、二户，北二郡。下同。

羽前国物产　砥石、村山郡风间村。**寒水石**、置赐郡小国小玉川村。**菊面石**、同郡小国町十四森。**米**、田川郡。下同。**菜种**、**麻**、村山郡狸森、泽口二村。下同。**枲**、**红花**、村山、最上二郡。**白葡萄**、田川郡栉引乡。**薄荷**、置赐郡砂冢村。**烟草**、置赐郡米泽馆山及山上、李山二村、村山郡东根、关山二村。**楮**、村山郡长崎、土桥、金泽三村。**桑**、各郡。下同。**茶**、**蚕种**，各郡。以置赐郡北条乡、下长井乡、中乡为上品。**熊胆**、置赐郡小国。**鲑**、最上川。下同。**鳟**、**生丝**、各郡。下同。**真绵**、**丝织**、置赐郡。下同。**精好织**、**数寄屋织**、**龟绫织**、最上郡新庄。**缝丝**、置赐郡。**青苎**、置赐郡大冢、伊佐泽二村。**烧麸**、田川郡鹤冈。下同。**干温饨**、**酒**、**漆**、村山、最上二郡。**生蜡**、村山郡白岩村。**蜡烛**、同郡山形町。**花纹烛**、田川郡鹤冈。**纸**、村山郡山形上山町双月村。**笔**、置赐郡大冢伊、佐泽。**漆器**、置赐郡光泽。**绳席**。田川郡各村。

羽后国物产　硫黄、仙北郡上桧木内村、雄胜郡高松村。**石材**、秋田郡寒风山，仙北郡胜乐村、大威德山、蛭川村，雄胜郡关口村。**砥石**、秋田郡。**石砮**、雄胜、平鹿、仙北、河边、秋田、山本诸郡。**蓝**、各郡。下同。以秋田郡独枯村为最。**蕗**、

烟草、雄胜郡各村。**杉材木**、各郡，秋田、山本二郡最多。**桧材木**、仙北、雄胜二郡。**虎斑竹**、饱海郡麓村山中。**蚕种**、各郡。**雷鱼**、俗用“鰰”字，出秋田、河边、山本三郡沿海，男鹿尤夥。下同。**鳕**、**干虾**、**干鰛**、饱海郡沿海。**八目鳗**、最上川。**马**、由利、雄胜、平鹿、仙北、河边、秋田、山本数郡。**生丝**、各郡。**亩织**、秋田郡秋田町。下同。**八丈缟**、**盐**、河边、由利二郡沿海各村。**味噌**、饱海郡。下同。**油粕**、**干鰛饨**，饱海郡酒田町、雄胜郡稻庭村、由利郡龟田町。**蕨粉**、河边郡船泽村。**春庆涂物**、山本郡能代町。**漆器**、饱海郡酒田村、雄胜郡大馆村。**曲物**、秋田郡大馆町。**桦细工**、仙北郡角馆町。**檽筵**、饱海郡。**菅笠**。仙北郡角馆町、秋田郡扇田村。

若狭国物产　**玛瑙**、远敷郡远敷村。**砚石**、同郡。**黑棋石**、大饭郡高滨村。**石炭**、各郡。**蓝**、远敷郡。**苎**、远敷、大饭二郡。**茶**、三方、远敷二郡。**蜜柑**、各郡。下同。**油桐**、**栌实**、**海藻**、大饭郡海滨。**茧**、各郡。**鲤**、三方郡三方湖。下同。**鲫**、**鳗鲡**、**鳟**、远敷郡北川。**鲷**、同郡小滨。**鰤**、三方郡丹生浦。**比目鱼**、远敷郡小滨。下同。**蒸鲽**、**盐青**、**海参**、大饭郡高滨村。下同。**乌贼**、名尺八乌贼。**生丝**、各郡。下同。**绢**、**酒**、三方、远敷二郡。**索面**、远敷郡小滨。**葛粉**、远敷郡熊川村。**厚纸**、远敷郡。**漆器**、远敷郡小滨。下同。**钉**、**蜡烛**。远敷郡熊川村。

越前国物产　**砥石**、足羽郡净教寺村。**青石**、一名笏谷石。足羽郡加茂河原村。**礎石**、坂井郡一濑、田头二村。**石炭**、敦贺郡泉村、赤崎浦及大野郡。**菜种**、各郡。下同。**牛蒡种**、**葛**、南条郡今庄。**麻**、足羽郡及诸郡。**烟草**、大野郡胜山，出额一年凡百万斤。**瓜蒂**、吉田郡经田村、坂井郡御帘尾村、丹生郡大田村。**茶**、坂井、足羽及诸郡。明治五年制出，凡十万斤余。

桑、各郡。下同。**油桐**、**梨子**、今立郡。**茯苓**、坂井郡一濑、赤尾二村。**黄连**、大野、坂井二郡。**黑海苔**、一名雪海苔。丹生郡菅生蒲。**茧**、今立郡、各诸郡。下同。**蚕种**、**鳕**、敦贺、丹生、坂井诸郡海滨。下同。**鲭**、**鲽**、**干鰛**、**蟹**、**云丹**、各郡海滨，以丹生郡、菅生蒲为最。**生丝**、各郡。下同。**纻**、**木绵纻丝**、坂井郡丸冈。**奉书绸**、足羽郡福井、大野郡大野。**木绵苎**、丹生郡石田村。**白木绵**、坂井郡丸冈及诸郡。**布**、各郡。**真绵**、大野郡。**蚊帐**、今立郡粟田部、南条郡武生、足羽郡福井、大野郡大野。**油团**、福井。**油**、各郡。**漆**、大野、丹生、今立诸郡。**铜线**、大野郡大野制，出二千贯。**铜器**、同所制，出二千九百六十贯。**镰锹庖丁类**、敦贺、武生。**陶器**、丹生、坂井、足羽、吉田诸郡。**大高纸**、坂井郡。**奉书纸**、丹生郡。**鸟子纸**、丹生郡及敦贺。下同。**帐纸**、**半纸类**、**筵类**、各郡，以丹生郡为最。**鲹筵**、敦贺郡沓见村。**火口**、足羽郡置，出二千五百贯。**蜡烛**、足羽郡。**草履**。敦贺。

加贺国物产　**切石**、能美郡鹈川村、河北郡户室山、石川郡相合谷村。**玛瑙**、江沼郡那谷村、菩提寺村。**木叶石**、江沼郡大土村。**烟草**、江沼郡菅谷村、石川郡河合村。**茶**、能美郡今江村、外三村及江沼郡高尾村等。**黄连**、能美郡日用村及白石麓诸村。下同。**半夏**、**蚕卵纸**、石川郡末村、中户村、金石町，能美郡山田先手村。**鲑**、手取川、犀川、浅野川等。**鲷**、海滨诸村。下同。**干鰛**、**鸡**、金泽。下同。**鹜**、**熊胆**、白山。**生丝**、能美郡大杉村外数村。**木绵**、能美郡小松町外数村。**加贺绢**、能美郡及江沼郡大圣寺町。**黑梅染**、石川郡泽。下同。**菊酒**、**落雁**、果名。**索面**、河北郡高松町。**半纸**、能美、石川、河北三郡。下同。**杉原纸**、**漆器**、江沼郡山中村。**陶器**、名九谷烧，出江沼、能美、石川三郡。**石笔**、**象眼细工**、金泽。下

同。**扇**、名河波扇。**菅笠**，金泽及河北郡。**吴座**、能美郡吉竹村外二所。**杓子**。江沼郡真砂村。

能登国物产　**酸化满庵**、羽咋郡火打谷村，一年采出一千六百零八贯。**金砂**、羽咋郡川尻。**黄连**、羽咋郡水蒲村、鹿岛郡金丸村。下同。**半夏**、**茯苓**、**石花菜**、羽咋郡鹿村、凤至郡轮岛町等。下同。**䕬草**、**黑海苔**、羽咋郡福蒲、赤住二村，凤至郡轮岛町大泽村。**白藻**、诸海滨。**鰤**、凤至郡宇出津村、鹿岛郡江泊村。**鲸**、凤至郡宇出津村、松波村等。**海参**、鹿岛郡能登岛、凤至郡中居村。**蒸鳆**、轮岛町。**马**、羽咋、鹿岛、凤至三郡。**木绵**、羽咋郡羽咋町、富本町傍。**布**、羽咋郡安部屋村、鹿岛郡德丸村等。**盐**、诸海滨。**酒**、鹿岛郡七尾。**索面**、凤至郡轮岛町、珠洲郡蛸岛町、**漆器**、轮岛町。**建具**。鹿岛郡田鹤滨。

越中国物产　**硝石**、砺波郡凡七十村。**硫黄**、新川郡立山、汤原。**砥石**、新川郡福平村、岛尻村。**玛瑙**、砺波郡大西村、才川七村。**石炭**、新川、妇负、砺波三郡诸村。**茶**、妇负郡迫分茶屋村外五村。**烟草**、新川郡吉野村、爱场村。**黄连**、砺波郡安居川。**黄蓍**、新川郡伊折村外二村。**枝柿**、妇负郡八尾町、砺波郡福光村。**蚕种**、妇负郡八尾町、蛎波郡井波、城端、金石动町等。**茧**、同上所及砺波郡福光村。**干鲇**、新川郡富田町。**鲑**、新川郡泊町及射水郡大门、新町。**鳁**、新川、妇负二郡海滨及射水郡冰见町、新凑町为最。俗名冰见鳁。**鳕**、新川郡鱼津滑川及射水郡新凑町。下同。**鰑**、**鰤**、新川、妇负、射水三郡海滨。**干琵琶鱼**、新川郡鱼津、滑川。**乌贼黑作**、新川郡鱼津。下同。**鳅**、**鲷**、鱼津及生地村、滑川、水桥町等。**猪**、砺波郡五个山。**熊胆**、新川郡立山。下同。**熊皮**、**生丝**、妇负、砺波二郡。下同。**真绵**、**吴郎丸布**、砺波郡福光村外数十所。

绢、砺波郡城端、井波。**布**、砺波郡福野村外二所。**苎絽**、砺波郡中田村外二所。**栈留缟**、砺波郡福光村外二所。**八讲布**、砺波郡秋元村外数十所。**白木绵**、新川郡鱼津町外数所。**山慈姑粉**、新川郡境村外二所。**葛粉**、新川郡亀谷村。**蕨粉**、新川郡舟见村。**盐**、新川郡宫崎村。**反魂丹**、富山。下同。**一角丸**、**金银铜铁诸器**、新川郡富山、射水郡高冈等。下同。**象眼细工**、**缝针**、射水郡冰见。**漆器**、新川郡鱼津、砺波郡津泽、射水郡高冈。**纸类**、半纸、八寸、鸟之子、笠纸数种，出妇负郡野积谷、砺波郡五个山。**伞**、射水郡高冈。**菅笠**。砺波郡福光村外二所。**蓑**、砺波郡五个山。**和田烟草入**。砺波郡和田新町。

越后国物产 玛瑙、蒲原郡笹目村、朴木泽，自明治五年一月至七月，采出六百六十五贯八百钱。**礜石**、蒲原郡川内村。**切石**、蒲原郡田上村。**砥石**、蒲原郡弥彦村、笠堀村，仙见村、上三光村，岩船郡大内渊村、菰川村。**绀青**、蒲原郡冈泽村。**石脑油**、蒲原、三岛、刈羽、颈城四郡。**石炭**、颈城、岩船二郡。**菜种**、蒲原郡。**蒟蒻**、蒲原郡小搦村。**蕨**、蒲原郡。**莲根**、蒲原郡诸湖。下同。**菱**、**莼菜**、**烟草**、蒲原、颈城、鱼沼、三岛四郡。下同。**蓝叶**、**药草诸品**、**茶**、蒲原郡村松町、新津町、黑川町，岩船郡村上町、山边里村波濑町、大月村、岩崎村。**漆**、蒲原郡新发田町。**栗**、蒲原郡。下同。**梨**、**桃**、**柿**、**林檎**、**材木**、蒲原郡及岩船郡。下同。**椎蕈**、**雪海苔**、粟生岛。下同。**和布**、**神马藻**、**苴**、蒲原、鱼沼、古志三郡。**蚕卵纸**、鱼沼、古志二郡。**鲑**、蒲原、岩船二郡外诸河湖。下同。**鳟**、**鲤**、**川鲈**、**八目鳗**、**公鱼**、**鲫**、**鲨**、**鱚**、**鲇**、**鲩**、**年鱼**、**鳖**、**蚬**、**鲷**、海滨诸町。下同。**鰤**、**鲭**、**鳕**、**鲹**、**石首鱼**、**海鹞鱼**、**鮟鱇**、**鳐**、**鲛**、**章鱼**、**虾**、**蛤**、**牡蛎**、**鳆**、粟生岛最多。**荣螺**、**干鱼**、三岛、刈羽、颈城三郡。**鸿**、蒲原郡。下同。**雁**、**凫**、**山鸡**、**小鸟渍**、松村町。**熊**、蒲原郡及岩船、鱼沼二郡。**生丝**、蒲原、岩船、鱼沼、古志四郡。**麻苎**、蒲原郡诸村。**缩布**、鱼沼、刈羽、颈城三郡。**精好平绢**、蒲原郡、五泉郡及岩船郡山边里村、鱼沼郡、十日郡。**绸**、蒲原、古志、鱼沼三郡。**绢缩**、蒲原、鱼沼二郡。**麻布**、蒲原郡。**丝织**、蒲原郡五泉町。下同。**白绢**、**白练绫**、**茧绸**、蒲原郡太平村。**缬缬木绵**、蒲原郡白根町。**木绵**、蒲原、颈城二郡。**足袋**、五泉町。**蚕种**、古志、鱼沼二郡。**酒**、蒲原郡诸村、三岛郡与板。**烧酎**、蒲原郡新潟、沼垂。**盐**、岩船郡角田村。**水饴**、蒲原、颈城二郡。**越雪**、蒲原郡新潟、古志郡长冈。**葛粉**、蒲原、颈城、鱼沼三郡。**铜器**、蒲原郡燕町、**锅釜**，蒲原郡长冈、津川。**镊**、颈城郡高田。**漆器**、蒲原郡新潟。**陶器**、蒲原郡村松外三村。**瓦**、蒲原郡笹冈村。**纸**、蒲原、古志、刈羽三郡。**生蜡**、各郡。**蜡烛**、浦田郡津町川。下同。**伽罗油**、**桐油**、蒲原郡新潟、岩船郡村上町。**金引苎**、三岛郡与板。**叠**、蒲原郡新潟。下同。**明荷**、**葭帘**、**竹器**、蒲原郡村松町。下同。**网白箸**、蒲原郡小须户町。**锹柄**、蒲原郡吉平村。**团扇**。蒲原郡白根町及三岛郡与板。

佐渡国物产　**无名异**、杂大郡相川。**密佗僧**、相川制矿场。**化石**、羽茂郡新保村。**砥石**、加茂郡上新穗。**半夏**、杂大郡畑方村、加茂郡新穗村。**榧实**、羽茂郡。**细辛**、各郡。下同。**黄连**、**茯苓**、**苍术**、杂大郡小仓村、羽茂郡小木村。**竹**、加茂、前滨。**藻化**、各郡。下同。**石花菜**、**荒布**、**和布**、**海苔**、**蔓藻**、杂大郡二见村、羽茂郡丰田村。**鰛**、各郡。下同。**盐鳕**、**盐鳟**、**乌贼**、**干河豚**、**干鲏**、**干鳆**、**海鼠**、**牛**、外海部诸村。**裂织**、外海部诸村。**葛粉**、杂大、加茂二郡。下同。**山慈姑粉**、**网端绳**、**无名异烧陶器**、杂大郡相川。下同。**玛瑙细工**、**铸物细工**。

杂大郡五十里本乡。

丹波国物产 砥石、桑田、船井二郡。燧石、桑田郡山阶村、多纪郡笹见村、冰上郡户坂村外诸村。石灰、桑田、船井二郡，及冰上郡上小仓村外二村。大豆、桑田、船井二郡。黑豆、桑田、船井、多纪、冰上、天田诸郡。百合、桑田、船井二郡。蒟蒻、船井郡诸村。甘薯、冰上郡牧山。草绵、多纪、冰上、天田三郡，及船井郡八木村。烟草、各郡。黄连、桑田郡及冰上郡牧山。茶、各郡。柿、桑田、船井、何鹿三郡，及冰上郡久下庄。栗、船井郡及冰上郡久下庄。山椒、何鹿郡及多纪郡奥畑村、冰上郡久下庄。棕叶、船井郡。杉材、桑田、船井二郡。下同。薪、斑竹、冰上郡柏原外诸村。松蕈、桑田、船井二郡。蜂蜜、桑田郡。年鱼、保津、和知二川。生丝、各郡。贯缟织、冰上郡佐治町。绵布、何鹿郡绫部及近傍诸村。蕨粉、桑田郡。桑酒、船井郡八木村。海菜、桑田郡犬甘野村。蔺席、船井郡诸村。陶器、多纪郡立杭村。木地挽物、桑田、船井、何鹿三郡。桐油、天田郡。炭、桑田、船井二郡。

丹后国物产 砚石、中郡小原山，近时凿出。赤小豆、中郡长冈村。蜜柑、加佐郡由良村。海草类、濒海诸村。鳗鲡、竹野郡浅茂湖、小滨湖。鲕、与佐郡伊根蒲。鳁、与佐郡岩泷村。白干乌贼鱼、与佐郡宫津。干鱼、濒海诸村。鲸芜骨、与佐郡龟岛村。海鼠、与佐郡伊根蒲。撰丝、各郡。缩缅、与佐、竹野二郡，以中郡峰山为最上品。绸缟、与佐郡岩泷村。帐纸、与佐郡畑各村，加佐郡北原村，熊野郡神谷、河梨、枥谷三村。下同。上纸、半纸、漆、各郡。蜡、与佐、加佐二郡。下同。桐油。

但马国物产 紫水晶、出石郡奥野村四极山有之，然甚稀。葡萄蜡石、养父郡加保村。砥石、二方郡诸寄村、气多郡三原村。**温石**、养父郡中村。**苎麻**、气多郡及诸郡。**烟草**、朝来郡岩屋谷村、八代村。**串柿**、出石郡药王寺村、大河内村。**山椒**、养父郡朝仓村。**城崎海苔**、城崎郡及海滨诸所。下同。**诸海草**、美含郡宇日村，以田久日村为最佳。有石花菜、海藻、荒布、鹿尾菜、海蕴和布数品。**蜂蜜**、养父、气多二郡诸村。**鳟**、丰冈川、气多川。下同。**鲑**、**年鱼**、出出石川、气多川、朝来川、养父川。以养父郡八木川所出为名品，俗名八木大郎，颇巨大，顶有起肉。**鳕**、北海中。**牛**、七味郡小代谷诸村。**生丝**、养父、七味、朝来、气多四郡。**真绵**、养父郡及诸郡。**绵**、养父郡大屋谷、八木谷村。**麻丝**、气多郡。**缩缅**、出石郡中山村。**布**、七味郡。**纸**、出石郡，畑山村、木村、大田村、市场村、美含郡桑野木村、林村出上纸、中纸、帐纸、文库纸等。又城崎郡畑上村出杉原纸。**陶器**、出石郡出石。**漆器**、朝来郡竹田。**柳行李**、城崎郡丰冈。**蕨绳**、养父郡诸村。**针**、二方郡滨坂村。**麦稿细工**。城崎郡汤岛村。

因幡国物产　砚石、岩井郡长谷村、八东郡诸鹿村。**砥石**、气多郡酒津村。**白珊瑚**、岩井郡浦留村。**苎麻**、八东、智头二郡。**蓝**、各郡。**烟草**、八东郡。**黄连**、八东、智头二郡。**羌活**、各郡。**茶**、智头郡。下同。**栗材**、**杉木**、八东、智头二郡。下同。**杉板**、**木槿皮**、智头郡智头。**岩茸**、八东郡。下同。**松蕈**、**海藻**、沿海诸村。**蜂蜜**、八东、智头二郡。**鳟**、邑美、高草、八上三郡。**年鱼**、八上、智头二郡。**鳗鲡**、高草郡湖山村。**炼熊胆**、智头郡大内村、南方村、野原村。**生丝**、各郡。下同。**木绵**、**绢布**、法美郡神垣村、八东郡市场村。**漆**、各郡。**纸**、高草、气多、智头三郡。**蜡**、法美郡宫下村、邑美郡鸟取町、气多郡志加奴村、智头郡加濑木村。**叠表**、八东郡。**柳行李**、智头郡用濑。**葛粉**。智头郡。

伯耆国物产 白珊瑚、河村郡。水晶、河村郡镰田村，会见郡寺内村、池野村，日野郡藤屋村、印贺原村。砥石、日野郡上崎村，久米郡北尾村、富海村，会见郡葭津村。紫石英、日野郡藤屋村。云母、久米郡仓吉。无名异、八桥郡三本杉村。石灰、日野郡多里。胡麻、各郡。下同。甘薯、苎麻、绵、蓝、红花、竹节人参、日野、河村二郡。御种人参、汗入、久米、会见、日野四郡。黄连、汗入、日野二郡。羌活、各郡。下同。山归来、艾、汗入郡。椎蕈、各郡。茅蕈、久米、日野二郡。海藻、沿海诸村。和布、八桥郡逢束村。鳗鲡、河村郡东乡池。鲷、八桥郡松谷村。鰡、会见郡渡村。车海老、同郡米子。海参、沿海诸村。熊胆、河村郡沙原村、日野郡船场村。木绵、各郡。半纸、日野郡。漆、各郡。下同。蜡、干温饨、干瓢、汗入、日野二郡。砂糖、会见郡葭津村、渡村。索面、会见郡米子。稻扱、久米郡仓吉。铁锅、久米郡若土村。镰、久米、日野二郡。下同。锹。

出云国物产 玛瑙、意宇郡玉造村花仙山。下同。消石、砥石、磁石、水晶、玉造村马脊山。荞麦、能义、神门二郡。芜菁、仁多郡。萝卜、秋鹿郡。下同。牛蒡、甘薯、各郡。下同。人参、烟草、楮、大原、仁多二郡。蜜柑、各郡。下同。栗、梨、桃、十六岛海苔、楯缝郡十六岛鼻。和布、神门郡日御崎。年鱼、意宇、神门二郡。鲈、宍道湖、神西湖。下同。鲤、鲫、鳗鲡、鲷、濒海诸郡。下同。鲹、鲭、神门郡。下同。鰤、舻岛。鰡、鹈峠浦。丸鳆、神门郡。下同。串贝、海虾、岛根郡本庄。下同。海鼠、牛、各郡。下同。马、缫绵、能义、意宇、出云、神门四郡。下同。实绵、木绵、各郡。荒苎、大原、仁多、饭石三郡。桐实油、岛根、楯缝、神门、饭石四郡。纸类、意宇、大原二郡。生蜡、各郡。下同。蜡烛、绳、瓦、岛根、秋鹿、饭石三郡。**陶器**、岛根郡西川津村、能义郡富田村、意宇郡布志名村。**玉细工**。意宇郡汤町村。

石见国物产　礜石、迩摩郡银山。下同。**无名异**、**薯蓣**、邑智郡粕渊村等。**甘薯**、安浓、迩摩、那贺、美浓四郡。**芜菁**、安浓郡志学村。**山葵**、鹿足郡田野原村、安浓郡池田村、美浓郡纸祖村。**麻**、邑智郡。**蓝**、各郡。下同。**茶**、**楮**、那贺、美浓、鹿足三郡。**柿**、各郡。下同。**栗**、**棕榈**、**桐**、美浓、邑智、鹿足三郡。**椎蕈**、美浓郡匹见村、纸祖村。**香蕈**、那贺郡今市村、邑智郡井原村。**和布**、那贺郡及诸浦。**海苔**、迩摩郡温泉津、美浓郡高岛。**蜂蜜**、鹿足、美浓二郡。**年鱼**、江川、高津川。**鱼**、波根湖。**鲹**、那贺郡及诸浦。下同。**鲭**、**鳚**、**鲂**、**干鲲**、**干鳆**、**鹿皮**、那贺、鹿足二郡。**牛皮**、那贺郡浅井村、鹿足郡后田村。**丝**、邑智、那贺、鹿足三郡。**山茧**、**丝**、那贺郡。**木绵**、那贺郡滨田。**扱苎**、邑智、美浓二郡。**纸布**、各郡。**半纸**、那贺、美浓、鹿足三郡。**漆**、邑智、鹿足二郡。**蜡**、各郡。**桐油**、迩摩、邑智二郡。**鱼油**、那贺郡诸浦。**葛粉**、邑智郡西田村、鹿足郡津和野等。**瓦**、那贺、迩摩二郡。**石细工**。迩摩郡温泉、津福、光天、河内、仁万村。

隐岐国物产　马蹄石、周吉郡津井村。**枞板**、周吉、隐地二郡各村。下同。**桑板**、**杉板**、**和布**、各郡。下同。**荒布**、**鲭**、各郡。下同。**鳐**、**鲂**、**海参**、**干鳆**、**牛**、**马**。

播磨国物产　切石、印南郡龙山。**蜡石**、神东郡福本村。**砚石**、宍粟郡奥小屋村。**陶器素石**、饰东郡山胁村。**萝卜**、揖东郡网干浦外诸郡。**瓜**、揖东郡林田村。**干瓢**、揖东郡网干浦、印南郡志方外诸郡。**干蕨**、宍粟郡宍粟。**烟草**、明石、宋宍、佐用诸郡。**黄连**、多可郡锻冶屋村。**种人参**、神东郡西光寺村。**茶**、饰西郡、山之内外诸郡。**杉板**、神东郡笠谷外诸郡。下同。

榉板、松蕈、饰西郡书写山、神东郡濑加村外诸郡。青海苔、揖东郡网干浦。下同。昆布海苔、黑海苔、饰东郡下中岛村。蚕种、明石、加古、饰西诸郡。年鱼、泷野、加古、揖保诸川。鳗鲡、多可郡丹波川并诸川。鲷、明石郡明石并诸浦。下同。玉筋鱼、鰛、揖东郡家岛。章鱼、加古郡二见村、明石郡明石。海藤花、明石。海参、揖东郡家岛。蛎、加古郡二见村。明石缩、明石郡。博多织、多可郡大屋村。高砂染、饰东郡姬路。下同。晒木绵、帆木绵、明石郡明石。杉原纸、加西郡三原村。靼革、饰东郡高木村、揖东郡广山村。革细工、饰东郡姬路、揖西郡室津。陶器、饰东郡山野井村，名东山烧。明石郡大藏谷，名舞子烧。锅釜镳、饰东郡姬路。钉、饰东郡松原村。锯、鑢、凿、铗、剃刀、俱出美囊郡三水町。下同。算盘、明石玉、明石郡明石。阿胶、饰东郡高木村、揖东郡和久村。炭、宍粟、神西二郡。盐、饰东郡宇佐崎村，印南郡的形村、大盐村，赤穗郡赤穗。烧盐、赤穗。冰蒟蒻。多可郡杉原谷。

美作国物产 绿矾、久米北条郡坪井上村立野山采出，凡六千十六贯。砚石、真岛郡竹原村。砥石、吉野郡五名村、大庭郡目木村。温石、胜南郡周佐村，真岛郡田口、栗原二村。石灰、英田郡万善村、东北条郡青柳村。萝卜、真岛、高田二郡。山葵、真岛郡庭神村。独活、西西条郡上斋原村、真岛郡星山村。烟草、大庭郡德山村，真岛郡茅部村，久米南条郡荒神山、山之上二村。茶、英田郡海内村、西西条郡中谷村。楮、大庭、真岛二郡。松蕈、胜南郡明见、行信、藤田诸村，西西条郡贞永寺村。年鱼、真岛郡高田、见尾二村。熊胆、东北条郡下津川村。云斋木绵、西北条郡津山。大三折纸、英田郡海田、南海、海内诸村。半纸三折、真岛郡若代、月田二村。烧酎、久米南条郡弓削村。捣栗、东北条、西西条、大庭三郡。

葛粉、东北条、大庭二郡。铸物、西北条郡津山吹屋町。炭、西北条郡越畑村。

备前国物产　水晶、儿岛郡鹫羽山。云母、津高郡畠田、丰冈二村。磁石、津高郡野口村。蜡石、和气郡二石、野谷二村。真石、邑久郡犬岛。烟草、和气、赤坂、津高三郡。下同。茶、楮、赤坂、津高二郡。竹、磐梨、津高二郡。海苔、儿岛郡藤户村。龙须菜、和气郡西片上村、邑久郡小津村、小岛郡胸上村。鳗鲡、邑久、儿岛二郡海滨诸村。下同。鲷、马鲛鱼、鲙残鱼、水母、望潮鱼、乌贼、海参、和气郡日生、难田二村，邑久郡虫明村。海鼠、邑久郡虫明、尻海二村。生绵、各郡。小仓织、儿岛郡。下同。真田织、云斋织、纸、和气、赤坂、御野三郡。刀剑、邑久郡长船村。陶器、和气郡伊部村。叠表、御野郡诸村。漆、和气郡诸村。阿片、和气郡伊部村。盐、儿岛、邑久二郡。酒、各郡。下同。酱油、砂糖、和气、赤坂、津高三郡。

备中国物产　绿矾、川上郡坂本村。砥石、浅口郡小坂东村。荞麦、哲多郡畑木村。芋、川上郡神原村。下同。牛蒡、胡萝卜、贺阳郡槁村。茶、贺阳、上房、阿贺、哲多、川上五郡。下同。烟草、柿、上房郡。楠、小田郡高岛。松蕈、都宇郡。香蕈、哲多郡。鲷、浅口郡小岛冲。下同。比目鱼、八目鳗、阿贺郡。牛、各郡。绵、小田、浅口、下道、洼屋、都宇、贺阳六郡。盐、浅口、洼屋二郡。索面、上房、洼屋二郡。蒟蒻、贺阳、哲多二郡。柚饼子、小田郡矢挂町。纸、上房、贺阳二郡。檀纸、上房郡高梁东村。叠表、小田、洼屋、都宇、贺阳四郡。下同。柳行李、铸物、贺阳郡阿会村。炮烙、浅口郡新庄村。团扇。贺阳郡抚川村。

备后国物产　白石英、奴可郡平子村、三次郡上作木村。

贝石、奴可郡福代、粟田、大屋三村，三上郡庄原、宫内二村，惠苏郡下门田村。**绵石**、奴可郡大佐村。**切石**、御调郡尾道。**萝卜**、御调郡。**蕨**、惠苏郡奥门田川、北竹、地谷三村。**麻**、奴可、甲奴二郡。**烟草**、神石、御调、甲奴、奴可、三次五郡诸村。**茶**、神石郡龟石村。**楮**、御调郡河面村。**桃**、世罗郡田打村。**串柿**、御调郡三庄村。**干栗**、奴可郡油木、森胁、粟田三村。**香蕈**、世罗、奴可、惠苏、三次四郡。**年鱼**、御调、惠苏、三次三郡。**鲩**、世罗郡向江田村和知川。**鲈**、御调郡尾道。**鲷**、沿海诸村，以沼隈郡田岛为最。**牡蛎**、出向岛，名曰歌蛎。**鹿皮**、三次郡。**生丝**、深津郡福山、惠苏郡大月村。**缫绵**、福山。**木绵**、御调郡向岛、因岛。**盐**、御调郡三原町。**酒**、御调郡尾道町、三原町。**保命酒**、出沼隈郡鞆津，又有忍冬酒、菊酒、梅酒、不老酒、养气酒、味淋、本直各种。**烧酎**、**酢**、鞆津尾道。**索面**、福山。**奉书纸**、三上郡庄原村。下同。**杉原纸**、**铁器**、锚及农具等，鞆津尾道。**柿漆**、御调郡大滨、三庄诸村。**户障子类**、甲奴郡矢野村、世罗郡别迫、青近二村。**叠表**、出沼隈、御调二郡诸村。俗名备后表，以沼隈郡山南村为最。**千羽**、三次郡三次町。即叠表之粗者。**花吴座**、沼隈、御调二郡诸村。**菅笠**。三上郡庄原村、惠苏郡山内组诸村。

安艺国物产　**绿矾**、沼田郡久地、毛本二村，一年采出凡五千二百贯，又八木、后山二村均有采出。**石英**、丰田、佐伯、山县、高田四郡。**白石**、丰田郡东野村。**浪石**、丰田郡荻路村。**砥石**、山县郡土桥村。**石灰**、丰田、贺茂、安艺三郡。**茶**、丰田、山县二郡。**烟草**、山县、高田二郡。**实绵**、丰田郡木乡村。**麻**、沼田、山县二郡。**蓝**、高宫、沼田二郡。**楮**、各郡。**柿**、高宫、沼田、山县、高田四郡。**桃**、丰田郡大长村。**梨**、高田郡上入江、下入江二村。**蜜柑**、安艺郡浦刈岛。**大枣**、高宫郡可部町。**人参**、山县郡诸村。**山葵**、佐伯、山县二郡。**蕨**、山县郡户河内村。**椎蕈**、山县郡。**松蕈**、高田郡。**香蕈**、山县、高田二郡。**蒟蒻**、山县郡。**海苔**、安艺郡仁保岛、沼田郡江波村。**材木**、山县郡。下同。**薪**、**山茧**、山县、高田二郡。**浮鲷**、丰田郡能地村。**出平鲽**、安艺郡阪村，及濑户、仓桥二岛。**目张鱼**、安艺郡浦刈岛。**年鱼**、大田川。**鳁**、佐伯郡。**蛎**、安艺、沼田、佐伯三郡。**海参**、安艺、佐伯二郡。**干海老**、安艺郡。**雁**、高宫郡可部町。下同。**鸭**、**牛马皮**、沼田郡。**生丝**、沼田、佐伯、山县三郡。**麻丝**、沼田郡。**扱苎**、高宫、山县二郡。**缲绵**、沼田郡广岛。**山茧绸**、高宫郡。下同。**晒荒苎**、**木绵**、丰田郡忠海町、安艺郡诸岛、佐伯郡能美岛。**蚊帐地布**、贺茂、高田二郡。**叠缘布**、高宫郡玖村。**奉书纸**、佐伯郡。下同。**半纸**、**尘纸**、**诸口纸**、佐伯、山县、高田三郡。**叠表**、山县、高田二郡。**吴座**、沼田郡。**铸物**、山县郡大朝村。**铁线**、山县郡。**铁钉**、沼田、山县二郡。**铁锹**、沼田郡广岛。下同。**药罐**、**伞**、**渔网**、贺茂、安艺二郡。**桧皮绳**、丰田郡明石方村。**炭**、山县郡。**枝炭**、佐伯郡吉和村。**漆**、山县郡户河内村。**盐**、丰田、贺茂二郡。**砂糖**、安艺郡江田村。**饴**、安艺郡。**干柿**、高宫、高田二郡。**蕨粉**、山县郡户河内村。**索面**、丰田郡濑户田町。下同。**干温饨**。

周防国物产　**水晶**、吉敷郡台道村、佐波郡德地村、玖珂郡岩国。**紫水晶**、吉敷郡台道村。**蜡石**、都浓郡长穗村。**磬石**、佐波郡三田尻中之浦。**砥石**、熊毛郡室积村、玖珂郡椎野村。**硝子石**、吉敷郡仁保村。**铃石**、佐波郡柚木村。**木叶化石**、柚木村及大岛郡平群岛。**绿矾**、玖珂郡山代。**禹余粮**、吉敷郡仁保村。**石灰**、都浓郡笠户岛。**油拔土**、熊毛郡室津村。**茶碗药土**、吉敷郡小郡南原。**烟草**、佐波郡德地村。**半夏**、吉敷郡小郡白松。**茯苓**、吉敷郡佐波山。**茶**、佐波郡船路村、巢山村，都浓郡鹿野村，玖珂郡高森村。**榉材**、佐波郡德地滑山。**椎蕈**、玖珂郡山代。**蜂蜜**、玖珂郡山代。**海参**、熊毛郡上之关。**张海鼠**、都浓郡串滨。**辨庆蟹**、吉敷郡秋穗。**干濑户贝**、大鸟郡大畠浦。**干荣螺**、熊毛郡上之关。**缩布**、玖珂郡岩国。下同。**缩木绵**、**缟缩木绵**、**缟木绵**、大岛郡。下同。**投纲丝**、**蚊蝈**、玖珂郡岩国。**烧盐**、佐波郡三田尻、熊毛郡上之关。**半纸**、出玖珂郡山代、佐波郡德地村，有小半纸、小杉纸、寸广纸、奉书纸、美浓纸、半切纸、伞纸。**栌蜡**。都浓郡德山。

长门国物产　银石、阿武郡须佐村金井。**金色沙**、丰浦郡泷部村。**紫金石**、厚狭郡平沼、田村、长谷。**紫线石**、厚狭郡森广村。**紫眼石**、厚狭郡铸物师屋村。**紫斑石**、丰浦郡一股村大峰。下同。**青云石**、以上五石，可充砚材。**石钟乳**、美祢郡秋吉村。**金刚砂**、美祢郡长登村。**岩绿青**、长釜村及阿武郡藏目喜村。下同。**岩白绿青**、**岩绀青**、**岩空青**、**岩白空青**、**紫根**、美祢郡。下同。**缬草**、**烟草**、**茶**、阿武郡。**杉材**、阿武郡滑石。**石花菜**、大津郡。**干鰑**、大津郡川尻浦。下同。**干鳆**、**干乌贼**、厚狭郡埴生。**平家蟹**、丰浦郡坛浦。**日月壳**、丰浦郡室津浦。**绞鹿子**、阿武郡萩。**纸**、阿武、美祢二郡。**五色盐**、丰浦郡丰浦。**蜡**、大津郡深川村。**陶器**、出阿武郡萩，名松本烧；出大津郡深川村，名深川烧。**鲸熨斗**、大津郡川尻浦。**藤细工**、阿武郡萩。**竹细工**。丰浦郡丰浦。

纪伊国物产　砥石、牟娄郡。**那智黑石**、牟娄郡佐野村海滨。**瀑布石**、牟娄郡东山村古屋谷。**白石**、海部郡大崎浦、白神矶。**绿矾**、牟娄郡真砂村。**土硫黄**、牟娄郡汤峰村。**石灰**、名草、在田二郡。**大麻**、在田郡。**萝卜**、名草郡中岛村。**薇**、伊都、在田、日高三郡。**甘薯**、名草、海部二郡。**芋**、牟娄郡。

蒟蒻、伊都、那贺二郡。葛、各郡。西瓜、名草郡布引村。甘蔗、各郡以那贺为最。烟草、伊都、日高、牟娄三郡。茶、各郡。下同。杉、高野槙、伊都郡。栌、日高、牟娄二郡。棕榈、那贺、在田二郡。梅、海部郡。柿、那贺、伊都二郡。枇杷、在田郡。蜜柑、名草、海部、在田三郡，下同，以在田为最。橙、杨梅、名草郡。茯苓。伊都、日高二郡。竹、牟娄郡。薪材、牟娄、伊都、在田、日高四郡，以牟娄为最。松蕈、名草、那贺、伊都三郡。椎蕈、日高，牟娄二郡。下同。石茸、茅蕈、伊都、日高侔娄三郡。海苔、海部、日高、牟娄三郡，以海部郡和歌村为最。青苔、在田、日高、牟娄三郡。和布、海部郡加大。海藻数种、名草、海部、日高、牟娄数郡。蚕、各郡，以伊都、在田为最。蜂蜜、牟娄郡。年鱼、名草、牟娄二郡。鲤、纪伊川。鳁、海部郡加大及和歌山近海。鱵、牟娄郡。下同。鲣、鲣节、鲷、海部郡。大滩鱼、牟娄郡和深浦。鲸、牟娄郡古座、太地诸浦。海参、海部郡。牡蛎、海部郡和歌村。鳑鲏、牟娄郡田边。海獭、海獭郡、海獭岛。鹤、海部郡。下同。水喜鹊、雁、各郡。下同。野猪、丝、名草、海部二郡。下同。綛丝、木绵布、各郡。聋织、日高郡御坊村。纹羽织、和歌山及那贺郡野上村。云斋织、海部、名草二郡。足袋、和歌山。高野纸、伊都郡。神野纸、那贺郡。花井纸、牟娄郡花井村，名为十文字纸。保田纸、在田郡山保田。山地半纸、日高郡。忍冬酒、和歌山鹭森。酢、那贺郡粉河村。酱油、在田郡有玉井酱，俗名金山寺味噌。鱼油、牟娄郡。奈良渍、和歌山。盐、名草郡。砂糖、名草、海部二郡。葛粉、牟娄郡田边。冰豆腐、伊都郡高野山。瓦、名草郡。下同。陶器、称为名草烧。蜡烛、在田郡汤浅村。漆、各郡，以在田、日高二郡为最。炭、牟娄、伊都、在田、日高四郡，以牟娄为最。松烟、在田郡山保田、日高郡山地、牟娄郡田边。**怀炉灰**、和歌山。**桧木笠**、日高郡龙神村、牟娄郡本宫。**栩细工**、牟娄郡田边。**碗**、名草郡黑江村。下同。**折敷**、**团扇**、那贺郡粉河村。**伞**、出和歌山，名松叶伞。**烟管**。那贺郡粉河村。

淡路国物产　**黄土**、各郡。**御影石**、津名郡。**平林石**、津名郡平林村，可供盆玩。**温石**、三原郡沼岛浦。**砂利土**、津名郡。**白桧土**、三原郡池内村。**茶**、各郡。**海发**、由良浦。下同。**板和布**、**白海苔**、**干鲽**、津名郡假屋村。**海藤花**、津名郡室津浦。**海参**、三原郡福良浦。**马**、机浦及近村。**緦丝**、各郡。**陶器**。三原郡伊贺野村。

阿波国物产　**碰石**、那贺郡大井村。**甘薯**、美马、三好二郡。**蓝**、板野、名东、名西、阿波、麻殖、美马、三好七郡。**烟草**、名西、麻殖、美马、三好四郡。**茶**、名东、名西、美马、三好、胜浦、那贺、海部七郡。**黄杨**、那贺郡。**和布**、板野、海部二郡诸浦。**海蕴**、小鸣门。**年鱼**、吉野川、胜浦川。**鲈**、濒海诸郡。**鲷**、鸣门。**马鲛鱼**、濒海诸郡。下同。**鲻**、**牛尾鱼**、**鲨鱼**、名东郡。**虾**、名东、那贺二郡。**海参**、那贺郡。**鲣节**、海部郡诸浦。**煎鰛**、那贺郡橘浦。**鸡卵**、阿波、麻殖、美马、三好四郡。**缬织**、名东郡。**神代缟**、麻殖郡。**瓷器**、板野郡。**漆器**、美马郡半田村，俗名半田碗。**纺车针**、阿波、麻殖二郡。**纸**、麻殖、美马二郡。**盐**、板野、名东、那贺三郡。**砂糖**、板野、阿波、那贺三郡。**冰豆腐**、麻殖郡山田村。**索面**、美马郡。**葛粉**、美马、三好二郡。**炭**。三好、那贺、海部三郡。

赞岐国物产　**石**、山田郡庵治村、小豆岛、丰岛。**黄土**、寒川郡是弘村。**萝卜**、三木郡原村、香川郡中村。**烟草**、香川郡安原村、鹅足郡胜浦村外各郡。**山椒**、寒川郡富田中村。**朱栾**、那珂郡。**松蕈**、寒川郡长尾村、那珂郡盐入村。**海松布**、寒川郡志度浦、三野郡托间浦。**青海苔**、多度郡白方村。**年鱼**、香川郡安原村、鹅足郡常包川。**鲻**、大内郡安户蒲。**鲷**、香川郡，高松、三野郡大滨村、盐饱岛。下同。**马鲛鱼**、**鳁鰯鮧**、大内郡引田村、寒川郡津田浦。**海参**、大内郡引田村、寒川郡鹤羽村、香川郡高松。**木绵**、三野、丰田二郡。**保多缟**、香川郡中村。**葛布**、鹅足郡胜浦村。**盐**、大内郡松原村、三木郡牟礼村、山田郡泻元村、阿野郡板出村、鹅足郡宇多津村外诸浦。**酱油**、大内郡引田村、三田郡仁尾村。**砂糖**、各郡，以大内郡引田村为最良。**饴**、那珂郡琴平。**索面**、大内郡引田村、香川郡百相村、那珂郡琴平村、小豆岛。**瓶**、香川郡御厩村。**炭**、三木郡津柳村。**团扇**。那珂郡丸龟。

伊豫国物产　砥石、浮穴郡砥部，采出一年凡六万六千挺。**蜡石**、浮穴郡久万山。**切石**、温泉郡。**片石**、新居郡荒川山村。**赤芜**、温泉郡。下同。**牛蒡**、**蒟蒻**、和气郡太山寺林。**甘薯**、越智郡大岛。**芋魁**、新居、宇摩二郡。**生姜**、宇摩郡寒川村。**山葵**、新居郡藤之石山村。**蓝**、宇摩、喜多、宇和三郡。**苘麻**、新居郡。**当归**、浮穴郡太平村。**烟草**、宇摩、喜多、浮穴三郡。**茶**、喜多、新居、浮穴三郡。**楮**、新居郡冰见村。**棕榈**、宇摩、新居二郡。下同。**材木**、**薪**、新居郡古川村。**香蕈**、宇摩郡关之户。**椎蕈**、宇和郡目诸、吉野、松丸、黑村。**年鱼**、新居、喜多二郡。**章鱼**、新居郡西条。**干鰛**、宇和郡。**鲣节**、宇和郡又海浦。**海参**、越智、宇和二郡。**鯣**、宇和郡三崎浦。下同。**干鰛**、**蛤**、新居郡西条。**鹰**、石锤山。**鹑**、宇摩郡。**绵**、宇摩、新居、周敷、野间、伊豫五郡。**木绵**、越智郡。**木绵缟**、温泉郡松山。**盐**、野间郡波止滨、和气郡新滨，新居郡埴生村多喜滨，越智郡岩城岛、弓削、岛津、仓木浦。**砂糖**、宇摩郡及伊豫郡黑田村。**索面**、温泉郡道后村、宇和郡松丸村。**纸**、喜多、浮穴、宇和、新居、桑村、宇摩诸郡。**栌蜡**、喜多、浮穴、宇和三郡。**漆**、宇摩郡。**鳖甲**、宇和郡久吉浦。**陶器**、浮穴郡。**木地**、浮穴郡久万山。**扶桑木细工**、温泉郡道后。**瓦**、野村郡菊间。**帘**。浮穴郡父之川村。

土佐国物产 珊瑚珠、安艺郡室户岬及幡多郡三崎冲、八幡濑、柏岛冲有之，幡多郡伊佐、松尾、大滨等数十村，时有采出。**水晶**、幡多郡头集村伊佐浦。**蜡石**、吾川郡枞木山村桥山，西津贺才村西泷山，皆未凿。**砥石**、安艺郡甲浦、高冈郡谷地村、幡多郡津藏渊村。**砚石**、安艺郡元浦、高冈郡宇佐浦。**磁石**、土佐郡一宫村。**温石**、长冈郡丰永乡、土佐郡本川乡。**禹余粮**、高冈郡谷地村。**石钟乳**、长冈郡十市村、土佐郡弘濑村。**云母**、土佐郡本川乡。**石灰**、长冈郡下田村。**菜种**、香美郡韮生乡、长冈郡本山乡、吾川郡菜野川乡。**蓝**、香美郡楠目村山田野地村。**茶**、安艺郡内原野，香美郡山田、野地村、韮生乡，长冈郡丰永乡，土佐郡本川乡，吾川郡茱野川乡、池川乡，高冈郡津野山乡、大野见乡。**烟草**、长冈郡丰永乡。**桂**、香美郡山田野地村、吾川郡长滨村。**樟脑**、各郡。**栌实**、安艺、土佐、幡多三郡。**杨梅皮**、高冈郡久礼浦外诸村。**七度栗**、幡多郡一濑村。**材木**、各郡。下同。**薪**、**椎蕈**、**秋笋**、土佐郡本山乡户中村。**石花菜**、安艺郡元浦、幡多郡诸浦。**鲸**、安艺郡津吕浦、幡多郡洼津浦。**鲣**、安艺郡津吕室津，吾川郡浦户、御叠濑，高冈郡宇佐、须崎、久礼，幡多郡清水等诸浦。下同。**鲣节**、**年鱼**、安艺郡奈半利川，土佐郡镜川、吾川，高冈郡界仁淀川，幡多郡渡川。**五棓子**、香美郡韮生乡，长冈郡本山乡，吾川郡森乡。**真珠**、高冈郡浦内村。**鸡卵**、香美郡。**马**、高冈郡户波乡，幡多郡利冈村、具同村、川登村等。**鳋鳠**、幡多郡清水浦外诸浦。**蜂蜜**、长冈郡丰永乡、土佐郡本川乡、吾川郡池川乡、高冈郡津野山乡。**生丝**、吾川郡宠冈村、高冈郡佐川村。**大布**、长冈郡丰永乡、本山乡，吾川郡池川乡。**纸**、吾川、高冈、幡多三郡，以高冈郡户波乡、半山乡，幡多郡上山乡、下山乡、江川村为最。**砂糖**、安艺、吾川、高冈、幡多诸郡。**盐**、长冈郡十市村、仁井田村。**蕨粉**、幡多郡下山乡。**葛粉**、吾川郡上八川村。**藕**、安艺郡鱼梁濑村外诸村。**炭**。各郡。

筑前国物产　米、夜须、上座、鞍手三郡最良。**菜种**、各郡。下同。**蕨**、**牡丹**、**菊**、博多。**艾**、御笠郡。**烟草**、上座郡。**茶**、早良、那珂二郡。**石楠花**、那柯郡。**玫瑰花**、各郡。下同。**栌实**、**柿**、**栗**、**蜜柑**、志摩、怡土二郡。**杉**、各郡。下同。**楠**、**黄杨**、夜须郡。**松**、各郡。**茯苓**、夜须郡。**材木**、各郡。下同。**竹**、**香蕈**、**松蕈**、怡土、早良、糟屋、夜须各郡。**岩茸**、御笠、夜须二郡。**松露**、早良、那珂、糟屋各郡。**索面苔**、宗像郡。**和布**、诸岛。下同。**诸海藻**、**蜂蜜**、各郡。**鲤**、千年川、远贺川。**年鱼**、那珂川。**鲈**、那珂川、远贺川。**面条鱼**、早良川、多多良川。**鲷**、沿海各郡。下同。**鲻**、**鰤**、志摩、宗像二郡。**鲭**、沿海各郡。下同。**海鳁**、**海参**、**鳆**、**蛤**、志摩郡。**淡菜**、志贺岛。**鹤**、远贺郡。**鹰**、漕屋、鞍手、那珂三郡。**鹭**、各郡。下同。**雉**、**鹑**、鞍手郡。**马**、志摩郡。**野牛**、宗像、远贺二郡。**唐织带**、那珂郡博多。下同。**木绵绞**、**练酒**、**盐**、诸郡海滨。**纸**、御笠、夜须、上座、鞍手四郡。**樟脑**、夜须郡秋月。**蜡烛**、博多。下同。**农具**、**锅釜**、**陶器**、早良郡粗原村、糟屋郡须惠村。**葛粉**、夜须、上座、嘉麻、穗波四郡。**索面**、博多。**熨鳆**、宗像郡。**寿泉苔**。夜须郡秋月。

筑后国物产　燧石、生叶郡池山。**木叶石**、上妻郡。**鹦鹉石**、同郡北矢部村。**温石**、御井郡。**白土**、上妻郡白木村。**甘**

薯、上妻、三池二郡。**萝卜**、御井郡小森野村。**胡萝卜**、御井郡。下同。**牛蒡**、**莲根**、久留米近村。**菜种**、各郡。**蒟蒻芋**、生叶、上妻二郡。**蓝**、御井郡西原村。**灯心**、三潴郡蒲地村。**茶**、上妻郡鹿子尾村所产最佳，生叶郡星野村亚之。**楮**、上妻郡。**栌实**、御原、御井二郡。**柿**、生叶、竹野、山本、上妻数郡。**蜜柑**、竹野、山本二郡。**香橙**、御井郡。**竹皮**、生叶郡星野村山中。**鲤**、筑后川。下同。**鲚鱼**、**年鱼**、筑后川、矢部川。**鳗鲡**、三潴郡。**海茸**、筑后川口深泥中所产介类也。**鹈池织**、上妻郡鹈池村。**木绵縐**、久留米。**酒**、各郡。下同。**油**、**蜡**、生叶、御原二郡。**蜡烛**、各郡。**纸**、上妻郡祈祷院村、下妻郡沟口村。**铸物**、三潴郡榎津町。下同。**水车**、**瓦**、三潴、山本、山门三郡。**半田土锅**、下妻郡水田村。**伞**、各郡。**蓙**、三潴郡。**七岛筵**。三潴郡下田、芦家二村。

丰前国物产　**水晶**、企救郡贯村、京都郡马岳。**磁石**、田川郡畑村。**砚石**、名门司关砚，出企救郡白野江村、大积村。**粗砥**、京都郡松山村。**石灰**、企救、京都二郡。**大豆**、下毛郡。**茶**、田川、下毛二郡。**紫草**、企救郡新道寺村。**昆布海苔**、筑城郡凑村。**杉材**、田川郡彦山、下毛郡山国谷。下同。**椎蕈**、**松蕈**、**和布**、企救郡。**鲈**、筑城郡松江滨。**干小鲷**、企救郡长滨浦。**鲽**、企救郡海滨。下同。**海参**、**蛏**、**小仓织**、小仓及中津、丰津。**纸**、企救、宇佐二郡。**盐**、企救郡门司村、宇佐郡高家村等。**生蜡**、各郡。**陶器**、田川郡上野村。**七岛筵**、上毛郡久路土村。**百合粉**、企救郡道原、顶吉、呼野、小森诸村。**葛粉**、同上。**三官饴**。小仓。

丰后国物产　**明矾**、速见郡鹤见村、铁轮村，玖珠郡汤坪村。**硫黄**、速见郡鹤见村、直入郡有氏村、玖珠郡田野村。**柴石**、速见郡野田村。**石灰**、大野、海部二郡。**菜种**、大野、直入二郡。**大豆**、日田郡。**葛**、玖珠、日田二郡。**苎麻**、日田、大野二郡。**烟草**、日田、直入、大野、海部诸郡。**人参**、直入、日田二郡。**生姜**、速见、海部二郡。**茶**、国东、玖珠、日田、大野、海部诸郡。**楮**、玖珠、日田、直入、大野、海部诸郡。**栌**、各郡。**棕榈**、日田、直入二郡。**蜜柑**、海部郡。**竹**、国东、速见、日田三郡。**材木**、各郡。下同。**椎蕈**、**石花菜**、海部郡。下同。**鹿角菜**、**天藻**、**蜂蜜**、日田郡。**干鰛**、国东、速见、海部三郡。**白干鲽**、大分郡。**鲣**、海部郡。下同。**鰑**、**海鼠**、国东、速见、海部三郡。**牡蛎**、速见、海部二郡。**鳆**、海部郡。下同。**日月壳**、**海鹿毛**、海部郡。**蚕丝**、速见郡。**绵**、海部郡。下同。**叠缘布**、**木绵**、国东、大分二郡。**马尾织**、大分郡。**盐**、国东郡。**生蜡**、国东、大分、日田三郡。**鰛油**、海部郡。**樟脑**、大野郡。**炭**、各郡。**蓝玉**、速见郡。**蕨粉**、玖珠、日田二郡。**纸类**、大分、日田、直入、大野、海部五郡。**铸物**、**锅釜**、**农具类**，出国东、速见、大分三郡。**七岛筵**、国东、速见、大分、大野四郡。**箨笠**、大分郡。下同。**伞**、**蓑**、玖珠郡。下同。**桧物器**、**烟管**。大分郡。

肥前国物产　云母、彼杵、松浦二郡。**粗砥**、松浦郡平户。**米**。各郡。下同。**麦**、**粟**、**荞麦**、**菜种**、**豆**、**甘薯**、彼杵、松浦二郡。**野芋**、彼杵郡长崎。**蓝**、彼杵郡大村、高来郡岛原。**生姜**、大村。下同。**红花**、**烟草**、彼杵郡。**茶**、各郡。下同。**栌**、**松**、大村岛原。下同。**杉**、**椎蕈**、**海藻**、彼杵、松浦二郡。**年鱼**、川上川、松浦川。**鲸**、彼杵、松浦二郡。下同。**鲷**、**鰤**、**鲔**、**鲞**、**鰛**、**水母子**、**干河豚**、**鲣节**、**鰑**、**干鳆**、**海参**、**牡蛎**、佐贺。**青鱼子**、彼杵郡野母村。**海茸**、佐贺、杵岛二郡海滨。**鸡**、高来、松浦二郡。下同。**鹜**、**牛**、**马**、**马皮**、大村、岛原。下同。**猪**、**豚**、岛原、长崎。**木绵**、大村。**纸**、神崎、佐贺、小城、松浦四郡。**酒**、各郡。**砂糖**、大村岛原。**葛粉**、神崎郡。**索面**、各郡。下同。**蜡烛**、**鱼油**、彼杵、松浦二郡。下同。**炭**、**樟脑**、神崎、小城二郡。**陶器**、养父郡白石村，藤津郡志田村，松浦郡有田村、大河内村、平户岛等。**玻璃器**、佐贺郡佐贺。**七岛蓙**、大村、岛原。**钉**、大村、长崎。**针**、长崎。下同。**线香**。

肥后国物产 砚石、八代郡水岛。**陶土**、天草郡。下同。**陶土粉**、**砥石**、**明矾**、河苏郡小国。**石灰**、八代、上益城、下益城、玉名四郡。**硫黄**、阿苏郡阿苏山贰所，采出一年六千三百三十六贯。**唵的摩尼**、天草郡高滨村，采出一年九百六十贯。**米**、各郡。下同。**粟**、**麦**、**大豆**、**蚕豆**、下益城、八代、玉名三郡。**唐黍**、饱田、上益城、阿苏三郡。**甘薯**、各郡。下同。**菜种**、**牛蒡**、**薯蓣**、**蒟蒻芋**、**干蕨**、苇北郡佐敷。**麻苎**、各郡。下同。**蓝**、**烟草**、**纤突烟草**、**茶**、**栌实**、**槠**、天草郡。**楮**、各郡。下同。**棕榈**、**柿**、**梨**、**蜜柑**、饱田、上益城、玉名、八代、苇北五郡。**竹皮**、上益城、下益城、玉名、阿苏、苇北五郡。下同。**笋**、**椎蕈**、八代、上益城、苇北、阿苏、菊池、球摩六郡。**木耳**、八代、苇北二郡。**海人草**、天草郡。下同。**鸡冠苔**、**鹿角菜**、**青莎**、**鹿角藻**、**和布**、天草、宇土二郡。**川苔**、菊池、八代二郡。**水前寺水苔**、托麻郡。**山茧**、玉名郡南关、合志郡大津、下益城郡砥用。**鲣节**、天草郡。下同。**干鳝**、**干鳁**、**干章鱼**、**鰑**、**干鳐鱼**、**干鳆**、**干虾**、天草、苇北二郡。**鸡**、上益城、下益城、山本、阿苏、苇北五郡。下同。**鸡卵**、**牛**、上益城、阿苏、天草三郡。**马**、上益城、合志、阿苏、玉名、天草五郡。**牛马皮**、各郡。**缲绵**、八代郡高田，苇北郡田浦、佐敷。**酒**、各郡。**酢**、山鹿、菊池、玉名、八代、饱田五郡。**酱油**、各郡。**盐**、宇土、玉名、八代、天草四郡。**砂糖**。

山鹿、宇土、天草三郡。**面类**、熊本及玉名郡南关。**晒葛**、上益城、下益城、托麻、八代、山鹿五郡。**朝鲜饴**、熊本。**蜡**、饱田、托麻、山鹿、玉名、八代五郡。**纸类**、各郡。**陶器**、八代、玉名、宇土、上益城、山鹿、天草六郡。**铁器**、托麻、山鹿、合志、天草四郡。**炭**、各郡。**蔺筵**、山本、八代、宇土三郡。**七岛筵**、饱田、下益城、宇土、八代、苇北五郡。**稿筵**、饱田、苇北、天草三郡。**竹器**、阿苏、山鹿、合志、玉名四郡。**团扇**、山鹿郡山鹿。**笠**、饱田、上益城、阿苏、菊池、苇北五郡。**革烟草入**。熊本。

日向国物产　**唵的摩尼**、儿汤郡米良山村、诸县郡四家山。**玉蜀黍**、臼杵郡高千穗。**菜种**、儿汤、宫崎、那珂三郡。**苎麻**、臼杵、儿汤、那珂三郡。**柴胡**、诸县郡。下同。**人参**、**白术**、**万年青**、都城。**烟草**、臼杵、儿汤、诸县三郡。**茶**、臼杵、儿汤、诸县、那珂四郡。**楮皮**、臼杵、儿汤、那珂三郡。**椎皮**、臼杵、儿汤、诸县、那珂四郡。下同。**杉材**、**松材**、臼杵郡。**槠材**、那珂郡。**斑竹**、诸县郡。下同。**孟宗竹**、**椎蕈**、臼杵、儿汤、诸县、那珂四郡。**石花菜**、臼杵郡。**年鱼**、绫南川、绫北川。**斑鱼**、绳濑川。**文鳐鱼**、那珂郡福岛村。**梭鱼**、诸县郡。**鲣节**、臼杵、那珂二郡。**干鳁**、臼杵郡。**云丹**、儿汤郡。**鹑**、诸县郡。**羚羊**、臼杵郡。**猪**、臼杵、儿汤、诸县三郡。下同。**鹿**、**纸**、延冈、高锅、佐土原、饫肥及诸县郡高冈、仓冈等。**生蜡**、延冈、高锅、佐土原、饫肥、福岛等。**樟脑**、臼杵、儿汤二郡。**橹木**、臼杵、那珂二郡及雾岛山产为上品。**炭**、臼杵、儿汤、诸县、那珂四郡。**蒲葵笠**、诸县郡蒲葵岛。下同。**蒲葵扇**。

大隅国物产　**明矾**、桑原郡。下同。**硫黄**、**砚石**、屋久岛。**加治木石**、始罗郡。**甘薯**、各郡。**萝卜**、大隅郡及樱岛。**烟草**、噌唹、桑原、姶罗三郡，以国府乡为第一。百合、肝付郡。万年青、高隈岳。仙人脂甲兰、大隅郡、大种子岛、屋久岛。铁蕉、大隅郡及种子岛。茶、桑原、噌唹二郡。蜜柑、大隅郡及樱岛。下同。枇杷、龙眼树、大隅郡。下同。橄榄、榧、各郡。下同。楮、蚊子木、竹柏、大隅郡及屋久岛。杉、屋久岛。瑞圣花、大隅郡及种子岛、屋久岛。映山红、噌唹郡。江南竹、大隅郡。香蕈、噌唹、大隅、菱刈三郡及屋久岛。海苔、姶罗郡及樱岛。石花菜、大隅郡。鲔、噌唹、姶罗、大隅、肝付四郡及樱岛。下同。鲷、鰤、噌唹、姶罗、大隅三郡。火打鱼、姶罗、噌唹二郡。鲣、大隅、肝付二郡及屋久岛。鮏、大隅郡。海鼠、姶罗郡。鹰、屋久岛。下同。鵁莺、马、噌唹郡及屋久岛。猪、各郡。下同。鹿、牛马、出种子岛。马首牛身之兽也。海马、屋久岛。俗名四足。砂糖、肝付郡。种子醢、种子岛。煎脂、屋久岛。生蜡、肝付郡。纸、姶罗、大隅二郡。陶器、姶罗郡。下同。墨、乌铳、种子岛。蒲扇、肝付郡。下同。蒲筵。

萨摩国物产 硫黄、颖娃郡及硫黄岛。硝石、川边郡。砚石、甑岛。白土、揖宿郡。玻璃石、川边郡。甘薯、各郡。西瓜、颖娃郡。下同。蕃椒、麻、伊佐郡。蓝、高城郡。烟草、颖娃、揖宿、出水二郡。牡丹、鹿儿岛。下同。兰、诸种。仙人脂甲兰、黑岛。柴胡、桂枝、出水郡。茶、各郡，以出水郡阿久根为最。蜜柑、鹿儿岛。下同。香橙、文旦、大朱栾、出水郡。龙眼树、揖宿郡。下同。佛桑花、夹竹桃、蒲葵、竹岛。孟宗竹、鹿儿岛郡。簜竹、硫黄岛。松露、日置郡及长岛。香蕈、日置、伊佐二郡。玉蕈、日置郡。海人草、甑岛。石花菜、竹岛。和布、长岛。下同。鹿角菜、鲷、鹿儿岛及各郡。鲔、日置、萨摩、揖宿、谷山川、川边五郡。鲣、甑岛、硫黄岛。

鰤、日置、川边、颖娃三郡。**勒鱼**、日置郡及甑岛。**金线鱼**、日置、出水二郡。**海鼠**、出水郡及甑岛。**车虾**、出水郡。**海鳖卵**、日置郡。**意大腊贝**、给黎、颖娃二郡。**豚**、鹿儿岛。**鹿**、各郡。下同。**马**、**木绵红染**、鹿儿岛。**烧酎**、出水郡。**砂糖**。长岛。**硫黄**、硫黄岛。**山茶油**，出水郡及硫黄岛。**前脂**、川边郡诸岛。下同。**樟脑**、**生蜡**、阿多郡。**纸**、伊佐、颖娃二郡。下同。**火绳**、**煮扱苎**、伊佐郡。**陶器**、鹿儿岛及日置郡苗代川村、萨摩郡。**玻璃器**、给黎、颖娃二郡。**蔺席**、高城郡。**笼火钵**、萨摩郡。下同。**箨笠**、**竹器**、竹岛。**栉**、鹿儿岛。下同。**箸**、**橹木**、各郡。下同。**柞灰**。

州南诸岛物产　**滑石**、喜界岛。下同。**雷斧**、**石灰石**、**甘薯**、各岛，四时常以充食。**豌豆**、喜界岛。下同。**落地生**、**甘蔗**、各郡。**山蓝**、大岛。下同。**桫椤**、**铁蕉**、凶年亦以根充食。**罗汉松**、**阿咀呢**、树名。**槠材**、各岛。**竹**、大岛。**海鱼数种**、各岛。**永良部鳗**、永良部岛。**鸡**、大岛。下同。**鹜**、**盐**、**豚**、**青螺**、**砗磲**、**玳瑁**、**上布**、大岛及各岛。下同。**芭蕉布**、**缟绸**、**缟木绵**、**砂糖**、**百合粉**、**烧酎**、**棕榈绳**、**桄榔绳**、**尺筵**。

壹岐岛物产　**砥石**、壹岐郡诸吉村。**大豆**、二郡。**牛蒡**、石田郡筒城村、武生水村。**瓜**、壹岐郡箱崎村。**防风**、二郡诸村。**箭竹**、石田郡诸吉村、棚江。**和布**、濒海诸村。下同。**石花菜**、**鹿尾藻**、**鲸**、濒海诸村。下同。**鳆**、**鰑**、**海参**、**云丹**、**鱼介数品**、**荣螺**、**蛤**、壹岐郡诸吉村。**鹤**、二郡诸村。下同。**鸡**、**木绵**、二郡诸村。**铁器**、石田郡志原村。**竹器**。壹岐郡住吉村鲸伏。

对马岛物产　**砥石**、下县郡。**陶土**、严原宫谷町清水山。**甘薯**、二郡诸村。**烟草**、佐须、豆酘二乡。**茶**、与良乡。**槠实**、与良、豆酘二乡，一岁所得各四百石，以备凶歉。**木耳**、二郡诸村。下同。**椎蕈**、**和布**、二郡濒海诸村。下同。**鹿尾藻**、**石花菜**、**鹿角菜**、严原。**蜂蜜**、与良、佐须、丰崎、仁位四乡。**鰛**、鳄浦、佐须奈。**鲭**、濒海诸村。下同。**平鰤**、**干乌贼**、**海参**、**干鳆**、**云丹**、**蛤**、**雉**、二郡诸村。下同。**鹿**、**黑砂糖**、佐须、豆酘二乡。**烧酎**。二郡诸村。

卷四十　工艺志

外史氏曰：形而上者谓之道，形而下者谓之器。形而上者，自上古以来，逮于尧、舜、禹、汤、文、武、周公、孔子，其所发明者备矣。形而下者，则自三代以后，历汉、魏、晋、唐、宋、金、元、明，犹有所未备也。余观开辟之初，所谓圣智，不过制医药、立宫室、制衣服、作器用，此皆后世所斥为“工艺之事”，而古人以其开物成务，尊为圣人。成周之制，官有六职，工与其一，而历世钟鼎，奉为宗彝，令子孙宝用，盖古之人所以重工艺者如此。后世士夫，喜言空理，视一切工艺为卑卑无足道，于是制器利用之事，第归于细民末匠之手，士大夫不复身亲，而古人之实学荒矣。今欧美诸国，崇尚工艺，专门之学，布于寰区。余尝考求其术，如望气察色，结筋搦髓，破腹取病，极精至能，则其艺资于民生。穷察物性，考究土宜，滋荣敷华，收获十倍，则其艺资于物产。千钧之炮，连环之枪，以守则固，以战则克，则其艺资于兵事。火轮之舟，飞电之线，虽千万里，顷刻即达，则其艺资于国用。伸缩长短，大小方圆，制器以机，穷极便利，则其艺资于日用。举一切光学、气学、化学、力学，咸以资工艺之用，富国也以此，强兵也以此，其重之也，夫实有其可重者在也。

中国于工艺一事，不屑讲求，所作器物，不过依样葫芦，沿袭旧式，微独不能胜古人，即汉唐之后，若五代之纸墨，宋之锦，明之铜炉，责之今人，亦不能为。所谓操刀引绳之辈，第以供人之奴役，人之鄙夷，亦无足怪也。虽然，以古人极重之事，坐令后世鄙夷之若此，此岂非士大夫喜言空理、不求实事之过乎！今万国工艺，以互相师法，日新月异，变而愈上。夫物穷则变，变则通。吾不可得而变革者，君臣也，父子也，夫妇也，凡关于伦常纲纪者皆是也；吾可得而变革者，轮舟也，铁道也，电信也，凡可以务财、训农、通商、惠工者皆是也。今之工艺，顾可忽乎哉？作《工艺志》。

医

允恭帝之初，征医于新罗，新罗王遣金武来，始知医方。其后钦明帝时，百济国遣医博士奈卒王有稜陀、采药师施德潘量丰、固德丁有陀赍书籍、药品来。考《三韩纪略》，魏景元元年，百济设官十六品，第六品曰奈卒，第八品曰施德，第九品曰固德。推古帝时，百济又遣僧观勒献历书及天文、地理、遁甲、方术之书，帝命山背日并立受其方术，于是汉籍传播日广，良工辈出。先是，有吴王照渊孙名善那，于钦明时来归，献儒、释、医书，帝赐号和药使主。雄略帝时，百济医德来应征而至，子孙世居难波，因称难波药师。及桓武帝时，有和气广世。后二百余年，有丹波康赖，康赖本姓刘氏，出于后汉灵帝，世居丹波矢田郡，因赐姓丹波宿祢。此二氏者，子孙世守其官，号为名家。康赖之孙雅忠最负名。高丽王妃疾，赠书太宰府，以厚币求之，雅忠谢弗往，复书有“双鱼虽达凤池之波，扁鹊岂入鸡林之云”之语，世以为美谈。中叶仿唐制，设典药寮，有典药头，有助，有允，有属，有医博士、女医博士、针博士、侍医、权侍医、医师、医师得业生、施药院使及主典、史生等职。天平宝字二年，诏使医生讲《太素》、《甲乙脉经》、《本草》，针生讲《素问》、《针经》、《明堂脉诀》。《延喜式》曰：讲医经，《太素经》限四百六十日，《新修本草》三百十日，《明堂》二百日，《八十一难经》六十日，凡《太素经》准大经，《新修本草》准中经，《小品明堂》、《八十一难经》准小经。天历元年，又诏课试医道学生。盖医有专官，官有世业，故所业较精，著述亦不乏。《治疮记》一卷，大村直福撰。《摄养要诀》二十卷，物部广贞撰。《金兰方》五十卷，菅原岑嗣等奉敕撰。《药经》，和气广世撰。《医心方》三十卷，丹波康赖撰，一曰《雅忠集》。《注太素经》三十卷，小野藏根撰。《大同类聚方》百卷，安部贞定、出云广贞等奉敕撰。《难经开委》一卷，出云广贞撰。《养生钞》七卷、《掌中方》一卷、《倭名本草》，并大医博士源辅仁撰。《万安方》五十七卷、《顿医方》十卷，梶原性全撰。《灵兰集》，细川胜元撰。以上书目见于日本《本朝医考》，皆当北宋以前。近人撰述，兹不备录。王室衰微，医失其官，咸剪落，着直裰。其供职幕府者，叙法印、法眼、法桥等位，皆僧官名。实为僧员，而不隶僧纲。德川氏之季，始有不剃发称为儒医者。维新之后，别设医学馆。东京大学医学与法、理、文三学并尊，然其术颇兼西法矣。自足利氏失驭，海内鼎沸，医学亦废，医家惟专守宋《和剂局方》，以固陋自安。有曲直濑正庆者出，始宗李东垣、朱丹溪之学，参以诸家，造诣极深，一时翕然崇尚。正庆，字一溪，平安人，长游足利学校，博通群书。时四代三喜挟李、朱之术，周游四方，正庆从而学焉。术成，人争乞治。正亲町帝征见，赐号翠竹院。又诏上所著《启迪集》，敕僧策彦撰序，以行于世。于是国手之称，一时翕然。将军侯伯，莫不崇礼。年老，丰臣秀吉、德川家康皆眷爱之，四方问业者盈门，幕府医官咸执贽焉。子正绍、孙亲纯、婿正琳、秦宗巴皆有名。自后医方，一主稳重，其弊至迂拘胶泥，姑息养痈而不自知。于是名护屋玄医、后藤达、北山道长、香川修德、吉益为则等先后崛起，倡复古之说以革除旧习，专宗仲景以上溯《灵》、《素》，医道为之一变。玄医，号丹水，平安人。少通经，壮始学医，得喻氏书而读之，发愤溯古，直以仲景为师。尝曰："吾用药不问病，因之阴阳虚实，唯见证施治，头痛治头痛，腹痛治腹痛，咳治咳，喘治喘，如此而已。挽近方法细碎多歧，有志者宜考古，后世凭臆之论，一切废弃可也。"于时方宗朱、李，丹水务排之，众哗然相诋。医家有古方后世之目，自丹水始也。达，字有成，号艮山，江户人。其论医，谓百病生于气滞，故以顺气为治疗之纲要。又曰："欲学医者，宜先察庖牺始于羲皇，菜谷出于神农，知养精必赖谷肉，攻疾始藉药石，然后取法于《灵》、《素》、《八十一难》之正语，舍其空论杂说及文义难通者，又涉猎于张机、葛洪、巢元方、孙思邈、王焘等诸家，不惑乎宋以后阴阳王相府藏分配之说，而能识百病生于一气之留滞，则思过半矣。"道长，号友松。其父本明人，避乱至长崎，因家焉。至道长，改氏北山。少受《鼎湖神书》于明异人，又受长沙心法术。道长学极博，卜筮风水，无不兼综，而尤粹于医。废弃时论，一以长沙为准。修德，号修庵，师后藤达。达谓之曰："二千年来，医说失绪，纷纭日甚，欲摈斥多端，使古道复明今日，非于真积力久则不能。我老矣，是子异日之任也。"于是励精专志，讲求累年，著《药选》、《行余医言》等书，以推衍师说，而古道益昌。为则，号东洞，世业金疮产科，一日慨然曰："胎产，妇人之常；金创者，外伤也，不足尽我术。"于是遍读诸书，断然取则于扁鹊，考方于仲景，而一扫宋以后温补诸说，曰："万病一毒，药亦毒，以毒攻毒，毒去体安，未尝损元气，何补之云乎？”子猷，亦以医名，本万病一毒之说而引伸之曰：“人身气、血、水循环不已，而病毒之生，由于三者停滞失常，故毒一，而毒之所因者三。”乃本仲景证候、治方、分类、诸证，配之三者，推病候以辨其主客，审病位以辨其急逆虚实，以明万病归于三者之变，作《气血水药征》。为则之名益著，弟子著籍者三千余人。然惩创太过，或失武断，末学承流，徒守言筌，而其弊至攻下泛投，草菅人命。于是有荻野元凯、福井輗、和田璞、多纪元德、多纪元简辈，一矫其弊，精心覃思，折衷今古，补泻温凉无所偏执，医道又为一变。元凯，号台州，金泽人。中年得吴有性书，大喜，治法多本吴氏。医者用达原饮，自元凯始。然不专一说，所著有《吐法篇》、《刺络篇》、《瘟疫余论》等书。輗，号枫亭，奈良人，普采历代方法，择其精确者，次第论选，以为施术之根据，与当世古方家流师心卤莽者大异其指趣。璞，号东郭，摄津人。受业于吉益为则，而其术自成一家，曰：“历代方书犹郑笺朱注，各有一长，不可偏废。医者取古人成法，而取舍在己，要以治为主。若拘泥旧闻，癖守一见一孔之论，不足与谈医也。”元德，号蓝溪，名医康赖之裔，世业医。少好张介宾方，后溯长沙，其术益精。初，其父元孝请于将军，创跻寿馆以为学舍。元德继其志，规模益拓。既而幕府命加修饰，凡医官子弟悉就学，仍以元德为教谕，于是变家塾为国学，举世荣之。元简，字桂山，元德子，受父学，记性绝伦，一览终身不忘，专以聿修先绪启迪后学为任。取《素》、《灵》诸经，次第整厘，为之笺释。凡古今文字言涉医事者，悉推其根柢而究之，出试诸疾，辄收奇功。先是，诸家厌五行、经络之说，互相诋毁，大抵臆造之说胜，训诂之义微。自元简书出，讲医籍者识所率由，而前世粗卤武断之风始除云。

逮夫近日西学盛行，惟一二汉医，如浅田宗伯，名惟常，号识此，信浓人。天资豪爽，学问该博，凡医家之书，莫不搜索贯穿，取长舍短，蓄积浸涵，若已有之。其诊病也，应变投机，不胶一说，少负盛名。庆应初，法国军将某患沉疴，乞医于将军，命宗伯疗之，不出数旬而愈。明治四年，美利坚学校汇聚诸国医籍，日本以宗伯所著《皇国名医传》应之。所著医书，凡三十四部、一百七卷。尊闻行知，守道不变。而后进晚出，咸以西医为依归矣。

凡业医者，例兼卖药，医者携一药囊，出门诊疾，诊毕给药。无论何剂，概有定价。诊脉之法，同于中国，或兼诊脚。别有腹诊一法，竹田定加、名医竹田昌庆之孙。昌庆于明初随贡使至明，受学于明医金翁，金翁妻以女。成祖后产难，曾命昌庆治之。松江意斋始创其术。其后北山道长、著《诊腹法》。堀井直茂、著《腹诊书》。浅井惟寅、著《诊脉秘传》。高村良务，著《腹诊秘传》。皆善道之，然皆局于脏腑配当、左右分位，未免附会。至香川修德、吉益为则，乃直据腹之硬软、弛张及跳动、拘急、块磊等状，以辨虚实死生，十得其九。及濑丘斑益阐发微旨，无复余蕴，近世咸师之。斑，字长圭，江户人。吉益为则称为"东方一人"。常曰："腹疾与外证相为表里，然外证多歧而易惑，腹候专一而不爽，故腹候为先。"又曰："医有三极：方极、证极、诊极，诊极谓腹诊也。"因名所著曰《诊极图说》。同时有多贺谷安贞著《腹诊秘诀》，稻叶克著《腹证奇览》，和久田寅著《腹证奇览翼》，皆祖斑说焉。

本草之学，因中国之名以证日本之物，颇有参差。至向井元升、号灵兰，肥前人，著《和名本草》。贝原笃信，号益轩，世仕福井侯，著《大和本草》。始亲验物产，以考物名。既而稻生宜义字彰信，仕金泽侯。著《庶物汇纂》一千卷，其徒承而精之，又有阿部照任特以此学显。照任，号将翁，南部人。少时乘漕舶赴江户，遇飓漂入福建，留十八年，得本草学而归。幕府命采药于东海、北陆诸州，三至虾夷，所得物品甚夥，石药尤多前人未道者。后之道本草者，皆祖稻生、阿部二氏。

妇人科，古隶于治创家，有中条氏最著名，女医称为中条流。至贺川玄悦、蛭田克明，而术益显。玄悦，字子玄，为彦根世臣，专精产术，常养丐妇有身者以试之，久而术成，称为神工。其术无所师承，亦不本古人。其言子在胞中，头实向下，盖前人所未发也。所著《产论》，名儒皆川愿为视草。及《产论》盛行于世，玄悦见愿辄涕泣握手以谢。门人冈本玄迪著《产论翼》，亦显于世。克明，字至德，白河人。谓孕育常理，本非疾病，惟保护失方，乃致死耳。其教人设十目而无传书，门人等著《孕家遵生》、《田子产则全书》，以述师说。

针炙之术，则有杉山流，古有针博士，后废。德川常宪尝下令曰："医法惟针术不明，其图所以振励之。"于是杉山和一受命而兴针学。和一，大和人。幼师各针科，兼得所长。复祷于神，梦神授以针管，于是创造针管以试其术，补泻迎随，渐觉应手，精虑沉思，终诣神妙。术既成，设讲堂为教习所，门人继之，一国凡设四十五所。是为杉山流。有意斋流，松冈意斋，庆元间以善针闻，以金银制针，取其温柔也。其术以小槌打入肤肉，槌形圆而匾，下针不过数处，而无病不愈。是为意斋流。有骏河流，加茂祠官骏河吉成父子皆师事意斋，称良工，是为骏河流。有吉田流。吉田意休，出云人。曾往明学刺针于崔林杏，留七年，尽得其法，著《刺针家鉴》，授其子孙。世居越前福井。是为吉田流。别有三针法、垣本针源，平安人，精刺络。所用针有三：小为毫针，次为大针，最大为韭叶针。韭叶以取瘀血。多瘀血者，先用其所制烟天散服之，然后用针。

凡诸痼疾，虽众医敛手，亦针到病除。女茂登继其业。古针法。菅沼长之，摄津人，善用铁针，常曰：“铁针刺皮肉甚利而不伤气血，我仗足以破诸家之妄矣。”因以针灸复古自任。世目其术曰古方针。

疡医，则有鹰取流，播磨鹰取秀次传古法，著《外科细堑》及《新明集》，显名于天正、庆长间，是为鹰取流。有南蛮流，鹰取之法，治平以后渐废，长崎诸医传外国法者盛行，是为南蛮流。仕于幕府者，前有杉本忠惠、西玄甫，后有栗崎正羽、吉田昌全、村山自伯，皆以术显。又有楢林流，皆负名。长崎又有楢林丰重者，以荷兰通事，学治疡于兰医，颇精其术，世名之为楢林流。

若近日西医，于未通商前，既有前野达、号兰化，中津人。杉田翼、号鹳斋，小滨人。宇田川普号槐园，津山人。等讲究洋学，而以桂川国瑞为至精，国瑞，号月池，曾祖以外科仕幕府。国瑞通兰学，外国亦闻其名。洋学之兴，国瑞尤有力焉，然医术唯用之治疡。门人有吉田某，据西法为内治。国瑞禁之曰：“西洋万里，风土既殊，秉赋亦异，治法药物亦必异，宜不当以彼概此。且本邦内治方术既备，何必徒标新异，以骇观听！”某不从，国瑞遂削其弟子籍。然当时第得之口传手习。今则朝廷所尊，洋学日辟，直就原书以研核其理，其必有兼中西之长，擅内外之治，以其术鸣于世者矣。

农　事

凡农家种植、耕耨、培溉、收获之法，多同于中国。惟种树者善于移树，虽合抱之木、寻丈之树，移之辄无恙。法于未移之前，就旧树周围，开沟深约尺许。凡根外向者皆盘曲其势，使抱本根，日以水浇沟中，使土受滋润，根易脱离。所移之处，亦预掘一穴，既并根移植，多覆以土，别用木为架，交叉枝格，束缚牢紧，使受风不摇，则无碍生理。

植物家又谓物性喜接植，如以桃接李，以李接杏，则果实转盛。其法于盛夏时，用锋利小刀，就树削皮，约离地二三寸高之处。纵一寸至一寸二三分，横亦略削深数分，如女人篦式，勿伤木心。所接之芽枝，取新长荣盛者，亦约长八分至寸许。于侧面插入，旋用棉絮等物缠缚坚紧，微露出枝，经半月乃解释之，明春则合生矣。若所接之枝虑其凋枯，将原树枝芽概行摘去，则接枝较易生育。此旧法也。

近世农学家于欧洲得三新法：一曰气筒。用陶器如烟突式，偃埋地中，使外吸大气，则土质肥饶轻松，可以省耕锄之劳，为滋生之助。草木之性皆赖炭气以生，惟寻常空气地内吸入，仅及一尺四五寸之深。今设此筒以引外气，无论深浅，易于培养。一曰树枝偃曲法。凡草木之枝下倾者，则根茂而实遂，故师其法，以人事偃曲树枝，使根干敷荣，花实繁茂。澳国人荷衣伯连，其父为植物学名家，每教以寻求物理。一日游历俄罗斯之西北利亚深山中，见乔松插天，高出云表，枝皆下倾，四旁杂树居于松下者，枝皆向上。忽悟枝强则干弱，枝弱则干强之理。由是遍历幽崖穷谷，取各种草木，分类考验，莫不皆然，乃创为树枝偃曲法。其法于树枝平列中，微拗其枝，使稍向下，以角度一百十二度五十分为准。盖设为圆图，以正东为百度，正南为二百度，正西为三百度，正北为四百度。所谓百十二度五十分，即以圆图之中间为百度，由百度起又稍低为百十二度，余借以指喻之辞也。凡树将花时，以棕绳缚之，令稍向下，则所缚之枝，骤减生力，不复长大，而新芽怒生，果实穰盛，辄倍于常。试之果树，尤有奇验云。一曰雌雄配合法。凡花果草木，皆有雌雄，亦交合而后结子，以蜜为媒助，则结实较盛，而收获倍常，草木之类，有一花内具雌雄双蕊者，花心中如蜜者为雌蕊，其周围所带黄粉为雄蕊。如麦之类，每花具雌蕊二、雄蕊三；稻之类，每花具雌蕊三、雄蕊六；梨及林檎，每花具雌蕊五、雄蕊二十：是皆一花而具雌雄者。若玉黍、胡瓜之类，又薯蓣、银杏之类，则雌花雄花，雌木雄木，根性全别，其配合之法，雄蕊所含黄粉为风鼓荡，与雌蕊之蜜粘着，然后结实，故花时遇暴风雨，则粉褪而实稀。法用寻丈麻绳，以羊毛为辫，长约尺许，横排条系。每十条中系以铅丸，使其力下坠，再用蜜薄涂于辫及铅丸之上，轻轻摩擦，以期遍润。如麦圃花时，命农夫三人，引牵此绳横绰而过，所有外散花粉必粘于辫，与雌蕊相触，则花粉与花心相粘矣。其收获比寻常可多至一二倍。近岁法国有卖此器者，五谷之类皆可用。若梅、杏花时，直以蜂蜜涂于花，则其效可计日而待。自荷衣伯连创此法，种植家多效之。荷衣伯连又言："凡一树而雌雄各别，虽相隔甚远，亦能以气相合。欧洲中有一种葎草，制麦酒者用之为味，其草有雌有雄，一经交合，则香薄味逊，人见雄草辄芟除之，若有一根雄草，虽隔数里外，经一二时，百万株之雌草，悉结实而无用矣。故种此草者结为会社，每家每户，时时检查，专以除去此害为务。又如麻苎之类，贵于本质坚韧，亦宜分别雌雄，禁其交合，其理盖如骟马宦牛云。是又一理，附识于此。试之皆有验。近岁又有掘井一法，不用淘掘，专以杵筑土，使之陷下，深至一二丈，再挖其四旁，深约一尺，以竹竿插入则水浆溢出，由竹管引而向外，可以无须汲引。闻迩年村乡盛行其法云。

凡以人工制造之物易于腐败、不能行远者，如竹笋、松菌、蜜煮桃李、熟鱼兽肉之类，皆以铁叶罐封固，使外气不侵，则历久不坏。以沸汤煮熟，再引锥刺罐，使热气外泄，复用铁密封，使内无蕴热，外无冲气，自能久而不坏。

日本农家，向来惟墨守旧习，胶执成法，相沿千数百载。维新之后，国家既开劝农局，复设植物园，时以新法刊告于众，风气为之一变。

织　工

应神帝三十七年，遣阿知使臣、都加臣使于吴，求缝织工，有兄媛、弟媛、吴织、穴织四人来，始学作锦绣。考《拾遗记》称："员峤山有冰蚕，长七寸，黑色，有角有鳞，以霜雪覆之，然后作茧，长一尺，其色五彩，织为文锦，入水不濡，以之投火，经宿不燎。唐尧之世，海人献之，尧为黼黻。"是书多神仙诞妄之辞，固不足据。《韵府续编》采《杜诗集注》，称汉武帝时日本贡麒麟锦十端，金花炫目，亦不言书所自出。考魏景初中，赐倭女王以绛地交龙锦五匹，绀地句文锦三匹。"女王即应神母后，又越数十年乃始遣使求织工，则汉武时贡锦之说，亦不足凭也。雄略帝时，又有手末才伎汉织、吴织来，于时秦公酒献绢，赐姓为禹豆麻佐。盖中古时，既能习织工矣。自通使隋唐，学为蜀锦，如真红天马锦、真红飞鱼锦、双窠锦、青绿瑞草云鹤锦、青绿如意牡丹锦、宜男百花锦、穿花凤锦、鹅黄水林檎锦，并沿其名。西京所产，最为美丽。制锦之外，能为绢、为绸、为绫、为缩缅。如今之绉纱。缩缅者，引之则伸，放之则缩，多绘为柳丝、梅点、竹竿、桃叶，清丽宜人。别有一种名缀锦，其法不用大机，取熟色经于木档上作花草、禽兽、楼阁，以小梭先疏其处，用杂色线缀于经纬之上，合以成文，承空视之，如雕镂之象，亦如中国刻丝法也。

刀剑

日本之刀，名于天下。中古以前特重剑，“天丛云剑”又名草薙剑。为传国三器之一。又“天羽斩”、素戋鸣尊以之斩蛇。“韴灵”，高仓下以献神武帝者，又名“平国剑”。皆古剑有名者。上古祀神，则造剑献于神社。垂仁帝皇子五十琼敷命，居茅渟菟砥川上宫，造剑一千口，名曰“川上部”，又曰“裸伴”，藏于石上社。历朝所藏剑，存宜阳殿者三十四柄，中有二神剑，曰“破敌”，曰“守护”，镂日月五星、十二神。破敌，则遣将出征必授此器，谓之节刀。又有号“大刀契”者，长或三尺，或二尺，有一剑镂北斗、龙、虎，传为百济国所献二宝剑之一。皆历世宝之。源、平迭兴，将士皆重佩刀，剑工亦专造刀，良工始出，源氏之“须切”、“膝丸”，源满仲尝曰：“武夫辅卫皇室，非名刀不可。”乃命剑工造刀，皆不称意。或曰：“筑前三笠郡有良工，何不召之？”满仲如其言，既成，复不称意。工忧之，祷八幡神七日，锻炼六旬，造二刀，长二尺七寸。满仲大悦，试斩死囚，铦利无比，余势一断其须，一断其膝，因名“须切”、“漆丸”。子赖光传之，呼“须切”为“鬼丸”，“膝丸”为“蛛切”。及传孙为义，二刀夜自鸣，又呼为“狮儿”、“吼丸”，后归赖朝。平氏之“小乌”、“拔丸”，平氏二刀，“小乌”大和天国所造，“拔丸”伯耆大原真守所造。世传桓武帝时，有乌衔此刀至南殿，因名“小乌”。平忠盛尝昼寝，有巨蛇来窥，刀自拔逐蛇，故名“拔丸”。后传于清盛、赖盛。其尤著者。及后鸟羽帝好刀剑，召国中剑工更番造刀，山城有国友、国安，备前有则宗、延房、宗吉、助宗、行国、助成、助延，备中有贞次、恒次、次家，皆极一时之选。帝令次家造刀朴，亲焠之号“御所锻”，刀茎雕菊花号“御菊作”，快利无比，多赐武臣。先是，剑工以备前为盛，《武备志》、《平壤录》所谓“备前刀”者也。有高平、助平、包平，皆古之良工，世谓之“备前三平”。一条帝时，曾召备前友成造刀。友成之刀，多铭“君万岁”三字，名将如源义经、平教经皆佩其刀。又有正恒刀名“绳切”，源义经讨义仲，以刀截水底绳，故名。世为幕府重器。后世名此数家刀为古备前。至鸟羽帝时，则宗最有名，铭作“一”字，世名为“一文字刀”。子助宗号“大一文字”，孙助则号“小一文字”。其他子弟，或居福冈，或居吉冈，因有“福冈一文字”、“吉冈一文字”之目。鸟羽有“菊丸”、“雁丸”二宝刀，即助宗所造。北条氏之据镰仓也，聚一时良工，助真、国宗自备前往，皆擅绝技。助真在镰仓，惟康亲王召见，问其技。助真曰：“百炼之钢，精神钟焉，故其器灵异，能动神明，佩之泛海则鲸鲵伏，佩之夜行则魑魅逃。苟仓卒锻冶，不异镃基，何以有灵？”亲王称善。备前之长船多剑工，世名长船锻冶，而以光忠、长光为巨擘焉。织田信长好光忠刀，蓄二十五口，一号“实休”，长二尺三寸。丰臣秀吉赐光忠刀于伊达政宗，政宗手刃人，并断铁烛架，后名“烛台”。长光为世所宝者：足利氏重器名“大般若”；织田信长所藏名“铇切”；立花宗茂所佩名“水田”；纪伊藩所有名“腰带”，尝试斩人，断而不僵，撞以刀鞴乃仆；水户藩所有名“香西”。其在京师，则来氏世称良工。来国行名太郎。所造刀，锤炼一百日而成，精光溢发。《全浙兵制》称日本刀曰："铁匠能制利刃，非独取钢为利，生铁久铸久炼，成而复毁，毁而复成，朝专炼锻，暮入湿泥。如此一百二十日工成，其刀可以吹毛削铁。"云云。考日本《刀剑录》，惟称国行造刀经一百日，殆即因此而浪传欤？其刀上凿不动佛像者，名"不动国行"。世传国行刀号"新身"，盖谓铓锷不损，历久若新锻云。子国俊，刀铭"国俊"名者，皆得意之作，号"二字国俊"。国光婿国村、世居肥后菊池。南北之乱，菊池氏阖族勤王，雄于西海，故国村子孙造刀，皆雕南朝年号，铭曰"延寿"。国俊婿国次，其刀号"镰仓来"，浮田秀家所佩国次刀号"鸟饲"。皆传其业。国俊弟子，备前光包号"中堂来"，摄津国长号"中岛来"，以光包为著。当鸟羽时，良工聚于京师粟田口，国友、国友称藤林，盖藤原其姓，林其氏也。国安国友弟。已负名。国吉、今川范国所佩名曰"八八王"。俗语谓胄为钵，钵、八训读相通，谓其刀曾剖二胄也。国光，大友义弘所佩国光刀号"防长"，言周防、长门二国不足以易此刀也。递为世宝。至后宇多时，粟田口藤四郎吉光以绝艺鸣，精妙无匹，吉光，国友之孙，父则国。兄国吉、国光皆不坠家声，至吉光益推神品。今粟田口天王祠旁有吉光宅址，世名其池曰"锻冶"。然所造不过小刀。大友氏传吉光宝刀，号"骨琢"，长一尺九寸六分。丰臣秀吉藏宝器至多，尝语德川家康，以吉光刀为第一。多贺丰后佩吉光刀，或请多贺割鹤，置铁箸于腹，多贺佯为不知，并箸断之，因名"庖丁"。吉光既擅名关西，其后关东相模有正宗，刻意锻冶，欲集大成，遂周游诸国，讨问诸名工家法，年八十归，神而明之，遂臻绝诣。自古论刀剑者，语其利曰剸犀切玉，语其文曰龟文龙藻，正宗无所不能。盖旷世名刀，举国良工，皆出于其橐籥，名将健士，莫不爱重。正宗擅盛名，其刀流传亦多，三好长庆所佩号"三好"，蒲生氏乡所佩号"会津"，本多忠胜所佩号“中务”，或以姓，或以地，或以官，各名以己名，此类甚多。

古之相刀剑者，惟相吉凶。至论工拙、辨真伪，正宗尤极其妙。弟子守其法，由是刀有定价。正宗以相刀法传贞宗，贞宗传秋广，秋广传斋藤弹正，弹正传宇都宫三河。三河事足利义政。当是时，海内扰乱，将士有功而地不足给，义政忧之，乃命三河相古今名刀，各定其价，以赏将士。刀有定价，自是始也。古制营造军器，皆令镌题年月及工匠姓名，而后世刀剑，多无铭识，故相刀剑法益盛。后之相正宗刀者，谓正宗内坚外柔，切铁如泥而芒刃不顿，有金线，有玉光，有闪电，有流星，有回澜，细观乃得之。其气象温润而泽，缜密而栗，彼锋铓外露若不可逼视者伪也。受业弟子，遍于通国，正宗晚年薙发，名五郎入道。镰仓有宅址稻荷祠犹存，世呼曰“刀稻荷”。正宗子贞宗能继家声。弟子称十哲：越中乡义弘，比颜子；义弘，越中松仓乡人，武夫而造刀者也。然诸名工皆不及，世称吉光、正宗、义弘曰“三绝作”。义弘刀流传于世者，三好长庆所佩号“三好乡”，加藤清正所佩号“肥后乡”，锅岛胜茂所佩号“锅岛乡”，前田利光所佩号“北野乡”，富田知胜所佩号“富田乡”，皆各以己名名之。其刀皆长二尺二三寸。古名刀较长，后世往往截短。见之于史者，有四尺六寸刀、五尺七寸刀、六尺三寸刀、七尺三寸刀。至织田信长，令步兵持刀三尺余，柄则四尺，置之前队，以便冲突，谓之长卷刀，盖以其便击刺耳。丰臣氏朝鲜之役，日本兵皆荷长刀，朝鲜望见骇怖。当时诸将相语曰：“明人之勇不出我军下，唯其所持则钝刀，所擐则脆甲，故我军数得大捷。苟令彼甲坚刀利，则我军安得至此！”盖利钝所分，胜败因之矣。《平壤录》述日本刀曰：“其大而长柄者，乃摆导所用，可以杀人，谓之先导。”即指长卷之类也。附识于此。此外，越中有则重，则重居越中御服山下，从乡义弘学造刀，号“御服乡”，后从正宗学，其刀酷肖正宗、义弘云。筑前有源左，源左，祖西莲、父实阿皆为僧，善造刀。自源左受业正宗，其技益精。源左刀皆铭“左”字，世呼曰“左文字”，又曰“左刀”。备前有兼光、上杉辉虎所藏兼光刀，号“竹朕”，为“越后三宝刀”之一。初，越后农人佩此刀，尝担豆而行，囊绽裂，豆坠，触鞘辄断。怪视之，鞘破刃微露，辉虎将竹朕参河守闻之，曰：“天下利器也！”乞而佩之，后归于丰臣秀吉。丰臣氏灭，德川家康以黄金三百板购求之，不得。兼光刀极为犀利，世传足利尊氏走西海，路经备前，召兼光造刀，试砍兜鍪，应手两断，尊氏嗟赏，名曰“胄剖”。长义，亦备前人。大久保忠世传长义刀号“老杖”，尝斩盗三人，一挥悉断其股，乃呼曰“六股”。美浓有志津兼氏、兼氏，初名包氏，大和剑工。后徙美浓，居志津，称志津三郎。其地有田仪山，山有大石，方数十尺，极秀润。兼氏有石癖，常游咏石上，后人重其刀，呼曰“志津石”。金重，亦美浓人。山城有长谷部国重、国重，本镰仓剑工，后徙京师。父曰新藤五国光，亦良工也。石见有直纲，皆及门弟子，所造刀气象不同，人以比曾、闵诸贤。至相模之秋广、广光，则兼受业于其子者也。自正宗擅誉，后世良工莫能出其范围，虽一二名手，如当麻、当麻，大和当麻剑工，以来国行为始祖。青江、青江，备中剑工，以安次为始祖。备中之水多名青江，盖方言渭水之清为青江，良工淬刀剑，必用清水。镰仓正宗宅址有井，曰上金水，造刀者多用之，青江亦其类也。信国、来国俊曾孙，其祖曰了戒，亦善造刀。波平，萨摩人，以行安为始祖。各有师传，亦兼习其法。庆长以后，偃戈不用，新造者名新刀。新刀则以山城国广、肥前忠吉、大坂井上真改为巨魁。真改刀最为世宝，名之曰“大坂正宗”。《全浙兵制》曰："上古倭刀，以年久者为贵。迩来新铸之刀，尽为利矣。"盖指国广等刀也。承平以来，无复名手。

日本士夫，例佩双刀。当战国时，各将士挟以为重，争相宝贵，故名工如林。近世改易西法，战事所重惟枪铳，寻常亦禁佩刀，而名刀绝响矣。然古所流传，购之犹动称千金。自欧阳公作《日本刀歌》，声价顿重。《徐氏笔精》竟称胡宗宪有软倭刀，长七尺，卷之诘曲如盘蛇，舒之则劲自若。陈恭尹诗亦称："铸为宝刀能屈伸，屈以防身伸杀人。"余客日本，以其刀擅名今古，每就故家世族访求宝刀，所见亦不少，大概锋利精悍，寒芒四射，令人把玩不释，然绝无所谓屈伸刀。近世青山延光作《刀剑录》，搜索故实，颇为赅博，亦以屈伸刀为讹。可知文人好奇，揣摩影响之词，不足据也。考《梦溪笔谈》有云："钱塘人有一剑，用力屈之如钩，纵之铿然有声，复直如弦。"所言较近理。然此为中国之所有，非日本所有也。至梁佩兰《日本刀歌》云："相传国王初铸时，金生火克合日期。铸成魑魅魍魉伏，通国髑髅作人哭。"是又诗人之语，不必议其夸诞也。

铜　器

铸工来自百济。崇峻帝时，百济遣鑪盘博士将德百济官名。白昧醇来，始习铸工。佛教盛行，造作巨像，逮于钟磬铙钹，工作滋繁，縻铜不可胜计，而绝无名品。婚嫁例用铜镜，多铸为高砂翁媪拜旭日图，高砂，播磨国地，世传有老松成精为夫妇，其寿无量，故取为祥征。系以"五男二女"、"千秋万岁”诸吉祥语。所见古镜，当唐宋时者多刻镂工巧，亦不为世宝。当战国时，刀剑之外，甲胄兜鍪概用铁叶连环钩结，每炼精钢以备矛矢，故世重铁工。惟假面具用铜制，仅露眼光，系带于耳，其形奇丑，今犹颇有存者。庆长以后，武夫健士以赏花饮酒相娱乐，强藩巨室，每造一器，有穷年累月而后毕工者，于是宴赏之器益精。宴飨之礼，仿古尊罍彝鼎，蟠夔盘龙，雕镂精整。又喜供花，学古器物觚、壶、瓶、洗各式，用以插花；造瓶尤佳，瓶多作褐色。所作铊金陷银，刻画成凹，其细如发，其薄如皮，以金银丝片嵌入，作花卉翎毛形，光彩射人，虽巧画手有不如者。按：《诗·周颂》：“鞗革有鸧。”《释文》：“鸧，七羊反，本亦作铊。”郑笺云：“鸧，金饰貌。”赵希鹄云：“夏时器多相嵌，讹为商嵌。”《稗史类编》云：“余尝见夏雕干戈，铜上相嵌以金。”盖此法流传古矣。相嵌或作商嵌，古谓刻谓商，商金、商银，古有是称。张怀瓘《书录》作“抢金”。曹昭以为“剜金”，杨用修以为“镶金”，《七修类稿》又作“戗金”。鸧、抢、剜、镶、戗、商，一音之转耳。《宋志》百官鞍勒有“陷银”。《元志》作“简银”。《品字笺》谓即今之鋄银。鋄之细者曰丝鋄，片者曰片鋄。考《广韵》：鋄，亡范切。张衡《东京赋》：“金鋄镂锡。”《正字通》谓：俗名马鞍曰鋄银事件，即此物也。陷银之法，即本于戗金，皆中国古法，日本盖师而用之耳。日本席地而坐，故其器多高而粗，造瓶有高至三四尺者。间造铜鹤以备供设，拳足侧立，意采生动。灯檠亦高数尺，以莲花为盘，别用荷叶柄以护灯光，或柱于地，或挂于壁，皆有古意。其他鸭炉、兽镮、茶铫、香盒以供几案间用者，式皆精雅。

陶　器

雄略十七年，始命土师连造清器。清器，即陶器也。先是，有新汉陶部高贵来，能作旋盘等具，帝命教陶工。及崇峻时，百济遣麻奈父奴、阳贵文、陵贵文、昔麻帝弥四人来，称瓦博士，世亦习其法。陶之佳品，称尾张濑户、肥前今利。盘金描花者推加贺九谷，抟泥甫就，先用铜丝嵌作山水、树石、花草、翎毛之形，俟着色时，施蓝作地，别以青绿诸色图肖物形，毫发悉备；所着色皆用药料，光艳照人，神采如生。别有一种名七宝烧，亦用铜丝作匡廓，杂采云母、琉璃、螺纹、贝锦诸物以作采色，斑阑陆离，其光煜煜，而雕嵌入微，拭之无痕，此又本铜器商金、漆器螺钿之法而用之于磁器者也。亦能作青花，足利氏时有伊势五郎者，曾至景德镇专学青花，年七十归，携其手造者，款曰“五郎大夫”。所制七种香盒，以画爱莲周茂叔像为最佳，纸薄磬声，几类定、汝，赏鉴家极宝之。日本陶器，论其纯白雅素，实不如中国，而近日兼习佛兰西法，于所造器巧构式样，屡变不穷，所绘花鸟又时出新意，不习蓝本，着色亦花艳夺目，故西人喜购之，为输出一大宗。

漆　器

作小器物，盘有圆、方、八角、绦环四角、牡丹瓣等式，匣有长方、浑圆、六角等式。有一盘中分作大小数具者，又有里为小盒，表为大盒，层累容积至七八合，乃至十数合者。皆以木为质，以漆为饰，漆皆退光，黑可鉴人。其碎金作泥如繁星点者为泥金，以金描山水、台榭、鱼鸟、花果者为描金，用金泥以笔挥洒作雪片、作冰纹者为洒金。村濑之熙谓漆内杂金为洒金。今考漆内杂金，乃泥金别法，如古铜炉兼金漆二色，非洒金也。黑漆为地，以金银彩漆描作图画，再髹以黑漆，磨揩再四，以出其文者，为漂霞彩漆。日本谓之磨出摸金。村濑之熙谓即漂霞彩漆。考此数法，皆出于日本。《七修类稿》曰："古有戗金而无泥金，有贴金而无描金、洒金，有剔红而无漂霞彩漆，皆起自本朝，因东夷或贡或传而有也。描金、洒金，浙之宁波多倭国通使，因情熟言餂而得之。洒金尚不能如彼之圆，故假。倭扇亦宁波人造也。泥金、彩漆漂霞，宣德间遣人至彼传其法。"又曰："天顺间有杨埙者明漆理，各色俱可合，而于倭漆尤妙其漂霞，山水人物，神气飞动，真描写之不如，愈久愈鲜，世号'杨倭漆'。"其以螺镶嵌者名螺填，欲红光者以胭脂，欲翠光者以黛绿，皆染里面，其纯白厚腻者尤佳。各擘片如纸，浸酽醋中一夕，螺乃受刀，肖作花草诸形，纷切细片，再以针划器作凹处如仰瓦形，细嵌入微，以手摩拭，不着痕迹者为贵。《泊宅编》曰："螺填器本出倭国，物象百态，颇极工巧，非若今市人所售者。"考《游宦纪闻》曰："宣和六年，李资德、富辙上螺钿砚匣。"《格古要论》曰："螺钿器皿，出江西吉安府庐陵县，宋朝内府中物及旧做者，俱是坚漆，或有嵌铜丝者，甚佳。"《通雅》曰宋内府有钿螺。即螺钿也。《遵生八笺》：宣德有填漆器皿，有漂霞、砂金、蚼嵌、堆漆等制，以新安方信川所制为佳。盖中国旧有此法，惟吕种玉《言鲭》作"罗殿"，曰："牂牁蛮国，其王号鬼王，其别帅曰罗殿，王在辰、交之间，即今云贵界外。世用其蛤饰器，谓之'罗殿'。今江西、徽州工人，以制杯盘屏匣，精工细巧，实出于此。俗谓之‘螺甸’，乃‘罗殿’之误也。”其说较诡异，然亦不言来自日本。日本村濑之熙曰：“此方所制螺填，殊不及汉制者，盖其所用螺蛤品类不一，而佳者绝不产此方。汉产螺，四面皆有光，国产者止一面有光，故虽有巧工，必取汉产螺蛤制之。”观此，知螺填之法，乃本于中国，与泥金、描金、洒金出自日本者有殊。《泊宅编》所云，盖误传也。**亦能作剔红，俗名堆朱，其品目颇夥，曰剔红，**红漆为地，以朱漆堆起三十余层，刻人物、楼台、花卉、翎毛及连环。**曰堆红，**朱漆黑漆，层层堆起，刻痕有红黑丝缭绕。**曰堆乌，**黑漆中层层有细红丝，多刻作连环。**曰堆漆，**全用黑漆，刻作连环及花卉。**曰桂浆，**黄漆为地，以黑漆堆起，黑漆中有三层细红丝。**曰红葩绿叶，**用彩漆，刻花卉、翎毛。**曰金丝、**黄黑朱漆重叠堆起。**曰剔金，**黄漆黑漆，重叠堆起。**曰犀皮，或名松皮。**朱黄黑漆，重叠堆起，罩以黑漆，刻连环差浅且漫。**江户有杨成者，世以善雕漆隶于官。据称，其家法得自元之张成、杨茂云。**《遵生八笺》曰：宋人雕红漆器，多以金银为胎，有锡胎者，有蜡地者，有用五色漆胎，刻法深浅，随妆露色；元时有张成、杨茂二家，技擅一时。《格古要论》曰：剔红器皿无新旧，但看朱厚色鲜、红润坚重者为好，宋朝内府中物多是金银作素者，元朝嘉兴府西塘杨汇有张成、杨茂，剔红最得名，但硃薄而不坚者多，日本国、琉球国独爱此物。杨成之法，盖本此二家也。

扇

所作扇，有上平下圆，如古之便面者；有作方体，如古

之方曲者；有伸如手掌，微作拱势，如今之掌扇者。通行则用团扇，皆削竹为柄，其一节细剖成丝，以绳牵制之，使分张如翼，外糊以纸，间或绘山水、人物，其价至贱，每柄不过数钱。盛暑时，堆溢廛肆，有购物者辄举一二柄赠人，其旧习也。若可以折叠者，一名撒扇，又名聚头扇。中古时，将士临阵，变古人羽扇之制，用以指挥军士，其柄系以流苏。世传将军源义家军扇，以竹为骨，凡十二行，长一尺二寸，表里用朱银，分绘日月。后有用铁骨者。足利氏称臣于明，每以充贡，中国颇盛行。折叠扇本始于东人。宋时既有流传，自明以来，盛行于世。据刘元卿《贤奕编》、张东海《贵耳集》，谓永乐之初，惟仆御下人始用之，及成祖遍赐群臣，内府又仿其制，以供赐予，遂盛行于世云。高丽诸国，亦习其制。今制长仅三四寸，竹皆十三行，或有数十行者。柄或用乌木，或用鲸骨、象牙。近日又喜聚羽为扇，鹊翅、鹭羽、雀翠、雕翎，长或二尺，贯以彩绳，系以明珠，光采射人。西国妇女喜购之，又遍传于泰西矣。

纸

造纸不以竹，用构用楮之法同于中土，更有用芫花、荛花、瑞香花制者。瑞香或黄或白皆可制。以荛花制者名雁皮纸，至薄极韧，色洁白，无纤毫垢，以之钩摹碑帖，实上品也。近仿西法，多以败絮为之。闻树根草皮蒸之成浆者，均可造纸。纸名至多，不可胜录也。

笔墨彩色工

推古帝时，高丽僧昙征来，教作笔、墨、彩具、笔工。据《姓氏录》称，右京诸蕃制十一种，因赐笔姓。盖亦汉人教之，然殊无佳品。

画

雄略帝时，百济送画工白加来。推古时，有黄书画师、山脊画师之名。今所传惟法隆寺有上宫太子像，衣折神采，皆唐以前旧法。古之画工，多摹唐宋院体。后分数家，有土佐家，藤原经隆，土佐人。《五杂俎》言："倭画无皴法，但以笔细画，萦回环绕，细如毫发。"即土佐一派也。有雪舟家，僧等扬，号雪舟，游于明，始传北宗一派。有狩野家，狩野元信最有盛名。及吴中沈南蘋客长崎，始以南北合法相授受。有边华山、椿椿山得恽氏真本，于是又传没骨法。近日则兼学洋画矣。

杂　工

上古喜佩玉，系于颔下，有曲玉、管玉、勾玉，聚为杂佩。《古事纪》有造玉者名天明玉，世袭其职，其裔孙世居出云，每

岁贡玉。然近世不闻有玉工。水晶一物，亦无以之造物者。《格古论》云倭国水晶第一，《七修类稿》亦云日本国有青水晶、红水晶，然余客日本，绝不闻有水晶器皿。或云南海道诸岛间有出产，然并无佳品。珊瑚高至一二尺，色多淡白，品不甚贵。工人取鲜红者琢为圆粒，为女人簪，遍于通国。其枝柯扶疏者，或作为盆供。能成枝柯者绝少，大概用钉梢钉定，熔红蜡粘接，宜细看之。玳瑁削片为叶，玳瑁形似龟，鳖首，嘴如鹦鹉，背负十二叶，黑白斑文间杂。老者甲厚而黑白分明，小者甲薄而花片模糊。取用必倒悬之，用滚醋浇泼，则逐片应手而下。以作小盒，软熟如纸，联接无缝，亦用漆器描金漂霞之法着色，尤斑驳可喜。国无象牙，取大鲸骨，碎锯细切，作连环、圆球及书刀、齿签诸物，法如治骨角而不甚光滑。其他文木杂竹诸器，诸国多善工，大概质而洁、朴而雅云。

日本国志后序

中国人寡知日本者也。黄子公度撰《日本国志》，梁启超读之，欣怿咏叹黄子：乃今知日本，乃今知日本之所以强，赖黄子也。又懑愤责黄子曰：乃今知中国，知中国之所以弱，在黄子成书十年，久谦让，不流通，令中国人寡知日本，不鉴不备，不患不悚，以至今日也！乃诵言曰：使千万里之外，若千万岁之后，读吾书者，若布眉目而列白黑，登庙庑而诵昭穆，入家人而数米盐也，则良史之才矣。使千万里之外，若千万岁之后，读吾书者，乃以知吾世，审吾志。其用吾言也，治焉者荣其国，言焉者辅其文；其不能用，则千万里之外，若千万岁之后，轮材讽说之徒，咨嗟之，太息之。夫是之谓经世先王之志。斯义也，吾以求诸古史氏，则惟司马子长有取焉。虽然，道己家事者，苟非愚呆蒙崽之子，莫不靡靡能言之深周隐曲；若夫远方殊类，邈绝倜侏之域，则虽大智长老，闻言未解，游梦不及，况欲别闺闼、话子姓、数米盐哉？此为尤难，绝无之事矣。司马子长美矣，然其为《史记》也，是家人子之道其家事也。

日本立国二千年无正史，私家纪述秽杂不可理。彼中学子能究澈本末、言之成物者已鲜，矧乃异域绝俗，殊文别语，正朔服色、器物名号、度律量衡，靡有同者，其孰从而通之？且夫日本，古之弹丸，而今之雄国也。三十年间，以祸为福，以弱为强，一举而夺琉球，再举而割台湾。此土学子鼾睡未起，睹此异状，挢口纤舌，莫知其由，故政府宿昔靡得而戒焉。

以吾所读《日本国志》者，其于日本之政事、人民、土地，及维新变政之由，若入其闺闼而数米盐，别白黑而诵昭穆也。其言，十年以前之言也，其于今日之事若烛照而数计也，又宁惟今日之事而已！后之视今，犹今之视昔，顾犬补牢，未为迟矣。孟子不云乎："有王者起，必来取法。"斯书乎，岂可以史乎、史乎目之乎？虽然，古之史乎皆有旨义，其志深，其旨远。启超于先生之学，匪敢曰深知，顾知其为学也，不肯苟焉附古人以自见，上自道术，中及国政，下逮文辞，冥冥乎入于渊微。敢告读是书者：论其遇，审其志，知所戒备，因以为治，无使后世咨嗟而累欷也。

光绪二十二年十一月朔，新会梁启超叙。